Registerband

Erziehungswissenschaftliche Dokumentation

Bibliographische Berichte der Duisburger Lehrerbücherei
Herausgegeben von Heiner Schmidt

Reihe A

Der Inhalt neuerer pädagogischer Zeitschriften und Serien im deutschen Sprachgebiet

Band 11

Registerband.
Zugleich Deutscher Thesaurus für Pädagogik
und ihre Grenzgebiete (DTP)

4 1036
80,-

ausgeschieden

Registerband
Zugleich
Deutscher Thesaurus für
Pädagogik
und ihre Grenzgebiete (DTP)

Bearbeitet von Heiner Schmidt

Beltz Verlag · Weinheim 1972

ISBN 3 407 14030 4

© 1972 Beltz Verlag · Weinheim · Berlin · Basel · Wien
Druck: Offsetdruckerei Julius Beltz · Hemsbach über Weinheim
Printed in Germany

Willy K. Cordt

dem unvergessenen Mitbegründer der
Duisburger Lehrerbücherei

zum Gedächtnis

Inhaltsverzeichnis

Benutzungshinweise IX
Alphabetisches Gesamtregister 1
Alphabetisches Register aller Deskriptoren 483
Beziehungsregister 541
Facettenregister 683
Liste der Facettenbegriffe 765
Wortkernregister 781
Neue Deskriptoren 813

Benutzungshinweise

A. Vorbemerkung

Band 11 der Erziehungswissenschaftlichen Dokumentation ist Registerband der Reihe A und zugleich Deutscher Thesaurus für Pädagogik. Wenn die folgenden Benutzungshinweise dennoch zur Hauptsache der praktischen Erläuterung und keiner eigentlichen Thesaurustheorie dienen, so aus zwei Gründen. Zum einen liegt die vorzügliche und gründlich informierende Arbeit von Dagobert Soergel vor (Klassifikationssysteme und Thesauri. Frankfurt/Main 1969. 224 S.), die er im Auftrag des Komitees Thesaurusforschung der Deutschen Gesellschaft für Dokumentation verfaßt hat, zum anderen ist Band 11 ein „gewachsener" Fachthesaurus, der als Registerband in erster Linie vorgegebene Aufgaben erfüllt und somit keine uneingeschränkte Gültigkeit als Thesaurus besitzen kann.
Eine wichtige Einschränkung – die bei richtiger Handhabung aber für den Suchenden von Vorteil ist – besteht darin, daß alle Suchbegriffe und Deskriptoren sowie ihr bebegriffliches Zueinander eng verknüpft sind mit den etwa 70 000 bibliographischen Nachweisen, die den Inhalt der 10 Bände unserer Dokumentation ausmachen. Die Begriffe des ersten Teils beispielsweise, des Alphabetischen Gesamtregisters, resultieren aus den Fundstellen der erwähnten zehn Bände oder sind unmittelbare Begriffsableitungen tatsächlich benutzter Vorzugsbenennungen. Es werden also nur solche Suchbegriffe im weitesten Sinne (allerdings immerhin mehr als 20 000) aufgeführt, für die eine Fundstelle innerhalb der Erziehungswissenschaftlichen Dokumentation nachweisbar ist. Das hat, wenn man in Band 11 ausschließlich einen Thesaurus sähe, theoretische Nachteile. Da aber ein so reichhaltiges Material aufbereitet, d. h. auf seine pädagogischen Fragestellungen hin durchleuchtet wurde, und zudem von einem gleichbleibenden Arbeitsteam aufgrund intensiver Bibliotheks- und Ausleiherfahrungen gewonnen werden konnte, ist Band 11 über seine Funktion als Registerband hinaus gewiß auch in seiner Eigenschaft als Thesaurus von Nutzen, ohne den eine kooperative Dokumentationsarbeit auf die Dauer undenkbar ist.
Noch drei weitere Einschränkungen sind zu beachten. 1. Reihe A der Erziehungswissenschaftlichen Dokumentation führt keine erziehungsgeschichtlichen Beiträge auf, die bestimmte Personen betreffen; es sei denn, ein Artikel behandelt grundsätzliche Fachfragen (also wohl: Montessori-Pädagogik, Dalton-Plan, Petersens Jenaplan; nicht aber: Allgemeines über Montessori, Dalton, Petersen.) 2. Es sind keine Unterlagen nachgewiesen, die das Bildungswesen des außerdeutschen Sprachraums betreffen, weil nur Fachzeitschriften des deutschen Sprachgebiets ausgewertet wurden und entsprechende Nachweise lückenhaft geblieben wären. (Ausnahme: Programmiertes Lernen, Band 5, p. 158–160, und: Sprachlabor, a. a. O. p. 241; vgl. auch a. a. O. p. 19.) 3. In den Sachgebieten Literatur- und Sprachunterricht sind mit „Fremdsprachen" die außerdeutschen Sprachen gemeint. Bibliothekarischen Gepflogenheiten folgend, wird die Kennzeichnung „Deutsch" nur in zwingenden Fällen zur begrifflichen Präzisierung verwendet; so bei: Deutsch als Fremdsprache, Deutsche Grammatik, Deutsche

Sprache. Unter Dichtung wird also die deutschsprachige Dichtung, unter Leselehrmethode die Art der Hinführung zur deutschen Schriftssprache verstanden. Aus praktischen Gründen sind zudem bei: Dichtung im Unterricht, sowie bei Deskriptoren begriffsverwandter Art, nur solche Aufsätze zu finden, die sich mit der unterrichtsmethodischen Fragestellung im Allgemeinen befassen. Im Bereich des [deutschen] Literaturunterrichts werden also keine Nachweise zu Interpretationen einzelner Texte geführt, sofern diese nicht der Exemplifikation grundlegender Erörterungen dienen. (Auch hier wären Einzelnachweise wegen des Charakters unserer Auswertungsunterlagen lückenhaft geblieben.)

Band 11 besteht aus fünf Teilregistern, wobei durch fortschreitende Filterung und immer speziellere Zuordnung der Begriffe eine natürliche Reduktion sichtbar wird.

1. Das „Alphabetische Gesamtregister" ordnet alle Vorzugsbenennungen (Deskriptoren) und alle Nicht-Vorzugsbenennungen (Synonyme, Quasi-Synonyme, Nebenschlagwörter sowie zum Teil sehr spezielle Hinfür- oder Suchbegriffe) in einer einzigen Folge.

2. Das „Alphabetische Register aller Deskriptoren" ist ein Auszug aus Teil 1. Es enthält alle im Verlauf des Gesamtvorgangs der Erziehungswissenschaftlichen Dokumentation gebildeten Deskriptoren, unabhängig von ihrer Sachzugehörigkeit.

3. Das „Beziehungsregister" enthält solche Deskriptoren (Haupt- und nebengeordnete Begriffe), die mit anderen Vorzugsbenennungen sachlich in Beziehung stehen. Dabei werden alle denkbaren Verästelungen aufgezeigt, unabhängig von der Enge oder Weite zugeordneter Begriffe.

4. Ein „Facettenregister" ordnet in 6 möglichen Begriffsspalten die Haupt-Deskriptoren nach ihren systematischen Verwandtschaftsbeziehungen [Beziehungs-Display]. 45 Kategorien (Facetten) folgen in Aufbau und Gliederung zur Hauptsache der DK-Stelle 37. Dabei konnte im Nachhinein natürlich keine Konkordanz in der Bezeichnung wechselseitig gleicher Begriffe erreicht werden. Es ist aber ein inhaltliches Zueinander, eine Übereinstimmung im begrifflichen Bereich (field of Knowledge) unserer Facetten mit den entsprechenden DK-Stellen angestrebt worden. So enthält Facette 1 (Erziehungstheorie) möglicherweise mehr und andere Begriffsbezeichnungen als DK 37.013 (Allgemeine Theorie der Erziehung. Einzelne Richtungen), aber dem groben Inhalt nach entspricht Facette 1 der DK 37.013. Es sind gewiß noch andere Facettengliederungen für den Fachbereich Pädagogik denkbar. So z. B. der Information Retrieval Thesaurus of Education Terms (IRT), Cleveland 1968, den das Pädagogische Zentrum, Berlin, auf deutsche Verhältnisse zu übertragen versucht. Während dort, von 17 Gruppenbegriffen sehr hoher Abstraktion ausgehend, jeweils Untergruppen (Subfacetten) zunehmender Konkretisierung mit allen nur denkbaren Begriffen gebildet werden (vgl. Sträter: Thesaurus Pädagogik. Berlin 1970), geht unsere Facettengliederung, der DK 37 folgend, von einer vorgegebenen, sozusagen natürlichen Systemfolge aus und ordnet tatsächlich belegte Vorzugsbenennungen (Haupt-Deskriptoren) nach ihren Verwandtschaftsbeziehungen [Beziehungs-Display].

5. In einem „Wortkernregister" werden entsprechende Deskriptoren nach 35 pädagogisch relevanten Kernbegriffen dem KWIC-Index-Format entsprechend alphabetisch geordnet.

Den Abschluß bildet eine Liste der Deskriptoren (Haupt- und nebengeordneter Begriffe), die seit Erscheinen der Erziehungswissenschaftlichen Dokumentation aus der Arbeit am „Pädagogischen Jahresbericht" (1968. 1969.) neu entstanden sind.

B. Benutzungsregeln

1. Zum „Alphabetischen Gesamtregister".
Das AGesReg ordnet Vorzugsbenennungen und Nicht-Vorzugsbenennungen in einer einzigen Folge. Den Nicht-Vorzugsbenennungen sind „Siehe-Hinweise" auf entsprechende Fundstellen beigegeben. Die Band/Seitenzahlen der Erziehungswissenschaftlichen Dokumentation, Reihe A, sind jeweils vermerkt. Bei Vorzugsbenennungen (Deskriptoren) führt eine punktierte Linie zu diesen Angaben.

```
Abartiges Kind
   s.Psychopathologie 4.150
   s.Verhaltensstörung 4.232
Abbauquotient
   s.Intelligenztest (HAWIK) 4.90
Abbildung [Mathematik]
   s.Analysis (Funktion) 9.33
Abbildung [Optik]
   s.Optik (Abbildung) 9.217
Abbildungsgeometrie ............... 9.19
- (Affinität) .................... 9.20
- (Analytische Geometrie) ......... 9.20
Abendgesamtschule
   s.Erwachsenenbildung 1.64
Abendgymnasium ................... 1.19
```

Adjektiv-Substantiv-Verbindungen sind zugelassen.

```
Abartiges Kind
Abendländische Bildung
```

Das erste Wort einer solchen Verbindung ist in seiner gegebenen Buchstabenfolge Ordnungsbegriff. Bei Identität wird das zweite Wort in die Ordnungsfolge aufgenommen. Bindestriche gelten als nicht existent.

       A-Zug
       Aalwanderung
       Aargau
       Abendländische Bildung
       Abendländische Erziehung
       Abendländischer Humanismus
       Abendländisches Menschenbild

Nebengeordnete Begriffe werden den Hauptbegriffen unmittelbar nachgeordnet. Erst dann folgen Wort-Mehrfachverbindungen.

       Berufserziehung 3.34
       - (Gehörlose) 3.39
       - (Reform) 3.42
       - (Ungelernte) 3.44
       - und Allgemeinbildung 3.45
       - und Schule 3.46

Unter den nebengeordneten Begriffen gibt es Vorzugsbenennungen (Deskriptoren) und Nicht-Vorzugsbenennungen. Die letzteren bedürfen eines „Siehe-Hinweises".

       Anfangsunterricht 6.21
       - (Lesen)
         s.Erstleseunterricht 7.89
         s.Ganzheitliches Lesen-
           lernen 7.115
       - (Sachbegegnung) 6.21
       - (Spracherziehung)
         s.Sprachunterricht (Schul-
           jahr I) 7.229

2. Zum „Alphabetischen Register aller Deskriptoren".

Das ARegAD ist ein Auszug aus dem vorigen Register und führt alle Vorzugsbenennungen (Haupt- und nebengeordnete Begriffe) in alphabetischer Folge auf. Band/Seitenzahlen der Erziehungswissenschaftlichen Dokumentation, Reihe A, sind mitgeteilt.

       Abbildungsgeometrie 9.19
       - (Affinität) 9.20
       - (Einzelfragen) 9.20
       - (Projektive Geometrie) 9.21
       - (Vektormethode) 9.21
       Abendgymnasium 1.19
       Abendrealschule 1.20
       Abitur 1.20
       Abstammungslehre 9.21
       Abteilungsunterricht 6.19
       Abwehrmechanismen 4.19

3. Zum „Beziehungsregister".

Das BezReg geht von solchen Deskriptoren aus, die mit anderen Vorzugsbenennungen in Beziehung stehen. Vom alphabetisch geordneten [Bezugs-] Deskriptor aus werden alle verfügbaren Begriffsbeziehungen alphabetisch nachgeordnet, unabhängig von ihrer Begriffshöhe.

```
ABBILDUNGSGEOMETRIE ............... 9.19
    Analysis
      (Funktion) 9.33
    Kegelschnitte 9.150
ABENDGYMNASIUM .................... 1.19
    Abendrealschule 1.20
    Begabtenförderung 1.26
    Zweiter Bildungsweg
      (Gymnasium) 1.279
ABSTAMMUNGSLEHRE .................. 9.21
    Biologie
      (Organisches Leben) 9.60
    Vererbungslehre 9.290
- (MENSCH) ........................ 9.22
    Menschenkunde
      (Biolog.Anthropologie) 9.189
    Menschenkunde
      (Hominisation) 9.191
    Menschenkunde
      (Urmensch) 9.193
- (PFLANZE) ....................... 9.23
    Biologie
      (Organisches Leben) 9.60
    Pflanzenkunde
      (Flechten) 9.229
    Vererbungslehre
      (Pflanzen) 9.292
ÄSTHETISCHE ERZIEHUNG ............. 6.19
    Deutschunterricht
      (Geschmacksbildung) 7.49
    Dichtung im Unterricht 7.61
    Künstlerische Erziehung 6.108
    Kunsterziehung
      (Geschmacksbildung) 10.114
    Liedpflege 10.161
    Musische Bildungsform 6.127
    Musische Erziehung 6.127
```

4. Zum „Facettenregister".

Für 45 verschiedene Felder (Facetten) werden verwandtschaftliche Beziehungen zwischen Haupt-Deskriptoren in 6 möglichen (vertikalen) Begriffsspalten aufgezeigt. Weitere Verknüpfungen sind durch eine horizontale Gliederung (engeres oder weiteres Schriftbild) gekennzeichnet. Seitenzahlen hinter Deskriptoren verweisen ggf. auf das Beziehungsregister (S. 541–681) des vorliegenden Bandes. Die solcherart entstandenen Beziehungs-Displays werden durch eine Kurzübersicht der entsprechenden DK-Stelle eingeleitet, um die gegenseitigen Entsprechungen deutlich zu machen.

FACETTE 3 [Auszug!]
Nachbardisziplinen der Erziehungswissenschaft
DK 37.015

    37.015   Disziplinen der Erziehungswissenschaft
- .1 Pädagogische Klimatologie. Einfluß des Klimas und des Wette
- .2 Pädagogische Anthropologie und Biologie
- .3 Pädagogische Psychologie
- .4 Pädagogische Soziologie
- .6 Pädagogische Ökonomie. Ökonomie des Bildungswesens

Anthropologie 544
        Biologische Anthropologie 561
            Psychologische Anthropologie 634
                Medizinische Anthropologie 618
                    Vererbungslehre s.Fac 27
        Christliche Anthropologie 563
            Christliches Menschenbild 563
        Pädagogische Anthropologie 629
            Pädagogik und Philosophie 625
Bildung und Wissenschaft s.Fac 1
    Bildungsökonomie s.Fac 2
    Erziehungsgeschichte 575
        Reformpädagogik s.Fac 1
Pädagogik und Psychologie 625
    Pädagogische Psychologie 625
        Geistige Entwicklung s.Fac 3a
        Gestaltpsychologie s.Fac 3a
            Ganzheitspsychologie s.Fac 3a
    Schulpsychologie 649

Den Abschluß des FacReg bildet eine „Liste der Facettenbegriffe", mit der die ordnung eines Deskriptors zu „seiner" Facette angezeigt wird. Die Zifferngruppe (Beispiel Fac 24–4) verweist auf das FacReg, wobei 24 die Facette angibt und –4 d Begriffsspalte.

    Abbildungsgeometrie .... Fac 24-4
    Abendgymnasium .... Fac 4-2
    Abendrealschule .... Fac 4-3
    Abitur .... Fac 14-4
    Abstammungslehre .... Fac 27-3
    Abteilungsunterricht .... Fac 38-4
    Abwehrmechanismen .... Fac 3a-3

5. Zum „Wortkernregister".

Im WKReg werden die Deskriptoren nach 35 pädagogisch relevanten Kernbegriffen (z. B. Ausbildung) dem KWIC-Index-Format entsprechend geordnet.

<u>Ausbildung</u>

Ausbildungsbeihilfe
Berufliche Ausbildung
Berufsausbildung
Berufsausbildungsgesetze
Betriebliche Berufsausbildung
Bildung und Ausbildung
Heimerzieherausbildung
Kindergärtnerinnenausbildung

Alphabetisches Gesamtregister

A

A-Zug
　s.Aufbauklasse　1.21
Aalwanderung
　s.Tierkunde (Fische)　9.280
Aargau
　s.Länderkunde (Schweiz:Kanton
　　Aargau)　8.141
Abarbeitung
　s.Lehrprogramm (Kontrollformen)
　　5.123
　s.Programmiertes Lernen (Einzel-
　　fragen)　5.167
Abartiges Kind
　s.Psychopathologie　4.150
　s.Verhaltensstörung　4.232
Abbauquotient
　s.Intelligenztest (HAWIK)　4.90
Abbildung [Mathematik]
　s.Analysis (Funktion)　9.33
Abbildung [Optik]
　s.Optik (Abbildung)　9.217
Abbildungsgeometrie 9.19
- (Affinität) 9.20
- (Analytische Geometrie) 9.20
- (Einzelfragen) 9.20
- (Kreis)
　s.Geometrie (Kreis)　9.127
- (Projektive Geometrie) 9.21
- (Vektormethode) 9.21
Abendgesamtschule
　s.Erwachsenenbildung　1.64
Abendgymnasium 1.19
Abendländische Bildung
　s.Bildungsbegriff (Tradition und
　　Moderne)　3.67
Abendländische Erziehung
　s.Erziehungsgeschichte　3.93
Abendländische Katechismustradition
　s.Katholischer Katechismus
　　(Geschichte)　10.89
Abendländischer Humanismus
　s.Humanismus　3.144
Abendländisches Menschenbild
　s.Christliches Menschenbild　3.70
Abendmittelschule
　s.Abendrealschule　1.20
Abendrealschule 1.20

Abendschulbesuch
　s.Abendgymnasium　1.19
Abendstudium
　s.Abendgymnasium　1.19
Abendunterricht
　s.Zweiter Bildungsweg (Berufsbil-
　　dendes Schulwesen)　1.278
Abendvolkshochschule
　s.Volkshochschule (Heimvolkshoch-
　　schule)　1.262
Abenteuerbuch
　s.Jugendbuch (Klassisches Jugend-
　　buch)　7.138
　s.Literaturpädagogik (Abenteuer-
　　buch)　3.164
Abenteuerfilm
　s.Filmerziehung (Abenteuerfilm) 3.113
Abessinien
　s.Länderkunde (Äthiopien)　8.114
Abfragbares Wissen
　s.Gedächtnis　4.63
Abfragen
　s.Frage im Unterricht　6.67
Abgang des Schülers
　s.Schulentlassung　6.155
　s.Übergang　1.257
Abgangszeugnis
　s.Zeugnis　1.272
Abgebrochener Bildungsweg
　s.Schulwechsel　1.230
　s.Überforderung des Schülers (Gym-
　　nasium)　4.230
Abitur 1.20
- (Begabtenförderung)
　s.Begabtenförderung(Abiturienten) 1.27
- (Entlassungsfeier)
　s.Schulentlassung (Gymnasium)　6.156
Abituraufsatz
　s.Reifeprüfungsaufsatz　7.195
- (Gedicht)
　s.Reifeprüfungsaufsatz (Themen-
　　stellung)　7.196
Abiturfreie Oberschule
　s.Waldorfschule　1.269
Abiturientenquote
　s.Begabtenförderung
　　(Abiturienten)　1.27

Abiturientenurteil über Lehrerberufe
　s.Lehrerberuf (Abiturienten-
　　urteil) 2.68
Abiturklasse
　s.Gymnasialunterricht (Oberstufe)
　　6.92
Ablaßthesen
　s.Neuzeit (Reformation) 8.154
Ablaut
　s.Verblehre (Einzelfragen) 7.243
Ablesen
　s.Lesepsychologie 4.118
　s.Taubstummenunterricht (Absehen)
　　6.196
　- im Musikunterricht
　s.Musikunterricht (Notenlesen)
　　10.189
Abnormität
　s.Verwahrlosung 4.234
Abraham
　s.Bibelunterricht AT (Erzväter)
　　10.36
Abrüstung
　s.Zeitgeschichte (Abrüstung) 8.238
Abrunden
　s.Rechenoperationen (Überschlags-
　　rechnen) 9.262
Abschiedsfeier für Lehrer
　s.Schulfeier 6.157
Abschluß
　s.Schulentlassung 6.155
Abschlußarbeit
　s.Prüfungswesen 1.154
Abschlußfeier für Schüler
　s.Schulentlassungsfeier 6.156
Abschlußklasse
　s.Betriebspraktikum (Schul-
　　jahr IX) 6.50
　s.Landschulunterricht
　　(Oberstufe) 6.112
　s.Musikunterricht (Volksschul-
　　oberstufe) 10.194
　s.Politische Bildung (Volks-
　　schuloberstufe) 8.193
　s.Realschulunterricht 6.145
　s.Schulwandern (Klassen-
　　fahrt) 6.180
　s.Volksschüler (Abschluß-
　　klasse) 4.236
　s.Volksschulreform (Ober-
　　stufe) 1.267
　s.Volksschulunterricht
　　(Abschlußklasse) 6.220
Abschlußprüfung
　s.Berufsausbildung 6.41

　s.Berufsbildendes Schulwesen
　　(Prüfungen) 1.37
　s.Chemieunterricht (Abschluß-
　　prüfung) 9.86
　s.Erdkundeunterricht (Leistungs-
　　kontrolle) 8.40
　s.Erdkundeunterricht (Reife-
　　prüfung) 8.43
　s.Kaufmännischer Unterricht
　　(Lehrabschlußprüfung) 6.106
　s.Polytechnischer Unterricht
　　(DDR) 6.138
　s.Prüfungswesen 1.154
　s.Realschule (Abschluß-
　　prüfung) 1.160
　s.Reifeprüfung 1.165
　s.Volksschule (Abschluß-
　　prüfung) 1.264
　s.Zeugnis (Berufsschule) 1.273
Abschlußunterricht
　s.Volksschulunterricht (Abschluß-
　　klasse) 6.220
Abschlußzeugnis
　s.Abitur 1.20
　s.Mittlere Reife 1.146
　s.Volksschule (Abschlußprüfung)
　　1.264
Abschreiben
　s.Mogeln des Schülers 3.180
　s.Rechtschreibunterricht (Übungs-
　　formen) 7.194
Abschreibung
　s.Wirtschaftskunde (Geldwirtschaft)
　　8.233
Absehfilm
　s.Taubstummenunterricht (Absehen)
　　6.196
Absehunterricht
　s.Taubstummenunterricht (Absehen)
　　6.196
Absence
　s.Verhaltensstörung (Einzelfor-
　　men) 4.233
Absichtliches Lernen
　s.Lernpsychologie (Einzelfragen)
　　4.112
Absolute Monarchie
　s.Neuzeit (Absolutismus) 8.152
Absolute Notation
　s.Musikunterricht (Notenkunde)
　　10.188
Absoluter Nullpunkt
　s.Wärmelehre (Kältetechnik) 9.299
Absolutes Gehör
　s.Musikalische Begabung 4.125

- 2 -

Absolutismus
 s.Neuzeit (Absolutismus) 8.152
Absorption
 s.Optik (Absorption) 9.217
Absprungtrampolin
 s.Geräteturnen (Trampolin) 10.69
Abstammung des Menschen
 s.Abstammungslehre (Mensch) 9.22
Abstammungslehre 9.21
- (Anthropologie)
 s.Biologische Anthropologie 3.68
- (Biogenetisches Grundgesetz) 9.22
- (Mensch) 9.22
- (Pflanze) 9.23
- (Selektionstheorie) 9.23
- (Stammesentwicklung) 9.23
- (Tier) 9.23
Abstinenz
 s.Erziehung zum Verzicht 3.86
Abstrahieren
 s.Philosophieunterricht (Philosophische Grunderfahrungen) 10.205
Abstrakte Kunst
 s.Moderne Kunst 10.170
Abstrakte Malerei
 s.Moderne Kunst (Malerei) 10.170
Abstrakte Physiognomik
 s.Ausdruckspsychologie 4.26
Abstrakter Perzeptionsbegriff
 s.Kybernetik (Informationspsychologie) 5.99
Abstraktion
 s.Begriffsbildung 4.31
 s.Mathematische Beweistheorie 9.175
 s.Sprachunterricht (Schuljahr I) 7.229
Absurdes Theater
 s.Gegenwartsdrama 7.120
Abteilungsunterricht 6.19
Abtreibung
 s.Menschenkunde (Einzelfragen) 9.190
Abwasserreinigung
 s.Naturschutz (Wasser) 9.209
Abwegige Entwicklung
 s.Entwicklungsstörung 4.47
Abwehrmechanismen 4.19
Abzeichnen
 s.Zeichnen 10.281
Abzweigung
 s.Lehrgerät (Adaptives Lehrgerät) 5.116
Acceleration
 s.Akzeleration 4.21

Achsenaffinität
 s.Abbildungsgeometrie (Affinität) 9.20
Achsensymmetrie
 s.Geometrie (Ebene Geometrie) 9.126
 s.Geometrie (Einzelfragen) 9.126
Achtes Schuljahr
 s.Volksschulunterricht (Abschlußklasse) 6.220
AcI im Englischen
 s.Englische Grammatik (Einzelfragen) 7.67
Acker [Lebensgemeinschaft]
 s.Lebensgemeinschaft (Acker) 9.152
Ackerland
 s.Wirtschaftsgeographie (Landwirtschaft) 8.224
Ackerunkräuter
 s.Lebensgemeinschaft (Acker) 9.152
Acting of plays
 s.Englische Lektüre (Drama) 7.70
Adäquates Bildungsgut
 s.Bildungsplan 6.51
Adaptionsniveau
 s.Wahrnehmungspsychologie (Einzelfragen) 4.237
Adaptive Prozesse
 s.Kybernetische Maschinen (Logische Schaltungen) 5.110
Adaptives Lehrgerät
 s.Lehrgerät (Adaptives Lehrgerät) 5.116
Addis Abeba
 s.Länderkunde (Äthiopien) 8.114
Addition
 s.Rechenoperationen 9.258
- (Brüche)
 s.Bruchrechnen (Rechenoperationen) 9.83
- und Subtraktion
 s.Rechenoperationen 9.258
Additive Subtraktion
 s.Rechenoperationen (Schriftliches Abziehen:Ergänzungsmethode) 9.260
Adhäsion
 s.Mechanik (Flüssigkeiten) 9.180
Adipositas
 s.Eßstörung 4.57
Adjektiv
 s.Englische Grammatik (Einzelfragen) 7.67
 s.Französischunterricht (Grammatik:Einzelfragen) 7.98
 s.Wortarten (Adjektiv) 7.247

[Forts.: Adjektiv]
- im Unterricht
  s.Wortarten (Adjektiv im Unterricht) 7.247
Adler
  s.Vogelkunde (Greifvögel) 9.294
Adlersche Individualpsychologie
  s.Individualpsychologie 4.86
Adoleszenz
  s.Entwicklungspsychologie (Jugendalter) 4.41
Adoptivkind
  s.Familie (Adoptivkind) 3.102
Adressenalgorithmus
  s.Kybernetische Maschinen (Algorithmen) 5.107
Adventslied
  s.Weihnachtslied 10.261
Adventsspiel
  s.Musikalisches Spiel 10.172
  s.Schulleben (Advent) 6.168
Adverbiale Nebensätze
  s.Satzlehre (Nebensatz) 7.204
Ägypten
  s.Altertum (Ägypten) 8.22
  s.Länderkunde (Ägypten) 8.113
- (Unabhängigkeitsbewegung)
  s.Geschichte (Afrika) 8.56
Ähnlichkeitslehre
  s.Abbildungsgeometrie (Affinität) 9.20
Ährensonne
  s.Werken (Stroh/Bast) 10.268
Aeneis
  s.Lateinische Lektüre (Vergil) 7.146
Ängstliches Kind 4.19
Äquatorsystem
  s.Astronomie (Einzelfragen) 9.44
Äquivalentgewicht
  s.Physikalische Chemie (Einzelfragen) 9.242
Äquivalentleitfähigkeit
  s.Elektrolyse (Einzelfragen) 9.110
Äquivalenzrelation
  s.Algebra (Axiomatik) 9.25
Aerodynamik
  s.Mechanik (Fliegen) 9.180
  s.Mechanik (Luftdruck) 9.183
Aerodynamische Erhitzung
  s.Weltraumtechnik (Einzelfragen) 9.305
Ästhetische Erziehung 6.19
- (Biologieunterricht)
  s.Biologieunterricht (Methodische Einzelfragen) 9.70

- (DDR) 6.20
- (Dichtung)
  s.Dichtung im Unterricht 7.61
- (Kindergarten)
  s.Ästhetische Erziehung (DDR) 6.20
- (Kunsterziehung)
  s.Kunsterziehung (Geschmacksbildung) 10.114
- (Lied)
  s.Liedpflege 10.161
- (Schulgarten)
  s.Schulgarten (Erziehungswert) 5.231
Ästhetische Information
  s.Kybernetik (Informationsästhetik) 5.98
  s.Lehrprogramm (Einzelfragen) 5.122
Ästhetische Urteilsbildung
  s.Ästhetische Erziehung (DDR) 6.20
Ästhetisches Empfinden
  s.Ästhetische Erziehung 6.19
Ästhetisches Erleben
  s.Ästhetische Erziehung 6.19
Äthin
  s.Anorganische Chemie (Einzelfragen) 9.39
Äthiopien
  s.Länderkunde (Äthiopien) 8.114
Äthylen
  s.Organische Chemie (Kohlenwasserstoffe) 9.224
Äußere Mongolei
  s.Länderkunde (Mongolei) 8.133
Äußere Schulreform
  s.Innere Schulreform 6.101
Affekt 4.20
Affektbetonung
  s.Affekt 4.20
Affektive Entwicklung
  s.Entwicklungspsychologie (Kleinkind) 4.43
Affektive Gewissensbildung
  s.Gewissensbildung 3.136
Affektive Lernorganisation
  s.Lehrprogramm (Psychologischer Aspekt) 5.124
Affektiver Lernbereich
  s.Lernpsychologie (Didaktischer Aspekt) 4.111
Affine Geometrie
  s.Abbildungsgeometrie (Affinität) 9.20
Affine Gruppe
  s.Algebra (Gruppentheorie) 9.28

Affine Transformation
  s.Abbildungsgeometrie (Affinität)
  9.20
Affinität
  s.Abbildungsgeometrie (Affinität)
  9.20
Afghanistan
  s.Länderkunde (Afghanistan) 8.114
Afrika
  s.Geschichte (Afrika) 8.56
  s.Länderkunde (Afrika) 8.114
  - im Film
  s.Länderkunde (Afrika:Film) 8.114
Afrikaans
  s.Fremdsprachen 7.101
Afrikanische Bevölkerung
  s.Länderkunde (Afrika:Bevölkerung) 8.114
Afrikanische Literatur
  s.Fremdsprachenunterricht (Lektüre) 7.107
Afrikanischer Sozialismus
  s.Länderkunde (Afrika:Bevölkerung) 8.114
AGDL
  s.Arbeitsgemeinschaft Deutscher Lehrerverbände 2.20
Aggregatzustand
  s.Wärmelehre (Aggregatzustand) 9.298
Aggression 4.20
  - (Leibeserziehung)
  s.Leibeserziehung (Psychologischer Aspekt) 10.148
Aggressives Kind
  s.Aggression 4.20
Aggressivität
  s.Aggression 4.20
Agieren
  s.Aktivität 4.21
Agrammatismus
  s.Aphasie 4.24
  s.Sprachstörung 4.207
Agrarlandschaft
  s.Wirtschaftsgeographie (Landwirtschaft) 8.224
Agrarpolitik
  s.Wirtschaftskunde (Landwirtschaft) 8.235
Agrarstatistik
  s.Biologielehrmittel (Einzelformen) 5.41
  s.Mathematische Statistik 9.176
Agrarwirtschaft
  s.Wirtschaftsgeographie (Landwirtschaft) 8.224

Agrochemie
  s.Bodenbiologie 9.80
  s.Pflanzenphysiologie (Wachstum) 9.238
Aha-Erlebnis
  s.Erlebnis 4.49
Ahornbaum
  s.Pflanzenkunde (Laubbäume) 9.230
Akademie für Erwachsenenbildung
  s.Erwachsenenbildung und Universität 1.71
Akademiegesetzgebung
  s.Ingenieurschule 1.114
Akademiereife
  s.Realschule und Berufsschule 1.162
Akademieschule
  s.Lehrerbildung (Ausbildungsschule) 2.77
Akademische Ausbildung
  s.Hochschulstudium 1.111
Akademische Berufsberatung
  s.Berufsberatung (Akademische Berufsberatung) 3.29
Akademische Bildung
  s.Hochschulstudium 1.111
Akademische Freiheit
  s.Hochschulstudium 1.111
Akademische Jugend
  s.Jugendsoziologie 3.151
Akademische Lebensform
  s.Bildungsauftrag (Hochschule) 3.65
  s.Hochschulreform 1.108
Akademische Selbstverwaltung
  s.Hochschulrecht 1.107
Akademischer Unterricht
  s.Hochschulstudium 1.111
Akkordeon
  s.Musikinstrument (Einzelformen) 5.139
Akkusativische Sehweise
  s.Wortarten (Substantiv) 7.249
Akrobatik
  s.Sport (Einzelfragen) 10.243
Aktenplan
  s.Schulleitung (Schriftverkehr) 1.204
Aktionsart und Aspekt
  s.Englische Grammatik (Verbalformen) 7.68
Aktivation
  s.Arbeitspsychologie 4.24
Aktive Methode
  s.Schüleraktivierung 6.151
Aktive Schülerarbeit
  s.Schüleraktivierung 6.151

Aktivierung des Schülers
  s.Schüleraktivierung 6.151
Aktivität 4.21
Aktivitätsbetonter Unterricht
  s.Schüleraktivierung 6.151
Aktivitätspädagogik
  s.Schüleraktivierung 6.151
Aktivitätspsychologie
  s.Aktivität 4.21
Aktivitätsschule
  s.Montessori-Pädagogik 6.126
Aktivkohle
  s.Organische Chemie (Kohle) 9.224
Aktualgenese
  s.Denkpsychologie 4.38
  s.Psychodiagnostik 4.141
Aktuelle Gemeinschaftskunde
  s.Staatsbürgerliche Erziehung
    (Gegenwartsbezug) 8.206
Aktueller Anlaß [Sprachlehreunterricht]
  s.Grammatikunterricht (Methodische Einzelfragen) 7.130
Aktueller Unterricht
  s.Gegenwartskunde 8.48
  s.Gegenwartsnaher Unterricht 6.74
Akustik 9.24
- (Schallgeschwindigkeit) 9.24
- (Schallwellen) 9.24
Akustisch-optisches Kabinett
  s.Sprachlabor (DDR) 5.242
Akustische Analyse
  s.Erstleseunterricht (Phonetischer Aspekt) 7.91
Akustische Anschauung
  s.Anschauung 6.22
  s.Tonband im Unterricht 5.249
Akustische Wahrnehmung
  s.Wahrnehmungspsychologie (Einzelfragen) 4.237
Akustisches Dokument
  s.Zeitgeschichtslehrmittel
    (Schallplatte) 5.261
Akzeleration 4.21
- (Berufswahl)
  s.Berufswahl (Psychologischer
    Aspekt) 3.53
- (Leibeserziehung)
  s.Leibeserziehung (Entwicklungspsychologie) 10.132
  s.Leibeserziehung (Psychologischer Aspekt) 10.148
- (Pädagogischer Aspekt) 4.22
- (Schulanfänger)
  s.Schulanfänger (Psychologische
    Einzelfragen) 4.171

- (Stoffplan)
  s.Lehrplan (Psychologischer
    Aspekt) 6.120
Akzent im Deutschen
  s.Satzlehre (Betonung) 7.203
Akzentuierungsrichtung
  s.Sozialpsychologie 4.193
Alaska
  s.Länderkunde (Alaska) 8.115
Albanien
  s.Länderkunde (Europa:Einzelfragen) 8.124
Albentausch
  s.Arbeitsmittel (Einzelformen) 5.27
Alcotest
  s.Organische Chemie (Einzelfragen) 9.222
Alemannen
  s.Altertum (Völkerwanderung) 8.24
Alexander der Große
  s.Altertum (Hellenismus) 8.23
Algarve
  s.Länderkunde (Portugal) 8.138
Algebra 9.25
- (Axiomatik) 9.25
- (Ganze Zahlen) 9.26
- (Gleichheitszeichen) 9.26
- (Gleichungen) 9.26
- (Gleichungslehre) 9.27
- (Gruppentheorie) 9.28
- (Irrationalzahlen) 9.28
- (Komplexe Zahlen) 9.29
- (Natürliche Zahlen) 9.29
- (Primzahlen) 9.29
- (Quadratwurzel) 9.30
- (Rationale Zahlen) 9.30
- (Reelle Zahlen) 9.30
- (Übung)
  s.Rechenübung 9.263
- (Ungleichungen) 9.30
- (Zahl) 9.31
- (Zahlentheorie) 9.31
Algebraische Gleichung
  s.Algebra (Gleichungen) 9.26
- (Graphische Lösung)
  s.Angewandte Mathematik (Nomographie) 9.38
Algebraische Größenstrukturen
  s.Algebra (Axiomatik) 9.25
Algebraische Zahlen
  s.Algebra (Zahlentheorie) 9.31
Algebraischer Körper
  s.Algebra 9.25
Algebraunterricht 9.32
Algen
  s.Pflanzenkunde (Algen) 9.226

Algerien
  s.Länderkunde (Algerien) 8.115
ALGOL 60
  s.Kybernetische Maschinen (Algorithmen) 5.107
Algorithmen
  s.Kybernetische Maschinen (Algorithmen) 5.107
  s.Lehrprogramm (Algorithmen) 5.120
  s.Sprachlabor (Programmierung) 5.245
Algorithmentheorie
  s.Kybernetik (Symbolische Logik) 5.101
Alija
  s.Zeitgeschichte (Israel) 8.241
Alkalimetall
  s.Anorganische Chemie (Metalle) 9.40
Alkane
  s.Organische Chemie (Alkane) 9.222
Alkohol
  s.Organische Chemie (Alkohol) 9.222
Alkoholische Gärung
  s.Organische Chemie (Alkohol) 9.222
Alkoholismus
  s.Suchtgefährdung 3.237
Alleinarbeit
  s.Selbsttätigkeit 6.182
  s.Stillarbeit 6.188
Alleinstehender Lehrer
  s.Landlehrer 2.58
Allgemeinbildende Biologie
  s.Biologieunterricht 9.63
Allgemeinbildende polytechnische Oberschule
  s.Schulwesen DDR (Zehnklassenschule) 1.236
Allgemeinbildende Schule
  s.Gymnasium 1.92
  s.Landschule 1.132
  s.Realschule 1.159
  s.Volksschule 1.262
Allgemeinbildender Unterricht 6.20
Allgemeinbildung 3.19
- (Fachbildung)
  s.Berufserziehung und Allgemeinbildung) 3.45
  s.Bildung und Ausbildung 3.60
- (Gymnasium) 3.19
- (Staatsbürgerliche Erziehung)
  s.Staatsbürgerliche Erziehung (Allgemeinbildung) 8.205

Allgemeinbildungsschule
  s.Hauptschule 1.101
Allgemeine deutsche Volksschule
  s.Volksschule 1.262
Allgemeine Didaktik
  s.Didaktik 6.53
- und Fachdidaktiken
  s.Didaktik und Methodik 6.55
Allgemeine Erdkunde 8.19
- (Erosion) 8.20
- (Geomorphologie) 8.20
- (Gezeiten) 8.20
- (Gletscher) 8.21
- (Karst) 8.21
- (Moor) 8.21
- (Vulkanismus) 8.21
- (Wüste) 8.21
Allgemeine Menschenbildung
  s.Menschenbildung 3.179
Allgemeine Pädagogik
  s.Didaktik 6.53
Allgemeine Relativitätstheorie
  s.Relativitätstheorie 9.271
Allgemeine Schaltungstheorie
  s.Kybernetik (Symbolische Logik) 5.101
Allgemeine Schule
  s.Volksschule 1.262
Allgemeine Sprachwissenschaft
  s.Sprachwissenschaft 7.233
Allgemeiner Deutscher Neuphilologenverband
  s.Lehrerverbände 2.116
Allgemeiner Schulleistungstest
  s.Schulleistungstest 4.173
Allgemeiner Unterricht
  s.Unterricht 6.203
Allgemeinqualität
  s.Wahrnehmungspsychologie 4.237
Allgemeintechnischer Unterricht
  s.Polytechnischer Unterricht (DDR) 6.141
Alltagssprache
  s.Umgangssprache 7.242
Allwetter-Sportanlage
  s.Leibeserziehung (Wetterbedingung) 10.156
  s.Sportanlage 1.252
Almwirtschaft
  s.Wirtschaftsgeographie (Österreich) 8.225
Alpen
  s.Geologie (Alpen) 8.55
  s.Länderkunde (Alpen) 8.115
Alpenbär
  s.Tierkunde (Bären) 9.279

Alpenbahn
  s.Länderkunde (Alpen) 8.115
Alpenföhn
  s.Klimakunde (Föhn) 8.109
Alpenglöckchen
  s.Pflanzenkunde (Einzelne Pflanzen) 9.228
Alpenwirtschaft der Schweiz
  s.Wirtschaftsgeographie (Schweiz) 8.226
Alphabetschrift
  s.Kulturgeschichtliche Längsschnitte (Schrift) 8.111
Alphastrahl
  s.Atomphysik (Korpuskularstrahlung) 9.52
Alpine Fahrweise
  s.Skiunterricht 10.239
Altägypten
  s.Altertum (Ägypten) 8.22
Alte Geschichte
  s.Altertum 8.21
Alter der Tiere
  s.Tierphysiologie 9.286
Alter des Lebens
  s.Biologie (Organ.Leben) 9.60
Alter Mensch 4.23
Alternierende Differentialform
  s.Analysis (Integral) 9.34
Alternierender Unterricht
  s.Programmiertes Lernen (Differenzierung) 5.165
Alternierendes Produkt
  s.Vektorrechnung (Einzelfragen) 9.289
Altersbestimmung bei Pflanzen
  s.Pflanzenkunde (Alterbestimmung) 9.226
Altersforschung
  s.Alter Mensch 4.23
Altersgruppe
  s.Gruppenpädagogik 3.138
  s.Gruppenpsychologie (Pädagogischer Aspekt) 4.74
Altersmundart 4.23
Altertum 8.21
- (Ägypten) 8.22
- (Einzelfragen) 8.22
- (Germanen) 8.22
- (Griechen) 8.22
- (Hellenismus) 8.23
- (Kelten) 8.23
- (Römer) 8.23
- (Römisches Reich) 8.23
- (Sklaverei) 8.24

- (Völkerwanderung) 8.24
Altertumskunde
  s.Altsprachlicher Unterricht (Methodische Einzelfragen) 7.21
Altertumswissenschaften
  s.Altsprachlicher Unterricht 7.19
Altes Testament
  s.Bibelunterricht Altes Testament 10.35
Altgriechisch
  s.Griechischunterricht (Methodische Einzelfragen) 7.134
Altgriechischer Volkscharakter
  s.Altertum (Griechen) 8.22
Altkastilien
  s.Länderkunde (Spanien:Landschaften) 8.142
Altkreta
  s.Altertum (Einzelfragen) 8.22
Altphilologe 2.20
Altphilologie
  s.Altsprachlicher Unterricht 7.19
Altphilologische Arbeitsgemeinschaft
  s.Altsprachlicher Unterricht (Methodische Einzelfragen) 7.21
Altsprachlicher Anfangsunterricht
  s.Altsprachlicher Unterricht (Einführung) 7.20
Altsprachlicher Unterricht 7.19
- (Arbeitsmittel)
  s.Fremdsprachenlehrmittel (Audiovisuelle Bildungsmittel) 5.70
- (Bildungswert) 7.20
- (DDR) 7.20
- (Denkschulung)
  s.Altsprachlicher Unterricht (Bildungswert) 7.20
- (Einführung) 7.20
- (Geschichtliches Denken)
  s.Altsprachlicher Unterricht (Bildungswert) 7.20
- (Grammatik) 7.20
- (Interpretation) 7.21
- (Konzentration)
  s.Altsprachlicher Unterricht (Methodische Einzelfragen) 7.21
- (Lehrplan) 7.21
- (Leistungskontrolle)
  s.Altsprachlicher Unterricht (Methodische Einzelfragen) 7.21
- (Lektüre) 7.21
- (Methodische Einzelfragen) 7.21
- (Oberstufe)
  s.Altsprachlicher Unterricht (Methodische Einzelfragen) 7.21

- (Politische Bildung) 7.22
- (Reform) 7.22
- (Reifeprüfung) 7.22
- (Rundfunk)
  s.Altsprachlicher Unterricht (Methodische Einzelfragen) 7.21
- (Spielformen) 7.22
- (Sprachliches Bewußtsein)
  s.Altsprachlicher Unterricht (Bildungswert) 7.20
- (Staatsbürgerliche Erziehung)
  s.Altsprachlicher Unterricht (Politische Bildung) 7.22
- (Tonband)
  s.Altsprachlicher Unterricht (Methodische Einzelfragen) 7.21
  s.Fremdsprachenlehrmittel (Tonband) 5.75
- (Übersetzen) 7.22
- (Vokabeleinführung)
  s.Altsprachlicher Unterricht (Methodische Einzelfragen) 7.21
Altsprachliches Gymnasium
  s.Humanistisches Gymnasium 1.114
Altsprachliches Unterrichtswerk
  s.Lateinlehrmittel 5.114
Alttestamentliche Forschung
  s.Bibelunterricht AT (Forschung) 10.36
Alttestamentliche Heilsgeschichte
  s.Bibelunterricht (Heilsgeschichte) 10.33
Alttestamentliche Königsgeschichten
  s.Bibelunterricht AT (Könige) 10.37
Alttestamentlicher Bibelunterricht
  s.Bibelunterricht Altes Testament 10.35
Alttestamentliches Gottesbild
  s.Bibelunterricht AT (Gottesbild) 10.37
ALZUDI
  s.Lehrprogramm (Algorithmen) 5.120
Amateurtheater
  s.Laienspiel 6.109
Amazonasquellen
  s.Länderkunde (Peru) 8.138
Amazonien
  s.Länderkunde (Brasilien) 8.119
Ambrosius [Bischof]
  s.Kirchengeschichte (Einzelpersonen) 10.98
Ameisen
  s.Insektenkunde (Ameisen) 9.146
  s.Tierkunde (Tiere im Unterricht) 9.284

Ameisenbär
  s.Tierkunde (Einzelne Tiere) 9.279
Ameisengift
  s.Insektenkunde (Ameisen) 9.146
Ameisenjungfer
  s.Insektenkunde (Libellen) 9.148
Ameisenlöwe
  s.Insektenkunde (Libellen) 9.148
Ameisenstaat
  s.Insektenkunde (Ameisen) 9.146
Amerika
  s.Geschichte (Amerika) 8.57
Amerikakunde 7.23
Amerikanische Geschichte
  s.Geschichte (USA) 8.59
Amerikanische Lernprogramme
  s.Programmiertes Lernen (Ausland: USA) 5.159
Amerikanische Literatur
  s.Englische Lektüre (Amerikanische Literatur) 7.69
- im Unterricht
  s.Gegenwartsliteratur im Unterricht 7.122
Amerikanische Lyrik
  s.Englische Lektüre (Amerikanische Literatur) 7.69
Amerikanische Short Story
  s.Englische Lektüre (Amerikanische Literatur) 7.69
Amerikanischer Slang
  s.Amerikanisches Englisch (Einzelfragen) 7.23
Amerikanischer Wortschatz
  s.Amerikanisches Englisch (Einzelfragen) 7.23
Amerikanisches Englisch 7.23
- (Einzelfragen) 7.23
Amerikanisches Friedenskorps
  s.Entwicklungshelfer 8.27
Amerikanisches Umgangsenglisch
  s.Amerikanisches Englisch (Einzelfragen) 7.23
Amerikanischlehrer
  s.Englischlehrer 2.31
Amerikanischunterricht
  s.Amerikakunde 7.23
  s.Amerikanisches Englisch 7.23
Amerikanistik
  s.Amerikakunde 7.23
Aminosäure
  s.Biochemie (Einzelfragen) 9.57
  s.Organische Chemie (Einzelfragen) 9.222

Ammoniak
  s.Anorganische Chemie (Nichtmetalle) 9.40
Ammoniaksynthese
  s.Anorganische Chemie (Einzelfragen) 9.39
  s.Chemische Bindung (Katalysator) 9.97
  s.Chemotechnik (Einzelfragen) 9.100
Amplitudenmodulation
  s.Hochfrequenztechnik (Modulation) 9.144
Amrum
  s.Länderkunde (Nordseeinseln) 8.136
Amsel
  s.Vogelkunde (Einzelne Vögel) 9.294
Amtliche Beurteilung des Lehrers
  s.Lehrerberuf (Dienstliche Beurteilung) 2.70
Amtliche Fortbildung des Lehrers
  s.Junglehrerarbeitsgemeinschaft 2.52
Amtsgericht
  s.Heimatkundliche Themen 8.104
  s.Sozialkunde (Gemeindeverwaltung) 8.197
Amtspflichten des Lehrers
  s.Schulrecht 1.211
Amusikalität
  s.Musikalische Fähigkeit 4.126
Amylose
  s.Organische Chemie (Einzelfragen) 9.222
Anaerobe-Bakterien
  s.Nahrungsmittelchemie (Frischhaltung) 9.197
Anale Phase
  s.Sexualverhalten (Entwicklungspsychologie) 4.192
Analogieprinzip [Grundschulrechnen]
  s.Grundschulrechnen (Methodische Einzelfragen) 9.141
Analogrechner
  s.Rechenautomat 9.257
Analyse
  s.Psychoanalyse 4.137
- (Chemie)
  s.Chemische Analyse 9.95
Analysen-Schnellwaage
  s.Chemisches Experimentiergerät 5.48
Analysis 9.32
- (Axiomatik)
  s.Algebra (Axiomatik) 9.25

- (Differentialrechnung) 9.33
- (Extremwert)
  s.Analysis (Differentialrechnung) 9.33
- (Funktion) 9.33
- (Grenzwert) 9.34
- (Integral) 9.34
- (Logarithmus) 9.35
- (Reihen) 9.35
- (Spezielle Funktionen) 9.36
Analytische Abbildungsgeometrie
  s.Abbildungsgeometrie (Analytische Geometrie) 9.20
Analytische Behandlung
  s.Psychoanalyse (Behandlungstechnik) 4.138
Analytische Geometrie 9.36
- (Einzelfragen) 9.37
- (Vektormethode)
  s.Vektorrechnung (Einzelfragen) 9.289
Analytische Gruppentherapie
  s.Gruppentherapie 4.74
Analytische Lesemethode
  s.Ganzheitliches Lesenlernen 7.115
Analytische oder synthetische Leselehrmethode?
  s.Leselehrmethoden (Ganzheit oder Lautsynthese) 7.151
Analytische Psychologie
  s.Psychoanalyse 4.137
  s.Psychologie (Geschichte) 4.147
Analytische Psychotherapie
  s.Psychotherapie (Tiefenpsychologie) 4.155
Analytische Sozialpsychologie
  s.Sozialpsychologie 4.194
Analytische Tätigkeit
  s.Schulische Leistungskontrolle 6.160
Analytischer Biologieunterricht
  s.Biologieunterricht (Methodische Einzelfragen) 9.70
Anamnese
  s.Psychodiagnostik (Anamnese) 4.142
Ananas
  s.Pflanzenkunde (Nutzpflanzen) 9.232
Andalusien
  s.Länderkunde (Spanien:Landschaften) 8.142
Andorra
  s.Länderkunde (Spanien:Landschaften) 8.142

Andragogik
 s.Erwachsenenbildung 1.64
Andromeda-Nebel
 s.Astronomie (Sternensysteme) 9.47
Aneignungsstufen
 s.Formalstufen 6.66
Anekdote im Unterricht 7.24
Anerkennung
 s.Erziehungsmittel (Lob und Tadel) 3.96
Anfänger [Schüler]
 s.Schulanfänger 4.171
 s.Schulanfang 6.153
 s.Schulaufnahme 6.154
Anfängerklasse
 s.Schulanfang 6.153
 s.Taubstummenunterricht (Anfängerklasse) 6.196
Anfängerschwimmunterricht
 s.Schwimmunterricht (Anfänger) 10.235
Anfallkranke Kinder
 s.Epileptisches Kind 4.48
Anfangsschreibunterricht
 s.Schreibenlernen 7.207
Anfangssprache
 s.Fremdsprachenfolge 7.101
Anfangsunterricht 6.21
- (Arbeitsmittel)
 s.Arbeitsmittel im Unterricht (Grundschule) 5.30
- (Biologie)
 s.Biologieunterricht (Grundschule) 9.67
- (Bruchrechnen)
 s.Bruchrechnen (Einführung) 9.82
- (Chemie)
 s.Chemieunterricht (Einführung) 9.88
- (Deutsch)
 s.Erstleseunterricht 7.89
- (Englisch)
 s.Englischer Anfangsunterricht 7.74
- (Französisch)
 s.Französischer Anfangsunterricht 7.97
- (Fremdsprachen)
 s.Fremdsprachlicher Anfangsunterricht 7.114
- (Geometrie)
 s.Geometrieunterricht (Einführung) 9.134
- (Geschichtsunterricht)
 s.Geschichtsunterricht (Grundschule DDR) 8.73
- (Griechisch)
 s.Griechischunterricht (Methodische Einzelfragen) 7.143
- (Heimatkunde)
 s.Heimatkundeunterricht (Einführung) 8.97
- (Kunsterziehung)
 s.Kunsterziehung (Grundschule) 10.114
- (Latein)
 s.Lateinischer Anfangsunterricht 7.146
- (Leibeserziehung)
 s.Leibeserziehung (Schuljahr I-II) 10.151
- (Lesen)
 s.Erstleseunterricht 7.89
 s.Ganzheitliches Lesenlernen 7.115
- (Lyrik)
 s.Lyrik im Unterricht (Grundschule) 7.168
- (Mathematik)
 s.Mathematikunterricht (Einführung) 9.164
- (Musik)
 s.Musikunterricht (Schuljahr I) 10.191
- (Philosophie)
 s.Philosophieunterricht (Einführung) 10.202
- (Physik)
 s.Physikunterricht (Einführung) 9.247
- (Prozentrechnen)
 s.Prozentrechnen (Einführung) 9.254
- (Rechenlehrgang)
 s.Erstrechenunterricht (Methodische Einzelfragen) 9.116
- (Rechenlehrmittel)
 s.Rechenlehrmittel (Erstrechnen) 5.191
- (Rechtschreiben)
 s.Rechtschreibunterricht (Schuljahr I-II) 7.193
- (Religionsunterricht)
 s.Religionsunterricht (Grundschule) 10.212
- (Russisch)
 s.Russischer Anfangsunterricht 7.197
- (Sachbegegnung) 6.21
- (Schreiben und Lesen)
 s.Schreibleseunterricht 7.209

[Forts.: Anfangsunterricht]
- (Schreiberziehung)
  s.Schreibenlernen 7.207
- (Schreibmaterial)
  s.Schreibgerät 5.204
- (Schwimmen)
  s.Schwimmunterricht (Anfänger) 10.235
- (Skifahren)
  s.Skiunterricht (Unterstufe [DDR]) 10.242
- (Spracherziehung)
  s.Sprachunterricht (Schuljahr I) 7.229
- (Sprachlehre)
  s.Grammatikunterricht (Grundschule) 7.128
- (Verkehrserziehung)
  s.Verkehrsunterricht (Grundschule) 10.251
- (Werken)
  s.Werkunterricht (Grundschule) 10.271
- (Zeichenunterricht)
  s.Zeichenunterricht (Grundschule) 10.278
Anführungszeichen
  s.Satzzeichen 7.206
Angeborene Leseschwäche
  s.Legasthenie 4.102
Angeborener Schwachsinn
  s.Schwachsinniges Kind 4.185
Angebot und Nachfrage
  s.Wirtschaftskunde (Konsumerziehung) 8.234
Angelernter Arbeiter
  s.Berufserziehung (Ungelernte) 3.44
Angestelltenverhältnis des Lehrers
  s.Lehrerbesoldung 2.71
Angewandte Akustik
  s.Akustik 9.24
Angewandte Kinderpsychologie
  s.Kinderpsychologie 4.95
Angewandte Mathematik 9.37
- (Iteration) 9.37
- (Lineare Programme) 9.38
- (Näherungsrechnen) 9.38
- (Nomographie) 9.38
Angewandte Psychologie
  s.Psychologie (Angewandte Psychologie) 4.146
Angewandte Soziologie
  s.Soziologie (Empirische Soziologie) 3.230

Angewandte Sprachwissenschaft
  s.Sprachwissenschaft 7.233
Angewandte Vogelkunde
  s.Vogelkunde 9.293
Angewandter Aufsatz
  s.Aufsatz (Einzelformen) 7.26
Anglist
  s.Englischlehrer 2.31
Anglistik
  s.Englischunterricht (Anglistik) 7.76
Angola
  s.Länderkunde (Westafrika) 8.147
Angst 4.23
- (Erziehung)
  s.Schulangst 4.172
- (Schwimmschüler)
  s.Schwimmunterricht (Methodische Einzelfragen) 10.237
Angstbewältigung
  s.Ängstliches Kind 4.19
Angsterlebnis
  s.Angst 4.23
Angsthysterie
  s.Ängstliches Kind 4.19
  s.Angst 4.23
Angstneurose
  s.Angst 4.23
Angsttoleranz
  s.Schulangst 4.172
Anhalter
  s.Jugendtourismus 3.153
Ankreis
  s.Geometrie (Kreis) 9.127
Ankreisviereck
  s.Geometrie (Vierecke) 9.132
Anlage
  s.Begabung 4.28
- und Übung
  s.Üben (Psychologischer Aspekt) 6.203
- und Umwelt
  s.Pädagogische Soziologie (Umwelttheorie) 3.197
Anleiten im Unterricht
  s.Didaktik (Einzelfragen) 6.55
Anlernling
  s.Berufserziehung (Lehrling) 3.41
  s.Berufsschule 1.40
Anmeldung des Schülers
  s.Schulaufnahme 6.154
Anomales Kind
  s.Heilpädagogische Psychologie 4.80
Anonyme Miterzieher
  s.Außerschulische Erziehung 3.21

Anorganische Chemie 9.39
- (Einzelfragen) 9.39
- (Kochsalz) 9.40
- (Metalle) 9.40
- (Mineralogie)
  s.Mineralogie 9.196
- (Modellbegriff)
  s.Chemische Bindung (Modellbegriff) 9.97
- (Nichtmetalle) 9.40
- (Oxydation) 9.41
- (Säure) 9.41
- (Säure/Base) 9.42
- (Salze) 9.42
- (Sauerstoff) 9.43
- (Schwefel) 9.43
- (Silikone) 9.43
- (Stickstoff) 9.43
- (Verbrennung) 9.44
Anpassung 3.19
Anpassungsfähige Lehrmaschine
  s.Lehrgerät (Adaptives Lehrgerät) 5.116
Anpassungsschwierigkeit
  s.Gemeinschaftsschwierigkeit 4.69
  s.Kontaktgestörtes Kind 4.100
Anpassungssteigerung
  s.Willensforschung 4.239
Anpassungsstörung
  s.Erziehungsschwierigkeit 4.54
Anschaulicher Geographieunterricht
  s.Erdkundeunterricht (Anschauung) 8.32
Anschaulicher Physikunterricht
  s.Physikunterricht (Einführung) 9.247
Anschaulicher Rechenunterricht
  s.Rechenunterricht (Anschauung) 9.265
Anschaulicher Sprachlehreunterricht
  s.Grammatikunterricht (Anschauung) 7.127
Anschaulichkeit des Unterrichts
  s.Veranschaulichung 6.219
Anschauung 6.22
- (Bibelunterricht)
  s.Bibelunterricht (Anschauung) 10.31
- (Erdkundeunterricht)
  s.Erdkundeunterricht (Anschauung) 8.32
- (Erstrechenunterricht)
  s.Erstrechenunterricht (Anschauung) 9.115
- (Fremdsprachenunterricht)
  s.Fremdsprachenunterricht (Anschauung) 7.103
- (Ganzheitliches Rechnen)
  s.Erstrechenunterricht (Anschauung) 9.115
- (Geschichtsunterricht)
  s.Geschichtsunterricht (Anschauung) 8.67
- (Grammatikunterricht)
  s.Grammatikunterricht (Anschauung) 7.127
- (Handarbeitsunterricht)
  s.Handarbeitsunterricht (Methodische Einzelfragen) 10.75
- (Heimatkundeunterricht)
  s.Heimatkundeunterricht (Anschauung) 8.96
- (Leseunterricht)
  s.Leseunterricht (Methodische Einzelfragen) 7.157
- (Musikunterricht)
  s.Musikunterricht (Anschauung) 10.180
- (Naturlehre)
  s.Naturlehre (Methodische Einzelfragen) 9.204
- (Politische Bildung)
  s.Politische Bildung (Methodische Einzelfragen) 8.184
- (Religionsunterricht)
  s.Religionsunterricht (Anschauung) 10.207
- (Russischunterricht)
  s.Russischunterricht (Methodische Einzelfragen) 7.200
- (Sprachunterricht)
  s.Sprachunterricht (Anschauung) 7.223
- (Staatsbürgerliche Erziehung)
  s.Staatsbürgerliche Erziehung (Anschauung) 8.205
Anschauungsbild
  s.Anschauung 6.22
  s.Unterrichtsbild 5.252
  s.Veranschaulichung 6.219
Anschauungsmittel
  s.Arbeitsmittel 5.25
  s.Unterrichtsbild 5.252
Anschauungsprinzip
  s.Anschauungsunterricht 6.22
Anschauungstafel
  s.Erdkundelehrmittel (Einzelformen) 5.63
  s.Verkehrslehrmittel (Bildformen) 5.257
  s.Wandtafelzeichnen 5.258
Anschauungsübung
  s.Vorschulischer Unterricht (DDR) 6.227

Anschauungsunterricht 6.22
- (Heimatkunde)
  s.Heimatkundeunterricht (Einführung) 8.97
Ansehen des Lehrers
  s.Lehrerstand (Soziologischer Aspekt) 2.115
Anspruchsniveau
  s.Leistungsfähigkeit 4.107
Anständigkeit
  s.Erziehung zur Höflichkeit 3.88
Anstalt
  s.Erziehungsheim 1.73
  s.Internat 1.116
Anstaltsabitur
  s.Abitur 1.20
Anstaltserziehung
  s.Heimerziehung 3.139
  s.Internat 1.116
Anstaltskind
  s.Heimkind 4.80
Anstaltsschule
  s.Geistig behindertes Kind (Heilpädagogische Betreuung) 4.67
Anstaltsseminar
  s.Studienseminar 2.139
Ansteckende Krankheit
  s.Gesundheitslehre (Einzelfragen) 9.138
Anstellungsprüfung für Lehrer
  s.Erste Lehrerprüfung 2.31
Antagonismus in der Erziehung
  s.Erziehung und Freiheit 3.85
Antarktis
  s.Länderkunde (Antarktis) 8.116
Anthropogenese
  s.Abstammungslehre (Mensch) 9.22
Anthropognomik
  s.Anthropologie 3.19
Anthropologie 3.19
- (Abstammungslehre)
  s.Abstammungslehre (Mensch) 9.22
- (Berufserziehung)
  s.Berufserziehung und Menschenbildung 3.45
- (Erziehungswissenschaft)
  s.Pädagogische Anthropologie 3.193
- (Heilpädagogik)
  s.Heilpädagogik (Hilfswissenschaften) 4.78
- (Pädagogik)
  s.Pädagogische Anthropologie 3.193
- im Unterricht
  s.Menschenkunde (Gymnasium) 9.190
Anthropologische Pädagogik
  s.Pädagogische Anthropologie 3.193

Anthropologische Psychologie
  s.Entwicklungspsychologie (Anthropologischer Aspekt) 4.41
Anthropologische Tiefenpsychologie
  s.Tiefenpsychologie 4.226
Anthropometrie
  s.Konstitution des Schülers 4.100
Anthropomorphismus im Biologieunterricht
  s.Biologieunterricht (Methodische Einzelfragen) 9.70
Anthroposophische Pädagogik 3.20
Anti-Dühring
  s.Naturwissenschaft (Naturphilosophie) 9.211
Antifaschismus
  s.Zeitgeschichte (Widerstandsbewegung) 8.246
Antifaschistische Prosa
  s.Sprache und Politik 7.213
Antikatalysator
  s.Chemische Bindung (Katalysator) 9.97
Antike
  s.Altertum 8.21
Antike Geschichtsschreibung
  s.Geschichtsschreibung (Einzelfragen) 8.65
Antike Tragödie
  s.Drama (Tragödie) 7.65
Antiker Humanismus
  s.Humanismus 3.144
Antikommunistischer Totalitarismus
  s.Politische Bildung (Kritik) 8.181
Antillen
  s.Länderkunde (Mittelamerika) 8.132
Antiquaschreiben
  s.Schreibenlernen (Schriftformen) 7.209
Antisemitismus
  s.Zeitgeschichte (Antisemitismus) 8.238
  s.Vorurteil 3.240
- im Unterricht
  s.Zeitgeschichtsunterricht (Antisemitismus) 8.248
Antiteilchen
  s.Atomphysik (Elementarteilchen) 9.51
Antlitz Christi
  s.Bibelunterricht NT (Einzelfragen) 10.41
Antrieb
  s.Triebpsychologie 4.228

Antwortpause [Sprachlabor]
  s.Sprachlabor (Methodische Einzelfragen) 5.245
Antworttendenz
  s.Faktorenanalyse 4.57
Antwortvergleich
  s.Lehrgerät (Adaptives Lehrgerät) 5.116
- (Sprachlabor)
  s.Sprachlabor (Programmierung) 5.245
Anwendung
  s.Üben 6.202
Apenninen-Halbinsel
  s.Länderkunde (Italien) 8.129
Apfelbaum
  s.Pflanzenkunde (Obstbäume) 9.233
Apfelschnecke
  s.Tierkunde (Schnecken) 9.283
Apfelsine
  s.Pflanzenkunde (Nutzpflanzen) 9.232
Aphasie 4.24
Aphasiebehandlung
  s.Aphasie 4.24
Apokalypse
  s.Bibelunterricht NT (Apokalypse) 10.40
Apostelgeschichte
  s.Bibelunterricht NT (Apostelgeschichte) 10.40
Apostolisches Glaubensbekenntnis
  s.Katechese (Glaube) 10.85
Apotheke [im Gesamtunterricht]
  s.Arbeitseinheiten 6.23
Apparative Lernhilfe
  s.Lehrgerät 5.114
Apparatives Denken
  s.Bildung (Mensch und Technik) 3.57
Appell im Religionsunterricht
  s.Evangelische Unterweisung (Methodische Einzelfragen) 10.59
Appenzellerland
  s.Länderkunde (Schweiz:Einzelne Kantone) 8.140
Apperzeption
  s.Wahrnehmungspsychologie (Einzelfragen) 4.237
Apperzeptionsvermögen, religiöses
  s.Religiöse Erziehung (Psychologischer Aspekt) 3.207
  s.Religionsunterricht (Psychologischer Aspekt) 10.218

Applikationen
  s.Geschichtslehrmittel (Hafttafel) 5.85
  s.Werken (Stoffdruck) 10.267
Aquarell
  s.Malen (Wasserfarben) 10.168
Aquarienfotografie
  s.Schulaquarium 5.209
Aquarium im Unterricht
  s.Schulaquarium 5.209
Aquatile Insektenlarven
  s.Insektenkunde (Wasserinsekten) 9.149
Arabien
  s.Länderkunde (Naher Osten) 8.133
Arabische Liga
  s.Länderkunde (Naher Osten) 8.133
Arabischer Nationalismus
  s.Geschichte (Afrika) 8.56
Arabisches Kalifat
  s.Geschichte (Islam) 8.58
Arbeit
  s.Mechanik (Maßeinheit) 9.184
- und Bildung
  s.Berufliche Bildung 3.25
  s.Bildung (Moderne Arbeitswelt) 3.58
- und Freizeit
  s.Freizeit 3.120
- und Muße
  s.Muße 3.182
Arbeiterberufsschule
  s.Berufsschuleunterricht (Jungarbeiter) 6.48
Arbeiterbewegung
  s.Deutsche Geschichte (Arbeiterbewegung) 8.25
  s.Schule und Arbeitswelt 1.174
Arbeiterbildung
  s.Erwachsenenbildung und Berufsbildung 1.70
Arbeiterdichtung im Unterricht 7.24
Arbeiterin
  s.Jungarbeiterin 4.93
Arbeiterinnen-Berufsschule
  s.Mädchenberufsschule 1.143
Arbeiterinnen-Schulklasse
  s.Mädchenbildung (Berufsschule) 3.170
Arbeiterjugend
  s.Jugendsoziologie 3.151
  s.Jungarbeiter 4.93
Arbeiterschaft und Volkshochschule
  s.Erwachsenenbildung und Berufsbildung 1.70

Arbeitersprache
 s.Fachsprachen 7.94
Arbeitgeber
 s.Wirtschaftskunde (Arbeitnehmer) 8.231
Arbeitnehmer
 s.Wirtschaftskunde (Arbeitnehmer) 8.231
Arbeitsanalyse
 s.Arbeitshaltung des Schülers 6.36
Arbeitsanweisung 6.23
- (Erdkundeunterricht)
 s.Erdkundeunterricht (Arbeitsanweisung) 8.32
- (Gruppenunterricht)
 s.Gruppenunterricht (Arbeitsanweisung) 6.84
- (Naturlehre)
 s.Naturlehre (Methodische Einzelfragen) 9.204
Arbeitsaquarium
 s.Schulaquarium 5.209
Arbeitsauftrag
 s.Chemieunterricht (Polytechnische Bildung) 9.91
Arbeitsbeispiel
 s.Arbeitseinheiten 6.23
 s.Unterrichtseinheit 6.208
Arbeitsbericht
 s.Sonderschulunterricht (Methodische Einzelfragen) 6.186
 s.Zweite Lehrerprüfung (Tätigkeitsbericht) 2.150
Arbeitsbetonter Unterricht
 s.Arbeitsschulunterricht 6.38
Arbeitsbewegungsuntersuchung
 s.Betriebspsychologie 4.32
Arbeitsblätter 5.23
- (Biologie)
 s.Biologielehrmittel (Arbeitsblätter) 5.40
- (Erdkunde)
 s.Erdkundelehrmittel (Arbeitsblätter) 5.62
- (Geometrie)
 s.Geometrielehrmittel 5.72
- (Geschichtsunterricht)
 s.Geschichtslehrmittel (Arbeitsblätter) 5.83
- (Heimatkunde)
 s.Heimatkundelehrmittel (Einzelformen) 5.92
- (Physik)
 s.Physiklehrmittel 5.148

Arbeitsblatt Staat
 s.Politiklehrmittel (Einzelformen) 5.150
Arbeitsbogen
 s.Arbeitsblätter 5.23
 s.Lesebogen 5.126
Arbeitsbuch
 s.Schulbuch 5.210
 s.Schulbuch im Unterricht 5.213
Arbeitsbücherei 5.23
Arbeitsdiagramm
 s.Physikunterricht (Methodische Einzelfragen) 9.249
Arbeitseignung
 s.Arbeitspsychologie 4.24
Arbeitseinheiten 6.23
- (Äpfel)
 s.Arbeitseinheiten (Obst) 6.30
- (Apotheke)
 s.Arbeitseinheiten 6.23
- (April)
 s.Arbeitseinheiten (Frühling) 6.26
- (Auto)
 s.Arbeitseinheiten (Verkehr) 6.32
- (Bach/Fluß)
 s.Heimatkundliche Themen (Bach/Fluß) 8.104
- (Baden)
 s.Arbeitseinheiten (Sommer) 6.31
- (Bauen) 6.23
- (Bauernhof) 6.24
- (Bergwerk)
 s.Arbeitseinheiten (Kohle) 6.29
- (Besuch)
 s.Arbeitseinheiten 6.23
- (Biene)
 s.Arbeitseinheiten (Tiere) 6.31
 s.Heimatkundliche Themen (Biene) 8.105
- (Blumen) 6.24
- (Briefträger) 6.24
- (Brot) 6.24
- (Brunnen)
 s.Arbeitseinheiten (Wasser) 6.33
- (Dampfmaschine)
 s.Arbeitseinheiten (Industrie) 6.28
- (Dorf) 6.24
- (Dorfladen)
 s.Arbeitseinheiten (Einkaufen) 6.25
 s.Heimatkundliche Themen (Dorf) 8.105
- (Drachen)
 s.Arbeitseinheiten (Herbst) 6.27
- (Ei)
 s.Arbeitseinheiten 6.23

- (Einkaufen) 6.25
- (Eisenbahn) 6.25
- (Ernte) 6.25
- (Essen und Trinken)
  s.Arbeitseinheiten (Familienleben) 6.25
- (Fabrik)
  s.Arbeitseinheiten (Industrie) 6.28
- (Fahrrad) 6.25
- (Familienleben) 6.25
- (Fastnacht) 6.26
- (Federvieh)
  s.Arbeitseinheiten (Tiere) 6.31
- (Ferien)
  s.Arbeitseinheiten (Sommer) 6.31
- (Fernsehen)
  s.Arbeitseinheiten 6.23
- (Feuerwehr) 6.26
- (Fisch) 6.26
- (Fließband)
  s.Arbeitseinheiten (Industrie) 6.28
- (Fließendes Wasser
  s.Arbeitseinheiten (Wasser) 6.33
- (Fluß)
  s.Heimatkundliche Themen (Bach/Fluß) 8.104
- (Frühling) 6.26
- (Frühlingswald)
  s.Arbeitseinheiten (Wald) 6.32
- (Garten) 6.26
- (Geburtstag)
  s.Arbeitseinheiten 6.23
- (Geld)
  s.Arbeitseinheiten 6.23
- (Gemüsemarkt)
  s.Arbeitseinheiten (Einkaufen) 6.25
- (Gesundheitslehre)
  s.Arbeitseinheiten 6.23
- (Gewitter)
  s.Arbeitseinheiten (Wetter) 6.34
- (Große Wäsche)
  s.Arbeitseinheiten 6.23
- (Großstadt)
  s.Heimatkundliche Themen (Großstadt) 8.105
- (Gutes Benehmen)
  s.Arbeitseinheiten (Familienleben) 6.25
- (Hafen)
  s.Heimatkundliche Themen (Hafen) 8.105
- (Handwerker) 6.27
- (Haus)
  s.Arbeitseinheiten (Wohnung) 6.34
- (Hausbau) 6.27

- (Haustiere)
  s.Arbeitseinheiten (Tiere) 6.31
- (Heizen) 6.27
- (Herbst) 6.27
- (Herbstwald)
  s.Arbeitseinheiten (Wald) 6.32
- (Heuernte) 6.28
- (Holz)
  s.Arbeitseinheiten (Wald) 6.32
- (Industrie) 6.28
- (Jahreslauf) 6.28
- (Kalender) 6.28
- (Kaminkehrer)
  s.Arbeitseinheiten (Handwerker) 6.27
- (Kaninchen)
  s.Arbeitseinheiten (Tiere) 6.31
- (Karneval)
  s.Arbeitseinheiten (Fastnacht) 6.26
- (Kartoffeln) 6.28
- (Katze)
  s.Arbeitseinheiten (Maus) 6.29
- (Kaufladen)
  s.Arbeitseinheiten (Einkaufen) 6.25
- (Keller)
  s.Arbeitseinheiten (Wohnung) 6.34
- (Kirschen) 6.28
- (Kleidung) 6.29
- (Kochen)
  s.Arbeitseinheiten (Familienleben) 6.25
- (Kohle) 6.29
- (Korn)
  s.Arbeitseinheiten (Brot) 6.24
- (Kraftwerk)
  s.Arbeitseinheiten (Industrie) 6.28
- (Kran)
  s.Arbeitseinheiten (Bauen) 6.23
- (Krankenhaus)
  s.Arbeitseinheiten 6.23
- (Krankheit)
  s.Arbeitseinheiten 6.23
- (Kuchenbacken)
  s.Arbeitseinheiten (Familienleben) 6.25
- (Küche)
  s.Arbeitseinheiten (Wohnung) 6.34
- (Küchenuhr)
  s.Arbeitseinheiten (Uhr) 6.32
- (Laden)
  s.Arbeitseinheiten (Einkaufen) 6.25
- (Licht) 6.29
- (Mai) 6.29
- (Maikäfer) 6.29

[Forts.: Arbeitseinheiten]
- (Markt)
  s.Arbeitseinheiten (Einkaufen) 6.25
- (Martins-Umzug)
  s.Arbeitseinheiten 6.23
- (Maus) 6.29
- (Mehl)
  s.Arbeitseinheiten (Brot) 6.24
- (Menschlicher Körper)
  s.Arbeitseinheiten 6.23
- (Milch) 6.29
- (Mosten)
  s.Arbeitseinheiten (Obst) 6.30
- (Mühle)
  s.Arbeitseinheiten (Brot) 6.24
- ([Die] Nacht)
  s.Arbeitseinheiten 6.23
- (Neubau)
  s.Arbeitseinheiten (Hausbau) 6.27
- (Neues Jahr) 6.30
- (Nikolaus) 6.30
- (November)
  s.Arbeitseinheiten (Tod) 6.32
- (Obst) 6.30
- (Obstmarkt)
  s.Arbeitseinheiten (Einkaufen) 6.25
- (Omnibus)
  s.Arbeitseinheiten (Verkehr) 6.32
- (Ostern)
  s.Arbeitseinheiten (Jahreslauf) 6.28
- (Pausenbrot)
  s.Arbeitseinheiten (Brot) 6.24
- (Pfingsten)
  s.Arbeitseinheiten (Jahreslauf) 6.28
- (Post) 6.30
- (Rabe)
  s.Arbeitseinheiten (Vögel) 6.32
- (Regenwetter)
  s.Arbeitseinheiten (Wetter) 6.34
- (Reisen) 6.30
- (Roller)
  s.Arbeitseinheiten (Verkehr) 6.32
- (Rübenernte)
  s.Arbeitseinheiten (Ernte) 6.25
- (Schlafzimmer)
  s.Arbeitseinheiten (Wohnung) 6.34
- (Schleuse)
  s.Arbeitseinheiten 6.23
  s.Heimatkundliche Themen (Schleuse) 8.105
- (Schnecken)
  s.Arbeitseinheiten (Tiere) 6.31
- (Schnee)
  s.Arbeitseinheiten (Winter) 6.34

- (Schneider)
  s.Arbeitseinheiten (Kleidung) 6.29
- (Schreiner)
  s.Arbeitseinheiten (Handwerker) 6.27
- (Schuhmacher) 6.30
- (Schule) 6.31
- (Schulweg)
  s.Arbeitseinheiten (Verkehr) 6.32
- (Schwäne)
  s.Arbeitseinheiten (Tiere) 6.31
- (Sommer) 6.31
- (Sommerwald)
  s.Arbeitseinheiten (Wald) 6.32
- (Sonne)
  s.Arbeitseinheiten (Sommer) 6.31
- (Sparen)
  s.Arbeitseinheiten 6.23
- (Spinne)
  s.Arbeitseinheiten (Tiere) 6.31
- (Stadt)
  s.Arbeitseinheiten (Straße) 6.31
  s.Heimatkundliche Themen (Stadt) 8.105
- (Straße) 6.31
  siehe auch:
  Heimatkundliche Themen (Straße) 8.106
- (Sturm)
  s.Arbeitseinheiten (Wetter) 6.34
- (Tageszeitung)
  s.Arbeitseinheiten (Zeitung) 6.35
- (Teichtiere)
  s.Arbeitseinheiten (Tiere) 6.31
- (Telefon) 6.31
- (Tiere) 6.31
- (Tierpark)
  s.Arbeitseinheiten (Zoo) 6.35
- (Tod) 6.32
- (Uhr) 6.32
- (Verkehr) 6.32
- (Vieh hüten)
  s.Arbeitseinheiten (Tiere) 6.31
- (Vögel) 6.32
- (Vogelscheuche)
  s.Arbeitseinheiten (Garten) 6.26
- (Vorfrühling)
  s.Arbeitseinheiten (Frühling) 6.26
- (Vorweihnachtszeit)
  s.Arbeitseinheiten (Weihnachten) 6.33
- (Waage)
  s.Arbeitseinheiten (Einkaufen) 6.25
- (Wäsche)
  s.Arbeitseinheiten 6.23

- (Wald) 6.32
  siehe auch
  Heimatkundliche Themen (Wald) 8.106
- (Wasser) 6.33
  siehe auch:
  Heimatkundl.Themen (Wasser) 8.106
- (Wasserleitung)
  s.Heimatkundliche Themen (Wasserleitung) 8.106
- (Weihnachten) 6.33
- (Weinherbst)
  s.Arbeitseinheiten (Herbst) 6.27
- (Werbung)
  s.Arbeitseinheiten 6.23
- (Wetter) 6.34
- (Wiese) 6.34
- (Wiesenblumen)
  s.Arbeitseinheiten (Frühling) 6.26
- (Wind) 6.34
- (Windvogel)
  s.Arbeitseinheiten (Herbst) 6.27
- (Winter) 6.34
- (Winterschlußverkauf)
  s.Arbeitseinheiten (Einkaufen) 6.25
- (Winterwald)
  s.Arbeitseinheiten (Wald) 6.32
- (Wohnung) 6.34
- (Zähne)
  s.Arbeitseinheiten 6.23
- (Zeit) 6.35
- (Zeitrechnen)
  s.Arbeitseinheiten (Uhr) 6.32
- (Zeitung) 6.35
- (Zoo) 6.35
Arbeitseinstellung des Schülers
  s.Arbeitshaltung des Schülers 6.36
Arbeitserziehung 6.35
- (DDR) 6.35
- (Kindergarten)
  s.Arbeitserziehung (DDR) 6.35
- (Schulgarten)
  s.Schulgarten (Erziehungswert) 5.231
Arbeitserziehungssystem
  s.Polytechnische Erziehung 6.139
Arbeitsformen
  s.Kindergarten (Arbeitsformen) 1.122
  s.Schulkindergarten (Arbeitsformen) 1.203
  s.Unterrichtsgestaltung 6.212
  s.Zweiter Bildungsweg (Arbeitsformen) 1.277
Arbeitsfreude
  s.Berufsethos 3.47

- des Schülers
  s.Arbeitshaltung des Schülers 6.36
Arbeitsgemeinschaft
  s.Hauptschulunterricht 6.95
  s.Junglehrerarbeitsgemeinschaft 2.52
  s.Lehrerfortbildung (Arbeitsgemeinschaft) 2.107
  s.Realschulunterricht 6.145
  s.Schülerarbeitsgemeinschaft 6.152
Arbeitsgemeinschaft Deutscher Lehrerverbände 2.20
Arbeitsgemeinschaft "Junge Chemiker"
  s.Chemieunterricht (Arbeitsgemeinschaft) 9.87
Arbeitsgemeinschaft Päd. Bibliotheken
  s.Lehrerbücherei 2.104
Arbeitsgemeinschaft "Sprachlabor"
  s.Sprachlabor (Gymnasium) 5.244
Arbeitsgestaltung
  s.Berufsschulunterricht 6.45
Arbeitsgewöhnung
  s.Berufserziehung (Arbeitshaltung) 3.36
Arbeitsgrundsatz
  s.Anschauungsunterricht 6.22
Arbeitsgruppe Chemie
  s.Chemieunterricht (Arbeitsgemeinschaft) 9.87
Arbeitshaltung
  s.Berufserziehung (Arbeitshaltung) 3.36
- des Schülers 6.36
Arbeitsheft 5.24
- (Biologie)
  s.Biologielehrmittel (Arbeitsheft) 5.40
- (Deutschunterricht)
  s.Deutschlehrmittel (Einzelformen) 5.50
- (Erdkunde)
  s.Erdkundelehrmittel (Arbeitsheft) 5.63
- (Geschichtsunterricht)
  s.Geschichtslehrmittel (Arbeitsheft) 5.83
- (Heimatkunde)
  s.Heimatkundelehrmittel (Einzelformen) 5.92
- (Musikunterricht)
  s.Musiklehrmittel (Einzelformen) 5.141
- (Neusprachlicher Unterricht)
  s.Fremdsprachenlehrmittel 5.73

Arbeitshemmung
  s.Arbeitspsychologie 4.24
Arbeitshilfe
  s.Arbeitsmittel 5.25
Arbeitskarte
  s.Arbeitsblätter 5.23
  s.Deutschlehrmittel (Einzelformen) 5.50
  s.Erdkundelehrmittel (Arbeitsblätter) 5.62
Arbeitslehre 6.36
- (Berufsvorbereitung) 6.37
- (Gesamtschule)
  s.Arbeitslehre 6.36
- (Gymnasium)
  s.Arbeitslehre 6.36
- (Hauptschule) 6.37
- (Kunsterziehung)
  s.Kunsterziehung (Berufsschule)
  10.111
- (Schuljahr X)
  s.Arbeitslehre (Hauptschule) 6.37
Arbeitsleistung
  s.Arbeitspsychologie 4.24
Arbeitslohn
  s.Kaufmännische Berufsfachkunde
  (Wirtschaftslehre) 10.94
Arbeitslosigkeit 1929-1932
  s.Zeitgeschichtsunterricht (Weimarer Republik) 8.258
Arbeitsmäßiger Unterricht
  s.Arbeitsschulunterricht 6.38
Arbeitsmappe 5.24
- (Aufsatzunterricht)
  s.Aufsatzunterricht (Methodische
  Einzelfragen) 7.34
- (Heimatkunde)
  s.Heimatkundelehrmittel (Sammlungen) 5.93
Arbeitsmethodik
  s.Arbeitshaltung des Schülers 6.36
  s.Arbeitspsychologie 4.24
Arbeitsmittel 5.25
- (Astronomieunterricht)
  s.Astronomielehrmittel 5.33
- (Audiovisuelle Hilfsmittel)
  s.Audiovisuelle Bildungsmittel
  5.34
- (Aufbewahrung) 5.25
  (Biologieunterricht)
  s.Biologielehrmittel 5.39
- (Chemieunterricht)
  s.Chemielehrmittel 5.47
- (Deutschunterricht)
  s.Deutschlehrmittel 5.49

- (Differenzierung)
  s.Arbeitsmittel im Unterricht
  (Gruppenunterricht) 5.31
- (Einzelformen) 5.27
- (Englischunterricht)
  s.Englischlehrmittel 5.56
- (Erdkundeunterricht)
  s.Erdkundelehrmittel 5.61
- (Erziehungshilfe)
  s.Arbeitsmittel im Unterricht 5.28
- (Französischunterricht)
  s.Französischlehrmittel 5.72
- (Fremdsprachenunterricht)
  s.Fremdsprachenlehrmittel 5.72
- (Gemeinschaftskunde)
  s.Politiklehrmittel 5.149
- (Geschichtsunterricht)
  s.Geschichtslehrmittel 5.82
- (Geometrieunterricht)
  s.Geometrielehrmittel 5.77
- (Heimatkundeunterricht)
  s.Heimatkundelehrmittel 5.91
- (Herstellung) 5.28
- (Himmelskunde)
  s.Astronomielehrmittel 7.33
- (Kunsterziehung)
  s.Kunstlehrmittel 5.96
- (Lateinunterricht)
  s.Lateinlehrmittel 5.114
- (Leibeserziehung)
  s.Sportlehrmittel 5.238
  s.Turngerät 5.251
- (Mathematikunterricht)
  s.Mathematiklehrmittel 5.135
- (Museum)
  s.Museumsbesuch 5.138
- (Musikerziehung)
  s.Musiklehrmittel 5.141
- (Naturkundeunterricht)
  s.Biologielehrmittel 5.39
- (Naturlehreunterricht)
  s.Chemielehrmittel 5.47
  s.Physiklehrmittel 5.148
- (Ostkunde)
  s.Ostkundelehrmittel 5.144
- (Physikunterricht)
  s.Physiklehrmittel 5.148
- (Politische Bildung)
  s.Politiklehrmittel 5.149
- (Polytechnischer Unterricht)
  s.Polytechnische Lehrmittel 5.154
- (Raumlehre)
  s.Geometrielehrmittel 5.77
- (Rechenunterricht)
  s.Rechenlehrmittel 5.189

- (Religionsunterricht)
  s.Religionslehrmittel 5.197
- (Russischunterricht)
  s.Russischlehrmittel 5.201
- (Schulbuch)
  s.Schulbuch im Unterricht 5.213
- (Selbstkontrolle)
  s.Arbeitsmittel im Unterricht 5.28
- (Sprachunterricht)
  s.Deutschlehrmittel (Sprachlehre) 5.54
- (Turnen)
  s.Turngerät 5.251
- (Verkehrsunterricht)
  s.Verkehrslehrmittel 5.257
- (Wetterkunde)
  s.Wetterkundelehrmittel 5.259
- (Zeitgeschichte)
  s.Zeitgeschichtslehrmittel 5.260
- (Zeitung)
  s.Zeitung im Unterricht 5.262

Arbeitsmittel im Unterricht 5.28
- (Berufsschule) 5.29
- (Grundschule) 5.30
- (Gruppenunterricht) 5.31
- (Landschule) 5.31
- (Sachunterricht) 5.32
- (Sonderschule) 5.32
- (Volksschule) 5.33

Arbeitsmittelsammlung
  s.Arbeitsmittel (Aufbewahrung) 5.26
  s.Biologische Lehrmittelsammlung 5.46
  s.Heimatkundelehrmittel (Sammlungen) 5.93

Arbeitsmoral
  s.Berufsethos 3.47

Arbeitsmotiv des Schülers
  s.Lernmotivation 4.110

Arbeitspädagogik
  s.Arbeitserziehung (DDR) 6.35
  s.Berufserziehung (Arbeitshaltung) 3.36

Arbeitspause
  s.Arbeitspsychologie 4.24

Arbeitsplan
  s.Bildungsplan 6.51
  s.Lehrplan 6.114
  s.Stundenplan 6.191
- des Lehrers
  s.Lehrplan (Klassenlehrplan) 6.119

Arbeitsprinzip
  s.Arbeitserziehung 6.35

Arbeitsproduktivität
  s.Wirtschaftskunde (Einzelfragen) 8.232

Arbeitspsychologie 4.24
Arbeitsräume in Schulen
  s.Schulgebäude 1.186
Arbeitsreife
  s.Berufsreife 3.51
Arbeitsschule
  s.Arbeitsschulunterricht 6.38
Arbeitsschulunterricht 6.38
- (Diskussion) 6.39
- (Erziehungswert) 6.39
- (Geschichte) 6.39
- (Landschule) 6.40

Arbeitsstörung
  s.Arbeitspsychologie 4.24
Arbeitsstufen
  s.Formalstufen 6.66
Arbeitsstunde
  s.Tagesschulunterricht 6.193
Arbeitstafel
  s.Arbeitsmittel (Einzelformen) 5.27
  s.Wandtafel 5.257
Arbeitstechnik des Lehrers
  s.Lehrerberuf (Arbeitstechnik) 2.69
Arbeitstechnische Mappe
  s.Unterrichtsvorbereitung (Hilfsmittel) 6.217
Arbeitsteiliger Gruppenunterricht
  s.Gruppenunterricht (Arbeitsformen) 6.84
Arbeitsteiliger Unterricht
  s.Gruppenunterricht 6.83
Arbeitstherapie
  s.Heilpädagogik (Bewegungstherapie) 4.78
  s.Psychotherapie (Behandlungsmethoden) 4.153
Arbeitsunterricht
  s.Arbeitsmittel im Unterricht 5.28
  s.Arbeitsschulunterricht 6.38
  s.Biologieunterricht (Selbsttätigkeit) 9.75
  s.Erdkundeunterricht (Arbeitsschulprinzip) 8.33
  s.Geometrieunterricht (Methodische Einzelfragen) 9.135
  s.Griechischunterricht 7.133
  s.Heimatkundeunterricht (Arbeitsschulprinzip) 8.96
  s.Rechenunterricht (Selbsttätigkeit) 9.270
  s.Religionsunterricht (Methodische Einzelfragen) 10.215
  s.Sonderschulunterricht (Methodische Einzelfragen) 6.186

[Forts.: Arbeitsunterricht]
　s.Sprachkunde (Methodische
　　Einzelfragen) 7.218
Arbeitsunterweisung
　s.Arbeitsanweisung 6.23
　s.Programmierte Instruktion (Ein-
　　zelfragen) 5.155
Arbeitsverhalten
　s.Arbeitspsychologie 4.24
Arbeitsvorhaben
　s.Arbeitseinheiten 6.23
　s.Naturlehre (Arbeitsvorhaben)
　　9.200
　s.Vorhaben 6.225
Arbeitswelt
　s.Arbeitslehre 6.36
　s.Berufserziehung 3.34
　s.Lehrerbildung (Arbeitswelt) 2.77
- des Menschen
　s.Wirtschaftskunde (Einzelfragen)
　　8.232
- und Schule
　s.Schule und Arbeitswelt 1.174
Arbeitswissenschaft
　s.Betriebssoziologie 3.55
Arbeitszeit des Lehrers
　s.Lehrerberuf (Arbeitszeit) 2.69
Arbeitszeitaufwand im Haushalt
　s.Hauswirtschaft (Arbeitsbewertung)
　　10.77
Arbeitszucht
　s.Schuldisziplin 3.214
Archäologie 8.24
- (Exegese)
　s.Bibelexegese 10.30
Archetypus
　s.Tiefenpsychologie 4.226
Archimedes-Prinzip
　s.Mechanik (Auftrieb) 9.177
Architektenausbildung
　s.Baufachschule 1.24
Architektur
　s.Kunstbetrachtung (Architektur)
　　10.106
Architekturzeichnen
　s.Zeichenunterricht (Gymnasium)
　　10.278
　s.Zeichnen (Geometrisches Zeich-
　　nen) 10.282
Ardennen
　s.Länderkunde (Frankreich:Land-
　　schaften) 8.125
Areligiöse Jugend
　s.Religionsunterricht (Psycholo-
　　gischer Aspekt) 10.218

Argentinien
　s.Länderkunde (Argentinien) 8.116
Argentinische Kurzgeschichte
　s.Spanischunterricht (Lektüre)
　　7.211
Aristopädie
　s.Elitebildung 3.72
Aristoteles-Lektüre
　s.Philosophieunterricht (Philoso-
　　phiegeschichte) 10.204
Arithmetik
　s.Algebraunterricht 9.32
　s.Rechenoperationen 9.258
- (Grundschule)
　s.Erstrechenunterricht (Mengen-
　　operation) 9.115
- (Gruppentheorie)
　s.Algebra (Gruppentheorie) 9.28
Arithmetikbuch
　s.Rechenbuch (DDR) 5.188
Arithmetikunterricht
　s.Rechenunterricht (Methodische
　　Einzelfragen) 9.269
Arithmetisches Mittel
　s.Algebra (Ungleichungen) 9.30
Arizona
　s.Länderkunde (USA:Landschaften)
　　8.146
Arktis
　s.Länderkunde (Arktis) 8.116
Armenpflege
　s.Sozialkunde (Unterrichtsbei-
　　spiele) 8.200
Armkippe
　s.Geräteturnen (Barren) 10.65
Armutserlebnis 4.25
Arnoldshainer Thesen
　s.Kirchengeschichte (Luther) 10.98
Artbegriff
　s.Biologie (Modellformen) 9.60
Artenkenntnis
　s.Biologieunterricht (Bestim-
　　mungsübung) 9.64
Artgewicht
　s.Mechanik (Artgewicht) 9.177
Artikel
　s.Englische Grammatik (Einzelfra-
　　gen) 7.67
　s.Wortarten (Artikel) 7.247
Artikulation des Unterrichts 6.40
Artikulationskind
　s.Gehörloses Kind 4.66
Artikulationsmethode
　s.Taubstummenunterricht (Artiku-
　　lation) 6.196

Arzneimittelmißbrauch
  s.Suchtgefährdung 3.237
Ascorbinsäure
  s.Biochemie (Vitamine) 9.58
Asien
  s.Geschichte (Asien) 8.57
  s.Länderkunde (Asien) 8.117
  s.Wirtschaftsgeographie (Asien) 8.215
  s.Wirtschaftsgeographie (Asien)
Askese und Erziehung
  s.Pädagogische Anthropologie 3.193
Asoziale Familie
  s.Familie (Sozialstruktur) 3.103
Asoziale Jugendschrift
  s.Schundliteratur 3.220
Asozialer Jugendlicher 4.25
Assimilation
  s.Pflanzenphysiologie (Assimilation) 9.236
Assoziation
  s.Wahrnehmungspsychologie (Einzelfragen) 4.237
AST [Test]
  s.Schulleistungstest 4.173
Astholzarbeit
  s.Werken (Holzschnitzen) 10.263
Astrologie
  s.Astronomie (Einzelfragen) 9.44
Astronautik
  s.Weltraumtechnik (Unterrichtsaspekt) 9.305
Astronavigation der Vögel
  s.Vogelkunde 9.293
Astronomie 9.44
- (Einzelfragen) 9.44
- (Erde) 9.45
- (Heimatkunde)
  s.Heimatkundliche Themen 8.104
- (Mond) 9.45
- (Philosophischer Aspekt)
  s.Astronomie (Einzelfragen) 9.44
- (Planeten) 9.46
- (Planetensystem) 9.46
- (Radioastronomie) 9.46
- (Sonne) 9.46
- (Sterne) 9.47
- (Sternengröße) 9.47
- (Sternensysteme) 9.47
- (Zeitmessung) 9.47
Astronomielehrbuch
  s.Astronomielehrmittel 5.33
Astronomielehrmittel 5.33
- (Sternwarte) 5.34

Astronomielehrplan
  s.Astronomieunterricht (DDR) 9.48
Astronomieunterricht 9.48
- (Arbeitsmittel)
  s.Astronomielehrmittel 5.33
- (DDR) 9.48
- (Schülerbeobachtung) 9.49
- (Volksschule) 9.49
Astronomische Einheit
  s.Astronomie (Zeitmessung) 9.47
Astronomische Entfernungen
  s.Astronomie (Einzelfragen) 9.44
Astrophysik 9.50
Asynchronmotor
  s.Elektrizitätslehre (Drehstrom) 9.103
Athabasca-See
  s.Länderkunde (Kanada) 8.130
Atheismus
  s.Religionsunterricht (Atheismus) 10.207
- und Humanismus
  s.Humanismus (Christlicher Humanismus) 3.145
Atheistische Erziehung
  s.Kommunistische Erziehung 3.160
Atheistischer Humanismus
  s.Humanismus (Krise) 3.145
Athen
  s.Altertum (Griechen) 8.22
Athletikhalle
  s.Leibeserziehung (Organisationsfragen) 10.146
Athos
  s.Länderkunde (Griechenland) 8.125
Atlantikpakt
  s.Zeitgeschichte (Europäische Gemeinschaften) 8.240
Atlas
  s.Erdkundeatlas 5.59
Atlaskarte
  s.Erdkundeatlas (Karte) 5.59
Atlasländer
  s.Länderkunde (Nordafrika) 8.135
Atmosphäre
  s.Wetterkunde (Atmosphäre) 8.212
Atmung
  s.Bewegungslehre (Atmung) 10.29
  s.Leibeserziehung (Atmung) 10.127
  s.Stimmbildung (Atmen) 10.244
- der Tiere
  s.Tierphysiologie 9.286
- des Menschen
  s.Menschenkunde (Atmung) 9.188
- und Blutkreislauf
  s.Menschenkunde (Blutkreislauf) 9.190

Atmungstherapie
 s.Psychotherapie (Behandlungsmethoden) 4.153
Atom
 s.Atomphysik 9.50
Atombau
 s.Chemie (Periodensystem) 9.85
Atomgewicht
 s.Physikalische Chemie (Atomgewicht) 9.242
Atomisten
 s.Philosophieunterricht (Philosophiegeschichte) 10.204
Atomkerndurchmesser
 s.Atomphysik (Meßtechnik) 9.53
Atomleseheft
 s.Physiklehrmittel 5.148
Atommasse
 s.Atomphysik (Meßtechnik) 9.53
Atommodelle
 s.Atomphysik (Modellbegriff) 9.53
Atomphysik 9.50
- (Elementarladung) 9.51
- (Elementarteilchen) 9.51
- (Isotope) 9.52
- (Kausalgesetz)
 s.Physik (Kausalität) 9.240
- (Kernchemie) 9.52
- (Korpuskularstrahlung) 9.52
- (Meßtechnik) 9.53
- (Modellbegriff) 9.53
- (Mößbauereffekt) 9.53
- (Nebelkammer) 9.54
- (Neutron) 9.54
- (Photon) 9.54
- (Schülerversuch) 9.54
- (Volksschule) 9.55
- (Zählrohre) 9.55
Atomspaltung
 s.Atomphysik (Kernchemie) 9.52
Atomtechnik 9.55
- im Unterricht 9.56
Atomuhr
 s.Atomphysik (Meßtechnik) 9.53
Atonale Musik
 s.Neue Musik 10.195
Attribut
 s.Satzlehre (Attribut) 7.203
Audio-visual aids
 s.Fremdsprachenlehrmittel (Audiovisuelle Bildungsmittel) 5.74
Audiolinguale Fertigkeit
 s.Sprachlabor (Ausspracheschulung) 5.241

Audiologie
 s.Taubstummenunterricht (Hörhilfen) 6.198
Audiometrie 4.26
- (Gehörlose)
 s.Taubstummenunterricht (Hörerziehung) 6.197
Audion
 s.Hochfrequenztechnik (Einzelfragen) 9.143
Audiovisuelle Bildungsmittel 5.34
- (Lehrerbildung)
 s.Lehrerbildung (Unterrichtsmitschau) 2.100
- (Neusprachlicher Unterricht)
 s.Fremdsprachenlehrmittel (Audiovisuelle Bildungsmittel) 5.74
Audiovisuelles Lehrwerk
 s.Sprachlabor (Lehrbuch) 5.245
Auditive Aktualgenese
 s.Gestaltpsychologie (Aktualgenese) 4.70
Auditive Sprachauffassung
 s.Sprachverständnis 4.210
Auditive Wahrnehmung
 s.Wahrnehmungspsychologie (Einzelfragen) 4.237
AÜ s.Kybernetische Maschinen (Automatische Sprachübersetzung) 5.107
Auerhahnbalz
 s.Vogelkunde (Waldvögel) 9.296
Aufbaugymnasium 1.20
Aufbauklasse 1.21
- (Berufsschule)
 s.Berufsschulunterricht (Aufbauklasse) 6.45
- (Landschule) 1.21
Aufbaukurs
 s.Aufbauklasse 1.21
 s.Berufsaufbauschule 1.30
Aufbaulehrgang
 s.Aufbauklasse 1.21
Aufbauphysik
 s.Physikunterricht (Methodische Einzelfragen) 9.249
Aufbauschule
 s.Aufbaugymnasium 1.20
 s.Aufbauklasse 1.21
 s.Berufsaufbauschule 1.21
Aufbaustufe
 s.Aufbauklasse 1.21
 s.Förderstufe 1.78
Aufbauzug
 s.Aufbauklasse 1.21
 s.Aufbaugymnasium 1.21

Auferstehung Christi
  s.Bibelunterricht NT (Auferstehung) 10.40
Auferstehungsbotschaft
  s.Bibelunterricht NT (Ostern) 10.45
Auferstehungsglaube
  s.Bibelunterricht NT (Auferstehung) 10.40
Auffallendes Kind
  s.Außenseiter 4.27
Auffassungsgestörtes Kind
  s.Gemeinschaftsschwierigkeit 4.69
Aufgabenheft
  s.Hausaufgabe (Unterrichtsaspekt) 6.99
Aufgabenkontrolle
  s.Hausaufgabe (Kontrolle) 6.98
Aufgabenstellung
  s.Arbeitsanweisung 6.23
  s.Lernmotivation 4.110
Aufgliederung
  s.Sprachentfaltung 7.215
Aufklärung, sexuelle
  s.Geschlechtserziehung (Sexuelle Aufklärung) 3.132
Aufklärungsbücher
  s.Literaturpädagogik (Geschlechtserziehung) 3.165
Auflockerung der Schulklasse
  s.Differenzierung 6.56
Auflockerung des Unterrichts
  s.Unterricht (Auflockerung) 6.205
Auflösungsvermögen [Optik]
  s.Optik (Abbildung) 9.217
Aufmerksamkeit 4.26
- im Unterricht 6.40
Aufmerksamkeitsschulung
  s.Aufmerksamkeit im Unterricht 6.40
Aufmerksamkeitstypen
  s.Aufmerksamkeit 4.26
Aufnahmeprüfung 1.21
- (Deutsch)
  s.Deutschunterricht (Aufnahmeprüfung) 7.46
- (Gymnasium) 1.22
- (Mathematik)
  s.Mathematikunterricht (Aufnahmeprüfung) 9.161
- (Realschule) 1.23
- (Rechtsfragen) 1.23
- (Reform) 1.23
Aufnahmeverfahren für Gymnasien
  s.Gymnasium (Ausleseverfahren) 1.94

Aufnahmeverfahren für Sonderschulen
  s.Sonderschule für Lernbehinderte (Ausleseverfahren) 1.246
  s.Sonderschule für Lernbehinderte (Umschulung) 1.248
Aufprallwaage
  s.Atomphysik (Korpuskularstrahlung) 9.52
Aufrechter Gang
  s.Menschenkunde (Biologische Anthropologie) 9.189
Aufrunden
  s.Rechenoperationen (Überschlagsrechnen) 9.262
Aufsatz 7.24
- (Besinnungsaufsatz) 7.25
- (Bildbeschreibung) 7.25
- (Brief) 7.26
- (Einzelformen) 7.26
- (Erlebnisaufsatz) 7.27
- (Freier Aufsatz) 7.27
- (Kurzfilm)
  s.Deutschlehrmittel (Film) 5.51
- (Lebenslauf) 7.27
- (Literarischer Aufsatz) 7.28
- (Nacherzählung) 7.28
- (Niederschrift) 7.28
- (Phantasieaufsatz) 7.28
- (Protokoll) 7.29
- (Sprachgestaltender Aufsatz) 7.29
- (Tagebuch) 7.29
Aufsatzanalyse
  s.Aufsatzunterricht (Berufsschule) 7.30
Aufsatzbehandlung
  s.Aufsatzunterricht (Methodische Einzelfragen) 7.34
Aufsatzbücher
  s.Aufsatzunterricht (Methodische Einzelfragen) 7.34
  s.Aufsatzunterricht (Themenstellung) 7.38
Aufsatzdiagnostik
  s.Schülerbeurteilung (Aufsatz) 4.169
Aufsatzentwurf
  s.Aufsatzunterricht (Vorbereitung) 7.40
Aufsatzerziehung
  s.Aufsatzunterricht (Erziehungswert) 7.30
  s.Aufsatzunterricht (Unterstufe [DDR]) 7.39
Aufsatzfunk
  s.Aufsatzunterricht (Methodische Einzelfragen) 7.34

Aufsatzheft
  s.Aufsatzunterricht (Kritik) 7.33
Aufsatzkorrektur
  s.Aufsatzunterricht (Korrektur) 7.32
Aufsatzleistung
  s.Aufsatzunterricht (Leistungssteigerung) 7.34
Aufsatznacharbeit
  s.Aufsatzunterricht (Nachbesprechung) 7.35
Aufsatznachbesprechung
  s.Aufsatzunterricht (Nachbesprechung) 7.35
Aufsatzrahmenplan
  s.Aufsatzunterricht (Lehrplan) 7.33
Aufsatzrückgabe
  s.Aufsatzunterricht (Nachbesprechung) 7.35
Aufsatzschreiben
  s.Aufsatzunterricht (Schriftpflege) 7.36
Aufsatzstil
  s.Aufsatzunterricht (Stilbildung) 7.38
Aufsatzthemen
  s.Aufsatz (Bildbeschreibung) 7.25
  s.Aufsatzunterricht (Kritik) 7.33
  s.Aufsatzunterricht (Themenstellung) 7.38
  s.Reifeprüfungsaufsatz (Themenstellung) 7.196
Aufsatzunterricht 7.29
- (Abschlußklasse)
  s.Aufsatzunterricht (Volksschuloberstufe) 7.40
- (Berufsschule) 7.30
- (Bildungseinheit)
  s.Aufsatzunterricht (Lehrplan) 7.33
- (Bildungsplan)
  s.Aufsatzunterricht (Lehrplan) 7.33
- (DDR) 7.30
- (Didaktische Analyse)
  s.Aufsatzunterricht (Methodische Einzelfragen) 7.34
- (Erziehungswert) 7.30
- (Film)
  s.Aufsatzunterricht (Spielformen) 7.37
- (Gemeinschaftsarbeit)
  s.Aufsatzunterricht (Methodische Einzelfragen) 7.34
- (Grundschule) 7.30
- (Gymnasium) 7.31

- (Gymnasium:Mittelstufe) 7.31
- (Gymnasium:Oberstufe) 7.32
- (Gymnasium:Unterstufe) 7.32
- (Handpuppenspiel)
  s.Aufsatzunterricht (Spielformen) 7.37
- (Hauptschule)
  s.Aufsatzunterricht (Volksschuloberstufe) 7.40
- (Hausaufsatz) 7.32
- (Korrektur) 7.32
- (Kritik) 7.33
- (Kunsterziehung)
  s.Aufsatz (Bildbeschreibung) 7.25
- (Landschule) 7.33
- (Lehrplan) 7.33
- (Leistungsbewertung) 7.34
- (Leistungssteigerung) 7.34
- (Methodische Einzelfragen) 7.34
- (Mittelstufe)
  s.Aufsatzunterricht (Gymnasium: Mittelstufe) 7.31
  s.Aufsatzunterricht (Volksschulmittelstufe) 7.39
- (Nachbesprechung) 7.35
- (Obersekunda)
  s.Aufsatzunterricht (Gymnasium: Mittelstufe) 7.31
- (Oberstufe)
  s.Aufsatzunterricht (Gymnasium: Oberstufe) 7.32
  s.Aufsatzunterricht (Volksschuloberstufe) 7.40
- (Persönlichkeitsbildung)
  s.Aufsatzunterricht (Erziehungswert) 7.30
- (Politische Bildung)
  s.Aufsatzunterricht (Methodische Einzelfragen) 7.34
- (Psychologischer Aspekt) 7.35
- (Realschule) 7.36
- (Rechtschreiben) 7.36
- (Reifeprüfung)
  s.Reifeprüfungsaufsatz 7.195
- (Schreibschulung)
  s.Aufsatzunterricht (Schriftpflege) 7.36
- (Schriftpflege) 7.36
- (Schuljahr I-II) 7.36
- (Schuljahr III-IV) 7.37
- (Schuljahr V)
  s.Aufsatzunterricht (Volksschulmittelstufe) 7.39
- (Schuljahr V-VIII)
  s.Aufsatzunterricht (Volksschuloberstufe) 7.40

- (Schuljahr VI)
  s.Aufsatzunterricht (Volksschulmittelstufe) 7.39
- (Schulspiel)
  s.Aufsatzunterricht (Spielformen) 7.37
- (Spielformen) 7.37
- (Spracherziehung) 7.37
- (Sprachverhalten) 7.38
- (Sprechspur)
  s.Sprechspur (Aufsatzunterricht) 7.237
- (Stilbildung) 7.38
- (Themenstellung) 7.38
- (Unterstufe)
  s.Aufsatzunterricht (Gymnasium: Unterstufe) 7.32
- (Unterstufe [DDR]) 7.39
- (Verkehrserziehung)
  s.Verkehrsunterricht (Deutschunterricht) 10.250
- (Volksschule) 7.39
- (Volksschulmittelstufe) 7.39
- (Volksschuloberstufe) 7.40
- (Vorbereitung) 7.40
- (Wirtschaftsoberschule)
  s.Aufsatzunterricht (Berufsschule) 7.30
- (Zeichnerische Tätigkeit)
  s.Aufsatzunterricht (Psychologischer Aspekt) 7.35
Aufsatzverbesserung
  s.Aufsatzunterricht (Korrektur) 7.32
Aufsatzvorbereitung
  s.Aufsatzunterricht (Vorbereitung) 7.40
Aufsatzzensur
  s.Aufsatzunterricht (Leistungsbewertung) 7.34
Aufschreiben
  s.Rechtschreibunterricht (Übungsformen) 7.194
Aufschreibübung
  s.Aufsatzunterricht (Grundschule) 7.30
  s.Rechtschreibunterricht (Sonderschule) 7.194
Aufschwung am Reck
  s.Geräteturnen (Reck) 10.67
Aufsichtspflicht des Lehrers 2.20
- (Leibeserziehung)
  s.Leibeserziehung (Unfallverhütung) 10.154
Aufstemmen am Barren
  s.Geräteturnen (Stufenbarren) 10.68

Aufstiegsmöglichkeit des Lehrers
  s.Lehrerberuf (Rechtsfragen) 2.70
Auftrag an den Schüler
  s.Unterricht (Lernauftrag) 6.207
Auftrieb
  s.Mechanik (Auftrieb) 9.177
Aufwertung der DM
  s.Wirtschaftskunde (Geldwirtschaft) 8.233
Aufzähltest
  s.Test 4.216
Aufzählverfahren
  s.Rechenoperationen (Schriftliches Abziehen:Ergänzungsmethode) 9.260
Auge des Menschen
  s.Menschenkunde (Auge) 9.188
Augsburger Bekenntnis
  s.Kirchengeschichte (Reformation) 10.99
Augustus-Lektüre
  s.Lateinische Lektüre (Einzelne Werke) 7.145
Aula
  s.Schulgebäude (Festraum) 1.187
Ausbildung und Bildung
  s.Bildung und Ausbildung 3.60
Ausbildungsbeihilfe 1.23
Ausbildungsbetrieb und Berufsschule
  s.Berufsschule und Betrieb 1.43
Ausbildungsförderung
  s.Studienförderung 1.253
Ausbildungspraktikum
  s.Lehrerbildung (Schulpraktische Ausbildung) 2.96
Ausbildungsrationalisierung
  s.Programmierte Instruktion (Einzelfragen) 5.155
Ausbildungsschule
  s.Lehrerbildung (Ausbildungsschule) 2.77
Auschwitzprozeß
  s.Zeitgeschichte (Auschwitzprozeß) 8.238
Ausdrucksanalyse
  s.Sprecherziehung im Unterricht (Psychologischer Aspekt) 7.236
Ausdrucksdarstellung
  s.Sprecherziehung im Unterricht (Psychologischer Aspekt) 7.236
Ausdruckserscheinung
  s.Ausdruckspsychologie 4.26
Ausdrucksfähigkeit
  s.Sprachliche Ausdrucksfähigkeit 7.219
Ausdrucksforschung
  s.Ausdruckspsychologie 4.26

Ausdruckshemmung
  s.Sprachliche Ausdrucksfähigkeit
  7.219
Ausdruckspflege
  s.Aufsatzunterricht (Stilbildung) 7.38
  s.Ausdrucksschulung 7.40
Ausdrucksphänomenologie
  s.Psychotherapie 4.152
Ausdruckspsychologie 4.26
Ausdrucksschulung 7.40
- (Grundschule) 7.41
- (Satzlehre)
  s.Satzlehre (Ausdrucksschulung)
  7.203
Ausdrucksspiel
  s.Unterrichtsspiel 5.256
Ausdrucksverstärkung
  s.Sprachgefühl 7.216
Ausflug
  s.Schulausflug 6.155
Ausgangspersönlichkeit
  s.Persönlichkeitspsychologie 4.133
Ausgangsschrift
  s.Schreibenlernen (Ausgangsschrift) 7.207
Ausgehende Kindheit
  s.Entwicklungspsychologie (Kindheit) 4.42
Ausgestorbene Lebewesen
  s.Abstammungslehre (Tier) 9.23
Ausgleichssport
  s.Leibeserziehung (Berufsschule)
  10.128
Ausgrabungsmethodik
  s.Archäologie 8.24
Aushilfslehrer 2.21
Ausländerstudium
  s.Hochschulstudium 1.111
Ausländisches Volkslied
  s.Volkslied (Europäisches Volkslied) 10.258
Auslandskunde
  s.Englandkunde 7.66
Auslandslehrer 2.21
- (Finanzielle Betreuung) 2.23
Auslandsschule, deutsche
  s.Deutsches Auslandsschulwesen 1.54
Auslandsschuldienst
  s.Auslandslehrer 2.21
Auslandsschulfibel
  s.Deutschunterricht (Deutsche Auslandsschule) 7.48
  s.Fibel (Einzelbeispiele) 5.70
  s.Fibel im Unterricht 5.71

Auslandsschullesebuch
  s.Lesebuch (Auslandsschule) 5.127
Auslassungszeichen
  s.Satzzeichen 7.206
Auslaugung
  s.Allgemeine Erdkunde (Erosion)
  8.20
- der Volksschule
  s.Volksschuloberstufe (Substanzverlust) 1.266
Ausleihe [Schülerbücherei]
  s.Schülerbücherei (Ausleihfragen)
  5.206
Auslese
  s.Begabtenauslese 1.24
- , biologische
  s.Abstammungslehre (Selektionstheorie) 9.23
Auslesefach Deutsch
  s.Deutschunterricht (Auslesefach)
  7.46
Auslesefach Latein
  s.Lateinunterricht (Organisationsfragen) 7.148
Auslesetest
  s.Schulleistungstest 4.173
Ausleseverfahren für Gymnasien
  s.Gymnasium (Ausleseverfahren) 1.94
Ausleseverfahren für Sonderschulen
  s.Sonderschule für Lernbehinderte
  (Ausleseverfahren) 1.246
Ausleseprüfung
  s.Aufnahmeprüfung 1.21
Auslesestufenschule
  s.Begabtenauslese 1.24
Auspowerung der Volksschule
  s.Volksschuloberstufe (Substanzverlust) 1.266
Aussagenkalkül
  s.Kybernetische Maschinen (Programmierung) 5.111
Aussagenlogik
  s.Mathematische Logik 9.176
Aussageweisen des Zeitworts
  s.Verblehre (Modus) 7.244
Außenelbe
  s.Länderkunde (Deutsche Nordseeküste) 8.121
Außenhandel
  s.Wirtschaftskunde (Einzelfragen)
  8.232
Außenseiter 4.27
Außerschulische Erziehung 3.21
- (Organisationsfragen)
  s.Internat 1.116

Außerschulische Jugendbildung
  s.Außerschulische Erziehung 3.21
  s.Freizeitgestaltung 3.123
Außerschulische Miterzieher
  s.Massenmedien 3.175
Außerschulische Sonderpädagogik
  s.Heilpädagogik 4.76
Außerschulischer Erzieherberuf
  s.Sozialpädagoge 2.138
Außerschulischer Wissenserwerb
  s.Fernunterricht 6.65
Außerunterrichtliche Erziehung
  s.Außerschulische Erziehung 3.21
Außerunterrichtliche Musikerziehung
  s.Musikerziehung 10.173
Aussiedlerkind
  s.Flüchtlingskind 4.61
Aussonderungsuntersuchung [Screening tests of hearing]
  s.Schwerhöriges Kind (Diagnostik) 4.189
Aussprache
  s.Diskussion im Unterricht 6.58
  s.Phonetik 7.183
  s.Sprecherziehung im Unterricht 7.234
Ausspracheschulung
  s.Englischer Anfangsunterricht 7.74
  s.Englischunterricht (Phonetik) 7.83
  s.Englischunterricht (Sprechübung) 7.86
  s.Französischunterricht (Phonetik) 7.99
  s.Russischunterricht (Sprechübung) 7.201
  s.Sprachlabor (Ausspracheschulung) 5.241
  s.Sprecherziehung im Unterricht (Methodische Einzelfragen) 7.235
Ausstattung des Schulgebäudes
  s.Schulgebäude 1.186
Ausstellung
  s.Schulische Ausstellung 5.235
Ausstellungsbesuch
  s.Kunstlehrmittel (Museumsbesuch) 5.96
  s.Museumsbesuch 5.138
Ausstellungsschrank [Biologieunterricht]
  s.Biologische Lehrmittelsammlung 5.46
Austauschlehrer 2.23
Austauschoperation
  s.Algebra 9.25
Ausstellungsbesuch
  s.Museumsbesuch 5.138

Australien
  s.Länderkunde (Australien) 8.117
Auswärtige Politik
  s.Politik (Einzelfragen) 8.161
Auswahl des Lehrinhalts
  s.Bildungsplan 6.51
  s.Lehrplan 6.114
  s.Stundenplan 6.191
  s.Unterrichtsplanung 6.214
Auswahlantwort
  s.Lehrgerät (Adaptives Lehrgerät) 5.116
  s.Lehrprogramm (Einzelfragen) 5.122
Auswahlgruppen
  s.Sonderschulunterricht (Methodische Einzelfragen) 6.186
Auswahlsätze
  s.Mengenlehre 9.187
Auswanderung
  s.Wirtschaftsgeographie (Einzelfragen) 8.218
Auswechselspiel
  s.Aufsatzunterricht (Gymnasium: Unterstufe) 7.32
Auswendiglernen 6.40
- (Fremdsprachenunterricht)
  s.Fremdsprachenunterricht (Vokabellernen) 7.112
- (Gedicht)
  s.Lyrik im Unterricht (Auswendiglernen) 7.166
Autismus 4.28
Autobahn
  s.Wirtschaftsgeographie (Verkehrswesen) 8.229
Autobusfahrt
  s.Schulwandern 6.178
Autodidaktische Stillarbeit
  s.Arbeitsmittel im Unterricht 5.28
Autoerotismus
  s.Sexualverhalten (Entwicklungspsychologie) 4.192
Autogenes Training
  s.Hypnose 4.85
Autokratische Klassenführung
  s.Pädagogischer Führungsstil 6.135
Automatentheorie
  s.Automation 9.56
  s.Kybernetische Maschinen (Automatische Programmierung) 5.107
Automatik
  s.Kybernetik 5.97
Automation 9.56
- (Berufserziehung)
  s.Berufserziehung (Automation) 3.36

[Forts.: Automation]
  s.Berufsschulunterricht (Automation) 6.46
- (Bildung)
  s.Bildung (Automation) 3.56
- (Regeltechnik) 9.57
- (Wirtschaftskunde)
  s.Wirtschaftskunde (Einzelfragen) 8.232
Automatische Grammatik
  s.Kybernetik (Informationssemantik) 5.99
Automatische Programmierung
  s.Kybernetische Maschinen (Automatische Programmierung) 5.107
Automatische Sprachübersetzung
  s.Kybernetische Maschinen (Automatische Sprachübersetzung) 5.107
Automatische Steuerung
  s.Automation 9.56
Automatische Wissensauswertung
  s.Kybernetik (Dokumentation) 5.97
Automatische Zeichenerkennung
  s.Kybernetische Maschinen (Automatische Zeichenerkennung) 5.109
Automatisches Komponieren
  s.Kybernetik (Informationsästhetik) 5.98
Automatisierung
  s.Berufserziehung (Automation) 3.36
  s.Bildung (Automation) 3.56
Automotor
  s.Wärmelehre (Motor) 9.301
Autonome Pädagogik
  s.Pädagogik (Autonomie) 3.184
Autonomer Fernunterricht
  s.Fernunterricht 6.65
Autorität 3.21
- (Disziplin)
  s.Autorität und Disziplin 3.23
- (Erzieher)
  s.Autorität des Lehrers 3.22
- (Erziehung)
  s.Pädagogische Autorität 3.194
- (Freiheit)
  s.Autorität und Freiheit 3.23
- (Gemeinschaft)
  s.Autorität und Partnerschaft 3.24
- (Kritik)
  s.Autoritätskrise 3.24
- (Lehrer)
  s.Autorität des Lehrers 3.22
- (Mädchenerziehung)
  s.Pädagogische Autorität 3.194

- (Partnerschaft)
  s.Autorität und Partnerschaft 3.24
- (Unterricht)
  s.Autorität und Disziplin 3.23
- (Vorbild)
  s.Leitbilder (Erziehungsanspruch) 3.162
- des Lehrers 3.22
- des Staates
  s.Politik (Staat) 8.168
- und Dialog
  s.Autorität und Partnerschaft 3.24
- und Disziplin 3.23
- und Freiheit 3.23
- und Partnerschaft 3.24
Autoritätsformen
  s.Autorität des Lehrers 3.22
Autoritätskrise 3.24
Autoritätsverfall
  s.Autoritätskrise 3.24
Autoritätsverlust
  s.Autoritätskrise 3.24
Autoritätsverständnis
  s.Pädagogische Autorität 3.194
Autoritätswandel
  s.Autoritätskrise 3.24
Autosuggestion
  s.Suggestion 4.214
Averbale Kommunikation
  s.Psychoanalyse (Einzelfragen) 4.139
Avogadrosches Gesetz
  s.Physikalische Chemie (Molekulargewicht) 9.243
Axiomatik
  s.Algebra (Axiomatik) 9.25
  s.Geometrie (Axiomatik) 9.124
  s.Mathematische Logik 9.176
Axiomatische Methode
  s.Algebra (Axiomatik) 9.25
Axiomatische Psychotherapie
  s.Psychotherapie 4.152
Axonometrie
  s.Darstellende Geometrie 9.101

B

B-I-T [Test]
  s.Test (Berufs-Interessen-Test) 4.218
B-Klasse
  s.Erziehungsberatung (Schulkind) 4.53

s.Gemeinschaftsschwierigkeit 4.69
s.Taubstummenunterricht 6.195
B-Streifen
   s.Stottern (Ätiologie) 4.211
B-T-S [Test]
   s.Testverfahren (Sonderschüler)
   4.225
Bach [Heimatkunde]
   s.Heimatkundliche Themen (Bach/
   Fluß) 8.104
Bach, Johann Sebastian
   s.Musikgeschichte (Bach) 10.175
Bad Harzburger Aktion
   s.Schmutz- und Schundliteratur
   (Gegenmaßnahmen) 3.207
Baden
   s.Schwimmunterricht 10.235
Baden-Baden
   s.Länderkunde (Schwarzwald) 8.140
Baden-Württemberg
   s.Länderkunde (Baden-Württemberg)
   8.118
Baden-Württembergisches Schulverwaltungsgesetz
   s.Schulverwaltungsgesetze 1.230
Badische Simultanschule
   s.Gemeinschaftsschule 1.86
Badminton
   s.Ballspiel (Einzelformen) 10.20
Bäckerberufsschule
   s.Berufsschule (Fachgruppen)
   1.42
Bäckerfachkundeunterricht
   s.Berufsfachkunde (Bäcker) 10.24
Bäckerfachschule
   s.Fachschule (Einzelne Berufe)
   1.74
Bären
   s.Tierkunde (Bären) 9.279
Bärlappgewächse
   s.Pflanzenkunde (Einzelne Pflanzen) 9.228
Bäuerliche Berufsschule
   s.Landwirtschaftliche Berufsschule) 1.140
Bäuerlicher Berufsnachwuchs
   s.Landwirtschaftliche Berufsschule) 1.140
Bäuerliches Unterrichtswesen
   s.Landschule 1.132
Bäume im Unterricht
   s.Naturschutz (Bäume) 9.209
Bahnhof [im Gesamtunterricht]
   s.Arbeitseinheiten (Eisenbahn)
   6.25

Bahnübergang
   s.Verkehrsunterricht (Verkehrssituation) 10.256
Bakterien
   s.Mikrobiologie (Bakterien) 9.194
Bakteriophagen
   s.Mikrobiologie (Bakterien) 9.194
Baldaufsches Rechenbrett
   s.Rechenlehrmittel (Sonderschule)
   5.193
Bali
   s.Länderkunde (Indonesien) 8.128
Bali-Gerät
   s.Gymnastik (Geräte) 10.71
   s.Turngerät 5.251
Balkan
   s.Länderkunde (Balkan) 8.118
Ballade 7.41
Ballade im Unterricht 7.42
- (Berufsschule) 7.42
- (Gymnasium) 7.42
- (Methodische Einzelfragen) 7.42
- (Volksschule) 7.42
Balladenbehandlung
   s.Ballade im Unterricht (Methodische Einzelfragen) 7.42
Ballgruppe
   s.Ballspiel 10.19
Ballistik
   s.Mechanik (Impulsgesetz) 9.183
Ballon-Globus
   s.Globus 5.90
Ballspiel 10.19
- (Basketball) 10.19
- (Einzelformen) 10.20
- (Fußball) 10.20
- (Geschichte) 10.20
- (Handball) 10.20
- (Medizinball) 10.21
- (Schlagball) 10.21
- (Volleyball) 10.21
Balmer-Formel
   s.Optik (Spektrum) 9.221
Bambusflötenbau
   s.Musikinstrumentenbau 5.140
Bananenpflanzung
   s.Pflanzenkunde (Nutzpflanzen)
   9.232
Bananenspinne
   s.Tierkunde (Spinnen) 9.283
Bandgenerator
   s.Physikalisches Experimentiergerät (Elektrotechnik) 5.145
Bandwandtafel
   s.Wandtafel 5.257

Bandwurm
  s.Tierkunde (Würmer) 9.285
Banklehrling
  s.Kaufmännische Berufsfachkunde
  10.93
Barock
  s.Kunstgeschichte (Einzelne Epochen) 10.122
  s.Neuzeit (17.Jahrhundert) 9.155
Barockes Erziehungsideal
  s.Bildungsideale 3.67
Barocklyrik im Unterricht
  s.Lyrik im Unterricht (Gymnasium: Oberstufe) 7.169
Barograph
  s.Wetterkunde (Schülerbeobachtung) 8.213
Barometer
  s.Wetterkundelehrmittel 5.259
Barotseland
  s.Länderkunde (Südafrika) 8.143
Bartok, Béla
  s.Musikgeschichte (Einzelne Komponisten) 10.176
Baryton
  s.Musikgeschichte (Instrumentalmusik) 10.176
  s.Musikinstrument (Einzelformen) 5.139
BAS
  s.Berufsaufbauschule (Bundesländer) 1.31
Basale Bildungsförderung
  s.Begabung (Schulerfolg) 4.29
  s.Kleinkindlesen 4.97
  s.Vorschulischer Unterricht 6.226
Basalt
  s.Mineralogie 9.196
Base und Säure
  s.Anorganische Chemie (Säure/Base) 9.42
Basel
  s.Länderkunde (Schweiz:Kanton Baselland) 8.141
Baselland
  s.Länderkunde (Schweiz:Kanton Baselland) 8.141
Basic English
  s.Englischunterricht (Basic English) 7.76
Baskenland
  s.Länderkunde (Spanien:Landschaften) 8.142
Basketball
  s.Ballspiel (Basketball) 10.19

Bast
  s.Werken (Stroh/Bast) 10.268
Bastelarbeiten
  s.Werken 10.262
- (Weihnachten)
  s.Weihnachtliches Werken 10.260
Bastelunterricht
  s.Werkunterricht (Spiel) 10.275
Batavia
  s.Länderkunde (Indonesien) 8.128
Batik
  s.Werken (Stoffdruck) 10.267
Bau und Leben
  s.Menschenkunde 9.188
Baubetrachtung
  s.Kunstbetrachtung (Architektur) 10.106
Bauen [im Gesamtunterricht]
  s.Arbeitseinheiten (Bauen) 6.23
Bauernhochschule
  s.Höhere Fachschulen 1.112
Bauernhof
  s.Arbeitseinheiten (Bauernhof) 6.24
  s.Heimatkundliche Themen (Dorf) 8.105
  s.Lebensgemeinschaft (Einzelformen) 9.153
  s.Wirtschaftskunde (Landwirtschaft) 8.224
Bauernkind
  s.Kinderpsychologie (Landkind) 4.96
Bauernkriege
  s.Neuzeit (Bauernkriege) 8.152
Bauernschule
  s.Fachschule (Landwirtschaftsschule) 1.75
Bauerntum
  s.Kulturgeschichtliche Längsschnitte (Bauer) 8.110
  s.Mittelalter (Einzelfragen) 8.149
- und Schule
  s.Landschule (Dorf und Schule) 1.135
Baufachschule 1.24
Baugewerbe
  s.Berufsfachkunde (Einzelne Berufe) 10.24
Baukastensprachlehre
  s.Deutschlehrmittel (Sprachlehre) 5.54
  s.Grammatikunterricht (Satzbaukasten) 7.131
Baukastensystem Elektrotechnik
  s.Physikalisches Experimentiergerät (Elektrotechnik) 5.145

Baukran [im Gesamtunterricht]
　s.Arbeitseinheiten (Bauen)　6.23
Baum
　s.Pflanzenkunde (Wald)　9.235
- als Kinderzeichnung
　s.Kinderzeichnung (Einzelfragen)
　　10.96
Baum-Test
　s.Test (Baumtest)　4.217
Baumgarten [,Franziska]-Test
　s.Intelligenztest　4.89
Baumrinde [Lebensgemeinschaft]
　s.Lebensgemeinschaft (Wald)　9.154
Baumstümpfe
　s.Pflanzenkunde (Altersbestim-
　　mung)　9.226
Baumwolle
　s.Wirtschaftsgeographie (Beklei-
　　dung)　8.216
Baumwollindustrie
　s.Wirtschaftsgeographie (Groß-
　　britannien)　8.222
Baumzeichnen
　s.Test (Baumtest)　4.217
Baupläne der Tiere
　s.Tierphysiologie　9.286
Bauschulstudium
　s.Baufachschule　1.24
Baustile
　s.Kunstbetrachtung (Stilkunde)
　　10.109
Bautafel [Erdkundeunterricht]
　s.Erdkundelehrmittel (Einzelfor-
　　men)　5.63
Bayerische Fibeln
　s.Fibel (Einzelbeispiele)　5.70
Bayerische Lesebücher
　s.Lesebuch (Einzelwerke)　5.127
Bayerischer Bildungsplan
　s.Lehrplan (Bundesländer)　6.116
Bayerischer Lehrer- und Lehrerinnen-
verein
　s.Lehrerverbände　2.116
Bayerischer Philologenverband
　s.Deutscher Philologen-Verband
　　2.29
　s.Lehrerverbände　2.116
Bayerischer Wald
　s.Länderkunde (Bayern)　8.118
Bayerisches Begabtenförderungsgesetz
　s.Begabtenförderung　1.26
Bayerisches Privatschulgesetz
　s.Privatschulgesetze　1.154
Bayerisches Schulfernsehen
　s.Schulfernsehen (Bayern)　5.215

Bayerisches Schulpflegegesetz
　s.Schulgesetzgebung (Bundeslän-
　　der)　1.190
Bayerisches Volksschulgesetz
　s.Volksschule (Bundesländer)　1.264
Bayern
　s.Länderkunde (Bayern)　8.118
　s.Wirtschaftsgeographie (Bayern)
　　8.215
Beamteneid des Lehrers
　s.Lehrerberuf (Rechtsfragen)　2.70
Beamtengesetz
　s.Lehrerberuf (Rechtsfragen)　2.70
Beamtenrecht
　s.Schulrecht　1.211
Beamtenverhältnis
　s.Lehrerberuf (Rechtsfragen)　2.70
Beat-Kultur
　s.Jugendsoziologie (Gesellungsfor-
　　men)　3.152
Beat-Musik
　s.Schlager　10.226
Beatlemanie
　s.Pubertät　4.156
Bedeutungserfassen
　s.Wahrnehmungspsychologie　4.237
Bedeutungsfeld der Sprache
　s.Wortfeld　7.250
Bedeutungsganzheit [Rechnen]
　s.Ganzheitliches Rechnen　9.121
Bedeutungslehnwort
　s.Fremdwort　7.114
Bedeutungswandel der Sprache
　s.Wortgeschichte　7.250
Bedienungstheorie
　s.Angewandte Mathematik　9.37
　s.Mathematische Statistik　9.176
Bedingter Reflex
　s.Kybernetische Lerntheorie　5.102
　s.Lerntheorien　4.113
　s.Menschenkunde(Organfunktionen)　9.192
　s.Tierverhalten　9.287
Bedingungsgleichung
　s.Algebra (Gleichungslehre)　9.27
Beduinen
　s.Länderkunde (Sahara)　8.139
Beeinflussung
　s.Sozialpsychologie (Umweltein-
　　flüsse)　4.195
Beethoven, Ludwig van
　s.Musikgeschichte (Einzelne Kom-
　　ponisten)　10.176
Befehl und Gewissen
　s.Zeitgeschichtsunterricht (20.
　　Juli 1944)　8.259

Befehlsform
  s.Verblehre (Einzelfragen) 7.243
Beförderungsmöglichkeit des Lehrers
  s.Lehrerbesoldung 2.71
  s.Schulleitung 1.204
  s.Schulrat 2.134
Befreiungskampf
  s.Neuzeit (Napoleon) 8.153
Befruchtung
  s.Pflanzenphysiologie (Fortpflanzung) 9.237
Begabtenabwanderung
  s.Landschule (Bildungsgefälle) 1.134
Begabtenauslese 1.24
- (Fremdsprachenunterricht)
  s.Fremdsprachenunterricht (Psychologischer Aspekt) 7.110
- (Ingenieurschule)
  s.Ingenieurschule (Zulassung) 1.116
- (Nacherzählung)
  s.Deutschunterricht (Aufnahmeprüfung) 7.46
- (Psychologischer Aspekt) 1.26
Begabtenfindung
  s.Begabtenauslese 1.24
  s.Begabtenförderung 1.26
Begabtenförderung 1.26
- (Abiturienten) 1.27
  (DDR) 1.28
- (Gehörlosenschule)
  s.Gehörlosenschule (Begabtenförderung) 1.85
- (Hauptschule)
  s.Hauptschule (Begabtenförderung) 1.103
- (Physikunterricht)
  s.Physikunterricht (Psychologischer Aspekt) 9.251
- (Schulaufbau) 1.28
Begabtenförderungsgesetz
  s.Begabtenförderung 1.26
Begabtenklasse
  s.Kern- und Kursunterricht 6.106
Begabtennachwuchs
  s.Begabung (Soziologischer Aspekt) 4.30
Begabtensonderprüfung für Lehrer
  s.Pädagogisches Studium 2.128
Begabtes Verhalten
  s.Unterrichtsgestaltung (Psychologischer Aspekt) 6.213
Begabung 4.28
- , bildnerische
  s.Kunsterziehung (Schöpferische Begabung) 10.119
- (Einschulungspraxis)
  s.Begabung (Schulerfolg) 4.29
- (Fehleinschätzung)
  s.Schulversager 4.183
- (Schulerfolg) 4.29
- (Soziologischer Aspekt) 4.30
Begabungsbegriff
  s.Begabung 4.28
Begabungsdiagnose
  s.Begabung 4.28
Begabungsdifferenzen
  s.Differenzierung (Psychologischer Aspekt) 6.58
Begabungsentfaltung
  s.Begabung (Soziologischer Aspekt) 4.30
Begabungsforschung
  s.Begabung 4.28
  s.Programmiertes Lernen (Denkpsychologie) 5.165
Begabungsmangel
  s.Begabung (Schulerfolg) 4.29
  s.Begabungswandel 4.30
Begabungsniveauverlust
  s.Volksschuloberstufe (Substanzverlust) 1.266
Begabungsprüfung
  s.Gymnasium (Ausleseverfahren) 1.94
  s.Schulleistungstest 4.173
Begabungspsychologie
  s.Begabung 4.28
Begabungsreserven 1.28
- (Statistik) 1.29
Begabungsrückgang
  s.Begabungswandel 4.30
Begabungsschwäche
  s.Schulversager (Volksschule) 4.184
Begabungsschwund
  s.Begabungswandel 4.30
Begabungssoziologie
  s.Begabung (Soziologischer Aspekt) 4.30
Begabungsstatistik
  s.Begabungsreserven (Statistik) 1.29
Begabungsstreuung
  s.Begabtenförderung (Schulaufbau) 1.28
Begabungsstruktur
  s.Begabung 4.28
Begabungstestsystem
  s.Testverfahren (Sonderschüler) 4.225
Begabungsverschiebung
  s.Begabungswandel 4.30

Begabungswandel 4.30
- (Berufswahl)
  s.Berufswahl (Psychologischer
    Aspekt) 3.53
Begegnung
  s.Pädagogik der Begegnung 3.190
  s.Sozialerziehung in der Schule
    3.223
  s.Unterricht (Sachbegegnung) 6.208
Beginnende Reifezeit
  s.Pubertät (Flegelalter) 4.157
Begreifen
  s.Denkpsychologie 4.38
Begriffsauffassung
  s.Begriffsbildung 4.31
Begriffsbildung 4.31
- (Grammatikunterricht)
  s.Grammatikunterricht (Terminologie) 7.132
- (Heimatkundeunterricht)
  s.Heimatkundeunterricht (Grundbegriffe) 8.99
- (Informationstheorie)
  s.Kybernetische Lerntheorie (Informationsverarbeitung) 5.105
- (Wortschatz des Kindes)
  s.Wortschatzpflege (Einzelfragen)
    7.252
Begriffsentwicklung bei Schülern
  s.Begriffsbildung 4.31
Begriffserläuterung
  s.Aufsatz (Besinnungsaufsatz) 7.25
  s.Aufsatz (Einzelformen) 7.26
Begutachtung
  s.Charakterbeurteilung 4.35
Behalten
  s.Gedächtnisforschung 4.64
  s.Lernen 6.123
Behaltensdauer
  s.Lernpsychologie (Einzelfragen)
    4.112
Behandlungstechnik
  s.Psychoanalyse (Behandlungstechnik) 4.138
Behaviorismus
  s.Psychologische Anthropologie 3.204
Behindertenpädagogik
  s.Heilpädagogik 4.76
Behindertenschule
  s.Sonderschule für Lernbehinderte 1.246
Behindertenunterricht
  s.Sonderschulunterricht 6.184
Behn-Rorschach-Test
  s.Schulreifeuntersuchung 4.181

Beichte
  s.Katholischer Religionsunterricht (Beichte) 10.90
Beichtgespräch
  s.Katechese (Buße) 10.83
  s.Katholischer Religionsunterricht (Beichte) 10.90
Beichtunterricht
  s.Katholischer Religionsunterricht (Beichte) 10.90
Beidarmige Erziehung
  s.Linkshändigkeit (Pädagogischer
    Aspekt) 4.121
Beifügung
  s.Satzlehre (Attribut) 7.203
Beihilfe
  s.Ausbildungsbeihilfe 1.23
  s.Lehrerberuf (Rechtsfragen) 2.70
Beilstein/Mosel
  s.Länderkunde (Deutsche Flußlandschaften) 8.121
Beispiel
  s.Leitbilder 3.161
  s.Unterrichtseinheit 6.208
Beispielhafter Lehrstoff
  s.Exemplarischer Unterricht 6.62
Beispiellehrplan
  s.Lehrplan 6.114
Beispielschule
  s.Schulversuche 1.227
Bekenntnisschule 1.29
- (Katholische Schule)
  s.Katholische Bekenntnisschule 1.117
- (Kritik) 1.30
- (Rechtsfragen) 1.30
- (Schuljahr IX)
  s.Schuljahr IX (Konfessioneller
    Charakter) 1.197
Bekenntnisschule oder Gemeinschaftsschule
  s.Gemeinschaftsschule oder Bekenntnisschule 1.87
Bekleidungsgewerbelehrer
  s.Gewerbelehrerbildung (Fachrichtungen) 2.41
Bekleidungsindustrie
  s.Wirtschaftsgeographie (Bekleidung) 8.216
Beleuchtung
  s.Optik (Einzelfragen) 9.218
  s.Schulgebäude (Beleuchtung) 1.186
Belgien
  s.Länderkunde (Belgien) 8.118
Beliebtheitsgrad [Lehrer]
  s.Lehrer (Schülerurteil) 2.65

[Forts.: Beliebtheitsgrad]
- [Schüler]
  s.Schulklasse (Soziologischer Aspekt) 3.218
- und Schulleistung
  s.Schülerleistung (Soziologischer Aspekt) 6.153
Belohnung
  s.Ermutigung 3.74
  s.Erziehungsmittel (Lob und Tadel) 3.96
Benders Gestalt-Test
  s.Test 4.216
Benelux
  s.Länderkunde (Europa:Einzelfragen) 8.124
Bengalen
  s.Länderkunde (Indien:Landschaften) 8.128
Benotung der Schülerleistung
  s.Notengebung 6.131
Benton-Test
  s.Test 4.216
Benzin
  s.Wirtschaftsgeographie (Erdölverarbeitung) 8.220
Benzol
  s.Organische Chemie (Einzelfragen) 9.222
Beobachtung
  s.Lehrwanderung 6.122
- im Biologieunterricht
  s.Biologieunterricht (Schülerbeobachtung) 9.74
Beobachtungsaufsatz
  s.Aufsatz (Einzelformen) 7.26
Beobachtungsauftrag
  s.Polytechnischer Unterricht 6.140
Beobachtungsgang
  s.Unterrichtsgang 6.209
Beobachtungsheim
  s.Heimerziehung 3.139
Beobachtungsschule
  s.Gemeinschaftsschwierigkeit 4.69
  s.Sonderschule 1.240
Beobachtungsstufe
  s.Förderstufe 1.78
Beratende Psychologie
  s.Erziehungsberatung 4.49
Beratung
  s.Berufsberatung 3.28
Beratungsarbeit
  s.Schulpsychologischer Dienst (Schuljugendberatung) 4.175

Beratungsgespräch
  s.Erziehungsberatung (Diagnostik) 4.51
Beratungslehrer 2.23
Berber
  s.Länderkunde (Marokko) 8.132
Berechtigungswesen
  s.Prüfungswesen 1.154
  s.Zeugnis 1.272
Berg [Heilige Schrift]
  s.Bibelunterricht (Biblische Grundbegriffe) 10.32
Berg [Heimatkunde]
  s.Heimatkundliche Themen 8.104
Bergberufsschule
  s.Berufsschule (Fachgruppen) 1.42
Bergbesteigung [Heimatkunde]
  s.Heimatkundliche Themen 8.104
Bergisches Land
  s.Länderkunde (Nordrhein-Westfalen) 8.135
Bergmännische Sonderberufsschule
  s.Sonderberufsschule 1.239
Bergmännischer Facharbeiter
  s.Berufsfachkunde (Bergmann) 10.24
Bergpredigt
  s.Bibelunterricht NT (Bergpredigt) 10.41
Bergschüler
  s.Berufsfachkunde (Bergmann) 10.24
Bergstraße
  s.Länderkunde (Hessen) 8.126
Bergwacht
  s.Sozialkunde (Unterrichtsbeispiele) 8.200
Bergwald
  s.Pflanzenkunde (Wald) 9.235
Bergwandern
  s.Schulwandern (Bergsteigen) 6.179
Bergwerk [im Gesamtunterricht]
  s.Arbeitseinheiten (Kohle) 6.29
Bergwerkssprache
  s.Fachsprachen 7.94
Bergwild
  s.Tierkunde (Einzelne Tiere) 9.279
Bericht
  s.Unterrichtstagebuch 6.216
Berichterstattung
  s.Aufsatz (Protokoll) 7.29
- , Freie
  s.Aufsatz (Freier Aufsatz) 7.27
  s.Erzählen im Unterricht 6.62
Berichtigung
  s.Aufsatzunterricht (Korrektur) 7.32

s.Englischunterricht (Korrektur) 7.80
s.Rechtschreibfehler (Berichtigung) 7.184
Berichtsheft
s.Arbeitsheft 5.24
s.Kaufmännische Berufsfachkunde (Einzelfragen) 10.94
s.Merkheft 5.136
Berlin
s.Länderkunde (Berlin) 8.119
s.Wirtschaftsgeographie (West-Berlin) 8.230
s.Zeitgeschichtsunterricht (Deutschlandfrage) 8.249
- im Zeitgeschichtsunterricht
s.Zeitgeschichtsunterricht (Berlin) 8.248
Berliner Bildungsplan
s.Grundschulunterricht (Berliner Bildungsplan) 6.82
Berliner Geschichtsunterricht
s.Geschichtsunterricht (DDR) 8.68
Berliner Kongreß 1963
s.Programmiertes Lernen (Berliner Kongreß 1963) 5.160
Berliner Kongreß 1964
s.Lehrerbildung (Berliner Kongreß) 2.77
s.Programmiertes Lernen (Fremdsprachen) 5.170
Berliner Kongreß 1966
s.Schulfernsehen (Berliner Kongreß 1966) 5.215
Berliner Liederschule
s.Musikunterricht (Reform) 10.190
Berliner Mauer
s.Zeitgeschichtsunterricht (Berlin) 8.248
Berliner Oberschule Praktischen Zweigs
s.Oberschule Praktischer Zweig 1.147
Berliner Oberschule Technischen Zweigs
s.Oberschule Technischer Zweig 1.148
Berliner Oberschule Wissenschaftlichen Zweigs
s.Oberschule Wissenschaftlicher Zweig 1.148
Berliner Privatschulgesetz
s.Privatschulgesetz 1.154
Berliner Richtlinien für Sexualpädagogik
s.Geschlechtserziehung in der Schule (Berlin) 3.133

Berliner Schulreform
s.Innere Schulreform (Berlin) 6.102
Berliner Schulverwaltungsgesetz
s.Schulverwaltungsgesetze 1.230
Bern
s.Geschichte (Schweiz) 8.58
s.Länderkunde (Schweiz:Kanton Bern) 8.141
Bernoulli-Satz
s.Wahrscheinlichkeitsrechnung 9.302
Bernoullische Gleichung
s.Mechanik (Strömungslehre) 9.185
Beruf
s.Berufliche Bildung 3.25
s.Berufserziehung 3.34
s.Bildung und Beruf 3.61
Berufliche Ausbildung 10.22
- (Didaktischer Aspekt)
s.Berufsausbildung 6.41
- (Einzelhandel) 10.22
- (Einzelne Berufe) 10.22
- (Einzelne Frauenberufe) 10.22
- (Hausgehilfin) 10.23
- (Landwirtsch.Frauenberufe) 10.23
Berufliche Ausbildungskonzeption
s.Berufliche Bildung 3.25
Berufliche Bildung 3.25
- (Begabungsstruktur) 3.25
- (Berufsbegriff) 3.26
- (Bildungspolitik) 3.27
- (Hauptschule)
s.Arbeitslehre (Berufsvorbereitung) 6.37
- (Industriegesellschaft) 3.27
- (Zweiter Bildungsweg)
s.Zweiter Bildungsweg (Berufsbildendes Schulwesen) 1.278
Berufliche Grundbildung
s.Berufsausbildung (Grundausbildung) 6.42
s.Kaufmännischer Unterricht (Grundausbildung) 6.105
Berufliche Eignungsbeurteilung
s.Berufsberatung und Schule 3.32
Berufliche Eingliederung des Sonderschülers
s.Berufsberatung und Schule 3.32
s.Berufsbewährung (Sonderschüler) 3.33
Berufliche Erwachsenenbildung
s.Erwachsenenbildung und Berufsbildung 1.70
Berufliche Erziehung
s.Berufserziehung 3.34

- 37 -

Berufliche Gesamtschule
    s.Berufsschulreform 1.44
    s.Gesamtschule 1.88
Berufliche Mobilität
    s.Berufswahl 3.52
    s.Berufswechsel 3.52
Berufliche Rehabilitation
    s.Berufsbewährung (Sonderschüler) 3.31
Berufliche Rollen
    s.Betriebssoziologie 3.55
Berufliche Spezialbildung
    s.Berufliche Ausbildung 10.22
Berufliche Weiterbildung
    s.Berufsfortbildung 3.50
Beruflicher Erfolg
    s.Berufliche Bildung (Begabungsstruktur) 3.26
Beruflicher Nachwuchs
    s.Berufsmöglichkeiten 3.50
Beruflicher Unterricht
    s.Berufskunde 6.44
Berufliches Ausbildungs- und Schulwesen
    s.Berufsbildendes Schulwesen 1.33
Berufliches Schulwesen
    s.Berufsbildendes Schulwesen 1.33
Berufliches Sekundarschulwesen
    s.Berufsbildendes Schulwesen (Schweiz) 1.38
Berufs-Interessen-Test
    s.Test (Berufs-Interessen-Test) 4.218
Berufsanalyse
    s.Berufsforschung 3.49
Berufsanfänger
    s.Berufserziehung (Hinführung zum Beruf) 3.40
Berufsanlage
    s.Berufseignung 3.34
Berufsanwärter
    s.Berufstätige Jugend 4.31
Berufsarbeit
    s.Berufliche Bildung 3.25
Berufsaufbauklasse
    s.Berufsfachschule (Gewerbliche Berufe) 1.39
    s.Zweiter Bildungsweg (Berufsbildendes Schulwesen) 1.278
Berufsaufbaulehrgang
    s.Berufsaufbauschule 1.30
Berufsaufbauschule 1.30
- (Bundesländer) 1.31
- (Deutschunterricht)
    s.Deutschunterricht (Berufsaufbauschule) 7.46
- (Englischunterricht)
    s.Englischunterricht (Berufsaufbauschule) 7.77
- (Kaufmännische Berufe) 1.31
- (Zweiter Bildungsweg) 1.32
Berufsaufklärung
    s.Berufsberatung 3.28
    s.Berufsschulunterricht (DDR) 6.45
Berufsaufstieg
    s.Berufsmöglichkeiten 3.50
Berufsausbilder
    s.Betriebliche Berufsausbildung 6.48
Berufsausbildung 6.41
- (Abiturklasse)
    s.Berufsausbildung (DDR) 6.41
- (Ästhetische Erziehung)
    s.Ästhetische Erziehung 6.19
- (Auslandsschule)
    s.Deutsches Auslandsschulwesen (Berufsbildendes Schulwesen) 1.57
- (DDR) 6.41
- (Diskussion) 6.42
- (Erziehungsaspekt)
    s.Berufliche Bildung 3.25
    s.Berufserziehung 3.34
- (Geschichte) 6.42
- (Grundausbildung) 6.42
- (Handwerk)
    s.Berufsfachkunde (Handwerker) 10.25
- (Hilfsschüler)
    s.Berufserziehung (Sonderschüler) 3.43
- (Hörgeschädigte)
    s.Gehörlosenberufsschule 1.84
- (Industrie)
    s.Betriebliche Berufsausbildung 6.48
- (Reform) 6.43
- (Schuljahr IX)
    s.Schuljahr IX und Berufsbildendes Schulwesen 1.198
- (Stufenausbildung) 6.43
- (Weibliche Jugend) 6.44
Berufsausbildungsbeihilfe
    s.Ausbildungsbeihilfe 1.23
Berufsausbildungsgesetz 1.32
- (Schweiz) 1.33
Berufsausbildungsrecht
    s.Berufsausbildungsgesetz 1.32
Berufsaussicht
    s.Berufsberatung (Berufsprognose) 3.29
- (Gehörlose)
    s.Berufsfindung (Sonderschüler) 3.49

Berufsbegabung
　s.Berufseignung 3.34
Berufsbegleitendes Schulwesen
　s.Berufsschule 1.40
Berufsbegriff
　s.Berufliche Bildung (Berufsbegriff) 3.26
Berufsberater 2.23
Berufsberatung 3.28
- (Akademische Berufsberatung) 3.29
- (Berufsprognose) 3.29
- (Berufswahl) 3.29
- (DDR) 3.30
- (Geschichte) 3.30
- (Psychologischer Aspekt) 3.30
- (Schule)
　s.Berufsberatung und Schule 3.32
- (Schuljahr IX) 3.31
- (Sonderschüler) 3.31
- (Test)
　s.Testverfahren (Berufsschule) 4.223
- und Schule 3.32
Berufsbesichtigung
　s.Betriebsbesichtigung 6.49
Berufsbewährung 3.33
- (Sonderschüler) 3.33
Berufsbewußtsein
　s.Berufsethos 3.47
Berufsbezogene Bildung
　s.Zweiter Bildungsweg 1.276
- des Lehrers
　s.Lehrerbildung (Arbeitswelt) 2.77
Berufsbezogene Hochschule
　s.Pädagogische Hochschule 2.123
Berufsbezogener Bildungsweg
　s.Berufsaufbauschule 1.30
Berufsbezogener Unterricht
　s.Berufsschulunterricht (Betriebliche Ausbildung) 6.46
Berufsbild 10.23
- (Berufskaufmann)
　s.Kaufmännische Berufsfachkunde 10.93
- (Industriekaufmann)
　s.Berufliche Ausbildung (Einzelne Berufe) 10.22
- (Lehrer)
　s.Lehrerberuf 2.67
- (Tankwart) 10.23
Berufsbildender Fernunterricht
　s.Fernunterricht (Berufliche Bildung) 6.65
Berufsbildendes Schulwesen 1.33
- (Berufsaufbauschule)
　s.Berufsaufbauschule 1.30

- (Berufsfachschule)
　s.Berufsfachschule 1.39
　s.Berufsschule 1.40
- (Bundesländer) 1.35
- (DDR) 1.36
- (Geschichte) 1.36
- (Gewerbliche Berufsschule)
　s.Gewerbliche Berufsschule 1.89
- (Gymnasium)
　s.Berufsbildendes Schulwesen (Reform) 1.38
- (Handelsschule)
　s.Handelsschule 1.101
- (Hauptschule)
　s.Hauptschule (Berufsbildendes Schulwesen) 1.103
- (Österreich) 1.37
- (Private Handelsschule)
　s.Private Handelsschule 1.150
- (Prüfungen) 1.37
- (Rahmenplan)
　s.Rahmenplan (Berufsbildendes Schulwesen) 1.157
- (Reform) 1.38
- (Schuljahr IX)
　s.Schuljahr IX und Berufsbildendes Schulwesen 1.198
- (Schuljahr X)
　s.Schuljahr X und Berufsbildendes Schulwesen 1.200
- (Schulpflichtverlängerung)
　s.Schulpflichtverlängerung (Berufsbildendes Schulwesen) 1.207
- (Schweiz) 1.38
- (Werksberufsschule)
　s.Werksberufsschule 1.270
- (Wirtschaft)
　s.Schule und Wirtschaft (Berufsbildendes Schulwesen) 1.183
- (Wirtschaftsoberschule)
　s.Wirtschaftsoberschule 1.271
- (Wirtschaftsschule)
　s.Wirtschaftsschule 1.272
- (Zweiter Bildungsweg)
　s.Zweiter Bildungsweg (Berufsbildendes Schulwesen) 1.278
- und Schuljahr IX
　s.Schuljahr IX und Berufsbildendes Schulwesen 1.198
- und Schuljahr X
　s.Schuljahr X und Berufsbildendes Schulwesen 1.200
- und Wirtschaft
　s.Schule und Wirtschaft (Berufsbildendes Schulwesen) 1.183

Berufsbildung
  s.Berufliche Bildung 3.25
  s.Berufsausbildung 6.41
  s.Deutsches Auslandsschulwesen
    (Berufsbildendes Schulwesen) 1.57
- (Demokratie)
  s.Berufliche Bildung (Bildungs-
    politik) 3.27
  s.Lehrerfortbildung 2.105
Berufsbildungsgesetz
  s.Berufsausbildungsgesetz
    (Schweiz) 1.33
Berufsbildungstheorie
  s.Berufliche Bildung (Berufsbe-
    griff) 3.26
  s.Bildungsauftrag (Berufsbilden-
    des Schulwesen) 3.63
Berufsbindung des Lehrers
  s.Lehrerberuf 2.67
Berufseignung 3.34
- (Testverfahren)
  s.Test (Berufs-Interessen-Test)
    4.218
  s.Testverfahren (Berufsschule)
    4.223
Berufseinsamkeit des Lehrers
  s.Lehrerberuf 2.67
Berufseintrittalter
  s.Berufsreife 3.51
Berufserlebnis
  s.Berufstätige Jugend 4.31
Berufserwartung
  s.Berufsmöglichkeiten 3.50
Berufserziehung 3.34
- (Allgemeinbildung)
  s.Berufserziehung und Allgemein-
    bildung 3.45
- (Arbeitshaltung) 3.36
- (Automation) 3.36
- (Betriebliche Ausbildung) 3.37
- (DDR) 3.38
- (Erwachsenenbildung)
  s.Erwachsenenbildung und Berufs-
    bildung 1.70
- (Gehörlose) 3.39
- (Geschichte) 3.39
- (Handwerk)
  s.Berufsmöglichkeiten 3.50
- (Hinführung zum Beruf) 3.40
- (Hauswirtschaft)
  s.Hauswirtschaftsunterricht (Bil-
    dungswert) 10.79
- (Jungarbeiter) 3.40
- (Körperbehinderte) 3.41
- (Lehrling) 3.41

- (Mädchen) 3.42
- (Menschenbildung)
  s.Berufserziehung und Menschen-
    bildung 3.45
- (Methodik)
  s.Kaufmännischer Unterricht 6.104
- (Nachwuchsbedarf)
  s.Berufliche Ausbildung 10.22
- (Österreich) 3.42
- (Persönlichkeitsbildung)
  s.Berufserziehung und Menschen-
    bildung 3.45
- (Polytechnische Bildung)
  s.Polytechnische Bildung (Berufs-
    erziehung) 6.137
- (Reform) 3.42
- (Schule)
  s.Berufserziehung und Schule 3.46
- (Schweiz) 3.43
- (Sonderschüler) 3.43
- (Ungelernte) 3.44
- in der Schule
  s.Berufserziehung und Schule 3.46
- und Allgemeinbildung 3.45
- und Menschenbildung 3.45
- und Schule 3.46
Berufserziehungsgesetz
  s.Berufsschulgesetzgebung 1.44
Berufserziehungssystem
  s.Berufsbildendes Schulwesen 1.33
Berufsethos 3.47
Berufsfachkunde 10.24
- (Bäcker) 10.24
- (Bergmann) 10.24
- (Einzelne Berufe) 10.24
- (Elektriker) 10.25
- (Fleischer) 10.25
- (Friseur) 10.25
- (Graphisches Gewerbe) 10.25
- (Handwerker) 10.25
- (Kraftfahrzeuggewerbe) 10.25
- (Landwirtschaft) 10.26
- (Maschinenbau) 10.26
- (Maurer) 10.26
- (Metallgewerbe) 10.26
- (Nahrungsgewerbe) 10.26
- (Schneider) 10.27
- (Textilgewerbe) 10.27
- (Tischler) 10.27
Berufsfachschule 1.39
- (Frauenfachschule)
  s.Frauenfachschule 1.80
- (Gewerbliche Berufe) 1.39
- (Handelsschule)
  s.Handelsschule 1.101

- (Hauptschule)
  s.Berufsfachschule 1.40
  s.Schuljahr IX und X 1.199
- (Hauswirtschaftliche Berufsschule)
  s.Hauswirtschaftliche Berufsschule 1.105
- (Kaufmännische Berufsfachschule)
  s.Kaufmänn.Berufsfachschule 1.118
- (Mädchen)
  s.Frauenfachschule 1.80
- (Religionsunterricht)
  s.Religionsunterricht (Berufsfachschule) 10.207
- (Schuljahr IX)
  s.Schuljahr IX und Berufsbildendes Schulwesen 1.198
- (Schuljahr X)
  s.Schuljahr X und Berufsbildendes
  Schulwesen 1.200
Berufsfestlegung
  s.Berufsfindung 3.47
Berufsfindung 3.47
- (DDR) 3.48
- (Sonderschüler) 3.49
Berufsfindungsjahr
  s.Schuljahr IX (Berufsfindungs-
  jahr) 1.195
Berufsfluktuation
  s.Berufswechsel 3.54
Berufsförderung
  s.Berufsfortbildung 3.50
Berufsfoschung 3.49
- (Kybernetik)
  s.Programmiertes Lernen (Berufs-
  schule) 5.161
Berufsfortbildung 3.50
- (Fernunterricht)
  s.Fernunterricht (Berufliche
  Bildung) 6.65
- (Unterrichtsaspekt)
  s.Berufliche Ausbildung 10.22
Berufsgebundener Deutschunterricht
  s.Deutschunterricht (Berufsschule) 7.46
Berufsglück
  s.Berufsethos 3.47
Berufsgrundbildung
  s.Berufsgrundschule 1.40
Berufsgrundjahr
  s.Schuljahr IX (Berufsfindungsjahr) 1.195
Berufsgrundschule 1.40
- Hibernia
  s.Berufserziehung und Menschenbildung 3.45

Berufshilfe
  s.Berufserziehung 3.34
Berufshilfsschüler
  s.Erziehungsschwierigkeit (Son-
  derschüler) 4.57
Berufshinführung
  s.Berufserziehung (Hinführung zum
  Beruf) 3.40
Berufsinteresse
  s.Berufswahl (Psychologischer
  Aspekt) 3.53
Berufskrankheiten des Lehrers
  s.Lehrerberuf (Berufskrankheiten) 2.69
Berufskunde 6.44
- (Volksschule)
  s.Berufsfachkunde 10.24
- (Volksschuloberstufe) 6.44
Berufskundliche Betriebsbesichtigung
  s.Betriebsbesichtigung 6.49
Berufskundliche Filme
  s.Unterrichtsfilm (Berufskundlicher Film) 5.253
Berufskundliche Führung
  s.Betriebsbesichtigung 6.49
Berufskundlicher Unterricht
  s.Berufskunde 6.44
Berufskundlicher Versuch
  s.Berufsschulunterricht (Einzelfragen) 6.47
Berufslehre
  s.Kaufmännischer Unterricht 6.104
Berufsleistungsstand
  s.Berufsreife 3.51
Berufslenkung
  s.Berufsberatung 3.28
  s.Berufserziehung (Hinführung zum
  Beruf) 3.40
  s.Berufsfindung 3.47
Berufsmöglichkeit
  s.Berufseignung 3.34
Berufsmöglichkeiten 3.50
Berufsnachwuchs
  s.Berufsmöglichkeiten 3.50
Berufsneigung
  s.Berufseignung 3.34
Berufsnot 3.51
Berufsoberschule
  s.Naturwiss.Gymnasium 1.146
Berufsordnung
  s.Berufsausbildung 6.41
Berufsorientierung
  s.Berufsfindung 3.47
Berufspädagoge
  s.Berufsschullehrer 2.24

Berufspädagogik
　s.Berufliche Bildung 3.25
　s.Berufserziehung (Arbeitshaltung) 3.36
　s.Hauptschule (Berufsbildendes Schulwesen) 1.103
　s.Religionsunterricht (Berufsschule) 10.208
Berufspädagogische Hochschule
　s.Berufspädagogisches Institut 2.24
　s.Gewerbelehrerbildung 2.38
Berufspädagogischer Film
　s.Unterrichtsfilm (Berufsschule) 5.253
Berufspädagogisches Ergänzungsstudium
　s.Berufsschullehrerbildung 2.25
Berufspädagogisches Institut 2.24
Berufspädagogisches Studienseminar
　s.Studienseminar (Berufsschullehrer) 2.140
Berufsperspektive
　s.Berufsfindung (DDR) 3.48
Berufspraktikum
　s.Betriebspraktikum 6.50
　s.Lehrerbildung (Schulpraktische Ausbildung) 2.96
Berufspraktische Ausbildung des Lehrers
　s.Lehrerbildung (Schulpraktische Ausbildung) 2.96
Berufspraktischer Unterricht
　s.Berufskunde 6.44
　s.Berufsschulunterricht (DDR) 6.46
Berufsprofil
　s.Berufsbild 10.23
Berufsprognose
　s.Berufsberatung (Berufsprognose) 3.29
Berufspsychologie
　s.Berufseignung 3.34
Berufspsychologische Eignungsuntersuchung
　s.Berufseignung 3.34
Berufsreife 3.51
Berufsschicksal des Hilfsschülers
　s.Berufsbewährung (Sonderschüler) 3.31
Berufsschüler
　s.Berufstätige Jugend 4.31
- und Buch
　s.Leseinteresse (Berufsschüler) 4.115
Berufsschülerin
　s.Berufstätige Jugend 4.31
Berufsschulbau
　s.Schulbau (Berufsschule) 1.170

Berufsschulbuch
　s.Arbeitsmittel im Unterricht (Berufsschule) 5.29
Berufsschulbegriff
　s.Berufsbildendes Schulwesen 1.33
Berufsschulbehörde
　s.Berufsbildendes Schulwesen 1.33
Berufsschule 1.40
　s.Berufsschule (Bundesländer) 1.42
- (Berlin)
　s.Berufsschule (Bundesländer)
- (Berufsberatung)
　s.Berufsberatung und Schule 3.32
- (Berufsbildung)
　s.Berufserziehung und Schule 3.46
- (Berufsfachschule)
　s.Berufsfachschule 1.39
- (Berufsgrundschule)
　s.Berufsgrundschule 1.40
- (Betrieb)
　s.Berufsschule und Betrieb 1.43
- (Bildungsauftrag)
　s.Bildungsauftrag (Berufsbildendes Schulwesen) 3.63
- (Bundesländer) 1.42
- (Erziehungsaufgabe)
　s.Erziehung (Berufsbildendes Schulwesen) 3.76
- (Fachgruppen) 1.42
- (Gewerbliche Berufsschule)
　s.Gewerbliche Berufsschule 1.89
- (Handelsschule)
　s.Handelsschule 1.101
- , ländliche
　s.Ländliche Berufsschule 1.130
- (Realschule)
　s.Realschule und Berufsschule 1.162
- (Rechtsfragen) 1.43
- (Reform)
　s.Berufsschulreform 1.44
- (Schulbau)
　s.Schulbau (Berufsschule) 1.170
- (Schulgesundheitspflege)
　s.Schulgesundheitspflege (Berufsschule) 1.193
- (Schuljahr IX)
　s.Schuljahr IX und Berufsbildendes Schulwesen 1.198
- (Schuljahr X)
　s.Schuljahr X und Berufsbildendes Schulwesen 1.200
- (Schulpflicht)
　s.Schulpflicht (Berufsschule) 1.206

- (Schulversäumnis)
  s.Schulversäumnis (Berufsschule) 1.227
- (Sonderberufsschule)
  s.Sonderberufsschule 1.239
- (Wirtschaft)
  s.Schule und Wirtschaft (Berufsbildendes Schulwesen) 1.183
- (Zeugnis)
  s.Zeugnis (Berufsschule) 1.273
- (Züchtigungsrecht)
  s.Züchtigungsrecht (Berufsschule) 1.275
- und Betrieb 1.43
- und Praxis
  s.Berufsschulunterricht (Betriebliche Ausbildung) 6.46
- und Realschule
  s.Realschule und Berufsschule 1.162
- und Schuljahr IX
  s.Schuljahr IX und Berufsbildendes Schulwesen 1.198
- und Schuljahr X
  s.Schuljahr X und Berufsbildendes Schulwesen 1.200
- und Volksschule 1.44
- und Wirtschaft
  s.Schule und Wirtschaft (Berufsbildendes Schulwesen) 1.183
Berufsschulfachlehrer
  s.Fachlehrer (Berufsschule) 2.34
Berufsschulfilmarbeit
  s.Filmerziehung in der Schule (Berufsschule) 3.120
  s.Unterrichtsfilm (Berufsschule) 3.253
Berufsschulgesetzgebung 1.44
Berufsschuljugend
  s.Berufstätige Jugend 4.31
  s.Filmerziehung (Jugend und Film) 3.115
Berufsschulkatechese
  s.Katechismusunterricht (Berufsschule) 10.88
Berufsschulklasse
  s.Sozialerziehung in der Schule (Berufsschule) 3.225
- für Gehörlose
  s.Gehörlosenberufsschule 1.84
Berufsschulklassenraum
  s.Schulbau (Berufsschule) 1.170
Berufsschulkunde
  s.Berufsschule (Rechtsfragen) 1.43
Berufsschullandheim
  s.Schullandheim 1.203

Berufsschullehrer 2.24
Berufsschullehrerbesoldung
  s.Lehrerbesoldung 2.71
Berufsschullehrerbildung 2.25
- (Bundesländer) 2.26
- (DDR) 2.26
- (Eignungsauslese) 2.27
- (Geschichte) 2.27
- (Kandidat) 2.27
- (Kaufmännische Berufsschule) 2.27
- (Landwirtschaftl.Berufsschule) .. 2.28
- (Studienseminar)
  s.Studienseminar (Berufsschullehrer) 2.140
Berufsschullehrerin 2.28
Berufsschullehrermangel
  s.Lehrermangel (Berufsschule) 2.111
Berufsschullehrplan
  s.Lehrplan (Berufsschule) 6.115
Berufsschulleitung
  s.Schulleitung 1.204
Berufsschulorchester
  s.Musikunterricht (Berufsschule) 10.180
Berufsschulpädagogik
  s.Berufsschulunterricht 6.45
  s.Bildungsauftrag (Berufsbildendes Schulwesen) 3.63
Berufsschulpflicht
  s.Schulpflicht (Berufsschule) 1.206
Berufsschulpflichtverlängerung
  s.Schulpflichtverlängerung (Berufsbildendes Schulwesen) 1.207
Berufsschulpolitik
  s.Berufsbildendes Schulwesen 1.33
Berufsschulrecht
  s.Berufsschule (Rechtsfragen) 1.43
Berufsschulreform 1.44
Berufsschulsonderturnen
  s.Sonderturnen 4.192
Berufsschultage
  s.Berufsbildendes Schulwesen (Geschichte) 1.36
Berufsschultagesheim
  s.Tagesheimschule 1.254
Berufsschulunterricht 6.45
- (Arbeitsmittel)
  s.Arbeitsmittel im Unterricht (Berufsschule) 5.29
- (Aufbauklasse) 6.45
- (Aufsatzerziehung)
  s.Aufsatzunterricht (Berufsschule) 7.30
- (Automation) 6.46

[Forts.: Berufsschulunterricht]
- (Balladenbehandlung)
  s.Ballade im Unterricht (Berufsschule) 7.42
- (Betriebliche Ausbildung) 6.46
- (Chemie)
  s.Chemieunterricht (Berufsschule) 9.87
- (DDR) 6.46
- (Deutschunterricht)
  s.Deutschunterricht (Berufsschule) 7.46
- (Einzelfragen) 6.47
- (Erdkunde)
  s.Erdkundeunterricht (Berufsschule) 8.33
- (Erziehungsaspekt)
  s.Berufsschulunterricht (Einzelfragen) 6.47
- (Evangelische Unterweisung)
  s.Evangelische Unterweisung (Berufsschule) 10.55
- (Exemplarischer Geschichtsunterricht)
  s.Exemplarischer Geschichtsunterricht (Berufsschule) 8.47
- (Exemplarisches Lehren)
  s.Exemplarischer Unterricht (Einzelfragen) 6.64
- (Fachbuch)
  s.Schulbuch (Fachbuch) 5.211
- (Fachzeitung)
  s.Zeitung im Unterricht (Berufsschule) 5.262
- (Film)
  s.Unterrichtsfilm (Berufsschule) 5.253
- (Fremdsprachenunterricht)
  s.Fremdsprachenunterricht (Berufsschule) 7.103
- (Gebetserziehung)
  s.Gebetserziehung (Berufsschule) 10.64
- (Gehörlose) 6.47
- (Gemeinschaftskunde)
  s.Gemeinschaftskunde (Berufsschule) 8.49
- (Geometrie)
  s.Geometrieunterricht (Berufsschule) 9.134
- (Geschichtsunterricht)
  s.Geschichtsunterricht (Berufsschule) 8.67
- (Grammatik)
  s.Grammatikunterricht (Berufsschule) 7.127
- (Gruppenunterricht)
  s.Gruppenunterricht (Berufsschule) 6.85
- (Hausaufgabe)
  s.Hausaufgabe 6.96
- (Hauswirtschaft)
  s.Hauswirtschaftsunterricht (Berufsschule) 10.78
- (Jenaplan)
  s.Jenaplan (Berufsschule) 6.104
- (Jugendbuch)
  s.Jugendbuch im Unterricht 5.94
- (Jungarbeiter) 6.48
- (Jungarbeiterin) 6.48
- (Katechese)
  s.Katechismusunterricht (Berufsschule) 10.88
- (Katholische Religion)
  s.Katholischer Religionsunterricht (Berufsschule) 10.90
- (Kern und Kurs)
  s.Kern- und Kursunterricht 6.106
- (Kochen)
  s.Kochunterricht (Berufsschule) 10.103
- (Kunsterziehung)
  s.Kunsterziehung (Berufsschule) 10.111
- (Lehrplan)
  s.Lehrplan (Berufsschule) 6.115
- (Lehrprogramm)
  s.Lehrprogramm (Berufsausbildung) 5.120
- (Leibeserziehung)
  s.Leibeserziehung (Berufsschule) 10.128
- (Lesen)
  s.Leseunterricht (Berufsschule) 7.154
- (Lichtbild)
  s.Lichtbild im Unterricht (Berufsschule) 5.133
- (Liedpflege)
  s.Liedpflege (Berufsschule) 10.162
- (Lyrik)
  s.Lyrik im Unterricht (Berufsschule) 7.167
- (Mathematik)
  s.Mathematikunterricht (Berufsschule) 9.161
- (Menschenbildung)
  s.Berufsschulunterricht (Einzelfragen) 6.47
- (Musikerziehung)
  s.Musikunterricht (Berufsschule) 10.180

- (Musische Erziehung)
  s.Musische Erziehung (Berufsschule) 6.127
- (Nadelarbeit)
  s.Nadelarbeit (Berufsschule) 10.195
- (Naturwissenschaft)
  s.Naturwissenschaftlicher Unterricht (Berufsschule) 9.213
- (Notengebung)
  s.Notengebung (Berufsschule) 6.132
- (Ostkunde)
  s.Ostkundeunterricht (Berufsschule) 8.158
- (Politische Bildung)
  s.Politische Bildung (Berufsschule) 8.171
- (Politische Gemeinschaftskunde)
  s.Geschichtsunterricht und Politische Bildung (Berufsschule) 8.90
- (Rationalisierung)
  s.Arbeitsmittel im Unterricht (Berufsschule) 5.29
  s.Berufsschulunterricht (Reform) 6.48
- (Rechtskunde)
  s.Rechtskunde (Berufsschule) 8.194
- (Reform) 6.48
- (Religionspädagogik)
  s.Religionsunterricht (Berufsschule) 10.208
- (Russisch)
  s.Russischunterricht (Berufsschule) 7.198
- (Schülerbücherei)
  s.Schülerbücherei (Berufsschule) 5.206
- (Schulfernsehen)
  s.Schulfernsehen (Berufsschule) 5.215
- (Schulfunk)
  s.Schulfunk (Berufsschule) 5.226
- (Schullandheim)
  s.Schullandheimaufenthalt (Berufsschule) 6.165
- (Schulspiel)
  s.Schultheater 6.176
- (Schulwandern)
  s.Schulwandern 6.178
- (Schwimmen)
  s.Schwimmunterricht (Berufsschule) 10.236
- (Sprachlabor)
  s.Sprachlabor (Berufsschule) 5.241
- (Sprachunterricht)
  s.Sprachunterricht (Berufsschule) 7.223
- (Staatsbürgerkunde)
  s.Staatsbürgerkunde (Berufsschule) 8.201
  s.Staatsbürgerliche Erziehung [Berufsschule] 8.204
- (Stundenplan)
  s.Stundenplan 6.191
- (Stundentafel)
  s.Stundentafel 6.192
- (Technische Lehrmittel)
  s.Technische Lehrmittel (Berufsschule) 5.248
- (Tonband)
  s.Tonband im Unterricht (Berufsschule) 5.250
- (Übungsformen)
  s.Üben (Berufsschule) 6.203
- (Verkehrserziehung)
  s.Verkehrsunterricht (Berufsschule) 10.250
- (Wirtschaftsgeographie)
  s.Wirtschaftsgeographie (Berufsschule) 8.216
- (Wirtschaftskunde)
  s.Wirtschaftskunde (Berufsschule) 8.231
- (Zeichnen)
  s.Zeichenunterricht (Berufsschule) 10.277
- (Zeitgeschichte)
  s.Zeitgeschichtsunterricht (Berufsschule) 8.249

Berufsschuluntersuchung
  s.Schulgesundheitspflege (Berufsschule) 1.193
Berufsschulversäumnis
  s.Schulversäumnis (Berufsschule) 1.227
Berufsschulzeugnis
  s.Zeugnis (Berufsschule) 1.273
Berufssonderschule
  s.Sonderberufsschule 1.239
- für Elektrotechnik
  s.Berufsfachkunde (Elektriker) 10.25
Berufssoziologie
  s.Betriebssoziologie 3.55
Berufstätige Jugend 4.31
Berufstätige Mutter
  s.Familienerziehung (Berufstätige Mutter) 3.106
Berufstyp
  s.Berufseignung 3.34

Berufsunreife
  s.Berufsreife 3.51
Berufsveranlagung
  s.Berufsberatung (Berufsprognose) 3.29
Berufsvorbereitende Erziehung
  s.Arbeitslehre (Berufsvorbereitung) 6.37
  s.Berufserziehung (Hinführung zum Beruf) 3.40
  s.Schule und Wirtschaft 1.182
  s.Schuljahr IX (Berufsfindungsjahr) 1.195
  s.Technische Elementarerziehung 6.201
Berufsvorbereitender polytechnischer Unterricht
  s.Polytechnische Bildung (Berufserziehung) 6.137
Berufsvorbereitung
  s.Berufserziehung (Hinführung zum Beruf) 3.40
Berufsvorschule
  s.Berufsgrundschule 1.40
  s.Schuljahr IX (Berufsfindungsjahr) 1.195
- und Hauptschule
  s.Hauptschule (Berufsbildendes Schulwesen) 1.103
Berufswahl 3.52
- (Abiturient)
  s.Berufswahl 3.52
- (Abiturientin)
  s.Berufswahl (Mädchen) 3.52
- (Berufsberatung)
  s.Berufsberatung (Berufswahl) 3.29
- (Handelsschüler)
  s.Berufswahl 3.52
- (Lehrerberatung)
  s.Berufswahl und Schule 3.54
- (Mädchen) 3.52
- (Motivation) 3.53
- (Psychologischer Aspekt) 3.53
- (Realschulabsolvent)
  s.Berufswahl 3.52
- (Rechtsfragen) 3.54
- (Schule)
  s.Berufswahl und Schule 3.54
- (Volksschüler) 3.54
- und Schule 3.54
Berufswahlanalyse
  s.Berufswahl (Motivation) 3.53
Berufswahlklasse
  s.Berufsbildendes Schulwesen (Schweiz) 1.38

Berufswahlreife
  s.Berufsreife 3.51
Berufswahlschule
  s.Berufsberatung (Berufswahl) 3.29
  s.Berufsbildendes Schulwesen (Schweiz) 1.38
Berufswahltendenz
  s.Berufswahl (Motivation) 3.53
Berufswahlvorbereitung
  s.Berufserziehung (Hinführung zum Beruf) 3.40
  s.Berufswahl und Schule 3.54
Berufswechsel 3.54
Berufswerkstatt
  s.Schulwerkstatt 5.236
Berufswissenschaftliches Studium
  s.Akademische Lehrerbildung 2.19
Berufung
  s.Berufsethos 3.47
  s.Bibelunterricht (Biblische Grundbegriffe) 10.32
Besatzungsenglisch
  s.Englische Sprache (Umgangssprache) 7.74
Besatzungskind
  s.Mischlingskind 4.124
Beschäftigung
  s.Spielerziehung 3.233
  s.Werken 10.262
Beschleunigte Bewegung
  s.Mechanik (Beschleunigung) 9.178
Beschleunigte Körperreifung
  s.Akzeleration 4.21
Beschleunigungsgesetz
  s.Mechanik (Beschleunigung) 9.178
Beschreibung
  s.Aufsatz (Niederschrift) 7.28
Beseelung des Unterrichts
  s.Didaktik (Einzelfragen) 6.55
Besichtigung
  s.Lehrwanderung 6.122
  s.Schulwandern (Gymnasium) 6.180
Besiedlung Schlesiens
  s.Ostkunde (Schlesien) 8.157
Besinnungsaufsatz
  s.Aufsatz (Besinnungsaufsatz) 7.25
Besoldung des Lehrers
  s.Lehrerbesoldung 2.71
Besoldungsreform
  s.Lehrerbesoldung (L-Besoldung) 2.74
Besondere Unterrichtslehre
  s.Unterrichtsforschung 6.209
Besonnenheit
  s.Charakterbildung 3.69

Bestäubung
　s.Pflanzenkunde (Blütenbestäubung)　9.227
　s.Pflanzenphysiologie (Fortpflanzung)　9.237
Bestimmungsgleichung
　s.Algebra (Gleichungen)　9.26
Bestimmungsübung
　s.Biologieunterricht (Bestimmungsübung)　9.64
　s.Biologische Experimente　9.79
　s.Insektenkunde　9.146
　s.Pflanzenkunde (Bestimmungsübung) 9.227
　s.Tierkunde (Bestimmungsübung) 9.279
Bestimmungswort
　s.Wortarten (Kompositum)　7.248
Bestrafung
　s.Schulstrafe　3.219
　s.Strafe　3.236
Besuchsklasse
　s.Schulversuche (Österreich)　1.228
Betastrahlen
　s.Atomphysik (Korpuskularstrahlung)　9.52
Betazerfall
　s.Radioaktivität　9.255
Betonung
　s.Satzlehre (Betonung)　7.203
- (Englisch)
　s.Englische Sprache (Deutsch)　7.74
Betonungszeichen
　s.Phonetik　7.183
Betrachtendes Gebet
　s.Gebetserziehung　10.63
Betrieb und Berufsschule
　s.Berufsschule und Betrieb　1.43
Betriebliche Arbeitsgruppe
　s.Betriebssoziologie　3.55
Betriebliche Berufsausbildung　..... 6.48
- (Programmiertes Lernen)
　s.Programmierte Instruktion　5.154
Betriebliche Bildungsarbeit
　s.Berufserziehung (Betriebliche Ausbildung)　3.37
Betriebliche Erwachsenenbildung
　s.Erwachsenenbildung und Berufsbildung　1.70
Betriebliche Mitbestimmung
　s.Politik (Gewerkschaft)　8.162
Betrieblicher Produktionsfaktor
　s.Wirtschaftskunde (Arbeitnehmer) 8.231
Betriebliche Weiterbildung
　s.Berufsfortbildung　3.50

Betriebsanalyse
　s.Wirtschaftskunde (Landwirtschaft) 8.235
Betriebsberufsschule
　s.Werksberufsschule　1.270
- (DDR)
　s.Berufsbildendes Schulwesen (DDR) 1.36
Betriebsbesichtigung　.............. 6.49
- (Biologieunterricht)
　s.Biologieunterricht (Polytechnische Bildung)　9.72
- (Chemieunterricht)
　s.Chemieunterricht (Polytechnische Bildung)　9.91
Betriebserkundung
　s.Betriebsbesichtigung　6.49
Betriebsfachschule
　s.Berufsbildendes Schulwesen (DDR)　1.36
　s.Fachschule (Einzelne Berufe) 1.74
Betriebsjustiz
　s.Rechtskunde (Einzelfragen)　8.194
Betriebsklima
　s.Berufserziehung (Betriebliche Ausbildung)　3.37
Betriebslehre
　s.Arbeitslehre　6.36
Betriebsnahe Ausbildung
　s.Berufsschule und Betrieb　1.43
Betriebspädagogik
　s.Betriebssoziologie　3.55
Betriebspädagogisches Praktikum
　s.Betriebspraktikum　6.50
Betriebspraktikum　................ 6.50
- (Abschlußklasse)
　s.Betriebspraktikum (Schuljahr IX)　6.50
- (Lehrerbildung)
　s.Lehrerbildung (Industriepraktikum)　2.85
- (Schuljahr IX)　................. 6.50
- (Sonderschule)　................. 6.51
Betriebspsychologie　.............. 4.32
Betriebsratswahlen
　s.Politik (Gewerkschaft)　8.162
Betriebssoziologie　............... 3.55
Betriebswirtschaftliche Ausbildung
　s.Handelsschullehrerbildung　2.47
Betriebswirtschaftlicher Anfangsunterricht
　s.Kaufmännische Berufsfachkunde (Wirtschaftslehre)　10.94
Betriebswirtschaftlicher Unterricht 6.51

Betriebswirtschaftliches Studienseminar
   s.Studienseminar (Berufsschullehrer) 2.140
Betriebswirtschaftslehre
   s.Berufsfachkunde 10.24
   s.Wirtschaftspädagogik 3.242
Bettnässer 4.33
Beugung
   s.Wellenlehre (Beugung) 9.303
- des Hauptworts
   s.Wortarten (Substantiv im Unterricht) 7.249
- des Zeitworts
   s.Verblehre (Konjugation) 7.244
Beurlaubung eines Schülers
   s.Schulversäumnis 1.226
Beurteilung der Schülerpersönlichkeit
   s.Schülerbeurteilung 4.168
Beurteilung der Schulleistungen
   s.Notengebung 6.131
Beurteilung des Lehrers
   s.Lehrerberuf (Dienstliche Beurteilung) 2.70
Bevölkerungsbewegungen
   s.Völkerkunde 8.209
Bevölkerungsdichte
   s.Völkerkunde (Bevölkerungsdichte) 8.210
Bevölkerungslawine
   s.Völkerkunde (Übervölkerung)
   8.210
Bevölkerungsstatik
   s.Völkerkunde (Bevölkerungsdichte) 8.210
Bevölkerungsstruktur
   s.Völkerkunde 8.209
Bewährung
   s.Berufsbewährung 3.33
Bewährungshilfe
   s.Berufsbewährung (Sonderschüler) 3.52
Bewegliche Rolle
   s.Mechanik (Hebelgesetz) 9.182
Beweglicher Geschichtsfries
   s.Geschichtsfries 5.78
Beweglicher Unterricht
   s.Gymnasialunterricht 6.90
Bewegliches Schulgestühl
   s.Schulmöbel 1.205
Bewegtes Bezugssystem
   s.Relativitätstheorie 9.271
Bewegung
   s.Bewegungslehre 10.29
- , gleichförmige

   s.Mechanik (Gradlinige
   Bewegung) 9.182
- und Bildung
   s.Bildungsbegriff 3.66
Bewegungen der Pflanze
   s.Pflanzenphysiologie (Bewegung)
   9.237
Bewegungsästhetik
   s.Ästhetische Erziehung 6.19
Bewegungsbildung
   s.Geräteturnen (Übungsformen)
   10.69
Bewegungsdarstellung
   s.Zeichnen (Figürliches Zeichnen)
   10.282
Bewegungsdrang
   s.Aktivität 4.21
Bewegungsentfaltung
   s.Eurhythmie 6.62
   s.Gymnastik 10.70
Bewegungserziehung 10.27
- (Darstellendes Spiel)
   s.Leibeserziehung (Darstellendes
   Spiel) 10.129
- (Didaktischer Aspekt)
   s.Rhythmische Erziehung 6.145
- (Einzelfragen) 10.28
- (Gerät)
   s.Bewegungserziehung (Einzelfragen) 10.28
- (Grundschule) 10.28
- (Kleinkind) 10.28
- (Lehrfilm)
   s.Sportlehrmittel (Film) 5.238
- (Spielformen) 10.29
- (Turnen)
   s.Turnunterricht 10.246
- (Volksschule)
   s.Leibeserziehung (Volksschule)
   10.155
Bewegungsformung
   s.Bewegungserziehung 10.27
Bewegungsgefühl
   s.Bewegungserziehung (Einzelfragen) 10.28
   s.Schwimmunterricht (Methodische Einzelfragen) 10.237
Bewegungsgenauigkeit
   s.Bewegungserziehung (Einzelfragen) 10.28
Bewegungsgeometrie
   s.Abbildungsgeometrie 9.19
Bewegungsgesetz
   s.Mechanik (Bewegungs-
   gesetze) 9.178

Bewegungsgymnastik
  s.Gymnastik (Rhythmische Gymnastik) 10.73
Bewegungslehre 10.29
- (Atmung) 10.29
- (Didaktischer Aspekt)
  s.Rhythmische Erziehung 6.145
- (Einzelfragen) 10.29
Bewegungsmangel
  s.Leibeserziehung (Haltungsschäden) 10.137
Bewegungsmodelle
  s.Biologielehrmittel (Modelle) 5.43
Bewegungsschulung
  s.Bewegungserziehung (Einzelfragen) 10.28
- (Mädchenturnen)
  s.Mädchenturnen (Bewegungserziehung) 10.166
Bewegungssehen
  s.Wahrnehmungspsychologie (Optische Wahrnehmung) 4.238
Bewegungsspiel 10.30
- [Theater]
  s.Laienspiel 6.109
Bewegungsstörung
  s.Cerebral gelähmtes Kind 4.35
Bewegungstherapie
  s.Heilpädagogik (Bewegungstherapie) 4.78
  s.Stottertherapie (Behandlungsmethoden) 4.213
Bewegungsübung
  s.Bewegungserziehung (Einzelfragen) 10.28
Bewegungszeichen
  s.Sportlehrmittel (Sachzeichen) 5.239
Beweis [Mathematik]
  s.Mathematische Beweistheorie 9.175
Beweisversuche [Mathematikunterricht]
  s.Mathematikunterricht (Beweisversuche) 9.162
Bewertung [Schülerleistung]
  s.Leistungsbeurteilung 4.106
  s.Schulische Leistungskontrolle 6.160
Bewußte schöpferische Tätigkeit
  s.Schöpferisches Tun 4.164
Bewußtsein 4.33
- (Informationstheorie)
  s.Kybernetik (Philosophischer Aspekt) 5.100

Bewußtseinsanaloge Maschine
  s.Kybernetische Maschinen (Lernender Automat) 5.109
Bewußtseinsausweitung
  s.Psychopharmakologie 4.151
Bewußtseinspsychologie
  s.Bewußtsein 4.33
Bewußtseinstheorie
  s.Kybernetik (Philosophischer Aspekt) 5.100
Beziehungslehre
  s.Soziogramm 4.194
  s.Soziologie 3.228
Bezirksbildstelle
  s.Bildstelle 5.36
Bezirksseminar
  s.Realschullehrerbildung 2.131
  s.Zweite Phase der Lehrerbildung 2.151
Bezugsskalen
  s.Sozialpsychologie 4.193
Bezugssystem
  s.Relativitätstheorie 9.271
Bibel
  s.Bibelunterricht (Bibel) 10.31
Bibelauslegung
  s.Bibelexegese 10.30
Bibelexegese 10.30
- (Kirchengeschichte)
  s.Kirchengeschichtsunterricht 10.100
Bibelkatechese 10.30
- (Hilfsmittel)
  s.Religionslehrmittel (Biblekunde) 5.198
Bibellehrer
  s.Religionslehrer (Katholischer Religionslehrer) 2.132
Bibellesung
  s.Bibelunterricht (Schriftlesung) 10.34
Bibelübersetzung
  s.Bibelunterricht (Bibelübersetzung) 10.32
Bibelunterricht 10.31
- (Anschauung) 10.31
- (Bibel) 10.31
- (Bibelübersetzung) 10.32
- (Biblische Grundbegriffe) 10.32
- (Biblisches Menschenbild) 10.32
- (Biblisches Weltbild) 10.32
- (Erzählen) 10.33
- (Exegese) 10.33
- (Heilsgeschichte) 10.33
- (Kirchengeschichte)
  s.Kirchengeschichtsunterricht 10.100

[Forts.: Bibelunterricht]
- (Kritik) 10.34
- (Methodische Einzelfragen) 10.34
- (Schriftlesung) 10.34
- (Schulbibel) 10.35
- (Schulfunk)
  s.Bibelunterricht (Methodische Einzelfragen) 10.34
- (Schulspiel)
  s.Religionsunterricht (Schulspiel) 10.221
- (Soziale Fragen)
  s.Bibelunterricht (Biblisches Menschenbild) 10.32
- (Verstehen) 10.35
- (Volksschuloberstufe) 10.35
- (Vorbereitung)
  s.Bibelunterricht (Methodische Einzelfragen) 10.34
- (Zeichnen/Malen) 10.35
Bibelunterricht Altes Testament .. 10.35
- (Dekalog) 10.35
- (Erzväter) 10.36
- (Forschung) 10.36
- (Gottesbild) 10.37
- (Hiob) 10.37
- (Könige) 10.37
- (Methodische Einzelfragen) 10.37
- (Moses) 10.38
- (Propheten) 10.38
- (Psalmen) 10.38
- (Schöpfungsbericht) 10.39
- (Sündenfall) 10.39
- (Weltbild) 10.40
Bibelunterricht Neues Testament .. 10.40
- (Apokalypse) 10.40
- (Apostelgeschichte) 10.40
- (Auferstehung) 10.40
- (Bergpredigt) 10.41
- (Einzelfragen) 10.41
- (Einzelne Gleichnisse) 10.42
- (Einzelne Wunder) 10.42
- (Entstehungsgeschichte) 10.43
- (Forschung) 10.43
- (Gleichnisse) 10.43
- (Handschriftenfunde) 10.43
- (Himmelfahrt) 10.43
- (Historischer Jesus) 10.44
- (Johannesevangelium) 10.44
- (Maria) 10.44
- (Methodische Einzelfragen) 10.45
- (Ostern) 10.45
- (Passion) 10.45
- (Paulusbriefe) 10.46
- (Petrus) 10.46
- (Pfingsten) 10.46
- (Synoptiker) 10.47
- (Weihnachtsgeschichte) 10.47
- (Wunder Jesu) 10.48
Bibelwissenschaft
  s.Bibelunterricht NT (Forschung) 10.43
- (Altes Testament)
  s.Bibelunterricht AT (Forschung) 10.36
Bibliothek im Klassenraum
  s.Ganzschrift 5.76
  s.Klassenbücherei 5.95
Bibliothek und Schule
  s.Schülerbücherei (Öffentliche Bücherei) 5.207
Biblische Erzväter
  s.Bibelunterricht AT (Erzväter) 10.36
Biblische Geschichte
  s.Bibelunterricht 10.31
Biblische Hermeneutik
  s.Bibelkatechese 10.30
Biblische Lebensbilder
  s.Bibelunterricht (Biblisches Menschenbild) 10.32
Biblische Urgeschichte
  s.Bibelunterricht AT (Schöpfungsbericht) 10.39
Biblische Wunder
  s.Bibelunterricht NT (Wunder Jesu) 10.48
Biblischer Alltag
  s.Bibelunterricht (Biblisches Weltbild) 10.32
Biblischer Schöpfungsbericht
  s.Bibelunterricht AT (Schöpfungsbericht) 10.39
Biblischer Schulfunk
  s.Religionslehrmittel (Schulfunk) 5.200
Biblisches Leitbild
  s.Evangelische Schulerziehung 3.100
Biblisches Lesebuch
  s.Religionslehrmittel (Lehrbuch) 5.199
Biblisches Menschenbild
  s.Bibelunterricht (Biblisches Menschenbild) 10.32
  s.Christliches Menschenbild 3.70
Biblisches Raumverständnis
  s.Bibelunterricht (Biblisches Weltbild) 10.32
Biblisches Weltbild
  s.Bibelunterricht (Biblisches Weltbild) 10.32

Biblisches Zeitverständnis
   s.Bibelunterricht (Biblisches
     Weltbild) 10.32
Bienen
   s.Insektenkunde (Bienen) 9.146
   s.Tierverhalten (Einzelne Tiere)
     9.288
- im Heimatkundeunterricht
   s.Heimatkundliche Themen (Biene)
     8.105
Bienenbeobachtung
   s.Biologielehrmittel (Bienenstand)
     5.40
Bienenkönigin
   s.Insektenkunde (Bienen) 9.146
Bienenstand
   s.Biologielehrmittel (Bienenstand)
     5.40
Bienentänze
   s.Tierverhalten (Orientierung)
     9.288
Bienenwabe
   s.Insektenkunde (Bienen) 9.146
Bienenzucht
   s.Insektenkunde (Bienen) 9.146
Biglmaier-Schablone
   s.Lehrgerät (Einzelformen) 5.116
Bikulturelles Milieu
   s.Entwicklungsstörung 4.47
Bilanzlehre
   s.Kaufmännische Berufsfachkunde
     (Buchführung) 10.93
Bild
   s.Kunstbetrachtung 10.105
   s.Lichtbild 5.132
   s.Unterrichtsbild 5.252
- im Bibelunterricht
   s.Bibelunterricht (Anschauung)
     10.31
- im Biologieunterricht
   s.Biologielehrmittel (Bildformen) 5.40
- im Englischunterricht
   s.Englischlehrmittel (Bildformen) 5.56
   s.Englischunterricht (Anschauung) 7.76
- im Erdkundeunterricht
   s.Erdkundeatlas (Sonderkarten) 5.60
   s.Erdkundelehrmittel (Bildformen) 5.63
   s.Kartenverständnis
     (Erdkunde) 8.107
- im Fachbuch
   s.Schulbuch (Fachbuch) 5.211

- im Fremdsprachenunterricht
   s.Fremdsprachenunterricht (Anschauung) 7.103
- im Geschichtsunterricht
   s.Geschichtslehrmittel (Bildformen) 5.83
- im Lesebuch
   s.Lesebuchillustration 5.130
- im Rechenunterricht
   s.Rechenunterricht (Anschauung) 9.265
- im Religionsunterricht
   s.Religionslehrmittel (Bildformen) 5.198
- im Schulraum
   s.Schulwohnstube (Schmuckformen) 6.182
- in der Schule
   s.Kunsterziehung (Schulleben) 10.120
- und Begriff
   s.Anschauung 6.22
- und Bildung
   s.Bildungsbegriff 3.66
Bildästhetisches Erleben
   s.Kunstverständnis 10.124
Bildanalyse
   s.Kunstbetrachtung 10.105
Bildanlässe
   s.Arbeitsanweisung 6.23
Bildarchiv 5.35
Bildbeschreibung
   s.Aufsatz (Bildbeschreibung) 7.25
   s.Kunstbetrachtung (Malerei) 10.107
Bildbesprechung
   s.Kunstbetrachtung 10.105
Bildbetrachtung
   s.Aufsatz (Bildbeschreibung) 7.25
   s.Kunstbetrachtung 10.105
Bildende Begegnung
   s.Volksschulunterricht 6.219
Bildende Erziehung
   s.Bildung und Erziehung 3.61
Bildende Kunst
   s.Kunst 10.104
   s.Kunsterziehung 10.110
Bildendes Lernen
   s.Lernpsychologie (Didaktischer
     Aspekt) 4.111
Bilderbogen
   s.Bildkarte 5.36
Bilderbuch
   s.Literaturpädagogik (Bilderbuch) 3.164

[Forts.: Bilderbuch]
  s.Moderne Kunst 10.170
- im Unterricht 5.35
Bilderfibel
  s.Erstleseunterricht (Methodische
    Einzelfragen) 7.90
Bilderkennen
  s.Wahrnehmungspsychologie (Optische Wahrnehmung) 4.238
Bilderkiste
  s.Deutschlehrmittel (Einzelformen)
    5.49
Bilderlesen
  s.Erstleseunterricht (Methodische
    Einzelfragen) 7.90
bildern
  s.Psychoanalyse (Behandlungstechnik) 4.138
  s.Tiefenpsychologie (Symbol) 4.227
Bildersammlung
  s.Bildarchiv 5.35
  s.Erdkundelehrmittel (Bildformen)
    5.56
Bilderserie
  s.Schundliteratur (Comics) 3.221
Bildgebundene Erzählung
  s.Aufsatz (Bildbeschreibung) 7.25
Bildgeschichte
  s.Aufsatz (Bildbeschreibung) 7.25
Bildgestaltung [Fotografie]
  s.Schulfotografie (Bildgestaltung)
    5.222
Bildhafte Kartographie
  s.Bildkarte 5.36
Bildhafte Sprache
  s.Sprache (Bildkraft) 7.212
  s.Sprachunterricht (Sprachpflege) 7.231
Bildhaftes Gestalten 10.48
- (Grundschule)
  s.Kunsterziehung (Grundschule)
    10.114
Bildhaftigkeit
  s.Anschauung 6.22
Bildheft im Fremdsprachenunterricht
  s.Fremdsprachenlehrmittel 5.73
Bildkarte 5.36
- (Heimatkunde)
  s.Heimatkundelehrmittel (Bildkarte) 5.91
Bildkassette (Englischunterricht)
  s.Englischlehrmittel (Bildformen) 5.56
Bildkatechese 10.48
- (Altes Testament)
  s.Bildkatechese (Einzelfragen) 10.49

- (Einzelfragen) 10.49
- (Neues Testament)
  s.Bildkatechese (Einzelfragen)
    10.49
- (Religiöse Kunst) 10.49
Bildkräfte des Kindes
  s.Kunsterziehung (Schöpferische
    Begabung) 10.119
Bildkraft der Sprache
  s.Sprache (Bildkraft) 7.212
Bildlandkarte
  s.Bildkarte 5.36
Bildliche Arbeitsanweisung
  s.Arbeitsmittel (Einzelformen)
    5.27
Bildlicher Ausdruck
  s.Sprache (Bildkraft) 7.212
Bildlogik
  s.Kinderzeichnung (Einzelfragen) 10.96
Bildlogische Ganzheit
  s.Kunsterziehung (Methodische
    Einzelfragen) 10.117
[Das] Bildnerische
  s.Bildhaftes Gestalten 10.48
Bildnerische Begabung
  s.Kunsterziehung (Schöpferische
    Begabung) 10.119
Bildnerische Erziehung
  s.Bildhaftes Gestalten 10.48
  s.Lehrerbildung (Kunsterziehung)
    2.86
Bildnerisches Denken
  s.Denkpsychologie 4.38
Bildnerisches Gestalten
  s.Bildhaftes Gestalten 10.48
  s.Vorweihnachtliches Werken 10.259
  s.Weihnachtliches Werken 10.260
Bildnische
  s.Arbeitsmittel (Einzelformen)
    5.27
Bildprogramm
  s.Lehrprogramm (Einzelfragen)
    5.122
Bildreihe
  s.Lichtbild 5.132
  s.Tonbildschau 5.251
Bildserienheft
  s.Schundliteratur (Comics) 3.221
Bildsamkeit 4.33
- , musikalische
  s.Musikunterricht (Bildungswert) 10.181
Bildsammlung
  s.Lichtbild 5.132

Bildsprache
  s.Kunsterziehung (Schöpferische Begabung) 10.119
Bildstreifen
  s.Tonbildschau 5.251
Bildstelle 5.36
- (Institut für Film und Bild) 5.37
Bildstellenleiter 5.37
Bildtafel
  s.Arbeitsmittel (Einzelformen) 5.27
Bildübertragung
  s.Hochfrequenztechnik (Fernsehen) 9.144
Bildumkehrung
  s.Optik (Abbildung) 9.217
Bildung 3.56
- (Ausbildung)
  s.Bildung und Ausbildung 3.60
- (Automation) 3.56
- (Begriff)
  s.Bildungsbegriff 3.66
- (Beruf)
  s.Bildung und Beruf 3.61
- (Christlicher Glaube)
  s.Christliche Erziehung 3.69
  s.Katholische Schulerziehung 3.154
  s.Pädagogik (Katholische Pädagogik) 3.186
- (Erziehung)
  s.Bildung und Erziehung 3.61
- (Existenz)
  s.Bildung und Erziehung 3.61
- (Mensch und Technik) 3.57
- (Moderne Arbeitswelt) 3.58
- (Moderne Gesellschaft) 3.58
- (Philosophischer Aspekt)
  s.Bildungstheorie 3.68
- (Produktion)
  s.Bildung (Moderne Arbeitswelt) 3.58
- (Religion)
  s.Religiöse Erziehung 3.205
- (Schule)
  s.Bildungsauftrag 3.363
- (Technische Welt) 3.59
- (Wirtschaftsfaktor)
  s.Bildung und Beruf 3.61
- (Wissenschaft)
  s.Bildung und Wissenschaft 3.62
- heute
  s.Bildung (Moderne Gesellschaft) 3.58
- und Ausbildung 3.60
- und Begegnung
  s.Pädagogik der Begegnung 3.190

- und Beruf 3.61
- und Entwicklung
  s.Bildsamkeit 4.33
- und Erziehung 3.61
- und Gesellschaft
  s.Bildungspolitik 1.51
- und Kunst
  s.Künstlerische Erziehung 6.108
- und Lernen
  s.Lernen 6.123
- und Macht
  s.Schule und Staat 1.181
- und Methode
  s.Methodik 6.124
- und Moderne Gesellschaft
  s.Bildung (Moderne Gesellschaft) 3.58
- und Moderne Wirtschaft
  s.Bildung (Moderne Arbeitswelt) 3.58
- und Schule
  s.Bildungsauftrag 3.63
- und Wirtschaft
  s.Bildung und Beruf 3.61
- und Wissenschaft 3.62
Bildungsangebot
  s.Begabtenförderung (Schulaufbau) 1.28
  s.Begabungsreserven (Statistik) 1.29
Bildungsanspruch
  s.Bildungschance 1.46
Bildungsaufstieg
  s.Bildungschance 1.46
Bildungsauftrag 3.63
- (Berufsbildendes Schulwesen) 3.63
- (Gymnasium) 3.64
- (Hauptschule) 3.65
- (Hochschule) 3.65
- (Realschule) 3.65
- (Schule)
  s.Schulerziehung 3.217
- (Technik)
  s.Technische Bildung 3.238
- (Volksschule) 3.66
Bildungsausgaben
  s.Bildungsfinanzierung 1.47
Bildungsbedarf 1.45
Bildungsbegriff 3.66
- (Bedeutungswandel) 3.67
- (Lehrerbildung)
  s.Lehrerbildung (Erziehungswissenschaft) 2.81
- (Schulreform)
  s.Schulreform (Bildungskonzeption) 1.215
- (Tradition und Moderne) 3.67

Bildungsbeihilfe
  s.Ausbildungsbeihilfe 1.23
Bildungsbereiche
  s.Didaktik (Einzelfragen) 6.55
Bildungsbereitschaft
  s.Bildungschance 1.46
Bildungschance 1.46
Bildungsdidaktik
  s.Gymnasialunterricht 6.90
Bildungseinheit 6.51
- (Musikunterricht)
  s.Musikunterricht (Methodische Einzelfragen) 10.187
Bildungsengagement
  s.Bildungschance 1.46
Bildungserfolg
  s.Bildungschance 1.46
Bildungsferien
  s.Volkshochschule (Heimvolkshochschule) 1.262
Bildungsfernsehen 5.37
Bildungsfinanzierung 1.47
Bildungsförderung
  s.Studienförderung 1.253
- , Basale
  s.Begabung (Schulerfolg) 4.29
  s.Kleinkindlesen 4.97
  s.Vorschulischer Unterricht 6.226
Bildungsforschung
  s.Bildungsplanung 1.49
  s.Bildungstheorie 3.68
Bildungsfrage
  s.Bildung 3.56
Bildungsgang
  s.Didaktik (Einzelfragen) 6.55
Bildungsgefälle
  s.Landschule (Bildungsgefälle) 1.134
  s.Volksschule (Krise) 1.264
Bildungsgesellschaft
  s.Bildungspolitik 1.51
Bildungshilfe
  s.Arbeitsmittel 5.25
  s.Ausbildungsbeihilfe 1.23
Bildungshorizont
  s.Schulreform (Bildungskonzeption) 1.215
Bildungsideale 3.67
- (Schulreform)
  s.Schulreform (Bildungskonzeption) 1.215
Bildungsidee
  s.Bildungsbegriff 3.66
Bildungsideologie
  s.Bremer Plan 1.52

Bildungsimpuls
  s.Unterrichtsimpuls 6.213
Bildungsintensität
  s.Bildungsfinanzierung 1.47
Bildungsinvestition
  s.Bildungsbedarf 1.45
Bildungskatastrophe
  s.Bildungskrise 1.48
Bildungskonzeption
  s.Bildungsbegriff 3.66
  s.Schulreform (Bildungskonzeption) 1.215
Bildungskraft
  s.Erziehung 3.74
Bildungskrise 1.48
Bildungslehre
  s.Bildungstheorie 3.68
  s.Didaktik 6.53
Bildungsmisere
  s.Bildungskrise 1.48
Bildungsmittel
  s.Arbeitsmittel 5.25
Bildungsmüdigkeit
  s.Bildungskrise 1.48
Bildungsnotstand
  s.Bildungskrise 1.48
Bildungsökonomie 1.48
- (Didaktischer Aspekt)
  s.Unterrichtsökonomie 6.214
Bildungsohnmacht
  s.Bildungskrise 1.48
Bildungsphilosophie
  s.Bildungstheorie 3.68
Bildungsplan 6.51
- (Berliner Grundschule)
  s.Grundschulunterricht (Berliner Bildungsplan) 6.82
- (Hessen)
  s.Hessische Bildungspläne 6.100
- (Höhere Schule)
  s.Lehrplan (Gymnasium) 6.118
- (Organisationsfrage)
  s.Rahmenplan 1.155
- (Volksschule)
  s.Lehrplan (Volksschule) 6.122
- der AGDL
  s.Schulreform (Bildungspolitik) 1.216
Bildungsplanung 1.49
Bildungspolitik 1.51
- (Schulreform)
  s.Schulreform (Bildungspolitik) 1.216
- (Wirtschaft)
  s.Schule und Wirtschaft 1.182

Bildungsprivileg
  s.Bildungschance 1.46
Bildungsprogramme 1.52
- (VkdL)
  s.Verein katholischer deutscher
    Lehrerinnen (Bildungsprogramm) 2.145
Bildungsprozeß
  s.Bildung 3.56
  s.Didaktik 6.53
Bildungsrat
  s.Deutscher Bildungsrat 1.54
Bildungsrationalisierung
  s.Programmierte Instruktion
    (Einzelfragen) 5.155
Bildungsrecht
  s.Bildungschance 1.46
Bildungsreform
  s.Schulreform (Bildungskonzeption) 1.215
Bildungsreserven
  s.Begabungsreserven 1.28
Bildungsroman
  s.Roman 7.196
Bildungssoziologie
  s.Schulklasse (Soziologischer
    Aspekt) 3.218
Bildungsstatistik
  s.Schulstatistik 1.225
Bildungsstreben
  s.Bildsamkeit 4.33
  s.Elitebildung 3.72
  s.Schule und Gesellschaft (Gymnasium) 1.179
Bildungsstufen
  s.Didaktik (Einzelfragen) 6.55
  s.Formalstufen 6.66
Bildungstheorie 3.68
Bildungsunfähiges Kind
  s.Geistig behindertes Kind 4.67
  s.Sonderschulunterricht (Geistig
    behindertes Kind) 6.185
Bildungsurlaub
  s.Berufsfortbildung 3.50
Bildungsverfahren
  s.Unterrichtsforschung 6.209
Bildungsvorgang
  s.Didaktik 6.53
Bildungsweg, zweiter
  s.Zweiter Bildungsweg 1.276
Bildungswerbung
  s.Begabtenförderung 1.26
Bildungswesen
  s.Schulwesen 1.230
Bildungswert
  s.Bildungsauftrag 3.63

- der alten Sprachen
  s.Altsprachlicher Unterricht
    (Bildungswert) 7.20
- der Biologie
  s.Biologieunterricht (Bildungswert) 9.64
- der Chemie
  s.Chemieunterricht (Bildungswert) 9.87
- der Geographie
  s.Erdkundeunterricht (Bildungswert) 8.33
- der Geschichte
  s.Geschichtsunterricht (Bildungswert) 8.68
- der Heimatkunde
  s.Heimaterziehung 8.93
  s.Heimatkundeunterricht (Bildungswert) 8.96
- der Mathematik
  s.Mathematikunterricht (Bildungswert) 9.162
- der Musik
  s.Musikerziehung 10.173
  s.Musikunterricht (Bildungswert) 10.181
- der Naturwissenschaft
  s.Naturlehre (Bildungswert) 9.201
  s.Naturwissenschaftliche Bildung 3.182
  s.Naturwissenschaftlicher Unterricht (Bildungswert) 9.213
- der neueren Sprachen
  s.Neusprachlicher Unterricht
    (Bildungswert) 7.179
- der Philosophie
  s.Philosophieunterricht (Bildungswert) 10.202
- der Religion
  s.Religiöse Erziehung 3.205
  s.Religionsunterricht (Bildungswert) 10.209
- der Sprache
  s.Sprachliche Bildung 7.220
- des Fremdsprachlichen
  s.Fremdsprachenunterricht (Bildungswert) 7.104
- des Lateinischen
  s.Lateinunterricht (Bildungswert) 7.147
- des Lesens
  s.Leseunterricht 7.153
  s.Literarische Erziehung 7.162
- des Musischen
  s.Kunsterziehung (Bildungswert) 10.111

[Forts.: Bildungswert]
  s.Musikerziehung 10.173
  s.Musische Erziehung 6.127
  s.Musische Lebensform 3.180
- des Politischen
  s.Politische Erziehung 3.199
- des Sports
  s.Leibeserziehung (Bildungswert) 10.128
  s.Sport 10.242
- des Werkens
  s.Werkunterricht (Bildungswert) 10.270
- des Zeichnens
  s.Zeichenunterricht (Bildungswert) 10.277
Bildungssystem der SBZ
  s.Schulwesen DDR (Kritik) 1.235
Bildungswille
  s.Begabungsreserven 1.28
Bildungszeitalter
  s.Schulreform 1.212
Bildungsziel
  s.Erziehungsziel 3.97
- (Gymnasium)
  s.Erziehung (Gymnasium) 3.78
- (Hauptschule)
  s.Bildungsauftrag (Hauptschule) 3.65
Bildunterricht
  s.Anschauungsunterricht 6.22
Bildvokabular
  s.Englischunterricht (Anschauung) 7.76
Bildwahlsystem
  s.Lehrgerät (Einzelformen) 5.116
Bildwerfer 5.38
- (Tageslichtprojektion) 5.38
Bilinguismus
  s.Zweisprachigkeit 7.253
Binäre Lernmatrix
  s.Kybernetische Maschinen (Lernmatrix) 5.110
binden
  s.Wortfamilie 7.249
Bindewort
  s.Wortarten (Konjunktion) 7.248
Binet-Bobertag-Test
  s.Intelligenztest (Binet-Simon) 4.90
Binet-Simon-Bobertag-Staffelmethode
  s.Intelligenztest (Binet-Simon) 4.90
Binetarium
  s.Intelligenztest (Binet-Simon) 4.90

Binger Loch [Heimatkunde]
  s.Heimatkundliche Themen 8.104
Binnenschiffahrt
  s.Wirtschaftsgeographie (Binnenschiffahrt) 8.216
Binnenwasserstraßen
  s.Wirtschaftsgeographie (Binnenschiffahrt) 8.216
Bio-Akustik
  s.Tierphysiologie (Sinnesphysiologie) 9.286
Biochemie 9.57
- (Einzelfragen) 9.57
- (Informationstheorie)
  s.Kybernetische Lerntheorie (Einzelfragen) 5.103
- (Vererbung)
  s.Vererbungslehre 9.290
- (Vitamine) 9.58
Biocönose
  s.Lebensgemeinschaft 9.152
Biodynamik
  s.Biologie 9.58
Bioelektrische Steuersysteme
  s.Kybernetische Lerntheorie (Biokybernetik) 5.103
Bioga-Gerät
  s.Biologielehrmittel (Einzelformen) 5.41
Biogenetisches Grundgesetz
  s.Abstammungslehre (Biogenetisches Grundgesetz) 9.22
  s.Entwicklungspsychologie 4.40
Biographie im Unterricht
  s.Epische Kurzformen 7.89
  s.Geschichtslehrmittel (Literarische Quellen) 5.87
Biographische Auslösesituation
  s.Psychosomatik 4.151
Bioklimatologie
  s.Klimakunde (Einzelfragen) 8.108
  s.Wetterfühligkeit 4.239
Biokybernetik
  s.Kybernetische Lerntheorie (Biokybernetik) 5.103
Biologie 9.58
- (Grenzfragen)
  s.Biologie (Lebensgrundfunktionen) 9.59
- (Grundphänomene)
  s.Biologie (Lebensgrundfunktionen) 9.59
- (Lebensgrundfunktionen) 9.59
- (Lehrerbildung)
  s.Lehrerbildung (Biologie) 2.77

- (Mathematischer Aspekt) 9.60
- (Modellformen) 9.60
- (Organisches Leben) 9.60
- (Physikalischer Aspekt) 9.61
- (Radioaktive Isotopen)
  s.Biologie (Physikalischer Aspekt) 9.61
- (Sprachkunde)
  s.Sprachkunde (Biologie) 7.217
- (Statistische Methoden)
  s.Biologie (Mathematischer Aspekt) 9.60
- (Systemtheorie)
  s.Biologie (Modellformen) 9.60
- des Menschen
  s.Menschenkunde (Biologische Anthropologie) 9.189
Biologiebuch
  s.Biologielehrbuch 5.39
Biologielehrbuch 5.39
- (DDR)
  s.Biologielehrbuch 5.39
Biologielehrer 2.28
- (DDR) 2.29
Biologielehrmittel 5.39
- (Arbeitsblätter) 5.40
- (Bienenstand) 5.40
- (Bildformen) 5.40
- (Einzelformen) 5.41
- (Film) 5.42
- (Hafttafel) 5.42
- (Insektenkunde) 5.42
- (Lehrprogramm)
  s.Programmiertes Lernen (Biologie) 5.162
- (Lichtbild) 5.43
- (Literarische Formen) 5.43
- (Menschenkunde) 5.43
- (Modelle) 5.43
- (Museum) 5.44
- (Pflanzenkunde) 5.44
- (Schulfunk) 5.44
- (Tierkunde) 5.45
- (Umrißstempel) 5.45
- (Vogelkunde) 5.45
- (Wandtafelzeichnen) 5.45
- (Zoo) 5.46
Biologielehrplan 9.61
- (DDR) 9.62
- (Grundschule)
  s.Biologieunterricht (Grundschule DDR) 9.67
- (Gymnasium) 9.62
- (Volksschule) 9.63
Biologieraum
  s.Schulgebäude (Fachräume) 1.186

Biologiesammlung
  s.Biologische Lehrmittelsammlung 5.46
Biologiestunde
  s.Biologieunterricht (Vorbereitung) 9.78
Biologieunterricht 9.63
- (Abstammungslehre)
  s.Abstammungslehre 9.21
- (Arbeitsgemeinschaft) 9.64
- (Arbeitsmittel)
  s.Biologielehrmittel 5.39
- (Arbeitsschulgedanke)
  s.Biologieunterricht (Selbsttätigkeit) 9.75
- (Auschwitz-Prozeß)
  s.Zeitgeschichte (Auschwitzprozeß) 8.238
- (Begriffsbildung)
  s.Biologieunterricht (Psychologischer Aspekt) 9.72
- (Beobachtung)
  s.Naturbetrachtung 9.197
- (Beobachtungsaufgabe)
  s.Biologische Lehrwanderung 9.79
- (Berufsausbildung)
  s.Biologieunterricht (Erwachsenenbildung) 9.65
- (Bestimmungsübung) 9.64
- (Betriebsbesichtigung)
  s.Biologieunterricht (Polytechnische Bildung) 9.72
- (Bildungswert) 9.64
- (Biochemie)
  s.Biochemie 9.57
- (DDR) 9.65
- (Didaktische Analyse)
  s.Biologieunterricht (Vorbereitung) 9.78
- (Erwachsenenbildung) 9.65
- (Erziehungswert) 9.65
- (Exemplarisches Lehren) 9.66
- (Exkursion)
  s.Biologische Lehrwanderung 9.79
- (Experiment)
  s.Biologische Experimente 9.79
- (Fähigkeitsentwicklung)
  s.Biologieunterricht (Methodische Einzelfragen) 9.70
- (Fragestellung)
  s.Biologieunterricht (Methodische Einzelfragen) 9.70
- (Geschichte) 9.66
- (Geschlechtserziehung)
  s.Geschlechtserziehung in der Schule 3.133

[Forts.: Biologieunterricht]
- (Gesundheitserziehung)
  s.Gesundheitslehre 9.138
- (Großstadt) 9.66
- (Grundschule) 9.67
- (Grundschule DDR) 9.67
- (Gruppenunterricht) 9.68
- (Gymnasium) 9.68
- (Hauptschule)
  s.Biolgieunterricht (Volksschule) 9.77
- (Hausaufgabe) 9.69
- (Heimatkunde)
  s.Heimatkundeunterricht (Biologie) 8.96
- (Hilfsschule)
  s.Biologieunterricht (Sonderschule) 9.76
- (Höhere Schule)
  s.Biologieunterricht (Gymnasium) 9.68
- (Intensität)
  s.Biologieunterricht (Methodische Einzelfragen) 9.70
- (Keimversuche)
  s.Pflanzenphysiologie (Keimversuche) 9.237
- (Kennübung)
  s.Biologieunterricht (Bestimmungsübung) 9.64
- (Landschaftspflege)
  s.Landschaftspflege im Unterricht 9.152
- (Landschule) 9.69
- (Lebensgemeinschaften)
  s.Lebensgemeinschaft 9.152
- (Lehrplan)
  s.Biologielehrplan 9.61
- (Leistungskontrolle) 9.70
- (Mädchen)
  s.Biologieunterricht (Methodische (Einzelfragen) 9.70
- (Mädchenrealschule)
  s.Biologieunterricht (Realschule) 9.72
- (Materialistische Didaktik)
  s.Biologieunterricht (DDR) 9.65
- (Methodische Einzelfragen) 9.70
- (Mikroskop)
  s.Mikroskop im Unterricht 5.137
- (Mittelschule)
  s.Biologieunterricht (Realschule) 9.72
- (Mittelschule [Schweiz])
  s.Biologieunterricht (Gymnasium) 9.68

- (Mittelstufe)
  s.Biologieunterricht (Gymnasium) 9.68
- (Oberstufe)
  s.Biologieunterricht (Gymnasium) 9.68
- (Objektivismus)
  s.Biologieunterricht 9.63
- (Ökologie)
  s.Lebensgemeinschaft 9.152
- (Organismensystematik) 9.71
- (Pflanzenschutz)
  s.Naturschutz (Pflanze) 9.209
- (Philosophischer Aspekt) 9.71
- (Politische Bildung)
  s.Biologieunterricht (Erziehungswert) 9.65
- (Polytechnische Bildung) 9.72
- (Polytechnische Oberschule)
  s.Biologielehrplan (DDR) 9.62
- (Psychologischer Aspekt) 9.72
- (Realschule) 9.72
- (Reform) 9.73
- (Reformierte Oberstufe)
  s.Biologieunterricht (Gymnasium) 9.68
- (Reifeprüfung) 9.74
- (Religionspädagogik)
  s.Religionsunterricht (Biologie) 10.209
- (Schülerbeobachtung) 9.74
- (Schülerversuch) 9.75
- (Schulbiologie) 9.75
- (Schulgarten)
  s.Schulgarten (Biolgieunterricht) 5.230
- (Schuljahr IX)
  s.Biologieunterricht (Volksschule) 9.77
- (Schullandheimaufenthalt) 9.75
- (Sekundarschule)
  s.Biologieunterricht 9.63
- (Selbsttätigkeit) 9.75
- (Sexta)
  s.Biologieunterricht (Gymnasium) 9.68
- (Sonderschule) 9.76
- (Sozialistische Erziehung)
  s.Biologielehrplan (DDR) 9.62
- (Sprachkunde) 9.76
- (Systematik)
  s.Biologieunterricht (Organismensystematik) 9.71
- (Unterrichtsgespräch)
  s.Biologieunterricht (Methodische Einzelfragen) 9.70

- (Unterstufe)
  s.Biologieunterricht (Gymnasium) 9.68
- (Vergleichen)
  s.Biologieunterricht (Methodische Einzelfragen) 9.70
- (Vermenschlichung)
  s.Biologieunterricht (Methodische Einzelfragen) 9.70
- (Volkskunde)
  s.Biologieunterricht (Sprachkunde) 9.76
- (Volksschule) 9.77
- (Vorbereitung) 9.78
- (Wahlpflichtfach) 9.78
- (Weltanschauungsfragen) 9.78
- (Werkunterricht)
  s.Werkunterricht (Einzelne Fächer) 10.270
- (Wiederholung)
  s.Biologieunterricht (Leistungskontrolle) 9.70
- (Wortkunde)
  s.Biologieunterricht (Sprachkunde) 9.76
- (Zeitgemäßheit)
  s.Biologieunterricht (Reform) 9.73
- im Freien
  s.Biologieunterricht (Methodische Einzelfragen) 9.70
Biologische Abwasserreinigung
  s.Naturschutz (Wasser) 9.209
Biologische Anthropologie 3.68
- (Religionsunterricht)
  s.Religionsunterricht (Biologie) 10.209
- (Unterrichtsaspekt)
  s.Menschenkunde (Biologische Anthropologie) 9.189
Biologische Arbeitsgemeinschaft
  s.Biologieunterricht (Arbeitsgemeinschaft) 9.64
Biologische Auslese
  s.Abstammungslehre (Selektionstheorie) 9.23
Biologische Begriffe
  s.Biologieunterricht (Psychologischer Aspekt) 9.72
Biologische Beobachtung
  s.Biologieunterricht (Schülerbeobachtung) 9.74
Biologische Chemie
  s.Biochemie 9.57
Biologische Entwicklungslehre
  s.Abstammungslehre (Stammesentwicklung) 9.23

Biologische Erkenntnis
  s.Naturbeobachtung 9.197
Biologische Experimente 9.79
- (Polytechnische Bildung)
  s.Biologieunterricht (Polytechnische Bildung) 9.72
Biologische Forschung
  s.Biologie 9.58
Biologische Funktionsreihen
  s.Biologielehrmittel 5.39
Biologische Integration
  s.Biologie 9.58
Biologische Kartierung
  s.Biologie 9.58
Biologische Kybernetik
  s.Kybernetische Lerntheorie (Tierverhalten) 5.106
Biologische Lehrmittel
  s.Biologielehrmittel 5.40
Biologische Lehrmittelsammlung 5.46
Biologische Lehrwanderung 9.79
- (Volksschule) 9.80
- (Wald)
  s.Pflanzenkunde (Wald) 9.235
- (Winter)
  s.Naturbeobachtung (Winter) 9.199
Biologische Literatur
  s.Biologielehrmittel (Literarische Formen) 5.43
Biologische Psychologie
  s.Psychologie (Anthropologischer Aspekt) 4.147
  s.Tierverhalten (Tierpsychologie) 9.289
Biologische Regelungslehre
  s.Biologie (Physikalischer Aspekt) 9.61
Biologische Regelvorgänge
  s.Kybernetische Lerntheorie (Biokybernetik) 5.103
Biologische Sammlung
  s.Biologische Lehrmittelsammlung 5.46
Biologische Soziologie
  s.Menschenkunde (Umweltlehre) 9.193
  s.Naturbeobachtung 9.197
Biologische Strahlenwirkung
  s.Radioaktivität (Strahlenbiologie) 9.256
Biologischer Arbeitsunterricht
  s.Biologieunterricht (Selbsttätigkeit) 9.75
Biologischer Artbegriff
  s.Biologie (Modellformen) 9.60

Biologischer Aufstieg
  s.Abstammungslehre (Stammesentwicklung) 9.23
Biologischer Kohlehydratabbau
  s.Biochemie (Einzelfragen) 9.57
Biologischer Schülerarbeitskasten
  s.Biologielehrmittel (Einzelformen) 5.41
Biologischer Schulgarten
  s.Schulgarten (Biologieunterricht) 5.230
Biologischer Unterrichtsfilm
  s.Biologielehrmittel (Film) 5.42
Biologischer Unterrichtsversuch
  s.Biologische Experimente 9.79
Biologisches Beet
  s.Schulgarten (Experiment) 5.231
Biologisches Erbgut
  s.Vererbungslehre 9.290
Biologisches Interesse
  s.Biologieunterricht (Psychologischer Aspekt) 9.72
Biologisches Menschenbild
  s.Menschenkunde (Biologische Anthropologie) 9.189
Biologisches Schülerübungsgerät
  s.Biologielehrmittel 5.39
Biometrische Arbeitsgemeinschaft
  s.Biologieunterricht (Arbeitsgemeinschaft) 9.64
Biophysik
  s.Biologie (Physikalischer Aspekt) 9.61
Birke
  s.Pflanzenkunde (Laubbäume) 9.230
Birkenrinde
  s.Pflanzenphysiologie 9.236
Bischofssynode
  s.Kirchengeschichte (Einzelfragen) 10.97
Bismarck im Geschichtsunterricht
  s.Deutsche Geschichte (Bismarck) 8.25
BIT [Test]
  s.Test (Berufs-Interessen-Test) 4.218
Bitemporaler Infinitiv
  s.Lateinische Grammatik (Einzelfragen) 7.143
Bitzeburger Weihnachtsspiel
  s.Schulspiel (Krippenspiel) 6.174
Bivariable Schaltung
  s.Rechenautomat 9.257
Blasenkammer
  s.Atomphysik (Nebelkammer) 9.54

Blasiertheit
  s.Verhaltensstörung (Einzelformen) 4.233
Blasinstrumentenspiel
  s.Instrumentalspiel (Einzelne Instrumente) 10.81
Blasmusik
  s.Instrumentalspiel (Einzelne Instrumente) 10.81
Blasrohr
  s.Musikgeschichte (Instrumentalmusik) 10.176
Blatt
  s.Pflanzenkunde (Pflanzenbau) 9.233
Blattgrün
  s.Pflanzenphysiologie (Assimilation) 9.236
Blattgrünbildung
  s.Pflanzenphysiologie (Photosynthese) 9.238
Blatttransparente
  s.Biologielehrmittel (Pflanzenkunde) 5.44
Bleibaum
  s.Elektrolyse (Einzelfragen) 9.110
Bleistiftzeichnung
  s.Zeichnen (Einzeltechniken) 10.281
Blindenerziehung
  s.Blindes Kind 4.34
Blindenlehrer
  s.Sonderschullehrer 2.135
Blindenpädagogik
  s.Blindenunterricht 6.52
Blindenschule
  s.Sonderschule für Blinde 1.243
Blindenunterricht 6.52
- (Lehrbuch)
  s.Schulbuch (Sonderschule) 5.212
- (Leibeserziehung)
  s.Leibeserziehung (Blinde) 10.129
- (Werkunterricht)
  s.Werkunterricht (Sonderschule) 10.274
Blinder Schulanfänger
  s.Blindes Kind 4.34
Blindes Kind 4.34
Blindheit 4.34
Blitzball
  s.Ballspiel (Einzelformen) 10.20
Blitzlicht [Schulfotografie]
  s.Schulfotografie (Aufnahmetechnik) 5.222

Blitzschutz
  s.Elektrizitätslehre (Gasentladung) 9.105
BLLV
  s.Lehrerverbände 2.116
Blockbild
  s.Erdkundelehrmittel (Bildformen) 5.63
Blockflöte
  s.Musikinstrument (Blockflöte) 5.139
Blockflötenbau
  s.Musikinstrumentenbau 5.140
Blockflötenspiel 10.50
- (Methodische Einzelfragen) 10.50
Blockschriftschreiben
  s.Kunstschriftpflege (Volksschule) 10.124
Blockstunde
  s.Stundenplan 6.191
  s.Stundenplan (Gymnasium) 6.192
  s.Tagesheimschule (Gymnasium) 1.256
  s.Tagesschulunterricht 6.193
Blue Bottle Experiment
  s.Organische Chemie (Einzelfragen) 9.222
Blühende Wiese
  s.Lebensgemeinschaft (Wiese) 9.155
Blütenbestäubung
  s.Pflanzenkunde (Blütenbestäubung) 9.227
Blütenmodell
  s.Biologielehrmittel (Pflanzenkunde) 5.44
Blütenpflanze
  s.Pflanzenkunde (Blütenpflanzen) 9.227
Blütenstände
  s.Pflanzenkunde (Blütenpflanzen) 9.227
Blumen
  s.Pflanzenkunde (Blumen) 9.228
Blumenkartei
  s.Biologielehrmittel (Pflanzenkunde) 5.44
Blumenzwiebel
  s.Pflanzenkunde (Blumen) 9.228
Blut des Menschen
  s.Menschenkunde (Blut) 9.189
Blutdruck
  s.Menschenkunde (Blutkreislauf) 9.190
Blutgruppen
  s.Menschenkunde (Blutgruppen) 9.189

Blutkreislauf des Menschen
  s.Menschenkunde (Blutkreislauf) 9.190
Blutübertragung
  s.Menschenkunde (Blut) 9.189
Bockspringen
  s.Bodenturnen 10.50
Bockturnen
  s.Geräteturnen (Einzelne Geräte) 10.65
Bode-Schule
  s.Gymnastik (Organisationsfragen) 10.73
Bodenbearbeitung
  s.Bodenbiologie 9.80
Bodenbiologie 9.80
Bodeneis
  s.Allgemeine Erdkunde (Erosion) 8.20
Bodenerosion
  s.Allgemeine Erdkunde (Erosion) 8.20
Bodengestalt [Heimatkunde]
  s. Heimatkundliche Themen 8.104
Bodenkippe
  s.Bodenturnen (Radschlagen) 10.50
Bodenkunde
  s.Allgemeine Erdkunde (Erosion) 8.20
  s.Bodenbiologie 9.80
Bodenprofil
  s.Bodenbiologie 9.80
Bodenqualität
  s.Bodenbiologie 9.80
Bodensee
  s.Länderkunde (Bodensee) 8.119
  s.Länderkunde (Schweiz:Landschaften) 8.142
Bodenständiger Unterricht
  s.Anschauungsunterricht 6.22
Bodenturnen 10.50
- (Radschlagen) 10.50
- (Rollen) 10.50
Body-Building
  s.Leibeserziehung (Training) 10.154
Böhmerwald
  s.Länderkunde (Tschechoslowakei) 8.144
Bönisch-Test
  s.Entwicklungstest 4.48
Bogenlänge
  s.Analysis (Integral) 9.34
Bohlenwand
  s.Geräteturnen (Einzelne Geräte) 10.65

Bohrsche Bahnen
  s.Atomphysik (Modellbegriff) 9.53
Bolivien
  s.Länderkunde (Bolivien) 8.119
Bonifatius
  s.Kirchengeschichte (Einzelpersonen) 10.97
Bonner Grundgesetz
  s.Politik (Grundgesetz) 8.162
Boolesche Algebra
  s.Mathematische Logik 9.176
Boolesche Maschinen
  s.Kybernetische Maschinen (Rechenautomat) 5.112
Borkenkäfer
  s.Insektenkunde (Borkenkäfer) 9.147
Botanik
  s.Pflanzenkunde 9.226
- (Fotografie)
  s.Biologielehrmittel (Pflanzenkunde) 5.44
Botanische Schulsammlung
  s.Biologielehrmittel (Pflanzenkunde) 5.44
Botanische Systematik
  s.Pflanzenkunde (Systematik) 9.234
Botanische Wanderung
  s.Biologische Lehrwanderung 9.79
Botanischer Schulgarten [Herrenhausen]
  s.Schulgarten (Hannover-Herrenhausen) 5.232
Botanisches Worträtsel
  s.Biologieunterricht (Sprachkunde) 9.76
Bourbaki
  s.Algebra (Axiomatik) 9.25
  s.Analysis 9.32
  s.Geometrie (Nichteuklidische Geometrie) 9.129
Bourdon-Test
  s.Test 4.216
Boxen in der Schule 10.51
Brasilien
  s.Länderkunde (Brasilien) 8.119
  s.Wirtschaftsgeographie (Brasilien) 8.217
Brauchtümliche Überlieferung
  s.Volksdichtung 7.246
Brauchtum im Unterricht
  s.Schulleben (Brauchtumspflege) 6.169
Brauchtum und Sprache
  s.Sprachkunde (Einzelbereiche) 7.217

Brauchwasser
  s.Naturschutz (Wasser) 9.209
Braunbär
  s.Tierkunde (Bären) 9.279
Braunkohlenindustrie
  s.Wirtschaftsgeographie (Kohle) 8.224
- (DDR)
  s.Wirtschaftsgeographie (Deutschland:DDR) 8.218
Braunkohlenrevier der Ville
  s.Länderkunde (Nordrhein-Westfalen) 8.135
  s.Wirtschaftsgeographie (Kohle) 8.224
Brechung des Lichts
  s.Optik (Brechung) 9.217
Bremer Ausleseverfahren
  s.Gymnasium (Ausleseverfahren) 1.94
Bremer Plan 1.52
- (Diskussion) 1.53
Brennweite
  s.Optik (Linsenoptik) 9.219
Breslau
  s.Länderkunde (Deutschland:Landschaften) 8.122
Brief
  s.Aufsatz (Brief) 7.26
Briefmarke
  s.Kulturgeschichte (Einzelfragen) 8.109
Briefmarke im Unterricht 5.46
Briefschreiben
  s.Aufsatz (Brief) 7.26
Briefträger [im Gesamtunterricht]
  s.Arbeitseinheiten (Briefträger) 6.24
bringen
  s.Wortfamilie 7.249
Britisches Hochland
  s.Länderkunde (Großbritannien) 8.126
Brönstedsche Säure-Base-Theorie
  s.Anorganische Chemie (Säure/Base) 9.42
Brom
  s.Anorganische Chemie (Nichtmetalle) 9.40
Brot [im Gesamtunterricht]
  s.Arbeitseinheiten (Brot) 6.24
Brot [Kulturgeschichte]
  s.Kulturgeschichtliche Längsschnitte (Brot) 8.111
Brotgetreide
  s.Pflanzenkunde (Getreide) 9.229

Brownsche Molekularbewegung
  s.Pflanzenphysiologie 9.236
  s.Wärmelehre (Kinetische Wärme-
    theorie) 9.300
Bruchrechenquadrate
  s.Bruchrechnen (Methodische Ein-
    zelfragen) 9.83
Bruchrechnen 9.81
- (Anschauung) 9.81
- (Arbeitsmittel)
  s.Rechenlehrmittel (Bruchrechnen)
    5.189
- (Dezimalzahl) 9.82
- (Division) 9.82
- (Einführung) 9.82
- (Geschichte) 9.83
- (Gruppenunterricht)
  s.Bruchrechnen (Einführung) 9.82
- (Hauptnenner) 9.83
- (Lehrplan)
  s.Bruchrechnen 9.81
- (Lehrprogramm)
  s.Programmiertes Lernen
    (Rechnen) 5.182
- (Methodische Einzelfragen) 9.83
- (Multiplikation) 9.83
- (Rechenoperationen) 9.83
- (Reform)
  s.Bruchrechnen (Methodische Ein-
    zelfragen) 9.83
- (Vergleichen)
  s.Bruchrechnen (Rechenoperatio-
    nen) 9.83
- (Volksschule)
  s.Bruchrechnen 9.81
- (Zahlbegriff)
  s.Bruchrechnen (Methodische Ein-
    zelfragen) 9.83
Bruchungleichung
  s.Algebra (Ungleichungen) 9.30
Bruckner, Anton
  s.Musikgeschichte (Einzelne Kom-
    ponisten) 10.176
Bruder
  s.Familie (Geschwisterbeziehung) 3.103
Brücken [Heimatkunde]
  s.Heimatkundliche Themen 8.104
Brückenliteratur
  s.Schundliteratur (Gegenmaßnah-
    men) 3.221
Brückl-Methode
  s.Ganzwortlesemethode 7.119
Brückl-Schreiblehrmethode
  s.Schreibenlernen (Methodische
    Einzelfragen) 7.208

Brütende Vögel
  s.Vogelkunde (Brutbiologie) 9.293
  s.Vogelkunde (Grundschule) 9.294
Brummproblem
  s.Stimmbildung (Stimmbruch)
    10.245
Brustkraulschwimmen
  s.Schwimmunterricht (Stilformen)
    10.238
Brustschwimmen
  s.Schwimmunterricht (Stilformen)
    10.238
Brutbiologie der Vögel
  s.Vogelkunde (Brutbiologie) 9.293
Brutvögel
  s.Vogelkunde (Brutbiologie) 9.293
BTS [Test]
  s.Testverfahren (Sonderschüler)
    4.225
Bubers Erziehungslehre
  s.Dialogisches Verhältnis 3.71
Buch
  s.Wortfeld im Unterricht (Ein-
    zelbeispiele) 7.250
Buch Esther
  s.Bibelunterricht AT (Einzelfra-
    gen) 10.36
Buch Hiob
  s.Bibelunterricht AT (Hiob) 10.37
Buch im Unterricht
  s.Schulbuch im Unterricht 5.213
Buchausleihe
  s.Schülerbücherei (Ausleihfragen)
    5.206
Buchauswahl für Schülerbüchereien
  s.Schülerbücherei (Buchauswahl) 5.206
Buchbesprechung
  s.Jugendbuchbeurteilung 7.139
  s.Literaturkritik 7.163
Buchbinden
  s.Papierwerken (Einzelfragen)
    10.200
Buchdiskussion im Unterricht
  s.Jugendbuch im Unterricht 5.94
Buchdruck
  s.Kulturgeschichtliche Längs-
    schnitte (Schrift) 8.111
Buche
  s.Pflanzenkunde (Laubbäume) 9.230
Bucheinband
  s.Schülerbücherei (Ausleihfragen)
    5.206
Buchführungsunterricht
  s.Kaufmännische Berufsfachkunde
    (Buchführung) 10.93

Buchklub der Jugend
　s.Klassenbücherei 5.95
Buchinteresse
　s.Leseinteresse 4.115
Buchpädagogik
　s.Literaturpädagogik 3.163
Buchpflege
　s.Schülerbücherei (Ausleihfragen)
　5.206
Buchstabenausgliederung
　s.Erstleseunterricht (Phonetischer
　Aspekt) 7.91
Buchstabenfunktion
　s.Erstleseunterricht (Psychologischer Aspekt) 7.92
Buchstabenrechnen
　s.Algebra 9.25
Buchstabenschrift
　s.Sprechspur (Schreibunterricht)
　7.239
Buchstabieren
　s.Leselehrmethoden (Lautsynthese)
　7.151
Buchübersetzung
　s.Übersetzen 7.241
Buddhismus
　s.Geschichte (Asien) 8.57
　s.Religionsunterricht (Weltreligionen) 10.224
Bücherei
　s.Arbeitsbücherei 5.23
　s.Schülerbücherei 5.205
Büchereiraum
　s.Schülerbücherei (Einrichtung)
　5.207
Bühler-Hetzer-Entwicklungstest
　s.Entwicklungstest 4.48
Bühnenbild [Schulspiel]
　s.Schulspiel (Bühnentechnik)
　6.172
Bürgerkunde
　s.Politische Bildung (Österreich)
　8.185
　s.Staatsbürgerliche Erziehung
　[Berufsschule] 8.204
Bürgerkundliches Lehrbuch
　s.Politiklehrmittel (Lehrbuch) 5.152
Bürgerliche Familie
　s.Familie 3.101
Bürgerliche Kinderliteratur
　s.Kinderbuch 7.140
Bürgerlicher Mensch
　s.Soziologie (Gesellschaft) 3.231
Bürgerlicher Volksschulunterricht
　s.Didaktik (DDR) 6.54

Bürgersinn
　s.Politische Erziehung (Sozialverhalten) 3.203
Bürogehilfin
　s.Berufliche Ausbildung (Einzelne Frauenberufe) 10.22
Bürokaufmann
　s.Kaufmännische Berufsfachkunde
　10.93
　s.Kaufmännische Berufsschule 1.118
Bürolehre
　s.Kaufmännische Berufsfachkunde
　(Bürolehre) 10.94
Bürotechnik
　s.Schulwerkstatt (Bürotechnik)
　5.237
Bulgarien
　s.Länderkunde (Bulgarien) 8.119
Bund der Freien Waldorfschulen
　s.Waldorfschule 1.269
Bund Deutscher Taubstummenlehrer
　s.Lehrerverbände 2.116
Bund katholischer Erzieher Deutschlands
　s.Lehrerverbände 2.116
Bund Österreichischer Rechtschreibreform
　s.Rechtschreibreform (Österreich)
　7.188
Bundes-Jugendspiele
　s.Bundesjugendspiele 10.51
Bundesarchiv in Koblenz
　s.Zeitgeschichte (Einzelfragen)
　8.239
Bundesfest in Qumran
　s.Bibelunterricht NT (Pfingsten)
　10.46
Bundesjugendspiele 10.51
- (Einzelfragen) 10.51
- (Geräteturnen)
　s.Bundesjugendspiele (Winterspiele) 10.52
- (Leistungsbewertung)
　s.Bundesjugendspiele (Einzelfragen) 10.51
- (Mädchenturnen)
　s.Bundesjugendspiele (Einzelfragen) 10.51
- (Punktwertung)
　s.Bundesjugendspiele (Sommerspiele) 10.52
- (Reform) 10.51
- (Sommerspiele) 10.52
- (Sonderschüler)
　s.Bundesjugendspiele (Einzelfragen) 10.51
- (Vorbereitung) 10.52

- (Winterspiele) 10.52
Bundeskonvikt [Österreichische Lehrerbildung]
 s.Pädagogische Akademie (Österreich) 2.122
Bundeskultusministerium
 s.Schulpolitik 1.208
Bundeslade
 s.Bibelunterricht AT (Einzelfragen) 10.36
Bundespräsidentenwahl
 s.Politik (Einzelfragen) 8.161
Bundesprüfstelle
 s.Jugendgefährdendes Schrifttum 3.149
Bundesrepublik Deutschland
 s.Politik (BRD) 8.160
Bundesschluß am Sinai
 s.Bibelunterricht AT (Dekalog) 10.35
Bundesschulmusikwoche
 s.Musikerziehung 10.173
Bundesschulreform
 s.Schulreform 1.212
Bundestagswahl
 s.Politik (Bundestagswahl) 8.160
Bundesverfassungsgericht
 s.Rechtskunde (Einzelfragen) 8.194
Bundeswehr
 s.Zeitgeschichte (Bundeswehr) 8.239
Bundeswehrfachschule
 s.Fachschule (Einzelne Berufe) 1.74
 s.Zweiter Bildungsweg (Institute) 1.279
- (Politische Bildung)
 s.Politische Bildung (Bundeswehrfachschule) 8.172
Bunsenbrenner
 s.Chemisches Experimentiergerät 5.48
Buntspecht
 s.Vogelkunde (Waldvögel) 9.296
Burgenland
 s.Länderkunde (Österreich) 8.136
Burgund
 s.Länderkunde (Frankreich:Landschaften) 8.125
Burgunderkriege
 s.Geschichte (Schweiz) 8.58
Burgundische Pforte
 s.Geschichte (Europa) 8.57
Buschhürde
 s.Leichtathletik (Hochsprung) 10.158

Busemannscher Aufzähltest
 s.Test 4.216
Bush-Mosteller-Operator
 s.Lernvorgang 4.114
Buße
 s.Katechese (Buße) 10.83
Bußsakrament
 s.Katechese (Buße) 10.83
Butterflyschwimmen
 s.Schwimmunterricht (Stilformen) 10.238

C

C-Klasse
 s.Schulreifetest (Grundleistungstest) 4.180
Caesar
 s.Altertum (Römer) 8.23
Caesar-Lektüre
 s.Lateinische Lektüre (Caesar) 7.144
Calvin
 s.Kirchengeschichte (Reformation) 10.99
Calvinistische Pädagogik
 s.Pädagogik (Evangelische Pädagogik) 3.186
Camera obscura
 s.Optik (Linsenoptik) 9.219
Camping
 s.Jugendwandern (Camping) 3.154
Campus-Universität
 s.Hochschulreform 1.108
Carl-Schomburg-Schule
 s.Schulversuche (Bundesländer) 1.228
Carmen
 s.Musikgeschichte (Oper) 10.177
Carnotscher Lehrsatz
 s.Wärmelehre (Einzelfragen) 9.298
Cartesianischer Taucher
 s.Mechanik (Auftrieb) 9.177
Casework-Methode
 s.Erziehungsberatung (Einzelfall) 4.51
 s.Heimerziehung 3.139
 s.Sozialpädagogik 3.227
Cassinische Kurvenschar
 s.Analytische Geometrie (Einzelfragen) 9.37
CAT [Test]
 s.Test 4.216

CAT-Z [Test]
  s.Test 4.216
Catull-Lektüre
  s.Lateinische Lektüre (Catull)
  7.144
Cembalo
  s.Musikinstrument (Einzelformen)
  5.139
Cerebral gelähmtes Kind 4.35
Cerebrale Vigilanz
  s.Arbeitspsychologie 4.24
Ceylon
  s.Länderkunde (Ceylon) 8.119
Chancengleichheit
  s.Bildungschance 1.46
Chansons im Religionsunterricht
  s.Katechese (Einzelfragen) 10.84
Charakter
  s.Charakterkunde 4.36
- und Intelligenz
  s.Intelligenz 4.86
Charakterbeurteilung.............. 4.35
- (Taubstummes Kind)
  s.Taubstummes Kind (Psychologische Einzelfragen) 4.216
Charakterbildung 3.69
- (Psychologischer Aspekt)
  s.Charakterentwicklung 4.36
Charakterdiagnostik
  s.Charakterbeurteilung 4.35
Charakterentwicklung 4.36
Charaktererziehung
  s.Charakterbildung 3.69
Charakteristik
  s.Aufsatzunterricht (Volksschuloberstufe) 7.40
  s.Schülerbeobachtungsbogen 4.167
  s.Zeugnis (Wortzeugnis) 1.274
Charakterkunde 4.36
- (Pädagogischer Aspekt) 4.37
Charakterneurotiker
  s.Neurose 4.127
Charakterologie
  s.Charakterbeurteilung 4.35
  s.Charakterkunde 4.36
Charakterologische Begutachtung
  s.Charakterbeurteilung 4.35
Charakterschulung
  s.Charakterkunde (Pädagogischer Aspekt) 4.37
Charakterstruktur
  s.Charakterkunde 4.36
Charta des Kindes
  s.Kindheit (Rechte des Kindes)
  3.157

Chemie 9.84
- (Biochemie)
  s.Biochemie 9.57
- (Einzelfragen) 9.84
- (Elemente) 9.84
- (Fachsprache)
  s.Chemie 9.84
- (Formeln)
  s.Chemische Bindung (Formel) 9.97
- (Geschichte) 9.85
- (Kausalität)
  s.Chemie (Einzelfragen) 9.84
- (Mathematischer Aspekt) 9.85
- (Mineralogie)
  s.Mineralogie (Kristalle) 9.196
- (Nahrungsmittel)
  s.Nahrungsmittelchemie 9.196
- (Periodensystem) 9.85
- (Physikalischer Aspekt)
  s.Physikalische Chemie 9.241
Chemiefaser
  s.Organische Chemie (Textilfaser) 9.225
Chemielehrbuch 5.47
Chemielehrer
  s.Physik- und Chemielehrer 2.129
Chemielehrmittel 5.47
- (Film) 5.48
- (Hafttafel) 5.48
- (Lehrprogramm)
  s.Programmiertes Lernen (Chemie)
  5.163
- (Lochkarte) 5.48
Chemielehrplan 9.85
- (DDR) 9.86
Chemieolympiade
  s.Chemieunterricht (Leistungskontrolle) 9.90
  s.Chemieunterricht (Methodische Einzelfragen) 9.90
Chemieprogramm
  s.Programmiertes Lernen (Chemie) 5.163
Chemieraum
  s.Schulgebäude (Chemieraum) 1.186
Chemieunterricht 9.86
- (Abschlußprüfung) 9.86
- (Aktivierung)
  s.Chemieunterricht (Methodische Einzelfragen) 9.90
- (Arbeitsaufträge)
  s.Chemieunterricht (Polytechnische Bildung) 9.91
- (Arbeitsgemeinschaft) 9.87
- (Arbeitsmittel)
  s.Chemielehrmittel 5.47

- (Atomlehre)
  c. Chemische Bindung (Modellbegriff) 9.97
- (Berufsschule) 9.87
- (Bildungswert) 9.87
- (DDR) 9.87
- (Denkerziehung)
  s. Chemieunterricht (Psychologischer Aspekt) 9.91
- (Differenzierung)
  s. Chemieunterricht (Methodische Einzelfragen) 9.90
- (Einführung) 9.88
- (Exemplarisches Lehren)
  s. Chemieunterricht (Methodische Einzelfragen) 9.90
- (Fachsprache) 9.88
- (Grundschule)
  s. Chemieunterricht (Volksschule) 9.93
- (Gruppenarbeit)
  s. Chemieunterricht (Volksschule) 9.93
- (Gruppenlehrgang)
  s. Chemieunterricht (Polytechnische Bildung) 9.91
- (Gymnasium) 9.89
- (Hausaufgabe) 9.89
- (Hilfsschule)
  s. Chemieunterricht (Sonderschule) 9.93
- (Koedukation)
  s. Chemieunterricht (Methodische Einzelfragen) 9.90
- (Landschule) 9.89
- (Leistungsbewertung) 9.89
- (Leistungskontrolle) 9.90
- (Methodische Einzelfragen) 9.90
- (Mittelschule)
  s. Chemieunterricht (Realschule) 9.92
- (Mittelschule [Schweiz])
  s. Chemieunterricht (Gymnasium) 9.89
- (Motivation)
  s. Chemieunterricht (Methodische Einzelfragen) 9.90
- (Nomenklatur)
  s. Chemieunterricht (Fachsprache) 9.88
- (Oberschule)
  s. Chemieunterricht (Gymnasium) 9.89
- (Persönlichkeitsformung)
  s. Chemieunterricht (Bildungswert) 9.87
- (Philosophischer Aspekt)
  s. Chemieunterricht (Weltanschauliche Erziehung) 9.94
- (Polytechnische Bildung) 9.91
- (Psychologischer Aspekt) 9.91
- (Rahmenplan)
  s. Chemielehrplan 9.85
- (Realschule) 9.92
- (Reform) 9.92
- (Reifeprüfung)
  s. Chemieunterricht (Abschlußprüfung) 9.86
- (Schülerversuch) 9.92
- (Schuljahr VII) 9.93
- (Sonderschule) 9.93
- (Sozialistische Erziehung)
  s. Chemieunterricht (Weltanschauliche Erziehung) 9.94
- (Stoffauswahl)
  s. Chemielehrplan 9.85
- (Übung)
  s. Chemieunterricht (Leistungskontrolle) 9.90
- (Unterrichtsanalyse)
  s. Chemieunterricht (Leistungsbewertung) 9.89
- (Unterrichtstag)
  s. Chemieunterricht (Polytechnische Bildung) 9.91
- (Versuchsprotokoll)
  s. Chemieunterricht (Schülerversuch) 9.92
- (Vertiefte Behandlung)
  s. Chemieunterricht (Methodische Einzelfragen) 9.90
- (Volksschule) 9.93
- (Vorbereitung) 9.94
- (Vorkurs)
  s. Chemieunterricht (Einführung) 9.88
- (Wahlpflichtfach) 9.94
- (Weltanschauliche Erziehung) 9.94
- (Wiederholung) 9.95
- (Wissenschaftscharakter) 9.95
- (Zensierung)
  s. Chemieunterricht (Leistungsbewertung) 9.89
Chemiewirtschaft
  s. Chemotechnik 9.99
Chemikalien
  s. Chemisches Experimentiergerät 5.48
Chemische Affinität
  s. Chemische Bindung 9.96
Chemische Analyse 9.95

[Forts.: Chemische Analyse]
- (Chromatographie) 9.95
- (Einzelfragen) 9.96
Chemische Arbeitsgemeinschaft
  s.Chemieunterricht (Arbeitsgemeinschaft) 9.87
Chemische Bindung 9.96
- (Einzelfragen) 9.96
- (Formel) 9.97
- (Katalysator) 9.97
- (Massenwirkungsgesetz) 9.97
- (Modellbegriff) 9.97
- (Reaktionen) 9.98
Chemische Bodenuntersuchung
  s.Bodenbiologie 9.80
Chemische Energie
  s.Elektrizitätslehre (Galvanisches Element) 9.104
Chemische Experimente 9.98
- (Einfache Versuche) 9.99
- (Unfallverhütung) 9.99
Chemische Formeln
  s.Chemische Bindung (Formel) 9.97
Chemische Gasreaktionen
  s.Wärmelehre (Gasgesetze) 9.299
Chemische Kampfstoffe
  s.Chemie (Einzelfragen) 9.84
Chemische Mengenanalyse
  s.Chemische Analyse 9.95
Chemische Nomenklatur
  s.Chemie 9.84
Chemische Reaktion
  s.Chemische Bindung (Reaktionen) 9.98
Chemische Technologie
  s.Chemotechnik 9.99
Chemische Zeichensprache
  s.Chemieunterricht (Fachsprache) 9.88
Chemischer Anfangsunterricht
  s.Chemieunterricht (Einführung) 9.88
  s.Chemieunterricht (Volksschule) 9.93
Chemisches Experimentiergerät 5.48
Chemisches Gleichgewicht
  s.Chemische Bindung (Reaktionen) 9.98
Chemolumineszenz
  s.Optik (Lumineszenz) 9.220
Chemotaxis
  s.Biochemie 9.57
Chemotechnik 9.99
- (Einzelfragen) 9.100
- (Glas) 9.100

- (Wasser) 9.100
Cherusker
  s.Altertum (Völkerwanderung) 8.24
Child Guidance
  s.Kinderpsychotherapie 4.96
Child Guidance Clinic
  s.Erziehungsberatung (Erfahrungen) 4.52
Chile
  s.Länderkunde (Chile) 8.120
China
  s.Geschichte (China) 8.57
  s.Länderkunde (China) 8.120
  s.Wirtschaftsgeographie (China) 8.217
- (Kommunismus)
  s.Länderkunde (China:Volksrepublik) 8.120
- (Sozialer Wandel)
  s.Länderkunde (China:Volksrepublik) 8.120
Chinesisch
  s.Fremdsprachen 7.101
Chinesische Volkskommune
  s.Länderkunde (China:Volksrepublik) 8.120
Chiropädie
  s.Motorik 4.125
Chlodwig
  s.Mittelalter (Frankreich) 8.150
Chlor
  s.Anorganische Chemie (Nichtmetalle) 9.40
Chlorophyll
  s.Pflanzenphysiologie (Photosynthese) 9.238
Chlorwasserstoff
  s.Anorganische Chemie (Säure) 9.41
Chomsky-Grammatik
  s.Kybernetik (Informationssemantik) 5.99
Contergankind
  s.Körperbehindertes Kind 4.98
Choral im Unterricht
  s.Kirchenlied (Choral) 10.102
Choralsingen
  s.Chormusik (Gregorianischer Choral) 10.53
Chorella
  s.Pflanzenphysiologie (Wachstum) 9.238
Chorerziehung
  s.Chorgesang 10.53
Chorgesang 10.53

Chorische Stimmbildung
  s.Chorgesang 10.53
Chorisches Spiel
  s.Laienspiel (Chorisches Spiel)
    6.110
Chorisches Sprechen
  s.Stimmbildung (Sprecherziehung)
    10.245
Chorkonzert
  s.Chormusik 10.53
Chorleiter
  s.Chorgesang 10.53
  s.Musikerzieher 2.120
  s.Schulchor 10.233
Chorlesen
  s.Leseunterricht (Methodische
    Einzelfragen) 7.157
Chormusik 10.53
- (Gregorianischer Choral) 10.53
Chorsprechen
  s.Fremdsprachenunterricht (Methodische Einzelfragen) 7.108
Christbaumschmuck
  s.Weihnachtliches Werken (Baumschmuck) 10.260
Christentum und Geschichte
  s.Geschichtsphilosophie (Christentum) 8.64
Christentum und Schule
  s.Christliche Erziehung 3.69
Christgeburtspiel
  s.Schulspiel (Krippenspiel) 6.174
Christi Himmelfahrt
  s.Bibelunterricht NT (Himmelfahrt)
    10.43
Christi Passion
  s.Bibelunterricht NT (Passion)
    10.45
Christi Widerkunft
  s.Bibelunterricht NT (Einzelfragen) 10.41
Christlich-Demokratische Bildungspolitik
  s.Bildungsprogramme 1.52
Christliche Anthropologie 3.69
Christliche Balladen
  s.Ballade 7.41
Christliche Bildung
  s.Christliche Erziehung 3.69
Christliche Dichtung
  s.Dichtung (Christliche Dichtung)
    7.60
- im Unterricht
  s.Dichtung (Christliche Dichtung)
    7.60

Christliche Erziehung 3.69
- (Unterrichtsaspekt)
  s.Religionsunterricht (Bildungswert) 10.209
Christliche Familie
  s.Familie 3.101
Christliche Gemeinschaftsschule
  s.Gemeinschaftsschule (Christliche Gemeinschaftsschule) 1.87
Christliche Geschichtsbetrachtung
  s.Geschichtsphilosophie (Christentum) 8.64
Christliche Gesellschaftslehre
  s.Soziologie (Christliche Gesellschaftslehre) 3.229
Christliche Kulturpolitik
  s.Kulturpolitik 1.128
Christliche Lyrik
  s.Dichtung (Christliche Dichtung) 7.60
Christliche Mädchenbildung
  s.Mädchenbildung (Religiöser
    Aspekt) 3.173
Christliche Mission
  s.Religionsunterricht (Mission)
    10.216
Christliche Mittelschule
  s.Mittelschule [Österreich] 1.145
Christliche Pädagogik
  s.Christliche Erziehung 3.69
  s.Katholische Schulerziehung 3.154
Christliche Schulerziehung
  s.Schulwesen Schweiz (Katholische Bildungspolitik) 1.239
Christliche Schulpolitik
  s.Schulpolitik 1.208
Christliche Simultanschule
  s.Gemeinschaftsschule (Christliche Gemeinschaftsschule) 1.87
Christliche Soziallehre
  s.Soziologie (Christliche Gesellschaftslehre) 3.229
Christliche Spiritualität
  s.Bibelunterricht NT (Einzelfragen) 10.41
Christliche Staatslehre
  s.Politik (Staat) 8.168
Christliche Unterweisung
  s.Evangelische Unterweisung 10.55
Christliche Versuchsschule
  s.Bekenntnisschule 1.29
  s.Schulversuche 1.227
Christliche Wirtschaftsethik
  s.Wirtschaftspädagogische Forschung 3.244

Christlicher Erzieher
 s.Erzieher (Christlicher Erzieher) 2.33
 s.Lehrer (Evangelischer Lehrer) 2.62
 s.Lehrer (Katholischer Lehrer) 2.63
Christlicher Erziehungsauftrag
 s.Christliche Erziehung 3.69
Christlicher Geschichtsunterricht
 s.Geschichtsunterricht (Erziehungswert) 8.71
Christlicher Humanismus
 s.Humanismus (Christlicher Humanismus) 3.145
Christliches Geschichtsbewußtsein
 s.Geschichtsphilosophie (Christentum) 8.64
Christliches Jugendbuch
 s.Religionslehrmittel (Jugendbuch) 5.199
Christliches Menschenbild 3.70
- (Geschichte)
 s.Geschichtsbild 8.59
Christliches Weihnachtsspiel
 s.Weihnachtsspiel 6.229
Christliches Weltbild
 s.Christliche Erziehung 3.69
Christozentrik
 s.Katechese 10.83
Christozentrische Unterweisung
 s.Evangelische Unterweisung 10.55
Christusgebet
 s.Gebetserziehung 10.63
Chrom
 s.Anorganische Chemie (Metalle) 9.40
Chromatographie
 s.Chemische Anlalyse (Chromatographie) 9.95
- im Biologieunterricht
 s.Biologielehrmittel (Einzelformen) 5.41
Chromosomenanomalie
 s.Vererbungslehre (Chromosomen) 9.291
Chromosomenforschung
 s.Vererbungslehre (Chromosomen) 9.291
Cicero-Lektüre
 s.Lateinische Lektüre (Cicero) 7.145
Classroom play
 s.Fremdsprachenlehrmittel (Spielformen) 5.75

Client Centered Psychotherapie
 s.Psychotherapie 4.152
Clifford-Algebra
 s.Geometrie (Einzelfragen) 9.126
Cockney
 s.Englische Sprache (Umgangssprache) 7.74
Colibakterien
 s.Mikrobiologie (Bakterien) 9.194
Colloquial english
 s.Englische Sprache (Einzelfragen) 7.74
Colloquium
 s.Gymnasiallehrerbildung (Pädagogische Prüfung) 2.45
 s.Unterrichtsgespräch (Gymnasium) 6.211
Colomboplan
 s.Länderkunde (Südostasien) 8.144
Colorado
 s.Länderkunde (USA:Landschaften) 8.146
Comecon
 s.Wirtschaftsgeographie (Einzelfragen) 8.218
 s.Zeitgeschichte (Einzelfragen) 8.239
Comics
 s.Schundliteratur (Comics) 3.221
- (Gegenmaßnahmen)
 s.Literaturpädagogik in der Schule (Comics) 3.170
Commedia
 s.Schultheater (Einzelne Spiele) 6.177
Comment
 s.Englischunterricht (Methodische Einzelfragen) 7.82
Commonwealth
 s.Wirtschaftsgeographie (Einzelfragen) 8.218
Complete reading
 s.Englische Lektüre 7.69
Comprehension Test
 s.Englischunterricht (Leistungstest) 7.82
Computer-Lehrsystem
 s.Lehrgerät (Elektronenrechner) 5.117
Coridiskraft
 s.Mechanik (Zentrifugalkraft) 9.186
Cornelsen-Bogen
 s.Lesebogen 5.126

Cortikale Dynamik
  s.Taubstummes Kind (Psychologische Einzelfragen) 4.214
Costa Brava
  s.Länderkunde (Spanien:Landschaften) 8.142
Costa Rica
  s.Länderkunde (Mittelamerika) 8.132
Cote d'Azur
  s.Länderkunde (Frankreich:Landschaften) 8.125
Coulombsches Gesetz
  s.Elektrostatik (Coulombsches Gesetz) 9.113
  s.Magnetismus 9.156
Cp/Cv
  s.Wärmelehre (Spezifische Wärme) 9.301
Creativitäts-Training
  s.Schöpferisches Tun 4.164
Credo-Schallplatten
  s.Religionslehrmittel (Schallplatte) 5.200
Cricket-Spiel im Englischunterricht
  s.Englischlehrmittel (Szenisches Spiel) 5.58
Cuisenaires Rechenmethode
  s.Erstrechenunterricht (Mengenoperation) 9.115
Culture Free Test
  s.Testverfahren (Sonderschüler) 4.225
Cumol-Verfahren
  s.Chemie (Einzelfragen) 9.84
Curriculum
  s.Bildungsplan 6.51
  s.Lehrplan 6.114

D

Dämmplatte als Arbeitsmittel
  s.Heimatkundelehrmittel (Einzelformen) 5.92
Dänemark
  s.Länderkunde (Dänemark) 8.121
Dänische Landwirtschaft
  s.Wirtschaftsgeographie (Landwirtschaft:EWG) 8.225
Dahomey
  s.Länderkunde (Äquatorialafrika) 8.113

Daktylologie
  s.Taubstummenunterricht (Gebärdensprache) 6.197
  s.Vorschulischer Unterricht (DDR) 6.227
Dalmatinische Küste
  s.Länderkunde (Jugoslawien) 8.130
Dalton-Plan 6.52
Damenschneiderin
  s.Berufsfachkunde (Schneider) 10.27
Dampfdruck
  s.Wärmelehre (Gasgesetze) 9.299
Dampfkraftwerk
  s.Wärmelehre (Einzelfragen) 9.298
Dampfmaschine
  s.Wärmelehre (Dampfmaschine) 9.298
  s.Werken (Metall) 10.264
  - im Gesamtunterricht
  s.Neuzeit (Industrielle Revolution) 8.153
Darbietung
  s.Formalstufen 6.66
  s.Lehrprogramm (Einzelfragen) 5.122
Darstellende Geometrie 9.101
Darstellendes Lehrverfahren
  s.Methodik (Geschichte) 6.125
Darstellendes Spiel
  s.Leibeserziehung (Darstellendes Spiel) 10.129
  s.Politiklehrmittel (Darstellendes Spiel) 5.149
  s.Politische Bildung (Schulspiel) 8.188
  s.Schulspiel 6.171
  s.Stottertherapie (Spieltherapie) 4.213
Darstellung
  s.Lehrprpbe 2.118
  s.Unterrichtsvorbereitung (Gestaltungsfragen) 6.217
Darstellungsform des Kindes
  s.Stiltypen 7.241
Darwinismus
  s.Abstammungslehre (Selektionstheorie) 9.23
das oder daß
  s.Rechtschreibunterricht (Einzelprobleme) 7.189
Daseinsanalytische Psychotherapie
  s.Psychotherapie (Tiefenpsychologie) 4.155
Datenverarbeitung
  s.Kybernetische Maschinen (Rechenautomat) 5.112

[Forts.: Datenverarbeitung]
  s.Lehrgerät (Elektronenrechner)
    5.117
Dativische Sehweise
  s.Wortarten (Substantiv) 7.249
Dattelpalme
  s.Pflanzenkunde (Laubbäume) 9.230
Daueraufmerksamkeit
  s.Arbeitspsychologie 4.24
Dauerbeobachtung im Biologieunterricht
  s.Naturbeobachtung 9.197
Dauerpräparate [Mikroskopie]
  s.Mikrobiologie (Schulpräparate)
    9.195
Dauerrechenversuch
  s.Test (Pauli-Test) 4.219
Daumenlutschen
  s.Verhaltensstörung (Einzelformen)
    4.233
David und Goliath
  s.Bibelunterricht AT (Könige) 10.37
DDR-Pädagogik
  s.Schulreform (DDR) 1.218
Debating
  s.Englischunterricht (Methodische Einzelfragen) 7.82
Debatte
  s.Diskussion im Unterricht 6.58
Debattierclub
  s.Politische Bildung (Debattieren) 8.173
Debilenschule
  s.Sonderschule für geistig Behinderte 1.244
Debilität
  s.Geisteskrankheit 4.66
  s.Intelligenzschwäche 4.89
Debussy, Claude
  s.Musikgeschichte (Einzelne Komponisten) 10.176
Deckfarben
  s.Malen (Deckfarben) 10.167
Dedoxbegriff
  s.Chemie (Einzelfragen) 9.84
Deduktive Geometrie
  s.Geometrie (Axiomatik) 9.124
Defektives Kind
  s.Schwachsinniges Kind 4.185
Defektivpädagogik
  s.Sonderschule (DDR) 1.242
Defektologie
  s.Heilpädagogik 4.76
Defektor
  s.Hochfrequenztechnik (Kristalldiode) 9.144

definieren
  s.Aufsatz (Besinnungsaufsatz) 7.25
Deflation
  s.Wirtschaftskunde (Inflation)
    8.234
Dehnsprechen
  s.Schreibleseunterricht (Methodenaspekt) 7.209
Dehnungs-h
  s.Rechtschreibunterricht (Einzelprobleme) 7.189
Déjà vu-Erlebnis
  s.Gedächtnisforschung 4.64
Dekalog
  s.Bibelunterricht AT (Dekalog) 10.35
Deklination im Unterricht
  s.Wortarten (Substantiv im Unterricht) 7.249
Deklinations-Schieber
  s.Fremdsprachenlehrmittel 5.73
Dekorationsmaler
  s.Berufsfachkunde (Graphisches Gewerbe) 10.25
Dekorative Kinderzeichnung
  s.Kinderzeichnung (Einzelfragen)
    10.96
Dekoratives Zeichnen
  s.Zeichnen 10.281
Delphinschwimmen
  s.Schwimmunterricht (Stilformen)
    10.238
Deltaplan
  s.Länderkunde (Niederlande:Landgewinnung) 8.134
Demenz
  s.Intelligenzschwäche 4.89
Demodulation
  s.Elektrizitätslehre (Gleichrichter) 9.105
Demokratie
  s.Politik (Demokratie) 8.160
- (Geschichtlicher Aspekt)
  s.Neuzeit 8.152
- und Schule
  s.Bildungschance 1.46
  s.Schule und Staat 1.181
Demokratieforschung
  s.Politische Soziologie 3.203
Demokratische Bildungspolitik
  s.Bildungsprogramme 1.52
Demokratische Erziehung
  s.Politische Bildung (Erziehung zur Demokratie) 8.175
  s.Politische Erziehung (Demokratische Mündigkeit) 3.201

Demokratische Klassenführung
 s.Pädagogischer Führungsstil 6.135
Demokratische Leistungsschule
 s.Gesamtschule 1.88
Demokratische Schule
 s.Schulerziehung 3.217
Demokratisches Bewußtsein
 s.Zeitgeschichtsunterricht (Psychologischer Aspekt) 8.256
Demokratisches Führungsverhalten
 s.Pädagogischer Führungsstil 6.135
Demokratisierung der Schule
 s.Schülermitverantwortung 3.209
Demokratisierung der Universität
 s.Hochschulreform 1.108
 s.Universität 1.259
Demonstrationsrechner
 s.Rechenautomat 9.257
Demonstrationsunterricht
 s.Chemische Experimente 9.98
 s.Physikalische Experimente 9.243
Denkanforderung
 s.Denkpsychologie 4.38
Denkanstoß 6.53
- (Zeichenunterricht)
 s.Zeichenunterricht (Methodische Einzelfragen) 10.279
Denkaufgaben im Rechenunterricht
 s.Rechenübung (Übungsformen) 9.264
Denken
 s.Denkpsychologie 4.38
- und Sprache
 s.Sprache und Denken 7.213
Denkentwicklung 4.37
Denkerziehung 6.53
Denkfähigkeit
 s.Denkleistung 4.37
Denkleistung 4.37
- (Glutaminsäure) 4.38
Denkprozeß
 s.Denkpsychologie 4.38
Denkpsychologie 4.38
- (Kybernetik)
 s.Kybernetische Lerntheorie 5.102
Denkschulung
 s.Altsprachlicher Unterricht (Bildungswert) 7.20
 s.Chemieunterricht (Psychologischer Aspekt) 9.91
 s.Denkanstoß 6.53
 s.Denkerziehung 6.53
 s.Deutschunterricht (Denkschulung) 7.47
 s.Erdkundeunterricht (Psychologischer Aspekt) 8.42

 s.Geometrieunterricht (Psychologischer Aspekt) 9.136
 s.Geschichtsunterricht (Denkschulung) 8.69
 s.Geschichtsunterricht (Problemstellung) 8.80
 s.Mathematikunterricht (Denkschulung) 9.163
 s.Naturlehre (Denkschulung) 9.201
 s.Naturlehre (Problemdenken) 9.205
 s.Physikunterricht (Denkschulung) 9.247
 s.Rechenunterricht (Denkschulung) 9.266
 s.Schulfernsehen (Methodische Einzelfragen) 5.218
Denkspiel
 s.Lernspiel 5.125
Denksprechübung
 s.Stottertherapie (Schulischer Aspekt) 4.213
Denkverhalten
 s.Denkpsychologie 4.38
Denkvermögen
 s.Denkerziehung 6.53
Denkvorgang
 s.Denkpsychologie 4.38
Denver-Versuche
 s.Lehrprogramm (Einzelformen) 5.121
Depression 4.39
Desarguessche Konfiguration
 s.Abbildungsgeometrie (Projektive Geometrie) 9.21
Deskriptive Wirtschaftspädagogik
 s.Wirtschaftspädagogische Forschung 3.244
Destillation
 s.Wärmelehre (Aggregatzustand) 9.298
Destillationsapparat
 s.Chemisches Experimentiergerät 5.48
Detailkarte
 s.Erdkundeatlas (Sonderkarten) 5.60
Determinativ
 s.Wortarten (Kompositum) 7.248
Determinismus [Physik]
 s.Physik (Einzelfragen) 9.239
Deterministische Geschichtsauffassung
 s.Geschichtsphilosophie (Einzelfragen) 8.64
Deuterojesaias
 s.Bibelunterricht AT (Propheten) 10.38

Deutsch als Fremdsprache 7.43
- (Lektüre) 7.43
Deutsch als Kernfach
 s.Deutschunterricht (Stoffeinheit)
 7.58
Deutsch-Dänischer Konflikt
 s.Deutsche Geschichte (Einzelfragen) 8.25
Deutsch-Englische Sprachvergleiche
 s.Englischunterricht (Muttersprache) 7.83
Deutsch-Französisches Jugendwerk
 s.Europäische Erziehung 3.99
Deutsch-Russischer Krieg
 s.Zeitgeschichtsunterricht (Zweiter Weltkrieg:Einzelfragen)
 8.259
Deutsch-Slawische Frühgeschichte
 s.Mittelalter (Ostbesiedlung)
 8.151
Deutsch-Sowjetischer Nichtangriffspakt
 s.Zeitgeschichte (Weltkrieg 1939-1945) 8.246
Deutsche Alpen
 s.Länderkunde (Alpen) 8.115
Deutsche Arbeiterbewegung
 s.Deutsche Geschichte (Arbeiterbewegung) 8.25
Deutsche Auslandsschule
 s.Deutsch als Fremdsprache
 (Lektüre) 7.43
 s.Deutsches Auslandsschulwesen
 1.54
 s.Deutschunterricht (Deutsche Auslandsschule) 7.48
 s.Entwicklungsländer (Unterrichtsaspekt) 8.24
 s.Erdkundeunterricht (Deutsche Auslandsschule) 8.34
 s.Heimatkundeunterricht (Deutsche Auslandsschule) 8.97
 s.Sprachunterricht (Deutsche Auslandsschule) 7.223
Deutsche Demokratische Republik
 s.Länderkunde (Deutschland:DDR)
 8.122
 s.Wirtschaftsgeographie (Deutschland:DDR) 8.218
 s.Zeitgeschichte (DDR) 8.239
Deutsche Einheit
 s.Zeitgeschichte (Wiedervereinigung) 8.247
Deutsche Gegenwartsliteratur
 s.Gegenwartsliteratur 7.120

Deutsche Gegenwartssprache
 s.Gegenwartssprache 7.125
Deutsche Geschichte 8.24
- (1850-1950)
 s.Deutsche Geschichte (Einzelfragen) 8.25
- (Anschauungsbilder)
 s.Geschichtslehrmittel (Bildformen) 5.83
- (Arbeiterbewegung) 8.25
- (Autoritäre Tendenzen)
 s.Deutsche Geschichte (Einzelfragen) 8.25
- (Bismarck) 8.25
- (Einzelfragen) 8.25
- (Gegenwart)
 s.Zeitgeschichte 8.237
- (Mittelalter) 8.26
- (Revolution 1848) 8.26
- (Römer) 8.26
- (Stämme und Länder) 8.27
Deutsche Grammatik 7.44
- (Terminologie) 7.44
Deutsche Gymnastik
 s.Gymnastik (Organisationsfragen)
 10.73
Deutsche Hanse
 s.Mittelalter (Hanse) 8.150
Deutsche Industriewirtschaft
 s.Wirtschaftsgeographie (Industrie: Deutschland) 8.223
Deutsche Landschaften
 s.Deutsche Geschichte (Stämme und Länder) 8.27
 s.Länderkunde (Deutschland:Landschaften) 8.122
Deutsche Landwirtschaft
 s.Wirtschaftsgeographie (Landwirtschaft) 8.224
Deutsche Lautlehre
 s.Phonetik 7.183
Deutsche Lehrerbücherei [Leipzig]
 s.Lehrerbücherei (Einzelformen)
 2.104
Deutsche Lehrervereine
 s.Lehrerverbände 2.116
Deutsche Lesebücher
 s.Lesebuchkritik 5.130
Deutsche Lyrik
 s.Lyrik 7.165
Deutsche Mittelschule
 s.Gymnasium 1.92
Deutsche Nationalitätenpolitik
 s.Deutsche Geschichte (Revolution 1848) 8.26

Deutsche Ostgrenze
　s.Zeitgeschichtsunterricht
　　(Deutsche Ostgrenze) 8.249
Deutsche Ostkunde
　s.Ostkunde 8.156
Deutsche Ostpolitik
　s.Zeitgeschichte (Einzelfragen) 8.239
Deutsche Ostseeküste
　s.Länderkunde (Deutsche Ostsee-
　　küste) 8.122
Deutsche Psalmen
　s.Liturgische Erziehung (Liturgie)
　　10.165
Deutsche Rechenmaschine
　s.Rechenlehrmittel (Russische
　　Rechenmaschine) 5.192
Deutsche Schreibschrift
　s.Schreibunterricht (Deutsche
　　Schrift) 10.227
Deutsche Schrift
　s.Schreibunterricht (Deutsche
　　Schrift) 10.227
Deutsche Sektion des Europäischen
　Erzieherbundes
　s.Lehrerverbände 2.116
Deutsche Sprache 7.44
- (DDR)
　s.Sprache und Politik 7.213
- (Grammatik)
　s.Deutsche Grammatik 7.44
- (Informationstheorie)
　s.Kybernetik (Informationsse-
　　mantik) 5.99
- (Sprachgefährdung) 7.45
- und Literatur
　s.Deutschunterricht 7.45
Deutsche Spracherziehung
　s.Spracherziehung 7.215
Deutsche Sprachlehre
　s.Deutsche Grammatik 7.44
　s.Grammatikunterricht 7.126
Deutsche Sprachspaltung
　s.Sprache und Politik 7.213
Deutsche Staatsanschauung
　s.Politik (Staat) 8.168
Deutsche Stämme und Länder
　s.Deutsche Geschichte (Stämme
　　und Länder) 8.27
Deutsche Trachten
　s.Kulturgeschichte (Kleidung) 8.110
Deutsche Verfassungsgeschichte
　s.Politik (Verfassungsgeschichte)
　　8.169
Deutsche Weltliteratur
　s.Literaturwissenschaft 7.165

Deutsche Westgrenze
　s.Deutsche Geschichte (Einzel-
　　fragen) 8.25
Deutsche Wortstellung
　s.Satzlehre (Wortstellung) 7.206
Deutscher Aufsatz
　s.Aufsatz 7.24
Deutscher Ausschuß für das Erzie-
　hungs- und Bildungswesen 1.53
- (Berufsbildung)
　s.Berufliche Bildung (Bildungs-
　　politik) 3.27
- (Hauptschule)
　s.Hauptschule (Deutscher Ausschuß)
　　1.104
Deutscher Bauernkrieg
　s.Neuzeit (Bauernkriege) 8.152
Deutscher Berufsschultag
　s.Berufsschullehrer 2.24
Deutscher Bildungsrat 1.54
Deutscher Entwicklungsdienst
　s.Entwicklungshilfe (Privatorga-
　　nisationen) 8.28
Deutscher Gewerkschaftsbund
　s.Politik (Interessenverbände) 8.163
- (Schulreform)
　s.Schulreform (Bildungspolitik)
　　1.216
- (Zweiter Bildungsweg)
　s.Zweiter Bildungsweg (Deutscher
　　Gewerkschaftsbund) 1.278
Deutscher Gymnastik-Bund
　s.Gymnastik (Organisationsfragen)
　　10.73
Deutscher Kirchenkampf
　s.Kirchengeschichte (Kirchenkampf)
　　10.98
Deutscher Linksliberalismus
　s.Politik (Einzelfragen) 8.161
Deutscher Militarismus
　s.Zeitgeschichte (Militarismus) 8.243
Deutscher Musikrat
　s.Musikerzieher 2.120
　s.Musikerziehung 10.173
　s.Musikerziehung (Reform) 10.174
Deutscher Neuphilologentag
　s.Neuphilologe 2.122
Deutscher Philologen-Verband 2.29
Deutscher Ritterorden
　s.Mittelalter (Deutscher Ritter-
　　orden) 8.149
Deutscher Satz
　s.Satzlehre (Deutscher Satz) 7.204
Deutscher Schulgeographentag
　s.Geographielehrer 2.36

Deutscher Seefischfang
　s.Wirtschaftsgeographie (Seefischerei)　8.227
Deutscher Verband der Gewerbelehrer
　s.Lehrerverbände　2.116
Deutscher Verband für das kaufmännische Bildungswesen
　s.Lehrerverbände　2.116
Deutscher Wortschatz
　s.Wortkunde　7.251
Deutsches Auslandsschulwesen 1.54
- (Afrika) 1.56
- (Amerika) 1.56
- (Asien) 1.57
- (Berufsbildendes Schulwesen) 1.57
- (Entwicklungsländer) 1.57
- (Europa) 1.58
Deutsches Bildungswesen
　s.Schulwesen BRD　1.231
Deutsches Geschichtsbild
　s.Geschichtsbild (Deutsches Geschichtsbild)　8.60
Deutsches Gymnasium
　s.Gymnasium　1.92
Deutsches Institut für Fernstudien [Tübingen]
　s.Fernunterricht (Deutsches Institut)　6.66
Deutsches Lesebuch [Lesewerk]
　s.Lesebuch (Einzelwerke)　5.127
Deutsches Mittelgebirge
　s.Länderkunde (Deutschland:Landschaften)　8.122
Deutsches Rheinland
　s.Länderkunde (Mittelrhein)　8.133
Deutschheft
　s.Deutschlehrmittel (Einzelformen) 5.50
　s.Deutschunterricht (Methodische Einzelfragen)　7.54
Deutschkenntnisse
　s.Deutschunterricht (Auslesefach)　7.46
　s.Grammatikunterricht (Berufsschule) 7.127
Deutschland
　s.Länderkunde (Deutschland)　8.122
Deutschlandfrage
　s.Zeitgeschichte (Deutschlandfrage)　8.239
- im Unterricht
　s.Zeitgeschichtsunterricht (Deutschlandfrage)　8.249
Deutschlandlied
　s.Zeitgeschichtsunterricht (Deutsche Nationalhymne)　8.249

Deutschlehrer 2.30
Deutschlehrmittel 5.49
- (Einzelformen) 5.50
- (Erstleseunterricht) 5.50
- (Film) 5.51
- (Hafttafel) 5.51
- (Hörspiel) 5.51
- (Jugendbuch) 5.52
- (Lehrprogramm)
　s.Programmiertes Lernen (Deutschunterricht)　5.165
- (Rechtschreiben) 5.52
- (Schallplatte) 5.53
- (Schulfernsehen) 5.53
- (Schulfunk) 5.53
- (Sprachlehre) 5.54
- (Sprachlehre:Sonderschule) 5.54
- (Wörterbuch) 5.54
- (Wörterheft) 5.55
- (Zeitung) 5.55
Deutschunterricht 7.45
- (Abiturstufe)
　s.Deutschunterricht (Gymnasium: Oberstufe)　7.50
- (Aktivität)
　s.Deutschunterricht (Selbsttätigkeit)　7.58
- (Antisemitismus)
　s.Deutschunterricht (Politische Bildung)　7.55
- (Arbeitsgemeinschaft)
　s.Deutschunterricht (Methodische Einzelfragen)　7.54
- (Arbeitsmittel)
　s.Deutschlehrmittel　5.49
- (Arbeitswelt)
　s.Gegenwartsliteratur im Unterricht (Technische Welt)　7.123
- (Aufbauklasse)
　s.Deutschunterricht (Berufsaufbauschule)　7.46
- (Aufbaustufe)
　s.Deutschunterricht (Förderstufe)　7.49
- (Aufgabenstellung)
　s.Deutschunterricht (Selbsttätigkeit)　7.58
- (Aufnahmeprüfung) 7.46
- (Auslandsschule)
　s.Deutschunterricht (Deutsche Auslandsschule)　7.48
- (Auslesefach) 7.46
- (Benotung)
　s.Deutschunterricht (Leistungsbewertung)　7.53

- (Berufsaufbauschule)
  s.Deutschunterricht (Berufsaufbauschule) 7.46
- (Berufsfachschule)
  s.Deutschunterricht (Berufsaufbauschule) 7.46
- (Berufsschule) 7.46
- (Bewertung)
  s.Deutschunterricht (Leistungsbewertung) 7.53
- (Bildende Kunst)
  s.Deutschunterricht (Kunsterziehung) 7.52
- (Biologie)
  s.Sprachkunde (Biologie) 7.217
- (Darstellendes Spiel)
  s.Deutschunterricht (Schulspiel) 7.57
- (DDR) 7.47
- (Denkschulung) 7.47
- (Deutsche Auslandsschule) 7.48
- (Didaktische Analyse)
  s.Deutschunterricht (Vorbereitung) 7.59
- (Differenzierter Mittelbau)
  s.Deutschunterricht (Förderstufe) 7.49
- (Differenzierung)
  s.Deutschunterricht (Methodische Einzelfragen) 7.54
- (Englischer Anfangsunterricht)
  s.Englischer Anfangsunterricht 7.74
- (Erziehungsplan)
  s.Deutschunterricht (Lehrplan) 7.52
- (Erziehungswert) 7.48
- (Ethische Bildung)
  s.Deutschunterricht (Erziehungswert) 7.48
- (Exemplarisches Lehren) 7.48
- (Fibel)
  s.Fibel im Unterricht 5.71
- (Förderstufe) 7.49
- (Französische Literatur)
  s.Leseunterricht (Lesestoffe) 7.157
- (Fremdsprachen)
  s.Fremdsprachenunterricht (Muttersprache) 7.109
- (Fremdwort)
  s.Fremdwort im Deutschunterricht 7.115
- (Ganzheit)
  s.Deutschunterricht (Methodische Einzelfragen) 7.54
- (Ganzschrift)
  s.Ganzschrift im Unterricht 5.76
- (Gefühl)
  s.Deutschunterricht (Denkschulung) 7.47

- (Gemeinschaftserziehung)
  s.Deutschunterricht (Politische Bildung) 7.55
- (Geschichte) 7.49
- (Geschmacksbildung) 7.49
- (Gesprächserziehung)
  s.Sprachunterricht (Gesprächserziehung) 7.224
- (Gewerbliche Berufsschule) 7.49
- (Grundschule) 7.49
- (Gruppenarbeit)
  s.Deutschunterricht (Methodische Einzelfragen) 7.54
- (Gymnasium) 7.50
- (Gymnasium:Oberstufe) 7.50
- (Gymnasium:Unterstufe) 7.51
- (Handelsschule) 7.51
- (Hausaufgabe) 7.51
- (Heimatkunde)
  s.Heimatkundeunterricht (Deutschunterricht) 8.97
- (Höhere Handelsschule)
  s.Deutschunterricht (Handelsschule) 7.51
- (Hörspiel)
  s.Hörspiel im Deutschunterricht 7.135
- (Humanistisches Gymnasium)
  s.Deutschunterricht (Gymnasium) 7.50
- (Interpretation)
  s.Interpretation im Unterricht 7.136
- (Kaufmännische Berufsschule) .. 7.51
- (Kontrollfrage)
  s.Deutschunterricht (Leistungskontrolle) 7.53
- (Konzentration)
  s.Deutschunterricht (Stoffeinheit) 7.58
- (Kritik) 7.51
- (Kulturpolitik)
  s.Deutschunterricht (Reform) 7.56
- (Kunsterziehung) 7.52
- (Ländliche Berufsschule)
  s.Deutschunterricht (Berufsschule) 7.46
- (Laienspiel)
  s.Deutschunterricht (Schulspiel) 7.57
- (Lateinunterricht)
  s.Lateinunterricht (Muttersprache) 7.148
- (Lehrerbildung)
  s.Lehrerbildung (Deutschunterricht) 2.80
- (Lehrplan) 7.52

[Forts.: Deutschunterricht]
- (Lehrplan DDR) 7.52
- (Leistungsbewertung) 7.53
- (Leistungskontrolle) 7.53
- (Lektüreplan)
  s.Lektüreplan (Gymnasium) 7.150
- (Lesebuch)
  s.Lesebuch im Unterricht 5.130
- (Lesegut)
  s.Leseunterricht (Lesestoffe) 7.157
- (Mädchenbildung) 7.54
- (Märchenbehandlung)
  s.Märchen im Unterricht 7.173
- (Maturitätsprüfung)
  s.Deutschunterricht (Reifeprüfung) 7.56
- (Methodische Einzelfragen) 7.54
- (Mittelschule)
  s.Deutschunterricht (Gymnasium) 7.50
- (Mündliche Reifeprüfung)
  s.Deutschunterricht (Reifeprüfung) 7.56
- (Musikunterricht)
  s.Musikunterricht (Fächerverbindung) 10.183
- (Musische Erziehung) 7.54
- (Oberstufe)
  s.Deutschunterricht (Gymnasium: Oberstufe) 7.50
- (Ostkunde)
  s.Deutschunterricht (Politische Bildung) 7.55
  s.Ostkunde (Kulturfragen) 8.157
- (Pantomime)
  s.Deutschunterricht (Schulspiel) 7.57
- (Patriotische Erziehung)
  s.Deutschunterricht (DDR) 7.47
- (Philosophieunterricht) 7.55
- (Politische Bildung) 7.55
  siehe auch:
  Politische Bildung (Deutschunterricht) 8.173
- (Polytechnische Bildung) 7.55
- (Präsisierte Lehrpläne)
  s.Deutschunterricht (Lehrplan DDR) 7.52
- (Produktives Denken)
  s.Deutschunterricht (Denkschulung) 7.47
- (Psychologischer Aspekt) 7.56
- (Realschule) 7.56
- (Redeübung)
  s.Sprachunterricht (Gesprächserziehung) 7.224
- (Reform) 7.56
- (Reifeprüfung) 7.56
- (Reifeprüfung:Bewertung) 7.57
- (Religiöse Erziehung) 7.57
- (Religionsunterricht)
  s.Religionsunterricht (Deutschunterricht) 10.209
- (Richtlinien) 7.57
- (Russische Literatur)
  s.Leseunterricht (Lesestoffe) 7.157
- (Schriftliche Vorbereitung)
  s.Deutschunterricht (Vorbereitung) 7.59
- (Schülervortrag)
  s.Deutschunterricht (Selbsttätigkeit) 7.58
- (Schularbeit)
  s.Deutschunterricht (Hausaufgabe) 7.51
- (Schulspiel) 7.57
- (Schweiz)
  s.Deutschunterricht 7.45
- (Schwerhörigenschule)
  s.Deutschunterricht (Sonderschule) 7.58
- (Selbsttätigkeit) 7.58
- (Sexta)
  s.Deutschunterricht (Gymnasium: Unterstufe) 7.51
- (Sinneinheit)
  s.Deutschunterricht (Stoffeinheit) 7.58
- (Sittliche Erziehung)
  s.Deutschunterricht (Erziehungswert) 7.48
- (Sonderschule) 7.58
- (Soziale Erziehung)
  s.Deutschunterricht (Politische Bildung) 7.55
- (Sozialkunde)
  s.Sozialkunde (Geschichtsunterricht) 8.198
- (Sprachgestaltung)
  s.Ausdrucksschulung 7.40
- (Sprachlabor)
  s.Sprachlabor (Deutsche Auslandsschule) 5.242
- (Sprachlehre)
  s.Grammatikunterricht (Spracherziehung) 7.132
- (Sprachphilosophie)
  s.Sprachphilosophie 7.220
- (Stoffeinheit) 7.58
- (Stoffverteilungsplan)
  s.Deutschunterricht (Lehrplan) 7.52

- (Szenenspiel)
  s.Deutschunterricht (Schulspiel) 7.57
- (Tageszeitung)
  s.Deutschlehrmittel (Zeitung) 5.55
- (Technikerschule)
  s.Deutschunterricht (Gewerbliche Berufsschule) 7.49
- (Technisches Zeitalter)
  s.Gegenwartsliteratur im Unterricht (Technische Welt) 7.123
- (Textbehandlung)
  s.Dichtung im Unterricht 7.61
- (Übung)
  s.Deutschunterricht (Methodische Einzelfragen) 7.54
- (Unterrichtstag)
  s.Deutschunterricht (Polytechnische Bildung) 7.55
- (Unterrichtsvorbereitung)
  s.Deutschunterricht (Vorbereitung) 7.59
- (Unterstufe)
  s.Deutschunterricht (Grundschule) 7.49
- (Verkehrserziehung)
  s.Verkehrsunterricht (Deutschunterricht) 10.250
- (Verstehen)
  s.Deutschunterricht (Denkschulung) 7.47
- (Völkerverständigung)
  s.Deutschunterricht (Politische Bildung) 7.55
- (Volkskunde)
  s.Volksdichtung 7.246
- (Volksschule) 7.58
- (Vorbereitung) 7.59
- (Wirtschaftsoberschule) 7.59
- (Wirtschaftsschule)
  s.Deutschunterricht (Handelsschule) 7.51
- (Wortkunde)
  s.Wortkunde im Unterricht 7.251
- (Zweiter Bildungsweg) 7.59
Deutschzensur
  s.Deutschunterricht (Leistungsbewertung) 7.53
  s.Deutschunterricht (Reifeprüfung: Bewertung) 7.57
  s.Reifeprüfungsaufsatz (Bewertung) 7.195
Deutung
  s.Psychoanalyse 4.137
Dezimale Schreibweise
  s.Bruchrechnen (Dezimalzahl) 9.82

Dezimalwaage
  s.Mechanik (Waage) 9.186
Dezimalzahl
  s.Bruchrechnen (Dezimalzahl) 9.82
DHfK-Student
  s.Lehrerbildung (Leibeserziehung) 2.87
Dia
  s.Lichtbild 5.132
- im Berufsschulunterricht
  s.Lichtbild im Unterricht (Berufsschule) 5.133
- im Unterricht
  s.Lichtbild im Unterricht 5.132
Dia-Quiz
  s.Lichtbild im Unterricht 5.132
Diagnostik
  s.Psychodiagnostik (Kinderzeichnung) 4.143
Diagnostische Methode
  s.Psychodiagnostik 4.141
Diagnostische Psychologie
  s.Psychodiagnostik 4.141
Diagnostisches Lehrverfahren
  s.Sonderschulunterricht (Methodische Einzelfragen) 6.186
Diagramm im Unterricht
  s.Analytische Geometrie (Einzelfragen) 9.37
  s.Mathematiklehrmittel 5.135
  s.Mathematische Logik 9.176
Dialektik und Pädagogik
  s.Dialektische Pädagogik 3.71
Dialektische Pädagogik 3.71
Dialektische Themenfassung
  s.Aufsatzunterricht (Themenstellung) 7.38
Dialektischer Besinnungsaufsatz
  s.Aufsatz (Besinnungsaufsatz) 7.25
Dialektischer Materialismus
  s.Philosophische Anthropologie 3.198
- (Physik)
  s.Physik (Philosophischer Aspekt) 9.241
Dialog und Autorität
  s.Autorität und Partnerschaft 3.24
Dialogische Existenz
  s.Dialogisches Verhältnis 3.71
Dialogisches Verhältnis 3.71
Diamagnetismus
  s.Magnetismus (Dia-/Paramagnetismus) 9.156
Dichte
  s.Physikalische Chemie (Einzelfragen) 9.242

Dichter
  s.Schriftsteller 7.210
Dichterische Ausdrucksweise
  s.Aufsatzunterricht (Stilbildung)
  7.38
Dichterische Symbole 7.59
Dichterische Wahrheit 7.60
Dichterischer Ausdruck
  s.Dichtung (Sprachlicher Aspekt)
  7.61
Dichtung 7.60
- (Bildungswert)
  s.Literarische Erziehung 7.162
- (Christliche Dichtung) 7.60
- (Erziehungswert)
  s.Literarische Erziehung 7.162
- (Lebenshilfe)
  s.Literarische Erziehung 7.162
- (Meinungsbildung)
  s.Dichtung (Soziologischer Aspekt)
  7.61
- (Philosophischer Aspekt) 7.61
- (Rhythmus)
  s.Dichtung (Sprachlicher Aspekt) 7.61
- (Soziologischer Aspekt) 7.61
- (Sprachlicher Aspekt) 7.61
- (Volkshochschule)
  s.Literarische Erziehung (Erwachsenenbildung) 7.162
- des technischen Zeitalters
  s.Gegenwartsliteratur im Unterricht (Technische Welt) 7.123
- und Film
  s.Dichtung (Soziologischer Aspekt)
  7.61
- und Jugendliteratur
  s.Jugendbuch (Sprachlicher Aspekt)
  7.138
- und Philosophie
  s.Dichtung (Philosophischer Aspekt)
Dichtung im Unterricht 7.61
- (Gymnasium) 7.62
- (Gymnasium:Oberstufe) 7.62
- (Methodische Einzelfragen) 7.62
- (Volksschule) 7.63
Dichtungsbetrachtung
  s.Lyrik im Unterricht (Gedichtbetrachtung) 7.167
Dichtungsgattung
  s.Poetik 7.183
Dichtungskritik
  s.Literaturkritik 7.163
Didacta
  s.Lehrmittelausstellung 5.118

Didaktik 6.53
- (Anleiten)
  s.Didaktik (Einzelfragen) 6.55
- (Berufsschule)
  s.Berufsschulunterricht 6.45
- (Beseelung)
  s.Didaktik (Einzelfragen) 6.55
- (DDR) 6.54
- (Diskussion) 6.54
- (Einzelfragen) 6.55
- (Entwicklungstreue)
  s.Unterricht (Entwicklungsgemäß-
  heit) 6.205
- (Erwachsenenbildung)
  s.Erwachsenenbildung (Methodische
  Fragen) 1.68
- (Fachwissenschaft)
  s.Didaktik (Wissenschaftscharakter)
  6.55
- (Faßlichkeit)
  s.Unterricht (Entwicklungsgemäß-
  heit) 6.205
- (Frage)
  s.Frage im Unterricht 6.67
- (Ganzheitliche Didaktik)
  s.Ganzheitliche Bildung 6.70
- (Gespräch)
  s.Unterrichtsgespräch 6.210
- (Lehrerbildung)
  s.Lehrerbildung (Didaktik) 2.80
- (Nichtdifferenzierung)
  s.Grundschulunterricht 6.81
- (Pawlows Lehre)
  s.Didaktik (DDR) 6.54
- (Polarität)
  s.Didaktik (Einzelfragen) 6.55
- (Selbsttätigkeit)
  s.Selbsttätigkeit 6.182
- (Transzendieren)
  s.Didaktik (Einzelfragen) 6.55
- (Unterrichtsfächer)
  s.Unterrichtsfächer 6.209
- (Vorwegnahme)
  s.Didaktik (Einzelfragen) 6.55
- (Wertbegegnung)
  s.Didaktik (Einzelfragen) 6.55
- (Wissenschaftscharakter) 6.55
- (Zielangabe)
  s.Unterricht (Problemstellung) 6.207
- der Filmerziehung
  s.Filmerziehung in der
  Schule 3.119
- der Gemeinschaftskunde
  s.Gemeinschaftskunde (Didaktischer Aspekt) 8.50

- der Kunsterziehung
  s.Kunsterziehung (Didaktischer
    Aspekt) 10.112
- der Leibeserziehung
  s.Leibeserziehung (Didaktischer
    Aspekt) 10.130
- der Politischen Bildung
  s.Politische Bildung (Didaktischer Aspekt) 8.173
- des Elementaren
  s.Elementare Bildung 6.59
- des Erdkundeunterrichts
  s.Erdkundeunterricht (Didaktischer Aspekt) 8.35
- des Geschichtsunterrichts
  s.Geschichtsunterricht (Didaktischer Aspekt) 8.70
- und Kybernetik
  s.Kybernetische Pädagogik (Didaktischer Aspekt) 5.113
- und Methodik 6.55
Didaktikum
  s.Lehrerbildung (Schulpraktische Ausbildung) 2.96
Didaktische Analyse 6.56
- (Aufsatzunterricht)
  s.Aufsatzunterricht (Methodische Einzelfragen) 7.34
- (Biologieunterricht)
  s.Biologieunt. (Vorbereitung) 9.78
- (Deutschunterricht)
  s.Deutschunterricht (Vorbereitung) 7.59
- (Erdkundeunterricht)
  s.Erdkundeunterricht (Methodische Einzelfragen) 8.40
- (Geschichtsunterricht)
  s.Geschichtsunterricht (Methodische Einzelfragen) 8.78
- (Leseunterricht)
  s.Leseunterricht (Methodische Einzelfragen) 7.157
- (Politische Bildung)
  s.Politische Bildung (Methodische Einzelfragen) 8.184
Didaktische Arbeitsmittel
  s.Arbeitsmittel im Unterricht (Grundschule) 5.30
Didaktische Fachbegriffe 6.56
Didaktische Formkunst
  s.Didaktik 6.53
Didaktische Grundbegriffe
  s.Didaktische Fachbegriffe 6.56
Didaktische Grundkategorien
  s.Didaktik (Einzelfragen) 6.55

Didaktische Methode
  s.Methodik 6.124
Didaktische Provokation
  s.Unterrichtsimpuls 6.213
Didaktische Reduktion
  s.Didaktik (Einzelfragen) 6.55
Didaktische Visualisation
  s.Lehrprogramm (Herstellung) 5.122
Didaktische Zielstellung
  s.Unterricht (Problemstellung) 6.207
Didaktischer Materialismus
  s.Didaktik (Einzelfragen) 6.55
  s.Unterrichtsforschung 6.209
Didaktisches Kreissystem
  s.Programmiertes Lernen (Methodische Einzelfragen) 5.177
Didaktisches Programmieren
  s.Kybernetische Pädagogik (Didaktischer Aspekt) 5.113
Didaktisches Spiel
  s.Lernspiel 5.125
Didaktisches Spielmaterial
  s.Arbeitsmittel im Unterricht (Grundschule) 5.30
  s.Unterrichtsspiel 5.256
Diebisches Kind
  s.Jugendlicher Dieb 4.92
Diebstahl
  s.Rechtskunde (Einzelfragen) 8.194
Dielektrizitätskonstante
  s.Elektrostatik 9.112
Dienstliche Beurteilung des Lehrers
  s.Lehrerberuf (Dienstliche Beurteilung) 2.70
Dienstlicher Schriftverkehr
  s.Schulleitung (Schriftverkehr) 1.204
Dienstordnung für Lehrer
  s.Lehrerberuf (Arbeitszeit) 2.69
  s.Lehrerberuf (Rechtsfragen) 2.70
Dienstreise des Lehrers
  s.Lehrerberuf (Rechtsfragen) 2.70
Dienststrafrecht für Lehrer
  s.Lehrerberuf (Rechtsfragen) 2.70
Dienstwohnung des Lehrers 2.30
Differentialanalyse
  s.Faktorenanalyse 4.57
Differentialdiagnose
  s.Legasthenie (Diagnostik) 4.103
Differentialgeometrie
  s.Geometrie (Differentialgeometrie) 9.124
Differentialgleichung
  s.Analysis 9.32

Differentialrechnung
  s.Analysis (Differentialrechnung)
  9.33
Differentiation
  s.Analysis (Differentialrechnung)
  9.33
Differentielle Psychologie
  s.Erziehungsschwierigkeit (Diagnostik) 4.55
Differenzenwaage
  s.Mechanik (Meßtechnik) 9.184
Differenzierender Mittelbau
  s.Differenzierter Mittelbau 1.58
Differenzierender Unterricht
  s.Differenzierung 6.56
Differenzierte Ausbildung
  s.Berufsausbildung (DDR) 6.41
  s.Selbsttätigkeit 6.182
Differenzierte Einheitsschule
  s.Einheitsschule 1.60
Differenzierte Gesamtschule
  s.Gesamtschule 1.88
Differenzierte Schülerbeurteilung
  s.Schülerbeurteilung 4.168
Differenzierter Mittelbau 1.58
Differenzierung 6.56
- (Chemieunterricht)
  s.Chemieunterricht (Methodische Einzelfragen) 9.90
- (Deutschunterricht)
  s.Deutschunterricht (Methodische Einzelfragen) 7.54
- (Englischunterricht)
  s.Englischunterricht (Differenzierung) 7.78
- (Erdkundeunterricht)
  s.Erdkundeunterricht (Differenzierung) 8.35
- (Erstleseunterricht)
  s.Erstleseunterricht (Methodische Einzelfragen) 7.90
- (Geschichtsunterricht)
  s.Geschichtsunterricht (Methodische Einzelfragen) 8.78
- (Grundschule)
  s.Sachunterricht (Grundschule)
  6.150
- (Grundschulrechnen)
  s.Grundschulrechnen (Methodische Einzelfragen) 9.141
- (Hauptschule)
  s.Differenzierung (Volksschuloberstufe) 6.58
  s.Hauptschulunterricht 6.95
- (Landschule) 6.57

- (Lehrprogramm)
  s.Programmiertes Lernen (Differenzierung) 5.165
- (Leseunterricht)
  s.Leseunterricht (Differenzierung) 7.154
- (Mathematikunterricht)
  s.Mathematikunterricht (Methodische Einzelfragen) 9.170
- (Psychologischer Aspekt) 6.58
  siehe auch:
  Entwicklungspsychologie (Pädagogischer Aspekt) 4.45
- (Realschule) 6.58
- (Rechenunterricht)
  s.Rechenunterricht (Differenzierung) 9.266
- (Rechtschreibunterricht)
  s.Rechtschreibunterricht (Differenzierung) 7.189
- (Sachunterricht)
  s.Sachunterricht (Volksschuloberstufe) 6.151
- (Schwerhörigenschule)
  s.Taubstummenunterricht 6.195
- (Sprachunterricht)
  s.Sprachunterricht (Ganzheitlicher Sprachunterricht) 7.224
- (Volksschullehrerbildung)
  s.Volksschullehrerbildung (Differenzierung) 2.148
- (Volksschuloberstufe) 6.58
- des Schulwesens
  s.Schulaufbau 1.168
Differenzierungshypothese
  s.Intelligenzforschung 4.88
Differenzierungsproblem
  s.Entwicklungsstörung 4.47
Diffusion
  s.Pflanzenphysiologie (Osmose) 9.237
Diffusionsnebelkammer
  s.Atomphysik (Nebelkammer) 9.54
Digitale Rechenanlage
  s.Rechenautomat 9.257
Digitalrechner
  s.Kybernetische Maschinen (Rechenautomat) 5.112
Diktat 7.63
- (Bewertung) 7.64
- (Korrektur) 7.64
- (Prüfungswert) 7.64
Diktatberichtigung
  s.Rechtschreibfehler (Berichtigung) 7.184

Diktatbeurteilung
　s.Diktat (Bewertung)　7.64
Diktatkarte
　s.Deutschlehrmittel (Recht-
　schreiben)　5.52
Diktatkorrektur
　s.Diktat (Korrektur)　7.64
Diminutiv
　s.Wortarten (Substantiv)　7.249
Dinarische Karst
　s.Länderkunde (Jugoslawien)　8.130
Dingwort
　s.Wortarten (Substantiv im Unter-
　richt)　7.249
Diplom-Handelslehrer 2.31
Diplomberufsschullehrer
　s.Berufsschullehrerbildung (DDR)
　2.26
Diplomgewerbelehrer
　s.Berufsschullehrerbildung (DDR)
　2.26
Diplomhandelslehrerbildung
　s.Handelslehrerbildung　2.47
Diplompsychologe
　s.Psychologe　2.130
Direkte Methode
　s.Englischunterricht (Direkte
　Methode)　7.78
　s.Fremdsprachenunterricht (Direk-
　te Methode)　7.104
　s.Russischunterricht (Methodische
　Einzelfragen)　7.200
　s.Sprachlabor (Methodische Ein-
　zelfragen)　5.245
Direkter Unterricht
　s.Landschulunterricht (Einklassen-
　schule)　6.112
　s.Unterricht　6.203
Direktor
　s.Schulleiter　2.133
Direktorin
　s.Schulleiterin　2.134
Diskrimination
　s.Kybernetische Lerntheorie (Ein-
　zelfragen)　5.103
　s.Sozialpsychologie　4.193
Diskussion im Unterricht 6.58
- (Politische Bildung)
　s.Politische Bildung
　(Debattieren)　8.173
- (Religionsunterricht)
　s.Religionsunterricht
　(Gespräch)　10.211
Diskuswurf
　s.Leichtathletik (Diskuswurf)　10.158

Dispersion bei Festkörpern
　s.Optik (Brechung)　9.217
Disposition
　s.Begabung　4.28
Dissoziation
　s.Schizophrenie　4.163
Distributionstheorie
　s.Analysis (Funktion)　9.33
Disziplin 3.72
- (Autorität)
　s.Autorität und Disziplin　3.23
- (Evangelische Unterweisung)
　s.Evangelische Unterweisung
　(Disziplin)　10.56
- (Freiheit)
　s.Autorität und Freiheit　3.23
- (Leibeserziehung)
　s.Leibeserziehung (Methodi-
　sche Einzelfragen)　10.144
- (Schulklasse)
　s.Schuldisziplin　3.214
- in der Schule
　s.Autorität des Lehrers　3.22
　s.Schuldisziplin　3.214
Disziplinarrecht für Lehrer
　s.Lehrerberuf (Rechtsfragen)　2.70
Disziplinarstrafe
　s.Schulstrafe　3.219
Diszipliniertes Verhalten
　s.Schuldisziplin (Psychologi-
　scher Aspekt)　3.215
Disziplinlosigkeit
　s.Schuldisziplin (Schwierigkeiten)
　3.216
Disziplinschwierigkeit
　s.Schuldisziplin (Schwierigkeiten)
　3.216
Divini illius Magistri
　s.Schule und Katholische Kirche
　1.180
Division
　s.Bruchrechnen (Division)　9.82
　s.Rechenoperationen (Division)
　9.258
DLRG-Lehrgang
　s.Schwimmunterricht (Rettungs-
　schwimmen)　10.237
Dogma
　s.Religionsunterricht (Glaube)　10.212
Dörfergemeinschaftsschule
　s.Mittelpunktschule　1.144
Dörfliche Kulturpflege
　s.Landschule (Kulturpflege)　1.135
Dörfliche Schule
　s.Landschule　1.132

Dörflicher Bildungswille
  s.Landpädagogik 1.132
Dokumentarfilm
  s.Erdkundelehrmittel (Film) 5.64
  s.Zeitgeschichtslehrmittel (Dokumentarfilm) 5.260
Dokumentarfotografie
  s.Schulfotografie (Einzelfragen) 5.222
Dokumentarische Fernsehsendung
  s.Schulfernsehen (Methodische Einzelfragen) 5.218
Dokumentarschallplatte
  s.Zeitgeschichtslehrmittel (Schallplatte) 5.261
Dokumentation
  s.Kybernetik (Dokumentation) 5.97
Doldengewächse
  s.Pflanzenkunde (Blumen) 9.228
Doline
  s.Anorganische Chemie (Säure) 9.41
Dominikanische Republik
  s.Länderkunde (Mittelamerika) 8.132
Dominospiel im Unterricht
  s.Arbeitsmittel (Einzelformen) 5.27
Donau
  s.Länderkunde (Donau) 8.123
Donauländer
  s.Länderkunde (Donau) 8.123
Donautal
  s.Länderkunde (Donau) 8.123
Doppelabitur
  s.Abitur 1.20
Doppeldrehspulinstrument
  s.Physikalisches Experimentiergerät (Elektromagnetismus) 5.145
Doppelpunkt
  s.Satzzeichen 7.206
Doppelsalze
  s.Anorganische Chemie (Salze) 9.42
Doppelspalt
  s.Wellenlehre (Beugung) 9.303
Doppelsprachigkeit
  s.Sprachbegabung 4.199
  s.Zweisprachigkeit 7.253
Doppelte Induktion
  s.Mathematische Beweistheorie (Vollständige Induktion) 9.175
Dopplereffekt
  s.Wellenlehre (Dopplereffekt) 9.303
Dorf
  s.Heimatkundliche Themen (Dorf) 8.105
- im Gesamtunterricht
  s.Arbeitseinheiten (Dorf) 6.24

- und Schule
  s.Landschule (Dorf und Schule) 1.135
Dorfbuch
  s.Heimatkundeunterricht (Landschule) 8.99
Dorfchronik
  s.Heimatbuch 5.91
Dorfeigene Schule
  s.Landschule 1.132
Dorffest
  s.Schulfeier (Landschule) 6.158
Dorfjugend
  s.Landschule (Dorf und Schule) 1.135
- und Buch
  s.Leseinteresse (Kind und Buch) 4.117
Dorfkarte
  s.Kartenverständnis (Heimatkunde) 8.107
Dorfkinderspiel
  s.Kinderspiel 3.155
Dorflehrer
  s.Landlehrer 2.58
Dorfmuseum
  s.Heimatkundelehrmittel (Museum) 5.93
Dorfschulacker
  s.Schulgarten (Landschule) 5.232
Dorfschulbücherei
  s.Schülerbücherei (Landschule) 5.207
Dorfschule
  s.Landschule 1.132
Dorfsprache
  s.Schulsprache 7.210
Dorfteich [Lebensgemeinschaft]
  s.Lebensgemeinschaft (Teich) 9.154
Dornholzhausen [Schulversuch]
  s.Schulversuche (Bundesländer) 1.228
Dortmunder Schulreifetest
  s.Schulreifetest (Einzelformen) 4.179
Dortmunder Schulversuch
  s.Schulversuche (Bundesländer) 1.228
Dozent
  s.Pädagogische Hochschule (Dozent) 2.125
Dozentennachwuchs
  s.Hochschullehrernachwuchs 2.50
Drachenbasteln
  s.Werken (Spielzeug) 10.267
Drahtgraphik
  s.Werken (Draht) 10.262
Drahtplastik
  s.Werken (Draht) 10.262

Drall
  s.Mechanik (Impulsgesetz) 9.183
Drama 7.64
- (Interpretation) 7.65
- (Kybernetik)
  s.Kybernetik (Informationsästhetik)
  5.98
- (Tragödie) 7.65
Drama im Unterricht 7.65
- (Methodische Einzelfragen) 7.66
- (Psychologischer Aspekt) 7.66
- (Volksschule) 7.66
Dramatisches Spiel
  s.Drama im Unterricht (Methodische
  Einzelfragen) 7.66
Dramatisierte Ballade
  s.Ballade im Unterricht (Methodische Einzelfragen) 7.42
Dramaturgie
  s.Drama 7.64
Dramenalter
  s.Drama im Unterricht (Psychologischer Aspekt) 7.66
Dramenbehandlung
  s.Drama im Unterricht (Methodische Einzelfragen) 7.66
Drameninterpretation
  s.Drama (Interpretation) 7.65
Dramenlektüre
  s.Drama im Unterricht (Methodische Einzelfragen) 7.62
Draw-a-man-Test
  s.Test (Goodenough-Test) 4.219
Drehbewegung
  s.Mechanik (Drehbewegung) 9.179
Drehfeld
  s.Magnetismus (Magnetfeld) 9.158
Drehflächen
  s.Geometrie (Differentialgeometrie)
  9.124
Drehimpuls
  s.Mechanik (Impulsgesetz) 9.183
Drehkörpervolumen
  s.Analysis (Integral) 9.34
Drehkrippe
  s.Weihnachtliches Werken (Krippen)
  10.261
Drehmoment
  s.Mechanik (Drehbewegung) 9.179
Drehrostgenerator
  s.Chemisches Experimentiergerät
  5.48
Drehspule
  s.Elektrizitätslehre (Induktion)
  9.106

Drehstrom
  s.Elektrizitätslehre (Drehstrom)
  9.103
Drehstrommodell
  s.Physikalisches Experimentiergerät
  (Elektrotechnik) 5.145
Drehung (Geometrie)
  s.Abbildungsgeometrie (Einzelfragen)
  9.20
Dreidimensionale Geometrie
  s.Analytische Geometrie 9.36
Dreieck
  s.Geometrie (Dreieck) 9.125
  s.Vektorrechnung (Dreieck) 9.289
Dreiecksfläche
  s.Geometrie (Dreieck) 9.125
Dreieinigkeit Gottes
  s.Katechese (Gott) 10.86
Dreigliederigkeit des Schulwesens
  s.Schulaufbau 1.168
Dreijährige Handelsschule
  s.Handelsschule 1.101
Dreikampf
  s.Bundesjugendspiele (Sommerspiele)
  10.52
Dreiklang
  s.Musikunterricht (Fachliche
  Einzelfragen) 10.182
Dreiklassenwahlrecht
  s.Politik (Einzelfragen) 8.161
Dreiklassige Schule
  s.Landschule 1.132
Dreikönigsikonographie
  s.Weihnachtliches Werken (Einzelvorhaben) 10.260
Dreiphasenwechselstrom
  s.Elektrizitätslehre (Wechselstrom) 9.109
- (Aufbaugerät)
  s.Physikalisches Experimentiergerät (Elektrotechnik) 5.145
Dreisatzrechnung
  s.Rechenoperationen (Schlußrechnung) 9.259
Dreisprung
  s.Leichtathletik (Sprungschulung)
  10.160
Dreißigjähriger Krieg
  s.Neuzeit (Dreißigjähriger Krieg)
  8.152
13.[Dreizehnter] August 1961
  s.Zeitgeschichte (Deutschlandfrage) 8.239
Dreizehntes Schuljahr
  s.Schulpflichtverlängerung 1.206

Dresden
  s.Länderkunde (Deutschland:Landschaften) 8.122
Dressur und Erziehung
  s.Autorität und Freiheit 3.23
Drill [Englischunterricht]
  s.Englischunterricht (Leistungssteigerung) 7.81
  s.Englischunterricht (Sprechübung) 7.86
Dritte Fremdsprache
  s.Fremdsprachenfolge 7.101
Dritte Objektivität
  s.Pädagogische Anthropologie 3.193
Dritte Phase der Lehrerbildung
  s.Lehrerfortbildung (Reform) 2.108
Dritte Wurzel
  s.Rechenoperationen (Wurzelziehen) 9.262
Dritter Bildungsweg
  s.Erwachsenenbildung 1.64
  s.Fernunterricht 6.65
  s.Zweiter Bildungsweg 1.276
Drittes Reich
  s.Zeitgeschichte (Nationalsozialismus) 8.243
  s.Zeitgeschichtsunterricht (Nationalsozialismus) 8.254
Drosophila
  s.Insektenkunde (Fliegen) 9.147
Druckerei im Unterricht
  s.Schuldruckerei 5.213
Druckgraphik
  s.Zeichnen (Graphisches Gestalten) 10.283
Druckschrift
  s.Erstleseunterricht (Druckschrift) 7.90
  s.Schreibenlernen (Ganzheitliches Schreibenlernen) 7.207
Drucktechniken
  s.Papierwerken (Drucktechnik) 10.199
Dualer Vektorraum
  s.Vektorrechnung (Einzelfragen) 9.289
Duales System [Schulwesen]
  Berufsbildendes Schulwesen 1.33
Duden
  s.Wörterbuch 5.259
- im Deutschunterricht
  s.Deutschlehrmittel (Wörterbuch) 5.54
Dudengrammatik
  s.Deutsche Grammatik 7.44
Düne [Lebensgemeinschaft]
  s. Lebensgemeinschaft (Strand) 9.154

Dürer im Unterricht
  s.Kunstbetrachtung (Dürer) 10.106
Düss-Fabel-Test
  s.Test (Düss-Fabel-Test) 4.218
Düsseldorfer Schulbrot-Test
  s.Schulfrühstück 1.185
Duldsamkeit
  s.Sozialkunde (Fach oder Prinzip) 8.197
  s.Toleranz 3.239
Dummheit
  s.Lernstörung 4.113
Dunant, Henry
  s.Politische Bildung (Rotes Kreuz) 8.187
Dunkelkammer
  s.Schulfotografie (Fotolabor) 5.223
Durch das Jahr
  s.Fibel (Einzelbeispiele) 5.70
Durchlässigkeit 1.59
Durchlaufwanne
  s.Biologielehrmittel (Einzelformen) 5.41
Durchschnittsberechnung
  s.Rechenoperationen (Überschlagsrechnen) 9.262
Durchschnittsschüler
  s.Begabung (Schulerfolg) 4.29
Duvesche Reform
  s.Englischunterricht (Direkte Methode) 7.78
Dyadisches Zahlensystem
  s.Algebra (Zahl) 9.31
  s.Rechenautomat (Einzelfragen) 9.257
Dyadisches Rollensystem
  s.Sozialpsychologie 4.193
Dynamik
  s.Mechanik (Dynamik) 9.179
Dynamische Erziehung
  s.Erziehung 3.74
Dynamische Karte
  s.Geschichtslehrmittel (Einzelformen) 5.84
Dynamische Lehrmittel
  s.Arbeitsmittel 5.25
Dynamische Psychologie
  s.Schulpsychologischer Dienst 4.174
Dynamische Psychotherapie
  s.Psychotherapie 4.152
Dynamischer Religionsunterricht
  s.Religionsunterricht (Methodische Einzelfragen) 10.215
Dynamo
  s.Elektrizitätslehre (Induktion) 9.106

Dyslexie
  s.Legasthenie 4.102
Dysphasie
  s.Sprachbegabung 4.199
Dysphonia spastica
  s.Sprachstörung (Schwerhöriges Kind) 4.208
Dysprosium 165
  s.Atomphysik (Schülerversuch) 9.54

E

e-Funktion
  s.Analysis (Logarithmus) 9.35
E-Klasse
  s.Realschulreform 1.163
e/m-Bestimmung
  s.Atomphysik (Elementarladung) 9.51
  s.Elektrizitätslehre (Gasentladung) 9.105
Ebbe
  s.Allgemeine Erdkunde (Gezeiten) 8.20
Ebene Kurven
  s.Geometrie (Differentialgeometrie) 9.124
Ebene Punktmengen
  s.Geometrie (Topologie) 9.131
Ebene Schnitte
  s.Darstellende Geometrie 9.101
Ebene Trigonometrie
  s.Geometrie (Trigonometrie) 9.132
Eberesche
  s.Pflanzenkunde (Laubbäume) 9.230
Echowort
  s.Englische Grammatik (Wortlehre) 7.68
Echsen
  s.Tierkunde (Kriechtiere) 9.282
Echte Legasthenie
  s.Legasthenie (Diagnostik) 4.103
Echtheit
  s.Erziehung zur Wahrhaftigkeit 3.91
Eckerschulbibel
  s.Bibelunterricht (Schulbibel) 10.35
  s.Bildkatechese (Einzelfragen) 10.49
École active
  s.Individualisierung 6.100
Ecuador
  s.Länderkunde (Ecuador) 8.123
Edelgase
  s.Anorganische Chemie (Nichtmetalle) 9.40

Edelsteinsynthese
  s.Mineralogie 9.196
Edison-Effekt
  s.Elektrizitätslehre (Einzelfragen) 9.103
Educational planning
  s.Bildungsplanung 1.49
Effective english
  s.Englischunterricht (Leistungssteigerung) 7.81
Effektivität des Unterrichts
  s.Unterrichtsökonomie 6.214
EFTA
  s.Zeitgeschichte (Europäische Gemeinschaften) 8.240
Egalitäre Autorität
  s.Autorität und Partnerschaft 3.24
Egalitäre Bildungskonzeption
  s.Bildungspolitik 1.51
Egoismus
  s.Ich-Psychologie 4.85
Ehe-Erziehung
  s.Elternpädagogik 3.73
Ehevorbereitung
  s.Geschlechtserziehung (Ehevorbereitung) 3.130
Ehrauffassung
  s.Rechtskunde (Einzelfragen) 8.194
Ehrfurcht
  s.Autorität 3.21
  s.Erziehung zur Ehrfurcht 3.87
Ehrgeiz im Unterricht
  s.Schüleraktivierung (Wetteifer) 6.152
Eibereiche
  s.Geometrie (Differenzialgeometrie) 9.124
Eichbaum
  s.Pflanzenkunde (Laubbäume) 9.230
Eichhörnchen
  s.Tierkunde (Eichhörnchen) 9.279
  s.Tierverhalten (Einzelne Tier) 9.288
Eichmann-Prozeß
  s.Zeitgeschichtsunterricht (Eichmann-Prozeß) 8.250
Eidechsen
  s.Tierkunde (Kriechtiere) 9.282
Eidetik 4.39
Eidetischer Bildungsraum
  s.Eidetik 4.39
Eidgenossenschaft
  s.Geschichte (Schweiz) 8.58
Eifel
  s.Länderkunde (Eifel) 8.123

Eifelmaare
  s.Länderkunde (Eifel) 8.123
Eifer
  s.Schüleraktivierung (Wetteifer) 6.152
Eigenfibel 5.55
Eigennamen
  s.Namenkunde 7.178
Eigenschaften
  s.Charakterkunde 4.36
Eigenschaftswort
  s.Wortarten (Adjektiv) 7.247
- im Unterricht
  s.Wortarten (Adjektiv im Unterricht) 7.247
Eigensinn
  s.Trotz 4.228
Eigenständige Landschule
  s.Landschule 1.132
Eigenständige Pädagogik
  s.Pädagogik (Autonomie) 3.184
Eigenständige Pädagogische Hochschule
  s.Pädagogische Hochschule (Eigenständigkeit) 2.126
Eigentätigkeit
  s.Selbsttätigkeit (Grundschule) 6.183
Eigentum
  s.Wirtschaftskunde (Eigentum) 8.232
Eigentumsdelikt
  s.Jugendlicher Dieb 4.92
Eigentumswohnung
  s.Politik (Sozialpolitik) 8.167
Eignung
  s.Begabtenauslese 1.24
  s.Begabung 4.28
  s.Übergang (Eignungsgutachten) 1.258
Eignungsauslese bei Berufsschullehrern
  s.Berufsschullehrerbildung (Eignungsauslese) 2.27
Eignungsdiagnostik
  s.Psychodiagnostik 4.141
Eignungsgutachten
  s.Berufsberatung und Schule 3.32
  s.Übergang (Eignungsgutachten) 1.258
Eignungsuntersuchung
  s.Schülerbeurteilung 4.168
Einband [Buch]
  s.Schülerbücherei (Ausleihfragen) 5.206
Einbildungskraft
  s.Kunsterziehung (Vorstellungskraft) 10.121
  s.Phantasieleben des Schülers 4.135

Eindeutigkeit im Unterricht
  s.Didaktik (Einzelfragen) 6.55
Eindrucksanalyse
  s.Gefühl 4.65
Eindruckskunde
  s.Charakterkunde 4.36
Eindrückliches Unterrichten
  s.Unterricht (Ergebnissicherung) 6.205
Einfache chemische Versuche
  s.Chemische Experimente (Einfache Versuche) 9.99
Einfache Formen
  s.Epische Kurzformen 7.89
Einfache Maschinen
  s.Naturlehre (Technische Welt) 9.207
Einfacher Schüleraufsatz
  s.Aufsatz 7.24
Einfachheit
  s.Erziehung zur Verinnerlichung 3.91
Einförmige Tätigkeit
  s.Arbeitspsychologie 4.24
Einfühlungsmethode
  s.Sozialpsychologie 4.193
Einführung ins Kartenverständnis
  s.Kartenverständnis (Einführung) 8.106
Eingangsstufe
  s.Förderstufe 1.78
Einheit der Pädagogik
  s.Pädagogik (Autonomie) 3.184
Einheit der Welt
  s.Bibelunterricht (Biblische Grundbegriffe) 10.32
Einheit des Erziehungswesens
  s.Schulwesen BRD 1.231
Einheit im Unterricht
  s.Unterrichtseinheit 6.208
Einheitenverkettung
  s.Lehrprogramm (Algorithmen) 5.120
Einheitliches sozialistisches Bildungswesen
  s.Pädagogik (DDR) 3.185
  s.Schulwesen DDR 1.234
Einheitsausbildung der Lehrer
  s.Lehrerbildung (Reform) 2.94
Einheitslehrbuch
  s.Lernmittelfreiheit 1.142
Einheitsschule 1.60
- (Unterrichtsaspekt)
  s.Differenzierung (Volksschuloberstufe) 6.58
Einhilfe
  s.Lehrprogramm (Psychologischer Aspekt) 5.124

Einigung Westeuropas
  s.Zeitgeschichtsunterricht
    (Europäische Einigung) 8.251
Einjährige Berufsschule
  s.Berufsfachschule 1.39
Einjährige Handelsschule
  s.Handelsschule 1.101
Einjährige höhere Handelsschule
  s.Höhere Handelsschule 1.112
Einjährige private Handelsschule
  s.Private Handelsschule 1.150
Einkaufen [im Gesamtunterricht]
  s.Arbeitseinheiten (Einkaufen) 6.25
Einklassenschule 1.61
Einkoten
  s.Verhaltensstörung (Einzelformen)
    4.233
Einlehrerhilfsschule
  s.Ländliche Sonderschule 1.130
Einlehrerschule
  s.Einklassenschule 1.61
Einlernen
  s.Auswendiglernen 6.40
Einmaldrei
  s.Einmaleins (Bestimmte Reihen)
    9.102
Einmaleins 9.101
- (Bestimmte Reihen) 9.102
- (Übungsformen) 9.102
Einmaleinsreihen
  s.Rechenlehrmittel (Einmaleins)
    5.190
Einnässen
  s.Bettnässer 4.33
Einordnungsschwierigkeiten
  s.Erziehungsschwierigkeit 4.54
Einprägen
  s.Auswendiglernen 6.40
  s.Lernpsychologie (Didaktischer
    Aspekt) 4.111
Einsame Kinder
  s.Kontaktgestörtes Kind 4.100
Einschulung
  s.Schulaufnahme 6.154
  s.Schulanfänger 4.171
  s.Schulreife (Eintrittsalter) 4.177
Einschulungsjahr
  s.Anfangsunterricht 6.21
Einschulungsprobleme
  s.Schulanfänger (Schulschwierigkeiten) 4.172
  s.Zurückstellung des Schulanfängers
    1.276
Einschulungstag
  s.Erster Schultag 6.61

Einschulungsuntersuchung
  s.Schulreifeuntersuchung 4.181
Einsdurcheins
  s.Rechenoperationen (Division)
    9.258
Einsetzübung
  s.Sprachunterricht (Übungsformen)
    7.232
Einsichtiges Lernen
  s.Lernpsychologie (Didaktischer
    Aspekt) 4.111
Einsichtsfähigkeit
  s.Schulderleben 4.173
Einsprachige Bedeutungserklärung
  s.Einsprachigkeit 7.66
Einsprachiges Vokabular
  s.Einsprachigkeit 7.66
Einsprachiges Wörterbuch
  s.Wörterbuch im Unterricht 5.260
Einsprachigkeit 7.66
Einspurverfahren
  s.Lehrprogramm (Programmierungstechnik) 5.124
Einsteinsche Strahlungsgleichung
  s.Elektromagnetische Wellen 9.111
Einstieg
  s.Unterrichtsstunde 6.215
Einstimmung
  s.Unterrichtsstunde 6.215
Einübungshilfe
  s.Geräteturnen (Hilfestellung) 10.65
Einweisung in die Hilfsschule
  s.Sonderschule für Lernbehinderte
    (Umschulung) 1.248
Einzahl
  s.Wortarten (Substantiv im Unterricht) 7.249
Einzelarbeit
  s.Individualisierung 6.100
Einzelfalldiagnostik
  s.Psychodiagnostik 4.141
Einzelfallhilfe
  s.Erziehungsberatung (Einzelfall) 4.51
Einzelhandel
  s.Wirtschaftskunde (Einzelfragen)
    8.232
Einzelhandelsberufsschule
  s.Berufsschule (Fachgruppen) 1.42
Einzelhandelsfachklasse
  s.Berufliche Ausbildung (Einzelhandel) 10.22
Einzelkind
  s.Familie (Einzelkind) 3.102
Einzeller
  s.Tierkunde (Pflanze oder Tier) 9.283

Einzelschrift
  s.Ganzschrift 5.76
Einzelschüler
  s.Klassengemeinschaft 3.157
[Der] Einzige Trost
  s.Evangelische Unterweisung
    (Einzelfragen) 10.57
Einzug in Jerusalem
  s.Bibelunterricht NT (Passion) 10.45
Eisbär
  s.Tierkunde (Bären) 9.279
Eisenbahn [im Gesamtunterricht]
  s. Arbeitseinheiten (Eisenbahn) 6.25
Eisenbahn im Unterricht
  s.Wirtschaftsgeographie (Eisenbahn) 8.218
Eisenbahnwesen
  s.Neuzeit (Industrielle Revolution) 8.153
Eisenerz
  s.Wirtschaftsgeographie (Erz) 8.221
Eisenlose Spulen
  s.Magnetismus (Elektromagnetismus) 9.156
Eiserner Vorhang
  s.Zeitgeschichte (Deutschlandfrage) 8.239
Eishockey
  s.Leibeserziehung (Wintersport) 10.157
Eislaufunterricht
  s.Leibeserziehung (Eislaufen) 10.131
Eissport
  s.Leibeserziehung (Wintersport) 10.157
Eisversuch
  s.Wärmelehre (Kältetechnik) 9.299
Eisvogel
  s.Vogelkunde (Wasservögel) 9.297
Eiszeitalter
  s.Geologie (Eiszeiten) 8.55
  s.Vorgeschichte 8.211
Eiweiß
  s.Biochemie (Einzelfragen) 9.57
Eiweißernährung
  s.Wirtschaftsgeographie (Welternährung) 8.230
Eiweißsynthese
  s.Nahrungsmittelchemie (Einzelfragen) 9.197
  s.Organische Chemie (Einzelfragen) 9.222
Ekuador
  s.Länderkunde (Ecuador) 8.123
El Salvador
  s.Länderkunde (Mittelamerika) 8.132

Elastische Schulreform
  s.Innere Schulreform 6.101
Elastische Schwingungen
  s.Schwingungslehre (Elastische Schwingungen) 9.275
Elastischer Stoß
  s.Mechanik (Elastizität) 9.180
Elastisches Klassensystem
  s.Individualisierung 6.100
Elbegebiet
  s.Länderkunde (Deutsche Flußlandschaften) 8.121
Elektriker
  s.Berufsfachkunde (Elektriker) 10.25
Elektrikerfachklasse
  s.Berufsschule (Fachgruppen) 1.42
Elektrische Anpassung
  s.Elektrizitätslehre (Elektrischer Strom) 9.104
Elektrische Bildübertragung
  s.Hochfrequenztechnik (Fernsehen) 9.144
Elektrische Hörhilfe
  s.Taubstummenunterricht (Hörhilfen) 6.198
Elektrische Induktion
  s.Elektrizitätslehre (Induktion) 9.106
Elektrische Klingel
  s.Elektrizitätslehre (Schwachstrom) 9.108
Elektrische Kraftlinien
  s.Elektrostatik 9.112
Elektrische Maschinen
  s.Elektrotechnik 9.113
Elektrische Schreibmaschine
  s.Maschinenschreiben (Technische Hilfsmittel) 10.170
Elektrische Schwingung
  s.Schwingungslehre (Elektrische Schwingungen) 9.275
Elektrische Spannung
  s.Elektrizitätslehre (Spannung) 9.108
Elektrische Wärmeapparate
  s.Elektrotechnik (Einzelfragen) 9.113
Elektrischer Funke
  s.Elektrizitätslehre (Gasentladung) 9.105
Elektrischer Schwingungskreis
  s.Schwingungslehre (Elektrische Schwingungen) 9.276

Elektrischer Strom
  s.Elektrizitätslehre (Elektrischer Strom) 9.104
Elektrischer Widerstand
  s.Elektrizitätslehre (Einzelfragen) 9.103
Elektrisches Elementarquantum
  s.Atomphysik (Elementarladung) 9.51
Elektrisches Heizrohr
  s.Chemisches Experimentiergerät 5.48
Elektrisches Meßinstrument
  s.Physikalisches Experimentiergerät (Meßinstrumente) 5.146
Elektrisches Metronom
  s.Mechanik (Meßtechnik) 9.184
Elektrizität
  s.Elektrotechnik 9.113
Elektrizitätslehre 9.102
- (Drehstrom) 9.103
- (Einzelfragen) 9.103
- (Elektrischer Strom) 9.104
- (Galvanisches Element) 9.104
- (Gasentladung) 9.105
- (Gerätesatz)
  s.Physikalisches Experimentiergerät (Elektrizitätslehre) 5.145
- (Gleichrichter) 9.105
- (Halbleiter) 9.105
- (Induktion) 9.106
- (Leiter) 9.106
- (Meßtechnik) 9.107
- (Netzgerät)
  s.Physikalisches Experimentiergerät (Stromversorgung) 5.147
- (Ohmsches Gesetz) 9.107
- (Schülerversuch) 9.107
- (Schwachstrom) 9.108
- (Sicherung) 9.108
- (Spannung) 9.108
- (Thermoelektrizität) 9.108
- (Transformator) 9.108
- (Volksschule) 9.109
- (Wechselstrom) 9.109
Elektro-Assistentin
  s.Berufliche Ausbildung (Einzelne Frauenberufe) 10.22
Elektroakustische Schuleinrichtung
  s.Schulgebäude 1.186
Elektrobaukasten
  s.Physikalisches Experimentiergerät (Elektrizitätslehre) 5.145
Elektrochemie
  s.Chemotechnik 9.99
  s.Elektrolyse 9.110
  s.Physikalische Chemie 9.241

Elektrochemische Reaktionen
  s.Chemische Bindung 9.96
Elektrodynamik
  s.Elektrizitätslehre 9.102
Elektrodynamisches Elementargesetz
  s.Elektrizitätslehre (Induktion) 9.106
Elektrofischfang
  s.Wirtschaftsgeographie (Fischfang) 8.221
Elektrografische Analyse
  s.Chemische Analyse (Einzelfragen) 9.96
Elektrolumineszenz
  s.Elektrizitätslehre (Einzelfragen) 9.103
Elektrolyse 9.110
- (Einzelfragen) 9.110
- (Kochsalz) 9.110
- (Wasser) 9.111
Elektrolysegerät
  s.Chemisches Experimentiergerät 5.48
Elektrolytkupfer
  s.Anorganische Chemie (Metalle) 9.40
Elektromagnetische Induktion
  s.Elektrizitätslehre (Transformator) 9.108
Elektromagnetische Wellen 9.111
- (Lichtwellen) 9.111
- (Röntgenwellen) 9.111
- (Rundfunkwellen) 9.112
- (Wärmewellen) 9.112
Elektromagnetismus
  s.Magnetismus (Elektromagnetismus) 9.156
- (Gerätesatz)
  s.Physikalisches Experimentiergerät (Elektromagnetismus) 5.145
Elektromaschinenkunde
  s.Berufsfachkunde (Elektriker) 10.25
Elektromotor
  s.Elektrotechnik (Elektromotor) 9.114
Elektron-Sprachlehranlage
  s.Sprachlabor (Berufsschule) 5.241
Elektronenbeschleuniger
  s.Atomtechnik 9.55
Elektronenfluß
  s.Atomphysik (Elementarteilchen) 9.51
Elektronengehirn
  s.Rechenautomat 9.257
Elektronenmikroskop
  s.Mikroskop im Unterricht (Elektronenmikroskop) 5.138

Elektronenmikroskopie
  s.Atomphysik (Elementarteilchen) 9.51
Elektronenröhre
  s.Elektrizitätslehre (Thermoelektrizität) 9.108
  s.Hochfrequenztechnik (Elektronenröhre) 9.144
Elektronenstoß
  s.Atomphysik (Korpuskularstrahlung) 9.52
Elektronentheorie
  s.Elektrizitätslehre 9.102
  s.Physikalische Chemie (Einzelfragen) 9.242
Elektronenwolkenmodell
  s.Chemische Bindung (Modellbegriff) 9.97
Elektronik
  s.Elektrotechnik (Elektronik) 9.114
Elektronikerausbildung
  s.Berufliche Ausbildung (Einzelne Berufe) 10.22
Elektronische Musik
  s.Neue Musik 10.195
Elektronische Rechenanlage
  s.Kybernetische Maschinen (Rechenautomat) 5.112
Elektronische Lehrmittel
  s.Lehrgerät 5.114
Elektronischer Grundlehrgang
  s.Grundlehrgang (Elektrotechnik) 6.80
Elektronischer Unterricht
  s.Berufsfachkunde (Elektriker) 10.25
Elektronisches Fernsehen
  s.Hochfrequenztechnik (Fernsehen) 9.144
Elektronisches Klassenzimmer
  s.Sprachlabor 5.240
Elektronisches Meßgerät
  s.Physikalisches Experimentiergerät (Meßinstrumente) 5.146
Elektronisches Neuronenmodell
  s.Kybernetische Lerntheorie (Neuronenmodelle) 5.105
Elektronisches Rechnen
  s.Rechenautomat 9.257
Elektroskop
  s.Elektrostatik 9.112
  s.Physikalisches Experimentiergerät (Elektrizitätslehre) 5.145
Elektrostatik 9.112
- (Coulombsches Gesetz) 9.113
- (Einzelfragen) 9.113

- (Kondensator) 9.113
Elektrotechnik 9.113
- (Baukastensystem)
  s.Physikalisches Experimentiergerät (Elektrotechnik) 5.145
- (Einzelfragen) 9.113
- (Elektromotor) 9.114
- (Elektronik) 9.114
Element 102
  s.Chemie (Elemente) 9.84
Elementarbildung
  s.Selbsttätigkeit (Grundschule) 6.183
- im Beruf
  s.Berufserziehung und Allgemeinbildung 3.45
[Das] Elementare
  s.Elementare Bildung 6.59
Elementare Algebra
  s.Algebraunterricht 9.32
Elementare Arithmetik
  s.Algebra 9.25
Elementare Bildung 6.59
- (Kunsterziehung)
  s.Kunsterziehung (Methodische Einzelfragen) 10.117
Elementare Bruchrechnung
  s.Bruchrechnen (Einführung) 9.82
Elementare Dynamik
  s.Relativitätstheorie (Einzelfragen) 9.272
Elementare Farbenlehre
  s.Malen (Farbe) 10.167
Elementare Gruppentheorie
  s.Algebra (Gruppentheorie) 9.28
Elementare Improvisation
  s.Musikunterricht (Improvisation) 10.185
Elementare Leibeserziehung
  s.Leibeserziehung (Elementare Leibeserziehung) 10.131
Elementare Lesemethode
  s.Leselehrmethoden 7.150
Elementare Mengenlehre
  s.Mengenlehre 9.187
Elementare Musikerziehung
  s.Musikerziehung (Grundausbildung) 10.184
Elementare Naturkunde
  s.Biologieunterricht (Grundschule) 9.67
Elementare Rechtschreibung
  s.Rechtschreibunterricht (Grundschule) 7.190
Elementare Wahrscheinlichkeitstheorie
  s.Wahrscheinlichkeitsrechnung 9.302

Elementare Zahlentheorie
  s.Algebra (Zahlentheorie) 9.31
Elementarer Biologieunterricht
  s.Biologieunterricht (Exemplarisches Lehren) 9.66
Elementarer Mathematikunterricht
  s.Mathematikunterricht (Einführung) 9.164
Elementarer Sachunterricht
  s.Sachunterricht (Grundschule) 6.150
Elementarer Schreibunterricht
  s.Schreibunterricht (Grundschule) 10.228
Elementarischer Unterricht
  s.Elementare Bildung 6.59
Elementarisierung des Unterrichts
  s.Volksschulunterricht 6.219
Elementarladung
  s.Atomphysik (Elementarladung) 9.51
Elementarmethode
  s.Anfangsunterricht 6.21
  s.Elementare Bildung 6.59
Elementarrechengerät
  s.Rechenlehrmittel (Sonderschule) 5.193
Elementarschule
  s.Anfangsunterricht 6.21
Elementarschulerziehung
  s.Grundschule 1.90
  s.Volksschule 1.262
Elementarstufe
  s.Primarschule [Schweiz] 1.149
Elementarteilchen
  s.Atomphysik (Elementarteilchen) 9.51
Elementarunterricht
  s.Grundschulunterricht 6.81
Elementarverhalten
  s.Sozialpsychologie 4.193
Elemente
  s.Chemie (Elemente) 9.84
Elferprobe
  s.Rechenoperationen (Kontrollformen) 9.259
Elia
  s.Bibelunterricht AT (Propheten) 10.38
Eliot-Lektüre
  s.Englische Lektüre (Eliot) 7.71
Elisabeth von Thüringen
  s.Kirchengeschichte (Einzelpersonen) 10.97
Elitebildung 3.72
- (Organisationsfragen)
  s.Begabtenförderung 1.26

Ellipse
  s.Kegelschnitte (Ellipse) 9.150
Elsaß
  s.Länderkunde (Frankreich:Landschaften) 8.125
  s.Wirtschaftsgeographie (Frankreich) 8.222
Elterliche Schularbeitshilfe
  s.Hausaufgabe (Elternhilfe) 6.97
Elterliche Verantwortung
  s.Familienerziehung 3.105
Eltern-Kind-Beziehung
  s.Familie (Eltern-Kind-Beziehung) 3.102
Eltern und Lehrer
  s.Lehrer und Eltern 2.66
Elternabend 6.59
Elternbeirat
  s.Elternrecht (DDR) 1.63
  s.Elternvertretung 1.63
  s.Schulreform (Elternrecht) 1.220
Elternbeiratswahlen
  s.Elternvertretung 1.63
Elternberatung
  s.Elternpädagogik 3.73
  s.Erziehungsberatungsstelle 1.72
Elternbesprechung
  s.Elternabend 6.59
  s.Elternsprechtag 1.63
Elternbesuch im Unterricht
  s.Offene Schultür 6.134
Elternbild
  s.Familienerziehung (Psychologischer Aspekt) 3.111
- des Kindes
  s.Familie (Eltern-Kind-Beziehung) 3.102
Elternbildung
  s.Elternpädagogik 3.73
Elternbrief
  s.Schule und Elternhaus (Elternbrief) 1.176
Elternbücherei
  s.Lehrerbücherei (Einzelformen) 2.104
Elternfehler
  s.Erziehungsfehler 3.92
Elterngespräch
  s.Psychodiagnostik (Anamnese) 4.142
Elterngruppenarbeit
  s.Erziehungsberatung (Eltern) 4.51
  s.Heimerziehung (Familienprinzip) 3.140
Elternhaus und Schule
  s.Schule und Elternhaus 1.175

Elternhaus und Strafe
  s.Strafe 3.236
Elternhaus und Waldorfschule
  s.Waldorfschule 1.269
Elternhilfe
  s.Elternpädagogik 3.73
  s.Erziehungsberatung (Eltern) 4.51
Elternmitarbeit
  s.Schule und Elternhaus 1.175
Elternpädagogik 3.73
- (Geschlechtserziehung)
  s.Geschlechtserziehung (Elternhaus) 3.130
Elternpflegschaft
  s.Elternvertretung 1.63
Elternsprechstunde
  s.Lehrer und Eltern 2.66
Elternrecht 1.61
- (Begabtenauslese)
  s.Begabtenauslese 1.24
- (Bekenntnisschule)
  s.Bekenntnisschule (Rechtsfragen) 1.30
- (DDR) 1.63
- (Schulreform)
  s.Schulreform (Elternrecht) 1.220
Elternrolle
  s.Familie (Eltern-Kind-Beziehung) 3.102
- (Heimerziehung)
  s.Heimerziehung (Familienprinzip) 3.140
Elternsprechtag 1.63
Elternversammlung
  s.Elternabend 6.59
  s.Elternvertretung 1.63
Elternvertretung 1.63
Elternwille
  s.Elternrecht 1.61
Emailarbeiten
  s.Werken (Einzelne Werkstoffe) 10.262
Embryonalentwicklung des Huhns
  s.Vogelkunde (Hühnerei) 9.295
Emden
  s.Länderkunde (Niedersachsen) 8.134
Emission [Protonen]
  s.Radioaktivität 9.255
Emotion
  s.Gefühl 4.65
  s.Gemütsbildung 3.127
Emotionales Partizipieren
  s.Pädagogische Grundbegriffe 3.196
Empfehlungen des Wissenschaftsrats
  s.Hochschulreform (Wissenschaftsrat) 1.109

Empfehlungen zur Hauptschule
  s.Hauptschule (Deutscher Ausschuß) 1.104
Empfindung
  s.Gefühl 4.65
  s.Wahrnehmungspsychologie 4.237
Empfindungswörter
  s.Aufsatzunterricht (Grundschule) 7.30
Empirische Berufsforschung
  s.Berufsforschung 3.49
Empirische Gymnasialpädagogik
  s.Gymnasialunterricht 6.90
Empirische Pädagogik
  s.Pädagogik (Methodologie) 3.187
  s.Pädagogische Forschung 3.195
Empirische pädagogische Anthropologie
  s.Pädagogische Anthropologie 3.193
Empirische pädagogische Forschung
  s.Pädagogische Tatsachenforschung 6.134
Empirische Psychologie
  s.Pädagogische Psychologie (Einzelfragen) 4.132
Empirische Soziologie
  s.Soziologie (Empirische Soziologie) 3.230
Empirische Unterrichtsforschung
  s.Unterrichtsforschung 6.209
Empirische Wirtschaftspädagogik
  s.Wirtschaftspädagogische Forschung 3.244
Emsland
  s.Länderkunde (Deutsche Flußlandschaften) 8.121
Encephalitis
  s.Hirnschädigung 4.84
Endliche Bewegungsgruppen
  s.Algebra (Gruppentheorie) 9.28
Endliche Gruppen
  s.Algebra (Axiomatik) 9.25
  s.Algebra (Gruppentheorie) 9.28
Endloses Band
  s.Mechanik (Drehbewegung) 9.179
Endogene Psychose
  s.Neurose (Psychose) 4.129
Endzeitliches Denken
  s.Bibelunterricht (Biblische Grundbegriffe) 10.32
Energie
  s.Mechanik (Maßeinheit) 9.184
  s.Physik (Energiesatz) 9.240
Energiepolitik
  s.Wirtschaftsgeographie (Energiewirtschaft) 8.219

s.Wirtschaftsgeographie (Kohle)
  8.224
Energiequellen
  s.Wirtschaftsgeographie (Energiewirtschaft) 8.219
Energiesatz
  s.Elektrotechnik (Elektromotor)
  9.114
  s.Physik (Energiesatz) 9.240
Energiestoffwechsel
  s.Biochemie (Einzelfragen) 9.57
Energieumwandlung
  s.Physik (Enrgiesatz) 9.240
Energieversorgung
  s.Sozialkunde (Gemeindeveraltung)
  8.197
  s.Wirtschaftsgeographie (Energiewirtschaft) 8.219
Energiewirtschaft
  s.Wirtschaftsgeographie (Energiewirtschaft) 8.219
Engel
  s.Bibelunterricht NT (Apokalypse)
  10.40
  s.Katechese (Engel) 10.84
England
  s.Länderkunde (Großbritannien)
  8.126
  s.Wirtschaftsgeographie (Großbritannien) 8.222
Englandfahrt
  s.Englischunterricht (Englandfahrt) 7.78
Englandkunde 7.66
Englisch
  s.Englische Sprache 7.73
- für alle
  s.Englischunterricht (Volksschule:
  Organisation) 7.88
- oder Latein
  s.Fremdsprachenfolge (Latein) 7.101
- und Deutsch
  s.Englischunterricht (Muttersprache) 7.83
Englischarbeit
  s.Englischunterricht (Korrektur) 7.80
Englische Aufsatzerziehung
  s.Englischunterricht (Stilpflege)
  7.86
Englische Aussprache
  s.Englischunterricht (Sprechübung)
  7.86
Englische Feierstunde
  s.Englischunterricht (Methodische
  Einzelfragen) 7.82

Englische Grammatik 7.67
- (Einzelfragen) 7.67
- (Satzlehre) 7.68
- (Substantiv) 7.68
- (Verbalformen) 7.68
- (Wortlehre) 7.68
Englische Herübersetzung
  s.Englischunterricht (Übersetzen)
  7.87
Englische Hörspiele
  s.Englischlehrmittel (Schulfunk)
  5.58
Englische Intonation
  s.Sprachlabor (Ausspracheschulung)
  5.241
Englische Kanons
  s.Englische Lektüre (Lied) 7.71
  s.Liedpflege (Kanon) 10.163
Englische Klassenarbeit
  s.Englischunterricht (Korrektur)
  7.80
Englische Konversation
  s.Einsprachigkeit 7.66
Englische Kulturkunde
  s.Englandkunde 7.66
Englische Lektüre 7.69
- (Amerikanische Literatur) 7.69
- (Auswahl) 7.69
- (Drama) 7.70
- (Einzelne Werke) 7.70
- (Eliot) 7.71
- (Essay) 7.71
- (Lied) 7.71
- (Literaturgeschichte) 7.72
- (Lyrik) 7.72
- (Nacherzählung) 7.73
- (Shakespeare) 7.73
- (Sonett)
  s.Englische Lektüre (Lyrik) 7.72
- (Volksschule) 7.73
Englische Literatur
  s.Englische Lektüre (Literatur-
  geschichte) 7.72
Englische Lyrik
  s.Englische Lektüre (Lyrik) 7.72
Englische Nacherzählung
  s.Englische Lektüre (Nacherzählung)
  7.73
Englische Nachkriegsliteratur
  s.Englische Lektüre (Literatur-
  geschichte) 7.72
Englische Ode
  s.Englische Lektüre (Lyrik) 7.72
Englische Privatlektüre
  s.Englische Lektüre 7.69

Englische Prüfungsaufgaben
　s.Englischunterricht (Leistungs-
　　kontrolle) 7.81
Englische Schulsprache
　s.Englischunterricht (Sprechübung)
　　7.86
Englische Schulwörterbücher
　s.Fremdsprachenlehrmittel (Wörter-
　　buch) 5.76
Englische Sprachbetrachtung
　s.Englischunterricht (Stilpflege)
　　7.86
Englische Umgangssprache
　s.Englische Sprache (Umgangssprache)
　　7.74
Englische Sprache 7.73
- (Deutsch) 7.74
- (Einzelfragen) 7.74
- (Umgangssprache) 7.74
Englische Wortlehre
　s.Englische Grammatik (Wortlehre)
　　7.68
Englische Zeitung
　s.Englischlehrmittel (Zeitung) 5.59
Englischer Anfangsunterricht 7.74
- (Grundschule) 7.75
- (Gymnasium) 7.75
- (Lautlehrgang)
　s.Englischunterricht (Phonetik)
　　7.83
- (Realschule)
　s.Englischer Anfangsunterricht 7.74
- (Sprachlabor)
　s.Sprachlabor (Anfangsunterricht)
　　5.240
- (Volksschule) 7.75
Englischer Ausdruck
　s.Englische Sprache (Einzelfragen)
　　7.74
　s.Englischunterricht (Stilpflege)
　　7.86
Englischer Satzbau
　s.Englische Grammatik (Satzlehre)
　　7.68
Englischer Satzton
　s.Englischunterricht (Phonetik)
　　7.83
Englischer Wortschatz
　s.Englischunterricht (Wortschatz-
　　vermittlung) 7.88
Englischer Sprachunterricht
　s.Englischunterricht 7.76
Englisches Adverb
　s.Englische Grammatik (Einzelfragen)
　　7.67

Englisches Fürwort
　s.Englische Grammatik (Einzel-
　　fragen) 7.67
Englisches Lesestück
　s.Englische Lektüre 7.69
Englisches Verbalsystem
　s.Englische Grammatik (Verbal-
　　formen) 7.68
Englisches Wortgut
　s.Englische Grammatik (Wortlehre)
　　7.68
Englischlehrbuch 5.56
Englischlehrer 2.31
Englischlehrmittel 5.56
- (Bildformen) 5.56
- (Einzelformen) 5.57
- (Film) 5.57
- (Hafttafel) 5.57
- (Lehrprogramm)
　s.Programmiertes Lernen (Fremd-
　　sprachen) 5.170
- (Lernspiele) 5.57
- (Schallplatte) 5.58
- (Schulfunk) 5.58
- (Szenisches Spiel) 5.58
- (Tonband) 5.58
- (Zeitung) 5.59
Englischstudium
　s.Englischunterricht (Anglistik)
　　7.76
Englischunterricht 7.76
- (Aktionsart)
　s.Englische Grammatik (Verbalfor-
　　men) 7.68
- (Altsprachliches Gymnasium)
　s.Englischunterricht (Gymnasium) 7.79
- (Anglistik) 7.76
- (Anschauung) 7.76
- (Arbeitsmittel)
　s.Englischlehrmittel 5.56
- (Ausspracheschulung)
　s.Englischunterricht (Sprechübung)
　　7.86
- (Basic English) 7.76
- (Berufsaufbauschule) 7.77
- (Bild)
　s.Englischunterricht (Anschauung) 7.76
- (Bundesländer) 7.77
- (Comprehension Test)
　s.Englischunterricht (Leistungs-
　　test) 7.82
- (DDR) 7.77
- (Dialog)
　s.Englischunterricht (Methodische
　　Einzelfragen) 7.82

- (Didaktischer Aspekt)
  s.Englischunterricht 7.76
- (Differenzierung) 7.78
- (Direkte Methode) 7.78
- (Drama)
  s.Englische Lektüre (Drama) 7.70
- (Einführung)
  s.Englischer Anfangsunterricht 7.74
  s.Englischunterricht (Volksschule:
    Organisation) 7.88
- (Englandfahrt) 7.78
- (Englisch sprechen)
  s.Einsprachigkeit 7.66
- (Erwachsenenbildung) 7.78
- (Erziehungswert)
  s.Englischunterricht 7.76
- (Essay)
  s.Englische Lektüre (Essay) 7.71
- (Etymologie) 7.78
- (Fachhochschule)
  s.Englischunterricht (DDR) 7.77
- (Fehlerbewertung)
  s.Englischunterricht (Fehlerkunde)
    7.78
- (Fehlerkunde) 7.78
- (Förderstufe) 7.79
- (Fördersystem)
  s.Englischunterricht (Leistungs-
    steigerung) 7.81
  s.Englischunterricht (Volksschule:
    Organisation) 7.88
- (Formalbildung)
  s.Englischunterricht (Methodische
    Einzelfragen) 7.82
- (Frühbeginn)
  s.Englischer Anfangsunterricht
    (Grundschule) 7.75
- (Funktionale Grammatik)
  s.Fremdsprachenunterricht (Funk-
    tionale Grammatik) 7.105
- (Gewerbeschule)
  s.Englischunterricht (Berufsauf-
    bauschule) 7.77
- (Grammatik) 7.79
- (Grundschule)
  s.Englischer Anfangsunterricht
    (Grundschule) 7.75
- (Gruppenunterricht) 7.79
- (Gymnasium) 7.79
- (Gymnasium:Mittelstufe) 7.80
- (Gymnasium:Oberstufe) 7.80
- (Handelsschule) 7.80
- (Hauptschule)
  s.Englischunterricht (Volksschule)
    7.87

- (Höhere Handelsschule)
  s.Englischunterricht (Handelsschule)
    7.80
- (Idiomatische Ausdrücke)
  s.Englischunterricht (Sprechübung)
    7.86
- (Intonation)
  s.Sprachlabor (Ausspracheschulung)
    5.241
- (Kaufmännische Schule)
  s.Englischunterricht (Handels-
    schule) 7.80
- (Klassenarbeit)
  s.Englischunterricht (Leistungs-
    kontrolle) 7.81
- (Korrektur) 7.80
- (Kurzschuljahr)
  s.Englischunterricht (Methodische
    Einzelfragen) 7.82
- (Lautlehre)
  s.Englischunterricht (Phonetik)
    7.83
- (Landschule) 7.81
- (Lehrplan) 7.81
- (Leistungsbewertung)
  s.Englische Lektüre (Nacherzählung)
    7.73
- (Leistungskontrolle) 7.81
- (Leistungssteigerung) 7.81
- (Leistungstest) 7.82
- (Lektüreauswahl)
  s.Englische Lektüre (Auswahl) 7.69
- (Lernsituation) 7.82
- (Lesegut)
  s.Englische Lektüre 7.69
- (Lichtbildreihen)
  s.Fremdsprachenlehrmittel (Licht-
    bild) 5.74
- (Lieder)
  s.Englische Lektüre (Lied) 7.71
- (Linguistik) 7.82
- (Literatur)
  s.Englische Lektüre 7.69
- (Lyrik)
  s.Englische Lektüre (Lyrik) 7.72
- (Märchenspiel)
  s.Englischunterricht (Spielformen)
    7.85
- (Methodische Einzelfragen) 7.82
- (Mittelstufe)
  s.Englischunterricht (Gymnasium:
    Mittelstufe) 7.80
- (Motivation)
  s.Englischunterricht (Methodische
    Einzelfragen) 7.82

[Forts.: Englischunterricht]
- (Mündliche Übung)
  s.Englischunterricht (Sprechübung) 7.86
- (Muttersprache) 7.83
- (Nacherzählung)
  s.Englische Lektüre (Nacherzählung) 7.73
- (Neigungsgruppen)
  s.Englischunterricht (Gruppenunterricht) 7.79
- (Oberstufe)
  s.Englischunterricht (Gymnasium: Oberstufe) 7.80
- (Phonetik) 7.83
- (Politische Bildung) 7.84
- (Prima)
  s.Englischunterricht (Gymnasium: Oberstufe) 7.80
- (Rätselspiele)
  s.Englischunterricht (Spielformen) 7.85
- (Realschule) 7.84
- (Realsituation)
  s.Englischunterricht (Lernsituation) 7.82
- (Rechtschreiben) 7.85
- (Reform) 7.85
- (Reifeprüfung) 7.85
- (Schriftliche Arbeit)
  s.Englischunterricht (Leistungskontrolle) 7.81
- (Schülergespräch)
  s.Englischunterricht (Gruppenunterricht) 7.79
- (Schulfunk)
  s.Englischlehrmittel (Schulfunk) 5.58
- (Schuljahr III)
  s.Englischer Anfangsunterricht (Grundschule) 7.75
- (Singspiel)
  s.Englischunterricht (Spielformen) 7.85
- (Situation)
  s.Englischunterricht (Lernsituation) 7.82
  s.Englischunterricht (Volksschule: Situation) 7.88
- (Sozialkunde)
  s.Englischunterricht (Politische Bildung) 7.84
- (Spielformen) 7.85
- (Sprachbetrachtung)
  s.Englischunterricht (Stilpflege) 7.86

- (Sprachlabor)
  s.Sprachlabor (Einzelerfahrungen) 5.242
- (Sprecherziehung)
  s.Englischunterricht (Sprechübung) 7.86
- (Sprechsituation)
  s.Englischunterricht (Sprechübung) 7.86
- (Sprechübung) 7.86
- (Stilpflege) 7.86
- (Tonband)
  s.Englischlehrmittel (Tonband) 5.58
- (Übersetzen) 7.87
- (Übung)
  s.Englischunterricht (Sprechübung) 7.86
- (Unterrichtsbeispiel)
  s.Englischunterricht (Methodische Einzelfragen) 7.82
- (Volkshochschule)
  s.Englischunterricht (Erwachsenenbildung) 7.78
- (Volksmärchen)
  s.Englische Lektüre (Volksschule) 7.73
- (Volksschule) 7.87
- (Volksschule:Erfahrungen) 7.87
- (Volksschule:Organisation) 7.88
- (Volksschule:Situation) 7.88
- (Volksschuloberstufe)
  s.Englischunterricht (Volksschule) 7.87
- (Vorbereitung)
  s.Englischunterricht (Methodische Einzelfragen) 7.82
- (Wiederholung)
  s.Englischunterricht (Realschule) 7.84
- (Wirtschaftsoberschule)
  s.Englischunterricht (Handelsschule) 7.80
- (Worterklärung)
  s.Englischunterricht (Wortschatzvermittlung) 7.88
- (Wortschatzvermittlung) 7.88
- (Zirkelarbeit)
  s.Englischunterricht (Leistungssteigerung) 7.81
- (Zweiter Bildungsweg)
  s.Englischunterricht (Erwachsenenbildung) 7.78
- (Zeichnung)
  s.Englischunterricht (Anschauung) 7.76

English language teaching
  s.Englischunterricht 7.76
Enkulturation
  s.Pädagogische Anthropologie 3.193
  s.Sozialpsychologie 4.193
Entbürdung des Schülers
  s.Stoffbeschränkung 6.189
Entdeckungsfahrten
  s.Mittelalter (Hochmittelalter) 8.150
Entdeckungszeit
  s.Neuzeit (Entdeckungen) 8.153
Entfaltung der Sprachkraft
  s.Sprachentfaltung 7.215
Entfaltung des Lebens
  s.Abstammungslehre (Stammesentwicklung) 9.23
Entfaltungsstufe
  s.Denkentwicklung 4.37
  s.Entwicklungspsychologie (Stufenfolge) 4.46
  s.Förderstufe 1.78
Entfernungslokalisation
  s.Menschenkunde (Sehvorgang) 9.192
Entfernungsmesser
  s.Schulfotografie (Aufnahmetechnik) 5.222
Enthaltensein
  s.Rechenoperationen 9.258
Entlaßfeier
  s.Schulentlassungsfeier 6.156
Entlaßjahr
  s.Volksschulunterricht (Abschlußklasse) 6.220
Entlaßprüfung
  s.Volksschule (Abschlußprüfung) 1.264
Entlaßschüler
  s.Volksschüler (Abschlußklasse) 4.236
Entlassung
  s.Schulentlassung 6.155
Entlassungsspiel
  s.Schulentlassungsfeier (Schulspiel) 6.157
Entmenschlichung
  s.Anthropologie 3.19
Entnazifizierung des Lehrers
  s.Lehrerberuf (Rechtsfragen) 2.70
Entomologie
  s.Insektenkunde 9.146
Entscheidungsmodell
  s.Willensforschung 4.239
Entscheidungsparameter
  s.Motivationsforschung 4.125

Entscheidungsprozeß
  s.Kybernetik (Einzelfragen) 5.98
Entscheidungsverhalten
  s.Persönlichkeitspsychologie 4.133
Entschiedene Schulreform
  s.Innere Schulreform 6.101
  s.Schulreform (Vergleichende Pädagogik) 1.225
Entspanntes Wasser
  s.Anorganische Chemie (Einzelfragen) 9.39
  s.Mechanik (Oberflächenspannung) 9.185
Entstehung der Arten
  s.Abstammungslehre (Selektionstheorie) 9.23
Entstehung des Lebens
  s.Biologie (Organisches Leben) 9.60
Entstehung des Menschen
  s.Abstammungslehre (Mensch) 9.22
Entstehungsgeschichte der Evangelien
  s.Bibelunterricht NT (Entstehungsgeschichte) 10.43
Entwickelnder Musikunterricht
  s.Musikunterricht (Methodische Einzelfragen) 10.187
Entwickelnder Rechtschreibunterricht
  s.Rechtschreibunterricht (Methodische Einzelfragen) 7.192
Entwickelndes Lehrverfahren
  s.Methodik (Geschichte) 6.125
Entwicklung der Schülerschrift
  s.Schreibunterricht (Schriftentwicklung) 10.230
Entwicklung der Schülerzahlen
  s.Schulstatistik 1.225
Entwicklungsbedingtes Schreibenlernen
  s.Schreibenlernen (Psychologischer Aspekt) 7.208
Entwicklungsdienst
  s.Entwicklungshelfer 8.27
Entwicklungsgehemmtes Kind 4.40
Entwicklungsgemäßheit
  s.Unterricht (Entwicklungsgemäßheit) 6.205
Entwicklungsgeschichte
  s.Abstammungslehre (Stammesentwicklung) 9.23
Entwicklungsgestörtes Hilfsschulkind
  s.Hilfsschulkind 4.81
Entwicklungshelfer 8.27
Entwicklungshemmung
  s.Entwicklungsgehemmtes Kind 4.40
Entwicklungshilfe 8.27
- (Privatorganisationen) 8.28

[Forts.: Entwicklungshilfe]
- (Psychologischer Aspekt)
  s.Entwicklungshelfer 8.27
- und Auslandsschulwesen
  s.Deutsches Auslandsschulwesen
  (Entwicklungsländer) 1.57
Entwicklungskrise
  s.Entwicklungsstörung 4.47
Entwicklungsländer 8.28
- (Entwicklungshilfe)
  s.Entwicklungshilfe 8.27
- (Unterrichtsaspekt) 8.28
- (Wirtschaftsgeographie) 8.29
Entwicklungslehre
  s.Abstammungslehre (Stammesentwicklung) 9.23
Entwicklungspädagogik
  s.Entwicklungsländer (Unterrichtsaspekt) 8.28
Entwicklungsphase
  s.Entwicklungspsychologie (Stufenfolge) 4.46
Entwicklungsphysiologie der Pflanze
  s.Pflanzenphysiologie (Wachstum)
  9.238
Entwicklungspolitik 8.29
Entwicklungspsychologie 4.40
- (Anthropologischer Aspekt) 4.41
- (Bildungsaspekt)
  s.Bildsamkeit 4.33
- (Fremdsprachenunterricht)
  s.Fremdsprachenunterricht (Psychologischer Aspekt) 7.110
- (Gymnastik)
  s.Gymnastik (Moderne Gymnastik)
  10.72
- (Jugendalter) 4.41
- (Kindheit) 4.42
- (Kleinkind) 4.43
- (Körperliche Entwicklung) 4.44
- (Kritik) 4.45
- (Lehrplan)
  s.Lehrplan (Psychologischer
  Aspekt) 6.120
- (Pädagogischer Aspekt) 4.45
- (Psychoanalyse) 4.46
- (Säugling) 4.46
- (Stufenfolge) 4.46
- (Tiefenpsychologie)
  s.Entwicklungspsychologie (Psychoanalyse) 4.46
- (Triebentwicklung)
  s.Triebpsychologie 4.228
Entwicklungsquotient
  s.Entwicklungstest 4.48

Entwicklungsstörung 4.47
Entwicklungstest 4.48
Entwicklungstreuer Unterricht
  s.Grundschulunterricht 6.81
Entwicklungstypus
  s.Entwicklungspsychologie 4.40
Entwicklungsverzögerung
  s.Entwicklungsstörung 4.47
Entwurzelte Jugend
  s.Schwererziehbarkeit (Jugendalter) 4.187
  s.Verwahrlosung 4.234
Enuretiker
  s.Bettnässer 4.33
Enzyklopädie
  s.Nachschlagewerke 5.143
Enzyklopädisches Wörterbuch
  s.Wörterbuch 5.259
Enzymbegriff
  s.Biochemie (Einzelfragen) 9.57
Enzyme
  s.Organische Chemie (Einzelfragen)
  9.222
Epileptisches Kind 4.48
Epische Dichtung
  s.Dichtung im Unterricht (Methodische Einzelfragen) 7.62
Epische Kurzformen 7.89
Epische Redegestaltung
  s.Erzählkunstwerk 7.92
Episkop
  s.Bildwerfer 5.38
Episkopat
  s.Kirchengeschichte (Einzelfragen)
  10.97
Epochal geschädigtes Schulkind
  s.Entwicklungsgehemmtes Kind 4.40
Epochaler Geschichtsunterricht
  s.Geschichtsunterricht (Methodische Einzelfragen) 8.78
Epochalpsychologie
  s.Entwicklungspsychologie 4.40
Epochaltypologische Jugendpsychologie
  s.Entwicklungspsychologie (Jugendalter) 4.41
Epochalunterricht 6.60
- (Naturlehre)
  s.Naturlehre (Methodische
  Einzelfragen) 9.204
Epochenpläne
  s.Epochalunterricht 6.60
Epochenunterricht
  s.Epochalunterricht 6.60
Eräußerungsverben
  s.Verblehre (Einzelfragen) 7.243

Erbänderung
  s.Vererbungslehre (Mutation) 9.292
Erbarmung Gottes
  s.Katechese (Buße) 10.83
Erbkonstanz
  s.Vererbungslehre 9.290
Erbliche Lese-Rechtschreibschwäche
  s.Legasthenie 4.102
Erblindung
  s.Blindheit 4.34
Erbmotorik
  s.Motorik 4.125
Erbsünde
  s.Katechese (Sünde) 10.88
Erdbeben
  s.Allgemeine Erdkunde (Vulkanismus)
  8.21
Erdbeet
  s.Biologielehrmittel (Pflanzenkunde)
  5.44
Erdbeschreibung
  s.Erdkundeunterricht (Reform) 8.42
Erddrehung
  s.Geophysik 9.137
Erde
  s.Geologie 8.55
Erde als Planet
  s.Astronomie (Erde) 9.45
Erdeloser Pflanzenbau
  s.Pflanzenkunde (Hydrokultur) 9.230
Erdgas
  s.Wirtschaftsgeographie (Erdölgewinnung) 8.220
Erdgeschichte
  s.Geologie (Erdgeschichte) 8.55
- (Alpen)
  s.Geologie (Alpen) 8.55
Erdkröten
  s.Tierkunde (Amphibien) 9.279
Erdkunde 8.29
- (Lehrerbildung)
  s.Geographielehrer 2.36
  s.Lehrerbildung (Geographie)
  2.82
- (Pflanzendecke)
  s.Pflanzengeographie 9.225
Erdkunde/Sozialkunde/Geschichte
  s.Gemeinschaftskunde 8.49
Erdkundeatlas 5.59
- (Karte) 5.59
- (Sonderkarten) 5.60
Erdkundebuch
  s.Erdkundelehrbuch 5.60
Erdkundelehrbuch 5.60
- (DDR) 5.61

Erdkundelehrer
  s.Geographielehrer 2.36
Erdkundelehrmittel 5.61
- (Arbeitsblätter) 5.62
- (Arbeitsheft) 5.63
- (Bildformen) 5.63
- (Einzelformen) 5.63
- (Film) 5.64
- (Geologie) 5.65
- (Hafttafel) 5.65
- (Jugendbuch) 5.65
- (Karten) 5.66
- (Lehrprogramm)
  s.Programmiertes Lernen (Erdkunde)
  5.168
- (Lichtbild) 5.66
- (Lichtbild/Film) 5.67
- (Literarische Quellen) 5.67
- (Museum) 5.67
- (Reiseprospekt) 5.68
- (Sachzeichnen) 5.68
- (Sandkasten) 5.68
- (Schülerbriefwechsel) 5.68
- (Schulfunk) 5.69
- (Umrißkarte) 5.69
- (Zahlenmaterial) 5.69
Erdkundelehrplan 8.30
- (DDR) 8.30
- (DDR:Einzelne Schuljahre) 8.30
- (Grundschule)
  s.Erdkundeunterricht (Grundschule)
  8.37
- (Gymnasium) 8.31
- (Volksschule) 8.31
Erdkundemerkheft
  s.Erdkundelehrmittel (Arbeitsheft)
  5.63
Erdkunderaum
  s.Erdkundelehrmittel (Einzelformen)
  5.63
  s.Schulgebäude (Fachräume) 1.186
Erdkundeunterricht 8.31
- (Abschlußprüfung)
  s.Erdkundeunterricht (Leistungskontrolle) 8.40
  s.Erdkundeunterricht (Reifeprüfung)
  8.43
- (Aktivierung)
  s.Erdkundeunterricht (Schüleraktivierung) 8.43
- (Aktualität)
  s.Erdkundeunterricht (Lebensnähe)
  8.39
- (Anschauung) 8.32
- (Anthropologischer Aspekt) 8.32

[Forts.: Erdkundeunterricht]
- (Arbeitsanweisung) 8.32
- (Arbeitsgemeinschaft) 8.33
- (Arbeitsmittel)
  s.Erdkundelehrmittel 5.61
- (Arbeitsschulprinzip) 8.33
- (Arbeitstechniken)
  s.Erdkundeunterricht (Methodische Einzelfragen) 8.40
- (Berufsschule) 8.33
- (Bildungswert) 8.33
- (DDR) 8.34
- (DDR:Oberschule) 8.34
- (Denkentwicklung)
  s.Erdkundeunterricht (Psychologischer Aspekt) 8.42
- (Deutsche Auslandsschule) 8.34
- (Didaktische Analyse)
  s.Erdkundeunterricht (Methodische Einzelfragen) 8.40
- (Didaktischer Aspekt) 8.35
- (Differenzierung) 8.35
- (Einführung)
  s.Erdkundeunt. (Schuljahr V-VI) 8.43
- (Einzelaufgabe)
  s.Erdkundeunterricht (Arbeitsanweisung) 8.32
- (Eiszeiten)
  s.Geologie (Eiszeiten) 8.55
- (Entwicklungsländer)
  s.Entwicklungsländer (Unterrichtsaspekt) 8.28
- (Erdgeschichte) 8.35
- (Erdkundliche Grundbegriffe) 8.35
- (Erziehungswert) 8.36
- (Europagedanke) 8.36
- (Exemplarisches Lehren) 8.36
- (Experiment)
  s.Erdkundeunterricht (Selbsttätigkeit) 8.43
- (Facharbeit)
  s.Erdkundeunterricht (Leistungskontrolle) 8.40
- (Fächerverbindung) 8.36
- (Film)
  s.Erdkundelehrmittel (Film) 5.64
- (Fragestellung)
  s.Erdkundeunterricht (Methodische Einzelfragen) 8.40
- (Friedenserziehung)
  s.Erdkundeunterricht (Völkerverständigung) 8.45
- (Gegenstandsstruktur)
  s.Erdkundeunterricht (Didaktischer Aspekt) 8.35

- (Gemeinschaftskunde)
  s.Erdkundeunterricht (Politische Bildung) 8.41
  s.Gemeinschaftskunde (Erdkunde) 8.50
- (Geschichte) 8.37
- (Geschichtsunterricht)
  s.Erdkundeunterricht (Fächerverbindung) 8.36
- (Gestaltung)
  s.Erdkundeunterricht (Methodische Einzelfragen) 8.40
- (Grundschule) 8.37
- (Gruppenunterricht) 8.37
- (Gymnasium) 8.37
- (Gymnasium:Mittelstufe) 8.38
- (Gymnasium:Oberstufe) 8.38
- (Gymnasium:Unterstufe)
  s.Erdkundeunterricht (Gymnasium) 8.37
- (Hauptschule)
  s.Erdkundeunterricht (Volksschule) 8.45
- (Heimatkunde)
  s.Heimatkundeunterricht (Erdkunde) 8.98
- (Heimatprinzip) 8.38
- (Humanitätsgedanke)
  s.Erdkundeunterricht (Anthropologischer Aspekt) 8.32
- (Innere Differenzierung)
  s.Erdkundeunterricht (Differenzierung) 8.35
- (Jahresarbeit)
  s.Erdkundeunterricht (Selbsttätigkeit) 8.43
- (Kartenverständnis)
  s.Kartenverständnis (Erdkunde) 8.107
- (Kausales Denken)
  s.Erdkundeunterricht (Psychologischer Aspekt) 8.42
- (Kausalprofil)
  s.Erdkundeunterricht (Methodische Einzelfragen) 8.40
- (Kenntniserwerb)
  s.Erdkundeunterricht (Topographisches Grundwissen) 8.44
- (Landschaftskunde)
  s.Landschaftsgeographie 8.148
- (Landschule) 8.39
- (Lebensnähe) 8.39
- (Lehrer)
  s.Erdkundeunterricht (Methodische Einzelfragen) 8.40

- (Lehrwanderung) 8.39
- (Leistungsbewertung) 8.39
- (Leistungskontrolle) 8.40
- (Leitender Gesichtspunkt)
  s.Erdkundeunterricht (Arbeitsanweisung) 8.32
- (Lernaufgaben)
  s.Erdkundeunt. (Wiederholung) 8.46
- (Lichtbildreihen)
  s.Erdkundelehrmittel (Lichtbild) 5.66
- (Materialistische Weltanschauung)
  s.Erdkundeunterricht (Weltanschauungsfragen) 8.46
- (Merkstoff)
  s.Erdkundeunterricht (Topographisches Grundwissen) 8.44
- (Methodische Einzelfragen) 8.40
- (Modelle)
  s.Relief 5.196
- (Museum)
  s.Erdkundeunterricht (Lehrwanderung) 8.39
- (Oberschule)
  s.Erdkundeunterricht (DDR:Oberschule) 8.34
- (Obersekunda)
  s.Erdkundelehrplan (Gymnasium) 8.31
- (Ostkunde)
  s.Ostkundeunterricht (Methodische Einzelfragen) 8.159
- (Patriotische Erziehung)
  s.Erdkundeunterricht (Erziehungswert) 8.36
- (Philosophischer Aspekt)
  s.Erdkundeunterricht (Methodische Einzelfragen) 8.40
- (Politische Bildung) 8.41
- (Polytechnische Bildung) 8.41
- (Problemdenken)
  s.Erdkundeunterricht (Schüleraktivierung) 8.43
- (Produktive Arbeit)
  s.Erdkundeunterricht (Polytechnische Bildung) 8.41
- (Psychologischer Aspekt) 8.42
- (Realschule) 8.42
- (Reform) 8.42
- (Reifeprüfung) 8.43
- (Sachtext)
  s.Erdkundeunterricht (Methodische Einzelfragen) 8.40
- (Schüleraktivierung) 8.43
- (Schülerleistung)
  s.Erdkundeunterricht (Leistungsbewertung) 8.39

- (Schülerreferat)
  s.Erdkundeunterricht (Selbsttätigkeit) 8.43
- (Schuljahr V-VI) 8.43
- (Schuljahr V-X)
  s.Erdkundelehrplan (DDR:Einzelne Schuljahre) 8.30
- (Schullandheim) 8.43
- (Schweiz)
  s.Erdkundeunterricht 8.31
- (Selbsttätigkeit) 8.43
- (Sonderschule) 8.44
- (Sozialgeographie) 8.44
- (Sozialistische Produktion)
  s.Erdkundeunterricht (Polytechnische Bildung) 8.41
- (Sozialkunde)
  s.Erdkundeunterricht (Politische Bildung) 8.41
- (Staatsbürgerliche Bildung)
  s.Erdkundeunterricht (Politische Bildung) 8.41
- (Stoffsicherung)
  s.Erdkundeunterricht (Topographisches Grundwissen) 8.44
- (Stillarbeit) 8.44
- (Stoffverteilung)
  s.Erdkundelehrplan 8.30
- (Stundentafel)
  s.Erdkundelehrplan (DDR) 8.30
  s.Erdkundelehrplan (Gymnasium) 8.31
- (Topographie)
  s.Länderkunde 8.112
- (Topographisches Grundwissen) ... 8.44
- (Übungsformen)
  s.Erdkundeunterricht (Wiederholung) 8.46
- (Unterstufe)
  s.Erdkundeunterricht (Grundschule) 8.37
- (Veranschaulichung)
  s.Erdkundeunterricht (Anschauung) 8.32
- (Vergleichen) 8.45
- (Völkerverständigung) 8.45
- (Volksschule) 8.45
- (Volkstümliche Bildung)
  s.Erdkundeunterricht (Volksschule) 8.45
- (Vorbereitung)
  s.Erdkundeunterricht (Methodische Einzelfragen) 8.40
- (Vorhaben)
  s.Erdkundeunterricht (Arbeitsanweisung) 8.32

[Forts.: Erdkundeunterricht]
- (Weltanschauungsfragen) 8.46
- (Werken) 8.46
- (Wiederholung) 8.46

Erdkundewandkarte
 s.Erdkundelehrmittel (Karten) 5.66

Erdkundliche Arbeitsmittel
 s.Erdkundelehrmittel 5.61

Erdkundliche Bildersammlung
 s.Erdkundelehrmittel (Bildformen) 5.63

Erdkundliche Bildung
 s.Erdkundeunterricht (Bildungswert) 8.33

Erdkundliche Gruppenarbeit
 s.Erdkundeunterricht (Gruppenunterricht) 8.37

Erdkundliche Heimatkunde
 s.Heimatkundeunterricht (Erdkunde) 8.98

Erdkundliche Lehrwanderung
 s.Erdkundeunterricht (Lehrwanderung) 8.39

Erdkundliche Schulausstellung
 s.Schulische Ausstellung 5.235

Erdkundlicher Gesamtunterricht
 s.Erdkundeunterricht (Methodische Einzelfragen) 8.40

Erdkundlicher Geschichtsunterricht
 s.Geschichtsunterricht (Erdkunde) 8.70

Erdkundliches Interesse
 s.Erdkundeunterricht (Psychologischer Aspekt) 8.42

Erdkundliches Jugendbuch
 s.Erdkundelehrmittel (Jugendbuch) 5.65

Erdkundliches Kartenwissen
 s.Kartenverständnis (Erdkunde) 8.107

Erdkundliches Relief
 s.Relief 5.196

Erdkundliches Werken
 s.Werkunterricht (Heimatkunde) 10.271

Erdkundliches Wissen
 s.Erdkundeunterricht (Topographisches Grundwissen) 8.44

Erdmagnetismus
 s.Magnetismus (Erdmagnetismus) 9.157

Erdöl
 s.Wirtschaftsgeographie (Erdöl) 8.219

Erdölbohrung
 s.Wirtschaftsgeographie (Erdölgewinnung) 8.220

Erdölgewinnung
 s.Wirtschaftsgeographie (Erdölgewinnung) 8.220

Erdölraffinerie
 s.Wirtschaftsgeographie (Erdölverarbeitung) 8.220

Erdöltransport
 s.Wirtschaftsgeographie (Erdöltransport) 8.220

Erdölverarbeitung
 s.Wirtschaftsgeographie (Erdölverarbeitung) 8.220

Erdrelief
 s.Relief 5.196

Erdrinde
 s.Geophysik 9.137

Erethisches Kind
 s.Geistig behindertes Kind 4.67
 s.Hilfsschulkind 4.81

Erethismus
 s.Schwachsinnsformen 4.186

Erfahrung
 s.Lernpsychologie (Erfahrung) 4.112
- (Sprachlicher Aspekt)
 s.Sprachsoziologie 7.221

Erfindungsgeist
 s.Kunsterziehung (Vorstellungskraft) 10.121

Erfolgskontrolltest
 s.Lehrprogramm (Kontrollformen) 5.123

Erfolgssicherung
 s.Unterricht (Ergebnissicherung) 6.205

Erfüllung
 s.Erziehung zum Verzicht 3.86

Ergänzende Subtraktion
 s.Rechenoperationen (Schriftliches Abziehen:Ergänzungsmethode) 9.260

Ergänzung
 s.Satzlehre (Objekt) 7.205

Ergänzungsschule
 s.Private Ergänzungsschule 1.149

Ergänzungsunterricht
 s.Begabtenauslese 1.24

Ergänzungsverfahren
 s.Rechenoperationen (Schriftliches Abziehen:Ergänzungsmethode) 9.260

Ergriffenheit
 s.Gefühl 4.65

Erholung
 s.Freizeit 3.120
- des Schülers
 s.Leistungsfähigkeit 4.107

Erinnern
  s.Gedächtnisforschung 4.64
Erkennungsvorgang
  s.Wahrnehmungspsychologie 4.237
Erlanger Programm
  s.Abbildungsgeometrie 9.19
  s.Geometrie (Differentialgeometrie)
    9.124
Erlebnis 4.49
Erlebnisaufsatz
  s.Aufsatz (Erlebnisaufsatz) 7.27
Erlebnisbild
  s.Aufsatz (Erlebnisaufsatz) 7.27
Erlebnisdrang
  s.Erlebnis 4.49
Erlebnisunterricht
  s.Sonderschulunterricht (Methodische Einzelfragen) 6.186
  s.Unterricht (Erlebnisunterricht)
    6.206
Erlebte Erdkunde
  s.Erdkundeunterricht (Lebensnähe)
    8.39
Erlebte Zeitdauer
  s.Wahrnehmungspsychologie (Einzelfragen) 4.237
Erlernen
  s.Lernvorgang 4.114
Erlesen
  s.Leselehrmethoden (Ganzheit oder Lautsynthese) 7.151
  s.Leselernpsychologie 4.118
Erlösung
  s.Katechese (Einzelne Katechesen)
    10.84
Ermächtigungsgesetz
  s.Zeitgeschichtsunterricht (Ermächtigungsgesetz) 8.250
Ermahnung
  s.Erziehungsmittel 3.95
Ermüdung 4.49
- (Leibeserziehung)
  s.Leibeserziehung (Medizinischer Aspekt) 10.143
Ermüdungsindikator
  s.Ermüdung 4.49
Ermunterung
  s.Ermutigung 3.74
Ermutigung 3.74
Ernährung der Pflanze
  s.Pflanzenphysiologie (Wachstum)
    9.238
Ernährungskunde
  s.Ernährungslehre 10.53
Ernährungslehre 10.53

- (Chemie)
  s.Nahrungsmittelchemie 9.196
- (Einzelfragen) 10.54
Ernährungsweisen
  s.Biochemie (Einzelfragen) 9.57
Ernährungswirtschaft
  s.Wirtschaftsgeographie (Ernährung)
    8.220
Ernte [im Gesamtunterricht]
  s.Arbeitseinheiten (Ernte) 6.25
Erntedankfeier
  s.Schulleben (Erntedank) 6.169
Erntekindergarten
  s.Kindergarten (Landkindergarten)
    1.125
Erörterungsaufsatz
  s.Aufsatz (Einzelformen) 7.26
Erosion
  s.Allgemeine Erdkunde (Erosion) 8.20
Erotik
  s.Geschlechtserziehung 3.128
Erprobungsstufe
  s.Realschule (Eingangsstufe) 1.162
Ersatzfamilie
  s.Heimerziehung (Familienprinzip)
    3.140
Ersatzschule
  s.Private Ergänzungsschule 1.149
Ersatzschullehrer
  s.Privatschullehrer 2.130
Erschöpfung
  s.Ermüdung 4.49
Erstbeichtunterricht
  s.Katholischer Religionsunterricht
    (Erstbeichte) 10.91
Erste Chemiestunde
  s.Chemieunterricht (Einführung) 9.88
Erste Fremdsprache
  s.Fremdsprachenfolge 7.101
Erste Hilfe
  s.Gesundheitslehre (Erste Hilfe)
    9.138
  s.Verkehrsunterricht (Methodische
    Einzelfragen) 10.252
Erste Lehrerprüfung 2.31
Erste Schulschrift
  s.Schreibenlernen (Ausgangsschrift)
    7.207
Erste Sprachentwicklung
  s.Sprachliche Entwicklung (Kleinkind) 4.204
Erster Lehrer
  s.Landlehrer 2.58
Erster Leseunterricht
  s.Erstleseunterricht 7.89

Erster Naturkundeunterricht
s.Biologieunterricht (Grundschule)
9.67
Erster Rechenunterricht
s.Erstrechenunterricht 9.114
Erster Schreibunterricht
s.Schreibenlernen 7.207
Erster Schultag 6.61
Erster Singunterricht
s.Gesangunterricht (Grundschule)
10.70
Erster Weltkrieg
s.Zeitgeschichte (Weltkrieg 1914-
1918) 8.245
Erstes Lebensjahr
s.Entwicklungspsychologie (Säugling)
4.46
Erstes Schuljahr
s.Grundschulunterricht (Schuljahr I)
6.82
Erstgruppenunterricht
s.Gruppenunterricht (Vorformen)
6.90
Erstinterview
s.Psychotherapie (Behandlungsmethoden) 4.153
Erstkläßler
s.Schulanfänger 4.171
Erstkommunion
s.Katholischer Religionsunterricht
(Erstkommunion) 10.91
Erstkommunionbücher
s.Religionslehrmittel (Jugendbuch)
5.199
Erstlesebuch
s.Fibel 5.70
Erstleseunterricht 7.89
- (Arbeitsmittel)
  s.Deutschlehrmittel (Erstleseunterricht) 5.50
  s.Leselernmittel 5.131
- (Differenzierung)
  s.Erstleseunterricht (Methodische
  Einzelfragen) 7.90
- (Druckschrift) 7.90
- (Fibel)
  s.Fibel im Unterricht 5.71
- (Flanelltafel)
  s.Deutschlehrmittel (Erstleseunterricht) 5.50
- (Ganzheit)
  s.Ganzheitliches Lesenlernen (Methodische Einzelfragen) 7.118
- (Lehrverfahren)
  s.Leselehrmethoden 7.150

- (Methodenstreit)
  s.Leselehrmethoden (Methodenstreit)
  7.152
- (Methodische Einzelfragen) 7.90
- (Lesen und Schreiben)
  s.Erstleseunterricht 7.89
  s.Schreibleseunterricht 7.209
- (Phonetischer Aspekt) 7.91
- (Psychologischer Aspekt) 7.92
- (Sonderschule) 7.92
- (Sprechspur)
  s.Sprechspur (Erstleseunterricht)
  7.237
Erstleseverfahren
s.Leselehrmethoden 7.150
Erstrechenunterricht 9.114
- (Anschauung) 9.115
- (Arbeitsmittel)
  s.Rechenlehrmittel (Erstrechnen) 5.191
- (Mengenlehre)
  s.Erstrechenunterricht (Mengen-
  operation) 9.115
- (Mengenoperation) 9.115
- (Methodische Einzelfragen) 9.116
- (Operatives Denken) 9.116
- (Psychologischer Aspekt) 9.117
- (Schulanfang) 9.117
- (Sonderschule) 9.118
- (Vorschulalter) 9.118
- (Zählen) 9.118
- (Zahlbegriff) 9.118
- (Zahlbild) 9.119
- (Zahlenraum 1-10) 9.119
- (Zahlenraum 1-100) 9.119
- (Zahlenreihe) 9.120
- (Zifferneinführung) 9.120
Erstunterricht
s.Anfangsunterricht 6.21
Erwachsenenalter
s.Entwicklungspsychologie 4.40
Erwachsenenbildner
s.Volkshochschuldozent 2.146
Erwachsenenbildung 1.64
- (Berufserziehung)
  s.Berufserziehung 3.34
- (Biologie)
  s.Biologieunterricht (Erwachsenen-
  bildung) 9.65
- (DDR)
  s.Volkshochschule (DDR) 1.262
- (Englischunterricht)
  s.Englischunterricht (Erwachsenen-
  bildung) 7.78
- (Fernsehen)
  s.Bildungsfernsehen 5.37

- (Fernunterricht)
  s. Fernunterricht 6.65
- (Film)
  s. Unterrichtsfilm (Erwachsenenbildung) 5.254
- (Fremdsprachenunterricht)
  s. Fremdsprachenunterricht (Erwachsenenbildung) 7.105
- (Geschichte) 1.67
- (Kathol. Erwachsenenbildung) 1.67
- (Kybernetische Pädagogik)
  s. Programmiertes Lernen (Erwachsenenbildung) 5.169
- (Ländliche Erwachsenenbildung) .. 1.67
- (Leibeserziehung)
  s. Leibeserziehung (Erwachsenenbildung) 10.132
- (Literarische Erziehung)
  s. Literarische Erziehung (Erwachsenenbildung) 7.162
- (Methodische Fragen) 1.68
- (Österreich) 1.69
- (Politische Bildung)
  s. Politische Bildung (Erwachsenenbildung) 8.175
- (Rechtsfragen) 1.69
- (Reform) 1.69
- (Schweiz) 1.70
- (Sozialpolitischer Auftrag) 1.70
- (Sprachlehrbuch)
  s. Sprachbuch 5.239
- (Sprachlabor)
  s. Sprachlabor (Erwachsenenbildung) 5.243
- (Sprachunterricht)
  s. Sprachunterricht (Erwachsenenbildung) 7.223
- (Zeitgeschichtsunterricht)
  s. Zeitgeschichtsunterricht (Erwachsenenbildung) 8.251
- und Berufsbildung 1.70
- und Jugendbildung 1.71
- und Universität 1.71

Erwachsenenfehlhaltung
  s. Erziehungsfehler 3.92
Erwachsenenkatechismus
  s. Katholischer Katechismus (Holländischer Katechismus) 10.89
Erwachsenenpädagogik
  s. Erwachsenenbildung 1.64
Erwachsener im Urteil der Jugend
  s. Erziehung (Schülerurteil) 3.83
Erwählung
  s. Bibelunterricht (Biblische Grundbegriffe) 10.32

Erweitern
  s. Bruchrechnen (Rechenoperationen) 9.83
Erweiterter Satz
  s. Satzlehre (Satzbau) 7.205
Erwerb und Beruf
  s. Berufsethos 3.47
Erworbener Schwachsinn
  s. Schwachsinnsformen 4.186
Erzählen
  s. Bibelunterricht (Erzählen) 10.33
  s. Erzählkunstwerk 7.92
  s. Heimatkundeunterricht (Sprachunterricht) 8.103
  s. Religionsunterricht (Erzählen) 10.210
  s. Sprachliche Ausdrucksfähigkeit 7.219
  s. Sprachunterricht (Gesprächserziehung) 7.224
- im Unterricht 6.61
Erzählendes Gedicht
  s. Ballade 7.41
Erzählgeographische Jugendliteratur
  s. Erdkundelehrmittel (Jugendbuch) 5.65
Erzählkunstwerk 7.92
Erzählspiel
  s. Leseunterricht (Spielformen) 7.159
Erzählung
  s. Erzählen im Unterricht 6.61
  s. Erzählkunstwerk 7.92
  s. Geschichtserzählung 8.60
  s. Lesebuch (Textauswahl) 5.129
  s. Sprachunterricht (Methodische Einzelfragen) 7.226
Erzbergbau
  s. Wirtschaftsgeographie (Erz) 8.221
Erziehender Geschichtsunterricht
  s. Geschichtsunterricht (Erziehungswert) 8.71
Erziehender Unterricht 6.62
Erzieher 2.32
- (Christlicher Erzieher) 2.33
Erzieherausbildung
  s. Lehrerbildung 2.74
Erzieherberuf
  s. Erzieher 2.32
Erzieherin
  s. Lehrerin 2.109
Erzieherische Autorität
  s. Pädagogische Autorität 3.194
Erzieherische Bemühung
  s. Erziehung 3.74
Erzieherische Grundhaltung
  s. Pädagogik 3.183

Erzieherische Phantasie
 s.Erziehung 3.74
Erzieherische Situation
 s.Erziehungssituation 3.96
Erzieherische Verantwortung
 s.Lehrer (Pädagogische Verantwortung) 2.63
Erzieherische Wirklichkeit
 s.Erziehungswirklichkeit 3.96
Erzieherisches Grundverhältnis
 s.Schüler-Lehrer-Verhältnis 3.208
Erzieherisches Mittel
 s.Erziehungsmittel 3.95
Erzieherisches Verhältnis
 s.Dialogisches Verhältnis 3.71
Erzieherisches Verstehen
 s.Pädagogisches Verstehen 3.197
Erzieherorganisation
 s.Lehrerverbände 2.116
Erzieherpersönlichkeit 2.33
Erziehliches Es
 s.Unterricht (Sachbegegnung) 6.208
Erziehung 3.74
- (Automation)
 s.Bildung (Automation) 3.56
- (Atomzeitalter)
 s.Erziehung (Industriekultur) 3.79
- (Autorität)
 s.Pädagogische Autorität 3.194
- (Begriff)
 s.Erziehungsbegriff 3.92
- (Beispiel)
 s.Leitbilder (Erziehungsanspruch) 3.162
- (Berufsbildendes Schulwesen) 3.67
- (Buch)
 s.Literaturpädagogik 3.163
- (DDR) 3.76
- (Distanz)
 s.Pädagogischer Takt 3.197
- (Ehrfurcht)
 s.Erziehung zur Ehrfurcht 3.87
- (Elternhaus)
 s.Schule und Elternhaus 1.175
- (Familie)
 s.Familienerziehung 3.105
- (Fehlhaltungen)
 s.Erziehungsfehler 3.92
 s.Erziehungskrise 3.94
- (Freiheit)
 s.Erziehung und Freiheit 3.85
 s.Erziehung zur Freiheit 3.87
- (Gegenwartsbezug) 3.77
- (Geschichte)
 s.Erziehungsgeschichte 3.93

- (Gewöhnung)
 s.Gewöhnung 3.138
- (Grundsätze)
 s.Erziehungsgrundsätze 3.393
- (Grundschule)
 s.Erziehung (Volksschule) 3.84
- (Gymnasium) 3.78
- (Hilfsbereitschaft)
 s.Erziehung zur Hilfsbereitschaft 3.88
- (Hoffnung)
 s.Christliche Erziehung 3.69
- (Humor)
 s.Erziehungsmittel (Humor) 3.95
- (Industriekultur) 3.79
- (Jugendbuch)
 s.Literaturpädagogik (Jugendbuch) 3.166
- (Kind und Geld)
 s.Sparerziehung 3.232
- (Kindererziehung) 3.80
- (Kontakt)
 s.Pädagogischer Takt 3.197
- (Lebenshilfe) 3.80
- (Lebensnähe) 3.81
- (Leitbild)
 s.Leitbilder (Erziehungsanspruch) 3.162
- (Märchen)
 s.Märchenpädagogik 3.175
- (Massenmedien)
 s.Massenmedien (Pädagogischer Aspekt) 3.176
- (Menschenbild)
 s.Menschenbild und Pädagogik 3.178
- (Menschlichkeit)
 s.Erziehung zur Menschlichkeit 3.88
 s.Menschenbildung 3.179
- (Mittelschule [Österreich])
 s.Erziehung (Gymnasium) 3.78
- (Moderne Gesellschaft) 3.81
- (Musischer Aspekt)
 s.Musische Lebensform (Pädagogischer Aspekt) 3.181
- (Öffentlichkeit)
 s.Schule und Gesellschaft 1.178
- (Persönlichkeit)
 s.Erziehung zur Persönlichkeit 3.89
- (Philosophische Begründung)
 s.Pädagogik und Philosophie 3.191
- (Pluralistische Gesellschaft)
 s.Erziehung (Moderne Gesellschaft) 3.81
- (Politik)
 s.Schule und Staat 1.181

- (Psychologischer Aspekt) 3.82
- (Reifezeit)
  s.Erziehung (Psychologischer
  Aspekt) 3.82
- (Rhythmus)
  s.Rhythmische Erziehung 6.145
- (Sachaspekt)
  s.Unterricht (Sachbegegnung) 6.208
- (Schülerurteil) 3.83
- (Schule)
  s.Erziehungsschule 3.96
  s.Schulerziehung 3.217
- (Schulischer Erfolg)
  s.Schulische Leistungssteigerung
  (Pädagogischer Aspekt) 6.162
- (Selbständigkeit)
  s.Erziehung zur Selbständigkeit
  3.89
- (Sonderschule) 3.83
- (Spielen)
  s.Spielerziehung 3.333
- (Spielfilm)
  s.Filmerziehung 3.112
- (Technisches Zeitalter)
  s.Erziehung (Industriekultur) 3.79
- (Staat)
  s.Schule und Staat 1.181
- (Theorie und Praxis)
  s.Erziehung (Lebensnähe) 3.81
- (Toleranz)
  s.Erziehung zur Toleranz 3.90
- (Umwelteinflüsse) 3.84
- (Unterricht)
  s.Unterricht (Erziehungseinfluß)
  6.206
- (Verantwortung)
  s.Erziehung zur Verantwortung 3.90
- (Verständnis)
  s.Pädagogisches Verstehen 3.197
- (Vertrauen)
  s.Vertrauen 3.240
- (Volksschule) 3.84
- (Vorbild)
  s.Leitbilder (Erziehungsanspruch)
  3.162
- (Wahrhaftigkeit)
  s.Erziehung zur Wahrhaftigkeit 3.91
- (Weltanschauung)
  s.Erziehung zur Weltanschauung 3.86
- (Wertproblem) 3.85
- (Wirklichkeit)
  s.Erziehungswirklichkeit 3.96
  s.Pädagogik (Wirklichkeitsbezug) 3.189
- (Wirtschaft)
  s.Wirtschaftspädagogik 3.242
- (Zieltheorie)
  s.Erziehungsziel 3.97
- (Zweite industrielle Revolution)
  s.Erziehung (Industriekultur) 3.79
- als Lebenshilfe
  s.Erziehung (Lebenshilfe) 3.80
- außerhalb der Schule
  s.Außerschulische Erziehung 3.21
- der Eltern
  s.Elternpädagogik 3.73
- durch Kunst
  s.Künstlerische Erziehung 6.108
- im Betrieb
  s.Berufserziehung (Betriebliche
  Ausbildung) 3.37
- im Massenzeitalter
  s.Erziehung (Moderne Gesellschaft)
  3.81
- und Bewegung
  s.Rhythmische Erziehung 6.145
- und Bildung
  s.Bildung und Erziehung 3.61
- und Freiheit 3.85
- und industrielle Gesellschaft
  s.Erziehung (Industriekultur) 3.79
- und Lehren
  s.Unterricht (Erziehungseinfluß)
  6.206
- und Rhythmus
  s.Rhythmische Erziehung 6.145
- und Weltanschauung 3.86
- und Wissenschaft
  s.Bildung und Wissenschaft 3.62
- zu Europa
  s.Politische Bildung (Europagedanke) 8.176
- zu Internationaler Verständigung
  s.Politische Bildung (Völkerverständigung) 8.191
- zum Beruf
  s.Berufserziehung 3.34
- zum Buch
  s.Literaturpädagogik 3.163
  s.Literaturpädagogik in der Schule
  3.169
- zum christlichen Glauben
  s.Christliche Erziehung 3.69
  s.Religiöse Erziehung 3.205
- zum Eigendenken
  s.Erziehung zur Urteilsfähigkeit
  3.90
- zum freien Sprechen
  s.Freies Unterrichtsgespräch 6.68
- zum Frieden
  s.Politische Erziehung 3.199

[Forts.: Erziehung]
- zum Gehorsam
  s.Gehorsam 3.125
- zum Gespräch
  s.Gesprächserziehung 6.78
- zum Hören
  s.Erziehung zur Verinnerlichung
  3.91
  s.Musikunterricht (Musikhören)
  10.188
  s.Sprecherziehung im Unterricht
  (Psychologischer Aspekt) 7.236
- zum Lesen
  s.Literarische Erziehung 7.162
- zum Maßhalten
  s.Erziehung zum Verzicht 3.86
- zum Menschen
  s.Pädagogische Anthropologie 3.193
- zum Mitbürger
  s.Politische Bildung (Erziehung
  zur Demokratie) 8.175
- zum Mut
  s.Leibeserziehung (Mutschulung) 10.145
- zum Opfer
  s.Liturgische Erziehung 10.164
- zum Schönen
  s.Ästhetische Erziehung 6.19
- zum sozialen Tun
  s.Politische Erziehung (Demokratische Mündigkeit) 3.201
- zum Spiel
  s.Spielerziehung 3.333
- zum Sport
  s.Leibeserziehung (Erziehungswert)
  10.132
- zum Staat
  s.Politische Erziehung 3.199
- zum Staatsbürger
  s.Politische Bildung (Erziehung
  zur Demokratie) 8.175
- zum Ungehorsam
  s.Autorität und Freiheit 3.23
- zum Verzicht 3.86
- zur Arbeit
  s.Arbeitserziehung 6.35
  s.Berufserziehung (Arbeitshaltung)
  3.36
- zur Aufmerksamkeit
  s.Aufmerksamkeit im Unterricht 6.40
- zur Berufstüchtigkeit
  s.Berufserziehung 3.34
- zur Demokratie
  s.Erziehung zur Toleranz 3.90
  s.Politische Bildung (Erziehung
  zur Demokratie) 8.175
- zur Dichtung
  s.Literarische Erziehung 7.162
- zur Disziplin
  s.Schuldisziplin 3.214
- zur Duldsamkeit
  s.Erziehung zur Toleranz 3.90
- zur Ehe
  s.Geschlechtserziehung (Ehevorbereitung) 3.130
- zur Ehrfurcht 3.87
- zur Ehrlichkeit
  s.Erziehung zur Wahrhaftigkeit 3.91
- zur Familie
  s.Familienerziehung 3.105
- zur Freiheit 3.87
- zur Gemeinschaft
  s.Gemeinschaftserziehung 3.126
  s.Religiöse Erziehung 3.205
  s.Sozialpsychologie (Entwicklungspsychologie) 4.194
- zur Gerechtigkeit
  s.Rechtserziehung 3.204
  s.Rechtskunde (Gerechtigkeit) 8.195
- zur Gesundheit
  s.Gesundheitserziehung 3.135
- zur Hilfsbereitschaft 3.88
- zur Höflichkeit 3.88
- zur Humanität
  s.Erziehung zur Menschlichkeit 3.88
- zur Innerlichkeit
  s.Erziehung zur Verinnerlichung
  3.91
- zur Intelligenz
  s.Intelligenzentwicklung 4.88
- zur Kameradschaft
  s.Gemeinschaftserziehung 3.126
- zur Katholizität
  s.Pädagogik (Katholische Pädagogik)
  3.186
- zur Konzentration
  s.Konzentrationsfähigkeit 4.100
- zur Kritik
  s.Erziehung zur Urteilsfähigkeit 3.90
- zur Liebe
  s.Erziehung zur Menschlichkeit 3.88
- zur Menschlichkeit 3.88
- zur Mitarbeit
  s.Politische Erziehung (Sozialverhalten) 3.203
- zur Mitteilsamkeit
  s.Erzählen im Unterricht 6.61
  s.Gesprächserziehung 6.78
- zur Mitverantwortung
  s.Politische Bildung (Erziehung
  zur Demokratie) 8.175

s.Politische Erziehung (Demokratische Mündigkeit) 3.201
s.Politische Erziehung (Sozialverhalten) 3.203
- zur Mütterlichkeit
s.Familienerziehung 3.105
- zur Nächstenliebe
s.Sozialerziehung 3.223
- zur Naturliebe
s.Naturschutz im Unterricht (Pädagogischer Aspekt) 9.210
- zur Ordnung
s.Schulische Ordnungsformen 6.162
- zur Persönlichkeit 3.89
- zur Politik
s.Politische Erziehung 3.199
- zur Selbständigkeit 3.89
- zur Sparsamkeit
s.Sparerziehung 3.232
- zur Sprache
s.Spracherziehung 7.215
- zur Stille
s.Erziehung zur Verinnerlichung 3.91
- zur Toleranz 3.90
- zur Urteilsfähigkeit 3.90
- zur Väterlichkeit
s.Familienerziehung 3.105
- zur Verantwortung 3.90
siehe auch:
Politische Bildung (Erziehung zur Demokratie) 8.175
- zur Verinnerlichung 3.91
- zur Vernunft
s.Erziehung zur Urteilsfähigkeit 3.90
- zur Wahrhaftigkeit 3.91
Erziehungsakt
s.Erziehung 3.74
Erziehungsanalyse
s.Pädagogik (Methodologie) 3.187
Erziehungsantagonismus
s.Erziehung und Freiheit 3.85
Erziehungsaufgaben
s.Erziehungsziel 3.97
Erziehungsauftrag
s.Bildungsauftrag 3.63
s.Schulerziehung 3.217
Erziehungsbedürftiger Mensch
s.Pädagogische Anthropologie 3.193
Erziehungsbegriff 3.92
Erziehungsbeihilfe
s.Ausbildungsbeihilfe 1.23
Erziehungsberater
s.Beratungslehrer 2.23
s.Erziehungsberatung 4.49

Erziehungsberatung 4.49
- (Arzt) 4.50
- (Beispiele)
s.Erziehungsberatung (Einzelfall) 4.51
- (Berufsberatung)
s.Berufsberatung 3.28
- (Diagnostik) 4.51
- (Einzelfall) 4.51
- (Eltern) 4.51
- (Erfahrungen) 4.52
- (Familienfürsorge)
s.Erziehungsberatung (Eltern) 4.51
- (Heilpädagogik) 4.52
- (Heimerziehung) 4.53
- (Jugendalter) 4.53
- (Jugendhilfe)
s.Erziehungsberatung (Jugendalter) 4.53
- (Medizinischer Aspekt)
s.Erziehungsberatung (Arzt) 4.50
- (Mutter)
s.Erziehungsberatung (Eltern) 4.51
- (Nordrhein-Westfalen)
s.Erziehungsberatung (Erfahrungen) 4.52
- (Psychiatrie) 4.53
- (Rechtsfragen)
s.Erziehungsberatung 4.49
- (Schulkind) 4.53
- (Schulpsychologie) 4.54
- (Sonderschule)
s.Erziehungsberatung (Heilpädagogik) 4.52
- (Sozialpsychologie) 4.54
- (Vorgespräch)
s.Erziehungsberatung (Diagnostik) 4.51
Erziehungsberatungsstelle 1.71
- (Bundesländer) 1.72
Erziehungsbetonte Unterrichtsgestaltung
s.Unterricht (Erziehungseinfluß) 6.206
Erziehungsdenken
s.Erziehungsbegriff 3.92
Erziehungseinheit
s.Ganzheitliche Bildung 6.70
Erziehungserfolg
s.Erziehung 3.74
Erziehungsethik
s.Erziehung (Wertproblem) 3.85
Erziehungsfähigkeit
s.Bildsamkeit 4.33
Erziehungsfehler 3.92
Erziehungsfeld
s.Erziehung 3.74

Erziehungsfreiheit
  s.Schule und Staat 1.181
Erziehungsgefährdung
  s.Erziehungskrise 3.94
Erziehungsgemeinschaft
  s.Klassengemeinschaft 3.157
Erziehungsgeschichte 3.93
- (Reform der Schule)
  s.Schulreform (Geschichte) 1.221
Erziehungsgesellschaft
  s.Erziehung (Industriekultur) 3.79
Erziehungsgespräch
  s.Erziehungsmittel 3.95
Erziehungsgrundsätze 3.93
Erziehungsheim 1.93
  siehe auch:
  Heimerziehung 3.139
Erholungsheimschule
  s.Heimschule 1.105
Erziehungsideal
  s.Erziehungsziel 3.97
Erziehungsideale
  s.Erziehungsbegriff 3.92
Erziehungskrise 3.94
Erziehungskunde
  s.Erziehungsbegriff 3.92
Erziehungskunst
  s.Anthroposophische Pädagogik 3.20
  s.Waldorfschulpädagogik 6.228
Erziehungslehre
  s.Pädagogik 3.183
Erziehungsleitbild
  s.Erziehungsziel 3.97
Erziehungslinie
  s.Gemeinschaftserziehung 3.126
Erziehungsmaßnahmen
  s.Erziehungsmittel 3.95
Erziehungsmaßstab
  s.Leitbilder (Jugendalter) 3.162
Erziehungsmethode
  s.Erziehungswirklichkeit 3.96
Erziehungsmilieu
  s.Erziehungssituation 3.96
Erziehungsmittel 3.95
- (Autorität)
  s.Pädagogische Autorität 3.194
- (Humor) 3.95
- (Jugendbuch)
  s.Literaturpädagogik (Jugendbuch)
  3.166
- (Lob und Tadel) 3.96
Erziehungsmodell
  s.Erziehungsziel 3.97
Erziehungsnotstand
  s.Bildungskrise 1.48

Erziehungsordnung
  s.Erziehungsgrundsätze 3.93
Erziehungsorientierung
  s.Erziehungsziel 3.97
Erziehungspflicht
  s.Elternrecht 1.61
Erziehungsphilosophie
  s.Erziehung 3.74
Erziehungspläne
  s.Schulerziehung 3.217
Erziehungsplan
  s.Bildungsplan 6.51
Erziehungsplanung
  s.Erziehung (DDR) 3.76
Erziehungspraktikum
  s.Lehrerbildung (Schulpraktische
  Ausbildung) 2.96
Erziehungspraxis
  s.Erziehungswirklichkeit 3.96
Erziehungsprinzip
  s.Erziehungsgrundsätze 3.93
Erziehungsprogramm
  s.Sozialistische Erziehung [DDR]
  3.226
Erziehungsratschläge
  s.Erziehungswirklichkeit 3.96
Erziehungsrecht
  s.Elternrecht 1.61
  s.Schulrecht 1.211
- des Kindes
  s.Erziehung (Kindererziehung) 3.80
  s.Kindheit (Rechte des Kindes) 3.157
Erziehungsreform
  s.Erziehung (Gegenwartsbezug) 3.77
  s.Erziehungskrise 3.94
  s.Schulreform 1.212
Erziehungsrevolution
  s.Erziehungskrise 3.94
Erziehungsschule 3.96
- (Unterrichtsaspekt)
  s.Arbeitsschulunterricht (Erziehungswert) 6.38
Erziehungsschwierigenschule
  s.Erziehungsschwierigkeit (Schüler)
  4.56
Erziehungsschwieriges Kind
  s.Erziehungsschwierigkeit (Kindesalter) 4.55
Erziehungsschwierigkeit 4.54
- (Berufsschüler) 4.54
- (Diagnostik) 4.55
- (Familie) 4.55
- (Hilfsschule)
  s.Erziehungsschwierigkeit (Sonder-
  schüler) 4.57

- (Jugendalter) 4.55
- (Kindesalter) 4.55
- (Landkind)
  s.Erziehungsschwierigkeit (Kindesalter) 4.55
- (Schüler) 4.56
- (Sonderschüler) 4.57
Erziehungssituation 3.96
- (Schulunterricht)
  s.Pädagogischer Führungsstil 6.135
Erziehungsstatistik
  s.Schulstatistik 1.225
Erziehungsstil
  s.Bildungsauftrag 3.63
  s.Pädagogischer Führungsstil 6.135
Erziehungsstrafe
  s.Strafe 3.236
Erziehungstheorie
  s.Erziehungsbegriff 3.92
Erziehungsunterricht
  s.Erziehender Unterricht 6.62
Erziehungsverhalten
  s.Erziehung (Psychologischer Aspekt) 3.82
  s.Lehrer (Pädagogische Verantwortung) 2.63
  s.Pädagogischer Führungsstil 6.135
Erziehungsversagen
  s.Erziehungskrise 3.94
Erziehungsweisheit
  s.Erziehungsgrundsätze 3.93
Erziehungswert
  s.Erziehung (Wertproblem) 3.85
- des Aufsatzunterrichts
  s.Aufsatzunterricht (Erziehungswert) 7.30
- des Biologieunterrichts
  s.Biologieunterricht (Erziehungswert) 9.65
- des Deutschunterrichts
  s.Deutschunterricht (Erziehungswert) 7.48
- des Erdkundeunterrichts
  s.Erdkundeunterricht (Erziehungswert) 8.36
- des Geschichtsunterrichts
  s.Geschichtsunterricht (Erziehungswert) 8.71
- des Grundschulrechnens
  s.Grundschulrechnen (Erziehungswert) 9.140
- der Leibeserziehung
  s.Leibeserziehung (Erziehungswert) 10.132
- des Mathematikunterrichts
  s.Mathematikunterricht (Erziehungswert) 9.164
- des Musikunterrichts
  s.Musikunterricht (Erziehungswert) 10.182
- des Physikunterrichts
  s.Physikunterricht (Erziehungswert) 9.248
- des Rechenunterrichts
  s.Rechenunterricht (Erziehungswert) 9.266
- des Schwimmunterrichts
  s.Schwimmunterricht (Erziehungswert) 10.236
- der Staatsbürgerlichen Erziehung
  s.Staatsbürgerliche Erziehung (Erziehungsaspekt) 8.206
- des Verkehrsunterrichts
  s.Verkehrsunterricht (Erziehungswert) 10.250
Erziehungswille der Eltern
  s.Familienerziehung 3.105
Erziehungswirklichkeit 3.96
Erziehungswissen
  s.Erziehungsbegriff 3.92
Erziehungswissenschaft
  s.Pädagogik 3.183
- (Kybernetik)
  s.Kybernetische Pädagogik (Didaktischer Aspekt) 5.113
- (Lehrerbildung)
  s.Lehrerbildung (Erziehungswissenschaft) 2.81
Erziehungswissenschaftliche Forschung
  s.Pädagogische Forschung 3.195
Erziehungswissenschaftliche Hauptstelle
  s.Arbeitsgemeinschaft Deutscher Lehrerverbände 2.20
Erziehungsziel 3.97
Erzvätergeschichten
  s.Bibelunterricht AT (Erzväter) 10.36
Eschatologie
  s.Katechese (Eschatologie) 10.85
Eskimos
  s.Länderkunde (Arktis:Eskimos) 8.117
Esperanto 7.93
Essay 7.93
- als Aufsatz
  s.Aufsatz (Einzelformen) 7.26
- im Englischunterricht
  s.Englische Lektüre (Essay) 7.71
- im Unterricht
  s.Essay 7.93

Eßbare Pilze
　s.Pflanzenkunde (Pilze) 9.234
Eßschwierigkeit
　s.Eßstörung 4.57
Eßstörung 4.57
Ester
　s.Organische Chemie (Ester) 9.223
Etappenabitur
　s.Abitur 1.20
Ethik
　s.Ethische Erziehung (Grundfragen)
　3.98
- der Sprache
　s.Sprache und Ethik 7.213
- und Schule
　s.Ethische Erziehung 3.98
Ethikunterricht
　s.Philosophieunterricht (Ethik)
　10.202
Ethische Erziehung 3.98
- (Grundfragen) 3.98
- (Methodische Formen) 3.98
- (Psychologischer Aspekt) 3.99
- (Soziologischer Aspekt) 3.99
Ethische Willensbildung
　s.Willenserziehung 3.241
Ethnographie
　s.Soziologie 3.228
Ethnologie
　s.Völkerkunde 8.209
Ethologie
　s.Biologische Anthropologie
　3.68
　s.Psychanalyse 4.137
　s.Tierverhalten 9.287
　s.Verhaltensforschung 4.232
Etrusker
　s.Altertum (Einzelfragen) 8.22
Ettlingen
　s.Wirtschaftsgeographie (Industrie:
　Deutschland) 8.223
Ettlinger Gespräch
　s.Begabungsreserven 1.28
　s.Schule und Arbeitswelt 1.174
　s.Schuljahr IX und X 1.199
Ettlinger Kreis
　s.Arbeitslehre 6.36
Etymologie
　s.Englischunterricht (Etymologie)
　7.78
　s.Fremdsprachenunterricht (Etymologie) 7.105
　s.Sprachkunde 7.217
Eucharistiekatechese
　s.Katechese (Eucharistie) 10.85

Eucharistische Erziehung
　s.Liturgische Erziehung (Eucharistie) 10.165
- (Kindergarten)
　s.Katholischer Religionsunterricht
　(Frühkommunion) 10.92
Eudiometerrohr
　s.Anorganische Chemie (Einzelfragen) 9.39
Eugenik
　s.Vererbungslehre (Mensch) 9.292
Euklidische Geometrie
　s.Geometrie (Ebene Geometrie) 9.126
Eulengewölle
　s.Vogelkunde (Rupfungen) 9.295
Euphasie
　s.Sprachbegabung 4.199
Euphrat
　s.Länderkunde (Irak) 8.128
Eurhythmie 6.62
Europa
　s.Länderkunde (Europa) 8.124
Europabewußtsein
　s.Politische Bildung (Europagedanke) 8.176
Europäische Einigung
　s.Zeitgeschichtsunterricht (Europäische Einigung) 8.251
Europäische Erziehung 3.99
siehe auch:
Erdkundeunterricht (Europagedanke)
8.36
- (Fremdsprachenunterricht)
　s.Fremdsprachenunterricht (Völkerverständigung) 7.112
- (Jugendfilm)
　s.Politiklehrmittel (Film) 5.151
- (Musikunterricht)
　s.Musikunterricht (Erziehungswert) 10.182
Europäische Gemeinschaften
　s.Zeitgeschichte (Europäische
　Gemeinschaften) 8.240
　s.Zeitgeschichtsunterricht (Europäische Gemeinschaften) 8.252
Europäische Geschichte
　s.Geschichte (Europa) 8.57
Europäische Integration
　s.Wirtschaftsgeographie (Europäische Integration) 8.221
Europäische Kaufmannsbildung
　s.Kaufmännisches Schulwesen
　(Europäische Schulen) 1.120
Europäische Klimatypen
　s.Klimakunde (Europa) 8.109

Europäische Kultur
 s.Kulturgeschichte (Einzelfragen)
 8.109
Europäische Lehrmittelmesse
 s.Lehrmittelausstellung 5.118
Europäische Reifeprüfung
 s.Europäische Schulen 1.73
Europäische Schulen 1.73
- (Kaufmännisches Schulwesen)
 s.Kaufmännisches Schulwesen
 (Europäische Schulen) 1.120
Europäische Schulerziehung
 s.Europäische Erziehung 3.99
Europäischer Bürgersinn
 s.Politische Bildung (Europagedanke) 8.176
Europäischer Erzieherbund
 s.Lehrerverbände 2.116
Europäischer Geschichtsunterricht
 s.Geschichtsunterricht (Europagedanke) 8.71
Europäischer Humanismus
 s.Humanismus 3.144
Europäischer Schultag
 s.Europäische Erziehung 3.99
Europäisches Bewußtsein
 s.Politische Bildung (Europagedanke) 8.176
Europäisches Eismeer
 s.Länderkunde (Arktis) 8.116
Europäisches Geschichtsbild
 s.Geschichte (Europa) 8.57
 s.Geschichtsbild 8.59
Europäisches Mittelmeer
 s.Länderkunde (Mittelmeer) 8.133
Europäisches Volkslied
 s.Volkslied (Europäisches Volkslied) 10.258
Europäisches Volksmärchen
 s.Märchen (Europäisches Volksmärchen) 7.172
Europäisierung der Erde
 s.Gemeinschaftskunde (Unterrichtsbeispiele) 8.54
Europagedanke
 s.Erdkundeunterricht (Europagedanke) 8.36
 s.Europäische Erziehung 3.99
 s.Länderkunde (Europa) 8.124
 s.Politische Bildung (Europagedanke) 8.176
 s.Wirtschaftsgeographie (Europäische Integration) 8.221
 s.Zeitgeschichtsunterricht (Europa)
 8.251

Europaschiff
 s.Wirtschaftsgeographie (Binnenschiffahrt) 8.216
Eurythmie
 s.Eurhythmie 6.62
Euthanasie
 s.Zeitgeschichte (Euthanasie) 8.240
Evangelienforschung
 s.Bibelunterricht NT (Forschung)
 10.43
Evangelisation
 s.Katechese 10.83
Evangelische Erziehung
 s.Pädagogik (Evangelische Pädagogik) 3.186
Evangelische Kirche und Schule
 s.Schule und Evangelische Kirche
 1.177
Evangelische Schule
 s.Bekenntnisschule 1.29
Evangelischer Lehrer
 s.Lehrer (Evangelischer Lehrer) 2.62
Evangelische Pädagogische Akademie
 s.Pädagogische Akademie 2.122
Evangelische Pädagogik
 s.Pädagogik (Evangelische Pädagogik)
 3.186
Evangelische Religionspädagogik
 s.Evangelische Unterweisung 10.55
Evangelische Schulerziehung 3.100
- (Geschichtsunterricht)
 s.Geschichtsunterricht (Evangelische Unterweisung) 8.71
Evangelische Theologie 10.54
- (Lehrerbildung)
 s.Lehrerbildung (Religionspäd-
 agogik) 2.96
Evangelische Unterweisung 10.55
- (Altes Testament)
 s.Bibelunterricht AT (Methodische
 Einzelfragen) 10.37
- (Berufsschule) 10.55
- (Berufsschuljugend)
 s.Evangelische Unterweisung (Psy-
 chologischer Aspekt) 10.59
- (Bibel)
 s.Bibelunterricht (Bibel) 10.31
- (Bild)
 s.Bildkatechese 10.48
- (DDR)
 s.Evangelische Unterweisung 10.55
- (Diakonie)
 s.Evangelische Unterweisung
 (Kirchlicher Aspekt) 10.58
- (Didaktischer Aspekt) 10.56

[Forts.: Evangelische Unterweisung]
- (Disziplin) 10.56
- (Einzelfragen) 10.57
- (Erzählen)
  s.Religionsunterricht (Erzählen) 10.210
- (Exemplarisches Lehren)
  s.Evangelische Unterweisung (Methodische Einzelfragen) 10.59
- (Fragehaltung)
  s.Evangelische Unterweisung (Methodische Einzelfragen) 10.59
- (Gelegenheitsunterricht)
  s.Evangelische Unterweisung (Methodische Einzelfragen) 10.59
- (Geschichte) 10.57
- (Grundschule) 10.57
- (Gruppenunterricht)
  s.Religionsunterricht (Gruppenarbeit) 10.212
- (Gymnasium) 10.58
- (Jena-Plan)
  s.Evangelische Unterweisung (Methodische Einzelfragen) 10.59
- (Katechismus) 10.58
- (Kirchengeschichte)
  s.Kirchengeschichtsunterricht 10.100
- (Kirchenjahr)
  s.Kirchenjahr (Evangelische Unterweisung) 10.101
- (Kirchlicher Aspekt) 10.58
- (Lehrplan) 10.58
- (Liturgie)
  s.Kindergottesdienst 10.95
- (Lehrentwurf)
  s.Evangelische Unterweisung (Methodische Einzelfragen) 10.59
- (Memorieren)
  s.Religionsunterricht (Auswendiglernen) 10.207
- (Methodische Einzelfragen) 10.59
- (Ostkunde)
  s.Ostkunde (Religionsunterricht) 8.157
- (Politische Bildung)
  s.Politische Bildung (Religionsunterricht) 8.187
  s.Religionsunterricht (Politische Bildung) 10.218
- (Psychologischer Aspekt) 10.59
- (Rechtsfragen) 10.60
- (Reform) 10.60
- (Religionsunterricht) 10.60
- (Richtlinien)
  s.Evangelische Unterweisung (Lehrplan) 10.58
- (Römische Kirche)
  s.Evangelische Unterweisung (Einzelfragen) 10.57
- (Schuljahr I)
  s.Evangelische Unterweisung (Grundschule) 10.57
- (Schulspiel)
  s.Religionsunterricht (Schulspiel) 10.221
- (Simultanschule)
  s.Evangelische Unterweisung (Rechtsfragen) 10.60
- (Sonderschule) 10.61
- (Sprechzeichnen) 10.61
- (Stoffauswahl)
  s.Evangelische Unterweisung (Lehrplan) 10.58
- (Symbol)
  s.Evangelische Unterweisung (Einzelfragen) 10.57
- (Theologischer Aspekt) 10.61
- (Unterrichtsgespräch)
  s.Religionsunterricht (Gespräch) 10.211
- (Verkündigung) 10.61
- (Volksschule)
  s.Evangelische Unterweisung 10.55
- (Wunder Jesu)
  s.Bibelunterricht NT (Wunder Jesu) 10.48
- (Zeichnen)
  s.Evangelische Unterweisung (Sprecherziehung) 10.61
Evangelischer Humanismus
  s.Humanismus (Christlicher Humanismus) 3.145
Evangelischer Kindergarten
  s.Kindergarten (Evangelischer Kindergarten) 1.124
Evangelischer Kindergottesdienst
  s.Kindergottesdienst 10.95
Evangelischer Kirchengeschichtsunterricht
  s.Kirchengeschichtsunterricht 10.100
Evangelischer Religionslehrer
  s.Religionslehrer (Evangelischer Religionslehrer) 2.132
Evangel.Religionsunterricht 10.62
- (Evangelische Unterweisung)
  s.Evangelische Unterweisung (Religionsunterricht 10.60
Evangelischer Schulgottesdienst .. 10.62
Evangelisches Gymnasium
  s.Schule und Evangelische Kirche 1.177

Evangelisches Kirchengesangbuch
  s.Kirchenlied (Evangelisches
    Kirchengesangbuch) 10.102
Evangelisches Marienlob
  s.Katechese (Maria) 10.87
Evangelisches Singen
  s.Religionsunterricht (Singen)
    10.221
Evangeliumsgemäße Methode
  s.Evangelische Unterweisung 10.55
Evokativer Test
  s.Persönlichkeitstest 4.134
Evolution
  s.Abstammungslehre 9.21
Evolutionsprozeß
  s.Abstammungslehre (Stammesentwicklung) 9.23
Evolutionstheorie
  s.Abstammungslehre 9.21
EWG
  s.Wirtschaftsgeographie (Europäische Integration) 8.221
  s.Wirtschaftsgeographie (Landwirtschaft:EWG) 8.225
  s.Zeitgeschichte (Europäische Gemeinschaften) 8.240
Examensangst
  s.Prüfungsangst 4.137
Examensverhalten
  s.Prüfungsangst 4.137
Exegese
  s.Bibelexegese 10.30
[Das] Exemplarische
  s.Exemplarischer Unterricht 6.62
Exemplarische Bruchrechnung
  s.Bruchrechnen (Einführung) 9.82
Exemplarische Rechenaufgaben
  s.Rechenunterricht (Methodische Einzelfragen) 9.269
Exemplarischer Biologieunterricht
  s.Biologieunterricht (Exemplarisches Lehren) 9.66
Exemplarischer Deutschunterricht
  s.Deutschunterricht (Exemplarisches Lehren) 7.48
Exemplarischer Erdkundeunterricht
  s.Erdkundeunterricht (Exemplarisches Lehren) 8.36
Exemplarischer Geschichtsunterricht 8.46
- (Berufsschule) 8.47
- (Gymnasium) 8.47
- (Volksschule) 8.47
Exemplarischer Mathematikunterricht
  s.Mathematikunterricht (Exemplarisches Lehren) 9.165

Exemplarischer Physikunterricht
  s.Physikunterricht (Exemplarisches Lehren) 9.248
Exemplarischer Unterricht 6.62
- (Diskussion) 6.63
- (Einzelfragen) 6.64
- (Gesamtunterricht)
  s.Exemplarischer Unterricht (Einzelfragen) 6.64
- (Gymnasium) 6.64
- (Lehrerbildung)
  s.Lehrerbildung (Exemplarischer Unterricht) 2.82
- (Psychologischer Aspekt)
  s.Exemplarischer Unterricht (Einzelfragen) 6.64
- (Volksschule) 6.64
Exemplarisches Lehren
  s.Biologieunterricht (Exemplarisches Lehren) 9.66
  s.Chemieunterricht (Methodische Einzelfragen) 9.90
  s.Deutschunterricht (Exemplarisches Lehren) 7.48
  s.Erdkundeunterricht (Exemplarisches Lehren) 8.36
  s.Evangelische Unterweisung (Methodische Einzelfragen) 10.59
  s.Exemplarischer Geschichtsunterricht 8.46
  s.Exemplarischer Unterricht 6.62
  s.Lateinunterricht (Methodische Einzelfragen) 7.148
  s.Mathematikunterricht (Exemplarisches Lehren) 9.165
  s.Naturlehre (Methodische Einzelfragen) 9.204
  s.Physikunterricht (Eemplarisches Lehren) 9.248
  s.Politische Bildung (Exemplarisches Lehren) 8.177
  s.Zeitgeschichtsunterricht (Methodische Einzelfragen) 8.254
Exemplarisches Lernen
  s.Exemplarischer Unterricht 6.62
Existentielle Begegnung
  s.Pädagogik der Begegnung 3.190
Existentielle Katechese
  s.Katechese (Einzelfragen) 10.84
Existentielle Pädagogik 3.101
Existenz und Erziehung
  s.Existentielle Pädagogik 3.101
Existenzphilosophie
  s.Philosophieunterricht (Existenzphilosophie) 10.203

Exkursion
  s.Erdkundeunterricht (Lehr-
    wanderung) 8.39
  s.Lehrwanderung 6.122
  s.Schulwandern (Klassenfahrt) 6.180
Expansionsnebelkammer
  s.Atomphysik (Nebelkammer) 9.54
  s.Physikalisches Experimentier-
    gerät (Atomphysik) 5.145
Experimentalpädagogik
  s.Pädagogische Tatsachenforschung
    6.134
Experimentalpraktikum
  s.Lehrerbildung (Physik und
    Chemie) 2.92
Experimentelle Fotografie
  s.Schulfotografie (Bildgestaltung)
    5.222
Experimentelle Mathematik
  s.Angewandte Mathematik 9.37
Experimentelle Psychologie
  s.Psychologie (Experimentelle
    Psychologie) 4.147
Experimentelle Traumforschung
  s.Traumerleben 4.228
Experimenteller Biologieunterricht
  s.Biologische Experimente 9.79
Experimenteller Chemieunterricht
  s.Chemische Experimente 9.98
Experimenteller Physikunterricht
  s.Physikalische Experimente 9.243
Experimentieren
  s.Naturlehre (Experiment) 9.201
Experimentiergerät
  s.Chemisches Experimentiergerät
    5.48
  s.Physikalisches Experimentier-
    gerät 5.144
Experimentierkasten Optik
  s.Physikalisches Experimentier-
    gerät (Optik) 5.146
Exploration
  s.Erziehungsberatung (Diagnostik)
    4.51
  s.Psychodiagnostik (Exploration)
    4.142
Explosionsmotor
  s.Wärmelehre (Motor) 9.301
Expressionistisches Drama
  s.Gegenwartsdrama 7.120
Extemporale
  s.Klassenarbeit 6.107
Extremwert
  s.Analysis (Differentialrechnung)
    9.33

F

F-Gymnasium
  s.Gymnasium (Reform) 1.96
F-Klasse
  s.Sonderschule für Lernbehinderte
    (Ausleseverfahren) 1.246
Fabel im Unterricht 7.93
- (Spracherziehung) 7.93
Fabeltest
  s.Test (Düss-Fabel-Test) 4.218
Fabeltier
  s.Tierkunde (Tiermythologie) 9.284
Facettenauge
  s.Insektenkunde 9.146
Facharbeit des Schülers
  s.Erdkundeunterricht (Leistungs-
    kontrolle) 8.40
  s.Französischunterricht
    (Gymnasiale Oberstufe) 7.99
  s.Jahresarbeit 6.103
Facharbeiterausbildung
  s.Betriebliche Berufsausbildung
    6.48
Fachaufsatz
  s.Aufsatz (Einzelformen) 7.26
Fachbezogenes Bildungswissen
  s.Hochschulreform 1.108
Fachbildung und Allgemeinbildung
  s.Bildung und Ausbildung 3.60
Fachbuch
  s.Schulbuch (Fachbuch) 5.211
Fachdidaktisches Seminar
  s.Zweite Phase der Lehrerbildung
    2.151
Fachgruppen
  s.Gymnasium (Reform der Oberstufe)
    1.98
Fachgruppenlehrer
  s.Fachlehrer (Volksschule) 2.35
Fachgruppenprüfung
  s.Berufsbildendes Schulwesen
    (Prüfungen) 1.37
  s.Fachlehrer 2.34
Fachklassenprinzip
  s.Jahrgangsklasse 1.117
Fachkonferenz
  s.Lehrerkollegium 2.110
  s.Teamteaching 6.201
Fachkunde
  s.Berufsfachkunde 10.24
Fachkundebuch
  s.Schulbuch (Fachbuch) 5.211
Fachkundeunterricht
  s.Berufsfachkunde 10.24

Fachkundlicher Unterricht
   s.Berufsfachkunde 10.24
Fachkundliches Unterrichtsprogramm
   s.Lehrprogramm (Berufsausbildung)
   5.120
Fachlehrer 2.34
- (Berufsschule) 2.34
- (Musisch-Technische Fächer) 2.35
- (Volksschule) 2.35
- oder Klassenlehrer
   s.Klassenlehrer oder Fachlehrer
   2.56
Fachleistungskurs
   s.Leistungsgruppen 6.123
Fachleiter
   s.Studienseminar 2.139
- (Leibeserziehung)
   s.Leibeserzieher 2.118
Fachpädagogik
   s.Didaktik und Methodik 6.55
Fachräume
   s.Schulgebäude (Fachräume) 1.186
Fachrechenbuch
   s.Mathematiklehrbuch 5.134
Fachrechenleistung der Lehrlinge
   s.Rechenunterricht (Leistungs-
   stand) 9.268
Fachrechnen 9.120
- (Gewerbeschule) 9.120
- (Kaufmännische Berufsschule) ... 9.121
- (Landwirtsch.Berufsschule) 9.121
Fachschule 1.74
- (DDR) 1.74
- (Einzelne Berufe) 1.74
- (Handwerkerfachschule) 1.75
- (Landwirtschaftsschule) 1.75
- (Technikerausbildung) 1.76
- (Werkkunstschule) 1.76
- für Bautechnik
   s.Baufachschule 1.24
- für Mädchen
   s.Frauenfachschule 1.80
- für Technisches Zeichnen
   s.Fachschule (Einzelne Berufe) 1.74
Fachschullehrerbildung
   s.Berufsschullehrerbildung (Geschichte) 2.27
Fachschulprüfung
   s.Fachschule 1.74
Fachschulreife 1.77
- (Deutsch)
   s.Deutschunterricht (Auslesefach)
   7.46
Fachschulreifeprüfung
   s.Fachschulreife 1.77

Fachschulunterricht
   s.Berufsfachkunde 10.24
Fachsprachen 7.94
- (Chemie)
   s.Chemieunterricht (Fachsprache)
   9.88
- (Werbesprache) 7.94
Fachstudium des Lehrers
   s.Fachlehrer 2.34
Fachunterricht
   s.Sachunterricht 6.149
- und Gesamtunterricht
   s.Gesamtunterricht und Fachunterricht 6.77
Fachvorbereitender Unterricht
   s.Sachunterricht (Grundschule) 6.150
Fachwerkerschule
   s.Berufsschule (Fachgruppen) 1.42
Fachwissenschaften in der Lehrerbildung
   s.Lehrerbildung (Wahlfach) 2.100
Fachzeichnen
   s.Zeichnen (Sachzeichnung) 10.284
Fachzirkel
   s.Lehrerfortbildung (DDR) 2.107
Fadenlegen
   s.Handarbeitsunterricht (Techniken)
   10.76
   s.Werken (Textil) 10.268
Fächerintegration
   s.Gesamtunterricht 6.74
Fächerkonzentration
   s.Epochalunterricht 6.60
   s.Gymnasialunterricht (Fächerübergreifender Unterricht) 6.91
Fächerkoordinierung
   s.Konzentrationsunterricht 6.107
Fächerschwerpunkt [Lehrerbildung]
   s.Volksschullehrerbildung
   (Differenzierung) 2.148
Fächerübergreifender Unterricht
   s.Gymnasialunterricht (Fächerübergreifender Unterricht) 6.91
Fächerung des Unterrichts
   s.Unterrichtsfächer 6.209
Fächerverbindung
   s.Erdkundeunterricht (Fächerverbindung) 8.36
   s.Gemeinschaftskunde 8.49
   s.Gymnasialunterricht (Fächerübergreifender Unterricht) 6.91
   s.Konzentrationsunterricht 6.107
   s.Kunsterziehung (Einzelne
   Fächer) 10.113
   s.Musikunterricht (Fächerverbindung) 10.183

[Forts.: Fächerverbindung]
  s.Religionsunterricht (Einzelne
    Fächer) 10.210
  s.Sprachunterricht (Fächerver-
    bindung) 7.224
  s.Verkehrsunterricht (Einzelne
    Fächer) 10.250
  s.Werkunterricht (Einzelne
    Fächer) 10.270
Fächerwechsel
  s.Epochalunterricht 6.60
Fähigkeit
  s.Denkerziehung 6.53
Fähigkeitsentwicklung
  s.Begabung 4.28
  s.Biologieunterricht (Methodi-
    sche Einzelfragen) 9.70
  s.Hausaufgabe (Psychologischer
    Aspekt) 6.98
Färöer
  s.Länderkunde (Dänemark) 8.121
Fahrende Schulzahnklinik
  s.Schulzahnpflege 1.239
Fahrgeschwindigkeit
  s.Verkehrsunterricht (Verkehrs-
    situation) 10.256
Fahrplan [Heimatkunde]
  s.Heimatkundliche Themen 8.104
- im Rechenunterricht
  s.Rechenlehrmittel (Kursbuch) 5.192
Fahrplanlesen
  s.Schulwandern 6.178
Fahrrad [im Gesamtunterricht]
  s.Arbeitseinheiten (Fahrrad) 6.25
- im Physikunterricht
  s.Mechanik (Kreisel) 9.183
Fahrschüler 1.77
- (Unterrichtsaspekt)
  s.Verkehrsunterricht (Schüler-
    lotse) 10.254
Fahrstuhl
  s.Mechanik (Einzelfragen) 9.179
Fahrtenbuch
  s.Schulwandern 6.178
Fahrzeuggewerbe
  s.Berufsfachkunde (Kraft-
    fahrzeuggewerbe) 10.25
Fair-Play
  s.Leibeserziehung (Fairneß) 10.133
Fairneß
  s.Leibeserziehung (Fairneß) 10.133
Faktorenanalyse 4.57
Faktorenstruktur
  s.Faktorenanalyse 4.57
  s.Intelligenzforschung 4.88

Fakultätsreife
  s.Hochschulreife 1.110
Fallberatung
  s.Erziehungsberatung (Einzelfall)
    4.51
Fallbeschleunigung
  s.Mechanik (Freier Fall) 9.181
Fallbewegung
  s.Mechanik (Bewegungsgesetze) 9.178
Fallgesetz
  s.Mechanik (Freier Fall) 9.181
Falt-Geometrie
  s.Geometrieunterricht 9.133
Faltschachtel
  s.Papierwerken (Faltarbeiten)
    10.200
Faltschnitt
  s.Werken (Scherenschnitt) 10.266
Familiär geleitetes Heim
  s.Heimerziehung (Familienprinzip)
    3.140
Familie 3.101
- (Adoptivkind) 3.102
- (Einzelkind) 3.102
- (Eltern-Kind-Beziehung) 3.102
- (Geschwisterbeziehung) 3.103
- (Kindergarten)
  s.Kindergarten 1.121
- (Mutter-Kind-Beziehung) 3.103
- (Schlüsselkind) 3.103
- (Schule)
  s.Schule und Familie 1.177
- (Sozialstruktur) 3.103
- (Staat)
  s.Schule und Familie 1.177
- (Stiefkind) 3.104
- (Strukturwandel) 3.104
- (Uneheliches Kind) 3.104
- und Erziehung
  s.Familienerziehung 3.105
Familien-Fernseh-Test
  s.Fernseherziehung (Familienleben)
    3.110
Familien-Zeichentest
  s.Test 4.216
Familienbildung
  s.Elternpädagogik 3.73
  s.Familienerziehung 3.105
Familienerneuerung
  s.Elternpädagogik 3.73
Familienerziehung 3.105
- (Berufstätige Mutter) 3.106
- (Geschlechtserziehung)
  s.Geschlechtserziehung (Eltern-
    haus) 3.130

- (Mutter) 3.107
- (Psychologischer Aspekt) 3.107
- (Vater) 3.108
Familienfähigkeit
　s.Geschlechtserziehung (Ehevorbereitung) 3.130
Familienformel
　s.Hilfsschulkind (Soziologischer Aspekt) 4.83
Familienforschung
　s.Familie 3.101
Familienfreizeit
　s.Erziehungsberatung (Eltern) 4.51
Familiengruppe
　s.Heimerziehung (Familienprinzip) 3.140
Familienhauswesen
　s.Hauswirtschaftsunterricht (Familienhauswesen) 10.79
Familienklima
　s.Familienerziehung 3.105
Familienkrise
　s.Familie (Strukturwandel) 3.104
Familienleben
　s.Familienerziehung 3.105
- [im Gesamtunterricht]
　s.Arbeitseinheiten (Familienleben) 6.25
- und Fernsehen
　s.Fernseherziehung (Familienleben) 3.110
Familienloses Kind
　s.Familie (Uneheliches Kind) 3.104
Familiennaher Kinderspielplatz
　s.Spielplatz 1.252
Familiennamen
　s.Namenkunde 7.178
Familienneurose
　s.Neurose 4.127
Familienpflegekind
　s.Heimerziehung (Pflegekind) 3.142
Familienpolitik
　s.Familie 3.101
　s.Politik (Sozialpolitik) 8.167
Familienpraktikum
　s.Lehrerbildung (Sozialpraktikum) 2.98
Familienschule
　s.Schule und Familie 1.177
Familiensoziologie
　s.Familie (Sozialstruktur) 3.103
Familientherapie
　s.Psychotherapie 4.152
Familienzerrüttung
　s.Familienerziehung (Psychologischer Aspekt) 3.107

Fanfarenzug
　s.Instrumentalspiel (Einzelne Instrumente) 10.81
Faradaysches Gesetz
　s.Elektrizitätslehre (Induktion) 9.106
Farbe
　s.Malen (Farbe) 10.167
Farbempfindung
　s.Farbenpsychologie 4.58
Farbenblindheit 4.58
Farbeneinmaleins
　s.Rechenlehrmittel (Einmaleins) 5.190
Farbenfotografie
　s.Schulfotografie (Aufnahmetechnik) 5.222
Farbenlehre
　s.Malen (Farbe) 10.167
　s.Optik (Farben) 9.218
Farbenoptik
　s.Optik (Farben) 9.218
Farbenpsychologie 4.58
- (Schulräume)
　s.Schulgebäude 1.186
Farbenzahlen [Cuisenaire]
　s.Rechenlehrmittel (Rechenbaukasten) 5.192
Farbenzerlegung
　s.Optik (Spektrum) 9.221
Farberleben des Kindes
　s.Malen (Farbe) 10.167
Farbfotografie
　s.Organische Chemie (Farbstoffe) 9.223
Farbiges Gestalten
　s.Malen 10.167
Farbpyramiden-Test
　s.Test (Farbpyramiden-Test) 4.218
Farbsehen
　s.Farbenpsychologie 4.58
Farbstern-Test
　s.Depression 4.39
　s.Test 4.216
Farbstiftzeichnung
　s.Zeichnen (Einzeltechniken) 10.281
Farbstoffe
　s.Organische Chemie (Farbstoffe) 9.223
Farbsymbolik
　s.Farbenpsychologie 4.58
Farbtonfilm
　s.Unterrichtsfilm (Tonfilm) 5.255
Farbwahl [Testverfahren]
　s.Test (Farbpyramiden-Test) 4.218

Farbwahltest
  s.Test (Lüscher-Test) 4.219
Farbwirkung
  s.Farbenpsychologie 4.58
Farne
  s.Pflanzenkunde (Einzelne Pflanzen)
  9.228
Fasching im Schulleben
  s.Schulleben (Fastnacht) 6.169
Faschingsspiel
  s.Schulleben (Fastnacht) 6.169
Faschismus
  s.Zeitgeschichte (Faschismus)
  8.240
Faserchemie
  s.Organische Chemie
  (Textilfaser) 9.225
Faßlichkeit im Unterricht
  s.Unterricht (Entwicklungsgemäßheit) 6.205
Fasten
  s.Psychotherapie (Behandlungsmethoden) 4.153
Fastenerziehung
  s.Erziehung zum Verzicht 3.86
Fastenzeit
  s.Liturgische Erziehung (Osterliturgie) 10.165
Fastnacht [im Gesamtunterricht]
  s.Arbeitseinheiten (Fastnacht) 6.26
Fastnachtswerken
  s.Werken (Fastnacht) 10.263
Faulheit des Schülers 4.58
Faultier
  s.Tierkunde (Einzelne Tiere) 9.279
Faustballspiel
  s.Ballspiel (Einzelformen) 10.20
Faustskizze
  s.Erdkundelehrmittel (Sachzeichnen)
  5.68
  s.Politiklehrmittel (Einzelformen)
  5.150
  s.Wandtafelzeichnen 5.258
·FBK-Test
  s.Test 4.216
FBW
  s.Filmerziehung (Jugendschutz)
  3.116
Fechterflanke
  s.Geräteturnen (Barren) 10.65
Feder [Schreibgerät]
  s.Schreibgerät (Federformen)
  5.204
Federpendel
  s.Schwingungslehre (Pendel) 9.276

Federskelett
  s.Biologielehrmittel (Vogelkunde)
  5.45
Federzeichnung
  s.Zeichnen (Federzeichnung) 10.282
Fegfeuer
  s.Katechese (Einzelne Katechesen)
  10.84
Fehlentwicklung
  s.Entwicklungsstörung 4.47
Fehleranalyse
  s.Mathematikunterricht
  (Leistungskontrolle) 9.168
  s.Rechtschreibfehler (Fehleranalyse) 7.184
Fehlergruppen
  s.Leistungsstörung 4.109
Fehlerkarte
  s.Deutschlehrmittel (Rechtschreiben) 5.52
  s.Rechtschreibunterricht (Partnerdiktat) 7.193
Fehlerkontrollheft
  s.Deutschlehrmittel (Rechtschreiben)
  5.52
Fehlerkorrektur
  s.Korrekturarbeit des Lehrers 6.108
Fehlerkunde
  s.Englischunterricht (Fehlerkunde)
  7.78
Fehlerprophylaxe
  s.Rechtschreibschwäche 4.160
Fehlerstatistik
  s.Deutschlehrmittel (Rechtschreiben)
  5.52
  s.Rechenunterricht (Fehlerquellen)
  9.267
Fehlertabelle
  s.Deutschlehrmittel (Rechtschreiben)
  5.52
Fehlertypen
  s.Rechtschreibfehler 7.184
Fehlerverhütung
  s.Rechtschreibfehler (Fehlerverhütung) 7.185
Fehlerwörter
  s.Rechtschreibfehler 7.184
Fehlerziehung
  s.Erziehungsfehler 3.92
Fehlhandlung
  s.Tiefenpsychologie (Unterbewußtsein) 4.227
Feier s.Muße 3.182
Feiergestaltung in der Schule
  s.Schulfeier 6.157

Feigenbaum
  s. Pflanzenkunde (Nutzpflanzen)
  9.232
Feindseligkeit
  s. Aggression 4.20
Feinstruktur des Unterrichts
  s. Unterrichtsvorbereitung (Didaktische Analyse) 6.217
Feld [Lebensgemeinschaft]
  s. Lebensgemeinschaft (Acker) 9.152
Feldeffekt-Transistor
  s. Hochfrequenztechnik (Transistor)
  9.145
Feldforschung
  s. Pädagogische Psychologie (Einzelfragen) 4.132
Feldgrille
  s. Insektenkunde (Heuschrecken)
  9.147
Feldhandball
  s. Ballspiel (Handball) 10.20
Feldhase
  s. Tierkunde (Hasen) 9.281
Feldmessen
  s. Geometrie (Maße/Gewichte) 9.129
Feldstärke
  s. Magnetismus (Feldstärke) 9.157
Feldtheorien
  s. Relativitätstheorie 9.271
Felgaufschwung
  s. Geräteturnen (Reck) 10.67
  - (Stufenbarren)
  s. Geräteturnen (Stufenbarren) 10.68
Fellachendorf
  s. Länderkunde (Ägypten) 8.113
Ferienarbeit des Schülers 3.109
Ferienausflug
  s. Schulwandern 6.178
Ferienfahrt
  s. Schulwandern 6.178
Ferienheim
  s. Jugendwandern (Ferienlager) 3.154
Ferienjob
  s. Ferienarbeit des Schülers 3.109
Ferienlager
  s. Jugendwandern (Ferienlager) 3.154
  s. Koedukation (Gemeinschaftsformen) 3.159
  s. Leibeserziehung (DDR) 10.130
Ferienordnung 1.77
Ferienschwimmlager
  s. Schulwandern (Ferienlager) 6.180
Ferienwanderung
  s. Jugendwandern 3.153
  s. Schulwandern 6.178

Ferienzentrum
  s. Jugendwandern (Ferienlager) 3.154
Fermatsche Primzahl
  s. Algebra (Primzahlen) 9.29
Fermente
  s. Biochemie (Einzelfragen) 9.57
  s. Nahrungsmittelchemie (Einzelfragen) 9.197
  s. Organische Chemie (Einzelfragen) 9.222
Fernaugenunterricht
  s. Schulfernsehen (Klasseninternes Fernsehen) 5.217
Ferner Osten
  s. Länderkunde (Asien) 8.117
Fernglas
  s. Optik (Linsensysteme) 9.220
  - im Unterricht
  s. Physikalisches Experimentiergerät (Optik) 5.146
Fernschüler
  s. Fernunterricht 6.65
Fernschule
  s. Fernunterricht 6.65
Fernsehbericht
  s. Fachsprachen 7.94
Fernsehbeurteilung
  s. Fernseherziehung (Programmkritik) 3.111
Fernsehen
  s. Hochfrequenztechnik (Fernsehen)
  9.144
  s. Schulfernsehen 5.214
  - [im Gesamtunterricht]
  s. Arbeitseinheiten 6.23
  - in der Lehrerbildung
  s. Lehrerbildung (Technische Bildungsmedien) 2.99
  s. Lehrerbildung (Unterrichtsmitschau) 2.100
  - und Bildung
  s. Bildungsfernsehen 5.37
  - und Rundfunk
  s. Funkerziehung (Rundfunk und Fernsehen) 3.125
Fernsehen/Film im Unterricht
  s. Technische Lehrmittel 5.247
Fernseherlebnis
  s. Fernsehwirkung 4.59
Fernseherziehung 3.109
  - (Familienleben) 3.110
  - (Jugendgruppe) 3.110
  - (Jugendschutz) 3.110
  - (Kinderfilm)
  s. Filmerziehung (Kinderfilm) 3.117

[Forts.: Fernseherziehung]
- (Programmgestaltung) 3.110
- (Programmkritik) 3.111
- (Psychologischer Aspekt) 3.111
- (Schulkind) 3.112
- (Soziologischer Aspekt) 3.118
- (Unterrichtsaspekt)
  s.Schulfernsehen (Pädagogischer Aspekt) 5.219
Fernsehfamilie
  s.Fernseherziehung (Familienleben) 3.109
Fernsehforschung
  s.Fernseherziehung 3.109
Fernsehinteresse
  s.Fernsehwirkung 4.59
Fernsehkritik
  s.Fernseherziehung (Programmkritik) 3.111
Fernsehkunde
  s.Fernseherziehung 3.109
  s.Schulfernsehen (Pädagogischer Aspekt) 5.219
Fernsehmikroprojektion
  s.Mikroprojektion 5.137
Fernsehoper
  s.Bildungsfernsehen 5.37
Fernsehpädagogik
  s.Fernseherziehung 3.109
Fernsehquiz
  s.Schulfernsehen (Methodische Einzelfragen) 5.218
Fernsehspiel
  s.Hörspiel 7.135
Fernsehumfrage
  s.Fernseherziehung (Psychologischer Aspekt) 3.111
Fernsehunterricht
  s.Schulfernsehen 5.214
Fernsehwirkung 4.59
- (Sonderschüler) 4.59
Fernstudium
  s.Fernunterricht 6.65
  s.Lehrerbildung (Fernstudium) 2.82
  s.Mathematikunterricht (Universität) 9.175
Fernunterricht 6.65
- (Berufliche Bildung) 6.65
- (DDR)
  s.Fernunterricht 6.65
- (Deutsches Institut) 6.66
- (Diskussion) 6.66
- (Fremdsprachen)
  s.Fremdsprachenunterricht (Erwachsenenbildung) 7.105

- (Lehrprogramm)
  s.Programmiertes Lernen (Erwachsenenbildung) 5.169
- (Politischer Aspekt)
  s.Fernunterricht (Rechtsfragen) 6.66
- (Rechtsfragen) 6.66
Ferroelektrizität
  s.Elektrizitätslehre (Einzelfragen) 9.103
Ferromagnetismus
  s.Magnetismus (Ferromagnetismus) 9.157
Fertigkeiten
  s.Schülerleistung 6.153
Fertigkeiten-Transfer
  s.Lernpsychologie (Transfer) 4.112
Fertigkeitsübung im Rechnen
  s.Rechenübung 9.263
Festigkeitslehre
  s.Skiunterricht (Technische Einzelfragen) 10.242
Festigung des Wissens
  s.Üben 6.202
Festkörperphysik
  s.Mineralogie (Festkörperphysik) 9.196
Festraum
  s.Schulgebäude (Festraum) 1.187
Feuer
  s.Anorganische Chemie (Verbrennung) 9.44
Feuerbachscher Kreis
  s.Abbildungsgeometrie 9.19
Feuerlöschen
  s.Anorganische Chemie (Verbrennung) 9.44
Feuerwehr [Heimatkunde]
  s.Heimatkundliche Themen 8.104
Feuerwehr [im Gesamtunterricht]
  s.Arbeitseinheiten (Feuerwehr) 6.26
FHW
  s.Hauswirtschaftsunterricht (Familienhauswesen) 10.79
FIAI
  s.Lehrerverbände 2.116
Fibel 5.70
- (Bildgestaltung) 5.70
- (Eigenfibel)
  s.Eigenfibel 5.55
- (Einzelbeispiele) 5.70
- (Grundwortschatz)
  s.Fibel (Sprachgestaltung) 5.71
- (Kinderzeichnung)
  s.Fibel (Bildgestaltung) 5.70
- (Sacherfahrung)
  s.Fibel im Unterricht 5.71

- (Satzspiegel)
  s.Fibel (Schriftgestaltung) 5.71
- (Schriftgestaltung) 5.71
- (Schriftgröße)
  s.Fibel (Schriftgestaltung) 5.71
- (Sprachgestaltung) 5.71
- (Wortschatz)
  s.Wortschatzpflege (Einzelfragen)
  7.252
- im Unterricht 5.71

Fibelbild
  s.Fibel (Bildgestaltung) 5.70
Fibelbogen
  s.Fibel im Unterricht 5.71
Fibeldruckschrift
  s.Fibel (Schriftgestaltung) 5.71
Fibelillustration
  s.Fibel (Bildgestaltung) 5.70
Fibelinhalt
  s.Fibel (Sprachgestaltung) 5.71
Fibelkinder
  s.Fibel (Einzelbeispiele) 5.70
Fibelkritik
  s.Lesebuchkritik 5.130
Fibonaccische Zahlen
  s.Algebra (Zahlentheorie) 9.31
Fichtelgebirge
  s.Länderkunde (Bayern) 8.118
Fichtenast
  s.Pflanzenkunde (Nadelbäume) 9.232
Fichtenborkenkäfer
  s.Insektenkunde (Borkenkäfer) 9.147
Fidel
  s.Musikinstrument (Fidel) 5.140
Figürliches Zeichnen
  s.Zeichnen (Figürliches Zeichnen)
  10.282
Figur-Auffassung
  s.Wahrnehmungspsychologie (Optische
  Wahrnehmung) 4.238
Figure-Reasoning-Test
  s.Test 4.216
Figurenlotto
  s.Rechenlehrmittel (Einzelformen)
  5.190
Figurenspiel
  s.Schattenspiel 6.151
Figurenzeichnen
  s.Zeichnen (Figürliches Zeichnen)
  10.282
Film/Bild/Ton
  s.Technische Lehrmittel 5.247
- (Lehrerbildung)
  s.Lehrerbildung (Technische Bildungsmedien) 2.99

Film/Funk/Fernsehen
  s.Massenmedien 3.175
- im Unterricht
  s.Technische Lehrmittel 5.247
Film
  s.Filmerziehung 3.112
  s.Unterrichtsfilm 5.252
- im Bibelunterricht
  s.Religionslehrmittel (Bibelkunde)
  5.198
- im Bürgerkundeunterricht
  s.Politiklehrmittel (Film) 5.151
- im Deutschunterricht
  s.Deutschlehrmittel (Film) 5.51
- im Englischunterricht
  s.Englischlehrmittel (Film) 5.57
- im Fremdsprachenunterricht
  s.Fremdsprachenlehrmittel (Film)
  5.74
- im Gemeinschaftskundeunterricht
  s.Politiklehrmittel (Film) 5.151
- im Geschichtsunterricht
  s.Geschichtslehrmittel (Film) 5.85
- im Kunstunterricht
  s.Kunstlehrmittel 5.96
- im Mathematikunterricht
  s.Mathematiklehrmittel (Film) 5.135
- im Physikunterricht
  s.Physiklehrmittel (Film) 5.149
- im Religionsunterricht
  s.Religionslehrmittel (Film) 5.198
- im Unterricht
  s.Spielfilm im Unterricht 5.238
  s.Unterrichtsfilm 5.252
- im Verkehrsunterricht
  s.Verkehrslehrmittel (Bildformen)
  5.257
- und Bildung
  s.Filmerziehung in der Schule 3.119
- und Drama
  s.Drama im Unterricht (Methodische Einzelfragen) 7.66
- und Fernseherziehung
  s.Filmerziehung (Film und Fernsehen) 3.114
- und Jugend
  s.Filmerziehung (Jugend und Film)
  3.115
- und Lichtbild
  s.Lichtbild/Film im Unterricht
  5.133
- und Radio
  s.Funkerziehung 3.125
- und Schule
  s.Filmerziehung in der Schule 3.119

Filmanalyse
  s.Filmerziehung (Filmbeurteilung)
    3.114
Filmbeurteilung
  s.Filmerziehung (Filmbeurteilung)3.114
Filmdiskussion
  s.Filmerziehung (Methodische Einzelfragen) 3.118
Filmdokumente
  s.Zeitgeschichtslehrmittel (Dokumnetarfilm) 5.260
Filmerleben 4.59
- (Jugendalter) 4.60
- (Schulkind) 4.60
Filmerziehung 3.112
- (Abenteuerfilm) 3.113
- (Berufsschule)
  s.Filmerziehung in der Schule
    (Berufsschule) 3.120
- (Film und Fernsehen) 3.114
- (Filmbesuch) 3.114
- (Filmbeurteilung) 3.114
- (Filmkunde) 3.115
- (Jugend und Film) 3.115
- (Jugendgruppe) 3.116
- (Jugendschutz) 3.116
- (Kinderfilm) 3.117
- (Kriegsfilm) 3.117
- (Leitbilder) 3.117
- (Liebesfilm)
  s.Sexualverhalten 4.191
- (Mädchenbildung)
  s.Filmerziehung (Soziologischer
    Aspekt) 3.118
- (Methodische Einzelfragen) 3.118
- (Psychologischer Aspekt) 3.118
- (Schule)
  s.Filmerziehung in der Schule 3.119
- (Soziologischer Aspekt) 3.118
- (Volksschule)
  s.Filmerziehung in der Schule
    (Volksschule) 3.120
- (Weltbild)
  s.Filmerziehung (Leitbilder) 3.117
- (Wertbegriff)
  s.Filmerziehung (Leitbilder) 3.117
Filmerziehung in der Schule 3.119
- (Berufsschule) 3.120
- (Volksschule) 3.120
Filmforschung
  s.Filmerleben 4.59
Filmgefährdung
  s.Filmerziehung 3.112
Filmgeräte
  s.Unterrichtsfilm (Filmgerät) 5.254

Filmgespräch
  s.Filmerziehung (Methodische
    Einzelfragen) 3.118
Filmgestaltung
  s.Filmerziehung (Filmkunde) 3.115
Filmjugendschutz
  s.Filmerziehung (Jugendschutz)
    3.116
Filmklub
  s.Filmerziehung (Methodische
    Einzelfragen) 3.118
Filmkritik
  s.Filmerziehung (Filmbeurteilung)
    3.114
Filmkunde
  s.Filmerziehung (Filmkunde) 3.115
- (Lehrerbildung)
  s.Lehrerbildung (Filmpädagogik)
    2.82
Filmkundliche Arbeitsgemeinschaft
  s.Schulfotografie (Arbeitsgemeinschaft) 5.221
Filmkundliche Lehrgänge
  s.Bildstelle 5.36
Filmpädagogik
  s.Filmerziehung 3.112
Filmpädagogische Arbeitsgemeinschaft
  s.Bildstelle 5.36
Filmprojektor
  s.Unterrichtsfilm (Filmgerät) 5.254
Filmschleife
  s.Unterrichtsfilm (Schleifenfilm)
    5.255
Filmselbstkontrolle
  s.Filmerziehung (Jugendschutz)
    3.116
Filmsoziologie
  s.Filmerziehung (Soziologischer
    Aspekt) 3.118
Filmsprache
  s.Fachsprachen 7.94
Filmstar
  s.Filmerziehung (Leitbilder) 3.117
Filmvorführraum
  s.Schulgebäude (Fachräume) 1.186
Filmwirkung 4.60
- (Aggression)
  s.Aggression 4.20
- (Jugendalter) 4.61
- (Jugendgefährdung) 4.61
- (Schulkind) 4.61
Filterbegriff
  s.Analysis (Grenzwert) 9.34
Finanzierung der Privatschule
  s.Privatschule (Finanzierung) 1.152

Finanzierung des Schulbaus
  s.Schulbau (Finanzierung) 1.171
Fingeralphabet
  s.Taubstummenunterricht (Gebärdensprache) 6.197
Fingerhut
  s.Pflanzenkunde (Heilpflanzen) 9.229
Fingerlesen
  s.Leselehrmethoden 7.150
Fingermalen
  s.Psychotherapie (Fingermalen) 4.154
Fingerrechnen
  s.Erstrechenunterricht (Zählen)
  9.118
Finite Logik
  s.Mathematische Logik 9.176
Finnland
  s.Länderkunde (Finnland) 8.124
FIPESO
  s.Lehrerverbände 2.116
Firmalter
  s.Katechese (Firmung) 10.85
Firmung
  s.Katechese (Firmung) 10.85
Fische
  s.Tierkunde (Fische) 9.280
- im Aquarium
  s.Schulaquarium 5.209
  s.Tierkunde (Fische) 9.280
Fischfang
  s.Wirtschaftsgeographie (Fischfang) 8.221
Fischwirtschaft
  s.Wirtschaftsgeographie (Seefischerei) 8.227
Fixierung
  s.Regression 4.160
Fjordlandschaft
  s.Länderkunde (Norwegen) 8.136
Flachbauschule
  s.Schulbau (Flachbauweise) 1.171
Flachrelief
  s.Relief 5.196
Flächenauffassung
  s.Mathematisches Denken 4.123
Flächenberechnung
  s.Geometrie (Flächenberechnung)
  9.126
Flächenmaße
  s.Geometrie (Flächenberechnung) 9.126
Flächentheorie
  s.Geometrie (Differentialgeometrie) 9.124
Flagellaten-Kultur
  s.Mikrobiologie (Bakterien) 9.194

Flanelltafel 5.72
- (Englischunterricht)
  s.Englischlehrmittel (Hafttafel) 5.57
- (Erdkundeunterricht)
  s.Erdkundelehrmittel (Hafttafel)
  5.65
- (Erstleseunterricht)
  s.Deutschlehrmittel (Erstleseunterricht) 5.50
- (Geschichtsunterricht)
  s.Geschichtslehrmittel (Hafttafel)
  5.85
- (Rechenunterricht)
  s.Rechenlehrmittel (Hafttafel)
  5.192
- (Religionsunterricht)
  s.Religionslehrmittel (Bildformen)
  5.198
Flaschenzug
  s.Mechanik (Hebelgesetz) 9.182
Flechten
  s.Pflanzenkunde (Flechten) 9.229
Fledermäuse
  s.Tierkunde (Fledermäuse) 9.281
Flegelalter
  s.Pubertät (Flegelalter) 4.157
Fleischer-Fachunterricht
  s.Berufsfachkunde (Fleischer) 10.25
Fleischfressende Pflanzen
  s.Pflanzenkunde (Fleischfressende Pflanzen) 9.229
Fleiß des Schülers
  s.Schulische Leistung 6.159
Flensburg
  s.Länderkunde (Schleswig-Holstein)
  8.139
Flensburger Norm
  s.Aufsatzunterricht (Leistungsbewertung) 7.34
Flexible Klassengröße
  s.Klassenfrequenz 1.127
Flexion der Adjektive
  s.Wortarten (Adjektiv) 7.247
Fliege
  s.Insektenkunde (Fliegen) 9.147
fliegen
  s.Mechanik (Fliegen) 9.180
Fliegendes Sprachlabor
  s.Sprachlabor (Einzelerfahrungen)
  5.242
Fließband
  s.Wirtschaftskunde (Einzelfragen)
  8.232
Fließende Farben
  s.Malen (Wasserfarben) 10.168

Flöte
  s.Musikinstrument (Einzelformen)
  5.139
Florenz
  s.Länderkunde (Italien:Landschaften) 8.129
Flossenfüßer
  s.Tierkunde (Robben) 9.283
Flotation
  s.Chemotechnik (Einzelfragen) 9.100
Flüchtling
  s.Flüchtlingskind 4.61
Flüchtlingsfamilie
  s.Flüchtlingskind 4.61
Flüchtlingsfrage
  s.Zeitgeschichte (Flüchtlingsfrage) 8.240
  s.Zeitgeschichtsunterricht (Flüchtlingsfrage) 8.252
Flüchtlingskind 4.61
Flüchtlingslehrer
  s.Lehrerberuf (Rechtsfragen) 2.70
Flüssige Luft
  s.Wärmelehre (Kältetechnik) 9.299
Flüssigkeitsbewegung
  s.Mechanik (Flüssigkeiten) 9.180
Flüssigkeitslösung
  s.Physikalische Chemie (Einzelfragen) 9.242
Flugbild
  s.Erdkundeatlas (Sonderkarten) 5.60
Flugmodellbau
  s.Werken (Modellbau) 10.265
Flugrolle
  s.Geräteturnen (Sprungkasten) 10.68
Flugwissenschaft
  s.Mechanik (Fliegen) 9.180
Fluktuation
  s.Berufswechsel 3.54
Fluoreszenz
  s.Optik (Lumineszenz) 9.220
Flurbereinigung
  s.Wirtschaftsgeographie (Landwirtschaft) 8.224
Flurkarte
  s.Erdkundelehrmittel (Karten) 5.66
Flurnamen
  s.Heimatgeschichte (Ortsnamen) 8.95
  s.Namenkunde 7.178
Fluß [Heimatkunde]
  s.Heimatkundliche Themen (Bach/Fluß) 8.104
Flußfische
  s.Tierkunde (Fische) 9.280

Flußfischerei
  s.Wirtschaftsgeographie (Fischfang) 8.221
Flußkrebs
  s.Tierkunde (Krebstiere) 9.282
Flußmündung
  s.Allgemeine Erdkunde 8.19
Flut
  s.Allgemeine Erdkunde (Gezeiten) 8.20
Föderalismus
  s.Politik (Einzelfragen) 8.161
Föhn
  s.Klimakunde (Föhn) 8.109
  s.Wärmelehre (Aggregatzustand) 9.298
Föhr
  s.Länderkunde (Nordseeinseln) 8.136
Föhren
  s.Pflanzenkunde (Nadelbäume) 9.232
Förderklasse
  s.Aufbauklasse 1.21
  s.Sonderschule für Lernbehinderte (Ausleseverfahren) 1.246
Förderlehrgang
  s.Sonderberufsschule 1.239
Förderspiel
  s.Kindergarten (Arbeitsformen) 1.122
Förderstufe 1.78
- (Bundesländer) 1.79
- (Deutschunterricht)
  s.Deutschunterricht (Förderstufe) 7.49
- (Englischunterricht)
  s.Englischunterricht (Förderstufe) 7.79
- (Kritik) 1.80
- (Literarische Bildung)
  s.Leseunterricht (Gymnasium: Unterstufe) 7.156
Förderungslehrgänge
  s.Berufsreife 3.51
Förster
  s.Lebensgemeinschaft (Wald) 9.154
  s.Tierkunde (Waldtiere) 9.285
Fordern oder Nachgeben
  s.Dialektische Pädagogik 3.71
Forellenzucht
  s.Tierkunde (Fische) 9.280
Formal Debate
  s.Politische Bildung (Debattieren) 8.173
Formalbildung
  s.Lernpsychologie (Transfer) 4.112
Formale Bildung 6.66

- (Englischunterricht)
  s.Englischunterricht (Methodische Einzelfragen) 7.82
- (Grammatikunterricht)
  s.Grammatikunterricht (Methodische Einzelfragen) 7.130
- (Lateinunterricht)
  s.Lateinische Grammatik (Denkschulung) 7.143
Formale Didaktik
  s.Lehrprogramm (Algorithmen) 5.120
Formale Logik
  s.Mathematisches Denken 4.123
- (Informationstheorie)
  s.Kybernetik (Symbolische Logik) 5.101
Formalsprache
  s.Kybernetik (Symbolische Logik) 5.101
Formalstufen 6.66
- (Religionsunterricht)
  s.Religionsunterricht (Methodische Einzelfragen) 10.215
Formdeut-Test
  s.Projektive Tests 4.136
  s.Test (Formdeut-Test) 4.218
Formdeutung in der Literatur
  s.Interpretation 7.135
Formelsprache der Algebra
  s.Algebraunterricht 9.32
Formelzeichen der Geometrie
  s.Geometrieunterricht (Methodische Einzelfragen) 9.135
Formende Aktivität
  s.Schüleraktivierung 6.151
Formender Geschichtsunterricht
  s.Geschichtsunterricht (Formale Bildung) 8.71
Formenkenntnis
  s.Biologieunterricht (Bestimmungsübung) 9.64
Formenzeichen
  s.Zeichenunterricht (Methodische Einzelfragen) 10.279
  s.Zeichnen (Schemazeichnen) 10.284
Formlegetest
  s.Intelligenztest 4.89
Formosa
  s.Länderkunde (Formosa) 8.124
Forschen und Lernen
  s.Lernpsychologie 4.111
Forschung und Lehrerbildung
  s.Lehrerbildung (Wissenschaftscharakter) 2.101
Forschungs- und Lehrfreiheit
  s.Hochschulreform 1.108

Forschungseinrichtung
  s.Universität 1.259
Forschungsplanung
  s.Bildungsplanung 1.49
Forschungsschwerpunkt
  s.Hochschulreform 1.108
Forst
  s.Pflanzenkunde (Wald) 9.235
Fortbildung
  s.Erwachsenenbildung 1.64
- des Lehrers
  s.Lehrerfortbildung 2.105
Fortbildungsschule
  s.Berufsbildendes Schulwesen (Geschichte) 1.36
Fortläufer 4.62
Fortpflanzung
  s.Pflanzenphysiologie (Fortpflanzung) 9.237
- der Tiere
  s.Tierphysiologie 9.286
Fossilien
  s.Abstammungslehre (Tier) 9.23
  s.Geologie (Fossilien) 8.56
Fossiliensammlung
  s.Biologielehrmittel (Tierkunde) 5.45
Foto-Arbeitsgemeinschaft
  s.Schulfotografie (Arbeitsgemeinschaft) 5.221
Fotoalbum im Unterricht
  s.Arbeitsmittel (Einzelformen) 5.27
Fotoapparat
  s.Optik (Linsenoptik) 9.219
Fotobild
  s.Optik (Abbildung) 9.217
Fotochemie
  s.Schulfotografie (Entwicklungspraxis) 5.223
Fotogilde
  s.Schulfotografie (Arbeitsgemeinschaft) 5.221
Fotografie im Unterricht
  s.Schulfotografie 5.221
Fotografieren
  s.Schulfotografie (Bildgestaltung) 5.222
Fotografierter Unterricht
  s.Pädagogische Tatsachenforschung 6.134
Fotografische Bewegungsdarstellung
  s.Schulfotografie (Bildgestaltung) 5.222
Fotografische Wettbewerbe
  s.Schulfotografie (Einzelfragen) 5.222

Fotolabor
  s.Schulfotografie (Fotolabor) 5.223
Fotospiele
  s.Schulfotografie (Bildgestaltung)
  5.222
Fotosynthese
  s.Pflanzenphysiologie (Photosynthese) 9.238
Fototechnisches Werken
  s.Schulfotografie (Bildgestaltung)
  5.222
Fotozelle
  s.Optik (Einzelfragen) 9.218
Foucault-Pendel
  s.Geometrie (Differentialgeometrie)
  9.124
  s.Schwingungslehre (Pendel) 9.276
Fouriersynthese
  s.Schwingungslehre 9.275
Frage im Unterricht 6.67
- (Biologie)
  s.Biologieunterricht (Methodische Einzelfragen) 9.70
- (Erdkundeunterricht)
  s.Erdkundeunterricht (Methodische Einzelfragen) 8.40
- (Geschichtsunterricht)
  s.Geschichtsunterricht (Methodische Einzelfragen) 8.78
Fragearmer Unterricht
  s.Anfangsunterricht (Sachbegegnung)
  6.21
Fragekartei
  s.Geschichtslehrmittel (Übungskarten) 5.89
  s.Nachschlagekartei 5.143
Frageloser Unterricht
  s.Unterrichtsgespräch 6.210
Fragemethode
  s.Frage im Unterricht 6.67
Fragende Landkarte
  s.Erdkundelehrmittel (Karten) 5.66
Fragestunde 6.67
Fragetechnik
  s.Frage im Unterricht 6.67
Frageverhalten
  s.Frage im Unterricht 6.67
Fragewort
  s.Wortarten (Pronomen) 7.248
Fragezeichenfilm
  s.Filmerziehung (Jugendgruppe) 3.116
Frameaufbau
  s.Lehrprogramm (Einzelfragen) 5.122
Français elémentaire
  s.Französischer Anfangsunterricht 7.97

Français fondamental
  s.Französischunterricht (Wortschatzvermittlung) 7.101
Franken
  s.Länderkunde (Bayern) 8.118
Frankenreich
  s.Mittelalter (Frankenreich) 8.150
Frankfurt am Main
  s.Länderkunde (Hessen) 8.126
Frankfurter Methodik
  s.Berufsschulunterricht (Reform)
  6.48
  s.Kaufmännischer Unterricht 6.104
Frankfurter Parlament
  s.Deutsche Geschichte (Bismarck) 8.25
Frankfurter Schulreifetest
  s.Schulreifetest (Einzelformen)
  4.179
Frankfurter Tagesheimschulen
  s.Tagesheimschule 1.254
Frankfurter Wortschatztest
  s.Test (Frankfurter Wortschatztest) 4.219
Frankreich
  s.Länderkunde (Frankreich) 8.125
Franz von Assisi
  s.Kirchengeschichte (Einzelpersonen)
  10.98
Franziska-Baumgarten-Test
  s.Intelligenztest 4.89
Französisch
  s.Französische Sprache 7.96
- und Deutsch
  s.Fremdsprachenunterricht (Muttersprache) 7.109
Französische Alpen
  s.Länderkunde (Frankreich:Landschaften) 8.125
Französische Aussprache
  s.Französischunterricht (Phonetik)
  7.99
Französische Facharbeit
  s.Französischunterricht (Gymnasiale Oberstufe) 7.99
Französische Februarrevolution 1848
  s.Neuzeit (19.Jahrhundert) 8.155
Französische Gegenwartsliteratur
  s.Französische Lektüre (Literaturgeschichte) 7.95
Französische Grammatik
  s.Französischunterricht (Grammatik)
  7.98
- (Anfangsunterricht)
  s.Französischer Anfangsunterricht
  (Grammatik) 7.97

Französische Industrie
 s.Wirtschaftsgeographie (Frankreich) 8.222
Französische Konversation
 s.Französischunterricht (Sprechfertigkeit) 7.100
Französische Landwirtschaft
 s.Wirtschaftsgeographie (Frankreich) 8.222
Französische Lektüre 7.94
- (Einzelne Werke) 7.95
- (Literaturgeschichte) 7.95
- (Lyrik) 7.96
- (Novelle)
 s.Französische Lektüre (Einzelne Werke) 7.95
- (Realschule) 7.96
- (Saint-Exupéry) 7.96
Französische Literatur
 s.Französische Lektüre (Literaturgeschichte) 7.95
Französische Lyrik
 s.Französische Lektüre (Lyrik) 7.96
Französische Ordnungszahlen
 s.Französischunterricht (Grammatik:Einzelfragen) 7.98
Französische Phonologie
 s.Französische Sprache (Phonologie) 7.97
Französische Revolution
 s.Neuzeit (Französische Revolution) 8.153
Französische Schullektüre
 s.Französische Lektüre 7.94
Französische Sprache 7.96
- (Phonologie) 7.97
- (Stilistik) 7.97
Französische Stilistik
 s.Französische Sprache (Stilistik) 7.97
Französische Unterrichtssprache
 s.Französischunterricht (Sprechfertigkeit) 7.100
Französische Wirtschaft
 s.Wirtschaftsgeographie (Frankreich) 8.222
Französische Zeitformen
 s.Französischunterricht (Grammatik:Einzelfragen) 7.98
Französischer Anfangsunterricht ... 7.97
- (Grammatik) 7.97
Französischer Sprachunterricht
 s.Französischunterricht 7.98
Französisches Gymnasium [Berlin]
 s.Schulversuche (Bundesländer) 1.228

Französisches Volkslied
 s.Französische Lektüre 7.94
Französisches Zentralmassiv
 s.Länderkunde (Frankreich:Landschaften) 8.125
Französischlehrbuch
 s.Französischlehrmittel 5.72
Französischlehrer
 s.Neuphilologe 2.122
Französischlehrmittel 5.72
- (Lehrprogramm)
 s.Programmiertes Lernen (Fremdsprachen) 5.170
Französischunterricht 7.98
- (Arbeitsmittel)
 s.Französischlehrmittel 5.72
- (Etymologie)
 s.Französischunterricht (Methodische Einzelfragen) 7.99
- (Ganzschrift)
 s.Französ. Lektüre (Realschule) 7.96
- (Grammatik) 7.98
- (Grammatik:Einzelfragen) 7.98
- (Gymnasiale Oberstufe) 7.99
- (Interpretation)
 s.Französische Lektüre 7.94
- (Korrektur)
 s.Französischunterricht (Leistungsbewertung) 7.99
- (Lehrplan)
 s.Französischunterricht (Methodische Einzelfragen) 7.99
- (Leistungsbewertung) 7.99
- (Leistungsgruppen)
 s.Französischunterricht (Methodische Einzelfragen) 7.99
- (Leistungskontrolle)
 s.Französischunterricht (Methodische Einzelfragen) 7.99
- (Lektürenauswahl)
 s.Französische Lektüre 7.94
- (Lyrik)
 s.Französische Lektüre (Lyrik) 7.96
- (Prima)
 s.Französischunterricht (Gymnasiale Oberstufe) 7.99
- (Methodische Einzelfragen) 7.99
- (Phonetik) 7.99
- (Realschule) 7.100
- (Sprachlabor)
 s.Sprachlabor (Einzelerfahrungen) 5.242
- (Sprechfertigkeit) 7.100
- (Tonband)
 s.Französische Lektüre 7.94

[Forts.: Französischunterricht]
- (Übersetzen)
  s.Fremdsprachenunterricht (Übersetzen) 7.111
- (Volksschule) 7.100
- (Wahlpflichtfach)
  s.Französischunterricht (Methodische Einzelfragen) 7.99
- (Wörterlernen)
  s.Französischunterricht (Wortschatzvermittlung) 7.101
- (Wortschatzvermittlung) 7.101
Frauenarbeit
  s.Familienerziehung (Berufstätige Mutter) 3.106
Frauenarbeitsschule
  s.Mädchenberufsschule 1.143
Frauenberufe
  s.Berufliche Ausbildung (Einzelne Frauenberufe) 10.22
  s.Berufliche Ausbildung (Landwirtschaftliche Frauenberufe) 10.23
Frauenberufliches Bildungswesen
  s.Frauenfachschule 1.80
Frauenberufsfrage
  s.Mädchenbildung (Frauenfrage) 3.171
Frauenbildung
  s.Mädchenbildung (Frauenfrage) 3.171
Frauenenquête
  s.Mädchenbildung (Frauenfrage) 3.171
Frauenfachschule 1.80
Frauenfrage
  s.Mädchenbildung (Frauenfrage) 3.171
  s.Politik (Einzelfragen) 8.161
  s.Sozialkunde (Unterrichtsbeispiel) 8.200
Frauenoberschule 1.80
Frauenstudium
  s.Mädchenbildung (Gymnasium) 3.172
Frauliche Leibeserziehung
  s.Leibeserziehung (Mädchen) 10.142
Frechheit
  s.Aggression 4.20
Free activity
  s.Kindergarten (Arbeitsformen) 1.122
Freiburg [Fribourg/Suisse]
  s.Länderkunde (Schweiz:Kanton Freiburg) 8.141
Freie Arbeit
  s.Freier Gesamtunterricht 6.67
Freie Arbeitsgemeinschaft
  s.Schülerarbeitsgemeinschaft 6.152
Freie Assoziation
  s.Wahrnehmungspsychologie (Einzelfragen) 4.237

Freie Aussprache
  s.Diskussion im Unterricht 6.58
Freie Bekenntnisschule
  s.Bekenntnisschule 1.29
  s.Privatschule (Freie Schule) 1.152
Freie Beobachtung im Biologieunterricht
  s.Biologieunterricht (Schülerbeobachtung) 9.74
Freie Berichterstattung
  s.Aufsatz (Freier Aufsatz) 7.27
  s.Erzählen im Unterricht 6.62
Freie Berufsauswahl
  s.Berufswahl (Rechtsfragen) 3.54
Freie Einheitsschule
  s.Waldorfschule 1.269
Freie Erwachsenenbildung
  s.Erwachsenenbildung 1.64
Freie geistige Schularbeit
  s.Selbsttätigkeit 6.182
Freie katholische Schule
  s.Katholische Bekenntnisschule 1.117
Freie Lernmittel
  s.Lernmittelfreiheit 1.142
Freie Meinung
  s.Politik (Meinungsfreiheit) 8.165
Freie Niederschrift
  s.Aufsatz (Freier Aufsatz) 7.27
Freie Rede
  s.Freies Unterrichtsgespräch 6.68
Freie Schule
  s.Bekenntnisschule 1.29
  s.Privatschule (Freie Schule) 1.152
Freie Stillarbeit
  s.Stillarbeit (Landschule) 6.189
Freie Themenwahl
  s.Aufsatz (Freier Aufsatz) 7.27
  s.Aufsatzunterricht (Themenstellung) 7.38
Freie Wahlen
  s.Politik (Wahlrecht) 8.169
Freie Waldorfschule
  s.Waldorfschule 1.269
Freier Aufsatz
  s.Aufsatz (Freier Aufsatz) 7.27
Freier Fall
  s.Mechanik (Freier Fall) 9.181
Freier Gesamtunterricht 6.67
- (Fragestunde)
  s.Fragestunde 6.67
Freier Geschichtsunterricht
  s.Geschichtsunterricht (Methodische Einzelfragen) 8.78
Freier Religionsunterricht
  s.Religionsunterricht (Konfessionalität) 10.214

Freier Sprachunterricht
  s.Taubstummenunterricht (Sprachunterricht) 6.200
Freier Sprechspuraufsatz
  s.Sprechspur (Aufsatzunterricht)
  7.237
Freies Erzählen
  s.Erzählen im Unterricht 6.62
Freies Gestalten
  s.Kunsterziehung (Freies Gestalten) 10.113
Freies Schülergespräch
  s.Freies Unterrichtsgespräch 6.68
Freies Schülergutachten
  s.Schülerbeurteilung (Gutachten)
  4.169
Freies Sprechen
  s.Freies Unterrichtsgespräch 6.68
  s.Sprachunterricht (Gesprächserziehung) 7.224
Freies Unterrichtsgespräch 6.68
Freies Werken
  s.Werkunterricht (Methodische
  Einzelfragen) 10.272
Freihandzeichnen
  s.Zeichenunterricht (Berufsschule)
  10.277
Freiheit
  s.Erziehung und Freiheit 3.85
  s.Erziehung zur Freiheit 3.87
  s.Politik (Meinungsfreiheit) 8.165
- des Lehrers
  s.Methodenfreiheit des Lehrers
  6.124
- in der Erziehung
  s.Erziehung und Freiheit 3.85
- oder Zwang
  s.Autorität und Freiheit 3.23
- und Autorität
  s.Autorität und Freiheit 3.23
- und Bindung
  s.Erziehung und Freiheit 3.85
- und Disziplin
  s.Autorität und Freiheit 3.23
- und Freizeit
  s.Freizeit 3.120
- und Gebundenheit
  s.Autorität und Freiheit 3.23
- und Gehorsam
  s.Politik (Einzelfragen) 8.161
- und Ordnung
  s.Erziehung und Freiheit 3.85
- und Verantwortung
  s.Staatsbürgerkunde (Freiheit
  und Verantwortung) 8.202

Freiheitliche Erziehung
  s.Erziehung und Freiheit 3.85
Freiherr vom Stein
  s.Neuzeit (19.Jahrhundert) 8.155
Freilandaquarium
  s.Schulaquarium 5.209
Freilandterrarium
  s.Schulterrarium 5.235
Freilanduntersuchung
  s.Biologische Experimente 9.79
Freiluftaufenthalt
  s.Jugendwandern (Ferienlager) 3.154
Freilufterziehung 6.69
  siehe auch:
  Schulgarten (Erziehungswert) 5.231
  Schulgesundheitspflege 1.191
- (Waldschule) 6.69
Freiluftunterricht
  s.Freilufterziehung 6.69
Freischütz
  s.Musikgeschichte (Oper)
  10.177
Freischwimmer
  s.Schwimmunterricht (Methodische
  Einzelfragen) 10.237
Freispiel
  s.Kinderspiel 3.155
Freiwahlantwort
  s.Lehrgerät (Adaptives Lehrgerät)
  5.116
Freiwillige Arbeitsgemeinschaft
  s.Hauptschulunterricht 6.95
Freiwilliger Hilfsdienst
  s.Sozialpraktikum 6.187
Freiwilliges neuntes Schuljahr
  s.Schuljahr IX 1.194
Freizeit 3.120
- (Schule)
  s.Freizeiterziehung in der Schule
  3.122
- (Soziologischer Aspekt) 3.121
- des Lehrers
  s.Lehrerberuf (Arbeitszeit) 2.69
- des Schülers
  s.Freizeiterziehung in der Schule
  3.122
Freizeitarbeit
  s.Freizeitgestaltung 3.123
Freizeitarbeitsgemeinschaft
  s.Schülerarbeitsgemeinschaft
  6.152
Freizeitbildung
  s.Freizeiterziehung 3.121
Freizeiterziehung 3.121

[Forts.: Freizeiterziehung]
- (Berufsschule)
  s.Freizeiterziehung in der Schule
  (Berufsschule) 3.122
- (Jugendpflege) 3.121
- (Schuljahr IX)
  s.Freizeiterziehung in der Schule
  (Volksschule) 3.123
- (Volksschule)
  s.Freizeiterziehung in der Schule
  (Volksschule) 3.123
Freizeiterziehung in der Schule .. 3.122
- (Berufsschule) 3.122
- (Volksschule) 3.123
Freizeitgesellschaft
  s.Außerschulische Erziehung 3.21
Freizeitgestaltung 3.123
Freizeitheim
  s.Freizeiterziehung (Jugendpflege)
  3.121
Freizeithilfe
  s.Freizeitgestaltung 3.123
Freizeitlehrer
  s.Leibeserzieher 2.118
Freizeitlektüre
  s.Literaturpädagogik (Privat-
  lektüre) 3.169
Freizeitneigung
  s.Freizeitverhalten 3.123
Freizeitpädagoge
  s.Sozialpädagoge 2.138
Freizeitpädagogik
  s.Freizeiterziehung 3.121
Freizeitproblem
  s.Freizeit 3.120
Freizeitsport
  s.Sport (Freizeitgestaltung) 10.243
Freizeitverantwortung
  s.Freizeiterziehung 3.121
Freizeitverhalten 3.123
- (Berufsschüler) 3.124
- (Jugendalter) 3.124
- (Landjugend) 3.124
- (Schulkind) 3.124
- (Sonderschüler)
  s.Freizeit (Soziologischer Aspekt)
  3.121
- (Sport)
  s.Sport (Freizeitgestaltung) 10.243
Fremdheit
  s.Sozialpsychologie 4.193
Fremdsprachen 7.101
Fremdsprachenfolge 7.101
- (Latein) 7.101
- (Realschule) 7.102

Fremdsprachengrammatik
  s.Fremdsprachenunterricht (Gram-
  matik) 7.106
Fremdsprachenkabinett
  s.Sprachlabor 5.240
Fremdsprachenlaboratorium
  s.Sprachlabor 5.240
Fremdsprachenlehrbuch 5.73
Fremdsprachenlehrer
  s.Neuphilologe 2.122
Fremdsprachenlehrmittel 5.73
- (Audiovisuelle Bildungsmittel) .. 5.73
- (Film) 5.74
- (Lichtbild) 5.74
- (Schulfunk) 5.75
- (Spielformen) 5.75
- (Tonband) 5.75
- (Wörterbuch) 5.76
Fremdsprachenschule
  s.Fremdsprachenunterricht (Erwach-
  senenbildung) 7.105
Fremdsprachenspiel
  s.Fremdsprachenunterricht (Metho-
  dische Einzelfragen) 7.108
Fremdsprachentest
  s.Fremdsprachenunterricht (Psycho-
  logischer Aspekt) 7.110
  s.Test 4.216
Fremdsprachenunterricht 7.102
- (Anschauung) 7.103
- (Arbeitsmittel)
  s.Fremdsprachenlehrmittel 5.73
- (Audiovisuelle Hilfsmittel)
  s.Fremdsprachenlehrmittel (Audiovisuelle Bildungsmittel) 5.74
- (Auslandsschule)
  s.Fremdsprachenunterricht 7.102
- (Ausspracheschulung)
  s.Fremdsprachenunterricht (Sprechübung) 7.111
- (Auswendiglernen)
  s.Fremdsprachenunterricht (Vokabellernen) 7.112
- (Berliner Kongreß 1964) 7.103
- (Berufsschule) 7.103
- (Bildungswert) 7.104
- (DDR) 7.104
- (Deutschunterricht)
  s.Fremdsprachenunterricht (Muttersprache) 7.109
- (Direkte Methode) 7.104
- (Einführung)
  s.Fremdsprachlicher Anfangsunter-
  richt 7.114
- (Erwachsenenbildung) 7.105

- (Etymologie) 7.105
- (Europagedanke)
  s.Fremdsprachenunterricht (Völkerverständigung) 7.112
- (Frühbeginn)
  s.Fremdsprachlicher Anfangsunterricht 7.114
- (Funktionale Grammatik) 7.105
- (Geschichte) 7.106
- (Grammatik) 7.106
- (Grundschule)
  s.Fremdsprachenunterricht (Volksschule) 7.113
- (Häufigkeitsproblem)
  s.Fremdsprachenunterricht (Wortschatzvermittlung) 7.101
- (Handelsschule)
  s.Fremdsprachenunterricht (Berufsschule) 7.103
  s.Fremdsprachenunterricht (Österreich) 7.110
- (Kaufmännische Schulen)
  s.Fremdsprachenunterricht (Berufsschule) 7.103
- (Kritik) 7.107
- (Lehrprogramm)
  s.Programmiertes Lernen (Fremdsprachen) 5.170
- (Leistungsbewertung) 7.107
- (Lektüre) 7.107
- (Lyrik) 7.108
- (Methodische Einzelfragen) 7.108
- (Mündliche Reifeprüfung)
  s.Fremdsprachenunterricht (Reifeprüfung) 7.111
- (Muttersprache) 7.109
- (Nacherzählung)
  s.Fremdsprachenunterricht (Methodische Einzelfragen) 7.108
- (Österreich) 7.110
- (Politische Bildung)
  s.Fremdsprachenunterricht (Völkerverständigung) 7.112
- (Polytechnische Bildung) 7.110
- (Psychologischer Aspekt) 7.110
- (Reifeprüfung) 7.111
- (Schriftliche Übung)
  s.Fremdsprachenunterricht (Methodische Einzelfragen) 7.108
- (Schulfunk)
  s.Fremdsprachenlehrmittel (Schulfunk) 5.75
- (Schweiz)
  s.Fremdsprachenunterricht (Berufsschule) 7.103
- (Sprachlabor)
  s.Sprachlabor 5.240
- (Sprechübung) 7.111
- (Systemtheorie)
  s.Fremdsprachenunterricht (Methodische Einzelfragen) 7.108
- (Tafelbild)
  s.Fremdsprachenunterricht (Anschauung) 7.103
  s.Fremdsprachenunterricht (Methodische Einzelfragen) 7.108
- (Tonband)
  s.Fremdsprachenlehrmittel (Tonband) 5.75
- (Übersetzen) 7.111
- (Umgangssprache)
  s.Fremdsprachenunterricht (Sprechübung) 7.111
- (Unterstufe)
  s.Fremdsprachlicher Anfangsunterricht 7.114
- (Völkerverständigung) 7.112
- (Vokabellernen) 7.112
- (Volksschule) 7.113
- (Waldorfschule)
  s.Fremdsprachenunterricht (Methodische Einzelfragen) 7.108
- (Wortschatzvermittlung) 7.113
Fremdsprachliche Schullektüre
  s.Fremdsprachenunterricht (Lektüre) 7.107
Fremdsprachl.Anfangsunterricht ... 7.114
- (Lesenlernen) 7.114
Fremdsprachlicher Unterricht
  s.Fremdsprachenunterricht 7.102
Fremdwort 7.114
- im Deutschunterricht 7.115
Frequenzmessung
  s.Schwingungslehre (Frequenzmessung) 9.276
Frequenzmodulation
  s.Hochfrequenztechnik (Modulation) 9.144
Freude
  s.Kindlicher Humor 4.97
  s.Religionsunterricht (Freude) 10.211
- im Unterricht 6.70
Freuds Rattenmann
  s.Neurose (Zwangskrankheit) 4.130
Freundschaft
  s.Pubertät (Soziologischer Aspekt) 4.157
  s.Sozialerziehung 3.223
  s.Sozialpsychologie (Entwicklungspsychologie) 4.194

Friedenserziehung
    s. Erdkundeunterricht (Völker-
        verständigung) 8.45
    s. Lateinunterricht (Politische
        Bildung) 7.149
    s. Naturwissenschaftlicher
        Unterricht (Bildungswert) 9.213
    s. Politische Bildung (Friedenser-
        ziehung) 8.177
Friedrich der Große
    s. Neuzeit (18.Jahrhundert) 8.155
Friesland
    s. Länderkunde (Deutsche Nordsee-
        küste) 8.121
Friseurberuf
    s. Berufsfachkunde (Friseur) 10.25
Friseurgewerbelehrer
    s. Gewerbelehrerbildung (Fachrich-
        tungen) 2.41
Friseurklasse
    s. Berufsschullehrerbildung 2.25
Fritz-Karsen-Schule
    s. Schulversuche (Bundesländer) 1.228
Fröbel-Montessori-Methoden
    s. Montessori-Pädagogik 6.126
Fröbelsche Spielgaben
    s. Arbeitsmittel im Unterricht
        (Sonderschule) 5.32
Frösche
    s. Tierkunde (Amphibien) 9.279
Fronleichnamsprozession
    s. Kirchenjahr 10.101
Frontalunterricht oder Gruppenunterricht
    s. Gruppenunterricht oder Frontal-
        unterricht 6.90
Fruchtbare Resonanz
    s. Erziehungssituation 3.96
Fruchtbarer Moment
    s. Didaktik (Einzelfragen) 6.55
Fruchtfliege
    s. Vererbungslehre (Tier) 9.293
Fructose
    s. Nahrungsmittelchemie (Einzel-
        fragen) 9.197
Frühblüher
    s. Pflanzenkunde (Blütenpflanzen)
        9.227
Frühchristliche Dichtung
    s. Lateinische Lektüre (Einzelne
        Werke) 7.145
Frühe Kindheit
    s. Entwicklungspsychologie (Klein-
        kind) 4.43
Frühe Neuzeit
    s. Neuzeit (15.Jahrhundert) 8.154

Frühehe
    s. Familie (Sozialstruktur) 3.103
Frühfassung gehörloser Kinder
    s. Taubstummenbildung (Früher-
        fassung) 6.197
Frühfassung sonderschulbedürftiger
    Kinder
    s. Hilfsschulbedürftigkeit 4.80
    s. Sonderschule für Lernbehinder-
        te (Früherfassung) 1.247
Früherkennung der Hilfsschulbedürftig-
    keit
    s. Hilfsschulbedürftigkeit 4.80
Frühes Lesenlernen
    s. Kleinkindlesen 4.97
Frühes Schreibenlernen
    s. Schreibenlernen (Psychologi-
        scher Aspekt) 7.208
Frühgeschichte
    s. Vorgeschichte 8.211
Frühgriechische Lyrik
    s. Griechischunterricht (Lektüre)
        7.134
Frühkapitalismus
    s. Neuzeit (15.Jahrhundert) 8.154
Frühkindliche Bildung
    s. Vorschulischer Unterricht 6.226
Frühkindliche Entwicklungsstörung
    s. Entwicklungsstörung 4.47
Frühkindliche Gestaltungsversuche
    s. Kinderzeichnung (Psychologi-
        scher Aspekt) 10.96
Frühkindliche Hirnschädigung
    s. Hirngeschädigtes Kind 4.84
Frühkindlicher Trotz
    s. Trotz 4.216
Frühkindliches Verhalten
    s. Entwicklungspsychologie (Klein-
        kind) 4.43
Frühkommunion
    s. Katholischer Religionsunterricht
        (Frühkommunion) 10.92
Frühleseunterricht
    s. Kleinkindlesen 4.97
Frühling
    s. Naturbeobachtung (Frühling)
        9.198
    s. Wetterkunde (Jahreslauf) 8.213
    - [im Gesamtunterricht]
    s. Arbeitseinheiten (Frühling) 6.26
Frühlingsspiel
    s. Musikalisches Spiel (Grundschule)
        10.171
Frühmenschfunde
    s. Menschenkunde (Urmensch) 9.193

Frühmittelalter
  s.Mittelalter (Frühmittelalter) 8.150
Frühreife
  s.Akzeleration 4.21
  s.Schulreife 4.176
Frühstückspause
  s.Schulfrühstück 1.185
Frühspracherziehung
  s.Taubstummenbildung (Früherfassung) 6.194
Frustration 4.63
Frustrations-Test
  s.Test (Rosenzweig P-F Test) 4.220
Fuchs
  s.Tierkunde (Waldtiere) 9.285
Führen oder Wachsenlassen
  s.Dialektische Pädagogik 3.71
Führerscheinprüfung
  s.Verkehrsunterricht (Rechtsfragen) 10.254
Führungsnachwuchs
  s.Elitebildung 3.72
Führungsstil
  s.Pädagogischer Führungsstil 6.135
Füllfederhalter
  s.Schreibgerät (Federformen) 5.204
- [Physikalisches Objekt]
  s.Mechanik (Gase) 9.181
Fünftagewoche im Schulwesen 1.81
- (Bundesländer) 1.82
- (Gymnasium) 1.82
- (Hamburg)
  s.Fünftagewoche im Schulwesen
    (Bundesländer) 1.82
- (Hessen)
  s.Fünftagewoche im Schulwesen
    (Bundesländer) 1.82
- (Kritik) 1.82
- (Realschule) 1.83
- (Sonderschule)
  s.Sonderschulreform 1.251
Fünftes Schuljahr
  s.Volksschulunterricht (Schuljahr V-VII) 6.222
Fürsorgearbeit
  s.Erziehungsberatung 4.49
Fürsorgeerziehung
  s.Heimerziehung (Sozialpädagogik) 3.143
Fürsorgerin
  s.Erziehungsberatung 4.49
  s.Sozialpädagoge 2.138
Fürsorgezögling
  s.Heimerziehung (Sozialpädagogik) 3.143

Fürstenschultradition
  s.Gymnasium 1.92
Fürstenstaat
  s.Neuzeit (Absolutismus) 8.152
Fürwort
  s.Wortarten (Pronomen) 7.248
Fütterung der Vögel
  s.Vogelschutz (Winterfütterung) 9.297
Fundamentalabbildung
  s.Abbildungsgeometrie (Affinität) 9.20
Fundamentalstufen der Bildung
  s.Bildsamkeit 4.33
Funk-Kolleg
  s.Schulfunk 5.225
Funk und Fernsehen in der Lehrerbildung
  s.Lehrerbildung (Technische Bildungsmedien) 2.99
Funkerziehung 3.125
- (Rundfunk und Fernsehen) 3.125
Funkpädagogik
  s.Schulfunk 5.225
  s.Schulfunk (Psychologischer Aspekt) 5.228
Funktionalanalysis
  s.Analysis (Funktion) 9.33
Funktionale Erziehung 3.125
Funktionale Grammatik
  s.Fremdsprachenunterricht (Funktionale Grammatik) 7.105
  s.Grammatikunterricht (Funktionale Grammatik) 7.127
Funktionale Lehrweise
  s.Unterrichtsforschung 6.209
Funktionale Morphologie
  s.Biologieunterricht(Volksschule) 9.77
Funktionaler Grammatikunterricht
  s.Grammatikunterricht (Funktionale Grammatik) 7.127
Funktionaler Rhythmus
  s.Rhythmische Erziehung 6.145
Funktionales Denken im Rechenunterricht
  s.Ganzheitliches Rechen (Methodische Einzelfragen) 9.122
  s.Rechenunterricht (Denkschulung) 9.266
Funktionalismus
  s.Pädagogik (Terminologie) 3.188
Funktionelle Erziehung
  s.Erziehung 3.74
Funktionsbegriff [Mathematik]
  s.Analysis (Funktion) 9.33
Funktionsbereitschaft
  s.Willensforschung 4.239

Funktionsfehler
s.Rechtschreibfehler (Fehleranalyse) 7.184
Funktionskomposition
s.Algebra (Gruppentheorie) 9.28
Funktionspsychologie
s.Psychologie (Methodologie) 4.148
Funktionsraum
s.Geometrie (Topologie) 9.131
Funktionsschieber
s.Rechenstab 5.195
Funktionsübender Effekt
s.Sonderschulunterricht (Methodische Einzelfragen) 6.186
Funktionsverb
s.Verblehre (Einzelfragen) 7.243
Funktionsziele
s.Lehrplan (Gymnasium) 6.118
Fuß-Schlagball
s.Ballspiel (Schlagball) 10.21
Fußballspiel
s.Ballspiel (Fußball) 10.20
Fußballtoto
s.Wahrscheinlichkeitsrechnung (Spieltheorie) 9.302
Fußgänger
s.Verkehrsunterricht (Fußgänger) 10.251
Fußgängerüberweg
s.Verkehrsunterricht (Zebrastreifen) 10.257
Fußgesundheit
s.Gesundheitslehre (Einzelfragen) 9.138
Fußgymnastik
s.Leibeserziehung (Haltungsschäden) 10.137
Futurologie
s.Soziologie 3.228

G

G-Klasse
s.Gemeinschaftsschwierigkeit 4.69
Gärung
s.Organische Chemie (Alkohol) 9.222
Galileis Bewegungsversuch
s.Mechanik (Bewegungsgesetze) 9.178
Gallen
s.Pflanzenkunde (Pflanzengallen) 9.233
Gallmilben
s.Insektenschädlinge 9.149

Galvanische Elemente
s.Elektrizitätslehre (Galvanisches Element) 9.104
Galvanomagnetischer Effekt
s.Magnetismus (Elektromagnetismus) 9.156
Galvanometer
s.Physikalisches Experimentiergerät (Meßinstrumente) 5.146
Gamma-Spektrometer
s.Optik (Spektrum) 9.221
Gammastrahlen
s.Atomphysik (Mößbauereffekt) 9.53
Gammler
s.Jugendsoziologie (Gesellungsformen) 3.152
Gammeln
s.Halbstarke 4.76
Gans [im Gesamtunterricht]
s.Arbeitseinheiten (Tiere) 6.31
Ganze Zahl
s.Algebra (Ganze Zahlen) 9.26
Ganzeigenschaften
s.Rorschach-Test 4.162
Ganzheit
s.Ganzheitliche Bildung 6.70
- oder Lautsynthese
s.Leselehrmethoden (Ganzheit oder Lautsynthese) 7.151
Ganzheitliche Bildung 6.70
Ganzheitliche Hauswirtschaft
s.Hauswirtschaftsunterricht (Methodische Einzelfragen) 10.80
Ganzheitliche Heimatkunde
s.Heimatkundeunterricht (Methodische Einzelfragen) 8.100
Ganzheitliche Hörerziehung
s.Musikunterricht (Gehörbildung) 10.183
Ganzheitliche Kunsterziehung
s.Kunsterziehung (Methodische Einzelfragen) 10.117
Ganzheitliche Menschenkunde
s.Gesundheitserziehung in der Schule 3.136
Ganzheitliche Naturgeschichte
s.Biologieunterricht (Methodische Einzelfragen) 9.70
Ganzheitliche Raumlehre
s.Geometrieunterricht (Grundschule) 9.134
Ganzheitliche Spracherziehung
s.Rechtschreibunterricht (Spracherziehung) 7.194

s.Sprachunterricht (Ganzheitlicher Sprachunterricht) 7.224
Ganzheitliche Sprachübung
s.Sprachunterricht (Ganzheitlicher Sprachunterricht) 7.224
Ganzheitliche Unterrichtsführung
s.Ganzheitsunterricht 6.71
Ganzheitliche Verkehrserziehung
s.Verkehrsunterricht (Methodische Einzelfragen) 10.252
Ganzheitlicher Anschauungsunterricht
s.Anschauungsunterricht 6.22
s.Ganzheitsunterricht (Grundschule) 6.72
Ganzheitlicher Aufsatzunterricht
s.Aufsatzunterricht (Methodische Einzelfragen) 7.34
Ganzheitlicher Biologieunterricht
s.Biologieunterricht (Methodische Einzelfragen) 9.70
Ganzheitlicher Chemieunterricht
s.Chemieunterricht (Volksschule) 9.93
Ganzheitlicher Deutschunterricht
s.Deutschunterricht (Methodische Einzelfragen) 7.54
Ganzheitlicher Englischunterricht
s.Englischunterricht (Methodische Einzelfragen) 7.82
Ganzheitlicher Erdkundeunterricht
s.Erdkundeunterricht (Methodische Einzelfragen) 8.40
Ganzheitlicher Erstunterricht
s.Ganzheitsunterricht (Grundschule) 6.72
Ganzheitlicher Gesamtunterricht
s.Ganzheitliches Lesenlernen (Methodische Einzelfragen) 7.118
s.Gesamtunterricht und Ganzheitsunterricht 6.78
Ganzheitlicher Geschichtsunterricht
s.Geschichtsunterricht (Ganzheitlicher Geschichtsunterricht) 8.72
Ganzheitlicher Lateinunterricht
s.Lateinunterricht (Methodische Einzelfragen) 7.148
Ganzheitlicher Musikunterricht ... 10.62
- (Grundschule) 10.62
- (Lied) 10.63
Ganzheitlicher Physikunterricht
s.Physikunterricht (Methodische Einzelfragen) 9.249
Ganzheitlicher Religionsunterricht
s.Religionsunterricht (Ganzheitlicher Religionsunterricht) 10.211

Ganzheitlicher Sachunterricht
s.Sachunterricht 6.149
Ganzheitlicher Sprachlehreunterricht
s.Grammatikunterricht (Grundschule) 7.128
Ganzheitlicher Sprachunterricht
s.Sprachschöpferischer Unterricht 7.221
s.Sprachunterricht (Ganzheitlicher Sprachunterricht) 7.224
s.Sprachunterricht (Sonderschule) 7.229
Ganzheitlicher Volksschulabschluß
s.Ganzheitsunterricht (Volksschuloberstufe) 6.73
Ganzheitliches Bruchrechnen
s.Bruchrechnen (Methodische Einzelfragen) 9.70
Ganzheitliches Lesenlernen 7.115
- (Arbeitsmittel)
s.Leselernmittel 5.131
- (Diskussion) 7.115
- (Geschichte) 7.116
- (Grundlagen) 7.116
- (Kern [, Artur]) 7.117
- (Kritik) 7.117
- (Landschule) 7.117
- (Legasthenie)
s.Leselehrmethoden (Leistungsaspekt) 7.152
- (Methodische Einzelfragen) 7.118
- (Psychologischer Aspekt) 7.118
- (Sonderschule) 7.119
- (Spracherziehung) 7.119
- (Übungsformen)
s.Ganzheitliches Lesenlernen (Methodische Einzelfragen) 7.118
Ganzheitliches Rechen 9.121
- (Einmaleins)
s.Einmaleins 9.101
- (Einzelne Schuljahre) 9.122
- (Kern-Gieding)
s.Ganzheitliches Rechnen 9.121
- (Mengenlehre)
s.Erstrechenunterricht (Mengenoperation) 9.115
- (Methodische Einzelfragen) 9.122
- (Operatives Rechnen)
s.Erstrechenunterricht (Operatives Denken) 9.116
- (Piaget, Jean)
s.Ganzheitliches Rechnen (Methodische Einzelfragen) 9.122
- (Schuljahr I) 9.123
- (Schuljahr II) 9.123

[Forts.: Ganzheitliches Rechnen]
- (Schuljahr III) 9.123
- (Schuljahr IV)
  s.Ganzheitliches Rechnen (Einzelne Schuljahre) 9.122
- (Schuljahr V)
  s.Ganzheitliches Rechnen (Einzelne Schuljahre) 9.122
- (Stoffplan)
  s.Rechenunterricht (Lehrplan) 9.267
Ganzheitliches Rechtschreiben
  s.Rechtschreibleistung (Methodenstreit) 7.186
  s.Rechtschreibunterricht (Ganzheitliches Rechtschreiben) 7.189
Ganzheitliches Schreiben
  s.Schreibunterricht (Ganzheitliches Schreiben) 10.228
Ganzheitliches Schreibenlernen
  s.Schreibenlernen (Ganzheitliches Schreibenlernen) 7.207
Ganzheitliches Singen
  s.Ganzheitlicher Musikunterricht (Lied) 10.63
Ganzheitsfibel
  s.Fibel im Unterricht 5.71
Ganzheitsmethode
  s.Ganzheitliches Lesenlernen 7.115
Ganzheitspädagogik
  s.Ganzheitliche Bildung 6.70
Ganzheitsproblem
  s.Ganzheitliches Lesenlernen (Grundlagen) 7.116
Ganzheitspsychologie 4.63
- (Pädagogischer Aspekt) 4.63
Ganzheitsunterricht 6.71
- (Diskussion) 6.72
- (Grundschule) 6.72
- (Lehrplan)
  s.Lehrplan (Ganzheitsunterricht) 6.117
- (Schuljahr IX) 6.73
- (Sonderschule) 6.73
- (Stadtschule)
  s.Ganzheitsunterricht (Volksschule) 6.73
- (Volksschule) 6.73
- (Volksschuloberstufe) 6.73
Ganzschrift 5.76
- (Englischunterricht)
  s.Englischlehrmittel (Einzelformen) 5.57
- (Französischunterricht)
  s.Französische Lektüre (Realschule) 7.96

- (Geschichtsunterricht)
  s.Geschichtslehrmittel (Ganzschrift) 5.85
- (Heimatkunde)
  s.Heimatkundelehrmittel (Einzelformen) 5.92
Ganzschrift im Unterricht 5.76
- (Gymnasium) 5.77
- (Volksschuloberstufe) 5.77
Ganztägige Bildung
  s.Tagesheimschule 1.254
Ganztagserziehung
  s.Tagesschulunterricht 6.193
Ganztagsschule 1.83
- und Gesamtschule
  s.Gesamtschule 1.88
Ganzwortlesemethode 7.119
Ganzwortlesen
  s.Ganzwortlesemethode 7.119
Garnele
  s.Tierkunde (Krebstiere) 9.282
Garten [im Gesamtunterricht]
  s.Arbeitseinheiten (Garten) 6.26
Garten [Lebensgemeinschaft]
  s.Lebensgemeinschaft (Einzelformen) 9.153
Gartenbaufachschule
  s.Fachschule (Landwirtschaftsschule) 1.75
Gartenbauunterricht
  s.Hauswirtschaftsunterricht (Methodische Einzelfragen) 10.80
  s.Schulgarten 5.229
Gartenschädlinge
  s.Insektenschädlinge 9.149
Gasdynamik
  s.Mechanik (Gase) 9.181
  s.Mechanik (Strömungslehre) 9.185
Gasentladung
  s.Elektrizitätslehre (Gasentladung) 9.105
Gasgesetz
  s.Wärmelehre (Spezifische Wärme) 9.301
Gasgesetze
  s.Wärmelehre (Gasgesetze) 9.299
Gaslaser
  s.Optik (Laser) 9.219
Gasreaktion
  s.Chemische Bindung (Reaktionen) 9.98
Gasschmelzschweißen
  s.Berufsfachkunde (Metallgewerbe) 10.26

Gastarbeiter
  s.Politische Bildung (Schuljahr IX)
  8.188
Gastarbeiterkind
  s.Volksschüler 4.235
Gasvolumetrischer Schulversuch
  s.Physikalische Chemie (Molekulargewicht) 9.243
Gaswägung
  s.Physikalische Chemie (Molekulargewicht) 9.243
Gaswechselversuche
  s.Biochemie (Einzelfragen) 9.57
  s.Mechanik (Strömungslehre) 9.185
Gattungstheorie
  s.Poetik 7.183
Gaumenspaltler
  s.Sprachheilpädagogik (Gaumenspaltler) 4.201
Gay-Lussacsches Gesetz
  s.Mechanik (Gase) 9.181
Gebärdensprache
  s.Sprachpsychologie 4.206
  s.Taubstummenunterricht (Gebärdensprache) 6.197
Gebet
  s.Gebetserziehung 10.63
Gebetserziehung 10.63
- (Berufsschule) 10.64
- (Grundschule) 10.64
- (Kleinkind) 10.64
Gebrechliches Kind
  s.Körperbehindertes Kind 4.98
Gebundener Aufsatz
  s.Aufsatz (Freier Aufsatz) 7.27
Gebundener Dialog
  s.Fremdsprachenunterricht (Sprech-
  übung) 7.111
Gebundenes Zeichnen
  s.Zeichnen 10.281
Geburt Christi
  s.Bibelunterricht NT (Weihnachts-
  geschichte) 10.47
Geburtenkontrolle
  s.Völkerkunde (Übervölkerung) 8.210
Geburtenregelung
  s.Völkerkunde (Übervölkerung) 8.210
Geburtstagsfeier im Unterricht
  s.Schulleben 6.167
Gedächtnis 4.63
Gedächtnisfähigkeit
  s.Gedächtnisforschung 4.64
Gedächtnisforschung 4.64
Gedächtnisleistung
  s.Gedächtnispflege 4.65

Gedächtnismodell
  s.Kybernetische Lerntheorie 5.102
Gedächtnispflege 4.65
Gedächtnispsychologie
  s.Gedächtnisforschung 4.64
Gedächtnistheorie
  s.Gedächtnisforschung 4.64
Gedächtnistest
  s.Test 4.216
Gedächtnisuntersuchung
  s.Testverfahren (Sonderschüler)
  4.225
Gedankenkiste
  s.Nachschlagekartei 5.143
Gedicht
  s.Lyrik 7.165
- im Fremdsprachenunterricht
  s.Fremdsprachenunterricht
  (Lyrik) 7.108
- im Geschichtsunterricht
  s.Geschichtslehrmittel (Literarische Quellen) 5.87
- im Lesebuch
  s.Lesebuch (Textauswahl)
  5.129
- im Reifeprüfungsaufsatz
  s.Reifeprüfungsaufsatz (Themenstellung) 7.196
- im Schulfunk
  s.Deutschlehrmittel (Schulfunk)
  5.53
  s.Lyrik im Unterricht (Methodische Einzelfragen) 7.170
- im Unterricht
  s.Lyrik im Unterricht 7.166
- und Ballade
  s.Ballade im Unterricht (Methodische Einzelfragen) 7.42
Gedichtaufsagen
  s.Lyrik im Unterricht (Gedichtvortrag) 7.168
Gedichtauswahl
  s.Lyrik im Unterricht (Gedichtauswahl) 7.167
Gedichtbedeutung
  s.Aufsatz (Literarischer Aufsatz)
  7.28
Gedichtbehandlung
  s.Lyrik im Unterricht 7.166
Gedichtbetrachtung
  s.Lyrik im Unterricht (Gedichtbetrachtung) 7.167
- (Aufsatz)
  s.Aufsatz (Literarischer Aufsatz)
  7.28

Gedichteschreiben
  s.Lyrik im Unterricht (Gedichteschreiben) 7.167
Gedichteübersetzung
  s.Übersetzen (Lyrik) 7.242
Gedichtinteresse
  s.Lyrik im Unterricht (Psychologischer Aspekt) 7.170
Gedichtinterpretation
  s.Lyrik (Interpretation) 7.166
  s.Lyrik im Unterricht (Gedichtinterpretation) 7.168
Gedichtkanon
  s.Lyrik im Unterricht (Gedichtauswahl) 7.167
Gedichtvergleich
  s.Lyrik im Unterricht (Gedichtvergleich) 7.168
Gedichtverständnis
  s.Lyrik im Unterricht (Gedichtbetrachtung) 7.167
Gedichtvortrag
  s.Lyrik im Unterricht (Gedichtvortrag) 7.168
Geduld des Erziehers
  s.Erzieherpersönlichkeit 2.33
Geestinseln
  s.Länderkunde (Nordseeinseln) 8.136
Gefächerter Unterricht und Gesamtunterricht
  s.Gesamtunterricht und Fachunterricht 6.77
Gefährdete Jugend
  s.Jugenderziehung 3.148
  s.Verwahrlosung 4.234
Gefährdetes Mädchen
  s.Schwererziehbarkeit (Jugendalter)
  4.187
Gefäßkryptogamen
  s.Pflanzenkunde (Einzelne Pflanzen)
  9.228
Gefahrenpädagogik
  s.Erziehungsschwierigkeit 4.54
gefallen
  s.Wortfeld im Unterricht (Einzelbeispiele) 7.250
Geflügelhaltung
  s.Vogelkunde (Haushuhn) 9.294
Gefühl 4.65
- (Leibeserziehung)
  s.Körperliche Erziehung 10.103
Gefühlsbetonter Wertungsbereich
  s.Erziehung (Wertproblem) 3.85
Gefühlsbildung
  s.Gemütsbildung 3.127

Gefühlserziehung
  s.Gemütsbildung 3.127
Gefühlsresonanz-Test
  s.Test 4.216
Gegenreformation
  s.Kirchengeschichte (Reformation)
  10.99
  s.Neuzeit (Gegenreformation) 8.153
Gegenständliche Aufmerksamkeit
  s.Aufmerksamkeit 4.26
Gegenständliches Zeichnen
  s.Darstellende Geometrie 9.101
Gegenstandsadäquate Unterrichtsgestaltung
  s.Unterricht (Sachbegegnung) 6.208
Gegenstandsfreies Gestalten
  s.Zeichenunterricht (Gymnasium) 10.278
  s.Zeichenunterricht (Kunsterziehung) 10.278
Gegenstandslose Malerei
  s.Moderne Kunst (Malerei) 10.170
Gegenstandspädagogik
  s.Unterricht (Sachbegegnung) 6.208
Gegenstandswahrnehmung
  s.Wahrnehmungspsychologie (Gegenstandswahrnehmung) 4.238
- (Schulanfänger)
  s.Schulanfänger (Psychologische
  Einzelfragen) 4.171
Gegentyp
  s.Traumerleben 4.228
Gegenübertragung
  s.Psychoanalyse (Übertragung) 4.140
Gegenwartsbetonter Deutschunterricht
  s.Deutschunterricht (Methodische
  Einzelfragen) 7.54
Gegenwartsbetonter Unterricht
  s.Gegenwartsnaher Unterricht 6.74
Gegenwartsdrama 7.120
- im Unterricht 7.120
Gegenwartsfilm
  s.Filmerziehung (Soziologischer
  Aspekt) 3.118
Gegenwartsgesellschaft
  s.Soziologie (Gesellschaft) 3.231
Gegenwartsjugend
  s.Jugendsoziologie (Gegenwarts-
  jugend) 3.151
Gegenwartskunde 8.48
- (DDR) 8.48
- (Landschule)
  s.Politische Bildung (Landschule)
  8.183
- (Literatur)
  s.Gegenwartskunde 8.48

- (Österreich) 8.48
- (Tonband)
  s.Politiklehrmittel (Tonband) 5.153
- (Zeitung)
  s.Politiklehrmittel (Zeitung) 5.153
Gegenwartskundlicher Unterricht
  s.Gegenwartskunde 8.48
Gegenwartsliteratur 7.120
- (Christliche Dichtung) 7.121
- (Einzelfragen) 7.121
- (Roman) 7.121
- (Sprachlicher Aspekt) 7.122
- (Struktur)
  s.Gegenwartsliteratur (Sprachlicher Aspekt) 7.122
Gegenwartsliteratur im Unterricht 7.122
- (Gymnasium) 7.123
- (Technische Welt) 7.123
- (Volksschule) 7.123
Gegenwartslyrik 7.124
Gegenwartslyrik im Unterricht 7.124
- (Volksschule) 7.125
Gegenwartsnahe Erdkunde
  s.Erdkundeunterricht (Lebensnähe) 8.39
Gegenwartsnaher Chemieunterricht
  s.Chemieunterricht (Realschule) 9.92
Gegenwartsnaher Geschichtsunterricht
  s.Geschichtsunterricht (Gegenwartsbezug) 8.72
Gegenwartsnaher Unterricht 6.74
Gegenwartsnahes Rechnen
  s.Sachrechnen (Lebensnähe) 9.274
Gegenwartsnovelle im Unterricht
  s.Novelle im Unterricht 7.182
Gegenwartsroman
  s.Gegenwartsliteratur (Roman) 7.121
- im Unterricht
  s.Gegenwartsliteratur (Roman) 7.121
Gegenwartsschule
  s.Schulreform (Gegenwartsbezug) 1.220
Gegenwartssprache 7.125
Gegliederte Landschule
  s.Landschule 1.132
Geheime Miterzieher
  s.Massenmedien 3.175
Gehemmtes Kind 4.66
gehen
  s.Wortfamilie 7.249
  s.Wortfeld im Unterricht (Einzelbeispiele) 7.250
Gehilfenprüfung
  s.Kaufmännische Berufsschule 1.118

  s.Kaufmännischer Unterricht
  (Lehrabschlußprüfung) 6.106
Gehirn des Menschen
  s.Menschenkunde (Gehirn) 9.190
Gehirngeschädigtes Kind
  s.Hirngeschädigtes Kind 4.84
Gehirnnahrung [Glutaminsäure]
  s.Denkleistung (Glutaminsäure) 4.38
Gehör des Menschen
  s.Menschenkunde (Ohr) 9.192
Gehörbildung
  s.Musikalische Begabung 4.125
  s.Musikunterricht (Gehörbildung) 10.183
  s.Musikunterricht (Musikhören) 10.188
Gehörgeschädigtenschule
  s.Sonderschule für Gehörgeschädigte 1.243
Gehörlosenbildung
  s.Gehörlosenschule 1.84
  s.Taubstummenbildung 6.193
- (Geschichtsunterricht)
  s.Geschichtsunterricht (Sonderschule) 8.84
- (Sprachunterricht)
  s.Taubstummenunterricht (Sprachunterricht) 6.200
Gehörlosenkindergarten
  s.Kindergärtnerin 2.53
Gehörlosenlehrer
  s.Taubstummenlehrer 2.141
Gehörlosenschule 1.84
- (Begabtenförderung) 1.85
- (Bundesländer) 1.85
- (Geschichte) 1.86
- (Schweiz) 1.86
Gehörlosenunterricht
  s.Taubstummenunterricht 6.195
Gehörloses Kind 4.66
Gehörloses Kleinkind
  s.Taubstummenbildung (Früherfassung) 6.194
Gehörloses Schulkind
  s.Taubstummes Kind 4.214
Gehörlosigkeit
  s.Gehörloses Kind 4.66
Gehörmessung
  s.Audiometrie 4.26
Gehörtypen
  s.Musikalische Fähigkeit 4.126
Gehörverlust
  s.Gehörloses Kind 4.66
Gehorsam 3.125
- (Ungehorsam) 3.126

[Forts.: Gehorsam]
- und Freiheit
  s.Autorität und Freiheit 3.23
Geier
  s.Vogelkunde (Greifvögel) 9.294
Geige
  s.Musikinstrument (Einzelformen)
    5.139
Geiger-Müller-Zählrohr
  s.Atomphysik (Zählrohre) 9.55
Geistesgeschichte (England/Deutschland)
  s.Geschichtsphilosophie (Einzelfragen) 8.64
Geisteskrankheit 4.66
Geistesschwaches Kind
  s.Hilfsschulkind 4.81
  s.Schwachsinniges Kind 4.185
Geisteswissenschaft und Naturwissenschaft
  s.Naturwissenschaft (Geisteswissenschaft) 9.211
Geisteswissenschaftliche Bildung
  s.Humanistische Bildung 3.146
Geisteswissenschaftliche Pädagogik
  s.Pädagogik (Wissenschaftscharakter) 3.189
Geistgeborener Mensch
  s.Philosophische Anthropologie 3.198
Geistig behindertes Kind 4.67
- (Heilpädagogische Betreuung) 4.67
- (Soziologischer Aspekt) 4.68
Geistigbehindertenschule
  s.Sonderschule für geistig Behinderte 1.244
  s.Sonderschulunterricht (Geistig behindertes Kind) 6.185
Geistige Arbeit des Schülers
  s.Selbsttätigkeit 6.182
Geistige Begabung
  s.Begabung 4.28
Geistige Entwicklung 4.69
- (Mathematikunterricht)
  s.Mathematikunterricht (Psychologischer Aspekt) 9.171
Geistige Fähigkeit
  s.Denkerziehung 6.53
Geistige Hygiene
  s.Psychohygiene 4.144
Geistige Kindesentwicklung
  s.Entwicklungspsychologie (Kindheit) 4.42
Geistige Konzentration
  s.Konzentrationsfähigkeit 4.100
Geistige Leistungsfähigkeit
  s.Leibeserziehung (Geistige Leistungsfähigkeit) 10.134
  s.Leistungsfähigkeit 4.107
Geistige Leistungskraft
  s.Arbeitshaltung des Schülers 6.36
  s.Leistungsfähigkeit 4.107
Geistige Leistungsstörung
  s.Leistungsstörung 4.109
Geistige Selbständigkeit
  s.Selbsttätigkeit (Psychologischer Aspekt) 6.184
Geistige Unansprechbarkeit
  s.Schulverhalten 4.183
Geistige und körperliche Leistungsfähigkeit
  s.Leistungsfähigkeit 4.107
Geistiges Reifen
  s.Geistige Entwicklung 4.69
Geistiges Wachstum
  s.Geistige Entwicklung 4.69
Geistliches Drama
  s.Drama 7.64
Geistliches Lied
  s.Volkslied (Geistliches Lied) 10.258
Geistorthopädische Übung
  s.Sonderschulunterricht (Methodische Einzelfragen) 6.186
Geländedarstellung
  s.Kartenverständnis 8.106
Geländeklimatologie
  s.Geophysik 9.137
Geländespiel
  s.Leibeserziehung (Orientierungslauf) 10.147
Geländeturnen
  s.Turnunterricht 10.246
Gelbhalsmaus
  s.Tierkunde (Nagetiere) 9.282
Gelbrandkäferlarven
  s.Insektenkunde (Käfer) 9.147
Geld
  s.Kulturgeschichtliche Längsschnitte (Geld) 8.111
  s.Wirtschaftskunde (Geldwirtschaft) 8.233
- [im Gesamtunterricht]
  s.Arbeitseinheiten 6.23
Geldinteresse des Jugendlichen
  s.Berufswahl (Motivation) 3.53
Geldwirtschaft
  s.Wirtschaftskunde (Geldwirtschaft) 8.233
Gelegenheitsunterricht
  s.Arbeitseinheiten 6.23
  s.Biologieunterricht (Schülerbeobachtung) 9.74

s.Evangelische Unterweisung (Methodische Einzelfragen) 10.59
s.Schullandheimaufenthalt (Unterrichtsaspekt) 6.167
Gelehrtendeutsch
  s.Fachsprachen 7.94
Gelenkte Gruppierung
  s.Gruppenpädagogik 3.138
  s.Kindergarten (Arbeitsformen) 1.122
Gelenkte Hausaufgabe
  s.Hausaufgabe 6.96
Gelhardsche Bausteine
  s.Grammatikunterricht (Satzbaukasten) 7.131
Geltungsbedürfnis
  s.Verhaltensstörung (Einzelformen) 4.233
Gemäldegalerie
  s.Kunstlehrmittel (Museumsbesuch) 5.96
Gemarkungsrelief
  s.Relief 5.196
Gemeinde
  s.Politik (Kommunalpolitik) 8.164
Gemeindehaushalt
  s.Politik (Kommunalpolitik) 8.164
Gemeindeverwaltung
  s.Sozialkunde (Gemeindeverwaltung) 8.197
Gemeinsame Schule
  s.Gesamtschule 1.88
Gemeinsamer Markt
  s.Wirtschaftsgeographie (Europäische Integration) 8.221
  s.Zeitgeschichte (Europäische Gemeinschaften) 8.240
Gemeinsamer Religionsunterricht
  s.Religionsunterricht (Konfessionalität) 10.214
Gemeinschaftsarbeit 6.74
- (Aufsatzunterricht)
  s.Aufsatzunterricht (Methodische Einzelfragen) 7.34
- (Kunsterziehung)
  s.Kunsterziehung (Gemeinschaftsarbeit) 10.113
- (Zeichenunterricht)
  s.Zeichenunterricht (Gemeinschaftsarbeit) 10.277
Gemeinschaftserlebnis
  s.Gemeinschaftserziehung 3.126
Gemeinschaftserziehung 3.126
- (DDR) 3.127
- (Grundschule)

  s.Sozialerziehung in der Schule (Grundschule) 3.225
- (Gruppe)
  s.Gruppenpädagogik 3.138
- (Knaben und Mädchen)
  s.Koedukation 3.158
- (Landschule)
  s.Sozialerziehung in der Schule (Landschule) 3.226
- (Politische Bildung)
  s.Politische Bildung (Gemeinschaftskunde) 8.178
  s.Sozialkunde 8.196
- (Schullandheim)
  s.Schullandheimaufenthalt (Sozialverhalten) 6.166
- (Sonderschule)
  s.Sozialerziehung in der Schule (Sonderschule) 3.226
Gemeinschaftsfähigkeit
  s.Gemeinschaftserziehung 3.126
Gemeinschaftsgesinnung
  s.Gemeinschaftserziehung 3.126
Gemeinschaftskunde 8.49
- (Berufsschule) 8.49
- (Biologieunterricht)
  s.Biologieunterricht (Erziehungswert) 9.65
- (Bundesländer) 8.50
- (Deutschunterricht)
  s.Politische Bildung (Deutschunterricht) 8.173
- (Didaktischer Aspekt) 8.50
- (Eigentum)
  s.Wirtschaftskunde (Eigentum) 8.232
- (Einführung) 8.50
- (Erdkunde) 8.50
- (Europagedanke)
  s.Zeitgeschichtsunterricht (Europa) 8.251
- (Exemplarisches Lehren)
  s.Gemeinschaftskunde (Methodische Einzelfragen) 8.52
- (Geld)
  s.Wirtschaftskunde (Geldwirtschaft) 8.233
- (Gesamtunterricht)
  s.Sozialkunde (Fach oder Prinzip) 8.197
- (Geschichtsunterricht) 8.51
- (Grundschule)
  s.Sozialkunde (Grundschule) 8.198
- (Hausaufsatz)
  s.Gemeinschaftskunde (Methodische Einzelfragen) 8.52

[Forts.: Gemeinschaftskunde]
- (Integration)
  s.Gemeinschaftskunde (Didaktischer Aspekt) 8.50
- (Jahresarbeit)
  s.Gemeinschaftskunde (Wirtschaftskunde) 8.54
- (Kritik) 8.51
- (Kurzschuljahr)
  s.Gemeinschaftskunde (Methodische Einzelfragen) 8.52
- (Landschule)
  s.Politische Bildung (Landschule) 8.183
- (Lehrplan)
  s.Politische Bildung (Lehrplan) 8.183
- (Mädchenbildung) 8.52
- (Methodische Einzelfragen) 8.52
- (Moderne Stadt)
  s.Gemeinschaftskunde (Unterrichtsbeispiele) 8.54
- (Osteuropa)
  s.Ostkunde (Politische Bildung) 8.157
- (Politische Bildung) 8.52
- (Politische Weltkunde) 8.52
- (Rahmenstoffplan)
  s.Staatsbürgerliche Erziehung (Lehrplan) 8.207
- (Realschule) 8.53
- (Recht)
  s.Rechtskunde (Berufsschule) 8.194
  s.Rechtskunde (Politische Bildung) 8.196
- (Reformsituation) 8.53
- (Religionsunterricht)
  s.Religionsunterricht (Sozialkunde) 10.223
- (Richtlinien) 8.53
- (Schülerbericht)
  s.Sozialkunde (Methodische Einzelfragen) 8.200
- (Sonderschule)
  s.Politische Bildung (Sonderschule) 8.189
- (Sozialkunde)
  s.Gemeinschaftskunde (Politische Bildung) 8.52
- (Soziologie) 8.54
- (Sprachübung)
  s.Sprachunterricht (Berufsschule) 7.223
- (Tageszeitung)
  s.Politiklehrmittel (Zeitung) 5.153

- (Themenkatalog)
  s.Gemeinschaftskunde (Richtlinien) 8.53
- (Tierverhalten)
  s.Gemeinschaftskunde (Unterrichtsbeispiele) 8.54
- (Tonfilm)
  s.Politiklehrmittel (Film) 5.151
- (Unterrichtsbeispiele) 8.54
- (Unterrichtsfach)
  s.Sozialkunde (Fach oder Prinzip) 8.197
- (Unterrichtsprinzip)
  s.Gemeinschaftskunde (Didaktischer Aspekt) 8.50
- (Verkehrserziehung)
  s.Verkehrsunterricht (Politische Bildung) 10.253
- (Volksschule)
  s.Politische Bildung (Gemeinschaftskunde) 8.178
- (Wirtschaftskunde) 8.54
Gemeinschaftskunderaum
  s.Schulgebäude (Fachräume) 1.186
Gemeinschaftskundliche Arbeitswochen
  s.Gemeinschaftskunde (Methodische Einzelfragen) 8.52
Gemeinschaftskundliche Schulausstellung
  s.Schulische Ausstellung 5.235
Gemeinschaftslehrwerkstatt
  s.Schulwerkstatt 5.236
Gemeinschaftsmesse
  s.Katholische Kindermesse 10.89
Gemeinschaftsraum
  s.Schulgebäude (Festraum) 1.187
Gemeinschaftsschule 1.86
- (Christliche Gemeinschaftsschule) 1.87
- oder Bekenntnisschule 1.87
Gemeinschaftsschwierigkeit 4.69
Gemeinschaftsunfähigkeit
  s.Gemeinschaftsschwierigkeit 4.69
Gemeinsinn
  s.Politische Bildung 8.170
Gemeinsprache
  s.Umgangssprache 7.242
Gemener Kongreß 1960
  s.Politische Bildung (Tagungsberichte) 8.190
Gemischte Antiqua
  s.Schreibenlernen (Schriftformen) 7.209
Gemüt
  s.Gemütsbildung 3.127
Gemütsbildung 3.127
Gemütserziehung
  s.Gemütsbildung 3.127

Gemütspflege
 s.Gemütsbildung 3.127
Generationsproblem 3.128
- (Lehrer)
 s.Lehrer (Generationsproblem) 2.62
- (Schulreform)
 s.Schulreform (Psychologischer
 Aspekt) 1.223
Generative Grammatik
 s.Grammatik 7.126
 s.Neusprachlicher Unterricht
 (Grammatik) 7.180
Genesiserzählung
 s.Bibelunterricht AT (Schöpfungsbericht) 10.39
Genetik
 s.Vererbungslehre (Genetik) 9.291
- (Informationstheorie)
 s.Kybernetische Lerntheorie (Einzelfragen) 5.103
Genetischer Mathematikunterricht
 s.Mathematikunterricht (Gymnasium)
 9.165
Genetisches Grundgesetz
 s.Abstammungslehre (Biogenetisches Grundgesetz) 9.22
Genetisches Lehren
 s.Didaktik 6.53
 s.Programmiertes Lernen (Mathematik) 5.176
Genetisches Unterrichtsprinzip
 s.Didaktik 6.53
Genf
 s.Länderkunde (Schweiz:Einzelne
 Kantone) 8.140
Genfer Rotkreuzabkommen
 s.Politische Bildung (Rotes
 Kreuz) 8.187
Genossenschaftswesen
 s.Wirtschaftskunde (Genossenschaftswesen) 8.234
Genuine Linkshändigkeit
 s.Linkshändigkeit 4.121
Genus verbi
 s.Verblehre (Einzelfragen) 7.243
Genußsucht
 s.Erziehung zum Verzicht 3.86
 s.Suchtgefährdung 3.237
Geochemie
 s.Allgemeine Erdkunde 8.19
 s.Mineralogie 9.196
Geographenkongreß
 s.Geographielehrer 2.36
Geographie
 s.Erdkunde 8.29

Geographielehrbuch
 s.Erdkundelehrbuch 5.60
Geographielehrer 2.36
Geographielehrmittel
 s.Erdkundelehrmittel 5.61
Geographieunterricht
 s.Erdkundeunterricht 8.31
 s.Erdkundeunterricht (Gymnasium)
 8.37
Geographische Arbeitsblätter
 s.Erdkundelehrmittel (Arbeitsblätter) 5.62
Geographische Arbeitsgemeinschaft
 s.Erdkundeunterricht (Arbeitsgemeinschaft) 8.33
Geographische Exkursion
 s.Erdkundeunterricht (Lehrwanderung) 8.39
Geographische Heimatkunde
 s.Heimatkundeunterricht (Erdkunde)
 8.98
Geographische Interessen
 s.Interesse des Schülers 4.91
Geographische Kausalprofile
 s.Erdkundeunterricht (Methodische
 Einzelfragen) 8.40
Geographische Räume
 s.Allgemeine Erdkunde 8.19
Geographische Reifeprüfungsthemen
 s.Erdkundeunterricht (Reifeprüfung) 8.43
Geographischer Fachraum
 s.Schulgebäude (Fachräume) 1.186
Geographischer Film
 s.Erdkundelehrmittel (Film) 5.64
Geographisches Denken
 s.Erdkundeunterricht (Psychologischer Aspekt) 8.42
Geographisches Jugendbuch
 s.Erdkundelehrmittel (Jugendbuch)
 5.65
Geographisches Lehrbuchbild
 s.Erdkundelehrmittel (Bildformen) 5.56
Geographisches Relief
 s.Relief 5.196
Geologie 8.55
- (Alpen) 8.55
- (Eiszeiten) 8.55
- (Erdgeschichte) 8.55
- (Fossilien) 8.56
- im Unterricht
 s.Erdkundeunterricht (Erdgeschichte)
 8.35
Geologieschrank
 s.Erdkundelehrmittel (Geologie) 5.65

Geologische Gesteinssammlung
  s.Erdkundeunterricht (Erdgeschich-
  te) 8.35
Geologische Karte
  s.Geologie 8.55
Geologische Schulwanderung
  s.Erdkundeunterricht (Lehrwanderung)
  8.39
Geologisches Meßtischblatt
  s.Erdkundelehrmittel (Geologie) 5.65
Geometrie 9.123
- (Algebraisierung)
  s.Geometrie (Einzelfragen) 9.126
- (Axiomatik) 9.124
- (Differentialgeometrie) 9.124
- (Dreieck) 9.125
- (Ebene Geometrie) 9.126
- (Einzelfragen) 9.126
- (Flächenberechnung) 9.126
- (Invarianz)
  s.Geometrie (Einzelfragen) 9.126
- (Kegel) 9.127
- (Konstruktionen) 9.127
- (Kreis) 9.127
- (Kreisberechnung) 9.128
- (Kreiszahl pi) 9.128
- (Kugel) 9.128
- (Kugelberechnung) 9.129
- (Maße/Gewichte) 9.129
- (Nichteuklidische Geometrie) ... 9.129
- (Pyramide) 9.130
- (Pythagoreischer Lehrsatz) 9.130
- (Räumliche Geometrie) 9.130
- (Rauminhaltsberechnung) 9.131
- (Reelle Zahlen)
  s.Geometrie (Axiomatik) 9.124
- (Topologie) 9.131
- (Trapez) 9.132
- (Trigonometrie) 9.132
- (Vektorbegriff)
  s.Vektorrechnung 9.289
- (Vielecke) 9.132
- (Vierecke) 9.132
- (Winkel) 9.133
- (Zahlen)
  s.Algebra (Zahlentheorie) 9.31
Geometrielehrbuch
  s.Geometrielehrmittel 5.77
  s.Rechenbuch (DDR) 5.188
Geometrielehrmittel 5.77
Geometrieunterricht 9.133
- (Anschauung) 9.134
- (Arbeitsgemeinschaft)
  s.Geometrieunterricht (Gymnasium)
  9.135

- (Arbeitsmittel)
  s.Geometrielehrmittel 5.77
- (Berufsschule) 9.134
- (Beweisversuche)
  s.Geometrieunterricht (Methodi-
  sche Einzelfragen) 9.135
- (Bildungswert)
  s.Geometrieunterricht(Gymnasium) 9.135
- (Denkschulung)
  s.Geometrieunterricht (Psycholo-
  gischer Aspekt) 9.136
- (Einführung) 9.134
- (Grundschule) 9.134
- (Gymnasium) 9.135
- (Hauptschule)
  s.Geometrieunterricht (Volksschule)
  9.137
- (Lebensnähe)
  s.Geometrieunterricht (Methodische
  Einzelfragen) 9.135
- (Methodische Einzelfragen) 9.135
- (Propädeutik)
  s.Geometrieunterricht (Einführung)
  9.134
- (Psychologischer Aspekt) 9.136
- (Reform) 9.136
- (Schülerübung) 9.136
- (Schuljahr IX)
  s.Geometrieunterricht (Volksschule)
  9.137
- (Sonderschule) 9.136
- (Unterstufe)
  s.Geometrieunterricht (Grundschu-
  le) 9.134
- (Veranschaulichung)
  s.Geometrieunterricht (Anschauung)
  9.134
- (Verkehrserziehung)
  s.Verkehrsunterricht (Einzelne
  Fächer) 10.250
- (Volksschule) 9.137
Geometrisch-Optische Täuschung
  s.Optische Täuschung 4.130
Geometrische Begriffe
  s.Geometrieunterricht 9.133
Geometrische Konstruktionen
  s.Geometrie (Konstruktionen) 9.127
Geometrische Linsenoptik
  s.Optik (Linsenoptik) 9.219
Geometrische Örter
  s.Analytische Geometrie (Einzelfragen) 9.36
Geometrische Schülerübung
  s.Geometrieunterricht (Schülerübung) 9.136

Geometrische Strukturerfassung
 s.Geometrieunterricht (Psychologischer Aspekt) 9.136
Geometrische Verwandtschaft
 s.Abbildungsgeometrie (Affinität) 9.20
Geometrischer Ort
 s.Geometrie (Dreieck) 9.125
Geometrischer Vorkurs
 s.Geometrieunterricht (Einführung) 9.134
Geometrisches Mittel
 s.Algebra (Quadratwurzel) 9.30
Geometrisches Zeichnen
 s.Darstellende Geometrie 9.101
 s.Zeichnen (Geometrisches Zeichnen) 10.282
Geomorphologie
 s.Allgemeine Erdkunde (Geomorphologie) 8.20
Geomorphologische Karte
 s.Erdkundelehrmittel (Karten) 5.66
Geophysik 9.137
- (Höhenstrahlung) 9.137
Geopolitik
 s.Politik (Geopolitik) 8.162
Geordnetes Schülergespräch
 s.Unterrichtsgespräch 6.210
Geozentrisches Weltmodell
 s.Astronomielehrmittel 5.33
Geradenspiegelung
 s.Abbildungsgeometrie (Einzelfragen) 9.20
Gerätebahn
 s.Geräteturnen 10.64
Geräteturnen 10.64
- (Barren) 10.65
- (Bewegungsstruktur)
 s.Geräteturnen (Methodische Einzelfragen) 10.66
- (Einzelne Geräte) 10.65
- (Film)
 s.Sportlehrmittel (Film) 5.238
- (Grundschule) 10.65
- (Hilfestellung) 10.65
- (Klettern) 10.66
- (Lehrplan) 10.66
- (Leistungsriege)
 s.Geräteturnen (Methodische Einzelfragen) 10.66
- (Medizinischer Aspekt) 10.66
- (Methodische Einzelfragen) 10.66
- (Mutschulung)
 s.Leibeserziehung (Mutschulung) 10.145
- (Reck) 10.67
- (Rhythmus) 10.67
- (Ringe) 10.67
- (Schwebebalken) 10.68
- (Sprungkasten) 10.68
- (Stufenbarren) 10.68
- (Systematik)
 s.Geräteturnen (Lehrplan) 10.66
- (Trampolin) 10.69
- (Übungsformen) 10.69
- (Unfallverhütung)
 s.Geräteturnen (Hilfestellung) 10.65
- (Wandtafelskizze)
 s.Sportlehrmittel (Sachzeichnen) 5.239
Gerätevierek
 s.Geräteturnen (Einzelne Geräte) 10.65
Gerechte Zensuren
 s.Notengebung (Kritik) 6.132
Gerechter Lohn
 s.Wirtschaftskunde (Arbeitnehmer) 8.231
Gerechtigkeit
 s.Rechtskunde (Gerechtigkeit) 8.195
Gerichtsverhandlung
 s.Rechtskunde (Gerichtsverhandlung) 8.195
Gerichtswesen
 s.Rechtskunde (Einzelfragen) 8.194
Germanen
 s.Altertum (Germanen) 8.22
- und Römer
 s.Deutsche Geschichte (Römer) 8.26
Germanist
 s.Deutschlehrer 2.30
Germanistik
 s.Literaturwissenschaft 7.165
Germanium-Diode
 s.Elektrizitätslehre (Gleichrichter) 9.105
Geromat III-G
 s.Lehrgerät (Adaptives Lehrgerät) 5.116
Geruchswahrnehmung
 s.Wahrnehmungspsychologie 4.237
Gerundium
 s.Lateinische Grammatik (Einzelfragen) 7.143
Gerundivum
 s.Lateinische Grammatik (Einzelfragen) 7.143
Gesamtdeutsche Synode und Schule
 s.Schule und Evangelische Kirche 1.177

Gesamtdeutsche Verantwortung
  s.Ostkunde (Politische Bildung)
  8.157
Gesamtlehrer
  s.Klassenlehrer 2.55
Gesamtoberschule
  s.Gesamtschule 1.88
Gesamtplan
  s.Rahmenplan 1.155
- des Deutschen Instituts [1964]
  s.Schulreform (Gesamtplan des
  Deutschen Instituts) 1.221
Gesamtschule 1.88
- (Arbeitslehre)
  s.Arbeitslehre 6.36
- (Auslandsschule)
  s.Deutsches Auslandsschulwesen
  1.54
Gesamtunterricht 6.74
- (Abschlußklasse)
  s.Gesamtunterricht (Volksschuloberstufe) 6.77
- (Afrika)
  s.Länderkunde (Afrika:Unterrichts-
  entwurf) 8.115
- (Anfangsunterricht)
  s.Anfangsunterricht 6.21
- (Anthropologischer Aspekt)
  s.Gesamtunterricht (Psychologischer Aspekt) 6.76
- (Außereuropäische Lyrik)
  s.Lyrik im Unterricht (Methodische Einzelfragen) 7.170
- (Australien)
  s.Länderkunde (Australien:Unter-
  richtsentwurf) 8.117
- (Bildungseinheit) 6.75
- (Biologie)
  s.Biologieunterricht (Grundschule) 9.67
- (Diskussion) 6.75
- (Erdöl)
  s.Wirtschaftsgeographie (Erdöl:
  Unterrichtsentwurf) 8.219
- (Erstrechenunterricht)
  s.Erstrechenunterricht (Methodische Einzelfragen) 9.116
- (Exemplarischer Unterricht)
  s.Exemplarischer Unterricht (Einzelfragen) 6.64
- (Fachunterricht)
  s.Gesamtunterricht und Fachunterricht 6.77
- (Fibel)
  s.Fibel im Unterricht 5.71

- (Film)
  s.Unterrichtsfilm (Gesamtunterricht) 5.254
- (Fotografie)
  s.Schulfotografie (Einzelfragen)
  5.222
- (Frankreich)
  s.Länderkunde (Frankreich) 8.125
- (Ganzheitliches Lesenlernen)
  s.Ganzheitliches Lesenlernen
  (Methodische Einzelfragen) 7.118
- (Geschichte) 6.75
- (Geschichtsstoff)
  s.Geschichtsunterricht (Methodische Einzelfragen) 8.78
- (Grundschule) 6.76
- (Jugendbuch)
  s.Jugendbuch im Unterricht (Sachunterricht) 5.95
- (Kunsterziehung)
  s.Kunsterziehung (Grundschule)
  10.114
- (Landschule) 6.76
- (Lehrplan)
  s.Lehrplan (Gesamtunterricht) 6.117
- (Märchen)
  s.Märchen im Unterricht (Grundschule) 7.174
  s.Märchen im Unterricht (Methodische Einzelfragen) 7.174
- (Meer)
  s.Meeresforschung (Unterrichtsaspekt) 8.148
- (Naturkunde)
  s.Biologieunterricht (Grundschule) 9.67
- (Otto, Berthold)
  s.Gesamtunterricht (Geschichte)
  6.75
- (Psychologischer Aspekt) 6.76
- (Sandkasten)
  s.Sandkasten 5.203
- (Schulfunk)
  s.Schulfunk (Einzelfragen) 5.226
- (Schullandheim)
  s.Schullandheimaufenthalt (Unterrichtsaspekt) 6.167
- (Schulleistung)
  s.Gesamtunterricht (Psychologischer Aspekt) 6.76
- (Singen)
  s.Liedpflege (Grundschule) 10.162
- (Sprachunterricht)
  s.Sprachunterricht (Fächerverbindung) 7.224

- (Südamerika)
  s.Länderkunde (Südamerika) 8.143
- (Verkehrserziehung)
  s.Verkehrsunterricht (Einzelne
  Fächer) 10.250
- (Volksschule) 6.76
- (Volksschuloberstufe) 6.77
- (Werkunterricht)
  s.Werkunterricht (Einzelne
  Fächer) 10.270
- und Fachunterricht 6.77
- und Ganzheitsunterricht 6.78
Gesamtunterrichtliche Gruppenarbeit
  s.Biologieunterricht (Gruppenun-
  terricht) 9.68
Gesamtverband Deutscher Mittel- und
  Realschullehrer
  s.Lehrerverbände 2.116
Gesang
  s.Gesangunterricht 10.69
  s.Liedpflege 10.161
Gesangunterricht 10.69
- (Grundschule) 10.70
- (Lied)   s.Liedpflege 10.161
Geschichte 8.56
- (Afrika) 8.56
- (Amerika) 8.57
- (Anthropologie)
  s.Geschichtsphilosophie 8.63
- (Asien) 8.57
- (China) 8.57
- (Ethik)
  s.Geschichtsphilosophie 8.63
- (Europa) 8.57
- (Hilfswissenschaften) 8.58
- (Islam) 8.58
- (Österreich) 8.58
- (Rußland) 8.58
- (Schweiz) 8.58
- (Universalgeschichte) 8.59
- (USA) 8.59
- der Barmherzigkeit
  s.Geschichtsunterricht (Weltanschauungsfragen) 8.88
- der Berufsausbildung
  s.Berufsausbildung (Geschichte)
  6.42
- der Berufserziehung
  s.Berufserziehung (Geschichte) 3.39
- der Berufsschule
  s.Berufsbildendes Schulwesen
  (Geschichte) 1.36
- der Berufsschullehrerbildung
  s.Berufsschullehrerbildung
  (Geschichte) 2.27

- der Biologie
  s.Biologie 9.58
- der Bruchrechnung
  s.Bruchrechnen (Geschichte) 9.83
- der Chemie
  s.Chemie (Geschichte) 9.85
- der deutschen Lyrik
  s.Lyrik (Geschichte) 7.166
- der deutschen Sprache
  s.Sprachgeschichte 7.216
- der Erziehung
  s.Erziehungsgeschichte 3.93
- der Erwachsenenbildung
  s.Erwachsenenbildung (Geschichte)
  1.67
- der Evangelischen Unterweisung
  s.Evangelische Unterweisung
  (Geschichte) 10.57
- der exakten Wissenschaften
  s.Naturwissenschaft 9.210
- der Ganzheitsmethode
  s.Ganzheitliches Lesenlernen
  (Geschichte) 7.116
- der Gehörlosenschule
  s.Gehörlosenschule (Geschichte)
  1.86
- der Gewerbelehrerbildung
  s.Gewerbelehrerbildung 2.38
- der gewerblichen Berufsschule
  s.Berufsbildendes Schulwesen
  (Geschichte) 1.36
- der Gymnastik
  s.Gymnastik (Geschichte) 10.72
- der Kunsterziehung
  s.Kunsterziehung (Geschichte) 10.114
- der Lehrerbildung
  s.Lehrerbildung (Geschichte) 2.82
- der Lehrerfortbildung
  s.Lehrerfortbildung 2.105
- der Leibeserziehung
  s.Leibeserziehung (Geschichte)
  10.134
- der Leselehrmethoden
  s.Leselehrmethoden (Geschichte)
  7.151
- der Mathematik
  s.Mathematik (Geschichte) 9.159
- der Methodik
  s.Methodik (Geschichte) 6.125
- der Olympischen Spiele
  s.Sport (Olympische Spiele) 10.243
- der Optik
  s.Optik (Einzelfragen) 9.218
- der Pädagogik
  s.Erziehungsgeschichte 3.93

[Forts.: Geschichte]
- der Pädagogik in der Lehrerbildung
  s.Lehrerbildung (Geschichte der Pädagogik) 2.83
- der Pädagogischen Hochschule
  s.Pädagogische Hochschule (Geschichte) 2.126
- der Pädagogischen Psychologie
  s.Pädagogische Psychologie (Geschichte) 4.132
- der Physik
  s.Physik (Geschichte) 9.240
- der Psychoanalyse
  s.Psychoanalyse (Geschichte) 4.139
- der Psychologie
  s.Psychologie (Geschichte) 4.147
- der Realschule
  s.Realschule (Geschichte) 1.162
- der Reifeprüfung
  s.Reifeprüfung (Geschichte) 1.166
- der Schulreform
  s.Schulreform (Geschichte) 1.221
- der Taubstummenbildung
  s.Taubstummenbildung (Geschichte) 6.194
- der Testpsychologie
  s.Testpsychologie 4.221
- der Volksschule
  s.Schulreform (Geschichte) 1.221
- des Altertums
  s.Altertum 8.21
- des Arbeitsschulunterrichts
  s.Arbeitsschulunterricht (Geschichte) 6.39
- des Ballspiels
  s.Ballspiel (Geschichte) 10.20
- des berufsbildenden Schulwesens
  s.Berufsbildendes Schulwesen (Geschichte) 1.36
- des Bildungswesens
  s.Erziehungsgeschichte 3.93
- des Biologieunterrichts
  s.Biologieunterricht (Geschichte) 9.66
- des Deutschunterrichts
  s.Deutschunterricht (Geschichte) 7.49
- des Erdkundeunterrichts
  s.Erdkundeunterricht (Geschichte) 8.37
- des Gesamtunterrichts
  s.Gesamtunterricht (Geschichte) 6.75
- des Handballspiels
  s.Ballspiel (Geschichte) 10.20
- des Jugendbuchs
  s.Jugendbuch (Geschichte) 7.138
- des kaufmännischen Berufsschulwesens
  s.Berufsbildendes Schulwesen (Geschichte) 1.36
- des kaufmännischen Schulwesens
  s.Kaufmännisches Schulwesen (Geschichte) 1.120
- des Kindergartens
  s.Kindergarten (Geschichte) 1.124
- des Kurzschriftunterrichts
  s.Kurzschriftunterricht (Geschichte) 10.125
- des Lehrerstandes
  s.Lehrerstand (Geschichte) 2.114
- des Lehrplans
  s.Lehrplan (Geschichte) 6.117
- des Lesebuchs
  s.Lesebuch (Geschichte) 5.128
- des Mathematikunterrichts
  s.Mathematikunterricht (Geschichte) 9.165
- des Mittelalters
  s.Mittelalter 8.148
- des Musikunterrichts
  s.Musikunterricht (Geschichte) 10.184
- des Rechenbuchs
  s.Rechenbuch (Geschichte) 5.188
- des Rechenunterrichts
  s.Rechenunterricht (Geschichte) 9.267
- des Studienseminars
  s.Studienseminar (Geschichte) 2.141
- des Taubstummenbildungswesens
  s.Gehörlosenschule (Geschichte) 1.86
- des Unterrichtsfilms
  s.Unterrichtsfilm (Geschichte) 5.254
- und Jugend
  s.Geschichtsunterricht (Psychologischer Aspekt) 8.81
- und Wirtschaft
  s.Wirtschaftskunde (Einzelfragen) 8.232

Geschichte/Sozialkunde/Erdkunde
  s.Gemeinschaftskunde 8.49
Geschichten-Erzählen
  s.Erzählen im Unterricht 6.61
Geschichtliche Begegnung
  s.Geschichtsphilosophie (Einzelfragen) 8.64
Geschichtliche Bildung
  s.Geschichtsunterricht (Bildungswert) 8.68
Geschichtliche Grundkenntnisse
  s.Geschichtsunterricht (Datenkenntnis) 8.68

Geschichtliche Persönlichkeit
  s.Geschichtsunterricht (Historische Persönlichkeit) 8.76
Geschichtliche Unterweisung
  s.Geschichtsunterricht 8.66
Geschichtliche Volkssage
  s.Geschichtslehrmittel (Ganzschrift) 5.85
Geschichtliche Wahrheit
  s.Geschichtsphilosophie (Geschichtliche Wahrheit) 8.65
Geschichtlicher Arbeitsunterricht
  s.Geschichtsunterricht (Selbsttätigkeit) 8.83
Geschichtlicher Erstunterricht
  s.Geschichtsunterricht (Vorkurs) 8.88
Geschichtlicher Lehrstoff
  s.Geschichtsunterricht (Stoffauswahl) 8.85
Geschichtlicher Vorkurs
  s.Geschichtsunterricht (Vorkurs) 8.88
Geschichtliches Bewußtsein
  s.Geschichtsverständnis 8.91
Geschichtliches Denken
  s.Geschichte 8.56
Geschichtliches Hörspiel
  s.Geschichtslehrmittel (Schulfunk) 5.88
Geschichtliches Jugendbuch
  s.Geschichtslehrmittel (Jugendbuch) 5.85
Geschichtliches Lehrmittel
  s.Geschichtslehrmittel 5.82
Geschichtliches Leseheft
  s.Geschichtslehrmittel (Ganzschrift) 5.85
Geschichtlichkeit
  s.Geschichtsphilosophie 8.63
Geschichtsablauf
  s.Geschichtsschreibung 8.65
Geschichtsarbeit
  s.Geschichtsunterricht (Leistungskontrolle) 8.77
Geschichtsatlas 5.78
Geschichtsauffassung
  s.Geschichtsphilosophie 8.63
Geschichtsband
  s.Geschichtsfries 5.78
Geschichtsbetrachtung
  s.Geschichtsunterricht 8.66
  s.Geschichtsunterricht (Methodische Einzelfragen) 8.78

Geschichtsbewußtsein
  s.Geschichtsphilosophie (Einzelfragen) 8.63
  s.Geschichtsverständnis 8.91
Geschichtsbild 8.59
- (DDR) 8.60
- (Deutsches Geschichtsbild) 8.60
- (Geschichtsunterricht)
  s.Geschichtsunterricht (Geschichtsbild) 8.72
- (Nationalsozialismus)
  s.Geschichtsbild 8.59
  s.Zeitgeschichtsunterricht (Nationalsozialismus) 8.254
- (Revision) 8.60
Geschichtsbilder
  s.Geschichtslehrmittel (Bildformen) 5.83
Geschichtsbuch
  s.Geschichtslehrbuch 5.79
- (Mitteldeutschland)
  s.Geschichtslehrbuch (DDR) 5.84
Geschichtsdarstellung
  s.Geschichtsschreibung 8.65
Geschichtsdeutung
  s.Geschichtsschreibung 8.65
Geschichtserzählung 8.60
Geschichtsexamen
  s.Geschichtsunterricht (Leistungskontrolle) 8.77
Geschichtsfilm
  s.Geschichtslehrmittel (Film) 5.85
Geschichtsforschung
  s.Geschichtswissenschaft 8.92
Geschichtsfries 5.78
- (Zeittafel) 5.79
Geschichtsheft
  s.Geschichtslehrmittel (Arbeitsheft) 5.83
Geschichtshörspiel
  s.Geschichtslehrmittel (Tonband) 5.89
Geschichtsinteresse 8.61
Geschichtskabinett
  s.Schulgebäude (Fachräume) 1.186
Geschichtskalender
  s.Geschichtsfries 5.78
Geschichtskarte
  s.Geschichtslehrmittel (Karten) 5.86
Geschichtskritik
  s.Geschichtsphilosophie (Einzelfragen) 8.64
Geschichtslehrbuch 5.79
- (DDR) 5.80
- (Kritik) 5.80

[Forts.: Geschichtslehrbuch]
- (Revision) 5.81
- im Unterricht 5.82
Geschichtslehrer 2.36
- (DDR) 2.37
Geschichtslehrerbildung 2.38
Geschichtslehrmittel 5.82
- (Arbeitsblätter) 5.83
- (Arbeitsheft) 5.83
- (Bildformen) 5.83
- (DDR) 5.84
- (Einzelformen) 5.84
- (Film) 5.85
- (Ganzschrift) 5.85
- (Hafttafel) 5.85
- (Hörspiel)
  s.Geschichtslehrmittel (Tonband) 5.89
- (Jugendbuch) 5.85
- (Karten) 5.85
- (Lehrprogramm)
  s.Programmiertes Lernen (Geschichtsunterricht) 5.171
- (Lichtbild) 5.86
- (Lied)
  s.Geschichtslehrmittel (Literarische Quellen) 5.87
- (Literarische Quellen) 5.87
- (Museum) 5.88
- (Sachzeichnen) 5.88
- (Schulfernsehen) 5.88
- (Schulfunk) 5.88
- (Spielformen) 5.89
- (Tabellen) 5.89
- (Tonband) 5.89
- (Übungskarten) 5.89
- (Umrißkarte) 5.89
- (Wandtafelzeichnen) 5.90
Geschichtslehrplan 8.61
- (DDR) 8.62
- (Gymnasium) 8.62
- (Landschule) 8.63
- (Mädchenklassen)
  s.Geschichtsunterricht (Mädchenbildung) 8.78
- (Oberschule)
  s.Geschichtslehrplan (DDR) 8.62
- (Volksschule) 8.63
Geschichtsleiste
  s.Geschichtsfries 5.78
Geschichtslesebuch
  s.Geschichtslehrbuch im Unterricht 5.82
Geschichtsmethodik
  s.Geschichtsunterricht (Methodische Einzelfragen) 8.78

Geschichtsmuseum
  s.Geschichtslehrmittel (Museum) 5.88
Geschichtsphilosophie 8.63
- (Christentum) 8.64
- (Einzelfragen) 8.64
- (Geschichtliche Wahrheit) 8.65
- (Historischer Materialismus) . 8.65
Geschichtsquelle im Unterricht
  s.Geschichtsunterricht (Quellenbehandlung) 8.81
Geschichtsrevision
  s.Geschichtsunterricht (Reform) 8.82
Geschichtsroman
  s.Geschichtslehrmittel (Literarische Quellen) 5.87
  s.Roman (Historischer Roman) 7.196
Geschichtsschreibung 8.65
- (Einzelfragen) 8.65
Geschichtsspiel
  s.Geschichtslehrmittel (Spielformen) 5.89
Geschichtsstreifen
  s.Geschichtsfries 5.78
Geschichtsstudium
  s.Geschichtsunterricht (DDR) 8.68
Geschichtsstunde
  s.Geschichtsunterricht (Methodische Einzelfragen) 8.78
  s.Geschichtsunterricht (Stundenentwurf) 8.85
Geschichtstest
  s.Geschichtsunterricht (Geschichtstest) 8.73
Geschichtsunterricht 8.66
- (Abschlußprüfung)
  s.Geschichtsunterricht (Leistungskontrolle) 8.77
- (Anfangsform)
  s.Geschichtsunterricht (Vorkurs) 8.88
- (Anschauung) 8.67
- (Arbeitsgemeinschaft) 8.67
- (Arbeitsmittel)
  s.Geschichtslehrmittel 5.82
- (Arbeitsplan DDR)
  s.Geschichtslehrplan (DDR) 8.62
- (Begriffsbildung)
  s.Geschichtsunterricht (Denkschulung) 8.69
- (Benotung)
  s.Geschichtsunterricht (Leistungsbewertung) 8.77
- (Berufsschule) 8.67
- (Bildungstheorie)
  s.Geschichtsunterricht (Didaktischer Aspekt) 8.70

- (Bildungswert) 8.68
- (Bildungsziel)
  s.Geschichtsunterricht (Bildungswert) 8.68
- (Datenkenntnis) 8.68
- (DDR) 8.68
- (Demokratie)
  s.Geschichtsunterricht und Politische Bildung 8.89
- (Demokratische Erziehung)
  s.Geschichtsunterricht und Politische Bildung 8.89
- (Denkanstoß)
  s.Geschichtsunterricht (Problemstellung) 8.80
- (Denkschulung) 8.69
- (Deutschunterricht)
  s.Geschichtsunterricht (Philosophischer Aspekt) 8.80
- (Didaktische Analyse)
  s.Geschichtsunterricht (Methodische Einzelfragen) 8.78
- (Didaktischer Aspekt) 8.70
- (Differenzierung)
  s.Geschichtsunterricht (Methodische Einzelfragen) 8.78
- (Erdkunde) 8.70
- (Ergebnissicherung)
  s.Geschichtsunterricht (Wiederholung) 8.89
- (Erfolgssicherung)
  s.Geschichtsunterricht (Methodische Einzelfragen) 8.78
- (Erziehungswert) 8.71
- (Einführung)
  s.Geschichtsunterricht (Vorkurs) 8.88
- (Einstieg)
  s.Geschichtsunterricht (Vorkurs) 8.88
- (Europagedanke) 8.71
- (Evangelische Unterweisung) 8.71
- (Exemplarisches Lehren)
  s.Exemplarischer Geschichtsunterricht 8.46
- (Fachdidaktik)
  s.Geschichtsunterricht (Didaktischer Aspekt) 8.70
- (Fächerverbindung)
  s.Geschichtsunterricht und Politische Bildung 8.89
- (Fähigkeitsentwicklung)
  s.Geschichtsunterricht (Methodische Einzelfragen) 8.78
- (Fernstudium)
  s.Geschichtsunterricht (DDR) 8.68

- (Frage)
  s.Geschichtsunterricht (Methodische Einzelfragen) 8.78
- (Formale Bildung) 8.71
- (Freiheit)
  s.Geschichtsphilosophie (Einzelfragen) 8.64
  s.Geschichtsunterricht (Erziehungswert) 8.71
- (Friedenserziehung)
  s.Politische Bildung (Friedenserziehung) 8.177
- (Ganzheitlicher Geschichtsunterricht) 8.72
- (Gegenstandsstruktur)
  s.Geschichtsunterricht (Didaktischer Aspekt) 8.70
- (Gegenwartsbezug) 8.72
- (Gemeinschaftserleben)
  s.Geschichtsunterricht (Soziologischer Aspekt) 8.84
- (Gemeinschaftskunde)
  s.Gemeinschaftskunde (Geschichtsunterricht) 8.51
- (Geographische Grundlage)
  s.Geschichtsunterricht (Erdkunde) 8.70
- (Geschichtsbild) 8.72
- (Geschichtsschreibung)
  s.Geschichtsschreibung 8.65
- (Geschichtstest) 8.73
- (Geschichtswissenschaft) 8.73
- (Grundschule)
  s.Geschichtsunterricht (Vorkurs) 8.88
- (Grundschule DDR) 8.73
- (Gruppenunterricht) 8.74
- (Gymnasium) 8.74
- (Gymnasium:Mittelstufe) 8.74
- (Gymnasium:Oberstufe) 8.75
- (Gymnasium:Unterstufe)
  s.Geschichtsunterricht (Vorkurs) 8.88
- (Hausaufgabe) 8.75
- (Heimatgeschichte) 8.75
- (Heimatkunde)
  s.Geschichtsunterricht (Heimatprinzip) 8.75
  s.Heimatkundeunterricht (Geschichtsunterricht) 8.98
- (Heimatprinzip) 8.75
- (Historische Bildung)
  s.Geschichtsunterricht (Geschichtswissenschaft) 8.73

[Forts.: Geschichtsunterricht]
- (Historische Daten)
  s.Geschichtsunterricht (Datenkenntnis) 8.68
- (Historische Persönlichkeit) 8.76
- (Historischer Quellentext)
  s.Geschichtsunterricht (Quellenbehandlung) 8.81
- (Internationale Verständigung)
  s.Geschichtsunterricht (Völkerverständigung) 8.86
- (Internationales Symposion)
  s.Geschichtsunterricht 8.66
- (Irrationalismus)
  s.Geschichtsunterricht (Philosophischer Aspekt) 8.80
- (Judentum)
  s.Zeitgeschichtsunterricht (Judenfrage) 8.253
- (Jugendbuch)
  s.Geschichtslehrmittel (Jugendbuch) 5.85
- (Kern und Kurs)
  s.Geschichtsunterricht (Methodische Einzelfragen) 8.78
- (Komplexe Planung)
  s.Geschichtslehrplan (DDR) 8.62
- (Krise)
  s.Geschichtsunterricht (Kritik) 8.76
- (Kritik) 8.76
- (Kulturkunde)
  s.Kulturkunde 8.112
- (Kunsterziehung)
  s.Geschichtsunterricht (Anschauung) 8.67
  s.Kunsterziehung (Geschichtsunterricht) 10.114
- (Landschule) 8.77
- (Lehrerbildung)
  s.Lehrerbildung (Geschichtsunterricht) 2.83
- (Lehrervorbereitung)
  s.Geschichtsunterricht (Vorbereitung) 8.87
- (Lehrvortrag) 8.77
- (Lehrervortrag)
  s.Geschichtserzählung 8.60
- (Lehrinhalte)
  s.Geschichtsunterricht (Stoffauswahl) 8.85
- (Lehrplan)
  s.Geschichtslehrplan 8.61
- (Lehrprobe)
  s.Geschichtsunterricht (Stundenentwurf) 8.85

- (Leistungsbewertung) 8.77
- (leistungskontrolle) 8.77
- (Leistungssteigerung)
  s.Geschichtsunterricht (Methodische Einzelfragen) 8.78
- (Mädchenbildung) 8.78
- (Mädchengymnasium)
  s.Geschichtslehrplan (Gymnasium) 8.62
- (Methodische Einzelfragen) 8.78
- (Methodische Grundbegriffe)
  s.Geschichtsunterricht (Didaktischer Aspekt) 8.70
- (Mittelschule)
  s.Geschichtsunterricht (Realschule) 8.81
- (Oberstufe)
  s.Geschichtsunterricht (Gymnasium: Oberstufe) 8.75
- (Österreich) 8.79
- (OPZ)
  s.Geschichtsunterricht (Volksschule) 8.86
- (Ortsgeschichtliches Material)
  s.Geschichtsunterricht (Heimatgeschichte) 8.75
- (Ostkunde)
  s.Ostkunde (Geschichtsunterricht) 8.156
- (Patriotische Erziehung)
  s.Geschichtsunterricht (Sozialistische Erziehung) 8.84
- (Philosophischer Aspekt) 8.80
- (Politische Aktualisierung)
  s.Geschichtsunterricht (Gegenwartsbezug) 8.72
- (Politische Bildung)
  s.Geschichtsunterricht (Methodische Einzelfragen) 8.78
  s.Geschichtsunterricht und Politische Bildung 8.89
- (Polytechnische Bildung) 8.80
- (Problemstellung) 8.80
- (Psychologischer Aspekt) 8.81
- (Quellenbehandlung) 8.81
- (Realschule) 8.81
- (Reform) 8.82
- (Reifealter)
  s.Geschichtsunterricht (Psychologischer Aspekt) 8.81
- (Reifeprüfung)
  s.Geschichtsunterricht (Leistungskontrolle) 8.77
- (Religionsunterricht)
  s.Religionsunterricht (Einzelne Fächer) 10.210

- (Revanchismus)
  s.Geschichtsunterricht (Kritik) 8.76
- (Richtlinien)
  s.Geschichtslehrplan 8.61
- (Schülerinteresse)
  s.Geschichtsinteresse 8.61
- (Schülerleistung)
  s.Geschichtsunterricht (Leistungsbewertung) 8.77
- (Schuljahr V) 8.83
- (Schuljahr V-VI)
  s.Geschichtserzählung 8.60
  s.Geschichtsunterricht (Schuljahr V) 8.83
  s.Geschichtsunterricht (Vorkurs) 8.88
- (Schuljahr VI)
  s.Geschichtslehrplan (DDR) 8.62
- (Schuljahr VII)
  s.Geschichtsunterricht (Methodische Einzelfragen) 8.78
- (Schuljahr VIII)
  s.Geschichtsunterricht (Methodische Einzelfragen) 8.78
- (Schuljahr IX)
  s.Geschichtsunterricht (Volksschuloberstufe) 8.87
- (Schullandheimaufenthalt)
  s.Geschichtsunterricht (Methodische Einzelfragen) 8.78
- (Schweiz) 8.83
- (Selbsttätigkeit) 8.83
- (Sonderschule) 8.84
- (Sozialerziehung)
  s.Geschichtsunterricht (Soziologischer Aspekt) 8.84
- (Sozialistische Erziehung) 8.84
- (Sozialistische Mittelschule)
  s.Geschichtsunterricht (Realschule) 8.81
- (Sozialkunde)
  s.Sozialkunde (Geschichtsunterricht) 8.198
- (Soziologischer Aspekt) 8.84
- (Spielfilm)
  s.Geschichtslehrmittel (Film) 5.85
- (Staatsbürgerkunde)
  s.Politische Bildung (Österreich) 8.185
- (Staatsbürgerliche Erziehung)
  s.Geschichtsunterricht und Politische Bildung) 8.89
- (Stillarbeit)
  s.Geschichtsunterricht (Selbsttätigkeit) 8.83

- (Stoffauswahl) 8.85
- (Stoffbeschränkung) 8.85
- (Stoffgewinnung)
  s.Geschichtsunterricht (Stoffauswahl) 8.85
- (Stoffliche Vorbereitung)
  s.Geschichtsunterricht (Vorbereitung) 8.87
- (Stoffplan)
  s.Geschichtslehrplan 8.61
- (Studienseminar)
  s.Geschichtslehrplan (Gymnasium) 8.62
- (Stundenentwurf) 8.85
- (Textbehandlung)
  s.Geschichtsunterricht (Quellenbehandlung) 8.81
- (Thematischer Geschichtsunterricht) 8.85
- (Übung)
  s.Geschichtsunterricht (Wiederholung) 8.89
- (Unterrichtsgespräch)
  s.Geschichtsunterricht (Methodische Einzelfragen) 8.78
- (Urteilsvermögen)
  s.Geschichtsunterricht (Denkschulung) 8.69
- (Veranschaulichung)
  s.Geschichtsunterricht (Anschauung) 8.67
- (Versetzungsprüfung)
  s.Geschichtsunterricht (Leistungskontrolle) 8.77
- (Vertiefung)
  s.Geschichtsunterricht (Wiederholung) 8.89
- (Völkerverständigung) 8.86
- (Volksschule) 8.86
- (Volksschuloberstufe) 8.87
- (Vorbereitung) 8.87
- (Vorkurs) 8.88
- (Volkstümliche Bildung)
  s.Geschichtsunterricht (Methodische Einzelfragen) 8.78
- (Wahrheit)
  s.Geschichtsphilosophie (Geschichtliche Wahrheit) 8.65
- (Weltanschauungsfragen) 8.88
- (Weltbild)
  s.Geschichtsunterricht (Weltanschauungsfragen) 8.88
- (Weniggegliederte Grundschule)
  s.Geschichtsunterricht (Landschule) 8.77

[Forts.: Geschichtsunterricht]
- (Werkunterricht)
 s.Werkunterricht (Einzelne Fächer) 10.270
- (Wiederholung) 8.89
- (Willensbildung)
 s.Geschichtsunterricht (Erziehungswert) 8.71
- (Wissensvermittlung)
 s.Geschichtsunterricht (Methodische Einzelfragen) 8.78
- (Zeitvorstellung) 8.89
- (Zensur)
 s.Geschichtsunterricht (Leistungsbewertung) 8.77
- (Zielsetzung)
 s.Geschichtsunterricht (Bildungswert) 8.68
- (Zweijahresplan)
 s.Geschichtslehrplan (DDR) 8.62

Geschichtsunterricht und Politische Bildung 8.89
- (Berufsschule) 8.90
- (DDR) 8.90
- (Gymnasium) 8.90
- (Volksschule) 8.91

Geschichtsverein
 s.Geschichtslehrer 2.36
Geschichtsverständnis 8.91
Geschichtswandkarte
 s.Geschichtslehrmittel (Karten) 5.86
Geschichtswissenschaft 8.92
- (Geschichtsunterricht)
 s.Geschichtsunterricht (Geschichtswissenschaft) 8.73
Geschichtswissenschaftlicher Film
 s.Geschichtslehrmittel (Film) 5.85
Geschicklichkeit
 s.Motorik 4.125
Geschiebesammlung
 s.Erdkundelehrmittel (Geologie) 5.65
Geschlechterspezifischer Begabungswandel
 s.Begabungswandel 4.30
Geschlechtliche Erziehung
 s.Geschlechtserziehung 3.128
Geschlechtliche Frühreife
 s.Sexualverhalten (Entwicklungspsychologie) 4.194
Geschlechtsentwicklung
 s.Geschlechtserziehung (Psychologischer Aspekt) 3.131
Geschlechtserleben
 s.Sexualverhalten 4.191
Geschlechtserziehung 3.128

- (Anthropologischer Aspekt)
 s.Geschlechtserziehung (Soziologischer Aspekt) 3.132
- (Berufsschüler)
 s.Geschlechtserziehung in der Schule (Berufsschule) 3.134
- (Biologieunterricht)
 s.Geschlechtserziehung in der Schule 3.133
- (DDR) 3.129
- (Ehevorbereitung) 3.130
- (Elternhaus) 3.130
- (Gymnasium)
 s.Geschlechtserziehung in der Schule (Gymnasium) 3.134
- (Hilfsschüler)
 s.Geschlechtserziehung in der Schule (Sonderschule) 3.134
- (Jugendalter)
 s.Geschlechtserziehung (Psychologischer Aspekt) 3.131
- (Kindesalter) 3.130
- (Mädchen)
 s.Geschlechtserziehung (Ehevorbereitung) 3.130
- (Mädchenklasse)
 s.Geschlechtserziehung in der Schule (Volksschule) 3.134
- (Psychologischer Aspekt) 3.131
- (Realschule)
 s.Geschlechtserziehung in der Schule 3.133
- (Religionsunterricht)
 s.Religionsunterricht (Einzelne Fächer) 10.210
- (Schuljahr X)
 s.Geschlechtserziehung in der Schule (Volksschule) 3.134
- (Schule und Elternhaus)
 s.Geschlechtserziehung (Elternhaus) 3.130
- (Schulpsychologie)
 s.Geschlechtserziehung in der Schule 3.133
- (Sexualethik) 3.131
- (Sexualität) 3.131
- (Sexualpädagogik) 3.132
- (Sexuelle Aufklärung) 3.132
- (Sonderschüler)
 s.Geschlechtserziehung in der Schule (Sonderschule) 3.134
- (Sozialethik)
 s.Geschlechtserziehung (Soziologischer Aspekt) 3.132
- (Soziologischer Aspekt) 3.132

- (Volksschule)
  s.Geschlechtserziehung in der
    Schule (Volksschule) 3.134
Geschlechtserziehung in der Schule 3.133
- (Berlin) 3.133
- (Berufsschule) 3.134
- (Gymnasium) 3.134
- (Sexuelle Aufklärung)
  s.Geschlechtserziehung (Sexuelle
    Aufklärung) 3.132
- (Sonderschule) 3.134
- (Volksschule) 3.134
Geschlechtsverhalten
  s.Sexualverhalten 4.191
Geschlechtswörter
  s.Wortarten (Artikel) 7.247
Geschlossenes Arbeitsfeld
  s.Lehrplan (Volksschuloberstufe)
    6.122
Geschmacksbildung
  s.Ästhetische Erziehung 6.19
  s.Kunsterziehung (Geschmacks-
    bildung) 10.114
- im Deutschunterricht
  s.Deutschunterricht (Geschmacks-
    bildung) 7.49
  s.Literaturpädagogik 3.163
- im Handarbeitsunterricht
  s.Handarbeitsunterricht (Psycho-
    logischer Aspekt) 10.75
- im Musikunterricht
  s.Musikunterricht (Bildungswert)
    10.181
Geschwindigkeitsbeschränkung
  s.Verkehrsunterricht (Überholen)
    10.255
Geschwindigkeitsmessung
  s.Mechanik (Bewegungsgesetze) 9.178
Geschwisterposition
  s.Kindergartenkind 4.93
Geschwisterreihe
  s.Familie (Geschwisterbeziehung)
    3.103
Geselligkeit
  s.Sozialerziehung 3.223
Gesellschaft
  s.Bildung (Moderne Gesell-
    schaft) 3.58
  s.Bildungspolitik 1.51
  s.Erziehung (Moderne
    Gesellschaft) 3.81
  s.Schule und Gesellschaft 1.178
  s.Soziologie (Gesellschaft) 3.231
  s.Soziologie (Massengesell-
    schaft) 3.232

Gesellschaftliche Integration
  s.Jugendsoziologie 3.151
  s.Sozialerziehung 3.223
Gesellschaftsbild
  s.Soziologie (Gesellschaft) 3.231
- des Films
  s.Filmerziehung (Soziologischer
    Aspekt) 3.118
Gesellschaftserziehung
  s.Sozialerziehung 3.223
Gesellschaftskunde
  s.Politische Bildung (Gesell-
    schaftskunde) 8.178
Gesellschaftskundlicher Unterricht
  s.Gemeinschaftskunde (Berufsschule)
    8.49
Gesellschaftslehre
  s.Soziologie 3.228
  s.Soziologie (Gesellschaft) 3.231
Gesellschaftsspiel im Unterricht
  s.Lernspiel 5.125
Gesellschaftswandel und Berufserziehung
  s.Berufserziehung (Reform) 3.42
Gesetz über die Verbreitung jugendge-
  fährdender Schriften
  s.Jugendgefährdendes Schrifttum
    (Gesetz vom 9.6.1953) 3.149
Gesetzesgleichheit
  s.Politik (Grundrechte) 8.163
Gesetzmäßigkeiten der gesellschaftlichen
  Entwicklung
  s.Staatsbürgerkunde (Einzelfragen)
    8.201
Gesichtswahrnehmung des Menschen
  s.Menschenkunde (Sehvorgang) 9.192
Gesinnungsbildende Fächer
  s.Unterricht (Erziehungseinfluß)
    6.206
Gesinnungsbildender Heimatkundeunterricht
  s.Heimatkundeunterricht (Sozial-
    erziehung) 8.103
Gesinnungsbildung
  s.Ethische Erziehung (Methodische
    Formen) 3.98
  s.Gewissensbildung 3.136
Gespielte Lieder
  s.Musikalisches Spiel 10.172
Gespräch
  s.Gesprächserziehung 6.78
- im Heim
  s.Heimerziehung (Soziologischer
    Aspekt) 3.143
- im Unterricht
  s.Unterrichtsgespräch 6.210

[Forts.: Gespräch]
- in der Schule
  s.Gesprächserziehung in der
  Schule 6.78
Gesprächserziehung 6.78
- (Deutschunterricht)
  s.Sprachunterricht (Gesprächserziehung) 7.224
- (Politische Bildung)
  s.Politische Bildung (Debattieren) 8.173
  s.Staatsbürgerkunde (Methodische Einzelfragen) 8.202
- in der Schule 6.78
Gesprächsfähigkeit
  s.Sprachliche Ausdrucksfähigkeit
  7.219
  s.Taubstummenunterricht
  (Spracherziehung) 6.199
Gesprochenes Englisch
  s.Englischunterricht (Sprechübung)
  7.86
Gestalt-Lesedefekt
  s.Legasthenie 4.102
Gestalt-Test
  s.Test 4.216
Gestaltauffassung
  s.Ganzheitliches Lesenlernen (Psychologischer Aspekt) 7.118
  s.Gestaltpsychologie 4.70
  s.Leselernpsychologie 4.118
Gestaltinterpretation des Dramas
  s.Drama (Interpretation) 7.65
Gestaltpsychologie 4.70
- (Aktualgenese) 4.70
Gestaltpsychologischer Unterricht
  s.Ganzheitspsychologie (Pädagogischer Aspekt) 4.63
  s.Ganzheitsunterricht 6.71
Gestaltrechnen
  s.Ganzheitliches Rechnen (Methodische Einzelfragen) 9.122
Gestalttheorie
  s.Gestaltpsychologie 4.70
  s.Programmiertes Lernen
  (Einzelfragen) 5.167
Gestaltungserlebnis
  s.Sprachliche Ausdrucksfähigkeit 7.219
Gestaltungskräfte
  s.Zeichenunterricht (Bildungswert)
  10.277
Gestaltungslehre
  s.Kunsterziehung 10.110
Gestaltwandel

s.Entwicklungspsychologie (Körperliche Entwicklung) 4.44
Gestaltwahrnehmung
  s.Wahrnehmungspsychologie 4.237
Geste
  s.Ausdruckspsychologie 4.26
Gesteinssammlung
  s.Erdkundelehrmittel (Geologie) 5.65
Gestik
  s.Eurhythmie 6.62
Gesunde Lebensführung
  s.Gesundheitslehre 9.138
Gesundheit und Freizeit
  s.Freizeit 3.120
Gesundheitsdienst
  s.Sozialkunde (Gemeindeverwaltung)
  8.197
Gesundheitserziehung 3.135
- (Lehrerbildung)
  s.Lehrerbildung (Gesundheitserziehung) 2.84
- (Organisationsfragen)
  s.Schulgesundheitspflege 1.191
- (Schullandheim)
  s.Schullandheimaufenthalt (Gesundheitserziehung) 6.165
- in der Schule 3.136
Gesundheitslehre 9.138
- (Einzelfragen) 9.138
- (Ernährung)
  s.Ernährungslehre (Einzelfragen)
  10.54
- (Erste Hilfe) 9.138
- (Programmiertes Lernen)
  s.Programmiertes Lernen (Einzelne
  Unterrichtsfächer) 5.167
- (Schutzimpfung) 9.139
- (Volksschule) 9.139
- im Gesamtunterricht
  s.Arbeitseinheiten 6.23
Gesundheitspflege
  s.Gesundheitserziehung 3.135
Gesundheitspflegeunterricht
  s.Gesundheitslehre 9.138
Gesundheitsunterricht
  s.Gesundheitserziehung 3.135
  s.Gesundheitslehre (Volksschule)
  9.139
Geteilter Unterricht
  s.Gruppenunterricht 6.83
Getreideanbau
  s.Wirtschaftsgeographie (Ernährung)
  8.220
Getreideblüte
  s.Pflanzenkunde (Getreide) 9.229

Getreidekorn
 s.Pflanzenkunde (Getreide) 9.229
Getrennte Erziehung
 s.Koedukation (Diskussion) 3.158
Gewähren oder Versagen
 s.Dialektische Pädagogik 3.71
Gewässer [Lebensgemeinschaft]
 s.Lebensgemeinschaft (Einzelformen) 9.153
Gewässerkunde
 s.Wirtschaftsgeographie (Wasserversorgung) 8.229
Gewaltenteilung
 s.Politik (Gewaltenteilung) 8.162
Gewerbelehrer 2.38
Gewerbelehrerbildung 2.38
- (Bundesländer) 2.39
- (Fachrichtungen) 2.41
- (Reform) 2.41
Gewerbelehrerin 2.42
Gewerbelehrermangel
 s.Lehrermangel (Berufsschule) 2.111
Gewerbelehrerverband
 s.Lehrerverbände 2.116
Gewerbeschule
 s.Gewerbliche Berufsschule 1.89
- (Auslandsschule)
 s.Deutsches Auslandsschulwesen (Berufsbildendes Schulwesen) 1.57
Gewerbeschulgebäude
 s.Schulbau (Berufsschule) 1.170
Gewerbliche Berufsfachschule
 s.Berufsfachschule (Gewerbliche Berufe) 1.39
Gewerbliche Berufsschule 1.89
Gewerblicher Unterricht 6.79
- (Lehrplan)
 s.Lehrplan (Gewerbeschule) 6.117
- (Staatsbürgerliche Erziehung)
 s.Staatsbürgerliche Erziehung (Gewerbeschule) 8.206
- (Wirtschaftsgeographie)
 s.Wirtschaftsgeographie (Berufsschule) 8.216
Gewerbliches Schulwesen
 s.Gewerbliche Berufsschule 1.89
Gewerkschaft
 s.Politik (Gewerkschaft) 8.162
- Erziehung und Wissenschaft 2.42
- und Volkshochschule
 s.Volkshochschule 1.261
Gewichte
 s.Bruchrechnen (Dezimalzahl) 9.82
 s.Geometrie (Maße/Gewichte) 9.129
 s.Mechanik (Maßeinheit) 9.184

Gewichtsgrößen-Effekt
 s.Wahrnehmungspsychologie (Einzelfragen) 4.237
Gewichtskräfte
 s.Mechanik (Dynamik) 9.179
Gewirkte Maschenware
 s.Nadelarbeit (Stricken) 10.195
Gewissen 4.71
- (Tiefenpsychologischer Aspekt) .. 4.71
- (Unterrichtsaspekt)
 s.Bibelunterricht (Biblische Grundbegriffe) 10.32
 s.Gewissensbildung 3.136
 s.Staatsbürgerkunde (Freiheit und Verantwortung) 8.202
Gewissensbildung 3.136
- (Kindesalter) 3.137
- in der Schule 3.138
Gewissenserziehung
 s.Gewissensbildung 3.136
Gewissenskonflikt
 s.Gewissensbildung 3.136
Gewissenspsychopathologie
 s.Gewissen (Tiefenpsychologischer Aspekt) 4.71
Gewitter
 s.Wetterkunde (Einzelfragen) 8.212
Gewöhnlicher Bruch
 s.Bruchrechnen (Rechenoperationen) 9.83
Gewöhnung 3.138
- (Psychologischer Aspekt)
 s.Verhaltensforschung 4.232
Gewölle
 s.Vogelkunde (Rupfungen) 9.295
Gewürze
 s.Ernährungslehre (Einzelfragen) 10.54
Gezeiten
 s.Allgemeine Erdkunde (Gezeiten) 8.20
Ghana
 s.Länderkunde (Ghana) 8.125
Gibraltar
 s.Länderkunde (Spanien:Landschaften) 8.142
Giftameisen
 s.Insektenkunde (Ameisen) 9.146
Giftpflanzen
 s.Pflanzenkunde (Einzelne Pflanzen) 9.228
Giftpilze
 s.Pflanzenkunde (Pilze) 9.234
Giftspinne
 s.Tierkunde (Spinnen) 9.283

Gips
  s.Anorganische Chemie (Einzelfragen) 9.39
Gipsschnitt
  s.Werken (Gips) 10.263
Giraffe
  s.Tierkunde (Einzelne Tiere) 9.279
Gitarre
  s.Musikinstrument (Gitarre) 5.140
GjS
  s.Jugendgefährdendes Schrifttum (Gesetz vom 9.6.1953) 3.149
Gitterbeugung
  s.Wellenlehre (Beugung) 9.303
Glarnerland
  s.Länderkunde (Schweiz:Landschaften) 8.142
Glasbildrelief
  s.Relief 5.196
Glasfachschule
  s.Fachschule (Einzelne Berufe) 1.74
Glasgeräte
  s.Chemisches Experimentiergerät 5.48
Glasherstellung
  s.Chemotechnik (Glas) 9.100
Glaslinsen
  s.Optik (Linsensysteme) 9.220
Glasmosaik
  s.Werken (Mosaik) 10.265
Glasschmelzverfahren
  s.Werken (Keramik) 10.264
Glaube
  s.Religionsunterricht (Glaube) 10.212
glauben
  s.Katechese (Glaube) 10.85
Glaubensbuch
  s.Bildkatechese (Einzelfragen) 10.49
Glaubenserziehung
  s.Religionsunterricht (Glaube) 10.212
  - (Reform)
  s.Katechese (Reform) 10.87
Glaubensgemeinschaft
  s.Religionsunterricht (Psychologischer Aspekt) 10.218
Glaubenskämpfe
  s.Neuzeit (Reformation) 8.154
Glaubwürdigkeit
  s.Erziehung zur Wahrhaftigkeit 3.91
Glazialmorphologie
  s.Allgemeine Erdkunde (Geomorphologie) 8.20
Gleichförmige Bewegung

  s.Mechanik (Gradlinige Bewegung) 9.182
Gleichgewicht
  s.Mechanik (Gleichgewicht) 9.182
Gleichgewichtsproblem
  s.Wahrnehmungspsychologie (Einzelfragen) 4.237
Gleichheitszeichen
  s.Algebra (Gleichheitszeichen) 9.26
Gleichnisbehandlung
  s.Bibelunterricht NT (Gleichnisse) 10.43
Gleichnisse Jesu
  s.Bibelunterricht NT (Gleichnisse) 10.43
Gleichrichter
  s.Elektrizitätslehre (Gleichrichter) 9.105
  s.Hochfrequenztechnik (Transistor) 9.145
Gleichstrom
  s.Elektrizitätslehre (Einzelfragen) 9.103
Gleichstromanlage
  s.Physikalisches Experimentiergerät (Stromversorgung) 5.147
Gleichung
  s.Algebra (Gleichungen) 9.26
Gleichungsbegriff im Grundschulrechnen
  s.Grundschulrechnen (Mathematischer Aspekt) 9.140
Gleichungslehre
  s.Algebra (Gleichungslehre) 9.27
Gleichungspraxis
  s.Angewandte Mathematik (Iteration) 9.37
Gleitflug
  s.Mechanik (Fliegen) 9.180
Gletscher
  s.Allgemeine Erdkunde (Gletscher) 8.21
  s.Länderkunde (Alpen) 8.115
Gliederfüßler
  s.Tierkunde (Spinnen) 9.283
Gliedertiere
  s.Tierkunde (Gliedertiere) 9.281
Gliederungsleistung
  s.Leselehrmethoden (Leistungsaspekt) 7.152
  s.Rechtschreibleistung (Methodenstreit) 7.186
Gliederungsvermögen
  s.Erstleseunterricht (Phonetischer Aspekt) 7.91
Glimmentladung

s.Elektrizitätslehre (Gasentladung) 9.105
Glimmlichtoszillograph
  s.Hochfrequenztechnik (Oszillograph) 9.145
Glimmröhre
  s.Elektrizitätslehre (Spannung) 9.108
Glinzsche Reform
  s.Grammatikunterricht (Reform) 7.131
Globus 5.90
Glockenspiel
  s.Musikinstrument (Einzelformen) 5.139
Glockenzählrohr
  s.Atomphysik (Zählrohre) 9.55
Glosse
  s.Aufsatz (Einzelformen) 7.26
- im Deutschunterricht
  s.Epische Kurzformen 7.89
GLT [Test]
  s.Schulreifetest (Grundleistungstest) 4.180
Glucose
  s.Nahrungsmittelchemie (Einzelfragen) 9.197
Glück
  s.Pädagogische Anthropologie 3.193
Glücksgläubigkeit
  s.Evangelische Unterweisung (Einzelfragen) 10.57
Glühlampe
  s.Optik (Glühlampe) 9.218
Glühlichtspektrum
  s.Optik (Spektrum) 9.221
Glutaminsäure
  s.Denkleistung (Glutaminsäure) 4.38
Gobi
  s.Länderkunde (Mongolei) 8.133
Göppinger Schulreifetest
  s.Schulreifetest (Einzelformen) 4.179
Goethe-Institut
  s.Deutsches Auslandsschulwesen 1.54
Goetheschule
  s.Landerziehungsheim 1.131
Gold
  s.Anorganische Chemie (Metalle) 9.40
Goldküste
  s.Länderkunde (Ghana) 8.125
Goldhamster
  s.Tierkunde (Goldhamster) 9.281
  s.Tierverhalten 9.287
Golfstrom
  s.Klimakunde (Europa) 8.109

Gonadendysgenesie
  s.Entwicklungsstörung 4.47
Goodenough-Test
  s.Erziehungsberatung (Diagnostik) 4.51
  s.Test (Goodenough-Test) 4.219
Gottesbeweise
  s.Katechese (Gott) 10.86
Gottesbild
  s.Bibelunterricht AT (Gottesbild) 10.37
Gottesdienst der Kinder
  s.Kindergottesdienst 10.95
Gotteserfahrung des Kindes
  s.Katechese (Gott) 10.85
Gottesglaube
  s.Katechese (Glaube) 10.85
Gotteshaus im Religionsunterricht
  s.Evangelische Unterweisung (Einzelfragen) 10.57
Gotteslehre
  s.Katechese (Gott) 10.86
Gottesvolk
  s.Bibelunterricht (Heilsgeschichte) 10.33
Gotthardstraße
  s.Länderkunde (Schweiz:Paßstraßen) 8.142
Grabsprüche
  s.Volksdichtung 7.246
Gradabteilungskarte
  s.Erdkundelehrmittel (Karten) 5.66
Gradientenmodell
  s.Sozialpsychologie 4.193
Gradlinige Bewegung
  s.Mechanik (Gradlinige Bewegung) 9.182
Gradnetz der Erde
  s.Allgemeine Erdkunde 8.19
Gräser
  s.Pflanzenkunde (Einzelne Pflanzen) 9.228
Gräsersammlung
  s.Lebensgemeinschaft (Wiese) 9.155
Grätsche
  s.Geräteturnen (Sprungkasten) 10.68
Grammatik 7.126
- (Altsprachlicher Unterricht)
  s.Altsprachlicher Unterricht (Grammatik) 7.20
- (Direkte Methode)
  s.Fremdsprachenunterricht (Direkte Methode) 7.104
- (Englischunterricht)
  s.Englischunterricht (Grammatik) 7.79

[Forts.: Grammatik]
- (Lehrprogramm)
  s.Programmiertes Lernen (Deutschunterricht) 5.165
- (Neusprachlicher Unterricht)
  s.Neusprachlicher Unterricht (Grammatik) 7.180

Grammatikheft
  s.Fremdsprachenlehrmittel 5.73
Grammatikunterricht 7.126
- (Anschauung) 7.127
- (Begriffsbildung)
  s.Grammatikunterricht (Terminologie) 7.132
- (Berufsschule) 7.127
- (Fremde Sprachen)
  s.Fremdsprachenunterricht (Grammatik) 7.106
- (Formale Bildung)
  s.Grammatikunterricht (Methodische Einzelfragen) 7.130
- (Funktionale Grammatik) 7.127
- (Grundschule) 7.128
- (Gymnasium) 7.128
- (Hauptschule)
  s.Grammatikunterricht (Volksschuloberstufe) 7.133
- (Innere Sprachform) 7.129
- (Kritik) 7.129
- (Landschule) 7.129
- (Lehrplan) 7.130
- (Leistungskontrolle)
  s.Grammatikunterricht (Methodische Einzelfragen) 7.130
- (Lernschritte)
  s.Grammatikunterricht (Methodische Einzelfragen) 7.130
- (Mathematische Methoden)
  s.Grammatikunterricht (Methodische Einzelfragen) 7.130
- (Methodische Einzelfragen) 7.130
- (Motivation)
  s.Grammatikunterricht (Methodische Einzelfragen) 7.130
- (Muttersprache)
  s.Grammatikunterricht (Spracherziehung) 7.132
- (Reform) 7.131
- (Satzbaukasten) 7.131
- (Sonderschule) 7.131
- (Spielformen) 7.131
- (Spracherziehung) 7.132
- (Sprachlabor)
  s.Sprachlabor (Grammatik) 5.243
- (Terminologie) 7.132
- (Übung) 7.132
- (Unterstufe)
  s.Grammatikunterricht (Grundschule) 7.128
- (Volksschule) 7.132
- (Volksschuloberstufe) 7.133
- (Vorbereitung)
  s.Grammatikunterricht (Methodische Einzelfragen) 7.130

Grammatische Fachausdrücke
  s.Grammatikunterricht (Terminologie) 7.132
Grammatische Terminologie
  s.Deutsche Grammatik (Terminologie) 7.44
Grammatisches Feld
  s.Wortfeld 7.250
Grammatom
  s.Physikalische Chemie (Atomgewicht) 9.242
Grammophonwerk
  s.Physikalisches Experimentiergerät) 5.144
Gran Paradiso
  s.Länderkunde (Italien:Landschaften) 8.129
Granatfang
  s.Tierkunde (Krebstiere) 9.282
Granatfischerei
  s.Länderkunde (Wattenmeer) 8.147
Grand Canyon
  s.Länderkunde (USA:Landschaften) 8.146
Granit
  s.Mineralogie 9.196
Graphische Darstellung 5.90
- (Biologie)
  s.Biologielehrmittel (Einzelformen) 5.41
- (Erdkunde)
  s.Erdkundelehrmittel (Zahlenmaterial) 5.69
- (Geschichtsunterricht)
  s.Geschichtslehrmittel (Tabellen) 5.89
- (Politische Bildung)
  s.Staatsbürgerkunde (Methodische Einzelfragen) 8.202
Graphische Soziomatrix
  s.Soziologie (Empirische Soziologie) 3.230
Graphisches Gestalten
  s.Zeichnen (Graphisches Gestalten) 10.283
Graphisches Gewerbe

s.Berufsfachkunde (Graphisches
  Gewerbe) 10.25
Graphologie 4.72
- (Pädagogischer Aspekt) 4.72
- (Schülerhandschrift) 4.72
Grausamkeit im Märchen
  s.Märchenpsychologie (Grausamkeit)
  4.123
Gravitationsdrehwaage
  s.Mechanik (Einzelfragen) 9.179
Gravitationskollaps
  s.Relativitätstheorie (Einzel-
  fragen) 9.272
Gregorianischer Choral
  s.Chormusik (Gregorianischer
  Choral) 10.53
Greifvögel
  s.Vogelkunde (Greivögel) 9.294
Greifvogelrupfung
  s.Vogelkunde (Rupfungen) 9.295
Grenznutzentheorie
  s.Wirtschaftskunde (Einzelfragen)
  8.232
Grenzwert [Mathematik]
  s.Geometrie (Kreiszahl pi) 9.128
Griechenland
  s.Altertum (Griechen) 8.22
  s.Länderkunde (Griechenland) 8.125
Griechisch
  s.Griechischunterricht 7.133
Griechische Architektur
  s.Kunstbetrachtung (Architektur)
  10.106
Griechische Mathematik
  s.Mathematik (Geschichte) 9.159
Griechische Prosalektüre
  s.Griechischunterricht (Lektüre)
  7.134
Griechische Tragödie
  s.Drama (Tragödie) 7.65
  s.Griechischunterricht (Lektüre)
  7.134
Griechische Vasen
  s.Kunstgeschichte (Einzelne Epochen) 10.122
Griechischer Anfangsunterricht
  s.Griechischunterricht (Methodische Einzelfragen) 7.134
Griechischer Sprachunterricht
  s.Griechischunterricht 7.133
Griechischunterricht 7.133
- (Lektüre) 7.134
- (Methodische Einzelfragen) 7.134
Griffel
  s.Schreibgerät (Schiefertafel) 5.205

Grille
  s.Insektenkunde (Heuschrecken) 9.147
Grimmsche Märchen
  s.Märchen (Grimmsche Märchen) 7.173
Grimmsches Wörterbuch
  s.Wörterbuch 5.259
Grönland
  s.Länderkunde (Dänemark) 8.121
- (Expedition 1959/60)
  s.Länderkunde (Arktis) 8.116
Größenkalkül
  s.Physik (Maßeinheit) 9.240
Größenschätzversuch
  s.Lernpsychologie 4.111
Größenwahrnehmung
  s.Wahrnehmungspsychologie (Einzelfragen) 4.237
Gross-Gerau
  s.Länderkunde (Hessen) 8.126
Groß-London
  s.Länderkunde (Großbritannien) 8.126
Großbritannien
  s.Länderkunde (Großbritannien) 8.126
  s.Wirtschaftsgeographie (Großbritannien) 8.222
Große Koalition
  s.Politik (Einzelfragen) 8.161
Große Wolga
  s.Wirtschaftsgeographie (Wolga-
  Kanal) 8.230
Großeltern-Erziehung
  s.Familienerziehung 3.105
Großer Salzsee
  s.Länderkunde (USA:Landschaften)
  8.146
Großer Sklavensee
  s.Länderkunde (Kanada) 8.130
Großes Barrier-Riff
  s.Länderkunde (Australien) 8.117
Großgermanische Politik
  s.Zeitgeschichte (Hitlers Außenpolitik) 8.241
Großmarkthalle
  s.Heimatkundliche Themen (Großstadt) 8.105
Großschreibung
  s.Rechtschreibunterricht (Großschreibung) 7.190
Großstadt [Heimatkunde]
  s.Heimatkundliche Themen (Großstadt) 8.105
Großstadtdichtung
  s.Arbeiterdichtung im
  Unterricht 7.24
Großstadtjugend 4.73

[Forts.: Großstadtjugend]
- (Buchinteresse)
  s.Leseinteresse (Jugend und Buch)
  4.116
Großstadtkind
  s.Großstadtjugend 4.73
- (Biologieunterricht)
  s.Biologieunterricht (Großstadt)
  9.66
Großstadtschule
  s.Volksschule 1.262
Großunternehmen
  s.Wirtschaftskunde (Einzelfragen)
  8.232
Groteske im Unterricht
  s.Schwank im Unterricht 7.211
Groteske Literatur
  s.Schwank 7.210
Groupwork-Methode
  s.Sozialpädagogik 3.227
Grüne Welle
  s.Verkehrsunterricht (Straßenkreuzung) 10.255
Grünspecht
  s.Vogelkunde (Waldvögel) 9.296
Grundausbildung
  s.Berufsausbildung (Grundausbildung) 6.42
  s.Berufserziehung und Allgemeinbildung 3.45
  s.Grundlehrgang (Metallbearbeitung) 6.80
  s.Kaufmännischer Unterricht (Grundausbildung) 6.105
  s.Musikunterricht (Grundausbildung) 10.184
  s.Polytechnischer Unterricht (Landwirtschaft) 6.142
Grundbegriffe
  s.Heimatkundeunterricht (Grundbegriffe) 8.99
Grunderziehung
  s.Erziehung 3.74
Grundgesetz
  s.Politik (Grundgesetz) 8.162
Grundlagenunterricht
  s.Gesamtunterricht 6.74
Grundlegender Sachunterricht
  s.Sachunterricht (Grundschule) 6.150
Grundlegender Taubstummenunterricht
  s.Taubstummenunterricht (Anfängerklasse) 6.196
Grundlehrgang
  s.Berufsreife 3.51

s.Lebenspraktischer Unterricht
  6.113
Grundlehrgang [DDR] 6.79
- (Elektrotechnik) 6.80
- (Lehrplan) 6.80
- (Maschinenkunde) 6.80
- (Metallbearbeitung) 6.80
- (Pflanzliche Produktion) 6.81
- (Tierische Produktion) 6.81
  siehe auch:
  Biologieunterricht (Polytechnische Bildung) 9.72
Grundleistungstest
  s.Schulreifetest (Grundleistungstest) 4.180
Grundrechte des Kindes
  s.Kindheit (Rechte des Kindes)
  3.157
Grundrechte im Unterricht
  s.Politik (Grundrechte) 8.163
Grundrechtsschutz
  s.Politik (Grundrechte) 8.163
Grundschuldauer 1.90
Grundschule 1.90
- (Auslandschule)
  s.Deutsches Auslandsschulwesen 1.54
- (Bundesländer) 1.91
- (DDR) 1.91
- (Hauptschule)
  s.Hauptschule und Grundschule 1.104
- (Reform)
  s.Grundschulreform 1.92
- (Schweiz)
  s.Primarschule [Schweiz] 1.149
- (Zeugnis)
  s.Zeugnis (Grundschule) 1.273
- und Hauptschule
  s.Hauptschule und Grundschule 1.104
Grundschulgutachten
  s.Realschule und Volksschule 1.163
Grundschulkind
  s.Entwicklungspsychologie (Kindheit)
  4.42
  s.Sprachliche Entwicklung (Schulkind) 4.205
  s.Volksschüler 4.235
Grundschullehrer 2.42
Grundschulmusik
  s.Musikunterricht (Grundschule)
  10.184
Grundschulrechnen 9.139
- (Arbeitsmittel)
  s.Rechenlehrmittel 5.189
- (DDR) 9.140
- (Erziehungswert) 9.140

- (Lehrplan) 9.140
- (Mathematischer Aspekt) 9.140
- (Methodische Einzelfragen) 9.141
- (Schuljahr II) 9.142
- (Schuljahr III) 9.142
- (Schuljahr IV) 9.142
- (Vorbereitung)
  s.Grundschulrechnen (Methodische Einzelfragen) 9.141
- (Zahlenraum 1-1000) 9.142
- (Zahlenraum über 1000) 9.143
- (Zahlensystem) 9.143
- (Zehnerüberschreitung) 9.143
Grundschulreform 1.92
Grundschulturnen
  s.Leibeserziehung (Grundschule) 10.135
Grundschulunterricht 6.81
- (Arbeitsmittel)
  s.Arbeitsmittel im Unterricht (Grundschule) 5.30
- (Aufsatzerziehung)
  s.Aufsatzunterricht (Grundschule) 7.30
- (Begriffsbildung des Kindes)
  s.Begriffsbildung 4.31
- (Berliner Bildungsplan) 6.82
- (DDR)
  s.Unterstufenunterricht [DDR] 6.218
- (Deutschunterricht)
  s.Deutschunterricht (Grundschule) 7.49
- (Englisch)
  s.Englischer Anfangsunterricht (Grundschule) 7.75
- (Erdkunde)
  s.Erdkundeunterricht (Grundschule) 8.37
- (Evangelische Unterweisung)
  s.Evangelische Unterweisung (Grundschule) 10.57
- (Film)
  s.Unterrichtsfilm (Grundschule) 5.254
- (Flanelltafel)
  s.Flanelltafel 5.72
- (Ganzheitsunterricht)
  s.Ganzheitsunterricht (Grundschule) 6.72
- (Gebetserziehung)
  s.Gebetserziehung (Grundschule) 10.64
- (Geometrie)
  s.Geometrieunterricht (Grundschule) 9.134

- (Geräteturnen)
  s.Geräteturnen (Grundschule) 10.65
- (Gesamtunterricht)
  s.Gesamtunterricht (Grundschule) 6.76
- (Grammatik)
  s.Grammatikunterricht (Grundschule) 7.128
- (Gruppenunterricht)
  s.Gruppenunterricht (Grundschule) 6.86
- (Hausaufgabe)
  s.Hausaufgabe (Grundschule) 6.98
- (Heimatkunde)
  s.Heimatkundeunterricht 8.95
- (Katholische Religion)
  s.Katholischer Religionsunterricht (Grundschule) 10.92
- (Kunsterziehung)
  s.Kunsterziehung (Grundschule) 10.114
- (Lehrplan)
  s.Lehrplan (Grundschule) 6.118
- (Leistungsbeurteilung)
  s.Leistungsbeurteilung 4.106
- (Lernspiel)
  s.Lernspiel (Grundschule) 5.126
- (Lesen)
  s.Leseunterricht (Grundschule) 7.154
- (Liedpflege)
  s.Liedpflege (Grundschule) 10.162
- (Lyrik)
  s.Lyrik im Unterricht (Grundschule) 7.168
- (Märchen)
  s.Märchen im Unterricht (Grundschule) 7.174
- (Malen)
  s.Malen (Grundschule) 10.167
- (Mathematik)
  s.Grundschulrechnen (Mathematischer Aspekt) 9.140
- (Musik)
  s.Musikunterricht (Grundschule) 10.184
- (Musische Erziehung)
  s.Musische Erziehung (Grundschule) 6.129
- (Naturlehre)
  s.Naturlehre (Grundschule) 9.202
- (Politische Bildung)
  s.Sozialkunde (Grundschule) 8.198
- (Rechtschreibung)
  s.Rechtschreibunterricht (Grundschule) 7.190

[Forts.: Grundschulunterricht]
- (Religionspädagogik)
  s.Religionsunterricht (Grundschule) 10.212
- (Sachbegegnung)
  s.Sachunterricht (Grundschule) 6.150
- (Sandkasten)
  s.Sandkasten 5.203
- (Satzlehre)
  s.Satzlehre (Grundschule) 7.204
- (Schülerbücherei)
  s.Schülerbücherei (Volksschule) 5.208
- (Schuljahr I) 6.82
- (Schuljahr II) 6.82
- (Schuljahr III-IV) 6.82
- (Schulspiel)
  s.Schulspiel (Grundschule) 6.172
- (Selbsttätigkeit)
  s.Selbsttätigkeit (Grundschule) 6.183
- (Sozialkunde)
  s.Sozialkunde (Grundschule) 8.198
- (Spiel)
  s.Unterrichtsspiel 5.256
- (Sprachunterricht)
  s.Sprachunterricht (Grundschule) 7.225
- (Sprecherziehung)
  s.Sprecherziehung im Unterricht (Grundschule) 7.235
- (Stegreifspiel)
  s.Stegreifspiel im Unterricht (Grundschule) 6.188
- (Stundenplan)
  s.Stundenplan 6.191
- (Üben)
  s.Üben 6.202
- (Vogelkunde)
  s.Vogelkunde (Grundschule) 9.294
- (Vorbereitung)
  s.Unterrichtsvorbereitung 6.216
- (Weihnachtsspiel)
  s.Weihnachtsspiel (Grundschule) 6.229
- (Werken)
  s.Werkunterricht (Grundschule) 10.271
- (Wetterbeobachtung)
  s.Wetterkunde (Grundschule) 8.213
- (Wörterbuch)
  s.Wörterbuch im Unterricht 5.260
- (Wortschatzübung)
  s.Wortschatzpflege (Übungsformen) 7.252
- (Zeichnen)
  s.Zeichenunterricht (Grundschule) 10.278
Grundschulvorklasse
  s.Vorschulischer Unterricht 6.226
Grundschulzeugnis
  s.Zeugnis (Grundschule) 1.273
Grundstudienprogramm der Volkshochschule
  s.Erwachsenenbildung (Methodische Fragen) 1.68
Grundumsatzbestimmung
  s.Menschenkunde (Einzelfragen) 9.190
Grundunterricht
  s.Volksschulunterricht 6.219
Grundwasserstand
  s.Wirtschaftsgeographie (Wasserversorgung) 8.229
Grundwortschatz
  s.Fibel (Sprachgestaltung) 5.71
Gruppe
  s.Gruppenpsychologie 4.74
- (Algebra)
  s.Algebra (Gruppentheorie) 9.28
- (Mathematik)
  s.Mengenlehre 9.187
- (Schüler)
  s.Differenzierung 6.56
  s.Leistungsgruppen 6.123
- und Person
  s.Gruppenpädagogik 3.138
Gruppenanalyse
  s.Psychoanalyse (Behandlungstechnik) 4.138
Gruppenarbeit
  s.Gruppenpädagogik 3.138
  s.Gruppenunterricht 6.83
Gruppenarbeitsvorhaben
  s.Gruppenunterricht (Arbeitsanweisung) 6.84
Gruppenaufsatz
  s.Aufsatz (Einzelformen) 7.26
Gruppenaxiom
  s.Algebra (Axiomatik) 9.25
Gruppenbehandlung
  s.Erziehungsberatung 4.49
  s.Kinderpsychotherapie 4.96
Gruppenbildung
  s.Gruppenpädagogik 3.138
Gruppendynamik
  s.Gruppenpädagogik 3.138
  s.Schule und Gesellschaft 1.178
  s.Soziogramm (Schulklasse) 4.196
Gruppeneigenschaft
  s.Algebra (Gruppentheorie) 9.28
Gruppeneinteilung

s.Gruppenunterricht (Gruppeneinteilung) 6.87
Gruppenentropie
  s.Kybernetik (Soziologischer Aspekt) 5.101
Gruppenerzählen
  s.Erzählen im Unterricht 6.61
Gruppenerzieher
  s.Heimerzieher 2.48
Gruppenerzieherin
  s.Heimerzieherin 2.49
Gruppenerziehung
  s.Gruppenpädagogik 3.138
  s.Gruppenunterricht (Sozialerziehung) 6.88
Gruppenfertigungsversuch
  s.Gruppenforschung 4.73
Gruppenforschung 4.73
Gruppengeographie
  s.Erdkundeunterricht (Sozialgeographie) 8.44
Gruppengeschwindigkeit
  s.Wellenlehre 9.302
Gruppengespräch
  s.Gesprächserziehung 6.78
Gruppenintelligenztest
  s.Intelligenztest 4.89
Gruppenisomorphismus
  s.Algebra (Gruppentheorie) 9.28
Gruppenkriminalität
  s.Asozialer Jugendlicher 4.25
Gruppenlehrgang
  s.Chemieunterricht (Polytechnische Bildung) 9.91
Gruppenmoltontafel
  s.Flanelltafel 5.72
Gruppenmoral
  s.Schulklasse 3.218
Gruppenmusizieren
  s.Musikinstrument 5.138
Gruppenpädagoge
  s.Sozialpädagoge 2.138
Gruppenpädagogik 3.138
- (Haus Schwalbach) 3.139
- (Unterrichtsaspekt)
  s.Gruppenunterricht 6.83
Gruppenprofil
  s.Gruppenpsychologie 4.74
Gruppenprozeß
  s.Soziogramm (Schulklasse) 4.196
Gruppenpsychologie 4.74
- (Pädagogischer Aspekt) 4.74
Gruppenpsychotherapie
  s.Gruppentherapie 4.74

Gruppenräume
  s.Schulgebäude (Gruppenraum) 1.187
Gruppenschilauf
  s.Skiunterricht (Methodische Einzelfragen) 10.240
Gruppenschulreifeverfahren
  s.Schulreifetest 4.178
Gruppensoziologie
  s.Soziologie (Gruppe) 3.232
Gruppenspiel
  s.Schulspiel (Volksschule) 6.175
Gruppenspieltherapie
  s.Spieltherapie 4.198
Gruppensprachlabor
  s.Sprachlabor (Methodische Einzelfragen) 5.245
Gruppenstruktur der Schulklasse
  s.Soziogramm (Schulklasse) 4.196
Gruppentest
  s.Gruppenforschung 4.73
  s.Schulreifetest (Einzelformen) 4.179
  s.Testpsychologie (Pädagogischer Aspekt) 4.222
Gruppentherapie 4.74
- (Sonderschüler) 4.75
Gruppentisch
  s.Schulmöbel 1.205
Gruppenunterricht 6.83
- (Afrika)
  s.Länderkunde (Afrika:Unterrichtsentwurf) 8.115
- (Arbeitsanweisung) 6.84
- (Arbeitsformen) 6.84
- (Arbeitsmittel)
  s.Arbeitsmittel im Unterricht (Gruppenunterricht) 5.31
- (Australien)
  s.Länderkunde (Australien:Unterrichtsentwurf) 8.117
- (Berufsschule) 6.85
- (Biologie)
  s.Biologieunterricht (Gruppenunterricht) 9.68
- (Chemieunterricht)
  s.Chemieunterricht (Volksschule) 9.93
- (Deutschunterricht)
  s.Deutschunterricht (Methodische Einzelfragen) 7.54
- (Disziplin) 6.85
- (Einzelerfahrungen) 6.85
- (Englisch)
  s.Englischunterricht (Gruppenunterricht) 7.79

[Forts.: Gruppenunterricht]
- (Erdkunde)
  s.Erdkundeunterricht (Gruppenunterricht) 8.37
- (Ergebnissicherung) 6.86
- (Geschichtsunterricht)
  s.Geschichtsunterricht (Gruppenunterricht) 8.74
- (Gewerbeschule)
  s.Gruppenunterricht (Berufsschule) 6.85
- (Grundschule) 6.86
- (Gruppeneinteilung) 6.87
- (Gymnasium) 6.87
- (Hauswirtschaftliche Berufsschule)
  s.Gruppenunterricht (Berufsschule) 6.85
- (Heimatgeschichte)
  s.Heimatgeschichte (Grundschule) 8.94
- (Heimatkunde)
  s.Heimatkundeunterricht (Methodische Einzelfragen) 8.100
- (Hilfsschule)
  s.Gruppenunterricht (Sonderschule) 6.88
- (Indien)
  s.Länderkunde (Indien:Unterrichtsentwurf) 8.128
- (Jenaplan)
  s.Jenaplan (Modellformen) 6.104
- (Koedukation)
  s.Koedukation (Schulerfahrungen) 3.159
- (Kreis)
  s.Gruppenunterricht (Arbeitsformen) 6.84
- (Kritik) 6.87
- (Landschule) 6.87
- (Landwirtschaftliche Berufsschule)
  s.Gruppenunterricht (Berufsschule) 6.85
- (Lehrprogramm)
  s.Programmiertes Lernen (Gruppenunterricht) 5.171
- (Leibeserziehung)
  s.Leibeserziehung (Gruppenarbeit) 10.136
- (Leistungswettkampf)
  s.Gruppenunterricht (Sozialerziehung) 6.88
- (Lesen)
  s.Leseunterricht (Gruppenunterricht) 7.155
- (Meeresforschung)
  s.Meeresforschung (Unterrichtsaspekt) 8.148
- (Naturgeschichte)
  s.Biologieunterricht (Gruppenunterricht) 9.68
- (Naturlehre)
  s.Naturlehre (Gruppenunterricht) 9.202
- (Organisationsformen)
  s.Gruppenunterricht (Gruppeneinteilung) 6.87
- (Ostkunde)
  s.Ostkundeunterricht (Methodische Einzelfragen) 8.159
- (Physik)
  s.Physikunterricht (Methodische Einzelfragen) 9.249
- (Psychologischer Aspekt) 6.88
- (Rechnen)
  s.Rechenunterricht (Gruppenunterricht) 9.267
- (Religionsunterricht)
  s.Religionsunterricht (Gruppenarbeit) 10.212
- (Schulfernsehen)
  s.Schulfernsehen (Methodische Einzelfragen) 5.218
- (Schuljahr IX)
  s.Gruppenunterricht (Volksschuloberstufe) 6.89
- (Schullandheim)
  s.Schullandheimaufenthalt (Unterrichtsaspekt) 6.167
- (Schweiz:Länderkunde)
  s.Länderkunde (Schweiz:Unterrichtsentwurf) 8.142
- (Sonderschule) 6.88
- (Sowjetunion)
  s.Länderkunde (UdSSR:Unterrichtsentwurf) 8.145
- (Sozialerziehung) 6.88
- (Sprachunterricht)
  s.Sprachunterricht (Methodische Einzelfragen) 7.226
- (Südamerika)
  s.Länderkunde (Südamerika) 8.143
- (Technikerklasse)
  s.Gruppenunterricht (Berufsschule) 6.85
- (Volksschuloberstufe) 6.89
- (Vorformen) 6.90
- (Werken)
  s.Werkunterricht (Methodische Einzelfragen) 10.272
- oder Frontalunterricht 6.90

Gruppenverhalten
  s.Gruppenpsychologie (Pädagogischer Aspekt) 4.74
Gruppenvorurteil
  s.Gruppenpsychologie 4.74
Gruppenwettkampf
  s.Leibeserziehung (Mannschaftswettkampf) 10.143
Gruselfilm
  s.Filmerziehung (Abenteuerfilm) 3.113
Guatemala
  s.Länderkunde (Mittelamerika) 8.132
Guayana
  s.Länderkunde (Südamerika) 8.143
Guereza
  s.Tierkunde (Einzelne Tiere) 9.279
Gürteltier
  s.Tierkunde (Einzelne Tiere) 9.279
Güteraustausch
  s.Wirtschaftskunde (Einzelfragen) 8.232
Gütertransport
  s.Kulturgeschichtliche Längsschnitte (Verkehrsmittel) 8.111
Güterverkehr
  s.Wirtschaftsgeographie (Eisenbahn) 8.218
Gummilinse
  s.Optik (Linsensysteme) 9.220
Gustav Adolf
  s.Neuzeit (Dreißigjähriger Krieg) 8.152
Gutachten
  s.Schülerbeobachtungsbogen 4.167
  s.Schülerbeurteilung (Gutachten) 4.169
  s.Übergang (Eignungsgutachten) 1.258
- des Deutschen Ausschusses [Volksschullehrerbildung]
  s.Volksschullehrerbildung (Gutachten des Deutschen Ausschusses) 2.148
Gymnaestrada
  s.Gymnastik (Organisationsfragen) 10.73
Gymnasialbildung
  s.Bildungsauftrag (Gymnasium) 3.64
Gymnasiale Aufbaustufe
  s.Förderstufe 1.78
Gymnasiale Allgemeinbildung
  s.Allgemeinbildung (Gymnasium) 3.19
Gymnasiale Bildungsstufe
  s.Gymnasialunterricht 6.90

Gymnasiale Mittelstufe
  s.Gymnasium 1.92
Gymnasiale Oberstufe
  s.Gymnasialunterricht (Oberstufe) 6.92
  s.Gymnasium (Reform der Oberstufe) 1.98
Gymnasiale Schulreform
  s.Gymnasium (Reform) 1.96
Gymnasiale Studienstufe
  s.Gymnasium (Reform der Oberstufe) 1.98
Gymnasiale Totalität
  s.Gymnasialunterricht 6.90
Gymnasialer Aufbauzug
  s.Aufbaugymnasium 1.20
Gymnasialer Geschichtsunterricht
  s.Geschichtsunterricht (Gymnasium) 8.74
Gymnasialer Oberstufenunterricht
  s.Saarbrücker Rahmenvereinbarung 6.147
Gymnasialklasse
  s.Schulklasse 3.218
Gymnasiallehrer 2.42
Gymnasiallehrerbesoldung
  s.Lehrerbesoldung (Gymnasiallehrer) 2.73
Gymnasiallehrerbildung 2.43
- (Pädagogische Ausbildung) 2.44
- (Pädagogische Prüfung) 2.45
- (Philosophie) 2.45
- (Referendariat) 2.45
- (Reform) 2.46
- (Schulpraxis)
  s.Gymnasiallehrerbildung (Pädagogische Ausbildung) 2.44
- (Schweiz) 2.47
Gymnasiallehrermangel
  s.Lehrermangel (Gymnasium) 2.113
Gymnasialoberstufenreform
  s.Gymnasium (Reform der Oberstufe)1.98
Gymnasialpädagogik
  s.Bildungsauftrag (Gymnasium) 3.64
  s.Erziehung (Gymnasium) 3.78
  s.Gymnasiallehrerbildung (Pädagogische Ausbildung) 2.44
  s.Gymnasialunterricht 6.90
Gymnasialschüler
  s.Schüler 4.165 ·
Gymnasialunterricht 6.90
- (Arbeitslehre)
  s.Arbeitslehre 6.36
- (Aufsatzerziehung)
  s.Aufsatzunterricht (Gymnasium) 7.31

[Forts.: Gymnasialunterricht]
- (Balladenbehandlung)
  s.Ballade im Unterricht (Gymnasium) 7.42
- (Biologielehrplan)
  s.Biologielehrplan (Gymnasium) 9.68
- (Chemie)
  s.Chemieunterricht (Gymnasium) 9.89
- (Deutschunterricht)
  s.Deutschunterricht (Gymnasium) 7.5C
- (Dichtungsbehandlung)
  s.Dichtung im Unterricht (Gymnasium) 7.62
- (Eingangsstufe)
  s.Gymnasialunterricht (Unterstufe) 6.93
- (Englisch)
  s.Englischunterricht (Gymnasium) 7.79
- (Englischer Anfangsunterricht)
  s.Englischer Anfangsunterricht (Gymnasium) 7.75
- (Erdkunde)
  s.Erdkundelehrplan (Gymnasium) 8.31
- (Evangelische Unterweisung)
  s.Evangelische Unterweisung (Gymnasium) 10.58
- (Exemplarische Lehre)
  s.Expemplarischer Unterricht (Gymnasium) 6.64
- (Exemplarischer Geschichtsunterricht)
  s.Exemplarischer Geschichtsunterricht (Gymnasium) 8.47
- (Fächerübergreifender Unt.) 6.91
- (Fernsehen)
  s.Schulfernsehen (Gymnasium) 5.217
- (Film)
  s.Unterrichtsfilm (Gymnasium) 5.255
- (Gegenwartsliteratur)
  s.Gegenwartsliteratur im Unterricht (Gymnasium) 7.123
- (Geschichtsunterricht)
  s.Geschichtsunterricht (Gymnasium) 8.74
- (Grammatik)
  s.Grammatikunterricht (Gymnasium) 7.128
- (Gruppenunterricht)
  s.Gruppenunterricht (Gymnasium) 6.87
- (Handpuppenspiel)
  s.Handpuppenspiel im Unterricht 6.94
- (Hausaufgabe)
  s.Hausaufgabe (Gymnasium) 6.98
- (Heimatkunde)
  s.Heimatkundeunterricht (Gymnasium) 8.99
- (Instrumentalspiel)
  s.Instrumentalspiel (Gymnasium) 10.81
- (Kern und Kurs)
  s.Kern- und Kursunterricht (Gymnasium) 6.106
- (Koedukation)
  s.Koedukation (Schulerfahrungen) 3.159
- (Kunsterziehung)
  s.Kunsterziehung (Gymnasium) 10.115
- (Kunstschriftpflege)
  s.Kunstschriftpflege (Gymnasium) 10.123
- (Kurzgeschichte)
  s.Kurzgeschichte im Unterricht 7.142
- (Lehrplan)
  s.Lehrplan (Gymnasium) 6.118
- (Lehrprogramm)
  s.Programmiertes Lernen (Gymnasium) 5.171
- (Leibeserziehung)
  s.Leibeserziehung (Gymnasium) 10.136
- (Lektüreplan)
  s.Lektüreplan (Gymnasium) 7.150
- (Lesebuch)
  s.Lesebuch (Gymnasium) 5.128
- (Lesen)
  s.Leseunterricht (Gymnasium) 7.155
- (Liedpflege)
  s.Liedpflege (Gymnasium) 10.163
- (Literarische Interpretation)
  s.Interpretation im Unterricht (Gymnasium) 7.136
- (Lyrik)
  s.Lyrik im Unterricht (Gymnasium) 7.169
- (Märchen)
  s.Märchen im Unterricht (Gymnasium) 7.174
- (Mittelstufe) 6.92
- (Musik)
  s.Musikunterricht (Gymnasium) 10.185
- (Musische Erziehung)
  s.Musische Erziehung (Gymnasium) 6.129
- (Nationalsozialismus)
  s.Zeitgeschichtsunterricht (Nationalsozialismus:Gymnasium) 8.255
- (Notengebung)
  s.Notengebung (Gymnasium) 6.132

- (Oberstufe) 6.92
- (Orff-Schulwerk)
  s.Orff-Schulwerk (Gymnasium) 10.199
- (Ostkunde)
  s.Ostkundeunterricht (Gymnasium) 8.159
- (Philosophie)
  s.Philosophieunterricht 10.201
- (Politik/Geschichte)
  s.Geschichtsunterricht und Politische Bildung (Gymnasium) 8.90
- (Politische Bildung)
  s.Politische Bildung (Gymnasium) 8.179
- (Rechtschreiben)
  s.Rechtschreibunterricht (Gymnasium) 7.191
- (Rechtskunde)
  s.Rechtskunde (Gymnasium) 8.195
- (Religionspädagogik)
  s.Religionsunterricht (Gymnasium) 10.213
- (Schülerbücherei)
  s.Schülerbücherei (Gymnasium) 5.207
- (Schulfunk)
  s.Schulfunk (Gymnasium) 5.227
- (Schulspiel)
  s.Schulspiel (Gymnasium) 6.173
- (Schultheater)
  s.Schultheater (Gymnasium) 6.178
- (Schulwandern)
  s.Schulwandern (Gymnasium) 6.180
- (Sozialkunde)
  s.Sozialkunde (Gymnasium) 8.199
- (Sprachlabor)
  s.Sprachlabor (Gymnasium) 5.244
- (Sprachunterricht)
  s.Sprachunterricht (Gymnasium) 7.225
- (Sprecherziehung)
  s.Sprecherziehung im Unterricht (Gymnasium) 7.235
- (Stoffbeschränkung)
  s.Stoffbeschränkung 6.189
- (Stundenplan)
  s.Stundenplan (Gymnasium) 6.192
- (Stundentafel)
  s.Stundentafel (Gymnasium) 6.193
- (Tonband)
  s.Tonband im Unterricht (Gymnasium) 5.250
- (Turnen)
  s.Turnunterricht (Gymnasium) 10.246
- (Überforderung)
  s.Überforderung des Schülers (Gymnasium) 4.230

- (Unterrichtsgespräch)
  s.Unterrichtsgespräch (Gymnasium) 6.211
- (Unterstufe) 6.93
- (Verkehrserziehung)
  s.Verkehrsunterricht (Gymnasium) 10.251
- (Werken)
  s.Werkunterricht (Gymnasium) 10.271
- (Wirtschaftsgeographie)
  s.Wirtschaftsgeographie (Gymnasium) 8.222
- (Wirtschaftskunde)
  s.Wirtschaftskunde (Gymnasium) 8.234
- (Zeichnen)
  s.Zeichenunterricht (Gymnasium) 10.278
- (Zeitgeschichte)
  s.Zeitgeschichtsunterricht (Gymnasium) 8.252
Gymnasium 1.92
- (Abendgymnasium)
  s.Abendgymnasium 1.19
- (Abitur)
  s.Abitur 1.20
  s.Reifeprüfung 1.165
- (Aufbaugymnasium)
  s.Aufbaugymnasium 1.20
- (Aufnahmeprüfung)
  s.Aufnahmeprüfung (Gymnasium) 1.22
- (Ausleseverfahren) 1.94
- (Begabtenförderung)
  s.Begabtenförderung (Abiturienten) 1.27
- (Berufsbildendes Schulwesen)
  s.Berufsbildendes Schulwesen (Reform) 1.38
- (Bundesländer) 1.95
- (Elternhaus)
  s.Schule und Elternhaus (Gymnasium) 1.176
- (Fünftagewoche)
  s.Fünftagewoche im Schulwesen (Gymnasium) 1.82
- (Gesamtschule)
  s.Gesamtschule 1.88
- (Gesellschaft)
  s.Schule und Gesellschaft (Gymnasium) 1.179
- (Humanistisches Gymnasium)
  s.Humanistisches Gymnasium 1.114
- (Innere Differenzierung)
  s.Gymnasium (Reform der Oberstufe) 1.98

[Forts.: Gymnasium]
- (Mädchengymnasium)
  s.Mädchengymnasium 1.143
- (Musisches Gymnasium)
  s.Musisches Gymnasium 1.146
- (Naturwissenschaftliches Gymnasium)
  s.Naturwissenschaftliches Gymnasium 1.146
- (Neusprachliches Gymnasium)
  s.Neusprachliches Gymnasium 1.147
- (Österreich) 1.96
- (Realschule)
  s.Realschule und Gymnasium 1.163
- (Reform) 1.96
- (Reform der Oberstufe) 1.98
- (Schulbau)
  s.Schulbau (Gymnasium) 1.171
- (Schweiz) 1.99
- (Sozialgymnasium)
  s.Sozialgymnasium 1.251
- (Tagesheimschule)
  s.Tagesheimschule (Gymnasium) 1.256
- (Übergang)
  s.Übergang (Gymnasium) 1.258
- (Wirtschaft)
  s.Schule und Wirtschaft (Gymnasium) 1.184
- (Wirtschaftsgymnasium)
  s.Wirtschaftsgymnasium 1.270
- (Zweiter Bildungsweg)
  s.Zweiter Bildungsweg (Gymnasium) 1.279
- und Berufsbildendes Schulwesen
  s.Berufsbildendes Schulwesen (Reform) 1.38
- und Realschule
  s.Realschule und Gymnasium 1.163
- und Universität 1.100
Gymnastik 10.70
- (Diskussion) 10.71
- (Einzelfragen) 10.71
- (Fachliteratur)
  s.Gymnastik (Diskussion) 10.71
- (Geräte) 10.71
- (Geschichte) 10.72
- (Kleinkind)
  s.Gymnastik (Einzelfragen) 10.71
- (Künstlerische Gymnastik) 10.72
- (Lehrplan) 10.72
- (Mädchen)
  s.Gymnastik (Unterrichtsaspekt) 10.74
- (Medizinischer Aspekt)
  s.Gymnastik (Einzelfragen) 10.71
- (Moderne Gymnastik) 10.72

- (Musik)
  s.Gymnastik (Künstlerische Gymnastik) 10.72
- (Österreich)
  s.Leibeserziehung (Österreich) 10.146
- (Organisationsfragen) 10.73
- , pflegerische
  s.Leibeserziehung (Heilpädagogik) 10.138
- (Rhythmische Gymnastik) 10.73
- (Sprünge)
  s.Gymnastik (Einzelfragen) 10.71
- (Tanz) 10.73
- (Übungsformen)
  s.Gymnastik (Einzelfragen) 10.71
- (Unterrichtsaspekt) 10.74
Gymnastikball
  s.Ballspiel (Medizinball) 10.21
  s.Gymnastik (Geräte) 10.71
Gymnastiklehrerin
  s.Leibeserzieher 2.118
Gymnastiklehrplan
  s.Gymnastik (Lehrplan) 10.72
Gymnastikseil
  s.Gymnastik (Geräte) 10.71
Gymnastisch-Musische Erziehung
  s.Musische Erziehung 6.127
Gymnastische Sprünge
  s.Gymnastik (Einzelfragen) 10.71
Gymnastisches Laufspiel
  s.Bewegungsspiel 10.30

H

Haar des Menschen
  s.Menschenkunde (Einzelfragen) 9.190
Haber-Bosch-Verfahren
  s.Chemotechnik (Einzelfragen) 9.100
Habilitationsprinzip
  s.Hochschulrecht 1.107
Hadert [Schulversuch]
  s.Schulversuche (Bundesländer) 1.228
Hände Christi
  s.Bibelunterricht NT (Einzelfragen) 10.41
Händel, Georg Friedrich
  s.Musikgeschichte (Einzelne Komponisten) 10.176

Händigkeit
s.Linkshändigkeit 4.121
Hängemappengestell
s.Arbeitsmappe 5.24
Häufigkeitswortschatz
s.Wortschatz des Kindes 4.240
s.Wortschatzpflege (Häufigkeitswortschatz) 7.252
Häusliche Arbeit
s.Hausaufgabe 6.96
Häusliche Erziehung
s.Familienerziehung 3.105
Häusliche Lektüre
s.Literaturpädagogik (Privatlektüre) 3.169
Häusliche Strafe
s.Strafe 3.236
Hafen [Heimatkunde]
s.Heimatkundliche Themen (Hafen) 8.105
Haftpflicht des Lehrers 2.47
- (Leibeserziehung)
s.Leibeserziehung (Unfallverhütung) 10.154
Haftpflicht des Schülers
s.Schülerunfall 1.167
Hafttafel 5.90
- (Biologieunterricht)
s.Biologielehrmittel (Hafttafel) 5.42
- (Chemieunterricht)
s.Chemielehrmittel (Hafttafel) 5.48
- (Deutschunterricht)
s.Deutschlehrmittel (Hafttafel) 5.51
- (Englischunterricht)
s.Englischlehrmittel (Hafttafel) 5.57
- (Erdkundeunterricht)
s.Erdkundelehrmittel (Hafttafel) 5.57
- (Geometrieunterricht)
s.Mathematiklehrmittel (Hafttafel) 5.135
- (Geschichtsunterricht)
s.Geschichtslehrmittel (Hafttafel) 5.85
- (Mathematikunterricht)
s.Mathematiklehrmittel (Hafttafel) 5.135
- (Musikerziehung)
s.Musiklehrmittel (Notentafel) 5.141
- (Rechenunterricht)
s.Rechenlehrmittel (Hafttafel) 5.192
- (Sprachunterricht)
s.Deutschlehrmittel (Hafttafel) 5.51

- (Verkehrsunterricht)
s.Verkehrslehrmittel (Bildformen) 5.257
Hahns Kurzschulen
s.Kurzschule 1.129
Haithabu
s.Mittelalter (Einzelfragen) 8.149
Haiti
s.Länderkunde (Mittelamerika) 8.132
Halbbildung
s.Bildung 3.56
Halbdrehung
s.Algebra (Gruppentheorie) 9.28
Halbjahresarbeit
s.Jahresarbeit 6.103
Halbleiter
s.Elektrizitätslehre (Halbleiter) 9.105
Halbmikromethode
s.Chemische Analyse (Einzelfragen) 9.96
Halbmikrotechnik
s.Chemische Experimente 9.98
Halbschnitte
s.Darstellende Geometrie 9.101
Halbschriftliches Rechnen
s.Rechenoperationen 9.258
Halbstarke 4.76
- (Erziehungsaspekt)
s.Jugendsoziologie (Gesellungsformen) 3.152
Halbwertzeit
s.Radioaktivität (Meßmethoden) 9.255
Halbwüchsiger
s.Pubertät 4.156
Halleffekt
s.Elektrizitätslehre (Induktion) 9.106
Hallenhandball
s.Ballspiel (Handball) 10.20
Hallenspiele
s.Leibeserziehung (Spielformen) 10.152
Hallenturnen
s.Geräteturnen 10.64
s.Turnunterricht 10.246
Halligen
s.Länderkunde (Halligen) 8.126
Halogene
s.Anorganische Chemie (Nichtmetalle) 9.40
Halogenzählrohr
s.Atomphysik (Zählrohre) 9.55

Haltungsfehler des Schülers 4.76
  siehe auch:
  Leibeserziehung (Haltungsschäden)
    10.137
Haltungsgymnastik
  s.Leibeserziehung (Haltungsschu-
    lung) 10.137
Haltungsschäden
  s.Leibeserziehung (Haltungsschä-
    den) 10.137
Haltungsschulung
  s.Leibeserziehung (Haltungsschu-
    lung) 10.137
  s.Sonderturnen 4.192
Haltungsschwäche
  s.Leibeserziehung (Haltungsschä-
    den) 10.137
Haltungsturnen
  s.Sonderturnen 4.192
  s.Turnunterricht 10.246
Haltungsverbesserung
  s.Leibeserziehung (Haltungsschu-
    lung) 10.137
Hamburg
  s.Länderkunde (Deutsche Nordsee-
    küste) 8.121
  s.Länderkunde (Hamburg) 8.126
Hamburg-Wechsler-Intelligenztest für
  Erwachsene
  s.Intelligenztest (HAWIK) 4.90
Hamburg-Wechsler-Intelligenztest für
  Kinder
  s.Intelligenztest (HAWIK) 4.90
Hamburger Abkommen
  s.Gymnasium (Reform) 1.96
Hamburger Schülerauslese
  s.Testverfahren (Hamburg) 4.224
Hamburger Schulverwaltungsgesetz
  s.Schulverwaltungsgesetze 1.230
Hampelmann
  s.Werken (Spielzeug) 10.267
Hamsterkiste
  s.Nachschlagekartei 5.143
Hand
  s.Wortfamilie 7.249
  s.Wortfeld im Unterricht (Einzel-
    beispiele) 7.250
Hand Gottes
  s.Bibelunterricht (Biblische Grund-
    begriffe) 10.32
Handalphabet
  s.Taubstummenunterricht (Gebärden-
    sprache) 6.197
Handarbeitsplan
  s.Handarbeitsunt. (Lehrplan) 10.75

Handarbeitsraum
  s.Schulgebäude (Handarbeitsraum) 1.187
Handarbeitssaal
  s.Handarbeitsunterricht (Metho-
    dische Einzelfragen) 10.75
Handarbeitsunterricht 10.74
- (Anschauungsmittel)
  s.Handarbeitsunterricht (Methodi-
    sche Einzelfragen) 10.75
- (Farbenlehre)
  s.Handarbeitsunterricht (Techniken)
    10.76
- (Freies Gestalten)
  s.Handarbeitsunterricht (Methodi-
    sche Einzelfragen) 10.75
- (Geschmacksbildung)
  s.Handarbeitsunterricht (Psycho-
    logischer Aspekt) 10.75
- (Gymnasium)
  s.Handarbeitsunterricht 10.74
- (Landschule) 10.75
- (Lehrplan) 10.75
- (Linkshänder)
  s.Handarbeitsunterricht (Psycho-
    logischer Aspekt) 10.75
- (Methodische Einzelfragen) 10.75
- (Näharbeiten) 10.75
- (Ordnung)
  s.Handarbeitsunterricht (Methodi-
    sche Einzelfragen) 10.75
- (Psychologischer Aspekt) 10.75
- (Reform) 10.76
- (Schuljahr IX)
  s.Handarbeitsunterricht 10.74
- (Sonderschule)
  s.Handarbeitsunterricht 10.74
- (Stoffkunde)
  s.Handarbeitsunterricht (Techniken)
    10.76
- (Techniken) 10.76
- (Volkskunst)
  s.Handarbeitsunterricht (Methodi-
    sche Einzelfragen) 10.75
- (Waldorfschule) 10.76
- (Zeichnen)
  s.Handarbeitsunterricht (Methodi-
    sche Einzelfragen) 10.75
Handballspiel
  s.Ballspiel (Handball) 10.20
Handbetätigung in der Sonderschule
  s.Sonderschulunterricht (Methodi-
    sche Einzelfragen) 6.186
Handdruck
  s.Handarbeitsunterricht (Techni-
    ken) 10.76

Handelndes Rechnen
　s.Rechenunterricht (Geschichte)
　　9.267
Handelshochschule
　s.Handelsschullehrerbildung 2.47
Handelskammer-Prüfungen
　s.Berufsbildendes Schulwesen
　　(Prüfungen) 1.37
Handelslehrer
　s.Diplom-Handelslehrer 2.31
Handelsmesse
　s.Wirtschaftskunde (Einzelfragen)
　　8.232
Handelsschulabschluß
　s.Kaufmännische Berufsfachschule
　　1.118
Handelsschule 1.101
- (Auslandsschule)
　s.Deutsches Auslandsschulwesen
　　(Berufsbildendes Schulwesen) 1.57
- (Betriebsbesichtigung)
　s.Betriebsbesichtigung 6.49
- (Deutschunterricht)
　s.Deutschunterricht (Handelsschule)
　　7.51
- (Englischunterricht)
　s.Englischunterricht (Handels-
　　schule) 7.80
- (Rahmenplan)
　s.Rahmenplan (Berufsbildendes
　　Schulwesen) 1.157
- (Realschule)
　s.Realschule und Berufsschule 1.162
- (Schuljahr IX)
　s.Schuljahr IX und Handelsschule 1.199
- (Schuljahr X)
　s.Schuljahr X und Berufsbildendes
　　Schulwesen 1.200
- (Sprachlabor)
　s.Sprachlabor (Berufsschule) 5.241
Handelsschullehrerbildung 2.47
- (Bundesländer) 2.48
- (Reform) 2.48
Handfertigkeitsunterricht
　s.Werkunterricht 10.269
Handfries
　s.Geschichtsfries 5.78
Handfurchenbild
　s.Schülerbeurteilung (Sonder-
　　schüler) 4.170
Handgeschicklichkeit
　s.Motorik 4.125
Handhaltung beim Schreiben
　s.Schreibunterricht (Schreibhal-
　　tung) 10.230

Handpuppen
　s.Werken (Spielzeug) 10.267
Handpuppenspiel 6.93
- (Aufsatzunterricht)
　s.Aufsatzunterricht (Spiel-
　　formen) 7.37
- (Englischunterricht)
　s.Englischlehrmittel (Szenisches
　　Spiel) 5.58
- (Kindergarten) 6.94
- (Stotterer)
　s.Stottertherapie (Spieltherapie)
　　4.213
Handpuppenspiel im Unterricht 6.94
- (Kasperlespiel) 6.95
- (Marionettenspiel) 6.95
- (Sonderschule) 6.95
Handschrift
　s.Graphologie 4.72
　s.Schreibunterricht (Schülerhand-
　　schrift) 10.232
Handschriftenfunde
　s.Bibelunterricht NT (Handschrif-
　　tenfunde) 10.43
Handstand
　s.Bodenturnen 10.50
Handstandüberschlag
　s.Bodenturnen (Radschlagen) 10.50
Handtest
　s.Test 4.216
Handwerk
　s.Kulturgeschichte (Einzelfragen)
　　8.109
　s.Wirtschaftskunde (Einzelfragen)
　　8.232
- und Berufsschule
　s.Berufsschule und Betrieb 1.43
Handwerker
　s.Berufsfachkunde (Handwerker)
　　10.25
Handwerkerberufsschule
　s.Berufsschule (Fachgruppen) 1.42
Handwerkerfachschule
　s.Fachschule (Handwerkerfach-
　　schule) 1.75
Handwerkerinstitut
　s.Fachschule (Handwerkerfachschule)
　　1.75
Handwerksmeister
　s.Gewerbelehrerbildung (Fachrich-
　　tungen) 2.41
Handvoll [als Mengenschema]
　s.Raumwahrnehmung 4.159
Hannoversches Emsland
　s.Länderkunde (Niedersachsen) 8.134

Hansa-Kolleg
　s.Zweiter Bildungsweg (Institute)
　　1.279
Hanse
　s.Mittelalter (Hanse) 8.150
Haptik
　s.Blindheit 4.34
Haptomotorik
　s.Wahrnehmungspsychologie (Einzelfragen) 4.237
Harfe
　s.Instrumentalspiel (Einzelne Instrumente) 10.81
Harmoniegefühl
　s.Musikunterricht (Psychologischer Aspekt) 10.189
Harmonische Bewegungen
　s.Wellenlehre 9.302
Harn
　s.Menschenkunde (Einzelfragen) 9.190
Harz
　s.Länderkunde (Harz) 8.126
Hasen
　s.Tierkunde (Hasen) 9.281
Hauptaussprache
　s.Psychodiagnostik (Exploration) 4.142
Hauptnenner
　s.Bruchrechnen (Hauptnenner) 9.83
Hauptoberschule
　s.Hauptschule 1.101
Hauptschuldidaktik
　s.Hauptschulunterricht 6.95
Hauptschule 1.101
- (Begabtenförderung) 1.103
- (Berufsbildendes Schulwesen) ... 1.103
- (Berufsfachschule)
　s.Berufsfachschule 1.39
　s.Schuljahr IX und X 1.199
- (Bundesländer) 1.103
- (Deutscher Ausschuß) 1.104
- (Jugendschule) 1.104
- und Berufsfachschule
　s.Berufsfachschule 1.39
　s.Schuljahr IX und X 1.199
- und Grundschule 1.104
- und Volksschuloberstufe 1.105
Hauptschule [Österreich] 1.104
Hauptschullehrer
　s.Fachlehrer (Volksschule 2.35
　s.Lehrerbildung (Hauptschule) 2.84
Hauptschulpädagogik
　s.Bildungsauftrag (Hauptschule) 3.65
Hauptschulunterricht 6.95

- (Arbeitslehre)
　s.Arbeitslehre (Hauptschule) 6.37
- (Berufsbildung)
　s.Arbeitslehre (Berufsvorbereitung) 6.36
- (Differenzierung)
　s.Differenzierung (Volksschuloberstufe) 6.58
- (Kern und Kurs)
　s.Kern- und Kursunterricht (Volksschuloberstufe) 6.107
- (Musikerziehung)
　s.Musikunterricht (Volksschuloberstufe) 10.194
- (Naturlehre)
　s.Naturlehre (Hauptschule) 9.202
Hauptseminar
　s.Lehrerbildung (Wahlfach) 2.100
　s.Zweite Phase der Lehrerbildung (Referendariat) 2.152
Hauptwort
　s.Wortarten (Substantiv im Unterricht) 7.249
Haus Schwalbach
　s.Gruppenpädagogik (Haus Schwalbach) 3.139
Haus-Spracherziehung
　s.Taubstummenbildung (Früherfassung) 6.194
Hausaufgabe 6.96
- (Berufsschule) 6.97
- (Biologieunterricht)
　s.Biologieunterricht (Hausaufgabe) 9.69
- (Chemieunterricht)
　s.Chemieunterricht (Hausaufgabe) 9.89
- (Deutschunterricht)
　s.Deutschunterricht (Hausaufgabe) 7.51
- (Elternhilfe) 6.97
- (Erziehungswert)
　s.Hausaufgabe 6.96
- (Fähigkeitsentwicklung)
　s.Hausaufgabe (Psychologischer Aspekt) 6.98
- (Geschichtsunterricht)
　s.Geschichtsunterricht (Hausaufgabe) 8.75
- (Grundschule) 6.98
- (Gymnasium) 6.98
- (Kontrolle) 6.98
- (Lehrprogramm)
　s.Programmiertes Lernen (Hausaufgabe) 5.172

- (Musikunterricht)
  s.Musikunterricht (Methodische Einzelfragen) 10.187
- (Pädagogischer Aspekt)
  s.Hausaufgabe (Unterrichtsaspekt) 6.99
- (Politische Bildung)
  s.Staatsbürgerkunde (Methodische Einzelfragen) 8.202
- (Psychologischer Aspekt) 6.91
- (Religionsunterricht)
  s.Religionsunterricht (Methodische Einzelfragen) 10.215
- (Schülerkontrolle)
  s.Hausaufgabe (Kontrolle) 6.98
- (Schülerurteil)
  s.Hausaufgabe (Psychologischer Aspekt) 6.98
- (Sonderschule) 6.99
- (Tagesschule)
  s.Hausaufgabe (Gymnasium) 6.98
- (Unterrichtsaspekt) 6.99
- (Werken)
  s.Werkunterricht (Methodische Einzelfragen) 10.272
Hausaufgabenkontrolle
  s.Hausaufgabe (Kontrolle) 6.98
Hausaufsatz
  s.Aufsatzunterricht (Hausaufsatz) 7.32
Hausbau [im Gesamtunterricht]
  s.Arbeitsunterricht (Hausbau) 6.27
Hausbesuch des Lehrers
  s.Lehrer und Eltern 2.66
Hausgeflügel
  s.Vogelkunde (Haushuhn) 9.294
Hausgehilfin
  s.Berufliche Ausbildung (Hausgehilfin) 10.23
Haushaltschemie
  s.Nahrungsmittelchemie 9.196
Haushaltslehre
  s.Hauswirtschaft 10.77
Haushaltsplan der Gemeinden
  s.Politik (Kommunalpolitik) 8.164
Haushaltstechnisierung
  s.Hauswirtschaftsunterricht (Haushaltskunde) 10.79
Haushaltungsschule
  s.Berufsfachschule 1.39
- (Kochunterricht)
  s.Kochunterricht (Berufsschule) 10.103
Haushuhn
  s.Vogelkunde (Haushuhn) 9.294

Haushund
  s.Tierverhalten (Einzelne Tiere) 9.279
Hausinschrift
  s.Volksdichtung 7.246
Hausmodell
  s.Relief 5.196
  s.Werkunterricht (Heimatkunde) 10.271
Hausmusik 10.76
Hausmusiklehrer
  s.Musikerzieher 2.120
Haustagebuch
  s.Hausaufgabe 6.96
Haustiere
  s.Tierkunde (Haustiere) 9.281
- im Gesamtunterricht
  s.Arbeitseinheiten (Tiere) 6.31
Hausübungen
  s.Hausaufgabe 6.96
Hausunterricht
  s.Geistig behindertes Kind (Heilpädagogische Betreuung) 4.67
  s.Nachhilfeunterricht 6.130
Hauswirtschaft 10.77
- (Arbeitsbewertung) 10.77
- (Volksschulunterricht)
  s.Hauswirtschaftsunterricht (Volksschule) 10.80
- (Zeitproblem)
  s.Hauswirtschaft (Arbeitsbewertung) 10.77
Hauswirtschaftliche Berufsfachschule
  s.Berufsfachschule 1.39
Hauswirtschaftl.Berufsschule 1.105
- (Chemie)
  s.Chemieunterricht (Berufsschule) 9.87
- (Unterrichtsaspekt)
  s.Berufsschullehrerin 2.28
  s.Hauswirtschaftsunterricht (Berufsschule) 10.78
Hauswirtschaftliche Betriebslehre
  s.Hauswirtschaftsunterricht (Haushaltskunde) 10.79
Hauswirtschaftliche Bildung
  s.Berufserziehung (Mädchen) 3.42
  s.Hauswirtschaftsunterricht (Bildungswert) 10.79
Hauswirtschaftlicher Unterricht
  s.Hauswirtschaftsunterricht 10.78
Hauswirtschaftliches Pflichtschuljahr
  s.Hauswirtschaftliche Berufsschule 1.105

Hauswirtschaftsschule
  s.Hauswirtschaftliche Berufsschule
  1.105
Hauswirtschaftsunterricht 10.78
- (Berufsschule) 10.78
- (Bildungswert) 10.79
- (Familienhauswesen) 10.79
- (Haushaltskunde) 10.79
- (Hilfsmittel)
  s.Hauswirtschaftsunterricht (Methodische Einzelfragen) 10.80
- (Lehrplan) 10.79
- (Methodische Einzelfragen) 10.80
- (Österreich) 10.80
- (Schweiz) 10.80
- (Sonderschule) 10.80
- (Volksschule) 10.80
Haut der Tiere
  s.Tierphysiologie (Haut der Tiere)
  9.286
Hautatmung des Menschen
  s.Menschenkunde (Haut) 9.191
Hautreaktion
  s.Wahrnehmungspsychologie 4.237
Hautsinn des Menschen
  s.Menschenkunde (Haut) 9.191
Hautwiderstandsmeßgerät
  s.Psychosomatik (Medizinischer
  Aspekt) 4.151
Hawaii
  s.Länderkunde(Pazifischer Ozean) 8.137
HAWIE [Test]
  s.Intelligenztest (HAWIK) 4.90
HAWIK [Test]
  s.Intelligenztest (HAWIK) 4.90
Hebelgesetz
  s.Mechanik (Hebelgesetz) 9.182
Hechtrolle
  s.Geräteturnen (Sprungkasten) 10.68
Hecke [Lebensgemeinschaft]
  s.Lebensgemeinschaft (Hecke) 9.153
Hefe
  s.Organische Chemie (Alkohol) 9.222
Heft
  s.Arbeitsheft 5.24
Hefteintrag
  s.Schreibunterricht (Methodische
  Einzelfragen) 10.229
Heftgestaltung
  s.Arbeitsheft 5.24
Heftkorrektur
  s.Korrekturarbeit des Lehrers 6.108
Heide [Lebensgemeinschaft]
  s.Lebensgemeinschaft (Einzelformen)
  9.153

Heidelberg
  s.Länderkunde (Baden-Württemberg)
  8.118
Heidelberger Arbeitsausschuß
  s.Gymnasium (Reform) 1.96
Heilendes Erziehen
  s.Anthropologische Pädagogik 3.20
Heilerzieher
  s.Sonderschullehrer 2.135
Heilerziehung
  s.Heilpädagogik 4.76
Heilerziehungsheim
  s.Heimerziehung (Heilpädagogisches Heim) 3.141
Heileurhythmie
  s.Eurhythmie 6.62
Heilgymnastik
  s.Heilpädagogik (Bewegungstherapie)
  4.78
Heilige
  s.Katechese (Heilige) 10.86
Heilige Schrift
  s.Bibelunterricht (Bibel) 10.31
Heiliger Geist
  s.Katechese (Heiliger Geist) 10.86
Heiliges Jahr
  s.Kirchenjahr 10.101
Heiligung
  s.Katechese (Einzelne Katechesen)
  10.84
Heilkräutergarten
  s.Schulgarten (Kräuter) 5.232
Heilpädagoge
  s.Sonderschullehrer 2.135
Heilpädagogik 4.76
- (Anthropologie)
  s.Heilpädagogik (Hilfswissenschaften) 4.78
- (Arzt)
  s.Heilpädagogik (Medizinischer
  Aspekt) 4.79
- (Bewegungstherapie) 4.78
- (Fingermalen)
  s.Psychotherapie (Fingermalen)
  4.154
- (Hilfswissenschaften) 4.78
- (Kinderpsychiatrie)
  s.Kinderpsychiatrie 4.95
- (Lehrerbildung)
  s.Sonderschullehrerbildung 2.136
- (Medizinischer Aspekt) 4.79
- (Persönlichkeitsforschung)
  s.Schülerbeurteilung (Sonderschüler) 4.170
- (Sozialpädagogik)

s.Heilpädagogik (Hilfswissenschaften) 4.78
- (Spieltherapie)
s.Spieltherapie 4.198
- (Tiefenpsychologie)
s.Tiefenpsychologie (Pädagogischer Aspekt) 4.226
- (Verhaltensgestörtes Kind)
s.Verhaltensstörung (Therapie) 4.234
- (Volksschule) 4.79
Heilpädagogische Anamnese
s.Psychodiagnostik (Anamnese) 4.142
Heilpädagogische Ausbildung
s.Sonderschullehrerbildung 2.136
Heilpädagogische Betreuung
s.Sonderschule für Lernbehinderte 1.246
Heilpädagogische Früherfassung
s.Sonderschule für Lernbehinderte (Früherfassung) 1.247
s.Taubstummenbildung (Früherfassung) 6.194
Heilpädagogische Hilfswissenschaften
s.Heilpädagogik (Hilfswissenschaften) 4.78
Heilpädagogische Psychologie 4.80
Heilpädagogische Schule
s.Sonderschule 1.240
Heilpädagogische Tagesschule
s.Lehrplan (Sonderschule) 6.121
Heilpädagogische Versuchsschule
s.Sonderschulreform 1.251
Heilpädagogische Werkerziehung
s.Werkunterricht (Heilpädagogisches Werken) 10.271
Heilpädagogische Zentralschule
s.Sonderschulreform 1.251
Heilpädagogischer Hort
s.Erziehungsberatung (Heilpädagogik) 4.52
Heilpädagogischer Rhythmus
s.Rhythmische Erziehung (Sonderschule) 6.146
Heilpädagogisches Heim
s.Heimerziehung (Heilpädagogisches Heim) 3.141
Heilpädagogisches Kinderheim
s.Sonderschulheim 1.250
Heilpädagogisches Kurzgutachten
s.Schülerbeurteilung (Sonderschüler) 4.170
Heilpädagogisches Zeichnen
s.Sonderschulunterricht (Methodische Einzelfragen) 6.186
Heilpädagogisches Zentrum
s.Sonderschulreform 1.251

Heilpflanzen
s.Pflanzenkunde (Heilpflanzen) 9.229
Heilsgeschichte
s.Bibelunterricht (Heilsgeschichte) 10.33
s.Geschichtsphilosophie (Christentum) 8.64
Heilstätten-Sonderschule
s.Sonderschule (Österreich) 1.242
Heilung des Gelähmten
s.Bibelunterricht NT (Einzelne Wunder) 10.42
Heilung des Gichtbrüchigen
s.Bibelunterricht NT (Einzelne Wunder) 10.42
Heim
s.Wortfamilie 7.249
Heim am Weißen Berge
s.Schulversuche (Bundesländer) 1.228
Heim der Offenen Tür
s.Gruppenpädagogik 3.138
Heimat 8.92
- (Pädagogischer Aspekt)
s.Heimaterziehung 8.93
- (Unterrichtsprinzip) 8.93
- und Person
s.Heimatforschung 8.94
Heimatarchiv
s.Heimatkundelehrmittel (Sammlungen) 5.93
Heimatatlas
s.Heimatkundelehrmittel (Karten) 5.92
Heimatbegriff
s.Heimat 8.92
Heimatberg
s.Heimatkundliche Themen 8.104
Heimatbezogener Geschichtsunterricht
s.Geschichtsunterricht (Heimatprinzip) 8.75
Heimatbezogener Musikunterricht
s.Musikunterricht (Methodische Einzelfragen) 10.187
Heimatbezogener Religionsunterricht
s.Heimat (Unterrichtsprinzip) 8.93
Heimatbezogener Sprachunterricht
s.Mundart im Unterricht 7.176
Heimatbindung
s.Heimat 8.92
Heimatbuch 5.91
Heimatdorf
s.Heimatkundliche Themen (Dorf) 8.105
Heimaterlebnis 8.93

Heimaterziehung 8.93
Heimatfilm
  s.Heimatkundelehrmittel (Film) 5.92
Heimatforschung 8.94
Heimatfotografie
  s.Heimatkundelehrmittel (Lichtbild) 5.93
Heimatgebundene Kulturgeschichte
  s.Heimatgeschichte 8.94
Heimatgeschichte 8.94
- (DDR) 8.94
- (Geschichtsunterricht)
  s.Geschichtsunterricht (Heimatgeschichte) 8.75
- (Grundschule) 8.94
- (Ortsnamen) 8.95
- (Volkskunde) 8.95
- (Weltgeschichte)
  s.Geschichtsunterricht (Heimatgeschichte) 8.75
Heimatgeschichtsbuch
  s.Heimatbuch 5.91
Heimatkarte
  s.Heimatkundelehrmittel (Karten) 5.92
  s.Kartenverständnis (Heimatkunde) 8.107
Heimatkartei
  s.Heimatkundelehrmittel (Einzelformen) 5.92
Heimatkunde
  s.Heimaterziehung 8.93
  s.Heimatkundeunterricht 8.95
- (Erziehungsfaktor)
  s.Heimatkundeunterricht (Bildungswert) 8.96
- (Geschichtsunterricht)
  s.Geschichtsunterricht (Heimatprinzip) 8.75
- (Lehrerbildung)
  s.Lehrerbildung (Heimatkunde) 2.84
- (Sprachunterricht)
  s.Sprachunterricht (Fächerverbindung) 7.224
- (Unterrichtseinheit)
  s.Heimatkundeunterricht (Einzelbeispiele) 8.98
- (Wetter)
  s.Wetterkunde (Grundschule) 8.213
Heimatkundeheft
  s.Heimatkundeunterricht (Methodische Einzelfragen) 8.100
Heimatkundelehrer
  s.Geographielehrer 2.36
Heimatkundelehrmittel 5.91

- (Bildkarte) 5.91
- (Einzelformen) 5.92
- (Film) 5.92
- (Karten) 5.92
- (Lichtbild) 5.93
- (Museum) 5.93
- (Sammlungen) 5.93
Heimatkundeunterricht 8.95
- (Anschauung) 8.96
- (Arbeitsmittel)
  s.Heimatkundelehrmittel 5.91
- (Arbeitsschulprinzip) 8.96
- (Begriffsbildung)
  s.Heimatkundeunterricht (Grundbegriffe) 8.99
- (Bildungswert) 8.96
- (Biologie) 8.96
- (Biologischer Unterrichtsgang)
  s.Biologische Lehrwanderung (Volksschule) 9.80
- (Brauchtum) 8.97
- (DDR) 8.97
- (Deutsche Auslandsschule) 8.97
- (Deutschunterricht) 8.97
- (Einführung) 8.97
- (Einzelbeispiele) 8.98
- (Erdkunde) 8.98
- (Erzählen)
  s.Heimatkundeunterricht (Sprachunterricht) 8.103
- (Flüchtlingskind)
  s.Heimatkundeunterricht (Psychologischer Aspekt) 8.101
- (Geschichtsunterricht) 8.98
- (Grundbegriffe) 8.99
- (Gymnasium) 8.99
- (Heimatgeschichte)
  s.Heimatgeschichte 8.94
- (Kartenkunde)
  s.Kartenverständnis (Heimatkunde) 8.107
- (Kritik) 8.99
- (Kunsterziehung)
  s.Kunsterziehung (Heimatkunde) 10.115
- (Landschule) 8.99
- (Lehrplan) 8.100
- (Lehrwanderung) 8.100
- (Märchen)
  s.Märchen im Unterricht 7.173
- (Methodische Einzelfragen) 8.100
- (Naturkunde)
  s.Heimatkundeunterricht (Biologie) 8.96
- (Naturlehre) 8.101

- (Orientierungsübung)
  s.Heimatkundeunterricht (Methodische Einzelfragen) 8.100
- (Politische Bildung) 8.101
- (Psychologischer Aspekt) 8.101
- (Reform) 8.102
- (Sachrechnen)
  s.Sachrechnen (Grundschule) 9.273
- (Sachunterricht) 8.102
- (Sage)
  s.Sage im Unterricht 7.202
- (Sandkasten)
  s.Sandkasten 5.203
- (Schulspiel)
  s.Heimatkundeunterricht (Methodische Einzelfragen) 8.100
- (Selbsttätigkeit) 8.102
- (Sonderschule) 8.103
- (Sozialerziehung) 8.103
- (Sozialkunde)
  s.Heimatkundeunterricht (Politische Bildung) 8.101
- (Sprachunterricht) 8.103
- (Stillarbeit)
  s.Heimatkundeunterricht (Selbsttätigkeit) 8.102
- (Stoffplan)
  s.Heimatkundeunterricht (Lehrplan) 8.100
- (Technische Bildung) 8.103
- (Verkehrserziehung)
  s.Verkehrsunterricht (Heimatkunde) 10.251
- (Volksbildung)
  s.Heimatkundeunterricht (Brauchtum) 8.97
- (Volksschuloberstufe) 8.104
- (Werken)
  s.Werkunterricht (Heimatkunde) 10.271
- (Wiederholung)
  s.Heimatkundeunterricht (Methodische Einzelfragen) 8.100
- (Zeichnen) 8.104

Heimatkundliche Anschauung
  s.Heimatkundeunterricht (Anschauung) 8.96
Heimatkundliche Bildreihe
  s.Heimatkundelehrmittel (Lichtbild) 5.93
Heimatkundliche Farblichtbilder
  s.Heimatkundelehrmittel (Lichtbild) 5.93
Heimatkundliche Grundbegriffe
  s.Heimatkundeunterricht (Grundbegriffe) 8.99
Heimatkundliche Lehrwanderung
  s.Heimatkundeunterricht (Lehrwanderung) 8.100
Heimatkundliche Schulsammlung
  s.Heimatkundelehrmittel (Sammlungen) 5.93
Heimatkundliche Themen 8.104
- (Bach/Fluß) 8.104
- (Biene) 8.105
- (Dorf) 8.105
- (Großstadt) 8.105
- (Hafen) 8.105
- (Schleuse) 8.105
- (Stadt) 8.105
- (Straße) 8.106
- (Wärme)
  s.Heimatkundeunterricht (Naturlehre) 8.101
- (Wald) 8.106
- (Wasser) 8.106
- (Wasserleitung) 8.106
Heimatkundlicher Anfangsunterricht
  s.Heimatkundeunterricht (Einführung) 8.97
Heimatkundlicher Anschauungsunterricht
  s.Anschauungsunterricht 6.22
  s.Heimatkundeunterricht (Einführung) 8.97
Heimatkundlicher Deutschunterricht
  s.Heimatkundeunterricht (Deutschunterricht) 8.97
Heimatkundlicher Gesamtunterricht
  s.Erstleseunterricht (Methodische Einzelfragen) 7.90
  s.Heimatkundeunterricht (Einführung) 8.97
Heimatkundlicher Geschichtsunterricht
  s.Heimatkundeunterricht (Geschichtsunterricht) 8.98
Heimatkundlicher Sachunterricht
  s.Heimatkundeunterricht (Sachunterricht) 8.102
- (Experimentalunterricht)
  s.Heimatkundeunterricht (Naturlehre) 8.101
Heimatkundliches Englisch
  s.Englischunterricht (Muttersprache) 7.83
Heimatkundliches Planzeichnen
  s.Heimatkundeunterricht (Zeichnen) 8.104
Heimatkundliches Werken
  s.Werkunterricht (Heimatkunde) 10.271

Heimatlesebogen
　s.Heimatkundelehrmittel (Einzel-
　formen) 5.92
Heimatliche Kunstdenkmäler
　s.Kunsterziehung (Heimatkunde)
　10.115
Heimatlichtbild
　s.Heimatkundelehrmittel (Lichtbild)
　5.93
Heimatliebe
　s.Heimaterlebnis 8.93
Heimatlose Heimatkunde
　s.Heimatkundeunterricht
　(Erdkunde) 8.98
Heimatloser Jugendlicher
　s.Flüchtlingskind 4.61
Heimatmappe
　s.Heimatkundelehrmittel (Samm-
　lungen) 5.93
Heimatmuseum
　s.Heimatkundelehrmittel (Museum)
　5.93
　s.Heimatkundelehrmittel (Samm-
　lungen) 5.93
Heimatnatur
　s.Heimatkundliche Themen (Dorf)
　8.105
Heimatpädagogik
　s.Heimaterziehung 8.93
Heimatpflege
　s.Heimaterziehung 8.93
Heimatprinzip
　s.Heimat (Unterrichtsprinzip) 8.93
Heimatschule
　s.Landschule 1.132
Heimatstadt
　s.Heimatkundliche Themen (Stadt)
　8.105
Heimatverbundenheit
　s.Erdkundeunterricht (Heimatprin-
　zip) 8.38
Heimatzeichnung
　s.Heimatkundelehrmittel (Einzel-
　formen) 5.92
Heimberufsschule
　s.Heimschule 1.105
　s.Sonderberufsschule 1.239
Heimdifferenzierung
　s.Heimerziehung 3.139
Heimerzieher 2.48
　siehe auch:
　Heimerziehung (Personalfragen) 3.142
Heimerzieherausbildung 2.49
Heimerzieherin 2.49
Heimerziehung 3.139

- (DDR) 3.140
- (Erziehungsberatung)
　s.Heimerziehung (Sozialpädagogik)
　3.143
- (Familienprinzip) 3.140
- (Gespräch)
　s.Heimerziehung (Soziologischer
　Aspekt) 3.143
- (Heilpädagogik)
　s.Heilpädagogik 4.76
- (Heilpädagogisches Heim) 3.141
- (Kinderdorf) 3.142
- (Koedukation)
　s.Koedukation (Gemeinschafts-
　formen) 3.159
- (Kritik) 3.142
- (Milieutherapie)
　s.Heimerziehung (Soziologischer
　Aspekt) 3.143
- (Patenschaft)
　s.Heimerziehung (Familienprinzip)
　3.140
- (Personalfragen) 3.142
- (Pflegefamilie)
　s.Heimerziehung(Familienprinzip) 3.140
- (Pflegekind) 3.142
- (Politische Bildung)
　s.Politische Bildung (Jugendwohn-
　heim) 8.181
- (Psychologischer Aspekt) 3.143
- (Schwererziehbarer Jugendlicher)
　s.Schwererziehbarkeit (Heimerzie-
　hung) 4.187
- (Sozialpädagogik) 3.143
- (Soziologischer Aspekt) 3.143
- (Strafe) 3.144
- (Umwelt)
　s.Heimerziehung (Soziologischer
　Aspekt) 3.143
- (Vermassung)
　s.Heimerziehung (Soziologischer
　Aspekt) 3.143
Heimerziehungsberatung
　s.Erziehungsberatung (Heimerzie-
　hung) 4.53
Heimkind 4.80
Heimkindergruppe
　s.Heimerziehung (Soziologischer
　Aspekt) 3.143
Heimleiter
　s.Heimerzieher 2.48
Heimleiterin
　s.Heimerzieherin 2.49
Heimpädagogik
　s.Heimerziehung 3.139

Heimpraktikum
 s.Heimerziehung (Personalfragen)
 3.142
Heimschule 1.105
Heimsonderschule
 s.Entwicklungsstörung 4.47
Heimvolkshochschule
 s.Volkshochschule (Heimvolkshochschule) 1.262
Heisenbergsche Unbestimmtheitsrelation
 s.Quantentheorie 9.254
Heiterkeit
 s.Erziehungsmittel (Humor) 3.95
Heizen [im Gesamtunterricht]
 s.Arbeitseinheiten (Heizen) 6.27
Heizen [Kulturgeschichte]
 s.Kulturgeschichtliche Längsschnitte (Wohnung) 8.112
Heldensage
 s.Sage 7.202
Helfen oder strafen
 s.Strafe 3.236
Helferheft
 s.Merkheft 5.136
Helferpaare
 s.Helfersystem 6.100
Helfersystem 6.100
Helgoland
 s.Länderkunde (Helgoland) 8.126
Hellenismus
 s.Altertum (Hellenismus) 8.23
Helligkeitsmodulation
 s.Hochfrequenztechnik (Modulation)
 9.144
Hellraumbildwand
 s.Bildwerfer 5.38
Helmholtz-Spulen
 s.Magnetismus (Feldstärke) 9.157
Hemmung
 s.Gehemmtes Kind 4.66
 s.Minderwertigkeitsgefühl 4.124
Hemmungsloses Kind
 s.Aggression 4.20
Herbarium
 s.Schulherbarium 5.234
Herbst
 s.Naturbeobachtung (Herbst) 9.198
 s.Wetterkunde (Jahreslauf) 8.213
Herbst im Gesamtunterricht
 s.Arbeitseinheiten (Herbst) 6.27
Herbst-Schuljahrsbeginn
 s.Schuljahrsbeginn (Herbst) 1.201
Herbstzeitlose
 s.Pflanzenkunde (Herbstzeitlose)
 9.230

Hering
 s.Tierkunde (Fische) 9.280
Herodot
 s.Altertum (Griechen) 8.22
Herodot-Lektüre
 s.Griechischunterricht (Lektüre)
 7.134
Heronische Dreiecke
 s.Geometrie (Dreieck) 9.125
Herrenschneider
 s.Berufsfachkunde (Schneider) 10.27
Herrscherpersönlichkeit
 s.Mittelalter (Einzelfragen) 8.149
Herstellung von Arbeitsmitteln
 s.Arbeitsmittel (Herstellung) 5.28
Herübersetzung
 s.Fremdsprachenunterricht (Übersetzen) 7.111
Herz des Menschen
 s.Menschenkunde (Herz) 9.191
Herzensbildung
 s.Gemütsbildung 3.127
Herzinfarkt
 s.Menschenkunde (Herz) 9.191
Herzneurose
 s.Neurose 4.127
Hessen
 s.Länderkunde (Hessen) 8.126
Hessenkolleg
 s.Zweiter Bildungsweg (Hessen-
 Kolleg) 1.279
Hessesche Normalform
 s.Analytische Geometrie (Einzelfragen) 9.37
Hessische Bildungspläne 6.100
Hessisches Hochschulgesetz
 s.Hochschulgesetzgebung (Hessisches Hochschulgesetz) 1.107
Hessisches Lehrerbildungsgesetz
 s.Lehrerbildungsgesetz 2.103
Hessisches Lehrerfortbildungswerk.. 2.49
Hessisches Privatschulgesetz
 s.Privatschulgesetze 1.154
Hessisches Schulgrundgesetz
 s.Schulreform (Hessisches Schulgrundgesetz) 1.222
Hessisches Schulpflichtgesetz
 s.Schulpflichtgesetze 1.206
Hessisches Schulverwaltungsgesetz
 s.Schulverwaltungsgesetze 1.230
Heterophyllie
 s.Pflanzenkunde (Laubbäume) 9.230
Heuaufguß [Lebensgemeinschaft]
 s.Lebensgemeinschaft (Einzelformen) 9.153

Heuernte [im Gesamtunterricht]
 s.Arbeitseinheiten (Heuernte) 6.28
Heuristische Methodentheorie
 s.Mathematikunterricht (Heuristik) 9.167
Heuschrecken
 s.Insektenkunde (Heuschrecken) 9.147
Heutige Jugend
 s.Jugendsoziologie (Gegenwartsjugend) 3.151
Hexenprozesse
 s.Mittelalter (Einzelfragen) 8.149
HHT-Lehrerin
 s.Technische Lehrerin 2.143
Hilfestellung
 s.Geräteturnen (Hilfestellung) 10.65
Hilfsarbeiterberuf
 s.Berufserziehung (Ungelernte) 3.44
Hilfsbereitschaft
 s.Erziehung zur Hilfsbereitschaft 3.88
Hilfsberufsschule
 s.Sonderberufsschule 1.239
Hilfsklassen
 s.Sonderschule für Lernbehinderte 1.246
Hilfslehrerin
 s.Aushilfslehrer 2.21
Hilfsschüler
 s.Entwicklungsstörung 4.47
 s.Hilfsschulkind 4.81
Hilfsschulbedürftiges Kind
 s.Hilfsschulbedürftigkeit 4.80
Hilfsschulbedürftigkeit 4.80
- (Feststellung) 4.81
Hilfsschulbibliothek
 s.Schülerbücherei (Sonderschule) 5.208
Hilfsschuldidaktik
 s.Sonderschulunterricht 6.184
Hilfsschule 1.106
- , ländliche
 s.Ländliche Sonderschule 1.130
- (Umschulungsverfahren)
 s.Sonderschule für Lernbehinderte (Ausleseverfahren) 1.246
- und Berufsberatung
 s.Berufsberatung (Sonderschüler) 3.31
Hilfsschulbedürftigkeit
 s.Sonderschule für Lernbehinderte (Früherfassung) 1.247
Hilfsschulerziehung
 s.Erziehung (Sonderschule) 3.83
Hilfsschulkind.................... 4.81

- (Geistige Entwicklung)
 s.Hilfsschulkind (Intelligenzstruktur) 4.82
- (Intelligenzstruktur) 4.82
- (Menschenbild)
 s.Hilfsschulkind (Typologie) 4.83
- (Normalklasse)
 s.Schulversager (Volksschule) 4.184
- (Rehabilitation) 4.83
- (Soziologischer Aspekt) 4.83
- (Strukturwandel)
 s.Hilfsschulkind (Typologie) 4.83
- (Typologie) 4.83
- als Zeuge
 s.Hilfsschulkind 4.81
Hilfsschullehrer 2.49
Hilfsschullehrerin
 s.Hilfsschullehrer 2.49
Hilfsschulleistung
 s.Notengebung (Sonderschule) 6.133
Hilfsschulpädagogik
 s.Erziehung (Sonderschule) 3.83
 s.Heilpädagogik 4.76
Hilfsschulüberprüfung
 s.Sonderschule für Lernbehinderte (Umschulung) 1.248
Hilfsschulüberweisung
 s.Hilfsschulbedürftigkeit 4.80
 s.Sonderschule für Lernbehinderte (Ausleseverfahren) 1.246
- (Test)
 s.Hilfsschulbedürftigkeit (Feststellung) 4.81
Hilfsschulunterricht
 s.Sonderschulunterricht 6.184
Hilfsschulversäumnis
 s.Schulversäumnis (Sonderschule) 1.227
Hilfsverben
 s.Verblehre (Modalverben) 7.244
Hilter [Schulversuch]
 s.Schulversuche (Bundesländer) 1.228
Himalaja
 s.Länderkunde (Himalaja) 8.127
Himmel
 s.Katechese (Himmel) 10.86
Himmelfahrt Jesu
 s.Bibelunterricht NT (Himmelfahrt) 10.43
Himmelsbeobachtung
 s.Astronomieunterricht (Schülerbeobachtung) 9.49
Himmelsbewegungen
 s.Astronomie (Sterne) 9.47
Himmelskunde
 s.Astronomieunterricht 9.48

Himmelskundliches Arbeitsmittel
  s.Astronomielehrmittel 5.33
Himmelsrichtung
  s.Allgemeine Erdkunde 8.19
Hindenburg
  s.Zeitgeschichte (Weimarer Republik) 8.245
Hindernislauf
  s.Leichtathletik (Laufschulung) 10.159
- (Grundschule)
  s.Leichtathletik (Grundschule) 10.158
Hindernisturnen
  s.Geräteturnen (Methodische Einzelfragen) 10.66
Hindustan
  s.Länderkunde (Indien:Landschaften) 8.128
Hinterindien
  s.Länderkunde (Hinterindien) 8.127
Hiob
  s.Bibelunterricht AT (Hiob) 10.37
Hirngeschädigtes Kind 4.84
Hirnschädigung 4.84
Hirsch
  s.Tierkunde (Waldtiere) 9.285
Hirschberger Leinenhandel
  s.Ostkundeunterricht (Methodische Einzelfragen) 8.159
Hirtenschule
  s.Landwirtschaftliche Berufsschule 1.140
Historiker
  s.Geschichtslehrer 2.36
Historiker-Lektüre
  s.Altsprachlicher Unterricht (Lektüre) 7.21
Historisch-Politischer Unterricht
  s.Geschichtsunterricht und Politische Bildung (Gymnasium) 8.90
Historische Belletristik
  s.Geschichtslehrmittel (Literarische Quellen) 5.87
Historische Bildung
  s.Geschichtsunterricht (Geschichtswissenschaft) 8.73
Historische Gegenwartskunde
  s.Gegenwartskunde 8.48
Historische Pädagogik
  s.Erziehungsgeschichte 3.93
Historische Persönlichkeit
  s.Geschichtsunterricht (Historische Persönlichkeit) 8.76
Historische Wandkarte
  s.Geschichtslehrmittel (Karten) 5.86

Historischer Atlas
  s.Geschichtsatlas 5.78
Historischer Film
  s.Geschichtslehrmittel (Film) 5.85
Historischer Jesus
  s.Bibelunterricht NT (Historischer Jesus) 10.44
Historischer Materialismus
  s.Geschichtsbild (DDR) 8.60
  s.Geschichtsphilosophie (Historischer Materialismus) 8.65
Historischer Quellentext
  s.Geschichtsunterricht (Quellenbehandlung) 8.81
Historischer Roman
  s.Roman (Historischer Roman) 7.196
Historischer Unterrichtsfilm
  s.Geschichtslehrmittel (Film) 5.85
Historisches Jugendbuch
  s.Geschichtslehrmittel (Jugendbuch) 5.85
Historisches Verständnis
  s.Geschichtsverständnis 8.91
Historisches Vorbild
  s.Geschichtsunterricht (Historische Persönlichkeit) 8.76
Historismus
  s.Geschichtsunterricht (Geschichtsbild) 8.72
Hitlerjugend
  s.Zeitgeschichtsunterricht (Nationalsozialismus:Einzelfragen) 8.255
Hitlerreich
  s.Zeitgeschichte (Nationalsozialismus) 8.243
Hitlers Außenpolitik
  s.Zeitgeschichte (Hitlers Außenpolitik) 8.241
Hitlers Kriegsziele
  s.Zeitgeschichte (Weltkrieg 1939-1945) 8.246
Hitlers Machtergreifung
  s.Zeitgeschichte (Hitlers Machtergreifung) 8.241
  s.Zeitgeschichtsunterricht (Hitlers Machtergreifung) 8.252
Hobby
  s.Freizeitgestaltung 3.123
Hobelunterricht
  s.Werken (Holz) 10.263
Hochdeutsche Sprache
  s.Mundart 7.175
  s.Schriftsprache 7.210
Hochfrequenztechnik 9.143
- (Einzelfragen) 9.143

[Forts.: Hochfrequenztechnik]
- (Elektronenröhre) 9.144
- (Fernsehen) 9.144
- (Kristalldiode) 9.144
- (Maser) 9.144
- (Modulation) 9.144
- (Oszillograph) 9.145
- (Rundfunk) 9.145
- (Transistor) 9.145
Hochkulturen
 s.Altertum (Einzelfragen) 8.22
Hochlautung
 s.Phonetik 7.183
Hochleistungssport
 s.Sport (Hochleistungssport) 10.243
Hochleistungstraining
 s.Leibeserziehung (Training) 10.154
Hochmoor [Lebensgemeinschaft]
 s.Lebensgemeinschaft (Moor) 9.153
Hochreck
 s.Geräteturnen (Reck) 10.67
Hochschule
 s.Universität 1.259
- für bildende Künste
 s.Höhere Fachschulen 1.112
- für Erziehung
 s.Pädagogische Hochschule 2.123
Hochschulfinanzierung 1.106
Hochschulforschung
 s.Universität 1.259
Hochschulgesetzgebung 1.107
- (Hessisches Hochschulgesetz) ... 1.107
Hochschulinternes Fernsehen
 s.Lehrerbildung (Unterrichtsmitschau) 2.100
Hochschullehrer 2.50
- (Rechtsfragen) 2.50
Hochschullehrerbesoldung
 s.Lehrerbesoldung (Hochschullehrer) 2.73
Hochschullehrergesetz
 s.Hochschullehrer (Rechtsfragen) 2.50
Hochschullehrerin 2.50
Hochschullehrernachwuchs 2.50
Hochschulmäßige Lehrerbildung
 s.Lehrerbildung (Wissenschaftscharakter) 2.101
Hochschulneugründung
 s.Hochschulreform 1.108
Hochschulpolitik 1.107
Hochschulrecht 1.107
Hochschulreform 1.108
- (Studiendauer) 1.109
- (Wissenschaftsrat) 1.110

Hochschulreife 1.110
- (Deutschaufsatz)
 s.Aufsatzunterricht (Psychologischer Aspekt) 7.35
- (Mathematik)
 s.Mathematikunterricht (Reifeprüfung) 9.174
Hochschulsport
 s.Sport (Einzelfragen) 10.243
Hochschulstatistik
 s.Hochschulreform 1.108
Hochschulstudium 1.111
Hochschulunterricht
 s.Universitätspädagoge 2.144
Hochschulverband
 s.Lehrerverbände 2.116
Hochschulverwaltung 1.111
Hochschwung am Reck
 s.Geräteturnen (Reck) 10.67
Hochseefischerei
 s.Wirtschaftsgeographie (Seefischerei) 8.227
Hochspannungsgerät
 s.Hochfrequenztechnik (Transistor) 9.145
Hochsprache
 s.Schriftsprache 7.210
Hochsprungschulung
 s.Leichtathletik (Hochsprung) 10.158
Hochstapler
 s.Verhaltensstörung (Einzelformen) 4.233
Hochzeit zu Kanaa
 s.Bibelunterricht NT (Einzelne Wunder) 10.42
Hocke
 s.Geräteturnen (Sprungkasten) 10.68
Hockwende
 s.Geräteturnen (Sprungkasten) 10.68
Höchstbegabung
 s.Begabung 4.28
Höchstzahlverfahren
 s.Mathematische Statistik 9.176
Höflichkeit
 s.Erziehung zur Höflichkeit 3.88
Höhenforschung
 s.Wetterkunde (Atmosphäre) 8.212
Höhenkonzentration
 s.Landschulunterricht (Höhenkonzentration) 6.112
Höhenkunde
 s.Allgemeine Erdkunde 8.19
Höhenlinien [Kartenbild]
 s.Kartenverständnis (Höhenlinien) 8.107

Höhenmessung
  s.Kartenverständnis (Höhenlinien)
    8.107
Höhensatz
  s.Geometrie (Dreieck) 9.125
Höhenschichtmodell
  s.Relief 5.196
Höhenstrahlung
  s.Geophysik (Höhenstrahlung) 9.137
Höhenwetterkarte
  s.Wetterkundelehrmittel (Wetterkarte) 5.259
Höhere Bildung
  s.Bildung 3.56
Höhere Fachschule für Hauswirtschaft
  s.Höhere Fachschulen 1.112
Höhere Fachschulen 1.112
Höhere Handelsschule 1.112
Höhere Kaufmännische Fachschule
  s.Höhere Wirtschaftsfachschule 1.113
Höhere Landbauschule
  s.Fachschule (Landwirtschaftsschule) 1.75
Höhere Mädchenschule
  s.Mädchengymnasium 1.143
Höhere Pilze
  s.Pflanzenkunde (Pilze) 9.234
Höhere Schule 1.112
Höhere Technische Lehranstalt
  s.Höhere Fachschulen 1.112
Höhere Wirtschaftsfachschule 1.113
- (Bundesländer) 1.114
Höheres Schulwesen
  s.Gymnasium 1.92
Höhlenbrüter
  s.Vogelkunde (Brutbiologie) 9.293
Hörapparat
  s.Taubstummenunterricht (Hörhilfen)
    6.198
Hörbewegung
  s.Taubstummenunterricht 6.195
Hörbild im Geschichtsunterricht
  s.Geschichtslehrmittel (Schulfunk) 5.88
  s.Geschichtslehrmittel (Tonband) 5.89
Hörerlebnis
  s.Anschauung 6.22
Hörerziehung
  s.Audiometrie 4.26
  s.Deutschlehrmittel (Schulfunk) 5.53
  s.Musikunterricht (Gehörbildung)
    10.183
  s.Musikunterricht (Musikhören) 10.188
  s.Taubstummenunterricht (Hörerziehung) 6.197

- im Sprachlabor
  s.Sprachlabor (Hörschulung) 5.244
Hörfähigkeit
  s.Musikunterricht (Psychologischer Aspekt) 10.189
Hörfunk und Fernsehen
  s.Funkerziehung (Rundfunk und Fernsehen) 3.125
Hörgeschädigtenschule
  s.Sonderschule für Gehörgeschädigte 1.243
Hörgeschädigtes Kind
  s.Schwerhöriges Kind 4.188
Hörhilfe
  s.Taubstummenunterricht (Hörhilfen)
    6.198
Hörprüfung
  s.Audiometrie 4.26
Hörreste bei Taubstummen
  s.Taubstummes Kind (Psychologische Einzelfragen) 4.216
Hörspiel 7.135
- (Betriebswirtschaftlicher Unterricht)
  s.Arbeitsmittel im Unterricht
    (Berufsschule) 5.29
- im Deutschunterricht 7.135
  siehe auch:
  Deutschlehrmittel (Hörspiel) 5.51
  Leseunterricht (Spielformen) 7.159
Hörsprechanlage
  s.Taubstummenunterricht (Hörhilfen)
    6.198
Hörsprechschulung
  s.Taubstummenunterricht (Hörerziehung) 6.197
Hörstörung
  s.Cerebral gelähmtes Kind 4.35
Hörstummheit
  s.Sprachstörung 4.207
Hörtraining
  s.Musikunterricht (Gehörbildung)
    10.183
Hörunterricht
  s.Taubstummenunterricht (Hörerziehung) 6.197
Hoher Atlas
  s.Länderkunde (Marokko) 8.132
Hohes Lied
  s.Bibelunterricht AT (Einzelfragen)
    10.36
Hohes Venn
  s.Länderkunde (Eifel) 8.123
Hohlpräparate
  s.Mikrobiologie (Schulpräparate)
    9.195

Hohlprisma
 s.Optik (Brechung) 9.217
Hohlspiegel
 s.Optik (Reflexion) 9.220
Hohner-Melodica
 s.Musikinstrument (Mundharmonika) 5.140
Holländische Wirtschaftsstruktur
 s.Länderkunde (Niederlande) 8.134
Holländischer Katechismus
 s.Katholischer Katechismus (Holländischer Katechismus) 10.89
Holland
 s.Länderkunde (Niederlande) 8.134
Hollandorkan
 s.Wetterkunde (Wind) 8.214
Hologramme
 s.Optik (Abbildung) 9.217
Holz
 s.Organische Chemie (Holz) 9.224
 s.Pflanzenkunde (Wald) 9.235
 s.Werken (Holz) 10.263
Holzgewerbelehrer
 s.Gewerbelehrerbildung (Fachrichtungen) 2.41
Holzschnittbild
 s.Papierwerken (Drucktechniken) 10.199
Holzschnitzen
 s.Werken (Holzschnitzen) 10.263
Holzuntersuchung
 s.Pflanzenkunde (Altersbestimmung) 9.226
Holzwerken
 s.Werken (Holz) 10.263
Holzwirtschaft
 s.Wirtschaftsgeographie (Holz) 8.222
Home Training
 s.Taubstummenbildung (Früherfassung) 6.194
Homer-Lektüre
 s.Griechischunterricht (Lektüre) 7.134
Hominiden
 s.Abstammungslehre (Mensch) 9.22
Hominisation
 s.Menschenkunde (Hominisation) 9.191
Homo academicus
 s.Allgemeinbildung 3.19
Homo divinans
 s.Musische Erziehung 6.127
Homo faber
 s.Berufliche Bildung (Berufsbegriff) 3.26
Homo ludens
 s.Muße 3.182
 s.Spielerziehung 3.233
Homonymie
 s.Wortkunde 7.251
Homosexualität
 s.Sexualpathologie 4.191
Honduras
 s.Länderkunde (Honduras) 8.127
Honigbiene
 s.Insektenkunde (Bienen) 9.146
Honnefer Modell
 s.Studienförderung 1.253
Hookesches Gesetz
 s.Mechanik (Elastizität) 9.180
Hopsi-Fibel
 s.Fibel (Einzelbeispiele) 5.70
Horaz-Lektüre
 s.Lateinische Lektüre (Horaz) 7.145
Horde
 s.Jugendsoziologie (Gesellungsformen) 3.152
Horizont
 s.Allgemeine Erdkunde 8.19
Horizontale Gliederung des Schulwesens
 s.Durchlässigkeit 1.59
Hormone
 s.Biochemie (Einzelfragen) 9.57
Hornissen
 s.Insektenkunde (Einzelne Insekten) 9.147
Hort
 s.Kinderhort 1.126
Hortnerin
 s.Kindergärtnerin 2.53
Hosea
 s.Bibelunterricht AT (Propheten) 10.38
Hospitalismus 4.84
Hospitalschule
 s.Krankenhausschule 1.128
Hospitation
 s.Handelsschullehrerbildung 2.47
 s.Lehrerbildung (Hospitation) 2.84
 s.Schulleiter 2.133
Hotelfachschule
 s.Fachschule (Einzelne Berufe) 1.74
Hübners Interpretationslehre
 s.Englische Lektüre 7.69
Hühnerei
 s.Vogelkunde (Hühnerei) 9.295
Hüpfspiele
 s.Bewegungsspiel 10.30
Hürdenlauf
 s.Bundesjugendspiele (Sommerspiele) 10.52

s.Leichtathletik (Hürdenlauf)
10.158
Huhn
s.Vogelkunde (Haushuhn) 9.294
Hullsche Lernfunktion
s.Kybernetische Lerntheorie 5.102
Human mazes
s.Lernvorgang 4.114
Humanbiologie im Unterricht
s.Menschenkunde (Gymnasium) 9.190
Humane Bildung
s.Bildungsbegriff 3.66
Humangenetik
s.Biologische Anthropologie 3.68
s.Vererbungslehre (Mensch) 9.292
Humanismus 3.144
- (Christlicher Humanismus) 3.145
- (Historischer Aspekt)
s.Neuzeit (16.Jahrhundert) 8.155
- (Krise) 3.145
- (Naturwissenschaft) 3.145
- (Technokratie)
s.Humanismus (Naturwissenschaft)
3.145
- der Arbeit
s.Berufliche Bildung (Berufsbegriff) 3.26
- und Biologie
s.Biologieunterricht (DDR) 9.65
- und Erziehung
s.Erziehung zur Menschlichkeit 3.88
- und Technik
s.Bildung (Mensch und Technik) 3.57
Humanistische Bildung 3.146
- (Diskussion) 3.146
Humanistische Erziehung
s.Humanistische Bildung 3.146
Humanistische Menschenkunde
s.Menschenkunde 9.188
Humanistische Schulbildung
s.Humanistisches Gymnasium 1.114
Humanistische Union und Schulreform
s.Schulreform (Bildungspolitik)
1.216
Humanistischer Auftrag
s.Altsprachlicher Unterricht 7.19
Humanistisches Gymnasium 1.114
Humanitäre Musikerziehung
s.Musikunterricht (Erziehungswert)
10.182
Humanitäre Tatpädagogik
s.Erziehung zur Hilfsbereitschaft
3.88
Humanität
s.Menschenbildung 3.179

Humanitätsidee
s.Humanismus 3.144
Humanitas
s.Humanismus 3.144
Hummel
s.Insektenkunde (Einzelne Insekten)
9.147
s.Tierverhalten (Einzelne Tiere)
9.288
Humor
s.Erziehungsmittel (Humor) 3.95
- im Unterricht
s.Freude im Unterricht 6.70
s.Sprachunterricht (Methodische Einzelfragen) 7.226
Humus
s.Bodenbiologie 9.80
Hunderterblatt
s.Erstrechenunterricht (Zahlenraum 1-100) 9.119
Hundertertafel
s.Rechenlehrmittel (Zahlentafel)
5.194
Hundertfeldstempel
s.Rechenlehrmittel (Zahlentafel)
5.194
Hundertsatz
s.Prozentrechnen 9.253
Hunger
s.Wirtschaftsgeographie (Welternährung) 8.230
Hussitische Revolution
s.Neuzeit (15.Jahrhundert) 8.154
HWF
s.Höhere Wirtschaftsfachschule
1.113
Hyazinthenzwiebel
s.Pflanzenphysiologie (Wachstum)
9.238
Hybridisation
s.Pflanzenphysiologie (Fortpflanzung) 9.237
Hydra
s.Tierkunde (Einzelne Tiere) 9.279
Hydride
s.Anorganische Chemie (Nichtmetalle) 9.40
Hydrobiologie
s.Pflanzenkunde (Hydrokultur) 9.230
Hydrokultur
s.Pflanzenkunde (Hydrokultur) 9.230
Hydrologie
s.Naturschutz (Wasser) 9.209
Hydrolyse
s.Anorganische Chemie (Salze) 9.42

Hydromechanik
s.Mechanik (Oberflächenspannung)
9.185
Hydroponikversuche
s.Pflanzenkunde (Hydrokultur) 9.230
Hydrostatik
s.Mechanik (Auftrieb) 9.177
s.Mechanik (Gase) 9.181
Hygiene
s.Schulhygiene 1.193
Hyperbel
s.Kegelschnitte (Hyperbel) 9.151
Hyperbelfunktion
s.Analysis (Spezielle Funktionen)
9.36
Hyperbelsegment
s.Analysis (Logarithmus) 9.35
Hyperbolische Geometrie
s.Geometrie (Nichteuklidische
Geometrie) 9.129
Hyperperiphrastische Tempora
s.Verblehre (Vergangenheitsformen)
7.246
Hypnopädie
s.Lernpsychologie (Didaktischer
Aspekt) 4.111
Hypnose 4.85
Hypochondrische Störung
s.Depression 4.39
Hypochondrischer Psychopath
s.Psychopath 4.150
Hysterese
s.Magnetismus (Hysterese) 9.157
Hysteresisschleife
s.Magnetismus (Hysterese) 9.157
Hysterie
s.Persönlichkeitspsychologie 4.133

I

Iberische Halbinsel
s.Länderkunde (Pyrenäenhalbinsel)
8.138
Ich-Integration
s.Entwicklungspsychologie (Säugling) 4.46
s.Ich-Psychologie 4.85
Ich-Psychologie 4.85
Ich-Störung
s.Verhaltensstörung (Einzelformen)
4.233
Ichentwicklung
s.Ich-Psychologie 4.85

Ichkrisen
s.Pubertät (Soziologischer Aspekt)
4.157
Ichqualität
s.Ich-Psychologie 4.85
Ichwerdung
s.Persönlichkeitspsychologie 4.133
Idealbildung [Ausbildung eines Ideals]
s.Leitbilder (Jugendalter) 3.162
Idealpädagogik
s.Bildungsbegriff 3.66
Idealtypische Lernphasen
s.Lernen 6.123
Ideographisches Programmieren
s.Lehrgerät (Adaptives Lehrgerät)
5.116
Ideologie
s.Leitbilder (Erziehungsanspruch)3.162
s.Politik (Ideologie) 8.163
Ideologienlehre
s.Politische Soziologie 3.203
Ideologische Erziehung [DDR] 3.147
- (Organisationsfragen)
s.Schulreform (DDR) 1.218
- (Staatsbürgerkunde)
s.Staatsbürgerkunde (Ideologische
Erziehung) 8.202
Ideometrisches Gesetz
s.Wahrnehmungspsychologie (Einzelfragen) 4.237
Ideomotorik
s.Stimmbildung 10.244
Igel
s.Tierkunde (Einzelne Tiere) 9.279
Ignatius von Loyola
s.Kirchengeschichte (Einzelpersonen) 10.98
Ikone
s.Kunstbetrachtung (Malerei) 10.107
Illusionäre Erziehung
s.Erziehung 3.74
Illustration in der Fibel
s.Fibel (Bildgestaltung) 5.70
Illustrierte
s.Literaturpädagogik (Illustrierte)
3.166
- im Unterricht
s.Englischlehrmittel (Einzelformen) 5.57
s.Bildarchiv 5.35
s.Zeitung im Unterricht (Volksschule) 5.263
Illustrierter Aufsatz
s.Aufsatzunterricht (Methodische
Einzelfragen) 7.34

Imbezilles Kind
  s.Geistig behindertes Kind 4.67
Imbezillität
  s.Schwachsinniges Kind 4.185
Imitationslernen
  s.Lernpsychologie 4.111
Immatrikultation
  s.Hochschulstudium 1.111
Immunbiologie
  s.Gesundheitslehre (Schutzimpfung)
    9.139
Imparfait
  s.Französischunterricht (Grammatik:Einzelfragen) 7.98
Imperativ
  s.Verblehre (Einzelfragen) 7.243
Imperfekt
  s.Verblehre (Vergangenheitsformen)
    7.246
Imperialismus
  s.Politik (Einzelfragen) 8.161
Imperialistischer Weltkrieg
  s.Zeitgeschichte (Weltkrieg
    1914-1918) 8.245
Imperium Romanum
  s.Altertum (Römisches Reich) 8.23
Improvisation [Musik]
  s.Musikunterricht (Improvisation)
    10.185
Impuls
  s.Unterrichtsimpuls 6.213
Impulssatz
  s.Mechanik (Impulsgesetz) 9.183
Impulszählgerät
  s.Physikalisches Experimentiergerät
    (Meßinstrumente) 5.146
Index-Familie
  s.Wirtschaftskunde (Einzelfragen)
    8.232
Indianische Hausformen
  s.Kulturgeschichtliche Längsschnitte (Wohnung) 8.112
Indianische Landwirtschaft
  s.Wirtschaftsgeographie (Südamerika) 8.227
Indien
  s.Länderkunde (Indien) 8.127
  s.Wirtschaftsgeographie (Indien)
    8.222
Indirekte Rede
  s.Verblehre (Konjunktiv) 7.244
Indirekter Schreibunterricht
  s.Schreibunterricht (Methodische
    Einzelfragen) 10.229
Indirektes Sehen
  s.Wahrnehmungspsychologie (Optische
    Wahrnehmung) 4.238
Indische Union
  s.Länderkunde (Indien) 8.127
Individualanalyse
  s.Psychoanalyse (Behandlungstechnik) 4.138
Individualisierendes Bildungsverfahren
  s.Individualisierung 6.100
Individualisierung 6.100
- (Arbeitsmittel)
  s.Arbeitsmittel im Unterricht 5.28
- (Lehrprogramm)
  s.Programmiertes Lernen (Differenzierung) 5.165
- (Rechenunterricht)
  s.Erstrechenunterricht (Methodische Einzelfragen) 9.116
  s.Rechenunterricht
    (Differenzierung) 9.266
- (Rechtschreiben)
  s.Rechtschreibunterricht
    (Differenzierung) 7.189
Individualmethode
  s.Methodenfreiheit des Lehrers 6.124
Individualmotorik
  s.Motorik 4.125
Individualpsychologie 4.86
- (Pädagogischer Aspekt) 4.86
Individuelle Stiltypen
  s.Stiltypen 7.241
Individueller Arbeitsplan
  s.Lehrplan (Klassenlehrplan) 6.119
Individuelles Anschauungsmaterial
  s.Arbeitsmittel (Einzelformen) 5.27
Individuum und Gemeinschaft
  s.Gemeinschaftserziehung 3.126
Indochina
  s.Länderkunde (China) 8.120
  s.Länderkunde (Vietnam) 8.147
Indogermanen
  s.Vorgeschichte 8.211
Indonesien
  s.Länderkunde (Indonesien) 8.128
Induktion
  s.Elektrizitätslehre (Induktion)
    9.106
  s.Elektrizitätslehre
    (Transformator) 9.108
Induktive Filmerziehung
  s.Filmerziehung (Methodische
    Einzelfragen) 3.118
Induktive Grammatik
  s.Englischunterricht (Grammatik)
    7.79

Induktive Katechese
  s.Katechese 10.83
Industrie und Berufsschule
  s.Berufsschule und Betrieb 1.43
  s.Schule und Wirtschaft (Berufs-
    bildendes Schulwesen) 1.183
Industriearbeiter
  s.Soziologie (Massengesellschaft)
    3.232
Industriearbeiterin
  s.Jungarbeiterin 4.93
Industriebetrieb
  s.Betriebssoziologie 3.55
Industriedichtung
  s.Arbeiterdichtung im Unterricht
    7.24
Industriefilm
  s.Unterrichtsfilm (Industriefilm)
    5.255
Industriegeschichte
  s.Wirtschaftsgeographie (Industrie)
    8.223
Industriegesellschaft
  s.Bildung (Moderne Gesellschaft)
    3.58
  s.Religionsunterricht (Industrie-
    gesellschaft) 10.213
  s.Soziologie (Massengesellschaft)
    3.232
Industriekultur und Erziehung
  s.Erziehung (Industriekultur) 3.79
Industrieländer
  s.Wirtschaftsgeographie (Industrie)
    8.223
Industrielle Ausbildung
  s.Programmierte Instruktion 5.154
Industrielle Erwachsenenbildung
  s.Erwachsenenbildung und Berufs-
    bildung 1.70
Industrielle Lehrlingsauslese
  s.Berufserziehung (Lehrling) 3.41
Industrielle Psychologie
  s.Betriebspsychologie 4.32
Industrielle Revolution
  s.Gemeinschaftskunde (Wirtschafts-
    kunde) 8.54
  s.Neuzeit (Industrielle Revolution)
    8.153
  s.Wirtschaftsgeographie (Industrie)
    8.223
Industrielle Zuckergewinnung
  s.Chemotechnik (Einzelfragen) 9.100
Industriemeister
  s.Fachlehrer (Berufsschule) 2.34
Industriepädagogik

  s.Berufliche Bildung (Industrie-
    gesellschaft) 3.27
  s.Erziehung (Industriekultur) 3.79
Industriepraktikum 6.100
- (Lehrerbildung)
  s.Lehrerbildung (Industrieprakti-
    kum) 2.85
Industrieproduktion
  s.Gemeinschaftskunde (Wirtschafts-
    kunde) 8.54
Induzierte Bewegung
  s.Wahrnehmungspsychologie (Einzel-
    fragen) 4.237
Infantile Teufelsneurose
  s.Neurose (Kindesalter) 4.128
Infantiles Kind
  s.Entwicklungsgehemmtes Kind 4.40
Infinitesimalrechnung
  s.Analysis (Differentialrechnung)
    9.33
Infinitiv
  s.Satzlehre (Nebensatz) 7.204
  s.Verblehre (Infinitiv) 7.244
Inflation
  s.Wirtschaftskunde (Inflation)
    8.234
Information [Mathematischer Begriff]
  s.Kybernetik (Informationstheorie)
    5.100
Informationsästhetik
  s.Kybernetik (Informationsästhetik)
    5.98
Informationsaufnahme
  s.Kybernetische Lerntheorie (Infor-
    mationsübermittlung) 5.104
Informationspsychologie
  s.Kybernetik (Informationspsycho-
    logie) 5.99
Informationspsychologisches Gedächtnismodell
  s.Kybernetische Lerntheorie 5.102
Informationsspeicherung
  s.Kybernetische Lerntheorie (In-
    formationsverarbeitung) 5.105
Informationstheoretisches Lernmodell
  s.Kybernetische Lerntheorie 5.102
Informationstheorie
  s.Kybernetik (Informationstheorie)
    5.100
- (Ästhetik)
  s.Kybernetik (Informationsästhetik)
    5.98
- (Semantik)
  s.Kybernetik (Informationssemantik)
    5.99

Informationsübermittlung
  s.Kybernetische Lerntheorie (Informationsübermittlung) 5.104
Informationsverarbeitende Maschine
  s.Kybernetische Maschinen 5.106
Informationsverarbeitung
  s.Kybernetische Lerntheorie (Informationsverarbeitung) 5.105
Infrarote Strahlen
  s.Elektromagnetische Wellen (Wärmewellen) 9.112
Ingenieurfernstudium
  s.Mathematikunterricht (Universität) 9.175
Ingenieurin
  s.Ingenieurschule 1.114
Ingenieurschule 1.114
- (DDR) 1.115
- (Erdkundeunterricht)
  s.Erdkundeunterricht (Berufsschule) 8.33
- (Hochschule)
  s.Ingenieurschule 1.114
- (Lehrprogramm)
  s.Programmiertes Lernen (Ingenieurschule) 5.172
- (Reform) 1.116
- (Staatsbürgerliche Erziehung)
  s.Staatsbürgerliche Erziehung (Ingenieurschule) 8.206
- (Zulassung) 1.116
- (Zweiter Bildungsweg)
  s.Zweiter Bildungsweg (Berufsbildendes Schulwesen) 1.278
Ingenieurstudium
  s.Ingenieurschule (Zulassung) 1.116
Inhaltbezogene Grammatik
  s.Grammatikunterricht (Innere Sprachform) 7.129
Inhaltbezogene Sprachbetrachtung
  s.Grammatikunterricht (Innere Sprachform) 7.129
Inhaltbezogene Sprachforschung
  s.Sprachwissenschaft 7.233
Inhaltsangabe
  s.Aufsatz (Nacherzählung) 7.28
Inhaltsberechnung
  s.Geometrie (Rauminhaltsberechnung) 9.131
Inka
  s.Geschichte (Amerika) 8.57
Inkreis
  s.Geometrie (Kreis) 9.127
Inkreisviereck
  s.Geometrie (Vierecke) 9.132

Innerasien
  s.Länderkunde (China) 8.120
Innerdeutsche Opposition
  s.Zeitgeschichte (Widerstandsbewegung) 8.246
Innere Berufsschulreform
  s.Berufsschulreform 1.44
Innere Differenzierung
  s.Differenzierung 6.56
Innere Hochschulreform
  s.Hochschulreform 1.108
Innere Schulreform 6.100
- (Berlin) 6.102
- (Gruppenunterricht)
  s.Gruppenunterricht 6.83
- (Gymnasium)
  s.Gymnasialunterricht 6.90
Innere Sekretion
  s.Menschenkunde (Einzelfragen) 9.190
Innere Sprachform
  s.Grammatikunterricht (Innere Sprachform) 7.129
Innere Sukzession
  s.Test (Zulliger-Test) 4.221
Inquisition
  s.Kirchengeschichte (Mittelalter) 10.98
Inschriftenkunde
  s.Geschichte (Hilfswissenschaften) 8.58
Insektenauge
  s.Insektenkunde 9.146
Insektenflügeldias
  s.Biologielehrmittel (Insektenkunde) 5.42
Insektenflug
  s.Insektenkunde 9.146
Insektenkunde 9.146
- (Ameisen) 9.146
- (Bienen) 9.146
- (Borkenkäfer) 9.147
- (Einzelne Insekten) 9.147
- (Fliegen) 9.147
- (Heuschrecken) 9.147
- (Käfer) 9.147
- (Libellen) 9.148
- (Maikäfer) 9.148
- (Rote Waldameise) 9.148
- (Schmetterlinge) 9.148
- (Seidenspinner) 9.149
- (Wasserinsekten) 9.149
- (Wespen) 9.149
Insektensammlung
  s.Biologielehrmittel (Insektenkunde) 5.42

Insektenschädlinge 9.149
- (Kartoffelkäfer) 9.149
- (Schädlingsbekämpfung) 9.150
Insektenzucht
  s.Insektenkunde 9.146
Insektizid
  s.Insektenschädlinge (Schädlingsbekämpfung) 9.150
Inselasien
  s.Länderkunde (Pazifischer Ozean)
  8.137
Inselbildung
  s.Exemplarischer Geschichtsunterricht (Gymnasium) 8.47
Inspection behavoir
  s.Programmiertes Lernen (Einzelfragen) 5.167
Instinkt
  s.Tierverhalten 9.287
Institut für Film und Bild in Wissenschaft und Unterricht [München]
  s.Bildstelle (Institut für Film
  und Bild) 5.37
Institut für Heilpädagogik [Luzern]
  s.Sonderschullehrerbildung
  (Schweiz) 2.137
Institut für Lehrerbildung
  s.Lehrerbildung (DDR) 2.79
Institut für Psychagogik [Heidelberg]
  s.Erziehungsberatung (Erfahrungen)
  4.52
Institut für Realschullehrerbildung
  s.Realschullehrerbildung (Bundesländer) 2.131
Institut für Sonderschulpädagogik
  s.Sonderschullehrerbildung 2.136
Institut für Vergleichende Erziehungswissenschaft [Salzburg]
  s.Pädagogische Institute (Österreich) 2.128
Institut zur Erlangung der Hochschulreife
  s.Zweiter Bildungsweg (Institute)
  1.279
Institutionelle Erziehungsberatung
  s.Erziehungsberatungsstelle 1.72
Instrument im Musikunterricht
  s.Musikinstrument 5.138
Instrumentalgruppe
  s.Instrumentalspiel (Methodische
  Einzelfragen) 10.82
Instrumentalspiel 10.81
- (Blockflöte)
  s.Blockflötenspiel 10.50
- (Einzelne Instrumente) 10.81
- (Gymnasium) 10.81
- (Kindergarten)
  s.Musikerziehung (Kindergarten)
  10.173
- (Methodische Einzelfragen) 10.82
- (Realschule)
  s.Instrumentalspiel (Methodische
  Einzelfragen) 10.82
- (Rhythmische Erziehung)
  s.Musikalisch-Rhythmische Erziehung
  10.171
- (Volksschule) 10.82
Instrumentalunterricht
  s.Instrumentalspiel 10.81
Instrumentelle Komplexität
  s.Kybernetik (Einzelfragen) 5.98
Integral
  s.Analysis (Integral) 9.34
Integrale Lehrtätigkeit
  s.Kaufmännischer Unterricht 6.104
Integration
  s.Sozialerziehung 3.223
Integration [Didaktischer Begriff]
  s.Differenzierung 6.56
Integrationstest
  s.Test 4.216
Integriermaschine
  s.Rechenautomat (Einzelfragen) 9.257
Integrierte Gesamtschule
  s.Gesamtschule 1.88
Intellektuelle Leistungsfähigkeit
  s.Leistungsfähigkeit 4.107
Intellektuelle Unteraktivität
  s.Schwachsinnsformen 4.186
Intelligenz 4.86
- (Körpergröße)
  s.Akzeleration 4.21
  s.Intelligenzforschung 4.88
- (Lernleistung)
  s.Intelligenz (Schulleistung) 4.87
- (Phantasie)
  s.Phantasie 4.135
- (Schulkind) 4.87
- (Schulleistung) 4.87
- (Schulversagen)
  s.Schulversager 4.183
- (Stotterndes Kind)
  s.Stotterndes Kind 4.211
- (Suggestibilität)
  s.Suggestion 4.214
- und Beruf
  s.Testverfahren (Berufsschule) 4.223
- und Charakter
  s.Charakterkunde (Pädagogischer
  Aspekt) 4.37

- und Leistung
  s.Intelligenz (Schulleistung) 4.87
Intelligenzabbau
  s.Intelligenztest (HAWIK) 4.90
Intelligenzdefekt
  s.Schwachsinniges Kind 4.185
Intelligenzdefizit
  s.Intelligenzschwäche 4.89
Intelligenzdiagnose 4.87
- (Testverfahren)
  s.Rorschach-Test (Intelligenzdiagnostik) 4.162
Intelligenzdiagnostikum
  s.Intelligenztest 4.89
Intelligenzentwicklung 4.88
Intelligenzforschung 4.88
Intelligenzgeschädigtes Kind
  s.Intelligenzschwäche 4.89
Intelligenzhemmung
  s.Intelligenzschwäche 4.89
Intelligenzniveau
  s.Intelligenz 4.86
Intelligenzprüfung
  s.Intelligenztest 4.89
Intelligenzquotient 4.89
Intelligenzschätzung
  s.Intelligenzdiagnose 4.87
Intelligenzschwäche 4.89
Intelligenzstruktur
  s.Intelligenz 4.86
Intelligenzstruktur-Test
  s.Intelligenztest 4.89
Intelligenztest 4.89
- (Binet-Simon) 4.90
- (HAWIK) 4.90
- (Sonderschüler) 4.91
- (Stanford-Intelligenztest) 4.91
Intelligenzuntersuchung
  s.Intelligenzdiagnose 4.87
Intensives Lernen
  s.Lernpsychologie (Did.Aspekt) 4.111
Intentionale Erziehung
  s.Funktionale Erziehung 3.125
Intentionaler Rhythmus
  s.Rhythmische Erziehung 6.145
Intentionalismus
  s.Pädagogik (Terminologie) 3.188
Interaktion
  s.Pädagogischer Führungsstil 6.135
Interaktionsanalyse
  s.Gruppenforschung 4.73
Interesse des Schülers 4.91
- (Mathematik)
  s.Mathematikunterricht (Psychologischer Aspekt) 9.171
- (Musik)
  s.Musikunterricht (Psychologischer Aspekt) 10.189
Interessenforschung
  s.Interesse des Schülers 4.91
Interessentest
  s.Intelligenztest 4.89
Interessenverbände
  s.Politik (Interessenverbände) 8.163
Interessenweckung
  s.Interesse des Schülers 4.91
  s.Motivation im Unterricht 6.126
Interferenz
  s.Wellenlehre (Interferenz) 9.303
Interferenzneigung
  s.Persönlichkeitspsychologie 4.133
Internat 1.116
Internationale Beziehungen
  s.Politische Bildung (Völkerverständigung) 8.191
Internationale Lehrerverbände
  s.Lehrerverbände 2.116
Internationale Pädagogik
  s.Vergleichende Erziehungswissenschaft 3.239
Internationale Schulausstellung
  [Dortmund]
  s.Lehrmittelausstellung 5.118
Internationale Vereinigung für Kunsterziehung
  s.Kunsterzieher 2.57
Internationale Verständigung
  s.Geschichtsunterricht (Völkerverständigung) 8.86
  s.Zeitgeschichte (Unesco) 8.244
Internationaler Fernsehkongreß
  s.Fernseherziehung 3.109
Internationaler Lehreraustausch
  s.Austauschlehrer 2.23
Internationaler Schüleraustausch
  s.Schüleraustausch 1.167
Internationaler Sprachendienst
  s.Sprachpflege 7.220
Internationales Abitur
  s.Abitur 1.20
Internationales Schulbuchinstitut
  [Braunschweig]
  s.Geschichtslehrbuch (Revision) 5.81
  s.Geschichtslehrer 2.36
  s.Schulbuch (Einzelfragen) 5.211
Internationales Zentralinstitut für das Jugend- und Bildungsfernsehen
  s.Schulfernsehen (Bildstelle) 5.215
Internatserzieher
  s.Sozialpädagoge 2.138

Internes Fernsehen
  s.Schulfernsehen (Klasseninternes Fernsehen) 5.217
Interplanetares Wetter
  s.Wetterkunde 8.211
Interpolation
  s.Angewandte Mathematik 9.37
Interpolier-Rechengeräte
  s.Rechenlehrmittel (Einzelformen) 5.190
Interpretation 7.135
- (Altsprachlicher Unterricht)
  s.Altsprachlicher Unterricht (Interpretation) 7.21
- (Gedicht)
  s.Lyrik im Unterricht (Gedichtinterpretation) 7.168
- (Lateinunterricht)
  s.Lateinische Lektüre 7.144
- (Novelle)
  s.Novelle 7.182
Interpretation im Unterricht 7.136
- (Gymnasium) 7.136
Interpretationsaufsatz
  s.Aufsatz (Literarischer Aufsatz) 7.28
Interstellarer Staub
  s.Astronomie (Einzelfragen) 9.44
Intervalltraining
  s.Leibeserziehung (Training) 10.154
Interviewgruppe
  s.Gruppenunterricht (Arbeitsformen) 6.84
Interviewtechnik
  s.Gesprächserziehung 6.78
Intoleranz
  s.Toleranz 3.239
Intonationsgehör
  s.Musikunterricht (Musikhören) 10.188
Intuition
  s.Intelligenz 4.86
  s.Schöpferisches Tun 4.164
Intuitive Berechenbarkeit
  s.Kybernetik (Symbolische Logik) 5.101
Invarianz
  s.Geometrie (Einzelfragen) 9.126
Inventarisierung
  s.Schulleitung (Verwaltungsarbeit) 1.204
Inverse Funktion
  s.Analysis (Funktion) 9.33
Inversion
  s.Abbildungsgeometrie (Einzelfragen) 9.20

- (Englisch)
  s.Englische Grammatik (Satzlehre) 7.68
- (Französisch)
  s.Französischunterricht (Grammatik:Einzelfragen) 7.98
Investiturstreit
  s.Mittelalter (Hochmittelalter) 8.150
Inzest
  s.Sexualpathalogie 4.191
Inzidenzgeometrie
  s.Geometrie (Nichteuklidische Geometrie) 9.129
Ionenaustausch
  s.Anorganische Chemie 9.39
  s.Physikalische Chemie (Ionen) 9.243
Ionenwanderung
  s.Physikalische Chemie (Ionen) 9.243
Irak
  s.Länderkunde (Irak) 8.128
Iran
  s.Länderkunde (Iran) 8.128
Irland
  s.Länderkunde (Irland) 8.128
Ironie in der Erziehung
  s.Erziehungsmittel (Humor) 3.95
Irrationalzahl
  s.Algebra (Irrationalzahlen) 9.28
  s.Algebra (Quadratwurzel) 9.30
Iserlohner Schreibkreis
  s.Schreibunterricht (Iserlohner Schreibkreis) 10.228
Islam
  s.Geschichte (Islam) 8.58
  s.Religionsunterricht (Weltreligionen) 10.224
Island
  s.Länderkunde (Island) 8.129
Isolation
  s.Sozialerziehung in der Schule 3.223
Isolatoren
  s.Elektrizitätslehre (Leiter) 9.106
Isolierung
  s.Sozialverhalten 4.196
Isomerie
  s.Organische Chemie (Einzelfragen) 9.222
Isomorphiebegriff
  s.Algebra 9.25
Isomorphismus
  s.Analysis (Funktion) 9.33
Isoperimetrische Ungleichung
  s.Geometrie (Einzelfragen) 9.126

Isotope
  s.Atomphysik (Isotope) 9.52
Israel
  s.Länderkunde (Israel) 8.129
  s.Wirtschaftsgeographie (Israel)
    8.223
  s.Zeitgeschichte (Israel) 8.241
  s.Zeitgeschichtslehrmittel (Jugendbuch) 5.261
  - in Ägypten
  s.Bibelunterricht AT (Moses) 10.38
IST [Test]
  s.Intelligenztest 4.89
Italien
  s.Länderkunde (Italien) 8.129
  s.Wirtschaftsgeographie (Italien)
    8.223
Italienische Industrie
  s.Wirtschaftsgeographie (Italien)
    8.223
Italienischer Wortschatz
  s.Italienischunterricht 7.136
Italienischunterricht 7.136
Iterationsalgorithmen
  s.Lehrgerät (Adaptives Lehrgerät)
    5.116
Iterative Lösung
  s.Angewandte Mathematik (Iteration)
    9.37

J

Jagd
  s.Tierschutz 9.287
Jahresarbeit 6.103
- (Erdkunde)
  s.Erdkundeunterricht (Selbsttätigkeit) 8.43
- (Gemeinschaftskunde)
  s.Gemeinschaftskunde (Wirtschaftskunde) 8.54
- (Mathematik)
  s.Mathematikunterricht (Leistungskontrolle) 9.168
- (Referendare)
  s.Gymnasiallehrerbildung
    (Referendariat) 2.45
- (Werken)
  s.Werkunterricht (Realschule) 10.273
Jahresarbeitsplan
  s.Lehrplan (Jahresplan) 6.119
Jahresklassensystem
  s.Jahrgangsklasse 1.117

Jahreslauf
  s.Wetterkunde (Jahreslauf) 8.213
- im Gesamtunterricht
  s.Arbeitseinheiten (Jahreslauf) 6.28
Jahresringe
  s.Pflanzenkunde (Altersbestimmung)
    9.226
Jahreszeiten
  s.Astronomie (Erde) 9.45
  s.Naturbeobachtung (Jahreslauf) 9.198
Jahreszeitliches Werken
  s.Werken (Jahreszeitliches Werken)
    10.263
Jahreszeugnis
  s.Zeugnis 1.272
Jahrgangsklasse 1.117
Jahrhundert des Kindes
  s.Erziehung (Kindererziehung) 3.80
Jahrhundert 15.
  s.Neuzeit (15.Jahrhundert) 8.154
Jahrhundert 16.
  s.Neuzeit (16.Jahrhundert) 8.155
Jahrhundert 17.
  s.Neuzeit (17.Jahrhundert) 8.155
Jahrhundert 18.
  s.Neuzeit (18.Jahrhundert) 8.155
Jahrhundert 19.
  s.Neuzeit (19.Jahrhundert) 8.155
Jakobsgeschichte
  s.Bibelunterricht AT (Erzväter)
    10.36
Jakobusbrief
  s.Bibelunterricht (Schriftlesung)
    10.34
Jalta-Konferenz
  s.Zeitgeschichte (Weltkrieg 1939-1945) 8.246
Jan Mayen
  s.Länderkunde (Arktis) 8.116
Japan
  s.Länderkunde (Japan) 8.130
  s.Wirtschaftsgeographie (Japan)
    8.223
Japanische Geschichte
  s.Geschichte (Asien) 8.57
Java
  s.Länderkunde (Indonesien) 8.128
Jazz 10.82
- im Musikunterricht 10.82
Jenaplan 6.103
- (Arbeitsmittel)
  s.Arbeitsmittel im Unterricht 5.28
- (Berufsschule) 6.104
- (Erziehungswert)
  s.Jenaplan (Schulleben) 6.104

[Forts.: Jenaplan]
- (Evangelische Unterweisung)
  s.Evangelische Unterweisung (Methodische Einzelfragen) 10.59
- (Gruppenunterricht)
  s.Jenaplan (Modellformen) 6.104
- (Landschule) 6.104
- (Modellformen) 6.104
- (Naturlehre)
  s.Naturlehre (Methodische Einzelfragen) 9.204
- (Schulleben) 6.104

Jenaplangruppe
  s.Gruppenunterricht (Grundschule) 6.86

Jenseits
  s.Katechese (Eschatologie) 10.85

Jeremias
  s.Bibelunterricht AT (Propheten) 10.38

Jerusalem
  s.Bibelunterricht NT (Einzelfragen) 10.41

Jesaia
  s.Bibelunterricht AT (Propheten) 10.38

Jesusforschung
  s.Bibelunterricht NT (Historischer Jesus) 10.44

Job oder Beruf
  s.Berufsethos 3.47

Johannesevangelium
  s.Bibelunterricht NT (Johannesevangelium) 10.44

Jona
  s.Bibelunterricht AT (Propheten) 10.38

Jordan
  s.Länderkunde (Israel) 8.129
  s.Wirtschaftsgeographie (Israel) 8.223

Josephserzählung
  s.Bibelunterricht AT (Erzväter) 10.36

Joulsche Wärme
  s.Wärmelehre (Einzelfragen) 9.298

Judenfeindschaft
  s.Vorurteil 3.240

Judenfrage
  s.Deutschunterricht (Politische Bildung) 7.55
  s.Religionsunterricht (Judentum) 10.214
  s.Zeitgeschichte (Judenfrage) 8.242
  s.Zeitgeschichtslehrmittel (Jugendbuch) 5.261

  s.Zeitgeschichtsunterricht (Judenfrage) 8.253

Judenverfolgung
  s.Zeitgeschichte (Judenverfolgung) 8.242
  s.Zeitgeschichtsunterricht (Judenverfolgung) 8.253

Jüdischer Witz
  s.Zeitgeschichte (Judenfrage) 8.242

Jüdisches Geschichtsbild
  s.Zeitgeschichte (Israel) 8.241

Jüngling zu Naim
  s.Bibelunterricht NT (Einzelne Wunder) 10.42

Jugend
  s.Autoritätskrise 3.24
  s.Berufsberatung (Psychologischer Aspekt) 3.30
  s.Generationsproblem 3.128
  s.Jugendalter 3.147
  s.Jugendsoziologie 3.151
  s.Leitbilder (Jugendalter) 3.162
  s.Politische Bildung (Jugendfragen) 8.180
  s.Sozialpsychologie (Umwelteinflüsse) 4.195
- im Betrieb
  s.Jugendsoziologie 3.151
- im Museum
  s.Museumsbesuch 5.138
- im Sozialismus
  s.Staatsbürgerkunde (Einzelfragen) 8.201
- und Buch
  s.Leseinteresse (Jugend und Buch) 4.116
  s.Literaturpädagogik 3.163
- und Eros
  s.Geschlechtserziehung (Psychologischer Aspekt) 3.131
- und Fernsehen
  s.Fernseherziehung (Psychologischer Aspekt) 3.111
- und Film
  s.Filmerziehung (Jugend und Film) 3.115
- und Freiheit
  s.Freizeitverhalten (Jugendalter) 3.124
- und Geld
  s.Berufswahl (Motivation) 3.53
- und Jazz
  s.Jazz 10.82
- und Konsumgesellschaft
  s.Jugendsoziologie 3.151

- und Politik
  s.Politische Bildung (Jugendpflege)
  8.180
- und Religion
  s.Religiöse Erziehung (Jugendalter)
  3.205
  s.Religiöses Erleben 4.161
- und Tageszeitung
  s.Zeitungslektüre (Jugendalter)
  3.245
- und Werbung
  s.Wirtschaftskunde (Werbung) 8.237
Jugendalija
  s.Zeitgeschichte (Israel) 8.241
Jugendalter 3.147
- (Psychologischer Aspekt)
  s.Entwicklungspsychologie (Jugendalter) 4.53
Jugendamt und Schule
  s.Schule und Jugendschutz 1.179
Jugendanthropologie
  s.Pädagogische Anthropologie 3.193
Jugendarbeit
  s.Jugenderziehung 3.148
Jugendarbeitsschule
  s.Berufserziehung und Schule 3.46
  s.Schule und Jugendschutz 1.179
Jugendarbeitsschutz
  s.Berufsschule (Rechtsfragen) 1.43
Jugendbeichte
  s.Katholischer Religionsunterricht (Jugendbeichte) 10.92
Jugendberatungsstelle
  s.Schulpsychologische Beratungsstelle (Österreich) 1.210
Jugendberufshilfe
  s.Berufsberatung 3.28
Jugendbildung
  s.Jugenderziehung 3.148
- und Volkshochschule
  s.Erwachsenenbildung und Jugendbildung 1.71
Jugendboxen
  s.Boxen in der Schule 10.51
Jugendbuch 7.137
  siehe auch:
  Literaturpädagogik (Jugendbuch) 3.166
- (DDR) 7.137
- (Geschichte) 7.137
- (Klassisches Jugendbuch) 7.138
- (Lehrerbildung)
  s.Lehrerbildung (Literaturpädagogik) 2.88
- (Sonderformen) 7.138

- (Sprachlicher Aspekt) 7.138
Jugendbuch im Unterricht 5.94
- (Grundschule) 5.95
- (Sachunterricht) 5.95
Jugendbuchbeurteilung 7.139
- (Grundsätze) 7.139
Jugendbuchkritik
  s.Jugendbuchbeurteilung 7.139
  s.Literaturpädagogik (Jugendbuch)
  3.166
Jugendbühne
  s.Laienspiel 6.109
Jugendbühnenspiel
  s.Schulspiel 6.171
Jugendcharakterkunde
  s.Charakterkunde 4.36
Jugendchor
  s.Chorgesang 10.53
Jugendclub
  s.Jugendsoziologie (Gesellungs-
  formen) 3.152
Jugenddiskussion
  s.Diskussion im Unterricht 6.58
Jugenddorf
  s.Kinderdorf 1.121
Jugendeigene Schülerzeitschrift
  s.Schülerzeitschrift 3.213
Jugendeigene Zeitung
  s.Literaturpädagogik (Jugendzeitschrift) 3.167
Jugendentwicklung
  s.Entwicklungspsychologie (Jugendalter) 4.53
Jugenderziehung 3.148
Jugendfernsehen
  s.Bildungsfernsehen 5.37
Jugendfilm
  s.Filmerziehung (Kinderfilm) 3.117
Jugendfilmarbeit
  s.Filmerziehung (Jugendgruppen)
  3.116
Jugendfilmclub
  s.Filmerziehung (Jugendgruppe) 3.116
Jugendforschung 3.148
Jugendführung
  s.Jugenderziehung 3.148
Jugendgeeigneter Film
  s.Filmerziehung (Jugend und Film)
  3.115
Jugendgefährdendes Schrifttum ... 3.149
- (Gesetz vom 9.6.1953) 3.149
- (Kriegsliteratur) 3.150
- (Leihbuchhandel) 3.150
Jugendgericht und Schule
  s.Schule und Rechtsprechung 1.180

Jugendgerichtsverhandlung
  s.Rechtskunde (Gerichtsverhandlung) 8.195
Jugendgesangpflege
  s.Liedpflege 10.161
Jugendgesetz
  s.Rechtskunde (Einzelfragen) 8.194
Jugendgruppe und Fernsehen
  s.Fernseherziehung (Jugendgruppe) 3.110
Jugendgruppenarbeit
  s.Gruppenpädagogik 3.138
Jugendherbergswerk
  s.Schulwandern (Jugendherberge) 6.180
Jugendkabarett
  s.Laienspiel (Jugendkabarett) 6.110
Jugendkiosk
  s.Schundliteratur (Gegenmaßnahmen) 3.221
Jugendkonzert 10.83
Jugendkriminalität
  s.Filmwirkung (Jugendgefährdung) 4.61
  s.Schwererziehbarkeit (Jugendalter) 4.187
  s.Verwahrlosung (Jugendkriminalität) 4.235
Jugendkrise
  s.Pubertätskrise 4.158
Jugendkunde
  s.Jugendforschung 3.148
Jugendleben
  s.Jugenderziehung 3.148
Jugendleiterin
  s.Kindergärtnerin 2.53
Jugendlexikon im Unterricht
  s.Nachschlagewerke im Unterricht (Jugendlexikon) 5.144
Jugendliche Aggression
  s.Aggression 4.20
Jugendliche Bande
  s.Jugendsoziologie (Gesellungsformen) 3.152
  s.Verwahrlosung 4.234
Jugendliche Subkultur
  s.Jugendsoziologie (Gesellungsformen) 3.152
Jugendlichenalter
  s.Jugendalter 3.147
Jugendlichenideologie
  s.Ideologische Erziehung [DDR] 3.147
Jugendlicher
  s.Pubertät 4.156

Jugendlicher Außenseiter
  s.Außenseiter 4.27
Jugendlicher Berufsanwärter
  s.Berufstätige Jugend 4.31
Jugendlicher Dieb 4.92
Jugendlicher Epileptiker
  s.Epileptisches Kind 4.48
Jugendlicher Neuerer
  s.Generationsproblem 3.128
Jugendlicher Zeitungsleser
  s.Zeitungslektüre (Jugendalter) 3.245
Jugendlicher Zuwanderer
  s.Flüchtlingskind 4.61
Jugendliches Verhalten
  s.Jugendalter 3.147
Jugendlichkeit
  s.Jugendsoziologie 3.151
Jugendliteratur
  s.Jugendbuch 7.137
Jugendmusik
  s.Instrumentalspiel 10.81
Jugendmusikschule
  s.Jugendkonzert 10.83
Jugendmusikspiel
  s.Schuloper 10.234
Jugendnot
  s.Erziehungsschwierigkeit (Jugendalter) 4.55
Jugendparlament
  s.Schülermitverwaltung 3.210
Jugendpflege
  s.Sozialpädagogik 3.227
- und Schule
  s.Heimerziehung (Sozialpädagogik) 3.143
Jugendpfleger
  s.Sozialpädagoge 2.138
Jugendpresse
  s.Literaturpädagogik (Jugendzeitschrift) 3.167
Jugendprogramm im Fernsehen
  s.Fernseherziehung (Programmgestaltung) 3.110
Jugendpsychiater
  s.Sonderschullehrer 2.135
Jugendpsychiatrie
  s.Erziehungsberatung (Psychiatrie) 4.53
  s.Kinderpsychiatrie 4.95
  s.Psychotherapie (Pädagogischer Aspekt) 4.155
Jugendpsychologie 4.92
Jugendreisen
  s.Jugendtourismus 3.153

Jugendrotkreuz
 s.Erziehung zur Hilfsbereitschaft
   3.88
 s.Politische Bildung (Rotes Kreuz)
   8.187
 s.Schulgesundheitspflege 1.191
Jugendschule
 s.Hauptschule (Jugendschule) 1.104
Jugendschutz
 s.Fernseherziehung (Jugendschutz) 3.110
 s.Literarischer Jugendschutz 3.163
 s.Schule und Jugendschutz 1.179
 s.Staatsbürgerliche Erziehung
   (Unterrichtsbeispiele) 8.209
Jugendsoziologie 3.151
- (Gegenwartsjugend) 3.151
- (Gesellungsformen) 3.152
- (Junge Generation) 3.152
Jugendspargesetz
 s.Sparerziehung 3..232
Jugendsportschule
 s.Leibeserziehung (DDR) 10.130
Jugendtourismus 3.153
- (Koedukation)
 s.Koedukation (Gemeinschafts-
   formen) 3.159
Jugendurlaub
 s.Jugendtourismus 3.153
Jugendverkehrsgärten
 s.Verkehrslehrmittel (Schulverkehrs-
   garten) 5.257
Jugendverwahrlosung
 s.Verwahrlosung 4.234
Jugendwandern 3.153
- (Camping) 3.154
- (Ferienlager) 3.154
- (Schulischer Aspekt)
 s.Schulwandern 6.178
Jugendwohlfahrtsgesetz
 s.Schule und Rechtsprechung 1.180
Jugendwohnheim
 s.Heimerziehung 3.139
Jugendzahnpflege
 s.Schulzahnpflege 1.239
Jugendzeitschrift
 s.Literaturpädagogik (Jugendzeitschrift) 3.167
Jugoslawien
 s.Länderkunde (Jugoslawien) 8.130
Jungakademiker
 s.Student 4.214
Jungangestellter
 s.Kaufmännische Berufsfachkunde
   10.93

Jungarbeiter 4.93
Jungarbeitererziehung
 s.Berufserziehung (Jungarbeiter)
   3.40
Jungarbeiterin 4.93
- (Erziehungsaspekt)
 s.Berufserziehung (Mädchen) 3.42
Jungarbeiterinnen-Berufsschule
 s.Berufsschulunterricht (Jung-
   arbeiterin) 6.48
Jungarbeiterschule
 s.Berufsschulunterricht (Jungarbeiter) 6.48
Junge Generation
 s.Jugendsoziologie (Gesellungsformen) 3.152
Junger Mensch
 s.Pubertät 4.156
Junglehrer 2.51
- (Anfangsschwierigkeiten) 2.51
- (Landschule) 2.52
- (Vorbereitungsdienst) 2.52
Junglehrerarbeitsgemeinschaft 2.52
- (Reform)
 s.Zweite Phase der Lehrerbildung
   2.151
Jungleserkunde
 s.Leseinteresse 4.115
- (Lehrerbildung)
 s.Lehrerbildung (Literaturpädagogik) 2.88
Jungmädchenliteratur
 s.Jugendbuch (Sonderformen) 7.138
 s.Literaturpädagogik (Mädchenbuch)
   3.168
Jupiter
 s.Astronomie (Planeten) 9.46
[Der] Jura
 s.Länderkunde (Schweiz:Jura) 8.141

K

Kabarettistisches Spiel
 s.Laienspiel (Jugendkabarett) 6.110
Kabinett
 s.Arbeitsmittel (Aufbewahrung) 5.26
 s.Polytechnisches Kabinett 6.144
 s.Sprachlabor 5.240
Kades Lesemethode
 s.Ganzheitliches Lesenlernen (Methodische Einzelfragen) 7.118

Kaedingsche Häufigkeitszählung
  s.Rechtschreibunterricht (Methodische Einzelfragen) 7.192
  s.Wortschatzpflege (Häufigkeitswortschatz) 7.252
Kältetechnik
  s.Wärmelehre (Kältetechnik) 9.299
Kairos und Norm
  s.Erziehung und Freiheit 3.85
Kairuan
  s.Länderkunde (Tunesien) 8.145
Kaiserherrschaft
  s.Mittelalter (Einzelfragen) 8.149
Kalender
  s.Astronomie (Zeitmessung) 9.47
- im Gesamtunterricht
  s.Arbeitseinheiten (Kalender) 6.28
Kaliumjodid
  s.Anorganische Chemie (Einzelfragen) 9.39
Kalk
  s.Anorganische Chemie (Salze) 9.42
Kalkspat
  s.Anorganische Chemie (Einzelfragen) 9.39
Kalkstein
  s.Allgemeine Erdkunde (Geomorphologie) 8.20
  s.Anorganische Chemie (Einzelfragen) 9.39
  s.Geologie 8.55
Kalorimetrie
  s.Wärmelehre (Meßtechnik) 9.300
Kamele
  s.Tierkunde (Einzelne Tiere) 9.279
Kamera
  s.Optik (Linsenoptik) 9.219
Kameradschaft
  s.Gemeinschaftserziehung 3.126
  s.Sozialerziehung 3.223
Kamerun
  s.Länderkunde (Äquatorialafrika) 8.113
Kamerunberg
  s.Länderkunde (Äquatorialafrika) 8.113
Kaminfeger [im Gesamtunterricht]
  s.Arbeitseinheiten (Handwerker) 6.27
Kammerprüfung
  s.Berufsbildendes Schulwesen (Prüfungen) 1.37
Kampf zwischen Tieren
  s.Tierverhalten 9.287
Kampfspiele
  s.Leibeserziehung (Mannschaftswettkampf) 10.143
  s.Leibeserziehung (Spielformen) 10.152
Kanada
  s.Länderkunde (Kanada) 8.130
  s.Wirtschaftsgeographie (Kanada) 8.224
Kanarische Inseln
  s.Länderkunde (Kanarische Inseln) 8.131
Kandidatenausbildung
  s.Berufsschullehrerbildung (Kandidat) 2.27
Kaninchen
  s.Tierkunde (Hasen) 9.281
Kanon
  s.Liedpflege (Kanon) 10.163
Kant-Lektüre
  s.Philosophieunterricht (Philosophiegeschichte) 10.204
Kantate
  s.Liedpflege (Kantate) 10.163
Kanton Aargau
  s.Länderkunde (Schweiz:Kanton Aargau) 8.141
Kanton Baselland
  s.Länderkunde (Schweiz:Kanton Baselland) 8.141
Kanton Bern
  s.Länderkunde (Schweiz:Kanton Bern) 8.141
Kanton Freiburg
  s.Länderkunde (Schweiz:Kanton Freiburg) 8.141
Kanton Genf
  s.Länderkunde (Schweiz:Einzelne Kantone) 8.140
Kanton Luzern
  s.Länderkunde (Schweiz:Kanton Luzern) 8.141
Kanton Neuenburg
  s.Länderkunde (Schweiz:Einzelne Kantone) 8.140
Kanton Schaffhausen
  s.Länderkunde (Schweiz:Einzelne Kantone) 8.140
Kanton Schwyz
  s.Länderkunde (Schweiz:Kanton Schwyz) 8.141
Kanton Solothurn
  s.Länderkunde (Schweiz:Einzelne Kantone) 8.140
Kanton Uri
  s.Länderkunde (Schweiz:Einzelne Kantone) 8.140
Kanton Wallis

s.Länderkunde (Schweiz:Einzelne
   Kantone) 8.140
Kanton Zürich
   s.Länderkunde (Schweiz:Kanton
   Zürich) 8.141
Kanton Zug
   s.Länderkunde (Schweiz:Einzelne
   Kantone) 8.140
Kapitalismus
   s.Politik (Einzelfragen) 8.161
Kara-Kum-Wüste
   s.Wirtschaftsgeographie (UdSSR)
   8.228
Karies
   s.Menschenkunde (Zähne) 9.193
Karikatur im Unterricht
   s.Politiklehrmittel (Karikatur)
   5.152
   s.Politische Bildung (Methodische
   Einzelfragen) 8.184
Karl V.
   s.Neuzeit (16.Jahrhundert) 8.155
Karl der Große
   s.Mittelalter (Frankenreich) 8.150
Karliturgie
   s.Liturgische Erziehung (Osterliturgie) 10.165
Karlsruher Konkordatsurteil
   s.Schule und Kirche 1.180
Karlsruher Wirtschaftsraum
   s.Wirtschaftsgeographie (Industrie:
   Deutschland) 8.223
Karpaten
   s.Länderkunde (Europa:Einzelfragen)
   8.124
Karsamstagsgottesdienst
   s.Liturgische Erziehung (Osterliturgie) 10.165
Karstlandschaft
   s.Allgemeine Erdkunde (Karst) 8.21
Karte
   s.Bildkarte 5.36
   s.Erdkundeatlas (Karte) 5.59
   s.Erdkundelehrmittel (Karten) 5.66
   s.Geschichtslehrmittel (Karten)
   5.86
Kartei
   s.Arbeitsblätter 5.23
Karteikarte im Unterricht
   s.Chemielehrmittel 5.47
   s.Nachschlagekartei 5.143
Kartelle
   s.Wirtschaftskunde (Einzelfragen)
   8.232
Kartenskizze

s.Erdkundelehrmittel (Karten) 5.66
s.Erdkundelehrmittel (Sachzeichnen)
   5.68
Kartenverständnis 8.106
- (Einführung) 8.106
- (Erdkunde) 8.107
- (Heimatkunde) 8.107
- (Höhenlinien) 8.107
- (Kartenzeichnen) 8.108
- (Sonderschule) 8.108
Kartenwissen
   s.Erdkundeunterricht (Topographisches Grundwissen) 8.44
Kartenzeichnen
   s.Erdkundelehrmittel (Sachzeichnen)
   5.68
   s.Kartenverständnis (Kartenzeichnen) 8.108
Kartoffeldruck
   s.Werken (Kartoffelstempel) 10.264
Kartoffelernte [im Gesamtunterricht]
   s.Arbeitseinheiten (Kartoffeln) 6.28
Kartoffelkäfer
   s.Insektenschädlinge (Kartoffelkäfer) 9.149
Kartoffelknolle
   s.Pflanzenkunde (Kartoffel) 9.230
Kartoffelstempel
   s.Werken (Kartoffelstempel) 10.264
Kartogramm
   s.Erdkundelehrmittel (Zahlenmaterial) 5.69
Kasachstan
   s.Länderkunde (UdSSR:Landschaften)
   8.145
Kaschieren
   s.Papierwerken (Einzelfragen) 10.200
Kasperlespiel
   s.Werken (Spielzeug) 10.267
- im Unterricht
   s.Handpuppenspiel im Unterricht
   (Kasperlespiel) 6.95
Kassetten-Recorder
   s.Technische Lehrmittel 5.247
Kastenballspiel
   s.Ballspiel (Einzelformen) 10.20
Kastentreppe
   s.Geräteturnen (Sprungkasten) 10.68
Kastenwesen [Indien]
   s.Länderkunde (Indien) 8.127
Kasuslehre
   s.Englische Grammatik (Einzelfragen) 7.67
   s.Griechischunterricht (Methodische Einzelfragen) 7.134

[Forts.: Kasuslehre]
  s.Wortarten (Substantiv) 7.249
Katalysator
  s.Chemische Bindung (Katalysator) 9.97
Katechese 10.83
- (Buße) 10.83
- (Chansons)
  s.Katechese (Einzelfragen) 10.84
- (Einzelfragen) 10.84
- (Einzelne Katechesen) 10.84
- (Engel) 10.84
- (Eschatologie) 10.85
- (Eucharistie) 10.85
- (Firmung) 10.85
- (Glaube) 10.85
- (Gott) 10.86
- (Heilige) 10.86
- (Heiliger Geist) 10.86
- (Himmel) 10.86
- (Kirche) 10.86
- (Krankensalbung) 10.87
- (Maria) 10.87
- (Ostern) 10.87
- (Reform) 10.87
- (Reformdidaktik)
  s.Katechismusunterricht 10.88
- (Sakramente) 10.87
- (Schöpfung) 10.88
- (Sünde) 10.88
- (Taufe) 10.88
Katechet
  s.Religionslehrer (Katholischer
  Religionslehrer) 2.133
Katechetische Erneuerung
  s.Katechese (Reform) 10.87
Katechetische Methode
  s.Katechismusunterricht 10.88
Katechetischer Unterricht
  s.Katechese 10.83
Katechismus
  s.Evangelische Unterweisung (Katechismus) 10.58
  s.Katholischer Katechismus 10.89
- und Bibel
  s.Bibelkatechese 10.30
Katechismusunterricht 10.88
- (Berufsschule) 10.88
Kategoriale Bildung 6.104
Kategoriale Denkschulung
  s.Lateinische Grammatik (Denkschulung) 7.143
Katharsis
  s.Drama 7.64
Kathetensatz
  s.Geometrie (Dreieck) 9.125

Kathodenstrahloszillographie
  s.Biologie (Physikalischer Aspekt) 9.61
  s.Hochfrequenztechnik (Oszillograph) 9.145
Katholische Anstaltserziehung
  s.Internat 1.116
Katholische Bekenntnisschule 1.117
Katholische Bildungskonzeption
  s.Bildungsprogramme 1.52
Katholische Bildungspolitik
  s.Schulreform (Katholische Bildungspolitik) 1.222
Katholische Erwachsenenbildung
  s.Erwachsenenbildung (Katholische Erwachsenenbildung) 1.67
Katholische Erzieherpersönlichkeit
  s.Lehrer (Katholischer Lehrer) 2.63
Katholische Erziehung
  s.Katholische Schulerziehung 3.154
  s.Pädagogik (Katholische Pädagogik) 3.186
  s.Schulreform (Katholische Bildungspolitik) 1.222
Katholische Erziehungsberatungsstelle [Köln]
  s.Erziehungsberatung (Erfahrungen) 4.52
Katholische Erziehungswissenschaft
  s.Pädagogik (Katholische Pädagogik) 3.186
Katholische Gegenwartskatechese
  s.Katechese 10.83
Katholische Glaubenslehre
  s.Katechese (Einzelfragen) 10.84
Katholische Heilpädagogik
  s.Heilpädagogik 4.76
Katholische Internatserziehung
  s.Internat 1.116
Katholische Kindermesse 10.89
Katholische Kirche und Schule
  s.Schule und Katholische Kirche 1.180
Katholische Lehrerbildung
  s.Konfessionelle Lehrerbildung 2.56
Katholische Lehrerin
  s.Lehrerin (Katholische Lehrerin) 2.109
Katholische Mädchenbildung
  s.Mädchenbildung (Religiöser Aspekt) 3.173
Katholische Modellschule
  s.Katholische Bekenntnisschule 1.117
  s.Schulversuche 1.227
Katholische Pädagogik

s.Pädagogik (Katholische Pädagogik) 3.186
Katholische Schulbibel
　s.Religionslehrmittel (Katholische Schulbibel) 5.199
Katholische Schule
　s.Katholische Bekenntnisschule 1.117
Katholische Schulerziehung 3.154
Katholische Schulpolitik
　s.Schule und Katholische Kirche 1.180
　s.Schulwesen Schweiz (Katholische Bildungspolitik) 1.239
Katholische Theologie in der Lehrerbildung
　s.Lehrerbildung (Religionspädagogik) 2.96
Katholische Versuchsschule
　s.Schulversuche 1.227
Katholische Volksschule
　s.Katholische Bekenntnisschule 1.117
Katholischer Katechismus 10.89
- (Geschichte) 10.89
- (Holländischer Katechismus) 10.89
- (Neuer Katechismus) 10.90
- (Politische Bildung) 10.90
Katholischer Kindergarten
　s.Kindergarten (Katholischer Kindergarten) 1.124
Katholischer Lehrer
　s.Lehrer (Katholischer Lehrer) 2.63
Katholischer Lehrerverein der Schweiz
　s.Lehrerverbände 2.116
Katholischer Religionslehrer
　s.Religionslehrer (Katholischer Religionslehrer) 2.133
Kathol.Religionsunterricht 10.90
- (Beichte) 10.90
- (Berufsschule) 10.90
- (Bibel)
　s.Bibelunterricht (Bibel) 10.31
- (Einzelfragen) 10.91
- (Erstbeichte) 10.91
- (Erstkommunion) 10.91
- (Frühkommunion) 10.92
- (Grundschule) 10.92
- (Gymnasium) 10.92
- (Jugendbeichte) 10.92
- (Lehrplan) 10.93
- (Richtlinien)
　s.Katholischer Religionsunterricht (Lehrplan) 10.93
- (Verkündigung)
　s.Katholischer Religionsunterricht (Einzelfragen) 10.91

Katholischer und evangelischer Religionsunterricht
　s.Religionsunterricht (Konfessionalität) 10.214
Katholisches Bildungsdefizit
　s.Bildungskrise 1.48
Katzen
　s.Tierkunde (Einzelne Tiere) 9.279
Kaufen
　s.Wirtschaftskunde (Konsumerziehung) 8.234
Kaufkraft
　s.Wirtschaftskunde (Lohnfragen) 8.235
Kaufladen [im Gesamtunterricht]
　s.Arbeitseinheiten (Einkaufen) 6.25
Kaufmännische Berufsaufbauklasse
　s.Berufsfachschule (Gewerbliche Berufe) 1.39
　s.Zweiter Bildungsweg (Berufsbildendes Schulwesen) 1.278
Kaufmännische Berufserziehung
　s.Kaufmännisches Schulwesen 1.119
Kaufmännische Berufsfachkunde 10.93
- (Buchführung) 10.93
- (Bürolehre) 10.94
- (Einzelfragen) 10.94
- (Hauswirtschaft)
　s.Hauswirtschaftsunterricht (Berufsschule) 10.78
- (Wirtschaftslehre) 10.94
Kaufmännische Berufsfachschule ... 1.118
Kaufmännische Berufslehre
　s.Kaufmännischer Unterricht 6.104
Kaufmännische Berufsschule 1.118
- (Deutschunterricht)
　s.Deutschunterricht (Kaufmännische Berufsschule) 7.51
- (Englischunterricht)
　s.Englischunterricht (Handelsschule) 7.80
- (Lehrprogramm)
　s.Programmiertes Lernen (Kaufmännische Berufsschule) 5.173
Kaufmännische Fachschule
　s.Höhere Wirtschaftsfachschule 1.113
Kaufmännische Gehilfenprüfung
　s.Berufsbildendes Schulwesen (Prüfungen) 1.37
Kaufmännische Grundausbildung
　s.Kaufmännischer Unterricht (Grundausbildung) 6.105
Kaufmännische Privatschule
　s.Private Handelsschule 1.150

Kaufmännische Berufsschule 1.118
Kaufmännischer Unterricht 6.104
- (Grundausbildung) 6.105
- (Lehrabschlußprüfung) 6.106
- (Lehrplan)
  s.Lehrplan (Kaufmännische Berufs-
  schule) 6.119
Kaufmännisches Rechnen
  s.Fachrechnen (Kaufmännische
  Berufsschule) 9.121
Kaufmännisches Schulwesen 1.119
- (Berufsaufbauschule)
  s.Berufsaufbauschule (Kaufmänni-
  sche Berufe) 1.31
- (Bundesländer) 1.120
- (Europäische Schulen) 1.120
- (Geschichte) 1.120
- (Rahmenplan)
  s.Rahmenplan (Berufsbildendes
  Schulwesen) 1.157
- (Rationalisierung)
  s.Kaufmännische Berufsfachkunde
  (Einzelfragen) 10.94
- (Reform) 1.121
- (Schweiz) 1.121
- (Wirtschaftsschule)
  s.Wirtschaftsschule 1.272
Kaufmannsausbildung
  s.Kaufmännisches Schulwesen 1.119
Kaufmannsgehilfenprüfung
  s.Kaufmännische Berufsschule
  1.118
  s.Kaufmännischer Unterricht (Lehr-
  abschlußprüfung) 6.106
Kaufmannsschule
  s.Kaufmännische Berufsschule 1.118
Kausalität [Biologie]
  s.Biologie 9.58
Kausalität [Physik]
  s.Physik (Kausalität) 9.240
Kautschuk
  s.Pflanzenkunde (Nutzpflanzen) 9.232
  s.Wirtschaftsgeographie (Kaut-
  schuk) 8.224
Kegel
  s.Geometrie (Kegel) 9.127
Kegelschnitte 9.150
- (Abbildungsgeometrie)
  s.Kegelschnitte (Projektive
  Geometrie) 9.151
- (Einzelfragen) 9.150
- (Ellipse) 9.150
- (Hyperbel) 9.151
- (Projektive Geometrie) 9.151
- (Vektormethode) 9.151

Kegelschnittkonstruktion
  s.Kegelschnitte 9.150
Kegelstumpf
  s.Geometrie (Kegel) 9.127
Kehlkopfloses Kind
  s.Sprachheilpädagogik (Körperbehindertes Kind) 4.201
Kehrsprung
  s.Leichtathletik (Hochsprung) 10.158
Keimentwicklung bei Insekten
  s.Insektenkunde 9.146
Keimentwicklung bei Wirbeltieren
  s.Tierkunde (Wirbeltiere) 9.285
Keimversuche
  s.Pflanzenphysiologie (Keimversuche) 9.237
Keller, Helen
  s.Geschichtsunterricht (Historische Persönlichkeit) 8.76
Kellner-Englisch
  s.Englische Sprache (Umgangssprache) 7.74
Kelten
  s.Altertum (Kelten) 8.23
Kenntniserwerb
  s.Lernpsychologie 4.111
Kennübung im Biologieunterricht
  s.Biologieunterricht (Bestimmungsübung) 9.64
Keplersches Gesetz
  s.Mechanik (Drehbewegung) 9.179
Keramisches Gestalten
  s.Werken (Keramik) 10.264
Kerblochkarte im Astronomieunterricht
  s.Astronomielehrmittel 5.33
Kerblochkarte im Chemieunterricht
  s.Chemielehrmittel (Lochkarte) 5.48
[Der] Kerl
  s.Leitbilder (Jugendalter) 3.162
Kern- und Kursunterricht 6.106
- (Berlin) 6.106
- (Geschichtsunterricht)
  s.Geschichtsunterricht (Metho-
  dische Einzelfragen) 8.78
- (Gymnasium) 6.106
- (Landschule) 6.107
- (Volksschuloberstufe) 6.107
Kernchemie
  s.Atomphysik (Kernchemie) 9.52
Kerndurchmesser
  s.Atomphysik (Meßtechnik) 9.53
Kernfusion
  s.Atomphysik (Kernchemie) 9.52
Kernkraftwerk
  s.Atomtechnik 9.55

Kernphysik
  s.Atomphysik 9.50
  s.Atomtechnik im Unterricht 9.56
  s.Physiklehrmittel (Film) 5.149
Kernphysikalische Schülerübung
  s.Atomphysik (Schülerversuch) 9.54
Kernreaktor
  s.Atomtechnik 9.55
Kernsche Lesemethode
  s.Ganzheitliches Lesenlernen (Kern) 7.117
Kernscher Grundleistungstest
  s.Schulreifetest (Grundleistungstest) 4.180
Kernscher Rechenkasten
  s.Rechenlehrmittel (Rechenbaukasten) 5.192
Kernscher Rechtschreibweg
  s.Rechtschreibunterricht (Ganzheitliches Rechtschreiben) 7.189
Kernsynthese
  s.Atomphysik (Kernchemie) 9.52
Kernstrahlen
  s.Atomphysik (Korpuskularstrahlung) 9.52
Kernthema
  s.Bildungseinheit 6.51
  s.Gesamtunterricht (Bildungseinheit) 6.75
Kernunterricht
  s.Kern- und Kursunterricht 6.106
Kernverschmelzung
  s.Atomphysik (Kernchemie) 9.52
Kernwissen
  s.Stoffbeschränkung 6.189
Kerzenversuch
  s.Anorganische Chemie (Oxydation) 9.41
Kerygma
  s.Katholischer Religionsunterricht (Einzelfragen) 10.91
Kettengleichung
  s.Algebra (Gleichungslehre) 9.27
Kettenjura
  s.Länderkunde (Schweiz:Jura) 8.141
Kettenpendel
  s.Schwingungslehre (Pendel) 9.276
Kettwiger Schulreifetest
  s.Schulreifetest (Einzelformen) 4.179
Keulengymnastik
  s.Gymnastik (Geräte) 10.71
Keulenwerfen
  s.Gymnastik (Geräte) 10.71
Kibbuz-Erziehung
  s.Entwicklungspsychologie (Pädagogischer Aspekt) 4.45

Kiebitz
  s.Vogelkunde (Einzelne Vögel) 9.294
Kiefernwald
  s.Pflanzenkunde (Nadelbäume) 9.232
Kilimandjaro
  s.Länderkunde (Ostafrika) 8.137
Kilopond
  s.Mechanik (Maßeinheit) 9.184
Kimballsches Atommodell
  s.Atomphysik (Modellbegriff) 9.53
Kimbern und Teutonen
  s.Altertum (Völkerwanderung) 8.24
Kind
  s.Kindheit 3.156
- und Buch
  s.Kinderbuch 7.140
  s.Literaturpädagogik 3.163
- und Dichtung
  s.Leseunterricht (Psychologischer Aspekt) 7.158
- und Fabel
  s.Fabel im Unterricht 7.93
- und Fernsehen
  s.Fernseherziehung (Schulkind) 3.112
- und Film
  s.Filmerziehung (Psychologischer Aspekt) 3.118
- und Kunst
  s.Kunsterziehung (Psychologischer Aspekt) 10.118
- und Landschaft
  s.Erdkundeunterricht (Psychologischer Aspekt) 8.42
- und Lehrplan
  s.Lehrplan (Psychologischer Aspekt) 6.120
- und Märchen
  s.Märchenpsychologie 4.122
- und Musik
  s.Musikunterricht (Psychologischer Aspekt) 10.189
- und Natur
  s.Biologieunterricht (Psychologischer Aspekt) 9.72
- und Schriftkultur
  s.Muttersprachlicher Unterricht (Volksschule) 7.178
- und Sprache
  s.Kindersprache 4.96
  s.Muttersprache (Sprachpflege) 7.177
  s.Sprachliche Entwicklung (Schulkind) 4.205
- und Technik
  s.Bildung (Technische Welt) 3.59
  s.Technische Bildung 3.238

[Forts.: Kind]
- und Test
  s.Testpsychologie (Pädagogischer Aspekt) 4.222
- und Umwelt
  s.Erziehung (Umwelteinflüsse) 3.84
- und Vater
  s.Familienerziehung (Vater) 3.108

Kinderängste
  s.Ängstliches Kind 4.19

Kinderanalyse
  s.Kinderpsychotherapie 4.96
  s.Psychoanalyse (Kinderanalyse) 4.139

Kinderarzt
  s.Erziehungsberatung (Arzt) 4.50
- und Schule
  s.Schularzt 1.167

Kinderaudiometrie
  s.Audiometrie 4.26

Kinderaufsatz
  s.Aufsatzunterricht (Grundschule) 7.30

Kinderbeobachtung
  s.Kindergartenkind (Beobachtung) 4.94
  s.Schülerbeobachtung 4.166
- in der Lehrerbildung
  s.Lehrerbildung (Psychologie) 2.93

Kinderbild
  s.Kinderzeichnung 10.95

Kinderbildnis
  s.Kunstbetrachtung (Einzelfragen) 10.106

Kinderbuch 7.140
- (DDR) 7.140
- (Literarische Bildung)
  s.Literaturpädagogik (Jugendbuch) 3.166
- im Unterricht
  s.Deutschlehrmittel (Jugendbuch) 5.52
  s.Jugendbuch im Unterricht (Grundschule) 5.95

Kinderdorf 1.121
- (Erziehungsaspekt)
  s.Heimerziehung (Kinderdorf) 3.142

Kindererziehung
  s.Erziehung (Kindererziehung) 3.80
- (Vorbild)
  s.Leitbilder (Kindesalter) 3.162

Kinderfernsehen
  s.Fernseherziehung (Programmgestaltung) 3.110

Kinderfilm
  s.Filmerziehung (Kinderfilm) 3.117

Kinderfrage im Unterricht
  s.Frage im Unterricht 6.67

Kindergärtnerin 2.53
Kindergärtnerinnenausbildung 2.54
- (DDR) 2.55
Kindergarten 1.121
- (Ästhetische Erziehung)
  s.Ästhetische Erziehung (DDR) 6.20
- (Arbeitserziehung)
  s.Arbeitserziehung (DDR) 6.35
- (Arbeitsformen) 1.122
- (Auslandsschule)
  s.Deutsches Auslandsschulwesen 1.54
- (Beobachtungsbogen)
  s.Kindergartenkind (Beobachtung) 4.94
- (Bewegungsrhythmus)
  s.Bewegungserziehung (Kleinkind) 10.28
- (Bilderbuch)
  s.Bilderbuch im Unterricht 5.35
- (DDR) 1.123
- (Evangelischer Kindergarten) ... 1.124
- (Gebetserziehung)
  s.Gebetserziehung (Kleinkind) 10.64
- (Geschichte) 1.124
- (Katholischer Kindergarten) 1.124
- (Kunstbetrachtung)
  s.Kunstbetrachtung (Kindergarten) 10.107
- (Kunsterziehung)
  s.Kunsterziehung (Kindergarten) 10.115
- (Landkindergarten) 1.125
- (Lesenlernen)
  s.Kleinkindlesen 4.97
- (Liedpflege)
  s.Liedpflege (Kindergarten) 10.163
- (Musikerziehung)
  s.Musikerziehung (Kindergarten) 10.173
- (Musische Erziehung)
  s.Musische Erziehung (Vorschulalter) 6.130
- (Polytechnische Bildung)
  s.Polytechnischer Unterricht (Unterstufe) 6.144
- (Psychologischer Aspekt)
  s.Kindergartenkind 4.93
- (Rechnenlernen)
  s.Erstrechenunterricht (Vorschulalter) 9.118
- (Schulgarten)
  s.Schulgartenunterricht (Unterstufe) 5.234
- (Sprachunterricht)
  s.Sprachunterricht (Kindergarten) 7.226

- (Stegreifspiel)
  s.Stegreifspiel 6.187
- (Taubstummenbildung)
  s.Taubstummenbildung (Kindergarten) 6.194
- (Verkehrserziehung)
  s.Verkehrsunterricht (Kindergarten) 10.251
- und Schule 1.125
Kindergartenerziehung
  s.Vorschulischer Unterricht 6.226
Kindergartenfest
  s.Schulfeier 6.157
Kindergartengeldfreiheit
  s.Kindergarten 1.121
Kindergartenkind 4.93
- (Beobachtung) 4.94
Kindergartenreife
  s.Kindergartenkind 4.93
Kindergedicht 7.141
- im Unterricht 7.141
Kindergottesdienst 10.95
Kindergruppe im Straßenverkehr
  s.Verkehrsunterricht (Kindergarten) 10.251
Kindergruppen
  s.Gruppenforschung 4.73
Kinderhandschrift
  s.Graphologie (Pädagogischer Aspekt) 4.72
Kinderheim 1.126
- (Erziehungsaspekt)
  s.Heimerziehung 3.139
Kinderhort 1.126
- (Tagesheimschule)
  s.Tagesheimschule 1.254
Kinderhürde
  s.Leichtathletik (Hürdenlauf) 10.158
Kinderkollektiv
  s.Gruppenpsychologie 4.74
Kinderkriminalität
  s.Verwahrlosung (Jugendkriminalität) 4.235
Kinderkunst
  s.Kinderzeichnung (Kinderkunst) 10.96
Kinderlähmung
  s.Gesundheitslehre (Einzelfragen) 9.138
Kinderland [Fibel]
  s.Fibel (Einzelbeispiele) 5.70
Kinderleicht [Fibel]
  s.Fibel (Einzelbeispiele) 5.70
Kinderlexikon im Unterricht
  s.Nachschlagewerke im Unterricht (Jugendlexikon) 5.144

Kinderlied 10.95
- (Dichtung)
  s.Kindergedicht 7.141
Kinderlüge
  s.Lügendes Kind 4.122
Kindermesse
  s.Katholische Kindermesse 10.89
Kinderneurose
  s.Neurose (Kindesalter) 4.128
Kinderonanie
  s.Onanie 4.130
Kinderpflegerin
  s.Kindergärtnerinnenausbildung 2.54
Kinderpflegerinnenschule
  s.Berufsfachschule 1.39
Kinderphantasie
  s.Phantasie 4.135
Kinderpredigt
  s.Katholische Kindermesse 10.89
Kinderpsychiater
  s.Kinderpsychiatrie 4.95
Kinderpsychiatrie 4.95
- (Diagnostik) 4.95
Kinderpsychologie 4.95
- (Landkind) 4.96
Kinderpsychotherapeut
  s.Psychotherapie (Pädagogischer Aspekt) 4.155
Kinderpsychotherapie 4.96
Kinderreiche Familie
  s.Familie (Geschwisterbeziehung) 3.103
Kinderreim
  s.Kindergedicht 7.141
Kinderschallplatte
  s.Schallplatte im Unterricht 5.204
Kinderschrift
  s.Schreibunterricht (Psychologischer Aspekt) 10.229
Kindersiedlung
  s.Heimerziehung (Kinderdorf) 3.142
Kinderspiel 3.155
- im Unterricht
  s.Unterrichtsspiel 5.256
Kinderspielplatz
  s.Spielplatz 1.252
Kinderspielzeug
  s.Spielzeug 3.235
Kindersprache 4.96
- (Schriftlicher Ausdruck)
  s.Aufsatzunterricht (Psychologischer Aspekt) 7.35
Kindertagesheim
  s.Kindertagesstätte 1.126
Kindertagesstätte 1.126

Kindertanz
　s.Gymnastik (Tanz) 10.73
　s.Volkstanz 10.259
Kindertherapie
　s.Kinderpsychotherapie 4.96
Kindertraum
　s.Traumerleben 4.228
Kindertümelei
　s.Kindersprache 4.96
Kindertümliche Unterrichtsgestaltung
　s.Unterrichtsgestaltung (Psychologischer Aspekt) 6.213
Kindertümliche Zoologie
　s.Tierkunde 9.278
Kinderturnbuch
　s.Jugendbuch im Unterricht (Grundschule) 5.95
Kindervers
　s.Kindergedicht 7.141
Kinderverwahrlosung
　s.Verwahrlosung 4.234
Kinderwandern
　s.Jugendwandern 3.153
Kinderzeichnung 10.95
- (Beurteilung) 10.95
- (Einzelfragen) 10.96
- (Fibel)
　s.Fibel (Bildgestaltung) 5.70
- (Kinderkunst) 10.96
- (Menschendarstellung) 10.96
- (Moderne Malerei)
　s.Kinderzeichnung (Einzelfragen) 10.96
- (Psychologischer Aspekt) 10.96
　siehe auch:
　Entwicklungstest 4.48
　Zeichnerische Entwicklung 4.241
- (Raumdarstellung) 10.97
Kinderzeitschrift
　s.Literaturpädagogik (Jugendzeitschrift) 3.167
Kindesalter
　s.Kindheit 3.156
Kindeseigene Bildgestaltung
　s.Zeichenunterricht (Methodische Einzelfragen) 10.279
Kindessoziologie
　s.Kindheit 3.156
Kindgemäße Eucharistiefeier
　s.Katholische Kindermesse 10.89
Kindgemäßer Aufsatzunterricht
　s.Aufsatzunterricht (Methodische Einzelfragen) 7.34
Kindgemäßer Geschichtsunterricht
　s.Geschichtsunterricht (Methodische Einzelfragen) 8.78

Kindgemäßer Rechenunterricht
　s.Grundschulrechnen (Methodische Einzelfragen) 9.141
Kindgemäßer Unterricht
　s.Freier Gesamtunterricht 6.67
Kindheit 3.156
- (Leitbilder)
　s.Leitbilder (Kindesalter) 3.162
- (Rechte des Kindes) 3.157
Kindheit Jesu
　s.Bibelunterricht NT (Weihnachtsgeschichte) 10.47
Kindheitserinnerung
　s.Gedächtnis 4.63
Kindheitsgeschichte Jesu
　s.Bibelunterricht NT (Einzelfragen) 10.41
Kindliche Denkformen
　s.Denkentwicklung 4.37
Kindliche Denkwelt
　s.Entwicklungspsychologie (Kindheit) 4.42
Kindliche Gewissensbildung
　s.Gewissensbildung (Kindesalter) 3.137
Kindliche Hysterie
　s.Verhaltensstörung (Einzelformen) 4.233
Kindliche Konstitution
　s.Konstitution des Schülers 4.100
Kindliche Melodik
　s.Musikunterricht (Begabung) 10.180
Kindliche Menschendarstellung
　s.Kinderzeichnung (Menschendarstellung) 10.96
Kindliche Selbständigkeit
　s.Schulreifetraining 4.180
Kindliche Sprachentfaltung
　s.Sprachentfaltung 7.215
Kindliche Sprechstimme
　s.Sprachliche Ausdrucksfähigkeit 7.219
Kindliche Verhaltensstörung
　s.Verhaltensstörung 4.232
Kindlicher Diebstahl
　s.Jugendlicher Dieb 4.92
Kindlicher Hirnschaden
　s.Hirngeschädigtes Kind 4.84
Kindlicher Humor 4.97
Kindlicher Trotz
　s.Trotz 4.216
Kindlicher Wortschatz
　s.Sprachliche Entwicklung (Kleinkind) 4.204
　s.Wortschatz des Kindes 4.240

Kindliches Angsterlebnis
  s.Ängstliches Kind 4.19
Kindliches Gottesbild
  s.Religionsunterricht (Psychologischer Aspekt) 10.218
Kindliches Sozialverhalten
  s.Sozialverhalten 4.196
Kindliches Wunschdenken
  s.Psychodiagnostik (Kindesalter) 4.143
Kindliches Zeichnen
  s.Zeichenunterricht (Grundschule) 10.278
Kindsein
  s.Kindheit 3.156
Kinem
  s.Taubstummenunterricht (Absehen) 6.196
Kinematik
  s.Mechanik (Kinematik) 9.183
Kinetische Energie
  s.Physik (Energiesatz) 9.240
Kinetische Gastheorie
  s.Mechanik (Gase) 9.181
Kinetische Wärmetheorie
  s.Wärmelehre (Kinetische Wärmetheorie) 9.300
Kino und Schule
  s.Filmerziehung in der Schule 3.119
Kinobesuch
  s.Filmerziehung (Filmbesuch) 3.114
Kippe am Barren
  s.Geräteturnen (Barren) 10.65
Kippe am Reck
  s.Geräteturnen (Reck) 10.67
Kirche
  s.Katechese (Kirche) 10.86
  s.Kirchengeschichte 10.97
- und Arbeiter
  s.Katechese (Kirche) 10.86
- und Erziehung
  s.Evangelische Schulerziehung 3.100
- und Staat
  s.Katechese (Kirche) 10.86
  s.Religionsunterricht (Politische Bildung) 10.218
Kircheneigenes Internat
  s.Internat 1.116
Kirchengeschichte 10.97
- (Einzelfragen) 10.97
- (Einzelpersonen) 10.98
- (Kirchenkampf) 10.98
- (Luther) 10.98
- (Mittelalter) 10.98
- (Ökumenisches Konzil) 10.99
- (Reformation) 10.99
- (Tafelbild)
  s.Religionslehrmittel (Wandtafelbild) 5.201
- (Urkirche) 10.100
- (Zeitgeschichte) 10.100
Kirchengeschichtskatechese
  s.Kirchengeschichte 10.97
Kirchengeschichtsschreibung
  s.Kirchengeschichte 10.97
Kirchengeschichtsunterricht 10.100
Kirchengründung
  s.Kirchengeschichte (Urkirche) 10.100
Kirchenjahr 10.101
- (Evangelische Unterweisung) ... 10.101
Kirchenkampf
  s.Kirchengeschichte (Kirchenkampf) 10.98
Kirchenlied 10.101
- (Choral) 10.102
- (Evangelische Unterweisung) ... 10.102
- (Evangelisches Kirchengesangbuch 10.102
- (Kindgemäßheit) 10.103
- (Liturgie)
  s.Liturgische Erziehung (Liturgie) 10.165
Kirchenrecht und Schule
  s.Schule und Kirche 1.180
Kirchhoffsches Strahlengesetz
  s.Elektromagnetische Wellen (Wärmewellen) 9.112
Kirchliche Bußpraxis
  s.Katholischer Religionsunterricht (Beichte) 10.90
Kirchliche Kunst
  s.Bildkatechese (Religiöse Kunst) 10.49
Kirchliche Pädagogik
  s.Christliche Erziehung 3.69
Kirchliche Schule
  s.Bekenntnisschule 1.29
  s.Privatschule 1.150
Kirchliche Verkündigung
  s.Evangelische Theologie 10.54
Kirchlicher Antisemitismus
  s.Zeitgeschichte (Antisemitismus) 8.238
Kirchliches Liedgut
  s.Kirchenlied 10.101
Kirchlichkeit des Religionsunterrichts
  s.Evangelische Unterweisung (Kirchlicher Aspekt) 10.58
Kirschbaum
  s.Pflanzenkunde (Obstbäume) 9.233

Kirschen [im Gesamtunterricht]
　s.Arbeitseinheiten (Kirschen) 6.28
Kirschenfliege
　s.Insektenkunde (Fliegen) 9.147
Kitsch
　s.Kunsterziehung (Geschmacksbildung) 10.114
　s.Musikalischer Kitsch 10.172
　s.Religionslehrmittel (Jugendbuch) 5.199
　s.Schundliteratur (Kitsch) 3.222
Kläranlage [Heimatkunde]
　s.Heimatkundliche Themen 8.104
Klampfe
　s.Musikinstrument (Gitarre) 5.140
Klangfarbe　s.Akustik 9.24
Klasse
　s.Schulklasse 3.218
Klasse 1
　s.Grundschulunterricht (Schuljahr I) 6.82
Klasse 2
　s.Grundschulunterricht (Schuljahr II) 6.82
Klasse 3
　s.Grundschulunterricht (Schuljahr III-IV) 6.82
Klasse 4
　s.Grundschulunterricht (Schuljahr III-IV) 6.82
Klasse 5
　s.Volksschulunterricht (Schuljahr V-VII) 6.222
Klasse 6
　s.Volksschulunterricht (Schuljahr V-VII) 6.222
Klasse 7
　s.Volksschulunterricht (Schuljahr V-VII) 6.222
Klasse 8
　s.Volksschulunterricht (Abschlußklasse) 6.220
Klasse 9
　s.Volksschulunterricht (Schuljahr IX) 6.222
Klassenarbeit 6.107
- (Englischunterricht)
　s.Englischunterricht (Leistungskontrolle) 7.81
- (Lateinunterricht)
　s.Lateinunterricht (Leistungskontrolle) 7.148
- (Mathematikunterricht)
　s.Mathematikunterricht (Leistungskontrolle) 9.168

　s.Mathematikunterricht (Mathematischer Aufsatz) 9.169
- (Mogeln)
　s.Mogeln des Schülers 3.180
- (Russischunterricht)
　s.Russischunterricht (Leistungskontrolle) 7.199
Klassenausflug
　s.Schulausflug 6.155
Klassenbaubild
　s.Soziogramm (Schulklasse) 4.196
Klassenbericht
　s.Unterrichtstagebuch 6.216
Klassenbeschreibungsbogen
　s.Schülerbeobachtungsbogen 4.167
Klassenbestand
　s.Klassenfrequenz 1.127
Klassenbibliothek
　s.Ganzschrift 5.76
　s.Klassenbücherei 5.95
Klassenbuch 1.126
Klassenbücherei 5.95
Klassenelternabend
　s.Elternabend 6.59
Klassenfahrt
　s.Schulwandern (Klassenfahrt) 6.180
Klassenfrequenz 1.127
Klassenführung
　s.Pädagogischer Führungsstil 6.135
Klassengeist
　s.Schulklasse 3.218
Klassengemeinschaft 3.157
Klassenhandbücherei
　s.Arbeitsbücherei 5.23
Klassenhöchstzahl
　s.Klassenfrequenz 1.127
Klasseninternes Fernsehen
　s.Schulfernsehen (Klasseninternes Fernsehen) 5.217
Klassenklima
　s.Klassengemeinschaft 3.157
Klassenkonferenz
　s.Konferenzordnung 1.127
Klassenlehrer 2.55
- oder Fachlehrer 2.56
Klassenlehrplan
　s.Lehrplan (Klassenlehrplan) 6.119
Klassenleiterplan
　s.Unterstufenunterricht (Lehrplankonzeption) 6.218
Klassenlektüre
　s.Ganzschrift 5.76
- (Jugendbuch)
　s.Deutschlehrmittel (Jugendbuch) 5.52

Klassenlesestoff
 s.Ganzschrift 5.76
 s.Klassenbücherei 5.95
Klassenlexikon
 s.Nachschlagewerke im Unterricht
 5.143
Klassenlogik
 s.Mengenlehre 9.187
Klassenlose Schule
 s.Gymnasialunterricht (Fächerübergreifender Unterricht) 6.91
Klassenmäßige Erziehung
 s.Sozialistische Erziehung [DDR]
 3.226
Klassenpflegschaft
 s.Elternvertretung 1.63
Klassenraum
 s.Schulgebäude (Klassenraum) 1.187
 s.Schulwohnstube (Schmuckformen)
 6.182
Klassenraumgestaltung
 s.Schulwohnstube 6.181
Klassensoziogramm
 s.Soziogramm (Schulklasse) 4.196
Klassenspiel
 s.Schulspiel (Volksschule) 6.175
Klassenstärke
 s.Klassenfrequenz 1.127
Klassentagebuch
 s.Unterrichtstagebuch 6.216
Klassenteilung
 s.Differenzierung 6.56
Klassenterrarium
 s.Schulterrarium 5.235
Klassenunterricht
 s.Unterricht 6.203
 s.Unterrichtsgestaltung (Psychologischer Aspekt) 6.213
Klassenvergleichsturnen
 s.Bundesjugendspiele (Einzelfragen) 10.51
Klassenzeitung
 s.Zeitung im Unterricht (Klassenzeitung) 5.263
Klassik
 s.Dichtung 7.60
Klassische Musik
 s.Musikgeschichte (Klassik) 10.177
Klassischer Bildungsbegriff
 s.Bildungsbegriff 3.66
Klassischer Sprachunterricht
 s.Altsprachlicher Unterricht 7.19
Klassisches Jugendbuch
 s.Jugendbuch (Klassisches Jugendbuch) 7.138

Klavierunterricht
 s.Instrumentalspiel (Einzelne Instrumente) 10.81
Klecksographie
 s.Papierwerken (Drucktechniken)
 10.199
Kleidung [im Gesamtunterricht]
 s.Arbeitseinheiten (Kleidung) 6.29
Kleinaquarium
 s.Schulaquarium 5.209
Kleinasien
 s.Länderkunde (Türkei) 8.144
Kleinbildwerfer
 s.Bildwerfer 5.38
 s.Physikalisches Experimentiergerät (Optik) 5.146
 s.Werkunterricht (Naturlehre)
 10.273
Kleine Schulklassen
 s.Kleinklasse 1.127
Kleiner Jena-Plan
 s.Jenaplan 6.103
Kleiner Katechismus
 s.Evangelische Unterweisung (Katechismus) 10.58
Kleines Einmaleins
 s.Einmaleins 9.101
Kleinfeldhandball
 s.Ballspiel (Handball) 10.20
Kleinformen des Spiels
 s.Unterrichtsspiel 5.256
Kleingruppen
 s.Gruppenpsychologie (Pädagogischer Aspekt) 4.74
Kleingruppenarbeit
 s.Gruppentherapie 4.74
Kleingruppenforschung
 s.Sozialpsychologie 4.193
Kleinkind
 s.Entwicklungspsychologie (Kleinkind) 4.43
 s.Kindergartenkind 4.93
- und Fernsehen
 s.Fernseherziehung (Psychologischer Aspekt) 3.111
Kleinkindererziehung
 s.Erziehung (Kindererziehung) 3.80
Kleinkindlesen 4.97
Kleinkindschwimmen
 s.Schwimmunterricht (Kleinkind)
 10.237
Kleinklasse 1.127
Kleinschreibung
 s.Rechtschreibreform (Kleinschreibung) 7.187

Kleinstaaterei
 s.Neuzeit (18.Jahrhundert) 8.155
Kleintier-Fotografie
 s.Biologielehrmittel (Tierkunde) 5.45
Kleistertechnik
 s.Papierwerken (Einzelfragen) 10.200
Klettern
 s.Geräteturnen (Klettern) 10.66
Klettertau
 s.Geräteturnen (Klettern) 10.66
Klimaänderung
 s.Klimakunde (Einzelfragen) 8.108
Klimakarte
 s.Wetterkundelehrmittel (Wetterkarte) 5.259
Klimakunde 8.108
- (Einzelfragen) 8.108
- (Europa) 8.109
- (Föhn) 8.109
Klimascheide
 s.Klimakunde (Einzelfragen) 8.108
Klimatologie
 s.Klimakunde 8.108
Klimmen
 s.Geräteturnen (Klettern) 10.66
Klingeltransformator
 s.Elektrizitätslehre (Transformator) 9.108
Klinische Psychologie
 s.Psychosomatik (Medizinischer Aspekt) 4.151
Klinische Stottertherapie
 s.Stottertherapie (Stationäre Behandlung) 4.214
Klötze im Rechenunterricht
 s.Rechenlehrmittel (Rechenbaukasten) 5.192
Klostergründungen
 s.Mittelalter (Kloster) 8.151
Klosterleben
 s.Mittelalter (Kloster) 8.151
KMK
 s.Kultusministerkonferenz 1.129
Knabenchor
 s.Chorgesang 10.53
Knabenrealschule
 s.Realschule 1.159
Knieaufschwung am Reck
 s.Geräteturnen (Reck) 10.67
Kniefidel
 s.Musikinstrument (Fidel) 5.140
Knolle
 s.Pflanzenkunde (Blumen) 9.228
Knospenkunde
 s.Pflanzenkunde (Knospen) 9.230

Kochsalzgewinnung
 s.Anorganische Chemie (Kochsalz) 9.40
Kochsalzlösung
 s.Elektrolyse (Kochsalz) 9.110
Kochsches Fingerlesen
 s.Leselehrmethoden 7.150
Kochunterricht 10.103
- (Berufsschule) 10.103
Kodifizierung des Schulrechts
 s.Schulgesetzgebung 1.189
Koedukation 3.158
- (Berufsschule)
 s.Koedukation (Schulerfahrungen) 3.159
- (Chemieunterricht)
 s.Chemieunterricht (Methodische Einzelfragen) 9.90
- (Diskussion) 3.158
- (Ferienlager)
 s.Koedukation (Gemeinschaftsformen) 3.159
- (Gemeinschaftsformen) 3.159
- (Gruppenunterricht)
 s.Koedukation (Schulerfahrungen) 3.159
- (Gymnasium)
 s.Koedukation (Schulerfahrungen) 3.159
- (Heimerziehung)
 s.Koedukation (Gemeinschaftsformen) 3.159
- (Jugendpsychologie)
 s.Koedukation (Psychologischer Aspekt) 3.159
- (Jugendtourismus)
 s.Koedukation (Gemeinschaftsformen) 3.159
- (Landschule)
 s.Koedukation (Schulerfahrungen) 3.159
- (Lehrlingsheim)
 s.Koedukation (Gemeinschaftsformen) 3.159
- (Mädchenbildung) 3.159
- (Psychologischer Aspekt) 3.159
- (Realschule)
 s.Koedukation (Schulerfahrungen) 3.159
- (Reifezeit)
 s.Koedukation (Psychologischer Aspekt) 3.159
- (Schulerfahrungen) 3.159
- (Soziologischer Aspekt) 3.159
- (Wirtschaftsschulen)

s.Koedukation (Schulerfahrungen)
3.159
- (Zeltlager)
s.Koedukation (Gemeinschaftsformen)
3.159
Kölner Institut
s.Zweiter Bildungsweg (Institute)
1.279
Königspfalz
s.Mittelalter (Königspfalz) 8.151
Königsurkunde
s.Mittelalter (Einzelfragen) 8.149
Körper [Mathematik]
s.Algebra 9.25
Körperasymmetrie
s.Linkshändigkeit 4.121
Körperbehindertenpädagogik
s.Sonderschulunterricht (Körperbehinderte) 6.186
Körperbehindertenschule
s.Sonderschule für Körperbehinderte 1.245
Körperbehindertes Kind 4.98
- (Betreuung) 4.98
- (Raumorientierung)
s.Körperbehindertes Kind (Betreuung) 4.98
- (Rehabilitation) 4.99
- (Schreibenlernen)
s.Schreibenlernen (Ganzheitliches Schreibenlernen) 7.207
- (Schulbesuch) 4.99
- (Seelische Reaktionen) 4.99
Körperdarstellung
s.Geometrieunterricht (Grundschule) 9.134
Körperdominanz
s.Linkshändigkeit 4.121
Körpererziehung
s.Körperliche Erziehung 10.103
s.Leibeserziehung (Grundschule) 10.135
s.Leibeserziehung (Landschule) 10.138
s.Leibeserziehung (Unterstufe [DDR]) 10.155
Körpergefühl
s.Körperliche Erziehung 10.103
Körpergröße und Intelligenz
s.Akzeleration 4.21
s.Intelligenzforschung 4.88
Körperhaftes Zeichen
s.Zeichnen (Figürliches Zeichnen) 10.282
Körperhaltung
s.Leibeserziehung (Haltungsschulung) 10.137

- und Schulleistung
s.Schulische Leistungssteigerung (Körpererziehung) 6.161
Körperinhalt
s.Geometrie (Rauminhaltsberechnung) 9.131
Körperkultur
s.Körperliche Erziehung 10.103
Körperliche Bewegung
s.Bewegungserziehung 10.27
Körperliche Entwicklung
s.Entwicklungspsychologie (Körperliche Entwicklung) 4.44
Körperliche Erziehung 10.103
Körperliche Frühreife
s.Akzeleration 4.21
Körperliche Grundausbildung
s.Leibeserziehung 10.126
Körperliche Leistungsfähigkeit
s.Leibeserziehung (Leistungsfähigkeit) 10.141
s.Leistungsfähigkeit 4.107
Körperliche Schulreife
s.Schulreife 4.176
Körperliche Strafe
s.Körperliche Züchtigung 3.160
Körperliche Züchtigung 3.160
- (Kritik) 3.160
- (Rechtsfragen)
s.Züchtigungsrecht 1.274
Körperstrafe
s.Körperliche Züchtigung 3.160
Körpertest
s.Menschenkunde (Organfunktionen) 9.192
Kognitive Dissonanz
s.Selbstbeurteilung 4.190
Kognitive Entwicklung
s.Entwicklungspsychologie (Kleinkind) 4.43
Kognitive Leistung
s.Begabung 4.28
Kognitiver Akt
s.Intelligenzforschung 4.88
Kognitives Lernen
s.Lernpsychologie (Einzelfragen) 4.112
Kohle
s.Organische Chemie (Kohle) 9.224
- im Gesamtunterricht
s.Arbeitseinheiten (Kohle) 6.29
- und Erdöl
s.Wirtschaftsgeographie (Energiewirtschaft) 8.219
Kohlemalerei
s.Zeichnen (Einzeltechniken) 10.281

Kohlendioxid
s.Anorganische Chemie (Oxydation)
9.41
Kohlenhydratabbau
s.Biochemie (Einzelfragen) 9.57
Kohlenhydrate
s.Nahrungsmittelchemie (Einzelfragen) 9.197
s.Organische Chemie (Einzelfragen)
9.222
Kohlenoxyd
s.Anorganische Chemie (Einzelfragen) 9.39
Kohlensäure
s.Anorganische Chemie (Nichtmetalle) 9.40
Kohlenstoff
s.Organische Chemie (Einzelfragen)
9.222
Kohlenstoffassimilation
s.Pflanzenphysiologie (Assimilation)
9.236
Kohlenwasserstoffe
s.Organische Chemie (Kohlenwasserstoffe) 9.224
Kohlenwasserstoffsynthese
s.Chemotechnik (Einzelfragen) 9.100
Kohlewirtschaft
s.Wirtschaftsgeographie (Kohle)
8.224
Kohlmeise
s.Vogelkunde (Einzelne Vögel) 9.294
Koinstruktion
s.Koedukation 3.158
Koinzidenzfilter
s.Kybernetische Maschinen (Programmierung) 5.111
Kokosnuß
s.Pflanzenkunde (Nutzpflanzen) 9.232
Kolbenmotor
s.Wärmelehre (Motor) 9.301
Kolbenprober
s.Chemisches Experimentiergerät 5.48
s.Organische Chemie (Einzelfragen)
9.222
Kolibri
s.Vogelkunde (Einzelne Vögel) 9.294
Kollage
s.Papierwerken (Gestaltungsfragen)
10.200
Kolleg
s.Hochschulstudium 1.111
s.Zweiter Bildungsweg (Institute)1.279
Kollegengruppe
s.Betriebspsychologie 4.32

Kolleggeld
s.Lehrerbesoldung (Hochschullehrer) 2.73
Kollegiale Schulleitung 2.56
- (Organisationsfragen)
s.Schulleitung 1.204
Kollektiv-Einfühlungsmethode
s.Sozialpsychologie 4.193
Kollektive Erziehung
s.Sozialistische Erziehung [DDR]
3.226
Kollektive Organisation
s.Erziehung (DDR) 3.76
Kollektive Sprecherziehung
s.Sprecherziehung im Unterricht
(Methodische Einzelfragen) 7.235
Kollektiver Lehrprozeß
s.Berufserziehung (Betriebliche
Ausbildung) 3.37
Kollektiverziehung
s.Gemeinschaftserziehung (DDR) 3.127
Kollektivstrafe
s.Schulstrafe (Kollektivstrafe) 3.220
Kollektivwirtschaft
s.Wirtschaftsgeographie (Deutschland:DDR) 8.218
Kollineare Abbildung
s.Abbildungsgeometrie (Projektive
Geometrie) 9.21
Kolloquium
s.Philosophieunterricht
(Kolloquium) 10.203
s.Politische Bildung
(Debattieren) 8.173
s.Unterrichtsgespräch
(Gymnasium) 6.211
Kolportage
s.Schmutz- und Schundliteratur 3.207
Kolumbien
s.Länderkunde (Kolumbien) 8.131
Kolumbus
s.Neuzeit (Entdeckungen) 8.153
Komik
s.Kindlicher Humor 4.97
Komma
s.Satzzeichen (Komma) 7.206
Kommaregeln
s.Satzzeichen (Komma) 7.206
Kommunale Bildungswerbung
s.Bildungspolitik 1.51
Kommunale Volkshochschule
s.Erwachsenenbildung (Rechtsfragen) 1.69
Kommunalpolitik
s.Politik (Kommunalpolitik) 8.164

Kommunalwahl
 s.Politik (Wahlrecht) 8.169
Kommunikation
 s.Sozialerziehung in der Schule
 3.223
Kommunikationsmedien
 s.Massenmedien 3.175
Kommunion
 s.Katechese (Eucharistie) 10.85
Kommunionunterricht
 s.Liturgische Erziehung (Eucharistie) 10.165
Kommunismus
 s.Zeitgeschichte (Kommunismus) 8.242
 s.Zeitgeschichtsunterricht (Kommunismus) 8.253
Kommunistische Erziehung 3.160
Kommunistische Ideologie
 s.Politik (Ideologie) 8.163
Kommunistisches Manifest
 s.Zeitgeschichtsunterricht (Kommunismus) 8.253
Kommunistisches Plansystem
 s.Zeitgeschichte (Kommunismus) 8.242
Kommunizierender Unterricht
 s.Unterricht 6.203
Kompaß
 s.Erdkundelehrmittel (Einzelformen)
 5.63
 s.Magnetismus (Erdmagnetismus) 9.157
- im Unterricht
 s.Physiklehrmittel 5.148
Kompaßkunde
 s.Kartenverständnis 8.106
Komplement
 s.Satzlehre (Einzelfragen) 7.204
Komplexchemie
 s.Chemie (Einzelfragen) 9.84
Komplexe Analysis
 s.Algebra (Komplexe Zahlen) 9.29
Komplexe Zahl
 s.Algebra (Komplexe Zahlen) 9.29
Komplexometrie
 s.Chemische Bindung 9.96
Komplexsalz
 s.Anorganische Chemie (Salze) 9.42
Komplizengemeinschaft
 s.Halbstarke 4.76
Komponentenanalyse
 s.Faktorenanalyse 4.57
Kompositum
 s.Wortarten (Kompositum) 7.248
Kondensator
 s.Elektrostatik (Kondensator) 9.113
 s.Elektrostatik (Einzelfragen) 9.113

Kondensieren
 s.Wärmelehre (Aggregatzustand) 9.298
Konditionierung
 s.Kybernetische Maschinen (Lernmatrix) 5.110
Konditionstest
 s.Leibeserziehung (Leistungskontrolle) 10.141
Konditionstraining
 s.Leibeserziehung (Training) 10.154
Konduktometrie
 s.Chemische Analyse 9.95
Konferenz der Pädagogischen Hochschulen
 s.Pädagogische Hochschule (Eigenständigkeit) 2.126
Konferenzordnung 1.127
Konfessionelle Hochschule
 s.Hochschulreform 1.108
Konfessionelle Lehrerbildung 2.56
- (Diskussion) 2.57
- (Pädagogische Hochschule) 2.57
Konfessioneller Religionsunterricht
 s.Religionsunterricht (Konfessionalität) 10.214
Konfessionsmischung
 s.Bekenntnisschule (Kritik) 1.30
Konfessionsschule
 s.Bekenntnisschule 1.29
Konfirmandenunterricht 10.104
Konfirmation
 s.Konfirmandenunterricht 10.104
Konflikt
 s.Politische Bildung (Einzelfragen)
 8.174
Konfliktbewältigung
 s.Charakterbildung 3.69
 s.Erziehungsschwierigkeit 4.54
Konfliktpsychologie
 s.Sozialpsychologie 4.193
Konforme Abbildung
 s.Algebra (Komplexe Zahlen)
 9.29
Konformismus
 s.Soziologie (Massengesellschaft) 3.232
Kongenitale Legasthenie
 s.Legasthenie 4.102
Kongreß Schul- und Studienfernsehen
 [Berlin 1966]
 s.Schulfernsehen (Berliner Kongreß
 1966) 5.215
Kongruente Abbildungen
 s.Abbildungsgeometrie 9.19
Kongruente Sprachentfaltung
 s.Sprachentfaltung 7.215

Kongruenz
  s.Geometrie (Einzelfragen) 9.126
Kongruenzsatz
  s.Geometrie (Dreieck) 9.125
Konjugation
  s.Verblehre (Konjugation) 7.244
Konjunktion
  s.Wortarten (Konjunktion) 7.248
Konjunktiv
  s.Französischunterricht (Grammatik:Einzelfragen) 7.98
  s.Verblehre (Konjunktiv) 7.244
  s.Spanischunterricht 7.211
Konjunktur und Erziehung
  s.Erziehung (Moderne Gesellschaft) 3.81
[Das] Konkrete
  s.Unterricht (Sachbegegnung) 6.208
Konkrete Operationen
  s.Erstrechenunterricht (Operatives Denken) 9.116
Konkretes Helfen
  s.Religionsunterricht (Sozialerziehung) 10.222
Konkretes Zeichnen
  s.Zeichenunterricht (Methodische Einzelfragen) 10.279
Konkretisierung im Rechenunterricht
  s.Erstrechenunterricht (Methodische Einzelfragen) 9.116
Konradin
  s.Mittelalter (Hochmittelalter) 8.150
Konsequente Pädagogik
  s.Erziehung 3.74
Konserven
  s.Wirtschaftsgeographie (Ernährung) 8.220
Konservierungsstoffe
  s.Nahrungsmittelchemie (Frischhaltung) 9.197
Konsonantenverbindungen
  s.Phonetik 7.183
Konstantin der Große
  s.Altertum (Einzelfragen) 8.22
  s.Kirchengeschichte (Einzelpersonen) 10.97
Konstantinopel
  s.Altertum (Einzelfragen) 8.22
Konstitution des Schülers 4.100
Konstitutionelle Entwicklung
  s.Entwicklungspsychologie (Körperliche Entwicklung) 4.44
Konstitutionslehre
  s.Konstitution des Schülers 4.100

Konstitutionspsychologie
  s.Typologie 4.229
Konstruktive Abbildung
  s.Abbildungsgeometrie 9.19
Konsumerziehung
  s.Massenmedien (Reizüberflutung) 3.177
  s.Wirtschaftskunde (Konsumerziehung) 8.234
Konsumverhalten
  s.Wirtschaftskunde (Konsumerziehung) 8.234
- der Kunst gegenüber
  s.Kunst (Kunstsoziologie) 10.105
Konsumzwang
  s.Wirtschaftspädagogische Forschung 3.244
Kontaktbezogenheit
  s.Sozialerziehung in der Schule (Sonderschule) 3.226
Kontaktfähigkeit des Lehrers
  s.Schüler-Lehrer-Verhältnis 3.208
Kontaktfähigkeit des Schülers
  s.Kontaktgestörtes Kind 4.100
Kontaktgestörtes Kind 4.100
Kontaktlosigkeit
  s.Erziehung (Psychologischer Aspekt) 3.82
Kontaktmüdigkeit
  s.Kontaktgestörtes Kind 4.100
Kontaktwunsch
  s.Kontaktgestörtes Kind 4.100
Kontext-Modell
  s.Schulfernsehen (Methodische Einzelfragen) 5.218
Kontinentalverschiebungstheorie
  s.Allgemeine Erdkunde 8.19
Kontoristin
  s.Kaufmännische Berufsfachkunde (Einzelfragen) 10.94
Kontrapunkt
  s.Musikunterricht (Fachliche Einzelfragen) 10.182
Kontrollarbeiten
  s.Schulische Leistungskontrolle 6.160
Kontrollbogen
  s.Arbeitsmittel im Unterricht 5.28
Kontrolle der Schulleistung
  s.Schulische Leistungskontrolle 6.160
Konvergenz [Mathematik]
  s.Analysis (Grenzwert) 9.34
Konversationslexikon
  s.Nachschlagewerke 5.143

Konversion
  s.Abwehrmechanismen 4.19
Konvexe Funktionen
  s.Analysis (Funktion) 9.33
Konvexität
  s.Geometrie (Differentialgeometrie)
    9.124
Konzelebration
  s.Liturgische Erziehung (Liturgie)
    10.165
Konzentration
  s.Konzentrationsfähigkeit 4.100
Konzentrationsfähigkeit 4.100
- (Glutaminsäure)
  s.Denkleistung (Glutaminsäure) 4.38
- (Lehrprogramm)
  s.Programmiertes Lernen (Einzel-
    fragen) 5.167
- (Leibeserziehung)
  s.Leibeserziehung (Geistige
    Leistungsfähigkeit) 10.134
- (Sprachlabor)
  s.Sprachlabor (Hörschulung) 5.244
Konzentrationsschwäche 4.101
- (Sonderschüler) 4.102
Konzentrationsstörung
  s.Konzentrationsschwäche 4.101
Konzentrationsunterricht 6.107
- (Altsprachlicher Unterricht)
  s.Altsprachlicher Unterricht
    (Method.Einzelfragen) 7.21
- (Deutschunterricht)
  s.Deutschunterricht (Stoff-
    einheit) 7.58
- (Kaufmännische Berufsschule)
  s.Kaufmännischer Unterricht 6.104
Konzepterwerb
  s.Lernpsychologie (Einzelfragen)
    4.112
Konzertbesuch
  s.Jugendkonzert 10.83
Konzil von Trient
  s.Kirchengeschichte (Mittelalter)
    10.98
  s.Neuzeit (Gegenreformation) 8.153
Kooperativer Unterrichtsstil
  s.Gruppenunterricht 6.83
Koordinationsschulung
  s.Sonderturnen 4.192
Kopfrechnen
  s.Rechenübung (Kopfrechnen) 9.263
Kopfstandkippe
  s.Bodenturnen (Radschlagen) 10.50
Kopfzensur
  s.Zeugnis (Kopfnoten) 1.274

Kopplung
  s.Schwingungslehre 9.275
Korallen
  s.Meeresforschung 8.148
Kordilleren
  s.Länderkunde (Peru) 8.138
Korea
  s.Länderkunde (Korea) 8.131
Koreakrieg
  s.Zeitgeschichtsunterricht (Ein-
    zelfragen) 8.250
Korfu
  s.Länderkunde (Griechenland) 8.125
Korn [im Gesamtunterricht]
  s.Arbeitseinheiten (Brot) 6.24
Kornbrenner
  s.Berufliche Ausbildung (Einzelne
    Berufe) 10.22
Korrektur
  s.Diktat (Korrektur) 7.64
  s.Englischunterricht (Korrektur) 7.80
Korrekturarbeit des Lehrers 6.108
Korrekturzeichen
  s.Diktat (Korrektur) 7.64
  s.Fremdsprachenunterricht (Lei-
    stungsbewertung) 7.107
Korrosion
  s.Anorganische Chemie (Metalle) 9.40
Korrosionsschutz
  s.Anorganische Chemie (Metalle) 9.40
Korsika
  s.Länderkunde (Frankreich:Land-
    schaften) 8.125
Kosmisches Weltbild
  s.Erdkundeunterricht (Weltan-
    schauungsfragen) 8.46
Kosmologie
  s.Astronomie 9.44
Kostenrechnen
  s.Fachrechnen 9.120
KPD
  s.Zeitgeschichte (Kommunismus) 8.242
Krabben
  s.Tierkunde (Krebstiere) 9.282
Kräftebildung
  s.Formale Bildung 6.66
Kräutergarten
  s.Schulgarten (Kräuter) 5.232
Kraft
  s.Mechanik (Maßeinheit) 9.184
Kraftbegriff
  s.Mechanik (Dynamik) 9.179
Kraftfahrzeuggewerbe
  s.Berufsfachkunde (Kraftfahrzeug-
    gewerbe) 10.25

Kraftlinien
 s.Elektrostatik 9.112
Kraftstoß
 s.Mechanik (Impulsgesetz) 9.183
Krafttraining
 s.Leibeserziehung (Training) 10.154
Krakau
 s.Länderkunde (Polen) 8.138
Kramer-Test
 s.Test 4.216
Krankenhaus [im Gesamtunterricht]
 s.Arbeitseinheiten 6.23
Krankenhauslehrer
 s.Sonderschullehrer 2.135
Krankenhausschule 1.128
Krankensalbung
 s.Katechese (Krankensalbung) 10.87
Krankenversicherungspflicht des Lehrers
 s.Lehrerberuf (Rechtsfragen) 2.70
Krankes Kind
 s.Körperbehindertes Kind 4.98
Krankheit
 s.Psychosomatik (Medizinischer
  Aspekt) 4.151
Krankheit im Gesamtunterricht
 s.Arbeitseinheiten 6.23
Kratztechniken
 s.Werken (Plastisches Gestalten)
  10.266
Kraulschwimmen
 s.Schwimmunterricht (Stilformen)
  10.238
Kreativität
 s.Schöpferisches Tun 4.164
Krebskrankheit
 s.Gesundheitslehre (Einzelfragen)
  9.138
Krebstiere
 s.Tierkunde (Krebstiere) 9.282
Kreidephysik
 s.Physikunterricht (Anschauung)
  9.246
Kreis
 s.Geometrie (Kreis) 9.127
Kreisauer Kreis
 s.Zeitgeschichte (Widerstandsbewegung) 8.246
Kreisberechnung
 s.Geometrie (Kreisberechnung) 9.128
Kreisberufsschule
 s.Berufsbildendes Schulwesen
  (Geschichte) 1.36
 s.Ländliche Berufsschule 1.130
Kreisbildstelle
 s.Bildstelle 5.36

Kreisel
 s.Mechanik (Kreisel) 9.183
Kreiselkompaß
 s.Mechanik (Kreisel) 9.183
Kreisfläche
 s.Geometrie (Kreisberechnung) 9.128
Kreisgespräch
 s.Gesprächserziehung in der Schule
  6.78
Kreishandkarte
 s.Erdkundeatlas (Karte) 5.59
Kreishochwende
 s.Geräteturnen (Barren) 10.65
Kreiskolbenmotor
 s.Wärmelehre (Motor) 9.301
Kreislauf der Stoffe
 s.Biochemie (Einzelfragen) 9.57
Kreislauf des Wassers
 s.Heimatkundliche Themen (Wasser)
  8.106
Kreislaufprozesse
 s.Biologie (Lebensgrundfunktionen)
  9.59
Kreisumfang
 s.Geometrie (Kreisberechnung) 9.128
Kreisvolkshochschule
 s.Erwachsenenbildung (Ländliche
  Erwachsenenbildung) 1.67
Kreiszahl pi
 s.Geometrie (Kreiszahl pi) 9.128
Kreta
 s.Länderkunde (Griechenland) 8.125
Kretschmer-Höhn-Test
 s.Test 4.216
Kreuzblütler
 s.Pflanzenkunde (Blütenpflanzen)
  9.227
Kreuzworträtsel im Französischunterricht
 s.Französischlehrmittel 5.72
Kreuzworträtsel im Geschichtsunterricht
 s.Geschichtslehrmittel (Spielformen) 5.89
Kreuzzüge
 s.Mittelalter (Kreuzzüge) 8.151
Kriechgalvanometer
 s.Physikalisches Experimentiergerät (Meßinstrumente) 5.146
Kriechtiere
 s.Tierkunde (Kriechtiere) 9.282
Krieg
 s.Zeitgeschichte (Militarismus)
  8.243
 s.Zeitgeschichtsunterricht (Krieg)
  8.253
Kriegsausbruch 1914

s.Zeitgeschichte (Weltkrieg 1914-
   1918) 8.245
Kriegsdichtung
   s.Gegenwartsliteratur im Unterricht 7.122
Kriegsgeschichte
   s.Zeitgeschichtsunterricht (Krieg)
   8.253
Kriegshirnverletzter
   s.Hirnschädigung 4.84
Kriegskind
   s.Nachkriegsjugend 4.126
Kriegsfilm
   s.Filmerziehung (Kriegsfilm) 3.117
Kriegsliteratur
   s.Jugendgefährdendes Schrifttum
   (Kriegsliteratur) 3.150
Kriegsschäden
   s.Nachkriegsjugend 4.126
Kriegsschuldfrage
   s.Zeitgeschichte (Weltkrieg 1939-
   1945) 8.246
Kriegsverherrlichende Schriften
   s.Jugendgefährdendes Schrifttum
   (Kriegsliteratur) 3.150
Kriegsversehrtes Kind
   s.Körperbehindertes Kind 4.98
Kriminalroman im Unterricht
   s.Epische Kurzformen 7.89
Krimineller Jugendlicher
   s.Schwererziehbarkeit (Jugendalter) 4.187
   s.Verwahrlosung (Jugendkriminalität) 4.235
Krippe
   s.Kindergarten (DDR) 1.123
Krippenfiguren
   s.Weihnachtliches Werken (Krippen)
   10.261
Krippenspiel
   s.Schulspiel (Krippenspiel) 6.174
Kristallchemie
   s.Mineralogie (Kristalle) 9.196
Kristalldiode
   s.Hochfrequenztechnik (Kristalldiode) 9.144
Kristalle
   s.Mineralogie (Kristalle) 9.196
Kristallelektronik
   s.Elektrotechnik (Elektronik) 9.114
Kristallnacht
   s.Zeitgeschichte (Judenverfolgung)
   8.242
Kristallphysik
   s.Mineralogie (Festkörperphysik) 9.196

Kristallwachstum
   s.Mineralogie 9.196
Kritikfähigkeit des Schülers
   s.Erziehung zur Urteilsfähigkeit
   3.90
Kritisches Zeitungslesen
   s.Zeitung im Unterricht (Volksschule) 5.263
Kritzeln des Kindes
   s.Kinderzeichnung 10.95
   s.Zeichnen 10.281
   s.Schreibenlernen (Schreibturnen)
   7.208
Kritzeltest
   s.Schulreifetest (Grundleistungstest) 4.180
Kröten
   s.Tierkunde (Amphibien) 9.279
Küchenwürzkräuter
   s.Pflanzenkunde (Heilpflanzen) 9.229
Kühlschrank
   s.Wärmelehre (Kühlschrank) 9.300
Kühnels Rechenhilfsmittel
   s.Rechenlehrmittel (Erstrechnen)
   5.191
Künstler
   s.Kunsterzieher 2.57
Künstlerische Begabung
   s.Zeichnerische Entwicklung 4.241
Künstlerische Erziehung 6.108
Künstlerische Eurhythmie
   s.Eurhythmie 6.62
Künstlerische Exkursion
   s.Kunstlehrmittel (Museumsbesuch) 5.96
Künstlerische Gymnastik
   s.Gymnastik (Künstlerische Gymnastik) 10.72
Künstlerische Unterrichtsgestaltung
   s.Unterrichtsgestaltung 6.212
Künstlerischer Unterricht
   s.Künstlerische Erziehung 6.108
Künstlerisches Schaffen
   s.Kunst 10.104
Künstlerisches Urteilsvermögen
   s.Kunstverständnis 10.124
Künstliche Intelligenz
   s.Kybernetische Maschinen 5.106
Künstliche Monde
   s.Weltraumtechnik (Unterrichtsaspekt) 9.305
Künstliche Wetterbeeinflussung
   s.Wetterkunde (Einzelfragen) 8.212
Künstliches Licht
   s.Kulturgeschichtliche Längsschnitte (Wohnung) 8.112

Küpenfarbstoffe
  s.Organische Chemie (Farbstoffe)
  9.223
Kürzel
  s.Kurzschriftunterricht (Einzelfragen) 10.125
Kürzen
  s.Bruchrechnen (Rechenoperationen)
  9.83
Küstenfischerei
  s.Wirtschaftsgeographie (Seefischerei) 8.227
Küstenschutz
  s.Länderkunde (Deutsche Nordseeküste) 8.121
Kugelberechnung
  s.Geometrie (Kugelberechnung) 9.129
Kugelgeometrie [Vektormethode]
  s.Vektorrechnung (Kugel) 9.290
Kugeloberfläche
  s.Geometrie (Kugel) 9.128
  s.Geometrie (Kugelberechnung) 9.129
Kugelschreiber
  s.Schreibgerät (Federformen) 5.204
Kugelstoßen
  s.Leichtathletik (Kugelstoßen) 10.158
Kulissenbau
  s.Schulspiel (Bühnentechnik) 6.172
Kulissenbild
  s.Arbeitsmittel (Einzelformen) 5.27
Kult und Muße
  s.Muße 3.182
Kultisches Spiel
  s.Religionsunterricht (Schulspiel) 10.221
Kultur und Erziehung
  s.Erziehung 3.74
Kultur und Sport
  s.Sport 10.242
Kultur und Technik
  s.Bildung (Mensch und Technik) 3.57
  s.Bildung (Technische Welt) 3.59
Kulturanthropologie
  s.Anthropologie 3.19
Kulturautonomie
  s.Kulturpolitik 1.128
Kulturband
  s.Geschichtsfries 5.78
Kulturbegriff
  s.Naturwissenschaft (Geisteswissenschaft) 9.211
Kulturelle Massenarbeit
  s.Erwachsenenbildung 1.64

Kulturetat
  s.Bildungsfinanzierung 1.47
Kulturfilm
  s.Filmerziehung 3.112
Kulturföderalismus
  s.Kulturpolitik 1.128
Kulturgeschichte 8.109
- (Einzelfragen) 8.109
- (Kleidung) 8.110
- (Technik) 8.110
Kulturgeschichtliche Längsschnitte 8.110
- (Bauer) 8.110
- (Brot) 8.111
- (Geld) 8.111
- (Schrift) 8.111
- (Verkehrsmittel) 8.111
- (Wohnung) 8.112
- (Zeitmessung) 8.112
Kulturhecke [Lebensgemeinschaft]
  s.Lebensgemeinschaft (Hecke) 9.153
Kulturhistorische Ethnologie
  s.Völkerkunde 8.209
Kulturkarte
  s.Geschichtslehrmittel (Karten) 5.86
Kulturkonsum
  s.Freizeit (Soziologischer Aspekt) 3.121
Kulturkrise
  s.Erziehungskrise 3.94
Kulturkunde 8.112
- (Sprachunterricht)
  s.Fremdsprachenunterricht (Methodische Einzelfragen) 7.108
Kulturmorphologie
  s.Völkerkunde 8.209
Kulturpädagogik
  s.Bildung und Beruf 3.61
Kulturpflanze
  s.Pflanzenkunde (Nutzpflanzen) 9.232
Kulturphilosophie
  s.Kulturgeschichte (Einzelfragen) 8.109
Kulturpolitik 1.128
- (Berufsbildung)
  s.Berufliche Bildung (Bildungspolitik) 3.27
  s.Berufsbildendes Schulwesen 1.33
- (Lehrerbildung)
  s.Lehrerbildung und Kulturpolitik 2.102
- (SED)
  s.Schulwesen DDR (Kritik) 1.235
Kulturpolitische Bildung
  s.Politische Bildung (Einzelfragen) 8.174

Kulturstaaten des Altertums
　s.Altertum (Einzelfragen)　8.22
Kulturstatistik
　s.Schulstatistik　1.225
Kulturverfall
　s.Bildungskrise　1.48
Kulturverwaltung
　s.Kulturpolitik　1.128
Kulturzyklen-Theorie
　s.Philosophische Anthropologie　3.198
Kultusministerkonferenz 1.129
Kunowskischrift
　s.Sprechspur (Schriftfrage)　7.239
Kunst 10.104
- (Kunstsoziologie) 10.105
- am Schulbau
　s.Kunsterziehung (Schulleben)　10.120
　s.Schulgebäude　1.186
- im Unterricht
　s.Ästhetische Erziehung　6.19
- und Mathematik
　s.Mathematik (Einzelfragen)　9.158
Kunstakademie
　s.Kunsterzieher (Ausbildung)　2.58
Kunstausstellung
　s.Schulische Ausstellung　5.235
Kunstbetrachtung 10.105
- (Architektur) 10.106
- (Berufsschule) 10.106
- (Bildästhetisches Erleben)
　s.Kunstverständnis　10.124
- (Bildgestaltung)
　s.Kunstbetrachtung (Methodische
　Einzelfragen)　10.108
- (Deutschunterricht)
　s.Deutschunterricht (Kunsterzie-
　hung)　7.52
- (Dürer) 10.106
- (Einzelfragen) 10.106
- (Einzelne Gemälde) 10.107
- (Grundschule)
　s.Kunstbetrachtung (Unterstufe)
　10.109
- (Gruppenunterricht)
　s.Kunstlehrmittel　5.96
- (Gymnasium) 10.107
- (Kindergarten) 10.107
- (Kunstgeschichte)
　s.Kunstgeschichte (Unterrichts-
　aspekt)　10.123
- (Landschaftsmalerei) 10.107
- (Malerei) 10.107
- (Methodische Einzelfragen) 10.108
- (Moderne Kunst) 10.108
- , neusprachliche
　s.Neusprachlicher Unterricht
　(Method.Einzelfragen)　7.180
- (Plastik) 10.109
- (Sprachliche Form)
　s.Kunstbetrachtung (Methodische
　Einzelfragen)　10.108
- (Stilkunde) 10.109
- (Technische Hilfsmittel)
　s.Kunstbetrachtung (Methodische
　Einzelfragen)　10.108
- (Unterstufe) 10.109
- (Volksschule) 10.109
- (Weihnachtsbild) 10.110
- (Werken)
　s.Kunstbetrachtung (Einzelfragen)
　10.106
Kunstdidaktik
　s.Kunsterziehung　10.110
Kunsterleben
　s.Kunstverständnis　10.124
Kunsterzieher 2.57
- (Ausbildung) 2.58
Kunsterziehung 10.110
- (Arbeitsgemeinschaft)
　s.Kunsterziehung (Methodische
　Einzelfragen)　10.117
- (Arbeitsmittel)
　s.Kunstlehrmittel　5.96
- (Aufgabenstellung)
　s.Kunsterziehung (Themenstellung)
　10.121
- (Aufsatzunterricht)
　s.Aufsatz (Bildbeschreibung)　7.25
- (Berufsschule) 10.111
- (Bildungswert) 10.111
- (DDR) 10.112
- (Deutschunterricht)
　s.Deutschunterricht (Kunsterzie-
　hung)　7.52
　s.Kunsterziehung (Einzelne Fächer)
　10.113
- (Didaktischer Aspekt) 10.112
- (Diskussion) 10.112
- (Einzelne Fächer) 10.113
- ([Das] Elementare
　s.Kunsterziehung (Methodische
　Einzelfragen)　10.117
- (Erwachsenenbildung) 10.113
- (Europagedanke)
　s.Kunsterziehung (Bildungswert)
　10.111
- (Fotografie)
　s.Schulfotografie (Kunsterziehung)
　5.224
- (Freies Gestalten) 10.113

[Forts.: Kunsterziehung]
- (Gemeinschaftsarbeit) 10.113
- (Gesamtunterricht)
  s.Kunsterziehung (Grundschule) 10.114
- (Geschichte) 10.114
- (Geschichtsunterricht) 10.114
- (Geschmacksbildung) 10.114
- (Grundschule) 10.114
- (Gymnasium) 10.115
- (Heilpädagogik)
  s.Kunsterziehung (Psychologischer Aspekt) 10.118
- (Heimatkunde) 10.115
- (Kindergarten) 10.115
- (Körperbehinderte)
  s.Kunsterziehung (Sonderschule) 10.120
- (Kongresse) 10.116
- (Lehrerbildung)
  s.Lehrerbildung (Kunsterziehung) 2.86
- (Lehrereinfluß) 10.116
- (Lehrplan) 10.116
- (Leibeserziehung)
  s.Kunsterziehung (Einzelne Fächer) 10.113
- (Leistungsbewertung) 10.116
- (Mädchenbildung) 10.117
- (Methodische Einzelfragen) 10.117
- (Moderne Kunst) 10.118
- (Motivwahl)
  s.Kunsterziehung (Themenstellung) 10.121
- (Museum)
  s.Kunstlehrmittel (Museumsbesuch) 5.96
- (Musik)
  s.Kunsterziehung (Einzelne Fächer) 10.113
  s.Musikerziehung (Musische Bildung) 10.174
- (Naturstudium)
  s.Zeichnen (Naturzeichnen) 10.283
- (Menschenbildung)
  s.Kunsterziehung (Bildungswert) 10.111
- (Psychologischer Aspekt) 10.118
- (Realschule)
  s.Kunsterziehung (Methodische Einzelfragen) 10.117
- (Reform) 10.119
- (Reifeprüfung)
  s.Kunsterziehung (Leistungsbewertung) 10.116

- (Reifezeit)
  s.Kunsterziehung (Psychologischer Aspekt) 10.118
- (Religionsunterricht)
  s.Religionsunterricht (Einzelne Fächer) 10.210
- (Rhythmisches Gestaltungsspiel)
  s.Kunsterziehung (Spiel) 10.120
- (Schöpferische Begabung) 10.119
- (Schöpferisches Gestalten) 10.119
- (Schülerleistung)
  s.Kunsterziehung (Leistungsbewertung) 10.116
- (Schuljahr IX)
  s.Kunsterziehung (Volksschuloberstufe) 10.121
- (Schulleben) 10.120
- (Sehbehinderte)
  s.Kunsterziehung (Sonderschule) 10.120
- (Sekundarschule)
  s.Kunsterziehung (Volksschuloberstufe) 10.121
- (Selbständigkeit)
  s.Kunsterziehung (Freies Gestalten) 10.113
- (Sonderschule) 10.120
- (Soziologischer Aspekt) 10.120
- (Spiel) 10.120
- (Sprachpflege)
  s.Sprachunterricht (Fächerverbindung) 7.224
  s.Kunsterziehung (Themenstellung) 10.121
- (Symbol)
  s.Kunsterziehung (Didaktischer Aspekt) 10.112
- (Taubstummenbildung)
  s.Kunsterziehung (Sonderschule) 10.120
- (Themenstellung) 10.121
- (Typologie)
  s.Kunsterziehung (Psychologischer Aspekt) 10.118
- (Übung)
  s.Kunsterziehung (Methodische Einzelfragen) 10.117
- (Unterrichtsgang)
  s.Kunsterziehung (Methodische Einzelfragen) 10.117
- (Volksschule) 10.121
- (Volksschuloberstufe) 10.121
- (Vorstellungskraft) 10.121
- (Wahrhaftigkeit)
  s.Kunsterziehung (Bildungswert) 10.111

- (Waldorfschule) 10.122
- (Weihnachtsarbeit) 10.122
- (Werken)
  s.Werkunterricht (Kunsterziehung)
  10.272
- (Zeichenunterricht)
  s.Zeichenunterricht (Kunsterziehung) 10.278
- (Zensur)
  s.Kunsterziehung (Leistungsbewertung) 10.116
Kunsterziehungsbewegung 10.122
- (Gymnastik)
  s.Gymnastik (Künstlerische Gymnastik) 10.72
Kunstfächer
  s.Künstlerische Erziehung 6.108
Kunstfaser
  s.Organische Chemie (Textilfaser)
  9.225
Kunstgeschichte 10.122
- (Einzelne Epochen) 10.122
- (Kunstverständnis)
  s.Kunstverständnis 10.124
- (Unterrichtsaspekt) 10.123
- im Unterricht
  s.Kunstgeschichte (Unterrichtsaspekt) 10.123
Kunstgewerbliche Fachschule
  s.Fachschule (Werkkunstschule) 1.76
Kunsthandwerk 10.123
Kunstharzpräparat
  s.Biologielehrmittel (Einzelformen)
  5.41
Kunsthochschule
  s.Kunsterzieher (Ausbildung) 2.58
Kunstkinderlied
  s.Kinderlied 10.95
Kunstkitsch
  s.Kunsterziehung (Geschmacksbildung) 10.114
Kunstkonsum
  s.Kunst (Kunstsoziologie) 10.105
Kunstkräfte des Kindes
  s.Kunsterziehung (Schöpferische Begabung) 10.119
Kunstleben
  s.Kunst (Kunstsoziologie) 10.105
Kunstlehrmittel 5.96
- (Lehrprogramm)
  s.Programmiertes Lernen (Kunsterziehung) 5.173
- (Museumbesuch) 5.96
Kunstmärchen im Unterricht
  s.Märchen im Unterricht 7.173

Kunstmappe
  s.Kunstlehrmittel 5.96
Kunstmuseum
  s.Kunsterziehung (Methodische Einzelfragen) 10.117
Kunstpädagogik
  s.Kunsterziehung (Bildungswert)
  10.111
Kunstpädagogischer Kongreß
  s.Kunsterziehung (Kongresse) 10.116
Kunstschöpferische Begabung
  s.Kunsterziehung (Schöpferische Begabung) 10.119
Kunstschriftpflege 10.123
- (Gymnasium) 10.123
- (Volksschule) 10.124
Kunstseide
  s.Organische Chemie (Textilfaser)
  9.225
Kunstsoziologie
  s.Kunst (Kunstsoziologie) 10.105
  s.Musische Lebensform 3.180
Kunststoffe
  s.Organische Chemie (Kunststoffe)
  9.224
Kunstturnen
  s.Turnunterricht 10.246
Kunstunterricht
  s.Kunsterziehung 10.100
Kunstverständnis 10.124
Kunstwissenschaft
  s.Kunst 10.104
Kunstwortbildung
  s.Esperanto 7.93
  s.Fachsprachen 7.94
Kunstzensur
  s.Kunsterziehung (Leistungsbewertung) 10.116
Kupfer
  s.Anorganische Chemie (Metalle) 9.40
Kursbuch im Rechenunterricht
  s.Rechenlehrmittel (Kursbuch) 5.192
Kursklasse
  s.Differenzierung (Volksschuloberstufe) 6.58
Kursorische Lektüre
  s.Fremdsprachenunterricht (Lektüre) 7.107
Kursorischer Geschichtsunterricht
  s.Geschichtsunterricht (Methodische Einzelfragen) 8.78
Kursunterricht
  s.Kern- und Kursunterricht 6.106
  s.Mathematikunterricht (Methodische Einzelfragen) 9.170

Kurvenbegriff
  s.Geometrie (Differentialgeometrie) 9.124
Kurvenkarte
  s.Kartenverständnis (Höhenlinien) 8.107
Kurvenschar, Cassinische
  s.Analytische Geometrie (Einzelfragen) 9.37
Kurzfilm im Physikunterricht
  s.Physiklehrmittel (Film) 5.149
Kurzfilmstreifen
  s.Unterrichtsfilm (Schleifenfilm) 5.255
Kurzgeschichte 7.141
- (Jugendlektüre) 7.142
- im Englischunterricht
  s.Englische Lektüre (Amerikanische Literatur) 7.69
- im Religionsunterricht
  s.Bibelunterricht (Exegese) 10.33
Kurzgeschichte im Unterricht 7.142
- (Volksschule) 7.142
Kurzgutachten
  s.Schülerbeurteilung (Sonderschüler) 4.170
Kurzgymnastik
  s.Gymnastik (Einzelfragen) 10.71
  s.Gymnastik (Organisationsfragen) 10.73
Kurzlesebuch
  s.Ganzschrift im Unterricht (Gymnasium) 5.77
Kurzschlußversuche
  s.Elektrizitätslehre (Sicherung) 9.108
Kurzschrift
  s.Kurzschriftunterricht 10.124
- und Maschinenschreiben
  s.Maschinenschreiben (Methodische Einzelfragen) 10.169
- und Sprechspur
  s.Sprechspur (Schriftfrage) 7.239
Kurzschriftleistung
  s.Kurzschriftunterricht (Leistungssteigerung) 10.125
Kurzschriftunterricht 10.124
- (Bildungswert) 10.125
- (Einzelfragen) 10.125
- (Geschichte) 10.125
- (Leistungssteigerung) 10.125
- (Methodische Einzelfragen) 10.126
- (Programmiertes Lernen)
  s.Programmiertes Lernen (Einzelne Unterrichtsfächer) 5.167

- (Rechtschreibreform)
  s.Rechtschreibreform (Einzelfragen) 7.187
- (Schreibgerät)
  s.Kurzschriftunterricht (Technische Hilfsmittel) 10.126
- (Sprechspur)
  s.Sprechspur (Schriftfrage) 7.239
- (Technische Hilfsmittel) 10.126
Kurzschule 1.129
Kurzschuljahre [1966/67] 1.129
- (Englischunterricht)
  s.Englischunterricht (Methodische Einzelfragen) 7.82
- (Gemeinschaftskunde)
  s.Gemeinschaftskunde (Methodische Einzelfragen) 8.52
Kurzschwingen
  s.Skiunterricht (Stilformen) 10.241
Kurzspiel
  s.Laienspiel 6.109
Kurzstreckenlauf
  s.Leichtathletik (Laufschulung) 10.159
Kurzstunde
  s.Stundenplan 6.191
Kurzvortrag
  s.Diskussion im Unterricht 6.58
Kurzzeitmessung
  s.Mechanik (Meßtechnik) 9.184
Kusnezbecken
  s.Länderkunde (UdSSR:Landschaften) 8.145
Kutane Sprachvermittlung
  s.Taubstummenunterricht (Gebärdensprache) 6.197
Kybernetik 5.97
- (Dokumentation) 5.97
- (Einzelfragen) 5.98
- (Informationsästhetik) 5.98
- (Informationspsychologie) 5.99
- (Informationssemantik) 5.99
- (Informationstheorie) 5.100
- (Mathematik)
  s.Kybernetik (Einzelfragen) 5.98
- (Pädagogik)
  s.Kybernetische Pädagogik 5.112
- (Philosophischer Aspekt) 5.100
- (Soziologischer Aspekt) 5.101
- (Symbolische Logik) 5.101
- (Unterrichtstheorie)
  s.Programmiertes Lernen 5.156
- (Wirtschaftsplanung)
  s.Kybernetik (Soziologischer Aspekt) 5.101

Kybernetische Biologie
  s.Biologie (Physikalischer Aspekt)
  9.61
Kybernetische Grundbegriffe
  s.Kybernetik 5.97
Kybernetische Lerntheorie 5.102
- (Biokybernetik) 5.103
- (Einzelfragen) 5.103
- (Informationsübermittlung) 5.104
- (Informationsverarbeitung) 5.105
- (Neuronenmodelle) 5.105
- (Pupillenreflex) 5.105
- (Tierverhalten) 5.106
Kybernetische Maschinen 5.106
- (Algorithmen) 5.107
- (Automatische Programmierung) .. 5.107
- (Automatische Sprachübersetzung) 5.107
- (Automatische Zeichenerkennung) 5.109
- (Lernender Automat) 5.109
- (Lernmatrix) 5.110
- (Logische Schaltungen) 5.110
- (Programmierung) 5.111
- (Rechenautomat) 5.112
Kybernetische Pädagogik 5.112
- (Didaktischer Aspekt) 5.113
Kybernetischer Fremdsprachenunterricht
  s.Programmiertes Lernen (Fremd-
  sprachen) 5.170
Kybernetischer Sprachtransformator
  s.Kybernetische Maschinen (Auto-
  matische Sprachübersetzung) 5.107
Kybernetisches Motivationsmodell
  s.Programmiertes Lernen (Motivation)
  5.178
Kybernetisches Verhaltensmodell
  s.Kybernetische Lerntheorie 5.102

L

L-Besoldung
  s.Lehrerbesoldung (L-Besoldung) 2.71
La Paz
  s.Länderkunde (Bolivien) 8.119
La Plata-Länder
  s.Länderkunde (La Plata-Länder)
  8.131
La-Venta-Kultur
  s.Vorgeschichte 8.211
Laborgerät
  s.Chemisches Experimentiergerät 5.48
Laborpraktikum
  s.Physikunterricht (Berufsschule)
  9.246

Laborübungen zur Grammatik
  s.Sprachlabor (Grammatik) 5.243
Labrador
  s.Länderkunde (Kanada) 8.130
  s.Wirtschaftsgeographie (Kanada)
  8.224
Labyrinthmodell
  s.Kybernetische Maschinen 5.106
Lachen des Kindes
  s.Kindlicher Humor 4.97
Lachmöwen
  s.Vogelkunde (Wasservögel) 9.297
Lachs
  s.Tierkunde (Fische) 9.280
Ladakh
  s.Länderkunde (Himalaja) 8.127
Laddic
  s.Kybernetik (Symbolische Logik)
  5.101
Ladungsverteilung
  s.Elektrostatik (Einzelfragen) 9.113
Länderkunde 8.112
- (Ägypten) 8.113
- (Äquatorialafrika) 8.113
- (Äthiopien) 8.114
- (Afghanistan) 8.114
- (Afrika) 8.114
- (Afrika:Bevölkerung) 8.114
- (Afrika:Film) 8.114
- (Afrika:Kunst) 8.115
- (Afrika:Unterrichtsentwurf) ... 8.115
- (Alaska) 8.115
- (Algerien) 8.115
- (Alpen) 8.115
- (Angola) 8.116
- (Antarktis) 8.116
- (Argentinien) 8.116
- (Arktis) 8.116
- (Arktis:Eskimos) 8.117
- (Asien) 8.117
- (Australien) 8.117
- (Australien:Einzelfragen) 8.117
- (Australien:Unterrichtsentwurf) 8.117
- (Baden-Württemberg) 8.118
- (Balkan) 8.118
- (Bayern) 8.118
- (Belgien) 8.118
- (Berlin) 8.119
- (Bodensee) 8.119
- (Bolivien) 8.119
- (Brasilien) 8.119
- (Bulgarien) 8.119
- (Ceylon) 8.119
- (Chile) 8.120
- (China) 8.120

[Forts.: Länderkunde]
- (China:Volksrepublik) 8.120
- (Dänemark) 8.121
- (Deutsche Flußlandschaften) 8.121
- (Deutsche Nordseeküste) 8.121
- (Deutsche Ostseeküste) 8.122
- (Deutschland) 8.122
- (Deutschland:DDR) 8.122
- (Deutschland:Landschaften) 8.122
- (Donau) 8.123
- (Ecuador) 8.123
- (Eifel) 8.123
- (Europa) 8.124
- (Europa:Einzelfragen) 8.124
- (Finnland) 8.124
- (Formosa) 8.124
- (Frankreich) 8.125
- (Frankreich:Landschaften) 8.125
- (Ghana) 8.125
- (Griechenland) 8.125
- (Großbritannien) 8.126
- (Guatemala) 8.126
- (Halligen) 8.126
- (Hamburg) 8.126
- (Harz) 8.126
- (Helgoland) 8.126
- (Hessen) 8.126
- (Himalaja) 8.127
- (Hinterindien) 8.127
- (Honduras) 8.127
- (Indien) 8.127
- (Indien:Film) 8.127
- (Indien:Landschaften) 8.128
- (Indien:Unterrichtsentwurf) 8.128
- (Indonesien) 8.128
- (Irak) 8.128
- (Iran) 8.128
- (Irland) 8.128
- (Island) 8.129
- (Israel) 8.129
- (Italien) 8.129
- (Italien:Landschaften) 8.129
- (Japan) 8.130
- (Japan:Unterrichtsentwurf) 8.130
- (Jugoslawien) 8.130
- (Kanada) 8.130
- (Kanarische Inseln) 8.131
- (Kolumbien) 8.131
- (Korea) 8.131
- (La Plata-Länder) 8.131
- (Lappland) 8.131
- (Lüneburger Heide) 8.131
- (Malaysien) 8.131
- (Mandschurei) 8.132
- (Marokko) 8.132
- (Mecklenburg) 8.132
- (Mexiko) 8.132
- (Mittelamerika) 8.132
- (Mittelmeer) 8.133
- (Mittelrhein) 8.133
- (Mongolei) 8.133
- (Naher Osten) 8.133
- (Nepal) 8.133
- (Neuseeland) 8.134
- (Nicaragua) 8.134
- (Niederlande) 8.134
- (Niederlande:Landgewinnung) 8.134
- (Niedersachsen) 8.134
- (Nigeria) 8.135
- (Nordafrika) 8.135
- (Nordeuropa) 8.135
- (Nordrhein-Westfalen) 8.135
- (Nordsee) 8.136
- (Nordseeinseln) 8.136
- (Norwegen) 8.136
- (Österreich) 8.136
- (Ostafrika) 8.137
- (Ostdeutschland) 8.137
- (Pakistan) 8.137
- (Panamakanal) 8.137
- (Paraguay) 8.137
- (Pazifischer Ozean) 8.137
- (Peru) 8.138
- (Polen) 8.138
- (Portugal) 8.138
- (Pyrenäenhalbinsel) 8.138
- (Ruhrgebiet) 8.138
- (Ruhrgebiet:Wasserversorgung) .. 8.139
- (Rumänien) 8.139
- (Saarland) 8.139
- (Sahara) 8.139
- (Schleswig-Holstein) 8.139
- (Schwarzwald) 8.140
- (Schweden) 8.140
- (Schweiz) 8.140
- (Schweiz:Einzelne Kantone) 8.140
- (Schweiz:Jura) 8.141
- (Schweiz:Kanton Aargau) 8.141
- (Schweiz:Kanton Baselland) 8.141
- (Schweiz:Kanton Bern) 8.141
- (Schweiz:Kanton Freiburg) 8.141
- (Schweiz:Kanton Luzern) 8.141
- (Schweiz:Kanton Schwyz) 8.141
- (Schweiz:Kanton Zürich) 8.141
- (Schweiz:Landschaften) 8.142
- (Schweiz:Paßstraßen) 8.142
- (Schweiz:Unterrichtsentwurf) ... 8.142
- (Spanien) 8.142
- (Spanien:Landschaften) 8.142
- (Spitzbergen) 8.143

- (Sudan) 8.143
- (Südafrika) 8.143
- (Südamerika) 8.143
- (Südostasien) 8.144
- (Südwestafrika) 8.144
- (Thailand) 8.144
- (Thüringer Becken) 8.144
- (Tibet) 8.144
- (Tschechoslowakei) 8.144
- (Türkei) 8.144
- (Tunesien) 8.145
- (UdSSR) 8.145
- (UdSSR:Landschaften) 8.145
- (UdSSR:Sibirien) 8.145
- (UdSSR:Unterrichtsentwurf) 8.145
- (Ungarn) 8.146
- (USA) 8.146
- (USA:Bevölkerung) 8.146
- (USA:Landschaften) 8.146
- (USA:Nationalparke) 8.147
- (USA:Unterrichtsentwurf) 8.147
- (Venezuela) 8.147
- (Vietnam) 8.147
- (Wattenmeer) 8.147
- (Westafrika) 8.147
Ländernamen
  s.Allgemeine Erdkunde 8.19
Ländlich-Hauswirtschaftliche Beraterin
  s.Berufliche Ausbildung (Landwirtschaftliche Frauenberufe) 10.23
Ländlich-Hauswirtschaftliche Fachschule
  s.Fachschule (Einzelne Berufe) 1.74
Ländliche Begabtenauslese
  s.Begabtenauslese 1.24
Ländliche Berufsschule 1.130
- (Staatsbürgerliche Erziehung)
  s.Staatsbürgerliche Erziehung (Ländliche Berufsschule) 8.207
Ländliche Bildungsarbeit
  s.Landpädagogik 1.132
Ländliche Erwachsenenbildung
  s.Erwachsenenbildung (Ländliche Erwachsenenbildung) 1.67
Ländliche Hauptschule
  s.Hauptschule 1.101
Ländliche Jugendnot
  s.Landschule (Bildungsgefälle) 1.134
Ländliche Kulturpflege
  s.Landpädagogik 1.132
Ländliche Mädchenbildung
  s.Mädchenbildung (Landschule) 3.173
Ländliche Mittelpunktschule
  s.Mittelpunktschule 1.144
Ländliche Mittelschule
  s.Ländliche Realschule 1.130

Ländliche Realschule 1.130
Ländliche Sonderschule 1.130
Ländliche Sozialstruktur
  s.Landschule (Sozialstruktur des Dorfes) 1.136
Ländliche Volksbildung
  s.Erwachsenenbildung (Ländliche Erwachsenenbildung) 1.67
Ländliche Volksschularbeit
  s.Landschulunterricht 6.111
Ländliche Zentralschule
  s.Zentralschule 1.272
Ländlicher Aufbauzug
  s.Aufbauklasse (Landschule) 1.21
Ländlicher Schulgarten
  s.Schulgarten (Landschule) 5.232
Ländliches Bildungswesen
  s.Landschule 1.132
Ländliches Brauchtum
  s.Heimatkundeunterricht (Brauchtum) 8.97
Ländliches Schülerheim
  s.Schullandheim 1.203
Ländliches Schulwesen
  s.Landschule 1.132
Längssprünge am Kasten
  s.Geräteturnen (Sprungkasten) 10.68
Lärm und Lernen
  s.Konzentrationsfähigkeit 4.100
Lärm und Schule
  s.Schuldisziplin (Schwierigkeiten) 3.216
Lärmbekämpfung
  s.Politik (Kommunalpolitik) 8.164
Laienkatechet
  s.Religionslehrer (Katholischer Religionslehrer) 2.133
Laienmusik
  s.Hausmusik 10.76
Laienphysik
  s.Physik 9.239
Laienspiel 6.109
- (Chorisches Spiel) 6.110
- (Deutschunterricht)
  s.Deutschunterricht (Schulspiel) 7.57
- (Gymnasium)
  s.Laienspiel im Unterricht 6.110
- (Jugendkabarett) 6.110
- (Politische Bildung)
  s.Politische Bildung (Schulspiel) 8.188
- (Spielauswahl) 6.110
- im Unterricht 6.110

Lamaland
　s.Länderkunde (Tibet)　8.144
Landbauschule
　s.Fachschule (Landwirtschaftsschule)
　1.75
Landerziehungsheim 1.131
Landesanstalt für Erziehung und Unterricht [Stuttgart]
　s.Schulwesen BRD (Bundesländer)
　1.232
Landesberufsschule
　s.Ländliche Berufsschule　1.130
Landesbildstelle
　s.Bildstelle　5.36
Landeselternvereinigung
　s.Elternvertretung　1.63
Landflucht
　s.Landlehrer　2.58
　s.Landschule (Landflucht)　1.135
Landfrauenschule
　s.Berufsschullehrerin　2.28
　s.Ländliche Berufsschule　1.130
　s.Frauenfachschule　1.80
Landhauptschule
　s.Landschulreform (Österreich)
　1.139
Landheimaufenthalt
　s.Schullandheimaufenthalt　6.164
- (Lehrerbildung)
　s.Lehrerbildung (Schullandheim)　2.96
Landheimbewegung
　s.Schullandheim　1.203
Landjugend
　s.Entwicklungspsychologie (Jugendalter)　4.41
　s.Freizeitverhalten (Landjugend)
　3.124
- und Film
　s.Filmerziehung (Jugend und Film)
　3.115
Landjugendberatung
　s.Berufsberatung　3.28
Landjugendpflege
　s.Landschule (Kulturpflege)　1.135
Landkarte
　s.Bildkarte　5.36
　s.Erdkundeatlas (Karte)　5.59
　s.Kartenverständnis　8.106
　s.Religionslehrmittel (Bibelkunde)
　5.198
Landkind
　s.Heimatkundeunterricht (Psychologischer Aspekt)　8.101
　s.Kinderpsychologie (Landkind)　4.96
Landkindergarten

　s.Kindergarten (Landkindergarten)
　1.125
Landkinderheim
　s.Heimerziehung　3.139
Landkulturproblem
　s.Landschule (Kulturpflege)　1.135
Landlehrer 2.58
- (Lehrerfortbildung)
　s.Lehrerfortbildung (Landlehrer)
　2.108
Landlehrerin 2.59
Landoltscher Zeitversuch
　s.Chemische Bindung (Einzelfragen)
　9.96
Landpädagogik 1.132
Landschaft und Mensch
　s.Erdkundeunterricht (Anthropologischer Aspekt)　8.32
Landschaften Deutschlands
　s.Länderkunde (Deutschland:Landschaften)　8.122
Landschaftsdarstellung
　s.Zeichnen (Naturzeichnen)　10.283
Landschaftsbiologische Funktionsreihen
　s.Biologielehrmittel　5.39
Landschaftsgeographie 8.148
Landschaftsökologie
　s.Allgemeine Erdkunde　8.19
Landschaftspflege 9.151
- im Unterricht 9.152
Landschaftsschilderung
　s.Aufsatz (Einzelformen)　7.26
Landschaftsskizze
　s.Erdkundelehrmittel (Sachzeichnen)
　5.68
Landschaftszerstörung
　s.Allgemeine Erdkunde (Erosion)　8.20
Landschüler
　s.Volksschüler　4.235
Landschulbau
　s.Schulbau (Landschule)　1.171
Landschulbewegung
　s.Landschulreform　1.137
Landschule 1.132
- (Aufbauklasse)
　s.Aufbauklasse (Landschule)　1.21
- (Bildungsgefälle) 1.134
- (Bundesländer) 1.134
- (DDR) 1.134
- (Dorf und Schule) 1.135
- (Kulturpflege) 1.135
- (Landflucht) 1.135
- (Lehrerbildung)
　s.Lehrerbildung (Landschule)　2.86
- (Österreich) 1.135

- (Realschule)
  s.Realschule und Volksschule 1.163
- (Reform)
  s.Landschulreform 1.137
- (Schulbau)
  s.Schulbau (Landschule) 1.171
- (Schuljahr IX)
  s.Schuljahr IX (Landschule) 1.197
- (Schweiz)
  s.Schulwesen Schweiz 1.237
- (Sozialstruktur des Dorfes) 1.136
- (Strukturwandel) 1.136
- und Realschule
  s.Realschule und Volksschule 1.163
Landschuleigene Bildungsarbeit
  s.Landschulunterricht 6.111
Landschulheim
  s.Schullandheim 1.203
Landschulheimsiedlung
  s.Landerziehungsheim 1.131
Landschullehrer
  s.Landlehrer 2.58
Landschuloberstufe
  s.Landschule 1.132
Landschulpädagogik
  s.Landpädagogik 1.132
  s.Landschulunterricht 6.111
Landschulpädagogischer Kongreß
  s.Landschulreform 1.137
Landschulpraktikum 2.59
Landschulrat
  s.Schulrat (Landschule) 2.135
Landschulreform 1.137
- (Bundesländer) 1.139
- (Österreich) 1.139
Landschulunterricht 6.111
- (Abteilungsunterricht)
  s.Abteilungsunterricht 6.19
- (Arbeitsmittel)
  s.Arbeitsmittel im Unterricht
  (Landschule) 5.31
- (Arbeitsschulunterricht)
  s.Arbeitsschulunterricht (Landschule) 6.40
- (Aufsatzerziehung)
  s.Aufsatzunterricht (Landschule)
  7.33
- (Chemie)
  s.Chemieunterricht (Landschule) 9.89
- (Differenzierung)
  s.Differenzierung (Landschule) 6.57
- (Einklassenschule) 6.112
- (Englisch)
  s.Englischunterricht (Landschule)
  7.81

- (Entwicklungspsychologie)
  s.Entwicklungspsychologie (Pädagogischer Aspekt) 4.45
- (Erdkunde)
  s.Erdkundeunterricht (Landschule)
  8.39
- (Fibel)
  s.Fibel im Unterricht 5.71
- (Ganzheitsmethode)
  s.Ganzheitliches Lesenlernen
  (Landschule) 7.117
- (Gesamtunterricht)
  s.Gesamtunterricht (Landschule) 6.76
- (Geschichtsunterricht)
  s.Geschichtsunterricht (Landschule) 8.77
- (Grammatik)
  s.Grammatikunterricht (Landschule)
  7.129
- (Gruppenunterricht)
  s.Gruppenunterricht (Landschule)
  6.87
- (Handarbeit)
  s.Handarbeitsunterricht (Landschule) 10.75
- (Hausaufgabe)
  s.Hausaufgabe 6.96
- (Heimatkunde)
  s.Heimatkundeunterricht (Landschule) 8.99
- (Helfer)
  s.Helfersystem 6.100
- (Höhenkonzentration) 6.112
- (Jenaplan)
  s.Jenaplan (Landschule) 6.104
- (Jugendbuch)
  s.Jugendbuch im Unterricht 5.94
- (Kern und Kurs)
  s.Kern- und Kursunterricht (Landschule) 6.107
- (Koedukation)
  s.Koedukation (Schulerfahrungen)
  3.159
- (Lehrplan)
  s.Lehrplan (Landschule) 6.119
- (Lehrprogramm)
  s.Programmiertes Lernen (Landschule) 5.173
- (Lesebuch)
  s.Lesebuch (Landschule) 5.129
- (Lesen)
  s.Leseunterricht (Landschule) 7.156
- (Mundart)
  s.Mundart im Unterricht (Landschule) 7.176

[Forts.: Landschulunterricht]
- (Musik)
  s.Musikunterricht (Landschule) 10.186
- (Naturlehre)
  s.Naturlehre (Landschule) 9.203
- (Oberstufe) 6.112
- (Politische Bildung)
  s.Politische Bildung (Landschule) 8.193
- (Rechtschreibung)
  s.Rechtschreibunterricht (Landschule) 7.191
- (Religionspädagogik)
  s.Religionsunterricht (Landschule) 10.214
- (Sachrechnen)
  s.Sachrechnen (Landschule) 9.274
- (Schülerbücherei)
  s.Schülerbücherei (Landschule) 5.207
- (Schulaufnahme)
  s.Schulaufnahme (Landschule) 6.155
- (Schulfernsehen)
  s.Schulfernsehen (Landschule) 5.217
- (Schulfunk)
  s.Schulfunk (Landschule) 5.232
- (Schulgarten)
  s.Schulgarten (Landschule) 5.232
- (Schullandheim)
  s.Schullandheimaufenthalt (Landschule) 6.165
- (Schulwandern)
  s.Schulwandern 6.178
- (Sozialkunde)
  s.Sozialkunde (Landschule) 8.199
- (Sprachunterricht)
  s.Sprachunterricht (Landschule) 7.226
- (Stillarbeit)
  s.Stillarbeit (Landschule) 6.189
- (Stundenplan)
  s.Stundenplan (Landschule) 6.192
- (Tonband)
  s.Tonband im Unterricht (Einzelfragen) 5.250
- (Turnen)
  s.Turnunterricht (Landschule) 10.246
- (Überforderung)
  s.Überforderung des Schülers (Pädagogischer Aspekt) 4.231
- (Verkehrserziehung)
  s.Verkehrsunterricht (Landschule) 10.252
- (Weihnachtsspiel)
  s.Weihnachtsspiel (Landschule) 6.229

- (Werken)
  s.Werkunterricht (Landschule) 10.272
- (Wetterkunde)
  s.Wetterkunde (Landschule) 8.213
Landschulwochen
  s.Schullandheimaufenthalt 6.164
Landtagswahl
  s.Politik (Wahlrecht) 8.169
Landtechnikunterricht
  s.Polytechnischer Unterricht (Landwirtschaft) 6.142
Landwirtschaft
  s.Wirtschaftsgeographie (Landwirtschaft) 8.224
  s.Wirtschaftskunde (Landwirtschaft) 8.235
Landwirtschaftliche Berufe
  s.Berufsmöglichkeiten 3.50
Landwirtschaftl.Berufsschule 1.140
- (Bundesländer) 1.141
- (DDR) 1.141
- (Mädchen) 1.141
- (Österreich) 1.142
- (Schweiz) 1.142
Landwirtschaftliche Fachschule
  s.Berufsschullehrerbildung (Landwirtschaftliche Berufsschule) 2.28
Landwirtschaftliche Mittelschule
  s.Fachschule (Landwirtschaftsschule) 1.75
Landwirtschaftlicher Fachschulunterricht
  s.Berufsfachkunde (Landwirtschaft) 10.26
Landwirtschaftlicher Unterricht .. 6.113
- (Lehrplan)
  s.Lehrplan (Landwirtschaftsschule) 6.120
Landwirtschaftliches Praktikum Chemie
  s.Chemieunterricht (Polytechnische Bildung) 9.91
Landwirtschaftliches Schulwesen
  s.Landwirtschaftliche Berufsschule 1.140
  s.Zweiter Bildungsweg (Berufsbildendes Schulwesen) 1.278
Landwirtschaftslehrer
  s.Berufsschullehrer 2.24
  s.Berufsschullehrerbildung (Landwirtschaftliche Berufsschule) 2.28
Landwirtschaftspädagogisches Studium
  s.Berufsschullehrerbildung (Landwirtschaftliche Berufsschule) 2.28
Landwirtschaftsschule

s.Fachschule (Landwirtschaftsschule) 1.75
s.Landwirtschaftliche Berufsschule
   1.140
Langbank
   s.Turngerät 5.251
Langfristige Witterungsvorhersage
   s.Wetterkunde (Wettervorhersage)
   8.214
Langlauf
   s.Skiunterricht (Langlauf) 10.240
Langstreckenlauf
   s.Leichtathletik (Laufschulung)
   10.159
Language Master
   s.Programmiertes Lernen (Sonderschule) 5.183
Lappland
   s.Länderkunde (Lappland) 8.131
Laser
   s.Optik (Laser) 9.219
Latein 7.142
- im Biologieunterricht
   s.Biologieunterricht (Gymnasium)
   9.68
- oder Englisch
   s.Fremdsprachenfolge (Latein) 7.101
- oder Englisch
   s.Fremdsprachenfolge (Latein) 7.101
- oder Griechisch
   s.Altsprachlicher Unterricht 7.19
Lateinamerika
   s.Länderkunde (Südamerika) 8.143
Lateinbuch
   s.Lateinlehrmittel 5.114
Lateinische Ausgangsschrift
   s.Schreibenlernen (Ausgangs-
   schrift) 7.207
Lateinische Grammatik 7.143
- (Denkschulung) 7.143
- (Einzelfragen) 7.143
Lateinische Kasuslehre
   s.Lateinische Grammatik (Einzel-
   fragen) 7.143
Lateinische Lektüre 7.144
- (Caesar) 7.144
- (Catull) 7.144
- (Cicero) 7.145
- (Einzelne Werke) 7.145
- (Horaz) 7.145
- (Livius) 7.146
- (Sallust) 7.146
- (Seneca) 7.146
- (Tacitus) 7.146
- (Vergil) 7.146

Lateinische Lyrik
   s.Lateinische Lektüre (Einzelne
   Werke) 7.145
Lateinische Schriftformen
   s.Schreibunterricht (Schriftfor-
   men) 10.231
Lateinischer Anfangsunterricht ... 7.146
Lateinischer Sprachunterricht
   s.Lateinische Grammatik 7.143
Lateinisches Lehrbuch
   s.Lateinunterricht (Methodische
   Einzelfragen) 7.148
Lateinisches Lesebuch
   s.Lateinlehrmittel 5.114
Lateinlehrer
   s.Altphilologe 2.20
Lateinlehrmittel 5.114
- (Lehrprogramm)
   s.Programmiertes Lernen (Latein)
   5.173
Lateinlektüre
   s.Lateinische Lektüre 7.144
Lateinunterricht 7.147
- (Arbeitsmittel)
   s.Lateinlehrmittel 5.114
- (Bildungswert) 7.147
- (Deutschunterricht)
   s.Lateinunterricht (Muttersprache)
   7.148
- (Exemplarisches Lehren)
   s.Lateinunterricht (Methodische
   Einzelfragen) 7.148
- (Formale Bildung)
   s.Lateinische Grammatik (Denkschu-
   lung) 7.143
- (Friedenserziehung)
   s.Lateinunterricht (Politische
   Bildung) 7.149
- (Ganzheitsmethode)
   s.Lateinunterricht (Methodische
   Einzelfragen) 7.148
- (Grundschule [Berlin])
   s.Lateinischer Anfangsunterricht
   7.146
- (Humanismus)
   s.Lateinunterricht (Bildungswert)
   7.147
- (Interpretation)
   s.Lateinische Lektüre 7.144
- (Klassenarbeit)
   s.Lateinunterricht (Leistungskontrolle) 7.148
- (Leistungskontrolle) 7.148
- (Lektüre)
   s.Lateinische Lektüre 7.144

[Forts.: Lateinunterricht]
- (Methodische Einzelfragen) 7.148
- (Muttersprache) 7.148
- (Neusprachliches Gymnasium)
  s.Lateinunterricht (Organisations-
  fragen) 7.148
- (Organisationsfragen) 7.148
- (Philosophie) 7.149
- (Politische Bildung) 7.149
- (Realschulabsolvent)
  s.Lateinischer Anfangsunterricht
  7.146
- (Schülerauslese)
  s.Lateinunterricht (Organisations-
  fragen) 7.148
- (Sexta)
  s.Lateinischer Anfangsunterricht
  7.146
- (Sprachbildung)
  s.Lateinunterricht (Methodische
  Einzelfragen) 7.148
- (Sprachlabor)
  s.Programmiertes Lernen
  (Latein) 5.173
- (Übersetzen) 7.149
- (Verständnisschwierigkeit)
  s.Lateinunterricht (Methodische
  Einzelfragen) 7.148
- (Zweiter Bildungsweg)
  s.Lateinunterricht (Methodische
  Einzelfragen) 7.148
Latente Epilepsie
  s.Epileptisches Kind 4.48
Laterale Hemmung
  s.Kybernetische Lerntheorie
  (Einzelfragen) 5.98
Lateralität
  s.Linkshändigkeit 4.121
Lateralitätstest
  s.Sprachheilpädagogik 4.200
Laubbäume
  s.Pflanzenkunde (Laubbäume) 9.230
Laubfall im Herbst
  s.Pflanzenkunde (Laubfall) 9.231
Laufkippe
  s.Geräteturnen (Reck) 10.67
Laufschulung
  s.Leichtathletik (Laufschulung)
  10.159
Lautes Schulkind
  s.Schulverhalten 4.183
Lautieruhr
  s.Taubstummenunterricht (Hörhilfen) 6.198
Lautprüfungsverfahren
  s.Sprachstörung (Früherfassung)
  4.208
Lautsprachanbildung
  s.Taubstummenunterricht (Sprachanbildung) 6.199
Lautschrift
  s.Englischunterricht (Phonetik) 7.83
Lautschulung
  s.Phonetik 7.183
Lautsprache
  s.Taubstummenunterricht (Gebärdensprache) 6.197
Lautspracherwerb
  s.Taubstummenunterricht (Sprachanbildung) 6.199
Lautsprachmethode
  s.Taubstummenunterricht 6.195
Lawinen
  s.Länderkunde (Alpen) 8.115
  s.Länderkunde (Österreich) 8.136
Lazarus
  s.Bibelunterricht NT (Einzelne
  Wunder) 10.42
Leben
  s.Biologie (Organisches Leben) 9.60
Leben Jesu
  s.Bibelunterricht NT (Historischer
  Jesus) 10.44
Leben und Bau
  s.Menschenkunde 9.188
Lebende Materie
  s.Biologie (Organisches Leben) 9.60
Lebende Sprachen
  s.Fremdsprachen 7.101
  s.Sprache 7.212
Lebende Tiere
  s.Tierkunde (Tiere im Unterricht) 9.284
Lebensalter
  s.Entwicklungspsychologie 4.40
Lebensberatung
  s.Berufsberatung 3.28
Lebensführung
  s.Pädagogische Grundbegriffe 3.196
Lebensgefühl
  s.Gefühl 4.65
Lebensgemeinschaft 9.152
- (Acker) 9.152
- (Einzelformen) 9.153
- (Feld)
  s.Lebensgemeinschaft (Acker) 9.152
- (Hecke) 9.153
- (Moor) 9.153
- (Pflanzen)
  s.Pflanzenkunde (Lebensgemein-
  schaft) 9.231

- (Strand) 9.154
- (Teich) 9.154
- (Vögel)
  s.Vogelkunde 9.293
- (Wald) 9.154
- (Wiese) 9.155

Lebensgemeinschaftsfibel
  s.Fibel (Einzelbeispiele) 5.70
Lebensgestaltender Rechenunterricht
  s.Rechenunterricht (Erziehungswert) 9.266
Lebensgrundfunktionen
  s.Biologie (Lebensgrundfunktionen) 9.59
Lebenshilfe
  s.Erziehung (Lebenshilfe) 3.80
Lebenskatechismus
  s.Katholischer Katechismus 10.89
Lebenskunde
  s.Menschenkunde 9.188
  s.Politische Bildung (Volksschuloberstufe) 8.193
Lebenskundeunterricht
  s.Menschenkunde 9.188
Lebenslange Bildung
  s.Berufsfortbildung 3.50
  s.Bildung 3.56
Lebenslauf
  s.Aufsatz (Lebenslauf) 7.27
Lebensmittelchemie
  s.Nahrungsmittelchemie 9.196
Lebensmittelfrischhaltung
  s.Nahrungsmittelchemie (Frischhaltung) 9.197
Lebensnähe
  s.Erziehung (Lebensnähe) 3.81
- des Unterrichts
  s.Geometrieunterricht (Methodische Einzelfragen) 9.135
  s.Lebensnaher Unterricht 6.113
Lebensnahe Erdkunde
  s.Erdkundeunterricht (Lebensnähe) 8.39
Lebensnahe Gemeinschaftskunde
  s.Politische Bildung (Gemeinschaftskunde) 8.178
Lebensnahe Mathematik
  s.Mathematikunterricht (Methodische Einzelfragen) 9.170
Lebensnaher Naturkundeunterricht
  s.Biologieunterricht (Methodische Einzelfragen) 9.70
Lebensnaher Unterricht 6.113
Lebensnahes Rechnen
  s.Sachrechnen (Lebensnähe) 9.274

Lebensplan
  s.Charakterkunde 4.36
Lebenspraktische Mädchenbildung
  s.Lebenspraktischer Unterricht 6.113
Lebenspraktische Naturlehre
  s.Naturlehre (Lebensnähe) 9.203
Lebenspraktischer Unterricht 6.113
Lebensproblematik
  s.Sozialpsychologie (Umwelteinflüsse) 4.195
Lebensstandard
  s.Wirtschaftskunde (Konsumerziehung) 8.234
Lebensstufen
  s.Entwicklungspsychologie (Stufenfolge) 4.46
Lebensverhältnisse der Jugend
  s.Sozialpsychologie (Umwelteinflüsse) 4.195
Lebensversicherung
  s.Wirtschaftskunde (Versicherung) 8.237
Lebensvolle Erziehung
  s.Erziehung (Lebensnähe) 3.81
Lebensvorgänge
  s.Biologie (Lebensgrundfunktionen) 9.59
Lecherleitung
  s.Hochfrequenztechnik 9.143
Lechersystem
  s.Elektromagnetische Wellen 9.111
Leder
  s.Werken (Einzelne Werkstoffe) 10.262
Lederschildkröte
  s.Abstammungslehre (Tier) 9.23
Leeuwenhoeksche Linsen
  s.Mikroskop im Unterricht 5.137
Legasthenie 4.102
- (Ätiologie) 4.103
- (Diagnostik) 4.103
- (Ganzheitsmethode)
  s.Legasthenie (Leselehrmethode) 4.104
- (Lehrprogramm)
  s.Programmiertes Lernen (Legasthenie) 5.173
- (Leselehrmethode) 4.104
- (Selbstmordversuch)
  s.Legasthenie (Verhaltensstörung) 4.104
- (Sonderschüler) 4.104
- (Ursache)
  s.Legasthenie (Ätiologie) 4.103
- (Verhaltensstörung) 4.104
- (Wortblindheit) 4.104

Legastheniebehandlung 4.104
Legasthenikergruppe
  s.Legasthenikerklasse 4.105
Legasthenikerklasse 4.105
Legasthenikertherapie
  s.Legastheniebehandlung 4.104
Legende
  s.Epische Kurzformen 7.89
- im Unterricht
  s.Geschichtsunterricht (Quellen-
    behandlung) 8.81
Legespiel im Erdkundeunterricht
  s.Erdkundelehrmittel (Einzelformen)
    5.63
Legitime Demokratie
  s.Politik (Demokratie) 8.160
Lehnwort
  s.Fremdwort 7.114
Lehrabschlußprüfung
  s.Berufsbildendes Schulwesen
    (Prüfungen) 1.37
  s.Kaufmännischer Unterricht (Lehr-
    abschlußprüfung) 6.106
Lehralgorithmen
  s.Lehrgerät (Adaptives Lehrgerät)
    5.116
  s.Lehrprogramm (Algorithmen) 5.120
Lehramtsanwärter
  s.Junglehrer 2.51
Lehranalyse
  s.Psychoanalyse 4.137
Lehranfänger
  s.Junglehrer 2.51
Lehranfänger [Schüler]
  s.Schulanfang 6.153
Lehrauftrag [Schüler]
  s.Unterricht (Lernauftrag) 6.207
Lehrausflug
  s.Lehrwanderung 6.122
Lehrausgang
  s.Lehrwanderung 6.122
Lehrbericht
  s.Klassenbuch 1.126
Lehrberichtsheft
  s.Arbeitsheft 5.24
Lehrbetrieb
  s.Berufsschulunterricht (Betrieb-
    liche Ausbildung) 6.46
- und Berufsschule
  s.Berufsschule und Betrieb 1.43
Lehrbrief
  s.Fernunterricht 6.65
Lehrbuch
  s.Biologielehrbuch 5.39
  s.Chemielehrbuch 5.47

  s.Englischlehrbuch 5.56
  s.Erdkundelehrbuch 5.60
  s.Fremdsprachenlehrbuch 5.73
  s.Geschichtslehrbuch 5.79
  s.Mathematiklehrbuch 5.134
  s.Musiklehrbuch 5.140
  s.Physiklehrbuch 5.147
  s.Politiklehrmittel (Lehr-
    buch) 5.152
  s.Religionslehrmittel (Lehr-
    buch) 5.199
  s.Russischlehrbuch 5.201
  s.Schulbuch 5.210
Lehrdarstellung
  s.Lehrprobe 2.118
  s.Unterrichtsvorbereitung (Gestal-
    tungsfragen) 6.217
Lehrdiagramm im Geschichtsunterricht
  s.Geschichtslehrmittel (Einzel-
    formen) 5.84
Lehre und Bildung
  s.Bildungsauftrag 3.63
Lehreinheit
  s.Unterrichtseinheit 6.208
Lehren
  s.Didaktik 6.53
Lehrer 2.60
- (Abiturientenurteil)
  s.Lehrerberuf(Abiturientenurteil) 2.68
- (Abschiedsfeier)
  s.Schulfeier 6.157
- (Angestelltenverhältnis)
  s.Lehrerbesoldung 2.71
- (Ansehen)
  s.Lehrerstand (Soziologischer
    Aspekt) 2.115
- (Anstellungsprüfung)
  s.Erste Lehrerprüfung 2.31
- (Arbeitstechnik)
  s.Lehrerberuf (Arbeitstechnik) 2.69
- (Arbeitswelt)
  s.Lehrerbildung (Arbeitswelt) 2.77
- (Aufsichtspflicht)
  s.Aufsichtspflicht des Lehrers 2.20
- (Aufstiegsmöglichkeit)
  s.Lehrerberuf (Rechtsfragen) 2.70
- (Beamteneid)
  s.Lehrerberuf (Rechtsfragen) 2.70
- (Beförderungsmöglichkeit)
  s.Lehrerbesoldung 2.71
  s.Schulrat 2.134
- (Beihilferecht)
  s.Lehrerberuf (Rechtsfragen) 2.70
- (Berufsbild)
  s.Lehrerberuf 2.67

- (Berufsbildung)
  s.Lehrerfortbildung 2.105
- (Berufsbindung)
  s.Lehrerberuf 2.67
- (Berufskrankheiten)
  s.Lehrerberuf (Berufskrankheiten)
  2.69
- (Dienstliche Beurteilung)
  s.Lehrerberuf (Dienstliche Beurteilung) 2.70
- (Dienstreise)
  s.Lehrerberuf (Rechtsfragen) 2.70
- (Dienststrafrecht)
  s.Lehrerberuf (Rechtsfragen) 2.70
- (Dienstwohnung)
  s.Dienstwohnung des Lehrers 2.30
- (Disziplinarrecht)
  s.Lehrerberuf (Rechtsfragen) 2.70
- (Elternverhältnis)
  s.Lehrer und Eltern 2.66
- (Evangelischer Lehrer) 2.62
- (Erwachsenenbildung)
  s.Erwachsenenbildung und Jugendbildung) 1.71
- (Erziehungsverhalten)
  s.Lehrer (Pädagogische Verantwortung) 2.63
  s.Pädagogischer Führungsstil 6.135
- (Freizeit)
  s.Lehrerberuf (Arbeitszeit) 2.69
- (Generationsproblem) 2.62
- (Haftpflicht)
  s.Haftpflicht des Lehrers 2.47
- (Hausbesuch)
  s.Lehrer und Eltern 2.66
- (Jugendschule)
  s.Lehrerbildung (Hauptschule) 2.84
  s.Volksschullehrer 2.146
- (Katholischer Lehrer) 2.63
- (Krankenversicherungspflicht)
  s.Lehrerberuf (Rechtsfragen) 2.70
- (Künstlerische Darstellung) 2.63
- (Nebentätigkeit)
  s.Lehrerberuf (Rechtsfragen) 2.70
- (Pädagogische Verantwortung) 2.63
- (Personalakten)
  s.Lehrerberuf (Rechtsfragen) 2.70
- (Pflichtstundenzahl)
  s.Pflichtstundenzahl des Lehrers
  2.129
- (Politische Verantwortung) 2.64
- (Psychohygiene) 2.65
- (Schadenshaftung)
  s.Haftpflicht des Lehrers 2.47
- (Schülerurteil) 2.65
- (Schulbau)
  s.Schulbau (Pädagogischer Aspekt)
  1.172
- (Schulpolitik)
  s.Methodenfreiheit des Lehrers 6.124
- (Seelische Hygiene)
  s.Lehrer (Psychohygiene) 2.65
- (Sorgfaltspflicht)
  s.Aufsichtspflicht des Lehrers 2.20
- (Sozialstatus)
  s.Lehrerstand (Soziologischer
  Aspekt) 2.115
- (Sprechstunde)
  s.Lehrer und Eltern 2.66
- (Stimmphysiologie)
  s.Lehrerberuf (Berufskrankheiten)
  2.69
- (Streikrecht)
  s.Lehrerberuf (Rechtsfragen) 2.70
- (Überstunden)
  s.Lehrerberuf (Rechtsfragen) 2.70
- (Überlastung)
  s.Lehrerberuf (Überlastung) 2.71
- (Unfallverhütung)
  s.Aufsichtspflicht des Lehrers 2.20
- (Unterrichtsleistung)
  s.Lehrerberuf (Dienstliche Beurteilung) 2.70
- (Vermahnung)
  s.Lehrerberuf (Rechtsfragen) 2.70
- (Versetzungsordnung)
  s.Lehrerberuf (Rechtsfragen) 2.70
- (Versicherungsschutz)
  s.Lehrerberuf (Rechtsfragen) 2.70
- (Vorbild)
  s.Lehrer (Pädagogische Verantwortung) 2.63
- (Wahrhaftigkeit)
  s.Lehrer (Pädagogische Verantwortung) 2.63
- (Zweite Dienstprüfung)
  s.Zweite Lehrerprüfung 2.149
- und Eltern 2.66
- und Graphologie
  s.Graphologie (Pädagogischer
  Aspekt) 4.72
- und Öffentlichkeit
  s.Lehrerstand (Soziologischer
  Aspekt) 2.115
- und Schulrat
  s.Schulrat und Lehrer 2.135
Lehrer-Schüler-Verhältnis
  s.Schüler-Lehrer-Verhältnis 3.208
Lehreraustausch
  s.Austauschlehrer 2.23

Lehrerautorität
  s.Autorität des Lehrers 3.22
Lehrerbedarf 2.66
Lehrerberuf 2.67
- (Abiturientenurteil) 2.68
- (Arbeitstechnik) 2.69
- (Arbeitszeit) 2.69
- (Berufskrankheiten) 2.69
- (Dienstliche Beurteilung) 2.70
- (Rechtsfragen) 2.70
- (Überlastung) 2.71
Lehrerbesoldung 2.71
- (Bundesländer) 2.72
- (Gymnasiallehrer) 2.73
- (Hochschullehrer) 2.73
- (L-Besoldung) 2.74
- (Privatschullehrer) 2.74
- (Realschullehrer) 2.74
Lehrerbesuch
  s.Lehrer und Eltern 2.66
Lehrerbildner
  s.Pädagogische Hochschule (Dozent)
  2.125
Lehrerbildung 2.74
- (Arbeitswelt) 2.77
- (Audiovisuelle Bildungsmittel)
  s.Lehrerbildung (Unterrichtsmitschau) 2.100
- (Ausbildungsschule) 2.77
- (Berliner Kongreß 1964) 2.77
- (Berufspraktische Ausbildung)
  s.Lehrerbildung (Schulpraktische Ausbildung) 2.96
- (Biologie) 2.77
- (Bundesländer) 2.77
- (Chemie)
  s.Lehrerbildung (Physik und Chemie) 2.92
- (DDR) 2.79
- (Deutschunterricht) 2.80
- (Didaktik) 2.80
- (Einheitsausbildung)
  s.Lehrerbildung (Reform) 2.94
- (Englischunterricht)
  s.Englischlehrer 2.31
- (Erziehungswissenschaft) 2.81
- (Exemplarischer Unterricht) 2.82
- (Fachstudium)
  s.Fachlehrer 2.34
- (Fachwissenschaften)
  s.Lehrerbildung (Wahlfach) 2.100
- (Fächerschwerpunkt)
  s.Volksschullehrerbildung (Differenzierung) 2.148
- (Fernsehen)

  s.Lehrerbildung (Technische Bildungsmedien) 2.99
  s.Lehrerbildung (Unterrichtsmitschau) 2.100
- (Fernstudium) 2.82
- (Film, Bild, Ton)
  s.Lehrerbildung (Technische Bildungsmedien) 2.99
- (Filmkunde)
  s.Lehrerbildung (Filmpädagogik) 2.82
- (Filmpädagogik) 2.82
- (Funk und Fernsehen)
  s.Lehrerbildung (Technische Bildungsmedien) 2.99
- (Geographie) 2.82
- (Geschichte) 2.82
- (Geschichte der Pädagogik) 2.83
- (Geschichtsunterricht) 2.83
- (Gesundheitserziehung) 2.84
- (Hauptschule) 2.84
- (Hauptseminar)
  s.Lehrerbildung (Wahlfach) 2.100
- (Heilpädagogik)
  s.Sonderschullehrerbildung 2.136
- (Heimatkunde) 2.84
- (Hochschulinternes Fernsehen)
  s.Lehrerbildung (Unterrichtsmitschau) 2.100
- (Hospitation) 2.84
- (Industriepraktikum) 2.85
- (Jugendschrifttum)
  s.Lehrerbildung (Literaturpädagogik) 2.88
- (Kinderbeobachtung)
  s.Lehrerbildung (Psychologie) 2.93
- (Kritik) 2.85
- (Kulturpolitik)
  s.Lehrerbildung und Kulturpolitik 2.102
- (Kunsterziehung) 2.86
- (Landheimaufenthalt)
  s.Lehrerbildung (Schullandheim) 2.96
- (Landschule) 2.86
- (Lehrerin) 2.87
- (Leibeserziehung) 2.87
- (Literaturpädagogik) 2.88
- (Massenmedien) 2.88
- (Mathematik) 2.89
- (Menschenbildung) 2.89
- (Mündliche Prüfung)
  s.Erste Lehrerprüfung 2.31
- (Musikerziehung) 2.89
- (Musische Bildung) 2.90
- (Naturlehre)
  s.Lehrerbildung (Physik und Chemie) 2.92

- (Österreich) 2.91
- (Ostkunde)
  s.Lehrerbildung (Politische Bildung) 2.92
- (Pädagogik)
  s.Lehrerbildung (Erziehungswissenschaft) 2.81
- (Pädagogische Psychologie)
  s.Lehrerbildung (Psychologie) 2.93
- (Philosophie) 2.91
- (Physik und Chemie) 2.92
- (Politische Bildung) 2.92
- (Programmiertes Lernen)
  s.Programmiertes Lernen (Lehrerbildung) 5.174
- (Prüfungsarbeit)
  s.Erste Lehrerprüfung 2.31
  s.Zweite Lehrerprüfung (Tätigkeitsbericht) 2.150
- (Psychologie) 2.93
- (Reform) 2.94
- (Religionspädagogik) 2.96
- (Rundfunk)
  s.Lehrerbildung (Massenmedien) 2.88
- (Schreibunterricht)
  s.Lehrerbildung (Deutschunterricht) 2.80
- (Schullandheim) 2.96
- (Schulpraktische Ausbildung) 2.96
- (Schulverkehrserziehung)
  s.Lehrerbildung (Verkehrserziehung) 2.100
- (Schweiz) 2.98
- (Sexualpädagogik)
  s.Lehrerbildung (Psychologie) 2.93
- (Sozialpädagogik)
  s.Lehrerbildung (Sozialpraktikum) 2.98
- (Sozialpraktikum) 2.98
- (Soziologie) 2.99
- (Sporterziehung)
  s.Lehrerbildung (Leibeserziehung) 2.87
- (Studium generale)
  s.Lehrerbildung 2.74
- (Technische Bildungsmedien) 2.99
- (Universität)
  s.Lehrerbildung und Universität 2.102
- (Unterrichtsbesuch)
  s.Lehrerbildung (Hospitation) 2.84
- (Unterrichtsmitschau) 2.100
- (Unterrichtspraxis)
  s.Lehrerbildung (Schulpraktische Ausbildung) 2.96
- (Vergleichende Pädagogik)
  s.Lehrerbildung (Erziehungswissenschaft) 2.81
- (Verkehrserziehung) 2.100
- (Volksschulunterricht)
  s.Lehrerbildung (Didaktik) 2.80
- (Wahlfach) 2.100
- (Wirtschaft)
  s.Lehrerbildung (Arbeitswelt) 2.77
- (Wissenschaftliche Hausarbeit)
  s.Zweite Lehrerprüfung (Tätigkeitsbericht) 2.150
- (Wissenschaftscharakter) 2.101
- (Zulassungsarbeit)
  s.Zweite Lehrerprüfung (Tätigkeitsbericht) 2.150
- (Zweite Phase)
  s.Zweite Phase der Lehrerbildung 2.151
- und Kulturpolitik 2.102
- und Universität 2.102
Lehrerbildungsanstalt
  s.Pädagogische Akademie (Österreich) 2.122
  s.Pädagogische Hochschule 2.123
Lehrerbildungsgesetz 2.103
Lehrerbildungsinstitut
  s.Lehrerbildung (DDR) 2.79
Lehrerbildungsreform
  s.Lehrerbildung (Reform) 2.94
Lehrerbücherei 2.104
- (Einzelformen) 2.104
- (Pädagogische Dokumentation) ... 2.105
Lehrererzählung
  s.Erzählen im Unterricht 6.61
  s.Sprachunterricht (Methodische Einzelfragen) 7.226
- im Geschichtsunterricht
  s.Geschichtserzählung 8.60
Lehrerfamilie 2.105
Lehrerfernsehen
  s.Schulfernsehen (Methodische Einzelfragen) 5.218
Lehrerfolg
  s.Berufsbewährung 3.33
Lehrerfortbildung 2.105
- (Arbeitsgemeinschaft) 2.107
- (Bundesländer) 2.107
- (DDR) 2.107
- (Hessen)
  s.Hessisches Lehrerfortbildungswerk 2.49
  s.Lehrerfortbildung (Bundesländer) 2.107
- (Landlehrer) 2.108

[Forts.: Lehrerfortbildung]
- (Österreich) 2.108
- (Reform) 2.108
- (Schulfotografie)
  s.Schulfotografie (Lehrerfortbildung) 5.224
- (Schweiz) 2.108
Lehrerfortbildungswerk, Hessisches
  s.Hessisches Lehrerfortbildungswerk 2.49
Lehrerfrage 6.114
Lehrergemeinschaft
  s.Lehrerkollegium 2.110
Lehrergruppe
  s.Teamteaching 6.201
Lehrergutachten
  s.Übergang (Eignungsgutachten) 1.258
Lehrerhochschule
  s.Pädagogische Hochschule 2.123
Lehrerin 2.109
- (Katholische Lehrerin) 2.109
- (Lehrerbildung)
  s.Lehrerbildung (Lehrerin) 2.87
- (Schülerurteil) 2.110
- (Verheiratete Lehrerin) 2.110
Lehrerindividualität
  s.Methodenfreiheit des Lehrers 6.124
Lehrerinnenberuf
  s.Lehrerin 2.109
Lehrerinnenideal
  s.Lehrerin (Schülerurteil) 2.110
Lehrerkollegium 2.110
Lehrerkollektiv
  s.Teamteaching 6.201
Lehrerkonferenz
  s.Konferenzordnung 1.127
Lehrerkongreß Berlin 1964
  s.Lehrerbildung (Berliner Kongreß 1964) 2.77
Lehrerkorrektur
  s.Korrekturarbeit des Lehrers 6.108
Lehrermangel 2.111
- (Aufbaugymnasium)
  s.Lehrermangel (Gymnasium) 2.113
- (Berufsschule) 2.111
- (Bundesländer) 2.112
- (Diplom-Handelslehrer)
  s.Lehrermangel (Berufsschule) 2.111
- (Gymnasium) 2.113
- (Kaufmännische Berufsschule)
  s.Lehrermangel (Berufsschule) 2.111
- (Lernmaschine)
  s.Programmiertes Lernen (Bildungspolitik) 5.162

- (Realschule)
  s.Lehrermangel 2.111
- (Sonderschule)
  s.Lehrermangel 2.111
- (Volksschule) 2.113
Lehrernachwuchs 2.113
Lehrerorganisation
  s.Lehrerverbände 2.116
Lehrerpensionär
  s.Lehrerbesoldung 2.71
Lehrerpersönlichkeit
  s.Lehrer 2.60
  s.Politische Bildung (Lehrerpersönlichkeit) 8.183
Lehrerprüfung
  s.Erste Lehrerprüfung 2.31
  s.Zweite Lehrerprüfung 2.149
Lehrerrecht
  s.Schulrecht 1.211
Lehrerseminar 2.114
- (Österreich)
  s.Pädagogische Akademie (Österreich) 2.122
Lehrersprache
  s.Unterricht (Lehrersprache) 6.207
Lehrersprechstunde
  s.Lehrer und Eltern 2.66
Lehrerstand 2.114
- (Geschichte) 2.114
- (Soziologischer Aspekt) 2.115
Lehrerstimme
  s.Lehrerberuf (Berufskrankheiten) 2.69
Lehrerstudent
  s.Pädagogisches Studium 2.128
Lehrerstudium
  s.Lehrerbildung 2.74
Lehrertypologie 2.115
Lehrerverbände 2.116
Lehrerverhalten
  s.Schüler-Lehrer-Verhältnis 3.208
Lehrerversuch oder Schülerversuch
  s.Naturlehre (Schülerversuch) 9.206
Lehrervertretung
  s.Lehrerverbände 2.116
Lehrervortrag
  s.Erzählen im Unterricht 6.61
  s.Geschichtserzählung 8.60
Lehrerweiterbildung
  s.Lehrerfortbildung 2.105
Lehrerwohnung
  s.Dienstwohnung des Lehrers 2.30
Lehrerzeitung
  s.Lehrerbücherei (Pädagogische Dokumentation) 2.105

Lehrfahrt
 s.Lehrwanderung 6.122
Lehrfilm
 s.Unterrichtsfilm 5.252
Lehrform
 s.Didaktik 6.53
Lehrfreiheit
 s.Methodenfreiheit des Lehrers 6.124
Lehrgangsberatung
 s.Fernunterricht 6.65
Lehrgerät 5.114
- (Adaptives Lehrgerät) 5.116
- (Einzelformen) 5.116
- (Elektronenrechner) 5.117
- (Industrielle Ausbildung)
 s.Programmierte Instruktion 5.154
- (Methodische Einzelfragen) 5.118
- (Sonderschule)
 s.Lehrgerät (Methodische Einzelfragen) 5.118
Lehrgespräch
 s.Freies Unterrichtsgespräch 6.68
 s.Unterrichtsgespräch 6.210
Lehrhafte Dichtung
 s.Dichtung im Unterricht (Methodische Einzelfragen) 7.62
Lehrheft Physiologie
 s.Biologielehrbuch 5.39
Lehrküche
 s.Schulgebäude (Fachräume) 1.186
Lehrling
 s.Berufstätige Jugend 4.31
Lehrlingsausbildung
 s.Berufserziehung (Lehrling) 3.41
Lehrlingsauslese
 s.Berufserziehung (Lehrling) 3.41
Lehrmaschine
 s.Lehrgerät 5.114
Lehrmeister
 s.Fachlehrer (Berufsschule) 2.34
Lehrmittel
 s.Arbeitsmittel 5.24
Lehrmittelausstellung 5.118
Lehrmittelberatung
 s.Arbeitsmittel (Herstellung) 5.28
Lehrmittelfreiheit
 s.Lernmittelfreiheit 1.142
Lehrmittelmesse
 s.Lehrmittelausstellung 5.118
Lehrmittelraum für Geschichte
 s.Geschichtslehrmittel (Einzelformen) 5.84
Lehrmittelsatz Elektrizitätslehre
 s.Physikalisches Experimentiergerät (Elektrizitätslehre) 5.145

Lehrmitteltagung
 s.Arbeitsmittel 5.25
Lehrmittelverwalter
 s.Arbeitsmittel (Aufbewahrung) 5.26
Lehrmodell
 s.Arbeitsmittel im Unterricht (Berufsschule) 5.29
Lehrnachweis
 s.Klassenbuch 1.126
Lehrniveau
 s.Entwicklungspsychologie (Pädagogischer Aspekt) 4.45
Lehrobjektivierung
 s.Kybernetische Pädagogik (Didaktischer Aspekt) 5.113
Lehrplan 6.114
- (Allgemeinbildung)
 s.Allgemeinbildender Unterricht 6.20
- (Aufbaustufenklasse)
 s.Lehrplan (Volksschuloberstufe) 6.122
- (Ausstellung)
 s.Lehrplan 6.114
- (Auslandsschule)
 s.Lehrplan 6.114
- (Berufsschule) 6.115
- (Biologieunterricht)
 s.Biologielehrplan 9.61
- (Bundesländer) 6.116
- (DDR) 6.116
- (Deutschunterricht)
 s.Deutschunterricht (Lehrplan) 7.52
- (Englischunterricht)
 s.Englischunterricht (Lehrplan) 7.81
- (Erdkundeunterricht)
 s.Erdkundelehrplan 8.30
- (Evangelische Unterweisung)
 s.Evangelische Unterweisung (Lehrplan) 10.58
- (Französischunterricht)
 s.Französischunterricht (Methodische Einzelfragen) 7.99
- (Ganzheitsunterricht) 6.117
- (Gehörlosenschule)
 s.Lehrplan (Sonderschule) 6.121
- (Geräteturnen)
 s.Geräteturnen (Lehrplan) 10.66
- (Gesamtunterricht) 6.117
- (Geschichte) 6.117
- (Geschichtsunterricht)
 s.Geschichtslehrplan 8.61
- (Gewerbeschule) 6.117
- (Grammatikunterricht)
 s.Grammatikunterricht (Lehrplan) 7.130

[Forts.: Lehrplan]
- (Graphisches Gewerbe)
  s.Lehrplan (Berufsschule) 6.115
- (Grundlehrgänge)
  s.Grundlehrgang (Lehrplan) 6.80
- (Grundschule) 6.118
- (Gruppenunterricht)
  s.Gruppenunterricht (Arbeitsanweisung) 6.84
- (Gymnasium) 6.118
- (Gymnastik)
  s.Gymnastik (Lehrplan) 10.66
- (Handarbeitsunterricht)
  s.Handarbeitsunterricht (Lehrplan) 10.75
- (Hauptschule)
  s.Hauptschulunterricht 6.95
- (Hauswirtschaftsunterricht)
  s.Hauswirtschaftsunterricht (Lehrplan) 10.79
- (Heimatkunde)
  s.Heimatkundeunterricht (Lehrplan) 8.100
- (Jahresplan) 6.119
- (Katholischer Religionsunterricht)
  s.Katholischer Religionsunterricht (Lehrplan) 10.93
- (Kaufmännische Berufsschule) ... 6.119
- (Klassenlehrplan) 6.119
- (Kunsterziehung)
  s.Kunsterziehung (Lehrplan) 10.116
- (Kurzschuljahr)
  s.Lehrplan (Volksschule) 6.122
- (Landschule) 6.119
- (Landwirtschaftsschule) 6.120
- (Latein und Griechisch)
  s.Altsprachlicher Unterricht (Lehrplan) 7.21
- (Leibeserziehung)
  s.Leibeserziehung (Lehrplan) 10.139
- (Leseunterricht)
  s.Leseunterricht (Lehrplan) 7.156
- (Literaturunterricht [DDR])
  s.Literaturunterricht (Lehrplan) 7.164
- (Musikunterricht)
  s.Musiklehrplan 10.178
- (Naturkunde)
  s.Biologielehrplan (Volksschule) 9.63
- (Naturlehre)
  s.Naturlehre (Lehrplan) 9.203
- (Österreich)
  s.Lehrplan 6.114
- (Pflanzenkunde)
  s.Pflanzenkunde (Lehrplan) 9.231

- (Politische Bildung)
  s.Politische Bildung (Lehrplan) 8.183
- (Polytechnischer Unterricht)
  s.Polytechnischer Unterricht (Lehrplan) 6.143
- (Psychologischer Aspekt) 6.120
- (Realschule) 6.120
- (Rechtschreibunterricht)
  s.Rechtschreibunterricht (Methodische Einzelfragen) 7.192
- (Russischunterricht)
  s.Russischunterricht (Lehrplan) 7.199
- (Sachunterricht)
  s.Sachunterricht (Arbeitsplan) 6.150
- (Schreibunterricht)
  s.Schreibunterricht (Lehrplan) 10.228
- (Schulfunk)
  s.Schulfunk (Einzelfragen) 5.226
- (Schulgarten)
  s.Schulgartenunterricht (Methodische Einzelfragen) 5.233
- (Schuljahr V-VI) 6.120
- (Schuljahr VII-VIII) 6.120
- (Schuljahr IX) 6.121
- (Schweiz)
  s.Lehrplan 6.114
- (Schwimmunterricht)
  s.Schwimmunterricht (Lehrplan) 10.237
- (Skiunterricht)
  s.Skiunterricht (Lehrplan) 10.240
- (Sonderberufsschule)
  s.Lehrplan (Sonderschule) 6.121
- (Sonderschule) 6.121
- (Sprecherziehung)
  s.Sprecherziehung im Unterricht (Method.Einzelfragen) 7.235
- (Staatsbürgerkunde)
  s.Staatsbürgerkunde (Lehrplan) 8.202
- (Staatsbürgerliche Erziehung)
  s.Staatsbürgerliche Erziehung (Lehrplan) 8.207
- (Turnunterricht)
  s.Turnunterricht (Lehrplan) 10.247
- (Verkehrsunterricht)
  s.Verkehrsunterricht (Lehrplan) 10.252
- (Volksschule) 6.122
- (Volksschuloberstufe) 6.122
- (Werkunterricht)
  s.Werkunterricht (Lehrplan) 10.272
- (Wirtschaftskunde)

s.Wirtschaftskunde (Methodische
  Einzelfragen) 8.236
- (Zeichenunterricht)
  s.Zeichenunterricht (Lehrplan)
  10.279
Lehrprobe 2.118
- (Geschichtsunterricht)
  s.Geschichtsunterricht (Stunden-
  entwurf) 8.85
- (Sprachlabor)
  s.Sprachlabor (Methodische Einzel-
  fragen) 5.245
Lehrprogramm 5.119
- (Algorithmen) 5.120
- (Berufsausbildung) 5.120
- (Beurteilung) 5.121
- (Einzelformen) 5.121
- (Einzelfragen) 5.122
- (Erfolgskontrolle)
  s.Lehrprogramm (Kontrollformen)
  5.123
- (Herstellung) 5.122
- (Kontrollformen) 5.123
- (Probiton) 5.124
- (Programmierungstechnik) 5.124
- (Ratetest) 5.125
- (Schulpraktischer Einsatz)
  s.Programmiertes Lernen (Unter-
  richtsaspekt) 5.186
- (Statistische Auswertung)
  s.Lehrprogramm (Kontrollformen)
  5.123
- (Übersetzung)
  s.Lehrprogramm (Einzelfragen) 5.122
Lehrprogrammanalyse
  s.Lehrprogramm (Beurteilung) 5.121
Lehrprogrammbewertung
  s.Lehrprogramm (Beurteilung) 5.121
Lehrprogrammbuch
  s.Lehrprogramm (Programmierungstechnik) 5.124
Lehrprogrammdarbietung
  s.Lehrprogramm (Einzelfragen) 5.122
Lehrprogrammentwicklung
  s.Lehrprogramm (Herstellung) 5.122
Lehrprogrammerprobung
  s.Programmiertes Lernen (Erfahrungen) 5.168
Lehrschwimmbecken
  s.Schulgebäude (Lehrschwimmbecken)
  1.188
  s.Schwimmunterricht (Organisationsfragen) 10.237
Lehrspiel
  s.Lernspiel 5.125

Lehrstellenvermittlung
  s.Berufsberatung 3.28
Lehrstoff und Methode
  s.Methodik 6.124
  s.Stoffbeschränkung 6.189
Lehrstoffverteilung
  s.Lehrplan 6.114
Lehrstufen
  s.Formalstufen 6.66
Lehrtankstelle
  s.Schulwerkstatt (Einzelformen)
  5.237
Lehrverfahren
  s.Methodik 6.124
  s.Unterrichtsforschung 6.209
Lehrverhältnis
  s.Berufserziehung (Lehrling) 3.41
Lehrverhalten
  s.Pädagogischer Führungsstil 6.135
Lehrvortrag
  s.Unterricht (Lehrersprache) 6.207
- im Geschichtsunterricht
  s.Geschichtsunterricht (Lehrvortrag) 8.77
Lehrwanderung 6.122
- (Erdkunde)
  s.Erdkundeunterricht (Lehrwanderung) 8.39
- (Heimatkunde)
  s.Heimatkundeunterricht (Lehrwanderung) 8.100
- (Kunsterziehung)
  s.Kunsterziehung (Methodische
  Einzelfragen) 10.117
- (Vorfrühling)
  s.Naturbeobachtung (Frühling) 9.198
Lehrwerkstatt
  s.Industriepraktikum 6.100
  s.Schulwerkstatt 5.236
- (Industrie)
  s.Schulwerkstatt (Metallgewerbe) 5.237
Lehrzeitabkürzung
  s.Berufsreife 3.51
Lehrzeitdauer
  s.Berufserziehung (Lehrling) 3.41
Leib-Seele-Problem 4.106
- im Unterricht
  s.Menschenkunde (Biologische
  Anthropologie) 9.189
Leibeserzieher 2.118
- (Ausbildung) 2.119
Leibeserziehung 10.126
- (Aggression)
  s.Leibeserziehung (Psychologischer
  Aspekt) 10.148

[Forts.: Leibeserziehung]
- (Akzeleration)
  s.Leibeserziehung (Entwicklungspsychologie) 10.132
  s.Leibeserziehung (Psychologischer Aspekt) 10.148
- (Anthropologie)
  s.Leibeserziehung (Medizinischer Aspekt) 10.143
- (Antike) 10.127
- (Arbeitsmittel)
  s.Sportlehrmittel 5.238
  s.Turngerät 5.251
- (Atmung) 10.127
- (Aufsichtspflicht)
  s.Leibeserziehung (Unfallverhütung) 10.154
- (Berufsschule) 10.128
- (Bewegungserziehung)
  s.Bewegungserziehung 10.27
- (Bewegungsorgane)
  s.Leibeserziehung (Motorik) 10.144
- (Bewußtseinsschulung)
  s.Leibeserziehung (Psychologischer Aspekt) 10.148
- (Bildungskategorien)
  s.Leibeserziehung (Wissenschaftscharakter) 10.157
- (Bildungswert) 10.128
- (Biologischer Aspekt)
  s.Leibeserziehung (Medizinischer Aspekt) 10.143
- (Blinde) 10.129
- (Charakterbildung) 10.129
- (Christentum)
  s.Leibeserziehung (Geschichte) 10.134
- (Darstellendes Spiel) 10.129
- (DDR) 10.130
- (Didaktischer Aspekt) 10.130
- (Diskussion) 10.131
- (Disziplin)
  s.Leibeserziehung (Methodische Einzelfragen) 10.144
- (Einklassenschule)
  s.Leibeserziehung (Landschule) 10.138
- (Eislaufen) 10.131
- (Elementare Leibeserziehung) .. 10.131
- (Entwicklungspsychologie) 10.132
- (Ermüdung)
  s.Leibeserziehung (Medizinischer Aspekt) 10.143
- (Erwachsenenbildung) 10.132
- (Erziehungswert) 10.132

- (Fachliteratur)
  s.Leibeserziehung (Forschung) 10.133
- (Fairneß) 10.133
- (Ferienlager)
  s.Leibeserziehung (DDR) 10.130
- (Film)
  s.Sportlehrmittel (Film) 5.238
- (Forschung) 10.133
- (Freistellung) 10.133
- (Ganzheit) 10.134
- (Geistige Bedeutung)
  s.Leibeserziehung (Bildungswert) 10.128
- (Geistige Leistungsfähigkeit) 10.134
- (Gesamterziehung) 10.134
- (Geschichte) 10.134
- (Gesundheitspflege) 10.135
- (Griechische Antike)
  s.Leibeserziehung (Antike) 10.127
- (Grundschule) 10.135
- (Gruppenarbeit) 10.136
- (Gymnasium) 10.136
- (Gymnastik)
  s.Gymnastik 10.70
- (Haftpflicht des Lehrers)
  s.Leibeserziehung (Unfallverhütung) 10.154
- (Haltungsschäden) 10.137
- (Haltungsschulung) 10.137
- (Heilpädagogik) 10.138
- (Hochleistungstraining)
  s.Leibeserziehung (Training) 10.154
- (Humanismus)
  s.Leibeserziehung 10.126
  s.Leibeserziehung (Geschichte) 10.134
- (Jugendbewegung)
  s.Leibeserziehung (Geschichte) 10.134
- (Kleinkind) 10.138
- (Konzentrationsfähigkeit)
  s.Leibeserziehung (Geistige Leistungsfähigkeit) 10.134
- (Kunsterziehung)
  s.Kunsterziehung (Einzelne Fächer) 10.113
- (Landschule) 10.138
- (Lehrerbildung)
  s.Lehrerbildung (Leibeserziehung) 2.87
- (Lehrplan) 10.139
- (Lehrplan DDR) 10.139
- (Lehrprobe) 10.139
- (Leistung) 10.140
- (Leistungsbereitschaft)
  s.Leibeserziehung (Leistung) 10.140

- (Leistungsbewertung) 10.140
- (Leistungsethos)
  s.Leibeserziehung (Charakterbildung) 10.129
- (Leistungsfähigkeit) 10.141
- (Leistungskontrolle) 10.141
- (Leistungsmessung)
  s.Leibeserziehung (Leistungskontrolle) 10.141
- (Leistungsschwäche) 10.142
- (Leistungssteigerung) 10.142
- (Leistungsversagen)
  s.Leibeserziehung (Leistungsschwäche) 10.142
- (Mädchen) 10.142
- (Mannschaftswettkampf) 10.143
- (Medizinischer Aspekt) 10.143
- (Menschenbildung)
  s.Leibeserziehung (Charakterbildung) 10.129
- (Methodische Einzelfragen) 10.144
- (Mitübung)
  s.Leibeserziehung (Training) 10.154
- (Motorik) 10.144
- (Musischer Aspekt) 10.145
- (Mutschulung) 10.145
- (Naturvölker) 10.145
- (Österreich) 10.146
- (Ordnung)
  s.Leibeserziehung (Methodische Einzelfragen) 10.144
- (Organisationsfragen) 10.146
- (Orientierungslauf) 10.147
- (Pädagogischer Aspekt)
  s.Leibeserziehung (Erziehungswert) 10.132
- (Partnerübung)
  s.Leibeserziehung (Gruppenarbeit) 10.136
- (Persönlichkeitsbildung)
  s.Leibeserziehung (Charakterbildung) 10.129
- (Politische Bildung) 10.147
- (Psychohygiene) 10.148
- (Psychologischer Aspekt) 10.148
- (Psychomotorik)
  s.Leibeserziehung (Motorik) 10.144
- (Quarta)
  s.Leibeserziehung (Gymnasium) 10.136
- (Reform) 10.149
- (Reifeprüfung) 10.149
- (Rhythmus) 10.150
- (Richtlinien) 10.150
- (Rudersport) 10.150
- (Schöpferisches Gestalten)
  s.Leibeserziehung (Methodische Einzelfragen) 10.144
- (Schuljahr I-II) 10.151
- (Schuljahr IX)
  s.Leibeserziehung (Volksschule) 10.155
- (Schulordnung)
  s.Leibeserziehung (Organisationsfragen) 10.146
- (Schulsportfest) 10.151
- (Schweiz) 10.151
- (Selbsttätigkeit) 10.151
- (Sexualität)
  s.Leibeserziehung (Psychologischer Aspekt) 10.148
- (Sonderschule) 10.151
- (Soziologischer Aspekt) 10.152
- (Spiel) 10.152
- (Spielformen) 10.152
- (Spielkongreß 1958) 10.153
- (Sprachkunde)
  s.Sprachkunde (Leibeserziehung) 7.218
- (Systematik) 10.153
- (Tägliche Turnstunde) 10.153
- (Tatsachenforschung)
  s.Leibeserziehung (Forschung) 10.133
- (Taubstumme) 10.154
- (Terminologie)
  s.Leibeserziehung (Forschung) 10.133
- (Theorie)
  s.Leibeserziehung (Forschung) 10.133
- (Training) 10.154
- (Übungsformen)
  s.Leibeserziehung (Training) 10.154
- (Unfallverhütung) 10.154
- (Unterrichtsstunde)
  s.Leibeserziehung (Lehrprobe) 10.139
- (Unterstufe [DDR]) 10.155
- (Volksschule) 10.155
- (Volksschuloberstufe)
  s.Leibeserziehung (Volksschule) 10.155
- (Vorbereitung)
  s.Leibeserziehung (Methodische Einzelfragen) 10.144
- (Vorschulalter)
  s.Leibeserziehung (Kleinkind) 10.138
- (Wetteifer) 10.156
- (Wetterbedingung) 10.156
- (Wettkampf) 10.156
- (Wintersport) 10.157
- (Wissenschaftscharakter) 10.157
- (Zensur)
  s.Leibeserziehung (Leistungsbewertung) 10.140

Leibeskultur
 s.Leibeserziehung (Bildungswert)
  10.128
Leibesübung
 s.Leibeserziehung 10.126
Leibliche Pubertät
 s.Pubertät 4.156
Leichtathletik 10.157
- (Diskuswurf) 10.158
- (Grundschule) 10.158
- (Hochsprung) 10.158
- (Hürdenlauf) 10.158
- (Kugelstoßen) 10.158
- (Laufschulung) 10.159
- (Leistungsbewertung) 10.159
- (Leistungskontrolle)
 s.Leichtathletik (Leistungsbe-
  wertung) 10.159
- (Mädchen)
 s.Leichtathletik (Methodische
  Einzelfragen) 10.159
- (Methodische Einzelfragen) 10.159
- (Orientierungslauf)
 s.Leibeserziehung (Orientierungs-
  lauf) 10.147
- (Punktwertung)
 s.Leibeserziehung (Leistungskon-
  trolle) 10.141
- (Speerwerfen) 10.160
- (Sprungschulung) 10.160
- (Stabhochsprung) 10.160
- (Staffellauf) 10.160
- (Startschulung) 10.160
- (Training) 10.160
- (Übungsformen)
 s.Leichtathletik (Training)
  10.160
- (Unterrichtsaspekt)
 s.Leichtathletik (Methodische
  Einzelfragen) 10.159
- (Weitsprung) 10.161
- (Wurfschulung) 10.161
Leichtathletikprüfung
 s.Leichtathletik (Leistungsbe-
  wertung) 10.159
Leichtathletikstunde
 s.Leichtathletik (Methodische
  Einzelfragen) 10.159
Leichtathletische Sprungschulung
 s.Leichtathletik (Sprungschulung)
  10.160
Leideform des Zeitwortes
 s.Verblehre (Passiv) 7.245
Leidenfrostsches Phänomen
 s.Atomphysik (Kernchemie) 9.52

Leierton
 s.Leselehrmethoden (Lautsynthese)
  7.151
Leihbuchhandel
 s.Jugendgefährdendes Schrifttum
  (Leihbuchhandlung) 3.150
Leipziger Rechengerät
 s.Rechenlehrmittel (Sonderschule)
  5.193
Leisingers Methodik
 s.Englischunterricht (Volksschule)
  7.87
Leistung
 s.Intelligenz (Schulleistung) 4.87
 s.Leistungsfähigkeit 4.107
 s.Mechanik (Maßeinheit) 9.184
 s.Schulische Leistung 6.159
- beim Zahlenrechnen
 s.Rechenunterricht (Leistungsstand) 9.268
- der Sprache
 s.Sprache (Leistungsaspekt) 7.212
Leistungsanalyse
 s.Schulische Leistungskontrolle
  6.160
Leistungsbereitschaft
 s.Leibeserziehung (Leistung) 10.140
 s.Pädagogischer Führungsstil (Psychologischer Aspekt) 6.136
Leistungsbeurteilung 4.106
- (Test)
 s.Leistungsmessung 4.108
Leistungsbewertung
 s.Aufsatzunterricht (Leistungsbewertung) 7.34
 s.Chemieunterricht (Leistungsbewertung) 9.89
 s.Deutschunterricht (Leistungsbewertung) 7.53
 s.Englische Lektüre (Nacherzählung) 7.73
 s.Erdkundeunterricht (Leistungsbewertung) 8.39
 s.Französischunterricht
  (Leistungsbewertung) 7.107
 s.Geschichtsunterricht
  (Leistungsbewertung) 8.77
 s.Kinderzeichnung (Beurteilung) 10.95
 s.Kunsterziehung (Leistungsbewertung) 10.116
 s.Leibeserziehung (Leistungsbewertung) 10.140
 s.Leichtathletik (Leistungsbewertung) 10.159

s.Leseunterricht (Methodische
    Einzelfragen) 7.157
s.Mathematikunterricht (Lei-
    stungsbewertung) 9.168
s.Musikunterricht (Leistungs-
    bewertung) 10.186
s.Rechenunterricht (Leistungs-
    bewertung) 9.268
s.Religionsunterricht (Leistungs-
    bewertung) 10.215
s.Russischunterricht (Leistungs-
    bewertung) 7.199
s.Schreibunterricht (Leistungs-
    bewertung) 10.228
s.Schulische Leistungs-
    kontrolle 6.160
s.Turnunterricht (Leistungs-
    bewertung) 10.247
s.Zeichenunterricht (Leistungs-
    bewertung) 10.279
Leistungsbezogene Bildung
    s.Berufliche Bildung 3.25
Leistungsbezogene Sprachbetrachtung
    s.Sprache (Leistungsaspekt) 7.212
Leistungsdifferenzierter Unterricht
    s.Leistungsgruppen 6.123
Leistungsdifferenzierung
    s.Begabung 4.28
    s.Differenzierung 6.56
Leistungethos
    s.Leibeserziehung (Charakter-
        bildung) 10.129
    s.Schulische Leistung 6.159
Leistungsfähigkeit 4.107
Leistungsfeststellung
    s.Schulische Leistungskontrolle
        6.160
Leistungsforderung
    s.Leistungsfähigkeit 4.107
    s.Schulische Leistung 6.159
Leistungsgespräch
    s.Schulische Leistung 6.159
Leistungsgruppen 6.123
- (Französischunterricht)
    s.Französischunterricht (Metho-
        dische Einzelfragen) 7.99
- (Leseunterricht)
    s.Leseunterricht (Differen-
        zierung) 7.154
- (Rechnen)
    s.Rechenunterricht (Differen-
        zierung) 9.266
Leistungskontrolle
    s.Altsprachlicher Unterricht (Metho-
        dische Einzelfragen) 7.21

s.Biologieunterricht (Leistungs-
    kontrolle) 9.70
s.Chemieunterricht (Leistungskon-
    trolle) 9.90
s.Deutschunterricht (Leistungs-
    kontrolle) 7.53
s.Diktat 7.63
s.Englischunterricht (Leistungs-
    kontrolle) 7.81
s.Erdkundeunterricht (Leistungs-
    kontrolle) 8.40
s.Französischunterricht (Metho-
    dische Einzelfragen) 7.99
s.Geschichtsunterricht (Leistungs-
    kontrolle) 8.77
s.Grammatikunterricht (Methodi-
    sche Einzelfragen) 7.130
s.Leibeserziehung (Leistungs-
    kontrolle) 10.141
s.Mathematikunterricht (Leistungs-
    kontrolle) 9.168
s.Musikunterricht (Leistungskon-
    trolle) 10.186
s.Physikunterricht (Leistungs-
    kontrolle) 9.249
s.Programmiertes Lernen (Lei-
    stungskontrolle) 5.174
s.Rechenunterricht (Leistungs-
    kontrolle) 9.268
s.Russischunterricht (Leistungs-
    kontrolle) 7.199
s.Schulische Leistungs-
    kontrolle 6.160
s.Staatsbürgerkunde (Methodische
    Einzelfragen) 8.202
s.Turnunterricht (Leistungs-
    kontrolle) 10.247
s.Werkunterricht (Methodische
    Einzelfragen) 10.272
Leistungsmessung 4.108
- (Diktat)
    s.Diktat (Prüfungswert) 7.64
Leistungsmessungstest
    s.Leistungsmessung 4.108
Leistungsmotivation 4.109
- (Programmiertes Lernen)
    s.Programmiertes Lernen
        (Motiavtion) 5.178
Leistungsphantasmen
    s.Phantasieleben des Schülers 4.135
Leistungsprüfung
    s.Leistungsbeurteilung 4.106
    s.Schulische Leistungskontrolle 6.160
Leistungspsychologie
    s.Leistungsfähigkeit 4.107

Leistungsriege
  s.Geräteturnen (Methodische
    Einzelfragen) 10.66
Leistungsrückgang
  s.Schulischer Leistungsrückgang
    6.163
Leistungsschule
  s.Schulische Leistung 6.159
Leistungsschwaches Kind
  s.Schulversager (Volksschule) 4.184
Leistungsschwäche
  s.Leistungsstörung 4.109
  s.Schulversager (Gymnasium) 4.184
Leistungsschwund
  s.Schulischer Leistungsrückgang
    6.163
Leistungssicherung
  s.Unterricht (Ergebnissicherung)
    6.205
Leistungssport
  s.Sport (Hochleistungssport) 10.243
  s.Turnunterricht (Leistung) 10.247
Leistungssteigerung
  s.Aufsatzunterricht (Leistungs-
    steigerung) 7.34
  s.Englischunterricht (Leistungs-
    steigerung) 7.81
  s.Geschichtsunterricht (Methodi-
    sche Einzelfragen) 8.78
  s.Musikunterricht (Leistungs-
    steigerung) 10.186
  s.Physikunterricht (Methodische
    Einzelfragen) 9.249
  s.Rechtschreibunterricht
    (Leistungssteigerung) 7.199
  s.Russischunterricht (Leistungs-
    steigerung) 7.199
Leistungsstörung 4.109
Leistungstest im Englischunterricht
  s.Englischunterricht (Leistungs-
    test) 7.82
Leistungsunterschied
  s.Schulische Leistung 6.159
Leistungsvergleich
  s.Schulische Leistung 6.159
Leistungsverhalten
  s.Berufsethos 3.47
Leistungsversagen
  s.Leistungsstörung 4.109
  s.Schulischer Leistungsrückgang
    6.163
  s.Schulversager 4.183
Leistungswertung
  s.Leistungsbeurteilung 4.106
  s.Schulische Leistungskontrolle 6.160

Leistungswille
  s.Schülerleistung 6.153
Leistungszug
  s.Begabtenförderung 1.26
  s.Gymnasium (Reform) 1.96
  s.Leistungsgruppen 6.123
Leitbilder 3.161
- (Erziehung)
  s.Erziehungsziel 3.97
- (Erziehungsanspruch) 3.162
- (Film)
  s.Filmerziehung (Leitbilder) 3.117
- (Jugendalter) 3.162
- (Kindesalter) 3.162
- (Sonderschüler)
  s.Leitbilder (Jugendalter) 3.162
Leiter [Elektrizitätslehre]
  s.Elektrizitätslehre (Leiter) 9.106
Lektion
  s.Unterrichtsvorbereitung 6.216
Lektüre
  s.Altsprachlicher Unterricht
    (Lektüre) 7.21
  s.Dichtung im Unterricht 7.61
  s.Englische Lektüre 7.69
  s.Französische Lektüre 7.94
  s.Fremdsprachenunterricht
    (Lektüre) 7.107
  s.Ganzschrift 5.76
  s.Lateinische Lektüre 7.144
  s.Literaturunterricht [DDR] 7.164
  s.Russischunterricht (Lektüre)
    7.200
Lektüreaufsatz
  s.Aufsatz (Literarischer Aufsatz)
    7.28
Lektüreauswahl
  s.Lektüreplan 7.149
Lektüreplan 7.149
- (Gymnasium) 7.150
- (Lateinunterricht)
  s.Lateinische Lektüre 7.144
Lektürewirkung 4.110
Lenard-Fenster
  s.Hochfrequenztechnik (Elektronen-
    röhre) 9.144
Leningrad
  s.Länderkunde (UdSSR) 8.145
Leninistische Erziehungswissenschaft
  s.Pädagogik (DDR) 3.185
Lenins Machteroberung
  s.Zeitgeschichtsunterricht (Russi-
    sche Revolution) 8.256
Lernanfänger
  s.Schulanfänger 4.171

s.Schulanfang 6.153
s.Schulaufnahme 6.154
Lernarbeit
 s.Hausaufgabe 6.96
Lernauftrag
 s.Unterricht (Lernauftrag) 6.207
Lernbedingung
 s.Lernfähigkeit (Soziologischer Aspekt) 4.110
Lernbegriff
 s.Lerntheorien 4.113
 s.Programmiertes Lernen (Lernbegriff) 5.174
Lernbehindertenpädagogik
 s.Heilpädagogik 4.76
Lernbehindertenschule
 s.Sonderschule für Lernbehinderte 1.246
Lernbehindertenunterricht
 s.Sonderschulunterricht 6.184
Lernbehinderter Sonderschüler
 s.Hilfsschulkind 4.81
Lernbehinderung
 s.Lernstörung 4.113
Lernbereitschaft
 s.Motivation im Unterricht 6.126
Lerndaten
 s.Lernpsychologie 4.111
Lerndidaktik
 s.Gymnasialunterricht 6.90
Lernen 6.123
 siehe auch:
 Lernpsychologie 4.111
- (Erlebnis)
 s.Unterricht (Erlebnisunterricht) 6.206
- (Psychologischer Aspekt)
 s.Lernpsychologie 4.111
- als Erinnerung
 s.Lernpsychologie (Einzelfragen) 4.112
- durch Tun
 s.Selbsttätigkeit 6.182
- und Üben
 s.Üben 6.202
Lernender Automat
 s.Kybernetische Maschinen (Lernender Automat) 5.109
Lernendes Lesen
 s.Leseunterricht (Sachlesestoff) 7.158
Lernerfolg
 s.Motivation im Unterricht 6.126
 s.Programmiertes Lernen (Einzelfragen) 5.167

Lernfähiges System
 s.Kybernetische Maschinen (Lernender Automat) 5.109
Lernfähigkeit 4.110
- (Soziologischer Aspekt) 4.110
Lernfaulheit
 s.Faulheit des Schülers 4.58
Lernfortschritt
 s.Lernvorgang 4.119
Lerngang
 s.Lehrwanderung 6.122
Lerngestörtes Kind
 s.Hilfsschulkind 4.81
Lerngewohnheit
 s.Lernpsychologie (Didaktischer Aspekt) 4.111
Lernhemmung
 s.Lernstörung 4.113
Lernhilfe
 s.Arbeitsmittel 5.25
Lernleistung
 s.Intelligenz (Schulleistung) 4.87
 s.Leistungsfähigkeit 4.107
Lernmaschine
 s.Lehrgerät 5.114
Lernmatrix
 s.Kybernetische Maschinen (Lernmatrix) 5.110
Lernmatrizenanwendung
 s.Kybernetische Maschinen (Lernmatrix) 5.110
Lernmittel
 s.Arbeitsmittel 5.25
Lernmittelfreiheit 1.142
- (Bundesländer) 1.142
- (Hessen)
 s.Lernmittelfreiheit (Bundesländer) 1.142
- (Kritik) 1.143
- (Nordrhein-Westfalen)
 s.Lernmittelfreiheit (Bundesländer) 1.142
Lernmodell
 s.Kybernetische Lerntheorie 5.102
Lernmotiv
 s.Motivation im Unterricht 6.126
Lernmotivation 4.110
Lernorganisation
 s.Lernen 6.123
 s.Programmiertes Lernen (Unterrichtsaspekt) 5.186
Lernorientierung
 s.Motivation im Unterricht 6.126
Lernplanung
 s.Lehrplan 6.114

Lernplateau
  s.Lernpsychologie 4.111
Lernprogramm
  s.Lehrprogramm 5.119
Lernprozeß
  s.Lernvorgang 4.119
Lernpsychologie 4.111
- (Deutschunterricht)
  s.Deutschunterricht (Psychologischer Aspekt) 7.56
- (Didaktischer Aspekt) 4.111
- (Einzelfragen) 4.112
- (Erfahrung) 4.112
- (Motivation)
  s.Lernmotivation 4.110
- (Transfer) 4.112
- (Unterrichtserfolg)
  s.Lernpsychologie (Didaktischer Aspekt) 4.111
- (Vergessen)
  s.Vergessen 4.231
Lernschule
  s.Arbeitsschulunterricht 6.38
Lernschwäche
  s.Schulversager (Volksschule) 4.184
Lernschwierigkeit
  s.Lernstörung 4.113
Lernschritt
  s.Lernfähigkeit 4.110
Lernsituation
  s.Englischunterricht (Lernsituation) 7.82
  s.Lernfähigkeit (Soziologischer Aspekt) 4.110
Lernspiel 5.125
- (Geschichtsunterricht)
  s.Geschichtslehrmittel (Spielformen) 5.89
- (Englischunterricht)
  s.Englischlehrmittel (Lernspiele) 5.56
- (Grundschule) 5.126
- (Lesenlernen)
  s.Deutschlehrmittel (Erstleseunterricht) 5.50
- (Rechenunterricht)
  s.Rechenspiele 5.194
- (Sprachpflege)
  s.Sprachunterricht (Spielformen) 7.230
Lernstörung 4.113
Lernstufe
  s.Lernfähigkeit 4.110
Lerntext
  s.Schulbuch (Einzelfragen) 5.211

Lerntheorie
  s.Kybernetische Lerntheorie 5.102
  s.Lerntheorien 4.113
Lerntheorien 4.113
Lernvermögen des Tieres
  s.Tierverhalten 9.287
Lernvorgang 4.114
- (Regelkreis)
  s.Kybernetische Lerntheorie (Biokybernetik) 5.103
Lernzielbeschreibung
  s.Bildungsplan 6.51
Leselernbaukasten
  s.Leselernmittel 5.131
Lese-Rechtschreibklasse
  s.Legasthenikerklasse 4.105
Lese-Rechtschreibschwäche 4.114
- (Behandlung)
  s.Legasthenikerklasse 4.105
Lesealterstheorie
  s.Leseinteresse (Jungleserklasse) 4.116
Leseapparat
  s.Leselernmittel 5.131
Lesebogen 5.126
Lesebuch 5.127
- (Aufsatzerziehung)
  s.Aufsatzunterricht (Gymnasium) 7.31
- (Auslandsschule) 5.127
- (Bebilderung)
  s.Lesebuchillustration 5.130
- (Bildungswert)
  s.Lesebuch (Pädagogischer Aspekt) 5.129
  s.Lesebuch im Unterricht 5.130
- (DDR) 5.127
- (Einzelwerke) 5.127
- (Familienpädagogik)
  s.Lesebuch (Pädagogischer Aspekt) 5.129
- (Förderstufe)
  s.Leseunterricht (Gymnasium: Unterstufe) 7.156
- (Gegenwartsbezug)
  s.Lesebuchkritik (Wirklichkeitsbezug) 5.131
- (Geschichte) 5.128
- (Gymnasium) 5.128
- (Hebel, Johann Peter)
  s.Lesebuch (Textauswahl) 5.129
- (Industrielle Arbeitswelt)
  s.Lesebuch (Gymnasium) 5.128
- (Landschule) 5.129
- (Lebenshilfe)
  s.Lesebuch (Pädagogischer Aspekt) 5.129

- (Moderne Schriftsteller)
  s.Lesebuch (Textauswahl) 5.129
- (NATO-Erziehung)
  s.Lesebuchkritik 5.130
- (Schriftliches Gestalten)
  s.Lesebuch im Unterricht 5.130
- (Schweiz)
  s.Lesebuch (Einzelwerke) 5.127
- (Sonderschule) 5.129
- (Soziologischer Aspekt)
  s.Lesebuch (Pädagogischer Aspekt) 5.129
- (Sport)
  s.Lesebuchkritik (Einzelfragen) 5.131
- (Textauswahl) 5.129
- (Uhland, Ludwig)
  s.Lesebuch (Textauswahl) 5.129
- (Volksschule) 5.129
- (Wortschatz)
  s.Wortschatzpflege (Einzelfragen) 7.252
- (Zeitgemäßheit)
  s.Lesebuchkritik (Wirklichkeitsbezug) 5.131
- im Leseunterricht
  s.Leseunterricht (Lesebuch) 7.156
- im Unterricht 5.130
Lesebuchdiskussion
  s.Lesebuchkritik 5.130
Lesebucherzählung
  s.Lesebuch (Textauswahl) 5.129
Lesebuchillustration 5.130
Lesebuchkritik 5.130
- (Einzelfragen) 5.131
- (Wirklichkeitsbezug) 5.131
Lesebuchtext
  s.Lesebuch (Textauswahl) 5.129
Leseerinnerung
  s.Lesepsychologie 4.118
Leseerlebnis
  s.Lesen 7.153
  s.Lesepsychologie 4.118
Leseerziehung
  s.Deutschlehrmittel (Jugendbuch) 5.52
  s.Literarische Erziehung 7.162
  s.Literaturpädagogik 3.163
  s.Schülerbücherei (Sonderschule) 5.208
Lesefehler
  s.Erstleseunterricht (Psychologischer Aspekt) 7.92
  s.Lesestörung 4.119
Lesefertigkeit

s.Leselernpsychologie 4.118
s.Leseunterricht (Psychologischer Aspekt) 7.158
s.Lesevorgang 4.119
Lesefix
  s.Deutschlehrmittel (Erstleseunterricht) 5.50
Lesehemmung
  s.Legasthenie 4.102
  s.Lesestörung 4.119
Leseinteresse 4.115
- (Angestellter)
  s.Leseinteresse (Berufsschüler) 4.115
- (Arbeiter)
  s.Leseinteresse (Berufsschüler) 4.115
- (Berufsschüler) 4.115
- (Gymnasium)
  s.Leseinteresse (Schuljugend) 4.117
- (Hilfsschulkind)
  s.Leseinteresse (Sonderschüler) 4.117
- (Jugend und Buch) 4.116
- (Jungleserkunde) 4.116
- (Kind und Buch) 4.117
- (Lieblingsbuch) 4.117
- (Mädchen)
  s.Leseinteresse 4.115
- (Schüler)
  s.Leseinteresse (Schuljugend) 4.117
- (Schuljugend) 4.117
- (Schulkind)
  s.Leseinteresse (Kind und Buch) 4.117
- (Sonderschüler) 4.117
Lesekarten
  s.Leselernmittel 5.131
Lesekasten
  s.Deutschlehrmittel (Erstleseunterricht) 5.50
  s.Leselernmittel 5.131
Lesekreis
  s.Leseunterricht (Methodische Einzelfragen) 7.157
Lesekrise
  s.Literaturpädagogik 3.163
Leselehre
  s.Leselehrmethoden 7.150
  s.Leseunterricht 7.153
Leselehrgang
  s.Leselehrmethoden 7.150
Leselehrmethoden 7.150
- (Ganzheit oder Lautsynthese) ... 7.151
- (Geschichte) 7.151

[Forts.: Leselehrmethoden]
- (Lautsynthese) 7.151
- (Leistungsaspekt) 7.152
- (Methodenstreit) 7.152

Leseleistung
  s.Leselehrmethoden (Leistungsaspekt) 7.152
  s.Lesevorgang 4.119

Leseleistungstest
  s.Lesetest 4.119

Leselernmittel 5.131
- (Lehrprogramm)
  s.Programmiertes Lernen (Deutschunterricht) 5.165

Leselernprozeß
  s.Leselehrmethoden 7.150
  s.Leselernpsychologie 4.118

Leselernpsychologie 4.118

Leselernspiel
  s.Deutschlehrmittel (Erstleseunterricht) 5.50

Leselernweisen
  s.Leselehrmethoden 7.150

Leselotto
  s.Deutschlehrmittel (Erstleseunterricht) 5.50
  s.Leselernmittel 5.131

Lesemethoden
  s.Leselehrmethoden 7.150

Lesen 7.153
  siehe auch:
  Lesevorgang 4.119
- (Satzzeichen)
  s.Satzzeichen 7.206
- und Schreiben
  s.Schreibleseunterricht 7.209

Lesenlernen
  s.Fremdsprachlicher Anfangsunterricht (Lesenlernen) 7.114
  s.Leselehrmethoden 7.150
  s.Programmiertes Lernen (Deutschunterricht) 5.165

Leseprozeß
  s.Lesevorgang 4.119

Lesepsychologie 4.118

Lesereife
  s.Leselernpsychologie 4.118

Leseschwäche
  s.Lesestörung 4.119

Leseschwierigkeit
  s.Legasthenie 4.102
  s.Lesestörung 4.119

Lesespiel
  s.Deutschlehrmittel (Hörspiel) 5.51
  s.Hörspiel im Deutschunterricht 7.135

  s.Leselernmittel 5.131
  s.Leseunterricht (Spielformen) 7.159
  s.Schulspiel (Lesespiel) 6.174

Lesestörung 4.119

Lesestoff
  s.Leseunterricht (Lesestoffe) 7.157

Lesestück
  s.Lesebuch (Textauswahl) 5.129

Lesestückbehandlung
  s.Leseunterricht (Textbehandlung) 7.160

Lesestufen
  s.Leseunterricht (Psychologischer Aspekt) 7.158

Lesestunden
  s.Leseunterricht (Methodische Einzelfragen) 7.157

Leseszenen
  s.Schulspiel (Lesespiel) 6.174

Lesetagebuch
  s.Jugendbuch im Unterricht 5.94

Lesetechnik
  s.Leseunterricht (Übungsformen) 7.160

Lesetest 4.119

Leseübung
  s.Leseunterricht (Übungsformen) 7.160

Leseübungsbogen
  s.Lesebogen 5.126

Leseunterricht 7.153
- (Anschauung)
  s.Leseunterricht (Methodische Einzelfragen) 7.157
- (Berufsschule) 7.154
- (Deutsche Auslandsschule)
  s.Deutsch als Fremdsprache (Lektüre) 7.43
- (Didaktische Analyse)
  s.Leseunterricht (Methodische Einzelfragen) 7.157
- (Differenzierung) 7.154
- (Einführungsstunde)
  s.Leseunterricht (Methodische Einzelfragen) 7.157
- (Erfolgssicherung)
  s.Leseunterricht (Methodische Einzelfragen) 7.157
- (Erzählspiel)
  s.Leseunterricht (Spielformen) 7.159
- (Ganzschrift)
  s.Ganzschrift im Unterricht 5.76
- (Grundschule) 7.154
- (Gruppenunterricht) 7.155

- (Gymnasium) 7.155
- (Gymnasium:Oberstufe) 7.156
- (Gymnasium:Unterstufe) 7.156
- (Handelsschule)
  s.Leseunterricht (Berufsschule)
  7.154
- (Hörspiel)
  s.Leseunterricht (Spielformen) 7.159
- (Judenfrage)
  s.Deutschunterricht (Politische
  Bildung) 7.55
- (Jugendbuch)
  s.Deutschlehrmittel (Jugendbuch)
  5.52
- (Landschule) 7.156
- (Lehrplan) 7.156
- (Leistungsbewertung)
  s.Leseunterricht (Methodische
  Einzelfragen) 7.157
- (Leistungsgruppen)
  s.Leseunterricht (Differenzierung)
  7.154
- (Lesebuch) 7.156
- (Lesestoffe) 7.157
- (Methodische Einzelfragen) 7.157
- (Österreich)
  s.Leseunterricht (Lehrplan) 7.156
- (Psychologischer Aspekt) 7.158
- (Realschule) 7.158
- (Sachlesestoff) 7.158
- (Schülerbücherei)
  s.Schülerbücherei im Unterricht
  5.209
- (Schuljahr I)
  s.Erstleseunterricht 7.89
- (Schuljahr II) 7.158
- (Selbsttätigkeit) 7.159
- (Sinnvolles Lesen) 7.159
- (Sonderschule) 7.159
- (Spielformen) 7.159
- (Stegreifspiel)
  s.Leseunterricht (Spielformen) 7.159
- (Stilles Lesen) 7.160
- (Tägliches Üben)
  s.Leseunterricht (Übungsformen)
  7.160
- (Textbehandlung) 7.160
- (Übungsformen) 7.160
- (Unterstufe)
  s.Leseunterricht (Grundschule) 7.154
- (Volksschule) 7.161
- (Volksschuloberstufe) 7.161
- (Vorlesen) 7.161

Leseverhalten
  s.Leseinteresse 4.115

Leseversagen
  s.Legasthenie 4.102
  s.Lesestörung 4.119
Lesevorgang 4.119
Lesewirkung
  s.Lektürewirkung 4.110
Lesewut 4.120
Lesezeitalter
  s.Literaturpädagogik 3.163
Lette-Verein
  s.Berufsfachschule 1.39
Letzte Dinge
  s.Katechese (Eschatologie) 10.85
Letzte Ölung
  s.Katechese (Krankensalbung) 10.87
Leuchtende Tiere
  s.Tierkunde (Einzelne Tiere) 9.279
Leuchtstofflampe
  s.Elektrizitätslehre (Gasentladung) 9.105
Lexikon
  s.Nachschlagewerke 5.143
- im Unterricht
  s.Nachschlagewerke im Unterricht
  5.143
Libellen
  s.Insektenkunde (Libellen) 9.148
Liberale Bildungsgesellschaft
  s.Bildungsprogramme 1.52
Liberale Bildungspolitik
  s.Bildungsprogramme 1.52
Liberale Marktwirtschaft
  s.Wirtschaftskunde (Marktwirtschaft) 8.236
Liberales Bürgertum
  s.Deutsche Geschichte (Bismarck)
  8.25
Liberalismus
  s.Politik (Einzelfragen) 8.161
Liberia
  s.Länderkunde (Äquatorialafrika)
  8.113
Libido
  s.Geschlechtserziehung (Psychologischer Aspekt) 3.131
Libidoentwicklung
  s.Sexualverhalten (Entwicklungspsychologie) 4.192
Licht
  s.Optik 9.217
  s.Optik (Lichtstrahlen) 9.219
  s.Pflanzenphysiologie 9.236
Lichtbeugung
  s.Wellenlehre (Beugung) 9.303
Lichtbild 5.132

[Forts.: Lichtbild]
- im Bibelunterricht
  s.Religionslehrmittel (Bibelkunde)
    5.198
  s.Religionslehrmittel (Lichtbild)
    5.200
- im Biologieunterricht
  s.Biologielehrmittel (Lichtbild)
    5.43
- im Deutschunterricht
  s.Deutschlehrmittel (Film) 5.51
- im Erdkundeunterricht
  s.Erdkundelehrmittel (Lichtbild)
    5.66
- im Fremdsprachenunterricht
  s.Fremdsprachenlehrmittel (Lichtbild) 5.74
- im Geschichtsunterricht
  s.Geschichtslehrmittel (Lichtbild)
    5.86
- im Heimatkundeunterricht
  s.Heimatkundelehrmittel (Lichtbild)
    5.93
- im Kunstunterricht
  s.Kunstlehrmittel 5.96
- im Mathematikunterricht
  s.Mathematiklehrmittel (Lichtbild)
    5.136
- im Musikunterricht
  s.Musiklehrmittel (Einzelformen)
    5.141
- im Religionsunterricht
  s.Religionslehrmittel (Lichtbild)
    5.200
Lichtbild im Unterricht 5.132
- (Berufsschule) 5.133
Lichtbild/Film im Unterricht 5.133
  siehe auch:
  Erdkundelehrmittel (Lichtbild/Film) 5.67
Lichtbildreihen
  s.Lichtbild 5.132
Lichtbildsammlung
  s.Lichtbild 5.132
Lichtbildwand
  s.Lichtbild 5.132
Lichtbildwerfer
  s.Bildwerfer 5.38
Lichtdruck
  s.Quantentheorie 9.254
Lichtgeschwindigkeit
  s.Optik (Lichtgeschwindigkeit) 9.219
Lichthof
  s.Wetterkunde (Einzelfragen) 8.212
Lichtmessung
  s.Optik (Einzelfragen) 9.218
  s.Optik (Meßtechnik) 9.220
Lichtpause
  s.Biologielehrmittel (Einzelformen)
    5.41
Lichtphysik
  s.Elektromagnetische Wellen (Lichtwellen) 9.111
Lichtquanten
  s.Quantentheorie 9.254
Lichtschwächung
  s.Optik (Absorption) 9.217
Lichtsignale der Tiere
  s.Tierphysiologie (Sinnesphysiologie) 9.286
Lichtsinnesorgan
  s.Tierphysiologie (Sinnesphysiologie) 9.286
Lichtstrahlen
  s.Optik (Lichtstrahlen) 9.219
Lichtwellen
  s.Elektromagnetische Wellen (Lichtwellen) 9.111
Lichtzeiger
  s.Mechanik (Meßtechnik) 9.184
Lichtzerlegung
  s.Optik (Spektrum) 9.221
Liebe des Erziehers
  s.Erzieherpersönlichkeit 2.33
Liebesbedürfnis
  s.Pubertät (Soziologischer Aspekt)
    4.157
Liebeslyrik
  s.Gegenwartslyrik 7.124
- im Unterricht
  s.Gegenwartslyrik im Unterricht
    7.124
Lieblingsbuch
  s.Leseinteresse (Lieblingsbuch)
    4.117
Lieblingsfächer
  s.Interesse des Schülers 4.91
Lieblingsfarben
  s.Farbenpsychologie 4.58
Lieblingsmärchen
  s.Märchenpsychologie 4.122
Liechtenstein
  s.Länderkunde (Europa:Einzelfragen)
    8.124
Lied
  s.Liedpflege 10.161
  s.Volkslied 10.257
- im Englischunterricht
  s.Englische Lektüre (Lied) 7.71
- im Geschichtsunterricht

s.Geschichtslehrmittel (Literarische Quellen) 5.87
Liedbehandlung
　s.Liedpflege (Erarbeitung) 10.162
Liedbetrachtung
　s.Liedpflege (Methodische Einzelfragen) 10.163
Liederarbeitung
　s.Liedpflege (Erarbeitung) 10.162
Liederbuch im Musikunterricht
　s.Musiklehrbuch 5.140
Liedkanon
　s.Liedpflege (Kanon) 10.163
Liedpflege 10.161
- (Berufsschule) 10.162
- (Einzelbeispiele) 10.162
- (Erarbeitung) 10.162
- (Grundschule) 10.162
- (Gymnasium) 10.163
- (Kanon) 10.163
- (Kantate) 10.163
- (Kindergarten) 10.163
- (Methodische Einzelfragen) 10.163
- (Religionsunterricht)
　s.Religionsunterricht (Singen)
　10.221
- (Volksschule) 10.164
Liedpolyphonie
　s.Chorgesang 10.53
Liedspiel
　s.Musikalisches Spiel (Grundschule)
　10.172
Liedtonband im Russischunterricht
　s.Russischlehrmittel (Tonband) 5.202
Lilienhähnchen
　s.Insektenkunde (Käfer) 9.147
Limes
　s.Deutsche Geschichte (Römer) 8.26
Limnologie
　s.Lebensgemeinschaft (Teich) 9.154
Lindenbaum
　s.Pflanzenkunde (Laubbäume) 9.230
Lineare Funktion
　s.Analysis (Spezielle Funktionen)
　9.36
Lineare Gen-Anordnung
　s.Vererbungslehre (Genetik) 9.291
Lineare Gleichung
　s.Algebra (Gleichungen) 9.26
Lineare Optimierung
　s.Angewandte Mathematik (Lineare Programme) 9.38
Lineare Wärmeausdehnung
　s.Wärmelehre (Wärmeleitung) 9.301
Lineares Programm

　s.Angewandte Mathematik (Lineare Programme) 9.38
Lineares Programmieren
　s.Kybernetische Maschinen (Programmierung) 5.111
　s.Lehrprogramm (Einzelformen) 5.121
Linearplanung
　s.Wahrscheinlichkeitsrechnung 9.302
Linguistik
　s.Sprachwissenschaft 7.233
Linguistische Stilistik
　s.Grammatik 7.126
　s.Literaturwissenschaft 7.165
Linguistischer Automat
　s.Kybernetische Maschinen (Automatische Sprachübersetzung) 5.107
Linksabbiegen
　s.Verkehrsunterricht (Straßenkreuzung) 10.255
Linkshändiges Schreiben
　s.Linkshändigkeit (Handschrift) 4.121
Linkshändigkeit 4.121
- (Handarbeitsunterricht)
　s.Handarbeitsunterricht (Psychologischer Aspekt) 10.75
- (Handschrift) 4.121
- (Pädagogischer Aspekt) 4.121
- (Schulanfänger)
　s.Linkshändigkeit (Pädagogischer Aspekt) 4.121
- (Schule)
　s.Linkshändigkeit (Pädagogischer Aspekt) 4.121
- (Schulleistung)
　s.Linkshändigkeit (Pädagogischer Aspekt) 4.121
- (Sonderschule)
　s.Linkshändigkeit (Pädagogischer Aspekt) 4.121
Linksschräge Schrift
　s.Schreibunterricht (Schriftverfall) 10.231
Linoldruck
　s.Werken (Linolschnitt) 10.264
Linolschnitt
　s.Werken (Linolschnitt) 10.264
Linsensysteme
　s.Optik (Linsensysteme) 9.220
Lippenablesen
　s.Taubstummenunterricht (Absehen)
　6.196
Lissabon
　s.Länderkunde (Protugal) 8.138
Lissajous-Figuren
　s.Schwingungslehre 9.275

Liszt, Franz
　s.Musikgeschichte (Einzelne Komponisten)　10.176
Liter
　s.Geometrie (Rauminhaltsberechnung)　9.131
Literale Schreib-Leseschwäche
　s.Legasthenie　4.102
Literarische Entwicklung
　s.Leseinteresse　4.115
Literarische Erziehung 7.162
- (Erwachsenenbildung) 7.162
Literarische Formenanalyse
　s.Stilbildung　7.240
Literarische Ganzschrift
　s.Ganzschrift im Unterricht　5.76
Literarische Gattung
　s.Poetik　7.183
Literarische Gestaltungsversuche
　s.Aufsatzunterricht (Gymnasium: Oberstufe)　7.32
　s.Lyrik im Unterricht (Gedichteschreiben)　7.167
Literarische Interpretation
　s.Interpretation　7.135
Literarische Jugendhilfe
　s.Literaturpädagogik　3.163
Literarische Kleinformen
　s.Epische Kurzformen　7.89
Literarische Qualität
　s.Literturkritik　7.163
Literarische Übersetzung
　s.Übersetzen (Literarischer Aspekt)　7.242
Literarische Verfrühung
　s.Literaturpädagogik　3.163
Literarische Wertung
　s.Literaturkritik　7.163
Literarische Wirkung
　s.Lektürewirkung　4.110
Literarischer Aufsatz
　s.Aufsatz (Literarischer Aufsatz)　7.28
Literarischer Geschmack
　s.Literaturpädagogik　3.163
Literarischer Jugendschutz 3.163
Literarischer Kinderhumor
　s.Kindergedicht　7.141
Literarischer Kitsch
　s.Schundliteratur (Kitsch)　3.222
Literarischer Schund
　s.Schundliteratur　3.220
Literarischer Unterricht
　s.Dichtung im Unterricht　7.61
Literarisches Arbeitsbuch
　s.Lesebuch im Unterricht　5.130

Literarisches Hörspiel
　s.Hörspiel　7.135
Literarisches Kunstwerk
　s.Dichtung (Sprachlicher Aspekt)　7.61
Literarisches Qualitätsgefühl
　s.Dichtung im Unterricht (Gymnasium)　7.62
Literarisches Schaffen des Kindes
　s.Lyrik im Unterricht (Gedichteschreiben)　7.167
Literatur
　s.Dichtung　7.60
- und Politik
　s.Politische Bildung (Deutschunterricht)　8.173
Literaturbetrachtung
　s.Dichtung im Unterricht　7.61
Literaturerziehung
　s.Literaturpädagogik　3.163
Literaturgeschichte
　s.Literaturgeschichte im Unterricht　7.162
Literaturgeschichte im Unterricht　7.162
Literaturkritik 7.163
- im Unterricht 7.163
Literaturkundliches Arbeitsbuch
　s.Lesebuch (DDR)　5.127
Literaturmappe
　s.Deutschlehrmittel　5.49
Literaturpädagogik 3.163
siehe auch:
Literarische Erziehung　7.162
- (Abenteuerbuch) 3.164
- (Berufsschule)
　s.Literaturpädagogik (Jugendbuch)　3.166
　s.Literaturpädagogik in der Schule　3.169
- (Bilderbuch) 3.164
- (Comics)
　s.Literaturpädagogik in der Schule (Comisc)　3.170
　s.Schundliteratur (Comics)　3.221
- (Elternhaus)
　s.Literaturpädagogik (Freizeit)　3.165
- (Film)
　s.Literaturpädagogik (Massenmedien)　3.168
- (Freizeit) 3.165
- (Geschlechtserziehung) 3.165
- (Grundschule)
　s.Literaturpädagogik in der Schule　3.169

- (Illustrierte) 3.166
- (Hauptschule)
  s.Literaturpädagogik in der Schule
  3.169
- (Jugendbuch) 3.166
- (Jugendfreizeitstätte)
  s.Literaturpädagogik (Freizeit)
  3.165
- (Jugendzeitschrift) 3.167
- (Kinderbuch)
  s.Literaturpädagogik (Jugendbuch)
  3.166
- (Landjugend)
  s.Literaturpädagogik (Jugendbuch)
  3.166
- (Lehrerbildung)
  s.Lehrerbildung (Literaturpädagogik)
  2.88
- (Mädchenbuch) 3.168
- (Märchen)
  s.Märchenpädagogik 3.175
- (Massenmedien) 3.168
- (Privatlektüre) 3.169
- (Schule)
  s.Literaturpädagogik in der Schule
  3.169
- (Schundliteratur)
  s.Literaturpädagogik in der Schule
  (Schundliteratur) 3.170
  s.Schundliteratur 3.220
- (Schweiz) 3.169
- (Sonderschule)
  s.Literaturpädagogik (Jugendbuch)
  3.166
- (Völkerverständigung)
  s.Literaturpädagogik (Jugendbuch)
  3.166
- (Volksschule)
  s.Literaturpädagogik in der Schule
  3.169
Literaturpädagogik in der Schule 3.169
- (Comics) 3.170
- (Schundliteratur) 3.170
Literaturphilosophie
  s.Literaturwissenschaft 7.165
Literaturpläne
  s.Leseunterricht (Lehrplan) 7.156
Literaturschallplatte
  s.Deutschlehrmittel (Schallplatte)
  5.53
Literatursoziologie
  s.Literaturwissenschaft 7.165
Literaturunterricht
  s.Dichtung im Unterricht 7.61
  s.Leseunterricht 7.153

Literaturunterricht [DDR] 7.164
- (Lehrplan) 7.164
- (Politische Erziehung) 7.164
Literaturwissenschaft 7.165
Little-Kind
  s.Körperbehindertes Kind 4.98
Liturgie
  s.Liturgische Erziehung (Liturgie)
  10.165
Liturgische Erneuerung
  s.Liturgische Erziehung (Liturgie-
  erneuerung) 10.165
Liturgische Erziehung 10.164
- (Eucharistie) 10.165
- (Liturgie) 10.165
- (Liturgieerneuerung) 10.165
- (Osterliturgie) 10.165
Livius-Lektüre
  s.Lateinische Lektüre (Livius) 7.146
LM-System
  s.Kybernetische Lerntheorie
  (Einzelfragen) 5.103
Lob und Tadel
  s.Erziehungsmittel (Lob und Tadel)
  3.96
Lochkarten-Kaufmann
  s.Kaufmännische Berufsfachkunde
  (Einzelfragen) 10.94
Lochschablone
  s.Mathematiklehrmittel 5.135
Löffelbagger
  s.Werken (Spielzeug) 10.267
Lösungsalgorithmus
  s.Lehrprogramm (Algorithmen) 5.120
Lösungsdichte
  s.Physikalische Chemie (Einzelfragen) 9.242
Lösungshilfen zur Rechtschreibung
  s.Rechtschreibunterricht (Lösungshilfen) 7.192
Löwenzahn
  s.Pflanzenkunde (Löwenzahn) 9.232
Lofoten
  s.Länderkunde (Lappland) 8.131
Lofoten-Fischer
  s.Länderkunde (Norwegen) 8.136
Logarithmischer Rechenstab
  s.Rechenstab 5.195
Logarithmus
  s.Analysis (Grenzwert) 9.34
  s.Analysis (Logarithmus) 9.35
Logik in der Mathematik
  s.Mathematische Logik 9.176
Logik des Kindes
  s.Begriffsbildung 4.31

- 259 -

Logik im Schulunterricht
 s.Philosophieunterricht (Logik) 10.203
Logische Diagramme
 s.Mathematische Logik 9.176
Logische Maschine
 s.Kybernetische Maschinen 5.106
Logische Schaltungen
 s.Kybernetische Maschinen (Logische Schaltungen) 5.110
Logische Symbole
 s.Mathematische Logik 9.176
Logisches Denken
 s.Chemieunterricht (Psychologischer Aspekt) 9.91
 s.Erstrechenunterricht (Operatives Denken) 9.116
 s.Mathematikunterricht (Logisches Denken) 9.169
 s.Mathematisches Denken 4.123
 s.Sprache und Denken 7.213
Logistisches Rechengerät
 s.Rechenautomat 9.257
Logopädie
 s.Sprachheilpädagogik 4.200
Logopädische Rhythmik
 s.Sprachheilpädagogik (Rhythmische Erziehung) 4.203
Logopädische Spielreihe
 s.Lernspiel 5.125
Logotherapie
 s.Pädagogische Anthropologie 3.193
 s.Psychoanalyse 4.137
Lohn und Strafe
 s.Erziehungsmittel (Lob und Tadel) 3.96
Lohnarbeiter
 s.Wirtschaftskunde (Lohnfragen) 8.235
Lohnfragen
 s.Kaufmännische Berufsfachkunde (Wirtschaftslehre) 10.94
 s.Wirtschaftskunde (Lohnfragen) 8.235
Lohnpolitik
 s.Politik (Einzelfragen) 8.161
London
 s.Länderkunde (Großbritannien) 8.126
Lorentzformel
 s.Relativitätstheorie (Einzelfragen) 9.272
Loschmidtsche Zahl
 s.Atomphysik (Meßtechnik) 9.53
Lothringen
 s.Länderkunde (Frankreich:Landschaften) 8.125

Lothringisches Kohlenrevier
 s.Wirtschaftsgeographie (Frankreich) 8.222
Lotto im Unterricht
 s.Deutschlehrmittel (Erstleseunterricht) 5.50
 s.Leselernmittel 5.131
Loxodrome
 s.Geometrie (Kugel) 9.128
LPS [Test]
 s.Intelligenztest 4.89
LRS
 s.Lese-Rechtschreibschwäche 4.114
LRS-Klasse
 s.Legasthenikerklasse 4.105
Luchs
 s.Tierkunde (Einzelne Tiere) 9.279
Ludolfsche Zahl
 s.Geometrie (Kreiszahl pi) 9.128
Lücke [Didaktischer Aspekt]
 s.Exemplarischer Unterricht 6.62
Lüftung des Schulzimmers
 s.Schulgebäude (Hygiene) 1.187
Lügendes Kind 4.122
Lümmel
 s.Störenfried 4.210
Lüneburger Heide
 s.Länderkunde (Lüneburger Heide) 8.131
Lüneburger Stegel
 s.Geräteturnen (Schwebebalken) 10.68
Lüscher-Test
 s.Test (Lüscher-Test) 4.219
Luft
 s.Mechanik (Gase) 9.181
Luftanalyse
 s.Chemische Analyse 9.95
Luftbild
 s.Erdkundeatlas (Sonderkarten) 5.60
Luftdruck
 s.Mechanik (Luftdruck) 9.183
 s.Wetterkunde (Atmosphäre) 8.212
Luftentkeimung
 s.Radioaktivität 9.255
Luftgewicht
 s.Mechanik (Gase) 9.181
Lufthülle
 s.Wetterkunde (Atmosphäre) 8.212
Luftlinse
 s.Optik (Brechung) 9.217
Luftradioaktivität
 s.Radioaktivität 9.255
Luftschwingung
 s.Akustik (Schallwellen) 9.24
Luftverkehr

s.Wirtschaftsgeographie (Verkehrswesen) 8.229
Luftzirkulation
   s.Wetterkunde (Wind) 8.214
Lumineszenz
   s.Optik (Lumineszenz) 9.220
Lungenatmung
   s.Menschenkunde (Atmung) 9.188
Lupe
   s.Arbeitsmittel (Einzelformen) 5.27
Lurche
   s.Tierkunde (Amphibien) 9.279
- (Haut)
   s.Tierphysiologie (Haut der Tiere)
   9.286
Lustbetontes Lernen
   s.Freude im Unterricht 6.70
Lustspiel im Unterricht
   s.Drama im Unterricht 7.65
Luther, Martin
   s.Neuzeit (Reformation) 8.154
Lutherbibel
   s.Bibelunterricht (Bibel) 10.31
Lutherforschung
   s.Kirchengeschichte (Luther) 10.98
Luthers Ablaßthesen
   s.Neuzeit (Reformation) 8.154
Luthers Lieder
   s.Kirchenlied (Evangelische Unterweisung) 10.102
Luthers Schriftverständnis
   s.Evangelische Unterweisung (Einzelfragen) 10.57
Luxemburg
   s.Länderkunde (Europa:Einzelfragen)
   8.124
Luzern
   s.Länderkunde (Schweiz:Kanton
   Luzern) 8.141
Lyrik 7.165
- (Formfragen) 7.165
- (Geschichte) 7.166
- (Interpretation) 7.166
- (Lebenshilfe)
   s.Lyrik 7.165
- (Verblose Sätze)
   s.Lyrik (Formfragen) 7.165
- im Englischunterricht
   s.Englische Lektüre (Lyrik) 7.72
- im Religionsunterricht
   s.Religionsunterricht
   (Deutschunterricht) 10.209
Lyrik im Unterricht 7.166
- (Auswendiglernen) 7.166
- (Berufsschule) 7.167

- (Gedichtauswahl) 7.167
- (Gedichtbetrachtung) 7.167
- (Gedichteschreiben) 7.167
- (Gedichtinterpretation) 7.168
- (Gedichtvergleich) 7.168
- (Gedichtvortrag) 7.168
- (Gliederungen)
   s.Lyrik im Unterricht (Methodi-
   sche Einzelfragen) 7.170
- (Grundschule) 7.168
- (Gymnasium) 7.169
- (Gymnasium:Oberstufe) 7.169
- (Mädchenbildung) 7.169
- (Methodische Einzelfragen) 7.170
- (Psychologischer Aspekt) 7.170
- (Realschule) 7.171
- (Sonderschule) 7.171
- (Spracherziehung) 7.171
- (Sprecherziehung)
   s.Lyrik im Unterricht (Gedicht-
   vortrag) 7.168
- (Volksschule) 7.171
- (Volksschuloberstufe) 7.172
Lyrikarbeitsgemeinschaft
   s.Lyrik im Unterricht (Methodi-
   sche Einzelfragen) 7.170
Lyrikinterpretation
   s.Lyrik (Interpretation) 7.166
Lyrische Technik
   s.Lyrik (Formfragen) 7.165
Lyrisches Verständnis
   s.Lyrik im Unterricht 7.166

M

Maare der Eifel
   s.Länderkunde (Eifel) 8.123
Machsches Phänomen
   s.Mechanik (Strömungslehre) 9.185
Macht
   s.Politik (Macht) 8.164
Macht und Bildung
   s.Schule und Staat 1.181
Macht und Recht
   s.Rechtskunde (Politische Bildung)
   8.196
Machtergreifung Hitlers
   s.Zeitgeschichte (Hitlers
   Machtergreifung) 8.241
   s.Zeitgeschichtsunterricht
   (Hitlers Machtergreifung) 8.252
Machtkontrolle
   s.Politik (Gewaltenteilung) 8.162

Machtmißbrauch
s.Zeitgeschichtsunterricht (Nationalsozialismus:Einzelfragen) 8.255
Madagaskar
s.Länderkunde (Ostafrika) 8.137
Madeira
s.Länderkunde (Kanarische Inseln) 8.131
Mädchen
s.Mädchenbildung 3.170
s.Pubertät (Mädchen) 4.157
- (Freizeitverhalten)
s.Freizeitverhalten (Jugendalter) 3.124
Mädchenabschlußklasse
s.Volksschulunterricht (Mädchenabschlußklasse) 6.220
Mädchenalter
s.Pubertät (Mädchen) 4.157
Mädchenberufsschule 1.143
- (Staatsbürgerliche Erziehung)
s.Staatsbürgerliche Erziehung (Mädchenberufsschule) 8.207
- , Ländliche
s.Landwirtschaftliche Berufsschule (Mädchen) 1.141
Mädchenbildender Unterricht
s.Lebenspraktischer Unterricht 6.113
Mädchenbildung 3.170
- (Berufsschule) 3.170
- (Biologieunterricht)
s.Biologieunterricht (Methodische Einzelfragen) 9.70
- (Biologischer Aspekt)
s.Mädchenbildung (Psychologischer Aspekt) 3.173
- (Deutschunterricht)
s.Deutschunterricht (Mädchenbildung) 7.54
- (Fernsehen)
s.Fernseherziehung (Psychologischer Aspekt) 3.111
- (Frauenfrage) 3.171
- (Gegenwartsfragen) 3.172
- (Gemeinschaftskunde)
s.Gemeinschaftskunde (Mädchenbildung) 8.52
- (Geschichtsunterricht)
s.Geschichtsunterricht (Mädchenbildung) 8.78
- (Glaubensfragen)
s.Mädchenbildung (Religiöser Aspekt) 3.173
- (Gymnasium) 3.172
- (Gymnastik)

s.Gymnastik (Unterrichtsaspekt) 10.74
- (Hilfsschule)
s.Mädchenbildung (Sonderschule) 3.174
- (Höhere Schule)
s.Mädchenbildung (Gymnasium) 3.172
- (Koedukation)
s.Koedukation (Mädchenbildung) 3.159
- (Mädchenbildung)
s.Gymnastik (Unterrichtsaspekt) 10.74
- (Kunsterziehung)
s.Kunsterziehung (Mädchenbildung) 10.117
- (Landschule) 3.173
- (Leichtathletik)
s.Leichtathletik (Methodische (Einzelfragen) 10.159
- (Lyrik)
s.Lyrik im Unterricht (Mädchenbildung) 7.169
- (Mathematikunterricht)
s.Mathematikunterricht (Mädchenbildung) 9.169
- (Mittelschule)
s.Mädchenbildung (Realschule) 3.173
- (Naturlehre)
s.Naturlehre (Mädchenbildung) 9.204
- (Naturwissenschaftlicher Unterricht)
s.Naturwissenschaftlicher Unterricht (Mädchenbildung) 9.214
- (Physikunterricht)
s.Physikunterricht (Mädchenbildung) 9.249
- (Politische Bildung)
s.Politische Bildung (Mädchenbildung) 8.183
- (Psychologischer Aspekt) 3.173
- (Realschule) 3.173
- (Reform)
s.Mädchenbildung (Gegenwartsfragen) 3.172
- (Religiöser Aspekt) 3.173
- (Religionsunterricht)
s.Religionsunterricht (Mädchenbildung) 10.215
- (Schulgarten)
s.Schulgarten 5.229
- (Schuljahr IX)
s.Mädchenbildung (Volksschule) 3.174
s.Volksschulunterricht (Schuljahr IX für Mädchen) 6.223

- (Schullandheim)
  s.Schullandheimaufenthalt (Mädchenklasse) 6.165
- (Sekundarschule)
  s.Mädchenbildung (Volksschule) 3.174
- (Sonderschule) 3.174
- (Soziologischer Aspekt) 3.174
- (Technik)
  s.Mädchenbildung (Gegenwartsfragen) 3.172
- (Tonband)
  s.Tonband im Unterricht (Einzelfragen) 5.250
- (Volksschule) 3.174
- (Wertwelt)
  s.Leitbilder (Jugendalter) 3.162
Mädchenbuch
  s.Jugendbuch (Sonderformen) 7.138
  s.Literaturpädagogik (Mädchenbuch) 3.168
Mädchengymnasium 1.143
- (Musisches Leben)
  s.Musische Erziehung (Gymnasium) 6.129
Mädchengymnastik
  s.Gymnastik (Einzelfragen) 10.71
Mädchenlager
  s.Schulwandern (Ferienlager) 6.180
Mädchenlektüre
  s.Leseinteresse 4.115
Mädchenrealschule 1.143
Mädchenspiel
  s.Schulspiel 6.171
Mädchensport
  s.Mädchenturnen 10.166
Mädchenturnen 10.166
- (Bewegungserziehung) 10.166
- (Bundesjugendspiele)
  s.Bundesjugendspiele (Einzelfragen) 10.51
- (Leistung) 10.166
- (Medizinischer Aspekt)
  s.Mädchenturnen (Psychologischer Aspekt) 10.166
- (Psychologischer Aspekt) 10.166
- (Schweiz) 10.166
Märchen 7.172
- (Erziehungswert) 7.172
- (Europäisches Volksmärchen) ... 7.172
- (Grimmsche Märchen) 7.173
- (Individuation)
  s.Märchenpsychologie 4.122
- (Jugendliteratur)
  s.Märchen (Erziehungswert) 7.172

- (Psychologischer Aspekt)
  s.Märchenpsychologie 4.122
- (Ursprung) 7.173
- erzählen
  s.Märchenerzählen 7.175
Märchen im Unterricht 7.173
- (Grundschule) 7.174
- (Gymnasium) 7.174
- (Methodische Einzelfragen) 7.174
- (Spielformen) 7.174
- (Volksschule) 7.175
Märchenerzählen 7.175
Märchenfilm 5.134
Märchenforschung
  s.Märchen 7.172
Märchenpädagogik 3.175
Märchenpsychologie 4.122
- (Grausamkeit) 4.123
Märchenschallplatte
  s.Schallplatte im Unterricht 5.204
Märchenspiel
  s.Märchen im Unterricht (Spielformen) 7.174
  s.Schulspiel (Grundschule) 6.172
- im Englischunterricht
  s.Englischunterricht (Spielformen) 7.85
Märchenstunde
  s.Märchen im Unterricht (Methodische Einzelfragen) 7.174
Märchensymbolik
  s.Märchenpädagogik 3.175
  s.Märchenpsychologie 4.122
Mäuse
  s.Tierkunde (Nagetiere) 9.282
  s.Tierverhalten (Einzelne Tiere) 9.288
Magdeburg
  s.Länderkunde (Deutschland:Landschaften) 8.122
Magische Quadrate
  s.Algebra (Zahlentheorie) 9.31
Magische Zahlensterne
  s.Algebra (Zahlentheorie) 9.31
Magnesiumsalzlösung
  s.Anorganische Chemie (Salze) 9.42
Magnetfeld
  s.Magnetismus (Magnetfeld) 9.158
Magnethafttafel
  s.Hafttafel 5.90
Magnetische Elektronenlinse
  s.Atomphysik (Korpuskularstrahlung) 9.52
Magnetische Feldstärke
  s.Magnetismus (Feldstärke) 9.157

Magnetische Feldlinienbilder
  s.Magnetismus (Magnetfeld) 9.158
Magnetische Induktion
  s.Elektrizitätslehre (Induktion)
  9.106
Magnetischer Dipol
  s. Magnetismus (Magnetfeld) 9.158
Magnetismus 9.156
- (Dia-/Paramagnetismus) 9.156
- (Elektromagnetismus) 9.156
- (Erdmagnetismus) 9.157
- (Feldstärke) 9.157
- (Ferromagnetismus) 9.157
- (Hysterese) 9.157
- (Lehrgeräte)
  s.Physikalisches Experimentier-
  gerät (Elektromagnetismus) 5.145
- (Magnetfeld) 9.158
Magnetnadel
  s.Magnetismus (Erdmagnetismus) 9.157
Magnetophon im Unterricht
  s.Tonband im Unterricht 5.249
Magnettonband
  s.Tonband 5.249
Mai [im Gesamtunterricht]
  s.Arbeitseinheiten (Mai) 6.29
Maikäfer
  s.Insektenkunde (Maikäfer) 9.148
- im Gesamtunterricht
  s.Arbeitseinheiten (Maikäfer) 6.29
Maingebiet
  s.Länderkunde (Deutsche Flußlandschaften) 8.121
Mainzer Becken
  s.Länderkunde (Deutsche Flußlandschaften) 8.121
Mais
  s.Pflanzenkunde (Getreide) 9.229
Majuskel
  s.Rechtschreibreform (Kleinschreibung) 7.187
Makrofotografie
  s.Schulfotografie (Nahaufnahme) 5.224
Malaysien
  s.Länderkunde (Malaysien) 8.131
Malballspiel
  s.Ballspiel (Einzelformen) 10.20
Malbezeichnung
  s.Rechenoperationen (Multiplikation) 9.259
Malen 10.167
- (Deckfarben) 10.167
- (Erdkundeunterricht)
  s.Erdkundelehrmittel (Sachzeichnen) 5.68

- (Farbe) 10.167
- (Grundschule) 10.167
- (Psychologischer Aspekt) 10.168
- (Religionsunterricht)
  s.Religionsunterricht (Zeichnen/
  Malen) 10.225
- (Techniken) 10.168
- (Themenstellung) 10.168
- (Volksschuloberstufe) 10.168
- (Wasserfarben) 10.168
Maler
  s.Berufsfachkunde (Graphisches
  Gewerbe) 10.25
Malerziehung
  s.Malen 10.167
Mallinckrodt-Schule
  s.Schulversuche (Bundesländer) 1.228
Mallorca
  s.Länderkunde (Spanien:Land-
  schaften) 8.142
Malnehmen
  s.Rechenoperationen (Multipli-
  kation) 9.259
Malunterricht
  s.Malen 10.167
Mandschurei
  s.Länderkunde (Mandschurei) 8.132
Mangan
  s.Anorganische Chemie (Metalle)
  9.40
Mangelerlebnisse
  s.Jugendlicher Dieb 4.92
Manifeste Angst
  s.Angst 4.23
Manipermhafttafel
  s.Hafttafel 5.90
- (Physikunterricht)
  s.Physiklehrmittel 5.148
Manipermlandkarte
  s.Geschichtslehrmittel (Hafttafel)
  5.85
Manisch-Depressiver Zustand
  s.Depression 4.39
Manische Verstimmungsphase
  s.Geisteskrankheit 4.66
Mann-Zeichen-Test
  s.Test (Mann-Zeichen-Test) 4.219
Mannheimer Schulsystem
  s.Schulversuche 1.227
Mannschaftsspiele
  s.Leibeserziehung (Mannschaftswettkampf) 10.143
Mannzeichnung
  s.Intelligenztest 4.89
Manuelle Beschäftigung

s.Kunsterziehung (Methodische
  Einzelfragen) 10.117
Manuelle Geschicklichkeit
  s.Motorik 4.125
Mappen
  s.Arbeitsmappe 5.24
Marburger Religionsgespräch
  s.Kirchengeschichte (Reformation)
  10.99
Margarine
  s.Nahrungsmittelchemie (Einzelfragen) 9.197
  s.Wirtschaftsgeographie (Margarine)
  8.225
Maria [Muttergottes]
  s.Bibelunterricht NT (Maria) 10.44
  s.Katechese (Maria) 10.87
Maria Theresia
  s.Neuzeit (18. Jahrhundert) 8.155
Marianisches Jahr
  s.Kirchenjahr 10.101
Marienlyrik im Deutschunterricht
  s.Lyrik im Unterricht (Gymnasium:
  Oberstufe) 7.169
Marine Biologie
  s.Meeresbiologie 9.187
Marionetten
  s.Werken (Marionetten) 10.264
Marionettenspiel im Unterricht
  s.Handpuppenspiel im Unterricht
  (Marionettenspiel) 6.95
Markoffsche Ketten
  s.Wahrscheinlichkeitsrechnung 9.302
Markt [im Gesamtunterricht]
  s.Arbeitseinheiten (Einkaufen) 6.25
Markthalle
  s.Heimatkundliche Themen (Großstadt) 8.105
Marktlehre
  s.Wirtschaftskunde (Landwirtschaft)
  8.235
Marktlehreunterricht
  s.Landwirtschaftlicher Unterricht
  6.113
Marktorientierung
  s.Wirtschaftskunde (Konsumerziehung)
  8.234
Marktwirtschaft
  s.Wirtschaftsgeographie (Deutschland) 8.217
  s.Wirtschaftskunde (Marktwirtschaft) 8.236
Markusevangelium
  s.Bibelunterricht NT (Synoptiker)
  10.47

Marokko
  s.Länderkunde (Marokko) 8.132
Mars
  s.Astronomie (Planeten) 9.46
Marshallplan
  s.Wirtschaftsgeographie (Einzelfragen) 8.218
Martins-Umzug [im Gesamtunterricht]
  s.Arbeitseinheiten 6.23
Marxismus
  s.Zeitgeschichte (Kommunismus) 8.242
  s.Zeitgeschichtsunterricht
  (Kommunismus) 8.253
- im Schulbuch
  s.Schulbuch (Einzelfragen) 5.211
Marxistisch-leninistische Erziehungswissenschaft
  s.Pädagogik (DDR) 3.185
Marxistische Erziehung
  s.Sozialistische Erziehung [DDR]
  3.226
Marxistische Geschichtsphilosophie
  s.Geschichtsphilosophie (Historischer Materialismus) 8.65
Marxistische Psychologie
  s.Psychologie (Geschichte) 4.147
Marxistische Staatsbürgerkunde
  s.Politische Bildung (DDR) 8.172
Marxistische Unterrichtstheorie
  s.Didaktik (DDR) 6.54
  s.Unterrichtsforschung 6.209
Marxistische Vergleichende Pädagogik
  s.Vergleichende Erziehungswissenschaft 3.239
Marxistischer Materiebegriff
  s.Physik (Philosophischer Aspekt)
  9.241
Marxsche Bildungskonzeption
  s.Sozialistische Erziehung [DDR]
  1.226
Maschinelle Bewußtseinsbildung
  s.Kybernetische Maschinen 5.106
Maschinelle Datenverarbeitung
  s.Kaufmännische Berufsfachkunde
  (Einzelfragen) 10.94
Maschinelle Übersetzung
  s.Kybernetische Maschinen (Automatische Sprachübersetzung) 5.107
Maschinelles Lernen
  s.Programmiertes Lernen 5.156
Maschinenbauer
  s.Berufsfachkunde (Maschinenbau)
  10.26
Maschinenkunde
  s.Grundlehrgang (Maschinenkunde) 6.80

Maschinenschreiben 10.169
- (Anfänger) 10.169
- (Methodische Einzelfragen) 10.169
- (Programmiertes Lernen)
  s.Programmiertes Lernen (Einzelne
  Unterrichtsfächer) 5.167
- (Technische Hilfsmittel) 10.170
- (Volksschule)
  s.Maschinenschreiben 10.169
Maschinenschreiblehrer
  s.Berufsschullehrer 2.24
Maschinenschreibunterricht
  s.Maschinenschreiben 10.169
Maschinensprache
  s.Kybernetische Maschinen (Programmierung) 5.111
Maser
  s.Hochfrequenztechnik (Maser) 9.144
Masken
  s.Papierwerken (Masken) 10.200
Maskenspiel
  s.Schulspiel (Pantomime) 6.175
Maße und Gewichte
  s.Bruchrechnen (Dezimalzahl) 9.82
  s.Geometrie (Maße/Gewichte) 9.129
Masse
  s.Mechanik (Dynamik) 9.179
  s.Mechanik (Maßeinheit) 9.184
Massendefekt
  s.Relativitätstheorie 9.271
Massenbildung
  s.Elitebildung 3.72
Massengesellschaft und Erziehung
  s.Erziehung (Moderne Gesellschaft) 3.81
Massenkommunikation
  s.Massenmedien 3.175
Massenkommunikationsmittel
  s.Technische Lehrmittel 5.247
Massenmedien 3.175
- (Aggression)
  s.Aggression 4.20
- (Europa-Erziehung)
  s.Politiklehrmittel 5.149
- (Jugendverbände)
  s.Massenmedien (Sozialpädagogik) 3.177
- (Lehrerbildung)
  s.Lehrerbildung (Massenmedien) 2.88
- (Pädagogischer Aspekt) 3.176
- (Psychologischer Aspekt) 3.177
- (Reizüberflutung) 3.177
- (Sozialpädagogik) 3.177
- (Unterrichtsaspekt)
  s.Politik (Massenmedien) 8.164

Massenpresse
  s.Zeitungslektüre 3.245
Massenpsychologie 4.123
Massenspektroskopie
  s.Atomphysik (Isotope) 9.52
Massensuggestion
  s.Massenpsychologie 4.123
Massenveränderlichkeit
  s.Relativitätstheorie (Einzelfragen) 9.272
Massenwahn
  s.Massenpsychologie 4.123
Massenwirkungsgesetz
  s.Chemische Bindung (Massenwirkungsgesetz) 9.97
Maßhalten
  s.Erziehung zum Verzicht 3.86
Maßsysteme
  s.Mechanik (Maßeinheit) 9.184
Materialien zur Geschichte
  s.Geschichtslehrmittel (DDR) 5.84
Materialismus
  s.Philosophieunterricht (Materialismus) 10.203
Materialistische Abstammungslehre
  s.Abstammungslehre 9.21
Materialistische Erkenntnistheorie
  s.Sozialistische Erziehung [DDR] 3.226
Materialistischer Humanismus
  s.Humanismus 3.144
Materie
  s.Atomphysik 9.50
- und Leben
  s.Biologie (Organisches Leben) 9.60
Materiebegriff
  s.Physik (Philosophischer Aspekt) 9.241
Mathematik 9.158
- (Abschlußprüfung)
  s.Mathematikunterricht (Leistungskontrolle) 9.168
- (Axiomatik)
  s.Mathematische Beweistheorie) 9.175
- (Einzelfragen) 9.158
- (Erkenntnistheorie)
  s.Mathematik (Philosophischer Aspekt) 9.159
- (Erkenntniswert)
  s.Mathematikunterricht (Bildungswert) 9.162
- (Geschichte) 9.159
- (Gesellschaftliche Bedeutung)
  s.Mathematikunterricht (DDR) 9.162

- (Lehrerbildung)
  s.Lehrerbildung (Mathematik) 2.89
- (Modellbegriff)
  s.Mathematische Beweistheorie 9.175
- (Philosophischer Aspekt) 9.159
- (Soziologischer Aspekt) 9.160
- und Kybernetik
  s.Kybernetik (Einzelfragen) 5.98
- und Physik
  s.Naturwissenschaftlicher Unterricht 9.212
Mathematikbeschluß
  s.Mathematikunterricht (DDR) 9.162
Mathematikheft
  s.Mathematiklehrmittel 5.135
Mathematiklehrbuch 5.134
- (Unterstufe)
  s.Rechenbuch (DDR) 5.188
Mathematiklehrer 2.119
Mathematiklehrmittel 5.134
- (Film) 5.135
- (Hafttafel) 5.135
- (Lehrprogramm)
  s.Programmiertes Lernen (Mathematik) 5.176
- (Lichtbild) 5.136
- (Spielformen) 5.136
Mathematiklehrplan
  s.Mathematikunterricht (Lehrplan) 9.167
  s.Rechenunterricht (Lehrplan) 9.267
- (Grundschule)
  s.Grundschulrechnen (Lehrplan) 9.140
Mathematiknoten
  s.Mathematikunterricht (Leistungsbewertung) 9.168
Mathematikolympiade
  s.Mathematikunterricht (Schülerwettbewerb) 9.174
Mathematikprogramm
  s.Programmiertes Lernen (Mathematik) 5.176
Mathematikunterricht 9.160
- (Abitur)
  s.Mathematikunterricht (Reifeprüfung) 9.174
- (Abschlußprüfung)
  s.Mathematikunterricht (Reifeprüfung) 9.174
- (Algebra)
  s.Algebraunterricht 9.32
- (Analyse)
  s.Mathematikunterricht (Leistungskontrolle) 9.168

- (Angewandte Aufgaben)
  s.Fachrechnen 9.120
- (Anschauung)
  s.Mathematikunterricht (Methodische Einzelfragen) 9.170
  s.Rechenunterricht (Anschauung) 9.265
- (Arbeitsgemeinschaft) 9.161
- (Arbeitsmittel)
  s.Mathematiklehrmittel 5.135
- (Aufnahmeprüfung) 9.161
- (Ausleseverfahren)
  s.Mathematikunterricht (Aufnahmeprüfung) 9.161
- (Berufsschule) 9.161
- (Beweisversuche) 9.162
- (Bildungswert) 9.162
- (DDR) 9.162
- (Definition)
  s.Mathematikunterricht (Denkschulung) 9.163
- (Denkschulung) 9.163
- (Differenzierung)
  s.Mathematikunterricht (Methodische Einzelfragen) 9.170
- (Effektivität) 9.164
- (Einführung) 9.164
- (Erziehungswert) 9.164
- (Exemplarisches Lehren) 9.165
- (Fehleranalyse)
  s.Mathematikunterricht (Leistungskontrolle) 9.168
- (Fünfjahresplan)
  s.Mathematikunterricht (DDR) 9.162
- (Geistige Entwicklung)
  s.Mathematikunterricht (Psychologischer Aspekt) 9.171
- (Geschichte) 9.165
- (Grundschule)
  s.Grundschulrechnen (Mathematischer Aspekt) 9.140
- (Gymnasium) 9.165
- (Gymnasium:Mittelstufe) 9.166
- (Gymnasium:Oberstufe) 9.166
- (Gymnasium:Unterstufe) 9.166
- (Heuristik) 9.167
- (Hochschule)
  s.Mathematikunterricht (Universität) 9.175
- (Hochschulreife)
  s.Mathematikunterricht (Reifeprüfung) 9.174
- (Intensivierung)
  s.Mathematikunterricht (Effektivität) 9.164

[Forts.: Mathematikunterricht]
- (Interesse)
  s.Mathematikunterricht (Psychologischer Aspekt) 9.171
- (Kenntniserwerb)
  s.Mathematikunterricht (Effektivität) 9.164
- (Landschule)
  s.Rechenunterricht 9.265
- (Lehrplan) 9.167
- (Leistungsbewertung) 9.168
- (Leistungskontrolle) 9.168
- (Leistungsstand)
  s.Mathematikunterricht (Psychologischer Aspekt) 9.171
- (Lipezker Erfahrungen)
  s.Mathematikunterricht (Effektivität) 9.164
- (Logisches Denken) 9.169
- (Mädchenbildung) 9.169
- (Mathematischer Aufsatz) 9.169
- (Methodische Einzelfragen) 9.170
- (Mittelschule)
  s.Mathematikunterricht (Gymnasium) 9.165
  s.Mathematikunterricht (Realschule) 9.172
- (Modelle)
  s.Mathematiklehrmittel 5.135
- (Motivierung)
  s.Mathematikunterricht (Methodische Einzelfragen) 9.170
- (Mündliche Prüfung)
  s.Mathematikunterricht (Leistungskontrolle) 9.168
- (Philosophischer Aspekt) 9.170
- (Pionierlager)
  s.Mathematikunterricht (Schülerwettbewerb) 9.174
- (Polytechnische Bildung) 9.171
- (Produktives Denken)
  s.Mathematikunterricht (Denkschulung) 9.163
- (Propädeutik)
  s.Mathematikunterricht (Einführung) 9.164
- (Psychologischer Aspekt) 9.171
- (Punktbewertung)
  s.Mathematikunterricht (Leistungsbewertung) 9.168
- (Realschule) 9.172
- (Rechenstab)
  s.Rechenstab 5.195
- (Reform) 9.172
- (Reformierte Oberstufe)

  s.Mathematikunterricht (Gymnasium: Oberstufe) 9.166
- (Reifeprüfung) 9.174
- (Religiosität)
  s.Mathematikunterricht (Erziehungswert) 9.164
- (Schülerübung)
  s.Mathematikunterricht (Selbsttätigkeit) 9.174
- (Schülerwettbewerb) 9.174
- (Schulfernsehen)
  s.Mathematiklehrmittel 5.135
- (Schuljahr II)
  s.Grundschulrechnen (Schuljahr II) 9.142
- (Schuljahr III)
  s.Grundschulrechnen (Schuljahr III) 9.142
- (Schuljahr IV)
  s.Grundschulrechnen (Schuljahr IV) 9.142
- (Selbstkontrolle)
  s.Mathematikunterricht (Selbsttätigkeit) 9.174
- (Selbsttätigkeit) 9.174
- (Staatsbürgerliche Bildung)
  s.Mathematikunterricht (Erziehungswert) 9.164
- (Stoffbeschränkung)
  s.Mathematikunterricht (Exemplarisches Lehren) 9.165
- (Stoffplan)
  s.Mathematikunterricht (Lehrplan) 9.167
- (Universität) 9.175
- (Vermuten)
  s.Mathematikunterricht (Beweisversuche) 9.162
- (Vertiefung)
  s.Mathematikunterricht (Methodische Einzelfragen) 9.170
- (Weltanschauliche Bildung)
  s.Mathematikunterricht (Erziehungswert) 9.164
- (Wiederholung)
  s.Mathematikunterricht (Effektivität) 9.164
  s.Mathematikunterricht (Methodische Einzelfragen) 9.170
  s.Rechenübung 9.263
- (Zeichnen)
  s.Rechenunterricht (Anschauung) 9.265

Mathematisch-naturwissenschaftlicher Unterricht

s.Naturwissenschaftlicher Unterricht 9.212
Mathematisch-naturwissenschaftliches Gymnasium
  s.Naturwissenschaftliches Gymnasium 1.146
Mathematische Arbeitsgemeinschaft
  s.Mathematikunterricht (Arbeitsgemeinschaft) 9.161
Mathematische Arbeitsmittel
  s.Mathematiklehrmittel 5.135
Mathematische Begabung
  s.Mathematisches Denken 4.123
Mathematische Beweistheorie 9.175
- (Vollständige Induktion) 9.175
Mathematische Bildsamkeit
  s.Mathematisches Denken 4.123
Mathematische Bildung
  s.Mathematikunterricht (Bildungswert) 9.162
  s.Naturwissenschaftliche Bildung 3.182
Mathematische Erdkunde
  s.Erdkunde 8.29
Mathematische Fähigkeit
  s.Rechenfertigkeit 9.257
Mathematische Frühbegabung
  s.Mathematisches Denken 4.123
Mathematische Haltung
  s.Mathematikunterricht (Erziehungswert) 9.164
Mathematische Jahresarbeit
  s.Mathematikunterricht (Leistungskontrolle) 9.168
Mathematische Klassenarbeit
  s.Mathematikunterricht (Leistungskontrolle) 9.168
  s.Mathematikunterricht (Mathematischer Aufsatz) 9.169
Mathematische Lerntheorie
  s.Kybernetische Lerntheorie 5.102
Mathematische Linguistik
  s.Kybernetik (Informationssemantik) 5.99
  s.Kybernetische Maschinen (Automatische Sprachübersetzung) 5.107
Mathematische Logik 9.176
- (Lerntheorie)
  s.Kybernetik (Symbolische Logik) 5.101
Mathematische Meßgeräte
  s.Mathematiklehrmittel 5.135
Mathematische Schülerbücherei
  s.Mathematiklehrmittel 5.135
Mathematische Schülerübung

s.Mathematikunterricht (Selbsttätigkeit) 9.174
  s.Rechenübung 9.263
Mathematische Spiele
  s.Mathematiklehrmittel (Spielformen) 5.136
Mathematische Statistik 9.176
Mathematische Vorbereitung
  s.Vorschulischer Unterricht 6.226
Mathematischer Aufsatz
  s.Mathematikunterricht (Mathematischer Aufsatz) 9.169
Mathematischer Film
  s.Mathematiklehrmittel (Film) 5.135
Mathematischer Leistungsstand
  s.Rechenleistung 4.159
Mathematischer Schülerwettbewerb
  s.Mathematikunterricht (Schülerwettbewerb) 9.174
Mathematischer Schülerzirkel
  s.Mathematikunterricht (Arbeitsgemeinschaft) 9.161
Mathematisches Denken 4.123
- im Unterricht
  s.Mathematikunterricht (Denkschulung) 9.163
  s.Rechenunterricht (Denkschulung) 9.266
  s.Sachrechnen (Grundschule) 9.273
Mathematisches Lesebuch
  s.Mathematiklehrbuch 5.134
Mathematisches Neuronenmodell
  s.Kybernetische Lerntheorie (Neuronenmodelle) 5.105
Mathematisches Unterrichtsgespräch
  s.Mathematikunterricht (Methodische Einzelfragen) 9.170
Mathematisches Schulbuch
  s.Mathematiklehrbuch 5.134
Matrix
  s.Kybernetische Maschinen (Lernmatrix) 5.110
Matrizenrechnen
  s.Algebra (Gleichungen) 9.26
Maturantenberatung
  s.Berufsberatung (Akademische Berufsberatung) 3.29
Maturität
  s.Abitur 1.20
  s.Hochschulreife 1.110
  s.Reifeprüfung 1.165
Maturitätsaufsatz
  s.Reifeprüfungsaufsatz (Themenstellung) 7.196

Maturitätsausbildung
 s.Hochschulreife 1.110
Maturitätsordnung
 s.Gymnasium (Schweiz) 1.99
Maturitätsreise
 s.Studienfahrt 6.190
Maul
 s.Wortfeld im Unterricht (Einzelbeispiele) 7.250
Maulbeerseidenspinner
 s.Insektenkunde (Seidenspinner) 9.149
Maulwurf
 s.Tierkunde (Maulwurf) 9.282
Maurer
 s.Berufsfachkunde (Maurer) 10.26
Maxwell-Gleichungen
 s.Elektrizitätslehre 9.102
Mechanik 9.177
- (Artgewicht) 9.177
- (Auftrieb) 9.177
- (Beschleunigung) 9.178
- (Bewegungsgesetze) 9.178
- (Drehbewegung) 9.179
- (Dynamik) 9.179
- (Einzelfragen) 9.179
- (Elastizität) 9.180
- (Fliegen) 9.180
- (Flüssigkeiten) 9.180
- (Freier Fall) 9.181
- (Gase) 9.181
- (Gleichgewicht) 9.182
- (Gradlinige Bewegung) 9.182
- (Hebelgesetz) 9.182
- (Hydrostatik)
  s.Mechanik (Auftrieb) 9.177
- (Impulsgesetz) 9.183
- (Kinematik) 9.183
- (Kreisel) 9.183
- (Luftballon)
  s.Mechanik (Auftrieb) 9.177
- (Luftdruck) 9.183
- (Maßeinheit) 9.184
- (Meßtechnik) 9.184
- (Oberflächenspannung) 9.185
- (Reibung) 9.185
- (Schiefe Ebene) 9.185
- (Strömungslehre) 9.185
- (Trägheit) 9.186
- (Übungsgeräte)
  s.Physikalisches Experimentiergerät (Mechanik) 5.146
- (Waage) 9.186
- (Zentrifugalkraft) 9.186
Mechanische Didaktik

 s.Kybernetische Pädagogik (Didaktischer Aspekt) 5.113
Mechanische Musik
 s.Neue Musik 10.195
Mechanische Schwingungen
 s.Schwingungslehre 9.275
Mechanisches Gedächtnis
 s.Kybernetik (Dokumentation) 5.97
Mechanisches Lernen
 s.Programmiertes Lernen (Lernverhalten) 5.175
Mechanochemische Reaktion
 s.Chemische Bindung (Reaktionen) 9.98
Mechanokutane Sprachvermittlung
 s.Taubstummenunterricht (Hörhilfen) 6.198
Mecklenburg
 s.Länderkunde (Deutsche Ostseeküste) 8.122
 s.Länderkunde (Mecklenburg) 8.132
Medienpädagogik
 s.Massenmedien (Pädagogischer Aspekt) 3.176
 s.Schulfernsehen (Bundesländer) 5.215
 s.Technische Lehrmittel 5.247
 s.Zeitung im Unterricht 5.262
Medizinballspiel
 s.Ballspiel (Medizinball) 10.21
Medizinische Anthropologie 3.177
Medizinische Strahlenkunde
 s.Radioaktivität (Strahlenbiologie) 9.256
Medizinische Unerziehbarkeit
 s.Schwererziehbarkeit 4.186
Medizinmeteorologie
 s.Wetterfühligkeit 4.239
Meeresalgen
 s.Pflanzenkunde (Algen) 9.226
Meeresbiologie 9.187
Meeresboden
 s.Meeresforschung 8.148
Meeresfischerei
 s.Wirtschaftsgeographie (Seefischerei) 8.227
Meeresforschung 8.148
- (Unterrichtsaspekt) 8.148
 siehe auch:
 Meeresbiologie 9.187
Meeresstrand [Lebensgemeinschaft]
 s.Lebensgemeinschaft (Strand) 9.154
Mehrdimensionale Geometrie
 s.Geometrie (Einzelfragen) 9.126
Mehrdimensionale Integrale
 s.Analysis (Integral) 9.34

Mehrfachbehinderung
  s.Körperbehindertes Kind 4.98
Mehrfaktorenanalyse in der Biologie
  s.Biologie 9.58
Mehrgleisiges Denken
  s.Denkentwicklung 4.37
Mehrklassenschule
  s.Schulreform (Schweiz) 1.224
  s.Volksschulunterricht 6.219
Mehrsprachigkeit
  s.Fremdsprachenunterricht (Völkerverständigung) 7.112
  s.Zweisprachigkeit 7.253
Mehrstufenklasse
  s.Differenzierung (Landschule) 6.57
Mehrwegprogramm
  s.Kybernetische Maschinen (Lernender Automat) 5.109
Mehrwertige Logik
  s.Kybernetik (Symbolische Logik) 5.101
Mehrzahl
  s.Wortarten (Substantiv im Unterricht) 7.249
Mehrzweckraum
  s.Schulgebäude (Naturlehreraum) 1.188
Meilis Intelligenzfaktoren
  s.Intelligenztest 4.89
Mein erstes Buch [Fibel]
  s.Fibel (Einzelbeispiele) 5.70
"Mein Kampf" im Unterricht
  s.Zeitgeschichtsunterricht (Nationalsozialismus:Dokumente) 8.254
Mein Rechtschreibheft
  s.Rechtschreibunterricht (Ganzheitliches Rechtschreiben) 7.189
Meinungsbildung
  s.Politik (Meinungsfreiheit) 8.165
Meinungsfreiheit
  s.Politik (Meinungsfreiheit) 8.165
- des Lehrers
  s.Methodenfreiheit des Lehrers 6.124
Meinungsmache
  s.Politik (Massenmedien) 8.164
Meisen
  s.Vogelkunde (Einzelne Vögel) 9.294
Meißner-Oszillator
  s.Hochfrequenztechnik (Oszillograph) 9.145
Meisterschule
  s.Fachschule (Handwerkerfachschule) 1.75
Meldorfer Bucht
  s.Länderkunde (Deutsche Nordseeküste) 8.121
Melodica
  s.Musikinstrument (Mundharmonika) 5.140
Melodieanalyse
  s.Musikunterricht (Fachliche Einzelfragen) 10.182
Melodiebewußtsein
  s.Musikunterricht (Psychologischer Aspekt) 10.189
Melodieerfindung
  s.Musikunterricht (Improvisation) 10.185
Melodielehre
  s.Liedpflege (Methodische Einzelfragen) 10.163
Melodievergleich
  s.Liedpflege (Methodische Einzelfragen) 10.163
Melodische Improvisation
  s.Liedpflege (Methodische Einzelfragen) 10.163
Memoirenliteratur
  s.Geschichtslehrmittel (Literarische Quellen) 5.87
Memorieren
  s.Auswendiglernen 6.40
Mendelsche Gesetze
  s.Vererbungslehre 9.290
Mengenalgebra
  s.Mathematische Logik 9.176
  s.Mengenlehre 9.187
Mengenanalyse
  s.Chemische Analyse 9.95
Mengenauffassung
  s.Zahlbegriffsbildung 4.240
Mengenlehre 9.187
- (Erstrechenunterricht)
  s.Erstrechenunterricht (Mengenoperation) 9.115
Mengenoperation
  s.Erstrechenunterricht (Mengenoperation) 9.115
Mengenschreibweise
  s.Mengenlehre 9.187
Mengentheorie im Rechenunterricht
  s.Erstrechenunterricht (Mengenoperation) 9.115
Mengentheoretische Topologie
  s.Geometrie (Topologie) 9.131
Mengenvorstellung
  s.Raumwahrnehmung 4.159
Meningitis-Taubheit
  s.Gehörloses Kind 4.66

- 271 -

Mensch-Bildserie
  s.Test 4.216
Mensch-Maschine-Symbiose
  s.Kybernetik (Soziologischer
    Aspekt) 5.101
Mensch und Arbeit
  s.Berufliche Bildung (Berufsbe-
    griff) 3.26
  s.Berufserziehung (Arbeitshaltung)
    3.36
  s.Betriebssoziologie 3.55
  s.Bildung (Moderne Arbeitswelt) 3.58
Mensch der Zukunft
  s.Menschenkunde (Hominisation) 9.191
Mensch und Freizeit
  s.Freizeit (Soziologischer Aspekt)
    3.121
Mensch und Geschlecht
  s.Geschlechtserziehung (Soziolo-
    gischer Aspekt) 3.132
Mensch und Maschine
  s.Bildung (Mensch und Technik) 3.57
Mensch und Technik
  s.Bildung (Mensch und Technik) 3.57
Mensch und Tier
  s.Tierkunde (Haustiere) 9.281
Menschenaffen
  s.Tierverhalten (Einzelne Tiere)
    9.288
Menschenbeurteilung
  s.Psychodiagnostik 4.141
Menschenbild 3.178
- (Ideologie)
  s.Politik (Ideologie) 8.163
- (Lehrerbildung)
  s.Lehrerbildung (Menschenbild) 2.89
- der Biologie
  s.Biologische Anthropologie 3.68
- der Dichtung
  s.Dichtung (Soziologischer Aspekt)
    7.61
- der Pädagogik
  s.Menschenbild und Pädagogik 3.178
- der Philosophie
  s.Philosophische Anthropologie 3.198
- der Psychologie
  s.Psychologische Anthropologie 3.204
- und Pädagogik 3.178
Menschenbildung 3.179
- (Berufsbildung)
  s.Berufserziehung und Menschen-
    bildung) 3.45
- (Fremdsprachen)
  s.Fremdsprachenunterricht (Bil-
    dungswert) 7.104

- (Kunsterziehung)
  s.Kunsterziehung (Bildungswert)
    10.111
- (Leibeserziehung)
  s.Leibeserziehung (Charakter-
    bildung) 10.129
- (Musikerziehung)
  s.Musikerziehung (Menschenbildung)
    10.174
- (Schulerziehung) 3.179
- (Schullandheim)
  s.Schullandheimaufenthalt (Pädago-
    gischer Aspekt) 6.166
Menschendarstellung
  s.Kinderzeichnung (Menschendar-
    stellung) 10.96
  s.Psychodiagnostik (Kinderzeich-
    nung) 4.143
Menschenführung
  s.Betriebspsychologie 4.32
- im Betrieb
  s.Betriebssoziologie 3.55
Menschenkenntnis
  s.Charakterbeurteilung 4.35
Menschenkunde 9.188
- (Atmung) 9.188
- (Aufrechter Gang)
  s.Menschenkunde (Biologische
    Anthropologie) 9.189
- (Auge) 9.188
- (Biologische Anthropologie) 9.189
- (Blut) 9.189
- (Blutgruppen) 9.189
- (Blutkreislauf) 9.190
- (Chromosomen)
  s.Vererbungslehre (Chromosomen)
    9.291
- (Einzelfragen) 9.190
- (Gehirn) 9.190
- (Gesundheitslehre)
  s.Gesundheitslehre 9.138
- (Gymnasium) 9.190
- (Haut) 9.191
- (Herz) 9.191
- (Hominisation) 9.191
- (Nerven) 9.191
- (Ohr) 9.192
- (Organfunktionen) 9.192
- (Psychologischer Aspekt) 9.192
- (Sehvorgang) 9.192
- (Umweltlehre) 9.193
- (Urmensch) 9.193
- (Verdauung) 9.193
- (Vererbungslehre)
  s.Vererbungslehre (Mensch) 9.292

- (Zähne) 9.193
Menschenkundlicher Unterricht
  s.Menschenkunde 9.188
Menschenkundliches Interesse
  s.Menschenkunde (Psychologischer
    Aspekt) 9.192
Menschenkundliches Modell
  s.Biologielehrmittel (Menschen-
    kunde) 5.43
Menschenrassen
  s.Zeitgeschichte (Rassenfrage) 8.244
Menschenrechte
  s.Menschenbild 3.178
  s.Politik (Menschenrechte) 8.165
- im Unterricht
  s.Politik (Menschenrechte) 8.165
Menschentypen
  s.Typologie 4.229
Menschenwürde
  s.Menschenbild 3.178
Menschenzeichnen
  s.Zeichnen (Figürliches Zeichnen)
    10.282
Menschheitsgeschichte
  s.Geschichte (Universalgeschichte)8.59
Menschliche Beziehung
  s.Soziologie 3.228
Menschliche Gemeinschaft
  s.Menschenkunde (Umweltlehre) 9.193
Menschliche Haut
  s.Menschenkunde (Haut) 9.191
Menschliche Selbstdeutung
  s.Anthropologie 3.19
Menschliche Wesensvollendung
  s.Erziehung zur Persönlichkeit 3.89
Menschliches Auge
  s.Menschenkunde (Auge) 9.188
Menschliches Blut
  s.Menschenkunde (Blut) 9.189
Menschliches Denken
  s.Denkpsychologie 4.38
Menschliches Gehirn
  s.Menschenkunde (Gehirn) 9.190
Menschliches Herz
  s.Menschenkunde (Herz) 9.191
Menschliches Verhalten
  s.Sozialerziehung 3.223
Menschlichkeit
  s.Erziehung zur Menschlichkeit 3.88
Menschwerdung
  s.Menschenkunde (Hominisation) 9.191
Mental Health
  s.Psychohygiene 4.144
Mentale Überbeanspruchung
  s.Überforderung des Schülers 4.230

Mentor 2.120
Meraner Vorschläge
  s.Chemieunterricht 9.86
Merkfähigkeitstest
  s.Test 4.216
Merkganzwort
  s.Ganzwortlesemethode 7.119
Merkheft 5.136
Merkwelt des Menschen
  s.Menschenkunde (Umweltlehre) 9.193
Mersenne-Zahlen
  s.Algebra (Primzahlen) 9.29
Messe
  s.Liturgische Erziehung (Liturgie)
    10.165
messen
  s.Geometrie (Maße/Gewichte) 9.129
  s.Rechenoperationen (Division) 9.258
Messerschnitt
  s.Werken (Scherenschnitt) 10.266
Meßerziehung
  s.Liturgische Erziehung 10.164
Meßgerät
  s.Physikalisches Experimentier-
    gerät (Meßinstrument) 5.146
Messianische Weissagungen
  s.Bibelunterricht AT (Einzelfragen)
    10.36
Messiaserwartung
  s.Bibelunterricht (Heilsgeschichte)
    10.33
Meßproprium
  s.Liturgische Erziehung (Liturgie)
    10.165
Meßtischblatt
  s.Erdkundeatlas (Sonderkarten) 5.60
  s.Erdkundelehrmittel (Karten) 5.66
  s.Heimatkundelehrmittel (Karten) 5.92
  s.Schulwandern (Wanderkarte) 6.181
Meßzahl
  s.Klassenfrequenz 1.127
Metallbearbeitung
  s.Grundlehrgang (Metallbearbeitung)
    6.80
Metalle
  s.Anorganische Chemie (Metalle) 9.40
Metallfolie
  s.Werken (Metall) 10.264
Metallgewerbe
  s.Berufsfachkunde (Metallgewerbe)
    10.26
Metallgewerblicher Unterricht
  s.Gewerblicher Unterricht 6.79
Metallion
  s.Physikalische Chemie (Ionen) 9.243

Metallische Bindung
　s.Anorganische Chemie (Metalle) 9.40
Metallwerken
　s.Werken (Metall) 10.264
Metallwerkstätte
　s.Schulwerkstatt (Metallgewerbe)
　5.237
Metapsychologiebegriff
　s.Psychoanalyse 4.137
Meteoriten
　s.Astronomie (Einzelfragen) 9.44
Meteorologie
　s.Wetterkunde 8.211
Meteorologische Instrumente
　s.Wetterkunde (Schülerbeobachtung)
　8.213
Metermaß als Arbeitsmittel
　s.Rechenlehrmittel (Zahlenband)
　5.193
Methan
　s.Organische Chemie (Kohlenwasser-
　stoffe) 9.224
Methodenfreiheit des Lehrers 6.124
- (Taubstummenunterricht)
　s.Taubstummenunterricht 6.195
Methodenstreit [Lesenlernen]
　s.Leselehrmethoden (Methoden-
　streit) 7.152
Methodik 6.124
- (DDR) 6.125
- (Erwachsenenbildung)
　s.Erwachsenenbildung (Methodische
　Fragen) 1.68
- (Geschichte) 6.125
- (Gespräch)
　s.Unterrichtsgespräch 6.210
- (Psychologischer Aspekt)
　s.Unterrichtsgestaltung (Psycho-
　logischer Aspekt) 6.213
- und Didaktik
　s.Didaktik und Methodik 6.55
Methodiker
　s.Lehrer 2.60
Methodische Gestaltung
　s.Methodik 6.124
Metrische Geometrie
　s.Analytische Geometrie (Einzel-
　fragen) 9.37
　s.Vektorrechnung (Einzelfragen) 9.289
Metrische Korrekturmechanismen
　s.Kybernetik (Einzelfragen) 5.98
Metrischer Funktionsraum
　s.Geometrie (Topologie) 9.131
Metrischer Raum
　s.Geometrie (Topologie) 9.131

Mettler-Waage
　s.Chemische Analyse (Einzelfragen)
　9.96
Mexiko
　s.Länderkunde (Mexiko) 8.132
Mikroben
　s.Mikrobiologie 9.194
Mikrobiologie 9.194
- (Bakterien) 9.194
- (Schulpräparate) 9.195
- (Zellenlehre) 9.195
Mikrobiologischer Schülerversuch
　s.Mikroskop im Unterricht 5.137
Mikroelektronik
　s.Elektrotechnik (Elektronik) 9.114
Mikrofilm
　s.Mikrofotografie 5.136
Mikroflora
　s.Bodenbiologie 9.80
Mikrofotografie 5.136
Mikrofotografisches Kleinbilddia
　s.Mikroprojektion 5.137
Mikroprojektion 5.137
Mikroskop
　s.Physikalisches Experimentier-
　gerät (Mikroskop) 5.146
Mikroskop im Unterricht 5.137
- (Elektronenmikroskop) 5.138
Mikroskopie
　s.Physikalisches Experimentier-
　gerät (Mikroskop) 5.146
- (Dauerpräparate)
　s.Mikrobiologie (Schulpräparate)
　9.195
Mikroskopieren
　s.Mikroskop im Unterricht 5.137
Mikroskopische Organismen
　s.Mikrobiologie 9.194
Mikroskopische Präparate
　s.Mikrobiologie (Schulpräparate)
　9.195
Mikroskopisches Bild
　s.Mikroprojektion 5.137
Mikroskopisches Gerät
　s.Mikroskop im Unterricht 5.137
Mikrowellensender
　s.Elektromagnetische Wellen
　(Rundfunkwellen) 9.112
Milch
　s.Nahrungsmittelchemie (Einzel-
　fragen) 9.197
- im Gesamtunterricht
　s.Arbeitseinheiten (Milch) 6.29
Milchstraße
　s.Astronomie (Sternensysteme) 9.47

Milchwirtschaft
 s.Berufsfachkunde (Einzelne
  Berufe) 10.24
 s.Wirtschaftsgeographie (Milchwirtschaft) 8.225
Milieubedingte Verhaltensstörung
 s.Verhaltensstörung 4.232
Milieudiagnose
 s.Psychodiagnostik (Kindesalter)
  4.143
Milieufreie Bildung
 s.Bildung (Moderne Gesellschaft)
  3.58
Milieuschädigung
 s.Sozialpsychologie 4.193
Milieutherapie
 s.Heimerziehung (Soziologischer
  Aspekt) 3.143
Milieuveränderung
 s.Psychotherapie (Behandlungsmethoden) 4.153
Militarismus
 s.Zeitgeschichte (Militarismus)
  8.243
 s.Zeitgeschichtsunterricht (Krieg)
  8.253
Millersche Versuche
 s.Biologie (Organisches Leben) 9.60
Millikanversuch
 s.Atomphysik (Schülerversuch) 9.54
Millimeterpapier
 s.Geometrielehrmittel 5.77
Mimik
 s.Ausdruckspsychologie 4.26
Minderbegabter
 s.Schwachsinniges Kind 4.185
Minderheitenschutz
 s.Gemeinschaftsschule (Christliche
  Gemeinschaftsschule) 1.87
Mindersinniger
 s.Schwachsinniges Kind 4.185
Minderwertigkeitsgefühl 4.124
Mindestlektüreplan
 s.Lektüreplan 7.149
Mindestwortschatz
 s.Wortschatz des Kindes 4.240
Mineralöl
 s.Wirtschaftsgeographie (Erdöl)
  8.219
Mineralöltransport
 s.Wirtschaftsgeographie (Erdöl-
  transport) 8.220
Mineralogie 9.196
- (Festkörperphysik) 9.196
- (Kristalle) 9.196

Mineralstoffhaushalt
 s.Bodenbiologie 9.80
Mini-Tramp
 s.Geräteturnen (Trampolin) 10.69
Mischehe
 s.Evangelische Unterweisung (Einzelfragen) 10.57
Mischlingskind 4.124
Mischungsrechnen
 s.Sachrechnen (Mischungsrechnen)
  9.274
Misereor
 s.Entwicklungshilfe (Privatorganisationen) 8.28
Mißbildung bei Tieren
 s.Tierphysiologie 9.286
Mission heute
 s.Religionsunterricht (Mission)
  10.216
Mission im Urchristentum
 s.Religionsunterricht (Mission)
  10.216
Mistel
 s.Pflanzenkunde (Einzelne Pflanzen)
  9.228
Mitarbeit des Schülers
 s.Schüleraktivierung 6.151
Mitarbeiterseminare
 s.Berufserziehung 3.34
Mitbestimmung
 s.Politik (Gewerkschaft) 8.162
Mitbewußtes
 s.Tiefenpsychologie (Unterbewußtsein) 4.227
Mitbürgerliche Erziehung
 s.Politische Erziehung 3.199
Miterzieher
 s.Außerschulische Erziehung 3.21
Mitkind
 s.Sozialerziehung in der Schule 3.223
Mitmenschliche Bewährung
 s.Politische Erziehung (Demokratische Mündigkeit) 3.201
Mitmenschliche Erziehung
 s.Sozialerziehung 3.223
Mitschurin-Schulgarten
 s.Schulgartenunterricht [DDR] 5.233
Mitschurin-Versuche
 s.Schulgarten (Obstbäume) 5.232
Mitschuringenetik
 s.Vererbungslehre (Genetik) 9.291
Mitschurinsche Selektion
 s.Vererbungslehre (Tier) 9.293
Mitsein und Erziehung
 s.Erziehung 3.74

Mitteilsamkeit
  s.Sprachliche Ausdrucksfähigkeit
  7.219
Mittelalter 8.148
- (Bürgertum)
  s.Mittelalter (Stadt) 8.151
- (Deutscher Kaufmann)
  s.Deutsche Geschichte (Mittelalter) 8.26
- (Deutscher Ritterorden) 8.149
- (Einzelfragen) 8.149
- (Frankenreich) 8.150
- (Frühmittelalter) 8.150
- (Hanse) 8.150
- (Hochmittelalter) 8.150
- (Kloster) 8.151
- (Königspfalz) 8.151
- (Kreuzzüge) 8.151
- (Ostbesiedlung) 8.151
- (Stadt) 8.151
Mittelalterliche Buchmalerei
  s.Bildkatechese (Einzelfragen) 10.49
Mittelalterliche Geschichtsschreibung
  s.Mittelalter 8.148
Mittelalterliche Judenfeindschaft
  s.Zeitgeschichte (Judenverfolgung)
  8.242
Mittelalterliche Königsurkunde
  s.Mittelalter (Einzelfragen) 8.149
Mittelalterliche Kunst
  s.Kunstgeschichte (Einzelne Epochen) 10.122
Mittelalterliche Rechtsanschauung
  s.Mittelalter (Einzelfragen) 8.149
Mittelalterliche Stadt
  s.Deutsche Geschichte (Mittelalter)
  8.26
  s.Mittelalter (Stadt) 8.151
Mittelalterlicher Dom
  s.Mittelalter (Einzelfragen) 8.149
Mittelamerika
  s.Länderkunde (Mittelamerika) 8.132
Mittelbau
  s.Differenzierter Mittelbau 1.58
Mittelbau Alter Teichweg
  s.Schulversuche (Bundesländer)
  1.228
Mitteldeutsche Lehrpläne
  s.Lehrplan (DDR) 6.116
Mitteldeutsche Schulreform
  s.Schulreform (DDR) 1.218
Mitteldeutscher Geschichtsunterricht
  s.Geschichtsunterricht (DDR) 8.68
Mitteldeutsches Industriegebiet
  s.Länderkunde (Deutschland:DDR) 8.122

Mitteldeutsches Schulgeschichtsbuch
  s.Geschichtslehrbuch (DDR) 5.80
Mitteldeutsches Schulwesen
  s.Schulwesen DDR 1.234
Mitteleuropa
  s.Länderkunde (Europa:Einzelfragen)
  8.124
Mittellandkanal
  s.Wirtschaftsgeographie (Binnenschiffahrt) 8.216
Mittelmeerländer
  s.Länderkunde (Mittelmeer) 8.133
Mittelpunktschule 1.144
- (Bundesländer) 1.144
- (Kritik) 1.145
Mittelpunktsonderschule
  s.Sonderschulreform 1.251
Mittelrhein
  s.Länderkunde (Mittelrhein) 8.133
Mittelsachsen
  s.Länderkunde (Deutschland: Landschaften) 8.122
Mittelschüler
  s.Schüler 4.165
Mittelschüler [Schweiz] und Beruf
  s.Berufsberatung (Akademische Berufsberatung) 3.29
Mittelschulatlas
  s.Erdkundeatlas 5.59
Mittelschule 1.145
Mittelschule [Österreich] 1.145
Mittelschule [Schweiz] 1.146
- (Politische Bildung)
  s.Politische Bildung (Schweiz)
  8.188
Mittelschullehrer
  s.Realschullehrer 2.130
Mittelschullehrerbildung [Österreich] 2.120
Mittelschullehrerbildung [Schweiz]
  s.Gymnasiallehrerbildung (Schweiz)
  2.47
Mittelschuloberstufe
  s.Realschulreform (Oberstufe) 1.164
Mittelschulunterricht
  s.Realschulunterricht 6.145
Mittelschulunterricht [Schweiz]
  s.Gymnasialunterricht 6.90
Mittelsibirien
  s.Länderkunde (UdSSR:Sibirien) 8.145
Mittelstreckenlauf
  s.Leichtathletik (Laufschulung)
  10.159
Mittelstufe der Volksschule
  s.Volksschule 1.262

Mittelstufenabschluß
  s.Gymnasium 1.92
Mittelstufenunterricht
  s.Gymnasialunterricht (Mittelstufe)
  6.92
Mittelwertsatz
  s.Analysis (Differentialrechnung)
  9.33
Mittelweserkanalisierung
  s.Wirtschaftsgeographie (Binnenschiffahrt) 8.216
Mittelwort
  s.Verblehre (Partizip) 7.245
Mittlere Führungskraft
  s.Kaufmännische Berufsfachschule
  1.118
Mittlere Reife 1.146
Mittlerer Bildungsabschluß
  s.Mittlere Reife 1.146
Mittlerer Führungsnachwuchs
  s.Realschule 1.159
Mittlerer technischer Bildungsraum
  s.Fachschule (Technikerausbildung)
  1.76
Mittleres Einmaleins
  s.Einmaleins (Bestimmte Reihen)
  9.102
Mittleres Schulwesen
  s.Realschule 1.159
Mitübung
  s.Lernpsychologie (Transfer) 4.112
- in der Leibeserziehung
  s.Leibeserziehung (Training) 10.154
Mitverantwortung des Schülers
  s.Schülermitverantwortung 3.209
MMPI [Test]
  s.Persönlichkeitstest 4.134
Mnemische Determination
  s.Gedächtnisforschung 4.64
Mobile
  s.Mechanik (Gleichgewicht) 9.182
Mobile Schule
  s.Unterricht (Auflockerung) 6.205
Mobilität
  s.Elitebildung 3.72
- im Beruf
  s.Berufswahl 3.52
  s.Berufswechsel 3.54
Modalverben
  s.Verblehre (Modalverben) 7.244
- (Englisch)
  s.Englische Grammatik (Verbalformen) 7.68
Modefragen
  s.Kulturgeschichte (Kleidung) 8.110

Modellbegriff
  s.Biologie (Modellformen) 9.60
  s.Chemische Bindung (Modellbegriff) 9.97
  s.Mathematische Beweistheorie 9.204
  s.Naturlehre (Methodische
  Einzelfragen) 9.204
  s.Physik (Modellbegriff) 9.241
  s.Physikunterricht (Methodische
  Einzelfragen) 9.249
Modelle im Unterricht
  s.Arbeitsmittel 5.25
  s.Biologielehrmittel (Modelle) 5.43
  s.Chemielehrmittel 5.47
  s.Geometrielehrmittel 5.77
  s.Geschichtslehrmittel (Einzelformen) 5.84
Modellieren
  s.Werken (Modellieren) 10.265
Modellmethode
  s.Fremdsprachenunterricht (Methodische Einzelfragen) 7.108
Modellschule
  s.Schulversuche 1.227
Moderne Arbeitswelt und Schule
  s.Schule und Arbeitswelt 1.174
Moderne Architektur
  s.Kunstbetrachtung (Architektur)
  10.106
Moderne Bildung
  s.Bildungsbegriff (Tradition und
  Moderne) 3.67
Moderne christliche Dichtung
  s.Gegenwartsliteratur (Christliche Dichtung) 7.121
Moderne Erziehung
  s.Erziehung (Gegenwartsbezug) 3.77
Moderne Gesellschaft und Schule
  s.Schule und Gesellschaft 1.178
Moderne Gymnastik
  s.Gymnastik (Moderne Gymnastik) 10.72
Moderne Jugend
  s.Jugendsoziologie (Gegenwartsjugend) 3.151
Moderne Kunst 10.170
- (Betrachtungsweise)
  s.Kunstbetrachtung (Moderne Kunst)
  10.108
- (Malerei) 10.170
- (Psychologischer Aspekt) 10.170
- im Unterricht
  s.Kunsterziehung (Moderne Kunst)10.118
Moderne Landschule
  s.Landschulreform 1.137

Moderne Literatur
  s.Gegenwartsliteratur 7.120
Moderne Lyrik
  s.Gegenwartslyrik 7.124
Moderne Malerei
  s.Moderne Kunst (Malerei) 10.170
- (Kunsterziehung)
  s.Kunsterziehung (Moderne Kunst)
  10.118
Moderne Musik
  s.Neue Musik 10.195
Moderne Plastik
  s.Kunstbetrachtung (Plastik) 10.109
  s.Moderne Kunst 10.170
Moderne Schule
  s.Schulreform (Gegenwartsbezug)
  1.220
Moderne Sprache
  s.Gegenwartssprache 7.125
Moderne Theologie
  s.Evangelische Unterweisung (Reform)
  10.60
Moderner Biologieunterricht
  s.Biologieunterricht (Reform) 9.73
Moderner Chemieunterricht
  s.Chemieunterricht (Reform) 9.92
Moderner Fremdsprachenunterricht [Kongreß]
  s.Fremdsprachenunterricht (Berliner Kongreß 1964) 7.103
Moderner Roman
  s.Gegenwartsliteratur (Roman) 7.121
Modernes Drama
  s.Gegenwartsdrama 7.120
Modernes Gedicht
  s.Gegenwartslyrik 7.124
Modernes Schulturnen
  s.Turnunterricht (Reform) 10.248
Modewörter
  s.Gegenwartssprache 7.125
Modulation
  s.Hochfrequenztechnik (Modulation)
  9.144
  s.Musikunterricht (Fachliche Einzelfragen) 10.182
Modus
  s.Verblehre (Modus) 7.244
Möbelindustrie
  s.Berufsfachkunde (Tischler) 10.27
Möglichkeitsform
  s.Verblehre (Konjunktiv) 7.244
Mößbauereffekt
  s.Atomphysik (Mößbauereffekt) 9.53
Mogeln des Schülers 3.180
- (Programmiertes Lernen)

  s.Programmiertes Lernen (Methodische Einzelfragen) 5.177
Mol
  s.Physikalische Chemie (Atomgewicht) 9.242
Molche
  s.Tierkunde (Amphibien) 9.279
Molekülmodelle
  s.Chemische Bindung (Modellbegriff) 9.97
Molekularbewegung
  s.Wärmelehre (Kinetische Wärmetheorie) 9.300
Molekulare Informationsgröße
  s.Kybernetik (Einzelfragen) 5.98
Molekulargenetik
  s.Vererbungslehre (Genetik) 9.291
Molekulargewicht
  s.Physikalische Chemie (Molekulargewicht) 9.243
Molekularkinetik
  s.Mechanik (Flüssigkeiten) 9.180
Molekularkräfte
  s.Physikalische Chemie (Molekulargewicht) 9.243
Molekularphysik
  s.Atomphysik 9.50
Moltonrechenuhr
  s.Rechenlehrmittel (Hafttafel) 5.192
Moltonwandtafel
  s.Flanelltafel 5.72
Monatlicher Religionsunterricht
  s.Evangelische Unterweisung (Rechtsfragen) 10.60
Monatlicher Wandertag
  s.Wandertag 6.228
Mond
  s.Astronomie (Mond) 9.45
Mondbeobachtung
  s.Astronomie (Mond) 9.45
Mondoberfläche
  s.Astronomie (Mond) 9.45
Mongolische Volksrepublik
  s.Länderkunde (Mongolei) 8.133
Mongoloides Kind
  s.Schwachsinnsformen 4.186
Monotyp
  s.Papierwerken (Drucktechniken) 10.199
Montageschulbau
  s.Schulbau (Moderner Schulbau) 1.172
Montandreieck
  s.Gemeinschaftskunde (Unterrichtsbeispiele) 8.54
  s.Wirtschaftsgeographie (Europäische Integration) 8.221

Montanunion
  s.Zeitgeschichtsunterricht (Europäische Gemeinschaften) 8.252
Montblanctunnel
  s.Länderkunde (Schweiz:Paßstraßen) 8.142
Monte Gargano
  s.Länderkunde (Italien:Landschaften) 8.129
Montessori-Klasse
  s.Schulkindergarten 1.201
Montessori-Pädagogik 6.126
- (Erstleseunterricht)
  s.Erstleseunterricht (Methodische Einzelfragen) 7.90
- (Sprachunterricht)
  s.Sprachunterricht (Methodische Einzelfragen) 7.226
Moor
  s.Allgemeine Erdkunde (Moor) 8.21
  s.Lebensgemeinschaft (Moor) 9.153
Moose
  s.Pflanzenkunde (Moose) 9.232
Moral
  s.Ethische Erziehung (Grundfragen) 3.98
Moralcharakter
  s.Charakterkunde 4.36
Moralische Erziehung
  s.Ethische Erziehung 3.98
Moralische Grammatik
  s.Grammatikunterricht (Spracherziehung) 7.132
Moralisches Selbstbild
  s.Werterleben 4.239
Morgartenkrieg
  s.Geschichte (Schweiz) 8.58
Morgenandacht
  s.Schulandacht 10.233
Morgenbericht
  s.Sprachunterricht (Gesprächserziehung) 7.224
Morgenfeier
  s.Schulfeier 6.157
Morgenländische Kirchenspaltung
  s.Kirchengeschichte (Einzelfragen) 10.97
Morphem
  s.Wortarten 7.246
Morphologie
  s.Allgemeine Erdkunde (Geomorphologie) 8.20
Mosaikrelief
  s.Werken (Mosaik) 10.265
Mosaikschnitt
  s.Werken (Scherenschnitt) 10.266

Mosaiktest
  s.Hilfsschulbedürftigkeit (Feststellung) 4.81
Moschusochse
  s.Tierkunde (Einzelne Tiere) 9.279
Mosel
  s.Länderkunde (Deutsche Flußlandschaften) 8.121
Moselschiffahrt
  s.Wirtschaftsgeographie (Binnenschiffahrt) 8.216
Moses
  s.Bibelunterricht AT (Moses) 10.38
Moskau
  s.Länderkunde (UdSSR:Landschaften) 8.145
Motivation
  s.Motivationsforschung 4.125
Motivation im Unterricht 6.126
- (Chemieunterricht)
  s.Chemieunterricht (Methodische Einzelfragen) 9.90
- (Englischunterricht)
  s.Englischunterricht (Methodische Einzelfragen) 7.82
- (Grammatikunterricht)
  s.Grammatikunterricht (Methodische Einzelfragen) 7.130
- (Mathematikunterricht)
  s.Mathematikunterricht (Methodische Einzelfragen) 9.170
Motivationsforschung 4.125
Motivationsmodell
  s.Programmiertes Lernen (Motivation) 5.178
Motiventwicklung
  s.Lernmotivation 4.110
Motivierung des Lernens
  s.Motivationsforschung 4.125
Motivtafeln im Musikunterricht
  s.Musiklehrmittel (Notentafel) 5.141
Motor
  s.Wärmelehre (Motor) 9.301
Motorik 4.125
- (Sport)
  s.Leibeserziehung (Psychologischer Aspekt) 10.148
- des Kindes
  s.Aktivität 4.21
Motorische Grundeigenschaften
  s.Leibeserziehung (Motorik) 10.144
Motorische Leistungsbreite
  s.Leibeserziehung (Leistungsfähigkeit) 10.141

Motorische Störung
 s.Motorik 4.125
Motorischer Lernprozeß
 s.Bewegungslehre (Einzelfragen)
 10.29
Mozart im Geschichtsunterricht
 s.Neuzeit (18. Jahrhundert) 8.155
Mozart im Musikunterricht
 s.Musikgeschichte (Mozart) 10.177
Mühle [im Gesamtunterricht]
 s.Arbeitseinheiten (Brot) 6.24
Müllersche Streifen
 s.Optik (Spektrum) 9.221
München
 s.Länderkunde (Bayern) 8.118
Münchener Abkommen [1938]
 s.Zeitgeschichte (Hitlers Außenpolitik) 8.241
Münchener Berufsberatung
 s.Berufsberatung 3.28
Münchener Lesetest
 s.Testverfahren (München) 4.225
Münchener Schulreifetest
 s.Schulreifetest (Einzelformen)
 4.179
Münchener Sichtungsverfahren
 s.Testverfahren (München) 4.225
Mündiger Staatsbürger
 s.Politische Erziehung (Demokratische Mündigkeit) 3.201
Mündigkeit
 s.Entwicklungspsychologie (Jugendalter) 4.41
 s.Rechtskunde (Rechtsbewußtsein)
 8.196
- des Schülers
 s.Erziehung zur Verantwortung 3.90
Mündliche Prüfung
 s.Prüfungswesen 1.154
- des Lehrers
 s.Zweite Lehrerprüfung 2.149
Mündliche Reifeprüfung
 s.Reifeprüfung 1.165
Mündliche Sprachpflege
 s.Sprachunterricht (Sprachpflege) 7.231
Mündliche Subtraktion
 s.Rechenoperationen (Subtraktion) 9.262
Mündlicher Ausdruck
 s.Sprachunterricht (Sprachpflege) 7.231
Mündlicher und schriftlicher Ausdruck
 s.Ausdrucksschulung 7.40
Mündung
 s.Allgemeine Erdkunde 8.19

Münzenkunde
 s.Kulturgeschichtliche Längsschnitte (Geld) 8.111
Mütterlichkeit
 s.Familienerziehung (Mutter) 3.107
Mütterschule
 s.Elternpädagogik 3.73
 s.Erwachsenenbildung 1.64
Multifaktorielle Kausalität
 s.Psychiatrie 4.137
Multiplikation
 s.Rechenoperationen (Multiplikation) 9.259
- (Arbeitsmittel)
 s.Rechenlehrmittel (Einzelformen)
 5.190
- (Brüche)
 s.Bruchrechnen (Multiplikation)
 9.83
- und Division
 s.Rechenoperationen 9.258
Multiplikative Zahlbeziehungen
 s.Rechenoperationen (Multiplikation)
 9.259
Multiprogrammierter Lehrrechner
 s.Lehrgerät (Elektronenrechner)
 5.117
Multivalenz
 s.Depression 4.39
Mundart 7.175
Mundart im Unterricht 7.176
- (Landschule) 7.176
- (Niederdeutsch) 7.176
Mundharmonika
 s.Musikinstrument (Mundharmonika)
 5.140
Murmeltier
 s.Tierkunde (Nagetier) 9.282
Museum
 s.Kunsterziehung (Methodische
 Einzelfragen) 10.117
Museumsbesuch 5.138
- (Biologieunterricht)
 s.Biologielehrmittel (Museum) 5.44
- (Erdkundeunterricht)
 s.Erdkundelehrmittel (Museum) 5.67
- (Geschichtsunterricht)
 s.Geschichtslehrmittel (Museum)
 5.88
- (Heimatkundeunterricht)
 s.Heimatkundelehrmittel (Museum)
 5.93
- (Kunsterziehung)
 s.Kunstlehrmittel (Museumsbesuch)
 5.96

Music Preference Test
 s.Entwicklungstest 4.48
Musik
 s.Musikerziehung 10.173
- im Jugendfilm
 s.Filmerziehung (Filmkunde) 3.115
- im Schulfunk
 s.Musiklehrmittel (Schulfunk) 5.142
- im Sprachgebrauch
 s.Sprachkunde (Einzelbereiche) 7.217
Musikästhetik
 s.Ästhetische Erziehung 6.19
Musikalisch-Rhythmische Erziehung 10.171
- (Grundschule) 10.171
- (Sonderschule) 10.171
- (Tanz) 10.172
Musikalische Begabung 4.125
Musikalische Bildsamkeit
 s.Musikunterricht (Bildungswert)
 10.181
Musikalische Entwicklung
 s.Musikalische Fähigkeit 4.126
Musikalische Erziehungsfragen
 s.Musikunterricht (Erziehungswert)
 10.182
Musikalische Fähigkeit 4.126
Musikalische Grundausbildung
 s.Musikunterricht (Grundausbildung) 10.184
Musikalische Grundbegriffe
 s.Musikunterricht (Grundausbildung) 10.184
 s.Musikunterricht (Grundschule)
 10.184
Musikalische Intelligenz
 s.Musikalische Begabung 4.125
 s.Musikunterricht (Begabung) 10.180
Musikalische Intonation
 s.Musikunterricht (Fachliche
 Einzelfragen) 10.182
Musikalischer Kitsch 10.172
Musikalischer Leistungstest
 s.Musikalische Begabung 4.125
 s.Musikunterricht (Begabung) 10.180
Musikalisches Bewegungsspiel
 s.Musikalisches Spiel 10.172
Musikalisches Erleben
 s.Musikalische Fähigkeit 4.126
Musikalisches Gedächtnis
 s.Musikalische Begabung 4.125
Musikalisches Gehör
 s.Musikalische Begabung 4.125
Musikalisches Hören
 s.Musikunterricht (Musikhören)
 10.188

Musikalisches Interesse
 s.Musikalische Fähigkeit 4.126
Musikalisches Schulspiel
 s.Schulspiel (Musik) 6.174
Musikalisches Spiel 10.172
- (Einzelbeispiele) 10.172
- (Grundschule) 10.172
Musikalisches Wertempfinden
 s.Musikunterricht (Musikhören)
 10.188
Musikalität
 s.Musikalische Begabung 4.125
Musikauffassung
 s.Musikunterricht (Fachliche
 Einzelfragen) 10.182
Musikbiographie
 s.Geschichtslehrmittel (Literarische Quellen) 5.87
Musikbogen
 s.Musikgeschichte (Instrumental-
 musik) 10.176
Musikbücherei
 s.Lehrerbücherei (Einzelformen)
 2.104
Musikdidaktik
 s.Musikunterricht (Didaktischer
 Aspekt) 10.182
Musikdiktat
 s.Musikunterricht (Notenkunde)
 10.188
Musikdozentennachwuchs
 s.Lehrerbildung (Musikerziehung)
 2.89
Musikerleben
 s.Musikunterricht (Psychologischer
 Aspekt) 10.189
Musikerlebnis
 s.Musikunterricht (Musikhören) 10.188
Musikerzieher 2.120
- (DDR) 2.121
Musikerziehung 10.173
- (Forschungsaufgaben)
 s.Musikpädagogische Forschung
 10.178
- (Ganzheit)
 s.Ganzheitlicher Musikunterricht
 10.62
- (Kindergarten) 10.173
- (Körperbildung)
 s.Musikalisch-Rhythmische Erziehung) 10.171
- (Lehrerbildung)
 s.Lehrerbildung (Musikerziehung)
 2.89

[Forts.: Musikerziehung]
- (Lied)
  s.Liedpflege 10.161
- (Menschenbildung) 10.174
- (Musische Bildung) 10.174
- (Reform) 10.174
- in der Schule
  s.Musikunterricht 10.179
Musikfibel
  s.Musiklehrmittel (Orff-Schulwerk) 5.142
Musikfreudigkeit
  s.Musikunterricht (Methodische Einzelfragen) 10.187
Musikfühlen
  s.Musikunterricht (Musikhören) 10.188
Musikgeschichte 10.175
- (Bach) 10.175
- (Einzelfragen) 10.176
- (Einzelne Komponisten) 10.176
- (Impressionismus)
  s.Musikgeschichte (Einzelfragen) 10.176
- (Instrumentalmusik) 10.176
- (Klassik) 10.177
- (Lehrmittel)
  s.Musiklehrmittel (Einzelformen) 5.141
- (Mittelalter)
  s.Musikgeschichte (Einzelfragen) 10.176
- (Mozart) 10.177
- (Oper) 10.177
- (Programmusik) 10.177
- (Renaissance)
  s.Musikgeschichte (Einzelfragen) 10.176
- (Romantik) 10.177
- (Schumann) 10.177
Musikgruppen
  s.Musikunterricht (Methodische Einzelfragen) 10.187
Musikhören
  s.Musikunterricht (Musikhören) 10.188
Musikinstrument 5.138
- (Blockflöte) 5.139
- (Einzelformen) 5.139
- (Fidel) 5.140
- (Gitarre) 5.140
- (Mundharmonika) 5.140
Musikinstrumentenbau 5.140
Musikinteresse
  s.Musikunterricht (Psychologischer Aspekt) 10.189

Musikkunde
  s.Musikgeschichte 10.175
Musiklehrbuch 5.140
Musiklehrmittel 5.141
- (Einzelformen) 5.141
- (Lehrprogramm)
  s.Programmiertes Lernen (Musikerziehung) 5.178
- (Notentafel) 5.141
- (Orff-Schulwerk) 5.142
- (Schallplatte) 5.142
- (Schulfunk) 5.142
- (Tonband) 5.142
Musiklehrplan 10.178
- (DDR) 10.178
Musiklesen
  s.Musikunterricht (Notenlesen) 10.189
Musikpädagogik
  s.Musikerziehung 10.173
Musikpädagogische Forschung 10.178
Musikplan
  s.Musiklehrplan 10.178
Musikschulwerk
  s.Musiklehrbuch 5.140
Musiksoziologie 10.179
Musikstab
  s.Musikgeschichte (Instrumentalmusik) 10.176
Musikstudent
  s.Lehrerbildung (Musikerziehung) 2.89
Musiktherapie
  s.Leibeserziehung (Heilpädagogik) 10.138
Musikunterricht 10.179
- (Abschlußklasse)
  s.Musikunterricht (Volksschuloberstufe) 10.194
- (Abschlußprüfung)
  s.Musikunterricht (Reifeprüfung) 10.191
- (Anschauung) 10.180
- (Arbeitsgemeinschaft)
  s.Musikunterricht (Methodische Einzelfragen) 10.187
- (Arbeitsmittel)
  s.Musiklehrmittel 5.141
- (Begabung) 10.180
- (Berufsschule) 10.180
- (Bildungseinheit)
  s.Musikunterricht (Methodische Einzelfragen) 10.187
- (Bildungswert) 10.181
- (DDR) 10.181

- (Deutsch)
  s.Musikunterricht (Fächerverbindung) 10.183
- (Deutsche Auslandsschule) 10.182
- (Didaktischer Aspekt) 10.182
- (Effektivität)
  s.Musikunterricht (Leistungssteigerung) 10.186
- (Erziehungswert) 10.182
- (Europagedanke)
  s.Musikunterricht (Erziehungswert) 10.182
- (Fachliche Einzelfragen) 10.182
- (Fächerverbindung) 10.183
- (Fehlerbehandlung)
  s.Musikunterricht (Methodische Einzelfragen) 10.187
- (Gehörbildung) 10.183
- (Gesang)
  s.Gesangunterricht 10.69
  s.Liedpflege 10.161
- (Geschichte) 10.184
- (Geschmacksbildung)
  s.Musikunterricht (Bildungswert) 10.181
- (Grundausbildung) 10.184
- (Grundschule) 10.184
- (Gymnasium) 10.185
- (Gymnasium:Oberstufe) 10.185
- (Improvisation) 10.185
- (Instrumente)
  s.Musikinstrument 5.138
- (Jazz)
  s.Jazz im Musikunterricht 10.82
- (Hauptschule)
  s.Musikunterricht (Volksschuloberstufe) 10.194
- (Hausaufgabe)
  s.Musikunterricht (Methodische Einzelfragen) 10.187
- (Heimatgedanke)
  s.Musikunterricht (Methodische Einzelfragen) 10.187
- (Kernfach)
  s.Musikunterricht (Gymnasium: Oberstufe) 10.185
- (Kritik) 10.185
- (Landschule) 10.186
- (Langeweile)
  s.Musikunterricht (Methodische Einzelfragen) 10.187
- (Lehrplan)
  s.Musiklehrplan 10.178
- (Leistungsbewertung) 10.186
- (Leistungskontrolle) 10.186

- (Leistungssteigerung) 10.186
- (Lernerfolg)
  s.Musikunterricht (Leistungssteigerung) 10.186
- (Lernpsychologie)
  s.Musikunterricht (Psychologischer Aspekt) 10.189
- (Mädchenrealschule)
  s.Musikunterricht (Realschule) 10.189
- (Methodische Einzelfragen) 10.187
- (Mittelschule)
  s.Musikunterricht (Realschule) 10.189
- (Moral)
  s.Musikunterricht (Erziehungswert) 10.182
- (Musikgeschichte)
  s.Musikgeschichte 10.175
- (Musikhören) 10.188
- (Neue Musik)
  s.Neue Musik im Unterricht 10.196
- (Notenkunde) 10.188
- (Notenlesen) 10.189
- (Oberstufenreform)
  s.Musikunterricht (Gymnasium: Oberstufe) 10.185
- (Politische Bildung)
  s.Musikunterricht (Fächerverbindung) 10.183
  s.Politische Bildung (Methodische Einzelfragen) 8.184
  s.Staatsbürgerliche Erziehung (Method.Einzelfragen) 8.208
- (Psychologischer Aspekt) 10.189
- (Realschule) 10.189
- (Rechtsfragen) 10.190
- (Reform) 10.190
- (Reifeprüfung) 10.191
- (Rhythmus)
  s.Musikalisch-Rhythmische Erziehung) 10.171
- (Rhythmusinstrument) 10.191
- (Schöpferische Tätigkeit)
  s.Musikunterricht (Methodische Einzelfragen) 10.187
- (Schuljahr I) 10.191
- (Schuljahr I-II) 10.191
- (Schuljahr II-III) 10.192
- (Schuljahr IV) 10.192
- (Schuljahr V-VI) 10.192
- (Schuljahr IX)
  s.Musikunterricht (Volksschuloberstufe) 10.194
- (Schweiz) 10.192

[Forts.: Musikunterricht]
- (Sehwaches Kind)
  s.Musikunterricht (Sonderschule)
  10.193
- (Situation) 10.192
- (Sonderschule) 10.193
- (Sozialistische Erziehung) 10.193
- (Sprecherziehung)
  s.Stimmbildung (Sprecherziehung) 10.245
- (Taubstummenbildung) 10.193
- (Technisches Zeitalter)
  s.Musikunterricht (Reform) 10.190
- (Unterstufe)
  s.Musikunterricht (Grundschule)
  10.184
- (Urheberrecht)
  s.Musikunterricht (Rechtsfragen)
  10.190
- (Veranschaulichung)
  s.Musikunterricht (Anschauung)
  10.180
- (Verkehrserziehung)
  s.Verkehrsunterricht (Einzelne Fächer) 10.250
- (Volksschule) 10.193
- (Volksschuloberstufe) 10.194
- (Wahlfreiheit)
  s.Musikunterricht (Gymnasium: Oberstufe) 10.185
- (Zeugnis)
  s.Musikunterricht (Leistungsbewertung) 10.186
Musikverständnis
  s.Musikunterricht (Musikhören)
  10.188
Musikwandzeitung
  s.Musiklehrmittel (Einzelformen)
  5.141
Musikwissenschaft 10.194
- (Musikpädagogik)
  s.Musikpädagogische Forschung 10.178
Musikzimmer
  s.Musiklehrmittel (Einzelformen)
  5.141
Musisch bestimmte Bildung
  s.Musische Bildungsform 6.127
[Das] Musisch-Gymnastische
  s.Gymnastik (Künstlerische Gymnastik) 10.72
[Das] Musische
  s.Musische Bildungsform 6.127
  s.Musische Lebensform 3.180
Musische Arbeitsgemeinschaft
  s.Hauptschulunterricht 6.95

Musische Bildung
  s.Musische Bildungsform 6.127
  s.Musische Erziehung 6.127
  s.Musische Lebensform 3.180
- (Chemieunterricht)
  s.Chemieunterricht (Bildungswert) 9.87
- (Musik)
  s.Musikerziehung (Musische Bildung)
  10.174
Musische Bildungsform 6.127
Musische Elementarbildung
  s.Musische Erziehung 6.127
Musische Erziehung 6.127
- (Berufsschule) 6.128
- (DDR) 6.129
- (Deutschunterricht)
  s.Deutschunterricht (Musische Erziehung) 7.54
- (Grundschule) 6.129
- (Gymnasium) 6.129
- (Schullandheim)
  s.Schullandheimaufenthalt (Musische Erziehung) 6.165
- (Technische Welt) 6.130
- (Unterrichtsaspekt)
  s.Kunsterziehung (Bildungswert)
  10.111
  s.Musikunterricht (Erziehungswert) 10.182
  s.Musische Lebensform (Pädagogischer Aspekt) 3.181
- (Volksschule) 6.130
- (Vorschulalter) 6.130
Musische Fächer
  s.Musische Erziehung 6.127
Musische Freizeit
  s.Freizeiterziehung (Jugendpflege)
  3.121
Musische Ideologie
  s.Politische Bildung (Methodische Einzelfragen) 8.184
Musische Jugendbildung
  s.Musische Erziehung 6.127
Musische Lebensform 3.180
- (Erwachsenenbildung) 3.181
- (Jugendpflege) 3.181
- (Pädagogischer Aspekt) 3.181
Musische Psychotherapie
  s.Psychotherapie (Pädagogischer Aspekt) 4.155
Musische Woche
  s.Kunsterziehung (Gymnasium) 10.115
Musischer Deutschunterricht
  s.Deutschunterricht (Exemplarisches Lehren) 7.48

s.Deutschunterricht (Musische
  Erziehung) 7.54
Musischer Unterricht
  s.Musische Erziehung 6.127
Musisches Gymnasium 1.146
Musisches Leben
  s.Musische Erziehung 6.127
  s.Musische Lebensform 3.180
Musisches Spiel
  s.Bewegungserziehung (Grund-
  schule) 10.28
Muskeln
  s.Menschenkunde (Einzelfragen) 9.190
Muße 3.182
Musterschüler
  s.Schüler 4.165
Mutation
  s.Vererbungslehre (Mutation) 9.292
Mutter-Kind-Beziehung
  s.Familie (Mutter-Kind-Beziehung)
  3.103
Mutter-Kind-Trennung
  s.Hospitalismus 4.84
Mutterbindung
  s.Familie (Mutter-Kind-Beziehung)
  3.103
Mutterliebe
  s.Familienerziehung (Mutter) 3.107
Muttersprache 7.176
- (Bildungswert) 7.177
- (Englischunterricht)
  s.Englischunterricht (Muttersprache)
  7.83
- (Fremdsprachenunterricht)
  s.Fremdsprachenunterricht (Muttersprache) 7.109
- (Lateinunterricht)
  s.Lateinunterricht (Muttersprache)
  7.148
- (Musikalität)
  s.Muttersprache (Bildungswert) 7.177
- (Sprachpflege) 7.177
- (Verantwortung)
  s.Muttersprache (Sprachpflege) 7.177
- und Sachunterricht
  s.Sprachunterricht (Sachbezogenheit) 7.228
Muttersprachliche Bildung
  s.Muttersprache (Bildungswert) 7.177
Muttersprachliche Erziehung
  s.Muttersprache (Bildungswert) 7.177
Muttersprachlicher Unterricht 7.178
- (Grammatik)
  s.Grammatikunterricht 7.126
- (Volksschule) 7.178

- (Wörterbuch)
  s,Deutschlehrmittel (Wörterbuch)
  5.54
Muttertag im Schulleben
  s.Schulleben (Muttertag) 6.170
Mutismus
  s.Sprachstörung 4.207
Myokinetischer Test
  s.Aggression 4.20
Myxobakterien
  s.Mikrobiologie (Bakterien) 9.194
MZQ [Test]
  s.Test (Mann-Zeichen-Test) 4.219

N

n-Zahlen
  s.Algebra (Ungleichungen) 9.30
Nachahmungstrieb des Kleinkindes
  s.Leitbilder (Kindesalter) 3.162
Nachbarschaftsheim
  s.Heimschule 1.105
Nachbarschaftsschule
  s.Mittelpunktschule 1.144
Nachbarschaftsspielplatz
  s.Spielplatz 1.252
Nachbereitung
  s.Unterrichtsnachbereitung 6.214
Nachdichtung
  s.Dichtung im Unterricht (Methodische Einzelfragen) 7.62
Nacherzählen
  s.Sprachunterricht (Gesprächserziehung) 7.224
Nacherzählung
  s.Aufsatz (Nacherzählung) 7.28
  s.Englische Lektüre (Nacherzählung)
  7.73
  s.Französischunterricht (Methodische Einzelfragen) 7.99
  s.Fremdsprachenunterricht (Methodische Einzelfragen) 7.108
  s.Russischunterricht (Methodische Einzelfragen) 7.200
Nachfolge Christi
  s.Bibelunterricht NT (Einzelfragen)
  10.41
Nachgeben oder Fordern
  s.Dialektische Pädagogik 3.71
Nachgestaltendes Sprechen
  s.Lyrik im Unterricht (Gedichtvortrag) 7.168
  s.Sprecherziehung 7.234

Nachhilfeunterricht 6.130
- (Programmiertes Lernen)
  s.Programmiertes Lernen
  (Übungsformen) 5.186
Nachkriegsjugend 4.126
Nachkriegskind
  s.Nachkriegsjugend 4.126
Nachkriegsliteratur
  s.Gegenwartsliteratur 7.120
Nachkriegslyrik im Unterricht
  s.Gegenwartslyrik im Unterricht
  7.124
Nachkriegsstudentenschaft
  s.Student 4.214
Nachmittagsunterricht
  s.Fünftagewoche im Schulwesen 1.81
  s.Ganztagsschule 1.83
  s.Tagesheimschule 1.254
Nachrichtentechnik
  s.Hochfrequenztechnik 9.143
- (Geschichte)
  s.Kulturgeschichte (Technik) 8.110
Nachrichtenverarbeitung [Nervenzelle]
  s.Kybernetische Lerntheorie (Informationsverarbeitung) 5.105
Nachschlagekartei 5.143
Nachschlagewerke 5.143
Nachschlagewerke im Unterricht ... 5.143
- (Englischunterricht)
  s.Fremdsprachenlehrmittel (Wörterbuch) 5.76
- (Fremdsprachenunterricht)
  s.Fremdsprachenlehrmittel (Wörterbuch) 5.76
- (Jugendlexikon) 5.144
Nachschrift
  s.Diktat 7.63
  s.Rechtschreibunterricht (Übungsformen) 7.194
Nachsilbe
  s.Wortarten (Einzelfragen) 7.247
Nachsitzen
  s.Schulstrafe (Arrest) 3.220
Nachwuchswerbung
  s.Berufsberatung 3.28
[Die] Nacht im Gesamtunterricht
  s.Arbeitseinheiten 6.23
Nachtkerze
  s.Pflanzenkunde (Einzelne Pflanzen)
  9.228
Nachtvögel
  s.Vogelkunde (Einzelne Vögel) 9.294
Nachwuchs
  s.Berufliche Ausbildung 10.22
  s.Berufsmöglichkeiten 3.50

Nadelamperemeter
  s.Elektrizitätslehre (Meßtechnik)
  9.107
Nadelarbeit 10.195
- (Berufsschule) 10.195
- (Sticken) 10.195
- (Stricken) 10.195
Nadelarbeitsunterricht
  s.Nadelarbeit 10.195
Nadelhölzer
  s.Pflanzenkunde (Nadelbäume) 9.232
Nägelkauen
  s.Verhaltensstörung (Einzelformen)
  4.233
Näherungsrechnen
  s.Angewandte Mathematik (Näherungsrechnen) 9.38
Näherungsverfahren
  s.Angewandte Mathematik
  (Iteration) 9.37
Näseln
  s.Sprachstörung 4.207
Nässen
  s.Bettnässer 4.33
Nag Hammadi
  s.Bibelunterricht NT (Handschriftenfunde) 10.43
Nagetiere
  s.Tierkunde (Nagetiere) 9.282
Nahaufnahmegerät
  s.Schulfotografie (Nahaufnahme) 5.224
Naher Osten
  s.Länderkunde (Naher Osten) 8.133
Nahrungsbedarf des Menschen
  s.Menschenkunde (Organfunktionen)
  9.192
Nahrungsgewerbe
  s.Berufsfachkunde (Nahrungsgewerbe)
  10.26
Nahrungsmittelchemie 9.196
- (Einzelfragen) 9.197
- (Frischhaltung) 9.197
Nahrungsmittellehre
  s.Ernährungslehre 10.53
Nahrungsversorgung
  s.Wirtschaftsgeographie (Welternährung) 8.230
Namenkunde 7.178
Namenkunde im Unterricht 7.178
Napoleon
  s.Neuzeit (Napoleon) 8.153
Narkoanalyse
  s.Psychoanalyse 4.137
Narzißmus
  s.Ich-Psychologie 4.85

Narzißtische Störung
  s.Psychoanalyse (Einzelfragen) 4.132
Nation
  s.Politik (Staat) 8.168
  s.Politische Bildung (Einzel-
    fragen) 8.174
  s.Staatsbürgerkunde (Einzel-
    fragen) 8.201
Nationalbewußtsein
  s.Politik (Nationalismus) 8.165
Nationale Auslandskunde
  s.Fremdsprachenunterricht (Kritik)
    7.107
Nationale Vorurteile
  s.Politische Bildung (Völkerver-
    ständigung) 8.191
Nationalgeschichte
  s.Geschichtsunterricht (Europa-
    gedanke) 8.71
Nationalhymne
  s.Zeitgeschichtsunterricht (Deut-
    sche Nationalhymne) 8.249
Nationalhymnen
  s.Musikgeschichte (Einzelfragen)
    10.176
Nationalismus
  s.Politik (Nationalismus) 8.165
Nationalsozialismus
  s.Zeitgeschichte (Nationalsozia-
    lismus) 8.243
  s.Zeitgeschichtsunterricht (Natio-
    nalsozialismus) 8.254
  - (Akustisches Quellenmaterial)
  s.Zeitgeschichtslehrmittel (Schall-
    platte) 5.261
Nationalsozialistische Geopolitik
  s.Zeitgeschichte (Hitlers Außen-
    politik) 8.241
Nationalsozialistische Herrschaft
  s.Zeitgeschichte (Nationalsozia-
    lismus) 8.243
Nationalstaat
  s.Politik (Nationalismus) 8.165
Nationalversammlung
  s.Deutsche Geschichte (Revolution
    1848) 8.26
Natürliche Bewegung
  s.Bewegungslehre 10.29
Natürliche Methode
  s.Natürlicher Unterricht 6.131
Natürliche Radioaktivität
  s.Radioaktivität 9.255
Natürliche Zahlen
  s.Algebra (Natürliche Zahlen) 9.29
  s.Grundschulrechnen(Zahlensystem)9.143

Natürlicher Logarithmus
  s.Analysis (Logarithmus) 9.35
Natürlicher Unterricht 6.131
- (Arbeitsmittel)
  s.Arbeitsmittel im Unterricht 5.28
Natürliches Lesenlernen
  s.Erstleseunterricht 7.89
Natürliches System
  s.Biologieunterricht (Organismen-
    systematik) 9.71
Natürlichkeit
  s.Leibeserziehung (Bildungswert)
    10.128
- im Unterricht
  s.Ganzheitliche Bildung 6.70
Natur im Jahreslauf
  s.Naturbeobachtung (Jahreslauf)
    9.198
Natur und Kunst
  s.Kunst 10.104
Natur und Physik
  s.Physik (Einzelfragen) 9.239
Naturalienkabinett
  s.Biologische Lehrmittelsammlung
    5.46
Naturalismus
  s.Naturwissenschaft (Naturphilo-
    sophie) 9.211
Naturauffassung
  s.Naturwissenschaft (Naturphilo-
    sophie) 9.211
Naturbegegnung
  s.Naturbeobachtung 9.197
Naturbeobachtung 9.197
- (Frühling) 9.198
- (Frühsommer)
  s.Naturbeobachtung (Sommer) 9.199
- (Herbst) 9.198
- (Jahreslauf) 9.198
- (Psychologischer Aspekt) 9.199
- (Sommer) 9.199
- (Vorfrühling)
  s.Naturbeobachtung (Frühling) 9.198
- (Vorschulalter)
  s.Naturbeobachtung (Psychologi-
    scher Aspekt) 9.199
- (Wald)
  s.Pflanzenkunde (Wald) 9.235
- (Winter) 9.199
Naturbetrachtung
  s.Naturbeobachtung 9.197
Naturentfremdung
  s.Naturschutz im Unterricht 9.209
Naturerfahrung
  s.Naturbeobachtung 9.197

Naturerleben
 s.Naturbeobachtung 9.197
Naturerleben des Schülers 4.127
Naturerziehung
 s.Biologieunterricht (Erziehungswert) 9.65
Naturfotografie
 s.Schulfotografie (Landschule) 5.224
Naturgemäßes Lernen
 s.Lernen 6.123
Naturgeschichte
 s.Biologieunterricht 9.33
 s.Heimatkundeunterricht (Biologie)
 8.96
Naturgeschichtliches Buch
 s.Biologielehrmittel (Literarische
 Formen) 5.43
Naturgeschichtslehrplan
 s.Biologielehrplan 9.61
Naturgeschichtsunterricht
 s.Biologieunterricht 9.63
Naturhistorisches Museum
 s.Biologielehrmittel (Museum) 5.44
Naturinteresse
 s.Naturerleben des Schülers 4.127
Naturkalender
 s.Naturbeobachtung (Jahreslauf)
 9.198
Naturkautschuk
 s.Pflanzenkunde (Nutzpflanzen)
 9.232
Naturkundebuch
 s.Biologielehrbuch 5.39
Naturkundeheft
 s.Biologielehrmittel (Arbeitsheft)
 5.40
Naturkundelehrer
 s.Biologielehrer 2.28
Naturkundelehrmittel
 s.Biologielehrmittel 5.39
Naturkundelehrplan der Landschule
 s.Biologieunterricht (Landschule)
 9.69
Naturkundestoff
 s.Biologielehrplan (Volksschule)
 9.63
Naturkundeunterricht
 s.Biologieunterricht 9.63
 s.Biologieunterricht (Volksschule)
 9.77
Naturkundliche Arbeitsgemeinschaft
 s.Biologieunterricht (Arbeitsgemeinschaft) 9.64
Naturkundliche Beobachtung
 s.Naturbeobachtung 9.197

Naturkundliche Lehrwanderung
 s.Biologische Lehrwanderung
 (Volksschule) 9.80
Naturkundliche Schülersammlung
 s.Biologische Lehrmittelsammlung
 5.46
Naturkundlicher Gesamtunterricht
 s.Biologieunterricht (Grundschule)
 9.67
Naturkundliches Arbeitsbuch
 s.Biologielehrbuch 5.39
Naturlehre 9.200
- (Alltag)
 s.Naturlehre (Lebensnähe) 9.203
- (Analytisch-synthetisches Lehrverfahren)
 s.Naturlehre (Methodische Einzelfragen) 9.204
- (Anschauung)
 s.Naturlehre (Methodische Einzelfragen) 9.204
- (Arbeitsanweisung)
 s.Naturlehre (Methodische Einzelfragen) 9.204
- (Arbeitsgerät)
 s.Physikalisches Experimentiergerät 5.144
- (Arbeitsmittel)
 s.Chemielehrmittel 5.47
 s.Physiklehrmittel 5.148
- (Arbeitsvorhaben) 9.200
- (Begriffsbildung)
 s.Naturlehre (Denkschulung) 9.201
- (Bildungswert) 9.201
- (Denkaufgabe)
 s.Naturlehre (Problemdenken) 9.205
- (Denkschulung) 9.201
- (Einfache Versuche)
 s.Naturlehre (Experiment) 9.201
- (Epochalunterricht)
 s.Naturlehre (Methodische Einzel-
 fragen) 9.204
- (Erarbeitender Unterricht)
 s.Naturlehre (Problemdenken) 9.205
- (Erkenntnisprozeß)
 s.Naturlehre (Denkschulung) 9.201
- (Erziehungsauftrag)
 s.Naturlehre (Bildungswert) 9.201
- (Exemplarisches Lehren)
 s.Naturlehre (Methodische Einzel-
 fragen) 9.204
- (Experiment) 9.201
- (Grundschule) 9.202
- (Gruppenunterricht) 9.202
- (Hauptschule) 9.202

- (Heimatkunde)
  s.Heimatkundeunterricht (Naturlehre) 8.101
- (Hilfsschule)
  s.Naturlehre (Sonderschule) 9.206
- (Jenaplan)
  s.Naturlehre (Methodische Einzelfragen) 9.204
- (Krise)
  s.Naturlehre (Situation) 9.206
- (Landschule) 9.203
- (Lebensnähe) 9.203
- (Lehrentwurf)
  s.Naturlehre (Vorbereitung) 9.208
- (Lehrerbildung)
  s.Lehrerbildung (Physik und Chemie) 2.92
- (Lehrerpersönlichkeit)
  s.Naturlehre (Methodische Einzelfragen) 9.204
- (Lehrerversuch oder Schülerversuch)
  s.Naturlehre (Schülerversuch) 9.206
- (Lehrplan) 9.203
- (Mädchenbildung) 9.204
- (Methodische Einzelfragen) 9.204
- (Modellbegriff)
  s.Naturlehre (Methodische Einzelfragen) 9.204
- (Primitivversuch)
  s.Naturlehre (Experiment) 9.201
- (Problemdenken) 9.205
- (Produktives Denken)
  s.Naturlehre (Denkschulung) 9.201
- (Psychologischer Aspekt) 9.205
- (Reform) 9.205
- (Sacheinheit)
  s.Naturlehre (Methodische Einzelfragen) 9.204
- (Schülerversuch) 9.206
- (Schuljahr IX)
  s.Naturlehre (Hauptschule) 9.202
- (Schulversuch)
  s.Naturlehre (Experiment) 9.201
- (Selbsttätigkeit)
  s.Naturlehre (Methodische Einzelfragen) 9.204
- (Situation) 9.206
- (Sonderschule) 9.206
- (Spracherziehung)
  s.Sprachunterricht (Sonderschule) 7.229
- (Sprachschulung)
  s.Naturlehre (Methodische Einzelfragen) 9.204
- (Technische Welt) 9.207
- (Unfallgefahr)
  s.Naturlehre (Methodische Einzelfragen) 9.204
- (Volkstümliche Bildung) 9.208
- (Vorbereitung) 9.208
- (Werkunterricht) 9.208
- und Technik
  s.Naturlehre (Technische Welt) 9.207
Naturlehre-Versuchskasten
  s.Physikalisches Experimentiergerät 5.144
Naturlehrebuch
  s.Physiklehrbuch 5.147
Naturlehreraum
  s.Schulgebäude (Naturlehreraum) 1.188
Naturlehresammlung
  s.Physikalisches Experimentiergerät (Aufbewahrung) 5.145
Naturlehreunterricht
  s.Naturlehre 9.200
Naturlehreversuch
  s.Naturlehre (Experiment) 9.201
Naturlehrpfad
  s.Biologielehrmittel (Einzelformen) 5.41
Naturmagnetismus
  s.Magnetismus (Elektromagnetismus) 9.156
Naturschule
  s.Freilufterziehung 6.69
Naturschutz 9.208
- (Bäume) 9.209
- (Erziehungsaspekt)
  s.Naturschutz im Unterricht (Pädagogischer Aspekt) 9.210
- (Forstwirtschaft)
  s.Naturschutz (Bäume) 9.209
- (Pflanze) 9.209
- (Unterrichtsprinzip)
  s.Naturschutz im Unterricht 9.209
- (Wasser) 9.209
Naturschutz im Unterricht 9.209
- (Pädagogischer Aspekt) 9.210
Naturschutz und Schule
  s.Naturschutz im Unterricht 9.209
Naturstudium
  s.Kunsterziehung (Gymnasium) 10.115
- (Zeichnen)
  s.Zeichnen (Naturzeichnen) 10.283
Naturunterricht
  s.Biologieunterricht 9.63
Naturverbundenheit
  s.Naturschutz im Unterricht (Pädagogischer Aspekt) 9.210

Naturverstehen
  s.Naturbeobachtung 9.197
Naturvölker
  s.Völkerkunde 8.209
Naturwald
  s.Pflanzenkunde (Wald) 9.235
Naturwissenschaft 9.210
- (Bildungswert)
  s.Naturwissenschaftliche Bildung
  3.182
- (Dialektischer Materialismus)
  s.Naturwissenschaft (Weltbild) 9.212
- (Geisteswissenschaft) 9.211
- (Humanismus)
  s.Humanismus (Naturwissenschaft)
  3.145
- (Naturphilosophie) 9.211
- (Philosophischer Aspekt) 9.211
- (Religionsunterricht)
  s.Religionsunterricht (Naturwissenschaft) 10.217
- (Weltbild) 9.212
- und Theologie
  s.Religionsunterricht (Naturwissenschaft) 10.217
Naturwissenschaftler
  s.Physik- und Chemielehrer 2.129
Naturwissenschaftlich-Technische Fachschule
  s.Fachschule (Technikerausbildung)
  1.76
Naturwissenschaftliche Bildung ... 3.182
Naturwissenschaftliche Reifeprüfung
  s.Naturwissenschaftlicher Unterricht (Methodische Einzelfragen)
  9.214
Naturwissenschaftliche Weltanschauung
  s.Naturwissenschaft (Weltbild) 9.212
Naturwissenschaftlicher Raum
  s.Schulgebäude (Physikraum) 1.188
Naturwissenschaftlicher Unterricht 9.212
- (Berufsschule) 9.213
- (Bildungswert) 9.213
- (DDR) 9.214
- (Experiment)
  s.Naturlehre (Experiment) 9.201
- (Friedenserziehung)
  s.Naturwissenschaftlicher Unterricht (Bildungswert) 9.213
- (Ideologische Erziehung)
  s.Naturwissenschaftlicher Unterricht (Sozialistische Erziehung) 9.216
- (Mädchenbildung) 9.214
- (Methodische Einzelfragen) 9.214
- (Polytechnische Bildung) 9.215

- (Rationalisierung)
  s.Naturwissenschaftlicher Unterricht (Methodische Einzelfragen) 9.214
- (Realschule) 9.215
- (Reform) 9.215
- (Saarbrücker Rahmenvereinbarung)
  s.Saarbrücker Rahmenvereinbarung (Naturwissenschaftlicher Unterricht) 6.148
- (Sozialistische Erziehung) 9.216
- (Volksschule)
  s.Naturwissenschaftlicher Unterricht 9.212
- (Wahlpflichtfach)
  s.Naturwissenschaftlicher Unterricht (Methodische Einzelfragen) 9.214
Naturwissenschaftliches Denken
  s.Naturwissenschaftliche Bildung
  3.182
Naturwissenschaftl.Gymnasium 1.146
Naturwissenschaftliches Lehrbuch
  s.Sachbuch im Unterricht 5.203
Naturzeichnen
  s.Zeichnen (Naturzeichnen) 10.283
Nazismus
  s.Zeitgeschichte (Nationalsozialismus) 8.243
Neandertaler
  s.Menschenkunde (Urmensch) 9.193
Nebelkammer
  s.Atomphysik (Nebelkammer) 9.54
  s.Physikalisches Experimentiergerät (Atomphysik) 5.145
Nebensatz
  s.Satzlehre (Nebensatz) 7.204
Nebentätigkeit des Lehrers
  s.Hochschullehrer (Rechtsfragen)
  2.50
  s.Lehrerberuf (Rechtsfragen) 2.70
Nebenzeitformen
  s.Verblehre (Unterrichtsaspekt)
  7.245
Neckar
  s.Wirtschaftsgeographie (Binnenschiffahrt) 8.216
Nefa
  s.Länderkunde (Indien:Landschaften)
  8.128
Negation
  s.Verblehre (Einzelfragen) 7.243
Negative Zahl
  s.Algebra (Ganze Zahlen) 9.26
Negativentwickler
  s.Schulfotografie (Entwicklungspraxis) 5.223

Negativschneiden
  s.Werken (Linolschnitt) 10.264
"Neger"
  s.Länderkunde (Afrika:Bevölkerung)
  8.114
- (USA)
  s.Zeitgeschichtsunterricht (Rassenfrage) 8.256
Negerkind
  s.Mischlingskind 4.124
Negerkunst
  s.Länderkunde (Afrika:Kunst) 8.115
Negev
  s.Länderkunde (Israel) 8.129
Negro-Afrikanische Literatur
  s.Französische Lektüre (Einzelne Werke) 7.95
Negro Spirituals
  s.Englische Lektüre (Lied) 7.71
  s.Jazz 10.82
Nektarraub
  s.Pflanzenphysiologie (Fortpflanzung) 9.237
Nenner
  s.Bruchrechnen (Hauptnenner) 9.83
Neopsychoanalyse
  s.Psychoanalyse 4.137
Nepal
  s.Länderkunde (Nepal) 8.133
Nepersche Rechenstäbchen
  s.Rechenstab 5.195
Nervenzelle
  s.Kybernetische Lerntheorie (Informationsübermittlung) 5.104
  s.Menschenkunde (Nerven) 9.191
Nervöse Störungen
  s.Nervöses Kind 4.127
Nervöses Kind 4.127
Nervosität
  s.Nervöses Kind 4.127
Netzhautbild
  s.Menschenkunde (Sehvorgang) 9.192
Netzknüpfen
  s.Werken (Textil) 10.268
Neue Chormusik
  s.Chormusik 10.53
Neue deutsche Grammatik
  s.Deutsche Grammatik 7.44
Neue Grammatik
  s.Grammatikunterricht (Reform) 7.131
[Der] Neue in der Klasse
  s.Klassengemeinschaft 3.157
Neue Musik 10.195
- (Pädagogischer Aspekt) 10.196

- (Volkslied)
  s.Volkslied 10.257
Neue Musik im Unterricht 10.196
- (Einzelbeispiele) 10.196
- (Gymnasium) 10.197
- (Oper) 10.197
- (Realschule) 10.197
- (Volksschule) 10.197
Neue Oper im Musikunterricht
  s.Neue Musik im Unterricht (Oper) 10.197
Neuenglische Grammatik
  s.Englische Grammatik 7.67
Neuer Katechismus
  s.Katholischer Katechismus (Neuer Katechismus) 10.90
Neuer Mensch
  s.Politische Bildung (DDR) 8.172
Neuer Nationalismus
  s.Politik (Rechtsradikalismus) 8.167
Neueres Deutsch
  s.Deutsche Sprache 7.44
Neues Afrika
  s.Länderkunde (Afrika) 8.114
Neues Geschichtsbild
  s.Geschichtsbild (Revision) 8.60
Neues Jahr [im Gesamtunterricht]
  s.Arbeitseinheiten (Neues Jahr) 6.30
Neues ökonomisches System der Planung und Leitung
  s.Staatsbürgerkunde (Einzelfragen) 8.201
Neues Testament
  s.Bibelunterricht Neues Testament 10.40
- (Entmythologisierung)
  s.Bibelunterricht NT (Forschung) 10.43
Neugriechisch
  s.Griechischunterricht (Methodische Einzelfragen) 7.134
Neugriechisches Lehrbuch
  s.Fremsprachenlehrbuch 5.73
Neuhochdeutsch
  s.Deutsche Sprache 7.44
Neuhochdeutsche Satzlehre
  s.Satzlehre (Deutscher Satz) 7.204
Neuhochdeutsche Umgangssprache
  s.Umgangssprache 7.242
Neuhumanistische Bildungstheorie
  s.Bildungsbegriff 3.66
Neulehrerausbildung
  s.Lehrerbildung 2.74
Neuling
  s.Schulanfänger 4.171

Neun-Jahres-Krise
  s.Entwicklungspsychologie 4.40
Neuneck
  s.Geometrie (Vielecke) 9.132
Neunerprobe
  s.Rechenoperationen (Kontroll-
    formen) 9.259
9.[Neunter] November 1918
  s.Zeitgeschichte (Weimarer Republik)
    8.258
Neuntes Schuljahr
  s.Schuljahr IX 1.194
  s.Volksschulunterricht (Schul-
    jahr IX) 6.222
Neuntes Volksschuljahr
  s.Schuljahr IX 1.194
Neuphilologe 2.122
Neuphilologie
  s.Neusprachlicher Unterricht
    (Bildungswert) 7.179
  s.Neusprachlicher Unterricht
    (Grammatik) 7.180
Neuronenmodelle
  s.Kybernetische Lerntheorie
    (Neuronenmodelle) 5.105
Neurophysiologie
  s.Menschenkunde (Nerven) 9.191
Neurose 4.127
- (Behandlungstechnik) 4.128
- (Gewissenszwang)
  s.Gewissen (Tiefenpsychologi-
    scher Aspekt) 4.71
- (Gruppentest)
  s.Persönlichkeitstest 4.134
- (Kindesalter) 4.128
- (Psychopatie) 4.129
- (Psychose) 4.129
- (Schuld)
  s.Schulderleben 4.173
- (Schulischer Aspekt) 4.129
- (Sprachaspekt)
  s.Sprachheilpädagogik (Medizi-
    nischer Aspekt) 4.202
  s.Sprachstörung 4.207
- (Zwangskrankheit) 4.130
Neurosendiagnostik
  s.Neurose (Behandlungstechnik) 4.128
Neurotiker
  s.Neurose 4.127
Neurotische Ich-Deformierung
  s.Ich-Psychologie 4.85
Neurotische Lernstörung
  s.Lernstörung 4.113
Neurotische Verwahrlosung
  s.Verwahrlosung 4.234

Neurotisches Leistungsversagen
  s.Leistungsstörung 4.109
  s.Überforderung des Schülers 4.230
Neurotizismus
  s.Neurose 4.127
Neurotoide Legasthenie
  s.Legasthenie (Verhaltensstörung)
    4.104
Neuseeland
  s.Länderkunde (Neuseeland) 8.134
Neusiedler See
  s.Länderkunde (Österreich) 8.136
Neusprachliche Fehlerkunde
  s.Englischunterricht (Fehlerkunde)
    7.78
Neusprachliche Kunstbetrachtung
  s.Neusprachlicher Unterricht
    (Methodische Einzelfragen) 7.180
Neusprachliche Lektüreausgabe
  s.Fremdsprachenunterricht (Lek-
    türe) 7.107
Neusprachlicher Anfangsunterricht
  s.Fremdsprachlicher Anfangsunter-
    richt 7.114
Neusprachlicher Unterricht 7.179
- (Arbeitsmittel)
  s.Fremdsprachenlehrmittel 5.73
- (Bildungswert) 7.179
- (DDR) 7.180
- (Direkte Methode)
  s.Fremdsprachenunterricht (Direkte
    Methode) 7.104
- (Etymologie)
  s.Fremdsprachenunterricht (Etymo-
    logie) 7.105
- (Fließendes Sprechen)
  s.Fremdsprachenunterricht (Sprech-
    übung) 7.111
- (Gedicht)
  s.Fremdsprachenunterricht (Lyrik)
    7.108
- (Grammatik) 7.180
- (Lehrplan)
  s.Neusprachlicher Unterricht (Me-
    thodische Einzelfragen) 7.180
- (Methodische Einzelfragen) 7.180
- (Politische Bildung) 7.181
- (Reform) 7.181
- (Situation) 7.182
- (Tonband)
  s.Fremdsprachenlehrmittel (Ton-
    band) 5.75
- (Wiederholung)
  s.Neusprachlicher Unterricht (Me-
    thodische Einzelfragen) 7.180

Neusprachliches Gymnasium 1.147
Neusprachliches Lehrbuch
 s.Fremdsprachenlehrbuch 5.73
Neusprachliches Schulwörterbuch
 s.Fremdsprachenlehrmittel (Wörterbuch) 5.76
Neutestamentliche Auferstehungsbotschaft
 s.Bibelunterricht NT (Auferstehung) 10.40
Neutestamentliche Forschung
 s.Bibelunterricht NT (Forschung) 10.43
Neutrale Staatsschule
 s.Gemeinschaftsschule 1.86
Neutrinohypothese
 s.Atomphysik (Elementarteilchen) 9.51
Neutron
 s.Atomphysik (Neutron) 9.54
Neutronenquelle
 s.Atomphysik (Neutron) 9.54
Neuzeit 8.152
- (Absolutismus) 8.152
- (Bauernkriege) 8.152
- (Dreißigjähriger Krieg) 8.152
- (Entdeckungen) 8.153
- (Französische Revolution) 8.153
- (Gegenreformation) 8.153
- (Industrielle Revolution) 8.153
- (Napoleon) 8.153
- (Reformation) 8.154
- (Soziale Frage) 8.154
- (15.Jahrhundert) 8.154
- (16.Jahrhundert) 8.155
- (17.Jahrhundert) 8.155
- (18.Jahrhundert) 8.155
- (19.Jahrhundert) 8.155
Neuzeitliches Lesebuch
 s.Lesebuchkritik (Wirklichkeitsbezug) 5.131
New York
 s.Länderkunde (USA:Bevölkerung) 8.146
 s.Länderkunde (USA:Landschaften) 8.146
Newtonsche Ringe
 s.Wellenlehre (Interferenz) 9.303
Newtonsches Näherungsverfahren
 s.Angewandte Mathematik (Iteration) 9.37
Nibelungenlied im Unterricht
 s.Sage im Unterricht 7.202
Nicaragua
 s.Länderkunde (Nicaragua) 8.134

Nicht-direkte Therapie
 s.Gruppentherapie 4.74
 s.Psychotherapie (Tiefenpsychologie) 4.155
Nichtbegabtes Kind
 s.Begabung (Schulerfolg) 4.29
Nichtchristen
 s.Religionsunterricht (Weltreligionen) 10.224
Nichtdeterministischer Automat
 s.Kybernetische Maschinen (Lernender Automat) 5.109
Nichtdifferenzierung
 s.Grundschulunterricht 6.81
Nichtdigitale Lernmatrix
 s.Kybernetische Maschinen (Lernmatrix) 5.110
Nichteuklidische Geometrie
 s.Geometrie (Nichteuklidische Geometrie) 9.129
Nichtleser
 s.Lesestörung 4.119
Nichtlineare Differentialgleichungen
 s.Analysis 9.32
Nichtliterarische Facharbeit
 s.Aufsatz (Einzelformen) 7.26
Nichtversetzung 1.147
Nickel
 s.Anorganische Chemie (Metalle) 9.40
Niederbayern
 s.Länderkunde (Bayern) 8.118
Niederdeutsch
 s.Mundart 7.175
- im Unterricht
 s.Mundart im Unterricht (Niederdeutsch) 7.176
Niederelbe
 s.Länderkunde (Hamburg) 8.126
Niederfrequenter Wechselstrom
 s.Elektrizitätslehre (Wechselstrom) 9.109
Niederländischunterricht 7.182
Niederlande
 s.Länderkunde (Niederlande) 8.134
- (Küstenschutz)
 s.Länderkunde (Niederlande:Landgewinnung) 8.134
- (Landwirtschaft)
 s.Wirtschaftsgeographie (Landwirtschaft:EWG) 8.225
Niederösterreich
 s.Wirtschaftsgeographie (Österreich) 8.225
Niederrhein
 s.Länderkunde (Nordrh.-Westf.) 8.135

Niederrheinisches Braunkohlenrevier
　s.Länderkunde (Nordrhein-Westfalen)
　8.135
Niedersachsen
　s.Länderkunde (Niedersachsen) 8.134
Niedersächsisches Konkordat
　s.Kulturpolitik 1.128
Niedersächsisches Privatschulgesetz
　s.Privatschulgesetz 1.154
Niedersächsisches Schulverwaltungs-
　gesetz
　s.Schulverwaltungsgesetze 1.230
Niederschreiben eines Aufsatzes
　s.Aufsatzunterricht (Spracher-
　ziehung) 7.37
Niederschrift
　s.Aufsatz (Niederschrift) 7.28
Niere
　s.Menschenkunde (Einzelfragen) 9.190
Nigeria
　s.Länderkunde (Äquatorialafrika)
　8.113
Nikodemus
　s.Bibelunterricht NT (Einzelfragen)
　10.41
Nikolaus [im Gesamtunterricht]
　s.Arbeitseinheiten (Nikolaus) 6.30
Nikolausfeier
　s.Schulleben (Advent) 6.168
Nil
　s.Länderkunde (Ägypten) 8.113
Nisthöhlen
　s.Vogelkunde (Brutbiologie) 9.293
Nistkästen
　s.Biologielehrmittel (Vogelkunde)
　5.45
　s.Vogelkunde (Brutbiologie) 9.293
Niveaukurs
　s.Leistungsgruppen 6.123
Njassaland
　s.Länderkunde (Südafrika) 8.143
Nördliches Eismeer
　s.Länderkunde (Arktis) 8.116
Nomenklatur im Chemieunterricht
　s.Chemieunterricht (Fachsprache) 9.88
Nomographie
　s.Angewandte Mathematik (Nomo-
　graphie) 9.38
Nonsense-Dichtung
　s.Englische Lektüre (Lyrik) 7.72
　s.Kindergedicht 7.141
Noogene Neurose
　s.Neurose 4.127
Noologische Anthropologie
　s.Anthropologie 3.19

Nord-Ostsee-Kanal
　s.Länderkunde (Deutsche Ostsee-
　küste) 8.122
Nordafrika
　s.Länderkunde (Nordafrika) 8.135
Nordamazonien
　s.Länderkunde (Brasilien) 8.119
Nordamerika
　s.Länderkunde (USA) 8.146
Nordasien
　s.Länderkunde (Asien) 8.117
Norderney
　s.Länderkunde (Nordseeinseln) 8.136
Norderoog
　s.Länderkunde (Halligen) 8.126
Nordeuropa
　s.Länderkunde (Nordeuropa) 8.135
Nordfriesische Inseln
　s.Länderkunde (Nordseeinseln) 8.136
Nordostpolder
　s.Länderkunde (Niederlande:Land-
　gewinnung) 8.134
Nordpol
　s.Länderkunde (Arktis) 8.116
Nordrhein-Westfälisches Schulverwal-
　tungsgesetz
　s.Schulverwaltungsgesetze 1.230
Nordrhein-Westfalen
　s.Länderkunde (Nordrhein-Westfalen)
　8.135
Nordsee
　s.Länderkunde (Nordsee) 8.136
Nordseeinsel [Lebensgemeinschaft]
　s.Lebensgemeinschaft (Strand) 9.154
Nordseeinseln
　s.Länderkunde (Nordseeinseln) 8.136
Nordseeküste
　s.Länderkunde (Deutsche Nordsee-
　küste) 8.121
Nordwesteifel
　s.Länderkunde (Eifel) 8.123
Normalschliffgeräte
　s.Chemisches Experimentiergerät
　5.48
Normalschrift-Alphabet
　s.Schreibunterricht (Schriftformen)
　10.231
Normalverteilung
　s.Wahrscheinlichkeitsrechnung 9.302
Normative Wirtschaftspädagogik
　s.Wirtschaftspädagogische Forschung
　3.244
Norwegen
　s.Länderkunde (Norwegen) 8.136
Notenbaukasten

s.Musiklehrmittel (Notentafel)
  5.141
Notenbild
  s.Notenschrift 10.197
Notengebung 6.131
- (Berufsschule) 6.132
- (Gymnasium) 6.132
- (Hausaufgabe)
  s.Hausaufgabe 6.96
- (Kritik) 6.132
- (Polytechnischer Unterricht) ... 6.133
- (Privatschule) 6.133
- (Punktsystem) 6.133
- (Realschule) 6.133
- (Schulnotenvorhersage)
  s.Schulische Leistung 6.159
- (Sonderschule) 6.133
Notenkunde
  s.Musikunterricht (Notenkunde)
  10.188
Notenlegetafel
  s.Musiklehrmittel (Notentafel)
  5.141
  s.Notenschrift 10.197
Notenlesen
  s.Musikunterricht (Notenlesen)
  10.189
Notenschrift 10.197
- (Einführung) 10.198
Notensingen
  s.Musikunterricht (Notenlesen)
  10.189
Notenstufen
  s.Zeugnis 1.272
Notstandsrecht
  s.Politik (Notstandsrecht) 8.166
Novelle 7.182
- als Aufsatz
  s.Aufsatz (Einzelformen) 7.26
Novelle im Unterricht 7.182
Novellistischer Geschichtsunterricht
  s.Geschichtserzählung 8.60
NPD
  s.Politik (Rechtsradiaklismus)
  8.167
NS-Prozesse
  s.Zeitgeschichtsunterricht (Widerstandsbewegung) 8.258
NS-Zeit
  s.Zeitgeschichte (Nationalsozialismus) 8.243
Nubien
  s.Länderkunde (Äthiopien) 8.114
Nucleinsäure
  s.Biochemie (Einzelfragen) 9.57

Nüchternheitsunterricht
  s.Gesundheitslehre (Volksschule)
  9.139
Nürnberger Lehrpläne
  s.Biologielehrplan (Gymnasium) 9.62
  s.Lehrplan (Gymnasium) 6.118
Nürtinger Symposion
  s.Programmiertes Lernen (Nürtinger Symposion I) 5.178
  s.Programmiertes Lernen (Nürtinger Symposion II) 5.179
  s.Programmiertes Lernen (Nürtinger Symposion III) 5.179
  s.Programmiertes Lernen (Nürtinger Symposion IV) 5.180
  s.Programmiertes Lernen (Nürtinger Symposion V) 5.180
Nürtinger Symposion [Berlin]
  s.Programmiertes Lernen (Nürtinger Symposion V) 5.180
Nürtinger Symposion [Düsseldorf]
  s.Programmiertes Lernen (Nürtinger Symposion IV) 5.180
Nützliche Information
  s.Kybernetik (Einzelfragen) 5.98
Nukleonen
  s.Atomphysik (Elementarteilchen)
  9.51
Numerische Textanalyse
  s.Kybernetik (Informationssemantik)
  5.99
Numerus clausus
  s.Hochschulstudium 1.111
Nursery-Rhymes
  s.Englische Lektüre (Lyrik) 7.72
Nußbaum
  s.Pflanzenkunde (Laubbäume) 9.230
Nußknacker
  s.Weihnachtliches Werken (Einzelvorhaben) 10.260
Nutzpflanzen
  s.Pflanzenkunde (Nutzpflanzen) 9.232
Nutzvieh
  s.Wirtschaftsgeographie (Nutzvieh)
  8.225
Nutzwiese [Lebensgemeinschaft]
  s.Lebensgemeinschaft (Wiese) 9.155

O

Oberarmkippe
  s.Geräteturnen (Barren) 10.65
Oberarmrolle
  s.Geräteturnen (Barren) 10.65

Oberflächenform der Erde
 s. Allgemeine Erdkunde (Geomorphologie) 8.20
Oberflächenspannung
 s. Mechanik (Oberflächenspannung) 9.185
Oberhausener Institut
 s. Zweiter Bildungsweg (Oberhausener Institut) 1.280
Oberrealschule
 s. Gymnasium (Bundesländer) 1.95
Oberschule
 s. Gymnasium 1.92
 s. Schule und Wirtschaft (Gymnasium) 1.184
 - Praktischer Zweig 1.147
 - Technischer Zweig 1.148
 - Wissenschaftlicher Zweig 1.148
Oberschuleignung
 s. Übergang (Eignungsgutachten) 1.258
Oberstdorfer Krippenspiel
 s. Schulspiel (Krippenspiel) 6.174
Oberstufe der Volksschule
 s. Hauptschule 1.101
 s. Volksschuloberstufe 1.262
Oberstufe des Gymnasiums
 s. Gymnasialunterricht (Oberstufe) 6.92
 s. Gymnasium (Reform der Oberstufe) 1.98
Oberstufen-Aufsatz
 s. Aufsatzunterricht (Gymnasium: Oberstufe) 7.32
 s. Aufsatzunterricht (Korrektur) 7.32
Oberstufen-Erdkunde
 s. Erdkundeunterricht (Gymnasium: Oberstufe) 8.38
Oberstufen-Geschichtsunterricht
 s. Geschichtsunterricht (Gymnasium: Oberstufe) 8.75
Oberstufenlehrer
 s. Fachlehrer (Volksschule) 2.35
Oberstufenreform
 s. Gymnasium (Reform der Oberstufe) 1.98
 - (Realschule)
 s. Realschulreform (Oberstufe) 1.164
 - (Volksschule)
 s. Volksschulreform (Oberstufe) 1.267
Oberstufenschüler
 s. Schüler 4.165
Oberstufenunterricht
 s. Gymnasialunterricht (Oberstufe) 6.92

Oberuferer Weihnachtsspiel
 s. Schulspiel (Krippenspiel) 6.174
Objekt
 s. Satzlehre (Objekt) 7.205
Objektbesetzung
 s. Entwicklungspsychologie (Säugling) 4.46
Objektbeziehung
 s. Wahrnehmungspsychologie (Gegenstandswahrnehmung) 4.238
Objekterkennungs-Test
 s. Test 4.216
Objektive Benotung
 s. Notengebung 6.131
Objektive Diktatzensur
 s. Diktat (Bewertung) 7.64
Objektive Leistungsmessung
 s. Leistungsmessung 4.108
Objektive Sinnesphysiologie
 s. Kybernetische Lerntheorie (Einzelfragen) 5.103
Objektives Kunsturteil
 s. Kunstverständnis 10.124
Objektiviertes Lehrverfahren
 s. Technische Lehrmittel 5.247
Objektivierung des Lernens
 s. Kybernetische Pädagogik (Didaktischer Aspekt) 5.113
Obligatorischer Englischunterricht
 s. Englischunterricht (Volksschule: Organisation) 7.88
Obrigkeitsschule
 s. Schulerziehung 3.217
Obrigkeitsstaat
 s. Politik (Staat) 8.168
Obst [im Gesamtunterricht]
 s. Arbeitseinheiten (Obst) 6.30
Obstbaumschädlinge
 s. Insektenschädlinge 9.149
Obstgarten
 s. Pflanzenkunde (Obstbäume) 9.233
 s. Schulgarten (Obstbäume) 5.232
Odenwald
 s. Länderkunde (Hessen) 8.126
Odenwaldschule 1.149
Oder-Neiße-Linie
 s. Zeitgeschichtsunterricht (Deutsche Ostgrenze) 8.249
OECD
 s. Zeitgeschichte (Europäische Gemeinschaften) 8.240
Ödipuskomplex
 s. Abwehrmechanismen 4.19
 - (Antisemitismus)
 s. Zeitgeschichte (Antisemitismus) 8.238

Öffentliche Bücherei
  s.Literaturpädagogik 3.163
Öffentliche Erziehung
  s.Schule und Staat 1.181
Öffentliche Erziehungshilfe
  s.Erziehungsberatungsstelle 1.72
Öffentliche Heimerziehung
  s.Heimerziehung 3.139
Öffentliche Meinung
  s.Politik (Meinungsfreiheit) 8.165
Öffentlichkeit und Schule
  s.Schule und Gesellschaft 1.178
Ökologie
  s.Allgemeine Erdkunde 8.19
  - (Biologieunterricht)
  s.Lebensgemeinschaft 9.152
Ökologische Untersuchung
  s.Lebensgemeinschaft 9.152
Ökonomie des Unterrichts
  s.Unterrichtsökonomie 6.214
Ökonomie und Kybernetik
  s.Kybernetik (Einzelfragen) 5.98
Ökonomische Bildung
  s.Wirtschaftspädagogik 3.242
Ökonomische Geographie
  s.Wirtschaftsgeographie 8.215
Ökonomischer Daseinsbezug
  s.Anthropologie 3.19
Ökumenische Bibel
  s.Bibelunterricht (Bibel) 10.31
Ökumenische Pädagogik
  s.Pädagogik (Katholische Pädagogik) 3.186
Ökumenische Theologie
  s.Religionsunterricht (Ökumenische Sicht) 10.217
Ökumenisches Konzil
  s.Kirchengeschichte (Ökumenisches Konzil) 10.99
Ölheizung
  s.Wärmelehre (Einzelfragen) 9.298
Ölmalerei
  s.Malen (Techniken) 10.168
Österliche Bildkatechese
  s.Katechese (Ostern) 10.87
Österliches Brauchtum
  s.Schulleben (Brauchtumspflege) 6.169
Österreich
  s.Geschichte (Österreich) 8.58
  s.Länderkunde (Österreich) 8.136
  s.Wirtschaftsgeographie (Österreich) 8.225
  - (Erdölproduktion)
  s.Wirtschaftsgeographie (Erdölgewinnung) 8.220

Österreichische Fibeln
  s.Fibel (Einzelbeispiele) 5.70
Österreichische Hauptschule
  s.Hauptschule [Österreich] 1.104
Österreichische Lehrerbildung
  s.Lehrerbildung (Österreich) 2.91
Österreichische Lehrerfortbildung
  s.Lehrerfortbildung (Österreich) 2.108
Österreichische Pädagogische Akademie
  s.Pädagogische Akademie (Österreich) 2.122
Österreichische Schulschrift
  s.Schreibunterricht (Schriftformen) 10.231
Österreichischer Skilehrplan
  s.Skiunterricht (Österreich) 10.241
Österreichisches Privatschulgesetz
  s.Schulgesetzgebung (Österreich) 1.191
Österreichisches Schulbuch
  s.Schulbuch 5.210
Österreichisches Schulgesetzwerk 1962
  s.Schulgesetzgebung (Österreich) 1.191
Österreichisches Schulturnen
  s.Leibeserziehung (Österreich) 10.146
Österreichisches Schulwesen
  s.Schulwesen Österreich 1.236
Österreichisches Subtraktionsverfahren
  s.Rechenoperationen (Schriftliches Abziehen:Ergänzungsmethode) 9.260
Offenbarung
  s.Bibelunterricht NT (Einzelfragen) 10.41
Offene Erziehungshilfe
  s.Sozialpädagogik 3.227
Offene Jugendbildung
  s.Freizeiterziehung (Jugendpflege) 3.121
Offene Schule
  s.Hauptschule 1.101
Offene Schultür 6.134
Offene Schulwoche
  s.Schulausstellung 6.155
Offene Singstunde
  s.Liedpflege (Methodische Einzelfragen) 10.163
Offenes Singen
  s.Liedpflege (Methodische Einzelfragen) 10.163
Ohmsches Gesetz
  s.Elektrizitätslehre (Ohmsches Gesetz) 9.107

Ohr des Menschen
  s.Menschenkunde (Ohr) 9.192
Ohrenrobben
  s.Tierkunde (Robben) 9.283
Oldenburg-Statistik
  s.Schulstatistik 1.225
Oligophrenie
  s.Schwachsinniges Kind 4.185
Olympia-Leistungsabzeichen
  s.Leibeserziehung (DDR) 10.130
Olympische Akademie
  s.Leibeserziehung (Organisationsfragen) 10.146
Olympische Spiele
  s.Altertum (Griechen) 8.22
  s.Sport (Olympische Spiele) 10.243
Omnibusfahrt
  s.Schulwandern 6.178
Onanie 4.130
Ontogenese
  s.Entwicklungspsychologie 4.40
- des Menschen
  s.Abstammungslehre (Mensch) 9.22
Ontologische Schichtung
  s.Ganzheitspsychologie 4.63
Oper im Unterricht
  s.Musikgeschichte (Oper) 10.177
Operative Mathematik
  s.Mathematikunterricht (Reform) 9.172
Operative Zahlbegriffsbildung
  s.Erstrechenunterricht (Mengenoperation) 9.115
  s.Erstrechenunterricht (Operatives Denken) 9.116
Operatives Denken
  s.Erstrechenunterricht (Operatives Denken) 9.116
Operator-Algorithmen
  s.Kybernetische Maschinen (Algorithmen) 5.107
Optik 9.217
- (Abbildung) 9.217
- (Absorption) 9.217
- (Brechung) 9.217
- (Einzelfragen) 9.218
- (Farben) 9.218
- (Glühlampe) 9.218
- (Laser) 9.219
- (Lichtgeschwindigkeit) 9.219
- (Lichtstrahlen) 9.219
- (Linsenoptik) 9.219
- (Linsensysteme) 9.220
- (Lumineszenz) 9.220
- (Meßtechnik) 9.220

- (Reflexion) 9.220
- (Schülerversuch) 9.221
- (Spektrum) 9.221
- (Volksschule) 9.222
Optisch-Akustische Unterrichtsmittel
  s.Audiovisuelle Bildungsmittel 5.34
Optische Abbildung
  s.Optik (Abbildung) 9.217
Optische Bank
  s.Physikalisches Experimentiergerät (Optik) 5.146
Optische Geräte
  s.Physikalisches Experimentiergerät (Optik) 5.146
Optische Täuschung 4.130
Optische Wahrnehmung
  s.Menschenkunde (Sehvorgang) 9.192
  s.Wahrnehmungspsychologie (Optische Wahrnehmung) 4.238
OPZ
  s.Oberschule Praktischer Zweig 1.147
Orange
  s.Pflanzenkunde (Nutzpflanzen) 9.232
Orbitalmodell
  s.Relativitätstheorie (Einzelfragen) 9.272
Orchideen
  s.Pflanzenkunde (Orchideen) 9.233
Ordner
  s.Arbeitsmappe 5.24
- (Erdkundeunterricht)
  s.Erdkundelehrmittel (Einzelformen) 5.63
Ordnung und Freiheit
  s.Erziehung und Freiheit 3.85
Ordnung und Rhythmus
  s.Rhythmische Erziehung 6.145
Ordnungsformen des Unterrichts
  s.Artikulation des Unterrichts 6.40
Orff-Institut [Salzburg]
  s.Musiklehrmittel (Orff-Schulwerk) 5.142
Orff-Schulwerk 10.198
- (Arbeitsmittel)
  s.Musiklehrmittel (Orff-Schulwerk) 5.142
- (Einzelerfahrungen) 10.198
- (Gymnasium) 10.199
Organgymnastik
  s.Gymnastik (Einzelfragen) 10.71
  s.Sonderturnen 4.192
Organische Bewegung
  s.Bewegungslehre 10.29
Organische Chemie 9.222
- (Alkane) 9.222

- (Alkohol) 9.222
- (Einzelfragen) 9.222
- (Ester) 9.223
- (Farbstoffe) 9.223
- (Holz) 9.224
- (Kohle) 9.224
- (Kohlenwasserstoffe) 9.224
- (Kunststoffe) 9.224
- (Textilfaser) 9.225
- (Waschmittel) 9.225
Organische Hirnerkrankung
 s.Aphasie 4.24
Organische Psychose
 s.Neurose (Psychose) 4.129
Organischer Religionsunterricht
 s.Religionsunterricht (Methodische Einzelfragen) 10.215
Organisches Leben
 s.Biologie (Organisches Leben) 9.60
Organismengeschichte
 s.Abstammungslehre (Stammesentwicklung) 9.23
Organismensystematik
 s.Biologieunterricht (Organismensystematik) 9.71
Organneurose
 s.Neurose 4.127
Orgel
 s.Musikinstrument (Einzelformen) 5.139
Orient
 s.Länderkunde (Naher Osten) 8.133
Orientierung der Tiere
 s.Tierverhalten (Orientierung) 9.288
Orientierung der Zugvögel
 s.Vogelkunde (Vogelzug) 9.296
 s.Ostkundelehrmittel 5.144
Orientierungsklasse
 s.Förderstufe 1.78
Originale Begegnung
 s.Pädagogik der Begegnung 3.190
 s.Unterricht (Sachbegegnung) 6.208
Orinoco
 s.Länderkunde (Venezuela) 8.147
Orion-Nebel
 s.Astronomie (Sternensysteme) 9.47
Ornithologie
 s.Vogelkunde 9.293
Ornithologische Beobachtung
 s.Vogelkunde (Vogelbeobachtung) 9.296
Orthographieunterricht
 s.Rechtschreibunterricht 7.188
Orthopädisches Turnen
 s.Sonderturnen 4.192

Ortsbezogenheit
 s.Heimatforschung 8.94
Ortsgeschichtsforschung
 s.Heimatgeschichte 8.94
Ortskundliche Stoffsammlung
 s.Heimatkundelehrmittel (Sammlungen) 5.93
Ortsnamen
 s.Namenkunde im Unterricht 7.178
Ortsnamenkunde
 s.Heimatgeschichte (Ortsnamen) 8.95
Ortsplan
 s.Kartenverständnis (Heimatkunde) 8.107
Ortstagebuch
 s.Heimatbuch 5.91
Ortszeit
 s.Astronomie (Zeitmessung) 9.47
Osmose
 s.Pflanzenphysiologie (Osmose) 9.237
Osmosegerät
 s.Biologielehrmittel (Pflanzenkunde) 5.44
Osnabrücker Land
 s.Länderkunde (Niedersachsen) 8.134
Ost-West-Gegensatz
 s.Zeitgeschichtsunterricht (Deutschlandfrage) 8.249
Ostdeutsches Jugendbuch
 s.Ostkundelehrmittel 5.144
Ostafrika
 s.Länderkunde (Ostafrika) 8.137
Ostafrikanische Küstenländer
 s.Länderkunde (Ostafrika) 8.137
Ostafrikanisches Grabensystem
 s.Länderkunde (Ostafrika) 8.137
Ostasien
 s.Geschichte (Asien) 8.57
 s.Länderkunde (China) 8.120
Ostbesiedlung
 s.Mittelalter (Ostbesiedlung) 8.151
Ostdeutsche Dichtung
 s.Ostkunde (Kulturfragen) 8.157
Ostdeutsche Kulturkunde
 s.Ostkunde (Kulturfragen) 8.157
Ostdeutsche Wirtschaftsstruktur
 s.Ostkunde (Wirtschaftsfragen) 8.158
Ostdeutsches Schulwesen
 s.Schulwesen DDR 1.234
Ostdeutschland
 s.Länderkunde (Ostdeutschland) 8.137
Osterberichte
 s.Bibelunterricht NT (Ostern) 10.45
Ostereiermalen
 s.Werken (Osterschmuck) 10.266

Osterkantate
s.Liedpflege (Kantate) 10.163
Osterkerze
s.Katechese (Ostern) 10.87
Osterlieder
s.Kirchenlied 10.101
Ostern [im Gesamtunterricht]
s.Arbeitseinheiten (Jahreslauf) 6.28
Osternacht
s.Liturgische Erziehung (Osterliturgie) 10.165
Osterschmuck
s.Werken (Osterschmuck) 10.266
Ostforschung
s.Ostkunde 8.156
Ostfriesische Festlandsküste
s.Länderkunde (Deutsche Nordseeküste) 8.121
Ostfriesische Inseln
s.Länderkunde (Nordseeinseln) 8.136
Ostfriesischer Lehrerverein
s.Lehrerverbände 2.116
Osthandel
s.Ostkunde (Wirtschaftsfragen) 8.158
Ostkunde 8.156
- (Didaktischer Aspekt)
s.Ostkundeunterricht 8.158
- (Generationsproblem)
s.Ostkunde (Kritik) 8.156
- (Geographieunterricht)
s.Ostkundeunterricht (Methodische Einzelfragen) 8.159
- (Geschichtsunterricht) 8.156
- (Kritik) 8.156
- (Kulturfragen) 8.157
- (Lehrerbildung)
s.Lehrerbildung (Politische Bildung) 2.92
- (Politische Bildung) 8.157
- (Religionsunterricht) 8.157
- (Schlesien) 8.157
- (Sudetenland) 8.158
- (Volkskunde)
s.Ostkunde (Kulturfragen) 8.157
- (Werkunterricht)
s.Ostkundeunterricht (Methodische Einzelfragen) 8.159
- (Wirtschaftsfragen) 8.158
- im Unterricht
s.Ostkundeunterricht 8.158
Ostkundelehrmittel 5.144
Ostkundeunterricht 8.158
- (Arbeitsmittel)
s.Ostkundelehrmittel 5.144

- (Berufsschule) 8.158
- (Gruppenarbeit)
s.Ostkundeunterricht (Methodische Einzelfragen) 8.159
- (Gymnasium) 8.159
- (Landschule)
s.Ostkundeunterricht (Volksschule) 8.159
- (Methodische Einzelfragen) 8.159
- (Realschule)
s.Ostkundeunterricht 8.158
- (Richtlinien) 8.159
- (Volksschule) 8.159
Ostkundlicher Lehrplan
s.Ostkundeunterricht (Volksschule) 8.159
Ostkundlicher Unterricht
s.Ostkundeunterricht 8.158
Ostmitteleuropa
s.Länderkunde (Europa:Einzelfragen) 8.124
s.Ostkunde 8.156
Ostpädagogik
s.Ostkunde 8.156
Ostpreußen
s.Länderkunde (Ostdeutschland) 8.137
Oszillograph
s.Hochfrequenztechnik (Oszillograph) 9.145
Oszilloskop
s.Taubstummenunterricht (Hörhilfen) 6.198
Otto-Bartning-Schule
s.Schulversuche (Bundesländer) 1.228
OTZ
s.Oberschule Technischer Zweig 1.148
Overheadprojektion
s.Bildwerfer 5.38
OWZ
s.Oberschule Wissenschaftlicher Zweig 1.148
Oxide
s.Anorganische Chemie (Sauerstoff) 9.43
Oxydation
s.Anorganische Chemie (Oxydation) 9.41

P

P-Viereck
s.Geometrie (Vierecke) 9.132
Paarlernen

s.Lernpsychologie (Einzelfragen) 4.112
Paderborner Lehrplan
s.Katholischer Religionsunterricht (Lehrplan) 10.93
Pädagogenkollektiv
s.Lehrerkollegium 2.110
s.Teamteaching 6.201
Pädagogicum
s.Gymnasiallehrerbildung (Pädagogische Ausbildung) 2.44
s.Pädagogische Hochschule und Universität 2.127
s.Pädagogisches Studium 2.128
Pädagogie
s.Pädagogik (Terminologie) 3.188
Pädagogik 3.183
- (Anthropologie)
s.Pädagogische Anthropologie 3.193
- (Aufgabenbegriff)
s.Pädagogische Grundbegriffe 3.196
- (Autonomie) 3.184
- (Autorität)
s.Pädagogische Autorität 3.194
- (Begegnung)
s.Pädagogik der Begegnung 3.190
- (Berufsschule)
s.Erziehung (Berufsbildendes Schulwesen) 3.76
- (DDR) 3.185
- (Distanz)
s.Pädagogischer Takt 3.197
- (Empirische Forschung) 3.185
- (Ethologie)
s.Pädagogische Anthropologie 3.193
- (Evangelische Pädagogik) 3.186
- (Fachsprache)
s.Pädagogik (Terminologie) 3.188
- (Forschung)
s.Pädagogische Forschung 3.195
- (Geschichte)
s.Erziehungsgeschichte 3.93
- (Grundbegriffe)
s.Pädagogische Grundbegriffe 3.196
- (Humanismus)
s.Humanistische Bildung (Diskussion) 3.146
- (Heilpädagogik)
s.Heilpädagogik (Hilfswissenschaften) 4.78
- (Integration)
s.Pädagogik (Wirklichkeitsbezug) 3.189
- (Katholische Pädagogik) 3.186

- (Kausalität)
s.Pädagogische Grundbegriffe 3.196
- (Kommunismus)
s.Kommunistische Erziehung 3.160
- (Krise)
s.Pädagogik (Selbstkritik) 3.188
- (Kulturkritik)
s.Pädagogik 3.183
- (Lebensphilosophie)
s.Pädagogik und Philosophie 3.191
- (Lehrerbildung)
s.Lehrerbildung (Erziehungswissenschaft) 2.81
- (Leibeserziehung)
s.Leibeserziehung (Erziehungswert) 10.132
- (Märchen)
s.Märchenpädagogik 3.175
- (Menschenbild)
s.Menschenbild und Pädagogik 3.178
- (Methodologie) 3.187
- (Moderne Technik)
s.Bildung (Technische Welt) 3.59
- (Naturwissenschaft)
s.Naturwissenschaftliche Bildung 3.182
- (Philosophie)
s.Pädagogik und Philosophie 3.191
- (Psychologie)
s.Pädagogik und Psychologie 3.192
- (Schulpraxis)
s.Pädagogik (Wirklichkeitsbezug) 3.189
- (Selbstkritik) 3.188
- (Soziologie)
s.Pädagogik und Soziologie 3.192
s.Pädagogische Soziologie 3.196
- (Sprachanalyse)
s.Pädagogik (Terminologie) 3.188
- (Strafe)
s.Strafe 3.236
- (Technik)
s.Technische Bildung 3.238
- (Technokratie)
s.Erziehung (Industriekultur) 3.79
- (Terminologie) 3.188
- (Theologie)
s.Pädagogik (Evangelische Pädagogik) 3.186
s.Religiöse Erziehung 3.205
- (Theorie und Praxis)
s.Pädagogik (Wirklichkeitsbezug) 3.189
- (Tiefenpsychologie)
s.Tiefenpsychologie (Pädagogischer Aspekt) 4.226

[Forts.: Pädagogik]
- (Verstehen)
  s.Pädagogisches Verstehen 3.197
- (Vertrauen)
  s.Vertrauen 3.240
- (Wirklichkeitsbezug) 3.189
- (Wissenschaftscharakter) 3.189
- (Zweites Vatikanisches Konzil)
  s.Pädagogik (Katholische Pädagogik)
  3.186
- als Unterrichtsfach
  s.Pädagogikunterricht 10.199
- als Wissenschaft
  s.Pädagogik (Wissenschaftscharakter)
  3.189
- der Begegnung 3.190
- und Kybernetik
  s.Kybernetische Pädagogik 5.112
- und Moral
  s.Ethische Erziehung 3.98
- und Philosophie 3.191
- und Psychologie 3.192
- und Soziologie 3.192
- vom Kinde aus
  s.Erziehung (Kindererziehung) 3.80
Pädagogikprüfung
  s.Gymnasiallehrerbildung (Pädagogische Prüfung) 2.45
Pädagogikstudent
  s.Pädagogisches Studium 2.128
Pädagogikunterricht 10.199
[Das] Pädagogisch Eigentliche
  s.Erziehungsgrundsätze 3.93
Pädagogische Akademie 2.122
- (Österreich) 2.122
Pädagogische Anthropologie 3.193
- (Kindheit)
  s.Kindheit 3.156
Pädagogische Arbeitsforschung
  s.Pädagogische Forschung 3.195
Pädagogische Arbeitsgemeinschaft
  s.Junglehrerarbeitsgemeinschaft
  2.52
  s.Lehrerfortbildung (Arbeitsgemeinschaft) 2.107
  s.Schülerarbeitsgemeinschaft 6.152
Pädagogische Atmosphäre
  s.Erziehung 3.74
Pädagogische Ausbildung
  s.Gymnasiallehrerbildung (Pädagogische Ausbildung) 2.44
Pädagogische Auslandskunde
  s.Vergleichende Erziehungswissenschaft 3.239
Pädagogische Autonomie

s.Methodenfreiheit des
  Lehrers 6.124
s.Pädagogik (Autonomie) 3.184
Pädagogische Autorität 3.194
Pädagogische Begriffe
  s.Pädagogische Grundbegriffe 3.196
Pädagogische Bewegung
  s.Schulreform 1.212
Pädagogische Bibliothek
  s.Lehrerbücherei 2.104
Pädagogische Charakteristik
  s.Schülerbeurteilung (Gutachten)
  4.169
Pädagogische Distanz
  s.Pädagogischer Takt 3.197
Pädagogische Dokumentation
  s.Lehrerbücherei (Pädagogische
  Dokumentation) 2.105
Pädagogische Eignungsauslese
  s.Berufsschullehrerbildung (Eignungsauslese) 2.27
Pädagogische Entscheidung
  s.Pädagogische Grundbegriffe 3.196
Pädagogische Erfahrung
  s.Unterricht 6.203
Pädagogische Ermutigung
  s.Ermutigung 3.74
Pädagogische Ethologie
  s.Pädagogische Anthropologie 3.193
Pädagogische Fachsprache
  s.Pädagogik (Terminologie) 3.188
Pädagogische Fakultät 2.123
Pädagogische Feldtheorie
  s.Ganzheitspsychologie (Pädagogischer Aspekt) 4.63
Pädagogische Forschung 3.195
Pädagogische Forschungsstelle
  s.Pädagogische Institute 2.127
Pädagogische Freiheit
  s.Methodenfreiheit des Lehrers 6.124
Pädagogische Führung
  s.Pädagogischer Führungsstil 6.135
Pädagogische Grundbegriffe 3.196
Pädagogische Grundsituation
  s.Erziehungssituation 3.96
Pädagogische Hilfsmittel
  s.Arbeitsmittel 5.25
Pädagogische Hochschule 2.123
- (Bekenntnischarakter)
  s.Konfessionelle Lehrerbildung
  (Pädagogische Hochschule) 2.57
- (Bundesländer) 2.124
- (Dozent) 2.125
- (Eigenständigkeit) 2.126
- (Fernsehanlage)

s.Lehrerbildung (Unterrichtsmit-
schau) 2.100
- (Geschichte) 2.126
- (Prüfungswesen)
s.Erste Lehrerprüfung) 2.31
- (Reform) 2.126
- (Student.Selbstverwaltung) 2.126
- (Tutzinger Empfehlungen) 2.127
- und Universität 2.127
Pädagogische Insel
s.Schulversuche 1.227
Pädagogische Institute 2.127
- (Österreich) 2.128
Pädagogische Integration
s.Pädagogik (Wirklichkeitsbezug) 3.189
Pädagogische Jugendkunde
s.Jugendpsychologie 4.92
Pädagogische Kasuistik
s.Pädagogik (Methodologie) 3.187
Pädagogische Krise
s.Erziehungskrise 3.94
Pädagogische Kybernetik
s.Kybernetische Pädagogik 5.112
Pädagogische Laboratorien
s.Schulversuche 1.227
Pädagogische Lehrstühle
s.Universitätspädagoge 2.144
Pädagogische Lernpsychologie
s.Lernpsychologie (Didaktischer
Aspekt) 4.110
Pädagogische Menschenbeurteilung
s.Schülerbeurteilung 4.168
Pädagogische Milieukunde
s.Pädagogische Soziologie (Umwelt-
theorie) 3.197
Pädagogische Prognose
s.Schülerbeurteilung 4.168
Pädagogische Provinz
s.Schule als Lebensraum 3.216
Pädagogische Prüfung
s.Gymnasiallehrerbildung (Pädago-
gische Prüfung) 2.45
s.Pädagogisches Studium 2.128
Pädagogische Prüfungsarbeit
s.Erste Lehrerprüfung 2.31
Pädagogische Psychoanalyse
s.Psychoanalyse (Pädagogischer
Aspekt) 4.140
Pädagogische Psychologie 4.131
- (DDR) 4.132
- (Einzelfragen) 4.132
- (Geschichte) 4.132
- (Lehrerbildung)
s.Lehrerbildung (Psychologie) 2.93

- (Methodologie)
s.Pädagogische Psychologie (Ein-
zelfragen) 4.132
Pädagogische Schrifttumsstelle
s.Lehrerbücherei (Pädagogische
Dokumentation) 2.105
Pädagogische Sehfunkforschung
s.Fernseherziehung 3.109
Pädagogische Sozialpsychologie
s.Sozialpsychologie (Schulklasse) 4.195
Pädagogische Soziologie 3.196
- (Umweltstheorie) 3.197
Pädagogische Spontaneitätsidee
s.Pädagogische Grundbegriffe 3.196
Pädagogische Statistik
s.Testpsychologie 4.226
Pädagogische Strafe
s.Schulstrafe 3.219
Pädagogische Tatsachenforschung .. 6.134
Pädagogische Technologie
s.Kybernetische Pädagogik 5.112
s.Programmiertes Lernen (Erziehungsaspekt) 5.169
Pädagogische Testforschung
s.Testpsychologie (Pädagogischer
Aspekt) 4.222
Pädagogische Theorie
s.Bildungstheorie 3.68
s.Pädagogik 3.183
Pädagogische Tiefenpsychologie
s.Tiefenpsychologie (Pädagogischer Aspekt) 4.226
Pädagogische Übung
s.Üben 6.202
Pädagogische Umgangssprache
s.Pädagogik (Terminologie) 3.188
Pädagogische Utopie
s.Schulreform (Bildungskonzeption) 1.215
Pädagogische Verantwortung
s.Lehrer (Pädagogische Verantwortung) 2.63
Pädagogische Vorbereitung
s.Unterrichtsvorbereitung 6.216
Pädagogische Wirklichkeit
s.Erziehungswirklichkeit 3.96
s.Pädagogik (Wirklichkeitsbezug) 3.189
Pädagogische Zeitschrift
s.Lehrerbücherei (Pädagogische
Dokumentation) 2.105
Pädagogische Zucht
s.Disziplin 3.72
Pädagogischer Assistent
s.Schulassistent 2.133

Pädagogischer Bezug
　s.Pädagogischer Takt 3.197
Pädagogischer Consensus
　s.Erziehung 3.74
Pädagogischer Eros
　s.Lehrer (Pädagogische Verantwortung) 2.63
　s.Pädagogisches Verstehen 3.197
Pädagogischer Führungsstil 6.135
- (Psychologischer Aspekt) 6.136
Pädagogischer Ganzheitsbegriff
　s.Ganzheitliche Bildung 6.70
Pädagogischer Humanismus
　s.Humanistische Bildung (Diskussion) 3.144
Pädagogischer Indikativ
　s.Erziehung und Freiheit 3.85
　s.Pädagogischer Führungsstil 6.135
Pädagogischer Kontakt
　s.Schüler-Lehrer-Verhältnis 3.208
Pädagogischer Lehrstuhl
　s.Pädagogische Hochschule (Dozent) 2.125
Pädagogischer Raum
　s.Erziehungssituation 3.96
Pädagogischer Takt 3.197
Pädagogischer Umgang
　s.Pädagogischer Führungsstil 6.135
Pädagogischer Wirklichkeitsbezug
　s.Pädagogik (Wirklichkeitsbezug) 3.189
Pädagogisches Begleitstudium
　s.Gymnasiallehrerbildung (Pädagogische Ausbildung) 2.44
Pädagogisches Denken
　s.Pädagogik (Methodologie) 3.187
Pädagogisches Engagement
　s.Existentielle Pädagogik 3.101
Pädagogisches Fachinstitut
　s.Pädagogische Institute 2.127
Pädagogisches Gespräch
　s.Pädagogisches Verstehen 3.197
Pädagogisches Handeln
　s.Pädagogik (Wirklichkeitsbezug) 3.189
Pädagogisches Leitbild
　s.Erziehungsziel 3.97
Pädagogisches Seminar
　s.Pädagogische Institute 2.127
Pädagogisches Studium 2.128
Pädagogisches Tagebuch
　s.Unterrichtstagebuch 6.216
Pädagogisches Verstehen 3.197
Pädagogisches Vertrauen
　s.Vertrauen 3.240

Pädagogisches Vorhaben
　s.Vorhaben 6.225
Pädagogium Bad Sachsa
　s.Heimschule 1.105
Pädagogium Berlin
　s.Schulreform (Bundesländer) 1.216
Pädo-Audiologie
　s.Taubstummenunterricht (Hörhilfen) 6.198
Paedohygiene
　s.Psychohygiene 4.144
Pädopathologie
　s.Schwererziehbarkeit 4.186
Pädotechnologie
　s.Lehrprogramm (Psychologischer Aspekt) 5.124
Paideia
　s.Erziehungsbegriff 3.92
Paidologie
　s.Pädagogische Anthropologie 3.193
Pakistan
　s.Länderkunde (Pakistan) 8.137
Paktsysteme der Welt
　s.Zeitgeschichte (Einzelfragen) 8.239
Paläontologie
　s.Menschenkunde (Urmensch) 9.193
Paläontologische Exkursion
　s.Erdkundeunterricht (Lehrwanderung) 8.39
Palästina [Besiedlung]
　s.Länderkunde (Israel) 8.129
Pamir
　s.Länderkunde (Pakistan) 8.137
Panamakanal
　s.Länderkunde (Panamakanal) 8.137
Pantomime im Unterricht
　s.Schulspiel (Pantomime) 6.175
Panzernashorn
　s.Tierkunde (Einzelne Tiere) 9.279
Papier
　s.Kulturgeschichte (Einzelfragen) 8.109
　s.Kulturgeschichtliche Längsschnitte (Schrift) 8.111
　s.Organische Chemie (Einzelfragen) 9.222
Papierchromatographie
　s.Biologische Experimente 9.79
　s.Chemische Analyse (Chromatographie) 9.95
- (Biologieunterricht)
　s.Biologielehrmittel (Einzelformen) 5.41
Papierelektrophorese

s.Chemische Analyse (Einzelfragen) 9.96
Papierfalten
  s.Papierwerken (Faltarbeiten) 10.200
Papierkonstruktionen
  s.Papierwerken (Gestaltungsfragen) 10.200
Papierplastiken
  s.Papierwerken (Faltarbeiten) 10.200
  s.Papierwerken (Gestaltungsfragen) 10.200
Papierrelief
  s.Papierwerken (Gestaltungsfragen) 10.200
Papierschiffchen
  s.Papierwerken (Faltarbeiten) 10.200
Papierschnitt
  s.Papierwerken (Einzelfragen) 10.200
  s.Werken (Scherenschnitt) 10.266
Papierstreifen
  s.Arbeitsmittel (Einzelformen) 5.27
Papierwerken 10.199
- (Drucktechniken) 10.199
- (Einzelfragen) 10.200
- (Faltarbeiten) 10.200
- (Gestaltungsfragen) 10.200
- (Masken) 10.200
- (Schmuckformen) 10.200
- (Wellpappe) 10.201
Papierwespen
  s.Insektenkunde (Wespen) 9.149
Papstkatechese
  s.Katechese (Einzelne Katechesen) 10.84
Papsttum
  s.Kirchengeschichte (Mittelalter) 10.98
Papyrusrolle
  s.Kulturgeschichtliche Längsschnitte (Schrift) 8.111
Parabel
  s.Epische Kurzformen 7.89
Parabelscherung
  s.Kegelschnitte (Einzelfragen) 9.150
Paraffinoxydation
  s.Anorganische Chemie (Oxydation) 9.41
Paraguay
  s.Länderkunde (La Plata-Länder) 8.131
  s.Länderkunde (Paraguay) 8.137
Parallel-Test [P]
  s.Schulreifetest (Grundleistungstest) 4.180

Parallelenfrage
  s.Geometrie (Axiomatik) 9.124
  s.Geometrie (Nichteuklidische Geometrie) 9.129
Parallelogramm
  s.Geometrie (Vierecke) 9.132
Parallelschwünge
  s.Skiunterricht (Stilformen) 10.241
Paramagnetismus
  s.Magnetismus (Dia-/Paramagnetismus) 9.156
Parametrische Verstärkung
  s.Schwingungslehre (Elektrische Schwingungen) 9.276
Paranoide Symptombildung
  s.Geisteskrankheit 4.66
Parapsychologie
  s.Psychologie 4.145
Paris
  s.Länderkunde (Frankreich) 8.125
Pariser Kommune
  s.Zeitgeschichte (Kommunismus) 8.242
Parkhursts Daltonplan
  s.Dalton-Plan 6.52
Parkschule
  s.Freizeitgestaltung 3.123
Parlamentarismus
  s.Politik (Parlamentarismus) 8.166
Parmenides
  s.Philosophieunterricht (Philosophiegeschichte) 10.204
Parteienwesen
  s.Politik (Parteienwesen) 8.166
Partial Reading
  s.Englische Lektüre 7.69
Participation mystique
  s.Entwicklungspsychologie (Kleinkind) 4.43
Partizip
  s.Verblehre (Partizip) 7.245
Partnerarbeit
  s.Rechtschreibunterricht (Partnerdiktat) 7.193
- (Lehrprogramm)
  s.Programmiertes Lernen (Gruppenunterricht) 5.171
Partnerbeziehung
  s.Sozialpsychologie 4.193
Partnerbeziehungen
  s.Soziologie (Gruppe) 3.232
Partnerdiktat
  s.Rechtschreibunterricht (Partnerdiktat) 7.193
Partnerschaft
  s.Autorität und Partnerschaft 3.24

[Forts.: Partnerschaft]
  s.Betriebssoziologie 3.55
  s.Gruppenunterricht (Sozial-
    erziehung) 6.88
  s.Politische Erziehung (Sozial-
    verhalten) 3.203
Partnerschaftsschule
  s.Landschule 1.132
Partnerübung
  s.Leibeserziehung (Gruppenarbeit)
    10.136
Passé simple
  s.Französischunterricht (Gramma-
    tik:Einzelfragen) 7.98
Passionsgeschichte
  s.Bibelunterricht NT (Passion) 10.45
Passiv
  s.Verblehre (Passiv) 7.245
Passive Schulklasse
  s.Schulklasse 3.218
Pastellkreide
  s.Malen (Techniken) 10.168
Patenbrigade
  s.Kindergarten (DDR) 1.123
Patenkindergarten
  s.Kindergarten 1.121
Pathognomischer Ausdruck
  s.Ausdruckspsychologie 4.26
Pathographie
  s.Psychopathologie 4.150
Patriotische Erziehung
  s.Geschichtsunterricht (Soziali-
    stische Erziehung) 8.84
Patristische Pädagogik
  s.Erziehungsgeschichte 3.93
Pattern Practice
  s.Englischunterricht (Methodische
    Einzelformen) 7.82
Pauli-Test
  s.Test (Pauli-Test) 4.219
Paulus
  s.Bibelunterricht NT (Paulusbriefe)
    10.46
Pauperismus
  s.Armutserlebnis 4.25
Pause
  s.Schulpause 1.205
Pausenfrühstück
  s.Schulfrühstück 1.185
Pausenturnen
  s.Leibeserziehung (Tägliche Turn-
    stunde) 10.153
  s.Schulturngarten 1.226
Pawlow-Didaktik
  s.Didaktik (DDR) 6.54

Pawlows Lerntheorie
  s.Lerntheorien 4.113
Pazifischer Ozean
  s.Länderkunde (Pazifischer Ozean)
    8.137
Peace Corps
  s.Entwicklungshelfer 8.27
Peanosches Axiomensystem
  s.Algebra (Axiomatik) 9.25
Pelzrobben
  s.Tierkunde (Robben) 9.283
Pendler
  s.Wirtschaftskunde (Pendler) 8.236
Penicillin
  s.Gesundheitslehre (Einzelfragen)
    9.138
Penisneid
  s.Sexualverhalten (Entwicklungs-
    psychologie) 4.192
Perfekte Zahl
  s.Algebra (Zahlentheorie) 9.31
Periglaziale Abtragung
  s.Allgemeine Erdkunde (Geomor-
    phologie) 8.20
Periodensystem der Elemente
  s.Chemie (Periodensystem) 9.85
Periodenunterricht
  s.Epochalunterricht 6.60
Perlon
  s.Organische Chemie (Textilfaser)
    9.225
Permanente Berufsausbildung
  s.Berufsfortbildung 3.50
Perseveration
  s.Neurose (Psychose) 4.129
Perseverationstest
  s.Persönlichkeitstest 4.134
Persien
  s.Länderkunde (Iran) 8.128
Persischer Golf
  s.Länderkunde (Naher Osten) 8.133
Persönliche Handschrift
  s.Schreibunterricht (Schülerhand-
    schrift) 10.232
Persönliches Gebet
  s.Gebetserziehung 10.63
Persönlichkeit
  s.Persönlichkeitspsychologie
    4.133
- und Psychoanalyse
  s.Psychoanalyse 4.137
Persönlichkeitsbeurteilung
  s.Persönlichkeitstest 4.134
Persönlichkeitsdeutung
  s.Persönlichkeitstest 4.134

Persönlichkeitsdiagnostik
  s.Persönlichkeitstest 4.134
Persönlichkeitseigenschaften
  s.Persönlichkeitspsychologie 4.133
Persönlichkeitsentfaltung
  s.Erziehung zur Persönlichkeit 3.89
Persönlichkeitsentwicklung
  s.Persönlichkeitspsychologie 4.133
Persönlichkeitserziehung
  s.Erziehung zur Persönlichkeit 3.89
Persönlichkeitsforschung
  s.Persönlichkeitspsychologie 4.133
Persönlichkeitsfragebogen
  s.Persönlichkeitstest 4.134
Persönlichkeitspsychologie 4.133
Persönlichkeitstest 4.134
Persönlichkeitstheorie
  s.Erziehungsberatung 4.49
Persönlichkeitsveränderung
  s.Persönlichkeitspsychologie 4.133
Person
  s.Persönlichkeitspsychologie 4.133
Personalakten des Lehrers
  s.Lehrerberuf (Rechtsfragen) 2.70
Personalausweis
  s.Staatsbürgerliche Erziehung
  (Unterrichtsbeispiele) 8.209
Personale Entwicklung
  s.Sozialpsychologie (Entwicklungs-
  psychologie) 4.192
Personale Erziehung
  s.Personale Pädagogik 3.198
Personale Heimerziehung
  s.Heimerziehung (Soziologischer
  Aspekt) 3.143
Personale Mädchenbildung
  s.Mädchenbildung (Religiöser
  Aspekt) 3.173
Personale Pädagogik 3.198
Personale Psychotherapie
  s.Psychotherapie 4.152
Personale Selbstverwirklichung
  s.Selbsterziehung 3.222
Personaler Unterricht
  s.Berufsschulunterricht 6.45
Personalformen
  s.Wortarten (Pronomen) 7.248
Personalistische Erziehungslehre
  s.Personale Pädagogik 3.198
Personalität
  s.Erziehung zur Persönlichkeit 3.89
Personalrat
  s.Lehrerberuf (Rechtsfragen) 2.70
Personalvertretungsrecht
  s.Hochschulrecht 1.107

Personograph
  s.Psychodiagnostik 4.141
Personwerdung
  s.Persönlichkeitspsychologie 4.133
Perspektive
  s.Zeichnen (Geometrisches Zeichnen) 10.282
  s.Zeichnen (Raumdarstellung) 10.284
Perspektivplan
  s.Schulreform (DDR) 1.218
Peru
  s.Länderkunde (Peru) 8.138
Perversion
  s.Sexualpathologie 4.191
Perzeptives LM-System
  s.Kybernetische Lerntheorie
  (Einzelfragen) 5.103
Pestalozzianum [Zürich]
  s.Lehrerbücherei (Einzelformen)
  2.104
Peter und der Wolf
  s.Neue Musik im Unterricht (Einzelbeispiele) 10.196
Pfalz
  s.Länderkunde (Bayern) 8.118
Pfarrhaus und Schule
  s.Schule und Evangelische Kirche
  1.177
Pferd [Turngerät]
  s.Geräteturnen (Einzelne Geräte)
  10.65
Pfingstbericht
  s.Bibelunterricht NT (Pfingsten)
  10.46
Pfingsten
  s.Katechese (Heiliger Geist) 10.86
Pfingstgottesdienst
  s.Liturgische Erziehung (Liturgie)
  10.165
Pflanze oder Tier
  s.Tierkunde (Pflanze oder Tier)
  9.283
Pflanze und Witterung
  s.Pflanzenphysiologie 9.236
Pflanzen im Winter
  s.Pflanzenkunde (Überwinterung)
  9.235
Pflanzenausstellung
  s.Schulische Ausstellung 5.235
Pflanzenbank
  s.Biologielehrmittel (Pflanzenkunde) 5.44
Pflanzenbau
  s.Pflanzenkunde (Pflanzenbau)
  9.233

Pflanzenbestimmung
　s.Pflanzenkunde (Bestimmungsübung)
　　9.227
Pflanzenernährung
　s.Pflanzenphysiologie (Wachstum)
　　9.238
Pflanzenform
　s.Pflanzenkunde (Pflanzenbau) 9.233
Pflanzengallen
　s.Pflanzenkunde (Pflanzengallen)
　　9.233
Pflanzengenetik
　s.Vererbungslehre (Pflanze) 9.292
Pflanzengeographie 9.225
Pflanzengesellschaft
　s.Pflanzenkunde (Lebensgemeinschaft)
　　9.231
Pflanzenhormon
　s.Pflanzenphysiologie 9.236
Pflanzenhybride
　s.Vererbungslehre (Pflanze) 9.292
Pflanzenkrebs
　s.Pflanzenphysiologie (Wachstum)
　　9.238
Pflanzenkunde 9.226
- (Abstammungsgeschichte)
　s.Abstammungslehre (Pflanze) 9.23
- (Algen) 9.226
- (Altersbestimmung) 9.226
- (Bestimmungsübung) 9.227
- (Blütenbestäubung) 9.227
- (Blütenpflanzen) 9.227
- (Blumen) 9.228
- (Einzelne Pflanzen) 9.228
- (Flechten) 9.229
- (Fleischfressende Pflanzen) 9.229
- (Getreide) 9.229
- (Heilpflanzen) 9.229
- (Herbstzeitlose) 9.230
- (Hydrokultur) 9.230
- (Kartoffel) 9.230
- (Knospen) 9.230
- (Laubbäume) 9.230
- (Laubfall) 9.231
- (Lebensgemeinschaft) 9.231
- (Lebensvorgänge)
　s.Pflanzenphysiologie 9.236
- (Lehrplan) 9.231
- (Löwenzahn) 9.232
- (Moose) 9.232
- (Nadelbäume) 9.232
- (Nutzpflanzen) 9.232
- (Obstbäume) 9.233
- (Orchideen) 9.233
- (Pflanzenbau) 9.233

- (Pflanzengallen) 9.233
- (Pilze) 9.234
- (Samenverbreitung) 9.234
- (Systematik) 9.234
- (Tulpe) 9.235
- (Überwinterung) 9.235
- (Verdunstung)
　s.Pflanzenphysiologie (Wasserhaushalt) 9.239
- (Wald) 9.235
Pflanzenkundliche Arbeitsmittel
　s.Biologielehrmittel (Pflanzenkunde) 5.44
Pflanzenmißbildung
　s.Pflanzenkunde (Pflanzenbau) 9.233
Pflanzenmorphologie
　s.Pflanzenkunde (Pflanzenbau) 9.233
Pflanzennamen
　s.Biologieunterricht (Sprachkunde) 9.76
　s.Sprachkunde (Biologie) 7.217
Pflanzenökologie
　s.Pflanzenkunde (Lebensgemeinschaft) 9.231
Pflanzenpflege
　s.Naturschutz (Pflanze) 9.209
Pflanzenphänologie
　s.Allgemeine Erdkunde 8.19
Pflanzenphysiologie 9.236
- (Assimilation) 9.236
- (Bestäubung)
　s.Pflanzenkunde (Blütenbestäubung)
　　9.227
- (Bewegung) 9.237
- (Fortpflanzung) 9.237
- (Keimversuche) 9.237
- (Osmose) 9.237
- (Photosynthese) 9.238
- (Samenverbreitung)
　s.Pflanzenkunde (Samenverbreitung) 9.234
- (Transpiration)
　s.Pflanzenphysiologie (Wasserhaushalt) 9.239
- (Wachstum) 9.238
- (Wasserhaushalt) 9.239
Pflanzensagen
　s.Biologieunterricht (Sprachkunde)
　　9.76
　s.Sprachkunde (Biologie) 7.217
Pflanzenschutz
　s.Naturschutz (Pflanze) 9.209
Pflanzensoziologie
　s.Pflanzenkunde (Lebensgemeinschaft)
　　9.231

Pflanzensystematik
　s.Pflanzenkunde (Systematik) 9.234
Pflanzentisch
　s.Biologielehrmittel (Pflanzen-
　　kunde) 5.44
Pflanzentopographie
　s.Pflanzenkunde (Bestimmungsübung)
　　9.227
Pflanzenzeichnen
　s.Biologielehrmittel (Pflanzenkunde)
　　5.44
　s.Zeichnen (Pflanzenzeichnen) 10.283
Pflanzenzucht
　s.Pflanzenkunde (Nutzpflanzen) 9.232
Pflanzenzüchtung
　s.Vererbungslehre (Pflanze) 9.292
Pflanzliche Atmung
　s.Pflanzenphysiologie (Assimila-
　　tion) 9.236
Pflanzliche Bewegung
　s.Pflanzenphysiologie (Bewegung)
　　9.237
Pflanzliche Gallen
　s.Pflanzenkunde (Pflanzengallen)
　　9.233
Pflanzliche Produktion
　s.Grundlehrgang (Pflanzliche Pro-
　　duktion) 6.81
Pflanzliche Stoffproduktion
　s.Pflanzenphysiologie (Wachstum)
　　9.238
Pflanzliche Wuchsstofforschung
　s.Pflanzenphysiologie (Wachstum)
　　9.238
Pflanzlicher Wasserhaushalt
　s.Pflanzenphysiologie (Wasser-
　　haushalt) 9.239
Pferd
　s.Tierkunde (Haustiere) 9.281
Pflege der Muttersprache
　s.Muttersprache (Sprachpflege) 7.177
Pflegefamilie
　s.Heimerziehung (Familienprinzip)
　　3.140
Pflegekind
　s.Familie (Adoptivkind) 3.102
- (Fürsorge)
　s.Heimerziehung (Pflegekind) 3.142
Pflegerische Gymnastik
　s.Leibeserziehung (Heilpädagogik)
　　10.138
Pflichtschullehrernachwuchs
　s.Lehrerbildung (Österreich) 2.91
Pflichtstundenzahl des Lehrers ... 2.199
Pflug

　s.Kulturgeschichtliche Längs-
　　schnitte (Bauer) 8.110
Pflugschwung
　s.Skiunterricht (Stilformen) 10.241
Pfropfen
　s.Pflanzenkunde (Nutzpflanzen) 9.232
Pfuschen
　s.Mogeln des Schülers 3.180
pH-Wert
　s.Anorganische Chemie (Säure) 9.41
Phänologische Beobachtung
　s.Biologieunterricht (Schülerbe-
　　obachtung) 9.74
　s.Naturbeobachtung (Jahreslauf)
　　9.198
Phantasie 4.135
- (Pädagogischer Aspekt)
　s.Phantasieleben des Schülers 4.135
- (Schulunterricht)
　s.Phantasieleben des Schülers 4.135
- und Gedächtnis
　s.Gedächtnis 4.63
Phantasieaufsatz
　s.Aufsatz (Phantasieaufsatz) 7.28
Phantasiebetontes Gestalten
　s.Kunsterziehung (Schöpferisches
　　Gestalten) 10.119
Phantasielähmung
　s.Phantasie 4.135
Phantasielandkarte
　s.Bildkarte 5.36
Phantasieleben des Schülers 4.135
Pharaonen
　s.Altertum (Ägypten) 8.22
Pharisäer
　s.Bibelunterricht NT (Einzel-
　　fragen) 10.41
Phasenintegral
　s.Analysis (Integral) 9.34
Phasenkontrastverfahren
　s.Physikalisches Experimentier-
　　gerät (Mikroskop) 5.146
Phasenverschiebung
　s.Elektrizitätslehre (Drehstrom)
　　9.103
Phasische Psychose
　s.Neurose (Psychose) 4.129
Phenoplaste
　s.Organische Chemie (Kunststoffe)
　　9.224
Philipperbrief
　s.Bibelunterricht NT (Paulusbriefe)
　　10.46
Philologe
　s.Gymnasiallehrer 2.42

Philologenausbildung
  s.Gymnasiallehrerbildung 2.43
Philologenmangel
  s.Lehrermangel (Gymnasium) 2.113
Philologenverband
  s.Deutscher Philologen-Verband 2.29
Philologenvereine
  s.Lehrerverbände 2.116
Philologiestudium
  s.Gymnasiallehrerbildung 2.43
Philosophie
  s.Philosophieunterricht 10.201
  s.Philosophische Anthropologie 3.198
- (Lehrerbildung)
  s.Lehrerbildung (Philosophie) 2.91
- im Lateinunterricht
  s.Lateinunterricht (Philosophie) 7.149
- und Pädagogik
  s.Pädagogik und Philosophie 3.191
Philosophiegeschichte
  s.Philosophieunterricht (Philosophiegeschichte) 10.204
Philosophielehrer
  s.Philosophieunterricht (Methodische Einzelfragen) 10.203
Philosophieren
  s.Philosophieunterricht (Philosophische Grunderfahrungen) 10.205
Philosophiestudium
  s.Gymnasiallehrerbildung (Philosophie) 2.45
Philosophieunterricht 10.201
- (Arbeitsgemeinschaft) 10.202
- (Bildungswert) 10.202
- (Bundesländer)
  s.Philosophieunterricht (Situation) 10.206
- (Dialektischer Materialismus)
  s.Philosophieunterricht (Materialismus) 10.203
- (Deutschunterricht)
  s.Deutschunterricht (Philosophieunterricht) 7.55
- (Einführung) 10.202
- (Ethik) 10.202
- (Existenzphilosophie) 10.203
- (Fachunterricht)
  s.Philosophieunterricht (Methodische Einzelfragen) 10.203
- (Funktionsziele)
  s.Philosophieunterricht (Bildungswert) 10.202
- (Kolloquium) 10.203
- (Lehrer)
  s.Philosophieunterricht (Methodische Einzelfragen) 10.203
- (Logik) 10.203
- (Materialismus) 10.203
- (Methodische Einzelfragen) 10.203
- (Naturwissenschaftsliches Gymnasium) 10.204
- (Österreich) 10.204
- (Philosophiegeschichte) 10.204
- (Philosoph.Grunderfahrungen) .. 10.205
- (Platon) 10.205
- (Prüfung)
  s.Philosophieunterricht (Methodische Einzelfragen) 10.203
- (Religionsphilosophie) 10.205
- (Schweiz) 10.205
- (Situation) 10.206
- (Sprachphilosophie)
  s.Philosophieunterricht (Methodische Einzelfragen) 10.203
- (Textinterpretation) 10.206
- (Wahlpflichtfach)
  s.Philosophieunterricht (Arbeitsgemeinschaft) 10.202
- (Wertkrise)
  s.Philosophieunterricht (Ethik) 10.202
- (Wirtschaftsschule)
  s.Philosophieunterricht 10.201
Philosophikum
  s.Gymnasiallehrerbildung (Philosophie) 2.45
Philosophische Anthropologie 3.198
- im Unterricht
  s.Philosophieunterricht (Philosophiegeschichte) 10.204
Philosophische Arbeitsgemeinschaft
  s.Philosophieunterricht (Arbeitsgemeinschaft) 10.202
Philosophische Grundausbildung
  s.Philosophieunterricht (Einführung) 10.202
Philosophische Grunderfahrung
  s.Philosophieunterricht (Philosophische Grunderfahrungen) 10.205
Philosophische Pädagogik
  s.Pädagogik und Philosophie 3.191
Philosophische Propädeutik
  s.Philosophieunterricht (Einführung) 10.202
Philosophische Staatsprüfung
  s.Philosophieunterricht (Methodische Einzelfragen) 10.203

Phobie
　s.Neurose 4.127
Phönix-Arbeitsmittel
　s.Rechenlehrmittel (Sonderschule)
　5.193
Phonasthenie
　s.Stottern 4.211
Phonembestimmtes Manualsystem
　s.Taubstummenunterricht (Gebärdensprache) 6.197
Phonetik 7.183
- (Englischunterricht)
　s.Englischunterricht (Phonetik)
　7.83
- (Französisch)
　s.Französischunterricht (Phonetik)
　7.99
- (Lesenlernen)
　s.Erstleseunterricht (Phonetischer Aspekt) 7.91
- (Psychoanalyse)
　s.Psychoanalyse 4.137
Phonetikunterricht
　s.Phonetik 7.183
Phonetischer Streifen
　s.Englischlehrmittel (Bildformen) 5.56
Phonologie
　s.Phonetik 7.183
- (Französisch)
　s.Französische Sprache (Phonologie) 7.97
Phosphorsäure
　s.Biochemie (Einzelfragen) 9.57
Photobiologie
　s.Pflanzenphysiologie (Photosynthese) 9.238
Photodynamische Reaktion
　s.Biochemie 9.57
Photografie im Unterricht
　s.Schulfotografie 5.221
Photometer
　s.Optik (Meßtechnik) 9.220
Photomorphogenetische Reaktion
　s.Biochemie 9.57
Photon
　s.Atomphysik (Photon) 9.54
Photosynthese
　s.Pflanzenphysiologie (Photosynthese) 9.238
Photowiderstand
　s.Optik (Meßtechnik) 9.220
Phylogenese
　s.Entwicklungspsychologie 4.40
- des Menschen
　s.Abstammungslehre (Mensch) 9.22

Physical Fitness
　s.Leibeserziehung (Leistung) 10.140
Physik 9.239
- (Determinismus)
　s.Physik (Einzelfragen) 9.239
- (Einzelfragen) 9.239
- (Energiesatz) 9.240
- (Geschichte) 9.240
- (Kausalität) 9.240
- (Maßeinheit) 9.240
- (Modellbegriff) 9.241
- (Naturbild)
　s.Naturwissenschaft (Naturphilosophie) 9.211
- (Philosophischer Aspekt) 9.241
- (Produktionstechnik)
　s.Naturlehre (Technische Welt)
　9.207
- (Quantentheorie)
　s.Quantentheorie 9.254
- (Realitätsbegriff)
　s.Physik (Einzelfragen) 9.239
- und Biologie
　s.Biologie (Physikalischer Aspekt)
　9.61
- und Theologie
　s.Religionsunterricht (Physik)
　10.218
Physik und Chemie
　s.Naturlehre 9.200
　s.Naturwissenschaftlicher Unterricht 9.212
Physik- und Chemielehrer 2.129
Physikalische Begriffe
　s.Physik (Einzelfragen) 9.239
Physikalische Bildersammlung
　s.Physiklehrmittel (Bildformen)
　5.148
Physikalische Bildung
　s.Naturwissenschaftliche Bildung
　3.182
Physikalische Chemie 9.241
- (Atomgewicht) 9.242
- (Einzelfragen) 9.242
- (Ionen) 9.243
- (Molekulargewicht) 9.243
Physikalische Experimente 9.243
- (Unfallverhütung) 9.244
Physikalische Formel
　s.Physik (Maßeinheit) 9.240
Physikalische Jahresarbeit
　s.Physikunterricht (Leistungskontrolle) 9.249
Physikalische Meßzahlen
　s.Physik (Maßeinheit) 9.240

Physikalische Modelle
  s.Physikalisches Experimentiergerät
  5.144
Physikalische Schülerübung
  s.Physikunterricht (Schülerversuch)
  9.252
Physikalische Spielerei
  s.Naturlehre (Lebensnähe) 9.203
Physikalischer Denksport
  s.Naturlehre (Denkschulung) 9.201
Physikalischer Lehrfilm
  s.Physiklehrmittel (Film) 5.149
Physikalischer Schulversuch
  s.Physikalische Experimente 9.243
Physikalisches Denken
  s.Physikunterricht (Denkschulung)
  9.247
Physikalisches Experimentiergerät 5.144
- (Atomphysik) 5.145
- (Aufbewahrung) 5.145
- (Elektrizitätslehre) 5.145
- (Elektromagnetismus) 5.145
- (Elektrotechnik) 5.145
- (Mechanik) 5.146
- (Meßinstrumente) 5.146
- (Mikroskop) 5.146
- (Optik) 5.146
- (Selbstbau) 5.147
- (Stativmaterial) 5.147
- (Stromversorgung) 5.147
Physikalisches Praktikum
  s.Physikunterricht (Methodische
  Einzelfragen) 9.249
Physikalisches Weltbild
  s.Physikunterricht (Philosophischer Aspekt) 9.250
Physikarbeit
  s.Physikunterricht (Leistungskontrolle) 9.249
Physiklehrbuch 5.147
Physiklehrheft
  s.Physiklehrmittel 5.148
Physiklehrmittel 5.148
- (Bildformen) 5.148
- (Film) 5.149
Physiklehrplan 9.244
- (DDR) 9.244
Physikmerkheft
  s.Physiklehrmittel 5.148
Physikolympiade
  s.Physikunterricht (DDR) 9.246
Physikraum
  s.Schulgebäude (Physikraum) 1.188
Physikunterricht 9.245
- (Anschauung) 9.246

- (Arbeitsdiagramm)
  s.Physikunterricht (Methodische
  Einzelfragen) 9.249
- (Arbeitsmittel)
  s.Physiklehrmittel 5.148
- (Astronomie)
  s.Astrophysik 9.50
- (Atomreaktor)
  s.Atomtechnik im Unterricht 9.56
- (Aufsichtspflicht des Lehrers)
  s.Physikalische Experimente (Unfallverhütung) 9.244
- (Berufsschule) 9.246
- (Bildungsauftrag)
  s.Physikunterricht (Erziehungswert) 9.248
- (Begriffsentwicklung)
  s.Physikunterricht (Denkschulung)
  9.247
- (Begabungsförderung)
  s.Physikunterricht (Psychologischer Aspekt) 9.251
- (DDR) 9.246
- (Denkschulung) 9.247
- (Einführung) 9.247
- (Erziehungswert) 9.248
- (Exemplarisches Lehren) 9.248
- (Experiment)
  s.Physikalische Experimente 9.243
- (Funktionales Denken)
  s.Physikunterricht (Denkschulung)
  9.247
- (Gruppenunterricht)
  s.Physikunterricht (Methodische
  Einzelfragen) 9.249
- (Gymnasium) 9.248
- (Ingenieurschule)
  s.Physikunterricht (Berufsschule)
  9.246
- (Kommunistische Erziehung)
  s.Physikunterricht (Sozialistische Erziehung) 9.253
- (Kontrollarbeit)
  s.Physikunterricht (Leistungskontrolle) 9.249
- (Lehrerbildung)
  s.Lehrerbildung (Physik und Chemie)
  2.92
- (Lehrplan)
  s.Physiklehrplan 9.244
- (Leistungskontrolle) 9.249
- (Leistungssteigerung)
  s.Physikunterricht (Methodische
  Einzelfragen) 9.249
- (Mädchenbildung) 9.249

- (Methodische Einzelfragen) 9.249
- (Modellvorstellung)
  s.Physikunterricht (Methodische Einzelfragen) 9.249
- (Philosophischer Aspekt) 9.250
- (Polytechnische Bildung) 9.250
- (Polytechnische Oberschule)
  s.Physikunterricht (DDR) 9.246
- (Psychologischer Aspekt) 9.251
- (Realschule) 9.251
- (Reform) 9.251
- (Reifeprüfung) 9.252
- (Religionspädagogik)
  s.Religionsunterricht (Physik) 10.218
- (Schriftliche Leistungskontrolle)
  s.Physikunterricht (Leistungskontrolle) 9.249
- (Schülerfrage)
  s.Physikunterricht (Methodische Einzelfragen) 9.249
- (Stoffbeschränkung)
  s.Physikunterricht (Exemplarisches Lehren) 9.248
- (Stoffauswahl)
  s.Physiklehrplan 9.244
- (Verständlichkeit)
  s.Physikunterricht (Anschauung) 9.246
- (Versuch)
  s.Physikalische Experimente 9.243
- (Schülerversuch) 9.252
- (Selbsttätigkeit) 9.252
- (Sonderschule) 9.253
- (Sozialistische Erziehung) 9.253
- (Volksschule) 9.253
- (Wiederholung)
  s.Physikunterricht (Methodische Einzelfragen) 9.249
Physiognomik
  s.Ausdruckspsychologie 4.26
Physiologische Chemie
  s.Biochemie 9.57
Picture-Frustration-Test
  s.Test (Rosenzweig P-F Test) 4.220
Picture-Method
  s.Englischlehrmittel 5.56
Piezoelektrizität
  s.Elektrizitätslehre (Einzelfragen) 9.103
  s.Mineralogie (Festkörperphysik) 9.196
Pigmentierung
  s.Biochemie (Einzelfragen) 9.57
Pilzausstellung
  s.Biologielehrmittel (Einzelformen) 5.41
Pilzbank
  s.Biologielehrmittel (Pflanzenkunde) 5.44
Pilze
  s.Pflanzenkunde (Pilze) 9.234
Pilzkulturen
  s.Biologische Experimente 9.79
  s.Pflanzenkunde (Pilze) 9.234
Pionierbibliothek
  s.Schülerbücherei (DDR) 5.205
Plärrton
  s.Leselehrmethoden (Lautsynthese) 7.151
Plakat
  s.Werken (Plakat) 10.266
Plancksches Wirkungsquantum
  s.Quantentheorie 9.254
Planetarium
  s.Astronomielehrmittel 5.33
Planetenbewegung
  s.Mechanik (Drehbewegung) 9.179
Planetenmonde
  s.Astronomie (Planetensystem) 9.46
Planetensystem
  s.Astronomie (Planetensystem) 9.46
Plangestaltung
  s.Lehrplan 6.114
Planimetrie
  s.Geometrie (Ebene Geometrie) 9.126
  s.Geometrielehrmittel 5.77
Plankton
  s.Tierkunde (Pflanze oder Tier) 9.283
Planmäßige Verkehrserziehung
  s.Verkehrsunterricht (Methodische Einzelfragen) 10.252
Planskizze
  s.Arbeitsmittel im Unterricht (Sachunterricht) 5.32
Planspiel
  s.Lernspiel 5.125
  s.Politische Bildung (Methodische Einzelfragen) 8.184
Planung des Erziehungswesens
  s.Bildungsplanung 1.49
Planzeichnen
  s.Heimatkundeunterricht (Zeichnen) 8.104
Plasmatische Vererbung
  s.Vererbungslehre (Pflanze) 9.292
Plastilin im Biologieunterricht
  s.Biologielehrmittel (Einzelformen) 5.41

Plasmaphysik
  s.Pflanzenphysiologie 9.236
Plastik
  s.Kunstbetrachtung (Plastik) 10.109
Plastische Karte
  s.Erdkundeatlas (Sonderkarten)
  5.60
Plastisches Gestalten
  s.Werken (Plastisches Gestalten)
  10.266
Plastisches Sehen
  s.Menschenkunde (Sehvorgang) 9.192
Plastverarbeitung
  s.Organische Chemie (Kunststoffe)
  9.224
Platon-Lektüre
  s.Griechischunterricht (Lektüre)
  7.134
  s.Philosophieunterricht (Platon)
  10.205
Platonischer Körper
  s.Geometrie (Räumliche Geometrie)
  9.130
Plattdeutsch im Unterricht
  s.Mundart im Unterricht (Niederdeutsch) 7.176
Plattenkondensator
  s.Elektrostatik (Einzelfragen)
  9.113
Plattfische
  s.Tierkunde (Fische) 9.280
Platzhalterbegriff
  s.Algebra (Gleichungslehre) 9.27
Plauener Initiative
  s.Lehrplan (DDR) 6.116
Plural
  s.Wortarten (Substantiv) 7.249
Pluralistische Gesellschaft
  s.Soziologie (Gesellschaft) 3.231
Pluralistischer Staat
  s.Politik (Einzelfragen) 8.161
PMT-Normen
  s.Schwerhöriges Kind (Diagnostik)
  4.189
Pneumatische Längenmessung
  s.Mechanik (Meßtechnik) 9.184
Po-Ebene
  s.Länderkunde (Italien:Landschaften)
  8.129
Poetik 7.183
- und Didaktik
  s.Literarische Erziehung 7.162
Polargraphische Analyse
  s.Chemische Analyse (Einzelfragen)
  9.96

Polarisation
  s.Persönlichkeitspsychologie 4.133
  s.Wellenlehre (Polarisation) 9.304
- der Aufmerksamkeit
  s.Montessori-Pädagogik 6.126
- im Unterricht
  s.Didaktik (Einzelfragen) 6.55
Polarisationsfolie
  s.Physikalische Chemie (Einzelfragen) 9.242
Polarisationsmikroskop
  s.Mineralogie 9.196
Polarität
  s.Didaktik (Einzelfragen) 6.55
Polaritätsprofil
  s.Psychosomatik 4.151
  s.Test 4.216
Polen
  s.Länderkunde (Polen) 8.138
  s.Wirtschaftsgeographie (Polen)
  8.226
- im Geschichtslehrbuch
  s.Geschichtslehrbuch (Revision)
  5.81
Polio-Schutzimpfung
  s.Gesundheitslehre (Schutzimpfung)
  9.139
Politik 8.160
- (BRD) 8.160
- (Bundestagswahl) 8.160
- (Demokratie) 8.160
- (Einzelfragen) 8.161
- (Erziehung)
  s.Schule und Staat 1.181
- (Geopolitik) 8.162
- (Gewaltenteilung) 8.162
- (Gewerkschaft) 8.162
- (Grundgesetz) 8.162
- (Grundrechte) 8.163
- (Ideologie) 8.163
- (Interessenverbände) 8.163
- (Kommunalpolitik) 8.164
- (Macht) 8.164
- (Massenmedien) 8.164
- (Meinungsfreiheit) 8.165
- (Menschenrechte) 8.165
- (Nationalismus) 8.165
- (Notstandsrecht) 8.166
- (Parlamentarismus) 8.166
- (Parteienwesen) 8.166
- (Politische Wissenschaft) 8.166
- (Rechtsradikalismus) 8.167
- (Rechtsstaat) 8.167
- (Schule)
  s.Schulpolitik) 1.208

- (Sozialpolitik) 8.167
- (Staat) 8.168
- (Steuerrecht) 8.168
- (Totalitarismus) 8.168
- (Verfassung) 8.169
- (Verfassungsgeschichte) 8.169
- (Wahlrecht) 8.169
- im Unterricht
  s.Politische Bildung 8.170
- in der Schule
  s.Politische Erziehung 3.199
- und Literatur
  s.Politische Bildung (Deutschunterricht) 8.173
- und Sprache
  s.Sprache und Politik 7.213
Politiklehrmittel 5.149
- (Darstellendes Spiel) 5.149
- (DDR) 5.150
- (Einzelformen) 5.150
- (Fernsehen) 5.151
- (Film) 5.151
- (Jugendbuch) 5.152
- (Karikatur) 5.152
- (Lehrbuch) 5.152
- (Lehrprogramm)
  s.Programmiertes Lernen (Geschichtsunterricht) 5.171
- (Literarische Formen) 5.152
- (Schulfunk) 5.153
- (Tonband) 5.153
- (Zeitung) 5.153
Politikwissenschaft
  s.Politik (Politische Wissenschaft) 8.166
- in der Lehrerbildung
  s.Lehrerbildung (Politische Bildung) 2.92
Politische Anthropologie
  s.Politische Bildung (Einzelfragen) 8.174
Politische Bildung 8.170
- (Abendrealschule)
  s.Politische Bildung (Realschule) 8.186
- (Abschlußklasse)
  s.Politische Bildung (Volksschuloberstufe) 8.193
- (Aktualität)
  s.Politische Bildung (Gegenwartsbezug) 8.177
- (Altsprachlicher Unterricht)
  s.Altsprachlicher Unterricht (Politische Bildung) 7.22
- (Anschauung)

  s.Politische Bildung (Methodische Einzelfragen) 8.184
- (Arbeitsgemeinschaft) 8.171
- (Arbeitsmittel)
  s.Politiklehrmittel 5.149
- (Aufsatzunterricht)
  s.Aufsatzunterricht (Methodische Einzelfragen) 7.34
- (Außerschulischer Bereich)
  s.Politische Bildung (Jugendpflege) 8.180
- (Berufsschule) 8.171
- (Betrieb)
  s.Politische Bildung (Erwachsenenbildung) 8.175
- (Biologie)
  s.Politische Bildung (Methodische Einzelfragen) 8.184
- (Biologieunterricht)
  s.Biologieunterricht (Erziehungswert) 9.65
- (BRD)
  s.Politische Bildung (Bundesländer) 8.172
- (Bundesländer) 8.172
- (Bundeswehrfachschule) 8.172
- (Darstellendes Spiel)
  s.Politische Bildung (Schulspiel) 8.188
- (DDR) 8.172
- (Debattieren) 8.173
- (Deutscher Ausschuß)
  s.Politische Bildung (Gutachten) 8.179
- (Deutschunterricht) 8.173
  siehe auch:
  Deutschunterricht (Politische Bildung) 7.55
- (Didaktische Analyse)
  s.Politische Bildung (Methodische Einzelfragen) 8.184
- (Didaktischer Aspekt) 8.173
- (Eigentum)
  s.Wirtschaftskunde (Eigentum) 8.232
- (Einsicht)
  s.Politische Bildung (Urteilsbildung) 8.191
- (Einzelfragen) 8.174
- (Englischunterricht)
  s.Englischunterricht (Politische Bildung) 7.84
- (Entmythologisierung)
  s.Politische Bildung (Kritik) 8.181
- (Erdkunde) 8.174

[Forts.: Politische Bildung]
- (Erfolg)
  s.Politische Bildung (Situation) 8.189
- (Erwachsenenbildung) 8.175
- (Erziehung zur Demokratie) 8.175
- (Erziehungsaspekt)
  s.Politische Erziehung 3.199
- (Erziehungswissenschaftliche Theorie)
  s.Politische Bildung (Didaktischer Aspekt) 8.173
- (Europagedanke) 8.176
- (Exemplarisches Lehren) 8.177
- (Fachraum)
  s.Politische Bildung (Methodische Einzelfragen) 8.184
- (Familie)
  s.Politische Bildung (Einzelfragen) 8.174
- (Förderung)
  s.Politische Bildung (Einzelfragen) 8.174
- (Friedenserziehung) 8.177
- (Gegenwartsbezug) 8.177
- (Gemeinschaftskunde) 8.178
- (Geschichtsunterricht)
  s.Geschichtsunterricht und Politische Bildung 8.89
- (Gesellschaftskunde) 8.178
- (Gesinnung)
  s.Politische Bildung (Methodische Einzelfragen) 8.184
- (Grundschule)
  s.Sozialkunde (Grundschule) 8.198
- (Gutachten) 8.179
- (Gymnasium) 8.179
- (Gymnasium:Oberstufe) 8.180
- (Hauptschule)
  s.Politische Bildung (Volksschuloberstufe) 8.193
- (Heimatkunde)
  s.Heimatkundeunterricht (Politische Bildung) 8.101
  s.Politische Bildung (Erdkunde) 8.174
- (Hochschule)
  s.Politische Bildung (Universität) 8.191
- (Interesse des Schülers)
  s.Politische Bildung (Psychologischer Aspekt) 8.185
- (Jugendbuch)
  s.Politiklehrmittel (Jugendbuch) 5.152
- (Jugendfragen) 8.180

- (Jugendpflege) 8.180
- (Jugendwohnheim) 8.181
- (Katechismus)
  s.Katholischer Katechismus (Politische Bildung) 10.90
- (Kolloquium)
  s.Politische Bildung (Debattieren) 8.173
- (Kommunale Jugendpflege)
  s.Politische Bildung (Jugendpflege) 8.180
- (Kritik) 8.181
- (Kritik:Berufsschule) 8.182
- (Kritik:Erwachsenenbildung) 8.182
- (Kritik:Gymnasium) 8.182
- (Kritik:Volksschule) 8.182
- (Landschule) 8.183
- (Lateinunterricht)
  s.Lateinunterricht (Politische Bildung) 7.149
- (Lehrerpersönlichkeit) 8.183
- (Lehrplan) 8.183
- (Mädchenbildung) 8.183
- (Mannschaftsspiele)
  s.Politische Bildung (Methodische Einzelfragen) 8.184
- (Methodische Einzelfragen) 8.184
- (Modell)
  s.Politische Bildung (Einzelfragen) 8.174
- (Moderne Literatur)
  s.Politische Bildung (Deutschunterricht) 8.173
- (Musikerziehung)
  s.Musikunterricht (Fächerverbindung) 10.183
  s.Politische Bildung (Methodische Einzelfragen) 8.184
- (Musischer Aspekt)
  s.Politische Bildung (Methodische Einzelfragen) 8.184
- (Neusprachlicher Unterricht)
  s.Neusprachlicher Unterricht (Politische Bildung) 7.181
- (Neutralität)
  s.Politische Bildung (Urteilsbildung) 8.191
- (Ostkunde)
  s.Ostkunde (Politische Bildung) 8.157
- (Oberstufe)
  s.Politische Bildung (Gymnasium: Oberstufe) 8.180
- (Österreich) 8.185
- (Philosophischer Aspekt) 8.185

- (Planspiel)
  s.Politische Bildung (Methodische Einzelfragen) 8.184
- (Praxis)
  s.Politische Bildung (Methodische Einzelfragen) 8.184
- Programmiertes Lernen
  s.Programmiertes Lernen (Geschichtsunterricht) 5.171
- (Psychologischer Aspekt) 8.185
- (Realschule) 8.186
- (Rechenunterricht)
  s.Sachrechnen (Einzelfragen) 9.273
- (Rechtskunde)
  s.Rechtskunde (Politische Bildung) 8.196
- (Religionsunterricht) 8.187
  siehe auch:
  Religionsunterricht (Politische Bildung) 10.218
- (Richtlinien) 8.187
- (Rotes Kreuz) 8.187
- (Rundfunkdiskussion)
  s.Politische Bildung (Debattieren) 8.173
- (Sachlichkeit)
  s.Politische Bildung (Einzelfragen) 8.174
- (Schülerurteil)
  s.Politische Bildung (Psychologischer Aspekt) 8.185
- (Schuljahr IX) 8.188
- (Schuljahr XIII)
  s.Politische Bildung (Gymnasium: Oberstufe) 8.180
- (Schullandheim) 8.188
- (Schulspiel) 8.188
- (Schweiz) 8.188
- (Selbsttätigkeit)
  s.Politische Bildung (Methodische Einzelfragen) 8.184
- (Sittliche Grundlagen)
  s.Polit.Bildung (Einzelfragen) 8.174
- (Situation) 8.189
- (Sonderberufsschule)
  s.Politische Bildung (Sonderschule) 8.189
- (Sonderschule) 8.189
- (Sozialpädagogik) 8.189
- (Soziologischer Aspekt) 8.190
- (Spielfilm)
  s.Politiklehrmittel (Film) 5.151
- (Staatliche Initiative)
  s.Politische Bildung (Einzelfragen) 8.174
- (Staatsbürgerliche Erziehung) .. 8.190
- (Strukturlehre)
  s.Politische Bildung (Didaktischer Aspekt) 8.173
- (Studienfach)
  s.Politische Bildung (Universität) 8.191
- (Tagesheimschule)
  s.Politische Bildung (Methodische Einzelfragen) 8.184
- (Tageszeitung)
  s.Politiklehrmittel (Zeitung) 5.153
- (Tagungsbericht) 8.190
- (Technik)
  s.Politische Bildung (Gegenwartsbezug) 8.177
- (Übung)
  s.Politische Bildung (Urteilsbildung) 8.191
- (Universität) 8.191
- (Unterrichtsgespräch)
  s.Politische Bildung (Debattieren) 8.173
- (Unterrichtsprinzip)
  s.Politische Bildung (Volksschule) 8.192
- (Unterrichtsstil)
  s.Politische Bildung (Methodische Einzelfragen) 8.184
- (Urteilsbildung) 8.191
- (Verkehrserziehung)
  s.Verkehrsunterricht (Politische Bildung) 10.253
- (Völkerverständigung) 8.191
- (Volksschule) 8.192
- (Volksschuloberstufe) 8.193
- (Vorbereitungsdienst)
  s.Politische Bildung (Lehrerpersönlichkeit) 8.183
- (Wehrerziehung) 8.193
- (Weltpolitisches Denken) 8.193
- (Wirtschaftskunde)
  s.Wirtschaftskunde (Politische Bildung) 8.236
- (Wissenschaftliche Grundlegung)
  s.Politische Bildung (Didaktischer Aspekt) 8.173
- (Zweiter Bildungsweg) 8.194

Politische Bildung/Erdkunde/Geschichte
  s.Gemeinschaftskunde 8.49
Politische Bildung heute
  s.Politische Bildung (Situation) 8.189
Politische Biologie
  s.Zeitgeschichte (Euthanasie) 8.240

Politische Elementarbildung
  s.Politische Bildung (Erziehung
  zur Demokratie) 8.175
Politische Erziehung 3.199
- (DDR) 3.200
- (Demokratische Mündigkeit) 3.201
- (Schülermitverantwortung) 3.202
- (Sozialverhalten) 3.203
- (Unterrichtsaspekt)
  s.Politische Bildung 8.170
Politische Ethik
  s.Politische Bildung (Philosophischer Aspekt) 8.185
Politische Frauenbildung
  s.Staatsbürgerliche Erziehung
  (Mädchenberufsschule) 8.207
Politische Freiheit
  s.Politik (Meinungsfreiheit) 8.165
Politische Gemeinschaftskunde
  s.Geschichtsunterricht und Politische Bildung 8.89
  s.Politische Bildung 8.170
Politische Geographie
  s.Erdkundeunterricht (Politische
  Bildung) 8.41
  s.Länderkunde 8.112
  s.Politik (Geopolitik) 8.162
Politische Geschichte
  s.Geschichte 8.56
Politische Gewissensbildung
  s.Politische Erziehung 3.199
Politische Grundbegriffe
  s.Politik 8.160
  s.Staatsbürgerkunde (Methodische
  Einzelfragen) 8.202
Politische Grundeinsichten
  s.Politik 8.160
Politische Haltung
  s.Politische Bildung (Erziehung
  zur Demokratie) 8.175
Politische Ideologie
  s.Politik (Ideologie) 8.163
Politische Jugendbildung
  s.Politische Bildung (Jugendpflege) 8.180
Politische Jugenderziehung
  s.Politische Erziehung 3.199
Politische Karikatur
  s.Politiklehrmittel (Karikatur) 5.152
Politische Karte
  s.Politiklehrmittel (Einzelformen)
  5.150
Politische Lyrik
  s.Geschichtslehrmittel (Literarische Quellen) 5.87

Politische Mädchenbildung
  s.Politische Bildung (Mädchenbildung) 8.183
Politische Ökonomie
  s.Staatsbürgerkunde (Einzelfragen)
  8.201
Politische Pädagogik
  s.Politische Erziehung 3.199
Politische Parteien
  s.Politik (Parteienwesen) 8.166
Politische Psychologie
  s.Politische Bildung (Psychologischer Aspekt) 8.185
Politische Schulfeier
  s.Schulfeier (Politische Feierstunde) 6.158
Politische Soziologie 3.203
- (Unterrichtsaspekt)
  s.Politik (Parlamentarismus) 8.166
Politische Tagesfragen
  s.Politische Bildung (Gegenwartsbezug) 8.177
Politische Theologie
  s.Religionsunterricht (Politische
  Bildung) 10.218
Politische Urteilsbildung
  s.Politische Bildung (Urteilsbildung) 8.191
Politische Urteilsfähigkeit
  s.Staatsbürgerliche Erziehung
  (Erziehungsaspekt) 8.206
Politische Verantwortung des Lehrers
  s.Lehrer (Politische Verantwortung)
  2.64
Politische Verhaltenslehre
  s.Politische Bildung (Erziehung zur
  Demokratie) 8.175
Politische Weltkunde
  s.Gemeinschaftskunde (Politische
  Weltkunde) 8.52
  s.Geschichtsunterricht und Politische Bildung (Gymnasium) 8.90
Politische Wissenschaft
  s.Politik (Politische Wissenschaft)
  8.166
Politischer Bildungsplan
  s.Politische Bildung (Lehrplan)
  8.183
Politischer Film
  s.Politiklehrmittel (Film) 5.151
Politischer Kindervers
  s.Kindergedicht 7.141
Politischer Stil
  s.Politik (Einzelfragen)
  8.161

Politischer Tourismus
  s.Gegenwartskunde 8.48
Politischer Witz
  s.Politische Bildung (Methodische
  Einzelfragen) 8.184
Politischer Wortschatz
  s.Politische Bildung (Deutschunterricht) 8.173
Politisches Bewußtsein
  s.Politische Bildung (Psycholo-
  gischer Aspekt) 8.185
Politisches Buch
  s.Politiklehrmittel (Literarische
  Formen) 5.152
Politisches Denken
  s.Politik 8.160
Politisches Erleben
  s.Sozialkunde (Grundschule) 8.198
Politisches Interesse
  s.Politische Bildung (Psychologischer Aspekt) 8.185
Politisches Kabinett
  s.Staatsbürgerliche Erziehung
  (Methodische Einzelfragen) 8.208
Politisches Lied
  s.Politische Bildung (Methodische
  Einzelfragen) 8.184
Politisches Orientierungswissen
  s.Staatsbürgerliche Erziehung
  (Einzelfragen) 8.205
Politisches Verhalten
  s.Politische Erziehung (Demokratische Mündigkeit) 3.201
  s.Zeitgeschichtsunterricht (Psychologischer Aspekt) 8.256
Politisches Verständnis
  s.Politische Bildung (Psychologischer Aspekt) 8.185
Politisches Zeitgedicht
  s.Gegenwartslyrik 7.124
Politologie
  s.Soziologie 3.228
Polizei
  s.Sozialkunde (Gemeindeverwaltung)
  8.197
Polizeiausbildung
  s.Berufliche Ausbildung (Einzelne
  Berufe) 10.22
Polnischer Wirtschaftsraum
  s.Wirtschaftsgeographie (Polen) 8.226
Polwender
  s.Elektrotechnik (Elektromotor) 9.114
Polyaddition
  s.Organische Chemie (Kunststoffe)
  9.224

Polyäthylen-Herstellung
  s.Chemotechnik (Einzelfragen) 9.100
Polyeder
  s.Geometrie (Räumliche Geometrie)
  9.130
Polyedermodell
  s.Geometrie (Räumliche Geometrie)
  9.130
Polyester
  s.Organische Chemie (Ester) 9.223
Polygon
  s.Geometrie (Differentialgeometrie)
  9.124
Polyphonie
  s.Musikgeschichte (Einzelfragen)
  10.176
Polytechnikum
  s.Höhere Wirtschaftsfachschule 1.113
Polytechnische Ausbildung
  s.Polytechnischer Unterricht (DDR)
  6.141
Polytechnische Bildung 6.136
- (Berufserziehung) 6.137
- (Biologieunterricht)
  s.Biologieunterricht (Polytechnische Bildung) 9.72
- (Chemieunterricht)
  s.Chemieunterricht (Polytechnische
  Bildung) 9.91
- (DDR) 6.138
- (Deutschunterricht)
  s.Deutschunterricht (Polytechnische Bildung) 7.55
- (Erdkundeunterricht)
  s.Erdkundeunterricht (Polytechnische Bildung) 8.41
- (Fremdsprachenunterricht)
  s.Fremdsprachenunterricht (Polytechnische Bildung) 7.110
- (Geschichtsunterricht)
  s.Geschichtsunterricht (Polytechnische Bildung) 8.80
- (Grundschule)
  s.Polytechnischer Unterricht
  (Unterstufe) 6.144
- (Kindergarten)
  s.Polytechnischer Unterricht
  (Unterstufe) 6.144
- (Mathematikunterricht)
  s.Mathematikunterricht (Polytechnische Bildung) 9.171
- (Naturwissenschaftlicher Unterricht)
  s.Naturwissenschaftlicher Unterricht (Polytechnische Bildung)
  9.215

[Forts.: Polytechnische Bildung]
- (Physikunterricht)
  s.Physikunterricht (Polytechnische Bildung) 9.250
- (Programmiertes Lernen)
  s.Programmiertes Lernen (Einzelne Unterrichtsfächer) 5.167
- (Russischunterricht)
  s.Russischunterricht (Polytechnische Bildung) 7.201
- (Schulgarten)
  s.Schulgartenunterricht [DDR] 5.233
- (Staatsbürgerkunde)
  s.Staatsbürgerkunde (Polytechnische Bildung) 8.203
Polytechnische Elementarbildung
  s.Polytechnische Bildung 6.136
Polytechnische Erziehung 6.139
Polytechnische Lehrmittel 5.154
Polytechnische Oberschule
  s.Berufsbildendes Schulwesen (DDR) 1.36
  s.Schulwesen DDR (Zehnklassenschule) 1.236
Polytechnische Schule
  s.Polytechnische Bildung 6.136
Polytechnischer Lehrgang [Österreich] 6.139
- (Geographie)
  s.Erdkundeunterricht (Polytechnische Bildung) 8.41
Polytechnischer Unterricht 6.140
- (Abschlußprüfung)
  s.Polytechnischer Unterricht (DDR) 6.141
- (Arbeitsmittel)
  s.Polytechnische Lehrmittel 5.154
  s.Schulwerkstatt (Werkzeugkunde) 5.237
- (DDR) 6.141
- (Film)
  s.Unterrichtsfilm (Berufsschule) 5.253
- (Gehörlosenschule)
  s.Polytechnischer Unterricht (Sonderschule) 6.143
- (Kindergarten)
  s.Polytechnischer Unterricht (Unterstufe) 6.144
- (Landwirtschaft) 6.142
- (Lehrbuch)
  s.Schulbuch (DDR) 5.210
- (Lehrplan) 6.143
- (Notengebung)

  s.Notengebung (Polytechnischer Unterricht) 6.133
- (Österreich)
  s.Polytechnischer Lehrgang [Österreich] 6.139
- (Sonderschule) 6.143
- (Unterstufe) 6.144
Polytechnischer Wortschatz
  s.Wortschatzpflege (Einzelfragen) 7.252
Polytechnisches Kabinett 6.144
Polytechnisches Praktikum
  s.Chemieunterricht (Polytechnische Bildung) 9.91
Polyvinylchloride
  s.Organische Chemie (Kunststoffe) 9.224
Pommern
  s.Länderkunde (Deutsche Ostseeküste) 8.122
Pompeiana
  s.Lateinische Lektüre (Cicero) 7.145
Porlinge
  s.Pflanzenkunde (Pilze) 9.234
Porträt
  s.Kunstbetrachtung (Malerei) 10.107
- im Geschichtsunterricht
  s.Geschichtslehrmittel (Bildformen) 5.83
Portugal
  s.Länderkunde (Portugal) 8.138
Porzellan
  s.Anorganische Chemie (Einzelfragen) 9.39
Porzellanfachschule
  s.Fachschule (Einzelne Berufe) 1.74
Possessivpronom
  s.Wortarten (Pronomen) 7.248
Post [im Gesamtunterricht]
  s. Arbeitseinheiten (Post) 6.30
Postencephalitisches Kind
  s.Hirngeschädigtes Kind 4.84
Postgebührenheft
  s.Arbeitmittel im Unterricht (Berufsschule) 5.29
Postwesen
  s.Neuzeit (19.Jahrhundert) 8.155
Potential
  s.Analysis 9.32
Potentiometrie
  s.Chemische Analyse 9.95
Potentiometrische Titration
  s.Anorganische Chemie (Säure/Base) 9.42

Potenzbegriff
  s.Analysis (Spezielle Funktionen)
    9.36
Potenzgesetze
  s.Analysis (Spezielle Funktionen)
    9.36
Potenzsummenformel
  s.Analysis (Reihen) 9.35
Potsdam
  s.Länderkunde (Deutschland:Landschaften) 8.122
Prädikatenlogik
  s.Mathematische Logik 9.176
Prädikatives Instrumental
  s.Russische Grammatik 7.197
Prädikatsnomen
  s.Satzlehre (Einzelfragen) 7.204
Prämorbidität
  s.Neurose (Psychose) 4.129
Präparation des Lehrers
  s.Unterrichtsvorbereitung 6.216
Präposition
  s.Wortarten (Präposition) 7.248
Präpositionale Satzteile
  s.Satzlehre (Einzelfragen) 7.204
Präteritum
  s.Verblehre (Vergangenheitsformen)
    7.246
Präzisierter Lehrplan
  s.Lehrplan (DDR) 6.116
Präzisionsstativ
  s.Physikalisches Experimentiergerät (Stativmaterial) 5.147
Pragmatische Erwachsenenbildung
  s.Erwachsenenbildung (Methodische Fragen) 1.68
Pragmatische Information
  s.Kybernetik (Einzelfragen) 5.98
Praktikantenvertrag
  s.Fachschulreife 1.77
Praktikantenzeit
  s.Berufsschullehrerbildung (Kaufmännische Berufsschule) 2.27
Praktikantinnenjahr
  s.Kindergärtnerinnenausbildung
    2.54
Praktikum
  s.Betriebspraktikum 6.50
  s.Lehrerbildung (Schulpraktische Ausbildung) 2.96
  s.Sozialpraktikum 6.187
Praktisch bildungsfähiges Kind
  s.Geistig behindertes Kind 4.67
Praktische Erziehungsarbeit
  s.Erziehungswirklichkeit 3.96

Praktische Heilpädagogik
  s.Heilpädagogik 4.76
Praktische Intelligenz
  s.Bildsamkeit 4.33
  s.Intelligenztest 4.89
Praktische Mathematik
  s.Angewandte Mathematik 9.37
Praktische Oberschule
  s.Oberschule Praktischer Zweig
    1.147
Praktische Psychologie
  s.Psychologie (Angewandte Psychologie) 4.146
Praktische Staatsbürgerkunde
  s.Politische Bildung (Methodische Einzelfragen) 8.184
Praktischer Unterricht
  s.Schulwerkstatt 5.236
Praktisches Rechnen
  s.Sonderschulrechnen 9.277
Précis
  s.Aufsatz (Einzelformen) 7.26
Predigterzählgut
  s.Erzählkunstwerk 7.92
Preisbindung
  s.Wirtschaftskunde (Einzelfragen)
    8.232
Preisindex
  s.Wirtschaftskunde (Einzelfragen)
    8.232
Preistafel als Arbeitsmittel
  s.Rechenlehrmittel (Einzelformen)
    5.190
Present English
  s.Englische Sprache (Einzelfragen)
    7.74
Present perfect
  s.Englische Grammatik (Verbalformen) 7.68
Presse
  s.Zeitungslektüre 3.245
Pressefreiheit
  s.Politik (Meinungsfreiheit)
    8.165
Preußen
  s.Neuzeit (18. Jahrhundert) 8.155
Preußische Fortbildungsschule
  s.Berufsbildendes Schulwesen (Geschichte) 1.36
Preußische Mittelschule
  s.Realschule (Geschichte) 1.162
Primarlehrerbildung [Schweiz] 2.129
Primarschule [Schweiz] 1.149
Primarschullehrplan
  s.Lehrplan (Grundschule) 6.118

Primitive Lyrik
  s.Lyrik im Unterricht (Psychologischer Aspekt) 7.170
Primitivpubertät
  s.Hauptschule (Jugendschule) 1.104
Primitivsilben
  s.Schreibleseunterricht (Methodenaspekt) 7.209
Primzahl
  s.Algebra (Primzahlen) 9.29
Primzahlreihe
  s.Algebra (Primzahlen) 9.29
Prismatische Farben
  s.Optik (Farben) 9.218
Prismenfernglas
  s.Optik (Linsensysteme) 9.220
Private Ergänzungsschule 1.149
Private Handelsschule 1.150
- (Schuljahr IX)
  s.Schuljahr IX und Handelsschule 1.199
Private kaufmännische Berufsfachschule
  s.Private Handelsschule 1.150
Private Unterrichtserteilung
  s.Privatschule (Rechtsfragen) 1.153
Private Volksschule
  s.Privatschule 1.150
Privates Lehrinstitut
  s.Private Ergänzungsschule 1.149
Privathandelsschule
  s.Private Handelsschule 1.150
Privathaushalt
  s.Wirtschaftskunde (Konsumerziehung) 8.234
Privatkindergarten
  s.Kindergarten 1.121
Privatlektüre
  s.Literarische Erziehung 7.162
- im Unterricht
  s.Deutschlehrmittel (Jugendbuch) 5.52
  s.Jugendbuch im Unterricht 5.94
Privatmusikerziehung
  s.Musikerziehung 10.173
Privatmusiklehrer
  s.Musikerzieher 2.120
Privatschule 1.150
- (Bundesländer) 1.151
- (Finanzierung) 1.152
- (Freie Schule) 1.152
- (Kritik) 1.153
- (Lernmittelfreiheit)
  s.Lernmittelfreiheit 1.142
- (Notengebung)
  s.Notengebung (Privatschule) 6.133

- (Rechtsfragen) 1.153
Privatschulgesetz 1.154
Privatschullehrer 2.130
Privatschullehrerbesoldung
  s.Lehrerbesoldung (Privatschullehrer) 2.74
Privatschulpolitik
  s.Privatschule (Rechtsfragen) 1.153
Privatschulrecht
  s.Privatschule (Rechtsfragen) 1.153
Privatschulsubvention
  s.Privatschule (Finanzierung) 1.152
Privatschulwerbung
  s.Privatschule (Rechtsfragen) 1.153
Pro Juventute
  s.Schulwesen Schweiz 1.237
Probabilistisches Gedächtnismodell
  s.Kybernetik (Informationstheorie) 5.100
Probearbeit
  s.Klassenarbeit 6.107
Probeunterricht 1.154
- (Lehrerausbildung)
  s.Lehrprobe 2.118
Probezeit
  s.Begabtenauslese 1.24
  s.Gymnasium (Ausleseverfahren) 1.94
  s.Probeunterricht 1.154
Probierendes Lernen
  s.Lernen 6.123
Probiton
  s.Lehrprogramm (Probiton) 5.124
Problemaufsatz
  s.Aufsatz (Einzelformen) 7.26
Problemdenken
  s.Naturlehre (Problemdenken) 9.205
Problemgeschichte der Pädagogik
  s.Pädagogik 3.183
Problemkind
  s.Außenseiter 4.27
Problemlösungsprozeß
  s.Denkpsychologie 4.38
Problemstellung im Unterricht
  s.Geschichtsunterricht (Problemstellung) 8.80
  s.Naturlehre (Problemdenken) 9.205
  s.Staatsbürgerkunde (Methodische Einzelfragen) 8.202
  s.Unterr. (Problemstellung) 6.207
Produktion
  s.Gemeinschaftskunde (Wirtschaftskunde) 8.54
Produktionsauftrag
  s.Polytechnischer Unterricht (Landwirtschaft) 6.142

Produktionsausbildung
　s.Berufsausbildung (DDR)　6.41
Produktionserziehung
　s.Polytechnische Bildung　6.136
Produktionsunterricht
　s.Berufsschulunterricht (DDR)　6.46
　s.Polytechnischer Unterricht
　　(DDR)　6.141
Produktive Arbeit
　s.Polytechnische Erziehung　6.139
Produktive Begabung
　s.Begabung　4.28
Produktive Schülerarbeit
　s.Schüleraktivierung　6.151
Produktive Stillarbeit
　s.Stillarbeit　6.188
Produktive Stille
　s.Schuldisziplin　3.214
Produktiver Unterricht
　s.Unterricht　6.203
Produktiver Werkunterricht
　s.Polytechnischer Unterricht
　　(Sonderschule)　6.143
Produktives Denken
　s.Denkleistung　4.37
　s.Deutschunterricht (Denkschulung)　7.47
　s.Mathematikunterricht (Denkschulung)　9.163
　s.Naturlehre (Denkschulung)　9.201
　s.Polytechnische Erziehung　6.139
　s.Schöpferisches Tun　4.164
Produktives Lernen
　s.Lernpsychologie (Didaktischer Aspekt)　4.111
Produktives Schließen
　s.Mathematische Beweistheorie　9.175
Produktivität
　s.Selbsttätigkeit　6.182
Profaner Bildungsbegriff
　s.Bildungsbegriff　3.66
Profax
　s.Arbeitsmittel (Einzelformen)　5.27
Profilanalyse
　s.Persönlichkeitstest　4.134
Profilmethode
　s.Testverfahren　4.223
Programmanalyse
　s.Lehrprogramm (Beurteilung)　5.121
Programmbeispiele
　s.Lehrprogramm (Einzelformen)　5.121
Programmbuch
　s.Lehrprogramm (Programmierungstechnik)　5.124
Programmerprobung

　s.Programmiertes Lernen (Erfahrungen)　5.168
Programmgestaltung der Volkshochschule
　s.Erwachsenenbildung (Methodische Fragen)　1.68
Programmgesteuerte Rechenmaschine
　s.Kybernetische Maschinen (Rechenautomat)　5.112
Programmieren
　s.Rechenautomat (Einzelfragen)　9.257
Programmierendes Programm
　s.Kybernetische Maschinen (Automatische Programmierung)　5.107
Programmiersprache
　s.Kybernetische Maschinen (Automatische Programmierung)　5.107
Programmierte Instruktion 5.154
- (Einzelfragen) 5.155
- (Erfahrungen) 5.155
Programmierter Experimentalunterricht
　s.Programmiertes Lernen (Physik)　5.180
Programmierter Fremdsprachenunterricht
　s.Programmiertes Lernen (Fremdsprachen)　5.170
　s.Sprachlabor (Programmierung)　5.245
Programmierter Übungsunterricht
　s.Programmiertes Lernen (Übungsformen)　5.186
Programmierter Unterricht
　s.Programmiertes Lernen　5.156
Programmiertes Lernen 5.156
- (Ästhetische Information)
　s.Lehrprogramm (Einzelfragen)　5.122
- (Afrika)
　s.Programmiertes Lernen (Ausland)　5.158
- (Algebra)
　s.Programmiertes Lernen (Mathematik)　5.176
- (Allgemeinbildendes Schulwesen)
　s.Programmiertes Lernen (Unterrichtsaspekt)　5.186
- (Arbeitstempo)
　s.Programmiertes Lernen (Einzelfragen)　5.167
　s.Programmiertes Lernen (Leistungskontrolle)　5.174
- (Ausland) 5.158
- (Ausland:Frankreich) 5.158
- (Ausland:Großbritannien) 5.158
- (Ausland:Österreich) 5.158
- (Ausland:Schweiz) 5.158
- (Ausland:Tschechoslowakei) 5.159

[Forts.: Programmiertes Lernen]
- (Ausland:UdSSR) 5.159
- (Ausland:USA) 5.159
- (Außerschulische Bildung)
  s.Programmierte Instruktion 5.154
- (Begabungsforschung)
  s.Programmiertes Lernen (Denkpsychologie) 5.165
- (Benelux-Länder)
  s.Programmiertes Lernen (Ausland) 5.158
- (Berliner Kongreß 1963) ...,... 5.160
- (Berufsausbildung)
  s.Programmierte Instruktion 5.154
- (Berufsfachschule) 5.161
- (Berufsschule) 5.161
- (Berufsvorbereitung)
  s.Programmierte Instruktion (Einzelfragen) 5.154
- (Bildungspolitik) 5.162
- (Biologie) 5.162
- (Blindenpädagogik)
  s.Programmiertes Lernen (Sonderschule) 5.183
- (BRD) 5.163
- (Bruchrechnen)
  s.Programmiertes Lernen (Rechnen) 5.182
- (Buchführung)
  s.Programmiertes Lernen (Berufsfachschule) 5.161
- (Chemie) 5.163
- (DDR) 5.164
- (Demokratisierung)
  s.Programmiertes Lernen (Bildungspolitik) 5.162
- (Denkpsychologie) 5.165
- (Deutschunterricht) 5.165
- (Dezimalrechnen)
  s.Programmiertes Lernen (Rechnen) 5.182
- (Differenzierung) 5.165
- (Direkte Methode)
  s.Programmiertes Lernen (Methodische Einzelfragen) 5.177
- (Diskussion) 5.166
- (Dreisatzrechnen)
  s.Programmiertes Lernen (Rechnen) 5.182
- (Einsichtiges Lernen)
  s.Programmiertes Lernen (Schöpferisches Denken) 5.183
- (Einzelfragen) 5.167
- (Einzelne Unterrichtsfächer) ... 5.167
- (Entwicklungsländer)
  s.Programmiertes Lernen (Ausland) 5.158
- (Erdkunde) 5.168
- (Erfahrungen) 5.168
- (Erfolgssicherung)
  s.Programmiertes Lernen (Leistungskontrolle) 5.174
- (Erwachsenenbildung) 5.169
- (Erziehungsaspekt) 5.169
- (Fachschule)
  s.Programmiertes Lernen (Berufsfachschule) 5.161
- (Frankreich)
  s.Programmiertes Lernen (Ausland: Frankreich) 5.158
- (Fremdsprachen) 5.170
- (Geometrie) 5.171
- (Geschichtsunterricht) 5.171
- (Gestalttheorie)
  s.Programmiertes Lernen (Einzelfragen) 5.167
- (Gesundheitserziehung)
  s.Programmiertes Lernen (Einzelne Unterrichtsfächer) 5.167
- (Gewerbeschule)
  s.Programmiertes Lernen (Berufsfachschule) 5.161
- (Grammatik)
  s.Programmiertes Lernen (Deutschunterricht) 5.165
- (Großbritannien)
  s.Programmiertes Lernen (Ausland: Großbritannien) 5.158
- (Grundschule)
  s.Programmiertes Lernen (Unterstufe) 5.187
- (Gruppenunterricht) 5.171
- (Gymnasium) 5.171
- (Hausaufgabe) 5.172
- (Herkömmlicher Unterricht)
  s.Programmiertes Lernen (Traditioneller Unterricht) 5.185
- (Hochschule) 5.172
- (Höhere Wirtschaftsfachschule)
  s.Programmiertes Lernen (Berufsfachschule) 5.161
- (Individualisierung)
  s.Programmiertes Lernen (Differenzierung) 5.165
- (Ingenieurschule) 5.172
- (Intelligenz)
  s.Programmiertes Lernen (Denkpsychologie) 5.165
- (Kaufmännische Berufsschule) ... 5.173
- (Konzentrationsschulung)

s.Programmiertes Lernen (Einzel-
    fragen) 5.167
- (Kunsterziehung) 5.173
- (Landschule) 5.173
- (Latein) 5.173
- (Lateinamerika)
  s.Programmieres Lernen (Ausland)
    5.158
- (Legasthenie) 5.173
- (Lehrerbildung) 5.174
- (Lehrermangel)
  s.Programmiertes Lernen (Bildungs-
    politik) 5.162
- (Leistungskontrolle) 5.174
- (Leistungsmotivation)
  s.Programmiertes Lernen (Motivation)
    5.178
- (Lernbegriff) 5.174
- (Lernerfolg)
  s.Programmiertes Lernen (Einzel-
    fragen) 5.167
- (Lernkontrolle)
  s.Programmiertes Lernen (Leistungs-
    kontrolle) 5.174
- (Lernprozeß)
  s.Programmiertes Lernen (Lernver-
    halten) 5.175
- (Lernverhalten) 5.175
- (Lesenlernen)
  s.Programmiertes Lernen (Deutsch-
    unterricht) 5.165
- (Literaturhinweise) 5.175
- (Logarithmen)
  s.Programmiertes Lernen (Mathematik)
    5.176
- (Maschinenbau)
  s.Programmiertes Lernen (Berufsfach-
    schule) 5.161
- (Maschinenschreiben)
  s.Programmiertes Lernen (Einzelne
    Unterrichtsfächer) 5.167
- (Mathematik) 5.176
- (Mengenalgebra) 5.177
- (Methodische Einzelfragen) 5.177
- (Mogeln)
  s.Programmiertes Lernen (Methodi-
    sche Einzelfragen) 5.177
- (Motivation) 5.178
- (Musikerziehung) 5.178
- (Nachhilfe)
  s.Programmiertes Lernen (Übungs-
    formen) 5.186
- (Nürtinger Symposion I) 5.178
- (Nürtinger Symposion II) 5.179
- (Nürtinger Symposion III) 5.179

- (Nürtinger Symposion IV) 5.180
- (Nürtinger Symposion V) 5.180
- (Österreich)
  s.Programmiertes Lernen (Ausland:
    Österreich) 5.158
- (Physik) 5.180
- (Politische Bildung)
  s.Programmiertes Lernen (Geschichts-
    unterricht) 5.171
- (Polytechnischer Unterricht)
  s.Programmiertes Lernen (Einzelne
    Unterrichtsfächer) 5.167
- (Primarschule)
  s.Programmiertes Lernen (Unter-
    stufe) 5.187
- (Prozentrechnen)
  s.Programmiertes Lernen (Rechnen)
    5.182
- (Psychologischer Aspekt) 5.181
- (Rationelles Denken)
  s.Programmiertes Lernen (Methodi-
    sche Einzelfragen) 5.177
- (Raumlehre)
  s.Programmiertes Lernen (Geometrie)
    5.171
- (Realschule)
  s.Programmiertes Lernen (Erfah-
    rungen) 5.168
- (Rechnen) 5.182
- (Rechtschreiben) 5.182
- (Religionsunterricht) 5.183
- (Russisch) 5.183
- (Schöpferisches Denken) 5.183
- (Schüleraktivität)
  s.Programmiertes Lernen (Methodi-
    sche Einzelfragen) 5.177
- (Schülerurteil)
  s.Programmiertes Lernen (Psycho-
    logischer Aspekt) 5.181
- (Schulbau)
  s.Programmiertes Lernen (Einzel-
    fragen) 5.167
- (Schulfernsehen)
  s.Programmiertes Lernen (Methodi-
    sche Einzelfragen) 5.177
- (Schweden)
  s.Programmiertes Lernen (Ausland)
    5.158
- (Schweiz)
  s.Programmiertes Lernen (Ausland:
    Schweiz) 5.158
- (Sitzenbleiben)
  s.Programmiertes Lernen (Bildungs-
    politik) 5.162
- (Sonderschule) 5.183

[Forts.: Programmiertes Lernen]
- (Sowjetunion)
  s.Programmiertes Lernen (Ausland: UdSSR) 5.159
- (Sprachunterricht)
  s.Programmiertes Lernen (Fremdsprachen) 5.170
- (Sprachverhalten)
  s.Programmiertes Lernen (Psychologischer Aspekt) 5.181
- (Stoffanordnung)
  s.Programmiertes Lernen (Methodische Einzelfragen) 5.177
- (Stenografieunterricht)
  s.Programmiertes Lernen (Einzelne Unterrichtsfächer) 5.167
- (Tagungen) 5.184
- (Terminologie) 5.185
- (Traditioneller Unterricht) 5.185
- (Tschechoslowakei)
  s.Programmiertes Lernen (Tschechoslowakei) 5.159
- (UdSSR)
  s.Programmiertes Lernen (Ausland: UdSSR) 5.159
- (Übungsformen) 5.186
- (Ungarn)
  s.Programm. Lernen (Ausland) 5.158
- (Unterrichtsaspekt) 5.186
- (Unterrichtserfolg)
  s.Programmiertes Lernen (Leistungskontrolle) 5.174
- (Unterstufe) 5.187
- (USA)
  s.Programmiertes Lernen (Ausland: USA) 5.159
- (Volksschule) 5.187
- (Wahrnehmungstheorie)
  s.Programmiertes Lernen (Einzelfragen) 5.167
- (Werkunterricht)
  s.Programmiertes Lernen (Einzelne Unterrichtsfächer) 5.167
- (Wirtschaftsschule)
  s.Programmiertes Lernen (Berufsfachschule) 5.161
Programmierung
  s.Kybernetische Maschinen (Programmierung) 5.111
  s.Sprachlabor (Programmierung) 5.245
Programmierungssprache
  s.Lehrprogramm (Algorithmen) 5.120
Programmierungstechnik
  s.Kybernetische Maschinen (Programmierung) 5.111

s.Lehrprogramm (Programmierungstechnik) 5.124
Programmlektion
  s.Lehrprogramm 5.119
Programmstruktur
  s.Lehrprogramm (Algorithmen) 5.120
Programmträger
  s.Lehrgerät 5.114
  s.Lehrprogramm 5.119
Programmusik
  s.Musikgeschichte (Programmusik) 10.177
Programmvalidierung
  s.Lehrprogramm (Kontrollformen) 5.123
Programmveröffentlichung
  s.Lehrprogramm (Herstellung) 5.122
Progressive Erziehung
  s.Methodik (Geschichte) 6.125
Progressive-Matrices
  s.Intelligenztest (HAWIK) 4.90
Progressive-Matrices-Test
  s.Test (Progressive-Matrices-Test) 4.220
Progressive Musikpädagogik
  s.Musikerziehung (Reform) 10.174
Progressives Lesen
  s.Erstleseunterricht (Methodische Einzelfragen) 7.90
Projekt
  s.Projektive Tests 4.136
Projektion 4.136
- im Unterricht
  s.Bildwerfer 5.38
  s.Optik (Linsenoptik) 9.219
Projektions-Doppeldrehspulinstrument
  s.Physikalisches Experimentiergerät (Elektromagnetismus) 5.145
Projektionsapparat
  s.Physikalisches Experimentiergerät (Optik) 5.146
Projektionsküvetten
  s.Biologielehrmittel (Lichtbild) 5.43
Projektionszeichnen
  s.Zeichnen (Geometrisches Zeichnen) 10.282
Projektive Geometrie
  s.Abbildungsgeometrie (Projektive Geometrie) 9.21
  s.Kegelschnitte (Projektive Geometrie) 9.151
Projektive Tests 4.136
Projektmethode 6.144
- (Politischer Unterricht)

s.Staatsbürgerliche Erziehung
  (Projektmethode) 8.208
Projektunterricht
  s.Motivation im Unterricht 6.126
Promotionsordnung
  s.Hochschulrecht 1.107
Pronomen
  s.Wortarten (Pronomen) 7.248
Propädeutische Algebra
  s.Algebraunterricht 9.32
Propädeutische Geometrie
  s.Geometrieunterricht (Einführung)
  9.134
Propädeutisches Lesen
  s.Kleinkindlesen 4.97
Properz-Lektüre
  s.Lateinische Lektüre (Einzelne
  Werke) 7.145
Propheten
  s.Bibelunterricht AT (Propheten)
  10.38
Proportionalität
  s.Abbildungsgeometrie
  (Affinität) 9.20
Prosaliteratur
  s.Erzählkunstwerk 7.92
- der Gegenwart
  s.Gegenwartsliteratur (Roman) 7.121
Prospektive Gymnasialpädagogik
  s.Gymnasium (Reform) 1.96
Prospektive Pädagogik
  s.Pädagogische Grundbegriffe 3.196
Protestantische Theologie
  s.Evangelische Theologie 10.54
Protokoll
  s.Aufsatz (Protokoll) 7.29
Protozoen
  s.Mikrobiologie 9.194
Protuberanzen
  s.Astronomie (Sonne) 9.46
Provence-Kanal
  s.Wirtschaftsgeographie (Binnen-
  schiffahrt) 8.216
Prozentrechnen 9.253
- (Arbeitsmittel)
  s.Rechenlehrmittel (Einzelformen)
  5.190
- (Einführung) 9.254
- (Grundschule)
  s.Prozentrechnen (Einführung) 9.254
- (Programmiertes Lernen)
  s.Programmiertes Lernen
  (Rechnen) 5.182
- (Verhältnisrechnen) 9.254
- (Zinsrechnung) 9.254

Prozeßorganisation
  s.Psychotherapie (Behandlungsmethoden) 4.153
Prüfung
  s.Erste Lehrerprüfung 2.31
  s.Zweite Lehrerprüfung 2.149
Prüfungsangst 4.137
Prüfungsarbeit
  s.Klassenarbeit 6.107
- in der Lehrerbildung
  s.Erste Lehrerprüfung 2.31
  s.Zweite Lehrerprüfung (Tätigkeitsbericht) 2.150
Prüfungsaufsatz
  s.Aufsatzunterricht (Leistungsbewertung) 7.34
  s.Gymnasium (Ausleseverfahren) 1.94
Prüfungserfolgsvorhersage
  s.Aufnahmeprüfung 1.21
Prüfungskommission
  s.Prüfungswesen 1.154
Prüfungsleistung bei Zahlenrechnen
  s.Rechenunterricht (Leistungsstand)
  9.268
Prüfungspsychologie
  s.Prüfungsangst 4.137
Prüfungswert des Diktates
  s.Diktat (Prüfungswert) 7.64
Prüfungswesen 1.154
- (Berufsbildendes Schulwesen)
  s.Berufsbildendes Schulwesen
  (Prüfungen) 1.37
- (Handelsschule)
  s.Berufsbildendes Schulwesen
  (Prüfungen) 1.37
- (Rechtsfragen) 1.155
Prügelstrafe
  s.Körperliche Züchtigung 3.160
  s.Züchtigungsrecht 1.274
Psalmen
  s.Bibelunterricht AT (Psalmen)
  10.38
Psalter
  s.Bibelunterricht AT (Psalmen)
  10.38
Pseudodebilität
  s.Intelligenzschwäche 4.89
  s.Schwachsinnsformen 4.186
Pseudologia phantastica
  s.Geisteskrankheit 4.66
Psychagoge
  s.Schulpsychologe 2.134
Psychagogik 4.137
Psychagogisches Kinderheim
  s.Sonderschulheim 1.250

Psychasthenie
  s.Taubstummes Kind (Psychologische
  Einzelfragen) 4.216
Psychiater
  s.Psychiatrie 4.137
Psychiatrie 4.137
- (Jugendfürsorge)
  s.Psychotherapie (Pädagogischer
  Aspekt) 4.155
Psychiatrisches Gespräch
  s.Psychotherapie (Behandlungsmethoden) 4.153
Psychische Aktivität
  s.Arbeitspsychologie 4.24
Psychische Entgleisung
  s.Verhaltensstörung (Einzelformen)
  4.233
Psychische Hygiene
  s.Psychohygiene 4.144
Psychische Reaktionsbereitschaft
  s.Verhaltensforschung 4.232
Psychische Rehabilitation
  s.Hilfsschulkind (Rehabilitation) 4.83
Psychischer Regelkreis
  s.Kybernetische Lerntheorie
  (Biokybernetik) 5.103
Psychisches Trauma
  s.Neurose 4.127
  s.Psychopathologie 4.150
Psycho-Physiognomik
  s.Ausdruckspsychologie 4.26
Psycho-Physische Äquivalenz
  s.Leib-Seele-Problem 4.106
Psycho-Stress
  s.Überforderung des Schülers 4.231
Psychoanalyse 4.137
- (Angst)
  s.Angst 4.23
- (Antisemitismus)
  s.Zeitgeschichte (Antisemitismus)
  8.214
- (Behandlungstechnik) 4.138
- (Einsicht)
  s.Psychoanalyse (Behandlungstechnik)
  4.138
- (Einzelfragen) 4.139
- (Entwicklungspsychologie)
  s.Entwicklungspsychologie (Psychoanalyse) 4.46
- (Erziehung)
  s.Psychoanalyse (Pädagogischer
  Aspekt) 4.140
- (Forschungsmethoden)
  s.Psychoanalyse (Wissenschaftscharakter) 4.141

- (Freud, Sigmund)
  s.Psychoanalyse (Geschichte) 4.139
- (Geschichte) 4.139
- (Kinderanalyse) 4.139
- (Kritik)
  s.Psychoanalyse (Wissenschaftscharakter) 4.141
- (Pädagogischer Aspekt) 4.140
- (Soziologischer Aspekt) 4.140
- (Übertragung) 4.140
- (Wissenschaftscharakter) 4.141
Psychoanalytische Ausbildung
  s.Psychoanalyse 4.137
Psychoanalytische Behandlung
  s.Psychoanalyse (Behandlungstechnik) 4.138
Psychoanalytische Kindertherapie
  s.Psychoanalyse (Kinderanalyse)
  4.139
Psychoanalytische Spieltechnik
  s.Psychoanalyse (Behandlungstechnik) 4.138
Psychoanalytische Theorie
  s.Psychoanalyse (Wissenschaftscharakter) 4.141
Psychoanalytisches Heilverfahren
  s.Psychotherapie (Tiefenpsychologie) 4.155
Psychoanalytisches Interview
  s.Psychoanalyse (Behandlungstechnik) 4.138
Psychochirologie
  s.Psychiatrie 4.137
Psychodiagnostik 4.141
- (Anamnese) 4.142
- (Exploration) 4.142
- (Kinderspiel) 4.142
- (Kinderzeichnung) 4.143
- (Kindesalter) 4.143
- (Tagebuch) 4.143
Psychodiagnostische Gesprächssituation
  s.Psychodiagnostik (Exploration)
  4.142
Psychodiagnostischer Test
  s.Persönlichkeitstest 4.134
  s.Psychodiagnostik 4.141
Psychodiagnostisches Verfahren
  s.Testpsychologie 4.221
Psychodynamik
  s.Gruppentheorie 4.74
Psychogalvanische Reaktion
  s.Psychosomatik (Medizinischer
  Aspekt) 4.151
Psychogene Eßstörung
  s.Eßstörung 4.57

Psychogramm
  s.Schülerbeurteilung (Gutachten)
    4.168
  s.Taubstummes Kind (Psychologische
    Einzelfragen) 4.216
Psychohygiene 4.144
- (Kongreßberichte) 4.144
- (Lehrer)
  s.Lehrer (Psychohygiene) 2.65
- (Pädagogischer Aspekt) 4.144
- in der Schule
  s.Psychohygiene (Pädagogischer
    Aspekt) 4.144
Psychokinetische Erziehung
  s.Rhythmische Erziehung 6.145
Psychologe 2.130
Psychologie 4.145
- (Angewandte Psychologie) 4.146
- (Anthropologischer Aspekt) 4.147
- (Biographie)
  s.Psychodiagnostik (Tagebuch) 4.143
- (Experimentelle Psychologie) ... 4.147
- (Gedächtnis)
  s.Gedächtnisforschung 4.64
- (Gefühl)
  s.Gefühl 4.65
- (Geisteswissenschaft)
  s.Psychologie (Philosophie) 4.149
- (Geschichte) 4.147
- (Gewissen)
  s.Gewissen 4.71
- (Klinische Methode)
  s.Psychologie (Methodologie) 4.148
- (Konflikt)
  s.Sozialpsychologie 4.193
- (Lehren)
  s.Soziogramm (Schulklasse) 4.196
- (Lehrerbildung)
  s.Lehrerbildung (Psychologie) 2.93
- (Leistung)
  s.Leistungsfähigkeit 4.107
- (Lernen)
  s.Lernpsychologie 4.111
- (Lesen)
  s.Lesepsychologie 4.118
- (Logik)
  s.Psychologie (Methodologie) 4.148
- (Menschenbild)
  s.Psychologie (Anthropologischer
    Aspekt) 4.147
- (Methodologie) 4.148
- (Modellvorstellungen)
  s.Psychologie (Methodologie) 4.148
- (Natur- u. Geisteswiss.) 4.148
- (Pädagogischer Aspekt) 4.149

- (Person)
  s.Persönlichkeitspsychologie 4.133
- (Philosophie) 4.149
- (Psychoanalyse)
  s.Psychoanalyse 4.137
- (Religiöser Mensch)
  s.Religiöses Erleben 4.161
- (Schulanfänger)
  s.Schulanfänger (Psychologische
    Einzelfragen) 4.171
- (Schwerhöriges Kind)
  s.Schwerhöriges Kind 4.188
- (Selbsttätigkeit)
  s.Selbsttätigkeit (Psychologischer Aspekt) 6.184
- (Spiel)
  s.Spielverhalten des Kindes 4.199
- (Statistik) 4.149
- (Übung)
  s.Üben (Psychologischer Aspekt)
    6.203
- (Unterrichtsfach)
  s.Psychologie (Pädagogischer
    Aspekt) 4.149
- (Vorschulkind)
  s.Kindergartenkind 4.93
- (Wahrnehmung)
  s.Wahrnehmungspsychologie 4.237
- (Zeitproblem)
  s.Psychologie 4.145
- und Pädagogik
  s.Pädagogik und Psychologie 3.192
- und Kybernetik
  s.Kybernetik (Informationspsychologie) 5.99
Psychologiestudium
  s.Psychologe 2.130
Psychologieunterricht
  s.Lehrerbildung (Psychologie) 2.93
Psychologische Anthropologie 3.204
Psychologische Behandlung
  s.Psychotherapie (Behandlungsmethoden) 4.153
Psychologische Beratung
  s.Schulpsychologischer Dienst
    (Schuljugendberatung) 4.175
Psychologische Berufsberatung
  s.Berufsberatung (Psychologischer
    Aspekt) 3.30
Psychologische Deutung
  s.Psychodiagnostik 4.141
Psychologische Diagnose
  s.Psychodiagnostik 4.141
Psychologische Dokumentationsmethode
  s.Psychologie (Methodologie) 4.148

Psychologische Eignungsfeststellung
  s.Berufseignung 3.34
Psychologische Forschung
  s.Psychologie 4.145
Psychologische Gewöhnung
  s.Gewöhnung 3.138
Psychologische Grammatik
  s.Fremdsprachenunterricht (Grammatik) 7.106
Psychologische Grundstörung
  s.Psychologie 4.145
Psychologische Kindesentwicklung
  s.Entwicklungspsychologie (Kindheit) 4.42
Psychologische Pädagogik
  s.Pädagogik und Psychologie 3.192
Psychologische Statistik
  s.Psychologie (Statistik) 4.149
Psychologische Tests
  s.Test 4.216
Psychologische Typenlehre
  s.Typologie 4.229
Psychologische Untersuchung
  s.Psychodiagnostik 4.141
Psychologische Wahrnehmungslehre
  s.Wahrnehmungspsychologie 4.237
Psychologische Wirtschaftspädagogik
  s.Wirtschaftspädagogische Forschung 3.244
Psychologischer Planversuch
  s.Psychologie (Statistik) 4.149
Psychologisches Experiment
  s.Psychodiagnostik (Exploration) 4.142
  s.Testpsychologie 4.221
Psychologisches Testverfahren
  s.Testverfahren 4.223
Psychologismus
  s.Psychologie 4.145
Psychometrie
  s.Psychodiagnostik 4.141
  s.Psychosomatik (Medizinischer Aspekt) 4.151
Psychomotorik
  s.Geistig behindertes Kind (Heilpädagogische Betreuung) 4.67
  s.Leibeserziehung (Motorik) 10.144
Psychomotorische Heilerziehung
  s.Rhythmische Erziehung (Sonderschule) 6.146
Psychomotorischer Lernbereich
  s.Lernpsychologie (Didaktischer Aspekt) 4.111
Psychopath 4.150

Psychopathie
  s.Neurose (Psychopathie) 4.129
Psychopathisches Kind
  s.Psychopath 4.150
Psychopathologie 4.150
Psychopharmakologie 4.151
Psychophonetik
  s.Stottertherapie 4.212
Psychophysik
  s.Psychologie (Experimentelle Psychologie) 4.147
Psychophysiologie
  s.Psychosomatik 4.151
Psychophysische Entwicklung des Kindes
  s.Entwicklungspsychologie (Kindheit) 4.42
Psychose
  s.Geisteskrankheit 4.66
Psychosomatik 4.151
- (Medizinischer Aspekt) 4.151
- (Sprachheilpädagogik)
  s.Sprachheilpädagogik (Medizinischer Aspekt) 4.202
Psychosomatische Störung
  s.Neurose 4.127
  s.Psychosomatik 4.151
Psychotherapeutische Beratung
  s.Psychotherapie (Behandlungsmethoden) 4.153
Psychotherapeut
  s.Erziehungsberatung (Psychiatrie) 4.53
  s.Psychotherapie 4.152
Psychotherapie 4.152
- (Alternder Mensch)
  s.Alter Mensch 4.23
- (Angst)
  s.Angst 4.23
- (Behandlungsmethoden) 4.153
- (Beichte)
  s.Katholischer Religionsunterricht (Beichte) 10.90
- (Diskussion) 4.154
- (Fingermalen) 4.154
- (Gymnastik)
  s.Heilpädagogik (Bewegungstherapie) 4.78
- (Interview)
  s.Psychotherapie (Behandlungsmethoden) 4.153
- (Kindesalter)
  s.Kinderpsychotherapie 4.96
- (Medizinischer Aspekt) 4.154
- (Pädagogischer Aspekt) 4.155
- (Philosophie)

s.Psychotherapie (Diskussion) 4.154
- (Psychologie)
s.Psychotherapie (Diskussion) 4.154
- (Rhythmus)
s.Heilpädagogik (Bewegungs-
  therapie) 4.78
- (Seelsorge)
s.Psychotherapie (Diskussion) 4.154
- (Theologie)
s.Psychotherapie (Diskussion) 4.154
- (Tiefenpsychologie) 4.155
- (Yoga)
s.Psychotherapie (Behandlungs-
  methoden) 4.153
Pubertäre Verfremdung
  s.Pubertät 4.156
Pubertät 4.156
- (Flegelalter) 4.157
- (Mädchen) 4.157
- (Soziologischer Aspekt) 4.157
Pubertätskrise 4.158
Pubertätsmagersucht 4.158
Pubertätsphantasmen
  s.Pubertätskrise 4.158
Pubeszens
  s.Pubertät 4.156
Publikationsmittel
  s.Massenmedien 3.175
Puerto Rico
  s.Länderkunde (Mittelamerika) 8.132
Punktmannigfaltigkeit
  s.Mengenlehre 9.187
Punktmechanik
  s.Mechanik (Gradlinige Bewegung)
  9.182
  s.Quantentheorie 9.254
Punktnetz-Test
  s.Test 4.126
Punktwertung
  s.Leibeserziehung (Leistungskon-
    trolle) 10.141
  s.Notengebung (Punktsystem) 6.133
Pupillenreflex
  s.Kybernetische Lerntheorie (Pupil-
    lenreflex) 5.105
Puppenspiel
  s.Altsprachlicher Unterricht
    (Spielformen) 7.22
  s.Handpuppenspiel 6.93
Pußta
  s.Länderkunde (Ungarn) 8.146
Pygmäenkultur
  s.Menschenkunde (Urmensch) 9.193
Pyramide
  s.Geometrie (Pyramide) 9.130

Pyramidenstumpf
  s.Geometrie (Pyramide) 9.130
Pyramidenvolumen
  s.Geometrie (Pyramide) 9.130
Pyrenäenhalbinsel
  s.Länderkunde (Pyrenäenhalbinsel)
    8.138
Pyrit
  s.Mineralogie 9.196
Pythagoreische Zahlentriaden
  s.Algebra (Zahlentheorie) 9.31
Pythagoreischer Lehrsatz
  s.Geometrie (Pythagoreischer Lehr-
    satz) 9.130

Q

Quadratische Gleichung
  s.Algebra (Gleichungen) 9.26
Quadrattafel
  s.Rechenlehrmittel (Zahlentafel)
    5.194
Quadratur des Kreises
  s.Geometrie (Kreis) 9.127
Quadraturverfahren
  s.Angewandte Mathematik 9.37
Quadratwurzel
  s.Algebra (Quadratwurzel) 9.30
  s.Analysis (Grenzwert) 9.34
Quadratwurzelziehen
  s.Rechenoperationen (Wurzelziehen)
    9.262
Qualitätsgefühl
  s.Dichtung im Unterricht (Gymna-
    sium) 7.62
Quantenchemie
  s.Chemische Bindung (Modellbe-
    griff) 9.97
Quantenphysik
  s.Quantentheorie 9.254
Quantentheorie 9.254
Quantitative Gasreaktion
  s.Chemische Bindung (Reaktionen)
    9.98
Quasar
  s.Relativitätstheorie (Einzel-
    fragen) 9.272
Quasireligiöses Erleben
  s.Psychotherapie 4.152
Quaternionen
  s.Relativitätstheorie (Einzel-
    fragen) 9.272

Quecksilberdampflampe
  s.Optik (Lumineszenz) 9.220
Queensland
  s.Länderkunde (Australien) 8.117
Quelle [Heimatkunde]
  s.Heimatkundliche Themen 8.104
Quellenlesebuch für Geschichte
  s.Geschichtslehrbuch 5.79
Quellwasserversorgung
  s.Heimatkundliche Themen 8.104
Quint-Fidel
  s.Musikinstrument (Fidel) 5.140
Qumran
  s.Bibelunterricht NT (Handschriftenfunde) 10.43

R

Rabe
  s.Vogelkunde (Einzelne Vögel) 9.294
Rachepsalmen
  s.Bibelunterricht AT (Psalmen) 10.38
Radar
  s.Elektromagnetische Wellen (Rundfunkwellen) 9.112
  s.Zeitgeschichtsunterricht (Zweiter Weltkrieg:Einzelfragen) 8.259
Radarpeilung
  s.Hochfrequenztechnik (Einzelfragen) 9.143
Radfahrer
  s.Verkehrsunterricht (Radfahrer) 10.253
Radfahrprüfung
  s.Verkehrsunterricht (Radfahrprüfung) 10.253
Radioaktive Isotope
  s.Atomphysik (Isotope) 9.52
Radioaktivität 9.255
- (Meßmethoden) 9.255
- (Schulversuch) 9.256
- (Strahlenbiologie) 9.256
- (Strahlenschutz) 9.256
Radiochemische Demonstrationsversuche
  s.Radioaktivität (Schulversuch) 9.256
Radiogerät
  s.Hochfrequenztechnik (Rundfunk) 9.145
Radiokarbonmethode
  s.Radioaktivität 9.255
Radionuklide
  s.Radioaktivität (Meßmethoden) 9.255
Radioquellen
  s.Astronomie (Radioastronomie) 9.46
Radioröhre
  s.Hochfrequenztechnik (Elektronenröhre) 9.144
Radschlagen
  s.Bodenturnen (Radschlagen) 10.50
Radwanderung
  s.Schulwandern 6.178
  s.Verkehrsunterricht (Radfahrer) 10.253
Rädertiere
  s.Mikrobiologie 9.194
Rätoromanen
  s.Länderkunde (Schweiz:Landschaften) 8.142
Rätsel im Deutschunterricht 7.183
Rätsel im Englischunterricht
  s.Englischunterricht (Spielformen) 7.85
Räumliches Gestalten
  s.Werken 10.262
Räumliches Vorstellungsvermögen
  s.Raumwahrnehmung 4.159
Räumliches Zeichnen
  s.Zeichnen (Raumdarstellung) 10.284
Rahmenerzählung
  s.Erzählkunstwerk 7.92
  s.Novelle 7.182
Rahmenplan 1.155
- (Berufsbildendes Schulwesen) ... 1.157
- (Biologie)
  s.Biologielehrplan (Gymnasium) 9.68
- (Bremer Plan)
  s.Bremer Plan 1.52
- (Diskussion) 1.157
- (Erwachsenenbildung)
  s.Erwachsenenbildung (Reform) 1.69
- (Kaufmännisches Schulwesen)
  s.Rahmenplan (Berufsbildendes Schulwesen) 1.157
- (Schelskys Kritik) 1.158
- (Schülerauslese)
  s.Begabtenauslese 1.24
- (Volksschulreform)
  s.Volksschulreform (Rahmenplan) 1.268
Rahmenthema
  s.Aufsatzunterricht (Themenstellung) 7.38
Rahmenvereinbarung
  s.Saarbrücker Rahmenvereinbarung 6.147

Raketenbahn
 s.Mechanik (Drehbewegung) 9.179
 s.Weltraumtechnik (Einzelfragen)
 9.305
Raketentechnik
 s.Weltraumtechnik (Unterrichtsaspekt) 9.305
Raketentheorie
 s.Mechanik (Impulsgesetz) 9.183
Raketentreibstoff
 s.Weltraumtechnik (Einzelfragen)
 9.305
Randalierende Jugend
 s.Halbstarke 4.76
Randlochkarte im Chemieunterricht
 s.Chemielehrmittel (Lochkarte)
 5.47
Rangordnung [Hilfsschule]
 s.Sozialpsychologie (Schulklasse)
 4.195
Rangwörterbuch
 s.Wörterbuch 5.259
Ranschburg-Hemmung
 s.Gestaltpsychologie 4.70
 s.Persönlichkeitstest 4.134
Ranschburg-Test
 s.Test 4.216
Rassenfrage
 s.Zeitgeschichte (Rassenfrage) 8.244
 - im Unterricht
 s.Zeitgeschichtsunterricht (Rassenfrage) 8.256
Rassenvorurteil
 s.Vorurteil 3.240
Ratetest
 s.Lehrprogramm (Ratetest) 5.125
Rathaus
 s.Sozialkunde (Gemeindeverwaltung)
 8.197
Rationale Wurzeln
 s.Algebra (Quadratwurzel) 9.30
Rationale Zahl
 s.Algebra (Rationale Zahlen) 9.30
Rationalisierung der Lehrerarbeit
 s.Lehrerberuf (Arbeitstechnik) 2.69
Rationalisierung im Berufsschulunterricht
 s.Arbeitsmittel im Unterricht
 (Berufsschule) 5.29
Rationalisierung im Kaufmännischen
 Schulwesen
 s.Kaufmännische Berufsfachkunde
 (Einzelfragen) 10.94
Rationalisierung im Schulbau
 s.Schulbau (Moderner Schulbau) 1.172

Rationalisierung im Schulwesen
 s.Schulreform 1.212
Rationelle Lehrtätigkeit
 s.Kaufmännischer Unterricht 6.104
Rationelle Unterrichtsgestaltung
 s.Unterrichtsökonomie 6.214
Ratten
 s.Tierkunde (Nagetiere) 9.282
Raubmöwen
 s.Vogelkunde (Wasservögel) 9.297
Raubvögel
 s.Vogelkunde (Greifvögel) 9.294
Raubwild
 s.Tierkunde (Einzelne Tiere) 9.279
Rauchen
 s.Suchtgefährdung (Rauchen) 3.237
Rauchschwalben
 s.Vogelkunde (Schwalben) 9.295
Raum [Astronomischer Begriff]
 s.Astronomie 9.44
Raum-Kind
 s.Raumerleben 4.159
Raum-Zeit-Theorie
 s.Relativitätstheorie 9.271
Raumakustik
 s.Akustik 9.24
Raumanschauung
 s.Geometrieunterricht (Anschauung)
 9.134
 s.Raumwahrnehmung 4.159
Raumbegriff
 s.Raumwahrnehmung 4.159
Raumbild
 s.Raumerleben 4.159
Raumdarstellung
 s.Zeichnen (Raumdarstellung) 10.284
Raumdenken
 s.Raumwahrnehmung 4.159
Raumempfindlichkeit
 s.Raumerleben 4.159
Raumerleben 4.159
Raumerlebnis
 s.Geometrieunterricht (Psychologischer Aspekt) 9.136
Raumfahrt
 s.Weltraumtechnik 9.304
 - im Unterricht
 s.Weltraumtechnik (Unterrichtsaspekt) 9.305
Raumgefühl
 s.Kinderzeichnung (Raumdarstellung)
 10.97
 s.Raumerleben 4.159
Raumgestaltung der Klasse
 s.Schulwohnstube 6.181

Rauminhalt
  s.Geometrie (Rauminhaltsberech-
    nung) 9.131
Raumklima
  s.Klimakunde 8.108
Raumkurve
  s.Geometrie (Differentialgeometrie)
    9.124
Raumlehrearbeitsmittel
  s.Geometrielehrmittel 5.77
Raumlehreunterricht
  s.Geometrieunterricht 9.133
  s.Heimatkundeunterricht (Sachun-
    terricht) 8.102
  s.Rechenunterricht (Lehrplan) 9.267
Raumordnung
  s.Landschaftspflege 9.151
Raumschutz [Elektrisches Feld]
  s.Elektrizitätslehre (Einzelfragen)
    9.103
Raumsehen
  s.Optik (Einzelfragen) 9.218
Raumvorstellung
  s.Zeichenunterricht (Berufsschule)
    10.277
Raumvorstellungsvermögen
  s.Raumwahrnehmung 4.159
Raumwahrnehmung 4.159
Raupenkasten
  s.Biologielehrmittel (Insekten-
    kunde) 5.42
Raupenzucht
  s.Insektenkunde (Schmetterlinge)
    9.148
Rauschen
  s.Hochfrequenztechnik (Rundfunk)
    9.145
Rauschgiftsuch
  s.Verwahrlosung 4.234
Rauschgoldengel
  s.Weihnachtliches Werken (Baum-
    schmuck) 10.260
Reaktionen [Chemie]
  s.Chemische Bindung (Reaktionen) 9.98
Reaktives Konditionieren
  s.Lernpsychologie (Einzelfragen)
    4.112
Reaktor
  s.Atomtechnik 9.55
Realabitur
  s.Fachschulreife 1.77
Realbildung
  s.Bildungsauftrag (Realschule) 3.65
Reale Bildung
  s.Bildungsbegriff 3.66

Realer Humanismus
  s.Humanistische Bildung 3.146
Realheft
  s.Arbeitsmappe 5.24
Realienunterricht
  s.Sachunterricht 6.149
Realistische Bildungsidee
  s.Bildungsbegriff 3.66
Realistische Entwicklungsstufe
  s.Entwicklungspsychologie (Kind-
    heit) 4.42
Realistische Pädagogik
  s.Pädagogik (Wirklichkeitsbezug)
    3.189
Realitätsproblem
  s.Psychologie 4.145
  s.Wahrnehmungspsychologie 4.237
Realitätsverdoppelung
  s.Wahrnehmungspsychologie (Einzel-
    fragen) 4.237
Realschüler und Buch
  s.Leseinteresse (Schuljugend) 4.117
Realschülerin
  s.Schüler 4.165
Realschulabschlußprüfung
  s.Mittlere Reife 1.146
Realschulabsolvent und Ingenieurschule
  s.Ingenieurschule (Zulassung) 1.116
Realschulaufnahmeprüfung
  s.Aufnahmeprüfung (Realschule) 1.23
Realschulbau
  s.Schulbau 1.169
Realschuldidaktik
  s.Realschulunterricht 6.145
Realschule 1.159
- (Abendrealschule)
  s.Abendrealschule 1.20
- (Abschlußprüfung) 1.160
- (Arbeitswelt)
  s.Schule und Wirtschaft (Realschu-
    le) 1.184
- (Aufnahmeprüfung)
  s.Aufnahmeprüfung (Realschule) 1.23
- (Berufsschule)
  s.Realschule und Berufsschule 1.162
- (Berufswelt)
  s.Schule und Wirtschaft (Realschule)
    1.184
- (Bundesländer) 1.161
- (DDR) 1.162
- (Eingangsstufe) 1.162
- (Fünftagewoche)
  s.Fünftagewoche im Schulwesen
    (Realschule) 1.83
- (Geschichte) 1.162

- (Gymnasium)
  s.Realschule und Gymnasium 1.163
- (Höheres Fachschulwesen)
  s.Höhere Fachschulen 1.112
- (Ingenieurschule)
  s.Ingenieurschule (Zulassung) 1.116
- , ländliche
  s.Ländliche Realschule 1.130
- (Landschule)
  s.Realschule und Volksschule 1.163
- (Mädchenrealschule)
  s.Mädchenrealschule 1.143
- (Mittlere Reife)
  s.Mittlere Reife 1.146
- (Reform)
  s.Realschulreform 1.163
- (Volksschule)
  s.Realschule und Volksschule 1.163
- (Wirtschaft)
  s.Schule und Wirtschaft (Realschule) 1.184
- und Berufsberatung
  s.Berufsberatung und Schule 3.32
- und Berufsschule 1.162
- und Gymnasium 1.163
- und Volksschule 1.163

Realschuldirektor
  s.Schulleiter 2.133
Realschullehrer 2.130
Realschullehrerbesoldung
  s.Lehrerbesoldung (Realschullehrer) 2.74
Realschullehrerbildung 2.131
- (Bundesländer) 2.131
Realschullehrermangel
  s.Lehrermangel 2.111
Realschullehrerverband
  s.Lehrerverbände 2.116
Realschulpädagogik
  s.Bildungsauftrag (Realschule) 3.65
Realschulreform 1.163
- (Oberstufe) 1.164
Realschulübergang
  s.Übergang 1.257
Realschulunterricht 6.145
- (Chemie)
  s.Chemieunterricht (Realschule) 9.92
- (Deutschunterricht)
  s.Deutschunterricht (Realschule) 7.56
- (Englisch)
  s.Englischunterricht (Realschule) 7.84
- (Erdkunde)
  s.Erdkundeunterricht (Realschule) 8.42
- (Fotografie)
  s.Schulfotografie (Realschule) 5.225
- (Französisch)
  s.Französischunterricht (Realschule) 7.100
- (Gemeinschaftskunde)
  s.Gemeinschaftskunde (Realschule) 8.53
- (Geschichtsunterricht)
  s.Geschichtsunterricht (Realschule) 8.81
- (Instrumentalspiel)
  s.Instrumentalspiel (Methodische Einzelfragen) 10.82
- (Koedukation)
  s.Koedukation (Schulerfahrungen) 3.159
- (Kunsterziehung)
  s.Kunsterziehung (Methodische Einzelfragen) 10.117
- (Lehrplan)
  s.Lehrplan (Realschule) 6.120
- (Lesen)
  s.Leseunterricht (Realschule) 7.158
- (Lyrik)
  s.Lyrik im Unterricht (Realschule) 7.171
- (Mathematik)
  s.Mathematikunterricht (Realschule) 9.172
- (Musik)
  s.Musikunterricht (Realschule) 10.169
- (Naturwissenschaft)
  s.Naturwissenschaftlicher Unterricht (Realschule) 9.215
- (Notengebung)
  s.Notengebung (Realschule) 6.133
- (Physik)
  s.Physikunterricht (Realschule) 9.251
- (Politische Bildung)
  s.Politische Bildung (Realschule) 8.186
- (Programmiertes Lernen)
  s.Programmiertes Lernen (Erfahrungen) 5.168
- (Religionspädagogik)
  s.Religionsunterricht (Realschule) 10.219
- (Schulspiel)
  s.Schultheater 6.176
- (Sprachlabor)
  s.Sprachlabor (Realschule) 5.246

[Forts.: Realschulunterricht]
- (Sprachpflege)
  s.Sprachunterricht (Fächerverbindung) 7.224
- (Sprachunterricht)
  s.Sprachunterricht (Realschule) 7.227
- (Stundenplan)
  s.Stundenplan 6.191
- (Werken)
  s.Werkunterricht (Realschule) 10.273
Rechenarbeit
  s.Rechenunterricht (Leistungsbewertung) 9.268
  s.Rechenunterricht (Leistungskontrolle) 9.268
Rechenarbeitsmittel
  s.Rechenlehrmittel 5.189
Rechenautomat
  s.Kybernetische Maschinen (Rechenautomat) 5.112
Rechenautomat [im Unterricht] 9.257
- (Einzelfragen) 9.257
Rechenband
  s.Rechenlehrmittel (Zahlenband) 5.193
Rechenbaukasten
  s.Rechenlehrmittel (Rechenbaukasten) 5.192
Rechenbuch 5.188
- (DDR) 5.188
- (Geschichte) 5.188
- (Österreich)
  s.Rechenbuch 5.188
Rechenduden
  s.Rechenlehrmittel (Einzelformen) 5.190
Rechenerlebnis
  s.Grundschulrechnen 9.139
Rechenfächer
  s.Rechenlehrmittel (Einzelformen) 5.190
Rechenfähigkeit
  s.Rechenleistung 4.159
Rechenfehler
  s.Rechenschwäche 4.160
  s.Rechenunterricht (Fehlerquellen) 9.267
Rechenfertigkeit 9.257
- (Psychologischer Aspekt)
  s.Rechenleistung 4.159
Rechenfibel 5.189
Rechenfix
  s.Rechenlehrmittel (Sonderschule) 5.193

Rechengerät
  s.Rechenlehrmittel 5.189
Rechenhelfer
  s.Rechenlehrmittel (Einzelformen) 5.190
Rechenkärtchen
  s.Rechenlehrmittel (Einzelformen) 5.190
Rechenkarte
  s.Rechenlehrmittel (Sonderschule) 5.193
Rechenkasten
  s.Rechenlehrmittel (Rechenbaukasten) 5.192
Rechenkniffe
  s.Rechenübung (Rechenvorteil) 9.264
Rechenkontrolle
  s.Rechenoperationen (Kontrollformen) 9.259
Rechenlatte
  s.Rechenlehrmittel (Zahlenband) 5.193
Rechenlehrmittel 5.189
- (Bruchrechnen) 5.189
- (Einmaleins) 5.190
- (Einzelformen) 5.190
- (Erstrechnen) 5.191
- (Hafttafel) 5.192
- (Kursbuch) 5.192
- (Lehrprogramm)
  s.Programmiertes Lernen (Rechnen) 5.182
- (Multiplikation)
  s.Rechenlehrmittel (Einzelformen) 5.190
- (Rechenbaukasten) 5.192
- (Russische Rechenmaschine) 5.192
- (Sonderschule) 5.193
- (Zahlenband) 5.193
- (Zahlentafel) 5.194
Rechenlehrplan
  s.Rechenunterricht (Lehrplan) 9.267
Rechenleistung 4.159
- (Sonderschule)
  s.Sonderschulrechnen (Methodische Einzelfragen) 9.278
- (Volksschulabgänger)
  s.Rechenunterricht (Leistungsstand) 9.268
Rechenleiter
  s.Rechenlehrmittel (Zahlenband) 5.193
Rechenmaschine im Unterricht
  s.Mathematiklehrmittel 5.135
  s.Rechenautomat 9.257

Rechenmethode
s.Rechenunterricht (Geschichte)
9.267
Rechenoperationen 9.258
- (Division) 9.258
- (Kontrollformen) 9.259
- (Multiplikation) 9.259
- (Schlußrechnung) 9.259
- (Schriftliches Abziehen) 9.260
- (Schriftliches Abziehen:Ergänzungsmethode) 9.260
- (Schriftliches Malnehmen) 9.261
- (Schriftliches Rechnen) 9.261
- (Schriftliches Teilen) 9.261
- (Subtraktion) 9.262
- (Überschlagsrechnen) 9.262
- (Wurzelziehen) 9.262
Rechenplättchen
s.Rechenlehrmittel (Einzelformen)
5.190
Rechenquadrat
s.Rechenlehrmittel (Zahlentafel)
5.194
Rechenrinne
s.Rechenlehrmittel (Zahlenband) 5.193
Rechenschaufenster
s.Rechenlehrmittel (Einzelformen)
5.190
Rechenschieber
s.Rechenstab 5.195
Rechenschwäche 4.160
Rechensicherheit
s.Rechenfertigkeit 9.257
Rechensingspiel 5.194
Rechenspiele 5.194
- (Sonderschule) 5.194
- (Würfel) 5.195
Rechenstab 5.195
- (Berufsschule) 5.195
- (Selbstbau) 5.195
- (Volksschule) 5.196
Rechenstempel
s.Rechenlehrmittel (Erstrechnen)
5.191
Rechentabelle
s.Rechenlehrmittel (Zahlentafel)
5.194
Rechentäschchen
s.Rechenlehrmittel (Einzelformen)
5.190
Rechentafel
s.Rechenlehrmittel (Einzelformen)
5.190
Rechentest
s.Schulleistungstest 4.173

Rechenthermometer
s.Rechenlehrmittel (Zahlenband) 5.193
Rechenübung 9.263
- (Einmaleins)
s.Einmaleins (Übungsformen) 9.102
- (Grundschule) 9.263
- (Kopfrechnen) 9.263
- (Rechenvorteil) 9.264
- (Tägliche Übung) 9.264
- (Übungsformen) 9.264
Rechenunterricht 9.265
- (Abschlußklasse)
s.Rechenunterricht (Volksschuloberstufe) 9.271
- (Anschauung) 9.265
- (Arbeitseinheit)
s.Rechenunterricht (Methodische Einzelfragen) 9.269
- (Arbeitsmittel)
s.Rechenlehrmittel 5.189
- (Arbeitsschule)
s.Rechenunterricht (Selbsttätigkeit)
9.270
- (Denkschulung) 9.266
- (Differenzierung) 9.266
- (Erziehungswert) 9.266
- (Experimentieren)
s.Rechenunterricht (Denkschulung)
9.266
- (Fehlerquellen) 9.267
- (Formalismus)
s.Rechenunterricht (Methodische Einzelfragen) 9.269
- (Geschichte) 9.267
- (Genetische Bestrebungen)
s.Ganzheitliches Rechnen 9.121
- (Grenzwertprozeß)
s.Rechenunterricht (Reform) 9.270
- (Gruppenunterricht) 9.267
- (Hilfsschule)
s.Sonderschulrechnen 9.277
- (Individualisierung)
s.Rechenunterricht (Differenzierung)
9.266
- (Kindergarten)
s.Erstrechenunterricht (Vorschulalter) 9.118
- (Körperbehinderte)
s.Sonderschulrechnen (Körperbehinderte) 9.278
- (Lehrplan) 9.267
- (Leistungsbewertung) 9.268
- (Leistungsgruppen)
s.Rechenunterricht (Differenzierung) 9.266

[Forts.: Rechenunterricht]
- (Leistungskontrolle) 9.268
- (Leistungsstand) 9.268
- (Leistungssteigerung) 9.269
- (Lernpsychologie)
  s.Rechenunterricht (Psychologischer Aspekt) 9.269
- (Mathematische Bildung)
  s.Rechenunterricht (Erziehungswert) 9.266
- (Methodische Einzelfragen) 9.269
- (Operatives Denken)
  s.Erstrechenunterricht (Operatives Denken) 9.116
- (Piaget, Jean)
  s.Erstrechenunterricht (Operatives Denken) 9.116
- (Politische Bildung)
  s.Sachrechnen (Einzelfragen) 9.273
- (Psychologischer Aspekt) 9.269
- (Rechenbuch)
  s.Rechenbuch 5.188
- (Reform) 9.270
- (Rhythmische Hilfe)
  s.Sonderschulrechnen (Methodische Einzelfragen) 9.278
- (Rhythmus)
  s.Rechenunterricht (Methodische Einzelfragen) 9.269
- (Sachaufgaben)
  s.Sachrechnen 9.272
- (Schaubild)
  s.Rechenunterricht (Anschauung) 9.265
- (Schulanfang)
  s.Erstrechenunterricht (Schulanfang) 9.117
- (Schuljahr I)
  s.Erstrechenunterricht 9.114
- (Schuljahr I/II)
  s.Grundschulrechnen 9.139
- (Schuljahr III/IV)
  s.Grundschulrechnen 9.139
- (Schuljahr IX)
  s.Rechenunterricht (Volksschuloberstufe) 9.271
- (Sehbehinderte)
  s.Sonderschulrechnen (Sehbehinderte) 9.278
- (Selbsttätigkeit) 9.270
- (Sonderschule)
  s.Sonderschulrechnen 9.277
- (Sozialkunde)
  s.Grundschulrechnen (Erziehungswert) 9.140
- (Sprachlicher Aspekt) 9.270
- (Sprachpflege)
  s.Sprachunterricht (Fächerverbindung) 7.224
- (Taubstummenbildung)
  s.Sonderschulrechnen (Taubstummenbildung) 9.278
- (Übung)
  s.Rechenübung 9.263
- (Übungsmittel)
  s.Rechenlehrmittel 5.189
- (Umgangssprache)
  s.Rechenunterricht (Sprachlicher Aspekt) 9.270
- (Volksschulmittelstufe) 9.271
- (Volksschuloberstufe) 9.271
- (Zahlbegriff)
  s.Erstrechenunterricht (Zahlbegriff) 9.118
- (Zahlenreihe)
  s.Erstrechenunterricht (Zahlenreihe) 9.120
- (Zehnerübergang)
  s.Grundschulrechnen (Zehnerüberschreitung) 9.143
- (Ziffern)
  s.Erstrechenunterricht (Zifferneinführung) 9.120

Rechenverständnis
s.Erstrechenunterricht (Psychologischer Aspekt) 9.117

Rechenvorteil
s.Rechenübung (Rechenvorteil) 9.264

Rechenwaage
s.Rechenlehrmittel (Einzelformen) 5.190

Rechenwand
s.Rechenlehrmittel (Einzelformen) 5.190

Rechenwürfel
s.Rechenspiele (Würfel) 5.195

Rechnen
s.Rechenunterricht 9.265

Rechnergesteuertes Unterrichtssystem
s.Lehrgerät (Elektronenrechner) 5.117

Rechnerische Denkaufgabe
s.Rechenleistung 4.159

Rechnerisches Denken
s.Mathematisches Denken 4.123

Recht auf Bildung
s.Bildungschance 1.46

Rechte des Kindes
s.Kindheit (Rechte des Kindes) 3.157

Rechteck
 s.Geometrie (Vierecke) 9.132
Rechtfertigungsglaube
 s.Evangelische Unterweisung (Einzelfragen) 10.57
Rechts-Links-Problem
 s.Linkshändigkeit 4.121
Rechtsbewußtsein
 s.Rechtskunde (Rechtsbewußtsein) 8.196
Rechtschreibelend
 s.Rechtschreibunterricht (Kritik) 7.191
Rechtschreibfehler 7.184
- (Bekämpfung)
 s.Rechtschreibfehler (Fehlerverhütung) 7.185
- (Berichtigung) 7.184
- (Beurteilung)
 s.Diktat (Bewertung) 7.64
- (Fehleranalyse) 7.184
- (Fehlerverhütung) 7.185
- (Hilfsschüler)
 s.Rechtschreibfehler (Sonderschule) 7.185
- (Korrektur)
 s.Diktat (Korrektur) 7.64
- (Leseschwäche)
 s.Legasthenie (Diagnostik) 4.103
- (Psychologischer Aspekt) 7.185
- (Sonderschule) 7.185
Rechtschreibförderunterricht
 s.Legasthenikerklasse 4.105
Rechtschreibheft
 s.Deutschlehrmittel (Rechtschreiben) 5.52
Rechtschreibkartei
 s.Deutschlehrmittel (Rechtschreiben) 5.52
Rechtschreibklasse
 s.Legasthenikerklasse 4.105
Rechtschreibkonferenz [Wien]
 s.Rechtschreibreform (Empfehlungen) 7.187
Rechtschreibkorrektur
 s.Diktat (Korrektur) 7.64
Rechtschreiblehrgang
 s.Rechtschreibunterricht (Methodische Einzelfragen) 7.192
Rechtschreibleistung 7.185
- (Berichtigung)
 s.Rechtschreibfehler (Berichtigung) 7.184
- (Methodenstreit) 7.186
- (Sonderschule)

 s.Rechtschreibfehler (Sonderschule) 7.185
Rechtschreibmethode
 s.Rechtschreibunterricht (Methodische Einzelfragen) 7.192
Rechtschreibnot
 s.Rechtschreibunterricht (Psychologischer Aspekt) 7.193
Rechtschreibprüfung
 s.Diktat (Prüfungswert) 7.64
Rechtschreibreform 7.186
- (Ausland)
 s.Rechtschreibreform (Einzelfragen) 7.187
- (Einzelfragen) 7.187
- (Empfehlungen) 7.187
- (Frankreich)
 s.Französischunterricht (Methodische Einzelfragen) 7.99
- (Gegenwärtiger Stand)
 s.Rechtschreibreform (Empfehlungen) 7.187
- (Kleinschreibung) 7.187
- (Österreich) 7.188
- (Rahn, Fritz)
 s.Rechtschreibreform (Einzelfragen) 7.187
- (Sprache)
 s.Sprache und Schrift 7.214
- (Stenografie)
 s.Rechtschreibreform (Einzelfragen) 7.187
- (Unterrichtsaspekt) 7.188
- (Wiener Kongreß)
 s.Rechtschreibreform (Empfehlungen) 7.187
Rechtschreibregeln
 s.Rechtschreibunterricht (Lösungshilfen) 7.192
Rechtschreibschwäche 4.160
Rechtschreibtraining
 s.Rechtschreibschwäche 4.160
Rechtschreibung
 s.Englischunterricht (Rechtschreiben) 7.85
 s.Namenkunde im Unterricht 7.178
 s.Rechtschreibunterricht 7.188
Rechtschreibunterricht 7.188
- (Arbeitsmittel)
 s.Deutschlehrmittel (Rechtschreiben) 5.52
- (Aufsatz)
 s.Aufsatzunterricht (Rechtschreiben) 7.36

[Forts.: Rechtschreibunterricht]
- (Aufsatzerziehung)
  s.Aufsatzunterricht (Realschule) 7.36
- (Bildungswert)
  s.Rechtschreibunterricht 7.188
- (Differenzierung) 7.189
- (Einzelprobleme) 7.189
- (Fehleranalyse)
  s.Rechtschreibfehler (Fehleranalyse) 7.184
- (Fehlerquellen)
  s.Rechtschreibfehler 7.184
- (Ganzheitliches Rechtschreiben) 7.189
- (Großschreibung) 7.190
- (Grundschule) 7.190
- (Gymnasium) 7.191
- (Hilfsmittel)
  s.Rechtschreibunterricht (Methodische Einzelfragen) 7.192
- (Kritik) 7.191
- (Landschule) 7.191
- (Lautlehre)
  s.Rechtschreibunterricht (Spracherziehung) 7.194
- (Lehrplan)
  s.Rechtschreibunterricht (Methodische Einzelfragen) 7.192
- (Leistungskontrolle)
  s.Diktat 7.63
- (Leistungssteigerung) 7.191
- (Leistungsvergleich)
  s.Rechtschreibleistung 7.185
- (Lösungshilfen) 7.192
- (Methodische Einzelfragen) 7.192
- (Mittelschule)
  s.Rechtschreibunterricht (Gymnasium) 7.191
- (Nachschrift)
  s.Diktat 7.63
- (Niveaukurse)
  s.Rechtschreibunterricht (Differenzierung) 7.189
- (Partnerdiktat) 7.193
- (Psychologischer Aspekt) 7.193
- (Sachunterricht)
  s.Rechtschreibunterricht (Methodische Einzelfragen) 7.192
- (Schülerverhalten)
  s.Rechtschreibunterricht (Psychologischer Aspekt) 7.193
- (Schuljahr I-II) 7.193
- (Schuljahr III-IV) 7.193
- (Schwerhörigenschule)
  s.Rechtschreibunterricht (Sonderschule) 7.194

- (Selbsttätigkeit)
  s.Rechtschreibunterricht (Differenzierung) 7.189
- (Silbentrennung) 7.193
- (Sonderschule) 7.194
- (Spracherziehung) 7.194
- (Sprechspur)
  s.Sprechspur (Rechtschreiben) 7.239
- (Übungsformen) 7.194
- (Unterstufe)
  s.Rechtschreibunterricht (Grundschule) 7.190
- (Volksschule) 7.195
- (Wetteifer)
  s.Rechtschreibunterricht (Übungsformen) 7.194
Rechtschreibverhalten
  s.Rechtschreibfehler (Psychologischer Aspekt) 7.185
Rechtschrift
  s.Diktat 7.63
Rechtsempfinden
  s.Rechtserziehung 3.204
Rechtserlebnis
  s.Rechtserziehung 3.204
Rechtserziehung 3.204
- im Unterricht
  s.Rechtskunde 8.194
Rechtsfragen der Aufnahmeprüfung
  s.Aufnahmeprüfung (Rechtsfragen) 1.23
Rechtsfragen der Bekenntnisschule
  s.Bekenntnisschule (Rechtsfragen) 1.30
Rechtsfragen der Berufsschule
  s.Berufsschule (Rechtsfragen) 1.43
Rechtsfragen der Erwachsenenbildung
  s.Erwachsenenbildung (Rechtsfragen) 1.69
Rechtsfragen der Privatschule
  s.Privatschule (Rechtsfragen) 1.153
Rechtsfragen des Bildungswesens
  s.Bildungschance 1.46
  s.Schulrecht 1.211
Rechtsfragen des Lehrerberufs
  s.Lehrerberuf (Rechtsfragen) 2.70
Rechtsfragen des Prüfungswesens
  s.Prüfungswesen (Rechtsfragen) 1.155
Rechtsfragen des Schulwesens
  s.Schule und Rechtsprechung 1.180
  s.Schulrecht 1.211
Rechtsfragen des Studiums
  s.Hochschulrecht 1.107
Rechtskunde 8.194
- (Berufsschule) 8.194

- (Einzelfragen) 8.194
- (Gerechtigkeit) 8.195
- (Gerichtsverhandlung) 8.195
- (Gymnasium) 8.195
- (Hauptschule)
  s.Rechtskunde (Volksschule) 8.196
- (Hilfsschule)
  s.Sonderschulunterricht (Methodische Einzelfragen) 6.186
- (Politische Bildung) 8.196
- (Rechtsbewußtsein) 8.196
- (Volksschule) 8.196
Rechtspflege
  s.Rechtskunde 8.194
Rechtsprechung und Schule
  s.Schule und Rechtsprechung 1.180
Rechtsradikalismus
  s.Politik (Rechtsradikalismus) 8.167
Rechtssprache
  s.Fachsprachen 7.94
Rechtsstaat
  s.Politik (Rechtsstaat) 8.167
Rechtsunterricht
  s.Rechtskunde 8.194
Rechtswissenschaft
  s.Rechtskunde 8.194
Rechtwinkliges Dreieck
  s.Geometrie (Dreieck) 9.125
Rechtzeitige Erstkommunion
  s.Katholischer Religionsunterricht (Erstkommunion) 10.91
Reckturnen
  s.Geräteturnen (Reck) 10.67
Redeform des Lehrers
  s.Pädagogischer Führungsstil 6.135
Redekunst
  s.Sprecherziehung 7.234
Redensart
  s.Sprachkunde (Einzelbereiche) 7.217
Redeübung
  s.Gesprächserziehung in der Schule 6.78
Redoxgleichungen
  s.Organische Chemie (Einzelfragen) 9.222
Redoxvorgang
  s.Anorganische Chemie 9.39
  s.Anorganische Chemie (Metalle) 9.40
Reduktion
  s.Anorganische Chemie (Oxydation) 9.41
Redundanz
  s.Kybernetische Lerntheorie (Informationsübermittlung) 5.104

Redundanztheorie des Lernens
  s.Kybernetische Pädagogik (Didaktischer Aspekt) 5.113
Reelle Zahl
  s.Algebra (Reelle Zahlen) 9.30
Referendariat des Berufsschullehrers
  s.Berufsschullehrerbildung (Kaufmännische Berufsschule) 2.27
  s.Studienseminar (Berufsschullehrer) 2.140
Referendariat des Gymnasiallehrers
  s.Gymnasiallehrerbildung (Referendariat) 2.45
Referendariat des Volksschullehrers
  s.Zweite Phase der Lehrerbildung (Referendariat) 2.152
Referentin
  s.Vorschulischer Unterricht (DDR) 6.227
Reflexion
  s.Optik (Reflexion) 9.220
Reform
  s.Schulreform 1.212
- der Aufnahmeprüfung
  s.Aufnahmeprüfung (Reform) 1.23
- der Berufsausbildung
  s.Berufsausbildung (Reform) 6.43
- der Berufserziehung
  s.Berufserziehung (Reform) 3.42
- der Berufsschule
  s.Berufsschulreform 1.44
- der Bundesjugendspiele
  s.Bundesjugendspiele (Reform) 10.51
- der deutschen Rechtschreibung
  s.Rechtschreibreform 7.186
- der Erwachsenenbildung
  s.Erwachsenenbildung (Reform) 1.69
- der Evangelischen Unterweisung
  s.Evangelische Unterweisung (Reform) 10.60
- der Gemeinschaftskunde
  s.Gemeinschaftskunde (Reformsituation) 8.53
- der Gewerbelehrerbildung
  s.Gewerbelehrerbildung (Reform) 2.41
- der Grundschule
  s.Grundschulreform 1.92
- der gymnasialen Oberstufe
  s.Gymnasium (Reform der Oberstufe) 1.98
- der Gymnasiallehrerbildung
  s.Gymnasiallehrerbildung (Reform) 2.46

[Forts.: Reform]
- der Handelsschullehrerbildung
  s.Handelsschullehrerbildung (Reform) 2.48
- der Hochschule
  s.Hochschulreform 1.108
- der höheren Schule
  s.Gymnasium (Reform) 1.96
- der Ingenieurausbildung
  s.Ingenieurschule (Reform) 1.116
- der Junglehrerausbildung
  s.Zweite Phase der Lehrerbildung 2.151
- der Kunsterziehung
  s.Kunsterziehung (Reform) 10.119
- der Landschule
  s.Landschulreform 1.137
- der Lehrerbildung
  s.Lehrerbildung (Reform) 2.94
- der Lehrerfortbildung
  s.Lehrerfortbildung (Reform) 2.108
- der Mädchenbildung
  s.Mädchenbildung (Gegenwartsfragen) 3.172
- der Notengebung
  s.Notengebung (Kritik) 6.132
- der Pädagogischen Hochschule
  s.Pädagogische Hochschule (Reform) 2.126
- der Realschule
  s.Realschulreform 1.163
- der Realschuloberstufe
  s.Realschulreform (Oberstufe) 1.164
- der Rechtschreibung
  s.Rechtschreibreform 7.186
- der Reifeprüfung
  s.Reifeprüfung (Reform) 1.166
- der Volksschule
  s.Volksschulreform 1.266
- der Volksschuloberstufe
  s.Volksschulreform (Oberstufe) 1.267
- des altsprachlichen Unterrichts
  s.Altsprachlicher Unterricht (Reform) 7.22
- des Aufsatzunterrichts
  s.Aufsatzunterricht (Kritik) 7.33
- des Berufsbildenden Schulwesens
  s.Berufsbildendes Schulwesen (Reform) 1.38
- des berufspädagogischen Studiums
  s.Gewerbelehrerbildung (Reform) 2.41
- des Berufsschulunterrichts
  s.Berufsschulunterricht (Reform) 6.43
- des Bibelunterrichts
  s.Bibelunterricht (Kritik) 10.34
- des Bildungswesens
  s.Schulreform 1.212
- des Biologieunterrichts
  s.Biologieunterricht (Reform) 9.73
- des Chemieunterrichts
  s.Chemieunterricht (Reform) 9.92
- des Deutschunterrichts
  s.Deutschunterricht (Reform) 7.56
- des Englischunterrichts
  s.Englischunterricht (Reform) 7.85
- des Erdkundeunterrichts
  s.Erdkundeunterricht (Reform) 8.42
- des Erziehungswesens
  s.Erziehung (Gegenwartsbezug) 3.77
  s.Erziehungskrise 3.94
  s.Schulreform 1.212
- des Geschichtsunterrichts
  s.Geschichtsunterricht (Reform) 8.82
- des Gymnasiums
  s.Gymnasium (Reform) 1.96
- des Handarbeitsunterrichts
  s.Handarbeitsunterricht (Reform) 10.76
- des Heimatkundeunterrichts
  s.Heimatkundeunterricht (Reform) 8.102
- des kaufmännischen Schulwesens
  s.Kaufmännisches Schulwesen (Reform) 1.121
- des Mathematikunterrichts
  s.Mathematikunterricht (Reform) 9.172
- des Musikunterrichts
  s.Musikunterricht (Reform) 10.190
- des Naturkundeunterrichts
  s.Biologieunterricht (Reform) 9.73
- des Naturlehreunterrichts
  s.Naturlehre (Reform) 9.205
- des Naturwissenschaftlichen Unterrichts
  s.Naturwissenschaftlicher Unterricht (Reform) 9.215
- des Neusprachlichen Unterrichts
  s.Neusprachlicher Unterricht (Reform) 7.181
- des Oberstufenunterrichts
  s.Gymnasialunterricht (Oberstufe) 6.92
  s.Hauptschulunterricht 6.95
- des Physikunterrichts
  s.Physikunterricht (Reform) 9.251
- des Rechenunterrichts
  s.Rechenunterricht (Reform) 9.270
- des Rechtschreibunterrichts
  s.Rechtschreibunterricht 7.188

- des Religionsunterrichts
  s.Religionsunterricht (Reform)
  10.219
- des Sprachunterrichts
  s.Sprachunterricht (Reform) 7.228
- des Studienseminars
  s.Studienseminar (Reform) 2.141
- des Studiums
  s.Hochschulreform (Studiendauer) 1.109
- des Verkehrsunterrichts
  s.Verkehrsunterricht (Reform) 10.254
- des Werkunterrichts
  s.Werkunterricht (Reform) 10.274
Reformation im Geschichtsunterricht
  s.Neuzeit (Reformation) 8.154
Reformationsgeschichte
  s.Kirchengeschichte (Reformation)
  10.99
Reformationsschulgottesdienst
  s.Evangelischer Schulgottesdienst
  10.62
Reformpädagogik 3.204
siehe auch:
  Schulreform (Geschichte) 1.221
Regelkreislehre
  s.Kybernetische Lerntheorie (Biokybernetik) 5.103
Regelkreisphänomen
  s.Sozialpsychologie 4.193
Regelmäßige Vielecke
  s.Geometrie (Vielecke) 9.132
Regeltechnik
  s.Automation (Regeltechnik) 9.57
Regen
  s.Heimatkundliche Themen (Wasser)
  8.106
  s.Wetterkunde (Einzelfragen) 8.212
Regenbogen
  s.Heimatkundliche Themen 8.104
  s.Optik (Spektrum) 9.221
Regenmesser
  s.Wetterkundelehrmittel 5.259
Regenwürmer
  s.Tierkunde (Schnecken) 9.283
  s.Tierkunde (Würmer) 9.285
  s.Tierverhalten 9.287
Regierung
  s.Politik (Staat) 8.168
Regionalvorurteil
  s.Vorurteil 3.240
Regression 4.160
Regressive Reaktion
  s.Regression 4.160
Regulative Erwachsenenbildung
  s.Erwachsenenbildung 1.64

Rehabilitantenausbildung
  s.Sozialpädagoge (Ausbildung) 2.138
Rehabilitation
  s.Berufsbewährung 3.33
  s.Berufsbewährung (Sonderschüler) 3.33
  s.Berufserziehung (Körperbehinderte) 3.41
  s.Hilfsschulkind (Rehabilitation) 4.83
  s.Körperbehindertes Kind
  (Rehabilitation) 4.99
  s.Sonderschule 1.240
Rehe
  s.Tierkunde (Waldtiere) 9.285
Reibung
  s.Elektrostatik 9.112
  s.Mechanik (Reibung) 9.185
Reibungsdämpfung
  s.Schwingungslehre 9.275
Reich Gottes
  s.Bibelunterricht (Heilsgeschichte)
  10.33
Reichsidee
  s.Mittelalter (Einzelfragen) 8.149
Reichskonkordat
  s.Kirchengeschichte (Zeitgeschichte) 10.100
  s.Kulturpolitik 1.128
  s.Schule und Kirche 1.180
Reichskristallnacht
  s.Zeitgeschichte (Judenverfolgung)
  8.242
Reichsschulkonferenz
  s.Schulreform (Geschichte) 1.221
Reichsstädte
  s.Neuzeit 8.152
  s.Neuzeit (15.Jahrhundert) 8.154
Reichstagsbrand
  s.Zeitgeschichte (Nationalsozialismus) 8.243
Reichstagswahlen
  s.Politik (Wahlrecht) 8.169
Reichsvolksschulgesetz
  s.Volksschule (Österreich) 1.265
Reichswehr
  s.Zeitgeschichte (Militarismus)
  8.243
Reifealter
  s.Pubertät 4.156
Reifebeschleunigung
  s.Akzeleration 4.21
Reifedifferenzierung
  s.Entwicklungspsychologie (Pädagogischer Aspekt) 4.45

Reifeklasse
  s.Schulreifeuntersuchung 4.181
Reifekrise
  s.Pubertätskrise 4.158
Reifeprüfung 1.165
- (Alte Sprachen)
  s.Altsprachlicher Unterricht
    (Reifeprüfung) 7.22
- (Begabtenförderung)
  s.Begabtenförderung (Abiturienten)1.27
- (Biologie)
  s.Biologieunterricht (Reifeprüfung)
    9.74
- (Bundesländer) 1.166
- (Chemie)
  s.Chemieunterricht (Abschluß-
    prüfung) 9.86
- (DDR) 1.166
- (Englisch)
  s.Englischunterricht (Reifeprüfung)
    7.85
- (Erdkunde)
  s.Erdkundeunterricht (Reifeprüfung)
    8.43
- (Geschichte) 1.166
- (Geschichtsunterricht)
  s.Geschichtsunterricht (Leistungs-
    kontrolle) 8.77
- (Kunsterziehung)
  s.Kunsterziehung (Leistungsbewer-
    tung) 10.116
- (Leibesübung)
  s.Leibeserziehung (Reifeprüfung)
    10.149
- (Mathematik)
  s.Mathematikunterricht (Reife-
    prüfung) 9.174
- (Musik)
  s.Musikunterricht (Reifeprüfung)
    10.191
- (Neuere Sprachen)
  s.Fremdsprachenunterricht (Reife-
    prüfung) 7.111
- (Physik)
  s.Physikunterricht (Reifeprüfung)
    9.252
- (Reform) 1.166
Reifeprüfungsaufsatz 7.195
- (Bewertung) 7.195
- (DDR)
  s.Reifeprüfungsaufsatz (Themen-
    stellung) 7.196
- (Themenstellung) 7.196
Reifeprüfungsordnung
  s.Reifeprüfung 1.165

Reifungskrise
  s.Bildsamkeit 4.33
Reifungsstufen
  s.Entwicklungspsychologie (Stufen-
    folge) 4.46
Reigenspiele
  s.Mädchenturnen (Bewegungser-
    ziehung) 10.166
Reihentisch
  s.Schulmöbel 1.205
Reim
  s.Poetik 7.183
Reinhard-Tabelle
  s.Rechenlehrmittel (Zahlentafel)
    5.194
Reis
  s.Ernährungslehre (Einzelfragen)
    10.54
  s.Pflanzenkunde (Getreide) 9.229
Reisanbau
  s.Wirtschaftsgeographie (Ernährung)
    8.220
  s.Wirtschaftsgeographie (Japan) 8.223
Reisebüro-Spiel
  s.Unterrichtsspiel 5.256
Reiseliteratur im Erdkundeunterricht
  s.Erdkundelehrmittel (Literarische
    Quellen) 5.67
Reisen [im Gesamtunterricht]
  s.Arbeitseinheiten (Reisen) 6.30
Reiseprospekt im Erdkundeunterricht
  s.Erdkundelehrmittel (Reisepro-
    spekt) 5.68
Reißarbeiten
  s.Papierwerken (Einzelfragen)
    10.200
Reißbrettzeichnen
  s.Zeichnen (Technisches Zeichnen)
    10.284
Reizerscheinungen
  s.Biologie (Lebensgrund-
    funktionen) 9.59
Reizüberflutung
  s.Massenmedien (Reizüberflutung)
    3.177
Reklame
  s.Massenmedien (Reizüberflutung)
    3.177
  s.Wirtschaftskunde (Werbung) 8.237
Reklamedeutsch
  s.Fachsprachen (Werbesprache) 7.94
Rektor
  s.Schulleiter 2.133
Relais
  s.Automation 9.56

Relaisbau
s.Werkunterricht (Naturlehre)
10.273
Relationen [Analysis]
s.Analysis (Funktion) 9.33
Relative Hörfähigkeit
s.Musikunterricht (Psychologischer
   Aspekt) 10.189
Relative Koordination
s.Gestaltpsychologie 4.70
Relative Sehgröße
s.Wahrnehmungspsychologie (Optische
   Wahrnehmung) 4.238
Relativer Schulbesuch 1.166
Relativitätstheorie 9.271
- (Einzelfragen) 9.272
Relativpronomen
s.Wortarten (Pronomen) 7.248
Relaxationsrechnung
s.Angewandte Mathematik 9.37
Relief 5.196
- (Herstellung) 5.197
Reliefbau
s.Relief (Herstellung) 5.197
Reliefkarte
s.Erdkundelehrmittel (Karten) 5.66
Religiöse Äußerungsscheu
s.Religiöses Erleben 4.161
Religiöse Bildung
s.Religionsunterricht (Bildungswert) 10.209
Religiöse Entwicklung 4.161
- (Kleinkind)
s.Religiöse Entwicklung 4.161
Religiöse Erwachsenenbildung
s.Erwachsenenbildung (Katholische
   Erwachsenenbildung) 1.67
Religiöse Erziehung 3.205
- (Berufsschule)
s.Religionsunterricht (Berufsschule)
   10.208
- (Jugendalter) 3.205
- (Kindesalter) 3.206
- (Kleinkindalter) 3.206
- (Psychologischer Aspekt) 3.207
Religiöse Kindererziehung
s.Religiöse Erziehung (Kindesalter)
   3.206
Religiöse Kunst
s.Bildkatechese (Religiöse Kunst)
   10.49
Religiöse Mädchenbildung
s.Mädchenbildung (Religiöser Aspekt)
   3.173
Religiöse Meinungsbildung

s.Gemeinschaftsschule oder Bekenntnisschule 1.87
Religiöse Morgenfeier
s.Schulfeier 6.157
Religiöse Reifung
s.Religiöse Entwicklung 4.161
Religiöse Schülerwoche
s.Religionsunterricht (Gymnasium)
Religiöse Selbständigkeit
s.Religiöse Erziehung 3.205
Religiöse Unterweisung
s.Religionsunterricht (Bildungswert) 10.209
Religiöse Ursymbole
s.Religiöse Erziehung (Psychologischer Aspekt) 3.207
Religiöse Verfrühung
s.Religionsunterricht (Methodische Einzelfragen) 10.215
Religiöse Verkündigung
s.Evangelische Unterweisung
   (Verkündigung) 10.61
Religiöse Vorstellungswelt
s.Religiöses Erleben 4.161
Religiöse Wochen
s.Religionsunterricht (Gymnasium)
   10.213
Religiöser Film
s.Religionslehrmittel (Film) 5.198
Religiöser Kitsch
s.Religionslehrmittel (Jugendbuch) 5.199
Religiöses Apperzeptionsvermögen
s.Religiöse Erziehung (Psychologischer Aspekt) 3.207
s.Religionsunterricht (Psychologischer Aspekt) 10.218
Religiöses Erleben 4.161
Religiöses Gefühl
s.Religiöse Erziehung (Psychologischer Aspekt) 3.207
Religiöses Kinderbuch
s.Religionslehrmittel (Jugendbuch)
   5.199
Religiöses Laienspiel
s.Religionsunterricht (Schulspiel)
   10.221
Religion und Berufserziehung
s.Berufserziehung und Menschenbildung 3.45
Religion und Sprache
s. Sprache und Religion 7.214
Religionsbuch
s.Religionslehrmittel (Lehrbuch)
   5.199

Religionsfreiheit
  s.Religionsunterricht (Weltreligionen) 10.224
Religionsgeschichte
  s.Religionswissenschaft 10.226
Religionslehrer 2.132
- (Evangel.Religionslehrer) 2.132
- (Kathol.Religionslehrer) 2.133
Religionslehrerin
  s.Lehrerin (Katholische Lehrerin) 2.109
Religionslehrmittel 5.197
- (Bibelkunde) 5.198
- (Bildformen) 5.198
- (Film) 5.198
- (Jugendbuch) 5.199
- (Katholische Schulbibel) 5.199
- (Lehrbuch) 5.199
- (Lehrprogramm)
  s.Programmiertes Lernen (Religionsunterricht) 5.183
- (Lichtbild) 5.200
- (Schallplatte) 5.200
- (Schulfunk) 5.200
- (Tonband) 5.201
- (Wandtafelbild) 5.201
Religionsmündigkeit
  s.Religiöse Erziehung (Jugendalter) 3.205
  s.Religionsunterricht (Religionsmündigkeit) 10.220
Religionsnoten
  s.Religionsunterricht (Leistungsbewertung) 10.215
Religionspädagogik
  s.Religionsunterricht 10.206
- in der Lehrerbildung
  s.Lehrerbildung (Religionspädagogik) 2.96
Religionspädagogische Ausstellung
  s.Religionslehrmittel 5.197
Religionspädagogische Prüfung
  s.Zweite Lehrerprüfung (Wahlfächer) 2.151
Religionsphilosophie
  s.Philosophieunterricht (Religionsphilosophie) 10.205
Religionspsychologie
  s.Religiöses Erleben 4.161
  s.Religionsunterricht (Psychologischer Aspekt) 10.218
Religionssoziologie
  s.Religiöse Erziehung 3.205
Religionsunterricht 10.206
- (Abschlußklasse)

  s.Religionsunterricht (Volksschuloberstufe) 10.224
- (Altes Testament)
  s.Bibelunterricht Altes Testament 10.35
- (Anschauung) 10.207
- (Arbeitsgemeinschaft)
  s.Religionsunterricht (Methodische Einzelfragen) 10.215
- (Arbeitsmittel)
  s.Religionslehrmittel 5.197
- (Arbeitsschule)
  s.Religionsunterricht (Methodische Einzelfragen) 10.215
- (Arbeitswelt)
  s.Religionsunterricht (Industriegesellschaft) 10.213
- (Atheismus) 10.207
- (Auswendiglernen) 10.207
- (Berufsaufbauschule)
  s.Religionsunterricht (Berufsfachschule) 10.207
- (Berufsfachschule) 10.207
- (Berufsschule) 10.208
- (Bildbetrachtung)
  s.Bildkatechese 10.30
- (Bildhaftigkeit)
  s.Religionsunterricht (Anschauung) 10.207
- (Bildungswert) 10.209
- (Biologie) 10.209
- (Buchmalerei)
  s.Bildkatechese (Einzelfragen) 10.49
- (Bürgerkunde)
  s.Politische Bildung (Religionsunterricht) 8.187
  s.Religionsunterricht (Politische Bildung) 10.218
- (Choral)
  s.Kirchenlied (Choral) 10.102
- (Christliche Dichtung)
  s.Religionsunterricht (Deutschunterricht) 10.209
- (Deutscher Ausschuß) 10.209
- (Deutschunterricht) 10.209
  siehe auch:
  Deutschunterricht (Religiöse Erziehung) 7.57
- (Diskussion)
  s.Religionsunterricht (Gespräch) 10.211
- (Einzelne Fächer) 10.210
- (Erfolg)
  s.Religionsunterricht (Methodische Einzelfragen) 10.215

- (Erlebnisprinzip)
  s.Religionsunterricht (Methodische Einzelfragen) 10.215
- (Erzählen) 10.210
- (Existenzerklärung) 10.211
- (Film)
  s.Religionslehrmittel (Film) 5.198
- (Formalstufen)
  s.Religionsunterricht (Methodische Einzelfragen) 10.215
- (Fragebogen)
  s.Religionsunterricht (Methodische Einzelfragen) 10.215
- (Freude) 10.211
- (Ganzheitlicher Religionsunterricht) 10.211
- (Gebet)
  s.Gebetserziehung 10.63
- (Gehörlosenschule)
  s.Religionsunterricht (Taubstummenbildung) 10.223
- (Geistesschwache) 10.211
- (Gemeinschaftskunde)
  s.Religionsunterricht (Sozialkunde) 10.223
- (Gemeinschaftsschule)
  s.Religionsunterricht (Konfessionalität) 10.214
- (Geschichtsunterricht)
  s.Religionsunterricht (Einzelne Fächer) 10.210
- (Geschlechtserziehung)
  s.Religionsunterricht (Einzelne Fächer) 10.210
- (Gespräch) 10.211
- (Gewerbeschule)
  s.Religionsunterricht (Berufsschule) 10.208
- (Glaube) 10.212
- (Grundgesetz)
  s.Religionsunterricht (Rechtsfragen) 10.219
- (Grundschule) 10.212
- (Gruppenarbeit) 10.212
- (Gymnasium) 10.213
- (Gymnasium:Oberstufe) 10.213
- (Hausaufgabe)
  s.Religionsunterricht (Methodische Einzelfragen) 10.215
- (Heimatgrundsatz)
  s.Heimat (Unterrichtsprinzip) 8.93
- (Humor)
  s.Religionsunterricht (Freude) 10.211
- (Industriegesellschaft) 10.213

- (Innere Schulreform)
  s.Religionsunterricht (Reform) 10.219
- (Judentum) 10.214
- (Jugendbuch)
  s.Religionslehrmittel (Jugendbuch) 5.199
- (Kaufmännische Berufsschule)
  s.Religionsunterricht (Berufsschule) 10.208
- (Kirchengeschichte)
  s.Kirchengeschichtsunterricht 10.100
- (Kleinkind)
  s.Religionsunterricht (Psychologischer Aspekt) 10.218
- (Körperbehinderte)
  s.Religionsunterricht (Sonderschule) 10.222
- (Konfessionalität) 10.214
- (Krieg)
  s.Religionsunterricht (Zeitgeschichte) 10.225
- (Kunsterziehung)
  s.Religionsunterricht (Einzelne Fächer) 10.210
- (Kurzgeschichte)
  s.Bibelunterricht (Exegese) 10.33
- (Landschule) 10.214
- (Landwirtschaftsschule)
  s.Religionsunterricht (Berufsfachschule) 10.207
- (Lehrplan) 10.215
- (Leistungsbewertung) 10.215
- (Literaturpädagogik)
  s.Religionsunterricht (Deutschunterricht) 10.209
- (Lyrik)
  s.Religionsunterricht (Deutschunterricht) 10.209
- (Mädchenbildung) 10.215
- (Märchen)
  s.Religionsunterricht (Erzählen) 10.210
- (Methodische Einzelfragen) ... 10.215
- (Mission) 10.216
- (Naturwissenschaft) 10.217
- (Ökumenische Sicht) 10.217
- (Ostkunde)
  s.Ostkunde (Religionsunterricht) 8.157
  s.Religionsunterricht (Einzelne Fächer) 10.210
- (Physik) 10.218
- (Politische Bildung) 10.218

[Forts.: Religionsunterricht]
siehe auch:
Politische Bildung (Religionsunterricht) 8.187
- (Psychologischer Aspekt) 10.218
- (Rassenfrage)
  s.Religionsunterricht (Sozialkunde) 10.223
- (Realschule) 10.219
- (Rechtsfragen) 10.219
- (Reform) 10.219
- (Reform:Berufsschule) 10.220
- (Reform:Gymnasium) 10.220
- (Religionsmündigkeit) 10.220
- (Säkularisierte Welt)
  s.Religionsunterricht (Industriegesellschaft) 10.213
- (Schülerantwort)
  s.Religionsunterricht (Methodische Einzelfragen) 10.215
- (Schulaufsicht) 10.220
- (Schuleigenes Anliegen) 10.220
- (Schulfunk)
  s.Religionslehrmittel (Schulfunk) 5.200
- (Schuljahr I)
  s.Katholischer Religionsunterricht (Grundschule) 10.92
  s.Religionsunterricht (Grundschule) 10.212
- (Schuljahr VIII)
  s.Religionsunterricht (Volksschuloberstufe) 10.224
- (Schuljahr IX)
  s.Religionsunterricht (Volksschuloberstufe) 10.224
- (Schulrecht)
  s.Religionsunterricht (Rechtsfragen) 10.219
- (Schulspiel) 10.221
- (Schweiz) 10.221
- (Seelsorge) 10.221
- (Sekundarschule)
  s.Religionsunterricht (Schweiz) 10.221
- (Singen) 10.221
- (Sonderschule) 10.222
- (Sozialerziehung) 10.222
- (Sozialkunde) 10.223
- (Sprachbildung)
  s.Religionsunterricht (Deutschunterricht) 10.209
- (Sprache)
  s.Religionsunterricht (Methodische Einzelfragen) 10.215
- (Stufengemäßheit)
  s.Religionsunterricht (Methodische Einzelfragen) 10.215
- (Taubstummenbildung) 10.223
- (Technische Welt)
  s.Religionsunterricht (Industriegesellschaft) 10.213
- (Toleranz)
  s.Religionsunterricht (Konfessionalität) 10.214
- (Unterrichtsvorbereitung)
  s.Religionsunterricht (Vorbereitung) 10.224
- (Verkehrserziehung)
  s.Verkehrsunterricht (Religionsunterricht) 10.254
- (Verkündigung)
  s.Evangelische Unterweisung (Verkündigung) 10.61
- (Vertrauen) 10.223
- (Volksschule) 10.224
- (Volksschuloberstufe) 10.224
- (Vorbereitung) 10.224
- (Weltreligionen) 10.224
- (Werken)
  s.Religionsunterricht (Einzelne Fächer) 10.210
- (Wirtschaftsethik)
  s.Religionsunterricht (Sozialerziehung) 10.222
- (Zeichnen/Malen) 10.225
- (Zeitgeschichte) 10.225
- (Zensuren)
  s.Religionsunterricht (Leistungsbewertung) 10.215
Religionswissenschaft 10.226
Renaissance
  s.Kunstgeschichte (Einzelne Epochen) 10.122
  s.Neuzeit (16.Jahrhundert) 8.155
Renaissance-Humanismus
  s.Humanismus 3.144
ReNo-Berufsschulklasse
  s.Berufsschule (Fachgruppen) 1.42
Rentabilität des Unterrichts
  s.Unterrichtsökonomie 6.214
Rentierlappen
  s.Länderkunde (Lappland) 8.131
Rentierwirtschaft
  s.Wirtschaftsgeographie (Kanada) 8.224
Repetent
  s.Sitzenbleiber 4.192
Repetitionsprogramm
  s.Sprachlabor (Lehrbuch) 5.245

Repressortheorie
  s.Vererbungslehre (Genetik) 9.291
Reproduktives Lernen
  s.Lernpsychologie (Einzelfragen)
  4.112
Reptilien
  s.Tierkunde (Amphibien) 9.279
  s.Tierphysiologie (Haut der Tiere)
  9.286
Resonanz
  s.Schwingungslehre (Resonanz) 9.277
Respekt
  s.Autorität 3.21
Restklasse
  s.Algebra (Zahlentheorie) 9.31
Retardation
  s.Akzeleration 4.21
Retrospektion
  s.Gedächtnis 4.63
Rettungsschwimmen
  s.Schwimmunterricht (Rettungsschwimmen) 10.237
Reue
  s.Schulderleben 4.173
Revierverhalten der Vögel
  s.Vogelkunde (Verhalten der Vögel) 9.295
Revision des Geschichtsbildes
  s.Geschichtsbild (Revision) 8.60
Revolution 1848
  s.Deutsche Geschichte (Revolution 1848) 8.26
Revolutionen
  s.Politik (Einzelfragen) 8.161
Rezeptives Lernen
  s.Lernpsychologie (Einzelfragen) 4.112
Reziproke Primzahl
  s.Algebra (Primzahlen) 9.29
RGT
  s.Tierkunde (Fische) 9.280
Rhein-Main-Gebiet
  s.Länderkunde (Hessen) 8.126
Rheinhauser Gruppentest
  s.Schulreifetest (Einzelformen) 4.179
Rheinhessen
  s.Länderkunde (Hessen) 8.126
Rheinische Geschichte
  s.Heimatgeschichte 8.94
Rheinisches Braunkohlenrevier
  s.Wirtschaftsgeographie (Kohle) 8.224
Rheinland-Pfalz
  s.Länderkunde (Deutschland:Landschaften) 8.122
Rheinschiffahrt
  s.Länderkunde (Deutsche Flußlandschaften) 8.121
  s.Wirtschaftsgeographie (Rheinschiffahrt) 8.226
Rhesusfaktor
  s.Menschenkunde (Blutgruppen) 9.189
Rhetometer
  s.Lehrgerät (Einzelformen) 5.116
Rhetorik und Dichtung
  s.Dichtung 7.60
Rhodesien
  s.Länderkunde (Südafrika) 8.143
Rhön-Waldschulheim
  s.Privatschule 1.150
Rhombus
  s.Geometrie (Vierecke) 9.132
Rhônetal
  s.Länderkunde (Frankreich:Landschaften) 8.125
Rhythmik
  s.Musikalisch-Rhythmische Erziehung 10.171
Rhythmikunterricht
  s.Leibeserziehung (Rhythmus) 10.150
Rhythmisch-Musikalische Erziehung
  s.Musikalisch-Rhythmische Erziehung 10.171
  s.Rhythmische Bewegungserziehung 10.226
Rhythmische Bewegungserziehung .. 10.226
- (Mädchenturnen)
  s.Mädchenturnen (Bewegungserziehung) 10.166
Rhythmische Erziehung 6.145
- (Sonderschule) 6.146
- im Unterricht
  s.Rhythm.Bewegungserziehung 10.226
Rhythmische Gymnastik
  s.Gymnastik (Rhythmische Gymnastik) 10.73
Rhythmische Leibeserziehung
  s.Leibeserziehung (Rhythmus) 10.150
Rhythmisches Geräteturnen
  s.Geräteturnen (Rhythmus) 10.67
Rhythmisches Gestaltungsspiel
  s.Kunsterziehung (Spiel) 10.120
Rhythmisches Prinzip
  s.Leibeserziehung (Rhythmus) 10.150
Rhythmisches Schreiben
  s.Schreibunterricht (Rhythmisches Schreiben) 10.229
Rhythmisierte Pantomime
  s.Leibeserziehung (Darstellendes Spiel) 10.129

Rhythmus und Bewegung
  s.Rhythmische Bewegungserziehung
  10.226
Rhythmus und Zahl
  s.Eurhythmie 6.62
Rhythmusinstrument
  s.Musikunterricht (Rhythmusinstrument) 10.191
Richtlinien 6.147
- (Deutschunterricht)
  s.Deutschunt. (Richtlinien) 7.57
- (Erdkundeunterricht)
  s.Erdkundelehrplan (Gymnasium) 8.31
- (Leibeserziehung)
  s.Leibeserziehung (Richtlinien)
  10.150
- (Politische Bildung)
  s.Politische Bildung (Richtlinien)
  8.187
- (Rechenunterricht)
  s.Rechenunterricht (Lehrplan) 9.267
Richtungshören
  s.Akustik 9.24
Richtungsquantelung
  s.Quantentheorie 9.254
Richtungswahrnehmung
  s.Raumwahrnehmung 4.159
Riegenwettbewerb
  s.Turnunterricht (Riegenwettbewerb) 10.249
Riemannsches Integral
  s.Analysis (Integral) 9.34
Riemerschmid-Handelsschule
  s.Private Handelsschule 1.150
Ries
  s.Geologie 8.55
Riesenfelge
  s.Geräteturnen (Reck) 10.67
Riesengebirge
  s.Länderkunde (Deutschland:Landschaften) 8.122
Ringachsen-Phänomen
  s.Mechanik (Strömungslehre) 9.185
Ringbuch
  s.Arbeitsmappe 5.24
Ringhockey
  s.Ballspiel (Einzelformen) 10.20
Rio Arinos
  s.Länderkunde (Brasilien) 8.119
RITT-Verfahren
  s.Programmierte Instruktion 5.154
Ritterburg
  s.Mittelalter (Einzelfragen) 8.149
Robben
  s.Tierkunde (Robben) 9.283

Robinson im Unterricht
  s.Jugendbuch im Unterricht (Grundschule) 5.95
Robinson-Spielplatz
  s.Spielplatz 1.252
Rocky Mountains
  s.Länderkunde (USA:Landschaften)
  8.146
Rodelsport
  s.Leibeserziehung (Wintersport)
  10.157
Rodenstein-Vorschlag
  s.Berufsschulreform 1.44
Röhrengenerator
  s.Hochfrequenztechnik (Einzelfragen) 9.143
Römer
  s.Altertum (Römer) 8.23
- und Germanen
  s.Deutsche Geschichte (Römer) 8.26
Römerbrief
  s.Bibelunterricht NT (Paulusbriefe)
  10.46
Römerkastell
  s.Geschichtslehrmittel (Einzelformen)
  5.84
Römische Elegie
  s.Lateinische Lektüre (Einzelne
  Werke) 7.145
Römische Geschichtsschreibung
  s.Lateinische Lektüre (Einzelne
  Werke) 7.145
Römische Lyrik
  s.Lateinische Lektüre (Einzelne
  Werke) 7.145
Römische Republik
  s.Altertum (Römisches Reich) 8.23
Römische Villa
  s.Altertum (Römer) 8.23
Römische Ziffern
  s.Erstrechenunterricht (Zifferneinführung) 9.120
Römisches Reich
  s.Altertum (Römisches Reich) 8.23
- (Untergang)
  s.Altertum (Völkerwanderung) 8.24
Römisches Staatsdenken
  s.Altertum (Römisches Reich) 8.23
Römisches Straßenwesen
  s.Altertum (Römer) 8.23
Röntgenspektrum
  s.Optik (Spektrum) 9.221
Röntgenstrahlen
  s.Elektromagnetische Wellen
  (Röntgenwellen) 9.111

Rollballspiel
  s.Ballspiel (Einzelformen) 10.20
Rolle rückwärts
  s.Bodenturnen (Rollen) 10.50
Rolle vorwärts
  s.Bodenturnen (Rollen) 10.50
Rollen am Boden
  s.Bodenturnen (Rollen) 10.50
Rollende Kugel
  s.Mechanik (Drehbewegung) 9.179
Rollenprofil
  s.Gruppenpsychologie 4.74
Rollenspiel
  s.Kinderspiel 3.155
  s.Spielerziehung 3.233
  s.Unterrichtsspiel 5.256
Rollentheorie
  s.Soziologie (Gesellschaft) 3.231
Rollenverhalten
  s.Sozialpsychologie 4.193
Rollenverteilung
  s.Sozialpsychologie 4.193
Rolltechnik beim Hochsprung
  s.Leichtathletik (Hochsprung) 10.158
Rollzug
  s.Mechanik (Hebelgesetz) 9.182
Roman 7.196
- (Historischer Roman) 7.196
- im Unterricht 7.196
Romanische Sprachen
  s.Fremdsprachen 7.101
Romanist
  s.Neuphilologe 2.122
Romanlektüre
  s.Roman im Unterricht 7.196
Romantische Musik
  s.Musikgeschichte (Romantik) 10.177
Romantische Straße
  s.Länderkunde (Bayern) 8.118
Rorschach-Test 4.162
- (Intelligenzdiagnostik) 4.162
Rosenzweig P-F Test
  s.Test (Rosenzweig P-F Test) 4.220
Rote Waldameise
  s.Insektenkunde (Rote Waldameise) 9.148
Rotes Kreuz
  s.Politische Bildung (Rotes Kreuz) 8.187
Rothsteinsches Gymnastik-System
  s.Gymnastik (Organisationsfragen) 10.73
Rotierende Flüssigkeit
  s.Mechanik (Drehbewegung) 9.179

Rotkehlchen
  s.Vogelkunde (Einzelne Vögel) 9.294
Rottanne
  s.Pflanzenkunde (Nadelbäume) 9.232
Rourkela
  s.Länderkunde (Indien:Landschaften) 8.128
Rudolf-Steiner-Schule
  s.Waldorfschule 1.270
Rückenkraulschwimmen
  s.Schwimmunterricht (Stilformen) 10.238
Rückerinnerung
  s.Gedächtnis 4.63
Rückkopplung
  s.Programmiertes Lernen (Einzelfragen) 5.167
- im Unterricht
  s.Programmiertes Lernen 5.156
Rückprojektion
  s.Erdkundelehrmittel (Einzelformen) 5.63
Rückschulung
  s.Sonderschule für Lernbehinderte (Rückschulung) 1.247
Rückstoß
  s.Mechanik (Impulsgesetz) 9.183
Rückversetzung
  s.Schulversager (Volksschule) 4.184
Rüge
  s.Erziehungsmittel 3.95
Rügen
  s.Länderkunde (Deutschland:Landschaften) 8.122
Rüpelhaftes Verhalten
  s.Störenfried 4.210
Rüsselthiere
  s.Tierkunde (Einzelne Tiere) 9.279
Ruhendes Äquatorsystem
  s.Astronomie (Einzelfragen) 9.44
Ruhepause des Schülers
  s.Leistungsfähigkeit 4.107
Ruhestandsbeamter
  s.Lehrerbesoldung 2.71
Ruhrgebiet
  s.Gemeinschaftskunde (Unterrichtsbeispiele) 8.54
  s.Länderkunde (Ruhrgebiet) 8.138
Ruhrgebietswirtschaft
  s.Wirtschaftsgeographie (Ruhrgebiet) 8.226
Ruhrstatut
  s.Zeitgeschichtsunterricht (Einzelfragen) 8.250

Ruhrstreik 1919
  s.Zeitgeschichte (Weimarer Republik) 8.245
Rumänien
  s.Länderkunde (Rumänien) 8.139
Runden
  s.Rechenoperationen (Überschlagsrechnen) 9.262
Rundenspiele
  s.Leibeserziehung (Spielformen) 10.152
Rundfunk und Fernsehen
  s.Funkerziehung (Rundfunk und Fernsehen) 3.125
Rundfunkerziehung
  s.Funkerziehung 3.125
  - in der Lehrerbildung
  s.Lehrerbildung (Massenmedien) 2.88
Rundfunkhören
  s.Musiklehrmittel (Schulfunk) 5.142
  s.Schulfunk (Psychologischer Aspekt) 5.228
Rundfunktechnik
  s.Hochfrequenztechnik (Rundfunk) 9.145
Rundfunkwellen
  s.Elektromagnetische Wellen (Rundrunkwellen) 9.112
Rundsäule
  s.Geometrie (Rauminhaltsberechnung) 9.131
Rupfung
  s.Vogelkunde (Rupfungen) 9.295
Russische Geschichte
  s.Geschichte (Rußland) 8.58
Russische Grammatik 7.197
Russische Intonation
  s.Russische Grammatik 7.197
Russische Rechenmaschine
  s.Rechenlehrmittel (Russische Rechenmaschine) 5.192
Russische Rechtschreibung
  s.Russische Grammatik 7.197
Russische Revolution
  s.Zeitgeschichtsunterricht (Russische Revolution) 8.256
Russische Sprache 7.197
Russische Umgangssprache
  s.Russische Sprache 7.197
Russischer Anfangsunterricht 7.197
Russischer Laienzirkel
  s.Russischunterricht (Leistungskontrolle) 7.199
Russischer Sprachunterricht
  s.Russischunterricht 7.198

Russisches Volkslied
  s.Volkslied (Europäisches Volkslied) 10.258
Russischlehrbuch 5.201
Russischlehrmittel 5.201
- (Lehrprogramm)
  s.Programmiertes Lernen (Russisch) 5.183
- (Tonband) 5.202
Russischunterricht 7.198
- (Anschauung)
  s.Russischunterricht (Methodische Einzelfragen) 7.200
- (Arbeitsmittel)
  s.Russischlehrmittel 5.201
- (Ausspracheschulung)
  s.Russischunterricht (Sprechübung) 7.201
- (Berufsschule) 7.198
- (BRD) 7.198
- (Erwachsenenbildung)
  s.Russischunterricht (BRD) 7.198
- (Gesprächsfähigkeit)
  s.Russischunterricht (Sprechübung) 7.201
- (Grundschule)
  s.Russischer Anfangsunterricht 7.197
- (Hörbild)
  s.Russischunterricht (Methodische Einzelfragen) 7.200
- (Intensivierung)
  s.Russischunterricht (Leistungssteigerung) 7.199
- (Kindergarten)
  s.Russischer Anfangsunterricht 7.197
- (Klassenarbeit)
  s.Russischunterricht (Leistungskontrolle) 7.199
- (Lehrbuch)
  s.Russischlehrbuch 5.201
- (Lehrplan) 7.199
- (Leistungsbewertung) 7.199
- (Leistungskontrolle) 7.199
- (Leistungssteigerung) 7.199
- (Lektüre) 7.200
- (Lesen)
  s.Russischunterricht (Lektüre) 7.200
- (Lexikologie)
  s.Russischunterricht (Wortschatzvermittlung) 7.201
- (Merkverse)
  s.Russischunterricht (Methodische Einzelfragen) 7.200
- (Methodische Einzelfragen) 7.200
- (Mündliche Leistungskontrolle)

s.Russischunterricht (Leistungs-
    kontrolle) 7.199
- (Nacherzählung)
  s.Russischunterricht (Methodische
    Einzelfragen) 7.200
- (Polytechnische Bildung) 7.201
- (Prüfungsformen)
  s.Russischunterricht (Leistungs-
    kontrolle) 7.199
- (Schülerleistung)
  s.Russischunterricht (Leistungs-
    bewertung) 7.199
- (Singen)
  s.Russischunterricht (Methodische
    Einzelfragen) 7.200
- (Sonderschüler)
  s.Russischunterricht (Methodische
    Einzelfragen) 7.200
- (Sozialistische Erziehung) 7.201
- (Sprechübung) 7.201
- (Stilles Lesen)
  s.Russischunterricht (Methodische
    Einzelfragen) 7.200
- (Tägliche Sprechübung)
  s.Russischunterricht (Sprechübung)
    7.201
- (Technische Fachhochschule)
  s.Russischunterricht (Berufsschule)
    7.198
- (Übersetzen) 7.201
- (Übung)
  s.Russischunterricht (Wortschatz-
    vermittlung) 7.201
- (Wortschatzminimum)
  s.Russischunterricht (Wortschatz-
    vermittlung) 7.201
- (Wortschatzvermittlung) 7.201
Rußland
  s.Geschichte (Rußland) 8.58
Rutenquadrat
  s.Geometrie (Flächenberechnung)
    9.126

S

s-Laut-Störung
  s.Sprachstörung (Stammeln) 4.209
S-Laute
  s.Rechtschreibunterricht (Einzel-
    probleme) 7.189
S-Viereck
  s.Geometrie (Vierecke) 9.132

Saarbrücken
  s.Länderkunde (Saarland) 8.139
Saarbrücker Abitur
  s.Gymnasium (Reform der Oberstufe)
    1.98
Saarbrücker Rahmenvereinbarung ... 6.147
- (Biologieunterricht)
  s.Biologieunterricht (Reform) 9.73
- (Einzelne Unterrichtsfächer) ... 6.148
- (Naturwissenschaftlicher Unter-
    richt) 6.148
  siehe auch:
  Naturwissenschaftlicher Unter-
    richt (Reform) 9.215
Saarbrücker Übergangstest
  s.Testverfahren (Saarbrücken) 4.225
Saarland
  s.Länderkunde (Saarland) 8.139
  s.Wirtschaftsgeographie (Landwirt-
    schaft) 8.224
Saatwucherblume
  s.Pflanzenkunde (Einzelne Pflanzen)
    9.228
Sachbezogenheit im Unterricht
  s.Unterricht (Sachbegegnung) 6.208
Sachbildung
  s.Sachunterricht 6.149
- oder Sprachbildung
  s.Sprachunterricht (Sachbezogenheit)
    7.228
Sachbogen
  s.Geschichtslehrmittel (Ganzschrift)
    5.85
  s.Lesebogen 5.126
Sachbuch 5.202
- im Unterricht 5.203
Sache und Sprache
  s.Sprache und Sache 7.214
Sachheft
  s.Arbeitsheft 5.24
Sachimpuls
  s.Unterrichtsimpuls 6.213
Sachkundebuch
  s.Sachbuch im Unterricht 5.203
Sachkundlicher Unterricht
  s.Sachunterricht 6.149
Sachkundliches Nachschlagewerk
  s.Nachschlagewerke im Unterricht
    5.143
Sachkundliches Rechnen
  s.Sachrechnen 9.272
Sachlesebogen
  s.Arbeitsmittel im Unterricht
    (Sachunterricht) 5.32
  s.Lesebogen 5.126

Sachlesestück
  s.Leseunterricht (Sachlesestoff) 7.158
Sachlichkeit im Unterricht
  s.Unterricht (Sachbegegnung) 6.208
Sachniederschrift
  s.Aufsatz (Niederschrift) 7.28
Sachrechnen 9.272
- (Berufsschule)
  s.Fachrechnen 9.120
- (Einzelfragen) 9.273
- (Fehlerarten)
  s.Sachrechnen (Lösungsmethoden) 9.274
- (Grundschule) 9.273
- (Grundsteuer)
  s.Sachrechnen (Einzelfragen) 9.273
- (Landschule) 9.274
- (Lebensnähe) 9.274
- (Lösungsmethoden) 9.274
- (Mischungsrechnen) 9.274
- (Simplex-Begriff)
  s.Sachrechnen (Lösungsmethoden) 9.274
- (Textaufgabe) 9.275
Sachunterricht 6.149
- (Arbeitsplan) 6.150
- (Ergebnissicherung)
  s.Unterricht (Ergebnissicherung) 6.205
- (Grundschule) 6.150
- (Heimatkunde)
  s.Heimatkundeunterricht (Sachunterricht) 8.102
  s.Heimatkundeunterricht (Volksschuloberstufe) 8.104
- (Innere Differenzierung)
  s.Sachunterricht (Volksschuloberstufe) 6.151
- (Jugendbuch)
  s.Jugendbuch im Unterricht (Sachunterricht) 5.95
- (Philosophieunterricht)
  s.Philosophieunterricht (Methodische Einzelfragen) 10.203
- (Rechtschreiben)
  s.Rechtschreibunterricht (Methodische Einzelfragen) 7.192
- (Schulfernsehen)
  s.Schulfernsehen (Methodische Einzelfragen) 5.218
- (Sonderschule) 6.150
- (Sprachliche Darstellung)
  s.Aufsatz (Protokoll) 7.29
- (Sprachunterricht)

  s.Sprachunterricht (Sachbezogenheit) 7.228
- (Stoffauswahl)
  s.Sachunterricht (Arbeitsplan) 6.150
- (Üben)
  s.Üben 6.202
- (Volksschuloberstufe) 6.151
- (Zeitliche Gliederung)
  s.Epoachalunterricht 6.60
Sachunterrichtliches Zeichnen
  s.Arbeitsheft 5.24
Sachunterrichtsheft
  s.Arbeitsheft 5.24
Sachzeichnen
  s.Biologielehrmittel (Bildformen) 5.40
  s.Erdkundelehrmittel (Sachzeichnen) 5.68
  s.Geschichtslehrmittel (Sachzeichnen) 5.88
  s.Rechenlehrmittel (Einzelformen) 5.190
  s.Zeichnen (Sachzeichnung) 10.284
Sächsische Kaiser
  s.Mittelalter (Hochmittelalter) 8.150
Sätze bilden
  s.Satzlehre (Ausdrucksschulung) 7.203
Säugetiere
  s.Tierkunde (Einzelne Tiere) 9.279
Säuglingsalter
  s.Entwicklungspsychologie (Säugling) 4.46
Säure/Lauge/Salz
  s.Anorganische Chemie (Säure/Base) 9.42
Säure und Base
  s.Anorganische Chemie (Säure/Base) 9.42
Saftströme der Pflanze
  s.Pflanzenphysiologie (Wasserhaushalt) 9.239
Sage 7.202
- (Erziehungswert) 7.202
- im Geschichtsunterricht
  s.Geschichtslehrmittel (Ganzschrift) 5.85
- im Unterricht 7.202
sagen
  s.Wortfeld im Unterricht (Einzelbeispiele) 7.250
Sahara
  s.Länderkunde (Sahara) 8.139
Saint-Exupéry als Schullektüre

s.Französische Lektüre (Saint-
  Exupéry) 7.96
Saitenschwingung
  s.Schwingungslehre (Elastische
  Schwingungen) 9.275
Sakrale Kunst
  s.Bildkatechese (Religiöse Kunst)
  10.49
Sakramente
  s.Katechese (Sakramente) 10.87
Sallust-Lektüre
  s.Lateinische Lektüre (Sallust)
  7.146
Salmiakgeist
  s.Anorganische Chemie (Säure/Base)
  9.42
Salpetersäure-Herstellung
  s.Chemotechnik (Einzelfragen) 9.100
Salto vorwärts
  s.Bodenturnen 10.50
Salzburger Alpen
  s.Länderkunde (Österreich) 8.136
Salze
  s.Anorganische Chemie (Salze) 9.42
Salzgewinnung
  s.Anorganische Chemie (Kochsalz)
  9.40
Salzgitter
  s.Länderkunde (Niedersachsen) 8.134
  s.Wirtschaftsgeographie (Erz) 8.221
  s.Wirtschaftsgeographie (Industrie:
  Deutschland) 8.223
Salzkammergut
  s.Länderkunde (Österreich) 8.136
Salzlager
  s.Geologie 8.55
Salzsäure
  s.Elektrolyse (Einzelfragen) 9.110
Sambia
  s.Länderkunde (Südafrika) 8.143
Samenverbreitung
  s.Pflanzenkunde (Samenverbreitung)
  9.234
Sammellinse
  s.Optik (Linsensysteme) 9.220
Sammelmappe
  s.Arbeitsmappe 5.24
  s.Erdkundelehrmittel (Einzelformen)
  5.63
Samoadorf
  s.Länderkunde (Pazifischer Ozean)
  8.137
Sandkasten 5.203
- (Erdkundeunterricht)
  s.Erdkundelehrmittel (Sandkasten) 5.68
- (Sonderschule) 5.204
- (Verkehrsunterricht)
  s.Verkehrslehrmittel 5.257
Sandkastenunterricht
  s.Sandkasten 5.203
Sandtisch
  s.Sandkasten (Sonderschule) 5.204
Sapiens-Altschicht
  s.Menschenkunde (Urmensch) 9.193
Sardinien
  s.Länderkunde (Italien:Land-
  schaften) 8.129
Satire im Unterricht 7.202
Sattelrobbe
  s.Tierkunde (Robben) 9.283
Saturn
  s.Astronomie (Planeten) 9.46
Satyrspiel
  s.Schultheater (Einzelne Spiele)
  6.177
Satz
  s.Satzlehre (Deutscher Satz) 7.204
Satz von Pascal
  s.Kegelschnitte (Projektive Geometrie) 9.151
Satzanalyse
  s.Satzlehre (Satzanalyse) 7.205
Satzaussage
  s.Satzlehre (Einzelfragen) 7.204
Satzbau
  s.Satzlehre (Satzbau) 7.205
Satzbaudeuter
  s.Grammatikunterricht (Sonderschule) 7.131
Satzbaukasten
  s.Grammatikunterricht (Satzbaukasten) 7.131
- im Rechenunterricht
  s.Rechenlehrmittel (Rechenbaukasten) 5.192
Satzbaulehre
  s.Satzlehre (Satzbau) 7.205
Satzbaupläne
  s.Satzlehre (Ausdrucksschulung) 7.203
Satzbetonung
  s.Satzlehre (Betonung) 7.203
Satzbild
  s.Lateinische Grammatik 7.143
  s.Satzlehre (Satzglieder) 7.205
Satzgefüge
  s.Satzlehre (Einzelfragen) 7.204
Satzgegenstand
  s.Satzlehre (Einzelfragen) 7.204
Satzglieder
  s.Satzlehre (Satzglieder) 7.205

Satzgliederspiel
　s.Deutschlehrmittel (Sprachlehre) 5.54
Satzsynthese
　s.Satzlehre (Satzanalyse) 7.205
Satzgliederung
　s.Satzlehre (Satzanalyse) 7.205
Satzkern
　s.Satzlehre (Einzelfragen) 7.204
Satzlehre 7.203
- (Attribut) 7.203
- (Ausdrucksschulung) 7.203
- (Betonung) 7.203
- (Deutscher Satz) 7.204
- (Einzelfragen) 7.204
- (Grundschule) 7.204
- (Nebensatz) 7.204
- (Objekt) 7.205
- (Satzanalyse) 7.205
- (Satzbau) 7.205
- (Satzglieder) 7.205
- (Wortstellung) 7.206
Satzverflechtung
　s.Satzlehre (Wortstellung) 7.206
Satzzeichen 7.206
- (Komma) 7.206
Sauerland
　s.Länderkunde (Nordrhein-Westfalen) 8.135
　s.Länderkunde (Ruhrgebiet:Wasserversorgung) 8.139
Sauerstoff
　s.Anorganische Chemie (Sauerstoff) 9.43
Sauerstoffverbrauch der Fische
　s.Tierkunde (Fische) 9.280
Saugheber
　s.Mechanik (Gase) 9.181
Saul
　s.Bibelunterricht AT (Könige) 10.37
Sceno-Test
　s.Test (Sceno-Test) 4.220
Schablone
　s.Geometrielehrmittel 5.77
Schablonendruck
　s.Papierwerken (Drucktechniken) 10.199
Schachfigurenschnitzen
　s.Werken (Spielzeug) 10.267
Schachtelhalme
　s.Pflanzenkunde (Einzelne Pflanzen) 9.228
Schadenshaftung des Lehrers
　s.Haftpflicht des Lehrers 2.47
Schadinsekten
　s.Insektenschädlinge 9.149

Schädelsammlung
　s.Biologische Lehrmittelsammlung 5.46
Schädlingsbekämpfung
　s.Insektenschädlinge (Schädlingsbekämpfung) 9.150
Schädlingsproblem
　s.Insektenschädlinge 9.149
Schätzen
　s.Geometrie (Maße/Gewichte) 9.129
Schaffhausen
　s.Länderkunde (Schweiz:Einzelne Kantone) 8.140
Schallgeschwindigkeit
　s.Akustik (Schallgeschwindigkeit) 9.24
Schallplatte im Unterricht 5.204
- (Deutschunterricht)
　s.Deutschlehrmittel (Schallplatte) 5.53
- (Englischunterricht)
　s.Englischlehrmittel (Schallplatte) 5.58
- (Erdkunde)
　s.Erdkundelehrmittel (Einzelformen) 5.63
- (Französischunterricht)
　s.Französischlehrmittel 5.72
- (Musikerziehung)
　s.Musiklehrmittel (Schallplatte) 5.142
- (Religionsunterricht)
　s.Religionslehrmittel (Schallplatte) 5.200
- (Zeitgeschichte)
　s.Zeitgeschichtslehrmittel (Schallplatte) 5.261
Schallquelle
　s.Akustik 9.24
Schallstrahlen
　s.Akustik (Schallwellen) 9.24
Schallwellen
　s.Akustik (Schallgeschwindigkeit) 9.24
　s.Akustik (Schallwellen) 9.24
Schaltalgebra
　s.Kybernetische Maschinen (Logische Schaltungen) 5.110
　s.Mathematische Logik 9.176
　s.Rechenautomat (Einzelfragen) 9.257
Schaltplatten
　s.Physikalisches Experimentiergerät (Elektrotechnik) 5.145
Schaltungstechnik
　s.Elektrotechnik (Einzelfragen) 9.113

Schaltungstheorie
 s.Kybernetik (Symbolische Logik)
   5.101
 s.Kybernetische Maschinen (Logische Schaltungen) 5.110
Schamgefühl
 s.Schulderleben 4.173
Scharade
 s.Stegreifspiel 6.187
Scharbockskraut
 s.Biologieunterricht (Grundschule)
   9.67
 s.Pflanzenkunde (Einzelne Pflanzen) 9.228
Schattenspiel 6.151
Schaubild
 s.Geschichtslehrmittel (Bildformen) 5.83
 s.Heimatkundelehrmittel (Einzelformen) 5.92
Schaukasten
 s.Arbeitsmittel im Unterricht (Sonderschule) 5.32
 s.Erdkundelehrmittel (Einzelformen) 5.63
Schaukelringe
 s.Geräteturnen (Ringe) 10.67
Schaumbeton
 s.Werken (Stein) 10.267
Schaumstoffe
 s.Organische Chemie (Kunststoffe)
   9.224
Scheidungskind
 s.Familie (Uneheliches Kind) 3.104
Schelm
 s.Außenseiter 4.27
Schelmenroman
 s.Schwank 7.210
Schelmenspiel
 s.Schultheater (Einzelne Spiele)
   6.177
Schelskys Kritik am Rahmenplan
 s.Rahmenplan (Schelskys Kritik) 1.158
Schemazeichnen
 s.Kinderzeichnung (Einzelfragen)
   10.96
 s.Zeichnen (Schemazeichnen) 10.284
Scherenschnitt
 s.Werken (Scherenschnitt) 10.265
Scherung
 s.Geometrie (Ebene Geometrie) 9.126
Schichtenlehre
 s.Typologie 4.229
Schichtmodell
 s.Relief 5.196

Schichtneurose
 s.Neurose 4.127
Schichtstoffe
 s.Organische Chemie (Kunststoffe)
   9.224
Schichttheorie
 s.Typologie 4.229
Schichtung der Organismen
 s.Biologie (Modellformen) 9.60
Schichtunterricht
 s.Schulraumnot 1.211
Schieblehre
 s.Rechenstab 5.195
Schiefe Ebene
 s.Mechanik (Schiefe Ebene) 9.185
Schiefertafel
 s.Schreibgerät (Schiefertafel) 5.205
- oder Heft
 s.Schreibenlernen (Methodische Einzelfragen) 7.208
Schiefertuch-Umrißkarte
 s.Geschichtslehrmittel (Hafttafel)
   5.85
Schiefertuchtafel
 s.Flanelltafel 5.72
Schießpulver
 s.Anorganische Chemie (Oxydation) 9.41
Schiffahrtskanäle
 s.Wirtschaftsgeographie (Binnenschiffahrt) 8.216
Schifferberufsschule
 s.Berufsschule (Fachgruppen) 1.42
Schiffsmodellbau
 s.Werken (Modellbau) 10.265
Schiffsverkehr
 s.Wirtschaftsgeographie (Seeverkehr) 8.227
Schildbürgergeschichte
 s.Schwank 7.210
Schilderung
 s.Erzählen im Unterricht 6.61
Schilfrohr
 s.Pflanzenkunde (Einzelne Pflanzen)
   9.228
Schimmelpilz
 s.Nahrungsmittelchemie (Frischhaltung) 9.197
 s.Pflanzenkunde (Einzelne Pflanzen)
   9.228
Schimpfen
 s.Schulstrafe 3.219
Schiunterricht
 s.Skiunterricht 10.239
Schizophrener Autismus
 s.Autismus 4.28

Schizophrenie 4.163
- (Familienbeziehung) 4.163
- (Therapie) 4.163
Schlafstörung
  s.Verhaltensstörung (Einzelformen)
  4.233
Schlaftherapie beim Stotterer
  s.Stottertherapie (Behandlungsmethoden) 4.213
Schlagballspiel
  s.Ballspiel (Schlagball) 10.21
Schlagballweitwurf
  s.Leichtathletik (Wurfschulung)
  10.161
Schlager 10.226
- im Musikunterricht 10.226
Schlagwerkspiel
  s.Musiklehrmittel (Orff-Schulwerk) 5.142
  s.Musikunterricht (Rhythmusinstrument) 10.191
Schlagwurf
  s.Leichtathletik (Wurfschulung)
  10.161
Schlangen
  s.Tierkunde (Kriechtiere) 9.282
Schleiereule
  s.Vogelkunde (Waldvögel) 9.296
Schleifenfilm
  s.Unterrichtsfilm (Schleifenfilm)
  5.255
Schlesien
  s.Ostkunde (Schlesien) 8.157
Schleswig-Holstein
  s.Länderkunde (Schleswig-Holstein)
  8.139
Schleuse [Heimatkunde]
  s.Heimatkundliche Themen (Schleuse)
  8.105
Schleuse [im Gesamtunterricht]
  s.Arbeitseinheiten 6.23
Schlittengerät
  s.Physikalisches Experimentiergerät 5.144
Schlittenturnen
  s.Leibeserziehung (Wintersport)
  10.157
Schlosserische Ausbildungsberufe
  s.Berufsfachkunde (Einzelne Berufe)
  10.24
Schlüsselblume
  s.Pflanzenkunde (Blumen) 9.228
Schlüsselkind
  s.Familie (Schlüsselkind) 3.103
Schlüsselwort

s.Dichtung (Sprachlicher Aspekt)
  7.61
Schlüsselwortmethode
  s.Interpretation im Unterricht 7.136
Schlupfwespe
  s.Insektenkunde (Wespen) 9.149
Schlußfeier
  s.Schulentlassungsfeier 6.156
Schlußrechnung
  s.Rechenoperationen (Schlußrechnung) 9.259
Schlußverkauf [im Gesamtunterricht]
  s.Arbeitseinheiten (Einkaufen) 6.25
Schmalfilmprojektor
  s.Unterrichtsfilm (Filmgerät) 5.254
Schmerz
  s.Gefühl 4.65
Schmetterlinge
  s.Insektenkunde (Schmetterlinge)
  9.148
Schmetterlingsblütler
  s.Pflanzenkunde (Blütenpflanzen)
  9.227
Schmetterlingsraupen
  s.Insektenkunde (Schmetterlinge)
  9.148
Schmetterlingssammlung
  s.Biologielehrmittel (Insektenkunde) 5.42
Schmetterlingsschuppen
  s.Insektenkunde (Schmetterlinge)
  9.148
Schmetterlingszucht
  s.Insektenkunde (Schmetterlinge)
  9.148
Schmökern
  s.Lesewut 4.120
Schmuckpapier
  s.Papierwerken (Schmuckformen)
  10.200
Schmutz- und Schundliteratur 3.207
- (Gegenmaßnahmen) 3.207
Schmutzliteratur
  s.Schmutz- und Schundliteratur 3.207
Schnecken
  s.Tierkunde (Schnecken) 9.283
  s.Tierverhalten 9.287
Schneeglöckchen
  s.Pflanzenkunde (Blumen) 9.228
Schneeglöckchen [im Gesamtunterricht]
  s.Arbeitseinheiten (Blumen) 6.24
Schneider [im Gesamtunterricht]
  s.Arbeitseinheiten (Kleider) 6.29
Schneiderfachklasse
  s.Berufsfachkunde (Schneider) 10.27

Schnellkäfer
  s.Insektenkunde (Käfer) 9.147
Schnitzereien
  s.Werken (Holzschnitzen) 10.263
Schöllkraut
  s.Pflanzenkunde (Einzelne Pflanzen) 9.228
Schönheitserlebnis
  s.Ästhetische Erziehung 6.19
Schönschreiben
  s.Schreibunterricht 10.227
Schöpferische Arbeit
  s.Selbsttätigkeit (Psychologischer Aspekt) 6.184
Schöpferische Begabung
  s.Kunsterziehung (Schöpferische Begabung) 10.119
  s.Schöpferisches Tun 4.164
Schöpferische Erziehung
  s.Kunsterziehung (Schöpferisches Gestalten) 10.119
Schöpferische Muße
  s.Muße 3.182
Schöpferische Pause
  s.Schülerleistung 6.153
Schöpferische Phantasie
  s.Phantasieleben des Schülers 4.135
Schöpferische Psychosynthese
  s.Psychotherapie (Behandlungsmethoden) 4.153
Schöpferischer Sprachunterricht
  s.Sprachschöpferischer Unterricht 7.221
Schöpferisches Gestalten
  s.Gesamtunterricht 6.74
  s.Kunsterziehung (Schöpferisches Gestalten) 10.119
  s.Leibeserziehung (Methodische Einzelfragen) 10.144
  s.Lyrik im Unterricht (Gedichteschreiben) 7.167
Schöpferisches Tun 4.164
- (Musikerziehung)
  s.Musikunterricht (Methodische Einzelfragen) 10.187
Schöpfungsbericht
  s.Bibelunterricht AT (Schöpfungsbericht) 10.39
Schöpfungsgeschichte
  s.Bibelunterricht AT (Schöpfungsbericht) 10.39
Schöpfungsordnung
  s.Katechese (Schöpfung) 10.88
Schornsteinzug
  s.Mechanik (Gase) 9.181

Schottland [Wirtschaftsgeographie]
  s.Wirtschaftsgeographie (Großbritannien) 8.222
Schreib-Leseschwäche [Ursache]
  s.Legasthenie (Ätiologie) 4.103
Schreib-Singe-Unterricht
  s.Schreibunterricht (Rhythmisches Schreiben) 10.229
Schreibdruck
  s.Schreibverhalten 4.164
Schreibenlernen 7.207
- (Ausgangsschrift) 7.207
- (Ganzheitliches Schreibenlernen) 7.207
- (Methodische Einzelfragen) 7.208
- (Psychologischer Aspekt) 7.208
- (Schreibturnen) 7.208
- (Schriftformen) 7.209
Schreibentwicklung
  s.Schreibverhalten 4.164
Schreiberziehung
  s.Schreibunterricht 10.227
Schreibgeläufigkeit
  s.Schreibunterricht (Schreibgeläufigkeit) 10.230
Schreibgerät 5.204
- (Federformen) 5.204
- (Schiefertafel) 5.204
Schreibgeschwindigkeit
  s.Schreibverhalten 4.164
Schreibhaltung
  s.Schreibunt. (Schreibhaltung) 10.230
Schreibhygiene
  s.Schreibunterricht (Schriftverbesserung) 10.231
Schreibkultur
  s.Schreibunterricht 10.227
Schreibkunst
  s.Kunstschriftpflege 10.123
Schreiblehrgang
  s.Fibel im Unterricht 5.71
  s.Schreibenlernen 7.207
Schreibleistung des Schulanfängers
  s.Schreibenlernen (Psychologischer Aspekt) 7.208
Schreibleseunterricht 7.209
- (Methodenaspekt) 7.209
- (Schulerfolg)
  s.Leselehrmethoden (Leistungsaspekt) 7.152
Schreibmethodik
  s.Schreibunterricht (Methodische Einzelfragen) 10.229
Schreibmotorik
  s.Schreibenlernen (Methodische Einzelfragen) 7.208

[Forts.: Schreibmotorik]
  s.Schreibunterricht (Rhythmisches
    Schreiben) 10.229
Schreibprojektor
  s.Arbeitsmittel (Einzelformen) 5.27
  s.Bildwerfer 5.38
Schreibreife
  s.Schreibenlernen (Psychologischer
    Aspekt) 7.208
Schreibschrift
  s.Schreibenlernen (Ausgangsschrift)
    7.207
Schreibschwäche
  s.Schreibverhalten 4.164
Schreibstift
  s.Schreibgerät (Federformen) 5.204
Schreibturnen
  s.Schreibenlernen (Schreibturnen)
    7.208
Schreibunterricht 10.227
- (Alphabet)
  s.Schreibunterricht (Schriftformen)
    10.231
- (Arbeitsmittel)
  s.Schreibunterricht (Methodische
    Einzelfragen) 10.229
- (Deutsche Schrift) 10.227
- (Ganzheitliches Schreiben) 10.228
- (Graphologie)
  s.Schreibunterricht (Psychologischer
    Aspekt) 10.229
- (Grundschule) 10.228
- (Hilfsmittel)
  s.Schreibunterricht (Methodische
    Einzelfragen) 10.229
- (Iserlohner Schreibkreis) 10.228
- (Körperbehinderte)
  s.Schreibunterricht (Sonderschule)
    10.232
- (Lehrerbildung)
  s.Lehrerbildung (Deutschunterricht)
    2.80
- (Lehrervorbild)
  s.Schreibunterricht (Methodische
    Einzelfragen) 10.229
- (Lehrplan) 10.228
- (Leistungsbewertung) 10.228
- (Leitbild)
  s.Schreibunterricht (Methodische
    Einzelfragen) 10.229
- (Methodische Einzelfragen) 10.229
- (Psychologischer Aspekt) 10.229
- (Rhythmisches Schreiben) 10.229
- (Satzzeichen)
  s.Satzzeichen 7.206

- (Schreibgeläufigkeit) 10.230
- (Schreibhaltung) 10.230
- (Schriftentwicklung) 10.230
- (Schriftformen) 10.231
- (Schriftverbesserung) 10.231
- (Schriftverfall) 10.231
- (Schülerhandschrift) 10.232
- (Schuljahr II)
  s.Schreibunterricht (Grundschule)
    10.228
- (Schuljahr III)
  s.Schreibunterricht (Grundschule)
    10.228
- (Schuljahr IV)
  s.Schreibunterricht (Grundschule)
    10.228
- (Sonderschule) 10.232
- (Sprechspur)
  s.Sprechspur (Schreibunterricht)
    7.239
- (Volksschule) 10.232
- (Volksschuloberstufe) 10.232
Schreibverhalten 4.164
Schreibvorlage
  s.Schreibunterricht (Schrift-
    formen) 10.231
Schreibwerkzeug
  s.Schreibgerät 5.204
Schreiner [im Gesamtunterricht]
  s.Arbeitseinheiten (Handwerker)
    6.27
Schreinerlehrling
  s.Berufsfachkunde (Tischler) 10.27
Schrift und Sprache
  s.Sprache und Schrift 7.214
Schriftauslegung im Unterricht
  s.Bibelunterricht (Exegese) 10.33
Schriftbewertung
  s.Schreibunterricht (Leistungs-
    bewertung) 10.228
Schriftentwicklung
  s.Schreibunterricht (Schriftent-
    wicklung) 10.230
  s.Schreibverhalten 4.164
Schriftentwicklungsstufen
  s.Schreibenlernen (Psychologischer
    Aspekt) 7.208
Schriftgestaltung
  s.Kunstschriftpflege 10.123
Schriftgutablage
  s.Schulleitung (Schriftverkehr)
    1.204
Schriftlesung
  s.Bibelunterricht (Schriftlesung)
    10.34

Schriftliche Arbeit zur Zweiten Lehrerprüfung
  s.Zweite Lehrerprüfung (Tätigkeitsbericht) 2.150
Schriftliche Ausdrucksgestaltung
  s.Aufsatzunterricht 7.29
Schriftliche Division
  s.Rechenoperationen (Schriftliches Teilen) 9.261
Schriftliche Hausaufgabe
  s.Hausaufgabe 6.96
Schriftliche Klassenarbeit
  s.Klassenarbeit 6.107
Schriftliche Leistungskontrolle
  s.Schulische Leistungskontrolle 6.160
Schriftliche Reifeprüfung
  s.Reifeprüfung 1.165
Schriftliche Unterrichtsvorbereitung
  s.Unterrichtsvorbereitung (Gestaltungsfragen) 6.217
Schriftlicher Ausdruck
  s.Aufsatzunterricht (Schuljahr I-II) 7.36
  s.Lesebuch im Unterricht 5.130
Schriftliches Abziehen
  s.Rechenoperationen (Schriftliches Abziehen) 9.260
Schriftliches Aufzählen
  s.Rechenoperationen (Schriftl.Abziehen:Ergänzungsmethode) 9.260
Schriftliches Ergänzungsverfahren
  s.Rechenoperationen (Schriftliches Abziehen:Ergänzungsmethode) 9.260
Schriftliches Malnehmen
  s.Rechenoperationen (Schriftliches Malnehmen) 9.261
Schriftliches Rechnen
  s.Rechenoperationen (Schriftliches Rechnen) 9.261
Schriftliches Subtrahieren
  s.Rechenoperationen (Schriftliches Abziehen) 9.260
Schriftliches Teilen
  s.Rechenoperationen (Schriftliches Teilen) 9.261
Schriftpflege
  s.Schreibunterricht 10.227
Schriftreform
  s.Schreibunterricht (Schriftformen) 10.231
Schriftreifung
  s.Schreibunterricht (Schriftentwicklung) 10.230

Schriftschreiben
  s.Kunstschriftpflege 10.123
Schriftsprache 7.210
- (Mundart)
  s.Mundart 7.175
Schriftsprachliche Entwicklung
  s.Sprachliche Entwicklung 4.204
Schriftsteller 7.210
Schrifttumsgesetz
  s.Jugendgefährdendes Schrifttum (Gesetz vom 9.6.1953) 3.149
Schriftunarten
  s.Schreibunterricht (Schriftverfall) 10.231
Schriftverfall
  s.Schreibunterricht (Schriftverfall) 10.231
Schriftvergleich
  s.Graphologie 4.72
Schriftverkehr
  s.Aufsatz (Einzelformen) 7.26
  s.Aufsatzunterricht (Berufsschule) 7.30
Schriftverständnis
  s.Bibelexegese 10.30
Schriftzeichnen
  s.Kunstschriftpflege 10.123
Schubert, Franz
  s.Musikgeschichte (Einzelne Komponisten) 10.176
Schubkarrenlaufen
  s.Bodenturnen 10.50
Schüchternes Kind 4.165
Schüler 4.165
Schüler-Beschreibungsbogen
  s.Schülerbeobachtungsbogen 4.167
Schüler/Lehrer/Stoff
  s.Didaktik (Einzelfragen) 6.55
Schüler-Lehrer-Verhältnis 3.208
- (DDR) 3.209
Schülerabschlußarbeit
  s.Volksschulunterricht (Abschlußklasse) 6.220
Schüleraktivierung 6.151
- (Erdkundeunterricht)
  s.Erdkundeunterricht (Schüleraktivierung) 8.43
- (Politische Bildung)
  s.Staatsbürgerkunde (Selbsttätigkeit) 8.203
- (Programmiertes Lernen)
  s.Programmiertes Lernen (Methodische Einzelfragen) 5.177
- (Wetteifer) 6.152
Schülerarbeitsblätter
  s.Arbeitsblätter 5.23

Schülerarbeitsgemeinschaft 6.152
- (Biologieunterricht)
  s.Biologieunterricht (Arbeitsgemeinschaft) 9.64
- (Chemieunterricht)
  s.Chemieunterricht (Arbeitsgemeinschaft) 9.87
- (Deutschunterricht)
  s.Deutschunterricht (Methodische Einzelfragen) 7.54
- (Erdkundeunterricht)
  s.Erdkundeunterricht (Arbeitsgemeinschaft) 8.33
- (Geometrieunterricht)
  s.Geometrieunt. (Gymnasium) 9.135
- (Geschichtsunterricht)
  s.Geschichtsunterricht (Arbeitsgemeinschaft) 8.67
- (Kunsterziehung)
  s.Kunsterziehung (Methodische
  Einzelfragen) 10.117
- (Mathematikunterricht)
  s.Mathematikunterricht (Arbeitsgemeinschaft) 9.161
- (Musikunterricht)
  s.Musikunterricht (Methodische
  Einzelfragen) 10.187
- (Philosophieunterricht)
  s.Philosophieunterricht (Arbeitsgemeinschaft) 10.202
- (Politische Bildung)
  s.Politische Bildung (Arbeitsgemeinschaft) 8.171
- (Religionsunterricht)
  s.Religionsunterricht (Methodische Einzelfragen) 10.215
- (Schulgarten)
  s.Schulgartenunterricht (Methodische Einzelfragen) 5.233
- (Werkunterricht)
  s.Werkunterricht (Methodische
  Einzelfragen) 10.272
Schülerarbeitsheft
  s.Arbeitsheft 5.24
Schülerarbeitsplatz
  s.Chemisches Experimentiergerät 5.48
Schüleraufführung
  s.Schultheater 6.176
Schüleraufnahme
  s.Schulaufnahme 6.154
Schüleraufträge
  s.Chemieunterricht (DDR) 9.87
Schüleraufzeichnung
  s.Arbeitsheft 5.24
  s.Selbsttätigkeit 6.182

Schülerausdruck
  s.Ausdrucksschulung 7.40
Schülerauslese
  s.Begabtenauslese 1.24
  s.Gymnasium (Ausleseverfahren) 1.94
  s.Schülerbeurteilung (Test) 4.170
  s.Sonderschule für Lernbehinderte
  (Ausleseverfahren) 1.246
  s.Übergang 1.257
Schüleraustausch 1.167
Schülerbegabung
  s.Begabung 4.28
Schülerbegegnung
  s.Schüleraustausch 1.167
Schülerbeichte
  s.Katholischer Religionsunterricht
  (Jugendbeichte) 10.92
Schülerbeobachtung 4.166
- (Astronomieunterricht)
  s.Astronomieunterricht (Schüler-
  beobachtung) 9.49
- (Naturkunde)
  s.Biologieunterricht (Schülerbe-
  obachtung) 9.74
- (Sonderschüler) 4.167
Schülerbeobachtungsbogen 4.167
Schülerbeschreibung
  s.Schülerbeobachtungsbogen 4.167
Schülerbeurteilung 4.168
- (Aufsatz) 4.169
- (Berufsschule) 4.169
- (Diskussion) 4.169
- (Gutachten) 4.169
- (Hilfsmittel)
  s.Schülerbeobachtungsbogen 4.167
  s.Schülerbeurteilung (Test) 4.170
- (Kurzprotokoll)
  s.Schülerbeobachtungsbogen 4.167
- (Sonderschüler) 4.170
- (Test) 4.170
Schülerbogen
  s.Schülerbeobachtungsbogen 4.167
Schülerbriefwechsel
  s.Aufsatz (Brief) 7.26
  s.Erdkundelehrmittel (Schülerbrief-
  wechsel) 5.68
  s.Russischlehrmittel 5.201
Schülerbücherei 5.205
- (Aufbau)
  s.Schülerbücherei (Einrichtung)
  5.207
- (Ausleihfragen) 5.205
- (Ausleihstatistik)
  s.Schülerbücherei (Ausleihfragen)
  5.205

- 362 -

- (Auswertung)
  s.Schülerbücherei im Unterricht
  5.209
- (Berufsschule) 5.205
- (Buchauswahl) 5.206
- (DDR) 5.207
- (Finanzierung)
  s.Schülerbücherei (Verwaltung)
  5.208
- (Grundstock)
  s.Schülerbücherei (Buchauswahl)
  5.206
- (Gymnasium) 5.207
- (Katalogformen)
  s.Schülerbücherei (Ausleihfragen)
  5.205
- (Landschule) 5.207
- (Möbel)
  s.Schülerbücherei (Einrichtung)
  5.207
- (Öffentliche Bücherei) 5.207
- (Signatur)
  s.Schülerbücherei (Ausleihfragen)
  5.206
- (Sonderschule) 5.208
- (Systematik)
  s.Schülerbücherei (Ausleihfragen)
  5.205
- (Verwaltung) 5.208
- (Volksschule) 5.208
- im Unterricht 5.209
- oder Klassenbücherei
  s.Schülerbücherei 5.205
Schülerdiskussion
  s.Diskussion im Unterricht 6.58
Schülererfassung
  s.Schülerbeurteilung 4.168
Schülerethos
  s.Erziehung (Gymnasium) 3.78
Schülerexkursion
  s.Erdkundeunterricht (Lehrwanderung)
  8.39
Schülerexperiment
  s.Chemieunterricht (Schülerversuch)
  9.92
  s.Physikunterricht (Schülerversuch)
  9.252
Schülerexperimentiergerät
  s.Physikalisches Experimentiergerät
  5.144
Schülerexperimentierraum
  s.Schulgebäude (Chemieraum) 1.186
Schülerfahrt
  s.Schulausflug 6.155
  s.Schulwandern 6.178

Schülerferienarbeit
  s.Ferienarbeit des Schülers 3.109
Schülerfluktuation
  s.Schulwechsel 1.230
Schülerfrage
  s.Unterrichtsgespräch (Schülerfrage) 6.212
Schülergemeinschaft
  s.Klassengemeinschaft 3.157
Schülergericht
  s.Schülermitverwaltung 3.210
Schülergespräch
  s.Unterrichtsgespräch 6.210
Schülerglobus
  s.Globus 5.90
Schülergruppe
  s.Differenzierung 6.56
  s.Leistungsgruppen 6.123
Schülergruppenversuch
  s.Chemieunterricht (Schülerversuch)
  9.92
Schülergutachten
  s.Schülerbeobachtungsbogen 4.167
  s.Schülerbeurteilung (Gutachten)
  4.169
  s.Schülerbeurteilung (Sonderschüler)
  4.170
Schülerhandbibliothek
  s.Arbeitsbücherei 5.23
Schülerhandschrift
  s.Graphologie (Pädagogischer
  Aspekt) 4.72
  s.Schreibunterricht (Schülerhandschrift) 10.232
Schülerheft
  s.Merkheft 5.136
  s.Schule und Elternhaus (Elternbrief) 1.176
Schülerheim
  s.Heimerziehung 3.139
- , Ländliches
  s.Schullandheim 1.203
Schülerhilfe
  s.Schulpsychologischer Dienst
  (Schülerhilfe) 4.175
Schülerindividualität
  s.Differenzierung (Psychologischer Aspekt) 6.58
  s.Unterrichtsgestaltung (Psychologischer Aspekt) 6.213
Schülerjob
  s.Ferienarbeit des Schülers 3.109
Schülerkabarett
  s.Laienspiel (Jugendkabarett)
  6.110

Schülerklub
  s.Jugendsoziologie (Gesellungs-
    formen) 3.152
Schülerkollektiv
  s.Gemeinschaftserziehung (DDR)
    3.127
  s.Schülerarbeitsgemeinschaft 6.152
Schülerkontrollierter Unterricht
  s.Programmiertes Lernen (Diffe-
    renzierung) 5.165
Schülerlabor
  s.Chemisches Experimentiergerät
    5.48
Schülerlager
  s.Schulwandern (Ferienlager) 6.180
Schülerlehrwanderung
  s.Lehrwanderung 6.122
Schülerleistung 6.153
- (Aufsatz)
  s.Aufsatzunterricht (Leistungs-
    bewertung) 7.34
- (Beurteilung)
  s.Leistungsbeurteilung 4.106
- (Russischunterricht)
  s.Russischunterricht (Leistungs-
    bewertung) 7.199
- (Schulgarten)
  s.Schulgartenunterricht (Schüler-
    leistung) 5.34
- (Soziologischer Aspekt) 6.153
Schülerlenkung
  s.Begabtenförderung 1.26
  s.Interesse des Schülers 4.91
Schülerlesekasten
  s.Deutschlehrmittel (Erstlese-
    unterricht) 5.50
  s.Leselernmittel 5.131
Schülerlexikon im Unterricht
  s.Nachschlagewerke im Unterricht
    (Jugendlexikon) 5.144
Schülerlokal
  s.Freizeiterziehung in der Schule
    3.122
Schülerlotsendienst
  s.Verkehrsunterricht (Schüler-
    lotse) 10.254
Schülermentor
  s.Gemeinschaftserziehung (DDR)
    3.127
Schülermitarbeit
  s.Schüleraktivierung 6.151
Schülermitverantwortung 3.209
Schülermitverwaltung 3.210
- (Berufsschule) 3.211
- (DDR) 3.211

- (Grundschule)
  s.Schülermitverwaltung (Volks-
    schule) 3.212
- (Gymnasium) 3.211
- (Hauptschule)
  s.Schülermitverwaltung (Volks-
    schule) 3.212
- (Höhere Schule)
  s.Schülermitverwaltung (Gymnasium)
    3.211
- (Landschule)
  s.Schülermitverwaltung (Volks-
    schule) 3.212
- (Mittelschule)
  s.Schülermitverwaltung (Realschule)
    3.212
- (Realschule) 3.212
- (Rechtsfragen) 3.212
- (Tagesheimschule)
  s.Schülermitverwaltung (Gymnasium)
    3.211
- (Volksschule) 3.212
Schülerpapiere
  s.Schulleitung (Verwaltungsarbeit)
    1.204
Schülerpraktikum
  s.Betriebspraktikum 6.50
Schülerpresse
  s.Schülerzeitschrift 3.213
Schülerproduktionsabteilung
  s.Polytechnischer Unterricht (DDR)
    6.141
Schülerproduktionsarbeit
  s.Denkerziehung 6.53
Schülerproduktionswerkstatt
  s.Tagesheimschule (DDR) 1.256
Schülerrat
  s.Schülermitverwaltung 3.210
Schülerrudern
  s.Leibeserziehung (Rudersport)
    10.150
Schülersachheft
  s.Arbeitsheft 5.24
Schülerschicksal
  s.Schulverhalten 4.183
Schülerschrift
  s.Schreibunterricht (Schülerhand-
    schrift) 10.232
Schülerselbstbeurteilung
  s.Selbstbeurteilung 4.190
Schülerselbsttätigkeit
  s.Selbsttätigkeit 6.182
Schülerselbstverwaltung
  s.Schülermitverwaltung 3.210
Schülersetzkasten

s.Deutschlehrmittel (Erstleseunterricht) 5.50
s.Leselernmittel 5.131
Schülerskikurs
s.Skiunterricht (Skikurs) 10.241
Schülersprecher
s.Schülermitverwaltung (Gymnasium) 3.211
Schülertagebuch
s.Klassenbuch 1.126
Schülertyp
s.Schülerbeobachtung 4.166
s.Unterrichtsgestaltung (Psychologischer Aspekt) 6.213
Schülerüberforderung
s.Überforderung des Schülers 4.230
Schülerübung
s.Naturlehre (Schülerversuch) 9.206
Schülerübungsgerät [Selbstbau]
s.Physikalisches Experimentiergerät (Selbstbau) 5.147
Schülerübungstisch
s.Chemisches Experimentiergerät 5.48
Schülerunfall 1.167
Schülerurteil
s.Erziehung (Schülerurteil) 3.83
s.Lehrer (Schülerurteil) 2.65
s.Lehrerberuf (Abiturientenurteil) 2.68
s.Lehrerin (Schülerurteil) 2.110
s.Politische Bildung (Psychologischer Aspekt) 8.185
Schülerverhalten
s.Schulverhalten 4.183
Schülervermutung
s.Naturlehre (Problemdenken) 9.205
Schülervernehmung
s.Schule und Rechtsprechung 1.180
Schülerversuch
s.Atomphysik (Schülerversuch) 9.54
s.Biologieunterricht (Schülerversuch) 9.75
s.Chemieunterricht (Schülerversuch) 9.92
s.Elektrizitätslehre (Schülerversuch) 9.107
s.Naturlehre (Schülerversuch) 9.206
s.Optik (Schülerversuch) 9.221
s.Physikunterricht (Schülerversuch) 9.252
Schülervorstellung
s.Anschauung 6.22
Schülervortrag
s.Freies Unterrichtsgespräch 6.68

Schülerwanderung
s.Schulwandern 6.178
Schülerwerkstatt
s.Werkraumeinrichtung 5.258
Schülerzahl
s.Klassenfrequenz 1.127
Schülerzeichnung
s.Biologielehrmittel (Bildformen) 5.40
s.Erdkundelehrmittel (Sachzeichnen) 5.68
s.Kinderzeichnung (Einzelfragen) 10.96
s.Zeichenunterricht (Leistungsbewertung) 10.279
s.Zeichnen 10.281
Schülerzeitschrift 3.213
- (Gymnasium) 3.213
- (Pressefreiheit)
s.Schülerzeitschrift (Rechtsfragen) 3.214
- (Rechtsfragen) 3.214
- (Zensur)
s.Schülerzeitschrift (Rechtsfragen) 3.214
Schülerzeitung
s.Schülerzeitschrift 3.213
- im Unterricht
s.Zeitung im Unterricht (Schulzeitung) 5.263
Schuhmacherwerkstatt [im Gesamtunterricht]
s.Arbeitseinheiten (Schuhmacher) 6.30
Schulabgang
s.Schulentlassung 6.155
Schulabschlußfeier
s.Schulentlassungsfeier 6.156
Schulacker
s.Schulgarten (Landschule) 5.232
Schulandacht 10.233
Schulanfänger 4.171
- (Körperliche Entwicklung)
s.Schulanfänger (Psychologische Einzelfragen) 4.171
- (Leibeserziehung)
s.Leibeserziehung (Schuljahr I-II) 10.151
- (Psychologische Einzelfragen) .. 4.171
- (Schulschwierigkeiten) 4.172
- (Sozialverhalten) 4.172
Schulanfängerpaten
s.Helfersystem 6.100
Schulanfang 6.153

[Forts.: Schulanfang]
- (Ganzheitliches Rechnen)
  s.Ganzheitliches Rechnen (Schuljahr I) 9.123
- (Rechenunterricht)
  s.Erstrechenunterricht (Schulanfang) 9.117
Schulangst 4.172
Schulaquarium 5.209
Schularbeit
  s.Hausaufgabe 6.96
Schularrest
  s.Schulstrafe (Arrest) 3.220
Schularzt 1.167
- (Schwachbegabte)
  s.Heilpädagogik (Medizinischer Aspekt) 4.79
Schulassistent 2.133
Schulatlas
  s.Erdkundeatlas 5.59
Schulatmosphäre
  s.Schulleben 6.167
Schulaudiometrie
  s.Audiometrie 4.26
  s.Taubstummenunterricht (Hörerziehung) 6.197
Schulaufbau 1.168
- (Begabtenförderung)
  s.Begabtenförderung (Schulaufbau) 1.28
Schulaufführung
  s.Schulspiel 6.171
Schulaufgabe
  s.Hausaufgabe 6.96
  s.Klassenarbeit 6.107
Schulaufnahme 6.154
- (Feiergestaltung) 6.154
- (Landschule) 6.155
Schulaufnahmefeier
  s.Schulaufnahme (Feiergestaltung) 6.154
Schulaufsatz
  s.Aufsatz 7.24
Schulaufsicht 1.168
- (Religionsunterricht)
  s.Religionsunterricht (Schulaufsicht) 10.220
Schulaufsichtsdienst
  s.Schulrat 2.134
Schulaufwand
  s.Schulfinanzierung 1.185
Schulausflug 6.155
Schulausgabenkontrolle
  s.Schulfinanzierung 1.185
Schulausgangsschrift

s.Schreibenlernen (Ausgangsschrift) 7.207
Schulausstellung 6.155
- (Heimatkunde)
  s.Heimatkundelehrmittel (Einzelformen) 5.92
- (Lehrmittel)
  s.Schulische Ausstellung 5.235
- (Politische Bildung)
  s.Schulische Ausstellung 5.235
Schulaustritt
  s.Schule und Rechtsprechung 1.180
Schulbahnberatung
  s.Schulpsychologischer Dienst (Schuljugendberatung) 4.175
Schulbank
  s.Schulmöbel 1.205
Schulbau 1.169
- (Berufsschule) 1.170
- (Bundesländer) 1.170
- (DDR) 1.171
- (Finanzierung) 1.171
- (Flachbauweise) 1.171
- (Gymnasium) 1.171
- (Kybernetische Pädagogik)
  s.Programmiertes Lernen (Einzelfragen) 5.167
- (Landschule) 1.171
- (Moderner Schulbau) 1.172
- (Österreich) 1.172
- (Pädagogischer Aspekt) 1.172
- (Programmiertes Lernen)
  s.Programmiertes Lernen (Einzelfragen) 5.167
- (Schweiz) 1.173
- (Sonderschule) 1.173
- (Tagesheimschule) 1.173
Schulbaubedarf
  s.Schulbau 1.169
Schulbauplanung 1.173
Schulbaurichtlinien
  s.Schulbauplanung 1.173
Schulbautagung
  s.Schulbau 1.169
Schulbauzentrum
  s.Schulbau (Schweiz) 1.173
Schulbedarf
  s.Bildungsbedarf 1.45
Schulbegabung
  s.Begabung 4.28
Schulbeginn
  s.Schulanfang 6.153
Schulbehörde
  s.Schulverwaltung 1.229

- 366 -

Schulbeihilfe
  s.Ausbildungsbeihilfe 1.23
Schulbeleuchtung
  s.Schulgebäude (Beleuchtung) 1.186
Schulberatung
  s.Schulpsychologischer Dienst
    (Schuljugendberatung) 4.175
Schulbesuchserfolg
  s.Begabung (Schulerfolg) 4.29
Schulbesuchsverhalten
  s.Gymnasium 1.92
  s.Schulversäumnis 1.226
Schulbetriebskosten
  s.Schulfinanzierung 1.185
Schulbetragen
  s.Schulverhalten 4.183
Schulbibel
  s.Bibelunterricht (Schulbibel) 10.35
  s.Religionslehrmittel (Katholische
    Schulbibel) 5.199
Schulbibelbild
  s.Bibelunterricht (Anschauung) 10.31
Schulbibliothek
  s.Schülerbücherei 5.205
Schulbildarchiv
  s.Bildarchiv 5.35
Schulbildung
  s.Bildungsauftrag 3.63
Schulbiologe
  s.Biologielehrer 2.28
Schulbiologie
  s.Biologieunterricht (Schulbiologie)
    9.75
Schulbiologiebuch
  s.Biologielehrbuch 5.39
Schulbriefzeitung
  s.Zeitung im Unterricht (Schul-
    zeitung) 5.263
Schulbuch 5.210
- (Berufsschule)
  s.Schulbuch (Fachbuch) 5.211
- (Biologie)
  s.Biologielehrbuch 5.39
- (Chemie)
  s.Chemielehrbuch 5.47
- (DDR) 5.210
- (Deutschunterricht)
  s.Fibel 5.70
  s.Lesebuch 5.126
  s.Sprachbuch 5.239
- (Einzelfragen) 5.211
- (Englischunterricht)
  s.Englischlehrbuch 5.56
- (Erdkunde)
  s.Erdkundelehrbuch 5.60

- (Fachbuch) 5.211
- (Fremdsprachenunterricht)
  s.Fremdsprachenlehrbuch 5.73
- (Geschichtsunterricht)
  s.Geschichtslehrbuch 5.79
- (Gymnasium)
  s.Schulbuch im Unterricht 5.213
- (Kindgemäßheit)
  s.Schulbuch (Einzelfragen) 5.211
- (Kritik) 5.212
- (Leseunterricht)
  s.Fibel 5.70
  s.Lesebuch 5.126
- (Mathematik)
  s.Mathematiklehrbuch 5.134
- (Musikerziehung)
  s.Musiklehrbuch 5.140
- (Naturlehreunterricht)
  s.Physiklehrbuch 5.147
- (Ostkunde)
  s.Ostkundelehrmittel 5.144
- (Physik)
  s.Physiklehrbuch 5.147
- (Politische Bildung)
  s.Politiklehrmittel (Lehrbuch) 5.152
- (Realschule) 5.212
- (Religionsunterricht)
  s.Religionslehrmittel (Lehrbuch) 5.199
- (Russischunterricht)
  s.Russischlehrbuch 5.201
- (Sonderschule) 5.212
- (Sprachlabor)
  s.Sprachlabor (Lehrbuch) 5.245
- (Sprachunterricht)
  s.Sprachbuch 5.239
- (Taubstummenbildung)
  s.Schulbuch (Sonderschule) 5.212
- (Urheberrecht)
  s.Schulbuch (Einzelfragen) 5.211
- (Volksschule)
  s.Schulbuch im Unterricht 5.213
- (Zeitgeschichte)
  s.Zeitgeschichtslehrmittel (Lehr-
    buch) 5.261
Schulbuch im Unterricht 5.213
Schulbuchanalyse
  s.Schulbuch 5.210
Schulbuchgestaltung
  s.Schulbuch 5.210
Schulbuchillustration
  s.Schulbuch (Einzelfragen) 5.211
Schulbuchkonferenz
  s.Schulbuch (DDR) 5.210
Schulbuchkritik
  s.Schulbuch (Kritik) 5.212

Schulbuchreform
  s.Schulbuch (Kritik) 5.212
Schulbuchrevision
  s.Geschichtslehrbuch (Revision) 5.81
  s.Schulbuch (Kritik) 5.212
Schulbuchverbesserung
  s.Schulbuch (Kritik) 5.212
Schulbücherei
  s.Lehrerbücherei 2.104
  s.Schülerbücherei 5.205
Schulbühne
  s.Schulspiel (Bühnentechnik) 6.172
  s.Schultheater 6.176
Schulbühnenspiel
  s.Schultheater 6.176
Schulbus 1.174
Schulchor 10.233
Schulchronik 1.174
Schuld
  s.Schulderleben 4.173
Schulderleben 4.173
Schuldezernat
  s.Schulverwaltung 1.229
Schuldfähigkeit
  s.Schulderleben 4.173
Schuldgefühl
  s.Schulderleben 4.173
Schuldifferenzierung
  s.Differenzierung 6.56
Schuldisziplin 3.214
- (Einzelfragen) 3.215
- (Gymnasium) 3.215
- (Psychologischer Aspekt) 3.215
- (Schullandheim)
  s.Schullandheimaufenthalt (Disziplin) 6.165
- (Schwierigkeiten) 3.216
Schuldorf
  s.Kinderdorf 1.121
Schuldorf Bergstraße
  s.Schulversuche 1.227
Schuldruckerei 5.213
Schuldunkelkammer
  s.Schulfotografie (Fotolabor) 5.223
Schule
  s.Schule als Lebensraum 3.216
  s.Schulwesen 1.230
- (Abgang)
  s.Schulentlassung 6.155
- (Arbeitswelt)
  s.Schule und Arbeitswelt 1.174
- (BRD)
  s.Schulwesen BRD 1.231
- (DDR)
  s.Schulwesen DDR 1.234

- (Elternhaus)
  s.Schule und Elternhaus 1.175
- (Erwachsenenbildung)
  s.Erwachsenenbildung und Jugendbildung) 1.71
- (Evangelische Kirche)
  s.Schule und Evangelische Kirche 1.177
- (Familie)
  s.Schule und Familie 1.177
- (Gemeinschaft)
  s.Sozialerziehung in der Schule 3.223
- (Gerichtsbarkeit)
  s.Schule und Rechtsprechung 1.180
- (Gesellschaft)
  s.Schule und Gesellschaft 1.178
- [im Gesamtunterricht]
  s.Arbeitseinheiten (Schule) 6.31
- (Jugendschutz)
  s.Schule und Jugendschutz 1.179
- (Katholische Kirche)
  s.Schule und Katholische Kirche 1.180
- (Kindergarten)
  s.Kindergarten und Schule 1.125
  s.Schulkindergarten 1.201
- (Kinderklinik)
  s.Krankenhausschule 1.128
- (Kirche)
  s.Schule und Kirche 1.180
- , ländliche
  s.Landschule 1.132
- (Landwirtschaft)
  s.Schule und Wirtschaft 1.182
- (Massenzeitalter)
  s.Schule und Gesellschaft 1.178
- (Mitteldeutschland)
  s.Schulwesen DDR 1.234
- (Moderne Gesellschaft)
  s.Schule und Gesellschaft 1.178
- (Öffentlichkeit)
  s.Schule und Gesellschaft 1.178
- (Österreich)
  s.Schulwesen Österreich 1.236
- (Pädagogische Struktur)
  s.Schule als Lebensraum 3.216
- (Rechtsprechung)
  s.Schule und Rechtsprechung 1.180
  s.Schulrecht 1.211
- (Schweiz)
  s.Schulwesen (Schweiz) 1.237
- (Sozialklima)
  s.Pädagogischer Führungsstil 6.135
- (Staat)
  s.Schule und Staat 1.181

- (Staatsverwaltung)
  s.Schulverwaltung 1.229
- (Umwelteinflüsse)
  s.Schule und Gesellschaft 1.178
- (Universität)
  s.Schule und Universität 1.182
- (Verfassungsrecht)
  s.Schule und Staat 1.181
- (Verwaltung)
  s.Schulverwaltung 1.229
- (Wirtschaft)
  s.Schule und Wirtschaft 1.182
- als Elternhaus
  s.Schulerziehung 3.217
- als Lebensraum 3.216
- besonderer pädagogischer Prägung
  s.Schulversuche (Bundesländer) 1.228
- der Begegnung
  s.Einheitsschule 1.60
- und Arbeitswelt 1.174
- und Automation
  s.Bildung (Automation) 3.56
- und Begabung
  s.Begabung (Schulerfolg) 4.29
- und Beruf
  s.Berufserziehung (Hinführung
   zum Beruf) 3.40
- und Berufsbildung
  s.Berufserziehung und Schule 3.46
- und Berufswahl
  s.Berufswahl und Schule 3.54
- und Bildung
  s.Bildungsauftrag 3.63
- und Bücherei
  s.Schülerbücherei (Öffentliche
   Bücherei) 5.207
- und Demokratie
  s.Politische Erziehung (Demokratische Mündigkeit) 3.201
  s.Politische Bildung (Erziehung
   zur Demokratie) 8.175
- und Dichtung
  s.Dichtung im Unterricht 7.61
- und Eigentum
  s.Jugendlicher Dieb 4.92
- und Elternhaus 1.175
- und Elternhaus (Elternbrief) ... 1.176
- und Elternhaus (Gymnasium) 1.176
- und Erwachsenenbildung
  s.Erwachsenenbildung und Jugendbildung 1.71
- und Erziehung
  s.Schulerziehung 3.217
- und Erziehungsberatung
  s.Erziehungsberatung (Schulkind) 4.53

- und Evangelische Kirche 1.177
- und Familie 1.177
  siehe auch:
  Elternpädagogik 3.73
- und Fernsehen
  s.Schulfernsehen 5.214
- und Freizeit
  s.Freizeiterziehung in der Schule
   3.122
- und Gesellschaft 1.178
- und Gesellschaft (Gymnasium) ... 1.179
- und Heimatkunde
  s.Heimatkundeunterricht 8.95
- und Jugendbuch
  s.Jugendbuch im Unterricht 5.94
  s.Literaturpädagogik in der Schule
   3.169
- und Jugendherberge
  s.Schulwandern (Jugendherberge)
   6.180
- und Jugendlicher
  s.Schulverhalten 4.183
- und Jugendschutz 1.179
- und Katholische Kirche 1.180
- und Kindergarten
  s.Kindergarten und Schule 1.125
  s.Schulkindergarten 1.201
- und Kirche 1.180
- und Leben
  s.Arbeitsschulunterricht (Erziehungswert) 6.39
  s.Bildung (Moderne Arbeitswelt) 3.58
  s.Erziehung (Lebensnähe) 3.81
  s.Schule als Lebensraum 3.216
- und Massenpresse
  s.Zeitungslektüre 3.245
- und Menschenbildung
  s.Menschenbildung (Schulerziehung)
   3.179
- und Museum
  s.Kunstlehrmittel (Museumsbesuch)
   5.96
  s.Museumsbesuch 5.138
- und Muße
  s.Muße 3.182
- und Naturschutz
  s.Naturschutz im Unterricht 9.209
- und Öffentlichkeit
  s.Schule und Gesellschaft 1.178
- und Olympia
  s.Sport (Olympische Spiele) 10.243
- und Politik
  s.Politische Bildung 8.170
- und Psychagogik
  s.Psychagogik 4.137

[Forts.: Schule]
- und Puppenspiel
  s.Handpuppenspiel im Unterricht 6.94
- und Rechtschreibreform
  s.Rechtschreibreform (Unterrichtsaspekt) 7.188
- und Rechtsprechung 1.180
- und Sozialwissenschaften
  s.Pädagogik und Soziologie 3.192
- und Spiel
  s.Unterrichtsspiel 5.256
- und Spielfilm
  s.Spielfilm im Unterricht 5.238
- und Sport
  s.Schulsport 10.234
- und Staat 1.181
- und Tierschutz
  s.Tierschutz 9.287
- und Universität 1.182
- und Verkehr
  s.Verkehrsunterricht 10.249
Schule und Wirtschaft 1.182
- (Berufsbildendes Schulwesen) ... 1.183
- (Gymnasium) 1.184
- (Realschule) 1.184
- (Volksschule) 1.184
Schule und Zeltlager
  s.Schulwandern (Zeltlager) 6.181
Schuleigener Religionsunterricht
  s.Evangelischer Religionsunterricht 10.62
  s.Religionsunterricht (Schuleigenes Anliegen) 10.220
Schuleinheit
  s.Schulwesen BRD 1.231
Schuleinrichtung
  s.Schulgebäude 1.186
Schuleintrittsalter
  s.Schulreife (Eintrittsalter) 4.177
Schulendtage
  s.Schulentlassung 6.155
Schulentlassung 6.155
- (Gymnasium) 6.156
Schulentlassungsansprache
  s.Schulentlassung 6.155
Schulentlassungsfeier 6.156
- (Schulspiel) 6.157
Schulentlassungsspiel
  s.Schulentlassungsfeier (Schulspiel) 6.157
Schulerdkunde
  s.Erdkundeunterricht 8.31
Schulerfahrung
  s.Schulverhalten 4.183

Schulerfolg
  s.Bildungschance 1.46
Schulerlebnis
  s.Schulverhalten 4.183
Schulerneuerung
  s.Schulreform 1.212
Schuleröffnungsfeier
  s.Schulfeier (Schulhauseinweihung) 6.158
Schulerwartung
  s.Schulverhalten 4.183
Schulerziehung 3.217
- (DDR)
  s.Gemeinschaftserziehung (DDR) 3.127
- (Gemütspflege)
  s.Gemütsbildung 3.127
- (Schullandheim)
  s.Schullandheimaufenthalt (Unterrichtsaspekt) 6.167
- (Vermassung)
  s.Schulerziehung 3.217
Schulerziehungsmittel
  s.Erziehungsmittel 3.95
Schulespielen des Kindes
  s.Spielverhalten des Kindes 4.199
Schuletat
  s.Schulfinanzierung 1.185
Schulexperiment
  s.Biologische Experimente 9.79
  s.Chemische Experimente 9.98
  s.Naturlehre (Schülerversuch) 9.206
  s.Physikalische Experimente 9.243
  s.Schulversuche 1.227
Schulfächer
  s.Unterrichtsfächer 6.209
Schulfähigkeit
  s.Schulanfänger (Sozialverhalten) 4.172
  s.Schulreife 4.176
Schulfahrt
  s.Lehrwanderung 6.122
  s.Schulausflug 6.155
  s.Schulwandern 6.178
Schulfamilienfeier
  s.Elternabend 6.59
Schulfarm
  s.Gymnasium (Reform der Oberstufe) 1.98
Schulfederhalter
  s.Schreibgerät (Federdormen) 5.204
Schulfeier 6.157
- (Fastnacht)
  s.Schulleben (Fastnacht) 6.169
- (Jahreslauf)
  s.Schulleben (Brauchtumspflege) 6.169

- (Landschule) 6.158
- (Politische Feierstunde) 6.158
- (Schulhauseinweihung) 6.158
Schulferien
  s.Ferienordnung 1.77
Schulfernsehempfang
  s.Schulfernsehen (Einzelfragen)
  5.217
Schulfernsehen 5.214
- (Aktualität)
  s.Schulfernsehen (Methodische
  Einzelfragen) 5.218
- (Bayern) 5.215
- (Berliner Kongreß 1966) 5.215
- (Berufsschule) 5.215
- (Bildstelle) 5.215
- (Biologieunterricht)
  s.Biologielehrmittel (Einzelformen) 5.41
- (Bundesländer) 5.215
- (Chemieunterricht)
  s.Chemielehrmittel 5.47
- (DDR) 5.216
- (Denkerziehung)
  s.Schulfernsehen (Methodische
  Einzelfragen) 5.218
- (Deutschunterricht)
  s.Deutschlehrmittel (Schulfernsehen) 5.53
- (Diskussion) 5.216
- (Einzelfragen) 5.217
- (Erdkunde)
  s.Erdkundelehrmittel (Einzelformen) 5.63
- (Geschichtsunterricht)
  s.Geschichtslehrmittel (Schulfernsehen) 5.88
- (Gruppenunterricht)
  s.Schulfernsehen (Methodische
  Einzelfragen) 5.218
- (Gymnasium) 5.217
- (Hausaufgabe)
  s.Hausaufgabe (Unterrichtsaspekt) 6.99
- (Kunsterziehung)
  s.Kunstlehrmittel 5.96
- (Jugendschutz)
  s.Schulfernsehen (Pädagogischer
  Aspekt) 5.219
- (Klasseninternes Fernsehen) 5.217
- (Landschule) 5.217
- (Lehrerzimmer)
  s.Schulfernsehen (Methodische
  Einzelfragen) 5.218
- (Mathematik)
  s.Mathematiklehrmittel 5.135
- (Methodische Einzelfragen) 5.218
- (Naturwissenschaft)
  s.Physiklehrmittel (Bildformen)
  5.148
- (Österreich) 5.218
- (Pädagogischer Aspekt) 5.219
- (Physik)
  s.Physiklehrmittel (Bildformen)
  5.148
- (Politische Bildung)
  s.Politiklehrmittel (Fernsehen)
  5.151
- (Programmiertes Lernen)
  s.Programmiertes Lernen (Methodische Einzelfragen) 5.177
- (Rechtsfragen)
  s.Schulfernsehen (Einzelfragen)
  5.217
- (Sachunterricht)
  s.Schulfernsehen (Methodische
  Einzelfragen) 5.218
- (Schülerinteresse)
  s.Schulfernsehen (Methodische
  Einzelfragen) 5.218
- (Schweiz) 5.219
- (Sonderschule) 5.219
- (Versuch Bayern)
  s.Schulfernsehen (Bayern) 5.215
- (Versuch Hannover 1964) 5.220
- (Versuche des NDR/WDR) 5.220
- (Volksschule) 5.221
- und Schulfunk
  s.Schulfunk (Einzelfragen) 5.226
Schulfernsehmethodik
  s.Schulfernsehen (Methodische
  Einzelfragen) 5.218
Schulfernsehproduktion
  s.Schulfernsehen (Einzelfragen)
  5.217
Schulfernsehraum
  s.Schulfernsehen (Einzelfragen)
  5.217
Schulfernsehspiel
  s.Schulfernsehen (Methodische
  Einzelfragen) 5.218
Schulfernsehversuch des NDR [1961/62]
  s.Schulfernsehen (Versuche des
  NDR/WDR) 5.220
Schulfernsehversuch Hannover
  s.Schulfernsehen (Versuch Hannover
  1964) 5.220
Schulfest
  s.Schulfeier 6.157
Schulfilm
  s.Unterrichtsfilm 5.252

Schulfinanzierung 1.185
Schulformen
  s.Schulwesen 1.230
Schulfotografie 5.221
- (Arbeitsgemeinschaft) 5.221
- (Aufnahmetechnik) 5.222
- (Bildgestaltung) 5.222
- (Dunkelkammer)
  s.Schulfotografie (Fotolabor) 5.223
- (Einzelfragen) 5.222
- (Entwicklungspraxis) 5.223
- (Erfahrungen) 5.223
- (Erziehungswert) 5.223
- (Fotolabor) 5.223
- (Gymnasium) 5.224
- (Kunsterziehung) 5.224
- (Kunstlichteffekte)
  s.Schulfotografie (Bildgestaltung)
  5.222
- (Landschule) 5.224
- (Lehrerfortbildung) 5.224
- (Nahaufnahme) 5.224
- (Realschule) 5.225
- (Tiefenschärfe)
  s.Schulfotografie (Aufnahmetechnik)
  5.222
- (Vergrößerung)
  s.Schulfotografie (Aufnahmetechnik)
  5.222
- (Volksschule) 5.225
Schulfotolabor
  s.Schulfotografie (Fotolabor) 5.223
Schulfreier Samstag
  s.Fünftagewoche im Schulwesen 1.81
Schulfreudigkeit
  s.Schulverhalten 4.183
Schulfrühstück 1.185
Schulfunk 5.225
- (Bandaufnahme)
  s.Tonband im Unterricht (Archiv)
  5.250
- (Berufsschule) 5.226
- (Bibelunterricht)
  s.Bibelunterricht (Methodische
  Einzelfragen) 10.34
- (Bildbetrachtung)
  s.Kunstlehrmittel 5.96
- (Biologieunterricht)
  s.Biologielehrmittel (Schulfunk)
  5.44
- (Deutschunterricht)
  s.Deutschlehrmittel (Schulfunk)
  5.53
- (Einzelfragen) 5.226
- (Englischunterricht)

  s.Englischlehrmittel (Schulfunk)
  5.58
- (Erdkundeunterricht)
  s.Erdkundelehrmittel (Schulfunk)
  5.69
- (Fremdsprachenunterricht)
  s.Fremdsprachenlehrmittel (Schulfunk) 5.75
- (Gemeinschaftskunde)
  s.Politiklehrmittel (Schulfunk)
  5.153
- (Geschichtsunterricht)
  s.Geschichtslehrmittel (Schulfunk) 5.88
- (Gymnasium) 5.227
- (Hörspiel)
  s.Deutschlehrmittel (Schulfunk)
  5.53
- (Kritik) 5.227
- (Landschule) 5.227
- (Lehrplan)
  s.Schulfunk (Einzelfragen) 5.226
- (Musikerziehung)
  s.Musiklehrmittel (Schulfunk) 5.142
- (Neusprachlicher Unterricht)
  s.Fremdsprachenlehrmittel (Schulfunk) 5.75
- (Politische Bildung)
  s.Politiklehrmittel (Schulfunk)
  5.153
- (Programmfragen) 5.228
- (Psychologischer Aspekt) 5.228
- (Religionsunterricht)
  s.Religionslehrmittel (Schulfunk)
  5.200
- (Sendeformen)
  s.Schulfunk (Programmfragen) 5.228
- (Sitzordnung)
  s.Schulfunk (Einzelfragen) 5.226
- (Sonderschule) 5.228
- (Sozialerziehung)
  s.Politiklehrmittel (Schulfunk)
  5.153
- (Volksschule) 5.228
- oder Tonband
  s.Schulfunk (Einzelfragen) 5.226
- und Schulfernsehen
  s.Schulfunk (Einzelfragen) 5.226
Schulfunkgerät
  s.Schulfunk (Einzelfragen) 5.226
Schulfunkprogramm
  s.Schulfunk (Programmfragen) 5.228
Schulfußball
  s.Ballspiel (Fußball) 10.20
Schulgarten 5.229

- (Anlage) 5.230
- (Arbeitsgemeinschaft)
  s.Schulgartenunterricht (Methodische Einzelfragen) 5.233
- (Biologieunterricht) 5.230
- (Blumen) 5.230
- (Bodenbiologie) 5.231
- (Düngemittel)
  s.Schulgarten (Bodenbiologie) 5.231
- (Einrichtung)
  s.Schulgarten (Anlage) 5.230
- (Erziehungswert) 5.231
- (Experiment) 5.231
- (Frühling) 5.231
- (Gärtnerischer Aspekt)
  s.Schulgarten (Bodenbiologie) 5.231
- (Grundschule)
  s.Schulgartenunterricht (Unterstufe) 5.234
- (Hannover-Herrenhausen) 5.232
- (Kindergarten)
  s.Schulgartenunterricht (Unterstufe) 5.234
- (Kräuter) 5.232
- (Landschule) 5.232
- (Lehrplan)
  s.Schulgartenunterricht (Methodische Einzelfragen) 5.233
- (Musteranlage)
  s.Schulgarten (Erziehungswert) 5.231
- (Obstbäume) 5.232
- (Organisation)
  s.Schulgartenunterricht (Methodische Einzelfragen) 5.233
- (Planung)
  s.Schulgarten (Anlage) 5.230
- (Sonderschule) 5.232
- (Unterrichtsmittel)
  s.Schulgartenunterricht (Methodische Einzelfragen) 5.233
- (Unterstufe)
  s.Schulgartenunterricht (Unterstufe) 5.234
- (Waldorfschule) 5.233
Schulgartenbau
  s.Schulgarten (Anlage) 5.230
Schulgartenbiologie
  s.Schulgarten (Biologieunterricht) 5.230
Schulgartenordnung
  s.Schulgartenunterricht (Methodische Einzelfragen) 5.233
Schulgartenstunde
  s.Schulgartenunterricht (Methodische Einzelfragen) 5.233

Schulgartenunterricht [DDR] 5.233
- (Effektivität)
  s.Schulgartenunterricht (Schülerleistung) 5.234
- (Methodische Einzelfragen) 5.233
- (Schülerleistung) 5.234
- (Unterstufe) 5.234
Schulgartenversuche
  s.Schulgarten (Experiment) 5.231
Schulgebäude 1.186
- (Beleuchtung) 1.186
- (Chemieraum) 1.186
- (Fachräume) 1.186
- (Festraum) 1.187
- (Gruppenraum) 1.187
- (Handarbeitsraum) 1.187
- (Hygiene) 1.187
- (Klassenraum) 1.187
- (Lehrschwimmbecken) 1.188
- (Naturlehreraum) 1.188
- (Physikraum) 1.188
- (Schulhof) 1.189
- (Turnhalle) 1.189
- (Werkraum) 1.189
- (Zeichensaal) 1.189
Schulgebet 10.233
- (Rechtsfragen) 10.234
Schulgebetsstreit
  s.Schulgebet (Rechtsfragen) 10.234
Schulgeldfreiheit 1.189
Schulgemeinde
  s.Elternvertretung 1.63
  s.Schulleben 6.167
Schulgemeinschaft
  s.Schulanfänger (Sozialverhalten) 4.172
  s.Schulklasse 3.218
  s.Sozialerziehung in der Schule 3.223
Schulgeographentag
  s.Geographielehrer 2.36
Schulgeologie
  s.Erdkundeunterricht (Erdgeschichte) 8.35
Schulgeometrie
  s.Geometrieunterricht (Gymnasium) 9.135
Schulgesang
  s.Gesangunterricht 10.69
Schulgeschichte
  s.Erziehungsgeschichte 3.93
Schulgesetzgebung 1.189
- (Bundesländer) 1.190
- (Österreich) 1.191
- (Schweiz) 1.191

Schulgespräch
 s.Unterrichtsgespräch 6.210
Schulgestühl
 s.Schulmöbel 1.205
Schulgesundheitsdienst
 s.Schularzt 1.167
Schulgesundheitspflege 1.191
- (Berufsschule) 1.193
Schulgewalt
 s.Schulrecht 1.211
Schulgottesdienst
 s.Evangelischer Schulgottesdienst
 10.62
 s.Katholische Kindermesse 10.89
Schulgrammatik
 s.Englischunterricht (Grammatik)
 7.79
 s.Fremdsprachenunterricht
 (Grammatik) 7.106
 s.Grammatikunterricht 7.126
 s.Neusprachlicher Unterricht
 (Grammatik) 7.180
Schulgraphologe
 s.Schulpsychologe 2.134
Schulgraphologie
 s.Graphologie (Pädagogischer
 Aspekt) 4.72
Schulgrundgesetz
 s.Schulreform (Hessisches Schulgrundgesetz) 1.222
Schulgutachten
 s.Schülerbeurteilung (Gutachten)
 4.169
Schulhausatmosphäre
 s.Schulwohnstube 6.182
Schulhauseinweihung
 s.Schulfeier (Schulhauseinweihung)
 6.158
Schulhausneubau
 s.Schulbau 1.169
Schulhelfer
 s.Aushilfslehrer 2.20
 s.Schulassistent 2.133
Schulherbarium 5.234
Schulhof
 s.Schulgebäude (Schulhof) 1.189
Schulhofdeutsch
 s.Schulsprache 7.210
Schulhumanismus
 s.Humanistische Bildung (Diskussion)
 3.146
Schulhygiene 1.193
Schulhygienische Selbstkontrolle
 s.Gesundheitserziehung in der
 Schule 3.136

Schulinspektor
 s.Schulassistent 2.133
Schulinteresse
 s.Interesse des Schülers 4.91
Schulinterner Fernsehversuch Hannover
 s.Schulfernsehen (Versuch Hanno-
 ver 1964) 5.220
Schulinternes Fernsehsystem
 s.Schulfernsehen (Klasseninternes
 Fernsehen) 5.217
Schulinterpretation
 s.Interpretation im Unterricht
 (Gymnasium) 7.136
Schulische Ausstellung 5.235
Schulische Entwicklung
 s.Schüler 4.165
Schulische Erziehungsberatung
 s.Erziehungsberatung (Schulkind)
 4.53
Schulische Faulheit
 s.Faulheit des Schülers 4.58
Schulische Filmerziehung
 s.Filmerziehung in der Schule 3.119
Schulische Körpererziehung
 s.Leibeserziehung 10.126
Schulische Leistung 6.159
- (Gesamtunterricht)
 s.Gesamtunterricht (Psychologischer
 Aspekt) 6.76
- (Körperbehinderter Schüler)
 s.Schulische Leistung (Sonderschule)
 6.159
- (Sonderschule) 6.159
- (Test)
 s.Testverfahren (Prognostischer
 Wert) 4.225
- (Volksschule) 6.160
Schulische Leistungsbeurteilung
 s.Leistungsbeurteilung 4.106
Schulische Leistungsfähigkeit
 s.Leistungsfähigkeit 4.107
Schulische Leistungskontrolle 6.160
Schulische Leistungsmessung
 s.Leistungsmessung 4.108
Schulische Leistungssicherung
 s.Unterricht (Ergebnissicherung)
 6.205
Schulische Leistungssteigerung ... 6.161
- (Hausaufgabe)
 s.Hausaufgabe (Unterrichtsaspekt)
 6.99
- (Körpererziehung) 6.161
- (Pädagogischer Aspekt) 6.162
- (Schwachbegabte) 6.162
- (Volksschule) 6.162

Schulische Leistungsstörung
  s.Leistungsstörung 4.109
Schulische Ordnungsformen 6.162
Schulische Sitzordnung
  s.Gruppenunterricht oder Frontalunterricht 6.90
Schulische Sozialerziehung
  s.Sozialerziehung in der Schule
  3.223
Schulische Übung
  s.Üben 6.202
Schulische Vorweihnachtszeit
  s.Schulleben (Advent) 6.168
Schulische Weihnachtsfeier 6.163
Schulischer Aufstieg
  s.Begabtenförderung (Schulaufbau)
  1.28
Schulischer Leistungsrückgang 6.163
Schulisches Gemeinschaftsleben
  s.Schulleben 6.167
Schulisches Lernen
  s.Lernen 6.123
Schuljahr I
  s.Aufsatzunterricht (Schuljahr I-II) 7.36
  s.Ganzheitliches Rechnen
  (Schuljahr I) 9.123
  s.Gruppenunterricht (Grundschule) 6.86
  s.Rechtschreibunterricht
  (Schuljahr I-II) 7.193
  s.Sprachunterricht (Schuljahr I) 7.229
Schuljahr II
  s.Aufsatzunterricht (Schuljahr I-II) 7.36
  s.Ganzheitliches Rechnen
  (Schuljahr II) 9.123
  s.Grundschulrechnen (Schuljahr II) 9.142
  s.Grundschulunterricht
  (Schuljahr II) 6.82
  s.Leseunterricht (Schuljahr II) 7.158
  s.Rechtschreibunterricht
  (Schuljahr I-II) 7.193
  s.Sprachunterricht (Schuljahr II) 7.229
Schuljahr III-IV
  s.Aufsatzunterricht (Schuljahr III-IV) 7.37
  s.Ganzheitliches Rechnen
  (Schuljahr III) 9.123
  s.Grundschulrechnen (Schuljahr III) 9.142

  s.Grundschulunterricht
  (Schuljahr III-IV) 6.82
  s.Rechtschreibunterricht
  (Schuljahr III-IV) 7.193
  s.Sprachunterricht (Schuljahr III-IV) 7.229
Schuljahr IV
  s.Aufsatzunterricht (Schuljahr III-IV) 7.37
  s.Grundschulrechnen (Schuljahr IV) 9.142
  s.Grundschulunterricht
  (Schuljahr III-IV) 6.82
  s.Rechtschreibunterricht
  (Schuljahr III-IV) 7.193
Schuljahr V
  s.Erdkundeunterricht (Schuljahr V-VI) 8.43
  s.Geschichtsunterricht
  (Schuljahr V) 8.83
  s.Lehrplan (Schuljahr V-VI)
  6.120
  s.Volksschulunterricht
  (Schuljahr V-VII) 6.222
Schuljahr VI
  s.Erdkundeunterricht (Schuljahr V-VI) 8.43
  s.Lehrplan (Schuljahr V-VI)
  6.120
  s.Volksschulunterricht
  (Schuljahr V-VII) 6.222
Schuljahr VII
  s.Chemieunterricht (Schuljahr VII) 9.93
  s.Lehrplan (Schuljahr
  VII-VIII) 6.120
  s.Volksschulunterricht
  (Schuljahr V-VII) 6.222
Schuljahr VIII
  s.Gesamtunterricht (Volksschuloberstufe) 6.77
  s.Lehrplan (Schuljahr
  VII-VIII) 6.120
  s.Volksschulunterricht
  (Abschlußklasse) 6.220
Schuljahr IX 1.194
- (Berufsfachschule)
  s.Berufsfachschule 1.39
- (Berufsfindungsjahr) 1.195
- (Betriebspraktikum)
  s.Betriebsbesichtigung 6.49
  s.Betriebspraktikum (Schuljahr IX)
  6.50
- (Bundesländer) 1.196
- (Diskussion) 1.197

[Forts.: Schuljahr IX]
- (Disziplin)
  s.Schuldisziplin (Psychologischer Aspekt) 3.215
- (Ganzheitsmethode)
  s.Ganzheitsunt. (Schuljahr IX) 6.73
- (Gruppenunterricht)
  s.Gruppenunterricht (Volksschuloberstufe) 6.89
- (Heimatkunde)
  s.Heimatkundeunterricht (Volksschuloberstufe) 8.104
- (Kern und Kurs)
  s.Kern- und Kursunterricht (Volksschuloberstufe) 6.106
- (Konfessioneller Charakter) 1.197
- (Landschule) 1.197
- (Lehrplan)
  s.Lehrplan (Schuljahr IX) 6.121
- (Österreich) 1.197
- (Politische Bildung)
  s.Politische Bildung (Schuljahr IX) 8.188
- (Polytechnischer Lehrgang)
  s.Polytechnischer Lehrgang [Österreich] 6.139
- (Psychologischer Aspekt) 1.198
- (Schulpflichtverlängerung)
  s.Schulpflichtverlängerung (Schuljahr IX) 1.207
- (Sonderschule)
  s.Sonderschulunterricht (Schuljahr IX) 6.187
- (Sozialerziehung)
  s.Sozialerziehung in der Schule (Abschlußklasse) 3.225
- (Unterricht)
  s.Volksschulunterricht (Schuljahr IX) 6.222
- für Mädchen
  s.Volksschulunterricht (Schuljahr IX für Mädchen) 6.223
- und Berufsbildd.Schulwesen 1.198
- und Handelsschule 1.199
Schuljahr IX und X 1.199
Schuljahr X 1.200
- und Berufsbildd.Schulwesen 1.200
Schuljahrsbeginn 1.200
- (Frühjahr oder Herbst) 1.201
- (Herbst) 1.201
- (Schweiz) 1.201
- (Unterrichtsaspekt)
  s.Schulanfang 6.153
Schuljugend
  s.Schüler 4.165

- und Freizeit
  s.Freizeitverhalten (Schulkind) 3.124
Schuljugendberater
  s.Beratungslehrer 2.23
Schuljugendberatung
  s.Schulpsychologischer Dienst (Schuljugendberatung) 4.175
  s.Übergang (Eignungsgutachten) 1.258
Schulkampf
  s.Schulpolitik 1.208
Schulkantate
  s.Liedpflege (Kantate) 10.163
Schulkarte
  s.Erdkundelehrmittel (Karten) 5.66
Schulkind
  s.Entwicklungspsychologie (Kindheit) 4.42
  s.Schüler 4.165
Schulkindergarten 1.201
- (Arbeitsformen) 1.203
- (Bundesländer) 1.203
Schulklasse 3.218
- (Gruppenstruktur)
  s.Soziogramm (Schulklasse) 4.196
- (Psychotherapie)
  s.Sozialpsychologie (Schulklasse) 4.195
- (Sozialgebilde)
  s.Schulklasse (Soziologischer Aspekt) 3.218
  s.Sozialpsychologie (Schulklasse) 4.195
- (Soziologischer Aspekt) 3.218
Schulklassenfahrt
  s.Schulwandern (Klassenfahrt) 6.178
Schulklima
  s.Klassengemeinschaft 3.157
Schulkollektiv
  s.Schulwesen DDR 1.234
Schulkonzert
  s.Jugendkonzert 10.83
Schulkostengesetz
  s.Schulfinanzierung 1.185
Schulküchenunterricht
  s.Kochunterricht 10.103
Schulkunde
  s.Schulrecht 1.211
Schullandheim 1.203
- (Lehrerbildung)
  s.Lehrerbildung (Schullandheim) 2.96
Schullandheimaufenthalt 6.164
- (Berufsschule) 6.165

- (Biologieunterricht)
  s.Biologieunterricht (Schullandheimaufenthalt) 9.75
- (Disziplin) 6.165
- (Erdkundeunterricht)
  s.Erdkundeunterricht (Schullandheim) 8.43
- (Erziehungsauftrag)
  s.Schullandheimaufenthalt (Pädagogischer Aspekt) 6.166
- (Geschichtsunterricht)
  s.Geschichtsunterricht (Methodische Einzelfragen) 8.78
- (Gesundheitserziehung) 6.165
- (Grundschule)
  s.Schullandheimaufenthalt 6.164
- (Haftpflicht)
  s.Schullandheimaufenthalt 6.164
- (Landschule) 6.165
- (Mädchenklasse) 6.165
- (Musische Erziehung) 6.165
- (Pädagogischer Aspekt) 6.166
- (Politische Bildung)
  s.Politische Bildung (Schullandheim) 8.188
- (Schulseelsorge)
  s.Schullandheimaufenthalt (Pädagogischer Aspekt) 6.166
- (Schulspiel)
  s.Schulspiel 6.171
- (Sonderschule) 6.166
- (Sozialverhalten) 6.166
- (Unterrichtsaspekt) 6.167
- (Vorbereitung)
  s.Schullandheimaufenthalt 6.164
Schullandheimerziehung
  s.Schullandheimaufenthalt (Pädagogischer Aspekt) 6.166
Schullastenverteilung
  s.Schulfinanzierung 1.185
Schullaufbahn
  s.Durchlässigkeit 1.59
Schulleben 6.167
- (Advent) 6.168
- (Brauchtumspflege) 6.169
- (Elternbesuch)
  s.Offene Schultür 6.134
- (Erntedank) 6.169
- (Fastnacht) 6.169
- (Gruppenunterricht)
  s.Gruppenunterricht (Sozialerziehung) 6.88
- (Kunsterziehung)
  s.Kunsterziehung (Schulleben) 10.120
- (Landschule)
  s.Schulfeier (Landschule) 6.158
- (Muttertag) 6.170
- (Sommerfest) 6.170
- (Vorweihnachtszeit)
  s.Schulleben (Advent) 6.168
- (Weihnachten) 6.170
Schullehrfahrt
  s.Studienfahrt 6.190
Schullehrplan
  s.Lehrplan (Klassenlehrplan) 6.119
Schulleistung
  s.Schulische Leistung 6.159
- (Disziplin)
  s.Schuldisziplin (Psychologischer Aspekt) 3.215
- (Familienverhältnisse)
  s.Schülerleistung (Soziologischer Aspekt) 6.153
- (Intelligenz)
  s.Intelligenz (Schulleistung) 4.87
Schulleistungsprüfung
  s.Leistungsmessung 4.108
Schulleistungstest 4.173
- (Geschichtsunterricht)
  s.Geschichtsunterricht (Geschichtstest) 8.73
Schulleistungszahl
  s.Leistungsbeurteilung 4.106
Schulleiter 2.133
Schulleiterin 2.134
Schulleitung 1.204
- (Schriftverkehr) 1.204
- (Verwaltungsarbeit) 1.204
Schullektüre
  s.Dichtung im Unterricht 7.61
  s.Ganzschrift im Unterricht 5.76
  s.Schulbuch 5.210
Schullesebuch
  s.Lesebuch 5.126
Schullesekunde
  s.Lektüreplan 7.149
Schulliederbuch
  s.Musiklehrbuch 5.140
Schulmahlzeit
  s.Schulfrühstück 1.185
Schulmethodik
  s.Methodik 6.124
Schulmilch
  s.Schulfrühstück 1.185
Schulmathematik
  s.Mathematikunterricht 9.160
Schulmöbel 1.205
Schulmüdigkeit
  s.Schulverdrossenheit 4.182

Schulmuseum
 s.Schulische Ausstellung 5.235
Schulmusikbuch
 s.Musiklehrbuch 5.140
Schulmusiker
 s.Lehrerbildung (Musikerziehung) 2.89
 s.Musikerzieher 2.120
Schulmusikerziehung
 s.Musikunterricht 10.179
Schulnebelkammer
 s.Atomphysik (Nebelkammer) 9.54
Schulneuling
 s.Schulanfänger 4.171
 - (Einschulung)
 s.Schulaufnahme 6.154
Schulneulingstest
 s.Schulreifetest 4.178
Schulnot
 s.Schulraumnot 1.211
Schulnoten
 s.Zeugnis 1.272
Schuloper 10.234
Schulorchester 10.234
Schulordnung
 s.Bildungsplan 6.51
 s.Schuldisziplin 3.214
Schulorganisation
 s.Schulreform 1.212
Schulorganisationsgesetz
 s.Schulverwaltungsgesetze 1.230
Schulpädagogik
 s.Methodik \ 6.124
Schulpädagogische Tatsachenforschung
 s.Pädagogische Tatsachenforschung 6.134
Schulpartnerschaft
 s.Schüleraustausch 1.167
Schulpause 1.205
Schulpavillon
 s.Schulbau (Flachbauweise) 1.171
Schulpflegschaft
 s.Elternvertretung 1.63
Schulpflicht 1.206
 - (Berufsschule) 1.206
 - (Geistig Behinderte)
 s.Sonderschule für geistig Behinderte 1.244
Schulpflichtalter
 s.Schulreife (Eintrittsalter) 4.177
Schulpflichtgesetze 1.206
Schulpflichtverlängerung 1.206
 - (Berufsbildendes Schulwesen) ... 1.207
 - (Schuljahr IX) 1.207
Schulpforta
 s.Schulreform (Geschichte) 1.221

Schulphobie
 s.Schulangst 4.172
Schulphysik
 s.Physikunt. (Gymnasium) 9.248
Schulplan
 s.Lehrplan 6.114
Schulplanung
 s.Bildungsplanung 1.49
Schulpolitik 1.208
 - (Bundesländer) 1.209
 - (DDR) 1.209
 - (Kirche)
 s.Schule und Kirche 1.180
 - (Schulreform)
 s.Schulreform (Bildungspolitik) 1.216
Schulpolitische Arbeitsgemeinschaft
 s.Schulpolitik 1.208
Schulpräparate
 s.Mikrobiologie (Schulpräparate) 9.195
Schulpraktische Ausbildung
 s.Lehrerbildung (Schulpraktische Ausbildung) 2.96
Schulpraktische Psychologie
 s.Schulpsychologie 4.173
Schulprogramm
 s.Schulreform (Bildungskonzeption) 1.215
Schulpsychiatrie
 s.Psychotherapie (Pädagogischer Aspekt) 4.155
Schulpsychologe 2.134
Schulpsychologie 4.173
 - (Organisationsfragen)
 s.Schulpsychologische Beratungsstelle) 1.209
 - (Sozialpädagogik)
 s.Schulpsychologischer Dienst (Schuljugendberatung) 4.175
Schulpsychologische Beratung
 s.Schulpsychologischer Dienst (Schuljugendberatung) 4.175
Schulpsycholog.Beratungsstelle ... 1.209
 - (Bundesländer) 1.210
 - (Österreich) 1.210
 - (Schweiz) 1.211
Schulpsychologische Berufsschularbeit
 s.Schulpsychologischer Dienst (Schuljugendberatung) 4.175
Schulpsychologische Erfolgskontrolle
 s.Schulpsychologischer Dienst 4.174
Schulpsychologische Untersuchung
 s.Schulpsychologischer Dienst 4.174
Schulpsychologischer Dienst 4.174

- (Gymnasium)
  s.Schulpsychologischer Dienst
  (Schuljugendberatung) 4.175
- (Schülerhilfe) 4.175
- (Schuljugendberatung) 4.175
- (Sonderschule)
  s.Schulpsychologischer Dienst
  (Schuljugendberatung) 4.175
Schulrat 2.134
- (Landschule) 2.135
- und Lehrer 2.135
Schulraum
  s.Schulgebäude 1.186
Schulraumgestaltung
  s.Schulwohnstube (Schmuckformen)
  6.182
Schulraumnot 1.211
Schulraumverdunklung
  s.Bildwerfer 5.38
Schulreaktion
  s.Schulreform 1.212
Schulrecht 1.211
Schulreform 1.212
  siehe auch:
  Innere Schulreform 6.101
- (Bauernverband)
  s.Schulreform (Bildungspolitik)
  1.216
- (Bildungskonzeption) 1.215
- (Bildungspolitik) 1.216
- (Bildungsziel)
  s.Schulreform (Bildungskonzeption)
  1.215
- (Bundesländer) 1.216
- (DDR) 1.218
- (Diskussion) 1.219
- (Elternrecht) 1.220
- (Gegenwartsbezug) 1.220
- (Gesamtplan des Deutschen Instituts) 1.221
- (Geschichte) 1.221
- (Hessisches Schulgrundgesetz) .. 1.222
- (Industrie)
  s.Schulreform (Bildungspolitik)
  1.216
- (Katholische Bildungspolitik) .. 1.222
- (Nachkriegszeit) 1.222
- (Österreich) 1.223
- (Psychologischer Aspekt) 1.223
- (Schweiz) 1.224
- (Soziologischer Aspekt) 1.224
- (Vergleichende Pädagogik) 1.225
Schulreglement
  s.Schulverwaltung 1.229
Schulreife 4.176

- (Bildungsziel)
  s.Schulreife (Schulleistung) 4.178
- (Eintrittsalter) 4.177
- (Feststellung)
  s.Schulreifefeststellung 4.178
- (Gruppenuntersuchung)
  s.Schulreifeuntersuchung 4.181
- (Intelligenz)
  s.Schulreife (Schulleistung) 4.178
- (Kinderarzt)
  s.Schulreife (Medizinischer Aspekt)
  4.177
- (Landkind)
  s.Schulreifefeststellung 4.178
- (Medizinischer Aspekt) 4.177
- (Schulleistung) 4.178
- (Schulversager)
  s.Schulreife (Eintrittsalter) 4.177
- (Taubstummes Kind)
  s.Taubstummenbildung (Früherfassung) 6.194
Schulreifebegriff
  s.Schulreife 4.176
Schulreifebeurteilung
  s.Schulreifefeststellung 4.178
Schulreifefeststellung 4.178
Schulreifeprognose
  s.Schulreifefeststellung 4.178
Schulreifeprüfung
  s.Schulreifeuntersuchung 4.181
Schulreifes Kind
  s.Schulreife 4.176
Schulreifetest 4.178
- (Einzelformen) 4.179
- (Grundleistungstest) 4.180
- (Kritik) 4.180
Schulreifetraining 4.180
Schulreifeuntersuchung 4.181
- (Auslandsschule)
  s.Schulreifeuntersuchung (Einzelerfahrungen) 4.182
- (Berlin)
  s.Schulreifeuntersuchung (Einzelerfahrungen) 4.182
- (Duisburg) 4.181
- (Einzelerfahrungen) 4.182
- (Erziehungsberatung)
  s.Schulreifeuntersuchung (Pädagogischer Aspekt) 4.182
- (Herne)
  s.Schulreifeuntersuchung (Einzelerfahrungen) 4.182
- (Mannheim)
  s.Schulreifeuntersuchung (Einzelerfahrungen) 4.182

[Forts.: Schulreifeuntersuchung]
- (Pädagogischer Aspekt) 4.182
- (Pforzheim)
  s.Schulreifeuntersuchung (Einzelerfahrungen) 4.182
- (Wiesbaden)
  s.Schulreifeuntersuchung (Einzelerfahrungen) 4.182
Schulreifung
  s.Schulreifetraining 4.180
Schulreise
  s.Schulwandern 6.178
  s.Studienfahrt 6.190
Schulrevision
  s.Lehrerberuf (Dienstliche Beurteilung) 2.70
  s.Schulaufsicht 1.168
Schulromanist
  s.Neuphilologe 2.122
Schulsammlung
  s.Heimatkundelehrmittel (Sammlungen) 5.93
Schulschriften
  s.Schreibunterricht (Schriftformen) 10.231
Schulschwäche
  s.Leistungsstörung 4.109
  s.Schulversager 4.183
Schulschwänzen
  s.Fortläufer 4.62
  s.Schulversäumnis 1.226
Schulschwieriges Kind
  s.Schulversager 4.183
Schulschwierigkeit
  s.Erz.schwierigkeit (Schüler) 4.56
  s.Konzentrationsschwäche 4.101
  s.Leistungsstörung 4.109
  s.Lernstörung 4.113
  s.Schulanfänger (Schulschwierigkeiten) 4.172
Schulschwimmbad
  s.Schulgebäude (Lehrschwimmbecken) 1.188
Schulschwimmunterricht
  s.Schwimmunterricht 10.235
Schulsiedlung
  s.Einheitsschule 1.60
Schulsonderturnen
  s.Leibeserziehung (Organisationsfragen) 10.146
  s.Sonderturnen 4.192
Schulsparen
  s.Sparerziehung (Schulsparen) 3.233
Schulspeisung
  s.Schulfrühstück 1.185

Schulspiel 6.171
- (Aufsatzunterricht)
  s.Aufsatzunterricht (Spielformen) 7.37
- (Bühnentechnik) 6.172
- (Deutschunterricht)
  s.Deutschunterricht (Schulspiel) 7.57
- (Englischunterricht)
  s.Englischlehrmittel (Szenisches Spiel) 5.58
- (Grundschule) 6.172
- (Gymnasium).................... 6.173
- (Heimatkundeunterricht)
  s.Heimatkundeunterricht (Methodische Einzelfragen) 8.100
- (Krippenspiel) 6.174
- (Lesespiel) 6.174
- (Musik) 6.174
- (Pantomime) 6.175
- (Politische Bildung)
  s.Politiklehrmittel (Darstellendes Spiel) 5.149
- (Psychologischer Aspekt) 6.175
- (Schminken)
  s.Schulspiel (Bühnentechnik) 6.172
- (Schulfeier)
  s.Schulfeier (Schulspiel) 6.157
- (Schullandheim)
  s.Schulspiel 6.171
- (Spielauswahl)
  s.Laienspiel (Spielauswahl) 6.110
- (Volksschule) 6.175
Schulsport 10.234
- (Leistungstraining)
  s.Leibeserziehung (Training) 10.154
- (Politische Erziehung)
  s.Leibeserziehung (Politische Bildung) 10.147
Schulsportfest
  s.Leibeserziehung (Schulsportfest) 10.151
Schulsprachbuch
  s.Sprachbuch 5.239
Schulsprache 7.210
Schulsprechstunde
  s.Elternsprechtag 1.63
Schulstatistik 1.225
- (Begabungsreserven)
  s.Begabungsreserven (Statistik) 1.29
Schulstrafe 3.219
- (Arrest) 3.220
- (Kollektivstrafe) 3.220
- (Sonderschule) 3.220
- (Strafarbeit) 3.220

Schulstreik 1.226
Schulstreit
  s.Schulrecht 1.211
Schulstube
  s.Schulwohnstube 6.181
Schultafel
  s.Wandtafel 5.257
Schultag
  s.Schulleben 6.167
Schulterrarium 5.235
Schultest
  s.Testpsychologie (Pädagogischer Aspekt) 4.222
Schultheater 6.176
- (Einzelne Spiele) 6.177
- (Gymnasium) 6.178
- (Musik)
  s.Schulspiel (Musik) 6.174
Schultheorie
  s.Schule als Lebensraum 3.216
Schultonfilm
  s.Unterrichtsfilm (Tonfilm) 5.255
Schulträger
  s.Schulverwaltung 1.229
Schulturnen
  s.Turnunterricht 10.246
- (Bayern)
  s.Leibeserziehung (Organisationsfragen) 10.146
- (Gymnastik)
  s.Gymnastik (Unterrichtsaspekt) 10.74
- (Schweiz)
  s.Leibeserziehung (Schweiz) 10.151
Schulturngarten 1.226
Schultyp und Hochschule
  s.Schule und Universität 1.182
Schulunfall
  s.Schülerunfall 1.167
Schulungsbüro
  s.Schulwerkstatt (Bürotechnik) 5.237
Schulunlust
  s.Schulverdrossenheit 4.182
Schulunreife 4.182
Schulunterhaltungskosten
  s.Schulfinanzierung 1.185
Schulunterricht
  s.Unterricht 6.203
Schulurkunde
  s.Zeugnis 1.272
Schulveranstaltung
  s.Schulleben 6.167
Schulverdrossenheit 4.182
Schulverhalten 4.183

Schulverkehrserziehung
  s.Verkehrsunterricht 10.249
Schulverkehrsgarten
  s.Verkehrslehrmittel (Schulverkehrsgarten) 5.257
Schulverkehrszimmer
  s.Verkehrsunterricht (Methodische Einzelfragen) 10.252
Schulversäumnis 1.226
- (Berufsschule) 1.227
- (Sonderschule) 1.227
Schulversagen
  s.Sonderschule für Lernbehinderte 1.246
Schulversager 4.183
- (Eltern)
  s.Schulversager (Soziologischer Aspekt) 4.184
- (Expansionshemmung)
  s.Schulversager (Soziologischer Aspekt) 4.184
- (Grundschule)
  s.Schulversager (Volksschule) 4.184
- (Gymnasium) 4.184
- (Schulorganisation)
  s.Schulversager (Soziologischer Aspekt) 4.184
- (Sonderschule)
  s.Schulversager 4.183
- (Soziologischer Aspekt) 4.184
- (Umwelteinflüsse)
  s.Schulversager (Soziologischer Aspekt) 4.184
- (Volksschule) 4.184
Schulverbände
  s.Mittelpunktschule (Bundesländer) 1.144
Schulverein
  s.Elternvertretung 1.63
Schulversuch
  s.Radioaktivität (Schulversuch) 9.256
  s.Wärmelehre (Schulversuch) 9.301
Schulversuche 1.227
- (Bundesländer) 1.228
- (Österreich) 1.228
- des Westdeutschen Rundfunks
  s.Schulfernsehen (Versuche des NDR/WDR) 5.220
Schulverwaltung 1.229
Schulverwaltungsgesetze 1.230
Schulverwaltungsreform
  s.Schulverwaltung 1.229
Schulvitrine
  s.Schulische Ausstellung 5.235

Schulvivarium 5.235
Schulwald 5.236
Schulwaldarbeit
   s.Freilufterziehung (Waldschule)
   6.69
Schulwandererlaß
   s.Schulwandern (Rechtsfragen) 6.181
Schulwandern 6.178
- (Abschlußklasse)
   s.Schulwandern (Klassenfahrt) 6.180
- (Bergsteigen) 6.179
- (Biologie)
   s.Biologische Lehrwanderung 9.79
- (Ferienlager) 6.180
- (Gebirge)
   s.Schulwandern (Bergsteigen) 6.179
- (Gymnasium) 6.180
- (Jugendherberge) 6.180
- (Klassenfahrt) 6.180
- (Rechtsfragen) 6.181
- (Wandkarte) 6.181
- (Zeltlager) 6.181
Schulwanderplan
   s.Schulwandern (Wanderkarte) 6.181
Schulwandertag
   s.Wandertag 6.228
Schulwandplastik
   s.Schulwohnstube (Schmuckformen)
   6.182
Schulwechsel 1.230
Schulweg
   s.Verkehrsunterricht (Schulweg)
   10.254
Schulweihnachtsfeier
   s.Schulische Weihnachtsfeier 6.163
Schulwerkstatt 5.236
- (Bürotechnik) 5.237
- (Einzelformen) 5.237
- (Fleischer)
   s.Schulwerkstatt (Einzelformen)
   5.237
- (Friseurklasse)
   s.Schulwerkstatt (Einzelformen)
   5.237
- (Gießereiberuf)
   s.Schulwerkstatt (Einzelformen)
   5.237
- (Holzgewerbe)
   s.Schulwerkstatt (Einzelformen)
   5.237
- (Maschinenkunde)
   s.Schulwerkstatt (Metallgewerbe)
   5.237
- (Metallgewerbe) 5.237
- (Nahrungsgewerbe) 5.237

siehe auch:
   Berufsfachkunde (Nahrungsgewerbe)
   10.26
- (Werkzeugkunde) 5.237
Schulwesen 1.230
Schulwesen BRD 1.231
- (Bundesländer) 1.232
- (Kritik) 1.233
- ([versus] DDR) 1.234
Schulwesen DDR 1.234
- (Hochschulwesen) 1.235
- (Kritik) 1.235
- (Zehnklassenschule) 1.236
Schulwesen Österreich 1.236
Schulwesen Schweiz 1.237
- (Einzelne Kantone) 1.238
- (Katholische Bildungspolitik) .. 1.239
Schulwirklichkeit
   s.Pädagogik (Wirklichkeitsbezug)
   3.189
   s.Schule als Lebensraum 3.216
Schulwissen und Bildung
   s.Bildung und Ausbildung 3.60
Schulwohnstube 6.181
- (Kunstschmuck)
   s.Kunsterziehung (Schulleben) 10.120
- (Schmuckformen) 6.182
Schulzahnpflege 1.239
Schulzeitschrift
   s.Schülerzeitschrift 3.213
Schulzeitung
   s.Zeitung im Unterricht (Schulzeitung) 5.263
Schulzeitverlängerung
   s.Schulpflichtverlängerung 1.206
Schulzeltlager
   s.Schulwandern (Zeltlager) 1.181
Schulzentrum
   s.Einheitsschule 1.60
   s.Gesamtschule 1.88
Schulzeugnis
   s.Zeugnis 1.272
Schulzimmer
   s.Schulgebäude (Klassenraum) 1.187
Schulzucht
   s.Schuldisziplin 3.214
Schulzwang
   s.Schulpflicht 1.206
Schumann, Robert
   s.Musikgeschichte (Schumann) 10.177
Schumannplan
   s.Zeitgeschichtsunterricht (Europäische Gemeinschaften) 8.252
Schund- und Schmutzliteratur
   s.Schmutz- und Schundliteratur 3.207

Schundliteratur 3.220
- (Comics) 3.221
- (Gegenmaßnahmen) 3.221
- (Kitsch) 3.222
Schundroman
　s.Schundliteratur 3.220
Schuttpflanzen
　s.Pflanzenkunde (Lebensgemeinschaft)
　9.231
Schutzimpfung
　s.Gesundheitslehre (Schutzimpfung)
　9.139
Schutzwaldstreifen
　s.Naturschutz (Bäume) 9.209
Schwachbegabtenförderung
　s.Differenzierung (Psychologischer
　Aspekt) 6.58
Schwachbegabtes Kind
　s.Hilfsschulkind 4.81
Schwache Verben
　s.Verblehre (Einzelfragen) 7.243
Schwacher Schüler
　s.Schulversager (Volksschule) 4.184
Schwachsichtiges Kind
　s.Sehbehindertes Kind 4.189
Schwachsinnigenschule
　s.Sonderschule für geistig Behinderte 1.244
Schwachsinniger Gehörloser
　s.Gehörloses Kind 4.66
Schwachsinniges Kind 4.185
- (Kollektiverziehung)
　s.Geistig behindertes Kind (Heilpädagogische Betreuung) 4.67
Schwachsinnsformen 4.186
Schwachsinnsforschung
　s.Schwachsinniges Kind 4.185
Schwachstrom
　s.Elektrizitätslehre (Schwachstrom) 9.108
Schwäbische Alb
　s.Länderkunde (Baden-Württemberg)
　8.118
Schwärmertum
　s.Kirchengeschichte (Einzelfragen)
　10.97
Schwalben
　s.Vogelkunde (Grundschule) 9.294
　s.Vogelkunde (Schwalben) 9.295
Schwan
　s.Vogelkunde (Wasservögel) 9.297
Schwank 7.210
- im Unterricht 7.211
Schwarzes Brett
　s.Schulleitung (Schriftverkehr) 1.204

Schwarzkehlchen
　s.Vogelkunde (Einzelne Vögel) 9.294
Schwarzspecht
　s.Vogelkunde (Waldvögel) 9.296
Schwarzwald
　s.Länderkunde (Schwarzwald) 8.140
Schwarzwurz
　s.Pflanzenkunde (Einzelne Pflanzen) 9.228
Schwebebalken
　s.Geräteturnen (Schwebebalken)
　10.68
Schwebebank
　s.Geräteturnen (Einzelne Geräte)
　10.65
Schwebeversuch
　s.Mechanik (Auftrieb) 9.177
Schwebungen
　s.Hochfrequenztechnik (Modulation)
　9.144
　s.Wellenlehre (Interferenz) 9.303
Schweden
　s.Länderkunde (Schweden) 8.140
Schwedische Gymnastik
　s.Gymnastik (Organisationsfragen)
　10.73
Schwefel
　s.Anorganische Chemie (Schwefel)
　9.43
Schwefeldioxyd
　s.Anorganische Chemie (Nichtmetalle)
　9.40
　s.Anorganische Chemie (Oxydation)
　9.41
Schwefelsäure
　s.Anorganische Chemie (Säure) 9.41
　s.Elektrolyse (Einzelfragen)
　9.110
Schweigender Patient
　s.Psychoanalyse (Behandlungstechnik)
　4.138
Schwein
　s.Tierkunde (Haustier) 9.281
Schweißtropfenbahn
　s.Sportanlage 1.252
Schweiz
　s.Geschichte (Schweiz) 8.58
　s.Länderkunde (Schweiz) 8.140
　s.Wirtschaftsgeographie (Schweiz)
　8.226
Schweizer Berufsausbildungsgesetz
　s.Berufsausbildungsgesetz (Schweiz)
　1.33
Schweizer Fibeln
　s.Fibel (Einzelbeispiele) 5.70

Schweizer Gymnasiallehrerbildung
  s.Gymnasiallehrerbildung (Schweiz)
  2.47
Schweizer Jura
  s.Länderkunde (Schweiz:Jura) 8.141
Schweizer Kulturlandschaft
  s.Länderkunde (Schweiz) 8.140
Schweizer Lehrerbildung
  s.Lehrerbildung (Schweiz) 2.98
Schweizer Lehrerfortbildung
  s.Lehrerfortbildung (Schweiz) 2.108
Schweizer Lesebuch
  s.Lesebuch (Einzelwerke) 5.127
Schweizer Mädchenturnschule
  s.Mädchenturnen (Schweiz) 10.166
Schweizer Mittelschulatlas
  s.Erdkundeatlas 5.59
Schweizer Mittelschule
  s.Gymnasium (Schweiz) 1.99
Schweizer Orthographiekonferenz
  s.Rechtschreibreform (Kleinschreibung) 7.187
Schweizer Rheinschiffahrt
  s.Wirtschaftsgeographie (Rheinschiffahrt) 8.226
Schweizer Schulbuch
  s.Schulbuch 5.210
Schweizer Schulorganisation
  s.Schulwesen Schweiz 1.237
Schweizer Schulplanung
  s.Schulreform (Schweiz) 1.224
Schweizer Schulwandbilderwerk
  s.Unterrichtsbild 5.252
Schweizer Schulwesen
  s.Schulwesen Schweiz 1.237
Schweizer Schwimmtest
  s.Schwimmunterricht 10.235
Schweizer Sonderschullehrerbildung
  s.Sonderschullehrerbildung
  (Schweiz) 2.137
Schweizerischer Lehrerverein
  s.Lehrerverbände 2.116
Schweizerischer Verband für Gewerbeunterricht
  s.Lehrerverbände 2.116
Schweizerschule im Ausland
  s.Schulwesen Schweiz 1.237
Schwere Ionen
  s.Atomphysik (Elementarteilchen) 9.51
Schwerelosigkeit
  s.Mechanik (Einzelfragen) 9.179
Schwererziehbare Jugend
  s.Schwererziehbarkeit (Jugendalter) 4.187

Schwererziehbarenschule
  s.Sonderschule für Schwererziehbare 1.249
Schwererziehbares Kind
  s.Schwererziehbarkeit (Schulkind) 4.188
Schwererziehbarkeit 4.186
- (Berufsberatung)
  s.Schwererziehbarkeit (Jugendalter) 4.187
- (Heimerziehung) 4.187
- (Jugendalter) 4.187
- (Schulkind) 4.188
Schwerhörigenbildung
  s.Taubstummenbildung 6.193
Schwerhörigenlehrer
  s.Taubstummenlehrer 2.141
Schwerhörigenschule
  s.Sonderschule für Gehörgeschädigte 1.243
Schwerhörigenunterricht
  s.Taubstummenunterricht 6.195
Schwerhöriges Kind 4.188
- (Absehkurs)
  s.Taubstummenunterricht (Absehen) 6.196
- (Diagnostik) 4.189
- (Heilpädagogische Betreuung) ... 4.189
Schwerhöriges Vorschulkind
  s.Schwerhöriges Kind (Diagnostik) 4.189
Schwerhörigkeit
  s.Schwerhöriges Kind 4.188
Schwerin
  s.Länderkunde (Deutschland:Landschaften) 9.122
Schwerkraft
  s.Mechanik (Freier Fall) 9.181
Schwerpunktbildung
  s.Exemplarischer Unterricht 6.62
Schwerpunktunterricht
  s.Epochalunterricht 6.60
Schwerstbehindertenklasse
  s.Sonderschule für geistig Behinderte 1.244
Schwersterziehbarkeit
  s.Schwererziehbarkeit 4.186
  s.Verwahrlosung 4.234
Schwimmanfänger
  s.Schwimmunterricht (Anfänger) 10.235
Schwimmbecken
  s.Schulgebäude (Lehrschwimmbecken) 1.188
  s.Schwimmunterricht (Organisationsfragen) 10.237

Schwimmblase der Fische
　s.Tierkunde (Fische) 9.280
Schwimmen [Mechanik]
　s. Mechanik (Auftrieb) 9.177
Schwimmflosse
　s.Schwimmunterricht (Hilfsgerät)
　　10.236
Schwimmlehrer
　s.Leibeserzieher 2.118
Schwimmstile
　s.Schwimmunterricht (Stilformen)
　　10.238
Schwimmtechnik
　s.Schwimmunterricht (Technische
　　Einzelfragen) 10.238
Schwimmunterricht 10.235
- (Anfänger) 10.235
- (Aufsichtspflicht) 10.236
- (Berufsschule) 10.236
- (Bewegungsgefühl)
　s.Schwimmunterricht (Methodische
　　Einzelfragen) 10.237
- (Einfache Verhältnisse) 10.236
- (Erziehungswert) 10.236
- (Ferienkurs)
　s.Schwimmunterricht (Einfache
　　Verhältnisse) 10.236
- (Grundschule)
　s.Schwimmunterricht (Unterstufe
　　[DDR]) 10.239
- (Heilpädagogik)
　s.Schwimmunterricht (Sonderschule)
　　10.238
- (Hilfsgerät) 10.236
　siehe auch:
　Sportlehrmittel 5.238
- (Kindergarten)
　s.Schwimmunterricht (Kleinkind)
　　10.237
- (Kleinkind) 10.237
- (Lehrplan) 10.237
- (Methodische Einzelfragen) 10.237
- (Organisationsfragen) 10.237
- (Rettungsschwimmen) 10.237
- (Sonderschule) 10.238
- (Springen)
　s.Schwimmunterricht (Technische
　　Einzelfragen) 10.238
- (Statistik)
　s.Schwimmunterricht (Methodische
　　Einzelfragen) 10.237
- (Stilformen) 10.238
- (Technische Einzelfragen) 10.238
- (Training) 10.239
- (Unfallverhütung)
　s.Schwimmunterricht (Aufsichts-
　　pflicht) 10.236
- (Unterstufe [DDR]) 10.239
Schwingen am Barren
　s.Geräteturnen (Stufenbarren) 10.68
Schwingende Metallzungen
　s.Schwingungslehre (Resonanz) 9.277
Schwingende Ringe
　s.Geräteturnen (Ringe) 10.67
Schwingende Stäbe
　s.Schwingungslehre (Elastische
　　Schwingungen) 9.275
Schwingseil
　s.Geräteturnen (Einzelne Geräte)
　　10.65
　s.Turngerät 5.251
Schwingungslehre 9.275
- (Dopplereffekt)
　s.Wellenlehre (Dopplereffekt) 9.303
- (Elastische Schwingungen) 9.275
- (Elektrische Schwingungen) 9.276
- (Frequenzmessung) 9.276
- (Pendel) 9.276
- (Resonanz) 9.277
- (Staubfiguren) 9.277
- (Stehende Wellen)
　s.Wellenlehre (Stehende Wellen) 9.304
Schwungstemme
　s.Geräteturnen (Stufenbarren) 10.68
- am Reck
　s.Geräteturnen (Reck) 10.67
Science Fiction
　s.Sachbuch 5.202
Scientific Creativity
　s.Intelligenzforschung 4.88
　s.Schöpferisches Tun 4.164
Screen Education
　s.Filmerziehung 3.112
Seashore-Test
　s.Musikalische Begabung 4.125
Sechseck
　s.Geometrie (Vielecke) 9.132
Sechsjährige Grundschule
　s.Grundschuldauer 1.90
Sechssemestrige Höhere Wirtschafts-
　fachschule
　s.Höhere Wirtschaftsfachschule 1.113
VI.[Sechster] Pädagogischer Kongreß
　s.Chemieunterricht (DDR) 9.87
Sechstes Schuljahr
　s.Volksschulunterricht (Schuljahr
　　V-VII) 6.222
VI.[Sechstes] Tutzinger Gespräch
　s.Politische Bildung (Soziologischer
　　Aspekt) 8.190

Sedanfest
　s.Deutsche Geschichte (Einzelfragen)
　　8.25
Seebecksche Lochsirene
　s.Schwingungslehre (Frequenzmessung)
　　9.276
Seefischerei
　s.Wirtschaftsgeographie (Seefischerei) 8.227
Seele [als Sprachobjekt]
　s.Wortfeld 7.250
Seele und Leib
　s.Leib-Seele-Problem 4.106
Seelenewigkeit
　s.Anthropologische Pädagogik 3.20
Seelentaubheit
　s.Sprachstörung 4.207
Seelisch-geistige Entfaltung
　s.Geistige Entwicklung 4.69
Seelisch-geistige Gesundheit
　s.Psychohygiene 4.144
Seelische Entwicklung
　s.Entwicklungspsychologie 4.40
Seelische Gesundheit
　s.Psychohygiene 4.144
Seelische Grundsicht
　s.Persönlichkeitspsychologie
　　4.133
Seelische Regulierungskräfte
　s.Psychohygiene 4.144
Seelische Struktur
　s.Typologie 4.229
Seelische Überforderung
　s.Überforderung des Schülers 4.230
Seelischer Konflikt
　s.Psychopathologie 4.150
Seelöwe
　s.Tierkunde (Robben) 9.283
Seelsorge
　s.Psychotherapie (Diskussion) 4.154
- und Berufswahl
　s.Berufsberatung (Berufswahl) 3.29
Seelsorglicher Religionsunterricht
　s.Religionsunterricht (Seelsorge)
　　10.221
Seemannssprache
　s.Fachsprachen 7.94
Seerose
　s.Pflanzenkunde (Blumen) 9.228
Seetang
　s.Pflanzenkunde (Algen) 9.226
Seeufer [Lebensgemeinschaft]
　s.Lebensgemeinschaft (Einzelformen) 9.153
Seeverkehr
　s.Wirtschaftsgeographie (Seeverkehr) 8.227
Seevogelschutzgebiet
　s.Vogelschutz 9.297
Seevogelwelt
　s.Vogelkunde (Wasservögel) 9.297
Seewind
　s.Wetterkunde (Wind) 8.214
Segelflug
　s.Mechanik (Fliegen) 9.180
　s.Wetterkunde (Wind) 8.214
Segeln
　s.Leibeserziehung (Rudersport)
　　10.150
Segmente bei Tieren
　s.Tierkunde (Würmer) 9.285
Sehbehindertenschule
　s.Sonderschule für Sehbehinderte
　　1.249
Sehbehindertes Kind 4.189
- (Chemieunterricht)
　s.Chemieunterricht (Sonderschule)
　　9.93
- (Früherfassung)
　s.Sehbehindertes Kind 4.189
- (Früherziehung)
　s.Sehbehindertes Kind (Heilpädagogische Betreuung) 4.190
- (Heilpädagogische Betreuung) ... 4.190
- (Kunsterziehung)
　s.Kunsterziehung (Sonderschule)
　　10.120
sehen
　s.Wortfeld im Unterricht (Einzelbeispiele) 7.250
Sehnensechseck
　s.Geometrie (Vielecke) 9.132
Sehnenviereck
　s.Geometrie (Vierecke) 9.132
Sehraum
　s.Wahrnehmungspsychologie (Optische Wahrnehmung) 4.238
Sehschwäche
　s.Sehbehindertes Kind 4.189
Sehvermögen
　s.Sehbehindertes Kind 4.189
　s.Wahrnehmungspsychologie (Optische Wahrnehmung) 4.238
Sehvorgang
　s.Menschenkunde (Sehvorgang)
　　9.192
　s.Optik (Abbildung) 9.217
Seidenraupen
　s.Insektenkunde (Seidenspinner)
　　9.149

Seidenspinnerzucht
  s.Insektenkunde (Seidenspinner)
  9.149
Seifen
  s.Organische Chemie (Waschmittel)
  9.225
Seifenblase
  s.Mechanik (Oberflächenspannung) 9.185
Seilfähre
  s.Mechanik (Strömungslehre) 9.185
Seilfeld
  s.Turngerät 5.251
Seilzug
  s.Mechanik (Hebelgesetz) 9.182
sein [Verb]
  s.Verblehre (Modalverben) 7.244
Sekundarlehrerbildung [Schweiz] .. 2.135
Sekundarschule [Schweiz]
  s.Schulwesen Schweiz 1.237
Sekundenpendel
  s.Schwingungslehre (Pendel) 9.276
Selbständige Erziehungswissenschaft
  s.Pädagogik (Autonomie) 3.184
Selbständige Schülerarbeit
  s.Selbsttätigkeit 6.182
Selbständiges Denken
  s.Selbsttätigkeit (Psychologischer
  Aspekt) 6.184
Selbständiges Lesen
  s.Leseunterricht (Selbsttätigkeit)
  7.159
Selbständigkeit
  s.Erziehung zur Selbständigkeit
  3.89
  s.Selbsttätigkeit 6.182
Selbstbefriedigung
  s.Onanie 4.130
Selbstberichterstattung
  s.Schülerbeurteilung 4.168
Selbstbeurteilung 4.190
- des Lehrers
  s.Lehrerstand 2.114
Selbstbewußtsein
  s.Selbstbeurteilung 4.190
Selbstbildung des Schülers
  s.Selbsttätigkeit 6.182
Selbstbildungsmittel
  s.Arbeitsmittel 5.25
Selbstdarstellung
  s.Selbstbeurteilung 4.190
  s.Selbsterziehung 3.222
Selbstdeutung
  s.Anthropologie 3.19
Selbsteinschätzung
  s.Sozialpsychologie 4.193

Selbstentfaltung
  s.Selbsttätigkeit (Psychologischer
  Aspekt) 6.184
Selbsterkenntnis
  s.Selbstbeurteilung 4.190
Selbsterlebnis des Kindes
  s.Entwicklungspsychologie (Kindheit) 4.42
Selbsterziehung 3.222
Selbstgefühl
  s.Ich-Psychologie 4.85
Selbsthilfe
  s.Wirtschaftskunde (Genossenschaftswesen) 8.234
Selbstinduktion
  s.Elektrizitätslehre (Induktion) 9.106
Selbstkontrolle
  s.Selbsttätigkeit 6.182
- des Kindes
  s.Arbeitsmittel im Unterricht 5.28
Selbstlaut
  s.Wortarten (Einzelfragen) 7.247
Selbstmord 4.190
Selbstmorddrohung des Kindes
  s.Verhaltensstörung (Einzelformen)
  4.233
Selbststudium
  s.Fernunterricht 6.65
Selbstunterricht
  s.Selbsttätigkeit 6.182
Selbsttätigkeit 6.182
- (Arbeitsmittel)
  s.Arbeitsmittel im Unterricht 5.28
- (Biologieunterricht)
  s.Biologieunterricht (Selbsttätigkeit) 9.75
- (Deutschunterricht)
  s.Deutschunterricht (Selbsttätigkeit) 7.58
- (Erdkundeunterricht)
  s.Erdkundeunterricht (Selbsttätigkeit) 8.43
- (Gedichtbehandlung)
  s.Lyrik im Unterricht (Methodische
  Einzelfragen) 7.170
- (Geschichtsunterricht)
  s.Geschichtsunterricht (Selbsttätigkeit) 8.83
- (Grundschule) 6.183
- (Heimatkundeunterricht)
  s.Heimatkundeunterricht (Selbsttätigkeit) 8.102
- (Kunsterziehung)
  s.Kunsterziehung (Freies Gestalten)
  10.113

[Forts.: Selbsttätigkeit]
- (Leibeserziehung)
  s.Leibeserziehung (Selbsttätigkeit) 10.151
- (Leseunterricht)
  s.Leseunterricht (Selbsttätigkeit) 7.159
- (Mathematikunterricht)
  s.Mathematikunterricht (Selbsttätigkeit) 9.174
- (Naturlehre)
  s.Naturlehre (Methodische Einzelfragen) 9.204
- (Physikunterricht)
  s.Physikunterricht (Selbsttätigkeit) 9.252
- (Politische Bildung)
  s.Politische Bildung (Methodische Einzelfragen) 8.184
- (Psychologischer Aspekt) 6.184
- (Rechenunterricht)
  s.Rechenlehrmittel 5.189
  s.Rechenunterricht (Selbsttätigkeit) 9.270
- (Rechtschreibunterricht)
  s.Rechtschreibunterricht (Differenzierung) 7.189
- (Sprachkunde)
  s.Sprachkunde (Methodische Einzelfragen) 7.218
- (Staatsbürgerkunde)
  s.Staatsbürgerkunde (Selbsttätigkeit) 8.203
- (Wirtschaftskunde)
  s.Wirtschaftskunde (Methodische Einzelfragen) 8.236
Selbsttätigkeitsmittel
  s.Rechenlehrmittel 5.189
Selbstverantwortlichkeit des Schülers
  s.Erziehung zur Verantwortung 3.90
Selbstverständnis der Pädagogik
  s.Pädagogik (Autonomie) 3.184
Selbstverwaltung der Schule
  s.Schulverwaltung 1.229
Selbstverwirklichung
  s.Selbsterziehung 3.222
Selbstzeugnis
  s.Psychodiagnostik (Tagebuch) 4.141
Selektionsforschung
  s.Aufnahmeprüfung 1.21
Selektionstheorie
  s.Abstammungslehre (Selektionstheorie) 9.23
Selektive Methode
  s.Taubstummenunterricht 6.195

Selengleichrichter
  s.Elektrizitätslehre (Gleichrichter) 9.105
Selenzelle
  s.Optik (Einzelfragen) 9.218
Semantische Handlung
  s.Sprachpsychologie 4.206
Semantische Information
  s.Kybernetik (Informationspsychologie) 5.99
  s.Kybernetik (Informationssemantik) 5.99
Semantisches Differential
  s.Persönlichkeitspsychologie 4.133
Seminar
  s.Pädagogische Akademie (Österreich) 2.122
Seminar für Berufsschullehrer
  s.Studienseminar (Berufsschullehrer) 2.140
Seminar für Gymnasiallehrer
  s.Studienseminar 2.139
  s.Studienseminarleiter 2.141
Seminar für Kindergärtnerinnen
  s.Kindergärtnerinnenausbildung 2.54
Seminar für Volksschullehrer
  s.Lehrerfortbildung (Bundesländer) 2.77
  s.Zweite Phase der Lehrerbildung (Referendariat) 2,152
Seminarleiter
  s.Studienseminarleiter 2.141
  s.Zweite Phase der Lehrerbildung s.151
Semiotik
  s.Kybernetik (Informationssemantik) 5.99
Seneca-Lektüre
  s.Latenische Lektüre (Seneca) 7.146
Senfacker
  s.Lebensgemeinschaft (Acker) 9.152
Senkwaage
  s.Mechanik (Artgewicht) 9.177
Sensationspresse
  s.Zeitungslektüre 3.245
Sensomotorische Leistungsfähigkeit
  s.Leibeserziehung (Leistungsfähigkeit) 10.141
Sensomotorisches Lernmodell
  s.Kybernetische Lerntheorie (Einzelfragen) 5.103
Sequentielle Maschine
  s.Kybernetische Maschinen 5.106
Sequentielle Schaltkreise
  s.Kybernetische Maschinen (Programmierung) 5.111

Serologie
  s.Menschenkunde (Blut) 9.189
Servier-Unterricht
  s.Berufsfachkunde (Einzelne Berufe)
  10.24
Setzkasten
  s.Schuldruckerei 5.213
Sextanerauslese
  s.Aufnahmeprüfung (Gymnasium) 1.22
  s.Gymnasium (Ausleseverfahren) 1.94
Sextant
  s.Astronomielehrmittel 5.33
Sexualanthropologie
  s.Sexualverhalten 4.191
Sexualaufklärung
  s.Geschlechtserziehung (Sexuelle
  Aufklärung) 3.132
Sexualerziehung
  s.Geschlechtserziehung 3.128
Sexualethik
  s.Geschlechtserziehung (Sexualethik)
  3.131
Sexualinteresse
  s.Sexualverhalten 4.191
Sexualität
  s.Geschlechtserziehung (Sexualität)
  3.131
  s.Sexualverhalten 4.191
- in der Leibeserziehung
  s.Leibeserziehung (Psychologischer
  Aspekt) 10.148
Sexualklima im Betrieb
  s.Geschlechtserziehung (Soziologischer Aspekt) 3.132
Sexualkunde
  s.Geschlechtserziehung in der Schule
  3.133
Sexualpädagogik
  s.Geschlechtserziehung (Sexualpädagogik) 3.132
  s.Lehrerbildung (Psychologie) 2.93
Sexualpädagogisches Gruppengespräch
  s.Sexualverhalten 4.191
Sexualpathologie 4.191
Sexualverhalten 4.191
- (Entwicklungspsychologie) 4.192
- (Lehrerbildung)
  s.Lehrerbildung (Psychologie) 2.93
- (Sonderschüler)
  s.Sexualverhalten (Entwicklungspsychologie) 4.192
Sexuelle Aufklärung
  s.Geschlechtserziehung (Sexuelle
  Aufklärung) 3.132
Sexuelle Beeinflussung
  s.Geschlechtserziehung (Sexuelle
  Aufklärung) 3.132
Sexuelle Reifungsprobleme
  s.Sexualverhalten (Entwicklungspsychologie) 4.194
Sexuelle Revolution
  s.Geschlechtserziehung (Sexualität)
  3.131
Sexuelle Verwahrlosung
  s.Sexualpathologie 4.191
Sexus
  s.Geschlechtserziehung (Psychologischer Aspekt) 3.131
  s.Geschlechtserziehung (Sexualität)
  3.131
  s.Sexualverhalten 4.191
Shakespeare im Englischunterricht
  s.Englische Lektüre (Shakespeare)
  7.73
Shannonsche Informationstheorie
  s.Kybernetik (Informationstheorie)
  5.100
Shannonscher Ratetest
  s.Lehrprogramm (Ratetest) 5.125
Shetland-Inseln
  s.Länderkunde (Großbritannien)
  8.126
Short Story
  s.Kurzgeschichte 7.141
SIAT
  s.Lehrgerät (Einzelformen) 5.116
Sibirien
  s.Länderkunde (UdSSR:Sibirien)
  8.145
Sicherheitsbindung
  s.Skiunterricht (Technische Einzelfragen) 10.242
Sicherheitsgefühl
  s.Wahrnehmungspsychologie (Einzelfragen) 4.237
Sicherung
  s.Elektrizitätslehre (Sicherung)
  9.108
Sichtbare Sprache
  s.Eurhythmie 6.62
Sichtfeld
  s.Lehrgerät 5.114
Sieben Ähren [Lesebuch]
  s.Lesebuch (Einzelwerke) 5.127
Siebtes Realschuljahr
  s.Realschulreform (Oberstufe)
  1.164
Siebtes Schuljahr
  s.Volksschulunterricht (Schuljahr
  V-VII) 6.222

17.[Siebzehnter] Juni 1953
　s.Zeitgeschichtsunterricht (17.
　　Juni 1953) 8.256
Siedlungsgebiet
　s.Völkerkunde 8.209
Siedlungsgeschichte
　s.Völkerkunde 8.209
Siedlungskunde
　s.Heimatgeschichte 8.94
Siedlungsverband Ruhrkohlenbezirk
　s.Wirtschaftsgeographie (Ruhrgebiet) 8.226
Sierra Morena
　s.Länderkunde (Spanien:Landschaften) 8.142
Sigmatismus
　s.Sprachstörung (Stammeln) 4.209
Signalbegriff
　s.Kybernetik (Einzelfragen) 5.98
Signale der Tiere
　s.Tierphysiologie (Sinnesphysiologie) 9.286
Signalgruppen
　s.Lesevorgang 4.119
Sikkim
　s.Länderkunde (Himalaja) 8.127
Silbenbildung
　s.Erstleseunterricht (Phonetischer Aspekt) 7.92
Silbentrennung
　s.Englische Grammatik (Einzelfragen) 7.67
　s.Französischunterricht (Grammatik:Einzelfragen) 7.98
　s.Rechtschreibunterricht (Silbentennung) 7.193
Silberfracht [Lesebuch]
　s.Lesebuch (Einzelwerke) 5.127
Silex-Handelsschule
　s.Sonderschule für Blinde 1.243
Silhouettendias
　s.Biologielehrmittel (Lichtbild) 5.43
Silikone
　s.Anorganische Chemie (Silikone) 9.43
Simple present
　s.Englische Grammatik (Verbalformen) 7.68
Simpsonsche Regel
　s.Angewandte Mathematik 9.37
Simulation der Intelligenz
　s.Kybernetische Lerntheorie 5.102
Simultan-Dialog
　s.Sprachlabor (Methodische Einzelfragen) 5.245

Simultan- oder Konfessionsschule
　s.Gemeinschaftsschule oder Bekenntnisschule 1.87
Simultanschule
　s.Gemeinschaftsschule 1.86
Singbewegung 10.239
Singen
　s.Liedpflege 10.161
Singfähigkeit
　s.Musikalische Fähigkeit 4.126
Singfibel
　s.Musiklehrbuch 5.140
Singhalesisches Dorf
　s.Länderkunde (Ceylon) 8.119
Singspiel
　s.Musikalisches Spiel (Grundschule) 10.172
　s.Schulspiel (Musik) 6.174
Sinkiang
　s.Länderkunde (China) 8.120
Sinneseindruck
　s.Wahrnehmungspsychologie (Einzelfragen) 4.237
Sinnespsychologie
　s.Wahrnehmungspsychologie 4.237
Sinneswahrnehmung
　s.Wahrnehmungspsychologie 4.237
Sinnfamilie
　s.Wortfamilie 7.249
Sinnfassendes Lesen
　s.Leseunterricht (Sinnvolles Lesen) 7.159
Sinngebundene Sprachlehre
　s.Grammatikunterricht (Innere Sprachform) 7.129
Singestaltendes Lesen
　s.Leseunterricht (Sinnvolles Lesen) 7.159
Sinnloses Lesen
　s.Lesevorgang 4.119
Sinnvolles Lesen
　s.Leseunterricht (Sinnvolles Lesen) 7.159
Sintflut
　s.Bibelunterricht AT (Sündenfall) 10.39
Sinusfunktion
　s.Analysis (Spezielle Funktion) 9.36
SIT [Test]
　s.Intelligenztest (Stanford-Intelligenztest) 4.91
Sitte im Schulleben
　s.Schulische Ordnungsformen 6.162
Sittliche Charakterbildung
　s.Charakterbildung 3.69

Sittliche Erziehung
  s.Ethische Erziehung 3.98
Sittlichkeit
  s.Ethische Erziehung (Grundfragen)
  3.98
Sittlichkeitsverbrecher
  s.Sexualpathologie 4.191
Situationsbewältigung
  s.Erziehung zur Selbständigkeit
  3.89
Situationsbilder-Test
  s.Test 4.216
Situationsgebundener Unterricht
  s.Natürlicher Unterricht 6.131
Sitzenbleiben
  s.Nichtversetzung 1.147
Sitzenbleiber 4.192
- (Berufsschule)
  s.Sitzenbleiber 4.192
Sitzenbleiberhäufigkeit und Leselehrgang
  s.Leselehrmethoden (Leistungsaspekt)
  7.152
Sitzordnung
  s.Gruppenunterricht oder Frontalunterricht 6.90
  s.Unterricht (Auflockerung) 6.205
Sizilien
  s.Länderkunde (Italien:Landschaften) 8.129
  s.Wirtschaftsgeographie (Italien)
  8.223
Skalarprodukt
  s.Vektorrechnung (Einzelfragen)
  9.289
Skelettpräparat
  s.Biologielehrmittel (Menschenkunde) 5.43
Skiausrüstung
  s.Skiunterricht (Technische Einzelfragen) 10.242
Skihochtour
  s.Skiunterricht (Skikurs) 10.241
Skikurs
  s.Skiunterricht (Skikurs) 10.241
Skilanglauf
  s.Skiunterricht (Langlauf) 10.240
Skilauf
  s.Skiunterricht 10.239
Skinner-Algorithmen
  s.Programmiertes Lernen (Lernverhalten) 5.175
Skiunfall
  s.Skiunterricht (Methodische Einzelfragen) 10.240
Skiunterricht 10.239

- (Bewegungslehre) 10.240
- (Geländehilfen)
  s.Skiunterricht (Technische Einzelfragen) 10.242
- (Grundschule)
  s.Skiunterricht (Unterstufe [DDR])
  10.242
- (Gruppenunterricht)
  s.Skiunterricht (Methodische Einzelfragen) 10.240
- (Hygiene)
  s.Skiunterricht (Psychologischer Aspekt) 10.241
- (Klassenwettbewerb)
  s.Skiunterricht (Methodische Einzelfragen) 10.240
- (Kleinkind) 10.240
- (Langlauf) 10.240
- (Lehrplan) 10.240
- (Methodische Einzelfragen) 10.240
- (Österreich) 10.241
- (Psychologischer Aspekt) 10.241
- (Skikurs) 10.241
- (Stilformen) 10.241
- (Technische Einzelfragen) 10.242
- (Training) 10.242
- (Trockenvorbereitung)
  s.Skiunterricht (Training) 10.242
- (Unterstufe [DDR]) 10.242
- (Vorschulalter)
  s.Skiunterricht (Kleinkind) 10.240
Skiwanderung
  s.Schulwandern (Bergsteigen) 6.179
Skizze
  s.Aufsatz (Einzelformen) 7.26
Sklaverei
  s.Altertum (Sklaverei) 8.24
Skythen
  s.Altertum (Einzelfragen) 8.22
Slalom
  s.Skiunterricht (Stilformen) 10.241
Slowakei
  s.Länderkunde (Tschechoslowakei) 8.144
Smog
  s.Wetterkunde (Einzelfragen) 8.212
SMV
  s.Schülermitverwaltung 3.210
Social Perception
  s.Sozialpsychologie 4.193
Social Studies
  s.Gemeinschaftskunde (Politische Bildung) 8.52
  s.Sozialkunde 8.196
Sofia
  s.Länderkunde (Bulgarien) 8.119

Sohnberuf
 s.Berufswahl 3.52
Soja
 s.Wirtschaftsgeographie (Ernährung)
 8.220
Sokratische Methode
 s.Methodik 6.124
Soldateneid
 s.Politische Bildung (Wehrerziehung) 8.193
Solituder Gespräch
 s.Schule und Evangelische Kirche
 1.177
Solmisation
 s.Musikunterricht (Notenlesen)
 10.189
Solothurn
 s.Länderkunde (Schweiz:Einzelne
 Kantone) 8.140
Somatische Akzeleration
 s.Akzeleration 4.21
Sommer
 s.Wetterkunde (Jahreslauf) 8.213
Sommer [im Gesamtunterricht]
 s.Arbeitseinheiten (Sommer) 6.31
Sommer-Goldhähnchen
 s.Vogelkunde (Einzelne Vögel) 9.294
Sommerfest im Schulleben
 s.Schulleben (Sommerfest) •6.170
Sommerlager
 s.Jugendwandern (Ferienlager) 3.154
Sommerliche Bundesjugendspiele
 s.Bundesjugendspiele (Sommerspiele)
 10.52
Sonderbegabung
 s.Begabung 4.28
Sonderberufsschule 1.239
Sondererziehung
 s.Sonderschulunterricht 6.184
 s.Sprachstörung (Früherfassung)
 4.208
Sonderkarte
 s.Erdkundeatlas (Sonderkarten) 5.60
Sonderkindergarten 1.240
Sonderklasse
 s.Sonderberufsschule 1.239
 s.Sonderschule für Lernbehinderte
 (Schuljahr IX) 1.248
 s.Sonderschule für Schwererziehbare 1.249
Sonderpädagogik
 s.Heilpädagogik 4.76
Sonderpädagogische Anthropologie
 s.Heilpädagogik (Hilfswissenschaften) 4.78

Sonderpädagogische Didaktik
 s.Sonderschulunterricht 6.184
Sonderpädagogisches Gutachten
 s.Schülerbeurteilung (Sonderschüler)
 4.170
Sonderschüler
 s.Hilfsschulkind 4.81
 - in der Volksschulklasse
 s.Hilfsschulkind (Soziologischer
 Aspekt) 4.83
Sonderschulauslese
 s.Hilfsschulbedürftigkeit 4.80
Sonderschulbau
 s.Schulbau (Sonderschule) 1.173
Sonderschulbedürftigkeit
 s.Hilfsschulbedürftigkeit 4.80
Sonderschule 1.240
- (Blinde)
 s.Sonderschule für Blinde 1.243
- (Bundesländer) 1.241
- (DDR) 1.242
- (Erziehungsgestörte)
 s.Sonderschule für Schwererziehbare 1.249
- (Gehörgeschädigte)
 s.Sonderschule für Gehörgeschädigte
 1.243
- (Geistig Behinderte)
 s.Sonderschule für geistig Behinderte
 1.244
- (Körperbehinderte)
 s.Sonderschule für Körperbehinderte
 1.245
- , ländliche
 s.Ländliche Sonderschule 1.130
- (Lernbehinderte)
 s.Sonderschule für Lernbehinderte
 1.246
- (Österreich) 1.242
- (Reform)
 s.Sonderschulreform 1.251
- (Schulbau)
 s.Schulbau (Sonderschule) 1.173
- (Schuljahr IX)
 s.Sonderschule für Lernbehinderte
 (Schuljahr IX) 1.248
- (Schulversäumnis)
 s.Schulversäumnis (Sonderschule)
 1.227
- (Schweiz) 1.243
- (Schwererziehbare)
 s.Sonderschule für Schwererziehbare
 1.249
- (Sehbehinderte)
 s.Sonderschule für Sehbehinderte 1.249

- (Spastisch Gelähmte)
  s.Sonderschule für Körperbehinderte
  1.245
- (Sprachgestörte)
  s.Sonderschule für Sprachgestörte
  1.250
- (Tagesheimschule)
  s.Tagesheimschule (Sonderschule)
  1.257
- für Bildungsschwache
  s.Sonderschulunterricht (Geistig
  behindertes Kind) 6.185
- für Blinde 1.243
- für Erziehungsgestörte
  s.Sonderschule für Schwererziehbare 1.249
- für Gehörgeschädigte 1.243
- für geistig Behinderte 1.244
- für Körperbehinderte 1.245
- für Lernbehinderte 1.246
-- (Ausleseverfahren) 1.246
-- (Früherfassung) 1.247
-- (Rückschulung) 1.247
-- (Schuljahr IX) 1.248
-- (Umschulung) 1.248
- für Schwererziehbare 1.249
- für Sehbehinderte 1.249
- für spastisch Gelähmte
  s.Sonderschule für Körper-
  behinderte 1.245
- für Sprachgestörte 1.250
- für Sprachkranke
  s.Sprachheilschule 4.203
Sonderschuleinweisung
  s.Sonderschule für Lernbehinderte
  (Umschulung) 1.248
Sonderschulheim 1.250
Sonderschullehrer 2.135
Sonderschullehrerbildung 2.136
- (DDR) 2.137
- (Schweiz) 2.137
Sonderschullehrermangel
  s.Lehrermangel 2.111
Sonderschullehrerverband
  s.Lehrerverbände 2.116
Sonderschulpädagogik
  s.Erziehung (Sonderschule) 3.83
Sonderschulrechnen 9.277
- (Anschauung) 9.277
- (DDR) 9.278
- (Hilfsmittel)
  s.Sonderschulrechnen (Anschauung)
  9.277
- (Körperbehinderte) 9.278
- (Methodische Einzelfragen) 9.278

- (Sehbehinderte) 9.278
- (Taubstummenbildung) 9.278
Sonderschulreform 1.251
Sonderschulung
  s.Heilpädagogik 4.76
Sonderschulunterricht 6.184
- (Arbeitsmittel)
  s.Arbeitsmittel im Unterricht
  (Sonderschule) 5.32
- (Betriebspraktikum)
  s.Betriebspraktikum (Sonderschule)
  6.51
- (Darstellendes Spiel)
  s.Laienspiel im Unterricht 6.110
  s.Schulspiel 6.171
- (DDR) 6.185
- (Deutschunterricht)
  s.Deutschunterricht (Sonderschule)
  7.58
- (Erdkunde)
  s.Erdkundeunterricht (Sonderschule)
  8.44
- (Erstlesen)
  s.Erstleseunterricht (Sonderschule)
  7.92
- (Erstrechnen)
  s.Erstrechenunterricht (Sonderschule) 9.118
- (Evangelische Unterweisung)
  s.Evangelische Unterweisung
  (Sonderschule) 10.61
- (Fernsehen)
  s.Schulfernsehen (Sonderschule)
  5.219
- (Film)
  s.Unterrichtsfilm (Sonderschule)
  5.255
- (Ganzheitslesemethode)
  s.Ganzheitliches Lesenlernen
  (Sonderschule) 7.119
- (Ganzheitsmethode)
  s.Ganzheitsunterricht (Sonderschule) 6.71
- (Geistig behindertes Kind) 6.185
- (Gesamtunterricht)
  s.Gesamtunterricht 6.74
- (Geschichtsunterricht)
  s.Geschichtsunterricht (Sonderschule) 8.84
- (Grammatik)
  s.Grammatikunterricht (Sonderschule) 7.131
- (Gruppenunterricht)
  s.Gruppenunterricht (Sonderschule)
  6.88

[Forts.: Sonderschulunterricht]
- (Handpuppenspiel)
  s.Handpuppenspiel im Unterricht (Sonderschule) 6.95
- (Hausaufgabe)
  s.Hausaufgabe (Sonderschule) 6.99
- (Hauswirtschaft)
  s.Hauswirtschaftsunterricht (Sonderschule) 10.80
- (Heimatkunde)
  s.Heimatkundeunterricht (Sonderschule) 8.103
- (Jugendbuch)
  s.Jugendbuch im Unterricht (Grundschule) 5.95
- (Kartenverständnis)
  s.Kartenverständnis (Sonderschule) 8.108
- (Körperbehinderte) 6.186
- (Kunsterziehung)
  s.Kunsterziehung (Sonderschule) 10.120
- (Lehrplan)
  s.Lehrplan (Sonderschule) 6.121
- (Leibeserziehung)
  s.Leibeserziehung (Sonderschule) 10.151
- (Lesen)
  s.Leseunterricht (Sonderschule) 7.159
- (Lyrik)
  s.Lyrik im Unterricht (Sonderschule) 7.171
- (Methodische Einzelfragen) 6.186
- (Musik)
  s.Musikunterricht (Sonderschule) 10.193
- (Notengebung)
  s.Notengebung (Sonderschule) 6.133
- (Physik)
  s.Physikunterricht (Sonderschule) 9.253
- (Politische Bildung)
  s.Politische Bildung (Sonderschule) 8.189
- (Polytechnischer Unterricht)
  s.Polytechnischer Unterricht (Sonderschule) 6.143
- (Programmiertes Lernen)
  s.Programmiertes Lernen (Sonderschule) 5.183
- (Rechtschreibung)
  s.Rechtschreibunterricht (Sonderschule) 7.194
- (Religionspädagogik)

s.Religionsunterricht (Sonderschule) 10.222
- (Sachkunde)
  s.Sachunterricht (Sonderschule) 6.150
- (Sandkasten)
  s.Sandkasten (Sonderschule) 5.204
- (Schülerbücherei)
  s.Schülerbücherei (Sonderschule) 5.208
- (Schulfunk)
  s.Schulfunk (Sonderschule) 5.228
- (Schulgarten)
  s.Schulgarten (Sonderschule) 5.232
- (Schulische Leistung)
  s.Schulische Leistung (Sonderschule) 6.159
- (Schuljahr IX) 6.187
- (Schullandheim)
  s.Schullandheimaufenthalt (Sonderschule) 6.166
- (Selbsttätigkeit)
  s.Selbsttätigkeit (Psychologischer Aspekt) 6.184
- (Sprachunterricht)
  s.Sprachunterricht (Sonderschule) 7.229
- (Stillarbeit)
  s.Stillarbeit 6.188
- (Tonband)
  s.Tonband im Unterricht (Einzelfragen) 5.250
- (Übung)
  s.Üben 6.202
- (Unterstufe) 6.187
- (Verkehrserziehung)
  s.Verkehrsunterricht (Sonderschule) 10.255
- (Werken)
  s.Werkunterricht (Sonderschule) 10.274
- (Zeichnen)
  s.Zeichenunterricht (Sonderschule) 10.280
Sonderschulversäumnis
  s.Schulversäumnis (Sonderschule) 1.227
Sonderschulversetzung
  s.Versetzung 1.280
Sonderschwimmen
  s.Schwimmunterricht (Sonderschule) 10.238
Sondersprachen
  s.Fachsprachen 7.94
Sonderturnen 4.192

Sonne
s.Astronomie (Sonne) 9.46
- und Sterne
s.Astronomie (Sterne) 9.47
Sonnenanbeter
s.Pflanzenkunde (Einzelne Pflanzen) 9.228
Sonnenblume
s.Pflanzenkunde (Blumen) 9.228
- [im Gesamtunterricht]
s.Arbeitseinheiten (Blumen) 6.24
Sonnenfibel
s.Fibel (Einzelbeispiele) 5.70
Sonnenfinsternis
s.Astronomie (Sonne) 9.46
Sonnenflecken
s.Astronomie (Sonne) 9.46
Sonnensystem
s.Astronomie (Planetensystem) 9.46
Sonnenuhr
s.Astronomielehrmittel 5.33
Sopran-Blockflöte
s.Musikinstrument (Blockflöte) 5.139
Sorgenkind
s.Erziehungsschwierigkeit (Kindesalter) 4.55
s.Schulversager (Volksschule) 4.184
Sorgfaltspflicht des Lehrers
s.Aufsichtspflicht des Lehrers 2.20
SOS-Kinderdorf
s.Heimerziehung (Familienprinzip) 3.140
s.Kinderdorf 1.121
Souveränität
s.Politik (Einzelfragen) 8.161
Sowjetische Erziehung
s.Kommunistische Erziehung 3.160
Sowjetische Lyrik
s.Russischunterricht (Lektüre) 7.200
Sowjetliteratur
s.Russischunterricht (Lektüre) 7.200
Sowjetpädagogik in Mitteldeutschland
s.Pädagogik (DDR) 3.185
Sowjetunion
s.Länderkunde (UdSSR) 8.145
s.Wirtschaftsgeographie (UdSSR) 8.228
s.Zeitgeschichte (Sowjetunion) 8.244
s.Zeitgeschichtsunterricht (Sowjetunion) 8.257
Sowjetzonale Pädagogik
s.Pädagogik (DDR) 3.185
Sozialanthropologie
s.Pädagogische Anthropologie 3.193
s.Sozialkunde (Gymnasium) 8.199

Sozialarbeit
s.Jugenderziehung 3.148
s.Sozialpädagoge 2.138
s.Sozialpädagogik 3.227
Sozialarbeiter
s.Erziehungsberatung 4.49
s.Heimerzieher 2.48
s.Heimerzieherin 2.49
s.Kindergärtnerin 2.53
s.Sozialpädagoge 2.138
Sozialarbeiterausbildung
s.Heimerzieherausbildung 2.49
s.Kindergärtnerinnenausbildung 2.54
s.Sozialpädagoge (Ausbildung) 2.138
Sozialbezogener Aufsatz
s.Aufsatzunterricht (Gymnasium) 7.31
Sozialdarwinismus
s.Vererbungslehre (Mensch) 9.292
Sozialdemokratie
s.Zeitgeschichte (Nationalsozialismus) 8.243
Sozialdemokratische Bildungspolitik
s.Bildungsprogramme 1.52
Sozialdemokratische Schulpolitik
s.Schulpolitik 1.208
Soziale Ballade im Unterricht
s.Ballade im Unterricht (Methodische Einzelfragen) 7.42
Soziale Berufsausbildung
s.Berufsausbildung 6.41
s.Sozialpädagoge 2.138
Soziale Betriebsgestaltung
s.Berufsschulunterricht (Betriebliche Ausbildung) 6.46
s.Betriebssoziologie 3.55
Soziale Bildung
s.Politische Bildung 8.170
s.Sozialerziehung 3.223
Soziale Entwicklung
s.Sozialverhalten 4.196
Soziale Erziehung
s.Politische Erziehung (Sozialverhalten) 3.203
s.Sozialerziehung 3.223
s.Sozialerziehung in der Schule 3.223
Soziale Frage
s.Gemeinschaftskunde (Unterrichtsbeispiele) 8.54
s.Neuzeit (Soziale Frage) 8.154
s.Staatsbürgerliche Erziehung (Unterrichtsbeispiele) 8.209
Soziale Frauenfachschule
s.Frauenfachschule 1.80

Soziale Grundbildung
  s.Staatsbürgerliche Erziehung
    (Mädchenberufsschule) 8.207
Soziale Integration
  s.Berufliche Bildung (Industrie-
    gesellschaft) 3.27
  s.Sozialverhalten 4.196
Soziale Interaktion
  s.Pädagogischer Führungsstil 6.135
Soziale Isolierung
  s.Sozialverhalten 4.196
Soziale Leitbilder
  s.Leitbilder (Erziehungsanspruch)
    3.162
Soziale Marktwirtschaft
  s.Wirtschaftskunde (Marktwirt-
    schaft) 8.236
Soziale Mobilität
  s.Elitebildung 3.72
Soziale Psychohygiene
  s.Psychohygiene 4.144
Soziale Reifung
  s.Gruppenunterricht (Sozialerzie-
    hung) 6.88
Soziale Schule
  s.Sozialerziehung in der Schule
    3.223
Soziale Sicherung
  s.Politik (Sozialpolitik) 8.167
Soziale Stellung des Lehrers
  s.Lehrerstand (Soziologischer
    Aspekt) 2.115
Soziale Studien
  s.Staatsbürgerliche Erziehung
    (Einzelfragen) 8.205
Soziale Ungleichheit
  s.Soziologie (Gesellschaft) 3.231
Soziale Wahrnehmung
  s.Sozialpsychologie 4.193
Soziale Wertungen
  s.Werterleben 4.239
Sozialenzyklika
  s.Pädagogik (Katholische Pädagogik)
    3.186
Sozialer Aufstieg
  s.Bildungschance 1.46
Sozialer Außenseiter
  s.Außenseiter 4.27
Sozialer Takt
  s.Pädagogischer Takt 3.197
Sozialerziehung 3.223
  siehe auch: Sozialkunde 8.196
- (Abschlußklasse)
  s.Sozialerziehung in der Schule
    (Abschlußklasse) 3.223
- (Berufsschule)
  s.Sozialerziehung in der Schule
    (Berufsschule) 3.225
- (DDR)
  s.Gemeinschaftserziehung (DDR) 3.127
- (Geschichtsunterricht)
  s.Geschichtsunterricht (Soziologi-
    scher Aspekt) 8.84
- (Grundschule)
  s.Sozialerziehung in der Schule
    (Grundschule) 3.225
- (Heimatkunde)
  s.Heimatkundeunterricht (Sozial-
    erziehung) 8.103
- (Landschule)
  s.Sozialerziehung in der Schule
    (Landschule) 3.226
- (Religionsunterricht)
  s.Religionsunterricht (Sozialer-
    ziehung) 10.222
- (Sonderschule)
  s.Politische Bildung (Sonderschule)
    8.189
  s.Sozialerziehung in der Schule
    (Sonderschule) 3.226
Sozialerziehung in der Schule 3.223
- (Abschlußklasse) 3.225
- (Berufsschule) 3.225
- (Grundschule) 3.225
- (Landschule) 3.226
- (Sonderschule) 3.226
Soziales Ich
  s.Sozialpsychologie 4.193
Soziales Verhalten
  s.Politische Erziehung (Sozial-
    verhalten) 3.203
  s.Sozialerziehung 3.223
Soziales Vorurteil
  s.Vorurteil 3.240
Sozialethik
  s.Sozialerziehung
    3.223
  s.Staatsbürgerliche Erziehung
    (Erziehungsaspekt) 8.206
Sozialethische Verbände
  s.Politik (Einzelfragen) 8.161
Sozialfürsorge
  s.Sozialpädagogik 3.227
Sozialfürsorger
  s.Sozialpädagoge 2.138
Sozialgebilde
  s.Soziologie 3.228
Sozialgeographie
  s.Erdkundeunterricht (Sozialgeo-
    graphie) 8.44

Sozialgeschichte
  s.Neuzeit (Soziale Frage) 8.154
  s.Soziologie (Geschichte) 3.230
Sozialgesetzgebung
  s.Schulgesetzgebung 1.189
Sozialgymnasium 1.252
Sozialhygiene
  s.Psychohygiene 4.144
Sozialisation
  s.Betriebssoziologie 3.55
  s.Bildungschance 1.46
  s.Personale Pädagogik 3.198
  s.Sozialerziehung in der Schule
    (Berufsschule) 3.225
  s.Sprachsoziologie 7.221
Sozialisierung
  s.Motivation im Unterricht 6.126
Sozialistische Allgemeinbildung
  s.Sozialistische Erziehung [DDR]
    3.226
Sozialistische Arbeitserziehung
  s.Arbeitserziehung (DDR) 6.35
  s.Berufserziehung (DDR) 3.38
Sozialistische Berufsbildung
  s.Berufserziehung (DDR) 3.38
Sozialistische Bildungskonzeption
  s.Schulwesen DDR 1.234
Sozialistische Erziehung [DDR] ... 3.226
- (Fremdsprachenunterricht)
  s.Fremdsprachenunterricht (DDR) 7.104
- (Geschichtsunterricht)
  s.Geschichtsunterricht (Soziali-
    stische Erziehung) 8.84
- (Physikunterricht)
  s.Physikunterricht (Sozialistische
    Erziehung) 9.253
- (Russischunterricht)
  s.Russischunterricht (Sozialisti-
    sche Erziehung) 7.201
- (Staatsbürgerkunde)
  s.Staatsbürgerkunde (Sozialistische
    Weltanschauung) 8.204
Sozialistische Gemeinschaftsarbeit
  s.Polytechnische Bildung (DDR) 6.138
Sozialistische Geschlechtsmoral
  s.Geschlechtserziehung (DDR) 3.129
Sozialistische Gesellschaftsordnung
  s.Staatsbürgerkunde (Einzelfragen)
    8.201
Sozialistische Lehrerausbildung
  s.Lehrerbildung (DDR) 2.79
Sozialistische Leitungstätigkeit
  s.Schulpolitik (DDR) 1.209
Sozialistische pädagogische Forschung
  s.Pädagogik (DDR) 3.185

Sozialistische Produktion
  s.Polytechnischer Unterricht (DDR)
    6.141
Sozialistische Rationalisierung
  s.Schulwesen DDR 1.234
Sozialistische Schule
  s.Schulreform (DDR) 1.218
Sozialistische Volkswirtschaft
  s.Wirtschaftsgeographie (Deutsch-
    land:DDR) 8.218
Sozialistische Wehrerziehung
  s.Politische Bildung (Wehrerziehung)
    8.193
Sozialistischer Humanismus
  s.Humanismus 3.144
Sozialistischer Turnunterricht
  s.Leibeserziehung (DDR) 10.130
Sozialistisches Drama im Unterricht
  s.Drama im Unterricht 7.65
Sozialistisches Lehrbuch
  s.Geschichtslehrbuch (DDR) 5.80
Sozialistisches Perspektivbewußtsein
  s.Staatsbürgerkunde (Sozialistische
    Weltanschauung) 8.204
Sozialistisches Recht
  s.Staatsbürgerkunde (Einzelfragen)
    8.201
Sozialistisches Verhalten
  s.Sozialistische Erziehung [DDR]
    3.226
Sozialistisches Staatsbewußtsein
  s.Politische Erziehung (DDR)
    3.200
Sozialkunde 8.196
- (Berufsschule)
  s.Staatsbürgerliche Erziehung
    [Berufsschule] 8.204
- (Bildbetrachtung)
  s.Kunstbetrachtung (Berufsschule)
    10.106
- (Fach oder Prinzip) 8.197
- (Film)
  s.Politiklehrmittel (Film) 5.151
- (Gegenwartsbezug)
  s.Sozialkunde (Methodische Einzel-
    fragen) 8.200
- (Gemeindeverwaltung) 8.197
- (Geschichtsunterricht) 8.198
- (Grundschule) 8.198
- (Gymnasium) 8.199
- (Heimatkunde)
  s.Heimatkundeunterricht (Politi-
    sche Bildung) 8.101
  s.Heimatkundeunterricht (Sozial-
    erziehung) 8.103

[Forts.: Sozialkunde]
- (Ingenieurschule)
  s.Staatsbürgerliche Erziehung
  (Ingenieurschule) 8.206
- (Innere Differenzierung)
  s.Sozialkunde (Methodische Einzelfragen) 8.200
- (Kritik) 8.199
- (Landschule) 8.199
- (Landwirtschaftliche Berufsschule)
  s.Staatsbürgerliche Erziehung
  (Ländliche Berufsschule) 8.207
- (Lehrgespräch)
  s.Staatsbürgerliche Erziehung
  (Unterrichtsgespräch) 8.209
- (Lehrplan)
  s.Politische Bildung (Lehrplan)
  8.183
- (Methodische Einzelfragen) 8.200
- (Österreich)
  s.Politische Bildung (Österreich)
  8.185
- (Realschule)
  s.Gemeinschaftskunde (Realschule)
  8.53
- (Religionsunterricht)
  s.Religionsunterricht (Sozialkunde)
  10.223
- (Technikerschule)
  s.Staatsbürgerliche Erziehung
  (Ingenieurschule) 8.206
- (Unterrichtsbeispiele) 8.200
- (Unterrichtsfach)
  s.Sozialkunde (Fach oder Prinzip)
  8.197
- (Unterrichtsprinzip)
  s.Sozialkunde (Fach oder Prinzip)
  8.197
- (Volksschule) 8.200
- (Zweiter Bildungsweg)
  s.Politische Bildung (Zweiter
  Bildungsweg) 8.194
Sozialkunde/Erdkunde/Geschichte
  s.Gemeinschaftskunde 8.49
Sozialkundebuch
  s.Politiklehrmittel (Lehrbuch)
  5.152
Sozialkundelehrer 2.137
Sozialkundliche Heimatkunde
  s.Sozialkunde (Gemeindeverwaltung)
  8.197
Sozialkundliche Studienfahrt
  s.Sozialkunde (Gymnasium) 8.199
Sozialkundlicher Film
  s.Politiklehrmittel (Film) 5.151

Sozialkundliches Arbeitsmittel
  s.Politiklehrmittel 5.149
Sozialkundliches Kolloquium
  s.Sozialkunde (Gymnasium) 8.199
Soziallabilität
  s.Verwahrlosung 4.234
Sozialökologie
  s.Soziologie 3.228
Sozialökonomie
  s.Wirtschaftskunde 8.231
Sozialpädagoge 2.138
- (Ausbildung) 2.138
- (Schweiz) 2.139
Sozialpädagogik 3.227
- (Lehrerbildung)
  s.Lehrerbildung (Sozialpraktikum)
  2.98
- (Politische Bildung)
  s.Politische Bildung (Sozialpädagogik) 8.189
- (Schule)
  s.Sozialerziehung in der Schule
  3.223
- (Sonderschule)
  s.Sozialerziehung in der Schule
  (Sonderschule) 3.226
Sozialpädagogische Gruppenarbeit
  s.Gruppenpädagogik 3.138
Sozialpädagogisches Institut
  s.Höhere Fachschulen 1.112
Sozialpädagogisches Verstehen
  s.Sozialpädagogik 3.227
Sozialpartnerschaft
  s.Politische Erziehung (Demokratische Mündigkeit) 3.201
Sozialpersönlichkeit des Schülers
  s.Pädagogischer Führungsstil (Psychologischer Aspekt) 6.136
Sozialpolitik
  s.Politik (Sozialpolitik) 8.167
  s.Wirtschaftskunde 8.231
Sozialpraktikum 6.187
- (Lehrerbildung)
  s.Lehrerbildung (Sozialpraktikum) 2.98
- (Schuljahr IX)
  s.Schuljahr IX (Berufsfindungsjahr)
  1.195
Sozialprestige
  s.Bildungschance 1.46
Sozialprodukt
  s.Wirtschaftskunde (Einzelfragen)
  8.231
Sozialpsychiatrie
  s.Psychiatrie 4.137
  s.Sozialpsychologie 4.193

Sozialpsychologie 4.193
- (Entwicklungspsychologie) 4.194
- (Familie)
  s.Familie (Sozialstruktur) 3.103
- (Krankes Kind)
  s.Sozialpsychologie (Entwicklungspsychologie) 4.194
- (Schulklasse) 4.195
- (Umwelteinflüsse) 4.195
Sozialstatus des Lehrers
  s.Lehrerstand (Soziologischer Aspekt) 2.115
Sozialstruktur
  s.Landschule (Sozialstruktur des Dorfes) 1.136
  s.Politische Bildung (Gesellschaftskunde) 8.178
  s.Soziologie (Gesellschaft) 3.231
Sozialstudie
  s.Geschichtsunterricht (Soziologischer Aspekt) 8.84
Sozialunterricht
  s.Sozialkunde 8.196
Sozialverhältnis Lehrer/Schüler
  s.Schüler-Lehrer-Verhältnis 3.208
Sozialverhalten 4.196
- (Erziehungsaspekt)
  s.Politische Erziehung (Sozialverhalten) 3.203
- (Schullandheim)
  s.Schullandheimaufenthalt (Sozialverhalten) 6.166
Sozialversicherung
  s.Politik (Sozialpolitik) 8.167
  s.Wirtschaftskunde (Versicherung) 8.237
Sozialwissenschaftlicher Unterricht
  s.Sozialkunde 8.196
Sozialwissenschaftliches Gymnasium
  s.Sozialgymnasium 1.251
Soziogramm 4.196
- (Gruppenarbeit)
  s.Soziogramm (Schulklasse) 4.196
Soziologe
  s.Sozialkundelehrer 2.137
Soziologie 3.228
- (Anthropologie)
  s.Anthropologie 3.19
- (Bildungsschule)
  s.Bildungsauftrag (Berufsbildendes Schulwesen) 3.63
- (Christl.Gesellschaftslehre) ... 3.229
- (Empirische Soziologie) 3.230
- (Erwachsenenbildung)
  s.Erwachsenenbildung (Sozialpolitischer Auftrag) 1.70

- (Gemeinschaftskunde)
  s.Gemeinschaftskunde (Soziologie) 8.54
- (Geschichte) 3.230
- (Gesellschaft) 3.231
- (Gruppe) 3.232
- (Heimerziehung)
  s.Heimerziehung (Soziologischer Aspekt) 3.143
- (Jugendalter)
  s.Jugendsoziologie 3.151
- (Lehrerbildung)
  s.Lehrerbildung (Soziologie) 2.99
- (Massengesellschaft) 3.232
- (Pädagogik)
  s.Pädagogik und Soziologie 3.192
- (Politischer Aspekt)
  s.Politische Soziologie 3.203
- (Psychoanalyse)
  s.Psychoanalyse (Soziologischer Aspekt) 4.140
- (Rollentheorie)
  s.Soziologie (Gesellschaft) 3.231
- (Stadt)
  s.Soziologie (Massengesellschaft) 3.232
- (Unterrichtsprinzip)
  s.Pädagogischer Führungsstil 6.135
- der Begabung
  s.Begabung (Soziologischer Aspekt) 4.30
- des Lehrers
  s.Lehrerstand 2.114
- des Sports
  s.Sport (Soziologischer Aspekt) 10.244
- im Unterricht
  s.Politische Bildung (Soziologischer Aspekt) 8.190
- und Geschichte
  s.Geschichte (Hilfswissenschaften) 8.58
- und Kybernetik
  s.Kybernetik (Soziologischer Aspekt) 5.101
- und Pädagogik
  s.Pädagogik und Soziologie 3.192
- und Schule
  s.Pädagogik und Soziologie 3.192
Soziologische Begabtenforschung
  s.Begabung (Soziolog.Aspekt) 4.30
Soziologische Feldforschung
  s.Soziologie 3.228
Soziologische Gruppe
  s.Soziologie (Gruppe) 3.232

Soziologismus
  s.Pädagogische Grundbegriffe 3.196
Soziomatrix
  s.Soziologie (Empirische Soziologie) 3.230
Soziometrie
  s.Soziogramm 4.196
Soziometrische Analyse
  s.Soziogramm 4.196
Soziometrischer Test
  s.Soziogramm 4.196
Soziose
  s.Neurose 4.127
Spätantike
  s.Altertum 8.21
Spätfrostgefahr
  s.Wetterkunde (Jahreslauf) 8.213
Spätmittelalterliche Kulturentwicklung
  s.Kulturgeschichte 8.109
Spätrömischer Silberschatz
  s.Altertum (Römer) 8.23
Spaltträger
  s.Sprachheilpädagogik (Gaumenspaltler) 4.201
Spanien
  s.Länderkunde (Spanien) 8.142
Spanische Sprache
  s.Spanischunterricht 7.211
Spanisches Lehrbuch
  s.Fremdsprachenlehrbuch 5.73
Spanischunterricht 7.211
- (Lektüre) 7.211
Spannung [Elektrizitätslehre]
  s.Elektrizitätslehre (Spannung) 9.108
Spannungsmesser
  s.Elektrizitätslehre (Meßtechnik) 9.107
Spannungsteiler
  s.Elektrizitätslehre (Spannung) 9.108
Sparen
  s.Wirtschaftskunde (Geldwirtschaft) 8.233
- [im Gesamtunterricht]
  s.Arbeitseinheiten 6.23
Sparerziehung 3.232
- (Schulsparen) 3.233
- (Taschengeld) 3.233
Spargelschädlinge
  s.Insektenschädlinge 9.149
Sparkassenschule
  s.Fachschule (Einzelne Berufe) 1.74
Spartakiade
  s.Leibeserziehung (DDR) 10.130

Spastikerklasse
  s.Sonderschule für Körperbehinderte 1.245
  s.Spastisch gelähmtes Kind 4.198
Spastisch gelähmtes Kind 4.198
Spatz
  s.Vogelkunde (Einzelne Vögel) 9.294
Specht
  s.Vogelkunde (Waldvögel) 9.296
Speckstein
  s.Werken (Stein) 10.267
Speerwerfen
  s.Leichtathletik (Speerwerfen) 10.160
Speisepilze
  s.Pflanzenkunde (Pilze) 9.234
Spektralanalyse
  s.Optik (Spektrum) 9.221
Sperling
  s.Vogelkunde (Einzelne Vögel) 9.294
Sperrholz
  s.Werken (Sperrholz) 10.267
Spezialbegabung
  s.Begabung 4.28
Spezialisierung des Lehrerberufs
  s.Volksschullehrerbildung (Differenzierung) 2.148
Spezialoberschule
  s.Fachschule (DDR) 1.74
Spezialschule
  s.Berufsfachschule 1.39
Spezielle Relativitätstheorie
  s.Relativitätstheorie (Einzelfragen) 9.272
Spezifische Jugendliteratur
  s.Jugendbuch (Sonderformen) 7.138
Spezifisches Gewicht
  s.Mechanik (Artgewicht) 9.177
Sphärische Geometrie
  s.Geometrie (Kugel) 9.128
Spicken
  s.Mogeln des Schülers 3.180
Spiegel
  s.Optik (Reflexion)
Spiegelfernrohr
  s.Optik (Linsensysteme) 9.220
Spiegelteleskop
  s.Astronomie (Einzelfragen) 9.44
Spiegelung
  s.Optik (Reflexion) 9.220
  s.Vektorrechnung (Einzelfragen) 9.289
Spiegelungsgeometrie
  s.Geometrie (Axiomatik) 9.124
Spiel

s.Kinderspiel 3.155
s.Leibeserziehung (Spiel) 10.152
s.Lernspiel 5.125
s.Musikalisches Spiel (Grundschule) 10.172
s.Schulspiel 6.171
s.Spielerziehung 3.233
s.Spielplatz 1.252
s.Spielzeug 3.235
- im Englischunterricht
s.Englischlehrmittel (Szenisches Spiel) 5.58
- im Fremdsprachenunterricht
s.Fremdsprachenlehrmittel (Spielformen) 5.75
- im Kunstunterricht
s.Kunsterziehung (Spiel) 10.120
- im Religionsunterricht
s.Religionsunterricht (Schulspiel) 10.221
- im Sprachunterricht
s.Sprachunterricht (Spielformen) 7.230
- im Unterricht
s.Lernspiel 5.125
s.Unterrichtsspiel 5.256
- im Werkunterricht
s.Werkunterricht (Spiel) 10.275
Spielalter
s.Spielverhalten des Kindes 4.199
Spielauswahl
s.Laienspiel (Spielauswahl) 6.110
Spielelemente im Deutschunterricht
s.Deutschlehrmittel 5.49
Spielen und Lernen
s.Lernspiel 5.125
Spielender Mensch
s.Muße 3.182
s.Spielerziehung 3.233
Spielendes Lernen
s.Lernspiel 5.125
Spielendes Rechnen
s.Grundschulrechnen (Methodische Einzelfragen) 9.141
s.Rechenspiele 5.194
Spielentwicklung
s.Spielverhalten des Kindes 4.199
Spielerziehung 3.233
siehe auch:
Leibeserziehung (Spiel) 10.152
- (Kindergarten)
s.Kindergarten (Arbeitsformen) 1.122
Spielfilm
s.Filmerziehung 3.112

Spielfilm im Unterricht 5.238
- (Deutsch)
s.Deutschlehrmittel (Film) 5.51
s.Märchenfilm 5.134
- (Geschichtsunterricht)
s.Geschichtslehrmittel (Film) 5.85
- (Politische Bildung)
s.Politiklehrmittel (Silm) 5.151
- (Religionsunterricht)
s.Religionslehrmittel (Film) 5.198
- (Zeitgeschichte)
s.Zeitgeschichtslehrmittel (Dokumentarfilm) 5.260
Spielgemeinschaft
s.Kinderspiel 3.155
Spielhaltung
s.Leibeserziehung (Spiel) 10.152
Spiellieder
s.Musikalisches Spiel 10.172
Spielnachmittag
s.Leibeserziehung (Spielformen) 10.152
Spielpflege
s.Spieltherapie 4.198
Spielplan
s.Laienspiel (Spielauswahl) 6.110
Spielplatz 1.252
Spielpsychologie
s.Spielverhalten des Kindes 4.199
Spieltest
s.Test (Sceno-Test) 4.220
Spieltheorie
s.Wahrscheinlichkeitsrechnung (Spieltheorie) 9.302
Spieltherapie 4.198
- (Stotterer)
s.Stottertherapie (Spieltherapie) 4.213
Spielturnen
s.Leibeserziehung (Grundschule) 10.135
Spielverhalten des Kindes 4.199
Spielwiese
s.Spielplatz 1.252
Spielzeug 3.235
Spielzeugkiste
s.Lernspiel (Grundschule) 5.126
Spielzeugtheater
s.Schattenspiel 6.151
Spielzeugwerken
s.Werken (Spielzeug) 10.267
Spin
s.Quantentheorie 9.254
Spinne
s.Tierkunde (Spinnen) 9.283

Spiralfeder
  s.Mechanik (Elastizität) 9.180
Spirituals
  s.Jazz 10.82
  s.Kirchenlied 10.101
Spitzbergen
  s.Länderkunde (Spitzbergen) 8.143
Spitzensport
  s.Sport (Hochleistungssport) 10.243
Spitzhornschnecke
  s.Tierkunde (Schnecken) 9.283
Spitzmäuse
  s.Tierkunde (Nagetiere) 9.282
Spontane Sprachausübung
  s.Fremdsprachenunterricht (Sprechübung) 7.111
Spontansprache
  s.Taubstummenunterricht (Sprachanbildung) 6.199
Sport 10.242
- (Einzelfragen) 10.243
- (Freizeitgestaltung) 10.243
- (Hochleistungssport) 10.243
- (Krise)
  s.Sport (Einzelfragen) 10.243
- (Lesebuch)
  s.Lesebuchkritik (Einzelfragen)
  5.131
- (Olympische Spiele) 10.243
- (Soziologischer Aspekt) 10.244
Sportabitur
  s.Leibeserziehung (Reifeprüfung)
  10.149
Sportabzeichen
  s.Leibeserziehung (Organisationsfragen) 10.146
Sportanlage 1.252
  siehe auch:
  Sportlehrmittel 5.238
Sporterziehung
  s.Leibeserziehung (Erziehungswert)
  10.132
Sportethos
  s.Leibeserziehung (Charakterbildung) 10.129
Sportfilm
  s.Sportlehrmittel (Film) 5.238
Sportgerät
  s.Turngerät 5.251
Sportgerechtes Verhalten
  s.Leibeserziehung (Fairneß) 10.133
Sportgymnasium
  s.Musisches Gymnasium 1.146
Sporthalle
  s.Schulgebäude (Turnhalle) 1.189

Sportherz
  s.Leibeserziehung (Gesundheits-
  pflege) 10.135
Sportirresein
  s.Leibeserziehung (Medizinischer
  Aspekt) 10.143
Sportkreisel
  s.Sprachheilpädagogik (Rhythmische Erziehung) 4.203
Sportlehrer
  s.Leibeserzieher 2.118
Sportlehrmittel 5.238
- (Film) 5.238
- (Lehrprogramm)
  s.Programmiertes Lernen (Einzelne
  Unterrichtsfächer) 5.167
- (Sachzeichnen) 5.239
Sportliche Leistung
  s.Leibeserziehung (Charakterbil-
  dung) 10.129
  s.Leibeserziehung (Leistung) 10.140
Sportliche Leistungsfähigkeit
  s.Leibeserziehung (Leistungsfähig-
  keit) 10.141
Sportlicher Wetteifer
  s.Leibeserziehung (Wetteifer) 10.156
Sportlicher Wettkampf
  s.Leibeserziehung (Wettkampf) 10.156
Sportliches Interesse
  s.Leibeserziehung (Psychologischer
  Aspekt) 10.148
Sportliches Üben
  s.Leibeserziehung (Training) 10.154
Sportmedizin
  s.Leibeserziehung (Medizinischer
  Aspekt) 10.143
Sportnachmittag
  s.Leibeserziehung (Organisationsfragen) 10.146
  s.Leibeserziehung (Spielformen)
  10.152
Sportpädagogik
  s.Leibeserziehung 10.126
Sportprogramm
  s.Leibeserziehung (DDR) 10.130
Sportpsychologie
  s.Leibeserziehung (Psychologischer
  Aspekt) 10.148
Sportsoziologie
  s.Leibeserziehung (Soziologischer
  Aspekt) 10.152
Sportsprache
  s.Sprachkunde (Leibeserziehung) 7.218
Sportstätte
  s.Sportanlage 1.252

Sportunfall
  s.Leibeserziehung (Unfallverhütung)
    10.154
Sportunterricht
  s.Leibeserziehung 10.126
Sportverletzung
  s.Leibeserziehung (Unfallverhütung)
    10.154
Sprachambulanz
  s.Sprachheilpädagogik (Schulischer
    Aspekt) 4.203
Sprachanbildung
  s.Taubstummenunterricht (Sprach-
    anbildung) 6.199
Sprachatlas im Unterricht
  s.Deutschlehrmittel (Sprachlehre)
    5.54
Sprachaudiometrie
  s.Taubstummenunterricht (Hörer-
    ziehung) 6.197
Sprachaufbau
  s.Taubstummenunterricht (Sprach-
    anbildung) 6.199
Sprachauffassung
  s.Sprachverständnis 4.210
Sprachbegabung 4.199
Sprachbegriff
  s.Sprachtheorie 4.209
- (Informationstheorie)
  s.Kybernetik (Informationsseman-
    tik) 5.99
Sprachbelehrung
  s.Sprachunterricht (Sprachpflege)
    7.231
Sprachbeobachtung
  s.Grammatikunterricht (Methodi-
    sche Einzelfragen) 7.130
  s.Sprachpflege 7.220
Sprachbereicherungskartei
  s.Wortschatzpflege (Übungsformen)
    7.252
Sprachbetrachtung 7.211
- (Englischunterricht)
  s.Englischunterricht (Stilpflege) 7.86
- (Fabeltext)
  s.Fabel im Unterricht (Sprach-
    erziehung) 7.93
- (Lateinunterricht)
  s.Lateinunterricht (Methodische
    Einzelfragen) 7.148
Sprachbewußtsein
  s.Sprachpflege 7.220
  s.Sprachverhalten 4.210
Sprachbilderbuch
  s.Sprachbuch 5.239

Sprachbildung
  s.Sprachliche Bildung 7.220
  s.Sprachunterricht (Sprachliche
    Bildung) 7.230
Sprachbildungsgang
  s.Sprachheilpädagogik (Organisa-
    tionsformen) 4.202
Sprachbuch 5.239
- (DDR) 5.242
Sprachdienst
  s.Muttersprache 7.176
Sprache 7.212
- (Ausdrucksbewegung)
  s.Stilbildung 7.240
- (Bildkraft) 7.212
- (Bildungswert)
  s.Sprachliche Bildung 7.220
- (Dynamische Gestalt)
  s.Sprache (Leistungsaspekt) 7.212
- (Emigration)
  s.Sprache und Politik 7.213
- (Ethik)
  s.Sprache und Ethik 7.213
- (Geteiltes Deutschland)
  s.Sprache und Politik 7.213
- (Kulturpolitik)
  s.Sprache und Politik 7.213
- (Leistungsaspekt) 7.212
- (Logische Schulung)
  s.Sprache und Denken 7.213
- (Nationalsozialismus)
  s.Sprache und Politik 7.213
- (Ordnungsgefüge)
  s.Sprache (Leistungsaspekt) 7.212
- (Religion)
  s.Sprache und Religion 7.214
- (Rhythmus)
  s.Sprachrhythmus 7.221
- (Technik)
  s.Sprache und Technik 7.215
- (Wirkende Kraft)
  s.Sprache (Leistungsaspekt) 7.212
- (Wirklichkeit)
  s.Sprache und Sache 7.214
- (Zeitaspekt)
  s.Sprachwissenschaft 7.233
- der Gegenwart
  s.Gegenwartssprache 7.125
- der Physik
  s.Sprachsoziologie 7.221
- der Schule
  s.Schulsprache 7.210
- der Technik
  s.Sprache und Technik 7.215
  s.Sprachkunde (Technische Welt) 7.218

[Forts.: Sprache]
- der Zukunft
  s.Gegenwartssprache 7.125
- des Jugendlichen
  s.Sprachsoziologie 7.221
- des Lehrers
  s.Schulsprache 7.210
  s.Unterricht (Lehrersprache) 6.207
- des Menschen
  s.Sprachliche Entwicklung 4.204
- des Österreichers
  s.Muttersprache 7.176
- im Jugendbuch
  s.Jugendbuch (Sprachlicher Aspekt) 7.138
- im Kasperspiel
  s.Handpuppenspiel im Unterricht (Kasperlespiel) 6.95
  s.Sprachunterricht (Spielformen) 7.230
- im Lernprozeß
  s.Pädagogischer Führungsstil 6.135
- und Arbeit
  s.Sprachunterricht (Sachbezogenheit) 7.228
- und Bildsamkeit
  s.Sprache und Denken 7.213
- und Bildung
  s.Sprachliche Bildung 7.220
- und Denken 7.213
  siehe auch:
  Sprachtheorie 4.209
- und Erziehung
  s.Sprachliche Bildung 7.220
- und Ethik 7.213
- und Gemeinschaft
  s.Sprachsoziologie 7.221
- und Geschichte
  s.Geschichtsphilosophie 8.63
- und Grammatik
  s.Grammatik 7.126
- und Logik
  s.Sprachtheorie 4.209
- und Mathematik
  s.Fachsprachen 7.94
- und Musik
  s.Stimmbildung (Sprecherziehung) 10.245
- und Politik 7.213
- und Religion 7.214
- und Sache 7.214
- und Schrift 7.214
- und Technik 7.215
- und Unterricht
  s.Sprachunterricht 7.222

Sprachehrfurcht
  s.Sprache und Ethik 7.213
Spracheignungstest
  s.Test 4.216
Spracheinheit
  s.Sprache 7.212
Sprachen
  s.Fremdsprachen 7.101
Sprachendienst
  s.Sprachpflege 7.220
Sprachenfolge
  s.Fremdsprachenfolge 7.101
Sprachenlabor
  s.Sprachlabor 5.240
Sprachentfaltung 7.215
Sprachentwicklung
  s.Sprachliche Entwicklung 4.204
Spracherfühlung
  s.Sprachgefühl 7.216
Spracherkenntnis
  s.Sprachsoziologie 7.221
Spracherleben
  s.Sprachgefühl 7.216
Spracherwerb
  s.Sprachunterricht (Sprachliche Bildung) 7.230
Spracherziehung 7.215
- (Aufsatz)
  s.Aufsatzunterricht (Spracherziehung) 7.37
- (Ganzheitslesemethode)
  s.Ganzheitliches Lesenlernen (Spracherziehung) 7.119
- (Gedicht)
  s.Lyrik im Unterricht (Spracherziehung) 7.171
- (Geistig behindertes Kind)
  s.Sprachunterricht (Sonderschule) 7.229
- (Rechtschreibung)
  s.Rechtschreibunterricht (Spracherziehung) 7.194
- (Stilbildung)
  s.Aufsatzunterricht (Spracherziehung) 7.37
Sprachfeld
  s.Wortfeld im Unterricht 7.250
Sprachfilm
  s.Deutschlehrmittel (Schulfernsehen) 5.53
- für Ausländer
  s.Fremdsprachenlehrmittel (Film) 5.74
Sprachfördernder Rechtschreibunterricht
  s.Rechtschreibunterricht (Spracherziehung) 7.194

Sprachformenunterricht
　s.Grammatikunterricht (Innere Sprachform) 7.129
　s.Taubstummenunterricht (Sprachformenunterricht) 6.200
Sprachformübung
　s.Grammatikunterricht (Übung) 7.132
Sprachforschung
　s.Sprachwissenschaft 7.233
Sprachfreier Schulreifetest
　s.Schulreifetest 4.178
Sprachgebrauch
　s.Sprachverhalten 4.210
Sprachgebrechliches Kind
　s.Sprachstörung 4.207
Sprachgefährdung
　s.Deutsche Sprache (Sprachgefährdung) 7.45
Sprachgefühl 7.216
Sprachgehemmtes Kind
　s.Sprachstörung 4.207
Sprachgemeinschaft
　s.Sprachsoziologie 7.221
Sprachgeschädigtenerziehung
　s.Sprachheilpädagogik (Schulischer Aspekt) 4.203
Sprachgeschichte 7.216
- im Unterricht
　s.Sprachkunde 7.217
Sprachgeschwindigkeit
　s.Sprachverhalten 4.210
Sprachgestalt
　s.Sprache 7.212
Sprachgestaltender Aufsatz
　s.Aufsatz (Sprachgestaltender Aufsatz) 7.29
Sprachgestaltung
　s.Sprachunterricht (Methodische Einzelfragen) 7.226
Sprachgestörtes Kind
　s.Sprachstörung 4.207
Sprachgestörtes Vorschulkind
　s.Sprachstörung 4.207
Sprachheilkindergarten
　s.Sonderkindergarten 1.240
Sprachheilkunde
　s.Sprachheilpädagogik 4.200
Sprachheilpädagoge
　s.Sonderschullehrer 2.135
　s.Sprachheilschule 4.203
　s.Taubstummenlehrer 2.141
Sprachheilpädagogik 4.200
- (Ambulante Behandlung)
　s.Sprachheilpädagogik (Organisationsformen) 4.202

- (Berufsschule)
　s.Sprachheilpädagogik (Schulischer Aspekt) 4.203
- (Gaumenspaltler) 4.201
- (Geistig behindertes Kind)
　s.Sprachheilpädagogik (Hilfsschulkind) 4.201
- (Häusliche Übung)
　s.Sprachheilpädagogik 4.200
- (Hilfsschulkind) 4.201
- (Hirnverletzter)
　s.Sprachheilpädagogik (Körperbehindertes Kind) 4.201
- (Kindergarten)
　s.Sprachheilpädagogik 4.200
- (Körperbehindertes Kind) 4.201
- (Leibeserziehung)
　s.Sprachheilpädagogik (Rhythmische Erziehung) 4.203
- (Medizinischer Aspekt) 4.202
- (Österreich)
　s.Sprachheilpädagogik (Organisationsformen) 4.202
- (Organisationsformen) 4.202
- (Psychosomatik)
　s.Sprachheilpädagogik (Medizinischer Aspekt) 4.202
- (Rhythmische Erziehung) 4.203
- (Schulischer Aspekt) 4.203
- (Sonderklasse)
　s.Sprachheilpädagogik (Organisationsformen) 4.202
- (Sonderschüler)
　s.Sprachheilpädagogik (Hilfsschulkind) 4.201
- (Sportkreisel)
　s.Sprachheilpädagogik (Rhythmische Erziehung) 4.203
- (Sprechspur)
　s.Sprechspur (Heilpädagogik) 7.238
- (Stationäre Behandlung)
　s.Sprachheilpädagogik (Medizinischer Aspekt) 4.202
- (Stottern)
　s.Stottertherapie 4.212
- (Tagesheimschule)
　s.Sprachheilpädagogik (Schulischer Aspekt) 4.203
- (Therapeutisches Gespräch)
　s.Sprachheilpädagogik (Medizinischer Aspekt) 4.202
Sprachheilschule 4.203
siehe auch:
Sonderschule für Sprachgestörte 1.250

Sprachheilstätte
s.Sprachheilschule 4.203
Sprachkönnen
s.Sprachunterricht (Psychologischer Aspekt) 7.227
Sprachkrankenfürsorge
s.Sonderschule für Sprachgestörte 1.250
Sprachkrankenschule
s.Sprachheilschule 4.203
Sprachkrankes Kind
s.Sprachheilpädagogik 4.200
Sprachkrankheit
s.Sprachstörung 4.207
Sprachkritik 7.216
Sprachkultur
s.Sprachliche Bildung 7.220
Sprachkunde 7.217
- (Arbeitsschule)
s.Sprachkunde (Methodische Einzelfragen) 7.218
- (Biologie) 7.217
- (DDR) 7.217
- (Einzelbereiche) 7.217
- (Leibeserziehung) 7.218
- (Methodische Einzelfragen) ... 7.218
- (Patriotische Erziehung)
s.Sprachkunde (DDR) 7.217
- (Selbsttätigkeit)
s.Sprachkunde (Methodische Einzelfragen) 7.218
- (Sprachlehre)
s.Grammatikunterricht (Spracherziehung) 7.132
- (Technische Welt) 7.218
- (Volksschule) 7.219
Sprachkundeunterricht
s.Sprachkunde 7.217
Sprachkurs
s.Sprachunterricht (Sprachpflege) 7.231
Sprachlabor 5.240
- (Anfangsunterricht) 5.240
- (Antwortpause)
s.Sprachlabor (Methodische Einzelfragen) 5.245
- (Ausland) 5.241
- (Ausspracheschulung) 5.241
- (Ausstattung)
s.Sprachlabor (Technische Ausstattung) 5.246
- (Belgien)
s.Sprachlabor (Ausland) 5.241
- (Englischunterricht)
s.Sprachlabor(Einzelerfahrungen) 5.242

- (Berufsschule) 5.241
- (DDR) 5.242
- (Deutsche Auslandsschulen) ... 5.242
- (Diskussion) 5.242
- (Einzelerfahrungen) 5.242
- (Erwachsenenbildung) 5.243
- (Finnland)
s.Sprachlabor (Ausland) 5.241
- (Frankreich)
s.Sprachlabor (Ausland) 5.241
- (Französischunterricht)
s.Sprachlabor (Einzelerfahrungen) 5.242
- (Fremdsprachenunterricht)
s.Fremdsprachenlehrmittel (Tonband) 5.75
s.Programmiertes Lernen (Fremdsprachen) 5.170
- (Grammatik) 5.243
- (Gymnasium) 5.244
- (Hauptschule) 5.244
- (Hessen)
s.Sprachlabor (Einzelerfahrungen) 5.242
- (Hochschule) 5.244
- (Hörschulung) 5.244
- (Intonation)
s.Sprachlabor (Ausspracheschulung) 5.241
- (Konzentrationsfähigkeit)
s.Sprachlabor (Hörschulung) 5.244
- (Lateinunterricht)
s.Programmiertes Lernen (Latein) 5.173
- (Lehrbuch) 5.245
- (Leistungsbewertung) 5.245
- (Lesestück-Einführung)
s.Sprachlabor (Einzelerfahrungen) 5.242
- (Luxemburg)
s.Sprachlabor (Ausland) 5.241
- (Methodische Einzelfragen) ... 5.245
- (Nürnberg)
s.Sprachlabor (Einzelerfahrungen) 5.242
- (Österreich)
s.Sprachlabor (Ausland) 5.241
- (Programmierung) 5.245
- (Realschule) 5.246
- (Russischunterricht)
s.Programmiertes Lernen (Russisch) 5.283
s.Russischlehrmittel (Tonband) 5.202
- (Schweden)
s.Sprachlabor (Ausland) 5.241

- (Schweiz)
  s.Sprachlabor (Ausland) 5.241
- (Technische Ausstattung) 5.246
- (Trennwände)
  s.Sprachlabor (Technische Ausstattung) 5.246
- (Tschechoslowakei)
  s.Sprachlabor (Ausland) 5.241
- (Übungsformen) 5.247
- (Universität)
  s.Sprachlabor (Hochschule) 5.244
- (Unterrichtsversuch)
  s.Sprachlabor (Einzelerfahrungen) 5.242
- (USA)
  s.Sprachlabor (Ausland) 5.241
- (Volkshochschule)
  s.Sprachlabor (Erwachsenenbildung) 5.243
- (Volksschuloberstufe)
  s.Sprachlabor (Hauptschule) 5.244
- (Wortschatzübung) 5.247
- (Zweiter Bildungsweg)
  s.Sprachlabor (Erwachsenenbildung) 5.243
- und Lehrbuch
  s.Sprachlabor (Lehrbuch) 5.245
Sprachlabortechnik
  s.Sprachlabor (Programmierung) 5.245
Sprachlaborübungen
  s.Sprachlabor (Übungsformen) 5.247
Sprachlaut
  s.Phonetik 7.183
Sprachleben
  s.Muttersprache (Sprachpflege) 7.177
Sprachlehranlage
  s.Sprachlabor (Technische Ausstattung) 5.246
Sprachlehre
  s.Grammatikunterricht 7.126
- (Lehrprogramm)
  s.Programmiertes Lernen (Deutschunterricht) 5.165
Sprachlehreübung
  s.Grammatikunterricht (Übung) 7.132
Sprachlehreunterricht
  s.Grammatikunterricht (Volksschule) 7.132
- (Arbeitsmittel)
  s.Deutschlehrmittel (Sprachlehre) 5.54
Sprachliche Ausdrucksfähigkeit ... 7.219
- (Biologie)
  s.Biologieunterricht (Psychologischer Aspekt) 9.72

Sprachliche Bestimmungsleistung
  s.Sprachverständnis 4.210
Sprachliche Beziehungen
  s.Sprachsoziologie 7.221
Sprachliche Bildung 7.220
- (Übersetzen)
  s.Übersetzen (Sprachlicher Aspekt) 7.242
Sprachliche Entlehnungsvorgänge
  s.Englischunterricht (Muttersprache) 7.83
Sprachliche Entwicklung 4.204
- (Hilfsschüler)
  s.Sprachliche Entwicklung (Sonderschüler) 4.205
- (Kleinkind) 4.204
  siehe auch:
  Kindersprache 4.96
- (Schulkind) 4.205
- (Sonderschüler) 4.205
- (Taubstummes Kind)
  s.Taubstummenunterricht (Sprachanbildung) 6.199
- (Zweisprachigkeit)
  s.Zweisprachigkeit 7.253
Sprachliche Fehlleistung
  s.Sprachstörung 4.207
Sprachliche Gestaltungsmittel
  s.Aufsatzunterricht (Sprachberhalten) 7.38
Sprachliche Gestaltungsübung
  s.Sprachunterricht (Übungsformen) 7.232
Sprachliche Gestaltungsversuche
  s.Stilbildung 7.240
Sprachliche Informationsverarbeitung
  s.Kybernetische Lerntheorie (Informationsverarbeitung) 5.105
Sprachliche Leistung
  s.Sprachpsychologie 4.206
Sprachliche Leistungsfähigkeit
  s.Sprachbegabung 4.199
  s.Sprachverständnis 4.210
Sprachliche Reaktion
  s.Sprachverhalten 4.210
Sprachliche Situation
  s.Sprachunterricht 7.222
Sprachlicher Ausdruck
  s.Sprachliche Ausdrucksfähigkeit 7.219
  s.Sprachunterricht (Sprachpflege) 7.231
- (Unterstufe)
  s.Ausdrucksschulung (Grundschule) 7.41

Sprachlicher Bildentwurf
s.Aufsatzunterricht (Vorbereitung) 7.40
Sprachlicher Ganzheitsunterricht
s.Grammatikunterricht (Methodische Einzelfragen) 7.130
Sprachliches Gedächtnis
s.Gedächtnisforschung 4.64
s.Sprachliche Entwicklung (Schulkind) 4.205
Sprachliches Gestaltungserlebnis
s.Sprachliche Ausdrucksfähigkeit 7.219
Sprachliches Gestaltungsvermögen
s.Sprachbegabung 4.199
Sprachliches Können
s.Sprachentfaltung 7.215
Sprachliches Lernen
s.Sprachliche Entwicklung 4.204
Sprachliches Verständigungsmittel
s.Sprachverständnis 4.210
Sprachliches Wachstum
s.Sprachentfaltung 7.215
s.Sprachliche Entwicklung 4.204
Sprachlose Gesellschaft
s.Sprachsoziologie 7.221
Sprachmappe
s.Deutschlehrmittel (Sprachlehre) 5.54
Sprachmelodie
s.Dichtung (Sprachlicher Aspekt) 7.61
Sprachmodelle
s.Kybernetik (Informationssemantik) 5.99
Sprachneurose
s.Sprachheilpädagogik (Medizinischer Aspekt) 4.202
s.Sprachstörung 4.207
Sprachnorm
s.Sprachwissenschaft 7.233
Sprachpathalogie
s.Sprachstörung 4.207
Sprachpflege 7.220
- (Fremdwort)
s.Fremdwort im Deutschunterricht 7.115
- (Grundschule)
s.Sprachunterricht (Grundschule) 7.225
- (Kleinkind)
s.Sprachunterricht (Kindergarten) 7.226
- (Rechenunterricht)
s.Sprachunterricht (Fächerverbindung) 7.224

- (Stegreifspiel)
s.Sprachunterricht (Spielformen) 7.230
Sprachphilosophie 7.220
- (Philosophieunterricht)
s.Philosophieunterricht (Methodische Einzelfragen) 10.203
Sprachprogramm
s.Programmiertes Lernen (Fremdsprachen) 5.170
Sprachpsychologie 4.206
Sprachregelung
s.Sprachverhalten 4.210
Sprachrhythmus 7.221
Sprachrichtigkeit
s.Muttersprache (Sprachpflege) 7.177
Sprachschaffender Aufsatz
s.Aufsatz (Sprachgestaltender Aufsatz) 7.29
Sprachschichten
s.Sprachsoziologie 7.221
Sprachschöpferischer Heimatkundeunterricht
s.Heimatkundeunterricht (Sprachunterricht) 8.103
Sprachschöpferischer Unterricht .. 7.221
- (Sonderschule)
s.Sprachunterricht (Sonderschule) 7.229
Sprachschulung
s.Sprachunterricht (Sprachpflege) 7.231
Sprachselektion
s.Taubstummenunterricht 6.195
Sprachsoziologie 7.221
Sprachspiel
s.Fremdsprachenlehrmittel (Spielformen) 5.75
Sprachstil
s.Sprachunterricht (Sprachliche Bildung) 7.230
Sprachstörung 4.207
- (Ätiologie)
s.Sprachstörung 4.207
- (Früherfassung) 4.208
- (Grundschule)
s.Sprachstörung (Schulkind) 4.208
- (Kindesalter)
s.Sprachstörung 4.207
- (Schulkind) 4.208
- (Schwererziehbarkeit)
s.Sprachstörung (Soziologischer Aspekt) 4.209
- (Schwerhöriges Kind) 4.208
- (Soziologischer Aspekt) 4.209

- (Stammeln) 4.209
- (Stottern)
  s.Stottern (Ätiologie) 4.211
Sprachtheorie
  s.Sprachwissenschaft 7.233
- [Psychologischer Aspekt] 4.209
Sprachtherapie
  s.Sprachheilpädagogik 4.200
- (Lehrprogramm)
  s.Programmiertes Lernen (Sonderschule) 5.183
Sprachtransformator
  s.Kybernetische Maschinen (Automatische Sprachübersetzung) 5.107
Sprachübung
  s.Sprachunterricht (Übungsformen) 7.232
Sprachunterricht 7.222
- (Anschauung) 7.223
- (Arbeitsmittel)
  s.Deutschlehrmittel (Sprachlehre) 5.54
- (Auslandsschule)
  s.Sprachunterricht (Deutsche Auslandschule) 7.223
- (Berufsschule) 7.223
- (Christlicher Bildungsauftrag)
  s.Religionsunterricht (Deutschunterricht) 10.209
- (Deutsche Auslandsschule) 7.223
- (Differenzierung)
  s.Sprachunterricht (Ganzheitlicher Sprachunterricht) 7.224
- (Erwachsenenbildung 7.223
- (Europagedanke)
  s.Fremdsprachenunterricht (Völkerverständigung) 7.112
- (Fachausdrücke)
  s.Deutsche Grammatik (Terminologie) 7.44
- (Fächerverbindung) 7.224
- (Ganzheitl.Sprachunterricht) ... 7.224
- (Gehörlosenschule)
  s.Sprachunterricht (Sonderschule) 7.229
- (Geschichte) 7.224
- (Gesprächserziehung) 7.224
- (Gestik)
  s.Sprachunterricht (Methodische Einzelfragen) 7.226
- (Grundschule) 7.225
- (Gruppenarbeit)
  s.Sprachunterricht (Methodische Einzelfragen) 7.226
- (Gymnasium) 7.225

- (Gymnasium:Unterstufe) 7.226
- (Häufigkeitsprinzip)
  s.Wortschatzpflege (Häufigkeitswortschatz) 7.252
- (Hauptschule)
  s.Sprachunterricht (Volksschuloberstufe) 7.233
- (Heimatkunde)
  s.Heimatkundeunterricht (Sprachunterricht) 8.103
- (Humor)
  s.Sprachunterricht (Methodische Einzelfragen) 7.226
- (Kindergarten) 7.226
- (Kunsterziehung)
  s.Sprachunterricht (Fächerverbindung) 7.224
- (Landschule) 7.226
- (Lehrbuch)
  s.Sprachbuch 5.239
- (Lernspiel)
  s.Sprachunterricht (Spielformen) 7.230
- (Lesebuch)
  s.Sprachunterricht (Methodische Einzelfragen) 7.226
- (Märchen)
  s.Märchen im Unterricht 7.173
- (Methodische Einzelfragen) 7.226
- (Moltonwand)
  s.Deutschlehrmittel (Hafttafel) 5.51
- (Montessoripädagogik)
  s.Sprachunterricht (Methodische Einzelfragen) 7.226
- (Mundart)
  s.Mundart im Unterricht 7.176
- (Persönlichkeitsbildung)
  s.Spracherziehung 7.215
- (Phantasie)
  s.Sprachunterricht (Psychologischer Aspekt) 7.227
- (Psychologischer Aspekt) 7.227
- (Rätsel)
  s.Rätsel im Deutschunterricht 7.183
- (Realschule) 7.227
- (Reform) 7.228
- (Religionsunterricht)
  s.Religionsunterricht (Deutschunterricht) 10.209
  s.Religionsunterricht (Methodische Einzelfragen) 10.215
- (Richtlinien)
  s.Sprachunterricht 7.222
- (Sachbezogenheit) 7.228

[Forts.: Sprachunterricht]
- (Sachbezogenheit:Grundschule) .. 7.228
- (Sacheinheit)
  s.Sprachunterricht (Unterrichtsbeispiele) 7.232
- (Satzlehre)
  s.Satzlehre 7.203
- (Schuljahr I) 7.229
- (Schuljahr I-II)
  s.Sprachunterricht (Grundschule) 7.225
- (Schuljahr II) 7.229
- (Schuljahr III-IV) 7.229
- (Sonderschule) 7.229
- (Sprachliche Bildung) 7.230
- (Sprachpflege) 7.231
- (Sprechfreudigkeit) 7.231
- (Sprechkunde)
  s.Sprachunterricht (Sprachpflege) 7.231
- (Übungsformen) 7.232
- (Universität) 7.232
- (Unterrichtsbeispiele) 7.232
- (Unterstufe)
  s.Sprachunterricht (Grundschule) 7.225
  s.Sprachunterricht (Gymnasium: Unterstufe) 7.226
- (Volksschule) 7.232
- (Volksschuloberstufe) 7.233
- (Vorschulalter)
  s.Sprachunterricht (Kindergarten) 7.226
- (Werkunterricht)
  s.Werkunterricht (Einzelne Fächer) 10.270
- (Zeichnung)
  s.Sprachunterricht (Anschauung) 7.223
- für alle
  s.Neusprachlicher Unterricht (Situation) 7.182
Sprachursprung
  s.Sprachtheorie 4.209
Sprachverfall
  s.Deutsche Sprache (Sprachgefährdung) 7.45
Sprachvergleich
  s.Sprachkunde 7.217
Sprachverhalten 4.210
- (Aufsatzunterricht)
  s.Aufsatzunterricht (Sprachverhalten) 7.38
- (Programmiertes Lernen)
  s.Programmiertes Lernen (Psychologischer Aspekt) 5.181

Sprachvermittlung
  s.Taubstummenunterricht (Gebärdensprache) 6.197
Sprachverständnis 4.210
- (Adjektiv)
  s.Wortarten (Adjektiv) 7.247
- (Schwerhöriger Schüler)
  s.Sprachstörung (Schwerhöriges Kind) 4.208
Sprachvertastung
  s.Taubstummenunterricht (Spracherziehung) 6.199
Sprachverwandtschaft Englisch/Deutsch
  s.Englischunterricht (Muttersprache) 7.83
Sprachverwilderung
  s.Deutsche Sprache (Sprachgefährdung) 7.45
Sprachverwirrung
  s.Deutsche Sprache (Sprachgefährdung) 7.45
  s.Sprachverhalten 4.210
Sprachwelt des Kindes
  s.Sprachunterricht (Psychologischer Aspekt) 7.227
Sprachwirklichkeit
  s.Sprachunterricht (Sprachliche Bildung) 7.230
  s.Sprachwissenschaft 7.233
Sprachwissen
  s.Sprachunterricht (Sprachpflege) 7.231
Sprachwissenschaft 7.233
- (Sprachpflege)
  s.Sprachpflege 7.220
- und Kybernetik
  s.Kybernetik (Informationssemantik) 5.99
Sprechanalyse
  s.Sprecherziehung im Unterricht (Psychologischer Aspekt) 7.236
Sprechchor
  s.Sprecherziehung im Unterricht (Grundschule) 7.235
Sprechen in der Schule
  s.Gesprächserziehung in der Schule 6.78
Sprechende Landkarte
  s.Erdkundelehrmittel (Karten) 5.66
Sprechende Zahlen
  s.Sonderschulrechnen (Methodische Einzelfragen) 9.278
Sprechenlernen
  s.Sprachliche Entwicklung (Kleinkind) 4.204

s.Sprecherziehung im Unterricht
 (Methodische Einzelfragen) 7.235
Sprecherziehung 7.234
- (Hauptschule)
 s.Sprecherziehung im Unterricht
 (Volksschule) 7.236
- (Lehrplan)
 s.Sprecherziehung im Unterricht
 (Methodische Einzelfragen) 7.235
- (Lyrik im Unterricht)
 s.Lyrik im Unterricht (Gedicht-
 vortrag) 7.168
- (Musikunterricht)
 s.Stimmbildung (Sprecherziehung)
 10.245
- (Sprichwort)
 s.Sprichwort im Unterricht 7.240
- (Volkshochschule)
 s.Sprecherziehung im Unterricht
 7.234
Sprecherziehung im Unterricht 7.234
- (Grundschule) 7.235
- (Gymnasium) 7.235
- (Methodische Einzelfragen) 7.235
- (Psychologischer Aspekt) 7.236
- (Volksschule) 7.236
Sprechfehler
 s.Sprecherziehung im Unterricht
 (Methodische Einzelfragen) 7.235
Sprechfertigkeit
 s.Sprecherziehung im Unterricht
 7.234
- (Französischunterricht)
 s.Französischunterricht (Sprechfertigkeit) 7.100
- (Russischunterricht)
 s.Russischunterricht (Sprechübung)
 7.201
Sprechfreudigkeit
 s.Gesprächserziehung 6.78
 s.Sprachunterricht (Sprechfreudigkeit) 7.231
Sprechkultur
 s.Sprecherziehung im Unterricht
 7.234
Sprechkunde
 s.Sprecherziehung 7.234
Sprechleistung
 s.Sprecherziehung im Unterricht
 (Psychologischer Aspekt) 7.236
Sprechlust
 s.Sprachunterricht (Sprechfreudigkeit) 7.231
Sprechlustförderung
 s.Gesprächserziehung in der Schule 6.78

Sprechplatte
 s.Deutschlehrmittel (Schallplatte)
 5.53
Sprechreaktion
 s.Sprachverhalten 4.210
Sprechschulung
 s.Sprecherziehung im Unterricht
 7.234
Sprechspur 7.237
- (Aufsatzunterricht) 7.237
- (Erstleseunterricht) 7.237
- (Ganzheitlicher Schreibleseunterricht)
 s.Sprechspur (Erstleseunterricht)
 7.237
- (Heilpädagogik) 7.238
- (Kurzschrift)
 s.Sprechspur (Schriftfrage) 7.239
- (Leistungserfolg)
 s.Sprechspur (Psychologischer
 Aspekt) 7.238
- (Methodenaspekt) 7.238
- (Psychologischer Aspekt) 7.238
- (Rechtschreiben) 7.239
- (Schreibunterricht) 7.239
- (Schriftfrage) 7.239
- (Sonderschule)
 s.Sprechspur (Heilpädagogik) 7.238
- (Unterrichtsbeispiele) 7.239
- (Wortgestalt)
 s.Sprechspur (Schriftfrage) 7.239
Sprechspuraufsatz
 s.Sprechspur (Aufsatzunterricht)
 7.237
Sprechspurtherapie
 s.Legasthenikerbehandlung 4.104
Sprechspurunterricht
 s.Sprechspur 7.237
Sprechstimme
 s.Sprecherziehung im Unterricht
 (Psychologischer Aspekt) 7.236
Sprechstunde des Lehrers
 s.Lehrer und Eltern 2.66
Sprechtechnik
 s.Sprecherziehung 7.234
Sprechübung
 s.Englischunterricht (Sprechübung) 7.86
 s.Fremdsprachenunterricht
 (Sprechübung) 7.111
 s.Gesprächserziehung in der
 Schule 6.78
 s.Grammatikunterricht (Spracherziehung) 7.132
 s.Sprachunterricht (Übungsformen) 7.232

[Forts.: Sprechübung]
  s.Taubstummenunterricht (Spracherziehung) 6.199
Sprechzeichen
  s.Evangelische Unterweisung (Sprechzeichnen) 10.61
Spreewald
  s.Länderkunde (Deutschland:Landschaften) 8.122
Sprichwort 7.240
- im Unterricht 7.240
Springen
  s.Gymnastik (Einzelfragen) 10.71
  s.Leichtathletik (Sprungschulung) 10.160
Springgraben
  s.Leichtathletik (Grundschule) 10.158
Spruchkatechese
  s.Katechismusunterricht 10.88
Sprungkasten
  s.Geräteturnen (Sprungkasten) 10.68
Sprungschulung
  s.Leichtathletik (Sprungschulung) 10.160
Spurbegabung
  s.Sprechspur (Psychologischer Aspekt) 7.238
Spurischer Gedankenaustausch
  s.Sprechspur (Aufsatzunterricht) 7.237
St.Gallen
  s.Länderkunde (Schweiz:Einzelne Kantone) 8.140
St.Lorenz-Seeweg
  s.Wirtschaftsgeographie (Binnenschiffahrt) 8.216
Staat
  s.Politik (Staat) 8.168
- und Schule
  s.Schule und Staat 1.181
Staatliche Höhere Handelsschule
  s.Höhere Handelsschule 1.112
Staatliche Ingenieurschule
  s.Ingenieurschule 1.114
Staatliche Musikhochschule
  s.Musikerzieher 2.120
Staatliche Schulaufsicht
  s.Schulaufsicht 1.168
Staatliche Wirtschaftsoberschule
  s.Wirtschaftsoberschule 1.271
Staatliches Berufspädagog.Institut
  s.Berufspädagogisches Institut 2.24
Staatsbauschule
  s.Baufachschule 1.24

Staatsbürger
  s.Politische Bildung (Erziehung zur Demokratie) 8.175
- in Uniform
  s.Zeitgeschichte (Bundeswehr) 8.239
Staatsbürgerkunde [DDR] 8.201
- (Berufsschule) 8.201
- (Einzelfragen) 8.201
- (Erkenntnisprozeß)
  s.Staatsbürgerkunde (Psychologischer Aspekt) 8.203
- (Erzieherische Wirksamkeit)
  s.Staatsbürgerkunde (Ideologische Erziehung) 8.202
- (Ethische Erziehung)
  s.Staatsbürgerkunde (Methodische Einzelfragen) 8.202
- (Fachlehrerkonferenz)
  s.Staatsbürgerkunde (Lehrplan) 8.202
- (Freiheit und Verantwortung) ... 8.202
- (Geschichtsunterricht)
  s.Geschichtsunterricht und Politische Bildung 8.89
- (Gespräch)
  s.Staatsbürgerkunde (Methodische Einzelfragen) 8.202
- (Graphische Darstellung)
  s.Staatsbürgerkunde (Methodische Einzelfragen) 8.202
- (Hausaufsatz)
  s.Staatsbürgerkunde (Methodische Einzelfragen) 8.202
- (Ideologische Erziehung) 8.202
- (Intensivierung) 8.202
- (Klasse IX) 8.202
- (Klassenleiter)
  s.Staatsbürgerkunde (Methodische Einzelfragen) 8.202
- (Lehrbuch)
  s.Politiklehrmittel (Lehrbuch) 5.152
- (Lehrplan) 8.202
- (Methodische Einzelfragen) 8.202
- (Polytechnische Bildung) 8.203
- (Presse)
  s.Staatsbürgerkunde (Methodische Einzelfragen) 8.202
- (Problemstellung)
  s.Staatsbürgerkunde (Methodische Einzelfragen) 8.202
- (Psychologischer Aspekt) 8.203
- (Rationelle Gestaltung)
  s.Staatsbürgerkunde (Intensivierung) 8.202

- (Schülerauftrag)
  s.Staatsbürgerkunde (Selbsttätigkeit) 8.203
- (Selbsttätigkeit) 8.203
- (Sonderschule)
  s.Politische Bildung (Sonderschule) 8.189
- (Sozialistische Produktion)
  s.Staatsbürgerkunde (Polytechnische Bildung) 8.203
- (Sozialistische Weltanschauung) 8.204
- (Unterrichtsmittel)
  s.Politiklehrmittel (DDR) 5.150
- (Unterstufe) 8.204
Staatsbürgerkundekabinett
  s.Schulgebäude (Fachräume) 1.186
Staatsbürgerkundelehrplan
  s.Staatsbürgerkunde (Lehrplan) 8.202
Staatsbürgerkundeunterricht
  s.Staatsbürgerkunde [DDR] 8.201
Staatsbürgerliche Erziehung [Berufsschule] 8.204
- (Allgemeinbildung) 8.205
- (Anschauung) 8.205
- (Befragung)
  s.Staatsbürgerliche Erziehung (Einzelfragen) 8.205
- (Biologieunterricht)
  s.Biologieunterricht (Erziehungswert) 9.65
- (Einzelfragen) 8.205
- (Erlebnis)
  s.Staatsbürgerliche Erziehung (Methodische Einzelfragen) 8.208
- (Erziehungsaspekt) 8.206
- (Gegenwartsbezug) 8.206
- (Gewerbeschule) 8.206
- (Gymnasium)
  s.Politische Bildung (Gymnasium) 8.179
- (Handwerkerbildung)
  s.Staatsbürgerliche Erziehung (Einzelfragen) 8.205
- (Ingenieurschule) 8.206
- (Kerschensteiner)
  s.Politische Bildung (Staatsbürgerliche Erziehung) 8.190
- (Kirche)
  s.Politische Bildung (Religionsunterricht) 8.187
- (Kritik) 8.207
- (Ländliche Berufsschule) 8.207
- (Lehrplan) 8.207
- (Lehrstoffinhalt)
  s.Staatsbürgerliche Erziehung (Stoffauswahl) 8.209
- (Leistungskontrolle)
  s.Staatsbürgerkunde (Methodische Einzelfragen) 8.202
- (Mädchenberufsschule) 8.207
- (Methodische Einzelfragen) 8.208
- (Musische Erziehung)
  s.Staatsbürgerliche Erziehung (Methodische Einzelfragen) 8.208
- (Österreich)
  s.Politische Bildung (Österreich) 8.185
- (Politische Erziehung)
  s.Politische Bildung (Staatsbürgerliche Erziehung) 8.190
  s.Politische Erziehung 3.199
- (Politische Formung)
  s.Staatsbürgerliche Erziehung (Erziehungsaspekt) 8.206
- (Problematik)
  s.Staatsbürgerliche Erziehung (Kritik) 8.207
- (Projektmethode) 8.208
- (Psychologischer Aspekt) 8.208
- (Schweiz)
  s.Politische Bildung (Schweiz) 8.188
- (Stoffauswahl) 8.209
- (Unterrichtsbeispiele) 8.209
- (Unterrichtsgespräch) 8.209
- (Volksschule)
  s.Polit.Bildung (Volksschule) 8.192
- (Wirtschaftsschule) 8.209
Staatsbürgerliches Quiz
  s.Politische Bildung (Methodische Einzelfragen) 8.184
Staatsexamen
  s.Hochschulstudium 1.111
Staatsformen
  s.Politik (Einzelfragen) 8.161
Staatskunde
  s.Politische Bildung (Schweiz) 8.188
Staatsmonopolismus
  s.Politik (Einzelfragen) 8.161
Staatspolitische Erziehung
  s.Politische Bildung (Staatsbürgerliche Erziehung) 8.190
  s.Politische Erziehung 3.199
Staatsschule
  s.Gemeinschaftsschule 1.86
Staatsschulwesen
  s.Schule und Staat 1.181
Staatsverfassung
  s.Kulturpolitik 1.128
Staatsverherrlichung
  s.Geschichtsschreibung (Einzelfragen) 8.65

Stabhandpuppen
  s.Handpuppenspiel im Unterricht
    (Marionettenspiel) 6.95
Stabhochsprung
  s.Leichtathletik (Stabhochsprung)
    10.160
Stabilität der Wirtschaft
  s.Wirtschaftskunde (Einzelfragen)
    8.231
Stabmagnet
  s.Magnetismus (Ferromagnetismus)
    9.157
Stabrechnen
  s.Rechenstab 5.195
Stabtransformator
  s.Elektrizitätslehre (Transformator) 9.108
Stadt [Heimatkunde]
  s.Heimatkundliche Themen (Stadt)
    8.105
Stadt [Soziologischer Aspekt]
  s.Soziologie (Massengesellschaft)
    3.232
Stadtbildstelle
  s.Bildstelle 5.36
Stadtjugend und Buch
  s.Leseinteresse (Jugend und Buch)
    4.116
Stadtkind
  s.Heimatkundeunterricht (Psychologischer Aspekt) 8.101
Stadtkonferenz
  s.Lehrerkollegium 2.110
Stadtlehrer
  s.Lehrerberuf 2.67
Stadtmodell
  s.Heimatkundliche Themen (Stadt)
    8.105
  s.Werkunterricht (Heimatkunde)
    10.271
Stadtrandschule
  s.Landerziehungsheim 1.131
Stadtregion
  s.Politik (Kommunalpolitik) 8.164
  s.Sozialkunde (Gemeindeverwaltung)
    8.197
Stadtschule
  s.Volksschule 1.262
Stadtschulpraktikum
  s.Lehrerbildung (Schulpraktische
    Ausbildung) 2.96
Stäbchenrelief
  s.Relief 5.196
Städtische Erwachsenenbildung
  s.Erwachsenenbildung 1.64

Städtische Spezialklasse
  s.Schulwesen Schweiz 1.237
Stände
  s.Mittelalter (Einzelfragen) 8.149
Ständige Konferenz der Kultusminister
  s.Kultusministerkonferenz 1.129
Stärkelöslichkeit
  s.Organische Chemie (Einzelfragen)
    9.222
Staffellauf
  s.Leichtathletik (Staffellauf)
    10.160
Stahlband
  s.Werken (Metall) 10.264
Stahlerzeugung
  s.Anorganische Chemie (Metalle) 9.40
  s.Wirtschaftskunde (Einzelfragen)
    8.232
Stalingrad
  s.Zeitgeschichte (Weltkrieg 1939-
    1945) 8.246
  s.Zeitgeschichtsunterricht (Zweiter Weltkrieg:Einzelfragen) 8.259
Stalinismus
  s.Zeitgeschichte (Kommunismus)
    8.242
  s.Zeitgeschichtsunterricht (Kommunismus) 8.253
Stammeln
  s.Sprachstörung (Stammeln) 4.209
Stammesgeschichte der Tiere
  s.Abstammungslehre (Tier) 9.23
Stammesgeschichte des Menschen
  s.Abstammungslehre (Mensch) 9.22
Stammesgeschichtliche Entwicklung
  s.Abstammungslehre (Stammesentwicklung) 9.23
Stammkatechismus
  s.Katholischer Katechismus 10.89
Standardisierung
  s.Berufsausbildung (DDR) 6.41
Standesschule
  s.Gymnasium 1.92
Standessprache
  s.Fachsprachen 7.94
Stanford-Intelligenztest
  s.Intelligenztest (Stanford-Intelligenztest) 4.91
Starke Verben
  s.Verblehre (Einzelfragen) 7.243
Starkstrom
  s.Elektrizitätslehre (Wechselstrom) 9.109
Starnberger See
  s.Länderkunde (Bayern) 8.118

Startgerechtigkeit [Schüler]
  s.Bildungschance 1.46
Startschulung
  s.Leichtathletik (Startschulung)
  10.160
Startsprung
  s.Schwimmunterricht (Technische
  Einzelfragen) 10.238
Station "Eismitte"
  s.Länderkunde (Arktis) 8.116
Stationäre Stottererbehandlung
  s.Stottertherapie (Stationäre
  Behandlung) 4.214
Statistik
  s.Erdkundelehrmittel (Zahlenmaterial) 5.69
  s.Geschichtslehrmittel (Einzelformen) 5.84
  s.Schulstatistik 1.225
  s.Wahrscheinlichkeitsrechnung 9.302
Statistische Methoden
  s.Mathematische Statistik 9.176
Stativmaterial
  s.Physikalisches Experimentiergerät (Stativmaterial) 5.147
Staub [Weltraum]
  s.Astronomie (Einzelfragen) 9.44
Staubfiguren
  s.Schwingungslehre (Staubfiguren) 9.277
Staunen
  s.Erlebnis 4.49
Stechapfel
  s.Pflanzenkunde (Einzelne Pflanzen)
  9.228
Stechmücke
  s.Insektenkunde (Einzelne Insekten)
  9.147
Steckbaukasten
  s.Werken (Spielzeug) 10.267
Stecknadelversuch
  s.Optik (Brechung) 9.217
Stecktafel
  s.Flanelltafel 5.72
Stegreifspiel 6.187
- (Aufsatzunterricht)
  s.Aufsatzunterricht (Psychologischer Aspekt) 7.35
- (Leseunterricht)
  s.Leseunterricht (Spielformen) 7.159
Stegreifspiel im Unterricht 6.188
- (Grundschule) 6.188
Stehbildprojektor
  s.Bildwerfer 5.38
Stehende Lichtwellen
  s.Optik (Lumineszenz) 9.220

Stehende Wellen
  s.Elektromagnetische Wellen 9.111
  s.Wellenlehre (Stehende Wellen)
  9.304
Steiermark
  s.Länderkunde (Österreich) 8.136
Steigkraft
  s.Mechanik (Auftrieb) 9.177
Steigungswert
  s.Analysis (Differentialrechnung)
  9.33
Steilheitsgrad
  s.Fibel (Sprachgestaltung) 5.71
Stein als Werkstoff
  s.Werken (Stein) 10.267
Steingarten
  s.Schulgarten (Blumen) 5.230
Steinkohle
  s.Organische Chemie (Kohle) 9.224
Steinkohlenwald
  s.Erdkundeunterricht (Erdgeschichte)
  8.35
Steinschrift
  s.Schreibenlernen (Schriftformen)
  7.209
Steinschriftfibel
  s.Fibel (Einzelbeispiele) 5.70
  s.Schreibleseunterricht 7.209
Steinzeit
  s.Vorgeschichte (Steinzeit) 8.211
Steinzeitmensch
  s.Menschenkunde (Urmensch) 9.193
Stellvertreter
  s.Psychoanalyse (Übertragung)
  4.140
Stempelbilder
  s.Arbeitsmittel im Unterricht
  (Sonderschule) 5.32
Stempelrechenspiel
  s.Rechenspiele 5.194
Stenografielehrmittel
  s.Arbeitsmittel (Einzelformen) 5.27
Stenografieunterricht
  s.Kurzschriftunterricht 10.124
Steppe
  s.Allgemeine Erdkunde (Wüste) 8.21
Stereofonie
  s.Taubstummenunterricht (Hörerziehung) 6.197
Stereometrie
  s.Geometrie (Rauminhaltsberechnung)
  9.131
Sterilisation
  s.Menschenkunde (Einzelfragen)
  9.190

Sterne
 s.Astronomie (Sterne) 9.47
Sterngröße
 s.Astronomie (Sterngröße) 9.47
Sternensysteme
 s.Astronomie (Sternensysteme) 9.47
Sternphysik
 s.Astrophysik 9.50
Sternwarte
 s.Astronomielehrmittel (Sternwarte) 5.33
Steuerrecht
 s.Kaufmännische Berufsfachkunde (Einzelfragen) 10.94
 s.Politik (Steuerrecht) 8.168
Steuerungstechnik
 s.Automation (Regeltechnik) 9.57
Stichling
 s.Tierkunde (Fische) 9.280
 s.Tierverhalten (Einzelne Tiere) 9.288
Stichprobenauswahl
 s.Testverfahren (Eichung) 4.224
Stichworttechnik
 s.Merkheft 5.136
Sticken
 s.Nadelarbeit (Sticken) 10.195
Stickstoff
 s.Anorganische Chemie (Stickstoff) 9.43
Stiefkind
 s.Familie (Stiefkind) 3.104
Stiefmütterchenblüte
 s.Pflanzenkunde (Blumen) 9.228
Stiefmutter
 s.Familie (Stiefkind) 3.104
Stilanalyse
 s.Stiltypen 7.241
Stilbildung 7.240
Stilerziehung
 s.Aufsatzunterricht (Stilbildung) 7.38
Stilformen des Aufsatzes
 s.Aufsatz 7.24
Stilformen des Kindes
 s.Stiltypen 7.241
Stilgestaltung
 s.Stilbildung 7.240
Stilistik
 s.Französische Sprache (Stilistik) 7.97
 s.Sprachwissenschaft 7.233
 s.Stilbildung 7.240
Stilkunde
 s.Kunstbetrachtung (Stilkunde) 10.109

Stillarbeit 6.188
- (Arbeitsmittel)
 s.Arbeitsmittel im Unterricht 5.28
- (Geschichtsunterricht)
 s.Geschichtsunterricht (Selbsttätigkeit) 8.83
- (Heimatkundeunterricht)
 s.Heimatkundeunterricht (Selbsttätigkeit) 8.102
- (Landschule) 6.189
Stillbeschäftigung
 s.Stillarbeit 6.188
Stilleben
 s.Kunstbetrachtung (Einzelfragen) 10.106
Stilles Schulkind
 s.Schüchternes Kind 4.165
 s.Schulverhalten 4.183
Stillesen
 s.Leseunterricht (Stilles Lesen) 7.160
 s.Russischunterricht (Methodische Einzelfragen) 7.200
Stilpflege
 s.Aufsatzunterricht (Stilbildung) 7.38
 s.Englischunterricht (Stilpflege) 7.86
Stilstufen
 s.Stiltypen 7.241
Stiltypen 7.241
Stilunterschiede
 s.Stiltypen 7.241
Stimmbildung 10.244
- (Atmen) 10.244
- ‚Chorische
 s.Chorgesang 10.53
- (Deutschunterricht)
 s.Sprecherziehung in Unterricht 7.234
- (Grundschule) 10.245
- (Sprecherziehung) 10.245
- (Stimmbruch) 10.245
- (Stimmphysiologie) 10.245
- (Taubstummenbildung)
 s.Taubstummenunterricht (Spracherziehung) 6.199
Stimmbruch
 s.Stimmbildung (Stimmbruch) 10.245
Stimmentwicklung
 s.Stimmbildung 10.244
Stimmerziehung
 s.Stimmbildung 10.244
Stimmgabel
 s.Schwingungslehre (Elastische Schwingungen) 9.275

Stimmheillehrer
s.Sonderschullehrer 2.135
s.Taubstummenlehrer 2.141
Stimmheilpädagogik
s.Sprachheilpädagogik 4.200
Stimmliche Hyperkinese
s.Sprachstörung 4.207
Stimmpädagogik
s.Sprachheilpädagogik 4.200
s.Sprecherziehung im Unterricht
7.234
Stimmpflege
s.Sprecherziehung im Unterricht
(Volksschule) 7.236
s.Stimmbildung 10.244
Stimmphysiologie
s.Sprachheilpädagogik 4.200
s.Stimmbildung (Stimmphysiologie)
10.245
- des Lehrers
s.Lehrerberuf (Berufskrankheiten)
2.69
Stimmschäden
s.Stimmbildung (Stimmphysiologie)
10.245
Stimmschulung
s.Stimmbildung 10.244
Stimmstörung
s.Sprachstörung 4.207
Stimmung
s.Gefühl 4.65
- im Unterricht
s.Unterrichtsgestaltung (Psychologischer Aspekt) 6.213
Stimulus Sampling Theorie
s.Kybernetische Lerntheorie 5.102
Stipendium
s.Ausbildungsbeihilfe 1.23
s.Studienförderung 1.253
Stochastischer Automat
s.Kybernetische Maschinen 5.106
Stockmarionettenspiel
s.Handpuppenspiel im Unterricht
(Marionettenspiel) 6.95
Stockpuppe
s.Papierwerken (Einzelfragen) 10.200
Stockpuppenspiel
s.Schattenspiel 6.151
Stockwerkschule
s.Schulbau (Flachbauweise) 1.171
Störbarkeit
s.Konzentrationsschwäche 4.101
Störche
s.Vogelkunde (Störche) 9.295
Störenfried 4.210

Störer
s.Störenfried 4.210
Stoff und Methode
s.Methodik 6.124
s.Stoffbeschränkung 6.189
Stoffabbau
s.Stoffbeschränkung 6.189
Stoffauswahl
s.Bildungsplan 6.51
s.Lehrplan 6.114
s.Stundenplan 6.191
s.Unterrichtsplanung 6.214
Stoffbeschränkung 6.189
- (Geschichtsunterricht)
s.Geschichtsunterricht (Stoffbeschränkung) 8.85
Stoffdruck
s.Werken (Stoffdruck) 10.267
Stoffkundeunterricht
s.Handarbeitsunterricht (Techniken)
10.76
Stoffplan
s.Lehrplan 6.114
Stoffüberlastung
s.Überforderung des Schülers
(Pädagogischer Aspekt) 4.231
Stoffverfrühung
s.Überforderung des Schülers
(Pädagogischer Aspekt) 4.231
Stoffverteilung
s.Bildungsplan 6.51
s.Lehrplan 6.114
Stoppelacker
s.Lebensgemeinschaft (Acker) 9.152
Stoßschulung
s.Leichtathletik (Wurfschulung)
10.161
Stotterer
s.Stottern 4.211
Stottern 4.211
- (Ätiologie) 4.211
- (Pharmakotherapie)
s.Stottertherapie 4.212
Stotterndes Kind 4.211
Stotterndes Kleinkind
s.Stottertherapie (Kleinkind) 4.213
Stotterndes Schulkind
s.Stottertherapie (Schulischer
Aspekt) 4.213
Stottertherapie 4.212
- (Behandlungsmethoden) 4.213
- (Film)
s.Stottertherapie (Behandlungsmethoden) 4.213
- (Kleinkind) 4.213

[Forts.: Stottertherapie]
- (Rhythmus)
  s.Stottertherapie (Behandlungsmethoden) 4.213
- (Schulischer Aspekt) 4.213
- (Spieltherapie) 4.213
- (Stationäre Behandlung) 4.214
- (Tonband)
  s.Stottertherapie (Behandlungsmethoden) 4.213
Straddle
  s.Leichtathletik (Hochsprung) 10.158
Strafarbeit
  s.Schulstrafe (Strafarbeit) 3.220
Strafbank
  s.Schulstrafe (Arrest) 3.220
Strafe 3.236
- (Schule)
  s.Schulstrafe 3.219
- (Sonderschule)
  s.Schulstrafe (Sonderschule) 3.220
Strafender Lehrer
  s.Schulstrafe 3.219
Straffälligkeit
  s.Verwahrlosung (Jugendkriminalität) 4.235
Straffreie Erziehung
  s.Erziehung und Freiheit 3.85
  s.Heimerziehung (Strafe) 3.144
Strafrechtsreform
  s.Rechtskunde (Einzelfragen) 8.194
Strahlenbiologie
  s.Radioaktivität (Strahlenbiologie) 9.256
Strahlenchemie
  s.Radioaktivität (Strahlenbiologie) 9.256
Strahlengenetik
  s.Radioaktivität (Strahlenbiologie) 9.256
Strahlenoptik
  s.Optik (Lichtstrahlen) 9.219
Strahlenschutz im Unterricht
  s.Radioaktivität (Strahlenschutz) 9.256
Strahltriebwerk
  s.Wärmelehre (Einzelfragen) 9.298
Strahlungsdruck
  s.Akustik (Schallwellen) 9.24
Strahlungsgürtel der Erde
  s.Geophysik (Höhenstrahlung) 9.137
Strand [Lebensgemeinschaft]
  s.Lebensgemeinschaft (Strand) 9.154
Strandverschiebungen
  s.Allgemeine Erdkunde (Geomorphologie) 8.20

Straße
  s.Verkehrsunterricht (Straße) 10.255
- [Heimatkunde]
  s.Heimatkundliche Themen (Straße) 8.106
- [im Gesamtunterricht]
  s.Arbeitseinheiten (Straße) 6.31
Straßenbahn
  s.Verkehrsunterricht (Verkehrssituation) 10.256
Straßenkreuzung
  s.Verkehrsunterricht (Straßenkreuzung) 10.255
Straßennamen [Schreibweise]
  s.Rechtschreibunterricht (Einzelprobleme) 7.189
Straßenverkehr
  s.Verkehrsunterricht (Straße) 10.255
Straßenverkehrsordnung
  s.Verkehrsunterricht (Straßenverkehrsordnung) 10.255
Strategische Spiele
  s.Kybernetik (Informationstheorie) 5.100
Strauß, Richard
  s.Musikgeschichte (Einzelne Komponisten) 10.176
Strazzeri-Konfiguration
  s.Algebra (Gleichungen) 9.26
Streber
  s.Schulverhalten 4.183
Streckenmaß
  s.Geometrie (Maße/Gewichte) 9.129
Streik
  s.Politik (Gewerkschaft) 8.162
Streikrecht des Lehrers
  s.Lehrerberuf (Rechtsfragen) 2.70
Streitgespräch Jesu
  s.Bibelunterricht NT (Einzelfragen) 10.41
Streß
  s.Frustration 4.63
Streßreaktion
  s.Aufmerksamkeit 4.26
Stricken
  s.Nadelarbeit (Stricken) 10.195
Strömende Medien
  s.Mechanik (Strömungslehre) 9.185
Strömungslehre
  s.Mechanik (Strömungslehre) 9.185
Strohsternbasteln
  s.Weihnachtliches Werken (Baumschmuck) 10.260
  s.Werken (Stroh/Bast) 10.268

Stromerzeugende Maschinen
  s.Elektrotechnik (Elektromotor) 9.114
Stromleiter
  s.Elektrizitätslehre (Leiter) 9.106
Stromquellen
  s.Elektrizitätslehre (Galvanisches
    Element) 9.104
Structural Patterns
  s.Englischunterricht (Methodische
    Einzelfragen) 7.82
Struktur der Psyche
  s.Typologie 4.229
Strukturalismus
  s.Sprachwissenschaft 7.233
- (Sprachunterricht)
  s.Fremdsprachenunterricht 7.102
Strukturbegriff
  s.Tiefenpsychologie 4.226
- (Biologie)
  s.Biologie 9.58
- (Ganzheitliches Rechnen)
  s.Ganzheitliches Rechnen (Methodische Einzelfragen) 9.122
- [Kybernetik]
  s.Kybernetik (Informationstheorie)
    5.100
Strukturelle Funktionspsychologie
  s.Psychologie (Methodologie) 4.148
Strukturelle Grammatik
  s.Grammatik 7.126
Strukturformel
  s.Chemische Bindung (Modellbegriff)
    9.97
Strukturpsychologie
  s.Gestaltpsychologie 4.70
Strukturwandel der Landschule
  s.Landschule (Strukturwandel) 1.136
Strukturwandel eines Landkreises
  s.Länderkunde (Hessen) 8.126
Struwwelpeter im Unterricht
  s.Bilderbuch im Unterricht 5.35
Stubenfliege
  s.Insektenkunde (Fliegen) 9.147
Stubenschädlinge
  s.Tierkunde (Gliedertiere) 9.281
Stubenvögel
  s.Vogelkunde (Einzelne Vögel) 9.294
Student 4.214
Studentenbetreuung 1.253
Studentenschaft
  s.Hochschulstudium 1.111
Studentenvertretung
  s.Hochschulstudium 1.111
Studentenwohnheim
  s.Studentenbetreuung 1.253

Studentenzahlen
  s.Schulstatistik 1.255
Studentin
  s.Hochschulstudium 1.111
Studentische Selbstverwaltung
  s.Pädagogische Hochschule (Studentische Selbstverwaltung) 2.126
Studienanfänger
  s.Hochschulreform 1.111
Studienanleitung
  s.Fernunterricht 6.65
Studienberatung
  s.Studentenbetreuung 1.253
Studienbibliothek
  s.Schülerbücherei (Gymnasium)
    5.207
Studiendauer
  s.Hochschulreform (Studiendauer)
    1.109
Studiendekan
  s.Hochschulreform 1.108
Studienfahrt 6.190
- (Ausland) 6.190
- (Berlin) 6.191
Studienfernsehen
  s.Bildungsfernsehen 5.37
Studienfinanzierung
  s.Ausbildungsbeihilfe 1.23
  s.Studienförderung 1.253
Studienförderung 1.253
Studiengarten
  s.Schulgarten (Experiment) 5.231
Studienkolleg
  s.Hochschulstudium 1.111
Studienrat
  s.Gymnasiallehrer 2.42
Studienreferendar 2.139
Studienreform
  s.Hochschulreform (Wissenschaftsrat) 1.110
Studienschule
  s.Humanistisches Gymnasium 1.114
Studienseminar 2.139
- (Berufsschullehrer) 2.140
- (Bundesländer) 2.141
- (Geschichte) 2.141
- (Geschichtsunterricht)
  s.Geschichtslehrplan (Gymnasium)
    8.62
- (Reform) 2.141
- (Taubstummenlehrer)
  s.Taubstummenlehrerbildung 2.142
- (Tonband)
  s.Tonband im Unterricht (Gymnasium)
    5.250

Studienseminarbibliothek
 s.Lehrerbücherei (Einzelformen)
 2.104
Studienseminarleiter 2.141
Studienstiftung
 s.Begabtenförderung 1.26
 s.Studienförderung 1.253
Studienstufe
 s.Gymnasium (Reform der Oberstufe) 1.98
Studientag 1.254
- (Lehrerbildung)
 s.Studienseminar 2.139
Studierfähigkeit
 s.Hochschulreife 1.110
Studium
 s.Hochschulstudium 1.111
Studium generale 3.237
Stümpfe
 s.Geometrie (Kegel) 9.127
Stützbarren [Hilfeleistung]
 s.Geräteturnen (Hilfestellung)
 10.65
Stützbilddiktat
 s.Rechtschreibunterricht (Sonderschule) 7.194
Stützreck
 s.Geräteturnen (Reck) 10.67
Stufen des Unterrichts
 s.Formalstufen 6.66
Stufenabitur
 s.Abitur 1.20
Stufenausbildung
 s.Berufsausbildung (Stufenausbildung) 6.43
 s.Kaufmännischer Unterricht 6.104
 s.Kaufmännisches Schulwesen 1.119
Stufenbarren
 s.Geräteturnen (Stufenbarren) 10.68
Stufenlehrer
 s.Fachlehrer 2.34
Stufenplan
 s.Berufsausbildung (Stufenausbildung) 6.43
Stufenschule
 s.Gesamtschule 1.88
 s.Schulaufbau 1.168
 s.Schulversuche 1.227
 s.Volksschulunterricht 6.219
Stufigkeit der Entwicklung
 s.Entwicklungspsychologie (Stufenfolge) 4.46
Stufigkeit des Unterrichts
 s.Unterrichtsgestaltung (Psychologischer Aspekt) 6.213

Stumme Karte
 s.Erdkundelehrmittel (Karten) 5.66
Stummes Diktat
 s.Rechtschreibunterricht (Übungsformen) 7.194
Stummlesen
 s.Leseunterricht (Stilles Lesen)
 7.160
Stundenbild
 s.Arbeitseinheiten 6.23
 s.Unterrichtseinheit 6.208
Stundenentwurf
 s.Unterrichtsplanung 6.214
Stundenökonomie
 s.Unterrichtsökonomie 6.214
Stundenplan 6.191
- (Gymnasium) 6.192
- (Landschule) 6.192
Stundentafel 6.192
- (Gymnasium) 6.193
Stundentypologie
 s.Didaktische Analyse 6.56
 s.Unterrichtsstunde 6.215
Stuttgarter Empfehlungen
 s.Rechtschreibreform (Empfehlungen) 7.187
Styropor als Werkstoff
 s.Werken (Stein) 10.267
Subjektive Wahrscheinlichkeit
 s.Kybernetik (Informationspsychologie) 5.99
Subjektiver Informationswert
 s.Kybernetik (Informationspsychologie) 5.99
Subjonctif
 s.Französischunterricht (Grammatik: Einzelfragen) 7.98
"Subkulturen" Jugendlicher
 s.Halbstarke 4.76
Substantiv
 s.Englische Grammatik (Substantiv)
 7.68
 s.Rechtschreibunterricht (Großschreibung) 7.190
 s.Wortarten (Substantiv) 7.249
- im Unterricht
 s.Wortarten (Substantiv im Unterricht) 7.249
Substanzverlust der Volksschuloberstufe
 s.Volksschuloberstufe (Substanzverlust) 1.266
Subtraktion
 s.Rechenoperationen (Subtraktion)
 9.262
Suchtgefährdung 3.237

- (Alkohol) 3.237
- (Rauchen) 3.237
Sudan
  s.Länderkunde (Sudan) 8.143
Sudetendeutsche Geschichte
  s.Ostkunde (Sudetenland) 8.158
Sudetenfrage
  s.Ostkunde (Sudetenland) 8.158
Südafrika
  s.Geschichte (Afrika) 8.56
  s.Länderkunde (Südafrika) 8.143
Südafrikanische Union
  s.Länderkunde (Afrika) 8.143
Südamerika
  s.Wirtschaftsgeographie (Südamerika) 8.227
Südasien
  s.Länderkunde (Asien) 8.117
Südbrasilien
  s.Länderkunde (Brasilien) 8.119
Südchile
  s.Länderkunde (Chile) 8.120
Süddeutsche Lehrerbücherei
  s.Lehrerbücherei (Einzelformen) 2.104
Südfrüchte
  s.Pflanzenkunde (Nutzpflanzen) 9.232
Süditalien
  s.Wirtschaftsgeographie (Italien) 8.223
Südlimburg
  s.Länderkunde (Niederlande) 8.134
Südmarokko
  s.Länderkunde (Marokko) 8.132
Südostasien
  s.Länderkunde (Südostasien) 8.144
Südtirol
  s.Länderkunde (Italien:Landschaften) 8.129
Südwales
  s.Länderkunde (Großbritannien) 8.126
Südwestafrika
  s.Länderkunde (Südwestafrika) 8.144
Südwestdeutschland
  s.Länderkunde (Baden-Württemberg) 8.118
Sühne
  s.Strafe 3.236
Sühneverhalten
  s.Schulderleben 4.173
Sünde
  s.Katechese (Sünde) 10.88
Sündenfall
  s.Bibelunterricht AT (Sündenfall) 10.39

Sündenvergebung
  s.Katechese (Buße) 10.83
Süßmoster
  s.Berufliche Ausbildung (Einzelne Berufe) 10.22
Süßwasseraquarium
  s.Schulaquarium 5.209
Süßwassergewinnung
  s.Chemotechnik (Wasser) 9.100
Süßwasserpolyp
  s.Tierkunde (Einzelne Tiere) 9.279
Suezkanal
  s.Länderkunde (Ägypten) 8.113
Suezkanal-Probiton-Programm
  s.Programmiertes Lernen (Erdkunde) 5.168
Suggestion 4.214
Suizid
  s.Psychopathologie 4.150
  s.Selbstmord 4.190
Sukzession, innere
  s.Test (Zulliger-Test) 4.221
Summen
  s.Analysis (Reihen) 9.35
Sumpfgas
  s.Organische Chemie (Kohlenwasserstoffe) 9.224
Superposition
  s.Kybernetische Maschinen (Programmierung) 5.111
Supervision
  s.Erziehungsberatung (Einzelfall) 4.51
Superzeichen
  s.Kybernetik (Einzelfragen) 5.98
Supraleitung
  s.Elektrizitätslehre (Leiter) 9.106
Supraphon
  s.Tonband im Unterricht 5.249
Surrealistisches Gedicht im Unterricht
  s.Gegenwartslyrik im Unterricht 7.124
Sylt
  s.Länderkunde (Nordseeinseln) 8.136
Symbiose
  s.Lebensgemeinschaft 9.152
  s.Pflanzenkunde (Lebensgemeinschaft) 9.231
Symbol
  s.Kunsterziehung (Didaktischer Aspekt) 10.112
  s.Projektion 4.136
  s.Tiefenpsychologie (Symbol) 4.227
Symboldenken
  s.Denkpsychologie 4.38

Symbolhandlung
  s. Abwehrmechanismen 4.19
Symbolinterpretation des Dramas
  s. Drama (Interpretation) 7.65
Symbolische Diebstähle
  s. Jugendlicher Dieb 4.92
Symbolische Logik
  s. Kybernetik (Symbolische Logik) 5.101
Symbolische ·Potenz
  s. Analysis 9.32
Symbolskizze
  s. Geschichtslehrmittel (Sachzeichnen) 5.88
Symboltestserie
  s. Rorschach-Test 4.162
Symbolverständnis
  s. Pädagogische Grundbegriffe 3.196
Symmetrie
  s. Algebra (Gruppentheorie) 9.28
  s. Geometrie (Axiomatik) 9.124
Symmetrieanschauung
  s. Geometrieunterricht (Psychologischer Aspekt) 9.136
Symmetrieprinzip
  s. Intelligenztest 4.89
Symmetrische Relationen
  s. Algebra 9.25
Symmetrisches Zeitspiel
  s. Kybernetik (Informationstheorie) 5.100
Sympathie-Test
  s. Soziogramm (Schulklasse) 4.196
Symptombildung
  s. Regression 4.160
Synchronmotor
  s. Elektrizitätslehre (Wechselstrom) 9.109
Synchronoptische Weltgeschichte
  s. Geschichtslehrmittel (Literarische Quellen) 5.87
Synoptische Bildertafel
  s. Geschichtsfries 5.78
Synoptische Evangelien
  s. Bibelunterricht NT (Synoptiker) 10.47
Synoptische Tabellen
  s. Geschichtslehrmittel (Tabellen) 5.89
Syntaktisches Lernen
  s. Lernpsychologie (Didaktischer Aspekt) 4.111
  s. Programmiertes Lernen (Lernbegriff) 5.174
Syntax
  s. Satzlehre (Deutscher Satz) 7.204

  - im Unterricht
  s. Satzlehre 7.203
Synthese
  s. Leselehrmethoden (Lautsynthese) 7.151
Synthetisch-Analytischer Meinungsstreit
  s. Leselehrmethoden (Ganzheit oder Lautsynthese) 7.151
Synthetische Fibel
  s. Fibel (Einzelbeispiele) 5.70
Synthetische Schreiblesemethode
  s. Schreibleseunterricht (Methodenaspekt) 7.209
Synthetischer Kautschuk
  s. Chemotechnik (Einzelfragen) 9.100
Synthetischer Leselehrgang
  s. Leselehrmethoden (Lautsynthese) 7.151
System der Organismen
  s. Biologie (Modellformen) 9.60
  s. Biologieunterricht (Organismensystematik) 9.71
System der Pflanzen
  s. Pflanzenkunde (Systematik) 9.234
System der Tiere
  s. Tierkunde (Systematik) 9.284
Systematik der Leibesübungen
  s. Leibeserziehung (Systematik) 10.153
Systematische Arbeitserziehung
  s. Arbeitserziehung (DDR) 6.35
Systematische Aufsatzlehre
  s. Stilbildung 7.240
Systematische Pädagogik 3.238
Szenische Kantate
  s. Liedpflege (Kantate) 10.163
Szenisches Lesen
  s. Schulspiel (Lesespiel) 6.174
Szenisches Spiel
  s. Schulspiel 6.171
Szondi-Test
  s. Test (Szondi-Test) 4.220

T

Tabelle im Erdkundeunterricht
  s. Erdkundelehrmittel (Zahlenmaterial) 5.69
Tabelle im Geschichtsunterricht
  s. Geschichtslehrmittel (Tabellen) 5.89
Tabelle im Unterricht
  s. Nachschlagewerke im Unterricht 5.143

Tacitus-Lektüre
　s.Lateinische Lektüre (Tacitus)
　　7.146
Tadel
　s.Erziehungsmittel (Lob und Tadel)
　　3.96
Tägliche Naturstunde
　s.Biologieunterricht (Methodische
　　Einzelfragen) 9.70
Tägliche Rechenübung
　s.Rechenübung (Tägliche Übung)
　　9.264
Tägliche Rechtschreibübung
　s.Rechtschreibunterricht (Übungs-
　　formen) 7.194
Tägliche Schulandacht
　s.Schulandacht 10.233
Tägliche Turnstunde
　s.Leibeserziehung (Tägliche Turn-
　　stunde) 10.153
Tägliches Diktat
　s.Rechtschreibunterricht (Übungs-
　　formen) 7.194
Tänzerisches Bewegungsspiel
　s.Bewegungserziehung (Spielformen)
　　10.29
Tänzerisches Spiel
　s.Gymnastik (Tanz) 10.73
　s.Laienspiel (Chorisches Spiel)
　　6.110
Tätige Spracherziehung
　s.Sprachunterricht (Ganzheitlicher
　　Sprachunterricht) 7.224
Tätigkeitsbericht
　s.Zweite Lehrerprüfung (Tätigkeits-
　　bericht) 2.150
Tätigkeitswort
　s.Verblehre (Unterrichtsaspekt)
　　7.245
Tafel
　s.Schreibgerät (Schiefertafel) 5.205
　- im Unterricht
　　s.Wandtafel 5.257
　- oder Heft
　　s.Schreibenlernen (Methodische
　　Einzelfragen) 7.208
Tafelbild
　s.Wandtafelzeichnen 5.258
Tafeln-Z-Test
　s.Test (Zulliger-Test) 4.221
Tafelzeichnen
　s.Wandtafelzeichnen 5.258
Tag der Eltern
　s.Elternabend 6.59
　s.Schule und Elternhaus 1.175

Tag der Schule
　s.Schulausstellung 6.155
Tag des Baumes
　s.Naturschutz (Bäume) 9.209
Tagebuch
　s.Aufsatz (Tagebuch) 7.29
　s.Epische Kurzformen 7.89
　s.Jugendbuch im Unterricht 5.94
　s.Psychodiagnostik (Tagebuch) 4.143
　s.Unterrichtstagebuch 6.216
Tagesheim
　s.Kindertagesstätte 1.126
Tagesfragen im Unterricht
　s.Gegenwartskunde 8.48
　s.Politische Bildung (Gegenwarts-
　　bezug) 8.177
Tagesheimschule 1.254
- (DDR) 1.256
- (Gesamtschule)
　s.Gesamtschule 1.88
- (Gymnasium) 1.256
- (Schulbau)
　s.Schulbau (Tagesheimschule) 1.173
- (Sonderschule) 1.257
- (Unterricht)
　s.Tagesschulunterricht 6.193
Tagespolitik
　s.Sozialkunde 8.196
　s.Zeitgeschichte 8.237
Tageslichtprojektor
　s.Bildwerfer (Tageslichtprojektion)
　　5.38
Tagesrückschau
　s.Aufsatz (Einzelformen) 7.26
Tagesschulheim
　s.Tagesheimschule 1.254
Tagesschulunterricht 6.193
Tageszeitung
　s.Zeitungslektüre 3.245
- im Unterricht
　s.Zeitung im Unterricht 5.262
Tagtraum
　s.Phantasieleben des Schülers 4.135
Tahiti
　s.Länderkunde (Pazifischer Ozean)
　　8.137
Taiwan
　s.Länderkunde (Formosa) 8.124
Taktgebundenes Maschinenschreiben
　s.Maschinenschreiben (Methodi-
　　sche Einzelfragen) 10.169
Taktlosigkeit
　s.Sozialverhalten 4.196
Talbotsche Streifen
　s.Optik (Spektrum) 9.221

Talsperre
  s.Wirtschaftsgeographie (Wasser-
    versorgung) 8.229
Tang
  s.Pflanzenkunde (Algen) 9.226
Tanger
  s.Länderkunde (Marokko) 8.132
Tankwart
  s.Berufsbild (Tankwart) 10.23
Tanz
  s.Gymnastik (Tanz) 10.73
Tanzerziehung
  s.Musikalisch-Rhythmische Erzie-
    hung (Tanz) 10.172
Tanzspiel
  s.Gymnastik (Tanz) 10.73
Tarnung der Tiere
  s.Tierverhalten 9.287
Taschenbatterie
  s.Elektrizitätslehre (Schwach-
    strom) 9.108
Taschengeld
  s.Sparerziehung (Taschengeld) 3.233
TAT-Geschichten [Test]
  s.Test (TAT-Test) 4.220
Tatkreis
  s.Zeitgeschichte (Weimarer
    Republik) 8.245
Taub-Blinder
  s.Blindheit 4.34
Tauben [Sozialordnung]
  s.Vogelkunde (Verhalten der Vögel)
    9.295
Taubes Kind
  s.Taubstummes Kind 4.214
Taubnessel
  s.Pflanzenkunde (Einzelne Pflanzen)
    9.228
Taubstummenberufe
  s.Berufserziehung (Gehörlose) 3.39
Taubstummenberufsschule
  s.Gehörlosenberufsschule 1.84
Taubstummenbildung 6.193
- (Erdkunde)
  s.Erdkundeunterricht (Sonderschule)
    8.44
- (Früherfassung) 6.194
- (Geschichte) 6.194
- (Kindergarten) 6.194
- (Kunsterziehung)
  s.Kunsterziehung (Sonderschule)
    10.120
- (Leibeserziehung)
  s.Leibeserziehung (Taubstumme)
    10.154

- (Musik)
  s.Musikunterricht (Taubstummenbil-
    dung) 10.193
- (Organisationsfragen)
  s.Gehörlosenschule 1.84
- (Religionsunterricht)
  s.Religionsunterricht (Taubstummen-
    bildung) 10.223
- (Werkunterricht)
  s.Werkunt. (Sonderschule) 10.274
Taubstummengebärde
  s.Taubstummenunterricht (Gebärden-
    sprache) 6.197
Taubstummenlehrer 2.141
Taubstummenlehrerbildung 2.142
Taubstummenschule
  s.Taubstummenunterricht 6.195
Taubstummenunterricht 6.195
- (Absehen) 6.196
- (Anfängerklasse) 6.196
- (Artikultation) 6.196
- (Begriffswelt)
  s.Taubstummenunterricht (Sprachan-
    bildung) 6.199
- (Bilderbuch)
  s.Bilderbuch im Unterricht 5.35
- (Ganzheit)
  s.Taubstummenunterricht (Anfänger-
    klasse) 6.196
- (Ganzheitsmethode)
  s.Ganzheitsunterricht (Sonderschule)
    6.73
- (Gebärdensprache) 6.197
- (Gesprächsfähigkeit)
  s.Taubstummenunterricht (Sprach-
    erziehung) 6.199
- (Hörerziehung) 6.197
- (Hörhilfen) 6.198
- (Lehrprogramm)
  s.Programmiertes Lernen (Sonder-
    schule) 5.183
- (Lesebuch)
  s.Lesebuch (Sonderschule) 5.129
- (Polytechnische Bildung)
  s.Polytechnischer Unterricht
    (Sonderschule) 6.143
- (Schulbuch)
  s.Schulbuch (Sonderschule) 5.212
- (Sprachanbildung) 6.199
- (Spracherziehung) 6.199
- (Sprachformenunterricht) 6.200
- (Sprachunterricht) 6.200
- (Stimmbildung)
  s.Taubstummenunterricht (Sprach-
    erziehung) 6.199

- (Unterstufe)
  s.Taubstummenunterricht (Anfängerklasse) 6.196
- (Wortschatzpflege) 6.201
Taubstummer
  s.Taubstummes Kind 4.214
Taubstummer Kretin
  s.Taubstummes Kind (Psychologische Einzelfragen) 4.216
Taubstummes Kind 4.214
- (Akzeleration)
  s.Akzeleration (Pädagogischer Aspekt) 4.22
- (Cortikale Dynamik)
  s.Taubstummes Kind (Psychologische Einzelfragen) 4.216
- (Körpergewicht)
  s.Taubstummes Kind (Medizinischer Aspekt) 4.215
- (Medizinischer Aspekt) 4.215
- (Psychogramm)
  s.Taubstummes Kind (Psychologische Einzelfragen) 4.216
- (Psychologische Einzelfragen) .. 4.216
- (Sehschärfe)
  s.Taubstummes Kind (Medizinischer Aspekt) 4.215
- (Soziologischer Aspekt) 4.216
Taubstummheit
  s.Taubstummes Kind 4.214
Tauchen
  s.Schwimmunterricht (Technische Einzelfragen) 10.238
Taufe
  s.Katechese (Taufe) 10.88
Taufliege
  s.Insektenkunde (Fliegen) 9.147
Taylorscher Lehrsatz
  s.Analysis (Reihen) 9.35
Teaching Machines
  s.Lehrgerät 5.114
  s.Programmiertes Lernen 5.156
Teamarbeit des Lehrers
  s.Teamteaching 6.201
Teamteaching 6.201
Technik der Barockzeit
  s.Kulturgeschichte (Technik) 8.110
Technik der Renaissance
  s.Kulturgeschichte (Technik) 8.110
Technik im Unterricht
  s.Naturlehre (Technische Welt) 9.207
  s.Technische Elementarerziehung 6.201
Technik und Bildung
  s.Bildung (Technische Welt) 3.59

Technik und Erziehung
  s.Erziehung (Industriekultur) 3.79
Technik und Mensch
  s.Bildung (Mensch und Technik) 3.57
Technikerschule
  s.Berufsschullehrerbildung 2.25
  s.Fachschule (Technikerausbildung) 1.76
Technikgeschichte
  s.Kulturgeschichte (Technik) 8.110
Technikunterricht
  s.Technische Elementarerziehung 6.201
Technische Arbeitsgemeinschaft
  s.Polytechnische Bildung (DDR) 6.138
Technische Ausrüstung der Schulräume
  s.Schulgebäude 1.186
Technische Baukästen
  s.Polytechnische Lehrmittel 5.154
Technische Begabung 4.216
Technische Berufe
  s.Berufskunde 6.44
  s.Berufsmöglichkeiten 3.50
Technische Bildung 3.238
- (Didaktischer Aspekt)
  s.Technische Elementarerziehung 6.201
- (Lesebuch)
  s.Lesebuch (Pädagogischer Aspekt) 5.129
- (Mädchen)
  s.Mädchenbildung (Berufsschule) 3.170
- (Hauptschule)
  s.Hauptschule (Berufsbildendes Schulwesen) 1.103
- (Heimatkunde)
  s.Heimatkundeunterricht (Technische Bildung) 8.103
- (Lehrerbildung)
  s.Lehrerbildung (Technische Bildungsmedien) 2.99
Technische Elementarerziehung 6.201
  siehe auch:
  Technische Bildung 3.238
  Werkunterricht (Technische Welt) 10.275
- (Experimentieren)
  s.Naturlehre (Experiment) 9.201
- (Heimatkunde)
  s.Heimatkundeunterricht (Technische Bildung) 8.103
Technische Fachsprachen
  s.Deutschunterricht (Berufsschule) 7.46

Technische Grundbildung
s.Technische Elementarerziehung
6.201
Technische Lautschrift
s.Kybernetik (Informationssemantik) 5.99
Technische Lehrerin 2.143
Technische Lehrmittel 5.247
- (Berufsschule) 5.248
- (Erdkunde)
s.Erdkundelehrmittel (Einzelformen) 5.63
- (Musikunterricht)
s.Musiklehrmittel (Einzelformen)
5.141
- (Physikunterricht)
s.Physiklehrmittel 5.148
Technische Logik
s.Kybernetik (Symbolische Logik)
5.101
Technische Oberschule
s.Oberschule Technischer Zweig
1.148
Technische Revolution
s.Neuzeit (Industrielle Revolution) 8.153
Technische Überreizung
s.Massenmedien (Reizüberflutung)
3.177
Technischer Fernunterricht
s.Fernunterricht (Berufliche
Bildung) 6.65
Technischer Mensch
s.Menschenbild 3.178
s.Technische Bildung 3.238
Technischer Modellbau
s.Werken (Modellbau) 10.165
Technisches Bildungswesen
s.Gewerbliche Berufsschule 1.89
Technisches Denken
s.Denkpsychologie 4.38
Technisches Englisch
s.Englische Sprache (Einzelfragen)
7.74
Technisches Gymnasium
s.Naturwissenschaftliches Gymnasium
1.146
Technisches Jugendbuch
s.Sachbuch 5.202
Technisches Museum
s.Museumsbesuch 5.138
Technisches Spielzeug
s.Physiklehrmittel 5.148
Technisches Verständnis
s.Techn. Elementarerziehung 6.201

Technisches Werken
s.Werkunterricht (Technische Welt)
10.275
Technisches Zeichnen
s.Darstellende Geometrie 9.101
s.Zeichnen (Technisches Zeichnen)
10.284
Technologie
s.Polytechnische Erziehung 6.139
Technologische Karte
s.Polytechnische Lehrmittel 5.154
Tee
s.Wirtschaftsgeographie (Ernährung)
8.220
Teenager-Englisch
s.Englische Sprache (Einzelfragen)
7.74
Teich [Lebensgemeinschaft]
s.Lebensgemeinschaft (Teich) 9.154
Teichhuhn
s.Vogelkunde (Wasservögel) 9.297
Teilbarkeitsregeln
s.Algebraunterricht 9.32
s.Bruchrechnen (Hauptnenner) 9.83
s.Rechenoperationen (Division)
9.258
Teilbeschäftigung der Lehrerin
s.Lehrerin (Verheiratete Lehrerin)
2.110
Teilchenbeschleuniger
s.Atomtechnik 9.55
Teilen
s.Rechenoperationen (Division)
9.258
Telefon
s.Elektrotechnik (Einzelfragen)
9.113
Telefon [im Gesamtunterricht]
s.Arbeitseinheiten (Telefon) 6.31
Telegrafie
s.Elektrotechnik (Einzelfragen)
9.113
Telekolleg
s.Bildungsfernsehen 5.37
Teleologieproblem [Biologie]
s.Biologie (Organisches Leben) 9.60
Televisierter Unterricht
s.Schulfernsehen 5.214
Tellerschnecke
s.Tierkunde (Schnecken) 9.283
Tempel
s.Bibelunterricht NT (Einzelfragen)
10.41
Temperamente
s.Typologie (Temperamente) 4.229

Temperatur
 s.Wärmelehre (Meßtechnik) 9.300
Temperaturprofil
 s.Wetterkunde (Wetterkarte) 8.214
Temperatursinn
 s.Menschenkunde (Einzelfragen) 9.190
Temperatursprungschicht
 s.Meeresforschung 8.148
Tempora
 s.Verblehre (Zeitformen) 7.246
Tempussystem
 s.Verblehre (Zeitformen) 7.246
Tequila
 s.Länderkunde (Mexiko) 8.132
Terminrechnung
 s.Fachrechnen 9.120
Terrarium
 s.Schulterrarium 5.235
Tertialarbeit
 s.Jahresarbeit 6.103
Test 4.216
- (Baumtest) 4.217
- (Berufs-Interessen-Test) 4.218
- (Düss-Fabel-Test) 4.218
- (Farbpyramiden-Test) 4.218
- (Formdeut-Test) 4.218
- (Frankfurter Wortschatztest) .. 4.219
- (Goodenough-Test) 4.219
- (Kondition)
 s.Leibeserziehung (Leistungs-
 kontrolle) 10.141
- (Mann-Zeichen-Test) 4.219
- (Lüscher-Test) 4.219
- (Pauli-Test) 4.219
- (Progressive-Matrices-Test) ... 4.220
- (Rosenzweig P-F Test) 4.220
- (Sceno-Test) 4.220
- (Schulische Leistung)
 s.Testpsychologie (Pädagogischer
 Aspekt) 4.222
 s.Testverfahren (Prognostischer
 Wert) 4.225
- (Schulische Verwendung)
 s.Testpsychologie (Pädagogischer
 Aspekt) 4.222
- (Stichprobenauswahl)
 s.Testverfahren (Eichung) 4.224
- (Szondi-Test) 4.220
- (TAT-Test) 4.220
- (Untersuchungssituation)
 s.Testverfahren 4.223
- (Wartegg-Zeichen-Test) 4.221
- (Zulliger-Test) 4.221
- (Zuverlässigkeitskontrolle)
 s.Testverfahren (Eichung) 4.224

Testeichung
 s.Testverfahren (Eichung) 4.224
Testen oder erziehen
 s.Testpsychologie (Pädagogischer
 Aspekt) 4.226
Testender Lehrer
 s.Testverfahren 4.223
Testfaktoren
 s.Testpsychologie 4.221
Testformen
 s.Test 4.216
Testinstitut
 s.Testpsychologie 4.221
Testkombination
 s.Test 4.216
Testkontrolle
 s.Testverfahren (Eichung) 4.224
Testnormen
 s.Testverfahren (Eichung) 4.224
Testprofil
 s.Testverfahren 4.223
Testprüfung
 s.Aufnahmeprüfung 1.21
Testpsychologie 4.221
- (Objektivität)
 s.Testverfahren (Eichung) 4.224
- (Pädagogischer Aspekt) 4.222
Testsituation
 s.Testverfahren 4.223
Teststandardisierung
 s.Testverfahren (Eichung) 4.224
Testuntersuchung
 s.Testverfahren 4.223
Testverfahren 4.223
- (Berufsschule) 4.223
- (Eichung) 4.224
- (Hamburg) 4.224
- (Kritik) 4.224
- (München) 4.225
- (Prognostischer Wert) 4.225
- (Saarbrücken) 4.225
- (Sonderschüler) 4.225
Tetraeder
 s.Geometrie (Räumliche Geometrie)
 9.130
Teufel
 s.Katechese (Sünde) 10.88
Teufelsneurose
 s.Neurose (Kindesalter) 4.128
Textaufgaben
 s.Sachrechnen (Textaufgabe) 9.275
Textauswahl
 s.Lesebuch (Textauswahl) 5.129
Textbearbeitung
 s.Aufsatz (Besinnungsaufsatz) 7.25

Textbuch
  s.Schulbuch (Einzelfragen) 5.211
Textilberuf
  s.Berufsfachkunde (Textilgewerbe) 10.27
Textilbranche
  s.Wirtschaftskunde (Einzelfragen) 8.232
Textiles Gestalten
  s.Werken (Textil) 10.268
Textilfaser
  s.Organische Chemie (Textilfaser) 9.225
Textilindustrie
  s.Wirtschaftsgeographie (Bekleidung) 8.216
Textilkunde
  s.Handarbeitsunterricht (Techniken) 10.76
Textilreinigung
  s.Hauswirtschaftsunterricht (Haushaltskunde) 10.79
Textiltechniker
  s.Berufsfachkunde (Textilgewerbe) 10.27
  s.Fachschule (Technikerfachschule) 1.76
Textilwerken
  s.Werken (Textil) 10.268
Textilwirtschaft
  s.Wirtschaftsgeographie (Bekleidung) 8.216
Textinterpretation
  s.Interpretation 7.135
  s.Philosophieunterricht (Textinterpretation) 10.206
Textlose Fibelseite
  s.Fibel (Bildgestaltung) 5.70
Textmethodik
  s.Deutschunterricht (DDR) 7.47
Thailand
  s.Länderkunde (Thailand) 8.144
Theaterinteresse
  s.Drama im Unterricht (Psychologischer Aspekt) 7.66
Theaterspiel im Unterricht
  s.Schultheater 6.176
Theaterwissenschaft
  s.Drama 7.64
Thematic-Apperception-Test
  s.Test (TAT-Test) 4.220
Thematische Apperzeption
  s.Wahrnehmungspsychologie (Einzelfragen) 4.237
Thematische Leistungsbewertung
  s.Schulische Leistungskontrolle 6.160
Thematischer Apperzeptionstest
  s.Test (TAT-Test) 4.220
Thematischer Geschichtsunterricht
  s.Exemplarischer Geschichtsunterricht (Gymnasium) 8.47
  s.Geschichtsunterricht (Thematischer Geschichtsunterricht) 8.85
Thematischer Unterricht
  s.Epochalunterricht 6.60
Themengleiche Texte
  s.Interpretation im Unterricht (Gymnasium) 7.136
Themenstellung
  s.Aufsatzunterricht (Themenstellung) 7.38
  s.Reifeprüfungsaufsatz (Themenstellung) 7.196
Theologie und Naturwissenschaft
  s.Religionsunterricht (Naturwissenschaft) 10.217
Theorie der Schule
  s.Bildungstheorie 3.68
Therapeutische Regression
  s.Regression 4.160
Therapeutisches Rollenspiel
  s.Test (Sceno-Test) 4.220
Therapeutisches Zeichnen
  s.Psychotherapie (Behandlungsmethoden) 4.153
Thermoelektrizität
  s.Elektrizitätslehre (Thermoelektrizität) 9.108
Thermometer
  s.Wärmelehre (Meßtechnik) 9.300
  s.Wetterkunde (Einzelfragen) 8.212
Thermoskop
  s.Wärmelehre (Meßtechnik) 9.300
Thermostat
  s.Wärmelehre (Meßtechnik) 9.300
Thermostrom
  s.Elektrizitätslehre (Thermoelektrizität) 9.108
Thessalonicherbrief
  s.Bibelunterricht NT (Paulusbriefe) 10.46
Thüringer Wald
  s.Länderkunde (Thüringer Becken) 8.144
Thukydides-Lektüre
  s.Griechischunt. (Lektüre) 7.134
Thurgau
  s.Länderkunde (Schweiz:Einzelne Kantone) 8.140

Tiberius
  s.Altertum (Römer) 8.23
Tibet
  s.Länderkunde (Tibet) 8.144
Tiefenentspannung
  s.Psychoanalyse (Behandlungstechnik) 4.138
Tiefenpathopsychologie
  s.Psychoanalyse 4.137
Tiefenpsychologie 4.226
- (Entwicklungspsychologie)
  s.Entwicklungspsychologie (Psychoanalyse) 4.46
- (Gewissen)
  s.Gewissen (Tiefenpsychologischer Aspekt) 4.71
- (Pädagogischer Aspekt) 4.226
- (Religion)
  s.Religiöses Erleben 4.161
- (Symbol) 4.227
- (Über-Ich)
  s.Gewissen (Tiefenpsychologischer Aspekt) 4.71
- (Unterbewußtsein) 4.227
Tiefenpsychologischer Integrations-Test
  s.Test 4.216
Tiefenwahrnehmung
  s.Wahrnehmungspsychologie (Einzelfragen) 4.237
Tier oder Pflanze
  s.Tierkunde (Pflanze oder Tier) 9.283
Tierbeobachtung
  s.Tierkunde (Bestimmungsübung) 9.279
Tierbild der Völker
  s.Tierkunde (Tiermythologie) 9.284
Tierbuch 7.241
Tiere [im Gesamtunterricht]
  s.Arbeitseinheiten (Tiere) 6.31
Tiere auf der Straße
  s.Verkehrsunterricht (Verkehrssituation) 10.256
Tiere im Herbst
  s.Tierkunde (Tiere im Winter) 9.284
Tiere im Unterricht
  s.Tierkunde (Tiere im Unterricht) 9.284
Tiere im Winter
  s.Tierkunde (Tiere im Winter) 9.284
Tiere im Zeichenunterricht
  s.Zeichnen (Tierzeichnen) 10.285
Tierfabel
  s.Fabel im Unterricht 7.93
  s.Tierkunde (Tiermythologie) 9.284

Tierfangende Pflanzen
  s.Pflanzenkunde (Fleischfressende Pflanzen) 9.229
Tierfilm
  s.Biologielehrmittel (Tierkunde) 5.45
Tierfotografie
  s.Biologielehrmittel (Tierkunde) 5.45
Tierhorn
  s.Musikgeschichte (Instrumentalmusik) 10.176
Tierische Produktion
  s.Grundlehrgang (Tierische Produktion) 6.81
Tierische Orientierung
  s.Tierverhalten (Orientierung) 9.288
Tierische Symbiosen
  s.Tierkunde (Lebensgemeinschaft) 9.282
Tierisches Lernvermögen
  s.Tierverhalten 9.287
Tierisches Verhalten
  s.Tierverhalten 9.287
Tierjagd
  s.Tierschutz 9.287
Tierkunde 9.278
- (Amphibien) 9.279
- (Bären) 9.279
- (Bestimmungsübung) 9.279
- (Eichhörnchen) 9.279
- (Einzelne Tiere) 9.279
- (Fische) 9.280
- (Fledermäuse) 9.281
- (Gliedertiere) 9.281
- (Goldhamster) 9.281
- (Hasen) 9.281
- (Haustiere) 9.281
- (Krebstiere) 9.282
- (Kriechtiere) 9.282
- (Lebensgemeinschaft) 9.282
- (Maulwurf) 9.282
- (Nagetiere) 9.282
- (Pflanze oder Tier) 9.283
- (Robben) 9.283
- (Schnecken) 9.283
- (Spinnen) 9.283
- (Systematik) 9.284
- (Tiere im Unterricht) 9.284
- (Tiere im Winter) 9.284
- (Tiermythologie) 9.284
- (Überwinterung)
  s.Tierkunde (Tiere im Winter) 9.284
- (Waldtiere) 9.285

[Forts.: Tierkunde]
- (Wildschwein) 9.285
- (Winterschlaf) 9.285
- (Wirbeltiere) 9.285
- (Würmer) 9.285
Tierkundeunterricht
 s.Tierkunde 9.278
Tierkundliches Bewegungsmodell
 s.Biologielehrmittel (Tierkunde)
 5.45
Tiermärchen
 s.Tierbuch 7.241
Tiernamen
 s.Biologieunterricht (Sprachkunde)
 9.76
 s.Sprachkunde (Biologie) 7.217
Tiernerven
 s.Tierphysiologie (Sinnespsychologie) 9.286
Tierökologie
 s.Tierkunde (Lebensgemeinschaft)
 9.282
Tierohr
 s.Tierphysiologie (Sinnesphysiologie) 9.286
Tierpantomimik
 s.Ausdruckspsychologie 4.26
 s.Test 4.216
Tierpark [im Gesamtunterricht]
 s.Arbeitseinheiten (Zoo) 6.35
Tierpflege
 s.Tierschutz 9.287
Tierpfleger
 s.Berufliche Ausbildung (Einzelne Berufe) 10.22
Tierphysiologie 9.286
- (Haut der Tiere) 9.286
- (Sinnesphysiologie) 9.286
Tierpsychologie
 s.Tierverhalten (Tierpsychologie)
 9.289
 s.Verhaltensforschung 4.232
Tiersammlung
 s.Biologielehrmittel (Tierkunde)
 5.45
Tierschädel
 s.Tierphysiologie 9.286
Tierschutz 9.287
Tierseele
 s.Tierverhalten (Tierphysiologie)
 9.289
Tiersprache
 s.Verhaltensforschung 4.232
Tierspuren
 s.Tierkunde (Bestimmungsübung) 9.279

Tierverhalten 9.287
- (Einzelne Tiere) 9.288
- (Gemeinschaftskunde)
 s.Gemeinschaftskunde (Unterrichtsbeispiel) 8.54
- (Informationstheorie)
 s.Kybernetische Lerntheorie (Tierverhalten) 5.106
- (Orientierung) 9.288
- (Tierpsychologie) 9.289
Tierzeichnen
 s.Zeichnen (Tierzeichnen) 10.285
Tierzüchtung
 s.Vererbungslehre (Tier) 9.293
Tiger
 s.Tierkunde (Einzelne Tiere) 9.279
Tigris
 s.Länderkunde (Irak) 8.128
Tikal
 s.Geschichte (Amerika) 8.57
Tintenfisch
 s.Tierverhalten (Einzelne Tiere)
 9.288
Tischler
 s.Berufsfachkunde (Tischler) 10.27
Titration
 s.Anorganische Chemie (Säure/Base)
 9.42
TLD
 s.Programmiertes Lernen (Deutschunterricht) 5.165
Tod [im Gesamtunterricht]
 s.Arbeitseinheiten (Tod) 6.32
Todesgedanke des Kindes
 s.Religiöses Erleben 4.161
Todesstrafe
 s.Rechtskunde (Einzelfragen) 8.194
Todestrieb
 s.Selbstmord 4.190
Todeswahrnehmung
 s.Angst 4.23
Togo
 s.Länderkunde (Äquatorialafrika)
 8.113
Tokar-Delta
 s.Länderkunde (Sudan) 8.143
Tokio
 s.Länderkunde (Japan) 8.130
Toleranz 3.239
- (Unterrichtsaspekt)
 s.Politik (Einzelfragen) 8.161
Toleranzerziehung
 s.Erziehung zur Toleranz 3.90
Toleranzforschung
 s.Persönlichkeitstest 4.134

Tollwut
 s.Tierphysiologie 9.286
Tonales Hören
 s.Musikalische Begabung 4.125
Tonarbeiten
 s.Werken (Ton) 10.268
Tonaufnahme
 s.Tonband im Unterricht (Archiv)
 5.250
Tonband 5.249
Tonband im Unterricht 5.249
- (Archiv) 5.250
- (Austausch) 5.250
- (Berufsschule) 5.250
- (Biologie)
 s.Biologielehrmittel (Einzelformen)
 5.41
- (Einzelfragen) 5.250
- (Englisch)
 s.Englischlehrmittel (Tonband)
 5.58
- (Erdkunde)
 s.Erdkundelehrmittel (Einzelformen)
 5.63
- (Französisch)
 s.Französische Lektüre 7.94
 s.Französischlehrmittel 5.72
- (Fremdsprachen)
 s.Fremdsprachenlehrmittel (Tonband)
 5.75
- (Geschichtsunterricht)
 s.Geschichtslehrmittel (Tonband) 5.89
- (Gymnasium) 5.250
- (Musikerziehung)
 s.Musiklehrmittel (Tonband) 5.142
- (Politische Bildung)
 s.Politiklehrmittel (Tonband) 5.153
- (Religionsunterricht)
 s.Religionslehrmittel (Tonband)
 5.201
- (Russisch)
 s.Russischlehrmittel (Tonband)
 5.202
- (Sprecherziehung)
 s.Deutschlehrmittel (Einzelformen)
 5.50
- (Volksschule) 5.251
- (Zeitgeschichte)
 s.Zeitgeschichtslehrmittel 5.260
Tonbandarchiv
 s.Tonband im Unterricht (Archiv)
 5.250
Tonbandaustausch
 s.Tonband im Unterricht (Austausch)
 5.250

Tonbandinterview
 s.Tonband im Unterricht (Berufsschule) 5.250
Tonbandprogramm
 s.Sprachlabor (Programmierung)
 5.245
Tonbildschau 5.251
- (Englisch)
 s.Englischlehrmittel (Tonband)
 5.58
- (Fremdsprachen)
 s.Fremdsprachenlehrmittel (Film)
 5.74
- (Mathematikunterricht)
 s.Mathematiklehrmittel 5.135
Tonbildserie
 s.Tonbildschau 5.251
Tondenken
 s.Musikunterricht (Musikhören)
 10.188
Tondokumente
 s.Zeitgeschichtslehrmittel (Schallplatte) 5.261
Tonerlebnis
 s.Musikunterricht (Musikhören)
 10.188
Tonfilm
 s.Unterrichtsfilm (Tonfilm) 5.255
- im Englischunterricht
 s.Englischlehrmittel (Film) 5.57
- im Fremdsprachenunterricht
 s.Fremdsprachenlehrmittel (Film) 5.74
- im Russischunterricht
 s.Russischlehrmittel 5.201
Tonfilmgerät
 s.Unterrichtsfilm (Filmgerät) 5.254
Tonika-do Tonsilben
 s.Musikunterricht (Grundschule)
 10.184
Tonleiter
 s.Musikunterricht (Fachliche
 Einzelfragen) 10.182
Tonmineral
 s.Anorganische Chemie (Einzelfragen) 9.39
Tonträgerproduktion
 s.Tonband 5.249
Tonwerken
 s.Werken (Keramik) 10.264
 s.Werken (Ton) 10.268
Tonwort
 s.Notenschrift 10.197
Topfpflanze
 s.Pflanzenkunde (Einzelne Pflanzen)
 9.228

Topographie
 s.Länderkunde 8.112
Topographische Karte
 s.Erdkundeatlas (Karte) 5.59
Topographische Schülerübung
 s.Länderkunde 8.112
Topographisches Grundwissen
 s.Erdkundeunterricht (Topographisches Grundwissen) 8.44
Topologie
 s.Geometrie (Topologie) 9.131
Topologische Psychologie
 s.Psychoanalyse 4.137
Topologische Texttheorie
 s.Kybernetik (Informationssemantik) 5.99
Torfmoos
 s.Pflanzenkunde (Moose) 9.232
Torsionsmagnetometer
 s.Magnetismus (Feldstärke) 9.157
Torso
 s.Kunstbetrachtung (Plastik) 10.109
Toscana
 s.Länderkunde (Italien:Landschaften) 8.129
Totale Niederlage
 s.Zeitgeschichtsunterricht (Zweiter Weltkrieg:Einzelfragen) 8.259
Totale Schulüberprüfung
 s.Schulwesen DDR (Kritik) 1.235
Totaler Krieg
 s.Zeitgeschichte (Weltkrieg 1939-1945) 8.246
Totalitäre Erziehung
 s.Kommunistische Erziehung 3.160
Totalitäre Persönlichkeit
 s.Persönlichkeitspsychologie 4.133
Totalitarismus
 s.Politik (Totalitarismus) 8.168
Totalreflexion
 s.Optik (Reflexion) 9.220
Totenerweckung
 s.Katechese (Eschatologie) 10.85
Totes Meer
 s.Länderkunde (Naher Osten) 8.133
Tourismus
 s.Jugendtourismus 3.153
Touristischer Mannschaftswettkampf
 s.Leibeserziehung (Mannschaftswettkampf) 10.143
Toxoplasmose
 s.Schwachsinniges Kind 4.185
Trachtenkunde
 s.Kulturgeschichte (Kleidung) 8.110
Tradition und Moderne Bildung
 s.Bildungsbegriff (Tradition und Moderne) 3.67
Trägheitsgesetz
 s.Mechanik (Trägheit) 9.186
Tragflügelaerodynamik
 s.Mechanik (Fliegen) 9.180
Tragödie
 s.Drama (Tragödie) 7.65
Tragödie des Humanismus
 s.Humanismus (Krise) 3.145
Trainings-Test-Programm
 s.Lehrprogramm (Berufsausbildung) 5.120
Trainingsmethoden
 s.Leibeserziehung (Training) 10.154
 s.Leichtathletik (Training) 10.154
Trampolinturnen
 s.Geräteturnen (Trampolin) 10.69
 s.Turngerät 5.251
Transaktualistischer Religionsunterricht
 s.Evangelische Unterweisung (Methodische Einzelfragen) 10.59
Transfer
 s.Lernpsychologie (Transfer) 4.112
 s.Programmiertes Lernen (Lernbegriff) 5.174
Transfinite Logik
 s.Mathematische Logik 9.176
Transfinite Ordnungszahlen
 s.Mengenlehre 9.187
Transformationsgrammatik
 s.Sprachlabor (Programmierung) 5.245
Transformator
 s.Elektrizitätslehre (Transformator) 9.108
Transistor im Unterricht
 s.Hochfrequenztechnik (Transistor) 9.145
Transistorgeräte
 s.Hochfrequenztechnik (Transistor) 9.145
Translation
 s.Algebra (Gruppentheorie) 9.28
Translationsebene
 s.Analytische Geometrie (Einzelfragen) 9.37
Transvestit
 s.Sexualpathologie 4.191
Trapez
 s.Geometrie (Trapez) 9.132
Traubenzuckeroxydation
 s.Organische Chemie (Einzelfragen) 9.222

Trauerseeschwalben
 s.Vogelkunde (Schwalben) 9.295
Traumdeutung
 s.Traumerleben 4.228
Traumerleben 4.228
Treibballspiel
 s.Ballspiel (Einzelformen) 10.20
Trennungsangst
 s.Angst 4.23
Trentino
 s.Länderkunde (Italien:Landschaften) 8.129
Trichotillomanie
 s.Kinderpsychiatrie 4.95
 s.Verhaltensstörung (Einzelformen) 4.233
Triebbeherrschung
 s.Geschlechtserziehung (Sexualethik) 3.131
Trieberziehung
 s.Geschlechtserziehung (Psychologischer Aspekt) 3.131
Triebhaftigkeit
 s.Erziehungsschwierigkeit (Kindesalter) 4.55
Triebpsychologie 4.228
Triebstruktur
 s.Triebpsychologie 4.228
Trigonometrie
 s.Geometrie (Trigonometrie) 9.132
 s.Vektorrechnung (Dreieck) 9.289
Trigonometrische Funktion
 s.Analysis (Spezielle Funktionen) 9.36
Trinität
 s.Katechese (Gott) 10.86
 s.Katechese (Heiliger Geist) 10.86
Trinkwasser
 s.Wirtschaftsgeographie (Wasserversorgung) 8.229
Trinom
 s.Algebra 9.25
Trivialliteratur
 s.Schundliteratur 3.220
Trobriand-Inseln
 s.Länderkunde (Australien) 8.117
Trockengleichrichter
 s.Elektrizitätslehre (Wechselstrom) 9.109
Trockenpräparate
 s.Mikrobiologie (Schulpräparate) 9.195
Trockenrisse
 s.Bodenbiologie 9.80
Trockenschwimmunterricht
 s.Schwimmunterricht (Methodische Einzelfragen) 10.237
Tropenpflanzen
 s.Pflanzenkunde (Einzelne Pflanzen) 9.228
Tropische Wirbelstürme
 s.Wetterkunde (Wind) 8.214
Tropisches Wetter
 s.Klimakunde (Einzelfragen) 8.108
Trotz 4.228
Trotzkismus
 s.Zeitgeschichte (Kommunismus) 8.242
Trugwahrnehmung
 s.Wahrnehmungspsychologie (Einzelfragen) 4.237
Tschechoslowakei
 s.Länderkunde (Tschechoslowakei) 8.144
 s.Wirtschaftsgeographie (Tschechoslowakei) 8.228
Tsetsefliege
 s.Insektenkunde (Fliegen) 9.147
Tuberkulose-Schutzimpfung
 s.Gesundheitslehre (Schutzimpfung) 9.139
Tuchtafel
 s.Flanelltafel 5.72
Tübinger Gespräch
 s.Gymnasium (Reform) 1.96
Tümpel [Lebensgemeinschaft]
 s.Lebensgemeinschaft (Teich) 9.154
Türkei
 s.Länderkunde (Türkei) 8.144
Türkenkrieg
 s.Neuzeit (18.Jahrhundert) 8.155
Tugend
 s.Ethische Erziehung (Grundfragen) 3.98
Tulpe
 s.Biologieunterricht (Grundschule) 9.67
Tummelturnen
 s.Bewegungserziehung (Grundschule) 10.28
Tunesien
 s.Länderkunde (Tunesien) 8.145
Turmbau zu Babel
 s.Bibelunterricht AT (Einzelfragen) 10.36
Turnbank
 s.Turngerät 5.251
Turnbefreiung
 s.Leibeserziehung (Freistellung) 10.133

Turnbeschäftigung
  s.Leibeserziehung (Kleinkind)
  10.138
Turnen im Freien
  s.Leibeserziehung (Wetterbedingung)
  10.156
Turnen im Kindergarten
  s.Leibeserziehung (Kleinkind) 10.138
Turnen oder Leibeserziehung
  s.Leibeserziehung (Reform) 10.149
Turngarten
  s.Schulturngarten 1.226
Turngerät 5.251
- (Grundschule) 5.252
Turnhalle
  s.Schulgebäude (Turnhalle) 1.189
Turninteresse
  s.Turnunterricht (Psychologischer
  Aspekt) 10.248
Turnlehrer 2.143
- (Ausbildung) 2.144
Turnleiter
  s.Turngerät 5.251
Turnmatte
  s.Turngerät 5.251
Turnphilologe
  s.Leibeserzieher 2.118
  s.Turnlehrer 2.143
Turnplatz
  s.Sportanlage 1.252
Turnreifeprüfung
  s.Leibeserziehung (Reifeprüfung)
  10.149
Turnunterricht 10.246
- (Didaktische Analyse) 10.246
- (Disziplin) 10.246
- (Einfache Verhältnisse) 10.246
- (Erziehungswert)
  s.Turnunterricht (Methodische
  Einzelfragen) 10.248
- (Freistellung)
  s.Leibeserziehung (Freistellung)
  10.133
- (Grundschule)
  s.Turnunterricht (Unterstufe [DDR])
  10.249
- (Gymnasium) 10.246
- (Intensivierung)
  s.Turnunterricht (Methodische
  Einzelfragen) 10.248
- (Interesse)
  s.Turnunterricht (Psychologischer
  Aspekt) 10.248
- (Landschule) 10.246
- (Lehrplan) 10.247

- (Leistung) 10.247
- (Leistungsbewertung) 10.247
- (Leistungskontrolle) 10.247
- (Lichtbild)
  s.Sportlehrmittel 5.238
- (Methodensystematik) 10.247
- (Methodische Einzelfragen) 10.248
- (Österreich)
  s.Leibeserziehung (Österreich)
  10.146
- (Ordnung)
  s.Turnunterricht (Disziplin) 10.246
- (Psychologischer Aspekt) 10.248
- (Reform) 10.248
- (Rhythmus) 10.249
- (Riegenwettbewerb) 10.249
- (Schweiz)
  s.Leibeserziehung (Schweiz) 10.151
- (Selbsttätigkeit)
  s.Leibeserziehung (Selbsttätig-
  keit) 10.151
- (Sprachkunde)
  s.Sprachkunde (Leibeserziehung)
  7.218
- (Systematisierung)
  s.Turnunterricht (Methodensystematik) 10.247
- (Üben)
  s.Turnunterricht (Methodische
  Einzelfragen) 10.248
- (Unfallverhütung)
  s.Leibeserziehung (Unfallverhü-
  tung) 10.154
- (Unterstufe [DDR]) 10.249
- (Vorbereitende Spiele)
  s.Turnunterricht (Methodische
  Einzelfragen) 10.248
Turnzensur
  s.Turnunterricht (Leistungsbewertung) 10.247
Tutor
  s.Studentenbetreuung 1.253
Tutzinger Empfehlungen
  s.Pädagogische Hochschule (Tutzin-
  ger Empfehlungen) 2.127
- (Politische Bildung)
  s.Lehrerbildung (Politische
  Bildung) 2.92
Typenlehre
  s.Typologie 4.229
Typologie 4.229
- (Pädagogischer Aspekt) 4.229
- (Temperamente) 4.229

U

Üben 6.202
- (Algebra)
  s.Rechenübung 9.263
- (Berufsschule) 6.203
- (Chemieunterricht)
  s.Chemieunterricht (Leistungskontrolle) 9.90
- (Deutschunterricht)
  s.Deutschunterricht (Methodische Einzelfragen) 7.54
- (Englischunterricht)
  s.Englischunterricht (Sprechübung) 7.86
- (Geschichtsunterricht)
  s.Geschichtsunterricht (Wiederholung) 8.89
- (Grammatik)
  s.Grammatikunterricht (Übung) 7.132
- (Gymnastik)
  s.Gymnastik (Einzelfragen) 10.71
- (Kunsterziehung)
  s.Kunsterziehung (Methodische Einzelfragen) 10.117
- (Leibeserziehung)
  s.Leibeserziehung (Training) 10.154
- (Leichtathletik)
  s.Leichtathletik (Training) 10.154
- (Leseunterricht)
  s.Leseunterricht (Übungsformen) 7.160
- (Motivation)
  s.Lernmotivation 4.110
- (Psychologischer Aspekt) 6.203
- (Rechenunterricht)
  s.Rechenübung 9.263
- (Rechtschreibung)
  s.Rechtschreibunterricht (Übungsformen) 7.194
- (Russischunterricht)
  s.Russischunterricht (Wortschatzvermittlung) 7.201
- (Sprachunterricht)
  s.Sprachunterricht (Übungsformen) 7.232
- (Turnen)
  s.Turnunterricht (Methodische Einzelfragen) 10.248
Über-Ich
  s.Gewissen (Tiefenpsychologischer Aspekt) 4.71
  s.Ich-Psychologie 4.85
Überaktivität
  s.Aktivität 4.21

Überbetriebliche Fortbildung
  s.Berufsfortbildung 3.50
Überbürdung
  s.Überforderung des Schülers 4.231
Überfachliche Bildungsarbeit
  s.Volksschulunterricht (Oberstufe) 6.221
Überfachliches Kolloquium
  s.Gymnasialunterricht (Fächerübergreifender Unterricht) 6.90
Überforderung des Schülers 4.230
- (Gymnasium) 4.230
- (Landschule)
  s.Überforderung des Schülers (Pädagogischer Aspekt) 4.231
- (Pädagogischer Aspekt) 4.231
- (Psychologischer Aspekt)
  s.Frustration 4.63
Übergang 1.257
- (Eignungsgutachten) 1.258
- (Gymnasium) 1.258
- (Schule ins Berufsleben)
  s.Berufsfindung 3.47
- (Sonderschule)
  s.Sonderschule für Lernbehinderte (Umschulung) 1.248
- (Weiterführende Schule)
  s.Übergang 1.257
Übergangsauslese
  s.Begabtenauslese 1.24
Übergangsprüfung
  s.Aufnahmeprüfung (Reform) 1.23
  s.Mathematikunterricht (Aufnahmeprüfung) 9.161
Übergangsschule
  s.Schulpflichtverlängerung 1.206
Übergangsverfahren
  s.Gymnasium (Ausleseverfahren) 1.94
Überholen
  s.Verkehrsunterricht (Überholen) 10.255
Überlagerung von Schwingungen
  s.Wellenlehre (Interferenz) 9.303
Überlastung des Lehrers
  s.Lehrerberuf (Überlastung) 2.71
Überlaufverkehr [Kybernetik]
  s.Kybernetik (Einzelfragen) 5.98
Überlieferter Bildungsgedanke
  s.Bildungsbegriff (Bedeutungswandel) 3.67
Übermüdeter Schüler
  s.Überforderung des Schülers 4.230
Überschallgeschwindigkeit
  s.Mechanik (Strömungslehre) 9.185

Überschlag
  s. Bodenturnen (Radschlagen) 10.50
- am Reck
  s. Geräteturnen (Reck) 10.67
Überschlagsrechnen
  s. Rechenoperationen (Überschlagsrechnen) 9.262
Überschreiten des Zehners
  s. Grundschulrechnen (Zehnerüberschreitung) 9.143
Überschwung am Reck
  s. Geräteturnen (Reck) 10.67
Übersetzen 7.241
- (Altsprachlicher Unterricht)
  s. Altsprachlicher Unterricht (Übersetzen) 7.22
- (Fremdsprachenunterricht)
  s. Fremdsprachenunterricht (Übersetzen) 7.111
- (Lateinunterricht)
  s. Lateinunterricht (Übersetzen) 7.149
- (Literarischer Aspekt) 7.242
- (Lyrik) 7.242
- (Russisch)
  s. Russischunterricht (Übersetzen) 7.201
- (Sprachlicher Aspekt) 7.242
Übersetzung, maschinelle
  s. Kybernetische Maschinen (Automatische Sprachübersetzung) 5.107
Übersetzungsalgorithmen
  s. Kybernetische Maschinen (Automatische Sprachübersetzung) 5.107
Überstunden des Lehrers
  s. Lehrerberuf (Rechtsfragen) 2.70
Übertragung
  s. Psychoanalyse (Übertragung) 4.140
Übertragungsneurose
  s. Neurose 4.127
Übertreibung im Unterricht
  s. Unterricht (Lehrersprache) 6.207
Übertrittsauslese
  s. Gymnasium (Ausleseverfahren) 1.94
Übertrittsgutachten
  s. Schülerbeurteilung (Test) 4.170
Übertrittstest
  s. Schulreifetest 4.178
  s. Übergang (Eignungsgutachten) 1.258
Übervölkerung
  s. Völkerkunde (Übervölkerung) 8.210
Überweisung eines Schülers
  s. Übergang 1.257
- zur Sonderschule

  s. Hilfsschulbedürftigkeit 4.80
  s. Sonderschule für Lernbehinderte (Ausleseverfahren) 1.246
  s. Sonderschule für Lernbehinderte (Umschulung) 1.248
Überwinterung
  s. Pflanzenkunde (Überwinterung) 9.235
Überzeugung
  s. Erziehung 3.74
Übung
  s. Üben 6.202
Übungsbereitschaft
  s. Üben (Psychologischer Aspekt) 6.203
Übungsbogen
  s. Lesebogen 5.126
Übungsformen
  s. Üben 6.202
Übungskarte
  s. Geschichtslehrmittel (Übungskarten) 5.89
  s. Rechenlehrmittel (Einzelformen) 5.190
Übungskontor
  s. Schulwerkstatt (Bürotechnik) 5.237
Übungslesen
  s. Leseunterricht (Übungsformen) 7.160
Übungsmittel
  s. Arbeitsmittel im Unterricht 5.28
Übungsprogramm
  s. Programmiertes Lernen (Übungsformen) 5.186
Übungsrechnen
  s. Rechenübung 9.263
Übungsschule
  s. Abteilungsunterricht 6.19
Übungsspiel
  s. Lernspiel 5.125
Übungsstunde
  s. Üben 6.202
Übungsunterricht
  s. Üben 6.202
Ufer [Lebensgemeinschaft]
  s. Lebensgemeinschaft (Einzelformen) 9.153
Uganda
  s. Länderkunde (Ostafrika) 8.137
Uhr [im Gesamtunterricht]
  s. Arbeitseinheiten (Uhr) 6.32
Uhr im Unterricht
  s. Arbeitsmittel (Einzelformen) 5.27
Ultrahochvakuum
  s. Mechanik (Gase) 9.181

Ultraschall
  s. Akustik (Schallwellen) 9.24
Überschallgenerator
  s. Physikalisches Experimentiergerät 5.144
Um-Inkreisviereck
  s. Geometrie (Vierecke) 9.132
Umfrageforschung
  s. Testpsychologie 4.228
Umgang mit Geld
  s. Sparerziehung 3.232
Umgangssprache 7.242
Umgangston in der Klasse
  s. Pädagogischer Führungsstil 6.135
Umkehrfunktion
  s. Analysis (Funktion) 9.33
Umrißkarte
  s. Erdkundelehrmittel (Umrißkarte) 5.69
  s. Geschichtslehrmittel (Umrißkarte) 5.89
Umrißstempel
  s. Biologielehrmittel (Umrißstempel) 5.45
Umschulung
  s. Berufsberatung (Berufswahl) 3.29
  s. Erwachsenenbildung und Berufsbildung 1.70
  s. Übergang (Gymnasium) 1.258
  - (Sonderschule)
  s. Sonderschule für Lernbehinderte (Umschulung) 1.248
Umschulungsgutachten
  s. Sonderschule für Lernbehinderte (Ausleseverfahren) 1.246
Umstand des Ortes
  s. Satzlehre (Einzelfragen) 7.204
Umstandsbestimmung
  s. Satzlehre (Einzelfragen) 7.204
Umwelt des Menschen
  s. Menschenkunde (Umweltlehre) 9.193
Umwelt oder Anlage
  s. Pädagogische Soziologie (Umwelttheorie) 3.197
Umwelteinfluß
  s. Erziehung (Umwelteinflüsse) 3.84
  s. Sozialpsychologie (Umwelteinflüsse) 4.195
Umweltkunde
  s. Anfangsunt. (Sachbegegnung) 6.21
Umwelttheorie
  s. Pädagogische Soziologie (Umwelttheorie) 3.197
  - im Unterricht
  s. Menschenkunde (Umweltlehre) 9.193

Umweltunterricht
  s. Heimatkundeunterricht (Einführung) 8.97
Umzäunungsprobleme
  s. Analysis (Differentialrechnung) 9.33
Unabhängige Kommission Hamburg ... 1.259
Unaufmerksamkeit
  s. Aufmerksamkeit 4.26
Unbegabtes Kind
  s. Schulversager 4.183
Unbestimmte Koeffizienten
  s. Mathematische Beweistheorie 9.175
Unbestimmtheitsrelation
  s. Quantentheorie 9.254
[Das] Unbewußte
  s. Tiefenpsychologie (Unterbewußtsein) 4.227
Unbildung
  s. Bildungsbegriff 3.66
Undifferenzierter Unterricht
  s. Grundschulunterricht 6.81
Uneheliche Mutter
  s. Familienerziehung (Mutter) 3.107
Uneheliches Kind
  s. Familie (Uneheliches Kind) 3.104
Uneigentliches Integral
  s. Analysis (Integral) 9.34
Unendlich [Mathematik]
  s. Analysis 9.32
Unendliche Reihen
  s. Analysis (Reihen) 9.35
Unerziehbarkeit
  s. Schwererziehbarkeit 4.186
UNESCO
  s. Zeitgeschichte (Unesco) 8.244
  - (Modellschule)
  s. Europäische Schulen 1.73
Unfall
  s. Schülerunfall 1.67
Unfallgefährdung
  s. Verkehrserziehung (Verkehrsunfall) 10.256
Unfallneigung
  s. Betriebspsychologie 4.32
Unfallverhütung
  s. Aufsichtspflicht des Lehrers 2.20
  s. Chemische Experimente (Unfallverhütung) 9.99
  s. Geräteturnen (Hilfestellung) 10.65
  s. Leibeserziehung (Unfallverh.) 10.154
  s. Schwimmunterricht (Aufsichtspflicht) 10.236
  s. Werkunterricht (Methodische Einzelfragen) 10.272

Ungarn
  s.Länderkunde (Ungarn) 8.146
- im Geschichtslehrbuch
  s.Geschichtslehrbuch (Revision) 5.81
Ungarnaufstand
  s.Zeitgeschichtsunterricht (Einzelfragen) 8.250
Ungegenständliches Gestalten
  s.Kunsterziehung (Moderne Kunst) 10.118
Ungehorsames Kind
  s.Gehorsam (Ungehorsam) 3.126
Ungelerntenbeschulung
  s.Berufserziehung (Ungelernte) 3.44
Ungesättigter Kohlenwasserstoff
  s.Organische Chemie (Kohlenwasserstoffe) 9.224
Ungleiche Schwingungen
  s.Wellenlehre (Interferenz) 9.303
Ungleichungen
  s.Algebra (Ungleichungen) 9.30
Universalgeschichte
  s.Geschichte (Universalgeschichte) 8.59
Universalkamera
  s.Schulfotografie (Aufnahmetechnik) 5.222
Universalrechenleiste
  s.Rechenlehrmittel.(Zahlenband) 5.193
Universitäre Erwachsenenbildung
  s.Erwachsenenbildung und Universität 1.71
Universitäre Lehrerbildung
  s.Akademische Lehrerbildung 2.19
  s.Lehrerbildung und Universität 2.102
Universität 1.259
- (DDR)
  s.Schulwesen DDR (Hochschulwesen) 1.234
- (Erwachsenenbildung)
  s.Erwachsenenbildung und Universität 1.71
- (Gymnasium)
  s.Gymnasium und Universität 1.100
- (Politische Bildung)
  s.Politische Bildung (Universität) 8.191
- (Schule)
  s.Schule und Universität 1.182
- (Sprachschulung)
  s.Sprachunterricht (Universität) 7.232
- und Gymnasium
  s.Gymnasium und Universität 1.100

- und Lehrerbildung
  s.Lehrerbildung und Universität 2.102
  s.Pädagogische Hochschule und Universität 2.127
- und Pädagogische Hochschule
  s.Pädagogische Hochschule und Universität 2.127
- und Schule
  s.Schule und Universität 1.182
Universitätsgutachten zur Lehrerbildung
  s.Volksschullehrerbildung 2.147
Universitätspädagoge 2.144
Universitätspädagogik
  s.Bildungsauftrag (Hochschule) 3.65
Universitätsreform
  s.Hochschulreform 1.108
Universitätsstudium
  s.Hochschulstudium 1.111
Universitas litterarum
  s.Allgemeinbildung (Gymnasium) 3.19
  s.Bildungsauftrag (Gymnasium) 3.64
Unkräuter
  s.Lebensgemeinschaft (Wiese) 9.155
Unliterarische Gedichtbehandlung
  s.Lyrik im Unterricht (Methodische Einzelfragen) 7.170
Unmittelbarer Unterricht
  s.Unterricht 6.203
Unmusikalisches Kind
  s.Musikalische Fähigkeit 4.126
Unmusikalität
  s.Musikunterricht (Begabung) 10.180
UNO
  s.Zeitgeschichte (Vereinte Nationen) 8.244
  s.Zeitgeschichtsunterricht (Vereinte Nationen) 8.257
Unsterblichkeitshoffnung
  s.Bibelunterricht NT (Auferstehung) 10.40
Unstetige Funktionen
  s.Analysis (Funktion) 9.33
Unteraktivität
  s.Schwachsinnsformen 4.186
Unterbewußtsein
  s.Tiefenpsychologie (Unterbewußtsein) 4.227
Untere Donau
  s.Länderkunde (Rumänien) 8.139
Unterforderung
  s.Überforderung des Schülers (Pädagogischer Aspekt) 4.231
Unterhaltsame Erdkunde
  s.Erdkundeunterricht (Wiederholung) 8.46

Unterhaltungsmusik
   s.Musikalischer Kitsch 10.172
Unternehmerische Bildungsarbeit
   s.Berufliche Bildung (Industrie
      gesellschaft) 3.27
Unternehmungsspiel
   s.Lernspiel 5.125
   s.Programmierte Instruktion
      (Einzelfragen) 5.155
Unterricht 6.203
- (Ästhetik)
   s.Ästhetische Erziehung 6.19
- (Artikulation)
   s.Artikulation des Unterrichts 6.40
- (Auflockerung) 6.205
- (Aufmerksamkeit)
   s.Aufmerksamkeit im Unterricht 6.40
- (Einklassenschule)
   s.Landschulunterricht (Einklassen-
      schule) 6.112
- (Einstieg)
   s.Unterrichtsstunde 6.215
- (Entwicklungsgemäßheit) 6.205
- (Entwicklungspsychologie)
   s.Unterrichtsgestaltung (Psycholo-
      gischer Aspekt) 6.213
- (Ergebnissicherung) 6.205
- (Erlebnisunterricht) 6.206
- (Erziehungseinfluß) 6.206
- (Erziehungsstil)
   s.Pädagogischer Führungsstil 6.135
- (Hilfsschulunterricht)
   s.Sonderschulunterricht 6.184
- (Lehrersprache) 6.207
- (Lernauftrag) 6.207
- (Menschenbildung)
   s.Unterricht (Erziehungseinfluß) 6.206
- (Ökonomie)
   s.Unterrichtsökonomie 6.214
- (Ordnungsaspekt)
   s.Artikulation des Unterrichts 6.40
- (Problemstellung) 6.207
- (Rationalisierung)
   s.Unterrichtsökonomie 6.214
- (Sachbegegnung) 6.208
- (Soziologischer Aspekt)
   s.Pädagogischer Führungsstil 6.135
- (Stufigkeit)
   s.Artikulation des Unterrichts 6.40
- (Technologie)
   s.Programmiertes Lernen 5.156
- (Übertreibung)
   s.Unterricht (Lehrersprache) 6.207
Unterrichtsalgorithmen
   s.Lehrprogramm (Algorithmen) 5.120

Unterrichtsanalyse
   s.Didaktische Analyse 6.56
- (Fernsehen)
   s.Schulfernsehen (Klasseninternes
      Fernsehen) 5.217
Unterrichtsantrieb
   s.Unterrichtsimpuls 6.213
Unterrichtsartikulation
   s.Artikulation des Unterrichts 6.40
Unterrichtsbeispiel
   s.Lehrprobe 2.118
Unterrichtsbeseelung
   s.Unterricht (Erlebnisunterricht)
      6.206
Unterrichtsbesuch in der Lehrerbildung
   s.Lehrerbildung (Hospitation) 2,84
Unterrichtsbild 5.252
Unterrichtsdifferenzierung
   s.Differenzierung 6.56
- (Arbeitsmittel)
   s.Arbeitsmittel im Unterricht 5.28
   s.Programmiertes Lernen (Differen-
      zierung) 5.165
Unterrichtsdiskussion
   s.Diskussion im Unterricht 6.58
Unterrichtsdisziplin
   s.Schuldisziplin 3.214
Unterrichtseffektivität
   s.Unterrichtsökonomie 6.214
Unterrichtseinheit 6.208
Unterrichtsentwurf
   s.Unterrichtseinheit 6.208
Unterrichtserfolg
   s.Schulische Leistungssteigerung
      6.161
   s.Unterricht (Ergebnissicherung)
      6.205
Unterrichtsertrag
   s.Unterricht (Ergebnissicherung) 6.205
Unterrichtsfächer 6.209
- (Konzentration)
   s.Konzentrationsunterricht 6.107
Unterrichtsfahrt
   s.Unterrichtsgang 6.209
Unterrichtsfernsehen
   s.Schulfernsehen 5.214
Unterrichtsfilm 5.252
- (Afrika)
   s.Länderkunde (Afrika:Film) 8.114
- (Berufskundlicher Film) 5.253
- (Berufsschule) 5.253
- (Biologie)
   s.Biologielehrmittel (Film) 5.42
- (Chemie)
   s.Chemielehrmittel (Film) 5.48

[Forts.: Unterrichtsfilm]
- (Deutschunterricht)
  s.Deutschlehrmittel (Film) 5.51
- (Englischunterricht)
  s.Englischlehrmittel (Film) 5.57
- (Erdkunde)
  s.Erdkundelehrmittel (Film) 5.64
- (Ergänzende Dias)
  s.Lichtbild/Film im Unterricht 5.133
- (Erwachsenenbildung) 5.254
- (Filmgerät) 5.254
- (Fremdsprachenunterricht)
  s.Fremdsprachenlehrmittel (Film) 5.74
- (Gesamtunterricht) 5.254
- (Geschichte) 5.254
- (Geschichtsunterricht)
  s.Geschichtslehrmittel (Film) 5.85
- (Gestaltungsfragen) 5.254
- (Grundschule) 5.254
- (Gymnasium) 5.255
- (Heimatkunde)
  s.Heimatkundelehrmittel (Film) 5.92
- (Indien)
  s.Länderkunde (Indien:Film) 8.127
- (Industriefilm) 5.255
- (Landschule) 5.255
- (Leibeserziehung)
  s.Sportlehrmittel (Film) 5.238
- (Mathematik)
  s.Mathematiklehrmittel (Film) 5.135
- (Physik)
  s.Physiklehrmittel (Film) 5.149
- (Politische Bildung)
  s.Politiklehrmittel (Film) 5.151
- (Religionsunterricht)
  s.Religionslehrmittel (Film) 5.198
- (Schleifenfilm) 5.255
- (Sonderschule) 5.255
- (Tonfilm) 5.255
- (Volksschule) 5.256
- (Zeitgeschichte)
  s.Zeitgeschichtslehrmittel (Dokumentarfilm) 5.260
Unterrichtsforschung 6.209
Unterrichtsfreier Samstag
  s.Fünftagewoche im Schulwesen 1.81
Unterrichtsführung
  s.Unterrichtsgestaltung 6.212
Unterrichtsgang 6.209
- (Erdkunde)
  s.Erdkundeunterricht (Lehrwanderung) 8.39
- (Frühling)
  s.Naturbeobachtung (Frühling) 9.198

- (Heimatkunde)
  s.Heimatkundeunterricht (Lehrwanderung) 8.100
Unterrichtsgegenstand
  s.Unterricht (Sachbegegnung) 6.208
Unterrichtsgeldfreiheit
  s.Schulgeldfreiheit 1.189
Unterrichtsgemeinschaft
  s.Klassengemeinschaft 3.157
Unterrichtsgespräch 6.210
- (Biologieunterricht)
  s.Biologieunterricht (Methodische Einzelfragen) 9.70
- (Evangelische Unterweisung)
  s.Religionsunterricht (Gespräch) 10.211
- (Geschichtsunterricht)
  s.Geschichtsunterricht (Methodische Einzelfragen) 8.78
- (Gymnasium) 6.211
- (Katechetische Lehrform)
  s.Religionsunterricht (Gespräch) 10.211
- (Lyrik)
  s.Lyrik im Unterricht (Methodische Einzelformen) 7.170
- (Politische Bildung)
  s.Politische Bildung (Debattieren) 8.173
- (Schülerfrage) 6.212
- (Staatsbürgerliche Erziehung)
  s.Staatsbürgerliche Erziehung (Unterrichtsgespräch) 8.209
Unterrichtsgestaltung 6.212
- (Psychologischer Aspekt) 6.213
Unterrichtshilfe [Schülerhilfe]
  s.Schulpsychologischer Dienst (Schülerhilfe) 4.175
Unterrichtshilfen
  s.Arbeitsmittel 5.25
Unterrichtsimpulse 6.213
Unterrichtskabinett
  s.Schulgebäude (Fachräume) 1.186
Unterrichtskontrolle
  s.Schulische Leistungskontrolle 6.160
Unterrichtslehre
  s.Methodik 6.124
  s.Unterrichtsforschung 6.209
Unterrichtsleistung
  s.Schulische Leistung 6.159
- des Lehrers
  s.Lehrerberuf (Dienstliche Beurteilung) 2.70
Unterrichtslenkung
  s.Unterrichtsgestaltung 6.212

Unterrichtsmaschine
 s.Lehrgerät 5.114
Unterrichtsmethodik
 s.Methodik 6.124
Unterrichtsmitschau
 s.Lehrerbildung (Unterrichts-
  mitschau) 2.100
Unterrichtsmittel
 s.Arbeitsmittel 5.25
Unterrichtsnachbereitung 6.214
Unterrichtsobjektivierung
 s.Programmiertes Lernen (Unterrichtsaspekt) 5.186
 s.Technische Lehrmittel 5.247
Unterrichtsökonomie 6.214
Unterrichtsphasen
 s.Formalstufen 6.66
Unterrichtsplanung 6.214
Unterrichtspraxis
 s.Lehrerbildung (Schulpraktische
  Ausbildung) 2.96
Unterrichtsprobe
 s.Probeunterricht 1.154
Unterrichtsproduktivität
 s.Unterrichtsökonomie 6.214
Unterrichtsprotokoll
 s.Pädagogische Tatsachenforschung
  6.134
 s.Unterrichtstagebuch 6.216
Unterrichtsprozeß
 s.Unterrichtsgestaltung 6.212
Unterrichtsspiel 5.256
Unterrichtssprache
 s.Unterricht (Lehrersprache) 6.207
Unterrichtsstil
 s.Pädagogischer Führungsstil 6.135
 s.Unterrichtsgestaltung 6.212
- , Kooperativer
 s.Gruppenunterricht 6.83
Unterrichtsstunde 6.215
Unterrichtstag
 s.Polytechnischer Unterricht (DDR)
  6.141
- (Chemieunterricht)
 s.Chemieunterricht (Polytechnische
  Bildung) 9.91
Unterrichtstagebuch 6.216
- (Rechtsform)
 s.Klassenbuch 1.126
Unterrichtstechnik
 s.Unterrichtsgestaltung 6.214
Unterrichtstechnologie
 s.Technische Lehrmittel 5.247
Unterrichtstonfilm
 s.Unterrichtsfilm (Tonfilm) 5.255

Unterrichtsverlauf
 s.Unterrichtsplanung 6.214
Unterrichtsverwaltung
 s.Schulverwaltung 1.229
Unterrichtsvorbereitung 6.216
- (Bibelunterricht)
 s.Bibelunterricht (Methodische
  Einzelfragen) 10.34
- (Biologieunterricht)
 s.Biologieunterricht (Vorberei-
  tung) 9.78
- (Chemieunterricht)
 s.Chemieunterricht (Vorbereitung)
  9.94
- (Deutschunterricht)
 s.Deutschunterricht (Vorbereitung)
  7.59
- (Didaktische Analyse) 6.217
- (Englischunterricht)
 s.Englischunterricht (Methodische
  Einzelfragen) 7.82
- (Erdkundeunterricht)
 s.Erdkundeunterricht (Methodische
  Eidnzelfragen) 8.40
- (Geschichtsunterricht)
 s.Geschichtsunterricht (Vorberei-
  tung) 8.87
- (Gestaltungsfragen) 6.217
- (Grammatikunterricht)
 s.Grammatikunterricht (Methodische
  Einzelfragen) 7.130
- (Grundschulrechnen)
 s.Grundschulrechnen (Methodische
  Einzelfragen) 9.141
- (Hilfsmittel) 6.217
- (Lehranfänger)
 s.Unterrichtsvorbereitung (Gestal-
  tungsfragen) 6.217
- (Leibeserziehung)
 s.Leibeserziehung (Methodische
  Einzelfragen) 10.144
- (Werkunterricht)
 s.Werkunterricht (Methodische
  Einzelfragen) 10.272
Unterrichtsvorhaben
 s.Arbeitseinheiten 6.23
 s.Vorhaben 6.225
- (Zeitung)
 s.Zeitung im Unterricht (Volksschule)
  5.263
Unterrichtswerk
 s.Schulbuch 5.210
Unterrichtswirklichkeit
 s.Pädagogische Tatsachenforschung
  6.134

Unterrichtszeit
　s.Stundentafel 6.192
Unterrichtsziel
　s.Unterrichtsforschung 6.209
Unterschriftsfälschung des Schülers
　s.Erziehungsschwierigkeit 4.54
Unterschwung am Barren
　s.Geräteturnen (Stufenbarren) 10.68
Unterschwung am Reck
　s.Geräteturnen (Reck) 10.67
Unterstufe
　s.Grundschule (DDR) 1.91
Unterstufenlehrer
　s.Grundschullehrer 2.42
Unterstufensprachbuch
　s.Sprachbuch (DDR) 5.239
Unterstufenunterricht [DDR] 6.218
　siehe auch:
　Grundschulunterricht 6.81
- (Gymnasium)
　s.Gymnasialunterricht (Unterstufe)
　6.93
- (Lehrplankonzeption) 6.218
Untersuchungsausschuß
　s.Politik (Parlamentarismus) 8.165
Untersuchungsmethoden
　s.Test 4.216
Unübersetzbarkeit
　s.Übersetzen (Sprachlicher Aspekt)
　7.242
Unverträglichkeit
　s.Erziehungsschwierigkeit (Schüler)
　4.56
Unwucht
　s.Mechanik (Drehbewegung) 9.179
Unzüchtige Schriften
　s.Schmutz- und Schundliteratur 3.207
Ural
　s.Wirtschaftsgeographie (UdSSR)
　8.228
Uralgebirge
　s.Länderkunde (UdSSR:Landschaften) 8.145
Uranspaltung
　s.Atomtechnik 9.55
Urgemeinschaft
　s.Vorgeschichte 8.211
Urgeschichte
　s.Vorgeschichte 8.211
Urgeschichtliches Museum
　s.Biologielehrmittel (Museum) 5.44
Urgeschichtsforschung
　s.Geologie (Fossilien) 8.56
Urheberrecht
　s.Schulbuch (Einzelfragen) 5.211

Urknall
　s.Relativitätstheorie (Einzelfragen) 9.272
Urlaub
　s.Jugendtourismus 3.153
Urmensch
　s.Menschenkunde (Urmensch) 9.193
Urpoesie
　s.Ästhetische Erziehung 6.19
Urschweizer Befreiungsgeschichte
　s.Geschichte (Schweiz) 8.58
Ursprung der Tiere
　s.Abstammungslehre (Tier) 9.23
Ursprung des Lebens
　s.Biologie (Organisches Leben) 9.60
Ursprung des Märchens
　s.Märchen (Ursprung) 7.173
Ursprung des Menschen
　s.Abstammungslehre (Mensch) 9.22
Ursymbole
　s.Religiöse Erziehung (Psychologischer Aspekt) 3.207
Ursynthese
　s.Biochemie (Einzelfragen) 9.57
Urteilsbildung
　s.Sozialverhalten 4.196
Urteilsfähigkeit
　s.Politische Erziehung (Demokratische Mündigkeit) 3.201
Urtümliche Pflanzen
　s.Abstammungslehre (Pflanze) 9.23
Urzeugung
　s.Biologie (Organisches Leben) 9.60
USA
　s.Geschichte (USA) 8.59
　s.Länderkunde (USA) 8.146
　s.Wirtschaftsgeographie (USA) 8.228
- (Bevölkerung)
　s.Länderkunde (USA:Bevölkerung)
　8.146
Utopien im Unterricht
　s.Politische Bildung (Einzelfragen)
　8.174
UTP
　s.Polytechnischer Unterricht (DDR)
　6.141
- (Landwirtschaft)
　s.Polytechnischer Unterricht
　(Landwirtschaft) 6.142

V

Väterliche Erziehung
　s.Familienerziehung (Vater) 3.108

Vakuum
  s.Mechanik (Gase) 9.181
Valenzstrichformeln
  s.Chemische Bindung (Modellbegriff)
  9.97
Validitätsuntersuchung
  s.Faktorenanalyse 4.57
Variable
  s.Algebra 9.25
Variablenbegriff
  s.Algebra 9.25
Variationsrechnung
  s.Analysis 9.32
Varimax-Rotation
  s.Faktorenanalyse 4.57
Vater
  s.Familienerziehung (Vater) 3.108
Vaterautorität
  s.Familienerziehung (Vater) 3.108
Vaterberuf
  s.Berufswahl 3.52
Vaterbild
  s.Familienerziehung 3.105
Vaterländisches Denken
  s.Politische Erziehung 3.199
Vaterland
  s.Politik (Staat) 8.168
Vaterloses Kind
  s.Familienerziehung (Mutter) 3.107
  s.Familienerziehung (Vater) 3.108
Vaterunser
  s.Katechese (Einzelne Katechesen)
  10.84
Vegetationseinheit
  s.Lebensgemeinschaft 9.152
Vegetationskunde
  s.Pflanzengeographie 9.225
Vegetative Hybridisation
  s.Pflanzenphysiologie (Fortpflanzung) 9.237
Vegetatives Nervensystem
  s.Menschenkunde (Nerven) 9.191
Vegetatives Vermehrungsorgan
  s.Pflanzenphysiologie (Wachstum)
  9.238
Veilchen [im Gesamtunterricht]
  s.Arbeitseinheiten (Blumen) 6.24
Vektor im Unterricht
  s.Vektorrechnung (Unterrichtsaspekt)
  9.290
Vektoralgebra
  s.Vektorrechnung (Einzelfragen)
  9.289
Vektorbegriff
  s.Vektorrechnung 9.289

Vektorielle Abbildungsgeometrie
  s.Abbildungsgeometrie (Vektormethode) 9.21
Vektorprodukt
  s.Vektorrechnung (Einzelfragen)
  9.289
Vektorrechnung 9.289
- (Dreieck) 9.289
- (Einzelfragen) 9.289
- (Kegelschnitte)
  s.Kegelschnitte (Vektormethode)
  9.151
- (Kugel) 9.290
- (Unterrichtsaspekt) 9.290
Vektorschreibweise
  s.Vektorrechnung (Unterrichtsaspekt) 9.290
Venezuela
  s.Länderkunde (Venezuela) 8.147
Venn-Diagramm
  s.Mathematische Logik 9.176
Veranschaulichung 6.219
- (Hilfsschule)
  s.Sonderschulunterricht (Methodische Einzelfragen) 6.186
Veranschaulichungsmittel
  s.Arbeitsmittel 5.25
Verantwortung des Erziehers
  s.Lehrer (Pädagogische Verantwortung) 2.63
Verbände
  s.Politik (Interessenverbände)
  8.163
Verbale Interaktion
  s.Pädagogischer Führungsstil 6.135
Verbale Lese-Rechtschreibschwäche
  s.Legasthenie (Ätiologie) 4.103
Verbalpräfixe
  s.Verblehre (Verbalpräfix) 7.245
Verbalsubstantiv
  s.Wortarbeiten (Substantiv) 7.249
Verband Bayerischer Berufsschullehrer
  s.Lehrerverbände 2.116
Verband der Auslandslehrer
  s.Auslandslehrer 2.21
Verband der Geschichtslehrer Deutschlands
  s.Geschichtslehrer 2.36
Verband Deutscher Biologen
  s.Biologielehrer 2.28
Verband Deutscher Diplom-Handelslehrer 2.144
Verband Deutscher Sonderschulen .. 2.145
Verband Katholischer Lehrer Deutschlands 2.145

Verbandsschule
   s.Mittelpunktschule 1.144
Verbandstheorie
   s.Mengenlehre 9.187
Verblehre 7.243
- (Einzelfragen) 7.243
- (Infinitiv) 7.244
- (Konjugation) 7.244
- (Konjunktiv) 7.244
- (Modalverben) 7.244
- (Modus) 7.244
- (Partizip) 7.245
- (Passiv) 7.245
- (Stilwert) 7.245
- (Unterrichtsaspekt) 7.245
- (Verbalpräfix) 7.245
- (Vergangenheitsformen) 7.246
- (Zeitformen) 7.246
Verblose Sätze [Lyrik]
   s.Lyrik (Formfragen) 7.165
Verbrauchererziehung
   s.Hauswirtschaftsunterricht (Methodische Einzelfragen) 10.80
Verbraucherkunde
   s.Wirtschaftskunde (Konsumerziehung) 8.234
Verbrennung
   s.Anorganische Chemie (Verbrennung) 9.44
Verbrennungsmotor
   s.Wärmelehre (Motor) 9.301
Verbstellung
   s.Verblehre (Stilwert) 7.245
Verbundsystem
   s.Programmiertes Lernen (Einzelfragen) 5.167
Verbundwirtschaft
   s.Wirtschaftsgeographie (Einzelfragen) 8.218
Verdampfen
   s.Wärmelehre (Aggregatzustand) 9.298
Verdauungsorgane des Menschen
   s.Menschenkunde (Verdauung) 9.193
Verdunstung
   s.Wärmelehre (Aggregatzustand) 9.298
Veredlung der Pflanze
   s.Pflanzenkunde (Nutzpflanzen) 9.232
Verein Deutscher Lehrer im Ausland
   s.Lehrerverbände 2.116
Verein katholischer deutscher
   Lehrerinnen 2.145
- (Bildungsprogramm) 2.145

Verein Schweizerischer Gymnasiallehrer
   s.Lehrerverbände 2.116
Vereinheitlichung des Schulwesens
   s.Rahmenplan 1.155
   s.Schulwesen BRD 1.231
Vereinigte Staaten von Amerika
   s.Länderkunde (USA) 8.146
Vereinigtes Europa
   s.Zeitgeschichtsunterricht (Europäische Einigung) 8.251
Vereinte Nationen
   s.Zeitgeschichte (Vereinte Nationen) 8.244
   s.Zeitgeschichtsunterricht (Vereinte Nationen) 8.257
Vererbungslehre 9.290
- (Anfangsunterricht)
   s.Vererbungslehre 9.290
- (Chromosomen) 9.291
- (DDR)
   s.Vererbungslehre 9.290
- (Erziehungsaspekt)
   s.Pädagogische Soziologie (Umwelttheorie) 3.197
- (Genetik) 9.291
- (Mensch) 9.292
- (Mutation) 9.292
- (Pflanze) 9.292
- (Schulversuche)
   s.Vererbungslehre 9.290
- (Tier) 9.293
- (Viren)
   s.Tierkunde (Pflanze oder Tier) 9.283
Verfall der Handschrift
   s.Schreibunterricht (Schriftverfall) 10.231
Verfassung
   s.Politik (Verfassung) 8.169
Verfassungsgeschichte
   s.Politik (Verfassungsgeschichte) 8.169
Verfassungsbeschwerde
   s.Politik (Einzelfragen) 8.161
Verfrühte Einschulung
   s.Schulanfänger (Schulschwierigkeiten) 4.172
Verfrühung des Lehrstoffs
   s.Lehrplan (Psychologischer Aspekt) 6.120
Verfrühung des Lesestoffs
   s.Literaturpädagogik 3.163
Verfügungsstunde
   s.Stundenplan 6.191
   s.Stundenplan (Gymnasium) 6.192

Vergangenheitsformen
s.Verblehre (Vergangenheitsformen) 7.246
Vergesellschaftung
s.Massenpsychologie 4.123
Vergessen 4.231
Vergessenskurve
s.Vergessen 4.231
Vergil-Lektüre
s.Lateinische Lektüre (Vergil) 7.146
Vergleich [Didaktischer Aspekt]
s.Didaktik (Einzelfragen) 6.55
- (Biologieunterricht)
s.Biologieunterricht (Methodische Einzelfragen) 9.70
- (Erdkundeunterricht)
s.Erdkundeunterricht (Vergleichen) 8.45
Verglchd.Erziehungswissenschaft .. 3.239
Vergleichende Gedichtbetrachtung
s.Lyrik im Unterricht (Gedichtvergleich) 7.168
Vergleichende Kulturwissenschaft
s.Kulturkunde 8.112
Vergleichende Länderkunde
s.Länderkunde 8.112
Vergleichende Leibeserziehung
s.Leibeserziehung (Didaktischer Aspekt) 10.130
Vergleichende Leistungsmessung
s.Leistungsmessung 4.108
Vergleichende Literaturwissenschaft
s.Literaturwissenschaft 7.165
Vergleichende Psychologie
s.Psychologie (Methodologie) 4.148
Vergleichende Schulpädagogik
s.Vergleichende Erziehungswissenschaft 3.239
Vergleichende Sprachbetrachtung
s.Altsprachlicher Unterricht (Methodische Einzelfragen) 7.21
Vergleichende Sprachkunde
s.Fremdsprachenunterricht (Etymologie) 7.105
Vergleichende Sprachwissenschaft
s.Sprachwissenschaft 7.233
Vergleichende Wirtschaftspädagogik
s.Wirtschaftspädagogische Forschung 3.244
Vergleichsdiktate
s.Rechtschreibleistung 7.185
Vergleichsturnen
s.Bundesjugendspiele (Einzelfragen) 10.51

Vergrößerung
s.Optik (Linsenoptik) 9.219
Verhältnisrechnen
s.Prozentrechnen (Verhältnisrechnen) 9.254
Verhalten des Lehrenden
s.Pädagogischer Führungsstil 6.135
Verhaltensgestörtenschule
s.Sonderschule für Schwererziehbare 1.249
Verhaltensforschung 4.232
- (Film)
s.Biologielehrmittel (Tierkunde) 5.45
- im Unterricht
s.Tierverhalten 9.287
Verhaltensmodell
s.Kybernetische Lerntheorie 5.102
Verhaltensstörung 4.232
- (Einzelformen) 4.233
- (Therapie) 4.234
- (Tiere)
s.Tierverhalten 9.287
Verhaltensweisen
s.Lernpsychologie 4.111
Verheiratete Lehrerin
s.Lehrerin (Verheiratete Lehrerin) 2.110
Verinnerlichung
s.Erziehung zur Verinnerlichung 3.91
Verkäuferin
s.Berufliche Ausbildung (Einzelhandel) 10.22
s.Berufserziehung (Mädchen) 3.42
Verkäuferschulung
s.Programmierte Instruktion 5.154
Verkehr [im Gesamtunterricht]
s.Arbeitseinheiten (Verkehr) 6.32
Verkehr und Schule
s.Wirtschaftsgeographie (Verkehrswesen) 8.229
Verkehrsarbeitsgemeinschaft
s.Verkehrsunterricht (Methodische Einzelfragen) 10.252
Verkehrsdelikt
s.Verkehrsunterricht (Verkehrsunfall) 10.256
Verkehrserzieher 2.146
Verkehrserziehung
s.Verkehrsunterricht 10.249
s.Verkehrsunterricht (Erziehungswert) 10.250
Verkehrsgeographie
s.Wirtschaftsgeographie (Verkehrswesen) 8.229

Verkehrsgeographischer Unterricht
  s.Wirtschaftsgeographie (Verkehrs-
  wesen) 8.229
Verkehrsgesinnung
  s.Verkehrsunterricht (Verkehrs-
  gesinnung) 10.255
Verkehrshaus
  s.Verkehrslehrmittel 5.257
Verkehrskunde
  s.Verkehrsunterricht (Methodische
  Einzelfragen) 10.252
Verkehrslehrer
  s.Verkehrserzieher 2.146
Verkehrslehrmittel 5.257
- (Bildformen) 5.257
- (Lehrprogramm)
  s.Programmiertes Lernen (Einzelne
  Unterrichtsfächer) 5.167
- (Schulverkehrsgarten) 5.257
Verkehrsmathematik
  s.Angewandte Mathematik 9.37
Verkehrsmittel [Geschichte]
  s.Kulturgeschichtliche Längsschnitte
  (Verkehrsmittel) 8.111
Verkehrspolitik
  s.Wirtschaftsgeographie (Verkehrs-
  wesen:Deutschland) 8.229
Verkehrspsychologie
  s.Verkehrsunterricht (Psychologischer Aspekt) 10.253
  s.Verkehrsunterricht (Verkehrsunfall) 10.256
Verkehrssicherheit
  s.Verkehrsunterricht (Verkehrssicherheit) 10.256
Verkehrssicherungspflicht
  s.Aufsichtspflicht des Lehrers
  2.20
  s.Verkehrsunterricht (Rechtsfragen) 10.254
Verkehrstod
  s.Verkehrsunterricht (Verkehrsunfall) 10.256
Verkehrsunfall
  s.Verkehrsunterricht (Verkehrsunfall) 10.256
Verkehrsunterricht 10.249
- (Arbeitsmittel)
  s.Verkehrslehrmittel 5.257
- (Arbeitsplan)
  s.Verkehrsunterricht (Lehrplan)
  10.252
- (Aufsatz)
  s.Verkehrsunterricht (Deutschunterricht) 10.250

- (Berufsschule) 10.250
- (Deutschunterricht) 10.250
- (Einzelne Fächer) 10.250
- (Elternhilfe) 10.250
- (Erste Hilfe)
  s.Verkehrsunterricht (Methodische
  Einzelfragen) 10.252
- (Erziehungswert) 10.250
- (Fahrrad)
  s.Verkehrsunt. (Radfahrer) 10.253
- (Fußgänger) 10.251
- (Geometrie)
  s.Verkehrsunterricht (Einzelne
  Fächer) 10.250
- (Gesamtunterricht)
  s.Verkehrsunterricht (Einzelne
  Fächer) 10.250
- (Grundschule) 10.251
- (Gymnasium) 10.251
- (Heimatkunde) 10.251
- (Kindergarten) 10.251
- (Kritik) 10.252
- (Landschule) 10.252
- (Lehrerbildung)
  s.Lehrerbildung (Verkehrserzie-
  hung) 2.100
- (Lehrplan) 10.252
- (Methodische Einzelfragen) 10.252
- (Mitverantwortung)
  s.Verkehrsunterricht (Verkehrs-
  gesinnung) 10.255
- (Politische Bildung) 10.253
- (Psychologischer Aspekt) 10.253
- (Radfahrer) 10.253
- (Radfahrprüfung) 10.253
- (Realschule)
  s.Verkehrsunterricht (Erziehungs-
  wert) 10.250
- (Rechtsfragen) 10.254
- (Reform) 10.254
- (Religionsunterricht) 10.254
- (Sandkasten)
  s.Verkehrslehrmittel 5.257
- (Schülerlotse) 10.254
- (Schulanfänger)
  s.Verkehrsunterricht (Grundschule)
  10.251
- (Schulweg) 10.254
- (Sonderschule) 10.255
- (Sozialpädagogik)
  s.Verkehrsunterricht (Erziehungs-
  wert) 10.250
- (Sozialpsychologie)
  s.Verkehrsunterricht (Psychologi-
  scher Aspekt) 10.253

- (Sprachlehre)
  s.Verkehrsunterricht (Deutschunterricht) 10.250
- (Straße) 10.255
- (Straßenkreuzung) 10.255
- (Straßenverkehrsordnung) 10.255
- (Überholen) 10.255
- (Unterstufe)
  s.Verkehrsunterricht (Grundschule) 10.251
- (Verkehrsgesinnung) 10.255
- (Verkehrssicherheit) 10.256
- (Verkehrssituation) 10.256
- (Verkehrsunfall) 10.256
- (Verkehrszeichen) 10.257
- (Volksschuloberstufe) 10.257
- (Vorfahrt) 10.257
- (Zebrastreifen) 10.257

Verkehrsunterrichtsraum
  s.Schulgebäude (Fachräume) 1.186
Verkehrsunterrichtstafel
  s.Verkehrslehrmittel (Bildformen) 5.257
Verkehrswacht
  s.Verkehrsunterricht (Reform) 10.254
Verkehrszeichen
  s.Verkehrsunterricht (Verkehrszeichen) 10.257
Verklärung Jesu
  s.Bibelunterricht NT (Einzelne Wunder) 10.42
Verkündigung
  s.Evangelische Unterweisung (Verkündigung) 10.61
  s.Katholischer Religionsunterricht (Einzelfragen) 10.91
- und Erziehung
  s.Pädagogik (Evangelische Pädagogik) 3.186
Vermahnung eines Lehrers
  s.Lehrerberuf (Rechtsfragen) 2.70
Vermassung
  s.Massenpsychologie 4.123
  s.Soziologie (Massengesellschaft) 3.232
Vermittlungsgruppe
  s.Kindergarten und Schule 1.125
Vers
  s.Poetik 7.183
Versagen
  s.Aggression 4.20
  s.Leistungsstörung 4.109
  s.Schulischer Leistungsrückgang 6.163
  s.Schulversager 4.183

Versbau
  s.Poetik 7.183
Verschulung
  s.Schulreform 1.212
  s.Schulverdrossenheit 4.182
Versehrtes Kind
  s.Körperbehindertes Kind 4.98
Versetzung [des Schülers] 1.260
- des Lehrers
  s.Lehrerberuf (Rechtsfragen) 2.70
Versetzungsnot
  s.Sitzenbleiber 4.192
Versicherungsschutz für Lehrer
  s.Lehrerberuf (Rechtsfragen) 2.70
Versicherungswesen
  s.Wirtschaftskunde (Versicherung) 8.237
Verssprache
  s.Poetik 7.183
Verstaatlichung der Erziehung
  s.Schule und Staat 1.181
Verständiges Lesen
  s.Lesevorgang 4.114
Verstärker
  s.Hochfrequenztechnik 9.143
Verstand
  s.Denkpsychologie 4.38
  s.Intelligenz 4.86
Verstehen
  s.Aufsatz (Besinnungsaufsatz) 7.25
Verstehende Erziehung
  s.Erziehungswirklichkeit 3.96
Verstehende Psychologie
  s.Psychoanalyse 4.137
  s.Psychologie (Methodologie) 4.148
Verstellung
  s.Verhaltensstörung (Einzelformen) 4.233
Verston
  s.Satzlehre (Betonung) 7.203
Versuchsgarten
  s.Schulgarten (Experiment) 5.231
Versuchsklasse Fürstenfeld
  s.Schulversuche (Österreich) 1.228
Versuchslehrprogramm
  s.Lehrprogramm (Einzelformen) 5.121
Versuchsschule
  s.Schulversuche 1.227
Verteilen
  s.Rechenoperationen (Division) 9.258
Vertiefung des Unterrichts
  s.Didaktik (Einzelfragen) 6.55
Vertikaldemonstration
  s.Elektrizitätslehre (Schülerversuch) 9.107

Vertikalität
 s.Raumerleben 4.159
Vertrauen 3.240
- im Unterricht
 s.Religionsunterricht (Vertrauen)
 10.223
Vertretungsunterricht
 s.Unterricht 6.203
Vertriebenenproblem
 s.Zeitgeschichte (Flüchtlingsfrage)
 8.240
Vervielfältigung
 s.Arbeitsmittel (Einzelformen) 5.27
Vervielfältigungsgerät
 s.Arbeitsmittel (Herstellung) 5.28
Verwahrlostenpädagogik
 s.Verwahrlosung (Pädagogische
 Betreuung) 4.235
Verwahrlostes Kind
 s.Verwahrlosung 4.234
Verwahrlostes Mädchen
 s.Verwahrlosung 4.234
Verwahrlosung 4.234
- (Jugendkriminalität) 4.235
- (Pädagogische Betreuung) 4.235
Verwaltete Schule
 s.Schulverwaltung 1.229
Verwaltungsakademie
 s.Höhere Wirtschaftsfachschule
 (Bundesländer) 1.114
Verwaltungsarbeit der Schule
 s.Schulleitung (Verwaltungsarbeit)
 1.204
Verwaltungsgerichtsbarkeit
 s.Schulrecht 1.211
- und Schule
 s.Schule und Rechtsprechung 1.180
Verwaltungsschule
 s.Fachschule (Einzelne Berufe) 1.74
Verwaltungssprache
 s.Fachsprachen 7.94
Verwaltungsvereinfachung
 s.Schulleitung (Verwaltungsarbeit)
 1.204
Verwöhnung
 s.Verhaltensstörung (Einzelformen)
 4.233
Verzögerte Sprachrückkopplung
 s.Stottertherapie 4.212
Vibrationsempfindung
 s.Taubstummenunterricht (Hörerziehung) 6.197
 s.Taubstummes Kind (Medizinischer
 Aspekt) 4.215
Vibrationsforschung

 s.Taubstummenunterricht (Hörhilfen)
 6.198
Viehwirtschaft
 s.Wirtschaftsgeographie (Nutzvieh)
 8.225
Viellesereii
 s.Lesewut 4.120
Vierecke
 s.Geometrie (Vierecke) 9.132
Vierertisch
 s.Schulmöbel 1.205
Vierjährige Berufsgrundschule
 s.Berufsgrundschule 1.40
Vierjährige Hauptschule
 s.Hauptschule 1.101
Vierte Dreieckseite
 s.Geometrie (Nichteuklidische
 Geometrie) 9.129
Vierwaldstättersee
 s.Länderkunde (Schweiz:Kanton
 Luzern) 8.141
Vietnam
 s.Länderkunde (Vietnam) 8.147
Vietnamkrieg
 s.Zeitgeschichte (Einzelfragen)
 8.239
Vigilität
 s.Aufmerksamkeit 4.26
Vineland Social Maturity Scale
 s.Geistig behindertes Kind (Soziologischer Aspekt) 4.68
 s.Kinderpsychiatrie (Diagnostik)
 4.95
Viren
 s.Tierkunde (Pflanze oder Tier)
 9.283
Virtuelle Bilder
 s.Optik (Abbildung) 9.217
Viskosität
 s.Mechanik (Strömungslehre) 9.185
Visual Motor-Gestalttest
 s.Hilfsschulbedürftigkeit (Feststellung) 4.81
Visuelle Bildung
 s.Bildungsfernsehen 5.37
 s.Filmerziehung 3.112
- (Englischunterricht)
 s.Englischlehrmittel (Bildformen)
 5.56
Visuelle Lautsprachauffassung
 s.Fremdsprachenunterricht
 (Anschauung) 7.103
 s.Fremdsprachenunterricht (Methodische Einzelfragen) 7.108
Visuelle Wahrnehmung

s.Wahrnehmungspsychologie (Optische Wahrnehmung) 4.238
Visueller Merkfähigkeitstest
s.Test 4.216
Visueller Objekterkennungstest
s.Test 4.216
Visuelles Gedächtnis
s.Gedächtniserforschung 4.64
Visusabgrenzung
s.Sehbehindertes Kind 4.189
Vitalismusproblem
s.Biologie 9.58
Vitalität
s.Gefühl 4.65
Vitaminforschung
s.Biochemie (Vitamine) 9.58
Vivaristik
s.Schulvivarium 5.235
Vögel [im Gesamtunterricht]
s.Arbeitseinheiten (Vögel) 6.32
Vögel im Winter
s.Vogelschutz (Winterfütterung) 9.297
Völker-Vorurteil
s.Vorurteil 3.240
Völkerballspiel
s.Ballspiel (Einzelformen) 10.20
Völkerkunde 8.209
- (Bevölkerungsdichte) 8.210
- (Übervölkerung) 8.210
- (Unterrichtsaspekt) 8.210
Völkerkundemuseum
s.Erdkundelehrmittel (Museum) 5.67
Völkerrecht
s.Politik (Menschenrechte) 8.165
Völkerverbindender Geschichtsunterricht
s.Geschichtsunterricht (Völkerverständigung) 8.86
Völkerverständigung
s.Deutschunterricht (Politische Bildung) 7.55
s.Erdkundeunterricht (Völkerverständigung) 8.45
s.Geschichtsunterricht (Völkerverständigung) 8.86
s.Kulturkunde 8.112
s.Literaturpädagogik (Jugendbuch) 3.166
s.Politiklehrmittel 5.149
s.Politische Bildung (Völkerverständigung) 8.191
Völkerwanderung
s.Altertum (Völkerwanderung) 8.24
Vogelbeobachtung
s.Vogelkunde (Vogelbeobachtung) 9.296

Vogelberingung
s.Vogelkunde (Vogelzug) 9.296
Vogeldorf
s.Vogelkunde (Vogelbeobachtung) 9.296
Vogeleier
s.Vogelkunde 9.293
Vogelfeder
s.Vogelkunde 9.293
Vogelfluglinie
s.Länderkunde (Deutsche Ostseeküste) 8.122
Vogelfotografie
s.Biologielehrmittel (Vogelkunde) 5.45
Vogelhaut
s.Vogelkunde 9.293
Vogelinsel
s.Vogelschutz 9.297
Vogelkampf
s.Vogelkunde (Verhalten der Vögel) 9.295
Vogelkunde 9.293
- (Brutbiologie) 9.293
- (Einzelne Vögel) 9.294
- (Greifvögel) 9.294
- (Grundschule) 9.294
- (Haushuhn) 9.294
- (Hühnerei) 9.295
- (Lebensgemeinschaft)
  s.Vogelkunde 9.293
- (Rupfungen) 9.295
- (Schwalben) 9.295
- (Störche) 9.295
- (Verhalten der Vögel) 9.295
- (Vogelbeobachtung) 9.296
- (Vogelstimmen) 9.296
- (Vogelzug) 9.296
- (Waldvögel) 9.296
- (Wasservögel) 9.297
- (Zugvögel) 9.297
Vogelkundliche Lehrwanderung
s.Vogelkunde (Vogelbeobachtung) 9.296
Vogelnest
s.Vogelkunde (Brutbiologie) 9.293
Vogelreviere
s.Vogelkunde (Verhalten der Vögel) 9.295
Vogelsberg
s.Länderkunde (Hessen) 8.126
Vogelschutz 9.297
- (Winterfütterung) 9.297
Vogelsprache
s.Sprachkunde (Biologie) 7.217

Vogelstimmen
  s.Vogelkunde (Vogelstimmen) 9.296
Vogelwarte
  s.Vogelschutz 9.297
Vogelzug
  s.Vogelkunde (Vogelzug) 9.296
Vogelzugkarte
  s.Biologielehrmittel (Vogelkunde) 5.45
Vokabelgleichung
  s.Fremdsprachenunterricht (Vokabellernen) 7.112
Vokabelkartei
  s.Fremdpsrachenunterricht (Vokabellernen) 7.112
Vokabellernen
  s.Englischer Anfangsunterricht (Volksschule) 7.75
  s.Fremdsprachenunterricht (Vokabellernen) 7.112
Vokabulare Grammatik
  s.Englischunterricht (Grammatik) 7.79
Vokale
  s.Satzlehre (Betonung) 7.203
Vokalverstehen
  s.Taubstummenunterricht (Hörerziehung) 6.197
Vokationsordnung
  s.Religionslehrer (Evangelischer Religionslehrer) 2.132
Volksaktie
  s.Wirtschaftskunde (Einzelfragen) 8.232
Volksballade
  s.Ballade 7.41
Volksbildner
  s.Volkshochschuldozent 2.146
Volksbildung
  s.Erwachsenenbildung 1.64
- und Fernsehen
  s.Bildungsfernsehen 5.37
Volksbuch
  s.Volksdichtung 7.246
Volksdichte
  s.Völkerkunde (Bevölkerungsdichte) 8.210
  s.Wirtschaftsgeographie (Soziologischer Aspekt) 8.227
Volksdichtung 7.246
Volksernährung
  s.Ernährungslehre 10.53
Volkserziehung
  s.Erwachsenenbildung 1.64
Volksgrammatik
  s.Grammatikunterricht 7.126

Volkshochschuldozent 2.146
Volkshochschule 1.261
- (DDR) 1.262
- (Heimvolkshochschule) 1.262
- (Öffentliche Bücherei)
  s.Volkshochschule 1.261
- (Politische Bildung)
  s.Politische Bildung (Erwachsenenbildung) 8.175
- (Zweiter Bildungsweg)
  s.Zweiter Bildungsweg 1.276
Volkshochschulgesetz
  s.Erwachsenenbildung (Rechtsfragen) 1.69
Volkshochschulleiter
  s.Volkshochschuldozent 2.146
Volkshochschulmethodik
  s.Erwachsenenbildung (Methodische Einzelfragen) 1.68
Volkshochschulseminar
  s.Erwachsenenbildung und Universität 1.71
Volkskunde
  s.Heimatgeschichte (Volkskunde) 8.95
- im Biologieunterricht
  s.Biologieunterricht (Sprachkunde) 9.76
Volkslied 10.257
- (Europäisches Volkslied) 10.258
- (Geistliches Lied) 10.258
- im Musikunterricht 10.258
- oder Schlager
  s.Schlager im Musikunterricht 10.226
Volksliedforschung
  s.Volkslied 10.257
Volksliedpflege
  s.Volkslied im Musikunterricht 10.258
- (Auslandsschule)
  s.Musikunterricht (Deutsche Auslandsschule) 10.182
Volksmärchen
  s.Märchen 7.172
- (Erziehungswert)
  s.Märchenpädagogik 3.175
- (Kinderliteratur)
  s.Märchen (Erziehungswert) 7.172
- (Psychologischer Aspekt)
  s.Märchenpsychologie 4.122
Volksmund
  s.Mundart 7.175
Volksmusik 10.259
Volksmusikschule
  s.Hausmusik 10.76
  s.Volksmusik 10.259

- (DDR)
  s.Musikunterricht (DDR) 10.181
- Volkspädagogik
  s.Volkstümliche Bildung 6.223
- Volksrepublik China
  s.Länderkunde (China:Volksrepublik) 8.120
- Volksrepublik Jugoslawien
  s.Länderkunde (Jugoslawien) 8.130
- Volkssage
  s.Sage 7.202
- Volksschüler 4.235
- (Abschlußklasse) 4.236
- (Freizeitverhalten)
  s.Freizeitverhalten (Schulkind) 3.124
- (Leistungsstand)
  s.Schulische Leistung (Volksschule) 6.160
- (Überforderung)
  s.Überforderung des Schülers 4.230
- Volksschulabgänger
  s.Volksschüler (Abschlußklasse) 4.236
- Volksschulabschlußklasse
  s.Volksschulunterricht (Abschlußklasse) 6.220
- Volksschulbildung
  s.Bildungsauftrag (Volksschule) 3.66
- Volksschule 1.262
- (Abschlußprüfung) 1.264
- (Berufsschule)
  s.Berufsschule und Volksschule 1.44
- (Bundesländer) 1.264
- (Erwachsenenbildung)
  s.Erwachsenenbildung und Jugendbildung 1.71
- (Hauptschule)
  s.Hauptschule und Volksschuloberstufe) 1.105
- (Krise) 1.264
- (Leistungsbegriff)
  s.Schulische Leistung (Volksschule) 6.160
- (Moderne Gesellschaft)
  s.Schule und Gesellschaft 1.178
- (Oberstufe)
  s.Volksschuloberstufe 1.265
- (Österreich) 1.265
- (Rahmenplan)
  s.Volksschulreform (Rahmenplan) 1.268
- (Realschule)
  s.Realschule und Volksschule 1.163
- (Reform)
  s.Volksschulreform 1.266
- (Schweiz) 1.265
- (Sonderschulklasse)
  s.Sonderschulunterricht 6.184
- (Substanzverlust)
  s.Volksschuloberstufe (Substanzverlust) 1.266
- (Test)
  s.Testpsychologie (Pädagogischer Aspekt) 4.222
- (Wirtschaft)
  s.Schule und Wirtschaft (Volksschule) 1.184
- oder Hauptschule
  s.Hauptschule und Volksschuloberstufe) 1.105
- und Berufsberatung
  s.Berufsberatung und Schule 3.32
- und Berufsschule
  s.Berufsschule und Volksschule 1.44
- und Realschule
  s.Realschule und Volksschule 1.163
- Volksschuleigener Erdkundeunterricht
  s.Erdkundeunterricht (Volksschule) 8.45
- Volksschuleigener Geschichtsunterricht
  s.Geschichtsunterricht (Volksschule) 8.86
- Volksschuleigener Unterricht
  s.Volkstümliche Bildung 6.123
- Volksschulerziehung
  s.Erziehung (Volksschule) 3.84
- Volksschulfachlehrer
  s.Fachlehrer (Volksschule) 2.35
- Volksschulgemäße Arbeitsmittel
  s.Arbeitsmittel im Unterricht (Volksschule) 5.33
- Volksschulgemäßer Sprachunterricht
  s.Sprachunterricht (Volksschule) 7.232
- Volksschulgesetz
  s.Schulgesetzgebung 1.189
- Volksschulkind
  s.Entwicklungspsychologie (Kindheit) 4.42
  s.Volksschüler 4.235
- Volksschulklasse
  s.Schulklasse 3.218
- Volksschullehrer 2.146
- (Anfangsschwierigkeiten)
  s.Junglehrer (Anfangsschwierigkeiten) 2.51
- (Universitätsstudium)
  s.Akademische Lehrerbildung 2.19

[Forts.: Volksschullehrer]
  s.Lehrerbildung und Universität 2.102
- (Vorbereitungsdienst)
  s.Junglehrer (Vorbereitungsdienst) 2.52
  s.Zweite Phase der Lehrerbildung 2.151
Volksschullehrerbildung 2.147
- (Abitur) 2.148
- (Differenzierung) 2.148
- (Gutachten des Deutschen Ausschusses) 2.148
Volksschullehrerin 2.149
Volksschullehrermangel
  s.Lehrermangel (Volksschule) 2.113
Volksschullehrerstand
  s.Lehrerstand 2.114
Volksschulleistung
  s.Schulische Leistungssteigerung (Volksschule) 6.162
Volksschulleitung
  s.Schulleitung 1.204
Volksschullesebuch
  s.Lesebuch (Volksschule) 5.129
Volksschulmethodik
  s.Volksschulunterricht 6.219
Volksschuloberstufe 1.265
- (Differenzierung)
  s.Differenzierung (Volksschuloberstufe) 6.58
- (Fächerintegration)
  s.Gesamtunterricht (Volksschuloberstufe) 6.77
- (Ganzheitsmethode)
  s.Ganzheitsunterricht (Volksschuloberstufe) 6.73
- (Gesamtunterricht)
  s.Gesamtunterricht (Volksschuloberstufe) 6.77
- (Geschichtsunterricht)
  s.Geschichtsunterricht (Volksschuloberstufe) 8.87
- (Gruppenunterricht)
  s.Gruppenunterricht (Volksschuloberstufe) 6.89
- (Hauptschule)
  s.Hauptschule und Volksschuloberstufe 1.105
- (Heimatkunde)
  s.Heimatkundeunterricht (Volksschuloberstufe) 8.104
- (Konzentration)
  s.Konzentrationsunterricht 6.107
- (Kunsterziehung)

  s.Kunsterziehung (Volksschuloberstufe) 10.121
- (Lesen)
  s.Leseunterricht (Volksschuloberstufe) 7.161
- (Lyrik)
  s.Lyrik im Unterricht (Volksschuloberstufe) 7.172
- (Malen)
  s.Malen (Volksschuloberstufe) 10.168
- (Politische Bildung)
  s.Politische Bildung (Volksschuloberstufe) 8.193
- (Rechenunterricht)
  s.Rechenunterricht (Volksschuloberstufe) 9.271
- (Religionsunterricht)
  s.Religionsunterricht (Volksschuloberstufe) 10.224
- (Sachunterricht)
  s.Sachunterricht (Volksschuloberstufe) 6.151
- (Schreibunterricht)
  s.Schreibunterricht (Volksschuloberstufe) 10.233
- (Sprachunterricht)
  s.Sprachunterricht (Volksschuloberstufe) 7.233
- (Substanzverlust) 1.266
- (Tageszeitung)
  s.Zeitung im Unterricht (Volksschule) 5.263
- (Unterricht)
  s.Volksschulunterricht (Oberstufe) 6.221
- (Verkehrsunterricht)
  s.Verkehrsunterricht (Volksschuloberstufe) 10.257
Volksschulpädagogik
  s.Volksschulunterricht 6.219
Volksschulpflichtverlängerung
  s.Schulpflichtverlängerung (Schuljahr IX) 1.207
Volksschulrechnen
  s.Rechenunterricht 9.265
- (Mathematischer Aspekt)
  s.Rechenunterricht (Reform) 9.270
Volksschulreform 1.266
- (Oberstufe) 1.267
- (Rahmenplan) 1.268
Volksschulrichtlinien
  s.Richtlinien 6.147
Volksschulunterricht 6.219
- (Abschlußklasse) 6.220

- 452 -

- (Arbeitsmittel)
  s.Arbeitsmittel im Unterricht (Volksschule) 5.33
- (Atomphysik)
  s.Atomphysik (Volksschule) 9.55
- (Darstellendes Spiel)
  s.Schulspiel (Volksschule) 6.175
- (Aufsatzerziehung)
  s.Aufsatzunterricht (Volksschule) 7.39
- (Balladenbehandlung)
  s.Ballade im Unterricht (Volksschule) 7.42
- (Deutschunterricht)
  s.Deutschunterricht (Volksschule) 7.58
- (Dichtungsbehandlung)
  s.Dichtung im Unterricht (Volksschule) 7.63
- (Dramenbehandlung)
  s.Drama im Unterricht (Volksschule) 7.66
- (Elektrizitätslehre)
  s.Elektrizitätslehre (Volksschule) 9.109
- (Englische Lektüre)
  s.Englische Lektüre (Volksschule) 7.73
- (Englischer Anfangsunterricht)
  s.Englischer Anfangsunterricht (Volksschule) 7.75
- (Englischunterricht)
  s.Englischunterricht (Volksschule) 7.87
- (Erdkunde)
  s.Erdkundelehrplan (Volksschule) 8.31
  s.Erdkundeunterricht (Volksschule) 8.45
- (Exemplarischer Geschichtsunterricht)
  s.Exemplarischer Geschichtsunterricht (Volksschule) 8.47
- (Exemplarischer Unterricht)
  s.Exemplarischer Unterricht (Volksschule) 6.64
- (Fernsehen)
  s.Schulfernsehen (Volksschule) 5.221
- (Film)
  s.Unterrichtsfilm (Volksschule) 5.256
- (Fotografie)
  s.Schulfotografie (Volksschule) 5.225
- (Französisch)
  s.Französischunterricht (Volksschule) 7.100
- (Fremdsprachenunterricht)
  s.Fremdsprachenunterricht (Volksschule) 7.113
- (Ganzheitsmethode)
  s.Ganzheitsunterricht (Volksschule) 6.73
- (Gegenwartsliteratur)
  s.Gegenwartsliteratur im Unterricht (Volksschule) 7.123
- (Gegenwartslyrik)
  s.Gegenwartslyrik im Unterricht (Volksschule) 7.125
- (Gesamtunterricht)
  s.Gesamtunterricht (Volksschule) 6.76
- (Geschichtslehrplan)
  s.Geschichtslehrplan (Volksschule) 8.63
- (Geschichtspolitische Bildung)
  s.Geschichtsunterricht und Politische Bildung (Volksschule) 8.91
- (Geschichtsunterricht)
  s.Geschichtsunterricht (Volksschule) 8.86
- (Grammatik)
  s.Grammatikunterricht (Volksschule) 7.132
- (Heimatkunde)
  s.Heimatkundeunterricht 8.95
- (Instrumentalspiel)
  s.Instrumentalspiel (Volksschule) 10.82
- (Kunstbetrachtung)
  s.Kunstbetrachtung (Volksschule) 10.109
- (Kunsterziehung)
  s.Kunsterziehung (Volksschule) 10.121
- (Kunstschriftpflege)
  s.Kunstschriftpflege (Volksschule) 10.124
- (Kurzgeschichte)
  s.Kurzgeschichte im Unterricht (Volksschule) 7.142
- (Lehrplan)
  s.Lehrplan (Volksschule) 6.122
- (Lehrerbildung)
  s.Lehrerbildung (Didaktik) 2.80
- (Lehrprogramm)
  s.Programmiertes Lernen (Volksschule) 5.187

[Forts.: Volksschulunterricht]
- (Leistungsbegriff)
  s.Schulische Leistung (Volksschule) 6.160
- (Lesen)
  s.Leseunterricht (Volksschule) 7.161
- (Liedpflege)
  s.Liedpflege (Volksschule) 10.164
- (Lyrik)
  s.Lyrik im Unterricht (Volksschule) 7.171
- (Mädchenabschlußklasse) 6.220
- (Märchen)
  s.Märchen im Unterricht (Volksschule) 7.175
- (Musik)
  s.Musikunterricht (Volksschule) 10.193
- (Musische Erziehung)
  s.Musische Erziehung (Volksschule) 6.130
- (Muttersprache)
  s.Muttersprachlicher Unterricht (Volksschule) 7.178
- (Nationalsozialismus)
  s.Zeitgeschichtsunterricht (Nationalsozialismus:Volksschule) 8.255
- (Oberstufe) 6.221
- (Ostkunde)
  s.Ostkundeunterricht (Volksschule) 8.159
- (Physik)
  s.Physikunterricht (Volksschule) 9.253
- (Politische Bildung)
  s.Politische Bildung (Volksschule) 8.192
- (Rechenstab)
  s.Rechenstab (Volksschule) 5.196
- (Rechtschreibung)
  s.Rechtschreibunterricht (Volksschule) 7.195
- (Rechtskunde)
  s.Rechtskunde (Volksschule) 8.196
- (Religionspädagogik)
  s.Religionsunterricht (Volksschule) 10.224
- (Schreiben)
  s.Schreibunterricht (Volksschule) 10.232
- (Schülerbücherei)
  s.Schülerbücherei (Volksschule) 5.208
- (Schulfunk)
  s.Schulfunk (Volksschule) 5.228

- (Schuljahr V-VII) 6.222
- (Schuljahr VIII)
  s.Volksschulunterricht (Abschlußklasse) 6.220
- (Schuljahr IX) 6.222
- (Schuljahr IX für Mädchen) 6.223
- (Sonderschulklasse)
  s.Sonderschulunterricht 6.184
- (Sozialkunde)
  s.Sozialkunde (Volksschule) 8.200
- (Sprachkunde)
  s.Sprachkunde (Volksschule) 7.219
- (Sprachunterricht)
  s.Sprachunterricht (Volksschule) 7.232
- (Sprecherziehung)
  s.Sprecherziehung im Unterricht (Volksschule) 7.236
- (Tonband)
  s.Tonband im Unterricht (Volksschule) 5.251
- (Werken)
  s.Werkunterricht (Volksschule) 10.275
- (Wetterkunde)
  s.Wetterkunde (Volksschule) 8.214
- (Wirtschaftskunde)
  s.Wirtschaftskunde (Volksschule) 8.237
- (Zeichnen)
  s.Zeichenunterricht (Volksschule) 10.281
- (Zeitgeschichte)
  s.Zeitgeschichtsunterricht (Volksschule) 8.257
- (Zeitung)
  s.Zeitung im Unterricht (Volksschule) 5.263
Volksschulunterstufe
  s.Grundschule 1.90
Volksschulunterstufenunterricht
  s.Grundschulunterricht 6.81
Volkssouveränität
  s.Politik (Rechtsstaat) 8.167
Volkssprache
  s.Deutsche Sprache 7.44
Volkstanz 10.259
[Das] Volkstümliche
  s.Volkstümliches Denken 6.225
Volkstümliche Bildung 6.223
- (Geschichtsunterricht)
  s.Geschichtsunterricht (Volksschule) 8.86
- (Kritik) 6.224
- (Naturkunde)

s.Biologieunterricht (Volksschule)
9.77
Volkstümliche Heimatkunde
s.Heimatkundeunterricht (Methodische Einzelfragen) 8.100
Volkstümliche Naturlehre
s.Naturlehre (Volkstümliche Bildung) 9.208
Volkstümliche Naturwissenschaft
s.Naturwissenschaft (Naturphilosophie) 9.211
Volkstümliche oder wissenschaftliche Bildung 6.225
Volkstümliche Persönlichkeit
s.Volkstümliches Denken 6.225
Volkstümliche Raumlehre
s.Geometrieunterricht (Methodische Einzelfragen) 9.135
Volkstümliche Sprachbildung
s.Sprachliche Bildung 7.220
Volkstümliches Denken 6.225
- (Psychologischer Aspekt)
s.Denkentwicklung 4.38
Volkswagenprojekt Hitlers
s.Zeitgeschichte (Nationalsozialismus) 8.234
Volkswetterkunde
s.Wetterkunde (Landschule) 8.213
Volkswirtschaftlicher Unterricht
s.Wirtschaftskunde 8.231
Volkszählung
s.Völkerkunde 8.209
Vollabitur
s.Abitur 1.20
Vollakademische Lehrerbildung
s.Akademische Lehrerbildung 2.19
Volleyball
s.Ballspiel (Volleyball) 10.21
Vollhandelsschule
s.Kaufmännisches Schulwesen (Schweiz) 1.121
Vollkommene Zahlen
s.Algebra (Zahlentheorie) 9.31
Vollschuljahr
s.Schuljahr IX und Berufsbildendes Schulwesen 1.198
Vollschulpflicht
s.Schulpflichtverlängerung (Schuljahr IX) 1.207
Vollständige Induktion
s.Algebra (Natürliche Zahlen) 9.29
s.Mathematische Beweistheorie (Vollständige Induktion) 9.175
Vollstunde
s.Stundenplan 6.191

Voltmeter
s.Elektrizitätslehre (Meßtechnik) 9.107
Volumenberechnung
s.Geometrie (Kugel) 9.127
Vom Kinde aus
s.Montessori-Pädagogik 6.126
Voralpines Wetter
s.Klimakunde (Europa) 8.109
Voraussage im Unterricht
s.Unterricht (Problemstellung) 6.207
Vorbereitender Biologieunterricht
s.Biologieunterricht (Grundschule) 9.67
Vorbereitender Fachunterricht
s.Sachunterricht (Grundschule) 6.150
Vorbereitender Geschichtsunterricht
s.Geschichtsunterricht (Vorkurs) 8.88
Vorbereitender Naturlehreunterricht
s.Naturlehre (Grundschule) 9.202
Vorbereitung des Lehrers
s.Unterrichtsvorbereitung 6.216
s.Zweite Lehrerprüfung (Vorbereitung) 2.151
Vorbereitungsdienst des Volksschullehrers
s.Junglehrer (Vorbereitungsdienst) 2.52
s.Zweite Phase der Lehrerbildung 2.151
Voruflich-Technische Elementarbildung
s.Arbeitslehre 6.36
s.Techn. Elementarerziehung 6.201
Vorberufliche Erziehung
s.Berufserziehung (Hinführung zum Beruf) 3.40
s.Betriebsbesichtigung 6.49
Vorbewußtes Gedächtnis
s.Kybernetische Lerntheorie 5.102
Vorbild
s.Leitbilder 3.161
- [Lehrer]
s.Lehrer (Pädagogische Verantwortung) 2.63
- und Autorität
s.Autorität 3.21
Vorchristliche Heilsgeschichte
s.Bibelunterricht (Heilsgeschichte) 10.33
Vorderasien
s.Länderkunde (Naher Osten) 8.133

Vorderer Orient
  s.Länderkunde (Naher Osten) 8.133
Vorderindien
  s.Länderkunde (Indien:Landschaften) 8.128
Vorfahrt
  s.Verkehrsunterricht (Vorfahrt) 10.257
Vorfeld
  s.Satzlehre (Einzelfragen) 7.204
Vorführgerät
  s.Bildwerfer 5.38
Vorgeschichte 8.211
- (Steinzeit) 8.211
- (Unterrichtsaspekt) 8.211
Vorhaben 6.225
- (Erdkundeunterricht)
  s.Erdkundeunterricht (Arbeitsanweisung) 8.32
- (Gruppenunterricht)
  s.Gruppenunterricht (Arbeitsanweisung) 6.84
Vorhersagbarkeit von Leistungsdaten
  s.Psychodiagnostik 4.141
Vorklasse
  s.Schulkindergarten 1.201
  s.Schulreifeuntersuchung (Pädagogischer Aspekt) 4.182
  s.Vorschulischer Unterricht 6.226
Vorkurs im Geschichtsunterricht
  s.Geschichtsunterricht (Vorkurs) 8.88
Vorkurs im Chemieunterricht
  s.Chemieunterricht (Einführung) 9.88
Vorlage [Skilauf]
  s.Skiunterricht (Stilformen) 10.241
Vorlehre
  s.Berufsausbildung (Grundausbildung) 6.42
  s.Schuljahr IX (Berufsfindungsjahr) 1.195
Vorlesen in Unterricht 6.226
- (Deutschunterricht)
  s.Leseunterricht (Vorlesen) 7.161
Vormensch
  s.Menschenkunde (Urmensch) 9.193
Vorpubertät
  s.Leitbilder (Jugendalter) 3.162
  s.Pubertät (Flegelalter) 4.157
Vorratshaltung
  s.Hauswirtschaftsunterricht (Haushaltskunde) 10.79
Vorschulalter
  s.Kindergartenkind 4.93

Vorschule
  s.Kindergarten und Schule 1.125
Vorschulerziehung
  s.Kindergarten (Arbeitsformen) 1.122
  s.Vorschulischer Unterricht 6.226
- (Schwerhöriges Kind)
  s.Taubstummenbildung (Früherfassung) 6.194
Vorschulische Erziehung
  s.Vorschulischer Unterricht 6.226
Vorschulischer Instrumentalunterricht
  s.Instrumentalspiel 10.81
Vorschulischer Unterricht 6.226
- (DDR) 6.227
- (Lesen)
  s.Kleinkindlesen 4.97
- (Mathematik)
  s.Rechenspiele 5.194
- (Mengenerfassung)
  s.Erstrechenunterricht (Vorschulalter) 9.118
Vorschulisches Lesebuch
  s.Kleinkindlesen 4.97
Vorschulisches Lesen
  s.Kleinkindlesen 4.97
Vorschulisches Schreiben
  s.Schreibenlernen (Psychologischer Aspekt) 7.208
Vorschulkind
  s.Entwicklungspsychologie (Kleinkind) 4.43
  s.Vorschulischer Unterricht 6.226
Vorschulpädagogik
  s.Vorschulischer Unterricht 6.226
Vorschulpflichtiges Alter
  s.Entwicklungspsychologie (Kleinkind) 4.43
  s.Kindergartenkind 4.93
Vorsehung
  s.Katechese (Gott) 10.86
Vorsilbe
  s.Verblehre (Verbalpräfix) 7.246
  s.Wortarten (Einzelfragen) 7.247
Vorsokratiker
  s.Philosophieunterricht (Philosophiegeschichte) 10.204
Vorstellendes Zeichnen
  s.Zeichenunterricht (Methodische Einzelfragen) 10.279
Vorstellung 4.236
- (Didaktischer Aspekt)
  s.Anschauung 6.22
Vorstellungsgrammatik
  s.Fremdsprachenunterricht (Funktionale Grammatik) 7.105

Vorstellungskraft
  s.Kunsterziehung (Vorstellungs-
    kraft) 10.121
Vorstellungstyp
  s.Vorstellung 4.236
Vorstudiensemester
  s.Hochschulstudium 1.111
Vorteilhaftes Rechnen
  s.Rechenübung (Rechenvorteil) 9.264
Vortrag des Lehrers
  s.Unterricht (Lehrersprache) 6.207
Vorurteil 3.240
- (Antisemitismus)
  s.Zeitgeschichte (Antisemitismus)
    8.238
- (Gruppensoziologie)
  s.Gruppenpsychologie 4.74
- (Nationalismus)
  s.Politische Bildung (Völkerver-
    ständigung) 8.191
- (Politik)
  s.Politik (Einzelfragen) 8.161
Vorwegnahme
  s.Didaktik (Einzelfragen) 6.55
Vorweihnachtliches Singen
  s.Weihnachtliches Singen 10.259
Vorweihnachtliches Werken 10.259
Vorweihnachtsfeier
  s.Schulleben (Advent) 6.168
Vorzahliges Rechnen
  s.Erstrechenunterricht (Mengen-
    operation) 9.115
Vulkaneifel
  s.Länderkunde (Eifel) 8.123
Vulkanismus
  s.Allgemeine Erdkunde (Vulkanis-
    mus) 8.21
Vulkanpark
  s.Länderkunde (USA:National-
    parke) 8.147

W

Waage
  s.Mechanik (Waage) 9.186
Wabentest
  s.Intelligenztest 4.89
Wachsende Bildkarte
  s.Heimatkundelehrmittel (Bild-
    karte) 5.91
Wachsenlassen oder Führen
  s.Dialektische Pädagogik 3.71
Wachsmalstift
  s.Zeichnen (Einzeltechniken) 10.281

Wachstum der Pflanze
  s.Pflanzenphysiologie (Wachstum)
    9.238
Wachstumsmessung
  s.Akzeleration 4.21
Wackelschwingung
  s.Schwingungslehre 9.275
Währungsfond
  s.Wirtschaftskunde (Geldwirtschaft)
    8.233
Wälzsprung
  s.Leichtathletik (Hochsprung)
    10.158
Wärmeapparate
  s.Elektrotechnik (Einzelfragen)
    9.113
Wärmeausdehnung
  s.Wärmelehre 9.298
Wärmebewegung
  s.Wärmelehre (Kinetische Wärme-
    theorie) 9.300
Wärmekraftmaschine
  s.Wärmelehre (Dampfmaschine) 9.298
  s.Wärmelehre (Einzelfragen) 9.298
  s.Wärmelehre (Motor) 9.301
Wärmelehre 9.298
- (Aggregatzustand) 9.298
- (Dampfmaschine) 9.298
- (Einzelfragen) 9.298
- (Gasgesetze) 9.299
- (Kältetechnik) 9.299
- (Kinetische Wärmetheorie) 9.300
- (Kühlschrank) 9.300
- (Meßtechnik) 9.300
- (Motor) 9.301
- (Schulversuch) 9.301
- (Spezifische Wärme) 9.301
- (Verbrennungsmotor)
  s.Wärmelehre (Motor) 9.301
- (Wärmeleitung) 9.301
Wärmeleitung
  s.Wärmelehre (Wärmeleitung) 9.301
Wärmestrahlung
  s.Elektromagnetische Wellen (Wärme-
    wellen) 9.112
Wärmetheorie
  s.Wärmelehre (Kinetische Wärme-
    theorie) 9.300
Wagner, Richard
  s.Musikgeschichte (Einzelne
    Komponisten) 10.176
Wagnerscher Hammer
  s.Elektrizitätslehre (Induktion) 9.106
Wahlentscheidung
  s.Willensforschung 4.239

Wahlfach
 s.Lehrerbildung (Wahlfach) 2.100
 s.Schülerarbeitsgemeinschaft 6.152
 s.Zweite Lehrerprüfung (Wahlfächer) 2.151
Wahlfächer
 s.Zweite Lehrerprüfung (Wahlfächer) 2.151
Wahlfarben
 s.Farbenpsychologie 4.58
Wahlfreie Arbeitsgemeinschaft
 s.Schülerarbeitsgemeinschaft 6.152
Wahlkampf
 s.Heimatkundliche Themen 8.104
 s.Sozialkunde (Unterrichtsbeispiele) 8.200
Wahlpflichtfach Biologie
 s.Biologieunterricht (Wahlpflichtfach) 9.78
Wahlpflichtfach Chemie
 s.Chemieunterricht (Wahlpflichtfach) 9.94
Wahlpflichtfach Französisch
 s.Französischunterricht (Methodische Einzelfragen) 7.99
Wahlpflichtfach Musik
 s.Musikunterricht (Gymnasium: Oberstufe) 10.185
Wahlpflichtfach Naturwissenschaft
 s.Naturwissenschaftlicher Unterricht (Methodische Einzelfragen) 9.214
Wahlpflichtfach Philosophie
 s.Philosophieunterricht (Arbeitsgemeinschaft) 10.202
Wahlpflichtkurs
 s.Leistungsgruppen 6.123
Wahlrecht
 s.Politik (Wahlrecht) 8.169
Wahlunterricht
 s.Schülerarbeitsgemeinschaft 6.152
Wahn
 s.Neurose (Zwangskrankheit) 4.130
Wahnkranker
 s.Psychopath 4.150
Wahrhaftigkeit
 s.Erziehung zur Wahrhaftigkeit 3.91
 s.Lehrer (Pädagogische Verantwortung) 2.63
Wahrheitsstreben
 s.Erziehung zur Wahrhaftigkeit 3.91
Wahrnehmung
 s.Wahrnehmungspsychologie 4.237
Wahrnehmungspsychologie 4.237
- (Einzelfragen) 4.237

- (Gegenstandswahrnehmung) 4.238
- (Optische Wahrnehmung) 4.238
- (Säugling)
 s.Entwicklungspsychologie (Säugling) 4.46
Wahrscheinlichkeitslernen
 s.Lernpsychologie 4.111
Wahrscheinlichkeitsrechnung 9.302
- (Spieltheorie) 9.302
Wald [Heimatkunde]
 s.Heimatkundliche Themen (Wald) 8.106
Wald [im Gesamtunterricht]
 s.Arbeitseinheiten (Wald) 6.23
Wald [Lebensgemeinschaft]
 s.Lebensgemeinschaft (Wald) 9.154
Waldbäume
 s.Pflanzenkunde (Wald) 9.235
Waldblumen
 s.Pflanzenkunde (Blumen) 9.228
Waldboden
 s.Bodenbiologie 9.80
Waldenserkirche
 s.Kirchengeschichte (Mittelalter) 10.98
Waldkarte
 s.Biologielehrmittel (Einzelformen) 5.41
 s.Lebensgemeinschaft (Wald) 9.154
Waldkauz
 s.Tierkunde (Tiere im Unterricht) 9.284
Waldlehrpfad
 s.Biologielehrmittel (Einzelformen) 5.41
Waldorfpädagogik
 s.Waldorfschulpädagogik 6.228
Waldorfschule 1.269
- (Bundesländer) 1.270
Waldorfschullehrer 2.149
Waldorfschulpädagogik 6.228
- (Bewegungserziehung)
 s.Bewegungserziehung (Einzelfragen) 10.28
- (Gartenbau)
 s.Schulgarten (Waldorfschule) 5.233
- (Handarbeitsunterricht)
 s.Handarbeitsunterricht (Waldorfschule) 10.76
- (Kunstunterricht)
 s.Kunsterziehung (Waldorfschule)10.122
- (Notengebung)
 s.Notengebung (Privatschule) 6.133
- (Stundenplan)
 s.Stundenplan 6.191

- (Werkunterricht)
  s.Werkunterricht (Waldorfschule) 10.276
Waldschädlinge
  s.Insektenschädlinge 9.149
Waldschule
  s.Freilufterziehung (Waldschule) 6.69
Waldschullager
  s.Schulwandern (Ferienlager) 6.180
Waldtiere
  s.Tierkunde (Waldtiere) 9.285
Walfang
  s.Wirtschaftsgeographie (Seefischerei) 8.227
Wallenstein
  s.Neuzeit (Dreißigjähriger Krieg) 8.152
Wallhecke [Lebensgemeinschaft]
  s.Lebensgemeinschaft (Hecke) 9.153
Wallis
  s.Länderkunde (Schweiz:Einzelne Kantone) 8.140
Wandbehänge
  s.Werken (Textil) 10.268
Wanderbücherei
  s.Schülerbücherei 5.205
Wanderdüne
  s.Länderkunde (Deutsche Nordseeküste) 8.121
Wanderfahrt
  s.Schulwandern 6.178
Wanderfalter
  s.Insektenkunde (Schmetterlinge) 9.148
Wanderkarte
  s.Erdkundeatlas (Sonderkarten) 5.60
  s.Schulwandern (Wanderkarte) 6.178
Wandern
  s.Jugendwandern 3.153
Wanderratte
  s.Tierkunde (Nagetiere) 9.282
Wandertag 6.228
Wandkarte
  s.Erdkundelehrmittel (Karten) 5.66
  s.Geschichtslehrmittel (Karten) 5.86
Wandplastik im Unterricht
  s.Arbeitsmittel (Einzelformen) 5.27
Wandtafel 5.257
Wandtafelbild
  s.Wandtafelzeichnen 5.258
Wandtafelmontage
  s.Wandtafelzeichnen 5.258
Wandtafelzeichnen 5.258

- (Bibelunterricht)
  s.Religionslehrmittel (Wandtafelbild) 5.201
- (Biologie)
  s.Biologielehrmittel (Wandtafelzeichnen) 5.45
- (Chemie)
  s.Chemielehrmittel 5.47
- (Erdkunde)
  s.Erdkundelehrmittel (Sachzeichnen) 5.68
- (Evangelische Unterweisung)
  s.Evangelische Unterweisung (Sprechzeichnen) 10.61
- (Französischunterricht)
  s.Französischlehrmittel 5.72
- (Fremdsprachenunterricht)
  s.Fremdsprachenunterricht (Anschauung) 7.103
  s.Fremdsprachenunterricht (Methodische Einzelfragen) 7.108
- (Geräteturnen)
  s.Sportlehrmittel (Sachzeichnen) 5.239
- (Geschichtsunterricht)
  s.Geschichtslehrmittel (Wandtafelzeichnen) 5.90
- (Leibeserziehung)
  s.Sportlehrmittel (Sachzeichnen) 5.239
- (Physikunterricht)
  s.Physiklehrmittel (Bildformen) 5.148
- (Religionsunterricht)
  s.Religionslehrmittel (Wandtafelbild) 5.201
- (Sozialkunde)
  s.Politiklehrmittel (Einzelformen) 5.150
Wandumrißkarte
  s.Erdkundelehrmittel (Umrißkarte) 5.69
Wandzeitung
  s.Zeitung im Unterricht (Klassenzeitung) 5.263
Wangeroog
  s.Länderkunde (Nordseeinseln) 8.136
Wappenkunde
  s.Geschichte (Hilfswissenschaften) 8.58
War-poetry
  s.Englische Lektüre (Lyrik) 7.72
Warenkennzeichnung
  s.Hauswirtschaftsunterricht (Haushaltskunde) 10.79

Warenkunde
  s.Berufsschulunterricht (Einzelfragen) 6.47
  s.Kaufmännische Berufsfachkunde (Einzelfragen) 10.94
Warschau
  s.Länderkunde (Polen) 8.138
Wartegg-Zeichen-Test
  s.Test (Wartegg-Zeichen-Test) 4.221
Waschmittel
  s.Organische Chemie (Waschmittel) 9.225
Wasser
  s.Allgemeine Erdkunde (Erosion) 8.20
  s.Elektrolyse (Wasser) 9.111
  - (Lösungsmittel)
  s.Physikalische Chemie (Ionen) 9.243
  - im Gesamtunterricht
  s.Arbeitseinheiten (Wasser) 6.33
  - im Heimatkundeunterricht
  s.Heimatkundliche Themen (Wasser) 8.106
Wasserfarbmalerei
  s.Malen (Wasserfarben) 10.168
Wasserflöhe
  s.Insektenkunde (Wasserinsekten) 9.149
Wassergewinnung
  s.Chemotechnik (Wasser) 9.100
Wassergewöhnung
  s.Schwimmunterricht (Methodische Einzelfragen) 10.237
Wasserglobus
  s.Globus 5.90
Wasserhärte
  s.Anorganische Chemie (Einzelfragen) 9.39
Wasserhaushalt
  s.Naturschutz (Wasser) 9.209
Wasserhaushalt der Pflanze
  s.Pflanzenphysiologie (Wasserhaushalt) 9.239
Wasserhaushalt einer Stadt
  s.Sozialkunde (Gemeindeverwaltung) 8.197
Wasserinsekten
  s.Insektenkunde (Wasserinsekten) 9.149
Wasserkraftwerk
  s.Mechanik (Strömungslehre) 9.185
  s.Wirtschaftsgeographie (Wasserversorgung) 8.229
Wasserleitung [Heimatkunde]
  s.Heimatkundliche Themen (Wasserleitung) 8.106

Wasserschutz
  s.Wirtschaftsgeographie (Wasserversorgung) 8.229
Wasserspiele
  s.Schwimmunterricht (Einfache Verhältnisse) 10.236
Wasserspitzmaus
  s.Tierkunde (Nagetiere) 9.282
Wasserspringen
  s.Schwimmunterricht (Technische Einzelfragen) 10.238
Wasserstoff
  s.Anorganische Chemie (Nichtmetalle) 9.40
Wasserstoffbrückenbindung
  s.Chemische Bindung (Einzelfragen) 9.96
Wasserstoffelektrode
  s.Elektrolyse (Einzelfragen) 9.110
Wasserstraßen
  s.Wirtschaftsgeographie (Binnenschiffahrt) 8.216
Wassersynthese
  s.Anorganische Chemie (Oxydation) 9.41
Wassertropfen
  s.Lebensgemeinschaft (Einzelformen) 9.153
  s.Mikrobiologie 9.194
Wasserversorgung
  s.Wirtschaftsgeographie (Wasserversorgung) 8.229
Wasservögel
  s.Vogelkunde (Wasservögel) 9.296
Wasserwellengerät
  s.Physikalisches Experimentiergerät 5.144
Watt [Lebensgemeinschaft]
  s.Lebensgemeinschaft (Strand) 9.154
Watteline-Hafttafel
  s.Flanelltafel 5.72
Wattenfischer
  s.Wirtschaftsgeographie (Fischfang) 8.221
Wattenmeer
  s.Länderkunde (Wattenmeer) 8.147
WCOTP
  s.Lehrerverbände 2.116
Weberaufstand
  s.Neuzeit (Industrielle Revolution) 8.153
Webgerät
  s.Werken (Textil) 10.268
Wechsel der Schule
  s.Übergang 1.257

Wechseldiktat
  s.Rechtschreibunterricht (Partnerdiktat) 7.193
Wechselstromkreis
  s.Elektrizitätslehre (Wechselstrom)
  9.109
Wechsler-Bellevue-Intelligenztest
  s.Intelligenztest 4.89
Wechslerscher Gedächtnistest
  s.Gedächtnisforschung 4.64
Wehrerziehung
  s.Politische Bildung (Wehrerziehung)
  8.193
Wehrsprache
  s.Fachsprachen 7.94
Weibliche Berufsausbildung
  s.Berufsausbildung (Weibliche
  Jugend) 6.44
  s.Berufserziehung (Mädchen) 3.42
Weibliche Berufserziehung
  s.Mädchenbildung (Berufsschule)
  3.170
Weibliche Landjugend
  s.Entwicklungspsychologie (Jugendalter) 4.41
Weibliche Leibeserziehung
  s.Leibeserziehung (Mädchen) 10.142
Weiblicher Ingenieur
  s.Ingenieurschule 1.114
Weichlöten
  s.Anorganische Chemie (Metalle) 9.40
Weide [Lebensgemeinschaft]
  s.Lebensgemeinschaft (Wiese) 9.155
Weidenbaum
  s.Pflanzenkunde (Laubbäume) 9.230
Weidenkätzchen [im Gesamtunterricht]
  s.Arbeitseinheiten (Blumen) 6.24
Weiher [Lebensgemeinschaft]
  s.Lebensgemeinschaft (Teich) 9.154
Weihnachten [im Gesamtunterricht]
  s.Arbeitseinheiten (Weihnachten)
  6.33
Weihnachten [im Schulleben]
  s.Schulleben (Weihnachten) 6.170
Weihnachtliche Gemeinschaftsarbeit
  s.Kunsterziehung (Weihnachtsarbeit)
  10.122
Weihnachtliche Kunstbetrachtung
  s.Kunstbetrachtung (Weihnachtsbild)
  10.110
Weihnachtliche Wandplastik
  s.Weihnachtliches Werken (Einzelvorhaben) 10.260
Weihnachtlicher Elternabend
  s.Elternabend 6.59

Weihnachtlicher Lesebogen
  s.Lesebogen 5.126
Weihnachtliches Laienspiel
  s.Weihnachtsspiel 6.229
Weihnachtliches Singen 10.259
Weihnachtliches Volkslied
  s.Weihnachtslied 10.261
Weihnachtliches Werken 10.260
- (Baumschmuck) 10.260
- (Geschenke) 10.261
- (Handarbeiten)
  s.Handarbeitsunterricht 10.74
- (Krippen) 10.261
Weihnachtliches Zeichnen
  s.Zeichnen (Weihnachtszeit)
  10.285
Weihnachtsbild
  s.Kunstbetrachtung (Weihnachtsbild)
  10.110
Weihnachtsevangelium
  s.Bibelunterricht NT (Weihnachtsgeschichte) 10.47
Weihnachtsfeier
  s.Schulische Weihnachtsfeier 6.163
Weihnachtsfries
  s.Kunsterziehung (Weihnachtsarbeit)
  10.122
Weihnachtsgeschenk
  s.Weihnachtliches Werken (Geschenke)
  10.261
Weihnachtsgeschichte
  s.Bibelunterricht NT (Weihnachtsgeschichte) 10.47
  s.Bildkatechese (Einzelfragen)
  10.49
Weihnachtsikonographie
  s.Weihnachtliches Werken (Einzelvorhaben) 10.260
Weihnachtskrippe
  s.Weihnachtliches Werken (Krippen)
  10.261
Weihnachtsleuchter
  s.Weihnachtliches Werken (Einzelvorhaben) 10.260
Weihnachtslied 10.261
Weihnachtsmusik
  s.Weihnachtliches Singen 10.259
Weihnachtsschmuck
  s.Weihnachtliches Werken (Baumschmuck) 10.260
Weihnachtssingen
  s.Weihnachtliches Singen 10.259
Weihnachtsspiel 6.229
- (Grundschule) 6.229
- (Landschule) 6.229

Weihnachtssterne
　s.Weihnachtliches Werken (Baumschmuck) 10.260
Weilburger Schulreifetest
　s.Schulreifetest (Einzelformen) 4.179
Weimarer Republik
　s.Zeitgeschichte (Weimarer Republik) 8.245
　s.Zeitgeschichtsunterricht (Weimarer Republik) 8.258
Weinbau
　s.Wirtschaftsgeographie (Ernährung) 8.220
Weinbergschnecke
　s.Tierkunde (Schnecken) 9.283
Weintrauben [im Gesamtunterricht]
　s.Arbeitseinheiten (Herbst) 6.27
Weisen aus dem Morgenland
　s.Bibelunterricht NT (Weihnachtsgeschichte) 10.47
Weismannismus-Morganismus
　s.Vererbungslehre (Genetik) 9.291
Weiße Taubnessel
　s.Pflanzenkunde (Einzelne Pflanzen) 9.228
Weißer Nil
　s.Länderkunde (Sudan) 8.143
Weißer Storch
　s.Vogelkunde (Störche) 9.295
Weitsprung
　s.Leichtathletik (Weitsprung) 10.161
- (Grundschule)
　s.Leibeserziehung (Grundschule) 10.135
Weitsprunganlage
　s.Leichtathletik (Weitsprung) 10.161
Weizen
　s.Pflanzenkunde (Getreide) 9.229
Weizenversorgung der UdSSR
　s.Wirtschaftsgeographie (UdSSR) 8.228
Wellendruck
　s.Quantentheorie 9.254
Wellengeschwindigkeit
　s.Akustik (Schallgeschwindigkeit) 9.24
Wellenlänge des Lichtes
　s.Optik (Meßtechnik) 9.220
Wellenlehre 9.302
- (Beugung) 9.303
- (Dopplereffekt) 9.303
- (Interferenz) 9.303
- (Polarisation) 9.304
- (Stehende Wellen) 9.304

Wellenmechanik
　s.Quantentheorie 9.254
Wellenoptik
　s.Elektromagnetische Wellen (Lichtwellen) 9.111
　s.Wellenlehre 9.302
Wellensittich
　s.Vererbungslehre (Tier) 9.293
Wellenwanne
　s.Mechanik (Flüssigkeiten) 9.180
Wellpappe
　s.Papierwerken (Wellpappe) 10.201
Welt im Lesebuch
　s.Lesebuchkritik (Wirklichkeitsbezug) 5.131
Welt-Test
　s.Test (Sceno-Test) 4.220
Welt-Umwelt-Verhältnis
　s.Pädagogische Soziologie (Umwelttheorie) 3.197
Welt und Heimat
　s.Heimat 8.92
Weltabitur
　s.Reifeprüfung (Reform) 1.166
Weltall
　s.Astronomie 9.44
　s.Biologie (Organisches Leben) 9.60
Weltanschauliche Bildung
　s.Staatsbürgerkunde (Sozialistische Weltanschauung) 8.204
Weltanschauliche Erziehung
　s.Ideologische Erziehung [DDR] 3.147
Weltanschauliche Sachkunde
　s.Unterrichtsfächer 6.209
Weltanschauung und Erziehung
　s.Erziehung und Weltanschauung 3.86
Weltanschauungsunterricht
　s.Evangelische Unterweisung (Rechtsfragen) 10.60
Weltbank
　s.Wirtschaftskunde (Geldwirtschaft) 8.233
Weltbild
　s.Menschenbild 3.178
- und Glaube
　s.Religionsunterricht (Naturwissenschaft) 10.217
Weltbürgerkunde
　s.Heimatkundeunterricht (Kritik) 8.99
Weltbürgerliche Erziehung
　s.Erziehung 3.74
Weltbürgertum
　s.Politische Bildung (Weltpolitisches Denken) 8.193

Weltentstehung
  s.Astronomie (Einzelfragen) 9.44
Welterklärungsversuche
  s.Geschichtsphilosophie (Einzel-
    fragen) 8.64
Welternährung
  s.Wirtschaftsgeographie (Welter-
    nährung) 8.230
Weltformel
  s.Relativitätstheorie (Einzelfra-
    gen) 9.272
Weltgebärdensprache
  s.Taubstummenunterricht (Gebärden-
    sprache) 6.197
Weltgeschichte
  s.Geschichte (Universalgeschichte)
    8.59
- im Unterricht
  s.Geschichtsunterricht (Völker-
    verständigung) 8.86
Welthilfssprache
  s.Esperanto 7.93
Weltkongreß katholischer Lehrer
  s.Lehrerverbände 2.116
Weltkunde-Mappe
  s.Heimatkundelehrmittel (Samm-
    lungen) 5.93
Weltliche Erziehung
  s.Erziehung 3.74
Weltluftverkehr
  s.Wirtschaftsgeographie (Verkehrs-
    wesen) 8.229
Weltmächte
  s.Zeitgeschichtsunterricht (Einzel-
    fragen) 8.250
Weltoffene Heimatkunde
  s.Heimatkundeunterricht (Erdkunde)
    8.98
Weltpolitisches Denken
  s.Politische Bildung (Weltpoli-
    tisches Denken) 8.193
Weltpostverein
  s.Neuzeit (19.Jahrhundert) 8.155
Weltraumtechnik 9.304
- (Anthropologischer Aspekt) 9.305
- (Einzelfragen) 9.305
- (Unterrichtsaspekt) 9.305
Weltreligionen
  s.Religionsunterricht (Weltreligio-
    nen) 10.224
Weltrevolution
  s.Zeitgeschichte (Kommunismus)
    8.242
Weltspartag
  s.Sparerziehung 3.232
Welttierschutztag
  s.Tierschutz 9.287
Weltverkehr
  s.Wirtschaftsgeographie (Verkehrs-
    wesen) 8.229
- (Deutschland)
  s.Wirtschaftsgeographie (Verkehrs-
    wesen:Deutschland) 8.229
Weltverständnis des Kindes
  s.Heimatkundeunterricht (Psycholo-
    gischer Aspekt) 8.101
Weltwirtschaft
  s.Wirtschaftskunde (Einzelfragen)
    8.232
Wende
  s.Schwimmunterricht (Technische
    Einzelfragen) 10.238
Weniggegliederte Sonderschule
  s.Ländliche Sonderschule 1.130
Weniggegliederte Volksschule
  s.Landschule 1.132
Werbefernsehen
  s.Fernsehwirkung 4.59
Werbepsychologie
  s.Motivationsforschung 4.125
Werbesprache
  s.Fachsprachen (Werbesprache) 7.94
Werbung
  s.Massenmedien (Reizüberflutung)
    3.177
  s.Wirtschaftskunde (Werbung) 8.237
- im Gesamtunterricht
  s.Arbeitseinheiten 6.23
Werdender Organismus
  s.Vererbungslehre (Mensch) 9.292
Werkakademie
  s.Kunsterziehung (Ausbildung) 2.58
Werkarbeit
  s.Werken 10.262
Werkbetrachtung
  s.Kunstbetrachtung 10.105
Werken 10.262
- (Bast)
  s.Werken (Stroh/Bast) 10.268
- (Draht) 10.262
- (Einzelne Werkstoffe) 10.262
- (Fastnacht) 10.263
- (Gips) 10.263
- (Holz) 10.263
- (Holzschnitzen) 10.263
- (Jahreszeitliches Werken) 10.263
- (Kartoffelstempel) 10.264
- (Keramik) 10.264
- (Linolschnitt) 10.264
- (Marionetten) 10.264

[Forts.: Werken]
- (Metall) 10.264
- (Modellbau) 10.265
- (Modellieren) 10.265
- (Mosaik) 10.265
- (Naturstein)
  s.Werken (Stein) 10.267
- (Osterschmuck) 10.266
- (Plakat) 10.266
- (Plastisches Gestalten) 10.266
- (Schaumbeton)
  s.Werken (Stein) 10.267
- (Scherenschnitt) 10.266
- (Schichtholz)
  s.Werken (Sperrholz) 10.267
- (Speckstein)
  s.Werken (Stein) 10.267
- (Sperrholz) 10.267
- (Spielzeug) 10.267
- (Stein) 10.267
- (Stoffdruck) 10.267
- (Stroh/Bast) 10.268
- (Textil) 10.268
- (Therapie)
  s.Werkunterricht (Heilpädagogisches Werken) 10.271
- (Ton) 10.268
- (Weihnachtszeit)
  s.Weihnachtliches Werken 10.260
- (Ytongstein)
  s.Werken (Stein) 10.267
Werkgruppen
  s.Gruppenpsychologie 4.74
Werkhof Westerwald
  s.Schulversuche (Bundesländer) 1.228
Werkjahr
  s.Betriebspraktikum 6.50
Werkkunde
  s.Werkunterricht (Berufsschule) 10.269
Werkkundlicher Unterricht
  s.Berufsschulunterricht (Betriebliche Ausbildung) 6.46
  s.Werkunterricht (Berufsschule) 10.269
Werkkunstschule
  s.Fachschule (Werkkunstschule) 1.76
  s.Kunsterziehung (Erwachsenenbildung) 10.113
Werklehrer
  s.Lehrerbildung (Werkunterricht) 2.101
  s.Werkunterricht (Methodische Einzelfragen) 10.272

Werkraum
  s.Schulgebäude (Werkraum) 1.189
  s.Werkraumeinrichtung 5.258
- (Berufsschuldidaktik)
  s.Schulwerkstatt 5.236
Werkraumeinrichtung 5.258
Werkberufsschule 1.270
Werksbesichtigung
  s.Betriebsbesichtigung 6.49
Werkschüler
  s.Ferienarbeit des Schülers 3.109
Werkschule
  s.Berufsschulunterricht (Betriebliche Ausbildung) 6.46
  s.Landerziehungsheim 1.131
Werkschulheim
  s.Berufsbildendes Schulwesen (Österreich) 1.37
Werkstatt
  s.Werkraumeinrichtung 5.258
- (Berufsschule)
  s.Industriepraktikum 6.100
  s.Schulwerkstatt 5.236
Werkstattlehrer
  s.Fachlehrer (Berufsschule) 2.34
Werkstattpraktikum
  s.Betriebsbesichtigung 6.49
Werkstattunterricht
  s.Polytechnische Lehrmittel 5.154
  s.Schulwerkstatt 5.236
  s.Werkunterricht (Berufsschule) 10.269
Werkstoff Bast
  s.Werken (Stroh/Bast) 10.268
Werkstoff Draht
  s.Werken (Draht) 10.262
Werkstoff Email
  s.Werken (Einzelne Werkstoffe) 10.262
Werkstoff Gips
  s.Werken (Gips) 10.263
Werkstoff Holz
  s.Werken (Holz) 10.263
Werkstoff Kreide
  s.Werken (Einzelne Werkstoffe) 10.262
Werkstoff Leder
  s.Werken (Einzelne Werkstoffe) 10.262
Werkstoff Metall
  s.Werken (Metall) 10.264
Werkstoff Papier
  s.Papierwerken 10.199
Werkstoff Pappe
  s.Papierwerken 10.199

Werkstoff Plastilin
  s.Werken (Modellieren) 10.265
Werkstoff Sperrholz
  s.Werken (Sperrholz) 10.267
Werkstoff Stein
  s.Werken (Stein) 10.267
Werkstoff Stroh
  s.Werken (Stroh/Bast) 10.268
Werkstoff Styropor
  s.Werken (Stein) 10.267
Werkstoff Tapete
  s.Papierwerken 10.199
Werkstoff Textil
  s.Werken (Textil) 10.268
Werkstoff Ton
  s.Werken (Keramik) 10.264
  s.Werken (Ton) 10.268
Werkstoff Wellpappe
  s.Papierwerken (Wellpappe) 10.201
Werkstoff Zeitungspapier
  s.Papierwerken (Einzelfragen)
  10.200
Werkstudienschule
  s.Odenwaldschule 1.149
Werktätige Arbeit
  s.Berufsausbildung 6.41
Werktätige Jugend
  s.Berufstätige Jugend 4.31
  s.Jugendsoziologie 3.151
Werktätige Raumlehre
  s.Geometrieunterricht (Methodische Einzelfragen) 9.135
Werktätiger Gruppenunterricht
  s.Gruppenunterricht 6.83
Werktätiger Unterricht 6.229
Werkunterricht 10.269
- (Arbeitsgemeinschaft)
  s.Werkunterricht (Methodische Einzelfragen) 10.272
- (Auslandsschule)
  s.Werkunterricht 10.269
- (Berufsschule) 10.269
- (Bildungswert) 10.270
- (Biologie)
  s.Werkunterricht (Einzelne Fächer)
  10.270
- (Blindenschule)
  s.Werkunterricht (Sonderschule)
  10.274
- (Bundesländer) 10.270
- (DDR) 10.270
- (Einfache Verhältnisse) 10.270
- (Einzelne Fächer) 10.270
- (Erdkunde)
  s.Erdkundeunterricht (Werken) 8.46

- (Flugversuche)
  s.Werkunterricht (Naturlehre) 10.273
- (Gehörlosenschule)
  s.Werkunterricht (Sonderschule)
  10.274
- (Gesamtunterricht)
  s.Werkunterricht (Einzelne Fächer)
  10.270
- (Geschichte)
  s.Werkunterricht 10.269
- (Geschichtsunterricht)
  s.Werkunterricht (Einzelne Fächer)
  10.270
- (Grundschule) 10.271
- (Gruppenunterricht)
  s.Werkunterricht (Methodische Einzelfragen) 10.272
- (Gymnasium) 10.271
- (Hausaufgabe)
  s.Werkunterricht (Methodische Einzelfragen) 10.272
- (Heilpädagogisches Werken) 10.271
- (Heimatkunde) 10.271
- (Jahresarbeit)
  s.Werkunterricht (Realschule) 10.273
- (Kunstbetrachtung)
  s.Kunstbetrachtung (Einzelfragen)
  10.106
- (Kunsterziehung) 10.272
- (Landschaft) 10.272
- (Lehrerbildung)
  s.Lehrerbildung (Werkunterricht)
  2.101
- (Lehrplan) 10.272
- (Leistungskontrolle)
  s.Werkunterricht (Methodische Einzelfragen) 10.272
- (Methodische Einzelfragen) 10.272
- (Naturkunde)
  s.Biologieunterricht (Selbsttätigkeit) 9.75
- (Naturlehre) 10.273
  siehe auch:
  Naturlehre (Werkunterricht) 9.208
- (Ohne Werkraum)
  s.Werkunterricht (Einfache Verhältnisse) 10.270
- (Ostkunde)
  s.Ostkundeunterricht (Methodische Einzelfragen) 8.159
- (Programmiertes Lernen)
  s.Programmiertes Lernen (Einzelne Unterrichtsfächer) 5.167
- (Psychologischer Aspekt) 10.273
- (Realschule) 10.273

[Forts.: Werkunterricht]
- (Reform) 10.274
- (Religionsunterricht)
  s.Religionsunterricht (Einzelne Fächer) 10.210
- (Schuljahr IX)
  s.Werkunterricht (Volksschule) 10.275
- (Sonderschule) 10.274
- (Spiel) 10.275
- (Sprachunterricht)
  s.Werkunterricht (Einzelne Fächer) 10.270
- (Taubstummenbildung)
  s.Werkunterricht (Sonderschule) 10.274
- (Technische Welt) 10.275
- (Unfallverhütung)
  s.Werkunterricht (Methodische Einzelfragen) 10.272
- (Unterstufe)
  s.Werkunterricht (Grundschule) 10.271
- (Volksschule) 10.275
- (Vorbereitung)
  s.Werkunterricht (Methodische Einzelfragen) 10.272
- (Waldorfschule) 10.276
- (Werkzeug)
  s.Werkraumeinrichtung 5.258
- (Wissensvermittlung)
  s.Werkunterricht (Methodische Einzelfragen) 10.272
Werkzeichnung
  s.Zeichnen (Sachzeichnung) 10.284
Wertbegegnung im Unterricht
  s.Didaktik (Einzelfragen) 6.55
Werterleben 4.239
Werterziehung
  s.Erziehung (Wertproblem) 3.85
Wertfrage im Unterricht
  s.Didaktik 6.53
Wertgefühl
  s.Erziehung (Wertproblem) 3.85
Werthaltung
  s.Pubertät (Soziologischer Aspekt) 4.157
Werthsche Rechentafel
  s.Rechenlehrmittel (Zahlentafel) 5.194
Wertigkeit
  s.Chemische Bindung 9.96
Wertphilosophie
  s.Pädagogik und Philosophie 3.191
Wertproblem
  s.Erziehung (Wertproblem) 3.85

Wertung der Schülerleistung
  s.Leistungsbeurteilung 4.106
  s.Schulische Leistungskontrolle 6.160
Werturteilsproblematik
  s.Psychologie (Experimentelle Psychologie) 4.147
Wesen der Sprache
  s.Sprachphilosophie 7.220
Wesenhaftes Lehren
  s.Didaktik 6.53
Weseneigene Bildung
  s.Koedukation (Diskussion) 3.158
Wesensvollendung
  s.Erziehung zur Persönlichkeit 3.89
West-Berlin
  s.Länderkunde (Berlin) 8.119
  s.Wirtschaftsgeographie (West-Berlin) 8.230
West-Ost-Gegensatz
  s.Zeitgeschichte (Deutschlandfrage) 8.239
- (Schulwesen)
  s.Schulwesen BRD/DDR 1.234
West-Paraná
  s.Länderkunde (Brasilien) 8.119
Westafrika
  s.Länderkunde (Westafrika) 8.147
Westdeutsche Erdkundebücher
  s.Erdkundelehrbuch 5.60
Westdeutsche Kunsterziehung
  s.Kunsterziehung (Diskussion) 10.112
Westdeutsche Lesebücher
  s.Lesebuchkritik 5.130
Westdeutsche Rechenbücher
  s.Rechenbuch 5.188
Westdeutscher Geschichtsunterricht
  s.Geschichtsunterricht (Kritik) 8.76
Westdeutsches Bildungswesen
  s.Schulwesen BRD 1.231
Westdeutsches Schulfernsehen
  s.Schulfernsehen (Bundesländer) 5.215
Westfälische Kirchengeschichte
  s.Kirchengeschichte (Einzelfragen) 10.97
Westindien
  s.Länderkunde (Mittelamerika) 8.132
  s.Wirtschaftsgeographie (Indien) 8.222
Wettbewerb
  s.Schüleraktivierung (Wetteifer) 6.152
Wettbewerbsgruppen
  s.Gruppenpsychologie 4.74

s.Leibeserziehung (Wett-
  eifer) 10.156
s.Rechtschreibunterricht
  (Übungsformen) 7.194
s.Schüleraktivierung (Wetteifer) 6.152
Wetter im Gesamtunterricht
  s.Arbeitseinheiten (Wetter) 6.34
Wetter im Sprachunterricht
  s.Sprachkunde (Einzelbereiche)
  7.217
Wetterbeobachtung
  s.Wetterkunde (Schülerbeobachtung)
  8.213
Wetterbeobachtungsstelle
  s.Wetterkundelehrmittel 5.259
Wettererkundung
  s.Wetterkunde (Einzelfragen) 8.212
Wetterfronten
  s.Wetterkunde (Einzelfragen) 8.212
Wetterfühligkeit 4.239
Wetterkarte
  s.Wetterkunde (Wetterkarte) 8.214
  s.Wetterkundelehrmittel (Wetter-
  karte) 5.259
Wetterkunde 8.211
- (Arbeitsmittel)
  s.Wetterkundelehrmittel 5.259
- (Atmosphäre) 8.212
- (Einzelfragen) 8.212
- (Grundschule) 8.213
- (Jahreslauf) 8.213
- (Landschule) 8.213
- (Schülerbeobachtung) 8.213
- (Volksschule) 8.214
- (Wetterkarte) 8.214
- (Wettervorhersage) 8.214
- (Wind) 8.214
- (Wolken) 8.215
Wetterkundelehrmittel 5.259
- (Wetterkarte) 5.259
Wetterregeln
  s.Wetterkunde (Wettervorhersage)
  8.214
Wetterstation
  s.Wetterkundelehrmittel 5.259
Wettersteingebirge
  s.Länderkunde (Alpen) 8.115
Wettervorhersage
  s.Wetterkunde (Wettervorhersage)
  8.214
Wetterzonen
  s.Klimakunde 8.108
Wettrüsten
  s.Zeitgeschichte (Abrüstung) 8.238

Widerstand
  s.Elektrizitätslehre (Einzelfragen)
  9.103
Widerstandsbewegung
  s.Zeitgeschichte (Widerstandsbewegung) 8.246
  s.Zeitgeschichtsunterricht (Widerstandsbewegung) 8.258
Wiederholung 6.230
- (Biologieunterricht)
  s.Biologieunterricht (Leistungskontrolle) 9.70
- (Chemieunterricht)
  s.Chemieunterricht (Wiederholung)
  9.95
- (Erdkundeunterricht)
  s.Erdkundelehrmittel (Wiederholung)
  8.46
- (Geschichtsunterricht)
  s.Geschichtsunterricht (Wiederholung) 8.89
- (Mathematikunterricht)
  s.Mathematikunterricht (Effektivität) 9.164
  s.Mathematikunterricht (Methodische
  Einzelfragen) 9.170
  s.Rechenübung 9.263
- (Neusprachlicher Unterricht)
  s.Neusprachlicher Unterricht
  (Methodische Einzelfragen) 7.180
- (Physikunterricht)
  s.Physikunterricht (Methodische
  Einzelfragen) 9.249
Wiederholungsjahr
  s.Sitzenbleiber 4.192
Wiederholungsprogramm
  s.Programmiertes Lernen (Übungsformen) 5.186
Wiedervereinigung
  s.Zeitgeschichte (Wiedervereinigung) 8.247
- (Schulwesen)
  s.Schulwesen BRD/DDR 1.234
Wien
  s.Länderkunde (Österreich) 8.136
Wiener Bezirkslehrerkonferenz [1953]
  s.Rechtschreibreform (Österreich)
  7.188
Wiener Entwicklungstest
  s.Schülerbeurteilung (Test) 4.170
Wiener Lesemethode
  s.Leselehrmethoden 7.150
Wiener Pädagogisches Institut
  s.Pädagogische Institute (Österreich) 2.128

Wiener Schreiblesemethode
  s.Ganzheitliches Lesenlernen
    (Diskussion) 7.115
Wiesbadener Empfehlungen
  s.Rechtschreibreform (Empfehlungen) 7.187
Wiese [Lebensgemeinschaft]
  s.Lebensgemeinschaft (Wiese) 9.155
Wiesel
  s.Tierkunde (Einzelne Tiere) 9.279
Wiesenblumen [im Gesamtunterricht]
  s.Arbeitseinheiten (Blumen) 6.24
Wike
  s.Altertum (Germanen) 8.22
Wilde-Intelligenztest
  s.Intelligenztest 4.89
Wildfrüchte
  s.Pflanzenkunde (Einzelne Pflanzen) 9.228
Wildschutz
  s.Tierschutz 9.287
Wildschwein
  s.Tierkunde (Wildschwein) 9.285
Wildwestfilm
  s.Filmerziehung (Abenteuerfilm) 3.113
Wilf-Elektroskop
  s.Radioaktivität (Meßmethoden) 9.255
Willenserziehung 3.241
Willensforschung 4.239
Willensfreiheit
  s.Naturwissenschaft (Naturphilosophie) 9.211
  s.Willensforschung 4.239
Willenshandlung
  s.Willensforschung 4.239
Willensschulung
  s.Willenserziehung 3.241
Willensschwäche
  s.Willensforschung 4.239
Willensstörung
  s.Willensforschung 4.239
Willenstheorie
  s.Willensforschung 4.239
Willkürbewegung
  s.Bewegungslehre (Einzelfragen) 10.29
Willkürmotorik
  s.Aktivität 4.21
  s.Leibeserziehung (Motorik) 10.144
Wind und Wetter
  s.Wetterkunde (Wind) 8.214
Windmühle [im Gesamtunterricht]
  s.Arbeitseinheiten (Brot) 6.24

Windspielzeug
  s.Werken (Spielzeug) 10.267
Windvögelbau
  s.Werken (Spielzeug) 10.267
Winkel
  s.Geometrie (Winkel) 9.133
Winkeldreiteilung
  s.Geometrie (Winkel) 9.133
Winkelfunktionen
  s.Analysis (Spezielle Funktionen) 9.36
Winkelhalbierende
  s.Geometrie (Dreieck) 9.125
Winkelhebel
  s.Mechanik (Hebelgesetz) 9.182
Winkelmesser
  s.Geometrielehrmittel 5.77
Winkelspiegel
  s.Optik (Reflexion) 9.220
Winter [im Gesamtunterricht]
  s.Arbeitseinheiten (Winter) 6.34
Winterbeobachtung
  s.Naturbeobachtung (Winter) 9.199
Winterfütterung der Vögel
  s.Vogelschutz (Winterfütterung) 9.297
Winterklima
  s.Klimakunde (Europa) 8.109
Winterliche Bundesjugendspiele
  s.Bundesjugendspiele (Winterspiele) 10.52
Winterliche Leibesübung
  s.Leibeserziehung (Wintersport) 10.157
Winterlicher Unterrichtsgang
  s.Unterrichtsgang 6.209
Winterschlaf
  s.Tierkunde (Winterschlaf) 9.285
Winterschlußverkauf [im Gesamtunterricht]
  s.Arbeitseinheiten (Einkaufen) 6.25
Wintersportwoche
  s.Schulwandern (Bergsteigen) 6.179
Winterturnen
  s.Leibeserziehung (Wintersport) 10.157
WIR
  s.Taubstummenunterricht (Artikulation) 6.196
Wirbeltierauge
  s.Tierphysiologie (Sinnesphysiologie) 9.286
Wirbeltiere
  s.Tierkunde (Wirbeltiere) 9.285
  s.Tierverhalten (Orientierung) 9.288

Wirbeltierevolution
　s.Abstammungslehre (Tier) 9.23
Wirkende Kraft der Muttersprache
　s.Muttersprache 7.176
Wirklichkeit des Wortes
　s.Sprache und Sache 7.214
Wirklichkeit und Phantasie
　s.Phantasieleben des Schülers 4.135
Wirklichkeitserfassung
　s.Wahrnehmungspsychologie (Gegenstandswahrnehmung) 4.238
Wirklichkeitsnähe
　s.Lebensnaher Unterricht 6.113
Wirkungbezogene Sprachbetrachtung
　s.Sprachbetrachtung 7.211
Wirkungsquantum, Plancksches
　s.Quantentheorie 9.254
Wirkwelt des Menschen
　s.Menschenkunde (Umweltlehre) 9.193
Wirtschaft
　s.Wirtschaftskunde 8.231
- als Bildungsfaktor
　s.Wirtschaftspädagogik 3.242
- und Berufsschule
　s.Schule und Wirtschaft (Berufsbildendes Schulwesen) 1.183
- und Bildung
　s.Bildung und Beruf 3.61
- und Erziehung
　s.Berufliche Bildung (Industriegesellschaft) 3.27
　s.Wirtschaftspädagogik 3.242
- und Politik
　s.Wirtschaftsgeographie (Soziologischer Aspekt) 8.227
- und Realschule
　s.Schule und Wirtschaft (Realschule) 1.184
- und Schule
　s.Industriepraktikum 6.100
　s.Schule und Wirtschaft 1.182
　s.Wirtschaftskunde 8.231
- und Volksschule
　s.Schule und Wirtschaft (Volksschule) 1.184
Wirtschaftliche Allgemeinbildung
　s.Wirtschaftskunde (Gymnasium) 8.234
Wirtschaftliche Bildungsidee
　s.Wirtschaftspädagogik 3.242
Wirtschaftliche Grundbildung
　s.Kaufmännischer Unterricht (Grundausbildung) 6.105
Wirtschaftliche Kulturgeschichte
　s.Kulturgeschichte 8.109

Wirtschaftliche Studienfahrt
　s.Studienfahrt 6.190
Wirtschaftlicher Unterricht
　s.Kaufmännischer Unterricht 6.104
Wirtschaftlicher Wohlstand
　s.Wirtschaftskunde (Marktwirtschaft) 8.236
Wirtschaftliches Rechnen
　s.Sachrechnen (Einzelfragen) 9.273
Wirtschaftliches Schulwesen
　s.Kaufmännisches Schulwesen 1.119
Wirtschaftlichkeit der Schule
　s.Bildungsökonomie 1.48
Wirtschaftsakademie
　s.Berufsschullehrerbildung 2.25
　s.Höhere Wirtschaftsfachschule 1.113
Wirtschaftsaufbauschule
　s.Handelsschule 1.101
　s.Kaufmännische Berufsschule 1.118
Wirtschaftsberatungsstelle
　s.Fachschule (Landwirtschaftsschule) 1.75
Wirtschaftsberufliche Schule
　s.Handelsschule 1.101
Wirtschaftsberufliches Schulwesen
　s.Kaufmännisches Schulwesen 1.119
Wirtschaftsbezogener Film
　s.Unterrichtsfilm (Berufskundlicher Film) 5.253
Wirtschaftsbiologie
　s.Wirtschaftsgeographie (Einzelfragen) 8.218
Wirtschaftserziehung
　s.Wirtschaftsgeographie 8.215
　s.Wirtschaftskunde 8.231
　s.Wirtschaftspädagogik 3.242
Wirtschaftsfachschule
　s.Höhere Wirtschaftsfachschule 1.113
　s.Wirtschaftsoberschule 1.271
Wirtschaftsgeographie 8.215
- (Ägypten)
　s.Länderkunde (Ägypten) 8.113
- (Äquatorialafrika)
　s.Länderkunde (Äquatorialafrika) 8.113
- (Äthiopien)
　s.Länderkunde (Äthiopien) 8.114
- (Afghanistan)
　s.Länderkunde (Afghanistan) 8.114
- (Afrika)
　s.Länderkunde (Afrika) 8.114
- (Alaska)
　s.Länderkunde (Alaska) 8.115
- (Algerien)
　s.Länderkunde (Algerien) 8.115

[Forts.: Wirtschaftsgeographie]
- (Argentinien)
  s.Länderkunde (Argentinien) 8.116
- (Asien) 8.215
- (Australien)
  s.Länderkunde (Australien:Einzelfragen) 8.117
- (Bayern) 8.215
- (Bekleidung) 8.216
- (Belgien)
  s.Länderkunde (Belgien) 8.118
- (Berufsschule) 8.216
- (Binnenschiffahrt) 8.216
- (Bolivien)
  s.Länderkunde (Bolivien) 8.119
- (Chile)
  s.Länderkunde (Chile) 8.120
- (China) 8.217
- (Dänemark)
  s.Länderkunde (Dänemark) 8.121
- (Deutschland) 8.217
- (Deutschland:DDR) 8.218
- (Ecuador)
  s.Länderkunde (Ecuador) 8.123
- (Eifel)
  s.Länderkunde (Eifel) 8.123
- (Einzelfragen) 8.218
- (Eisenbahn) 8.218
- (Energiewirtschaft) 8.219
- (Entwicklungsländer)
  s.Entwicklungsländer (Wirtschaftsgeographie) 8.29
- (Erdöl) 8.219
- (Erdöl:Politischer Aspekt) 8.219
- (Erdöl:Unterrichtsentwurf) 8.219
- (Erdölgewinnung) 8.220
- (Erdöltransport) 8.220
- (Erdölverarbeitung) 8.220
- (Ernährung) 8.220
- (Erz) 8.221
- (Europa)
  s.Länderkunde (Europa) 8.124
- (Europäische Integration) 8.221
- (Finnland)
  s.Länderkunde (Finnland) 8.124
- (Fischfang) 8.221
- (Frankreich) 8.222
- (Großbritannien) 8.222
- (Gymnasium) 8.222
- (Hamburg)
  s.Länderkunde (Hamburg) 8.126
- (Heimatkunde)
  s.Heimatkundeunterricht (Sachunterricht) 8.102
- (Holz) 8.222

- (Indien) 8.222
- (Industrie) 8.223
- (Industrie:Deutschland) 8.223
- (Irland)
  s.Länderkunde (Irland) 8.128
- (Irak)
  s.Länderkunde (Irak) 8.128
- (Island)
  s.Länderkunde (Island) 8.129
- (Israel) 8.223
- (Italien) 8.223
- (Japan) 8.223
- (Kanada) 8.224
- (Kautschuk) 8.224
- (Kohle) 8.224
- (Landwirtschaft) 8.224
- (Landwirtschaft:EWG) 8.225
- (Margarine) 8.225
- (Marokko)
  s.Länderkunde (Marokko) 8.132
- (Milchwirtschaft) 8.225
- (Naher Osten)
  s.Länderkunde (Naher Osten) 8.133
- (Niederlande)
  s.Länderkunde (Niederlande) 8.134
- (Niedersachsen)
  s.Länderkunde (Niedersachsen) 8.134
- (Nordrhein-Westfalen)
  s.Länderkde (Nordrh.-Westf.) 8.135
- (Norwegen)
  s.Länderkunde (Norwegen) 8.136
- (Nutzvieh) 8.225
- (Österreich) 8.225
- (Peru)
  s.Länderkunde (Peru) 8.138
- (Polen) 8.226
- (Rheinschiffahrt) 8.226
- (Ruhrgebiet) 8.226
- (Rumänien)
  s.Länderkunde (Rumänien) 8.139
- (Saarland)
  s.Länderkunde (Saarland) 8.139
- (Schleswig-Holstein)
  s.Länderkunde (Schleswig-Holstein) 8.139
- (Schweden)
  s.Länderkunde (Schweden) 8.140
- (Schweiz) 8.226
- (Seefischerei) 8.227
- (Seeverkehr) 8.227
- (Soziologischer Aspekt) 8.227
- (Spanien)
  s.Länderkunde (Spanien) 8.142
- (Südafrika)
  s.Länderkunde (Südafrika) 8.143

- (Südamerika) 8.227
- (Tschechoslowakei) 8.228
- (Türkei)
  s.Länderkunde (Türkei) 8.144
- (UdSSR) 8.228
- (Ungarn)
  s.Länderkunde (Ungarn) 8.146
- (USA) 8.228
- (Venezuela)
  s.Länderkunde (Venezuela) 8.147
- (Verkehrswesen) 8.229
- (Verkehrswesen:Deutschland) 8.229
- (Wasserversorgung) 8.229
- (Welternährung) 8.230
- (West-Berlin) 8.230
- (Westdeutschland)
  s.Wirtschaftsgeographie (Deutschland) 8.217
- (Wolga-Kanal) 8.230
Wirtschaftsgeschichte
  s.Wirtschaftsgeographie (Einzelfragen) 8.218
  s.Wirtschaftskunde (Einzelfragen) 8.232
Wirtschaftsgymnasium 1.270
Wirtschaftsingenieur
  s.Ingenieurschule 1.114
Wirtschaftsintegration Europas
  s.Wirtschaftsgeographie (Europäische Integration) 8.221
Wirtschaftskunde 8.231
- (Arbeitnehmer) 8.231
- (Berufsschule) 8.231
- (DDR) 8.232
- (Eigentum) 8.232
- (Einzelfragen) 8.232
- (Geldwirtschaft) 8.233
- (Gemeinschaftskunde)
  s.Gemeinschaftskunde (Wirtschaftskunde) 8.54
- (Genossenschaftswesen) 8.234
- (Gymnasium) 8.234
- (Inflation) 8.234
- (Isolierende Abstraktion)
  s.Wirtschaftskunde (Methodische Einzelfragen) 8.236
- (Konsumerziehung) 8.234
- (Landwirtschaft) 8.235
- (Lehrplan)
  s.Wirtschaftskunde (Methodische Einzelfragen) 8.236
- (Lohnfragen) 8.235
- (Marktwirtschaft) 8.236
- (Methodische Einzelfragen) 8.236
- (Pendler) 8.236
- (Politische Bildung) 8.236
- (Selbsttätigkeit)
  s.Wirtschaftskunde (Methodische Einzelfragen) 8.236
- (Veranschaulichungsmittel)
  s.Wirtschaftskunde (Methodische Einzelfragen) 8.236
- (Versicherung) 8.237
- (Volksschule) 8.237
- (Werbung) 8.237
- (Wirtschaftsgymnasium) 8.237
Wirtschaftskundlicher Unterricht
  s.Betriebswirtschaftlicher Unterricht 6.51
  s.Wirtschaftsgeographie (Berufsschule) 8.216
  s.Wirtschaftskunde 8.231
  s.Wirtschaftskunde (Berufsschule) 8.231
Wirtschaftslehre
  s.Kaufmännische Berufsfachkunde (Wirtschaftslehre) 10.94
Wirtschaftslehrer
  s.Berufsschullehrer 2.24
Wirtschaftsmathematik 9.305
Wirtschaftsoberschule 1.271
- (Deutschunterricht)
  s.Deutschunterricht (Wirtschaftsoberschule) 7.59
- (Saarbrücker Rahmenvereinbarung)
  s.Saarbrücker Rahmenvereinbarung 6.147
- (Zweiter Bildungsweg)
  s.Zweiter Bildungsweg (Berufsbildendes Schulwesen) 1.278
Wirtschaftsordnung
  s.Wirtschaftskunde (Einzelfragen) 8.232
Wirtschaftspädagogik 3.242
- (Diskussion) 3.243
- (Geschichte) 3.244
- (Volkshochschule)
  s.Erwachsenenbildung und Berufsbildung 1.70
Wirtschaftspädagog.Forschung 3.244
Wirtschaftspädagogisches Seminar
  s.Berufsschullehrerbildung (Bundesländer) 2.26
Wirtschaftspädagogisches Studienseminar
  s.Studienseminar (Berufsschullehrer) 2.140
Wirtschaftspädagogisches Studium
  s.Handelsschullehrerbildung 2.47
Wirtschaftspflanzen
  s.Wirtschaftsgeographie (Ernährung) 8.220

Wirtschaftspolitik 1932/33
　s.Zeitgeschichte (Weimarer Republik)
　　8.245
Wirtschaftspraktikum
　s.Betriebspraktikum 6.50
　s.Industriepraktikum 6.100
　s.Wirtschaftskunde (Gymnasium)
　　8.234
Wirtschaftspresse im Unterricht
　s.Zeitung im Unterricht (Berufs-
　　schule) 5.262
Wirtschaftspsychologie
　s.Betriebspsychologie 4.32
Wirtschaftsrealschule
　s.Wirtschaftsoberschule 1.271
Wirtschaftsrechnen
　s.Fachrechnen 9.120
Wirtschaftsschule 1.272
- (Erdkunde)
　s.Erdkundeunterricht (Berufs-
　　schule) 8.33
- (Staatsbürgerliche Erziehung)
　s.Staatsbürgerliche Erziehung
　　(Wirtschaftsschule) 8.209
Wirtschaftssprache
　s.Fachsprachen 7.94
Wirtschaftsunterricht
　s.Betriebswirtschaftlicher Unter-
　　richt 6.51
Wirtschaftswissenschaft
　s.Wirtschaftspädagogik 3.242
Wissen
　s.Gedächtnis 4.63
　s.Lernen 6.123
- und Bildung
　s.Bildung und Ausbildung 3.60
Wissenschaft und Leben
　s.Bildung und Wissenschaft 3.62
Wissenschaft und Philosophie
　s.Bildung und Wissenschaft 3.62
Wissenschaft und Schule
　s.Kulturpolitik 1.128
Wissenschaftliche Bildung
　s.Volkstümliche oder wissenschaft-
　　liche Bildung 6.225
Wissenschaftliche Grammatik
　s.Kybernetik (Informationssemantik)
　　5.99
Wissenschaftliche Hausarbeit
　s.Zweite Lehrerprüfung (Tätig-
　　keitsbericht) 2.150
Wissenschaftliche Hochschule
　s.Hochschulreform 1.108
Wissenschaftliche Lehrerbildung
　s.Akademische Lehrerbildung 2.19

s.Lehrerbildung (Wissenschafts-
　charakter) 2.101
Wissenschaftliche Lernorganisation
　s.Programmiertes Lernen (Unter-
　　richtsaspekt) 5.186
Wissenschaftliche Oberschule
　s.Oberschule Wissenschaftlicher
　　Zweig 1.148
Wissenschaftliche Pädagogik
　s.Pädagogik (Methodologie) 3.187
Wissenschaftlicher Chemieunterricht
　s.Chemieunterricht (Wissenschafts-
　　charakter) 9.95
Wissenschaftlicher Religionsunterricht
　s.Religionsunterricht 10.206
Wissenschaftlicher Unterricht
　s.Gymnasialunterricht 6.90
Wissenschaftliches oder volkstümliches
　Denken
　s.Volkstümliche oder wissenschaft-
　　liche Bildung 6.225
Wissenschaftsförderung
　s.Hochschulfinanzierung 1.106
Wissenschaftspolitik
　s.Bildungspolitik 1.51
　s.Kulturpolitik 1.128
Wissenschaftsrat
　s.Begabtenförderung (Abiturienten)
　　1.27
　s.Hochschulreform (Wissenschafts-
　　rat) 1.110
Wissenschaftssprache
　s.Fachsprachen 7.94
Wissenskontrolle
　s.Schulische Leistungskontrolle 6.160
Wissensordnung
　s.Bildungsplan 6.51
Wissenssoziologie
　s.Pädagogische Grundbegriffe 3.196
　s.Soziologie 3.228
- und Pädagogik
　s.Pädagogik und Soziologie 3.192
Wissensspeicher
　s.Lehrgerät (Einzelformen) 5.116
Wissensspeicherung
　s.Kybernetische Lerntheorie (Infor-
　　mationsverarbeitung) 5.105
WIT [Test]
　s.Intelligenztest 4.89
Witterungsschwankung
　s.Klimakunde (Einzelfragen) 8.108
Witterungsverlauf
　s.Wetterkunde (Jahreslauf) 8.213
Witz
　s.Schwank 7.210

Woche der Schule
  s.Schule und Elternhaus
Wochenarbeit
  s.Landschulunterricht 6.111
Wochenendfreizeit
  s.Religionsunterricht (Sozialerziehung) 10.222
Wochenplan
  s.Lehrplan 6.114
Wörterbaum
  s.Deutschlehrmittel (Rechtschreiben) 5.52
Wörterbuch 5.259
Wörterbuch im Unterricht 5.260
- (Deutsch)
  s.Deutschlehrmittel (Wörterbuch) 5.54
- (Englisch)
  s.Fremdsprachenlehrmittel (Wörterbuch) 5.76
- (Erdkunde)
  s.Erdkundelehrmittel (Einzelformen) 5.63
- (Französisch)
  s.Französischlehrmittel 5.72
- (Fremdsprachen)
  s.Fremdsprachenlehrmittel (Wörterbuch) 5.76
- (Latein)
  s.Lateinlehrmittel 5.114
Wörterheft
  s.Deutschlehrmittel (Wörterheft) 5.55
Wörterverzeichnis
  s.Deutschlehrmittel (Wörterheft) 5.55
Wörtliche Rede
  s.Satzlehre (Nebensatz) 7.204
Wohlfahrtschule
  s.Frauenfachschule 1.80
Wohlstand
  s.Wirtschaftskunde (Marktwirtschaft) 8.236
Wohnung [im Gesamtunterricht]
  s.Arbeitseinheiten (Wohnung) 6.34
Wohnung [Kulturgeschichte]
  s.Kulturgeschichtliche Längsschnitte (Wohnung) 8.112
Wohnungsproblem
  s.Sozialkunde (Unterrichtsbeispiele) 8.200
Wohnwelt des Kindes
  s.Sozialpsychologie (Umwelteinflüsse) 4.195
Wolfsburg
  s.Länderkunde (Niedersachsen) 8.134

Wolga-Don-Kanal
  s.Wirtschaftsgeographie (Wolga-Kanal) 8.230
Wolgaland
  s.Wirtschaftsgeographie (UdSSR) 8.228
Wolkenbild
  s.Wetterkunde (Wolken) 8.215
Wollen
  s.Willenserforschung 4.239
  s.Willenserziehung 3.241
Wort
  s.Wortkunde 7.251
- im Bildungsprozeß
  s.Wortkunde im Unterricht 7.251
- und Bild
  s.Sprache (Bildkraft) 7.212
- und Sache
  s.Sprachunterricht (Sachbezogenheit) 7.228
Wort-Unterscheidungs-Test
  s.Legasthenie (Diagnostik) 4.103
  s.Lesetest 4.119
Wortarten 7.246
- (Adjektiv) 7.247
- (Adjektiv im Unterricht) 7.247
- (Artikel) 7.247
- (Einzelfragen) 7.247
- (Kompositum) 7.247
- (Präposition) 7.248
- (Pronomen) 7.248
- (Substantiv) 7.249
- (Substantiv im Unterricht) 7.249
Wortbilder
  s.Rechtschreibunterricht (Übungsformen) 7.194
Wortbildschemata
  s.Rechtschreibunterricht (Schuljahr I-II) 7.193
Wortbildung
  s.Sprachpsychologie 4.206
  s.Wortkunde 7.251
Wortbildungsfähigkeit
  s.Deutsche Sprache 7.44
Wortbildungslehre
  s.Wortarten 7.246
  s.Wortkunde im Unterricht 7.251
Wortblindheit
  s.Legasthenie (Verhaltensstörung) 4.104
Wortfamilie 7.249
Wortfeld 7.250
Wortfeld im Unterricht 7.250
- (Einzelbeispiele) 7.250

- 473 -

[Forts.: Wortfeld im Unterricht]
- (Englisch)
  s.Englischunterricht (Basic English) 7.76
Wortfeldübung
  s.Wortfeld im Unterricht 7.250
Wortfolge
  s.Satzlehre (Wortstellung) 7.206
Wortfolgeübersetzung
  s.Fremdsprachenunterricht (Übersetzen) 7.111
Wortforschung
  s.Wortkunde 7.251
Wortfuge
  s.Wortkunde 7.251
Wortgeographie
  s.Wortgeschichte 7.250
Wortgeschichte 7.250
Wortgestalt
  s.Erstleseunterricht (Psychologischer Aspekt) 7.91
Worthäufigkeit
  s.Fremdsprachenunterricht (Wortschatzvermittlung) 7.113
Wortkarte im Englischunterricht
  s.Englischlehrmittel (Einzelformen) 5.57
Wortkunde 7.251
- im Unterricht 7.251
Wortrang-Differenz
  s.Kybernetik (Informationssemantik) 5.99
Wortsammlung
  s.Nachschlagekartei 5.143
Wortschatz
  s.Kindersprache 4.96
  s.Sprachliche Entwicklung (Sonderschüler) 4.205
Wortschatz des Kindes 4.240
Wortschatzerweiterung
  s.Wortschatzpflege 7.252
Wortschatzminimum im Russischunterricht
  s.Russischunterricht (Wortschatzvermittlung) 7.201
Wortschatzpflege 7.252
- (Einzelfragen) 7.252
- (Englischer Anfangsunterricht)
  s.Englischer Anfangsunterricht 7.74
- (Englischunterricht)
  s.Englischunterricht (Wortschatzvermittlung) 7.88
- (Französischunterricht)
  s.Französischunterricht (Wortschatzvermittlung) 7.101
- (Fremdsprachenunterricht)
  s.Fremdsprachenunterricht (Wortschatzvermittlung) 7.113
- (Häufigkeitswortschatz) 7.252
- (Sprachlabor)
  s.Sprachlabor (Wortschatzübung) 5.247
- (Taubstummenunterricht)
  s.Taubstummenunterricht (Wortschatzpflege) 6.201
- (Übersetzen)
  s.Übersetzen (Sprachlicher Aspekt) 7.242
- (Übungsformen) 7.252
Wortschatztest
  s.Test (Frankfurter Wortschatztest) 4.219
Wortschatzübung
  s.Wortschatzpflege (Übungsformen) 7.252
Wortschatzwiederholung
  s.Wortschatzpflege (Übungsformen) 7.252
Wortspiel
  s.Fremdsprachenlehrmittel (Spielformen) 5.75
Wortstellung
  s.Satzlehre (Wortstellung) 7.206
Wortzeugnis
  s.Zeugnis (Wortzeugnis) 1.274
Würfel im Erdkundeunterricht
  s.Erdkundelehrmittel (Einzelformen) 5.63
Würfel im Rechenunterricht
  s.Rechenspiele (Würfel) 5.195
Würmer
  s.Tierkunde (Würmer) 9.285
- (Haut)
  s.Tierphysiologie (Haut der Tiere) 9.286
Württembergisches Oberland
  s.Länderkunde (Baden-Württemberg) 8.118
Würzpflanzen
  s.Ernährungslehre (Einzelfragen) 10.54
Wüste
  s.Allgemeine Erdkunde (Wüste) 8.21
Wunder Jesu
  s.Bibelunterricht NT (Wunder Jesu) 10.48
Wunschberuf
  s.Berufswahl 3.52
Wunschdenken
  s.Autismus 4.26
Wunscherfüllung
  s.Erziehung zum Verzicht 3.86

Wunschprobe
  s.Charakterbeurteilung 4.35
Wuppertal
  s.Länderkunde (Nordrhein-Westfalen)
  8.135
Wurffertigkeit
  s.Leichtathletik (Wurfschulung)
  10.161
Wurfmechanik
  s.Mechanik (Freier Fall) 9.181
Wurzel
  s.Pflanzenkunde (Pflanzenbau) 9.233
Wurzelatmung
  s.Pflanzenphysiologie 9.236
Wurzelbegriff
  s.Algebra (Quadratwurzel) 9.30
Wurzelziehen
  s.Algebra (Quadratwurzel) 9.30
  s.Rechenoperationen (Wurzelziehen)
  9.262
WZT [Test]
  s.Test (Wartegg-Zeichen-Test) 4.221

X

Xylophon
  s.Musikinstrument (Einzelformen)
  5.139

Y

Yellowstone-Park
  s.Länderkunde (USA:Nationalparke)
  8.147
Yoga
  s.Psychotherapie (Behandlungsmethoden) 4.153
Yosemite-Nationalpark
  s.Länderkunde (USA:Nationalparke)
  8.147
Ytongstein als Werkstoff
  s.Werken (Stein) 10.267

Z

Z-Test
  s.Schülerbeurteilung (Test) 4.170
  s.Test (Zulliger-Test) 4.221
Zählen
  s.Erstrechenunterricht (Zählen)
  9.118
Zählforschung
  s.Wortschatzpflege (Häufigkeitswortschatz) 7.252
Zählleiter
  s.Rechenlehrmittel (Zahlenband)
  5.193
Zählrohre
  s.Atomphysik (Zählrohre) 9.55
Zähne
  s.Menschenkunde (Zähne) 9.193
Zahl im Unterricht
  s.Algebraunterricht 9.32
Zahlauffassung
  s.Zahlbegriffsbildung 4.240
Zahlbegriff
  s.Zahlbegriffsbildung 4.240
  - (Algebra)
  s.Algebra (Axiomatik) 9.25
Zahlbegriffsauffassung
  s.Erstrechenunterricht (Zahlbegriff) 9.118
Zahlbegriffsbildung 4.240
  - (Taubstumme)
  s.Erstrechenunterricht (Sonderschule) 9.118
Zahlbewußtsein
  s.Zahlbegriffsbildung 4.240
Zahlbild
  s.Erstrechenunterricht (Zahlbild)
  9.119
  s.Rechenlehrmittel (Erstrechnen)
  5.191
Zahldenken
  s.Zahlbegriffsbildung 4.240
Zahleinführung
  s.Erstrechenunterricht (Zahlbegriff) 9.118
Zahlenband
  s.Rechenlehrmittel (Zahlenband)
  5.193
Zahlenfolgen
  s.Analysis (Grenzwert) 9.34
Zahlenheft
  s.Rechenlehrmittel (Zahlentafel)
  5.194
Zahlenlehre
  s.Algebra 9.25
Zahlenmaterial im Erdkundeunterricht
  s.Erdkundelehrmittel (Zahlenmaterial) 5.69
Zahlenrätsel
  s.Mathematiklehrmittel (Spielformen)
  5.136

Zahlenräume
　s.Grundschulrechnen (Zahlensystem)
　　9.143
Zahlenraum 1 bis 10
　s.Erstrechenunterricht (Zahlen-
　　raum 1-10) 9.119
Zahlenraum 1 bis 100
　s.Erstrechenunterricht (Zahlen-
　　raum 1-100) 9.119
Zahlenraum 1 bis 1000
　s.Grundschulrechnen (Zahlenraum
　　1-1000) 9.142
Zahlenraum 100 bis 1000
　s.Grundschulrechnen (Zahlenraum
　　1-1000) 9.142
Zahlenraum 10 000 bis 100 000
　s.Grundschulrechnen (Zahlenraum
　　über 1000) 9.143
Zahlenreihe
　s.Erstrechenunterricht (Zahlenreihe)
　　9.120
Zahlenschreibversuch
　s.Aufmerksamkeit 4.26
　s.Test (Pauli-Test) 4.219
Zahlensysteme
　s.Algebra (Zahl) 9.31
Zahlentafel
　s.Mathematiklehrmittel 5.135
　s.Rechenlehrmittel (Zahlentafel)
　　5.194
Zahlentheorie
　s.Algebra (Zahlentheorie) 9.31
Zahlgrößenvorstellung
　s.Zahlbegriffsbildung 4.240
Zahlleistung
　s.Erstrechenunterricht (Zählen) 9.118
Zahlsymbole
　s.Algebra 9.25
Zahlvorstellung
　s.Erstrechenunterricht (Zahlbe-
　　griff) 9.118
　s.Grundschulrechnen (Zahlenraum
　　über 1000) 9.143
　s.Zahlbegriffsbildung 4.240
Zahlwort
　s.Wortarten (Einzelfragen) 7.247
Zahnarzt
　s.Schulzahnpflege 1.239
Zahngesundheit
　s.Menschenkunde (Zähne) 9.193
Zahnpflege
　s.Schulzahnpflege 1.239
Zahnwechsel
　s.Schulreife (Medizinischer
　　Aspekt) 4.177

Zar und Zimmermann
　s.Musikgeschichte (Oper) 10.177
Zebrastreifen
　s.Verkehrsunterricht (Zebra-
　　streifen) 10.257
Zehn Gebote
　s.Bibelunterricht AT (Dekalog) 10.35
Zehn-Minuten-Turnen
　s.Leibeserziehung (Tägliche Turn-
　　stunde) 10.153
Zehneck
　s.Geometrie (Vielecke) 9.132
Zehnerstreifen
　s.Rechenlehrmittel (Zahlenband)
　　5.193
Zehnerüberschreiten
　s.Grundschulrechnen (Zehnerüber-
　　schreitung) 9.143
Zehnklassenschule
　s.Schulwesen DDR (Zehnklassen-
　　schule) 1.236
Zehntes Ettlinger Gespräch
　s.Begabungsreserven 1.28
　s.Lehrerbedarf 2.66
Zehntes Volksschuljahr
　s.Schuljahr X 1.200
Zeichen-Test
　s.Test 4.216
Zeichenarbeitsgemeinschaft
　s.Zeichenunterricht (Methodische
　　Einzelfragen) 10.279
Zeichenausstellung
　s.Schulische Ausstellung 5.235
　s.Zeichenunterricht (Ausstellung)
　　10.276
Zeichenerkennung
　s.Kybernetische Maschinen (Auto-
　　matische Zeichenerkennung) 5.109
Zeichengerät
　s.Kunstlehrmittel 5.96
Zeichenhandwerk
　s.Berufsfachkunde (Graphisches
　　Gewerbe) 10.25
Zeichenlehrer
　s.Kunsterzieher 2.57
　s.Zeichenunt. (Lehrereinfluß) 10.278
Zeichenlernen
　s.Kybernetische Lerntheorie 5.102
Zeichensaal
　s.Schulgebäude (Zeichensaal) 1.189
Zeichenstunde
　s.Zeichenunterricht 10.276
Zeichenthema
　s.Zeichenunterricht (Themenstellung)
　　10.280

Zeichenunterricht 10.276
- (Anstoß)
  s.Zeichenunterricht (Methodische Einzelfragen) 10.279
- (Aufgabenstellung)
  s.Zeichenunterricht (Themenstellung) 10.280
- (Ausstellung) 10.276
- (Berufsschule) 10.277
- (Bildungswert) 10.277
- (DDR) 10.277
- (Fotografie)
  s.Schulfotografie (Kunsterziehung) 5.224
- (Gemeinschaftsarbeit) 10.277
- (Geschichte)
  s.Zeichenunterricht 10.276
- (Grundschule) 10.278
- (Gymnasium) 10.278
- (Industriewerbung)
  s.Zeichenunterricht (Methodische Einzelfragen) 10.279
- (Korrektur) 10.278
- (Kunsterziehung) 10.278
- (Landschule)
  s.Zeichenunterricht (Volksschule) 10.281
- (Lehrereinfluß) 10.278
- (Lehrerkorrektur)
  s.Zeichenunterricht (Korrektur) 10.278
- (Lehrplan) 10.279
- (Leistungsbewertung) 10.279
- (Lernaspekt)
  s.Zeichenunterricht (Methodische Einzelfragen) 10.279
- (Methodische Einzelfragen) ... 10.279
- (Museum)
  s.Kunstlehrmittel (Museumsbesuch) 5.96
- (Polytechnische Bildung)
  s.Zeichenunterricht (DDR) 10.277
- (Psychologischer Aspekt) 10.280
- (Pubertätskrise)
  s.Zeichenunterricht (Psychologischer Aspekt) 10.280
- (Schuljahr III)
  s.Zeichenunterricht (Grundschule) 10.278
- (Sonderschule) 10.280
- (Sozialistische Erziehung)
  s.Zeichenunterricht (DDR) 10.277
- (Taubstummenbildung)
  s.Zeichenunterricht (Sonderschule) 10.280
- (Themenstellung) 10.280
- (Üben)
  s.Zeichenunterricht (Methodische Einzelfragen) 10.279
- (Unterstufe)
  s.Zeichenunterricht (Grundschule) 10.278
- (Volksschule) 10.281
- (Vorstellung)
  s.Zeichenunterricht (Berufsschule) 10.277
- (Zensur)
  s.Zeichenunterricht (Leistungsbewertung) 10.279
Zeichnen 10.281
- (Bibelunterricht)
  s.Bibelunterricht (Zeichnen/Malen) 10.35
- (Biologieunterricht)
  s.Biologielehrmittel (Bildformen) 5.40
- (Einzeltechniken) 10.281
- (Einzelthemen) 10.282
- (Erdkundeunterricht)
  s.Erdkundelehrmittel (Sachzeichnen) 5.68
- (Federzeichnung) 10.282
- (Figürliches Zeichnen) 10.282
- (Geometrisches Zeichnen) 10.282
- (Graphisches Gestalten) 10.283
- (Heimatkundeunterricht)
  s.Heimatkundeunterricht (Zeichnen) 8.104
- (Menschenbildung)
  s.Zeichenunterricht (Bildungswert) 10.277
- (Naturzeichnen) 10.283
- (Pflanzenzeichnen) 10.283
- (Raumzeichnung) 10.284
- (Religionsunterricht)
  s.Religionsunterricht (Zeichnen/Malen) 10.225
- (Sachzeichnung) 10.284
- (Schemazeichnen) 10.284
- (Technisches Zeichnen) 10.284
- (Tierzeichnen) 10.285
- (Weihnachtszeit) 10.285
Zeichnerische Darstellungsfähigkeit
  s.Zeichnerische Entwicklung 4.241
Zeichnerische Entwicklung 4.241
Zeichnerische Raumgestaltung
  s.Zeichnen (Raumdarstellung) 10.284
Zeigen [Didaktischer Aspekt]
  s.Didaktik (Einzelfragen) 6.53

- 477 -

Zeit der Richter
  s.Bibelunterricht AT (Einzelfragen)
  10.36
Zeitauflösungsvermögen
  s.Kybernetik (Informationstheorie)
  5.100
  s.Zeitsinn 4.241
Zeitbegriff
  s.Verblehre (Zeitformen) 7.246
  - beim Kinde
  s.Zeitsinn 4.241
Zeiteinteilung [im Gesamtunterricht]
  s.Arbeitseinheiten (Zeit) 6.35
Zeiterfahrung
  s.Zeitsinn 4.241
Zeitfries
  s.Geschichtsfries (Zeittafel) 5.79
Zeitgemäße Erziehung
  s.Erziehung (Gegenwartsbezug) 3.77
Zeitgemäße Heimatkunde
  s.Heimatkundeunterricht (Kritik)
  8.99
Zeitgemäße Mädchenbildung
  s.Mädchenbildung (Gegenwartsfragen)
  3.172
Zeitgenössisches Schrifttum
  s.Zeitgeschichtslehrmittel 5.260
Zeitgeschehen
  s.Politische Bildung (Gegenwartsbezug) 8.177
  - im Unterricht
  s.Gegenwartskunde 8.48
Zeitgeschichte 8.237
- (Abrüstung) 8.238
- (Antisemitismus) 8.238
- (Auschwitzprozeß) 8.238
- (Bundeswehr) 8.239
- (DDR) 8.239
- (Deutschlandfrage) 8.239
- (Einzelfragen) 8.239
- (Europäische Gemeinschaften) ... 8.240
- (Euthanasie) 8.240
- (Faschismus) 8.240
- (Film)
  s.Zeitgeschichtslehrmittel 5.260
- (Flüchtlingsfrage) 8.240
- (Hitlers Außenpolitik) 8.241
- (Hitlers Machtergreifung) 8.241
- (Internationaler Kongreß)
  s.Zeitgeschichte (Einzelfragen)
  8.239
- (Israel) 8.241
- (Judenfrage) 8.242
- (Judenverfolgung) 8.242
- (Jugendbuch)
  s.Zeitgeschichtslehrmittel (Jugendbuch) 5.261
- (Kommunismus) 8.242
- (Landeskunde)
  s.Zeitgeschichte (Einzelfragen)
  8.239
- (Militarismus) 8.243
- (Nationalsozialismus) 8.243
- (Rassenfrage) 8.244
- (Sowjetunion) 8.244
- (Unesco) 8.244
- (Vereinte Nationen) 8.244
- (Weimarer Republik) 8.245
- (Weltkrieg 1914-1918) 8.245
- (Weltkrieg 1939-1945) 8.246
- (Widerstandsbewegung) 8.246
- (Wiedervereinigung) 8.247
- (20.Juli 1944) 8.248
- im Unterricht
  s.Zeitgeschichtsunterricht 8.248
Zeitgeschichtliche Schallplatte
  s.Zeitgeschichtslehrmittel
  (Schallplatte) 5.261
Zeitgeschichtliches Jugendbuch
  s.Zeitgeschichtslehrmittel
  (Jugendbuch) 5.261
Zeitgeschichtslehrmittel 5.260
- (Dokumentarfilm) 5.260
- (Jugendbuch) 5.261
- (Lehrbuch) 5.261
- (Schallplatte) 5.261
Zeitgeschichtsunterricht 8.248
- (Antisemitismus) 8.248
- (Arbeitsmittel)
  s.Zeitgeschichtslehrmittel 5.260
- (Berlin) 8.248
- (Berufsschule) 8.249
- (DDR)
  s.Gegenwartskunde (DDR) 8.48
- (Deutsche Nationalhymne) 8.249
- (Deutsche Ostgrenze) 8.249
- (Deutschlandfrage) 8.249
- (Eichmann-Prozeß) 8.250
- (Einzelfragen) 8.250
- (Ermächtigungsgesetz) 8.250
- (Erwachsenenbildung) 8.251
- (Europa) 8.251
- (Europäische Einigung) 8.251
- (Europäische Gemeinschaft) 8.252
- (Exemplarisches Lehren)
  s.Zeitgeschichtsunterricht (Methodische Einzelfragen) 8.254
- (Flüchtlingsfrage) 8.252
- (Grundgesetz)
  s.Politik (Grundgesetz) 8.162

- (Gymnasium) 8.252
- (Hitlers Machtergreifung) 8.252
- (Judenfrage) 8.253
- (Judenverfolgung) 8.253
- (Kommunismus) 8.253
- (Krieg) 8.253
- (Lesespiel)
  s.Zeitgeschichtsunterricht (Methodische Einzelfragen) 8.254
- (Methodische Einzelfragen) 8.254
- (Nationalsozialismus) 8.254
- (Nationalsozialismus:Dokumente) 8.254
- (Nationalsozialismus:Einzelfr.) 8.255
- (Nationalsozialismus:Gymnasium) 8.255
- (Nationalsozialismus:Volkssch.) 8.255
- (Psychologischer Aspekt) 8.256
- (Rassenfrage) 8.256
- (Realschule) 8.256
- (Russische Revolution) 8.256
- (17.Juni 1953) 8.256
- (Sowjetunion) 8.257
- (Vereinte Nationen) 8.257
- (Volksschule) 8.257
- (Weimarer Republik) 8.258
- (Widerstandsbewegung) 8.258
- (20.Juli 1944) 8.259
- (Zweiter Weltkrieg) 8.259
- (Zweiter Weltkrieg:Einzelfragen) 8.259
Zeitleiste
  s.Geschichtsfries 5.78
Zeitmessung
  s.Astronomie (Zeitmessung) 9.47
  s.Mechanik (Meßtechnik) 9.184
- (Kulturgeschichte)
  s.Kulturgeschichtliche Längsschnitte (Zeitmessung) 8.112
Zeitnahe Geschichte
  s.Geschichtsunterricht (Gegenwartsbezug) 8.72
Zeitschrift
  s.Lit.päd. (Jugendzeitschrift) 3.167
- im Unterricht
  s.Lesebuch im Unterricht 5.130
Zeitsinn 4.241
Zeittafel
  s.Geschichtsfries (Zeittafel) 5.79
Zeitung [im Gesamtunterricht]
  s.Arbeitseinheiten (Zeitung) 6.35
Zeitung im Unterricht 5.262
- (Berufsschule) 5.262
- (Biologie)
  s.Biologielehrmittel (Einzelformen) 5.41
- (Deutschunterricht)
  s.Deutschlehrmittel (Zeitung) 5.55

- (Englischunterricht)
  s.Englischlehrmittel (Zeitung) 5.59
- (Erdkunde)
  s.Erdkundelehrmittel (Einzelformen) 5.63
- (Geschichtsunterricht)
  s.Geschichtslehrmittel (Literarische Quellen) 5.87
- (Klassenzeitung) 5.263
- (Politische Bildung)
  s.Politiklehrmittel (Zeitung) 5.153
- (Rechnen)
  s.Rechenlehrmittel (Einzelformen) 5.190
- (Schulzeitung) 5.263
- (Volksschule) 5.263
Zeitungslektüre 3.245
- (Jugendalter) 3.245
- im Unterricht
  s.Zeitung im Unterricht 5.262
Zeitungslesebuch
  s.Lesebuch (Landschule) 5.129
Zeitungslesen
  s.Leseunterricht (Methodische Einzelfragen) 7.157
  s.Zeitungslektüre 3.245
- (Unterrichtsfach)
  s.Zeitung im Unterricht (Volksschule) 5.263
Zeitvorstellung
  s.Geschichtsunterricht (Zeitvorstellung) 8.89
  s.Zeitsinn 4.241
Zeitwort
  s.Verblehre 7.243
Zellenlehre
  s.Mikrobiologie (Zellenlehre) 9.195
Zellstoff
  s.Organische Chemie (Textilfaser) 9.225
Zellstoffwechsel
  s.Mikrobiologie (Zellenlehre) 9.195
Zellstreckung
  s.Pflanzenphysiologie (Wachstum) 9.238
Zellwolle
  s.Organische Chemie (Textilfaser) 9.225
Zeltlager
  s.Jugendwandern (Ferienlager) 3.154
  s.Schulwandern (Zeltlager) 6.181
- (Koedukation)
  s.Koedukation (Gemeinschaftsformen) 3.159
Zement
  s.Anorganische Chemie (Salze) 9.42

Zensur
  s.Notengebung 6.131
  s.Zeugnis 1.272
Zentralbewegung
  s.Mechanik (Drehbewegung) 9.179
Zentrale Landoberschule
  s.Mittelpunktschule 1.144
Zentrale Prüfung
  s.Reifeprüfung 1.165
Zentrales Abitur
  s.Abitur 1.20
Zentralfachschule für Drogistenlehrlinge
  s.Fachschule (Einzelne Berufe) 1.74
Zentralkollineation
  s.Abbildungsgeometrie (Projektive Geometrie) 9.21
Zentralperspektive
  s.Zeichnen (Geometrisches Zeichnen) 10.282
Zentralprojektion
  s.Kegelschnitte (Projektive Geometrie) 9.151
Zentralschule 1.272
- (Heilpädagogik)
  s.Sonderschulreform 1.251
Zentralverband katholischer Kindergärten und Kinderhorte Deutschlands
  s.Kindergärtnerin 2.53
Zentrierter Unterricht
  s.Kern- und Kursunterricht (Gymnasium) 6.106
Zentrifugalkraft
  s.Mechanik (Zentrifugalkraft) 9.186
Zentripetalkraft
  s.Mechanik (Drehbewegung) 9.179
Zentrische Streckung
  s.Abbildungsgeometrie (Affinität) 9.20
Zero-Derivation
  s.Englische Grammatik (Wortlehre) 7.68
Zerstörungswut
  s.Halbstarke 4.76
Zettelkasten
  s.Nachschlagekartei 5.143
Zeugnis 1.272
- (Berufsschule) 1.273
- (Grundschule) 1.273
- (Kopfnoten) 1.274
- (Kritik) 1.274
- (Wortzeugnis) 1.274
Zeugnisspruch
  s.Zeugnis (Wortzeugnis) 1.274
Zielangabe im Unterricht
  s.Unterricht (Problemstellung) 6.207

Ziellose Erziehung
  s.Erziehungskrise 3.94
Zielorientierung
  s.Motivation im Unterricht 6.126
Zielstellung im Unterricht
  s.Unterricht (Problemstellung) 6.207
Zielstrebungen
  s.Lernmotivation 4.110
Zielwanderung
  s.Schulwandern 6.178
Zieralgen
  s.Pflanzenkunde (Algen) 9.226
Ziergarten
  s.Schulgarten (Blumen) 5.230
Zierpflanzen
  s.Pflanzenkunde (Einzelne Pflanzen) 9.228
Ziffern 1 bis 10
  s.Erstrechenunterricht (Zahlenraum 1-10) 9.119
Zifferngleichung
  s.Algebra (Gleichungslehre) 9.27
Ziffernrechengerät
  s.Rechenautomat 9.257
Ziffernrechenmaschine
  s.Kybernetische Maschinen (Rechenautomat) 5.112
Ziffernrechnen
  s.Rechenoperationen (Schriftliches Rechnen) 9.261
Ziffernschreiben
  s.Erstrechenunterricht (Zifferneinführung) 9.120
Zifferntafel
  s.Rechenlehrmittel (Zahlentafel) 5.194
Ziffernzensur
  s.Notengebung 6.131
Zikadenlarve
  s.Insektenkunde (Einzelne Insekten) 9.147
Zimmergewächshaus
  s.Biologielehrmittel (Pflanzenkunde) 5.44
Zinkgewinnung
  s.Elektrolyse (Einzelfragen) 9.110
Zinnfigur im Unterricht
  s.Geschichtslehrmittel (Einzelformen) 5.84
Zinsrechnung
  s.Prozentrechnen (Zinsrechnung) 9.254
Zipfelkäfer
  s.Insektenkunde (Käfer) 9.147
Zirkulare Seilwellen
  s.Schwingungslehre 9.275

Zirkulation der Luft
  s.Wetterkunde (Atmosphäre) 8.212
  s.Wetterkunde (Wind) 8.214
Zonengrenzfahrt
  s.Zeitgeschichte (Deutschlandfrage)
  8.239
Zoocönotik
  s.Tierkunde (Lebensgemeinschaft)
  9.282
Zoologische Systematik
  s.Tierkunde (Systematik) 9.284
Zoologischer Garten
  s.Biologielehrmittel (Zoo) 5.46
  - im Gesamtunterricht
  s.Arbeitseinheiten (Zoo) 6.35
Zootiere im Winter
  s.Tierkunde (Tiere im Winter) 9.284
Zucht
  s.Disziplin 3.72
Zuckergewinnung
  s.Chemotechnik (Einzelfragen) 9.100
Zuckerrohr
  s.Wirtschaftsgeographie (Ernährung)
  8.220
Züchtigungsrecht 1.274
- (Berufsschule) 1.275
- (Diskussion) 1.275
Züchtung
  s.Vererbungslehre 9.290
Zünfte
  s.Politik (Gewerkschaft) 8.162
Zürcher Werkjahr
  s.Werkunterricht (Reform) 10.274
Zürich
  s.Länderkunde (Schweiz:Kanton
  Zürich) 8.141
Zürichsee
  s.Länderkunde (Schweiz:Landschaften) 8.142
Zug
  s.Länderkunde (Schweiz:Einzelne
  Kantone) 8.140
Zugspitze
  s.Geologie (Alpen) 8.55
  s.Länderkunde (Alpen) 8.115
Zugvögel
  s.Vogelkunde (Zugvögel) 9.297
  - (Orientierungsvermögen)
  s.Vogelkunde (Vogelzug) 9.296
Zuidersee
  s.Länderkunde (Niederlande:Landgewinnung) 8.134
Zukunft der Welt
  s.Katechese (Eschatologie) 10.85
Zukunft des Unglaubens

  s.Religionsunterricht (Atheismus)
  10.207
Zukunftsroman
  s.Jugendbuch (Sonderformen) 7.138
  s.Roman 7.196
Zulassung zur Ingenieurschule
  s.Ingenieurschule (Zulassung) 1.116
Zulassungsarbeit
  s.Zweite Lehrerprüfung (Tätigkeitsbericht) 2.150
Zulliger-Tafeln-Test
  s.Test (Zulliger-Test) 4.221
Zungenspitzen-R
  s.Sprachheilpädagogik 4.200
Zuordnungen
  s.Erstrechenunterricht (Mengenoperation) 9.115
Zupfinstrumente
  s.Musikinstrument (Einzelformen)
  5.139
Zurückbleiben des Schülers
  s.Schulischer Leistungsrückgang
  6.163
Zurückstellung d.Schulanfängers .. 1.276
Zurückversetzung
  s.Nichtversetzung 1.147
  s.Sonderschule für Lernbehinderte
  (Rückschulung) 1.247
  s.Zurückstellung des Schulanfängers 1.276
Zusammengesetzte Bewegung
  s.Mechanik (Kinematik) 9.183
Zusammengesetztes Hauptwort
  s.Wortarten (Kompositum) 7.248
Zusammenschluß Europas
  s.Zeitgeschichtsunterricht (Europäische Einigung) 8.251
Zuspätkommen
  s.Schulversäumnis 1.226
Zwang oder Freiheit
  s.Autorität und Freiheit 3.23
  s.Erziehung zur Freiheit 3.85
Zwangsneurose
  s.Neurose (Zwangskrankheit) 4.130
Zwangsumsiedlung
  s.Zeitgeschichte (Flüchtlingsfrage) 8.240
20. [Zwanzigster] Juli 1944
  s.Zeitgeschichte (20. Juli 1944)
  8.247
  s.Zeitgeschichtsunterricht (20.
  Juli 1944) 8.259
Zweckgymnastik
  s.Gymnastik (Organisationsfragen)
  10.73

Zweifel
  s.Philosophieunterricht (Philosophische Grunderfahrungen) 10.205
Zweihandzeichnen
  s.Zeichnen 10.281
Zweijährige Handelsschule
  s.Handelsschule 1.101
  s.Wirtschaftsschule 1.272
Zweiklassige Volksschule
  s.Landschule 1.132
Zweisprachigkeit 7.253
- (Psychologischer Aspekt)
  s.Sprachbegabung 4.199
Zweistimmiges Singen
  s.Chorgesang 10.53
Zweistufige Programme
  s.Lehrprogramm (Einzelfragen) 5.122
Zweitafelprojektion
  s.Vektorrechnung (Einzelfragen) 9.289
Zweite Dienstprüfung des Lehrers
  s.Zweite Lehrerprüfung 2.149
Zweite Fremdsprache
  s.Fremdsprachenfolge 7.101
Zweite Hörbewegung
  s.Taubstummenunterricht 6.195
Zweite Lehrerprüfung 2.149
- (Prüfungsordnung) 2.149
- (Tätigkeitsbericht) 2.150
- (Vorbereitung) 2.151
- (Wahlfächer) 2.151
Zweite Phase der Lehrerbildung ... 2.151
- (Referendariat) 2.152
Zweiter Berufsschultag
  s.Berufsschulreform 1.44
Zweiter Bildungsweg 1.276
- (Arbeitsformen) 1.277
- (Berufsaufbauschule)
  s.Berufsaufbauschule (Zweiter Bildungsweg) 1.32
- (Berufsbildendes Schulwesen) ... 1.278
- (Deutscher Gewerkschaftsbund) .. 1.278
- (Deutschunterricht)
  s.Deutschunterricht (Zweiter Bildungsweg) 7.59
- (Diskussion) 1.279
- (Englischunterricht)
  s.Englischunterricht (Erwachsenenbildung) 7.78
- (Gymnasium) 1.279
- (Hessenkolleg) 1.279
- (Institute) 1.279
- (Lateinunterricht)
  s.Lateinunterricht (Methodische Einzelfragen) 7.148
- (Oberhausener Institut) 1.280
- (Österreich) 1.280
- (Politische Bildung)
  s.Politische Bildung (Zweiter Bildungsweg) 8.194
- (Schweiz) 1.280
Zweiter Weltkrieg
  s.Zeitgeschichte (Weltkrieg 1939-1945) 8.246
  s.Zeitgeschichtsunterricht (Zweiter Weltkrieg) 8.259
Zweites Ettlinger Gespräch
  s.Bildungskrise 1.48
Zweites Schuljahr
  s.Grundschulunterricht (Schuljahr II) 6.82
Zweites Vatikanum
  s.Kirchengeschichte (Ökumenisches Konzil) 10.99
Zweizügigkeit der Realschuloberstufe
  s.Realschulreform (Oberstufe) 1.164
Zwerg-Phantasie
  s.Phantasie 4.135
Zwergrohrdommelhorst
  s.Vogelkunde (Brutbiologie) 9.293
Zwergschule
  s.Einklassenschule 1.61
Zwiesinn
  s.Schizophrenie 4.163
Zwischeneuropa
  s.Länderkunde (Europa) 8.124
Zwischenmenschliche Beziehungen
  s.Gemeinschaftserziehung 3.126
Zwischenprüfung
  s.Hochschulstudium 1.111
Zwischenraumdeutung
  s.Rorschach-Test 4.162
Zwölfjährige Volksschule
  s.Waldorfschule 1.269
Zwölftonmusik
  s.Neue Musik 10.195
Zyklischer Musikunterricht
  s.Musikunterricht (Methodische Einzelfragen) 10.187
Zykloidendarstellung
  s.Mathematiklehrmittel 5.135
Zyklone
  s.Wetterkunde (Wolken) 8.215
Zyklonen-Modell
  s.Wetterkundelehrmittel 5.259
Zyklopische Psychologie
  s.Psychologie 4.145
Zytologie
  s.Mikrobiologie (Zellenlehre) 9.195

Alphabetisches Register aller Deskriptoren

A

Abbildungsgeometrie 9.19
- (Affinität) 9.20
- (Einzelfragen) 9.20
- (Projektive Geometrie) 9.21
- (Vektormethode) 9.21
Abendgymnasium 1.19
Abendrealschule 1.20
Abitur 1.20
Abstammungslehre 9.21
- (Biogenetisches Grundgesetz) 9.22
- (Mensch) 9.22
- (Pflanze) 9.23
- (Selektionstheorie) 9.23
- (Stammesentwicklung) 9.23
- (Tier) 9.23
Abteilungsunterricht 6.19
Abwehrmechanismen 4.19
Ängstliches Kind 4.19
Ästhetische Erziehung 6.19
- (DDR) 6.20
Affekt 4.20
Aggression 4.20
Akademische Lehrerbildung 2.19
Aktivität 4.21
Akustik 9.24
- (Schallgeschwindigkeit) 9.24
- (Schallwellen) 9.24
Akzeleration 4.21
- (Pädagogischer Aspekt) 4.22
Algebra 9.25
- (Axiomatik) 9.25
- (Ganze Zahlen) 9.26
- (Gleichheitszeichen) 9.26
- (Gleichungen) 9.26
- (Gleichungslehre) 9.27
- (Gruppentheorie) 9.28
- (Irrationalzahlen) 9.28
- (Komplexe Zahlen) 9.29
- (Natürliche Zahlen) 9.29
- (Primzahlen) 9.29
- (Quadratwurzel) 9.30
- (Rationale Zahlen) 9.30
- (Reelle Zahlen) 9.30
- (Ungleichungen) 9.30
- (Zahl) 9.31
- (Zahlentheorie) 9.31
Algebraunterricht 9.32

Allgemeinbildender Unterricht 6.20
Allgemeinbildung 3.19
- (Gymnasium) 3.19
Allgemeine Erdkunde 8.19
- (Erosion) 8.20
- (Geomorphologie) 8.20
- (Gezeiten) 8.20
- (Gletscher) 8.21
- (Moor) 8.21
- (Karst) 8.21
- (Vulkanismus) 8.21
- (Wüste) 8.21
Alter Mensch 4.23
Altersmundart 4.23
Altertum 8.21
- (Ägypten) 8.22
- (Einzelfragen) 8.22
- (Germanen) 8.22
- (Griechen) 8.22
- (Hellenismus) 8.23
- (Kelten) 8.23
- (Römer) 8.23
- (Römisches Reich) 8.23
- (Sklaverei) 8.24
- (Völkerwanderung) 8.24
Altphilologe 2.20
Altsprachlicher Unterricht 7.19
- (Bildungswert) 7.20
- (DDR) 7.20
- (Einführung) 7.20
- (Grammatik) 7.20
- (Interpretation) 7.21
- (Lehrplan) 7.21
- (Lektüre) 7.21
- (Methodische Einzelfragen) 7.21
- (Politische Bildung) 7.22
- (Reform) 7.22
- (Reifeprüfung) 7.22
- (Spielformen) 7.22
- (Übersetzen) 7.22
Amerikakunde 7.23
Amerikanisches Englisch 7.23
- (Einzelfragen) 7.23
Analysis 9.32
- (Differentialrechnung) 9.33
- (Funktion) 9.33
- (Grenzwert) 9.34

[Forts.: Analysis]
- (Integral) 9.34
- (Logarithmus) 9.35
- (Reihen) 9.35
- (Spezielle Funktionen) 9.36
Analytische Geometrie 9.36
- (Einzelfragen) 9.37
Anekdote im Unterricht 7.24
Anfangsunterricht 6.21
- (Sachbegegnung) 6.21
Angewandte Mathematik 9.37
- (Iteration) 9.37
- (Lineare Programme) 9.38
- (Nährungsrechnen) 9.38
- (Nomographie) 9.38
Angst 4.23
Anorganische Chemie 9.39
- (Einzelfragen) 9.39
- (Kochsalz) 9.40
- (Metalle) 9.40
- (Nichtmetalle) 9.40
- (Oxydation) 9.41
- (Säure) 9.41
- (Säure/Base) 9.42
- (Salze) 9.42
- (Sauerstoff) 9.43
- (Schwefel) 9.43
- (Silikone) 9.43
- (Stickstoff) 9.43
- (Verbrennung) 9.44
Anpassung 3.19
Anschauung 6.22
Anschauungsunterricht 6.22
Anthropologie 3.19
Anthroposophische Pädagogik 3.20
Aphasie 4.24
Arbeiterdichtung im Unterricht .. 7.24
Arbeitsanweisung 6.23
Arbeitsblätter 5.23
Arbeitsbücherei 5.23
Arbeitseinheiten 6.23
- (Bauen) 6.23
- (Bauernhof) 6.24
- (Blumen) 6.24
- (Briefträger) 6.24
- (Brot) 6.24
- (Dorf) 6.24
- (Einkaufen) 6.25
- (Eisenbahn) 6.25
- (Ernte) 6.25
- (Fahrrad) 6.25
- (Familienleben) 6.25
- (Fastnacht) 6.26
- (Feuerwehr) 6.26
- (Fisch) 6.26
- (Frühling) 6.26
- (Garten) 6.26
- (Handwerker) 6.27
- (Hausbau) 6.27
- (Heizen) 6.27
- (Herbst) 6.27
- (Heuernte) 6.28
- (Industrie) 6.28
- (Jahreslauf) 6.28
- (Kalender) 6.28
- (Kartoffeln) 6.28
- (Kirschen) 6.28
- (Kleidung) 6.29
- (Kohle) 6.29
- (Licht) 6.29
- (Mai) 6.29
- (Maikäfer) 6.29
- (Maus) 6.29
- (Milch) 6.29
- (Neues Jahr) 6.30
- (Nikolaus) 6.30
- (Obst) 6.30
- (Post) 6.30
- (Reisen) 6.30
- (Schuhmacher) 6.30
- (Schule) 6.31
- (Sommer) 6.31
- (Straße) 6.31
- (Telefon) 6.31
- (Tiere) 6.31
- (Tod) 6.32
- (Uhr) 6.32
- (Verkehr) 6.32
- (Vögel) 6.32
- (Wald) 6.32
- (Wasser) 6.33
- (Weihnachten) 6.33
- (Wetter) 6.34
- (Wiese) 6.34
- (Wind) 6.34
- (Winter) 6.34
- (Wohnung) 6.34
- (Zeit) 6.35
- (Zeitung) 6.35
- (Zoo) 6.35
Arbeitserziehung 6.35
- (DDR) 6.35
Arbeitsgemeinschaft Deutscher Lehrerverbände 2.20
Arbeitshaltung des Schülers 6.36
Arbeitsheft 5.24
Arbeitslehre 6.36
- (Berufsvorbereitung) 6.37
- (Hauptschule) 6.37
Arbeitsmappe 5.24

Arbeitsmittel 5.25
- (Aufbewahrung) 5.25
- (Einzelformen) 5.27
- (Herstellung) 5.28
Arbeitsmittel im Unterricht 5.28
- (Berufsschule) 5.29
- (Grundschule) 5.30
- (Gruppenunterricht) 5.31
- (Landschule) 5.31
- (Sachunterricht) 5.32
- (Sonderschule) 5.32
- (Volksschule) 5.33
Arbeitspsychologie 4.24
Arbeitsschulunterricht 6.38
- (Diskussion) 6.39
- (Erziehungswert) 6.39
- (Geschichte) 6.39
- (Landschule) 6.40
Archäologie 8.24
Armutserlebnis 4.25
Artikulation des Unterrichts 6.40
Asozialer Jugendlicher 4.25
Astronomie 9.44
- (Einzelfragen) 9.44
- (Erde) 9.45
- (Mond) 9.45
- (Planeten) 9.46
- (Planetensystem) 9.46
- (Radioastronomie) 9.46
- (Sterne) 9.47
- (Sternengröße) 9.47
- (Sternensysteme) 9.47
- (Zeitmessung) 9.47
Astronomielehrmittel 5.33
- (Sternwarte) 5.34
Astronomieunterricht 9.48
- (DDR) 9.48
- (Schülerbeobachtung) 9.49
- (Volksschule) 9.49
Astrophysik 9.50
Atomphysik 9.50
- (Elementarladung) 9.51
- (Elementarteilchen) 9.51
- (Isotope) 9.52
- (Kernchemie) 9.52
- (Korpuskularstrahlung) 9.52
- (Meßtechnik) 9.53
- (Modellbegriff) 9.53
- (Mößbauereffekt) 9.53
- (Nebelkammer) 9.54
- (Neutron) 9.54
- (Photon) 9.54
- (Schülerversuch) 9.54
- (Volksschule) 9.55
- (Zählrohre) 9.55

Atomtechnik 9.55
Atomtechnik im Unterricht 9.56
Audiometrie 4.26
Audiovisuelle Bildungsmittel 5.34
Aufbaugymnasium 1.20
Aufbauklasse 1.21
- (Landschule) 1.21
Aufmerksamkeit 4.26
Aufmerksamkeit im Unterricht 6.40
Aufnahmeprüfung 1.21
- (Gymnasium) 1.22
- (Realschule) 1.23
- (Rechtsfragen) 1.23
- (Reform) 1.23
Aufsatz 7.24
- (Besinnungsaufsatz) 7.25
- (Bildbeschreibung) 7.25
- (Brief) 7.26
- (Einzelformen) 7.26
- (Erlebnisaufsatz) 7.27
- (Freier Aufsatz) 7.27
- (Lebenslauf) 7.27
- (Literarischer Aufsatz) 7.28
- (Nacherzählung) 7.28
- (Niederschrift) 7.28
- (Phantasieaufsatz) 7.28
- (Protokoll) 7.29
- (Sprachgestaltender Aufsatz) ... 7.29
- (Tagebuch) 7.29
Aufsatzunterricht 7.29
- (Berufsschule) 7.30
- (DDR) 7.30
- (Erziehungswert) 7.30
- (Grundschule) 7.30
- (Gymnasium) 7.31
- (Gymnasium:Mittelstufe) 7.31
- (Gymnasium:Oberstufe) 7.32
- (Gymnasium:Unterstufe) 7.32
- (Hausaufsatz) 7.32
- (Korrektur) 7.32
- (Kritik) 7.33
- (Landschule) 7.33
- (Lehrplan) 7.33
- (Leistungsbewertung) 7.34
- (Leistungssteigerung) 7.34
- (Methodische Einzelfragen) 7.34
- (Nachbesprechung) 7.35
- (Psychologischer Aspekt) 7.35
- (Realschule) 7.36
- (Rechtschreiben) 7.36
- (Schriftpflege) 7.36
- (Schuljahr I-II) 7.36
- (Schuljahr III-IV) 7.37
- (Spielformen) 7.37
- (Spracherziehung) 7.37

[Forts.: Aufsatzunterricht]
- (Sprachverhalten) 7.38
- (Stilbildung) 7.38
- (Themenstellung) 7.38
- (Unterstufe [DDR]) 7.39
- (Volksschule) 7.39
- (Volksschulmittelstufe) 7.39
- (Volksschuloberstufe) 7.40
- (Vorbereitung) 7.40
Aufsichtspflicht des Lehrers 2.20
Ausbildungsbeihilfe 1.23
Ausdruckspsychologie 4.24
Ausdrucksschulung 7.40
- (Grundschule) 7.41
Aushilfslehrer 2.21
Auslandslehrer 2.21
- (Finanzielle Betreuung) 2.23
Außenseiter 4.27
Außerschulische Erziehung 3.21
Austauschlehrer 2.23
Auswendiglernen 6.40
Autismus 4.28
Automation 9.56
- (Regeltechnik) 9.57
Autorität 3.21
Autorität des Lehrers 3.22
Autorität und Disziplin 3.23
Autorität und Freiheit 3.23
Autorität und Partnerschaft 3.24
Autoritätskrise 3.24

B

Ballade 7.41
Ballade im Unterricht 7.42
- (Berufsschule) 7.42
- (Gymnasium) 7.42
- (Methodische Einzelfragen) 7.42
- (Volksschule) 7.42
Ballspiel 10.19
- (Basketball) 10.19
- (Einzelformen) 10.20
- (Fußball) 10.20
- (Geschichte) 10.20
- (Handball) 10.20
- (Medizinball) 10.21
- (Volleyball) 10.21
Baufachschule 1.24
Begabtenauslese 1.24
- (Psychologischer Aspekt) 1.26
Begabtenförderung 1.26
- (Abiturienten) 1.27
- (DDR) 1.28

- (Schulaufbau) 1.28
Begabung 4.28
- (Schulerfolg) 4.29
- (Soziologischer Aspekt) 4.30
Begabungsreserven 1.28
- (Statistik) 1.29
Begabungswandel 4.30
Begriffsbildung 4.31
Bekenntnisschule 1.29
- (Kritik) 1.30
- (Rechtsfragen) 1.30
Beratungslehrer 2.23
Berufliche Ausbildung 10.22
- (Einzelhandel) 10.22
- (Einzelne Berufe) 10.22
- (Einzelne Frauenberufe) 10.22
- (Hausgehilfin) 10.23
- (Landwirtsch.Frauenberufe) 10.23
Berufliche Bildung 3.25
- (Begabungsstruktur) 3.25
- (Berufsbegriff) 3.26
- (Bildungspolitik) 3.27
- (Industriegesellschaft) 3.27
Berufsaufbauschule 1.30
- (Bundesländer) 1.31
- (Kaufmännische Berufe) 1.31
- (Zweiter Bildungsweg) 1.32
Berufsausbildung 6.41
- (DDR) 6.41
- (Diskussion) 6.42
- (Geschichte) 6.42
- (Grundausbildung) 6.42
- (Reform) 6.43
- (Stufenausbildung) 6.43
- (Weibliche Jugend) 6.44
Berufsausbildungsgesetz 1.32
- (Schweiz) 1.33
Berufsberater 2.23
Berufsberatung 3.28
- (Akademische Berufsberatung) 3.29
- (Berufsprognose) 3.29
- (Berufswahl) 3.29
- (DDR) 3.30
- (Geschichte) 3.30
- (Psychologischer Aspekt) 3.30
- (Schuljahr IX) 3.31
- (Sonderschüler) 3.31
Berufsberatung und Schule 3.32
Berufsbewährung 3.33
- (Sonderschüler) 3.33
Berufsbild 10.23
- (Tankwart) 10.23
Berufsbildendes Schulwesen 1.33
- (Bundesländer) 1.35
- (DDR) 1.36

- (Geschichte) 1.36
- (Österreich) 1.37
- (Prüfungen) 1.37
- (Reform) 1.38
- (Schweiz) 1.38
Berufseignung 3.34
Berufserziehung 3.34
- (Arbeitshaltung) 3.36
- (Automation) 3.36
- (Betriebliche Ausbildung) 3.37
- (DDR) 3.38
- (Gehörlose) 3.39
- (Geschichte) 3.39
- (Hinführung zum Beruf) 3.40
- (Jungarbeiter) 3.40
- (Körperbehinderte) 3.41
- (Lehrling) 3.41
- (Mädchen) 3.42
- (Österreich) 3.42
- (Reform) 3.42
- (Schweiz) 3.43
- (Sonderschüler) 3.43
- (Ungelernte) 3.44
- und Allgemeinbildung 3.45
- und Menschenbildung 3.45
- und Schule 3.46
Berufsethos 3.47
Berufsfachkunde 10.24
- (Bäcker) 10.24
- (Bergmann) 10.24
- (Einzelne Berufe) 10.24
- (Elektriker) 10.25
- (Fleischer) 10.25
- (Friseur) 10.25
- (Graphisches Gewerbe) 10.25
- (Handwerker) 10.25
- (Kraftfahrzeuggewerbe) 10.25
- (Landwirtschaft) 10.26
- (Maschinenbau) 10.26
- (Maurer) 10.26
- (Metallgewerbe) 10.26
- (Nahrungsgewerbe) 10.26
- (Schneider) 10.27
- (Textilgewerbe) 10.27
- (Tischler) 10.27
Berufsfachschule 1.39
- (Gewerbliche Berufe) 1.39
Berufsfindung 3.47
- (DDR) 3.48
- (Sonderschüler) 3.49
Berufsfoschung 3.49
Berufsfortbildung 3.50
Berufsgrundschule 1.40
Berufskunde 6.44
- (Volksschuloberstufe) 6.44

Berufsmöglichkeiten 3.50
Berufsnot 3.51
Berufspädagogisches Institut 2.24
Berufsreife 3.51
Berufsschule 1.40
- (Bundesländer) 1.42
- (Fachgruppen) 1.42
- (Rechtsfragen) 1.43
Berufsschule und Betrieb 1.43
Berufsschule und Volksschule 1.44
Berufsschulgesetzgebung 1.44
Berufsschullehrer 2.24
Berufsschullehrerbildung 2.25
- (Bundesländer) 2.26
- (DDR) 2.26
- (Eignungsauslese) 2.27
- (Geschichte) 2.27
- (Kandidat) 2.27
- (Kaufmännische Berufsschule) .. 2.27
- (Landwirtschaftl.Berufsschule) 2.28
Berufsschullehrerin 2.28
Berufsschulreform 1.44
Berufsschulunterricht 6.45
- (Aufbauklasse) 6.45
- (Automation) 6.46
- (Betriebliche Ausbildung) 6.46
- (DDR) 6.46
- (Einzelfragen) 6.47
- (Gehörlose) 6.47
- (Jungarbeiter) 6.48
- (Jungarbeiterin) 6.48
- (Reform) 6.48
Berufstätige Jugend 4.31
Berufswahl 3.52
- (Mädchen) 3.52
- (Motivation) 3.53
- (Psychologischer Aspekt) 3.53
- (Rechtsfragen) 3.54
- (Volksschüler) 3.54
Berufswahl und Schule 3.54
Berufswechsel 3.54
Betriebliche Berufsausbildung 6.48
Betriebsbesichtigung 6.49
Betriebspraktikum 6.50
- (Schuljahr IX) 6.50
- (Sonderschule) 6.51
Betriebspsychologie 4.32
Betriebssoziologie 3.55
Betriebswirtschaftl.Unterricht ... 6.51
Bettnässer 4.33
Bewegungserziehung 10.27
- (Einzelfragen) 10.28
- (Grundschule) 10.28
- (Kleinkind) 10.28
- (Spielformen) 10.29

Bewegungslehre	10.29
- (Atmung)	10.29
- (Einzelfragen)	10.29
Bewegungsspiel	10.30
Bewußtsein	4.33
Bibelexegese	10.30
Bibelkatechese	10.30
Bibelunterricht	10.31
- (Anschauung)	10.31
- (Bibel)	10.31
- (Bibelübersetzung)	10.32
- (Biblische Grundbegriffe)	10.32
- (Biblisches Menschenbild)	10.32
- (Biblisches Weltbild)	10.32
- (Erzählen)	10.33
- (Exegese)	10.33
- (Heilsgeschichte)	10.33
- (Kritik)	10.34
- (Methodische Einzelfragen)	10.34
- (Schriftlesung)	10.34
- (Schulbibel)	10.35
- (Verstehen)	10.35
- (Volksschuloberstufe)	10.35
- (Zeichnen/Malen)	10.35
Bibelunterricht Altes Testament	10.35
- (Dekalog)	10.35
- (Einzelfragen)	10.36
- (Erzväter)	10.36
- (Forschung)	10.36
- (Gottesbild)	10.37
- (Hiob)	10.37
- (Könige)	10.37
- (Methodische Einzelfragen)	10.37
- (Moses)	10.38
- (Propheten)	10.38
- (Psalmen)	10.38
- (Schöpfungsbericht)	10.39
- (Sündenfall)	10.39
- (Weltbild)	10.40
Bibelunterricht Neues Testament	10.40
- (Apokalypse)	10.40
- (Apostelgeschichte)	10.40
- (Auferstehung)	10.40
- (Bergpredigt)	10.41
- (Einzelfragen)	10.41
- (Einzelne Gleichnisse)	10.42
- (Einzelne Wunder)	10.42
- (Entstehungsgeschichte)	10.43
- (Forschung)	10.43
- (Gleichnisse)	10.43
- (Handschriftenfunde)	10.43
- (Himmelfahrt)	10.43
- (Historischer Jesus)	10.44
- (Johannesevangelium)	10.44
- (Maria)	10.44
- (Methodische Einzelfragen)	10.45
- (Ostern)	10.45
- (Passion)	10.45
- (Paulusbriefe)	10.46
- (Petrus)	10.46
- (Pfingsten)	10.46
- (Synoptiker)	10.47
- (Weihnachtsgeschichte)	10.47
- (Wunder Jesu)	10.48
Bildarchiv	5.35
Bilderbuch im Unterricht	5.35
Bildhaftes Gestalten	10.48
Bildkarte	5.36
Bildkatechese	10.48
- (Einzelfragen)	10.49
- (Religiöse Kunst)	10.49
Bildsamkeit	4.33
Bildstelle	5.36
- (Institut für Film und Bild)	5.37
Bildstellenleiter	5.37
Bildung	3.56
- (Automation)	3.56
- (Mensch und Technik)	3.57
- (Moderne Arbeitswelt)	3.58
- (Moderne Gesellschaft)	3.58
- (Technische Welt)	3.59
Bildung und Ausbildung	3.60
Bildung und Beruf	3.61
Bildung und Erziehung	3.61
Bildung und Wissenschaft	3.62
Bildungsauftrag	3.63
- (Gymnasium)	3.64
- (Hauptschule)	3.65
- (Hochschule)	3.65
- (Realschule)	3.65
- (Volksschule)	3.66
Bildungsbedarf	1.45
Bildungsbegriff	3.66
- (Bedeutungswandel)	3.67
- (Tradition und Moderne)	3.67
Bildungschance	1.46
Bildungseinheit	6.51
Bildungsfernsehen	5.37
Bildungsfinanzierung	1.47
Bildungsideale	3.67
Bildungskrise	1.48
Bildungsökonomie	1.48
Bildungsplan	6.51
Bildungsplanung	1.49
Bildungspolitik	1.51
Bildungsprogramme	1.52
Bildungstheorie	3.68
Bildwerfer	5.38
- (Tageslichtprojektion)	5.38
Biochemie	9.57

- (Einzelfragen) 9.57
- (Vitamine) 9.58
Biologie 9.58
- (Lebensgrundfunktionen) 9.59
- (Mathematischer Aspekt) 9.60
- (Modellformen) 9.60
- (Organisches Leben) 9.60
- (Physikalischer Aspekt) 9.61
Biologielehrbuch 5.39
Biologielehrer 2.28
- (DDR) 2.29
Biologielehrmittel 5.39
- (Arbeitsblätter) 5.40
- (Arbeitsheft) 5.40
- (Bienenstand) 5.40
- (Bildformen) 5.40
- (Einzelformen) 5.41
- (Film) 5.42
- (Hafttafel) 5.42
- (Insektenkunde) 5.42
- (Lichtbild) 5.43
- (Literarische Formen) 5.43
- (Menschenkunde) 5.43
- (Modelle) 5.43
- (Museum) 5.44
- (Pflanzenkunde) 5.44
- (Schulfunk) 5.44
- (Tierkunde) 5.45
- (Umrißstempel) 5.45
- (Vogelkunde) 5.45
- (Wandtafelzeichnen) 5.45
- (Zoo) 5.46
Biologielehrplan 9.61
- (DDR) 9.62
- (Gymnasium) 9.62
- (Volksschule) 9.63
Biologieunterricht 9.63
- (Arbeitsgemeinschaft) 9.64
- (Bestimmungsübung) 9.64
- (Bildungswert) 9.64
- (DDR) 9.65
- (Erwachsenenbildung) 9.65
- (Erziehungswert) 9.65
- (Exemplarisches Lehren) 9.66
- (Geschichte) 9.66
- (Großstadt) 9.66
- (Grundschule) 9.67
- (Grundschule DDR) 9.67
- (Gruppenunterricht) 9.68
- (Gymnasium) 9.68
- (Hausaufgabe) 9.69
- (Landschule) 9.69
- (Leistungskontrolle) 9.70
- (Methodische Einzelfragen) . 9.70
- (Organismensystematik) 9.71
- (Philosophischer Aspekt) ... 9.71
- (Polytechnische Bildung) ... 9.72
- (Psychologischer Aspekt) ... 9.72
- (Realschule) 9.72
- (Reform) 9.73
- (Reifeprüfung) 9.74
- (Schülerbeobachtung) 9.74
- (Schülerversuch) 9.75
- (Schulbiologie) 9.75
- (Schullandheimaufenthalt) .. 9.75
- (Selbsttätigkeit) 9.75
- (Sonderschule) 9.76
- (Sprachkunde) 9.76
- (Volksschule) 9.77
- (Vorbereitung) 9.78
- (Wahlpflichtfach) 9.78
- (Weltanschauungsfragen) 9.78
Biologische Anthropologie 3.68
Biologische Experimente 9.79
Biologische Lehrmittelsammlung 5.46
Biologische Lehrwanderung 9.79
- (Volksschule) 9.80
Blindenunterricht 6.52
Blindes Kind 4.34
Blindheit 4.34
Blockflötenspiel 10.50
- (Methodische Einzelfragen) . 10.50
Bodenbiologie 9.80
Bodenturnen 10.50
- (Radschlagen) 10.50
- (Rollen) 10.50
Boxen in der Schule 10.51
Bremer Plan 1.52
- (Diskussion) 1.53
Briefmarke im Unterricht 5.46
Bruchrechnen 9.81
- (Anschauung) 9.81
- (Dezimalzahl) 9.82
- (Division) 9.82
- (Einführung) 9.82
- (Geschichte) 9.83
- (Hauptnenner) 9.83
- (Methodische Einzelfragen) . 9.83
- (Multiplikation) 9.83
- (Rechenoperationen) 9.83
Bundesjugendspiele 10.51
- (Einzelfragen) 10.51
- (Reform) 10.51
- (Sommerspiele) 10.52
- (Vorbereitung) 10.52
- (Winterspiele) 10.52

C

Cerebral gelähmtes Kind 4.35
Charakterbeurteilung 4.35
Charakterbildung 3.69
Charakterentwicklung 4.36
Charakterkunde 4.36
- (Pädagogischer Aspekt) 4.37
Chemie 9.84
- (Einzelfragen) 9.84
- (Elemente) 9.84
- (Geschichte) 9.85
- (Mathematischer Aspekt) 9.85
- (Periodensystem) 9.85
Chemielehrbuch 5.47
Chemielehrmittel 5.47
- (Film) 5.48
- (Hafttafel) 5.48
- (Lochkarte) 5.48
Chemielehrplan 9.85
- (DDR) 9.86
Chemieunterricht 9.86
- (Abschlußprüfung) 9.86
- (Arbeitsgemeinschaft) 9.87
- (Berufsschule) 9.87
- (Bildungswert) 9.87
- (DDR) 9.87
- (Einführung) 9.88
- (Fachsprache) 9.88
- (Gymnasium) 9.89
- (Hausaufgabe) 9.89
- (Landschule) 9.89
- (Leistungsbewertung) 9.89
- (Leistungskontrolle) 9.90
- (Methodische Einzelfragen) 9.90
- (Polytechnische Bildung) 9.91
- (Psychologischer Aspekt) 9.91
- (Realschule) 9.92
- (Reform) 9.92
- (Schülerversuch) 9.92
- (Schuljahr VII) 9.93
- (Sonderschule) 9.93
- (Volksschule) 9.93
- (Vorbereitung) 9.94
- (Wahlpflichtfach) 9.94
- (Wiederholung) 9.95
- (Wissenschaftscharakter) 9.95
Chemische Analyse 9.95
- (Chromatographie) 9.95
- (Einzelfragen) 9.96
Chemische Bindung 9.96
- (Einzelfragen) 9.96
- (Formel) 9.97
- (Katalysator) 9.97
- (Massenwirkungsgesetz) 9.97
- (Modellbegriff) 9.97
- (Reaktionen) 9.98
Chemische Experimente 9.98
- (Einfache Versuche) 9.99
- (Unfallverhütung) 9.99
Chemisches Experimentiergerät 5.48
Chemotechnik 9.99
- (Einzelfragen) 9.100
- (Wasser) 9.100
Chorgesang 10.53
Chormusik 10.53
- (Gregorianischer Choral) 10.53
Christliche Anthropologie 3.69
Christliche Erziehung 3.69
Christliches Menschenbild 3.70

D

Dalton-Plan 6.52
Darstellende Geometrie 9.101
Denkanstoß 6.53
Denkentwicklung 4.37
Denkerziehung 6.53
Denkleistung 4.37
- (Glutaminsäure) 4.38
Denkpsychologie 4.38
Depression 4.39
Deutsch als Fremdsprache 7.43
- (Lektüre) 7.43
Deutsche Geschichte 8.24
- (Arbeiterbewegung) 8.25
- (Bismarck) 8.25
- (Einzelfragen) 8.25
- (Mittelalter) 8.26
- (Revolution 1848) 8.26
- (Römer) 8.26
- (Stämme und Länder) 8.27
Deutsche Grammatik 7.44
- (Terminologie) 7.44
Deutsche Sprache 7.44
- (Sprachgefährdung) 7.45
Deutscher Ausschuß für das Erziehungs- und Bildungswesen 1.53
Deutscher Bildungsrat 1.54
Deutscher Philologen-Verband 2.29
Deutsches Auslandsschulwesen 1.54
- (Afrika) 1.56
- (Amerika) 1.56
- (Asien) 1.57
- (Berufsbildendes Schulwesen) ... 1.57
- (Entwicklungsländer) 1.57
- (Europa) 1.58
Deutschlehrer 2.30

Deutschlehrmittel 5.49
- (Einzelformen) 5.50
- (Erstleseunterricht) 5.50
- (Film) 5.51
- (Hörspiel) 5.51
- (Jugendbuch) 5.52
- (Rechtschreiben) 5.52
- (Schallplatte) 5.53
- (Schulfernsehen) 5.53
- (Schulfunk) 5.53
- (Sprachlehre) 5.54
- (Sprachlehre:Sonderschule) 5.54
- (Wörterbuch) 5.54
- (Wörterheft) 5.55
- (Zeitung) 5.55
Deutschunterricht 7.45
- (Aufnahmeprüfung) 7.46
- (Auslesefach) 7.46
- (Berufsaufbauschule) 7.46
- (Berufsschule) 7.46
- (DDR) 7.47
- (Denkschulung) 7.47
- (Deutsche Auslandsschule) 7.48
- (Erziehungswert) 7.48
- (Exemplarisches Lehren) 7.48
- (Förderstufe) 7.49
- (Geschichte) 7.49
- (Geschmacksbildung) 7.49
- (Gewerbliche Berufsschule) 7.49
- (Grundschule) 7.49
- (Gymnasium) 7.50
- (Gymnasium:Oberstufe) 7.50
- (Gymnasium:Unterstufe) 7.51
- (Handelsschule) 7.51
- (Hausaufgabe) 7.51
- (Kaufmännische Berufsschule) 7.51
- (Kritik) 7.51
- (Kunsterziehung) 7.52
- (Lehrplan) 7.52
- (Lehrplan DDR) 7.52
- (Leistungsbewertung) 7.53
- (Leistungskontrolle) 7.53
- (Mädchenbildung) 7.54
- (Methodische Einzelfragen) 7.54
- (Musische Erziehung) 7.54
- (Philosophieunterricht) 7.55
- (Politische Bildung) 7.55
- (Polytechnische Bildung) 7.55
- (Psychologischer Aspekt) 7.56
- (Realschule) 7.56
- (Reform) 7.56
- (Reifeprüfung) 7.56
- (Reifeprüfung:Bewertung) 7.57
- (Religiöse Erziehung) 7.57
- (Richtlinien) 7.57
- (Schulspiel) 7.57
- (Selbsttätigkeit) 7.58
- (Sonderschule) 7.58
- (Stoffeinheit) 7.58
- (Volksschule) 7.58
- (Vorbereitung) 7.59
- (Wirtschaftsoberschule) 7.59
- (Zweiter Bildungsweg) 7.59
Dialektische Pädagogik 3.71
Dialogisches Verhältnis 3.71
Dichterische Symbole 7.59
Dichterische Wahrheit 7.60
Dichtung 7.60
- (Christliche Dichtung) 7.60
- (Philosophischer Aspekt) 7.61
- (Soziologischer Aspekt) 7.61
- (Sprachlicher Aspekt) 7.61
Dichtung im Unterricht 7.61
- (Gymnasium) 7.62
- (Gymnasium:Oberstufe) 7.62
- (Methodische Einzelfragen) 7.62
- (Volksschule) 7.63
Didaktik 6.53
- (DDR) 6.54
- (Diskussion) 6.54
- (Einzelfragen) 6.55
- (Wissenschaftscharakter) 6.55
Didaktik und Methodik 6.55
Didaktische Analyse 6.56
Didaktische Fachbegriffe 6.56
Dienstwohnung des Lehrers 2.30
Differenzierter Mittelbau 1.58
Differenzierung 6.56
- (Landschule) 6.57
- (Psychologischer Aspekt) 6.58
- (Realschule) 6.58
- (Volksschuloberstufe) 6.58
Diktat 7.63
- (Bewertung) 7.64
- (Korrektur) 7.64
- (Prüfungswert) 7.64
Diplom-Handelslehrer 2.31
Diskussion im Unterricht 6.58
Disziplin 3.72
Drama 7.64
- (Interpretation) 7.65
- (Tragödie) 7.65
Drama im Unterricht 7.65
- (Methodische Einzelfragen) 7.66
- (Psychologischer Aspekt) 7.66
- (Volksschule) 7.66
Durchlässigkeit 1.59

E

Eidetik	4.39
Eigenfibel	5.55
Einheitsschule	1.60
Einklassenschule	1.61
Einmaleins	9.101
- (Bestimmte Reihen)	9.102
- (Übungsformen)	9.102
Einsprachigkeit	7.66
Elektrizitätslehre	9.102
- (Drehstrom)	9.103
- (Einzelfragen)	9.103
- (Elektrischer Strom)	9.104
- (Galvanisches Element)	9.104
- (Gasentladung)	9.105
- (Gleichrichter)	9.105
- (Halbleiter)	9.105
- (Induktion)	9.106
- (Leiter)	9.106
- (Meßtechnik)	9.107
- (Ohmsches Gesetz)	9.107
- (Schülerversuch)	9.107
- (Schwachstrom)	9.108
- (Sicherung)	9.108
- (Spannung)	9.108
- (Thermoelektrizität)	9.108
- (Transformator)	9.108
- (Volksschule)	9.109
- (Wechselstrom)	9.109
Elektrolyse	9.110
- (Einzelfragen)	9.110
- (Kochsalz)	9.110
- (Wasser)	9.111
Elektromagnetische Wellen	9.111
- (Lichtwellen)	9.111
- (Röntgenwellen)	9.111
- (Rundfunkwellen)	9.112
- (Wärmewellen)	9.112
Elektrostatik	9.112
- (Coulombsches Gesetz)	9.113
- (Einzelfragen)	9.113
- (Kondensator)	9.113
Elektrotechnik	9.113
- (Einzelfragen)	9.113
- (Elektromotor)	9.114
- (Elektronik)	9.114
Elementare Bildung	6.59
Elitebildung	3.72
Elternabend	6.59
Elternpädagogik	3.73
Elternrecht	1.61
- (DDR)	1.63
Elternsprechtag	1.63
Elternvertretung	1.63
Englandkunde	7.66
Englische Grammatik	7.67
- (Einzelfragen)	7.67
- (Satzlehre)	7.68
- (Substantiv)	7.68
- (Verbalformen)	7.68
- (Wortlehre)	7.68
Englische Lektüre	7.69
- (Amerikanische Literatur)	7.69
- (Auswahl)	7.69
- (Drama)	7.70
- (Einzelne Werke)	7.70
- (Eliot)	7.71
- (Essay)	7.71
- (Lied)	7.71
- (Literaturgeschichte)	7.72
- (Lyrik)	7.72
- (Nacherzählung)	7.73
- (Shakespeare)	7.73
- (Volksschule)	7.73
Englische Sprache	7.73
- (Deutsch)	7.74
- (Einzelfragen)	7.74
- (Umgangssprache)	7.74
Englischer Anfangsunterricht	7.74
- (Grundschule)	7.75
- (Gymnasium)	7.75
- (Volksschule)	7.75
Englischlehrbuch	5.56
Englischlehrer	2.31
Englischlehrmittel	5.56
- (Bildformen)	5.56
- (Einzelformen)	5.57
- (Film)	5.57
- (Hafttafel)	5.57
- (Lernspiele)	5.57
- (Schallplatte)	5.58
- (Schulfunk)	5.58
- (Szenisches Spiel)	5.58
- (Tonband)	5.58
- (Zeitung)	5.59
Englischunterricht	7.76
- (Anglistik)	7.76
- (Anschauung)	7.76
- (Basic English)	7.76
- (Berufsaufbauschule)	7.77
- (Bundesländer)	7.77
- (DDR)	7.77
- (Differenzierung)	7.78
- (Direkte Methode)	7.78
- (Englandfahrt)	7.78
- (Erwachsenenbildung)	7.78
- (Etymologie)	7.78
- (Fehlerkunde)	7.78
- (Förderstufe)	7.79

- (Grammatik) 7.79
- (Gruppenunterricht) 7.79
- (Gymnasium) 7.79
- (Gymnasium:Mittelstufe) 7.80
- (Gymnasium:Oberstufe) 7.80
- (Handelsschule) 7.80
- (Korrektur) 7.80
- (Landschule) 7.81
- (Lehrplan) 7.81
- (Leistungskontrolle) 7.81
- (Leistungssteigerung) 7.81
- (Leistungstest) 7.82
- (Lernsituation) 7.82
- (Linguistik) 7.82
- (Methodische Einzelfragen) 7.82
- (Muttersprache) 7.83
- (Phonetik) 7.83
- (Politische Bildung) 7.84
- (Realschule) 7.84
- (Rechtschreiben) 7.85
- (Reform) 7.85
- (Reifeprüfung) 7.85
- (Spielformen) 7.85
- (Sprechübung) 7.86
- (Stilpflege) 7.86
- (Übersetzen) 7.87
- (Volksschule) 7.87
- (Volksschule:Erfahrungen) 7.87
- (Volksschule:Organisation) 7.88
- (Volksschule:Situation) 7.88
- (Wortschatzvermittlung) 7.88
Entwicklungsgehemmtes Kind 4.40
Entwicklungshelfer 8.27
Entwicklungshilfe 8.27
- (Privatorganisationen) 8.28
Entwicklungsländer 8.28
- (Unterrichtsaspekt) 8.28
- (Wirtschaftsgeographie) 8.29
Entwicklungspolitik 8.29
Entwicklungspsychologie 4.40
- (Anthropologischer Aspekt) 4.41
- (Jugendalter) 4.41
- (Kindheit) 4.42
- (Kleinkind) 4.43
- (Körperliche Entwicklung) 4.44
- (Kritik) 4.45
- (Pädagogischer Aspekt) 4.45
- (Psychoanalyse) 4.46
- (Säugling) 4.46
- (Stufenfolge) 4.46
Entwicklungsstörung 4.47
Entwicklungstest 4.48
Epileptisches Kind 4.48
Epische Kurzformen 7.89
Epochalunterricht 6.60

Erdkunde 8.29
Erdkundeatlas 5.59
- (Karte) 5.59
- (Sonderkarten) 5.60
Erdkundelehrbuch 5.60
- (DDR) 5.61
Erdkundelehrmittel 5.61
- (Arbeitsblätter) 5.62
- (Arbeitsheft) 5.63
- (Bildformen) 5.63
- (Einzelformen) 5.63
- (Film) 5.64
- (Geologie) 5.65
- (Hafttafel) 5.65
- (Jugendbuch) 5.65
- (Karten) 5.66
- (Lichtbild) 5.66
- (Lichtbild/Film) 5.67
- (Literarische Quellen) 5.67
- (Museum) 5.67
- (Reiseprospekt) 5.68
- (Sachzeichnen) 5.68
- (Sandkasten) 5.68
- (Schülerbriefwechsel) 5.68
- (Schulfunk) 5.69
- (Umrißkarte) 5.69
- (Zahlenmaterial) 5.69
Erdkundelehrplan 8.30
- (DDR) 8.30
- (DDR:Einzelne Schuljahre) 8.30
- (Gymnasium) 8.31
- (Volksschule) 8.31
Erdkundeunterricht 8.31
- (Anschauung) 8.32
- (Anthropologischer Aspekt) 8.32
- (Arbeitsanweisung) 8.32
- (Arbeitsgemeinschaft) 8.33
- (Arbeitsschulprinzip) 8.33
- (Berufsschule) 8.33
- (Bildungswert) 8.33
- (DDR) 8.34
- (DDR:Oberschule) 8.34
- (Deutsche Auslandsschule) 8.34
- (Didaktischer Aspekt) 8.35
- (Differenzierung) 8.35
- (Erdgeschichte) 8.35
- (Erdkundliche Grundbegriffe) ... 8.35
- (Erziehungswert) 8.36
- (Europagedanke) 8.36
- (Exemplarisches Lehren) 8.36
- (Fächerverbindung) 8.36
- (Geschichte) 8.37
- (Grundschule) 8.37
- (Gruppenunterricht) 8.37
- (Gymnasium) 8.37

[Forts.: Erdkundeunterricht]
- (Gymnasium:Mittelstufe) 8.38
- (Gymnasium:Oberstufe) 8.38
- (Heimatprinzip) 8.38
- (Landschule) 8.39
- (Lebensnähe) 8.39
- (Lehrwanderung) 8.39
- (Leistungsbewertung) 8.39
- (Leistungskontrolle) 8.40
- (Methodische Einzelfragen) 8.40
- (Politische Bildung) 8.41
- (Polytechnische Bildung) 8.41
- (Psychologischer Aspekt) 8.42
- (Realschule) 8.42
- (Reform) 8.42
- (Reifeprüfung) 8.43
- (Schüleraktivierung) 8.43
- (Schuljahr V-VI) 8.43
- (Schullandheim) 8.43
- (Selbsttätigkeit) 8.43
- (Sonderschule) 8.44
- (Sozialgeographie) 8.44
- (Stillarbeit) 8.44
- (Topographisches Grundwissen) ... 8.44
- (Vergleichen) 8.45
- (Völkerverständigung) 8.45
- (Volksschule) 8.45
- (Weltanschauungsfragen).......... 8.46
- (Wiederholung) 8.46
Erlebnis 4.49
Ermüdung 4.49
Ermutigung 3.74
Ernährungslehre 10.53
- (Einzelfragen) 10.54
Erste Lehrerprüfung 2.31
Erster Schultag 6.61
Erstleseunterricht 7.89
- (Druckschrift) 7.90
- (Methodische Einzelfragen) 7.90
- (Psychologischer Aspekt) 7.92
- (Sonderschule) 7.92
Erstrechenunterricht 9.114
- (Mengenoperation) 9.115
- (Methodische Einzelfragen) 9.116
- (Operatives Denken) 9.116
- (Psychologischer Aspekt) 9.117
- (Schulanfang) 9.117
- (Vorschulalter) 9.118
- (Zählen) 9.118
- (Zahlbegriff) 9.118
- (Zahlbild) 9.119
- (Zahlenraum 1-10) 9.119
- (Zahlenraum 1-100) 9.119
- (Zahlenreihe) 9.120
- (Zifferneinführung) 9.120

Erwachsenenbildung 1.64
- (Geschichte) 1.67
- (Kathol.Erwachsenenbildung) 1.67
- (Ländliche Erwachsenenbildung) .. 1.67
- (Methodische Fragen) 1.68
- (Österreich) 1.69
- (Rechtsfragen) 1.69
- (Reform) 1.69
- (Schweiz) 1.70
- (Sozialpolitischer Auftrag) 1.70
- und Berufsbildung 1.70
- und Jugendbildung 1.71
- und Universität 1.71
Erzählen im Unterricht 6.61
Erzählkunstwerk 7.92
Erziehender Unterricht 6.62
Erzieher 2.32
- (Christlicher Erzieher) 2.33
Erzieherpersönlichkeit 2.33
Erziehung 3.74
- (Berufsbildendes Schulwesen) 3.76
- (DDR) 3.76
- (Gegenwartsbezug) 3.77
- (Gymnasium) 3.78
- (Industriekultur) 3.79
- (Kindererziehung) 3.80
- (Lebenshilfe) 3.80
- (Lebensnähe) 3.81
- (Moderne Gesellschaft) 3.81
- (Psychologischer Aspekt) 3.82
- (Schülerurteil) 3.83
- (Sonderschule) 3.83
- (Umwelteinflüsse) 3.84
- (Volksschule) 3.84
- (Wertproblem) 3.85
Erziehung und Freiheit 3.85
Erziehung und Weltanschauung 3.86
Erziehung zum Verzicht 3.86
Erziehung zur Ehrfurcht 3.87
Erziehung zur Freiheit 3.87
Erziehung zur Hilfsbereitschaft ... 3.88
Erziehung zur Höflichkeit 3.88
Erziehung zur Menschlichkeit 3.88
Erziehung zur Persönlichkeit 3.89
Erziehung zur Selbständigkeit 3.89
Erziehung zur Toleranz 3.90
Erziehung zur Urteilsfähigkeit 3.90
Erziehung zur Verantwortung 3.90
Erziehung zur Verinnerlichung 3.91
Erziehung zur Wahrhaftigkeit 3.91
Erziehungsbegriff 3.92
Erziehungsberatung 4.49
- (Arzt) 4.50
- (Diagnostik) 4.51
- (Einzelfall) 4.51

- (Eltern) 4.51
- (Erfahrungen) 4.52
- (Heilpädagogik) 4.52
- (Heimerziehung) 4.53
- (Jugendalter) 4.53
- (Psychiatrie) 4.53
- (Schulkind) 4.53
- (Schulpsychologie) 4.54
- (Sozialpsychologie) 4.54
Erziehungsberatungsstelle 1.72
- (Bundesländer) 1.72
Erziehungsfehler 3.92
Erziehungsgeschichte 3.93
Erziehungsgrundsätze 3.93
Erziehungsheim 1.73
Erziehungskrise 3.94
Erziehungsmittel 3.95
- (Humor) 3.95
- (Lob und Tadel) 3.96
Erziehungsschule 3.96
Erziehungsschwierigkeit 4.54
- (Berufsschüler) 4.54
- (Diagnostik) 4.55
- (Familie) 4.55
- (Jugendalter) 4.55
- (Kindesalter) 4.55
- (Schüler) 4.56
- (Sonderschüler) 4.57
Erziehungssituation 3.96
Erziehungswirklichkeit 3.96
Erziehungsziel 3.97
Esperanto 7.93
Essay 7.93
Eßstörung 4.57
Ethische Erziehung 3.98
- (Grundfragen) 3.98
- (Methodische Formen) 3.98
- (Psychologischer Aspekt) 3.99
- (Soziologischer Aspekt) 3.99
Eurhythmie 6.62
Europäische Erziehung 3.99
Europäische Schulen 1.73
Evangelische Schulerziehung 3.100
Evangelische Theologie 10.54
Evangelische Unterweisung 10.55
- (Berufsschule) 10.55
- (Didaktischer Aspekt) 10.56
- (Disziplin) 10.56
- (Einzelfragen) 10.57
- (Geschichte) 10.57
- (Grundschule) 10.57
- (Gymnasium) 10.58
- (Katechismus) 10.58
- (Kirchlicher Aspekt) 10.58
- (Lehrplan) 10.58

- (Methodische Einzelfragen) 10.59
- (Psychologischer Aspekt) 10.59
- (Rechtsfragen) 10.60
- (Reform) 10.60
- (Religionsunterricht) 10.60
- (Sonderschule) 10.61
- (Sprechzeichnen) 10.61
- (Verkündigung) 10.61
Evangel.Religionsunterricht 10.62
Evangel.Schulgottesdienst 10.62
Exemplar.Geschichtsunterricht 8.46
- (Berufsschule) 8.47
- (Gymnasium) 8.47
- (Volksschule) 8.47
Exemplarischer Unterricht 6.62
- (Diskussion) 6.63
- (Einzelfragen) 6.64
- (Gymnasium) 6.64
- (Volksschule) 6.64
Existentielle Pädagogik 3.101

F

Fabel im Unterricht 7.93
- (Spracherziehung) 7.93
Fachlehrer 2.34
- (Berufsschule) 2.34
- (Musisch-Technische Fächer) 2.35
- (Volksschule) 2.35
Fachrechnen 9.120
- (Gewerbeschule) 9.120
- (Kaufmännische Berufsschule) 9.121
- (Landwirtsch.Berufsschule) 9.121
Fachschule 1.74
- (DDR) 1.74
- (Einzelne Berufe) 1.74
- (Handwerkerfachschule) 1.75
- (Landwirtschaftsschule) 1.75
- (Technikerausbildung) 1.76
- (Werkkunstschule) 1.76
Fachschulreife 1.77
Fachsprachen 7.94
- (Werbesprache) 7.94
Fahrschüler 1.77
Faktorenanalyse 4.57
Familie 3.101
- (Adoptivkind) 3.102
- (Einzelkind) 3.102
- (Eltern-Kind-Beziehung) 3.102
- (Geschwisterbeziehung) 3.103
- (Schlüsselkind) 3.103
- (Sozialstruktur) 3.103
- (Stiefkind) 3.104
- (Strukturwandel) 3.104

[Forts.: Familie]
- (Uneheliches Kind) 3.104
Familienerziehung 3.105
- (Berufstätige Mutter) 3.106
- (Mutter) 3.107
- (Psychologischer Aspekt) 3.107
- (Vater) 3.108
Farbenblindheit 4.58
Farbenpsychologie 4.58
Faulheit des Schülers 4.58
Ferienarbeit des Schülers 3.109
Ferienordnung 1.77
Fernseherziehung 3.109
- (Familienleben) 3.110
- (Jugendgruppe) 3.110
- (Jugendschutz) 3.110
- (Programmgestaltung) 3.110
- (Programmkritik) 3.111
- (Psychologischer Aspekt) 3.111
- (Schulkind) 3.112
- (Soziologischer Aspekt) 3.112
Fernsehwirkung 4.59
- (Sonderschüler) 4.59
Fernunterricht 6.65
- (Berufliche Bildung) 6.65
- (Deutsches Institut) 6.66
- (Diskussion) 6.66
- (Rechtsfragen) 6.66
Fibel 5.70
- (Bildgestaltung) 5.70
- (Einzelbeispiele) 5.70
- (Sprachgestaltung) 5.71
- (Schriftgestaltung) 5.71
Fibel im Unterricht 5.71
Filmerleben 4.60
- (Schulkind) 4.60
Filmerziehung 3.112
- (Abenteuerfilm) 3.113
- (Film und Fernsehen) 3.114
- (Filmbesuch) 3.114
- (Filmbeurteilung) 3.114
- (Filmkunde) 3.115
- (Jugend und Film) 3.115
- (Jugendgruppe) 3.116
- (Jugendschutz) 3.116
- (Kinderfilm) 3.117
- (Kriegsfilm) 3.117
- (Leitbilder) 3.117
- (Methodische Einzelfragen) 3.118
- (Psychologischer Aspekt) 3.118
- (Soziologischer Aspekt) 3.118
Filmerziehung in der Schule 3.119
- (Berufsschule) 3.120
- (Volksschule) 3.120
Filmwirkung 4.60

- (Jugendalter) 4.61
- (Jugendgefährdung) 4.61
- (Schulkind) 4.61
Flanelltafel 5.72
Flüchtlingskind 4.61
Förderstufe 1.78
- (Bundesländer) 1.79
- (Kritik) 1.80
Formale Bildung 6.66
Formalstufen 6.66
Fortläufer 4.62
Frage im Unterricht 6.67
Fragestunde 6.67
Französische Lektüre 7.94
- (Einzelne Werke) 7.95
- (Literaturgeschichte) 7.95
- (Lyrik) 7.96
- (Realschule) 7.96
- (Saint-Exupéry) 7.96
Französische Sprache 7.96
- (Phonologie) 7.97
- (Stilistik) 7.97
Französischer Anfangsunterricht ... 7.97
- (Grammatik) 7.97
Französischlehrmittel 5.72
Französischunterricht 7.98
- (Grammatik) 7.98
- (Grammatik:Einzelfragen) 7.98
- (Gymnasiale Oberstufe) 7.99
- (Leistungsbewertung) 7.99
- (Methodische Einzelfragen) 7.99
- (Phonetik) 7.99
- (Realschule) 7.100
- (Sprechfertigkeit) 7.100
- (Volksschule) 7.100
- (Wortschatzvermittlung) 7.101
Frauenfachschule 1.80
Frauenoberschule 1.80
Freier Gesamtunterricht 6.67
Freies Unterrichtsgespräch 6.68
Freilufterziehung 6.69
- (Waldschule) 6.69
Freizeit 3.120
- (Soziologischer Aspekt) 3.121
Freizeiterziehung 3.121
- (Jugendpflege) 3.121
Freizeiterziehung in der Schule .. 3.122
- (Berufsschule) 3.122
- (Volksschule) 3.123
Freizeitgestaltung 3.123
Freizeitverhalten 3.123
- (Berufsschüler) 3.124
- (Jugendalter) 3.124
- (Landjugend) 3.124
- (Schulkind) 3.124

Fremdsprachen 7.101
Fremdsprachenfolge 7.101
- (Latein) 7.101
- (Realschule) 7.102
Fremdsprachenlehrbuch 5.73
Fremdsprachenlehrmittel 5.73
- (Audiovisuelle Bildungsmittel) .. 5.73
- (Film) 5.74
- (Lichtbild) 5.74
- (Schulfunk) 5.75
- (Spielformen) 5.75
- (Tonband) 5.75
- (Wörterbuch) 5.76
Fremdsprachenunterricht 7.102
- (Anschauung) 7.103
- (Berufsschule) 7.103
- (Berliner Kongreß 1964) 7.103
- (Bildungswert) 7.104
- (DDR) 7.104
- (Direkte Methode) 7.104
- (Erwachsenenbildung) 7.105
- (Etymologie) 7.105
- (Funktionale Grammatik) 7.105
- (Geschichte) 7.106
- (Grammatik) 7.106
- (Kritik) 7.107
- (Leistungsbewertung) 7.107
- (Lektüre) 7.107
- (Lyrik) 7.108
- (Methodische Einzelfragen) ... 7.108
- (Muttersprache) 7.109
- (Österreich) 7.110
- (Polytechnische Bildung) 7.110
- (Psychologischer Aspekt) 7.110
- (Reifeprüfung) 7.111
- (Sprechübung) 7.111
- (Übersetzen) 7.111
- (Völkerverständigung) 7.112
- (Vokabellernen) 7.112
- (Volksschule) 7.113
- (Wortschatzvermittlung) 7.113
Fremdsprachl.Anfangsunterricht ... 7.114
- (Lesenlernen) 7.114
Fremdwort 7.114
Fremdwort im Deutschunterricht ... 7.115
Freude im Unterricht 6.70
Frustration 4.63
Fünftagewoche im Schulwesen 1.81
- (Bundesländer) 1.82
- (Gymnasium) 1.82
- (Kritik) 1.82
- (Realschule) 1.83
Funkerziehung 3.125
- (Rundfunk und Fernsehen) 3.125
Funktionale Erziehung 3.125

G

Ganzheitliche Bildung 6.70
Ganzheitlicher Musikunterricht ... 10.62
- (Grundschule) 10.62
- (Lied) 10.63
Ganzheitliches Lesenlernen 7.115
- (Diskussion) 7.115
- (Geschichte) 7.116
- (Grundlagen) 7.116
- (Kern [Artur]) 7.117
- (Kritik) 7.117
- (Landschule) 7.117
- (Methodische Einzelfragen) ... 7.118
- (Psychologischer Aspekt) 7.118
- (Sonderschule) 7.119
- (Spracherziehung) 7.119
Ganzheitliches Rechnen 9.121
- (Einzelne Schuljahre) 9.122
- (Methodische Einzelfragen) ... 9.122
- (Schuljahr I) 9.123
- (Schuljahr II) 9.123
- (Schuljahr III) 9.123
Ganzheitspsychologie 4.63
- (Pädagogischer Aspekt) 4.63
Ganzheitsunterricht 6.71
- (Diskussion) 6.72
- (Grundschule) 6.72
- (Schuljahr IX) 6.73
- (Sonderschule) 6.73
- (Volksschule) 6.73
- (Volksschuloberstufe) 6.73
Ganzschrift 5.76
Ganzschrift im Unterricht 5.76
- (Gymnasium) 5.77
- (Volksschuloberstufe) 5.77
Ganztagsschule 1.83
Ganzwortlesemethode 7.119
Gebetserziehung 10.63
- (Berufsschule) 10.64
- (Grundschule) 10.64
- (Kleinkind) 10.64
Gedächtnis 4.63
Gedächtnisforschung 4.64
Gedächtnispflege 4.65
Gefühl 4.65
Gegenwartsdrama 7.120
Gegenwartsdrama im Unterricht ... 7.120
Gegenwartskunde 8.48
- (DDR) 8.48
- (Österreich) 8.48
Gegenwartsliteratur 7.120
- (Christliche Dichtung) 7.121
- (Einzelfragen) 7.121
- (Roman) 7.121

[Forts.: Gegenwartsliteratur]
- (Sprachlicher Aspekt) 7.122
Gegenwartsliteratur im Unterricht 7.122
- (Gymnasium) 7.123
- (Technische Welt) 7.123
- (Volksschule) 7.123
Gegenwartslyrik 7.124
Gegenwartslyrik im Unterricht 7.124
- (Volksschule) 7.125
Gegenwartsnaher Unterricht 6.74
Gegenwartssprache 7.125
Gehemmtes Kind 4.66
Gehörlosenberufsschule 1.84
Gehörlosenschule 1.84
- (Begabtenförderung) 1.85
- (Bundesländer) 1.85
- (Geschichte) 1.86
- (Schweiz) 1.86
Gehörloses Kind 4.66
Gehorsam 3.125
- (Ungehorsam) 3.126
Geisteskrankheit 4.66
Geistig behindertes Kind 4.67
- (Heilpädagogische Betreuung) 4.67
- (Soziologischer Aspekt) 4.68
Geistige Entwicklung 4.69
Gemeinschaftsarbeit 6.74
Gemeinschaftserziehung 3.126
- (DDR) 3.127
Gemeinschaftskunde 8.49
- (Berufsschule) 8.49
- (Bundesländer) 8.50
- (Didaktischer Aspekt) 8.50
- (Einführung) 8.50
- (Erdkunde) 8.50
- (Geschichtsunterricht) 8.51
- (Kritik) 8.51
- (Mädchenbildung) 8.52
- (Methodische Einzelfragen) 8.52
- (Politische Bildung) 8.52
- (Politische Weltkunde) 8.52
- (Realschule) 8.53
- (Reformsituation) 8.53
- (Richtlinien) 8.53
- (Soziologie) 8.54
- (Unterrichtsbeispiele) 8.54
- (Wirtschaftskunde) 8.54
Gemeinschaftsschule 1.86
- (Christliche Gemeinschaftsschule) 1.87
- oder Bekenntnisschule 1.87
Gemeinschaftsschwierigkeit 4.69
Gemütsbildung 3.127
Generationsproblem 3.128
Geographielehrer 2.36
Geologie 8.55

- (Alpen) 8.55
- (Eiszeiten) 8.55
- (Erdgeschichte) 8.55
- (Fossilien) 8.56
Geometrie 9.123
- (Axiomatik) 9.124
- (Differentialgeometrie) 9.124
- (Dreieck) 9.125
- (Ebene Geometrie) 9.126
- (Einzelfragen) 9.126
- (Flächenberechnung) 9.126
- (Kegel) 9.127
- (Konstruktionen) 9.127
- (Kreis) 9.127
- (Kreisberechnung) 9.128
- (Kreiszahl pi) 9.128
- (Kugel) 9.128
- (Kugelberechnung) 9.129
- (Maße/Gewichte) 9.129
- (Nichteuklidische Geometrie) ... 9.129
- (Pyramide) 9.130
- (Pythagoreischer Lehrsatz) 9.130
- (Räumliche Geometrie) 9.130
- (Rauminhaltsberechnung) 9.131
- (Topologie) 9.131
- (Trapez) 9.132
- (Trigonometrie) 9.132
- (Vielecke) 9.132
- (Vierecke) 9.132
- (Winkel) 9.133
Geometrielehrmittel 5.77
Geometrieunterricht 9.133
- (Anschauung) 9.134
- (Berufsschule) 9.134
- (Einführung) 9.134
- (Grundschule) 9.134
- (Gymnasium) 9.135
- (Methodische Einzelfragen) 9.135
- (Psychologischer Aspekt) 9.136
- (Reform) 9.136
- (Schülerübung) 9.136
- (Sonderschule) 9.136
- (Volksschule) 9.137
Geophysik 9.137
- (Höhenstrahlung) 9.137
Geräteturnen 10.64
- (Barren) 10.65
- (Einzelne Geräte) 10.65
- (Grundschule) 10.65
- (Hilfestellung) 10.65
- (Klettern) 10.66
- (Lehrplan) 10.66
- (Medizinischer Aspekt) 10.66
- (Methodische Einzelfragen) 10.66
- (Reck) 10.67

- (Rhythmus) 10.67
- (Ringe) 10.67
- (Schwebebalken) 10.68
- (Sprungkasten) 10.68
- (Stufenbarren) 10.68
- (Trampolin) 10.69
- (Übungsformen) 10.69
Gesamtschule 1.88
Gesamtunterricht 6.74
- (Bildungseinheit) 6.75
- (Diskussion) 6.75
- (Geschichte) 6.75
- (Grundschule) 6.76
- (Landschule) 6.76
- (Psychologischer Aspekt) 6.76
- (Volksschule) 6.76
- (Volksschuloberstufe) 6.77
- und Fachunterricht 6.77
- und Ganzheitsunterricht 6.78
Gesangunterricht 10.69
- (Grundschule) 10.70
Geschichte 8.56
- (Afrika) 8.56
- (Amerika) 8.57
- (Asien) 8.57
- (China) 8.57
- (Europa) 8.57
- (Hilfswissenschaften) 8.58
- (Islam) 8.58
- (Österreich) 8.58
- (Rußland) 8.58
- (Schweiz) 8.58
- (Universalgeschichte) 8.59
- (USA) 8.59
Geschichtsatlas 5.78
Geschichtsbild 8.59
- (DDR) 8.60
- (Deutsches Geschichtsbild) 8.60
- (Revision) 8.60
Geschichtserzählung 8.60
Geschichtsfries 5.78
- (Zeittafel) 5.79
Geschichtsinteresse 8.61
Geschichtslehrbuch 5.79
- (DDR) 5.80
- (Kritik) 5.80
- (Revision) 5.81
Geschichtslehrbuch im Unterricht . 5.82
Geschichtslehrer 2.36
- (DDR) 2.37
Geschichtslehrerbildung 2.38
Geschichtslehrmittel 5.82
- (Arbeitsblätter) 5.83
- (Arbeitsheft) 5.83
- (Bildformen) 5.83

- (DDR) 5.84
- (Einzelformen) 5.84
- (Film) 5.85
- (Ganzschrift) 5.85
- (Hafttafel) 5.85
- (Jugendbuch) 5.85
- (Karten) 5.85
- (Lichtbild) 5.86
- (Literarische Quellen) 5.87
- (Museum) 5.88
- (Sachzeichnen) 5.88
- (Schulfernsehen) 5.88
- (Schulfunk) 5.88
- (Spielformen) 5.89
- (Tabellen) 5.89
- (Tonband) 5.89
- (Übungskarten) 5.89
- (Umrißkarte) 5.89
- (Wandtafelzeichnen) 5.90
Geschichtslehrplan 8.61
- (DDR) 8.62
- (Gymnasium) 8.62
- (Landschule) 8.63
- (Volksschule) 8.63
Geschichtsphilosophie 8.63
- (Christentum) 8.64
- (Einzelfragen) 8.64
- (Geschichtliche Wahrheit) 8.65
- (Historischer Materialismus) .. 8.65
Geschichtsschreibung 8.65
- (Einzelfragen) 8.65
Geschichtsunterricht 8.66
- (Arbeitsgemeinschaft) 8.67
- (Berufsschule) 8.67
- (Bildungswert) 8.68
- (Datenkenntnis) 8.68
- (DDR) 8.68
- (Denkschulung) 8.69
- (Didaktischer Aspekt) 8.70
- (Erdkunde) 8.70
- (Erziehungswert) 8.71
- (Europagedanke) 8.71
- (Evangelische Unterweisung) ... 8.71
- (Formale Bildung) 8.71
- (Ganzheitl.Geschichtsunt.) 8.72
- (Gegenwartsbezug) 8.72
- (Geschichtsbild) 8.72
- (Geschichtstest) 8.73
- (Geschichtswissenschaft) 8.73
- (Grundschule DDR) 8.73
- (Gruppenunterricht) 8.74
- (Gymnasium) 8.74
- (Gymnasium:Mittelstufe) 8.74
- (Gymnasium:Oberstufe) 8.75
- (Hausaufgabe) 8.75

[Forts.: Geschichtsunterricht]
- (Heimatgeschichte) 8.75
- (Heimatprinzip) 8.75
- (Historische Persönlichkeit) 8.76
- (Kritik) 8.76
- (Landschule) 8.77
- (Lehrvortrag) 8.77
- (Leistungsbewertung) 8.77
- (Leistungskontrolle) 8.77
- (Mädchenbildung) 8.78
- (Methodische Einzelfragen) 8.78
- (Österreich) 8.79
- (Philosophischer Aspekt) 8.80
- (Polytechnische Bildung) 8.80
- (Problemstellung) 8.80
- (Psychologischer Aspekt) 8.81
- (Quellenbehandlung) 8.81
- (Realschule) 8.81
- (Reform) 8.82
- (Schuljahr V) 8.83
- (Schweiz) 8.83
- (Selbsttätigkeit) 8.83
- (Sonderschule) 8.84
- (Soziologischer Aspekt) 8.84
- (Sozialistische Erziehung) 8.84
- (Stoffauswahl) 8.85
- (Stoffbeschränkung) 8.85
- (Stundenentwurf) 8.85
- (Themat.Geschichtsunterricht) ... 8.85
- (Völkerverständigung) 8.86
- (Volksschule) 8.86
- (Volksschuloberstufe) 8.87
- (Vorbereitung) 8.87
- (Vorkurs) 8.88
- (Weltanschauungsfragen) 8.88
- (Wiederholung) 8.89
- (Zeitvorstellung) 8.89
Geschichtsunterricht und Politische Bildung 8.89
- (Berufsschule) 8.90
- (DDR) 8.90
- (Gymnasium) 8.90
- (Volksschule) 8.91
Geschichtsverständnis 8.91
Geschichtswissenschaft 8.92
Geschlechtserziehung 3.128
- (DDR) 3.129
- (Ehevorbereitung) 3.130
- (Elternhaus) 3.130
- (Kindesalter) 3.130
- (Psychologischer Aspekt) 3.131
- (Sexualethik) 3.131
- (Sexualität) 3.131
- (Sexualpädagogik) 3.132
- (Sexuelle Aufklärung) 3.132

- (Soziologischer Aspekt) 3.132
Geschlechtserz. in der Schule 3.133
- (Berlin) 3.133
- (Berufsschule) 3.134
- (Gymnasium) 3.134
- (Sonderschule) 3.134
- (Volksschule) 3.134
Gesprächserziehung 6.78
Gesprächserziehung in der Schule .. 6.78
Gestaltpsychologie 4.70
- (Aktualgenese) 4.70
Gesundheitserziehung 3.135
Gesundheitserziehung in der Schule 3.136
Gesundheitslehre 9.138
- (Einzelfragen) 9.138
- (Erste Hilfe) 9.138
- (Schutzimpfung) 9.139
- (Volksschule) 9.139
Gewerbelehrer 2.38
Gewerbelehrerbildung 2.38
- (Bundesländer) 2.39
- (Fachrichtung) 2.41
- (Reform) 2.41
Gewerbelehrerin 2.42
Gewerbliche Berufsschule 1.89
Gewerblicher Unterricht 6.79
Gewerkschaft Erziehung und Wissenschaft 2.42
Gewissen 4.71
- (Tiefenpsychologischer Aspekt) .. 4.71
Gewissensbildung 3.136
- (Kindesalter) 3.137
Gewissensbildung in der Schule ... 3.138
Gewöhnung 3.138
Globus 5.90
Grammatik 7.126
Grammatikunterricht 7.126
- (Anschauung) 7.127
- (Berufsschule) 7.127
- (Funktionale Grammatik) 7.127
- (Grundschule) 7.128
- (Gymnasium) 7.128
- (Innere Sprachform) 7.129
- (Kritik) 7.129
- (Landschule) 7.129
- (Lehrplan) 7.130
- (Methodische Einzelfragen) 7.130
- (Reform) 7.131
- (Satzbaukasten) 7.131
- (Sonderschule) 7.131
- (Spielformen) 7.131
- (Spracherziehung) 7.132
- (Terminologie) 7.132
- (Übung) 7.132
- (Volksschule) 7.132

- (Volksschuloberstufe) 7.133
Graphische Darstellung 5.90
Graphologie 4.72
- (Pädagogischer Aspekt) 4.72
- (Schülerhandschrift) 4.72
Griechischunterricht 7.133
- (Lektüre) 7.134
- (Methodische Einzelfragen) 7.134
Großstadtjugend 4.73
Grundlehrgang [DDR] 6.79
- (Elektrotechnik) 6.80
- (Lehrplan) 6.80
- (Maschinenkunde) 6.80
- (Metallbearbeitung) 6.80
- (Pflanzliche Produktion) 6.81
- (Tierische Produktion) 6.81
Grundschuldauer 1.90
Grundschule 1.90
- (Bundesländer) 1.91
- (DDR) 1.92
Grundschullehrer 2.42
Grundschulrechnen 9.139
- (DDR) 9.140
- (Erziehungswert) 9.140
- (Lehrplan) 9.140
- (Mathematischer Aspekt) 9.140
- (Methodische Einzelfragen) 9.141
- (Schuljahr II) 9.142
- (Schuljahr III) 9.142
- (Schuljahr IV) 9.142
- (Zahlenraum 1-1000) 9.142
- (Zahlenraum über 1000) 9.143
- (Zahlensystem) 9.143
- (Zehnerüberschreitung) 9.143
Grundschulreform 1.92
Grundschulunterricht 6.81
- (Berliner Bildungsplan) 6.82
- (Schuljahr I) 6.82
- (Schuljahr II) 6.82
- (Schuljahr III-IV) 6.82
Gruppenforschung 4.73
Gruppenpädagogik 3.138
- (Haus Schwalbach) 3.139
Gruppenpsychologie 4.74
- (Pädagogischer Aspekt) 4.74
Gruppentherapie 4.74
- (Sonderschüler) 4.75
Gruppenunterricht 6.83
- (Arbeitsanweisung) 6.84
- (Arbeitsformen) 6.84
- (Berufsschule) 6.85
- (Disziplin) 6.85
- (Einzelerfahrungen) 6.85
- (Ergebnissicherung) 6.86
- (Grundschule) 6.86

- (Gruppeneinteilung) 6.87
- (Gymnasium) 6.87
- (Kritik) 6.87
- (Landschule) 6.87
- (Psychologischer Aspekt) 6.88
- (Sonderschule) 6.88
- (Sozialerziehung) 6.88
- (Volksschuloberstufe) 6.89
- (Vorformen) 6.90
- oder Frontalunterricht 6.90
Gymnasiallehrer 2.42
Gymnasiallehrerbildung 2.43
- (Pädagogische Ausbildung) 2.44
- (Pädagogische Prüfung) 2.45
- (Philosophie) 2.45
- (Referendariat) 2.45
- (Reform) 2.46
- (Schweiz) 2.47
Gymnasialunterricht 6.90
- (Fächerübergreifender Unterricht) 6.91
- (Mittelstufe) 6.92
- (Oberstufe) 6.92
- (Unterstufe) 6.93
Gymnasium 1.92
- (Ausleseverfahren) 1.94
- (Bundesländer) 1.95
- (Österreich) 1.96
- (Reform) 1.96
- (Reform der Oberstufe) 1.98
- (Schweiz) 1.99
Gymnasium und Universität 1.100
Gymnastik 10.70
- (Diskussion) 10.71
- (Einzelfragen) 10.71
- (Geräte) 10.71
- (Geschichte) 10.72
- (Künstlerische Gymnastik) 10.72
- (Lehrplan) 10.72
- (Moderne Gymnastik) 10.72
- (Organisationsfragen) 10.73
- (Rhythmische Gymnastik) 10.73
- (Tanz) 10.73
- (Unterrichtsaspekt) 10.74

H

Haftpflicht des Lehrers 2.47
Hafttafel 5.90
Halbstarke 4.76
Haltungsfehler des Schülers 4.76
Handarbeitsunterricht 10.74
- (Landschule) 10.75
- (Lehrplan) 10.75

[Forts.: Hausarbeitsunterricht]
- (Methodische Einzelfragen) 10.75
- (Näharbeiten) 10.75
- (Psychologischer Aspekt) 10.75
- (Reform) 10.76
- (Techniken) 10.76
- (Waldorfschule) 10.76
Handelsschule 1.101
Handelsschullehrerbildung 2.47
- (Bundesländer) 2.48
- (Reform) 2.48
Handpuppenspiel 6.93
- (Kindergarten) 6.94
Handpuppenspiel im Unterricht 6.94
- (Kasperlespiel) 6.95
- (Marionettenspiel) 6.95
- (Sonderschule) 6.95
Hauptschule 1.101
- (Begabtenförderung) 1.103
- (Berufsbildendes Schulwesen) .. 1.103
- (Bundesländer) 1.103
- (Deutscher Ausschuß) 1.104
- (Jugendschule) 1.104
- und Grundschule 1.104
- und Volksschuloberstufe) 1.105
Hauptschule [Österreich] 1.104
Hauptschulunterricht 6.95
Hausaufgabe 6.96
- (Berufsschule) 6.97
- (Elternhilfe) 6.97
- (Grundschule) 6.98
- (Gymnasium) 6.98
- (Kontrolle) 6.98
- (Psychologischer Aspekt) 6.98
- (Sonderschule) 6.99
- (Unterrichtsaspekt) 6.99
Hausmusik 10.76
Hauswirtschaft 10.77
- (Arbeitsbewertung) 10.77
Hauswirtschaftliche Berufsschule . 1.105
Hauswirtschaftsunterricht 10.78
- (Berufsschule) 10.78
- (Bildungswert) 10.79
- (Familienhauswesen) 10.79
- (Haushaltskunde) 10.79
- (Lehrplan) 10.79
- (Methodische Einzelfragen) 10.80
- (Österreich) 10.80
- (Schweiz) 10.80
- (Sonderschule) 10.80
- (Volksschule) 10.80
Heilpädagogik 4.76
- (Bewegungstherapie) 4.78
- (Hilfswissenschaften) 4.78
- (Medizinischer Aspekt) 4.79

- (Volksschule) 4.79
Heilpädagogische Psychologie 4.80
Heimat 8.92
- (Unterrichtsprinzip) 8.93
Heimatbuch 5.91
Heimaterlebnis 8.93
Heimaterziehung 8.93
Heimatforschung 8.94
Heimatgeschichte 8.94
- (DDR) 8.94
- (Grundschule) 8.94
- (Ortsnamen) 8.95
- (Volkskunde) 8.95
Heimatkundelehrmittel 5.91
- (Bildkarte) 5.91
- (Einzelformen) 5.92
- (Film) 5.92
- (Karten) 5.92
- (Lichtbild) 5.93
- (Museum) 5.93
- (Sammlungen) 5.93
Heimatkundeunterricht 8.95
- (Anschauung) 8.96
- (Arbeitsschulprinzip) 8.96
- (Bildungswert) 8.96
- (Biologie) 8.96
- (Brauchtum) 8.97
- (DDR) 8.97
- (Deutsche Auslandsschule) 8.97
- (Deutschunterricht) 8.97
- (Einführung) 8.97
- (Einzelbeispiele) 8.98
- (Erdkunde) 8.98
- (Geschichtsunterricht) 8.98
- (Grundbegriffe) 8.99
- (Gymnasium) 8.99
- (Kritik) 8.99
- (Landschule) 8.99
- (Lehrplan) 8.100
- (Lehrwanderung) 8.100
- (Methodische Einzelfragen) 8.100
- (Naturlehre) 8.101
- (Politische Bildung) 8.101
- (Psychologischer Aspekt) 8.101
- (Reform) 8.102
- (Sachunterricht) 8.102
- (Selbsttätigkeit) 8.102
- (Sonderschule) 8.103
- (Sozialerziehung) 8.103
- (Sprachunterricht) 8.103
- (Technische Bildung) 8.103
- (Volksschuloberstufe) 8.104
- (Zeichnen) 8.104
Heimatkundliche Themen 8.104
- (Bach/Fluß) 8.104

- (Biene) 8.105
- (Dorf) 8.105
- (Großstadt) 8.105
- (Hafen) 8.105
- (Schleuse) 8.105
- (Stadt) 8.105
- (Straße) 8.106
- (Wald) 8.106
- (Wasser) 8.106
- (Wasserleitung) 8.106
Heimerzieher 2.48
Heimerzieherausbildung 2.49
Heimerzieherin 2.49
Heimerziehung 3.139
- (DDR) 3.140
- (Familienprinzip) 3.140
- (Heilpädagogisches Heim) .. 3.141
- (Kinderdorf) 3.142
- (Kritik) 3.142
- (Personalfragen) 3.142
- (Pflegekind) 3.142
- (Psychologischer Aspekt) .. 3.143
- (Sozialpädagogik) 3.143
- (Soziologischer Aspekt) ... 3.143
- (Strafe) 3.144
Heimkind 4.80
Heimschule 1.105
Helfersystem 6.100
Hessische Bildungspläne 6.100
Hessisches Lehrerfortbildungswerk 2.49
Hilfsschulbedürftigkeit 4.80
- (Feststellung) 4.81
Hilfsschule 1.106
Hilfsschulkind 4.81
- (Intelligenzstruktur) 4.82
- (Rehabilitation) 4.83
- (Soziologischer Aspekt) ... 4.83
- (Typologie) 4.83
Hilfsschullehrer 2.49
Hirngeschädigtes Kind 4.84
Hirnschädigung 4.84
Hochfrequenztechnik 9.143
- (Einzelfragen) 9.143
- (Elektronenröhre) 9.144
- (Fernsehen) 9.144
- (Kristalldiode) 9.144
- (Maser) 9.144
- (Modulation) 9.144
- (Oszillograph) 9.145
- (Rundfunk) 9.145
- (Transistor) 9.145
Hochschulfinanzierung 1.106
Hochschulgesetzgebung 1.107
- (Hessisches Hochschulgesetz) ... 1.107
Hochschullehrer 2.50

- (Rechtsfragen) 2.50
Hochschullehrerin 2.50
Hochschullehrernachwuchs 2.50
Hochschulpolitik 1.107
Hochschulrecht 1.107
Hochschulreform 1.108
- (Studiendauer) 1.109
- (Wissenschaftsrat) 1.110
Hochschulreife 1.110
Hochschulstudium 1.111
Hochschulverwaltung 1.111
Höhere Fachschulen 1.112
Höhere Handelsschule 1.112
Höhere Schule 1.112
Höhere Wirtschaftsfachschule .. 1.113
- (Bundesländer) 1.114
Hörspiel 7.135
Hörspiel im Deutschunterricht . 7.135
Hospitalismus 4.84
Humanismus 3.144
- (Christlicher Humanismus) . 3.145
- (Krise) 3.145
- (Naturwissenschaft) 3.145
Humanistische Bildung 3.146
- (Diskussion) 3.146
Humanistisches Gymnasium 1.114
Hypnose 4.85

I

Ich-Psychologie 4.85
Ideologische Erziehung [DDR] .. 3.147
Individualisierung 6.100
Individualpsychologie 4.86
- (Pädagogischer Aspekt) 4.86
Industriepraktikum 6.100
Ingenieurschule 1.114
- (DDR) 1.115
- (Reform) 1.116
- (Zulassung) 1.116
Innere Schulreform 6.101
- (Berlin) 6.102
Insektenkunde 9.146
- (Ameisen) 9.146
- (Bienen) 9.146
- (Borkenkäfer) 9.147
- (Einzelne Insekten) 9.147
- (Fliegen) 9.147
- (Heuschrecken) 9.147
- (Käfer) 9.147
- (Libellen) 9.148
- (Maikäfer) 9.148
- (Rote Waldameise) 9.148

[Forts.: Insektenkunde]
- (Schmetterlinge) 9.148
- (Seidenspinner) 9.149
- (Wasserinsekten) 9.149
- (Wespen) 9.149
Insektenschädlinge 9.149
- (Kartoffelkäfer) 9.149
- (Schädlingsbekämpfung) 9.150
Instrumentalspiel 10.81
- (Einzelne Instrumente) 10.81
- (Gymnasium) 10.81
- (Methodische Einzelfragen) 10.82
- (Volksschule) 10.82
Intelligenz 4.86
- (Schulkind) 4.87
- (Schulleistung) 4.87
Intelligenzdiagnose 4.87
Intelligenzentwicklung 4.88
Intelligenzforschung 4.88
Intelligenzquotient 4.89
Intelligenzschwäche 4.89
Intelligenztest 4.89
- (Binet-Simon) 4.90
- (HAWIK) 4.90
- (Sonderschüler) 4.91
- (Stanford-Intelligenztest) 4.91
Interesse des Schülers 4.91
Internat 1.116
Interpretation 7.135
Interpretation im Unterricht 7.136
- (Gymnasium) 7.136
Italienischunterricht 7.136

J

Jahresarbeit 6.103
Jahrgangsklasse 1.117
Jazz 10.82
Jazz im Musikunterricht 10.82
Jenaplan 6.103
- (Berufsschule) 6.104
- (Landschule) 6.104
- (Modellformen) 6.104
- (Schulleben) 6.104
Jugendalter 3.147
Jugendbuch 7.137
- (DDR) 7.137
- (Geschichte) 7.138
- (Klassisches Jugendbuch) 7.138
- (Sonderformen) 7.138
- (Sprachlicher Aspekt) 7.138
Jugendbuch im Unterricht 5.94
- (Grundschule) 5.95

- (Sachunterricht) 5.95
Jugendbuchbeurteilung 7.139
- (Grundsätze) 7.139
Jugenderziehung 3.148
Jugendforschung 3.148
Jugendgefährdendes Schrifttum 3.149
- (Gesetz vom 9.6.1953) 3.149
- (Kriegsliteratur) 3.150
- (Leihbuchhandel) 3.150
Jugendkonzert 10.83
Jugendlicher Dieb 4.92
Jugendpsychologie 4.92
Jugendsoziologie 3.151
- (Gegenwartsjugend) 3.151
- (Gesellungsformen) 3.152
- (Junge Generation) 3.152
Jugendtourismus 3.153
Jugendwandern 3.153
- (Camping) 3.154
- (Ferienlager) 3.154
Jungarbeiter 4.93
Jungarbeiterin 4.93
Junglehrer 2.51
- (Anfangsschwierigkeiten) 2.51
- (Landschule) 2.52
- (Vorbereitungsdienst) 2.52
Junglehrerarbeitsgemeinschaft 2.52

K

Kartenverständnis 8.106
- (Einführung) 8.106
- (Erdkunde) 8.107
- (Heimatkunde) 8.107
- (Höhenlinien) 8.107
- (Kartenzeichnen) 8.108
- (Sonderschule) 8.108
Katechese 10.83
- (Buße) 10.83
- (Einzelfragen) 10.84
- (Einzelne Katechesen) 10.84
- (Engel) 10.84
- (Eschatologie) 10.85
- (Eucharistie) 10.85
- (Firmung) 10.85
- (Glaube) 10.85
- (Gott) 10.86
- (Heilige) 10.86
- (Heiliger Geist) 10.86
- (Himmel) 10.86
- (Kirche) 10.86
- (Krankensalbung) 10.87
- (Maria) 10.87

- (Ostern) 10.87
- (Reform) 10.87
- (Sakramente) 10.87
- (Schöpfung) 10.88
- (Sünde) 10.88
- (Taufe) 10.88
Katechismusunterricht 10.88
- (Berufsschule) 10.88
Kategoriale Bildung 6.104
Katholische Bekenntnisschule 1.117
Katholische Kindermesse 10.89
Katholische Schulerziehung 3.154
Katholischer Katechismus 10.89
- (Geschichte) 10.89
- (Holländischer Katechismus) 10.89
- (Neuer Katechismus) 10.90
- (Politische Bildung) 10.90
Katholischer Religionsunterricht   10.90
- (Beichte) 10.90
- (Berufsschule) 10.90
- (Einzelfragen) 10.91
- (Erstbeichte) 10.91
- (Erstkommunion) 10.91
- (Frühkommunion) 10.92
- (Grundschule) 10.92
- (Gymnasium) 10.92
- (Jugendbeichte) 10.92
- (Lehrplan) 10.93
Kaufmännische Berufsfachkunde 10.93
- (Buchführung) 10.93
- (Bürolehre) 10.94
- (Einzelfragen) 10.94
- (Wirtschaftslehre) 10.94
Kaufmännische Berufsfachschule ... 1.118
Kaufmännische Berufsschule 1.118
Kaufmännischer Unterricht 6.104
- (Grundausbildung) 6.105
- (Lehrabschlußprüfung) 6.106
Kaufmännisches Schulwesen 1.119
- (Bundesländer) 1.120
- (Europäische Schulen) 1.120
- (Geschichte) 1.120
- (Reform) 1.121
- (Schweiz) 1.121
Kegelschnitte 9.150
- (Einzelfragen) 9.150
- (Ellipse) 9.150
- (Hyperbel) 9.151
- (Projektive Geometrie) 9.151
- (Vektormethode) 9.151
Kern- und Kursunterricht 6.106
- (Berlin) 6.106
- (Gymnasium) 6.106
- (Landschule) 6.107
- (Volksschuloberstufe) 6.107

Kinderbuch 7.140
- (DDR) 7.140
Kinderdorf 1.121
Kindergärtnerin 2.53
Kindergärtnerinnenausbildung 2.54
- (DDR) 2.55
Kindergarten 1.121
- (Arbeitsformen) 1.122
- (DDR) 1.123
- (Evangelischer Kindergarten) ... 1.124
- (Geschichte) 1.124
- (Katholischer Kindergarten) 1.124
- (Landkindergarten) 1.125
Kindergarten und Schule 1.125
Kindergartenkind 4.93
- (Beobachtung) 4.94
Kindergedicht 7.141
Kindergedicht im Unterricht 7.141
Kindergottesdienst 10.95
Kinderheim 1.126
Kinderhort 1.126
Kinderlied 10.95
Kinderpsychiatrie 4.95
- (Diagnostik) 4.95
Kinderpsychologie 4.95
- (Landkind) 4.96
Kinderpsychotherapie 4.96
Kinderspiel 3.155
Kindersprache 4.96
Kindertagesstätte 1.126
Kinderzeichnung 10.95
- (Beurteilung) 10.95
- (Einzelfragen) 10.96
- (Kinderkunst) 10.96
- (Menschendarstellung) 10.96
- (Psychologischer Aspekt) 10.96
- (Raumdarstellung) 10.97
Kindheit 3.156
- (Rechte des Kindes) 3.157
Kindlicher Humor 4.97
Kirchengeschichte 10.97
- (Einzelfragen) 10.97
- (Einzelpersonen) 10.98
- (Kirchenkampf) 10.98
- (Luther) 10.98
- (Mittelalter) 10.98
- (Ökumenisches Konzil) 10.99
- (Reformation) 10.99
- (Urkirche) 10.100
- (Zeitgeschichte) 10.100
Kirchengeschichtsunterricht 10.100
Kirchenjahr 10.101
- (Evangelische Unterweisung) ... 10.101
Kirchenlied 10.101
- (Choral) 10.102

[Forts.: Kirchenlied]
- (Evangelische Unterweisung) ... 10.102
- (Evangel.Kirchengesangbuch) ... 10.102
- (Kindgemäßheit) 10.103
Klassenarbeit 6.107
Klassenbuch 1.126
Klassenbücherei 5.95
Klassenfrequenz 1.127
Klassengemeinschaft 3.157
Klassenlehrer 2.55
Klassenlehrer oder Fachlehrer 2.56
Kleinkindlesen 4.97
Kleinklasse 1.127
Klimakunde 8.108
- (Einzelfragen) 8.108
- (Europa) 8.109
- (Föhn) 8.109
Kochunterricht 10.103
- (Berufsschule) 10.103
Koedukation 3.158
- (Diskussion) 3.158
- (Gemeinschaftsformen) 3.159
- (Mädchenbildung) 3.159
- (Psychologischer Aspekt) 3.159
- (Schulerfahrungen) 3.159
- (Soziologischer Aspekt) 3.159
Körperbehindertes Kind 4.98
- (Betreuung) 4.98
- (Rehabilitation) 4.99
- (Schulbesuch) 4.99
- (Seelische Reaktionen) 4.99
Körperliche Erziehung 10.103
Körperliche Züchtigung 3.160
- (Kritik) 3.160
Kollegiale Schulleitung 2.56
Kommunistische Erziehung 3.160
Konferenzordnung 1.127
Konfessionelle Lehrerbildung 2.56
- (Diskussion) 2.57
- (Pädagogische Hochschule) 2.57
Konfirmandenunterricht 10.104
Konstitution des Schülers 4.100
Kontaktgestörtes Kind 4.100
Konzentrationsfähigkeit 4.100
Konzentrationsschwäche 4.101
- (Sonderschüler) 4.102
Konzentrationsunterricht 6.107
Korrekturarbeit des Lehrers 6.108
Krankenhausschule 1.128
Künstlerische Erziehung 6.108
Kulturgeschichte 8.109
- (Einzelfragen) 8.109
- (Kleidung) 8.110
- (Technik) 8.110
Kulturgeschichtl.Längsschnitte ... 8.110
- (Bauer) 8.110
- (Brot) 8.111
- (Geld) 8.111
- (Schrift) 8.111
- (Verkehrsmittel) 8.111
- (Wohnung) 8.112
- (Zeitmessung) 8.112
Kulturkunde 8.112
Kulturpolitik 1.128
Kultusministerkonferenz 1.129
Kunst 10.104
- (Kunstsoziologie) 10.105
Kunstbetrachtung 10.105
- (Architektur) 10.106
- (Berufsschule) 10.106
- (Dürer) 10.106
- (Einzelfragen) 10.106
- (Einzelne Gemälde) 10.107
- (Gymnasium) 10.107
- (Kindergarten) 10.107
- (Landschaftsmalerei) 10.107
- (Malerei) 10.107
- (Methodische Einzelfragen) 10.108
- (Moderne Kunst) 10.108
- (Plastik) 10.109
- (Stilkunde) 10.109
- (Unterstufe) 10.109
- (Volksschule) 10.109
- (Weihnachtsbild) 10.110
Kunsterzieher 2.57
- (Ausbildung) 2.58
Kunsterziehung 10.110
- (Berufsschule) 10.111
- (Bildungswert) 10.111
- (DDR) 10.112
- (Didaktischer Aspekt) 10.112
- (Diskussion) 10.112
- (Einzelne Fächer) 10.113
- (Erwachsenenbildung) 10.113
- (Freies Gestalten) 10.113
- (Gemeinschaftsarbeit) 10.113
- (Geschichte) 10.114
- (Geschichtsunterricht) 10.114
- (Geschmacksbildung) 10.114
- (Grundschule) 10.114
- (Gymnasium) 10.115
- (Heimatkunde) 10.115
- (Kindergarten) 10.115
- (Kongresse) 10.116
- (Lehrereinfluß) 10.116
- (Lehrplan) 10.116
- (Leistungsbewertung) 10.116
- (Mädchenbildung) 10.117
- (Methodische Einzelfragen) 10.117
- (Moderne Kunst) 10.118

- (Psychologischer Aspekt) 10.118
- (Reform) 10.119
- (Schöpferische Begabung) 10.119
- (Schöpferisches Gestalten) 10.119
- (Schulleben) 10.120
- (Sonderschule) 10.120
- (Soziologischer Aspekt) 10.120
- (Spiel) 10.120
- (Themenstellung) 10.121
- (Volksschule) 10.121
- (Volksschuloberstufe) 10.121
- (Vorstellungskraft) 10.121
- (Waldorfschule) 10.122
- (Weihnachtsarbeit) 10.122
Kunsterziehungsbewegung 10.122
Kunstgeschichte 10.122
- (Einzelne Epochen) 10.122
- (Unterrichtsaspekt) 10.123
Kunsthandwerk 10.123
Kunstlehrmittel 5.96
- (Museumsbesuch) 5.96
Kunstschriftpflege 10.123
- (Gymnasium) 10.123
- (Volksschule) 10.124
Kunstverständnis 10.124
Kurzgeschichte 7.141
- (Jugendlektüre) 7.142
Kurzgeschichte im Unterricht 7.142
- (Volksschule) 7.142
Kurzschriftunterricht 10.124
- (Bildungswert) 10.125
- (Einzelfragen) 10.125
- (Geschichte) 10.125
- (Leistungssteigerung) 10.125
- (Methodische Einzelfragen) 10.126
- (Technische Hilfsmittel) 10.126
Kurzschule 1.129
Kurzschuljahre [1966/67] 1.129
Kybernetik 5.97
- (Dokumentation) 5.97
- (Einzelfragen) 5.98
- (Informationsästhetik) 5.98
- (Informationspsychologie) 5.99
- (Informationssemantik) 5.99
- (Informationstheorie) 5.100
- (Philosophischer Aspekt) 5.100
- (Soziologischer Aspekt) 5.101
- (Symbolische Logik) 5.101
Kybernetische Lerntheorie 5.102
- (Biokybernetik) 5.103
- (Einzelfragen) 5.103
- (Informationsübermittlung) 5.104
- (Informationsverarbeitung) 5.105
- (Neuronenmodelle) 5.105
- (Pupillenreflex) 5.105

- (Tierverhalten) 5.106
Kybernetische Maschinen 5.106
- (Algorithmen) 5.107
- (Automatische Programmierung) .. 5.107
- (Automatische Sprachübersetzung) 5.107
- (Automatische Zeichenerkennung) 5.109
- (Lernender Automat) 5.109
- (Lernmatrix) 5.110
- (Logische Schaltungen) 5.110
- (Programmierung) 5.111
- (Rechenautomat) 5.112
Kybernetische Pädagogik 5.112
- (Didaktischer Aspekt) 5.113

L

Länderkunde 8.112
- (Ägypten) 8.113
- (Äquatorialafrika) 8.113
- (Äthiopien) 8.114
- (Afghanistan) 8.114
- (Afrika) 8.114
- (Afrika:Bevölkerung) 8.114
- (Afrika:Film) 8.114
- (Afrika:Kunst) 8.115
- (Afrika:Unterrichtsentwurf) ... 8.115
- (Alaska) 8.115
- (Algerien) 8.115
- (Alpen) 8.115
- (Angola) 8.116
- (Antarktis) 8.116
- (Argentinien) 8.116
- (Arktis) 8.116
- (Arktis:Eskimos) 8.117
- (Asien) 8.117
- (Australien) 8.117
- (Australien:Einzelfragen) 8.117
- (Australien:Unterrichtsentwurf) 8.117
- (Baden-Württemberg) 8.118
- (Balkan) 8.118
- (Bayern) 8.118
- (Belgien) 8.118
- (Berlin) 8.119
- (Bodensee) 8.119
- (Bolivien) 8.119
- (Brasilien) 8.119
- (Bulgarien) 8.119
- (Ceylon) 8.119
- (Chile) 8.120
- (China) 8.120
- (China:Volksrepublik) 8.120
- (Dänemark) 8.121
- (Deutsche Flußlandschaften) ... 8.121

[Forts.: Länderkunde]
- (Deutsche Nordseeküste) 8.121
- (Deutsche Ostseeküste) 8.122
- (Deutschland) 8.122
- (Deutschland:DDR) 8.122
- (Deutschland:Landschaften) 8.122
- (Donau) 8.123
- (Ecuador) 8.123
- (Eifel) 8.123
- (Europa) 8.124
- (Europa:Einzelfragen) 8.124
- (Finnland) 8.124
- (Formosa) 8.124
- (Frankreich) 8.125
- (Frankreich:Landschaften) 8.125
- (Ghana) 8.125
- (Griechenland) 8.125
- (Großbritannien) 8.126
- (Guatemala) 8.126
- (Halligen) 8.126
- (Hamburg) 8.126
- (Harz) 8.126
- (Helgoland) 8.126
- (Hessen) 8.126
- (Himalaja) 8.127
- (Hinterindien) 8.127
- (Honduras) 8.127
- (Indien) 8.127
- (Indien:Film) 8.127
- (Indien:Landschaften) 8.128
- (Indien:Unterrichtsentwurf) 8.128
- (Indonesien) 8.128
- (Irak) 8.128
- (Iran) 8.128
- (Irland) 8.128
- (Island) 8.129
- (Israel) 8.129
- (Italien) 8.129
- (Italien:Landschaften) 8.129
- (Japan) 8.130
- (Japan:Unterrichtsentwurf) 8.130
- (Jugoslawien) 8.130
- (Kanada) 8.130
- (Kanarische Inseln) 8.131
- (Kolumbien) 8.131
- (Korea) 8.131
- (La Plata-Länder) 8.131
- (Lappland) 8.131
- (Lüneburger Heide) 8.131
- (Malaysien) 8.131
- (Mandschurei) 8.132
- (Marokko) 8.132
- (Mecklenburg) 8.132
- (Mexiko) 8.132
- (Mittelamerika) 8.132
- (Mittelmeer) 8.133
- (Mittelrhein) 8.133
- (Mongolei) 8.133
- (Naher Osten) 8.133
- (Nepal) 8.133
- (Neuseeland) 8.134
- (Nicaragua) 8.134
- (Niederlande) 8.134
- (Niederlande:Landgewinnung) 8.134
- (Niedersachsen) 8.134
- (Nigeria) 8.135
- (Nordafrika) 8.135
- (Nordeuropa) 8.135
- (Nordrhein-Westfalen) 8.135
- (Nordsee) 8.136
- (Nordseeinseln) 8.136
- (Norwegen) 8.136
- (Österreich) 8.136
- (Ostafrika) 8.137
- (Ostdeutschland) 8.137
- (Pakistan) 8.137
- (Panamakanal) 8.137
- (Paraguay) 8.137
- (Pazifischer Ozean) 8.137
- (Peru) 8.138
- (Polen) 8.138
- (Portugal) 8.138
- (Pyrenäenhalbinsel) 8.138
- (Ruhrgebiet) 8.138
- (Ruhrgebiet:Wasserversorgung) .. 8.139
- (Rumänien) 8.139
- (Saarland) 8.139
- (Sahara) 8.139
- (Schleswig-Holstein) 8.139
- (Schwarzwald) 8.140
- (Schweiz) 8.140
- (Schweiz:Einzelne Kantone) 8.140
- (Schweiz:Jura) 8.141
- (Schweiz:Kanton Aargau) 8.141
- (Schweiz:Kanton Baselland) 8.141
- (Schweiz:Kanton Bern) 8.141
- (Schweiz:Kanton Freiburg) 8.141
- (Schweiz:Kanton Luzern) 8.141
- (Schweiz:Kanton Schwyz) 8.141
- (Schweiz:Kanton Zürich) 8.141
- (Schweiz:Landschaften) 8.142
- (Schweiz:Paßstraßen) 8.142
- (Schweiz:Unterrichtsentwurf) ... 8.142
- (Spanien) 8.142
- (Spanien:Landschaften) 8.142
- (Spitzbergen) 8.143
- (Sudan) 8.143
- (Südafrika) 8.143
- (Südamerika) 8.143
- (Südostasien) 8.144

- (Südwestafrika) 8.144
- (Thailand) 8.144
- (Thüringer Becken) 8.144
- (Tibet) 8.144
- (Tschechoslowakei) 8.144
- (Türkei) 8.144
- (Tunesien) 8.145
- (UdSSR) 8.145
- (UdSSR:Landschaften) 8.145
- (UdSSR:Sibirien) 8.145
- (UdSSR:Unterrichtsentwurf) .. 8.145
- (Ungarn) 8.146
- (USA) 8.146
- (USA:Bevölkerung) 8.146
- (USA:Landschaften) 8.146
- (USA:Nationalparke) 8.147
- (USA:Unterrichtsentwurf) 8.147
- (Venezuela) 8.147
- (Vietnam) 8.147
- (Wattenmeer) 8.147
- (Westafrika) 8.147
Ländliche Berufsschule 1.130
Ländliche Realschule 1.130
Ländliche Sonderschule 1.130
Laienspiel 6.109
- (Chorisches Spiel) 6.110
- (Jugendkabarett) 6.110
- (Spielauswahl) 6.110
Laienspiel im Unterricht 6.110
Landerziehungsheim 1.131
Landlehrer 2.58
Landlehrerin 2.59
Landpädagogik 1.132
Landschaftsgeographie 8.148
Landschaftspflege 9.151
Landschaftspflege im Unterricht .. 9.152
Landschule 1.132
- (Bildungsgefälle) 1.134
- (Bundesländer) 1.134
- (DDR) 1.134
- (Dorf und Schule) 1.135
- (Kulturpflege) 1.135
- (Landflucht) 1.135
- (Österreich) 1.135
- (Sozialstruktur des Dorfes) . 1.136
- (Strukturwandel) 1.136
Landschulpraktikum 2.59
Landschulreform 1.137
- (Bundesländer) 1.139
- (Österreich) 1.139
Landschulunterricht 6.111
- (Einklassenschule) 6.112
- (Höhenkonzentration) 6.112
- (Oberstufe) 6.112
Landwirtschaftliche Berufsschule 1.140

- (Bundesländer) 1.141
- (DDR) 1.141
- (Mädchen) 1.141
- (Österreich) 1.142
- (Schweiz) 1.142
Landwirtschaftlicher Unterricht .. 6.113
Latein 7.142
Lateinische Grammatik 7.143
- (Denkschulung) 7.143
- (Einzelfragen) 7.143
Lateinische Lektüre 7.144
- (Caesar) 7.144
- (Catull) 7.144
- (Cicero) 7.145
- (Einzelne Werke) 7.145
- (Horaz) 7.145
- (Livius) 7.146
- (Sallust) 7.146
- (Seneca) 7.146
- (Tacitus) 7.146
- (Vergil) 7.146
Lateinischer Anfangsunterricht ... 7.146
Lateinlehrmittel 5.144
Lateinunterricht 7.147
- (Bildungswert) 7.147
- (Leistungskontrolle) 7.148
- (Methodische Einzelfragen) .. 7.148
- (Muttersprache) 7.148
- (Organisationsfragen) 7.148
- (Philosophie) 7.149
- (Politische Bildung) 7.149
- (Übersetzen) 7.149
Lebensgemeinschaft 9.152
- (Acker) 9.152
- (Einzelformen) 9.153
- (Hecke) 9.153
- (Moor) 9.153
- (Strand) 9.154
- (Teich) 9.154
- (Wald) 9.154
- (Wiese) 9.155
Lebensnaher Unterricht 6.113
Lebenspraktischer Unterricht .. 6.113
Legasthenie 4.102
- (Ätiologie) 4.103
- (Diagnostik) 4.103
- (Leselehrmethode) 4.104
- (Sonderschüler) 4.104
- (Verhaltensstörung) 4.104
- (Wortblindheit) 4.104
Legastheniebehandlung 4.104
Legasthenikerklasse 4.105
Lehrer 2.60
- (Evangelischer Lehrer) 2.62
- (Generationsproblem) 2.62

[Forts.: Lehrer]
- (Katholischer Lehrer) 2.63
- (Künstlerische Darstellung) 2.63
- (Pädagogische Verantwortung) 2.63
- (Politische Verantwortung) 2.64
- (Psychohygiene) 2.65
- (Schülerurteil) 2.65
Lehrer und Eltern 2.66
Lehrerbedarf 2.66
Lehrerberuf 2.67
- (Abiturientenurteil) 2.68
- (Arbeitstechnik) 2.69
- (Arbeitszeit) 2.69
- (Berufskrankheiten) 2.69
- (Dienstliche Beurteilung) 2.70
- (Rechtsfragen) 2.70
- (Überlastung) 2.71
Lehrerbesoldung 2.71
- (Bundesländer) 2.72
- (Gymnasiallehrer) 2.73
- (Hochschullehrer) 2.73
- (L-Besoldung) 2.74
- (Privatschullehrer) 2.74
- (Realschullehrer) 2.74
Lehrerbildung 2.74
- (Arbeitswelt) 2.77
- (Ausbildungsschule) 2.77
- (Berliner Kongreß) 2.77
- (Biologie) 2.77
- (Bundesländer) 2.77
- (DDR) 2.79
- (Deutschunterricht) 2.80
- (Didaktik) 2.80
- (Erziehungswissenschaft) 2.81
- (Exemplarisches Lehren) 2.82
- (Fernstudium) 2.82
- (Filmpädagogik) 2.82
- (Geographie) 2.82
- (Geschichte) 2.82
- (Geschichte der Pädagogik) 2.83
- (Geschichtsunterricht) 2.83
- (Gesundheitserziehung) 2.84
- (Hauptschule) 2.84
- (Hospitation) 2.84
- (Heimatkunde) 2.84
- (Industriepraktikum) 2.85
- (Kritik) 2.85
- (Kunsterziehung) 2.86
- (Landschule) 2.86
- (Lehrerin) 2.87
- (Leibeserziehung) 2.87
- (Literaturpädagogik) 2.88
- (Massenmedien) 2.88
- (Mathematik) 2.89
- (Menschenbild) 2.89
- (Musikerziehung) 2.89
- (Musische Bildung) 2.90
- (Österreich) 2.91
- (Philosophie) 2.91
- (Physik und Chemie) 2.92
- (Politische Bildung) 2.92
- (Psychologie) 2.93
- (Reform) 2.94
- (Religionspädagogik) 2.96
- (Schullandheim) 2.96
- (Schulpraktische Ausbildung) 2.96
- (Schweiz) 2.98
- (Sozialpraktikum) 2.98
- (Soziologie) 2.99
- (Technische Bildungsmedien) 2.99
- (Unterrichtsmitschau) 2.100
- (Verkehrserziehung) 2.100
- (Wahlfach) 2.100
- (Werkunterricht) 2.101
- (Wissenschaftscharakter) 2.101
Lehrerbildung und Kulturpolitik .. 2.102
Lehrerbildung und Universität 2.102
Lehrerbildungsgesetz 2.103
Lehrerbücherei 2.104
- (Einzelformen) 2.104
- (Pädagogische Dokumentation) ... 2.105
Lehrerfamilie 2.105
Lehrerfortbildung 2.105
- (Arbeitsgemeinschaft) 2.107
- (Bundesländer) 2.107
- (DDR) 2.107
- (Landlehrer) 2.108
- (Österreich) 2.108
- (Reform) 2.108
- (Schweiz) 2.108
Lehrerfrage 6.114
Lehrerin 2.109
- (Katholische Lehrerin) 2.109
- (Schülerurteil) 2.110
- (Verheiratete Lehrerin) 2.110
Lehrerkollegium 2.110
Lehrermangel 2.111
- (Berufsschule) 2.111
- (Bundesländer) 2.112
- (Gymnasium) 2.113
- (Volksschule) 2.113
Lehrernachwuchs 2.113
Lehrerseminar 2.114
Lehrerstand 2.114
- (Geschichte) 2.114
- (Soziologischer Aspekt) 2.115
Lehrertypologie 2.115
Lehrerverbände 2.116
Lehrgerät 5.114
- (Adaptives Lehrgerät) 5.116

- (Einzelformen) 5.116
- (Elektronenrechner) 5.117
- Lehrmittelausstellung 5.188
- Lehrplan 6.114
- (Berufsschule) 6.115
- (Bundesländer) 6.116
- (DDR) 6.116
- (Ganzheitsunterricht) 6.117
- (Gesamtunterricht) 6.117
- (Geschichte) 6.117
- (Gewerbeschule) 6.117
- (Grundschule) 6.118
- (Gymnasium) 6.118
- (Jahresplan) 6.119
- (Kaufmännische Berufsschule) ... 6.119
- (Klassenlehrplan) 6.119
- (Landschule) 6.119
- (Landwirtschaftsschule) 6.120
- (Psychologischer Aspekt) 6.120
- (Realschule) 6.120
- (Schuljahr V-VI) 6.120
- (Schuljahr VII-VIII) 6.120
- (Schuljahr IX) 6.121
- (Sonderschule) 6.121
- (Volksschule) 6.122
- (Volksschuloberstufe) 6.122
- Lehrprobe 2.118
- Lehrprogramm 5.119
- (Algorithmen) 5.120
- (Berufsausbildung) 5.120
- (Beurteilung) 5.121
- (Einzelformen) 5.121
- (Einzelfragen) 5.122
- (Herstellung) 5.122
- (Kontrollformen) 5.123
- (Probiton) 5.124
- (Programmierungstechnik) 5.124
- (Psychologischer Aspekt) 5.124
- (Ratetest) 5.125
- Lehrwanderung 6.122
- Leib-Seele-Problem 4.106
- Leibeserzieher 2.118
- (Ausbildung) 2.119
- Leibeserziehung 10.126
- (Antike) 10.127
- (Atmung) 10.127
- (Berufsschule) 10.128
- (Bildungswert) 10.128
- (Blinde) 10.129
- (Charakterbildung) 10.129
- (Darstellendes Spiel) 10.129
- (DDR) 10.130
- (Didaktischer Aspekt) 10.130
- (Diskussion) 10.131
- (Eislaufen) 10.131

- (Elementare Leibeserziehung) .. 10.131
- (Entwicklungspsychologie) 10.132
- (Erwachsenenbildung) 10.132
- (Erziehungswert) 10.132
- (Fairneß) 10.133
- (Forschung) 10.133
- (Freistellung) 10.133
- (Ganzheit) 10.134
- (Geistige Leistungsfähigkeit)   10.134
- (Gesamterziehung) 10.134
- (Geschichte) 10.134
- (Gesundheitspflege) 10.135
- (Grundschule) 10.135
- (Gruppenarbeit) 10.136
- (Gymnasium) 10.136
- (Haltungsschäden) 10.137
- (Haltungsschulung) 10.137
- (Heilpädagogik) 10.138
- (Kleinkind) 10.138
- (Landschule) 10.138
- (Lehrplan) 10.139
- (Lehrplan DDR) 10.139
- (Lehrprobe) 10.139
- (Leistung) 10.140
- (Leistungsbewertung) 10.140
- (Leistungsfähigkeit) 10.141
- (Leistungskontrolle) 10.141
- (Leistungsschwäche) 10.142
- (Leistungssteigerung) 10.142
- (Mädchen) 10.142
- (Mannschaftswettkampf) 10.143
- (Medizinischer Aspekt) 10.143
- (Methodische Einzelfragen) 10.144
- (Motorik) 10.144
- (Musischer Aspekt) 10.145
- (Mutschulung) 10.145
- (Naturvölker) 10.145
- (Österreich) 10.146
- (Organisationsfragen) 10.146
- (Orientierungslauf) 10.147
- (Politische Bildung) 10.147
- (Psychohygiene) 10.148
- (Psychologischer Aspekt) 10.148
- (Reform) 10.149
- (Reifeprüfung) 10.149
- (Rhythmus) 10.150
- (Richtlinien) 10.150
- (Rudersport) 10.150
- (Schuljahr I-II) 10.151
- (Schulsportfest) 10.151
- (Schweiz) 10.151
- (Selbsttätigkeit) 10.151
- (Sonderschule) 10.151
- (Soziologischer Aspekt) 10.152
- (Spiel) 10.152

[Forts.: Leibeserziehung]
- (Spielformen) 10.152
- (Spielkongreß 1958) 10.153
- (Systematik) 10.153
- (Tägliche Turnstunde) 10.153
- (Taubstumme) 10.154
- (Training) 10.154
- (Unfallverhütung) 10.154
- (Unterstufe [DDR]) 10.155
- (Volksschule) 10.155
- (Wetteifer) 10.156
- (Wetterbedingung) 10.156
- (Wettkampf) 10.156
- (Wintersport) 10.157
- (Wissenschaftscharakter) 10.157
Leichtathletik 10.157
- (Diskuswurf) 10.158
- (Grundschule) 10.158
- (Hochsprung) 10.158
- (Hürdenlauf) 10.158
- (Kugelstoßen) 10.158
- (Laufschulung) 10.159
- (Leistungsbewertung) 10.159
- (Methodische Einzelfragen) 10.159
- (Speerwerfen) 10.160
- (Sprungschulung) 10.160
- (Stabhochsprung) 10.160
- (Staffellauf) 10.160
- (Startschulung) 10.160
- (Training) 10.160
- (Weitsprung) 10.161
- (Wurfschulung) 10.161
Leistungsbeurteilung 4.106
Leistungsfähigkeit 4.107
Leistungsgruppen 6.123
Leistungsmessung 4.108
Leistungsmotivation 4.109
Leistungsstörung 4.109
Leitbilder 3.161
- (Erziehungsanspruch) 3.162
- (Kindesalter) 3.162
- (Jugendalter) 3.162
Lektüreplan 7.149
- (Gymnasium) 7.150
Lektürewirkung 4.110
Lernen 6.123
Lernfähigkeit 4.110
- (Soziologischer Aspekt) 4.110
Lernmittelfreiheit 1.142
- (Bundesländer) 1.142
- (Kritik) 1.143
Lernmotivation 4.110
Lernpsychologie 4.111
- (Didaktischer Aspekt) 4.111
- (Einzelfragen) 4.112

- (Erfahrung) 4.112
- (Transfer) 4.112
Lernspiel 5.125
- (Grundschule) 5.126
Lernstörung 4.113
Lerntheorien 4.113
Lernvorgang 4.114
Lese-Rechtschreibschwäche 4.114
Lesebogen 5.126
Lesebuch 5.127
- (Auslandsschule) 5.127
- (DDR) 5.127
- (Einzelwerke) 5.127
- (Geschichte) 5.128
- (Gymnasium) 5.128
- (Landschule) 5.129
- (Pädagogischer Aspekt) 5.129
- (Sonderschule) 5.129
- (Textauswahl) 5.129
- (Volksschule) 5.129
Lesebuch im Unterricht 5.130
Lesebuchillustration 5.130
Lesebuchkritik 5.130
- (Einzelfragen) 5.131
- (Wirklichkeitsbezug) 5.131
Leseinteresse 4.115
- (Berufsschüler) 4.115
- (Jugend und Buch) 4.116
- (Jungleserkunde) 4.116
- (Kind und Buch) 4.117
- (Lieblingsbuch) 4.117
- (Schuljugend) 4.117
- (Sonderschüler) 4.117
Leselehrmethoden 7.150
- (Ganzheit oder Lautsynthese) .. 7.151
- (Geschichte) 7.151
- (Lautsynthese) 7.151
- (Leistungsaspekt) 7.152
- (Methodenstreit) 7.152
Leselernmittel 5.131
Leselernpsychologie 4.118
Lesen 7.153
Lesepsychologie 4.118
Lesestörung 4.119
Lesetest 4.119
Leseunterricht 7.153
- (Berufsschule) 7.154
- (Differenzierung) 7.154
- (Grundschule) 7.154
- (Gruppenunterricht) 7.155
- (Gymnasium) 7.155
- (Gymnasium:Oberstufe) 7.156
- (Gymnasium:Unterstufe) 7.156
- (Landschule) 7.156
- (Lehrplan) 7.156

- (Lesebuch) 7.156
- (Lesestoffe) 7.157
- (Methodische Einzelfragen) 7.157
- (Psychologischer Aspekt) 7.158
- (Realschule) 7.158
- (Sachlesestoff) 7.158
- (Schuljahr II) 7.158
- (Selbsttätigkeit) 7.159
- (Sinnvolles Lesen) 7.159
- (Sonderschule) 7.159
- (Spielformen) 7.159
- (Stilles Lesen) 7.160
- (Textbehandlung) 7.160
- (Übungsformen) 7.160
- (Volksschule) 7.161
- (Volksschuloberstufe) 7.161
- (Vorlesen) 7.161
Lesevorgang 4.119
Lesewut 4.120
Lichtbild 5.132
Lichtbild im Unterricht 5.132
- (Berufsschule) 5.133
Lichtbild/Film im Unterricht 5.133
Liedpflege 10.161
- (Berufsschule) 10.162
- (Einzelbeispiele) 10.162
- (Erarbeitung) 10.162
- (Grundschule) 10.162
- (Gymnasium) 10.163
- (Kanon) 10.163
- (Kantate) 10.163
- (Kindergarten) 10.163
- (Methodische Einzelfragen) 10.163
- (Volksschule) 10.164
Linkshändigkeit 4.121
- (Handschrift) 4.121
- (Pädagogischer Aspekt) 4.121
Literarische Erziehung 7.162
- (Erwachsenenbildung) 7.162
Literarischer Jugendschutz 3.163
Literaturgeschichte im Unterricht 7.162
Literaturkritik 7.163
Literaturkritik im Unterricht 7.163
Literaturpädagogik 3.163
- (Abenteuerbuch) 3.164
- (Bilderbuch) 3.164
- (Freizeit) 3.165
- (Geschlechtserziehung) 3.165
- (Illustrierte) 3.166
- (Jugendbuch) 3.166
- (Jugendzeitschrift) 3.167
- (Mädchenbuch) 3.168
- (Massenmedien) 3.168
- (Privatlektüre) 3.169
- (Schweiz) 3.169

Literaturpädagogik in der Schule 3.169
- (Comics) 3.170
- (Schundliteratur) 3.170
Literaturunterricht [DDR] 7.164
- (Lehrplan) 7.164
- (Politische Erziehung) 7.164
Literaturwissenschaft 7.165
Liturgische Erziehung 10.164
- (Eucharistie) 10.165
- (Liturgie) 10.165
- (Liturgieerneuerung) 10.165
- (Osterliturgie) 10.165
Lügendes Kind 4.122
Lyrik 7.165
- (Formfragen) 7.165
- (Geschichte) 7.166
- (Interpretation) 7.166
Lyrik im Unterricht 7.166
- (Auswendiglernen) 7.166
- (Berufsschule) 7.167
- (Gedichtauswahl) 7.167
- (Gedichtbetrachtung) 7.167
- (Gedichteschreiben) 7.167
- (Gedichtinterpretation) 7.168
- (Gedichtvergleich) 7.168
- (Gedichtvortrag) 7.168
- (Grundschule) 7.168
- (Gymnasium) 7.169
- (Gymnasium:Oberstufe) 7.169
- (Mädchenbildung) 7.169
- (Methodische Einzelfragen) 7.170
- (Psychologischer Aspekt) 7.170
- (Realschule) 7.171
- (Sonderschule) 7.171
- (Spracherziehung) 7.171
- (Volksschule) 7.171
- (Volksschuloberstufe) 7.172

M

Mädchenberufsschule 1.143
Mädchenbildung 3.170
- (Berufsschule) 3.170
- (Frauenfrage) 3.171
- (Gegenwartsfrage) 3.172
- (Gymnasium) 3.172
- (Landschule) 3.173
- (Psychologischer Aspekt) 3.173
- (Realschule) 3.173
- (Religiöser Aspekt) 3.173
- (Sonderschule) 3.174
- (Soziologischer Aspekt) 3.174
- (Volksschule) 3.174

Mädchengymnasium 1.143
Mädchenrealschule 1.143
Mädchenturnen 10.166
- (Bewegungserziehung) 10.166
- (Leistung) 10.166
- (Psychologischer Aspekt) 10.166
- (Schweiz) 10.166
Märchen 7.172
- (Erziehungswert) 7.172
- (Europäisches Volksmärchen) ... 7.172
- (Grimmsche Märchen) 7.173
- (Ursprung) 7.173
Märchen im Unterricht 7.173
- (Grundschule) 7.174
- (Gymnasium) 7.174
- (Methodische Einzelfragen) 7.174
- (Spielformen) 7.174
- (Volksschule) 7.175
Märchenerzählen 7.175
Märchenfilm 5.134
Märchenpädagogik 3.175
Märchenpsychologie 4.122
- (Grausamkeit) 4.123
Magnetismus 9.156
- (Dia-/Paramagnetismus) 9.156
- (Elektromagnetismus) 9.156
- (Erdmagnetismus) 9.157
- (Feldstärke) 9.157
- (Ferromagnetismus) 9.157
- (Hysterese) 9.157
- (Magnetfeld) 9.158
Malen 10.167
- (Deckfarben) 10.167
- (Farbe) 10.167
- (Grundschule) 10.167
- (Psychologischer Aspekt) 10.168
- (Techniken) 10.168
- (Themenstellung) 10.168
- (Volksschuloberstufe) 10.168
- (Wasserfarben) 10.168
Maschinenschreiben 10.169
- (Anfänger) 10.169
- (Methodische Einzelfragen) 10.169
- (Technische Hilfsmittel) 10.170
Massenmedien 3.175
- (Pädagogischer Aspekt) 3.176
- (Psychologischer Aspekt) 3.177
- (Reizüberflutung) 3.177
- (Sozialpädagogik) 3.177
Massenpsychologie 4.123
Mathematik 9.158
- (Einzelfragen) 9.158
- (Geschichte) 9.159
- (Philosophischer Aspekt) 9.159
- (Soziologischer Aspekt) 9.160
Mathematiklehrbuch 5.134
Mathematiklehrer 2.119
Mathematiklehrmittel 5.134
- (Film) 5.135
- (Hafttafel) 5.135
- (Lichtbild) 5.136
- (Spielformen) 5.136
Mathematikunterricht 9.160
- (Arbeitsgemeinschaft) 9.161
- (Aufnahmeprüfung) 9.161
- (Berufsschule) 9.161
- (Beweisversuche) 9.162
- (Bildungswert) 9.162
- (DDR) 9.162
- (Denkschulung) 9.163
- (Effektivität) 9.164
- (Einführung) 9.164
- (Erziehungswert) 9.164
- (Exemplarisches Lehren) 9.165
- (Geschichte) 9.165
- (Gymnasium) 9.165
- (Gymnasium:Mittelstufe) 9.166
- (Gymnasium:Oberstufe) 9.166
- (Gymnasium:Unterstufe) 9.166
- (Heuristik) 9.167
- (Lehrplan) 9.167
- (Leistungsbewertung) 9.168
- (Leistungskontrolle) 9.168
- (Logisches Denken) 9.169
- (Mädchenbildung) 9.169
- (Mathematischer Aufsatz) 9.169
- (Methodische Einzelfragen) 9.170
- (Philosophischer Aspekt) 9.170
- (Polytechnische Bildung) 9.171
- (Psychologischer Aspekt) 9.171
- (Realschule) 9.172
- (Reform) 9.172
- (Reifeprüfung) 9.174
- (Schülerwettbewerbe) 9.174
- (Selbsttätigkeit) 9.174
- (Universität) 9.175
Mathematische Beweistheorie 9.175
- (Vollständige Induktion) 9.175
Mathematische Logik 9.176
Mathematische Statistik 9.176
Mathematisches Denken 4.123
Mechanik 9.177
- (Artgewicht) 9.177
- (Auftrieb) 9.177
- (Beschleunigung) 9.178
- (Bewegungsgesetze) 9.178
- (Drehbewegung) 9.179
- (Dynamik) 9.179
- (Einzelfragen) 9.179
- (Elastizität) 9.180

- (Fliegen) 9.180
- (Flüssigkeiten) 9.180
- (Freier Fall) 9.181
- (Gase) 9.181
- (Gleichgewicht) 9.182
- (Gradlinige Bewegung) 9.182
- (Hebelgesetz) 9.182
- (Impulsgesetz) 9.183
- (Kinematik) 9.183
- (Kreisel) 9.183
- (Luftdruck) 9.183
- (Maßeinheit) 9.184
- (Meßtechnik) 9.184
- (Oberflächenspannung) 9.185
- (Reibung) 9.185
- (Schiefe Ebene) 9.185
- (Strömungslehre) 9.185
- (Trägheit) 9.186
- (Waage) 9.186
- (Zentrifugalkraft) 9.186
Medizinische Anthropologie 3.177
Meeresbiologie 9.187
Meeresforschung 8.148
- (Unterrichtsaspekt) 8.148
Mengenlehre 9.187
Menschenbild 3.178
Menschenbild und Pädagogik 3.178
Menschenbildung 3.179
- (Schulerziehung) 3.179
Menschenkunde 9.188
- (Atmung) 9.188
- (Auge) 9.188
- (Biologische Anthropologie) 9.189
- (Blut) 9.189
- (Blutgruppen) 9.189
- (Blutkreislauf) 9.190
- (Einzelfragen) 9.190
- (Gehirn) 9.190
- (Gymnasium) 9.190
- (Haut) 9.191
- (Herz) 9.191
- (Hominisation) 9.191
- (Nerven) 9.191
- (Ohr) 9.192
- (Organfunktionen) 9.192
- (Psychologischer Aspekt) ... 9.192
- (Sehvorgang) 9.192
- (Umweltlehre) 9.193
- (Urmensch) 9.193
- (Verdauung) 9.193
- (Zähne) 9.193
Mentor 2.120
Merkheft 5.136
Methodenfreiheit des Lehrers .. 6.124
Methodik 6.124

- (DDR) 6.125
- (Geschichte) 6.125
Mikrobiologie 9.194
- (Bakterien) 9.194
- (Schulpräparate) 9.195
- (Zellenlehre) 9.195
Mikrofotografie 5.136
Mikroprojektion 5.137
Mikroskop im Unterricht 5.137
- (Elektronenmikroskop) 5.138
Minderwertigkeitsgefühl 4.124
Mineralogie 9.196
- (Festkörperphysik) 9.196
- (Kristalle) 9.196
Mischlingskind 4.124
Mittelalter 8.148
- (Deutscher Ritterorden) 8.149
- (Einzelfragen) 8.149
- (Frankenreich) 8.150
- (Frühmittelalter) 8.150
- (Hanse) 8.150
- (Hochmittelalter) 8.150
- (Kloster) 8.151
- (Königspfalz) 8.151
- (Kreuzzüge) 8.151
- (Ostbesiedlung) 8.151
- (Stadt) 8.151
Mittelpunktschule 1.144
- (Bundesländer) 1.144
- (Kritik) 1.145
Mittelschule 1.145
Mittelschule [Österreich] 1.145
Mittelschule [Schweiz] 1.146
Mittelschullehrerbildung [Österreich] 2.120
Mittlere Reife 1.146
Moderne Kunst 10.170
- (Malerei) 10.170
- (Psychologischer Aspekt) ... 10.170
Mogeln des Schülers 3.180
Montessori-Pädagogik 6.126
Motivation im Unterricht 6.126
Motivationsforschung 4.125
Motorik 4.125
Mundart 7.175
Mundart im Unterricht 7.176
- (Landschule) 7.176
- (Niederdeutsch) 7.176
Museumsbesuch 5.138
Musikalisch-Rhythmische Erziehung 10.171
- (Grundschule) 10.171
- (Tanz) 10.172
Musikalische Begabung 4.125
Musikalische Fähigkeit 4.126
Musikalischer Kitsch 10.172

Musikalisches Spiel	10.172
- (Einzelbeispiele)	10.172
- (Grundschule)	10.172
Musikerzieher	2.120
- (DDR)	2.121
Musikerziehung	10.173
- (Kindergarten)	10.173
- (Menschenbildung)	10.174
- (Musische Bildung)	10.174
- (Reform)	10.174
Musikgeschichte	10.175
- (Bach)	10.175
- (Einzelfragen)	10.176
- (Einzelne Komponisten)	10.176
- (Instrumentalmusik)	10.176
- (Klassik)	10.177
- (Mozart)	10.177
- (Oper)	10.177
- (Programmusik)	10.177
- (Romantik)	10.177
- (Schumann)	10.177
Musikinstrument	5.138
- (Blockflöte)	5.139
- (Einzelformen)	5.139
- (Fidel)	5.140
- (Gitarre)	5.140
- (Mundharmonika)	5.140
Musikinstrumentenbau	5.140
Musiklehrbuch	5.140
Musiklehrmittel	5.141
- (Einzelformen)	5.141
- (Notentafel)	5.141
- (Orff-Schulwerk)	5.142
- (Schallplatte)	5.142
- (Schulfunk)	5.142
- (Tonband)	5.142
Musiklehrplan	10.178
- (DDR)	10.178
Musikpädagogische Forschung	10.178
Musiksoziologie	10.179
Musikunterricht	10.179
- (Anschauung)	10.180
- (Begabung)	10.180
- (Berufsschule)	10.180
- (Bildungswert)	10.181
- (DDR)	10.181
- (Deutsche Auslandsschule)	10.182
- (Didaktischer Aspekt)	10.182
- (Erziehungswert)	10.182
- (Fachliche Einzelfragen)	10.182
- (Fächerverbindung)	10.183
- (Gehörbildung)	10.183
- (Geschichte)	10.184
- (Grundausbildung)	10.184
- (Grundschule)	10.184
- (Gymnasium)	10.185
- (Gymnasium:Oberstufe)	10.185
- (Improvisation)	10.185
- (Kritik)	10.185
- (Landschule)	10.186
- (Leistungsbewertung)	10.186
- (Leistungskontrolle)	10.186
- (Leistungssteigerung)	10.186
- (Methodische Einzelfragen)	10.187
- (Musikhören)	10.188
- (Notenkunde)	10.188
- (Notenlesen)	10.189
- (Psychologischer Aspekt)	10.189
- (Realschule)	10.189
- (Rechtsfragen)	10.190
- (Reform)	10.190
- (Reifeprüfung)	10.191
- (Rhythmusinstrument)	10.191
- (Schuljahr I)	10.191
- (Schuljahr I-II)	10.191
- (Schuljahr II-III)	10.192
- (Schuljahr IV)	10.192
- (Schuljahr V-VI)	10.192
- (Schweiz)	10.192
- (Situation)	10.192
- (Sonderschule)	10.193
- (Sozialistische Erziehung)	10.193
- (Taubstummenbildung)	10.193
- (Volksschule)	10.193
- (Volksschuloberstufe)	10.194
Musikwissenschaft	10.194
Musische Bildungsform	6.127
Musische Erziehung	6.127
- (Berufsschule)	6.128
- (DDR)	6.129
- (Grundschule)	6.129
- (Gymnasium)	6.129
- (Technische Welt)	6.130
- (Volksschule)	6.130
- (Vorschulalter)	6.130
Musische Lebensform	3.180
- (Erwachsenenbildung)	3.181
- (Jugendpflege)	3.181
- (Pädagogischer Aspekt)	3.181
Musisches Gymnasium	1.146
Muße	3.182
Muttersprache	7.176
- (Bildungswert)	7.177
- (Sprachpflege)	7.177
Muttersprachlicher Unterricht	7.178
- (Volksschule)	7.178

N

Nachhilfeunterricht 6.130
Nachkriegsjugend 4.126
Nachschlagekartei 5.143
Nachschlagewerke 5.143
Nachschlagewerke im Unterricht ... 5.143
- (Jugendlexikon) 5.144
Nadelarbeit 10.195
- (Berufsschule) 10.195
- (Sticken) 10.195
- (Stricken) 10.195
Nahrungsmittelchemie 9.196
- (Einzelfragen) 9.197
- (Frischhaltung) 9.197
Namenkunde 7.178
Namenkunde im Unterricht 7.178
Natürlicher Unterricht 6.131
Naturbeobachtung 9.197
- (Frühling) 9.198
- (Herbst) 9.198
- (Jahreslauf) 9.198
- (Psychologischer Aspekt) 9.199
- (Sommer) 9.199
- (Winter) 9.199
Naturerleben des Schülers 4.127
Naturlehre 9.200
- (Arbeitsvorhaben) 9.200
- (Bildungswert) 9.201
- (Denkschulung) 9.201
- (Experiment) 9.201
- (Grundschule) 9.202
- (Gruppenunterricht) 9.202
- (Hauptschule) 9.202
- (Landschule) 9.203
- (Lebensnähe) 9.203
- (Lehrplan) 9.203
- (Mädchenbildung) 9.204
- (Methodische Einzelfragen) 9.204
- (Problemdenken) 9.205
- (Psychologischer Aspekt) 9.205
- (Reform) 9.205
- (Schülerversuch) 9.206
- (Situation) 9.206
- (Sonderschule) 9.206
- (Technische Welt) 9.207
- (Volkstümliche Bildung) 9.208
- (Vorbereitung) 9.208
- (Werkunterricht) 9.208
Naturschutz 9.208
- (Bäume) 9.209
- (Pflanze) 9.209
- (Wasser) 9.209
Naturschutz im Unterricht 9.209
- (Pädagogischer Aspekt) 9.210

Naturwissenschaft 9.210
- (Geisteswissenschaft) 9.211
- (Naturphilosophie) 9.211
- (Philosophischer Aspekt) 9.211
- (Weltbild) 9.212
Naturwissenschaftliche Bildung ... 3.182
Naturwissenschaftl. Unterricht ... 9.212
- (Berufsschule) 9.213
- (Bildungswert) 9.213
- (DDR) 9.214
- (Mädchenbildung) 9.214
- (Methodische Einzelfragen) 9.214
- (Polytechnische Bildung) 9.215
- (Realschule) 9.215
- (Reform) 9.215
- (Sozialistische Erziehung) 9.216
Naturwissenschaftliches Gymnasium 1.146
Nervöses Kind 4.127
Neue Musik 10.195
- (Pädagogischer Aspekt) 10.196
Neue Musik im Unterricht 10.196
- (Einzelbeispiele) 10.196
- (Gymnasium) 10.197
- (Oper) 10.197
- (Realschule) 10.197
- (Volksschule) 10.197
Neuphilologe 2.122
Neurose 4.127
- (Behandlungstechnik) 4.128
- (Kindesalter) 4.128
- (Psychopathie) 4.129
- (Psychose) 4.129
- (Schulischer Aspekt) 4.129
- (Zwangskrankheit) 4.130
Neusprachlicher Unterricht 7.179
- (Bildungswert) 7.179
- (DDR) 7.180
- (Grammatik) 7.180
- (Methodische Einzelfragen) 7.180
- (Politische Bildung) 7.181
- (Reform) 7.181
- (Situation) 7.182
Neusprachliches Gymnasium 1.147
Neuzeit 8.152
- (Absolutismus) 8.152
- (Bauernkriege) 8.152
- (Dreißigjähriger Krieg) 8.152
- (Entdeckungen) 8.153
- (Französische Revolution) 8.153
- (Gegenreformation) 8.153
- (Industrielle Revolution) 8.153
- (Napoleon) 8.153
- (Reformation) 8.154
- (Soziale Frage) 8.154
- (15.Jahrhundert) 8.154

[Forts.: Neuzeit]
- (16.Jahrhundert) 8.155
- (17.Jahrhundert) 8.155
- (18.Jahrhundert) 8.155
- (19.Jahrhundert) 8.155
Nichtversetzung 1.147
Niederländischunterricht 7.182
Notengebung 6.131
- (Berufsschule) 6.132
- (Gymnasium) 6.132
- (Kritik) 6.132
- (Polytechnischer Unterricht) .. 6.133
- (Privatschule) 6.133
- (Punktsystem) 6.133
- (Realschule) 6.133
- (Sonderschule) 6.133
Notenschrift 10.197
- (Einführung) 10.198
Novelle 7.182
Novelle im Unterricht 7.182

O

Oberschule Praktischer Zweig 1.147
Oberschule Technischer Zweig 1.148
Oberschule Wissenschaftl.Zweig .. 1.148
Odenwaldschule 1.149
Offene Schultür 6.134
Onanie 4.130
Optik 9.217
- (Abbildung) 9.217
- (Absorption) 9.217
- (Brechung) 9.217
- (Einzelfragen) 9.218
- (Farben) 9.218
- (Glühlampe) 9.218
- (Laser) 9.219
- (Lichtgeschwindigkeit) 9.219
- (Lichtstrahlen) 9.219
- (Linsenoptik) 9.219
- (Linsensysteme) 9.220
- (Lumineszenz) 9.220
- (Meßtechnik) 9.220
- (Reflexion) 9.220
- (Schülerversuch) 9.221
- (Spektrum) 9.221
- (Volksschule) 9.222
Optische Täuschung 4.130
Orff-Schulwerk 10.198
- (Einzelerfahrungen) 10.198
- (Gymnasium) 10.199
Organische Chemie 9.222
- (Alkane) 9.222

- (Alkohol) 9.222
- (Einzelfragen) 9.222
- (Ester) 9.223
- (Farbstoffe) 9.223
- (Holz) 9.224
- (Kohle) 9.224
- (Kohlenwasserstoffe) 9.224
- (Kunststoffe) 9.224
- (Textilfaser) 9.225
- (Waschmittel) 9.225
Ostkunde 8.156
- (Geschichtsunterricht) 8.156
- (Kritik) 8.156
- (Kulturfragen) 8.157
- (Politische Bildung) 8.157
- (Religionsunterricht) 8.157
- (Schlesien) 8.157
- (Sudetenland) 8.158
- (Wirtschaftsfragen) 8.158
Ostkundelehrmittel 5.144
Ostkundeunterricht 8.158
- (Berufsschule) 8.158
- (Gymnasium) 8.159
- (Methodische Einzelfragen) 8.159
- (Richtlinien) 8.159
- (Volksschule) 8.159

P

Pädagogik 3.183
- (Autonomie) 3.184
- (DDR) 3.185
- (Empirische Forschung) 3.185
- (Evangelische Pädagogik) 3.186
- (Katholische Pädagogik) 3.186
- (Methodologie) 3.187
- (Selbstkritik) 3.188
- (Terminologie) 3.188
- (Wirklichkeitsbezug) 3.189
- (Wissenschaftscharakter) 3.189
Pädagogik der Begegnung 3.190
Pädagogik und Philosophie 3.191
Pädagogik und Psychologie 3.192
Pädagogik und Soziologie 3.192
Pädagogikunterricht 10.199
Pädagogische Akademie 2.122
- (Österreich) 2.122
Pädagogische Anthropologie 3.193
Pädagogische Autorität 3.194
Pädagogische Fakultät 2.123
Pädagogische Forschung 3.195
Pädagogische Grundbegriffe 3.196
Pädagogische Hochschule 2.123

- (Bundesländer) 2.124
- (Dozent) 2.125
- (Eigenständigkeit) 2.126
- (Geschichte) 2.126
- (Reform) 2.126
- (Tutzinger Empfehlungen) 2.127
- und Universität 2.127
Pädagogische Institute 2.127
- (Österreich) 2.128
Pädagogische Psychologie 4.131
- (DDR) 4.132
- (Einzelfragen) 4.132
- (Geschichte) 4.132
Pädagogische Soziologie 3.196
- (Umwelttheorie) 3.197
Pädagogische Tatsachenforschung 6.134
Pädagogischer Führungsstil 6.135
- (Psychologischer Aspekt) 6.136
Pädagogischer Takt 3.197
Pädagogisches Studium 2.128
Pädagogisches Verstehen 3.197
Papierwerken 10.199
- (Drucktechniken) 10.199
- (Einzelfragen) 10.200
- (Faltarbeiten) 10.200
- (Gestaltungsfragen) 10.200
- (Masken) 10.200
- (Schmuckformen) 10.200
- (Wellpappe) 10.201
Persönlichkeitspsychologie 4.133
Persönlichkeitstest 4.134
Personale Pädagogik 3.198
Pflanzengeographie 9.225
Pflanzenkunde 9.226
- (Algen) 9.226
- (Altersbestimmung) 9.226
- (Bestimmungsübung) 9.227
- (Blütenbestäubung) 9.227
- (Blütenpflanzen) 9.227
- (Blumen) 9.228
- (Einzelne Pflanzen) 9.228
- (Flechten) 9.229
- (Fleischfressende Pflanzen) .. 9.229
- (Getreide) 9.229
- (Heilpflanzen) 9.229
- (Herbstzeitlose) 9.230
- (Hydrokultur) 9.230
- (Kartoffel) 9.230
- (Knospen) 9.230
- (Laubbäume) 9.230
- (Laubfall) 9.231
- (Lebensgemeinschaft) 9.231
- (Lehrplan) 9.231
- (Löwenzahn) 9.232
- (Moose) 9.232
- (Nadelbäume) 9.232
- (Nutzpflanzen) 9.232
- (Obstbäume) 9.233
- (Orchideen) 9.233
- (Pflanzenbau) 9.233
- (Pflanzengallen) 9.233
- (Pilze) 9.234
- (Samenverbreitung) 9.234
- (Systematik) 9.234
- (Tulpe) 9.235
- (Überwinterung) 9.235
- (Wald) 9.235
Pflanzenphysiologie 9.236
- (Assimilation) 9.236
- (Bewegung) 9.237
- (Fortpflanzung) 9.237
- (Keimversuche) 9.237
- (Osmose) 9.237
- (Photosynthese) 9.238
- (Wachstum) 9.238
- (Wasserhaushalt) 9.239
Pflichtstundenzahl des Lehrers . 2.129
Phantasie 4.135
Phantasieleben des Schülers 4.135
Philosophieunterricht 10.201
- (Arbeitsgemeinschaft) 10.202
- (Bildungswert) 10.202
- (Einführung) 10.202
- (Ethik) 10.202
- (Existenzphilosophie) 10.203
- (Kolloquium) 10.203
- (Logik) 10.203
- (Materialismus) 10.203
- (Methodische Einzelfragen) ... 10.203
- (Naturwissenschaftl. Gymnasium) 10.204
- (Österreich) 10.204
- (Philosophiegeschichte) 10.204
- (Philosoph.Grunderfahrungen) . 10.205
- (Platon) 10.205
- (Religionsphilosophie) 10.205
- (Schweiz) 10.205
- (Situation) 10.206
- (Textinterpretation) 10.206
Philosophische Anthropologie ... 3.198
Phonetik 7.183
Physik 9.239
- (Einzelfragen) 9.239
- (Energiesatz) 9.240
- (Geschichte) 9.240
- (Kausalität) 9.240
- (Maßeinheit) 9.240
- (Modellbegriff) 9.241
- (Philosophischer Aspekt) 9.241
Physik- und Chemielehrer 2.129
Physikalische Chemie 9.241

[Forts.: Physikalische Chemie]
- (Atomgewicht) 9.242
- (Einzelfragen) 9.242
- (Ionen) 9.243
- (Molekulargewicht) 9.243
Physikalische Experimente 9.243
- (Unfallverhütung) 9.244
Physikalisches Experimentiergerät 5.144
- (Atomphysik) 5.145
- (Aufbewahrung) 5.145
- (Elektrizitätslehre) 5.145
- (Elektromagnetismus) 5.145
- (Elektrotechnik) 5.145
- (Mechanik) 5.146
- (Meßinstrumente) 5.146
- (Mikroskop) 5.146
- (Optik) 5.146
- (Selbstbau) 5.147
- (Stativmaterial) 5.147
- (Stromversorgung) 5.147
Physiklehrbuch 5.147
Physiklehrmittel 5.148
- (Bildformen) 5.148
- (Film) 5.149
Physiklehrplan 9.244
- (DDR) 9.244
Physikunterricht 9.245
- (Anschauung) 9.246
- (Berufsschule) 9.246
- (DDR) 9.246
- (Denkschulung) 9.247
- (Einführung) 9.247
- (Erziehungswert) 9.248
- (Exemplarisches Lehren) 9.248
- (Gymnasium) 9.248
- (Leistungskontrolle) 9.249
- (Mädchenbildung) 9.249
- (Methodische Einzelfragen) 9.249
- (Philosophischer Aspekt) 9.250
- (Polytechnische Bildung) 9.250
- (Psychologischer Aspekt) 9.251
- (Realschule) 9.251
- (Reform) 9.251
- (Reifeprüfung) 9.252
- (Schülerversuch) 9.252
- (Selbsttätigkeit) 9.252
- (Sonderschule) 9.253
- (Sozialistische Erziehung) 9.253
- (Volksschule) 9.253
Poetik 7.183
Politik 8.160
- (BRD) 8.160
- (Bundestagswahl) 8.160
- (Demokratie) 8.160
- (Einzelfragen) 8.161

- (Geopolitik) 8.162
- (Gewaltenteilung) 8.162
- (Gewerkschaft) 8.162
- (Grundgesetz) 8.162
- (Grundrechte) 8.163
- (Ideologie) 8.163
- (Interessenverbände) 8.163
- (Kommunalpolitik) 8.164
- (Macht) 8.164
- (Massenmedien) 8.164
- (Meinungsfreiheit) 8.165
- (Menschenrechte) 8.165
- (Nationalismus) 8.165
- (Notstandsrecht) 8.166
- (Parlamentarismus) 8.166
- (Parteienwesen) 8.166
- (Politische Wissenschaft) 8.166
- (Rechtsradikalismus) 8.167
- (Rechtsstaat) 8.167
- (Sozialpolitik) 8.167
- (Staat) 8.168
- (Steuerrecht) 8.168
- (Totalitarismus) 8.168
- (Verfassung) 8.169
- (Verfassungsgeschichte) 8.169
- (Wahlrecht) 8.169
Politiklehrmittel 5.149
- (Darstellendes Spiel) 5.149
- (DDR) 5.150
- (Einzelformen) 5.150
- (Fernsehen) 5.151
- (Film) 5.151
- (Jugendbuch) 5.152
- (Karikatur) 5.152
- (Lehrbuch) 5.152
- (Literarische Formen) 5.152
- (Schulfunk) 5.153
- (Tonband) 5.153
- (Zeitung) 5.153
Politische Bildung 8.170
- (Arbeitsgemeinschaft) 8.171
- (Berufsschule) 8.171
- (Bundesländer) 8.172
- (Bundeswehrfachschule) 8.172
- (DDR) 8.172
- (Debattieren) 8.173
- (Deutschunterricht) 8.173
- (Didaktischer Aspekt) 8.173
- (Einzelfragen) 8.174
- (Erdkunde) 8.174
- (Erwachsenenbildung) 8.175
- (Erziehung zur Demokratie) 8.175
- (Europagedanke) 8.176
- (Exemplarisches Lehren) 8.177
- (Friedenserziehung) 8.177

- (Gegenwartsbezug) 8.177
- (Gemeinschaftskunde) 8.178
- (Gesellschaftskunde) 8.178
- (Gutachten) 8.179
- (Gymnasium) 8.179
- (Gymnasium:Oberstufe) 8.180
- (Jugendfragen) 8.180
- (Jugendpflege) 8.180
- (Jugendwohnheim) 8.181
- (Kritik) 8.181
- (Kritik:Berufsschule) 8.182
- (Kritik:Erwachsenenbildung) 8.182
- (Kritik:Gymnasium) 8.182
- (Kritik:Volksschule) 8.182
- (Landschule) 8.183
- (Lehrerpersönlichkeit) 8.183
- (Lehrplan) 8.183
- (Mädchenbildung) 8.183
- (Methodische Einzelfragen) 8.184
- (Österreich) 8.185
- (Philosophischer Aspekt) 8.185
- (Psychologischer Aspekt) 8.185
- (Realschule) 8.186
- (Religionsunterricht) 8.187
- (Richtlinien) 8.187
- (Rotes Kreuz) 8.187
- (Schuljahr IX) 8.188
- (Schullandheim) 8.188
- (Schulspiel) 8.188
- (Schweiz) 8.188
- (Situation) 8.189
- (Sonderschule) 8.189
- (Sozialpädagogik) 8.189
- (Soziologischer Aspekt) 8.190
- (Staatsbürgerliche Erziehung) .. 8.190
- (Tagungsberichte) 8.190
- (Universität) 8.191
- (Urteilsbildung) 8.191
- (Völkerverständigung) 8.191
- (Volksschule) 8.192
- (Volksschuloberstufe) 8.193
- (Wehrerziehung) 8.193
- (Weltpolitisches Denken) 8.193
- (Zweiter Bildungsweg) 8.194
Politische Erziehung 3.199
- (DDR) 3.200
- (Demokratische Mündigkeit) 3.201
- (Schülermitverantwortung) 3.202
- (Sozialverhalten) 3.203
Politische Soziologie 3.203
Polytechnische Bildung 6.136
- (Berufserziehung) 6.137
- (DDR) 6.138
Polytechnische Erziehung 6.139
Polytechnische Lehrmittel 5.154

Polytechn.Lehrgang [Österreich] .. 6.139
Polytechnischer Unterricht 6.140
- (DDR) 6.141
- (Landwirtschaft) 6.142
- (Lehrplan) 6.143
- (Sonderschule) 6.143
- (Unterstufe) 6.144
Polytechnisches Kabinett 6.144
Primarlehrerbildung [Schweiz] 2.129
Primarschule [Schweiz] 1.149
Private Ergänzungsschule 1.149
Private Handelsschule 1.150
Privatschule 1.150
- (Bundesländer) 1.151
- (Finanzierung) 1.152
- (Freie Schule) 1.152
- (Kritik) 1.153
- (Rechtsfragen) 1.153
Privatschulgesetze 1.154
Privatschullehrer 2.130
Probeunterricht 1.154
Programmierte Instruktion 5.154
- (Einzelfragen) 5.155
- (Erfahrungen) 5.155
Programmiertes Lernen 5.156
- (Ausland) 5.158
- (Ausland:Frankreich) 5.158
- (Ausland:Großbritannien) 5.158
- (Ausland:Österreich) 5.158
- (Ausland:Schweiz) 5.158
- (Ausland:Tschechoslowakei) 5.159
- (Ausland:UdSSR) 5.159
- (Ausland:USA) 5.159
- (Berliner Kongreß 1963) 5.160
- (Berufsfachschule) 5.161
- (Berufsschule) 5.161
- (Bildungspolitik) 5.162
- (Biologie) 5.162
- (BRD) 5.163
- (Chemie) 5.163
- (DDR) 5.164
- (Denkpsychologie) 5.165
- (Deutschunterricht) 5.165
- (Differenzierung) 5.165
- (Diskussion) 5.166
- (Einzelfragen) 5.167
- (Einzelne Unterrichtsfächer) ... 5.167
- (Erdkunde) 5.168
- (Erfahrungen) 5.168
- (Erwachsenenbildung) 5.169
- (Erziehungsaspekt) 5.169
- (Fremdsprachen) 5.170
- (Geometrie) 5.171
- (Geschichtsunterricht) 5.171
- (Gruppenunterricht) 5.171

[Forts.: Programmiertes Lernen]
- (Gymnasium) 5.171
- (Hausaufgabe) 5.172
- (Hochschule) 5.172
- (Ingenieurschule) 5.172
- (Kaufmännische Berufsschule) ... 5.173
- (Kunsterziehung) 5.173
- (Landschule) 5.173
- (Latein) 5.173
- (Legasthenie) 5.173
- (Lehrerbildung) 5.174
- (Leistungskontrolle) 5.174
- (Lernbegriff) 5.174
- (Lernverhalten) 5.175
- (Literaturhinweise) 5.175
- (Mathematik) 5.176
- (Mengenalgebra) 5.177
- (Methodische Einzelfragen) 5.177
- (Motivation) 5.178
- (Musikerziehung) 5.178
- (Nürtinger Symposion I) 5.178
- (Nürtinger Symposion II) 5.179
- (Nürtinger Symposion III) 5.179
- (Nürtinger Symposion IV) 5.180
- (Nürtinger Symposion V) 5.180
- (Physik) 5.180
- (Psychologischer Aspekt) 5.181
- (Rechnen) 5.182
- (Rechtschreiben) 5.182
- (Religionsunterricht) 5.183
- (Russisch) 5.183
- (Schöpferisches Denken) 5.183
- (Sonderschule) 5.183
- (Tagungen) 5.184
- (Terminologie) 5.185
- (Traditioneller Unterricht) 5.185
- (Übungsformen) 5.186
- (Unterrichtsaspekt) 5.186
- (Unterstufe) 5.187
- (Volksschule) 5.187
Projektion 4.136
Projektive Tests 4.136
Projektmethode 6.144
Prozentrechnen 9.253
- (Einführung) 9.254
- (Verhältnisrechnen) 9.254
- (Zinsrechnung) 9.254
Prüfungsangst 4.137
Prüfungswesen 1.154
- (Rechtsfragen) 1.155
Psychagogik 4.137
Psychiatrie 4.137
Psychoanalyse 4.137
- (Behandlungstechnik) 4.138
- (Einzelfragen) 4.139

- (Geschichte) 4.139
- (Kinderanalyse) 4.139
- (Pädagogischer Aspekt) 4.140
- (Soziologischer Aspekt) 4.140
- (Übertragung) 4.140
- (Wissenschaftscharakter) 4.141
Psychodiagnostik 4.141
- (Anamnese) 4.142
- (Exploration) 4.142
- (Kinderspiel) 4.142
- (Kinderzeichnung) 4.143
- (Kindesalter) 4.143
- (Tagebuch) 4.143
Psychohygiene 4.144
- (Kongreßberichte) 4.144
- (Pädagogischer Aspekt) 4.144
Psychologe 2.130
Psychologie 4.145
- (Angewandte Psychologie) 4.146
- (Anthropologischer Aspekt) 4.147
- (Experimentelle Psychologie) ... 4.147
- (Geschichte) 4.147
- (Methodologie) 4.148
- (Natur- und Geisteswissenschaft) 4.148
- (Pädagogischer Aspekt) 4.149
- (Philosophie) 4.149
- (Statistik) 4.149
Psychologische Anthropologie 3.204
Psychopath 4.150
Psychopathologie 4.150
Psychopharmakologie 4.151
Psychosomatik 4.151
- (Medizinischer Aspekt) 4.151
Psychotherapie 4.152
- (Behandlungsmethoden) 4.153
- (Diskussion) 4.154
- (Fingermalen) 4.154
- (Medizinischer Aspekt) 4.154
- (Pädagogischer Aspekt) 4.155
- (Tiefenpsychologie) 4.155
Pubertät 4.156
- (Flegelalter) 4.157
- (Mädchen) 4.157
- (Soziologischer Aspekt) 4.157
Pubertätskrise 4.158
Pubertätsmagersucht 4.158

Q

Quantentheorie 9.254

R

Radioaktivität 9.255
- (Meßmethoden) 9.255
- (Schulversuch) 9.256
- (Strahlenbiologie) 9.256
- (Strahlenschutz) 9.256
Rätsel im Deutschunterricht 7.183
Rahmenplan 1.155
- (Berufsbildendes Schulwesen) .. 1.157
- (Diskussion) 1.157
- (Schelskys Kritik) 1.158
Raumerleben 4.159
Raumwahrnehmung 4.159
Realschule 1.159
- (Abschlußprüfung) 1.160
- (Bundesländer) 1.161
- (DDR) 1.162
- (Eingangsstufe) 1.162
- (Geschichte) 1.162
Realschule und Berufsschule 1.162
Realschule und Gymnasium 1.163
Realschule und Volksschule 1.163
Realschullehrer 2.130
Realschullehrerbildung 2.131
- (Bundesländer) 2.131
Realschulreform 1.163
- (Oberstufe) 1.164
Realschulunterricht 6.145
Rechenautomat 9.257
- (Einzelfragen) 9.257
Rechenbuch 5.188
- (DDR) 5.188
- (Geschichte) 5.188
Rechenfertigkeit 9.257
Rechenfibel 5.189
Rechenlehrmittel 5.189
- (Bruchrechnen) 5.189
- (Einmaleins) 5.190
- (Einzelformen) 5.190
- (Erstrechnen) 5.191
- (Hafttafel) 5.192
- (Kursbuch) 5.192
- (Rechenbaukasten) 5.192
- (Russische Rechenmaschine) 5.192
- (Sonderschule) 5.193
- (Zahlenband) 5.193
- (Zahlentafel) 5.194
Rechenleistung 4.159
Rechenoperationen 9.258
- (Division) 9.258
- (Kontrollformen) 9.259
- (Multiplikation) 9.259
- (Schlußrechnung) 9.259
- (Schriftliches Abziehen) 9.260
- (Schriftliches Abziehen:Ergänzungsmethode) 9.260
- (Schriftliches Malnehmen) 9.261
- (Schriftliches Rechnen) 9.261
- (Schriftliches Teilen) 9.261
- (Subtraktion) 9.262
- (Überschlagsrechnen) 9.262
- (Wurzelziehen) 9.262
Rechenschwäche 4.160
Rechenspiele 5.194
- (Sonderschule) 5.194
- (Würfel) 5.195
Rechenstab 5.195
- (Berufsschule) 5.195
- (Selbstbau) 5.195
- (Volksschule) 5.196
Rechenübung 9.263
- (Grundschule) 9.263
- (Kopfrechnen) 9.263
- (Rechenvorteil) 9.264
- (Tägliche Übung) 9.264
- (Übungsformen) 9.264
Rechenunterricht 9.265
- (Anschauung) 9.265
- (Denkschulung) 9.266
- (Differenzierung) 9.266
- (Erziehungswert) 9.266
- (Fehlerquellen) 9.267
- (Geschichte) 9.267
- (Gruppenunterricht) 9.267
- (Lehrplan) 9.267
- (Leistungsbewertung) 9.268
- (Leistungskontrolle) 9.268
- (Leistungsstand) 9.268
- (Leistungssteigerung) 9.269
- (Methodische Einzelfragen) 9.269
- (Psychologischer Aspekt) 9.269
- (Reform) 9.270
- (Selbsttätigkeit) 9.270
- (Sprachlicher Aspekt) 9.270
- (Volksschulmittelstufe) 9.271
- (Volksschuloberstufe) 9.271
Rechtschreibfehler 7.184
- (Berichtigung) 7.184
- (Fehleranalyse) 7.184
- (Fehlerverhütung) 7.185
- (Psychologischer Aspekt) 7.185
- (Sonderschule) 7.185
Rechtschreibleistung 7.185
- (Methodenstreit) 7.186
Rechtschreibreform 7.186
- (Einzelfragen) 7.187
- (Empfehlungen) 7.187
- (Kleinschreibung) 7.187
- (Österreich) 7.188

[Forts.: Rechtschreibreform]
- (Unterrichtsaspekt) 7.188
Rechtschreibschwäche 4.160
Rechtschreibunterricht 7.188
- (Differenzierung) 7.189
- (Einzelprobleme) 7.189
- (Ganzheitliches Rechtschreiben) 7.189
- (Großschreibung) 7.190
- (Grundschule) 7.190
- (Gymnasium) 7.191
- (Kritik) 7.191
- (Landschule) 7.191
- (Leistungssteigerung) 7.191
- (Lösungshilfen) 7.192
- (Methodische Einzelfragen) 7.192
- (Partnerdiktat) 7.193
- (Psychologischer Aspekt) 7.193
- (Schuljahr I-II) 7.193
- (Schuljahr III-IV) 7.193
- (Silbentrennung) 7.193
- (Sonderschule) 7.194
- (Spracherziehung) 7.194
- (Übungsformen) 7.194
- (Volksschule) 7.195
Rechtserziehung 3.204
Rechtskunde 8.194
- (Berufsschule) 8.194
- (Einzelfragen) 8.194
- (Gerechtigkeit) 8.195
- (Gerichtsverhandlung) 8.195
- (Gymnasium) 8.195
- (Politische Bildung) 8.196
- (Rechtsbewußtsein) 8.196
- (Volksschule) 8.196
Reformpädagogik 3.204
Regression 4.160
Reifeprüfung 1.165
- (Bundesländer) 1.166
- (DDR) 1.166
- (Geschichte) 1.166
- (Reform) 1.166
Reifeprüfungsaufsatz 7.195
- (Bewertung) 7.195
- (Themenstellung) 7.196
Relativer Schulbesuch 1.166
Relativitätstheorie 9.271
- (Einzelfragen) 9.272
Relief 5.196
- (Herstellung) 5.197
Religiöse Entwicklung 4.161
Religiöse Erziehung 3.205
- (Jugendalter) 3.205
- (Kindesalter) 3.206
- (Kleinkindalter) 3.206
- (Psychologischer Aspekt) 3.207

Religiöses Erleben 4.161
Religionslehrer 2.132
- (Evangelischer Religionslehrer) 2.132
- (Katholischer Religionslehrer) 2.133
Religionslehrmittel 5.197
- (Bibelkunde) 5.198
- (Bildformen) 5.198
- (Film) 5.198
- (Jugendbuch) 5.199
- (Katholische Schulbibel) 5.199
- (Lehrbuch) 5.199
- (Lichtbild) 5.200
- (Schallplatte) 5.200
- (Schulfunk) 5.200
- (Tonband) 5.201
- (Wandtafelbild) 5.201
Religionsunterricht 10.206
- (Anschauung) 10.207
- (Auswendiglernen) 10.207
- (Berufsfachschule) 10.207
- (Berufsschule) 10.208
- (Bildungswert) 10.209
- (Biologie) 10.209
- (Deutscher Ausschuß) 10.209
- (Deutschunterricht) 10.209
- (Einzelne Fächer) 10.210
- (Erzählen) 10.210
- (Existenzklärung) 10.211
- (Freude) 10.211
- (Ganzheitl.Religionsunterricht) 10.211
- (Geistesschwache) 10.211
- (Gespräch) 10.211
- (Glaube) 10.212
- (Grundschule) 10.212
- (Gruppenarbeit) 10.212
- (Gymnasium) 10.213
- (Gymnasium:Oberstufe) 10.213
- (Industriegesellschaft) 10.213
- (Judentum) 10.214
- (Konfessionalität) 10.214
- (Landschule) 10.214
- (Lehrplan) 10.215
- (Leistungsbewertung) 10.215
- (Mädchenbildung) 10.215
- (Methodische Einzelfragen) 10.215
- (Mission) 10.216
- (Naturwissenschaft) 10.217
- (Ökumenische Sicht) 10.217
- (Physik) 10.218
- (Politische Bildung) 10.218
- (Psychologischer Aspekt) 10.218
- (Realschule) 10.219
- (Rechtsfragen) 10.219
- (Reform) 10.219
- (Reform:Berufsschule) 10.220

- (Reform:Gymnasium) 10.220
- (Religionsmündigkeit) 10.220
- (Schulaufsicht) 10.220
- (Schuleigenes Anliegen) 10.220
- (Schulspiel) 10.221
- (Schweiz) 10.221
- (Seelsorge) 10.221
- (Singen) 10.221
- (Sonderschule) 10.222
- (Sozialerziehung) 10.222
- (Sozialkunde) 10.223
- (Taubstummenbildung) 10.223
- (Vertrauen) 10.223
- (Volksschule) 10.224
- (Volksschuloberstufe) 10.224
- (Vorbereitung) 10.224
- (Weltreligionen) 10.224
- (Zeichnen/Malen) 10.225
- (Zeitgeschichte) 10.225
Religionswissenschaft 10.226
Rhythmische Bewegungserziehung .. 10.226
Rhythmische Erziehung 6.145
- (Sonderschule) 6.146
Richtlinien 6.147
Roman 7.196
- (Historischer Roman) 7.196
Roman im Unterricht 7.196
Rorschach-Test 4.162
- (Intelligenzdiagnostik) 4.162
Russische Grammatik 7.197
Russische Sprache 7.197
Russischer Anfangsunterricht 7.197
Russischlehrbuch 5.201
Russischlehrmittel 5.201
- (Tonband) 5.202
Russischunterricht 7.198
- (Berufsschule) 7.198
- (BRD) 7.198
- (Lehrplan) 7.199
- (Leistungsbewertung) 7.199
- (Leistungskontrolle) 7.199
- (Leistungssteigerung) 7.199
- (Lektüre) 7.200
- (Methodische Einzelfragen) 7.200
- (Polytechnische Bildung) 7.201
- (Sozialistische Erziehung) 7.201
- (Sprechübung) 7.201
- (Übersetzen) 7.201
- (Wortschatzvermittlung) 7.201

S

Saarbrücker Rahmenvereinbarung ... 6.147
- (Einzelne Unterrichtsfächer) ... 6.148
- (Naturwissenschaftl.Unterricht) 6.148
Sachbuch 5.202
Sachbuch im Unterricht 5.203
Sachrechnen 9.272
- (Einzelfragen) 9.273
- (Grundschule) 9.273
- (Landschule) 9.274
- (Lebensnähe) 9.274
- (Lösungsmethoden) 9.274
- (Mischungsrechnen) 9.274
- (Textaufgabe) 9.275
Sachunterricht 6.149
- (Arbeitsplan) 6.150
- (Grundschule) 6.150
- (Sonderschule) 6.150
- (Volksschuloberstufe) 6.151
Sage 7.202
- (Erziehungswert) 7.202
Sage im Unterricht 7.202
Sandkasten 5.203
- (Sonderschule) 5.204
Satire im Unterricht 7.202
Satzlehre 7.203
- (Attribut) 7.203
- (Ausdrucksschulung) 7.203
- (Betonung) 7.203
- (Deutscher Satz) 7.204
- (Einzelfragen) 7.204
- (Grundschule) 7.204
- (Nebensatz) 7.204
- (Objekt) 7.205
- (Satzanalyse) 7.205
- (Satzbau) 7.205
- (Satzglieder) 7.205
- (Wortstellung) 7.206
Satzzeichen 7.206
- (Komma) 7.206
Schallplatte im Unterricht 5.204
Schattenspiel 6.151
Schizophrenie 4.163
- (Familienbeziehung) 4.163
- (Therapie) 4.163
Schlager 10.226
Schlager im Musikunterricht 10.226
Schmutz- und Schundliteratur 3.207
- (Gegenmaßnahmen) 3.207
Schöpferisches Tun 4.161
Schreibenlernen 7.207
- (Ausgangsschrift) 7.207
- (Ganzheitliches Schreibenlernen) 7.207
- (Methodische Einzelfragen) 7.208

[Forts.: Schreibenlernen]
- (Psychologischer Aspekt) 7.208
- (Schreibturnen) 7.208
- (Schriftformen) 7.209
Schreibgerät 5.204
- (Federformen) 5.204
- (Schiefertafel) 5.204
Schreibleseunterricht 7.209
- (Methodenaspekt) 7.209
Schreibunterricht 10.227
- (Deutsche Schrift) 10.227
- (Ganzheitliches Schreiben) 10.228
- (Grundschule) 10.228
- (Iserlohner Schreibkreis) 10.228
- (Lehrplan) 10.228
- (Leistungsbewertung) 10.228
- (Methodische Einzelfragen) 10.229
- (Psychologischer Aspekt) 10.229
- (Rhythmisches Schreiben) 10.229
- (Schreibgeläufigkeit) 10.230
- (Schreibhaltung) 10.230
- (Schriftentwicklung) 10.230
- (Schriftformen) 10.231
- (Schriftverbesserung) 10.231
- (Schriftverfall) 10.231
- (Schülerhandschrift) 10.232
- (Sonderschule) 10.232
- (Volksschule) 10.232
- (Volksschuloberstufe) 10.232
Schreibverhalten 4.164
Schriftsprache 7.210
Schriftsteller 7.210
Schüchternes Kind 4.165
Schüler 4.165
Schüler-Lehrer-Verhältnis 3.208
- (DDR) 3.209
Schüleraktivierung 6.151
- (Wetteifer) 6.152
Schülerarbeitsgemeinschaft 6.152
Schüleraustausch 1.167
Schülerbeobachtung 4.166
- (Sonderschüler) 4.167
Schülerbeobachtungsbogen 4.167
Schülerbeurteilung 4.168
- (Aufsatz) 4.169
- (Berufsschule) 4.169
- (Diskussion) 4.169
- (Gutachten) 4.169
- (Sonderschüler) 4.170
- (Test) 4.170
Schülerbücherei 5.205
- (Ausleihfragen) 5.205
- (Berufsschule) 5.205
- (Buchauswahl) 5.206
- (DDR) 5.207

- (Einrichtung) 5.207
- (Gymnasium) 5.207
- (Landschule) 5.207
- (Öffentliche Bücherei) 5.207
- (Sonderschule) 5.208
- (Verwaltung) 5.208
- (Volksschule) 5.208
Schülerbücherei im Unterricht 5.209
Schülerleistung 6.153
- (Soziologischer Aspekt) 6.153
Schülermitverantwortung 3.209
Schülermitverwaltung 3.210
- (Berufsschule) 3.211
- (DDR) 3.211
- (Gymnasium) 3.211
- (Realschule) 3.212
- (Rechtsfragen) 3.212
- (Volksschule) 3.212
Schülerunfall 1.167
Schülerzeitschrift 3.213
- (Gymnasium) 3.213
- (Rechtsfragen) 3.214
Schulandacht 10.233
Schulanfänger 4.171
- (Psychologische Einzelfragen) .. 4.171
- (Schulschwierigkeiten) 4.172
- (Sozialverhalten) 4.172
Schulanfang 6.153
Schulangst 4.172
Schulaquarium 5.209
Schularzt 1.167
Schulassistent 2.133
Schulaufbau 1.168
Schulaufnahme 6.154
- (Feiergestaltung) 6.154
- (Landschule) 6.155
Schulaufsicht 1.168
Schulausflug 6.155
Schulausstellung 6.155
Schulbau 1.169
- (Berufsschule) 1.170
- (Bundesländer) 1.170
- (DDR) 1.171
- (Finanzierung) 1.171
- (Flachbauweise) 1.171
- (Gymnasium) 1.171
- (Landschule) 1.171
- (Moderner Schulbau) 1.172
- (Österreich) 1.172
- (Pädagogischer Aspekt) 1.172
- (Schweiz) 1.173
- (Sonderschule) 1.173
- (Tagesheimschule) 1.173
Schulbauplanung 1.173
Schulbuch 5.210

- (DDR) 5.210
- (Einzelfragen) 5.211
- (Fachbuch) 5.211
- (Kritik) 5.212
- (Realschule) 5.212
- (Sonderschule) 5.212
Schulbuch im Unterricht 5.213
Schulbus 1.174
Schulchor 10.233
Schulchronik 1.174
Schulderleben 4.173
Schuldisziplin 3.214
- (Einzelfragen) 3.215
- (Gymnasium) 3.215
- (Psychologischer Aspekt) 3.215
- (Schwierigkeiten) 3.216
Schuldruckerei 5.213
Schule als Lebensraum 3.216
Schule und Arbeitswelt 1.174
Schule und Elternhaus 1.175
- (Elternbrief) 1.176
- (Gymnasium) 1.176
Schule und Evangelische Kirche .. 1.177
Schule und Familie 1.177
Schule und Gesellschaft 1.178
- (Gymnasium) 1.179
Schule und Jugendschutz 1.179
Schule und Katholische Kirche ... 1.180
Schule und Kirche 1.180
Schule und Rechtsprechung 1.180
Schule und Staat 1.181
Schule und Universität 1.182
Schule und Wirtschaft 1.182
- (Berufsbildendes Schulwesen) .. 1.183
- (Gymnasium) 1.184
- (Realschule) 1.184
- (Volksschule) 1.184
Schulentlassung 6.155
- (Gymnasium) 6.156
Schulentlassungsfeier 6.156
- (Schulspiel) 6.157
Schulerziehung 3.217
Schulfeier 6.157
- (Landschule) 6.158
- (Politische Feierstunde) 6.158
- (Schulhauseinweihung) 6.158
Schulfernsehen 5.214
- (Bayern) 5.215
- (Berliner Kongreß 1966) 5.215
- (Berufsschule) 5.215
- (Bildstelle) 5.215
- (Bundesländer) 5.215
- (DDR) 5.216
- (Diskussion) 5.216
- (Einzelfragen) 5.217

- (Gymnasium) 5.217
- (Klasseninternes Fernsehen) ... 5.217
- (Landschule) 5.217
- (Methodische Einzelfragen) 5.218
- (Österreich) 5.218
- (Pädagogischer Aspekt) 5.219
- (Schweiz) 5.219
- (Sonderschule) 5.219
- (Versuch Hannover 1964) 5.220
- (Versuche des NDR/WDR) 5.220
- (Volksschule) 5.221
Schulfinanzierung 1.185
Schulfotografie 5.221
- (Arbeitsgemeinschaft) 5.221
- (Aufnahmetechnik) 5.222
- (Bildgestaltung) 5.222
- (Einzelfragen) 5.222
- (Entwicklungspraxis) 5.223
- (Erfahrungen) 5.223
- (Erziehungswert) 5.223
- (Fotolabor) 5.223
- (Gymnasium) 5.224
- (Kunsterziehung) 5.224
- (Landschule) 5.224
- (Lehrerfortbildung) 5.224
- (Nahaufnahme) 5.224
- (Realschule) 5.225
- (Volksschule) 5.225
Schulfrühstück 1.185
Schulfunk 5.225
- (Berufsschule) 5.226
- (Einzelfragen) 5.226
- (Gymnasium) 5.227
- (Kritik) 5.227
- (Landschule) 5.227
- (Programmfragen) 5.228
- (Psychologischer Aspekt) 5.228
- (Sonderschule) 5.228
- (Volksschule) 5.228
Schulgarten 5.229
- (Anlage) 5.230
- (Biologieunterricht) 5.230
- (Blumen) 5.230
- (Bodenbiologie) 5.231
- (Erziehungswert) 5.231
- (Experiment) 5.231
- (Frühling) 5.231
- (Hannover-Herrenhausen) 5.232
- (Kräuter) 5.232
- (Landschule) 5.232
- (Obstbäume) 5.232
- (Sonderschule) 5.232
- (Waldorfschule) 5.233
Schulgartenunterricht [DDR] 5.233
- (Methodische Einzelfragen) 5.233

[Forts.: Schulgartenunterricht]
- (Schülerleistung) 5.234
- (Unterstufe) 5.234
Schulgebäude 1.186
- (Beleuchtung) 1.186
- (Chemieraum) 1.186
- (Fachräume) 1.186
- (Festraum) 1.187
- (Gruppenraum) 1.187
- (Handarbeitsraum) 1.187
- (Hygiene) 1.187
- (Klassenraum) 1.187
- (Lehrschwimmbecken) 1.188
- (Naturlehreraum) 1.188
- (Physikraum) 1.188
- (Schulhof) 1.189
- (Turnhalle) 1.189
- (Werkraum) 1.189
- (Zeichensaal) 1.189
Schulgebet 10.233
- (Rechtsfragen) 10.234
Schulgeldfreiheit 1.189
Schulgesetzgebung 1.189
- (Bundesländer) 1.190
- (Österreich) 1.191
- (Schweiz) 1.191
Schulgesundheitspflege 1.191
- (Berufsschule) 1.193
Schulherbarium 5.234
Schulhygiene 1.193
Schulische Ausstellung 5.235
Schulische Leistung 6.159
- (Sonderschule) 6.159
- (Volksschule) 6.160
Schulische Leistungskontrolle ... 6.160
Schulische Leistungssteigerung .. 6.161
- (Körpererziehung) 6.161
- (Pädagogischer Aspekt) 6.162
- (Schwachbegabte) 6.162
- (Volksschule) 6.162
Schulische Ordnungsformen 6.162
Schulische Weihnachtsfeier 6.163
Schulischer Leistungsrückgang ... 6.163
Schuljahr IX 1.194
- (Berufsfindungsjahr) 1.195
- (Bundesländer) 1.196
- (Diskussion) 1.197
- (Konfessioneller Charakter) 1.197
- (Landschule) 1.197
- (Österreich) 1.197
- (Psychologischer Aspekt) 1.198
- und Berufsbildendes Schulwesen 1.198
- und Handelsschule 1.199
- und X 1.199
Schuljahr X 1.200

- und Berufsbildendes Schulwesen 1.200
Schuljahrsbeginn 1.200
- (Frühjahr oder Herbst) 1.201
- (Herbst) 1.201
- (Schweiz) 1.201
Schulkindergarten 1.201
- (Arbeitsformen) 1.203
- (Bundesländer) 1.203
Schulklasse 3.218
- (Soziologischer Aspekt) 3.218
Schullandheim 1.203
Schullandheimaufenthalt 6.164
- (Berufsschule) 6.165
- (Disziplin) 6.165
- (Gesundheitserziehung) 6.165
- (Landschule) 6.165
- (Mädchenklasse) 6.165
- (Musische Erziehung) 6.165
- (Pädagogischer Aspekt) 6.166
- (Sonderschule) 6.166
- (Sozialverhalten) 6.166
- (Unterrichtsaspekt) 6.167
Schulleben 6.167
- (Advent) 6.168
- (Brauchtumspflege) 6.169
- (Erntedank) 6.169
- (Fastnacht) 6.169
- (Muttertag) 6.170
- (Sommerfest) 6.170
- (Weihnachten) 6.170
Schulleistungstest 4.173
Schulleiter 2.133
Schulleiterin 2.134
Schulleitung 1.204
- (Schriftverkehr) 1.204
- (Verwaltungsarbeit) 1.204
Schulmöbel 1.205
Schuloper 10.234
Schulorchester 10.234
Schulpause 1.205
Schulpflicht 1.206
- (Berufsschule) 1.206
Schulpflichtgesetze 1.206
Schulpflichtverlängerung 1.206
- (Berufsbildendes Schulwesen) ... 1.207
- (Schuljahr IX) 1.207
Schulpolitik 1.208
- (Bundesländer) 1.209
- (DDR) 1.209
Schulpsychologe 2.134
Schulpsychologie 4.173
Schulpsychol.Beratungsstelle 1.209
- (Bundesländer) 1.210
- (Österreich) 1.210
- (Schweiz) 1.211

Schulpsychologischer Dienst 4.174
- (Schülerhilfe) 4.175
- (Schuljugendberatung) 4.175
Schulrat 2.134
- (Landschule) 2.135
Schulrat und Lehrer 2.135
Schulraumnot 1.211
Schulrecht 1.211
Schulreform 1.212
- (Bildungskonzeption) 1.215
- (Bildungspolitik) 1.216
- (Bundesländer) 1.216
- (DDR) 1.218
- (Diskussion) 1.219
- (Elternrecht) 1.220
- (Gegenwartsbezug) 1.220
- (Gesamtplan des Dt.Instituts) .. 1.221
- (Geschichte) 1.221
- (Hessisches Schulgrundgesetz) .. 1.222
- (Katholische Bildungspolitik) .. 1.222
- (Nachkriegszeit) 1.222
- (Österreich) 1.223
- (Psychologischer Aspekt) 1.223
- (Schweiz) 1.224
- (Soziologischer Aspekt) 1.224
- (Vergleichende Pädagogik) 1.225
Schulreife 4.176
- (Eintrittsalter) 4.177
- (Medizinischer Aspekt) 4.177
- (Schulleistung) 4.178
Schulreifefeststellung 4.178
Schulreifetest 4.178
- (Einzelformen) 4.179
- (Grundleistungstest) 4.180
- (Kritik) 4.180
Schulreifetraining 4.180
Schulreifeuntersuchung 4.181
- (Duisburg) 4.181
- (Einzelerfahrungen) 4.182
- (Pädagogischer Aspekt) 4.182
Schulspiel 6.171
- (Bühnentechnik) 6.172
- (Grundschule) 6.172
- (Gymnasium) 6.173
- (Krippenspiel) 6.174
- (Lesespiel) 6.174
- (Musik) 6.174
- (Pantomime) 6.175
- (Psychologischer Aspekt) 6.175
- (Volksschule) 6.175
Schulsport 10.234
Schulsprache 7.210
Schulstatistik 1.225
Schulstrafe 3.219
- (Arrest) 3.220

- (Kollektivstrafe) 3.220
- (Sonderschule) 3.220
- (Strafarbeit) 3.220
Schulstreik 1.226
Schulterrarium 5.235
Schultheater 6.176
- (Einzelne Spiele) 6.177
- (Gymnasium) 6.178
Schulturngarten 1.226
Schulunreife 4.182
Schulverdrossenheit 4.182
Schulverhalten 4.183
Schulversäumnis 1.226
- (Berufsschule) 1.227
- (Sonderschule) 1.227
Schulversager 4.183
- (Gymnasium) 4.184
- (Soziologischer Aspekt) 4.184
- (Volksschule) 4.184
Schulversuche 1.227
- (Bundesländer) 1.228
- (Österreich) 1.228
Schulverwaltung 1.229
Schulverwaltungsgesetze 1.230
Schulvivarium 5.235
Schulwald 5.236
Schulwandern 6.178
- (Bergsteigen) 6.179
- (Ferienlager) 6.180
- (Gymnasium) 6.180
- (Jugendherberge) 6.180
- (Klassenfahrt) 6.180
- (Rechtsfragen) 6.181
- (Wanderkarte) 6.181
- (Zeltlager) 6.181
Schulwechsel 1.230
Schulwerkstatt 5.236
- (Bürotechnik) 5.237
- (Einzelformen) 5.237
- (Metallgewerbe) 5.237
- (Nahrungsgewerbe) 5.237
- (Werkzeugkunde) 5.237
Schulwesen 1.230
Schulwesen BRD 1.231
- (Bundesländer) 1.232
- (Kritik) 1.233
Schulwesen BRD/DDR 1.234
Schulwesen DDR 1.234
- (Hochschulwesen) 1.235
- (Kritik) 1.235
- (Zehnklassenschule) 1.236
Schulwesen Österreich 1.236
Schulwesen Schweiz 1.237
- (Einzelne Kantone) 1.238
- (Katholische Bildungspolitik) .. 1.239

Schulwohnstube 6.181
- (Schmuckformen) 6.182
Schulzahnpflege 1.239
Schundliteratur 3.220
- (Comics) 3.221
- (Gegenmaßnahmen) 3.221
- (Kitsch) 3.222
Schwachsinniges Kind 4.185
Schwachsinnsformen 4.186
Schwank 7.210
Schwank im Unterricht 7.211
Schwererziehbarkeit 4.186
- (Heimerziehung) 4.187
- (Jugendalter) 4.187
- (Schulkind) 4.188
Schwerhöriges Kind 4.188
- (Diagnostik) 4.189
- (Heilpädagogische Betreuung) .. 4.189
Schwimmunterricht 10.235
- (Anfänger) 10.235
- (Aufsichtspflicht) 10.236
- (Berufsschule) 10.236
- (Einfache Verhältnisse) 10.236
- (Erziehungswert) 10.236
- (Hilfsgerät) 10.236
- (Kleinkind) 10.237
- (Lehrplan) 10.237
- (Methodische Einzelfragen) 10.237
- (Organisationsfragen) 10.237
- (Rettungsschwimmen) 10.237
- (Sonderschule) 10.238
- (Stilformen) 10.238
- (Technische Einzelfragen) 10.238
- (Training) 10.239
- (Unterstufe [DDR]) 10.239
Schwingungslehre 9.275
- (Elastische Schwingungen) 9.275
- (Elektrische Schwingungen) 9.276
- (Frequenzmessung) 9.276
- (Pendel) 9.276
- (Resonanz) 9.277
- (Staubfiguren) 9.277
Sehbehindertes Kind 4.189
- (Heilpädagogische Betreuung) .. 4.190
Sekundarlehrerbildung [Schweiz] . 2.135
Selbstbeurteilung 4.190
Selbsterziehung 3.222
Selbstmord 4.190
Selbsttätigkeit 6.182
- (Grundschule) 6.183
- (Psychologischer Aspekt) 6.184
Sexualpathologie 4.191
Sexualverhalten 4.191
- (Entwicklungspsychologie) 4.192
Singbewegung 10.239

Sitzenbleiber 4.192
Skiunterricht 10.239
- (Bewegungslehre) 10.240
- (Kleinkind) 10.240
- (Langlauf) 10.240
- (Lehrplan) 10.240
- (Methodische Einzelfragen) 10.240
- (Österreich) 10.241
- (Psychologischer Aspekt) 10.241
- (Skikurs) 10.241
- (Stilformen) 10.241
- (Technische Einzelfragen) 10.242
- (Training) 10.242
- (Unterstufe [DDR]) 10.242
Sonderberufsschule 1.239
Sonderkindergarten 1.240
Sonderschule 1.240
- (Bundesländer) 1.241
- (DDR) 1.242
- (Österreich) 1.242
- (Schweiz) 1.243
Sonderschule für Blinde 1.243
Sonderschule für Gehörgeschädigte 1.243
Sonderschule für geistig Behind. 1.244
Sonderschule für Körperbehinderte 1.245
Sonderschule für Lernbehinderte . 1.246
- (Ausleseverfahren) 1.246
- (Früherfassung) 1.247
- (Rückschulung) 1.247
- (Schuljahr IX) 1.248
- (Umschulung) 1.248
Sonderschule für Schwererziehbare 1.249
Sonderschule für Sehbehinderte .. 1.249
Sonderschule für Sprachgestörte . 1.250
Sonderschulheim 1.250
Sonderschullehrer 2.135
Sonderschullehrerbildung 2.136
- (DDR) 2.137
- (Schweiz) 2.137
Sonderschulrechnen 9.277
- (Anschauung) 9.277
- (DDR) 9.278
- (Körperbehinderte) 9.278
- (Methodische Einzelfragen) 9.278
- (Sehbehinderte) 9.278
- (Taubstummenbildung) 9.278
Sonderschulreform 1.251
Sonderschulunterricht 6.184
- (DDR) 6.185
- (Geistig behindertes Kind) 6.185
- (Körperbehinderte) 6.186
- (Methodische Einzelfragen) 6.186
- (Schuljahr IX) 6.187
- (Unterstufe) 6.187
Sonderturnen 4.192

Sozialerziehung	3.223
Sozialerziehung in der Schule	3.223
- (Abschlußklasse)	3.225
- (Berufsschule)	3.225
- (Grundschule)	3.225
- (Landschule)	3.226
- (Sonderschule)	3.226
Sozialgymnasium	1.251
Sozialistische Erziehung [DDR]	3.226
Sozialkunde	8.196
- (Fach oder Prinzip)	8.197
- (Gemeindeverwaltung)	8.197
- (Geschichtsunterricht)	8.198
- (Grundschule)	8.198
- (Gymnasium)	8.199
- (Kritik)	8.199
- (Landschule)	8.199
- (Methodische Einzelfragen)	8.200
- (Unterrichtsbeispiele)	8.200
- (Volksschule)	8.200
Sozialkundelehrer	2.137
Sozialpädagoge	2.138
- (Ausbildung)	2.138
- (Schweiz)	2.139
Sozialpädagogik	3.227
Sozialpraktikum	6.187
Sozialpsychologie	4.193
- (Entwicklungspsychologie)	4.194
- (Schulklasse)	4.195
- (Umwelteinflüsse)	4.195
Sozialverhalten	4.196
Soziogramm	4.196
- (Schulklasse)	4.196
Soziologie	3.228
- (Christliche Gesellschaftslehre)	3.229
- (Empirische Soziologie)	3.230
- (Geschichte)	3.230
- (Gesellschaft)	3.231
- (Gruppe)	3.232
- (Massengesellschaft)	3.232
Spanischunterricht	7.211
- (Lektüre)	7.211
Sparerziehung	3.232
- (Schulsparen)	3.233
- (Taschengeld)	3.233
Spastisch gelähmtes Kind	4.198
Spielerziehung	3.233
Spielfilm im Unterricht	5.238
Spielplatz	1.252
Spieltherapie	4.198
Spielverhalten des Kindes	4.199
Spielzeug	3.235
Sport	10.242
- (Einzelfragen)	10.243
- (Freizeitgestaltung)	10.243
- (Hochleistungssport)	10.243
- (Olympische Spiele)	10.243
- (Soziologischer Aspekt)	10.244
Sportanlage	1.252
Sportlehrmittel	5.238
- (Film)	5.238
- (Sachzeichnen)	5.239
Sprachbegabung	4.199
Sprachbetrachtung	7.211
Sprachbuch	5.239
- (DDR)	5.242
Sprache	7.212
- (Bildkraft)	7.212
- (Leistungsaspekt)	7.212
Sprache und Denken	7.213
Sprache und Ethik	7.213
Sprache und Politik	7.213
Sprache und Religion	7.214
Sprache und Sache	7.214
Sprache und Schrift	7.214
Sprache und Technik	7.215
Sprachentfaltung	7.215
Spracherziehung	7.215
Sprachgefühl	7.216
Sprachgeschichte	7.216
Sprachheilpädagogik	4.200
- (Gaumenspaltler)	4.201
- (Hilfsschulkind)	4.201
- (Körperbehindertes Kind)	4.201
- (Medizinischer Aspekt)	4.202
- (Organisationsformen)	4.202
- (Rhythmische Erziehung)	4.203
- (Schulischer Aspekt)	4.203
Sprachheilschule	4.203
Sprachkritik	7.216
Sprachkunde	7.217
- (Biologie)	7.217
- (DDR)	7.217
- (Einzelbereiche)	7.217
- (Leibeserziehung)	7.218
- (Methodische Einzelfragen)	7.218
- (Technische Welt)	7.218
- (Volksschule)	7.219
Sprachlabor	5.240
- (Anfangsunterricht)	5.240
- (Ausland)	5.241
- (Ausspracheschulung)	5.241
- (Berufsschule)	5.241
- (DDR)	5.242
- (Deutsche Auslandsschulen)	5.242
- (Diskussion)	5.242
- (Einzelerfahrungen)	5.242
- (Erwachsenenbildung)	5.243
- (Grammatik)	5.243
- (Gymnasium)	5.244

[Forts.: Sprachlabor]
- (Hauptschule) 5.244
- (Hochschule) 5.244
- (Hörschulung) 5.244
- (Lehrbuch) 5.245
- (Leistungsbewertung) 5.245
- (Methodische Einzelfragen) 5.245
- (Programmierung) 5.245
- (Realschule) 5.246
- (Technische Ausstattung) 5.246
- (Übungsformen) 5.247
- (Wortschatzübung) 5.247
Sprachliche Ausdrucksfähigkeit ... 7.219
Sprachliche Bildung 7.220
Sprachliche Entwicklung 4.204
- (Kleinkind) 4.204
- (Schulkind) 4.205
- (Sonderschüler) 4.205
Sprachpflege 7.220
Sprachphilosophie 7.220
Sprachpsychologie 4.206
Sprachrhythmus 7.221
Sprachschöpferischer Unterricht .. 7.221
Sprachsoziologie 7.221
Sprachstörung 4.207
- (Früherfassung) 4.208
- (Schulkind) 4.208
- (Schwerhöriges Kind) 4.208
- (Soziologischer Aspekt) 4.209
- (Stammeln) 4.209
Sprachtheorie 4.209
Sprachunterricht 7.222
- (Anschauung) 7.223
- (Berufsschule) 7.223
- (Deutsche Auslandsschule) 7.223
- (Erwachsenenbildung) 7.223
- (Fächerverbindung) 7.224
- (Ganzheitl.Sprachunterricht) ... 7.224
- (Geschichte) 7.224
- (Gesprächserziehung) 7.224
- (Grundschule) 7.225
- (Gymnasium) 7.225
- (Gymnasium:Unterstufe) 7.226
- (Kindergarten) 7.226
- (Landschule) 7.226
- (Methodische Einzelfragen) 7.226
- (Psychologischer Aspekt) 7.227
- (Realschule) 7.227
- (Reform) 7.228
- (Sachbezogenheit) 7.228
- (Sachbezogenheit:Grundschule) .. 7.228
- (Schuljahr I) 7.229
- (Schuljahr II) 7.229
- (Schuljahr III-IV) 7.229
- (Sonderschule) 7.229

- (Spielformen) 7.230
- (Sprachliche Bildung) 7.230
- (Sprachpflege) 7.231
- (Sprechfreudigkeit) 7.231
- (Übungsformen) 7.232
- (Universität) 7.232
- (Unterrichtsbeispiele) 7.232
- (Volksschule) 7.232
- (Volksschuloberstufe) 7.233
Sprachverhalten 4.210
Sprachverständnis 4.210
Sprachwissenschaft 7.233
Sprecherziehung 7.234
Sprecherziehung im Unterricht 7.234
- (Grundschule) 7.235
- (Gymnasium) 7.235
- (Methodische Einzelfragen) 7.235
- (Psychologischer Aspekt) 7.236
- (Volksschule) 7.236
Sprechspur 7.237
- (Aufsatzunterricht) 7.237
- (Erstleseunterricht) 7.237
- (Heilpädagogik) 7.238
- (Methodenaspekt) 7.238
- (Psychologischer Aspekt) 7.238
- (Rechtschreiben) 7.239
- (Schreibunterricht) 7.239
- (Schriftfrage) 7.239
- (Unterrichtsbeispiele) 7.239
Sprichwort 7.240
Sprichwort im Unterricht 7.240
Staatsbürgerkunde [DDR] 8.201
- (Berufsschule) 8.201
- (Einzelfragen) 8.201
- (Freiheit und Verantwortung) ... 8.202
- (Ideologische Erziehung) 8.202
- (Intensivierung) 8.202
- (Klasse IX) 8.202
- (Lehrplan) 8.202
- (Methodische Einzelfragen) 8.202
- (Polytechnische Bildung) 8.203
- (Psychologischer Aspekt) 8.203
- (Selbsttätigkeit) 8.203
- (Sozialist.Weltanschauung) 8.204
- (Unterstufe) 8.204
Staatsbürgerliche Erziehung [Berufsschule] 8.204
- (Allgemeinbildung) 8.205
- (Anschauung) 8.205
- (Einzelfragen) 8.205
- (Erziehungsaspekt) 8.206
- (Gegenwartsbezug) 8.206
- (Gewerbeschule) 8.206
- (Ingenieurschule) 8.206
- (Kritik) 8.207

- (Ländliche Berufsschule) 8.207
- (Lehrplan) 8.207
- (Mädchenberufsschule) 8.207
- (Methodische Einzelfragen) 8.208
- (Projektmethode) 8.208
- (Psychologischer Aspekt) 8.208
- (Stoffauswahl) 8.209
- (Unterrichtsbeispiele) 8.209
- (Unterrichtsgespräch) 8.209
- (Wirtschaftsschule) 8.209
Stegreifspiel 6.187
Stegreifspiel im Unterricht 6.188
- (Grundschule) 6.188
Stilbildung 7.240
Stillarbeit 6.188
- (Landschule) 6.189
Stiltypen 7.241
Stimmbildung 10.244
- (Atem) 10.244
- (Grundschule) 10.245
- (Sprecherziehung) 10.245
- (Stimmbruch) 10.245
- (Stimmphysiologie) 10.245
Störenfried 4.210
Stoffbeschränkung 6.189
Stottern 4.211
- (Ätiologie) 4.211
Stotterndes Kind 4.211
Stottertherapie 4.212
- (Behandlungsmethoden) 4.213
- (Kleinkind) 4.213
- (Schulischer Aspekt) 4.213
- (Spieltherapie) 4.213
- (Stationäre Behandlung) 4.214
Strafe 3.236
Student 4.214
Studentenbetreuung 1.253
Studienfahrt 6.190
- (Ausland) 6.190
- (Berlin) 6.191
Studienförderung 1.253
Studienreferendar 2.139
Studienseminar 2.139
- (Berufsschullehrer) 2.140
- (Bundesländer) 2.141
- (Geschichte) 2.141
- (Reform) 2.141
Studienseminarleiter 2.141
Studientag 1.254
Studium generale 3.237
Stundenplan 6.191
- (Gymnasium) 6.192
- (Landschule) 6.192
Stundentafel 6.192
- (Gymnasium) 6.193

Suchtgefährdung 3.237
- (Alkohol) 3.237
- (Rauchen) 3.237
Suggestion 4.214
Systematische Pädagogik 3.238

T

Tagesheimschule 1.254
- (DDR) 1.256
- (Gymnasium) 1.256
- (Sonderschule) 1.257
Tagesschulunterricht 6.193
Taubstummenbildung 6.193
- (Früherfassung) 6.194
- (Geschichte) 6.194
- (Kindergarten) 6.194
Taubstummenlehrer 2.141
Taubstummenlehrerbildung 2.142
Taubstummenunterricht 6.195
- (Absehen) 6.196
- (Anfängerklasse) 6.196
- (Artikulation) 6.196
- (Gebärdensprache) 6.197
- (Hörerziehung) 6.197
- (Hörhilfen) 6.198
- (Sprachanbildung) 6.199
- (Spracherziehung) 6.199
- (Sprachformenunterricht) 6.200
- (Sprachunterricht) 6.200
- (Wortschatzpflege) 6.201
Taubstummes Kind 4.214
- (Medizinischer Aspekt) 4.215
- (Psychologische Einzelfragen) .. 4.216
- (Soziologischer Aspekt) 4.216
Teamteaching 6.201
Technische Begabung 4.216
Technische Bildung 3.238
Technische Elementarerziehung ... 6.201
Technische Lehrerin 2.143
Technische Lehrmittel 5.247
- (Berufsschule) 5.248
Test 4.216
- (Baumtest) 4.217
- (Berufs-Interessen-Test) 4.218
- (Düss-Fabel-Test) 4.218
- (Farbpyramiden-Test) 4.218
- (Formdeut-Test) 4.218
- (Frankfurter Wortschatztest) ... 4.219
- (Goodenough-Test) 4.219
- (Mann-Zeichen-Test) 4.219
- (Lüscher-Test) 4.219
- (Pauli-Test) 4.219

[Forts.: Test]
- (Progressive-Matrices-Test) 4.220
- (Rosenzweig P-F Test) 4.220
- (Sceno-Test) 4.220
- (Szondi-Test) 4.220
- (TAT-Test) 4.220
- (Wartegg-Zeichen-Test) 4.221
- (Zulliger-Test) 4.221
Testpsychologie 4.221
- (Pädagogischer Aspekt) 4.222
Testverfahren 4.223
- (Berufsschule) 4.223
- (Eichung) 4.224
- (Hamburg) 4.224
- (Kritik) 4.224
- (München) 4.225
- (Prognostischer Wert) 4.225
- (Saarbrücken) 4.225
- (Sonderschüler) 4.225
Tiefenpsychologie 4.226
- (Pädagogischer Aspekt) 4.226
- (Symbol) 4.227
- (Unterbewußtsein) 4.227
Tierbuch 7.241
Tierkunde 9.278
- (Amphibien) 9.279
- (Bären) 9.279
- (Bestimmungsübung) 9.279
- (Eichhörnchen) 9.279
- (Einzelne Tiere) 9.279
- (Fische) 9.280
- (Fledermäuse) 9.281
- (Gliedertiere) 9.281
- (Goldhamster) 9.281
- (Hasen) 9.281
- (Haustiere) 9.281
- (Krebstiere) 9.282
- (Kriechtiere) 9.282
- (Lebensgemeinschaft) 9.282
- (Maulwurf) 9.282
- (Nagetiere) 9.282
- (Pflanze oder Tier) 9.283
- (Robben) 9.283
- (Schnecken) 9.283
- (Spinnen) 9.283
- (Systematik) 9.284
- (Tiere im Unterricht) 9.284
- (Tiere im Winter) 9.284
- (Tiermythologie) 9.284
- (Waldtiere) 9.285
- (Wildschwein) 9.285
- (Winterschlaf) 9.285
- (Wirbeltiere) 9.285
- (Würmer) 9.285
Tierphysiologie 9.286

- (Haut der Tiere) 9.286
- (Sinnesphysiologie) 9.286
Tierschutz 9.287
Tierverhalten 9.287
- (Einzelne Tiere) 9.288
- (Orientierung) 9.288
- (Tierpsychologie) 9.289
Toleranz 3.239
Tonband 5.249
Tonband im Unterricht 5.249
- (Archiv) 5.250
- (Austausch) 5.250
- (Berufsschule) 5.250
- (Einzelfragen) 5.250
- (Gymnasium) 5.250
- (Volksschule) 5.251
Tonbildschau 5.251
Traumerleben 4.228
Triebpsychologie 4.228
Trotz 4.228
Turngerät 5.251
- (Grundschule) 5.252
Turnlehrer 2.143
- (Ausbildung) 2.144
Turnunterricht 10.246
- (Didaktische Analyse) 10.246
- (Disziplin) 10.246
- (Einfache Verhältnisse) 10.246
- (Gymnasium) 10.246
- (Landschule) 10.246
- (Lehrplan) 10.247
- (Leistungsbewertung) 10.247
- (Leistungskontrolle) 10.247
- (Methodsystematik) 10.247
- (Methodische Einzelfragen) 10.248
- (Psychologischer Aspekt) 10.248
- (Reform) 10.248
- (Rhythmus) 10.249
- (Riegenwettbewerb) 10.249
- (Unterstufe [DDR]) 10.249
Typologie 4.229
- (Pädagogischer Aspekt) 4.229
- (Temperamente) 4.229

U

Üben 6.202
- (Berufsschule) 6.203
- (Psychologischer Aspekt) 6.203
Überforderung des Schülers 4.230
- (Gymnasium) 4.230
- (Pädagogischer Aspekt) 4.231
Übergang 1.257

- (Eignungsgutachten) 1.258
- (Gymnasium) 1.258
Übersetzen 7.241
- (Literarischer Aspekt) 7.242
- (Lyrik) 7.242
- (Sprachlicher Aspekt) 7.242
Umgangssprache 7.242
Unabhängige Kommission Hamburg ... 1.259
Universität 1.259
Universitätspädagoge 2.144
Unterricht 6.203
- (Auflockerung) 6.205
- (Entwicklungsgemäßheit) 6.205
- (Ergebnissicherung) 6.205
- (Erlebnisunterricht) 6.206
- (Erziehungseinfluß) 6.206
- (Lehrersprache) 6.207
- (Lernauftrag) 6.207
- (Problemstellung) 6.207
- (Sachbegegnung) 6.208
Unterrichtsbild 5.252
Unterrichtseinheit 6.208
Unterrichtsfächer 6.209
Unterrichtsfilm 5.252
- (Berufskundlicher Film) 5.253
- (Berufsschule) 5.253
- (Erwachsenenbildung) 5.254
- (Filmgerät) 5.254
- (Gesamtunterricht) 5.254
- (Geschichte) 5.254
- (Gestaltungsfragen) 5.254
- (Grundschule) 5.254
- (Gymnasium) 5.255
- (Industriefilm) 5.255
- (Landschule) 5.255
- (Schleifenfilm) 5.255
- (Sonderschule) 5.255
- (Tonfilm) 5.255
- (Volksschule) 5.256
Unterrichtsforschung 6.209
Unterrichtsgang 6.209
Unterrichtsgespräch 6.210
- (Gymnasium) 6.211
- (Schülerfrage) 6.212
Unterrichtsgestaltung 6.212
- (Psychologischer Aspekt) 6.213
Unterrichtsimpuls 6.213
Unterrichtsnachbereitung 6.214
Unterrichtsökonomie 6.214
Unterrichtsplanung 6.214
Unterrichtsspiel 5.256
Unterrichtsstunde 6.215
Unterrichtstagebuch 6.216
Unterrichtsvorbereitung 6.216
- (Didaktische Analyse) 6.217

- (Gestaltungsfragen) 6.217
- (Hilfsmittel) 6.217
Unterstufenunterricht [DDR] 6.218
- (Lehrplankonzeption) 6.218

V

Vektorrechnung 9.289
- (Dreieck) 9.289
- (Einzelfragen) 9.289
- (Kugel) 9.290
- (Unterrichtsaspekt) 9.290
Veranschaulichung 6.219
Verband Deutscher Diplom-Handels-
 lehrer 2.144
Verband Deutscher Sonderschulen .. 2.145
Verband Katholischer Lehrer
 Deutschlands 2.145
Verblehre 7.243
- (Einzelfragen) 7.243
- (Infinitiv) 7.244
- (Konjugation) 7.244
- (Konjunktiv) 7.244
- (Modalverben) 7.244
- (Modus) 7.244
- (Partizip) 7.245
- (Passiv) 7.245
- (Stilwert) 7.245
- (Unterrichtsaspekt) 7.245
- (Verbalpräfix) 7.245
- (Vergangenheitsformen) 7.246
- (Zeitformen) 7.246
Verein katholischer deutscher
 Lehrerinnen 2.145
- (Bildungsprogramm) 2.145
Vererbungslehre 9.290
- (Chromosomen) 9.291
- (Genetik) 9.291
- (Mensch) 9.292
- (Mutation) 9.292
- (Pflanze) 9.292
- (Tier) 9.293
Vergessen 4.231
Vergleichende Erziehungswissen-
 schaft 3.239
Verhaltensforschung 4.232
Verhaltensstörung 4.232
- (Einzelformen) 4.233
- (Therapie) 4.234
Verkehrserzieher 2.146
Verkehrslehrmittel 5.257
- (Bildformen) 5.257
- (Schulverkehrsgarten) 5.257

Verkehrsunterricht 10.249
- (Berufsschule) 10.250
- (Deutschunterricht) 10.250
- (Einzelne Fächer) 10.250
- (Elternhilfe) 10.250
- (Erziehungswert) 10.250
- (Fußgänger) 10.251
- (Grundschule) 10.251
- (Gymnasium) 10.251
- (Heimatkunde) 10.251
- (Kindergarten) 10.251
- (Kritik) 10.252
- (Landschule) 10.252
- (Lehrplan) 10.252
- (Methodische Einzelfragen) ... 10.252
- (Politische Bildung) 10.253
- (Psychologischer Aspekt) 10.253
- (Radfahrer) 10.253
- (Radfahrprüfung) 10.253
- (Rechtsfragen) 10.254
- (Reform) 10.254
- (Religionsunterricht) 10.254
- (Schülerlotse) 10.254
- (Schulweg) 10.254
- (Sonderschule) 10.255
- (Straße) 10.255
- (Straßenkreuzung) 10.255
- (Straßenverkehrsordnung) 10.255
- (Überholen) 10.255
- (Verkehrsgesinnung) 10.255
- (Verkehrssicherheit) 10.256
- (Verkehrssituation) 10.256
- (Verkehrsunfall) 10.256
- (Verkehrszeichen) 10.257
- (Volksschuloberstufe) 10.257
- (Vorfahrt) 10.257
- (Zebrastreifen) 10.257
Versetzung 1.260
Vertrauen 3.240
Verwahrlosung 4.234
- (Jugendkriminalität) 4.235
- (Pädagogische Betreuung) 4.235
Völkerkunde 8.209
- (Bevölkerungsdichte) 8.210
- (Übervölkerung) 8.210
- (Unterrichtspraxis) 8.210
Vogelkunde 9.293
- (Brutbiologie) 9.293
- (Einzelne Vögel) 9.294
- (Greifvögel) 9.294
- (Grundschule) 9.294
- (Haushuhn) 9.294
- (Hühnerei) 9.295
- (Rupfungen) 9.295
- (Schwalben) 9.295

- (Störche) 9.295
- (Verhalten der Vögel) 9.295
- (Vogelbeobachtung) 9.296
- (Vogelstimmen) 9.296
- (Vogelzug) 9.296
- (Waldvögel) 9.296
- (Wasservögel) 9.297
- (Zugvögel) 9.297
Vogelschutz 9.297
- (Winterfütterung) 9.297
Volksdichtung 7.246
Volkshochschuldozent 2.146
Volkshochschule 1.261
- (DDR) 1.262
- (Heimvolkshochschule) 1.262
Volkslied 10.257
- (Europäisches Volkslied) 10.258
- (Geistliches Lied) 10.258
Volkslied im Musikunterricht ... 10.258
Volksmusik 10.259
Volksschüler 4.235
- (Abschlußklasse) 4.236
Volksschule 1.262
- (Abschlußprüfung) 1.264
- (Bundesländer) 1.264
- (Krise) 1.264
- (Österreich) 1.265
- (Schweiz) 1.265
Volksschullehrer 2.146
Volksschullehrerbildung 2.147
- (Abitur) 2.148
- (Differenzierung) 2.148
- (Gutachten des Dt. Ausschusses) 2.148
Volksschullehrerin 2.149
Volksschuloberstufe 1.265
- (Substanzverlust) 1.266
Volksschulreform 1.266
- (Oberstufe) 1.267
- (Rahmenplan) 1.268
Volksschulunterricht 6.219
- (Abschlußklasse) 6.220
- (Mädchenabschlußklasse) 6.220
- (Oberstufe) 6.221
- (Schuljahr V-VII) 6.222
- (Schuljahr IX) 6.222
- (Schuljahr IX für Mädchen) 6.223
Volkstanz 10.259
Volkstümliche Bildung 6.223
- (Kritik) 6.224
Volkstümliche oder wissenschaft-
   liche Bildung 6.225
Volkstümliches Denken 6.225
Vorgeschichte 8.211
- (Steinzeit) 8.211
- (Unterrichtsaspekt) 8.211

Vorhaben 6.225
Vorlesen im Unterricht 6.226
Vorschulischer Unterricht 6.226
- (DDR) 6.227
Vorstellung 4.236
Vorurteil 3.240
Vorweihnachtliches Werken 10.259

W

Wärmelehre 9.298
- (Aggregatzustand) 9.298
- (Dampfmaschine) 9.298
- (Einzelfragen) 9.298
- (Gasgesetze) 9.299
- (Kältetechnik) 9.299
- (Kinetische Wärmetheorie) 9.300
- (Kühlschrank) 9.300
- (Meßtechnik) 9.300
- (Motor) 9.301
- (Schulversuch) 9.301
- (Spezifische Wärme) 9.301
- (Wärmeleitung) 9.301
Wahrnehmungspsychologie 4.237
- (Einzelfragen) 4.237
- (Gegenstandswahrnehmung) 4.238
- (Optische Wahrnehmung) 4.238
Wahrscheinlichkeitsrechnung 9.302
- (Spieltheorie) 9.302
Waldorfschule 1.269
- (Bundesländer) 1.270
Waldorfschullehrer 2.149
Waldorfschulpädagogik 6.228
Wandertag 6.228
Wandtafel 5.257
Wandtafelzeichnen 5.258
Weihnachtliches Singen 10.259
Weihnachtliches Werken 10.260
- (Baumschmuck) 10.260
- (Einzelvorhaben) 10.260
- (Geschenke) 10.261
- (Krippen) 10.261
Weihnachtslied 10.261
Weihnachtsspiel 6.229
- (Grundschule) 6.229
- (Landschule) 6.229
Wellenlehre 9.302
- (Beugung) 9.303
- (Dopplereffekt) 9.303
- (Interferenz) 9.303
- (Polarisation) 9.304
- (Stehende Wellen) 9.304
Weltraumtechnik 9.304

- (Anthropologischer Aspekt) 9.305
- (Einzelfragen) 9.305
- (Unterrichtsaspekt) 9.305
Werken 10.262
- (Draht) 10.262
- (Einzelne Werkstoffe) 10.262
- (Fastnacht) 10.263
- (Gips) 10.263
- (Holz) 10.263
- (Holzschnitzen) 10.263
- (Jahreszeitliches Werken) 10.263
- (Kartoffelstempel) 10.264
- (Keramik) 10.264
- (Linolschnitt) 10.264
- (Marionetten) 10.264
- (Metall) 10.264
- (Modellbau) 10.265
- (Modellieren) 10.265
- (Mosaik) 10.265
- (Osterschmuck) 10.265
- (Plakat) 10.266
- (Plastisches Gestalten) 10.266
- (Scherenschnitt) 10.266
- (Sperrholz) 10.267
- (Spielzeug) 10.267
- (Stein) 10.267
- (Stoffdruck) 10.267
- (Stroh/Bast) 10.268
- (Textil) 10.268
- (Ton) 10.268
Werkraumeinrichtung 5.258
Werksberufsschule 1.270
Werktätiger Unterricht 6.229
Werkunterricht 10.269
- (Berufsschule) 10.269
- (Bildungswert) 10.270
- (Bundesländer) 10.270
- (DDR) 10.270
- (Einfache Verhältnisse) 10.270
- (Einzelne Fächer) 10.270
- (Grundschule) 10.271
- (Gymnasium) 10.271
- (Heilpädagogisches Werken) 10.271
- (Heimatkunde) 10.271
- (Kunsterziehung) 10.272
- (Landschule) 10.272
- (Lehrplan) 10.272
- (Methodische Einzelfragen) 10.272
- (Naturlehre) 10.273
- (Psychologischer Aspekt) 10.273
- (Realschule) 10.273
- (Reform) 10.274
- (Sonderschule) 10.274
- (Spiel) 10.275
- (Technische Welt) 10.275

[Forts.: Werkunterricht]
- (Volksschule) 10.275
- (Waldorfschule) 10.276
Werterleben 4.239
Wetterfühligkeit 4.239
Wetterkunde 8.211
- (Atmosphäre) 8.212
- (Einzelfragen) 8.212
- (Grundschule) 8.213
- (Jahreslauf) 8.213
- (Landschule) 8.213
- (Schülerbeobachtung) 8.213
- (Volksschule) 8.214
- (Wetterkarte) 8.214
- (Wettervorhersage) 8.214
- (Wind) 8.214
- (Wolken) 8.215
Wetterkundelehrmittel 5.259
- (Wetterkarte) 5.259
Wiederholung 6.230
Willenserziehung 3.241
Willensforschung 4.239
Wirtschaftsgeographie 8.215
- (Asien) 8.215
- (Bayern) 8.215
- (Bekleidung) 8.216
- (Berufsschule) 8.216
- (Binnenschiffahrt) 8.216
- (Brasilien) 8.217
- (Bulgarien) 8.217
- (China) 8.217
- (Deutschland) 8.217
- (Deutschland:DDR) 8.218
- (Einzelfragen) 8.218
- (Eisenbahn) 8.218
- (Energiewirtschaft) 8.219
- (Erdöl) 8.219
- (Erdöl:Politischer Aspekt) 8.219
- (Erdöl:Unterrichtsentwurf) 8.219
- (Erdölgewinnung) 8.220
- (Erdöltransport) 8.220
- (Erdölverarbeitung) 8.220
- (Ernährung) 8.220
- (Erz) 8.221
- (Europäische Integration) 8.221
- (Fischfang) 8.221
- (Frankreich) 8.222
- (Großbritannien) 8.222
- (Gymnasium) 8.222
- (Holz) 8.222
- (Indien) 8.222
- (Industrie) 8.223
- (Industrie:Deutschland) 8.223
- (Israel) 8.223
- (Italien) 8.223
- (Japan) 8.223
- (Kanada) 8.224
- (Kautschuk) 8.224
- (Kohle) 8.224
- (Landwirtschaft) 8.224
- (Landwirtschaft:EWG) 8.225
- (Margarine) 8.225
- (Milchwirtschaft) 8.225
- (Nutzvieh) 8.225
- (Österreich) 8.225
- (Polen) 8.226
- (Rheinschiffahrt) 8.226
- (Ruhrgebiet) 8.226
- (Schweiz) 8.226
- (Seefischerei) 8.227
- (Seeverkehr) 8.227
- (Soziologischer Aspekt) 8.227
- (Südamerika) 8.227
- (Tschechoslowakei) 8.228
- (UdSSR) 8.228
- (USA) 8.228
- (Verkehrswesen) 8.229
- (Verkehrswesen:Deutschland) ... 8.229
- (Wasserversorgung) 8.229
- (Welternährung) 8.230
- (West-Berlin) 8.230
- (Wolga-Kanal) 8.230
Wirtschaftsgymnasium 1.270
Wirtschaftskunde 8.231
- (Arbeitnehmer) 8.231
- (Berufsschule) 8.231
- (DDR) 8.232
- (Eigentum) 8.232
- (Einzelfragen) 8.232
- (Geldwirtschaft) 8.233
- (Genossenschaftswesen) 8.234
- (Gymnasium) 8.234
- (Inflation) 8.234
- (Konsumerziehung) 8.234
- (Landwirtschaft) 8.235
- (Lohnfragen) 8.235
- (Markwirtschaft) 8.236
- (Methodische Einzelfragen) 8.236
- (Pendler) 8.236
- (Politische Bildung) 8.236
- (Versicherung) 8.237
- (Volksschule) 8.237
- (Werbung) 8.237
- (Wirtschaftsgymnasium) 8.237
Wirtschaftsmathematik 9.305
Wirtschaftsoberschule 1.271
Wirtschaftspädagogik 3.242
- (Diskussion) 3.243
- (Geschichte) 3.244
Wirtschaftspädagogische Forschung 3.244

Wirtschaftsschule 1.272
Wörterbuch 5.259
Wörterbuch im Unterricht 5.260
Wortarten 7.246
- (Adjektiv) 7.247
- (Adjektiv im Unterricht) 7.247
- (Artikel) 7.247
- (Einzelfragen) 7.247
- (Kompositum) 7.247
- (Konjunktion) 7.248
- (Präposition) 7.248
- (Pronomen) 7.248
- (Substantiv) 7.249
- (Substantiv im Unterricht) 7.249
Wortfamilie 7.249
Wortfeld 7.250
Wortfeld im Unterricht 7.250
- (Einzelbeispiele) 7.250
Wortgeschichte 7.250
Wortkunde 7.251
Wortkunde im Unterricht 7.251
Wortschatz des Kindes 4.240
Wortschatzpflege 7.252
- (Einzelfragen) 7.252
- (Häufigkeitswortschatz) 7.252
- (Übungsformen) 7.252

Z

Zahlbegriffsbildung 4.240
Zeichenunterricht 10.276
- (Ausstellung) 10.276
- (Berufsschule) 10.277
- (Bildungswert) 10.277
- (DDR) 10.277
- (Gemeinschaftsarbeit) 10.277
- (Grundschule) 10.278
- (Gymnasium) 10.278
- (Korrektur) 10.278
- (Kunsterziehung) 10.278
- (Lehrereinfluß) 10.278
- (Lehrplan) 10.279
- (Leistungsbewertung) 10.279
- (Methodische Einzelfragen) 10.279
- (Psychologischer Aspekt) 10.280
- (Sonderschule) 10.280
- (Themenstellung) 10.280
- (Volksschule) 10.281
Zeichnen 10.281
- (Einzeltechniken) 10.281
- (Einzelthemen) 10.282
- (Federzeichnung) 10.282
- (Figürliches Zeichnen) 10.282

- (Geometrisches Zeichnen) 10.282
- (Graphisches Gestalten) 10.283
- (Naturzeichnen) 10.283
- (Pflanzenzeichnen) 10.283
- (Raumdarstellung) 10.284
- (Sachzeichnung) 10.284
- (Schemazeichnen) 10.284
- (Technisches Zeichnen) 10.284
- (Tierzeichnen) 10.285
- (Weihnachtszeit) 10.285
Zeichnerische Entwicklung 4.241
Zeitgeschichte 8.237
- (Abrüstung) 8.238
- (Antisemitismus) 8.238
- (Auschwitzprozeß) 8.238
- (Bundeswehr) 8.239
- (DDR) 8.239
- (Deutschlandfrage) 8.239
- (Einzelfragen) 8.239
- (Europäische Gemeinschaften) ... 8.240
- (Euthanasie) 8.240
- (Faschismus) 8.240
- (Flüchtlingsfrage) 8.240
- (Hitlers Außenpolitik) 8.241
- (Hitlers Machtergreifung) 8.241
- (Israel) 8.241
- (Judenfrage) 8.242
- (Judenverfolgung) 8.242
- (Kommunismus) 8.242
- (Militarismus) 8.243
- (Nationalsozialismus) 8.243
- (Rassenfrage) 8.244
- (Sowjetunion) 8.244
- (Unesco) 8.244
- (Vereinte Nationen) 8.244
- (Weimarer Republik) 8.245
- (Weltkrieg 1914-1918) 8.245
- (Weltkrieg 1939-1945) 8.246
- (Widerstandsbewegung) 8.246
- (Wiedervereinigung) 8.247
- (20.Juli 1944) 8.247
Zeitgeschichtslehrmittel 5.260
- (Dokumentarfilm) 5.260
- (Jugendbuch) 5.261
- (Lehrbuch) 5.261
- (Schallplatte) 5.261
Zeitgeschichtsunterricht 8.248
- (Antisemitismus) 8.248
- (Berlin) 8.248
- (Berufsschule) 8.249
- (Deutsche Nationalhymne) 8.249
- (Deutsche Ostgrenze) 8.249
- (Deutschlandfrage) 8.249
- (Eichmann-Prozeß) 8.250
- (Einzelfragen) 8.250

[Forts.: Zeitgeschichtsunterricht]
- (Ermächtigungsgesetz) 8.250
- (Erwachsenenbildung) 8.251
- (Europa) 8.251
- (Europäische Einigung) 8.251
- (Europäische Gemeinschaften) ... 8.252
- (Flüchtlingsfrage) 8.252
- (Gymnasium) 8.252
- (Hitlers Machtergreifung) 8.252
- (Judenfrage) 8.253
- (Judenverfolgung) 8.253
- (Kommunismus) 8.253
- (Krieg) 8.253
- (Methodische Einzelfragen) 8.254
- (Nationalsozialismus) 8.254
- (Nationalsozialismus:Dokumente) 8.254
- (Nationalsozialismus:Einzelfr.) 8.255
- (Nationalsozialismus:Gymnasium) 8.255
- (Nationalsozialismus:Volkssch.) 8.255
- (Psychologischer Aspekt) 8.256
- (Rassenfrage) 8.256
- (Realschule) 8.256
- (Russische Revolution) 8.256
- (17.Juni 1953) 8.256
- (Sowjetunion) 8.257
- (Vereinte Nationen) 8.257
- (Volksschule) 8.257
- (Weimarer Republik) 8.258
- (Widerstandsbewegung) 8.258
- (20.Juli 1944) 8.259
- (Zweiter Weltkrieg) 8.259
- (Zweiter Weltkrieg:Einzelfragen) 8.259
Zeitsinn 4.241
Zeitung im Unterricht 5.262
- (Berufsschule) 5.262
- (Klassenzeitung) 5.263
- (Schulzeitung) 5.263
- (Volksschule) 5.263
Zeitungslektüre 3.245
- (Jugendalter) 3.245
Zentralschule 1.272
Zeugnis 1.272
- (Berufsschule) 1.273
- (Grundschule) 1.273
- (Kopfnoten) 1.274
- (Kritik) 1.274
- (Wortzeugnis) 1.274
Züchtigungsrecht 1.274
- (Berufsschule) 1.275
- (Diskussion) 1.275
Zurückstellung des Schulanfängers 1.276
Zweisprachigkeit 7.253
Zweite Lehrerprüfung 2.149
- (Prüfungsordnung) 2.149
- (Tätigkeitsbericht) 2.150
- (Vorbereitung) 2.151
- (Wahlfächer) 2.151
Zweite Phase der Lehrerbildung .. 2.151
- (Referendariat) 2.151
Zweiter Bildungsweg 1.276
- (Arbeitsformen) 1.277
- (Berufsbildendes Schulwesen) ... 1.278
- (Deutscher Gewerkschaftsbund) .. 1.278
- (Diskussion) 1.279
- (Gymnasium) 1.279
- (Hessenkolleg) 1.279
- (Institute) 1.279
- (Oberhausener Institut) 1.280
- (Österreich) 1.280
- (Schweiz) 1.280

Beziehungsregister

A

ABBILDUNGSGEOMETRIE 9.19
  Analysis
    (Funktion) 9.33
    Kegelschnitte 9.150
ABENDGYMNASIUM 1.19
  Abendrealschule 1.20
  Begabtenförderung 1.26
  Zweiter Bildungsweg
    (Gymnasium) 1.279
ABENDREALSCHULE 1.20
  Abendgymnasium 1.19
  Berufsaufbauschule 1.30
  Zweiter Bildungsweg 1.276
ABITUR 1.20
  Begabtenförderung
    (Abiturienten) 1.27
  Hochschulreife 1.110
  Reifeprüfung 1.165
  Schulentlassung
    (Gymnasium) 6.156
ABSTAMMUNGSLEHRE 9.21
  Biologie
    (Organisches Leben) 9.60
  Vererbungslehre 9.290
- (MENSCH) 9.22
  Menschenkunde
    (Biolog.Anthropologie) 9.189
  Menschenkunde
    (Hominisation) 9.191
  Menschenkunde
    (Urmensch) 9.193
- (PFLANZE) 9.23
  Biologie
    (Organisches Leben) 9.60
  Pflanzenkunde
    (Flechten) 9.229
  Vererbungslehre
    (Pflanzen) 9.292
- (STAMMESENTWICKLUNG) 9.23
  Pflanzenkunde
    (Systematik) 9.234
  Tierkunde
    (Pflanze oder Tier) 9.283
  Tierkunde
    (Systematik) 9.284

ABTEILUNGSUNTERRICHT 6.19
  Differenzierung
    (Landschule) 6.57
ABWEHRMECHANISMEN 4.19
  Aggression 4.20
  Angst 4.23
  Frustration 4.63
  Neurose 4.127
  Projektion 4.136
  Regression 4.160
ÄNGSTLICHES KIND 4.19
  Angst 4.23
  Bettnässer 4.33
  Depression 4.39
  Gehemmtes Kind 4.66
  Kontaktgestörtes Kind 4.100
  Nervöses Kind 4.127
  Schüchternes Kind 4.167
  Schulangst 4.172
ÄSTHETISCHE ERZIEHUNG 6.19
  Deutschunterricht
    (Geschmacksbildung) 7.49
  Dichtung im Unterricht 7.61
  Künstlerische Erziehung 6.108
  Kunsterziehung
    (Geschmacksbildung) 10.114
  Liedpflege 10.161
  Musische Bildungsform 6.127
  Musische Erziehung 6.127
AFFEKT 4.20
  Aktivität 4.21
  Angst 4.23
AGGRESSION 4.20
  Bettnässer 4.33
  Frustration 4.63
  Halbstarke 4.76
  Störenfried 4.210
AKADEMISCHE LEHRERBILDUNG 2.19
  Lehrerbildung
    (Wissenschaftscharakter) 2.101
  Lehrerbildung und Universität 2.102
  Pädagogische Hochschule und
    Universität 2.127
  Zweite Phase der Lehrerbildung
    (Referendariat) 2.152
AKTIVITÄT 4.21
  Affekt 4.20

[Forts.: Aktivität]
  Erlebnis 4.49
  Motorik 4.125
AKUSTIK 9.24
  Schwingungslehre 9.275
AKZELERATION 4.21
  Entwicklungspsychologie
    (Jugendalter) 4.41
  Entwicklungspsychologie
    (körperliche Entwicklung) 4.44
  Geistige Entwicklung 4.69
  Großstadtjugend 4.73
  Konstitution des Schülers 4.100
  Leibeserziehung
    (Entwicklungspsychologie) 10.132
  Schulanfänger (Psychologische
    Einzelfragen) 4.131
ALGEBRA 9.25
  Mengenlehre 9.187
- (AXIOMATIK) 9.25
  Geometrie
    (Axiomatik) 9.124
  Mathematische Logik 9.176
- (GLEICHUNGEN) 9.26
  Angewandte Mathematik
    (Iteration) 9.37
  Angewandte Mathematik
    (Näherungsrechnen) 9.38
  Angewandte Mathematik
    (Nomographie) 9.38
- (GRUPPENTHEORIE) 9.28
  Abbildungsgeometrie 9.19
  Atomphysik
    (Elementarteilchen) 9.51
ALGEBRAUNTERRICHT 9.32
  Algebra 9.25
  Rechenoperationen 9.258
ALLGEMEINBILDENDER UNTERRICHT 6.20
  Anfangsunterricht
    (Sachbegegnung) 6.21
  Gesamtunterricht
    (Grundschule) 6.76
  Sachunterricht
    (Grundschule) 6.150
ALLGEMEINBILDUNG 3.19
  Berufserziehung und
    Allgemeinbildung 3.45
  Bildung und Ausbildung 3.60
  Humanistische Bildung 3.146
  Kategoriale Bildung 6.104
  Menschenbildung 3.179
  Staatsbürgerliche Erziehung
    (Allgemeinbildung) 8.205
  Studium generale 3.237
ALLGEMEINE ERDKUNDE 8.19

Geologie 8.55
Klimakunde 8.108
Landschaftsgeographie 8.148
Pflanzengeographie 9.225
Wetterkunde 8.211
ALTERSMUNDART 4.23
  Kindersprache 4.96
  Sprachliche Entwicklung 4.204
  Stiltypen 7.241
  Wortschatz des Kindes 4.240
ALTERTUM 8.21
  Geschichte
    (Amerika) 8.57
  Geschichte
    (China) 8.57
  Kirchengeschichte
    (Urkirche) 10.100
- (RÖMER) 8.23
  Deutsche Geschichte
    (Römer) 8.26
  Lateinische Lektüre 7.144
ALTSPRACHLICHER UNTERRICHT 7.19
  Altphilologe 2.20
  Griechischunterricht 7.133
  Lateinische Grammatik 7.143
  Lateinischer Anfangsunterr. 7.146
  Lateinunterricht 7.147
- (LEKTÜRE) 7.21
  Altertum 8.21
  Griechischunterricht
    (Lektüre) 7.134
  Lateinische Lektüre 7.144
AMERIKAKUNDE 7.23
  Amerikanisches Englisch 7.23
  Englische Lektüre
    (Amerikan.Literatur) 7.69
ANALYSIS 9.32
  Algebra
    (Axiomatik) 9.25
  Mathematische Statistik 9.176
  Schwingungslehre 9.275
  Wahrscheinlichkeitsrechnung 9.302
- (DIFFERENTIALRECHNUNG) 9.33
  Geometrie
    (Differentialgeometrie) 9.124
- (FUNKTION) 9.33
  Angewandte Mathematik
    (Nomographie) 9.38
  Geometrie
    (Topologie) 9.131
- (GRENZWERT) 9.34
  Angewandte Mathematik
    (Näherungsrechnen) 9.38
  Geometrie
    (Kreiszahl pi) 9.128

Geometrie
(Topologie) 9.131
ANALYTISCHE GEOMETRIE 9.36
  Abbildungsgeometrie
  (Analytische Geometrie) 9.20
  Geometrie
  (Differentialgeometrie) 9.124
ANFANGSUNTERRICHT 6.21
  Allgemeinbildender Unterricht 6.20
  Altsprachlicher Unterricht
  (Einführung) 7.20
  Anschauungsunterricht 6.22
  Arbeitseinheiten 6.23
  Bruchrechnen
  (Einführung) 9.82
  Chemieunterricht
  (Einführung) 9.88
  Elementare Bildung 6.59
  Englischer Anfangsunterricht 7.74
  Erstleseunterricht 7.89
  Erstrechenunterricht 9.114
  Französischer Anfangsunterr. 7.97
  Fremdsprachlicher Anfangs-
  unterricht 7.114
  Ganzheitsunterricht
  (Grundschule) 6.86
  Gemeinschaftskunde
  (Einführung) 8.50
  Geometrieunterricht
  (Einführung) 9.134
  Gesamtunterricht
  (Grundschule) 6.76
  Geschichtsunterricht
  (Vorkurs) 8.88
  Grundschulunterricht
  (Schuljahr I) 6.82
  Gruppenunterricht
  (Vorformen) 6.90
  Heimatkundeunterricht
  (Einführung) 8.97
  Lateinischer Anfangs-
  unterricht 7.146
  Maschinenschreiben
  (Anfänger) 10.169
  Mathematikunterricht
  (Einführung) 9.164
  Notenschrift
  (Einführung) 10.198
  Philosophieunterricht
  (Einführung) 10.202
  Physikunterricht
  (Einführung) 9.247
  Russischer Anfangs-
  unterricht 7.197

Sachunterricht
(Grundschule) 6.150
Schulanfang 6.153
Schwimmunterricht
(Anfänger) 10.235
Sprachlabor
(Anfangsunterricht) 5.240
Unterricht
(Erlebnisunterricht) 6.206
Vorschulischer Unterricht 6.226
ANGEWANDTE MATHEMATIK 9.37
  Chemie
  (Mathematischer Aspekt) 9.85
  Mathematische Statistik 9.176
  Rechenautomat 9.257
  Schwingungslehre 9.275
  Wahrscheinlichkeitsrechnung 9.302
  Wirtschaftsmathematik 9.305
- (NÄHERUNGSRECHNEN) 9.38
  Algebra
  (Gleichungen) 9.26
  Analysis
  (Grenzwert) 9.34
ANGST 4.23
  Ängstliches Kind 4.19
  Depression 4.39
  Frustration 4.63
  Märchenpsychologie
  (Grausamkeit) 4.123
  Neurose
  (Psychose) 4.129
  Neurose
  (Zwangskrankheit) 4.130
  Schulangst 4.172
  Schulderleben
ANORGANISCHE CHEMIE 9.39
  Physikalische Chemie 9.241
ANPASSUNG 3.19
  Gehorsam 3.125
  Gewöhnung 3.138
  Pädagogische Soziologie
  (Umwelttheorie) 3.197
ANSCHAUUNG 6.22
  Anschauungsunterricht 6.22
  Bibelunterricht
  (Anschauung) 10.31
  Bruchrechnen
  (Anschauung) 9.81
  Englischunterricht
  (Anschauung) 7.76
  Erdkundeunterricht
  (Anschauung) 8.32
  Erstrechenunterricht
  (Anschauung) 9.115

[Forts.: Anschauung]
　Fremdsprachenunterricht
　　(Anschauung) 7.103
　Geometrieunterricht
　　(Anschauung) 9.134
　Geschichtsunterricht
　　(Anschauung) 8.67
　Grammatikunterricht
　　(Anschauung) 7.127
　Heimatkundeunterricht
　　(Anschauung) 8.96
　Musikunterricht
　　(Anschauung) 10.180
　Physikunterricht
　　(Anschauung) 9.246
　Rechenunterricht
　　(Anschauung) 9.265
　Religionsunterricht
　　(Anschauung) 10.207
　Sonderschulrechnen
　　(Anschauung) 9.277
　Sprachunterricht
　　(Anschauung) 7.223
　Staatsbürgerliche Erziehung
　　(Anschauung) 8.205
　Unterrichtsbild 5.252
　Veranschaulichung 6.219
　Wandtafelzeichnen 5.258
ANSCHAUUNGSUNTERRICHT 6.22
　Anfangsunterricht 6.21
　Anschauung 6.22
　Lebensnaher Unterricht 6.113
　Natürlicher Unterricht 6.131
　Selbsttätigkeit
　　(Grundschule) 6.183
　Veranschaulichung 6.219
ANTHROPOLOGIE 3.19
　Biologische Anthropologie 3.68
　Christliche Anthropologie 3.69
　Christliches Menschenbild 3.70
　Jugendalter 3.147
　Kindheit 3.156
　Medizinische Anthropologie 3.177
　Menschenbild 3.178
　Pädagogik und Psychologie 3.192
　Pädagogische Anthropologie 3.193
　Philosophische Anthropologie 3.198
　Psychologische Anthropologie 3.204
　Soziologie 3.228
ANTHROPOSOPHISCHE PÄDAGOGIK 3.20
　Menschenbildung 3.179
　Waldorfschulpädagogik 6.228
APHASIE 4.24
　Hirnschädigung 4.84
ARBEITSANWEISUNG 6.23

　Erdkundeunterricht
　　(Arbeitsanweisung) 8.32
　Gruppenunterricht
　　(Arbeitsanweisung) 6.84
　Hausaufgabe 6.96
ARBEITSBLÄTTER 5.23
　Biologielehrmittel
　　(Arbeitsblätter) 5.40
　Erdkundelehrmittel
　　(Arbeitsblätter) 5.62
　Geschichtslehrmittel
　　(Arbeitsblätter) 5.83
ARBEITSBÜCHEREI 5.23
　Klassenbücherei 5.95
　Schülerbücherei im Unterricht 5.209
ARBEITSEINHEITEN 6.23
　Berufsfachkunde 10.24
　Bildungseinheit 6.51
　Heimatkundliche Themen 8.104
　Kulturgeschichtliche
　　Längsschnitte 8.110
　Unterrichtseinheit 6.208
　Vorhaben 6.225
- (INDUSTRIE) 6.28
　Kulturgeschichte
　　(Technik) 8.110
- (WALD) 6.32
　Heimatkundliche Themen
　　(Wald) 8.106
　Lebensgemeinschaft
　　(Wald) 9.154
　Pflanzenkunde
　　(Wald) 9.235
ARBEITSERZIEHUNG 6.35
　Aktivität 4.21
　Arbeitshaltung des Schülers 6.36
　Denkerziehung 6.53
　Polytechnische Erziehung 6.139
　Schüleraktivierung 6.151
　Selbsttätigkeit 6.182
- (DDR) 6.35
　Polytechnische Bildung
　　(DDR) 6.138
　Unterricht
　　(Lernauftrag) 6.207
　Vorschulischer Unterricht
　　(DDR) 6.227
ARBEITSHALTUNG DES SCHÜLERS 6.36
　Arbeitserziehung 6.35
　Berufserziehung
　　(Arbeitshaltung) 3.36
　Schüleraktivierung 6.151
　Selbsttätigkeit 6.182
ARBEITSHEFT 5.24
　Arbeitsmappe 5.24

Biologielehrmittel
(Arbeitsheft) 5.40
Deutschlehrmittel
(Wörterheft) 5.55
Erdkundelehrmittel
(Arbeitsheft) 5.63
Geschichtslehrmittel
(Arbeitsheft) 5.83
Merkheft 5.136
ARBEITSLEHRE 6.36
  Hauptschulunterricht 6.95
  Lebenspraktischer Unterricht 6.113
  Schule und Arbeitswelt 1.174
  Technische Elementarerzhg. 6.201
  Werktätiger Unterricht 6.229
  Wirtschaftskunde 8.231
- (BERUFSVORBEREITUNG) 6.37
  Berufsausbildung
    (Grundausbildung) 6.42
  Berufserziehung
    (Hinführung zum Beruf) 3.40
  Berufskunde
    (Volksschuloberstufe) 6.44
  Betriebsbesichtigung 6.49
  Betriebspraktikum
    (Schuljahr IX) 6.50
  Industriepraktikum 6.100
ARBEITSMAPPE 5.24
  Arbeitsheft 5.24
  Heimatkundelehrmittel
    (Sammlungen) 5.93
  Nachschlagekartei 5.143
ARBEITSMITTEL 5.25
  Astronomielehrmittel 5.33
  Audiovisuelle Bildungsmittel 5.34
  Bildungsfernsehen 5.37
  Biologielehrmittel 5.39
  Chemielehrmittel 5.47
  Deutschlehrmittel 5.49
  Englischlehrmittel 5.56
  Erdkundelehrmittel 5.61
  Französischlehrmittel 5.72
  Fremdsprachenlehrmittel 5.73
  Geometrielehrmittel 5.77
  Geschichtslehrmittel 5.82
  Heimatkundelehrmittel 5.91
  Kunstlehrmittel 5.95
  Lateinlehrmittel 5.114
  Mathematiklehrmittel 5.135
  Musiklehrmittel 5.141
  Ostkundelehrmittel 5.144
  Physiklehrmittel 5.148
  Politiklehrmittel 5.149
  Polytechnische Lehrmittel 5.154
  Programmiertes Lernen 5.156

  Rechenlehrmittel 5.189
  Religionslehrmittel 5.197
  Russischlehrmittel 5.201
  Sportlehrmittel 5.238
  Technische Lehrmittel 5.247
  Verkehrslehrmittel 5.257
  Wetterkundelehrmittel 5.259
  Zeitgeschichtslehrmittel 5.260
- (AUFBEWAHRUNG) 5.25
  Bildstelle 5.36
  Biolog.Lehrmittelsammlung 5.46
  Physikal.Experimentiergerät
    (Aufbewahrung) 5.144
- (EINZELFORMEN) 5.27
  Arbeitsblätter 5.23
  Arbeitsbücherei 5.23
  Arbeitsheft 5.24
  Arbeitsmappe 5.24
  Bildarchiv 5.35
  Bilderbuch im Unterricht 5.35
  Bildkarte 5.36
  Briefmarke im Unterricht 5.46
  Eigenfibel 5.55
  Erdkundeatlas 5.59
  Fibel 5.70
  Flanelltafel 5.72
  Ganzschrift 5.76
  Geschichtsatlas 5.78
  Geschichtsfries 5.78
  Globus 5.90
  Graphische Darstellung 5.90
  Hafttafel 5.90
  Jugendbuch im Unterricht 5.94
  Klassenbücherei 5.95
  Lehrgerät 5.114
  Lehrprogramm 5.199
  Lernspiel 5.125
  Lesebogen 5.126
  Lesebuch 5.126
  Leselernmittel 5.131
  Lichtbild 5.132
  Märchenfilm 5.134
  Merkheft 5.136
  Mikroskop im Unterricht 5.137
  Museumsbesuch 5.138
  Musikinstrument 5.138
  Nachschlagekartei 5.143
  Nachschlagewerke 5.143
  Rechenbuch 5.188
  Rechenfibel 5.189
  Rechenspiele 5.194
  Rechenstab 5.195
  Relief 5.196
  Sachbuch 5.202
  Sandkasten 5.203

[Forts.: Arbeitsmittel (Einzelformen)]
    Schallplatte im Unterricht 5.204
    Schreibgerät 5.204
    Schülerbücherei 5.205
    Schulaquarium 5.209
    Schulbuch 5.210
    Schuldruckerei 5.213
    Schulfernsehen 5.214
    Schulfotografie 5.221
    Schulfunk 5.225
    Schulgarten 5.229
    Schulherbarium 5.234
    Schulterrarium 5.235
    Schulvivarium 5.235
    Schulwald 5.236
    Schulwerkstatt 5.236
    Spielfilm im Unterricht
    Sprachbuch 5.239
    Sprachlabor 5.240
    Tonband 5.249
    Tonbildschau 5.251
    Turngerät 5.251
    Unterrichtsbild 5.252
    Unterrichtsfilm 5.252
    Unterrichtsspiel 5.256
    Wandtafel 5.257
    Wandtafelzeichnen 5.258
    Werkraumeinrichtung 5.258
    Wörterbuch 5.259
    Zeitung im Unterricht 5.262
- (HERSTELLUNG) 5.28
    Physikal.Experimentiergerät
      (Selbstbau) 5.147
    Rechenstab
      (Selbstbau) 5.195
    Relief
      (Herstellung) 5.197
ARBEITSMITTEL IM UNTERRICHT 5.28
    Arbeitsschulunterricht 6.38
    Fibel im Unterricht 5.71
    Ganzschrift im Unterricht 5.76
    Geschichtslehrbuch im Unterr. 5.82
    Jugendbuch im Unterricht 5.94
    Lesebuch im Unterricht 5.130
    Lichtbild im Unterricht 5.132
    Lichtbild/Film im Unterricht 5.133
    Nachschlagewerke im Unterr. 5.143
    Programmiertes Lernen 5.156
    Sachbuch im Unterricht 5.203
    Schülerbücherei im Unterr. 5.209
    Tonband im Unterricht 5.249
    Zeitung im Unterricht 5.262
- (BERUFSSCHULE) 5.29
    Lichtbild im Unterricht
      (Berufsschule) 5.133

    Programmierte Instruktion 5.154
    Programmiertes Lernen
      (Berufsschule) 5.161
    Rechenstab
      (Berufsschule) 5.195
    Schülerbücherei
      (Berufsschule) 5.206
    Schulbuch
      (Fachbuch) 5.211
    Schulfernsehen
      (Berufsschule) 5.215
    Schulfunk
      (Berufsschule) 5.226
    Schulwerkstatt 5.236
    Technische Lehrmittel
      (Berufsschule) 5.248
    Tonband im Unterricht
      (Berufsschule) 5.250
    Unterrichtsfilm
      (Berufsschule) 5.253
    Zeitung im Unterricht
      (Berufsschule) 5.262
- (GRUNDSCHULE) 5.30
    Bilderbuch im Unterricht 5.35
    Deutschlehrmittel
      (Erstleseunterricht) 5.50
    Eigenfibel 5.55
    Fibel im Unterricht 5.71
    Flanelltafel 5.72
    Heimatkundelehrmittel 5.91
    Jugendbuch im Unterricht
      (Grundschule) 5.95
    Lernspiel
      (Grundschule) 5.126
    Märchenfilm 5.134
    Programmiertes Lernen
      (Unterstufe) 5.187
    Rechenfibel 5.189
    Rechenlehrmittel
      (Erstrechnen) 5.191
    Rechenspiele 5.194
    Sandkasten 5.203
    Schulgartenunterricht
      (Unterstufe) 5.234
    Turngerät
      (Grundschule) 5.252
    Unterrichtsfilm
      (Gesamtunterricht) 5.254
    Unterrichtsfilm
      (Grundschule) 5.254
    Unterrichtsspiel 5.256
- (GRUPPENUNTERRICHT) 5.31
    Programmiertes Lernen
      (Gruppenunterricht) 5.171
- (LANDSCHULE) 5.31

Lesebuch
　　　(Landschule) 5.129
　　Programmiertes Lernen
　　　(Landschule) 5.173
　　Schülerbücherei
　　　(Landschule) 5.207
　　Schulfernsehen
　　　(Landschule) 5.217
　　Schulfotografie
　　　(Landschule) 5.224
　　Schulfunk
　　　(Landschule) 5.227
　　Schulgarten
　　　(Landschule) 5.232
　　Unterrichtsfilm
　　　(Landschule) 5.255
- (SACHUNTERRICHT) 5.32
　　Arbeitsbücherei 5.23
　　Chemielehrmittel 5.47
　　Erdkundelehrmittel 5.61
　　Geschichtslehrmittel 5.82
　　Jugendbuch im Unterricht
　　　(Sachunterricht) 5.95
　　Physiklehrmittel 5.148
　　Sachbuch im Unterricht 5.203
　　Schulgarten 5.229
　　Wetterkundelehrmittel 5.259
- (SONDERSCHULE) 5.32
　　Deutschlehrmittel
　　　(Sprachlehre:Sonderschule) 5.54
　　Lesebuch
　　　(Sonderschule) 5.129
　　Programmiertes Lernen
　　　(Sonderschule) 5.183
　　Rechenlehrmittel
　　　(Sonderschule) 5.193
　　Rechenspiele
　　　(Sonderschule) 5.194
　　Sandkasten
　　　(Sonderschule) 5.204
　　Schülerbücherei
　　　(Sonderschule) 5.208
　　Schulbuch
　　　(Sonderschule) 5.212
　　Schulfernsehen
　　　(Sonderschule) 5.219
　　Schulfunk
　　　(Sonderschule) 5.228
　　Schulgarten
　　　(Sonderschule) 5.232
　　Unterrichtsfilm
　　　(Sonderschule) 5.255
- (VOLKSSCHULE) 5.33
　　Ganzschrift im Unterricht
　　　(Volksschuloberstufe) 5.77

　　Lernspiel 5.125
　　Lesebuch
　　　(Volksschule) 5.129
　　Programmiertes Lernen
　　　(Volksschule) 5.187
　　Rechenbuch 5.188
　　Rechenlehrmittel 5.189
　　Rechenstab
　　　(Volksschule) 5.196
　　Sandkasten 5.203
　　Schülerbücherei
　　　(Volksschule) 5.208
　　Schulfotografie
　　　(Volksschule) 5.225
　　Schulfunk
　　　(Volksschule) 5.228
　　Tonband im Unterricht
　　　(Volksschule) 5.251
　　Unterrichtsfilm
　　　(Volksschule) 5.256
　　Zeitung im Unterricht
　　　(Volksschule) 5.263
ARBEITSPSYCHOLOGIE 4.24
　　Arbeitserziehung 6.35
　　Arbeitshaltung des Schülers 6.36
　　Aufmerksamkeit 4.26
　　Berufstätige Jugend 4.31
　　Betriebspsychologie 4.32
　　Ermüdung 4.49
　　Technische Begabung 4.216
　　Test
　　　(Berufs-Interessen-Test) 4.218
　　Test
　　　(Pauli-Test) 4.219
　　Testverfahren
　　　(Berufsschule) 4.223
ARBEITSSCHULUNTERRICHT 6.38
　　Arbeitsanweisung 6.23
　　Arbeitserziehung 6.35
　　Arbeitsmittel im Unterricht 5.28
　　Erdkundeunterricht
　　　(Arbeitsschulprinzip) 8.33
　　Freier Gesamtunterricht 6.67
　　Heimatkundeunterricht
　　　(Arbeitsschulprinzip) 8.96
　　Schüleraktivierung 6.151
　　Selbsttätigkeit 6.182
ARTIKULATION DES UNTERRICHTS 6.40
　　Denkanstoß 6.53
　　Motivation im Unterricht 6.126
　　Unterricht
　　　(Auflockerung) 6.205
　　Unterricht
　　　(Problemstellung) 6.207
　　Unterrichtsimpuls 6.213

ASOZIALER JUGENDLICHER 4.25
    Jugendlicher Dieb 4.92
    Schwererziehbarkeit
    (Jugendalter) 4.187
    Verwahrlosung 4.234
ASTRONOMIE 9.44
    Astrophysik 9.50
    Relativitätstheorie 9.271
ASTRONOMIEUNTERRICHT 9.48
    Astronomie 9.44
    Astronomielehrmittel 5.33
ASTROPHYSIK 9.50
    Astronomie
    (Radioastronomie) 9.46
ATOMPHYSIK 9.50
    Atomtechnik 9.55
    Geophysik
    (Höhenstrahlung) 9.137
    Optik
    (Spektrum) 9.221
    Physikalische Chemie
    (Atomgewicht) 9.242
    Physikal.Experimentiergerät
    (Atomphysik) 5.145
    Quantentheorie 9.254
    Radioaktivität 9.255
- (ISOTOPE) 9.52
    Chemie
    (Elemente) 9.84
    Chemie
    (Periodensystem) 9.85
    Physikalische Chemie
    (Atomgewicht) 9.242
ATOMTECHNIK IM UNTERRICHT 9.56
    Atomphysik 9.50
    Radioaktivität
    (Schulversuch) 9.256
AUDIOMETRIE 4.26
    Gehörloses Kind 4.66
    Schwerhöriges Kind
    (Diagnostik) 4.189
AUDIOVISUELLE BILDUNGSMITTEL 5.34
    Bildungsfernsehen 5.37
    Fremdsprachenlehrmittel
    (Audiovisuelle Bildgsmittel) 5.74
    Lichtbild im Unterricht 5.132
    Lichtbild/Film im Unterr. 5.133
    Schulfernsehen 5.214
    Schulfunk 5.225
    Sprachlabor 5.240
    Technische Lehrmittel 5.247
    Tonband im Unterricht 5.249
    Tonbildschau 5.251
    Unterrichtsfilm 5.252
AUFBAUGYMNASIUM 1.20

    Aufbauklasse 1.21
    Begabtenförderung 1.26
    Realschule 1.159
AUFBAUKLASSE 1.21
    Aufbaugymnasium 1.20
    Berufsschulunterricht
    (Aufbauklasse) 6.45
    Differenzierter Mittelbau 1.58
AUFMERKSAMKEIT 4.26
    Aufmerksamkeit im Unterricht 6.40
    Ermüdung 4.49
    Interesse des Schülers 4.91
    Konzentrationsfähigkeit 4.100
    Test (Pauli-Test) 4.219
AUFMERKSAMKEIT IM UNTERRICHT 6.40
    Aufmerksamkeit 4.26
    Schulische Leistungssteigerung
    (Pädagogischer Aspekt) 6.162
AUFNAHMEPRÜFUNG 1.21
    Begabtenauslese 1.24
    Deutschunterricht
    (Aufnahmeprüfung) 7.46
    Mathematikunterricht
    (Aufnahmeprüfung) 9.161
    Probeunterricht 1.154
    Übergang
    (Eignungsgutachten) 1.258
- (GYMNASIUM) 1.22
    Förderstufe 1.78
    Gymnasium
    (Ausleseverfahren) 1.94
    Probeunterricht 1.154
    Übergang
    (Gymnasium) 1.258
AUFSATZ 7.24
    Aufsatzunterricht
    (Hausaufsatz) 7.32
    Ausdrucksschulung 7.40
    Mathematikunterricht
    (Mathematischer Aufsatz) 9.169
    Psychodiagnostik
    (Tagebuch) 4.143
    Reifeprüfungsaufsatz 7.195
AUFSATZUNTERRICHT 7.29
    Aufsatz 7.24
    Ausdrucksschulung 7.40
    Reifeprüfungsaufsatz 7.195
    Sprachentfaltung 7.215
    Sprachl.Ausdrucksfähigkeit 7.219
    Sprechspur
    (Aufsatzunterricht) 7.237
    Stilbildung 7.240
    Stiltypen 7.241
    Wortschatzpflege 7.252

AUFSICHTSPFLICHT DES LEHRERS 2.20
   Haftpflicht des Lehrers 2.47
AUSBILDUNGSBEIHILFE 1.23
   Begabtenförderung 1.26
   Lernmittelfreiheit 1.142
   Schulgeldfreiheit 1.189
AUSDRUCKSPSYCHOLOGIE 4.26
   Charakterkunde 4.36
   Graphologie 4.72
   Leib-Seele-Problem 4.106
   Motorik 4.125
   Sprachpsychologie 4.206
   Wahrnehmungspsychologie 4.237
AUSDRUCKSSCHULUNG 7.40
   Aufsatz 7.24
   Aufsatzunterricht
    (Spracherziehung) 7.37
   Satzlehre
    (Ausdrucksschulung) 7.203
   Sprachl.Ausdrucksfähigkeit 7.219
   Stilbildung 7.240
AUSHILFSLEHRER 2.21
   Fachlehrer 2.34
   Schulassistent 2.133
AUSLANDSLEHRER 2.21
   Austauschlehrer 2.23
AUSSENSEITER 4.27
   Pubertätskrise 4.158
   Sitzenbleiber 4.192
   Störenfried 4.210
   Überforderung des Schülers 4.230
AUSSERSCHULISCHE ERZIEHUNG 3.21
   Berufliche Bildung 3.25
   Berufserziehung 3.34
   Bildung und Beruf 3.61
   Elternpädagogik 3.73
   Erziehung
    (Lebenshilfe) 3.80
   Familienerziehung 3.109
   Fernseherziehung 3.109
   Filmerziehung 3.112
   Freizeiterziehung 3.121
   Freizeitgestaltung 3.123
   Funkerziehung 3.125
   Funktionale Erziehung 3.125
   Gemeinschaftserziehung 3.126
   Geschlechtserziehung 3.128
   Gesundheitserziehung 3.135
   Gruppenpädagogik
   Heimerziehung 3.139
   Jugenderziehung 3.148
   Jugendgefährdendes Schrifttum 3.149
   Jugendtourismus 3.153
   Jugendwandern 3.153
   Kinderspiel 3.155

   Literarischer Jugendschutz 3.163
   Literaturpädagogik 3.163
   Märchenpädagogik 3.175
   Massenmedien
    (Pädagogischer Aspekt) 3.176
   Musische Lebensform 3.180
   Politische Erziehung 3.199
   Religiöse Erziehung 3.205
   Schmutz- und Schundliteratur 3.207
   Schülerzeitschrift 3.213
   Schundliteratur 3.220
   Sozialerziehung 3.223
   Sozialpädagogik 3.227
   Spielerziehung 3.233
   Spielzeug 3.235
   Zeitungslektüre 3.245
AUSTAUSCHLEHRER 2.23
   Auslandslehrer 2.21
AUSWENDIGLERNEN 6.40
   Lyrik im Unterricht
    (Auswendiglernen) 7.166
   Religionsunterricht
    (Auswendiglernen) 10.207
AUTISMUS 4.28
   Phantasieleben des Schülers 4.135
   Rorschach-Test 4.162
AUTOMATION 9.56
   Berufserziehung
    (Automation) 3.36
   Berufsschulunterricht
    (Automation) 6.46
   Bildung
    (Automation) 3.56
   Elektrotechnik
    (Elektronik) 9.114
   Rechenautomat 9.257
AUTORITÄT 3.21
   Erziehung zur Ehrfurcht 3.87
   Erziehungsgrundsätze 3.93
   Familienerziehung 3.105
   Gehorsam 3.125
   Leitbilder 3.161
   Pädagogische Autorität 3.194
AUTORITÄT DES LEHRERS 3.22
   Disziplin 3.72
   Erziehungsmittel
    (Lob und Tadel) 3.96
   Gehorsam 3.125
   Schuldisziplin 3.214
   Schulstrafe 3.219
AUTORITÄT UND DISZIPLIN 3.23
   Autorität des Lehrers 3.22
   Schuldisziplin 3.214
AUTORITÄT UND FREIHEIT 3.23
   Disziplin 3.72

[Forts.: Autorität und Freiheit]
    Erziehung und Freiheit 3.85
    Erziehung zur Freiheit 3.87
    Gehorsam 3.125
    Politische Erziehung
    (Demokratische Mündigkeit) 3.201
    Schulerziehung 3.217
    Vertrauen 3.240
AUTORITÄT UND PARTNERSCHAFT 3.24
    Politische Erziehung
    (Demokratische Mündigkeit) 3.201
    Schüler-Lehrer-Verhältnis 3.208
    Schülermitverantwortung 3.209
AUTORITÄTSKRISE 3.24
    Erziehungskrise 3.94
    Gehorsam
    (Ungehorsam) 3.126

B

BAUFACHSCHULE 1.24
    Fachschulreife 1.77
    Ingenieurschule 1.114
BEGABTENAUSLESE 1.24
    Aufnahmeprüfung 1.21
    Begabtenförderung 1.26
    Begabungsreserven 1.28
    Deutschunterricht
    (Auslesefach) 7.46
    Elternrecht 1.61
    Förderstufe 1.78
    Gymnasium
    (Ausleseverfahren) 1.94
    Ingenieurschule
    (Zulassung) 1.116
    Probeunterricht 1.154
    Übergang
    (Gymnasium) 1.258
    Volksschuloberstufe
    (Substanzverlust) 1.266
BEGABTENFÖRDERUNG 1.26
    Abendgymnasium 1.19
    Abendrealschule 1.20
    Aufbaugymnasium 1.20
    Ausbildungsbeihilfe 1.23
    Begabtenauslese 1.24
    Begabungsreserven 1.28
    Bildungschance 1.46
    Differenzierter Mittelbau 1.58
    Förderstufe 1.78
    Gehörlosenschule
    (Begabtenförderung) 1.85
    Hauptschule
    (Begabtenförderung) 1.103

Realschule
    (Eingangsstufe) 1.162
    Studienförderung 1.253
    Zweiter Bildungsweg 1.276
BEGABUNG 4.28
    Begabtenauslese
    (Psychologischer Aspekt) 1.26
    Begabtenförderung 1.26
    Berufliche Bildung
    (Begabungsstruktur) 3.25
    Bildsamkeit 4.33
    Intelligenz 4.86
    Interesse des Schülers 4.91
    Kleinkindlesen 4.97
    Kunsterziehung
    (Schöpferische Begabung) 10.119
    Leistungsfähigkeit 4.107
    Lernfähigkeit 4.110
    Mathematisches Denken 4.123
    Musikalische Begabung 4.125
    Schöpferisches Tun 4.164
    Schulreife 4.176
    Sprachbegabung 4.199
BEGABUNGSRESERVEN 1.28
    Begabtenauslese 1.24
    Begabung 4.28
    Begabungswandel 4.30
    Bildungsbedarf 1.45
    Förderstufe 1.78
    Zweiter Bildungsweg 1.276
BEGABUNGSWANDEL 4.30
    Schulversager
    (Soziologischer Aspekt) 4.184
BEGRIFFSBILDUNG 4.31
    Denkentwicklung 4.37
    Geistige Entwicklung 4.69
    Intelligenzentwicklung 4.88
    Kindersprache 4.96
    Mathematisches Denken 4.123
    Sprachliche Entwicklung 4.204
    Zahlbegriffsbildung 4.240
    Zeitsinn 4.241
BEKENNTNISSCHULE 1.29
    Elternrecht 1.61
    Gemeinschaftsschule
    (Christl.Gemeinschaftsschule) 1.87
    Gem.schule oder Bekenntnissch. 1.87
    Katholische Bekenntnisschule 1.117
    Privatschule
    (Freie Schule) 1.152
    Schule und Evangel.Kirche 1.177
    Schule und Kathol.Kirche 1.180
    Schuljahr IX
    (Konfessioneller Charakter) 1.197

BERATUNGSLEHRER 2.23
  Schulpsychologe 2.134
BERUFLICHE AUSBILDUNG 10.22
  Berufsbild 10.23
  Berufsfachkunde 10.24
  Kaufmänn.Berufsfachkunde 10.93
BERUFLICHE BILDUNG 3.25
  Berufsausbildung 6.41
  Berufsberatung 3.28
  Berufsbildendes Schulwesen 1.33
  Berufserziehung 3.34
  Berufserziehung und Schule 3.46
  Berufsethos 3.47
  Berufsforschung 3.49
  Berufsfortbildung 3.50
  Berufswahl und Schule 3.54
  Bildung
    (Moderne Arbeitswelt) 3.58
  Bildung und Beruf 3.61
  Bildungsauftrag
    (Berufsbildendes Schulwesen) 3.63
  Erwachsenenbildung und
    Berufsbildung 1.70
  Erziehung
    (Industriekultur) 3.79
  Fernunterricht
    (Berufliche Bildung) 6.65
  Mädchenbildung
    (Berufsschule) 3.170
  Technische Bildung 3.238
  Wirtschaftspädagogik 3.242
- (BEGABUNGSSTRUKTUR) 3.25
  Berufsbewährung 3.33
  Berufsreife 3.51
  Berufswahl
    (Psychologischer Aspekt) 3.53
- (BERUFSBEGRIFF) 3.26
  Berufserziehung und
    Allgemeinbildung 3.45
  Berufserziehung und
    Menschenbildung 3.45
- (INDUSTRIEGESELLSCHAFT) 3.27
  Bildung
    (Moderne Arbeitswelt) 3.58
  Bildung
    (Moderne Gesellschaft) 3.58
  Bildung
    (Technische Welt) 3.59
  Erziehung
    (Industriekultur) 3.79
BERUFSAUFBAUSCHULE 1.30
  Abendrealschule 1.20
  Berufsfachschule 1.39
  Deutschunterricht
    (Berufsaufbauschule) 7.46
  Englischunterricht
    (Berufsaufbauschule) 7.77
  Fachschule 1.74
  Fachschulreife 1.77
  Höhere Fachschule 1.112
  Schuljahr IX
    (Berufsfindungsjahr) 1.195
  Zweiter Bildungsweg
    (Berufsbildendes Schulwesen) 1.278
BERUFSAUSBILDUNG 6.41
  Arbeitslehre
    (Berufsvorbereitung) 6.37
  Berufliche Ausbildung 10.22
  Berufliche Bildung 3.25
  Berufserziehung 3.34
  Berufskunde 6.44
  Berufsschulunterricht 6.45
  Betriebliche Berufsausbildung 6.48
  Bildung und Beruf 3.61
  Fernunterricht
    (Berufliche Bildung) 6.65
  Lehrprogramm
    (Berufsausbildung) 5.120
  Polytechnische Bildung
    (Berufserziehung) 6.137
- (DDR) 6.41
  Arbeitserziehung
    (DDR) 6.35
  Berufsschulunterricht
    (DDR) 6.46
  Fernunterricht 6.65
  Grundlehrgang [DDR] 6.79
  Polytechnische Bildung
    (DDR) 6.138
  Polytechnischer Unterricht
    (DDR) 6.141
- (GRUNDAUSBILDUNG) 6.42
  Arbeitslehre
    (Berufsvorbereitung) 6.37
  Berufsschulunterricht
    (Aufbauklasse) 6.45
  Grundlehrgang [DDR] 6.79
  Kaufmännischer Unterricht
    (Grundausbildung) 6.105
BERUFSAUSBILDUNGSGESETZ 1.32
  Berufsschulgesetzgebung 1.44
  Schulpflicht
    (Berufsschule) 1.206
BERUFSBERATER 2.23
  Schulpsychologe 2.134
BERUFSBERATUNG 3.28
  Berufsberater 2.23
  Berufseignung 3.34
  Berufserziehung
    (Hinführung zum Beruf) 3.40

[Forts.: Berufsberatung]
    Berufserziehung und Schule 3.46
    Berufsfindung 3.47
    Berufsmöglichkeiten 3.50
    Berufsnot 3.51
    Berufsreife 3.51
    Berufswahl 3.52
    Berufswechsel 3.54
- (SCHULJAHR IX) 3.31
    Berufsberatung und Schule 3.32
    Berufserziehung
      (Hinführung zum Beruf) 3.40
    Berufserziehung und Schule 3.46
    Berufswahl
      (Völksschüler) 3.54
BERUFSBERATUNG UND SCHULE 3.32
    Berufsberatung
      (Schuljahr IX) 3.31
    Berufserziehung
      (Hinführung zum Beruf) 3.40
    Berufsfindung 3.47
    Berufswahl und Schule 3.54
BERUFSBEWÄHRUNG 3.33
    Berufliche Bildung
      (Begabungsstruktur) 3.26
    Berufseignung 3.34
    Berufsreife 3.51
- (SONDERSCHÜLER) 3.33
    Berufsberatung
      (Sonderschüler) 3.31
    Berufserziehung
      (Sonderschüler) 3.43
    Berufsfindung
      (Sonderschüler) 3.49
BERUFSBILDENDES SCHULWESEN 1.33
    Berufsaufbauschule 1.30
    Berufsausbildungsgesetz 1.32
    Berufsfachschule 1.40
    Berufsschule 1.40
    Berufsschullehrer 2.24
    Berufsschulreform 1.44
    Bildungsauftrag
      (Berufsbildendes Schulwesen) 3.63
    Deutsches Auslandsschulwesen
      (Berufsbildendes Schulwesen) 1.57
    Erziehung
      (Berufsbildendes Schulwesen) 3.67
    Fachschule 1.74
    Fachschulreife 1.77
    Frauenfachschule 1.80
    Gehörlosenberufsschule 1.84
    Gesamtschule 1.88
    Gewerbliche Berufsschule 1.89
    Handelsschule 1.101

    Hauptschule
      (Berufsbildendes Schulwesen) 1.103
    Hauswirtschaftliche Berufs-
      schule 1.105
    Höhere Fachschule 1.112
    Kaufmännisches Schulwesen 1.119
    Ländliche Berufsschule 1.130
    Landwirtschaftl.Berufsschule 1.140
    Mädchenberufsschule 1.143
    Private Handelsschule 1.150
    Rahmenplan
      (Berufsbildendes Schulwesen) 1.157
    Realschule und Berufsschule 1.162
    Schulbau
      (Berufsschule) 1.170
    Schule und Wirtschaft
      (Berufsbildendes Schulwesen) 1.183
    Schuljahr IX und Berufsbildendes
      Schulwesen 1.198
    Schuljahr X und Berufsbildendes
      Schulwesen 1.200
    Schulpflicht
      (Berufsschule) 1.206
    Schulpflichtverlängerung
      (Berufsbildendes Schulwesen) 1.207
    Schulversäumnisse
      (Berufsschule) 1.227
    Werksberufsschule 1.270
    Wirtschaftsoberschule 1.271
    Wirtschaftsschule 1.272
    Zweiter Bildungsweg
      (Berufsbildendes Schulwesen) 1.278
BERUFSEIGNUNG 3.34
    Berufsberatung
      (Psychologischer Aspekt) 3.30
    Berufsbewährung 3.33
    Berufsreife 3.51
    Berufswahl
      (Motivation) 3.53
BERUFSERZIEHUNG 3.34
    Berufliche Bildung 3.25
    Berufsberatung 3.28
    Berufsbewährung 3.33
    Berufsethos 3.47
    Berufsfindung 3.47
    Berufswahl 3.52
    Berufswechsel 3.54
    Bildung
      (Mensch und Technik) 3.57
    Bildung
      (Moderne Arbeitswelt) 3.58
    Bildung und Beruf 3.61
    Bildungsauftrag
      (Berufsbildendes Schulwesen) 3.63

Erziehung
  (Berufsbildendes Schulwesen) 3.76
Wirtschaftspädagogik 3.242
- (HINFÜHRUNG ZUM BERUF) 3.40
  Arbeitslehre
    (Berufsvorbereitung) 6.37
  Berufsberatung
    (Psychologischer Aspekt) 3.30
  Berufsberatung
    (Schuljahr IX) 3.31
  Berufsberatung und Schule 3.32
  Berufserziehung und Schule 3.46
  Berufsfindung 3.47
  Berufswahl
    (Psychologischer Aspekt) 3.53
  Berufswahl
    (Volksschüler) 3.54
  Berufswahl und Schule 3.54
  Polytechnische Bildung
    (Berufserziehung) 6.137
  Schuljahr IX
    (Berufsfindungsjahr) 1.195
- UND ALLGEMEINBILDUNG 3.45
  Allgemeinbildung 3.19
  Berufliche Bildung 3.25
  Berufliche Bildung
    (Berufsbegriff) 3.26
  Berufsausbildung
    (Grundausbildung) 6.42
  Berufsgrundschule 1.40
  Bildung
    (Mensch und Technik) 3.57
  Bildung und Ausbildung 3.60
  Bildung und Beruf 3.61
  Staatsbürgerliche Erziehung
    (Allgemeinbildung) 8.205
  Wirtschaftspädagogik 3.242
- UND MENSCHENBILDUNG 3.45
  Berufliche Bildung
    (Bildungsbegriff) 3.26
  Berufsethos 3.47
- UND SCHULE 3.46
  Berufliche Bildung 3.25
  Bildungsauftrag
    (Hauptschule) 3.65
  Berufsberatung
    (Schuljahr IX) 3.31
  Berufsberatung und Schule 3.32
  Berufserziehung
    (Hinführung zum Beruf) 3.40
  Berufswahl und Schule 3.54
BERUFSETHOS 3.47
  Berufliche Bildung
    (Berufsbegriff) 3.26

Berufserziehung
  (Arbeitshaltung) 3.36
Berufserziehung und
  Menschenbildung 3.45
Bildung und Beruf 3.61
BERUFSFACHKUNDE 10.24
  Baufachschule 1.24
  Berufskunde 6.44
  Fachschule
    (Handwerkerfachschule) 1.75
  Fachschule
    (Landwirtschaftsschule) 1.75
  Fachschule
    (Technikerausbildung) 1.76
  Grundlehrgang [DDR] 6.79
  Hauswirtschaftsunterricht
    (Berufsschule) 10.78
  Kaufmännische Berufsfachkunde 10.93
  Schulwerkstatt 5.236
BERUFSFACHSCHULE 1.39
  Berufsaufbauschule 1.30
  Berufsschule 1.40
  Fachschule 1.74
  Frauenfachschule 1.80
  Gewerbliche Berufsschule 1.89
  Handelsschule 1.101
  Hauswirtschaftl.Berufsschule 1.105
  Kaufmänn.Berufsfachschule 1.118
  Private Handelsschule 1.150
  Programmiertes Lernen
    (Berufsfachschule) 5.161
  Religionsunterricht
    (Berufsfachschule) 10.207
  Schuljahr IX und Berufsbildendes
  Schulwesen 1.198
BERUFSFINDUNG 3.47
  Berufserziehung 3.34
  Berufsberatung 3.28
  Berufsberatung
    (Psychologischer Aspekt) 3.30
  Berufserziehung
    (Hinführung zum Beruf) 3.40
  Berufsmöglichkeiten 3.50
  Berufsreife 3.51
  Berufswahl 3.52
  Berufswechsel 3.54
- (SONDERSCHÜLER) 3.49
  Berufsberatung
    (Sonderschüler) 3.31
  Berufsbewährung
    (Sonderschüler) 3.33
BERUFSFORSCHUNG 3.49
  Berufliche Bildung 3.25
  Wirtschaftspäd.Forschung 3.244

BERUFSFORTBILDUNG 3.50
　Berufliche Bildung 3.25
　Berufswechsel 3.54
BERUFSGRUNDSCHULE 1.40
　Berufsschule und Volksschule 1.44
　Hauptschule 1.101
　Schuljahr IX und Berufsbildendes
　　Schulwesen 1.198
　Volksschulreform
　　(Oberstufe) 1.267
BERUFSKUNDE 6.44
　Arbeitslehre
　　(Berufsvorbereitung) 6.37
　Berufsbild 10.23
　Berufsfachkunde 10.24
　Betriebsbesichtigung 6.49
　Betriebspraktikum 6.50
　Industriepraktikum 6.100
　Sozialpraktikum 6.187
BERUFSMÖGLICHKEITEN 3.50
　Berufsberatung
　　(Akadem.Berufsberatung) 3.29
　Berufsberatung
　　(Berufsprognose) 3.29
　Berufsfindung 3.47
　Berufsreife 3.51
　Berufswahl 3.52
BERUFSNOT 3.51
　Berufserziehung
　　(Ungelernte) 3.44
BERUFSPÄDAGOGISCHES INSTITUT 2.24
　Studienseminar
　　(Berufsschullehrer) 2.140
BERUFSREIFE 3.51
　Berufliche Bildung
　　(Begabungsstruktur) 3.26
　Berufsberatung
　　(Psychologischer Aspekt) 3.30
　Berufsbewährung 3.33
　Berufseignung 3.34
　Berufsfindung 3.47
　Berufsmöglichkeiten 3.50
　Berufswahl 3.52
BERUFSSCHULE 1.40
　Berufsausbildungsgesetz 1.32
　Berufsfachschule 1.39
　Berufsgrundschule 1.40
　Berufsschulunterricht 6.45
　Freizeiterziehung in der Schule
　　(Berufsschule) 3.122
　Gewerbliche Berufsschule 1.89
　Handelsschule 1.101
　Hauswirtschaftl.Berufsschule 1.105
　Kaufmänn.Berufsschule 1.130
　Landwirtschaftl.Berufsschule 1.140

　Mädchenberufsschule 1.143
　Realschule und Berufsschule 1.162
　Schülermitverwaltung
　　(Berufsschule) 3.211
　Schulbau
　　(Berufsschule) 1.170
　Schulgesundheitspflege
　　(Berufsschule) 1.193
　Schullandheimaufenthalt
　　(Berufsschule) 6.165
　Schulpflicht
　　(Berufsschule) 1.206
　Sonderberufsschule 1.239
　Werksberufsschule 1.270
　Zeugnis
　　(Berufsschule) 1.273
　Züchtigungsrecht
　　(Berufsschule) 1.275
- (RECHTSFRAGEN) 1.43
　Berufsschulgesetzgebung 1.44
　Schule und Jugendschutz 1.179
　Schulpflicht
　　(Berufsschule) 1.206
BERUFSSCHULE UND BETRIEB 1.43
　Schule und Arbeitswelt 1.174
　Schule und Wirtschaft
　　(Berufsbildendes Schulwesen) 1.183
　Werksberufsschule 1.270
BERUFSSCHULE UND VOLKSSCHULE 1.44
　Berufsfachschule 1.39
　Berufsgrundschule 1.40
　Hauptschule 1.101
　Oberschule Praktischer Zweig 1.147
　Schuljahr IX und Berufsbildendes
　　Schulwesen 1.198
BERUFSSCHULGESETZGEBUNG 1.44
　Berufsausbildungsgesetz 1.32
　Berufsschule
　　(Rechtsfragen) 1.43
BERUFSSCHULLEHRER 2.24
　Berufsschullehrerbildung 2.25
　Diplom-Handelslehrer 2.31
　Fachlehrer
　　(Berufsschule) 2.34
　Gewerbelehrer 2.38
　Lehrerbesoldung 2.71
　Lehrermangel
　　(Berufsschule) 2.111
BERUFSSCHULLEHRERBILDUNG 2.25
　Berufspädagogisches Institut 2.24
　Studienseminar
　　(Berufsschullehrer) 2.140
BERUFSSCHULLEHRERIN 2.28
　Gewerbelehrerin 2.42
BERUFSSCHULREFORM 1.44

Berufsbildendes Schulwesen
(Reform) 1.38
Rahmenplan
(Berufsbildendes Schulwesen) 1.157
BERUFSSCHULUNTERRICHT 6.45
Arbeitsmittel im Unterricht
(Berufsschule) 5.29
Aufsatzunterricht
(Berufsschule) 7.30
Ballade im Unterricht
(Berufsschule) 7.42
Berufsausbildung 6.41
Berufskunde 6.44
Betriebliche Berufsausbildung 6.48
Betriebswirtschaftlicher
Unterricht 6.51
Chemieunterricht
(Berufsschule) 9.87
Deutschunterricht
(Berufsschule) 7.46
Erdkundeunterricht
(Berufsschule) 8.33
Evangelische Unterweisung
(Berufsschule) 10.55
Fremdsprachenunterricht
(Berufsschule) 7.103
Gemeinschaftskunde
(Berufsschule) 8.49
Geometrieunterricht
(Berufsschule) 9.134
Geschichtsunterricht
(Berufsschule) 8.67
Geschlechtserziehung in der Schule
(Berufsschule) 3.134
Gewerblicher Unterricht 6.79
Grammatikunterricht
(Berufsschule) 7.127
Grundlehrgang [DDR] 6.79
Gruppenunterricht
(Berufsschule) 6.85
Hausaufgabe
(Berufsschule) 6.97
Hauswirtschaftsunterricht
(Berufsschule) 10.78
Jenaplan
(Berufsschule) 6.104
Katechismusunterricht
(Berufsschule) 10.88
Katholischer Religionsunterricht
(Berufsschule) 10.90
Kaufmännischer Unterricht 6.104
Kochunterricht
(Berufsschule) 10.103
Kunsterziehung
(Berufsschule) 10.111

Landwirtschaftl.Unterricht 6.113
Lehrplan
(Berufsschule) 6.115
Leibeserziehung
(Berufsschule) 10.128
Leseunterricht
(Berufsschule) 7.154
Mathematikunterricht
(Berufsschule) 9.161
Musikunterricht
(Berufsschule) 10.180
Musische Erziehung
(Berufsschule) 6.128
Nadelarbeit
(Berufsschule) 10.195
Naturwissenschaftl.Unterricht
(Berufsschule) 9.213
Notengebung
(Berufsschule) 6.132
Physikunterricht
(Berufsschule) 9.246
Politische Bildung
(Berufsschule) 8.171
Polytechnische Bildung
(Berufserziehung) 6.137
Programmiertes Lernen
(Berufsschule) 5.161
Rechtskunde
(Berufsschule) 8.194
Religionsunterricht
(Berufsschule) 10.208
Russischunterricht
(Berufsschule) 7.198
Schülerbücherei
(Berufsschule) 5.205
Schulfernsehen
(Berufsschule) 5.215
Schulfunk
(Berufsschule) 5.226
Schullandheimaufenthalt
(Berufsschule) 6.165
Sozialerziehung in der Schule
(Berufsschule) 3.225
Sprachunterricht
(Berufsschule) 7.223
Staatsbürgerkunde
(Berufsschule) 8.201
Staatsbürgerliche Erziehung
[Berufsschule] 8.204
Tonband im Unterricht
(Berufsschule) 5.250
Üben
(Berufsschule) 6.203
Unterrichtsfilm
(Berufsschule) 5.253

[Forts.: Berufsschulunterricht]
Verkehrsunterricht
(Berufsschule) 10.250
Werkunterricht
(Berufsschule) 10.269
Wirtschaftsgeographie
(Berufsschule) 8.216
Wirtschaftskunde
(Berufsschule) 8.231
Zeichenunterricht
(Berufsschule) 10.277
Zeitgeschichtsunterricht
(Berufsschule) 8.249
Zeitung im Unterricht
(Berufsschule) 5.262

BERUFSTÄTIGE JUGEND 4.31
Berufsberatung
(Psychologischer Aspekt) 3.30
Berufsbewährung 3.33
Berufseignung 3.34
Berufsfindung 3.47
Berufsreife 3.52
Berufswahl
(Psychologischer Aspekt) 3.53
Erziehungsschwierigkeit
(Berufsschüler) 4.54
Freizeitverhalten
(Berufsschüler) 3.124
Jungarbeiter 4.93
Jungarbeiterin 4.93
Leseinteresse
(Berufsschüler) 4.115
Schülerbeurteilung
(Berufsschule) 4.169
Test
(Berufs-Interessen-Test) 4.218
Testverfahren
(Berufsschule) 4.223

BERUFSWAHL 3.52
Berufsberatung
(Berufswahl) 3.29
Berufserziehung 3.34
Berufseignung 3.34
Berufsfindung 3.47
Berufsmöglichkeiten 3.50
Berufsreife 3.51
Berufswechsel 3.54
- (PSYCHOLOGISCHER ASPEKT) 3.53
Berufliche Bildung
(Begabungsstruktur) 3.26
Berufsberatung
(Psychologischer Aspekt) 3.30
Berufserziehung
(Hinführung zum Beruf) 3.40

BERUFSWAHL UND SCHULE 3.54
Berufsberatung
(Berufswahl) 3.29
Berufsberatung und Schule 3.32
Berufserziehung
(Hinführung zum Beruf) 3.40
Berufserziehung und Schule 3.46

BERUFSWECHSEL 3.54
Berufsberatung 3.28
Berufserziehung 3.34
Berufsfindung 3.47
Berufsfortbildung 3.50

BETRIEBLICHE BERUFSAUSBILDUNG 6.48
Berufsausbildung 6.41
Berufserziehung
(Betriebliche Ausbildung) 3.37
Berufsfortbildung 3.50
Berufsschule und Betrieb 1.43
Berufsschulunterricht
(Betriebliche Ausbildung) 6.46
Betriebspsychologie 4.32
Betriebssoziologie 3.55
Industriepraktikum 6.100
Programmierte Instruktion 5.154

BETRIEBSBESICHTIGUNG 6.49
Arbeitslehre
(Berufsvorbereitung) 6.37
Berufskunde
(Volksschuloberstufe) 6.44
Betriebspraktikum 6.50

BETRIEBSPRAKTIKUM 6.50
Arbeitslehre
(Berufsvorbereitung) 6.37
Berufskunde 6.44
Betriebsbesichtigung 6.49
Industriepraktikum 6.100
Sozialpraktikum 6.187

BETRIEBSPSYCHOLOGIE 4.32
Arbeitspsychologie 4.24
Berufstägige Jugend 4.31
Jungarbeiter 4.93
Jungarbeiterin 4.93

BETRIEBSSOZIOLOGIE 3.55
Berufserziehung
(Betriebliche Ausbildung) 3.37
Bildung
(Moderne Arbeitswelt) 3.58

BETRIEBSWIRTSCHAFTLICHER UNTERRICHT 6.51
Kaufmännischer Unterricht 6.104

BETTNÄSSER 4.33
Ängstliches Kind 4.19
Neurose
(Psychopathie) 4.129
Trotz 4.228

BEWEGUNGSERZIEHUNG 10.27
　Bewegungsspiel 10.30
　Gymnastik 10.70
　Heilpädagogik
　　(Bewegungstherapie) 4.78
　Körperliche Erziehung 10.103
　Leibeserziehung 10.126
　Mädchenturnen
　　(Bewegungserziehung) 10.166
　Rhythmische Bewegungserzhg. 10.226
BEWEGUNGSLEHRE 10.29
　Leibeserziehung
　　(Gesundheitspflege) 10.135
　Leibeserziehung
　　(Leistungsfähigkeit) 10.141
　Leibeserziehung
　　(Medizinischer Aspekt) 10.143
　Leibeserziehung
　　(Motorik) 10.144
BEWEGUNGSSPIEL 10.30
　Ballspiel 10.19
　Bewegungserziehung
　　(Spielformen) 10.29
　Gymnastik
　　(Tanz) 10.73
　Leibeserziehung
　　(Darstellendes Spiel) 10.129
BEWUSSTSEIN 4.33
　Denkpsychologie 4.38
　Gedächtnis 4.63
　Ich-Psychologie 4.85
　Intelligenz 4.86
　Tiefenpsychologie
　　(Unterbewußtsein) 4.227
　Vorstellung 4.236
BIBELEXEGESE 10.30
　Bibelkatechese 10.30
　Bibelunterricht
　　(Bibel) 10.31
　Bibelunterricht
　　(Exegese) 10.33
BIBELKATECHESE 10.30
　Bibelexegese 10.30
BIBELUNTERRICHT 10.31
　Bibelexegese 10.30
　Bibelkatechese 10.30
　Bibelunterricht Altes
　　Testament 10.35
　Bibelunterricht Neues
　　Testament 10.40
　Bildkatechese 10.48
　Religionslehrmittel
　　(Bibelkunde) 5.198
　Religionslehrmittel
　　(Katholische Schulbibel) 5.199

BIBELUNTERRICHT ALTES TESTAMENT .. 10.35
　Religionsunterricht
　　(Judentum) 10.214
BIBELUNTERRICHT NEUES TESTAMENT .. 10.40
　Katechese 10.83
BILDARCHIV 5.35
　Lichtbild im Unterricht 5.132
　Unterrichtsbild 5.252
BILDERBUCH IM UNTERRICHT 5.35
　Literaturpädagogik
　　(Bilderbuch) 3.164
BILDHAFTES GESTALTEN 10.48
　Kinderzeichnung 10.95
　Kunsterziehung
　　(Freies Gestalten) 10.113
　Kunsterziehung
　　(Schöpferisches Gestalten) 10.119
　Malen 10.167
　Zeichnen 10.281
BILDKARTE 5.36
　Heimatkundelehrmittel
　　(Bildkarte) 5.91
BILDSAMKEIT 4.33
　Begabung 4.28
　Intelligenz
　　(Schulleistung) 4.87
　Leistungsfähigkeit 4.107
　Lernfähigkeit 4.110
　Lernpsychologie
　　(Didaktischer Aspekt) 4.111
BILDSTELLE 5.36
　Bildstellenleiter 5.37
　Lichtbild 5.132
　Lichtbild/Film im Unterricht 5.133
　Schulfernsehen
　　(Bildstelle) 5.215
　Tonband im Unterricht 5.249
　Unterrichtsfilm 5.252
BILDUNG 3.56
　Allgemeinbildung 3.19
　Berufliche Bildung 3.25
　Berufserziehung und
　　Allgemeinbildung 3.45
　Berufserziehung und
　　Menschenbildung 3.45
　Bildung und Erziehung 3.61
　Bildung und Wissenschaft 3.62
　Bildungsauftrag 3.63
　Bildungsbegriff 3.66
　Bildungsideal 3.67
　Bildungstheorie 3.68
　Elitebildung 3.72
　Erziehung 3.74
　Erziehungsbegriff 3.92
　Humanistische Bildung 3.140

[Forts.: Bildung]
  Mädchenbildung 3.170
  Menschenbildung 3.179
  Musische Lebensform 3.180
  Muße 3.182
  Naturwissenschaftl.Bildung 3.182
  Pädagogik 3.183
  Pädagogik der Begegnung 3.190
  Pädagogik und Philosophie 3.191
  Pädagogische Anthropologie 3.193
  Schule als Lebensraum 3.216
  Studium generale 3.237
  Technische Bildung 3.238
  Wirtschaftspädagogik 3.242
- (MENSCH UND TECHNIK) 3.57
  Berufliche Bildung 3.25
  Berufserziehung 3.34
  Berufserziehung
    (Arbeitshaltung) 3.36
  Berufserziehung und
    Allgemeinbildung 3.45
  Humanismus 3.144
  Technische Bildung 3.238
- (MODERNE ARBEITSWELT) 3.58
  Berufliche Bildung
    (Bildungspolitik) 3.27
  Berufliche Bildung
    (Industriegesellschaft) 3.27
  Berufserziehung
    (Reform) 3.42
  Betriebssoziologie 3.55
  Bildungsauftrag
    (Hauptschule) 3.65
  Erziehung
    (Industriekultur) 3.79
- (MODERNE GESELLSCHAFT) 3.58
  Berufliche Bildung
    (Industriegesellschaft) 3.27
  Erziehung
    (Gegenwartsbezug) 3.77
  Erziehung
    (Industriekultur) 3.79
  Erziehung
    (Moderne Gesellschaft) 3.81
  Soziologie
    (Massengesellschaft) 3.232
- (TECHNISCHE WELT) 3.59
  Berufliche Bildung
    (Industriegesellschaft) 3.27
  Berufserziehung
    (Automation) 3.36
  Bildung und Beruf 3.61
  Naturwissenschaftl.Bildung 3.182
  Technische Bildung 3.238

BILDUNG UND AUSBILDUNG 3.60
  Berufserziehung und
    Allgemeinbildung 3.45
  Bildung und Erziehung 3.61
BILDUNG UND BERUF 3.61
  Berufliche Bildung 3.25
  Berufserziehung 3.34
  Berufserziehung und
    Allgemeinbildung 3.45
  Berufsethos 3.47
  Bildung
    (Technische Welt) 3.59
  Bildungsauftrag
    (Berufsbildendes Schulwesen) 3.63
  Wirtschaftspädagogik 3.242
BILDUNG UND ERZIEHUNG 3.61
  Bildung und Ausbildung 3.60
  Menschenbildung
    (Schulerziehung) 3.179
BILDUNG UND WISSENSCHAFT 3.62
  Bildungsauftrag
    (Hochschule) 3.65
  Pädagogik
    (Autonomie) 3.184
  Pädagogik
    (Wissenschaftscharakter) 3.189
  Pädagogik und Philosophie 3.191
  Pädagogik und Psychologie 3.192
  Pädagogik und Soziologie 3.192
  Pädagogische Anthropologie 3.193
  Studium generale 3.237
BILDUNGSAUFTRAG 3.63
  Biologieunterricht
    (Bildungswert) 9.64
  Chemieunterricht
    (Bildungswert) 9.87
  Erdkundeunterricht
    (Bildungswert) 8.33
  Fremdsprachenunterricht
    (Bildungswert) 7.104
  Geschichtsunterricht
    (Bildungswert) 8.68
  Kunsterziehung
    (Bildungswert) 10.111
  Leibeserziehung
    (Bildungswert) 10.128
  Musikunterricht
    (Bildungswert) 10.181
  Naturwissenschaftl.Unterricht
    (Bildungswert) 9.213
  Religionsunterricht
    (Bildungswert) 10.209
  Schulerziehung 3.217
  Werkunterricht
    (Bildungswert) 10.270

Zeichenunterricht
 (Bildungswert) 10.277
- (BERUFSBILDENDES SCHULWESEN) 3.63
 Berufserziehung 3.34
 Berufserziehung und
 Allgemeinbildung 3.45
 Berufserziehung und
 Menschenbildung 3.45
 Bildung und Beruf 3.61
 Erziehung
 (Berufsbildendes Schulwesen) 3.76
 Wirtschaftspädagogik 3.242
- (GYMNASIUM) 3.64
 Allgemeinbildung
 (Gymnasium) 3.19
 Altsprachlicher Unterricht
 (Bildungswert) 7.20
 Elitebildung 3.72
 Erziehung
 (Gymnasium) 3.78
 Humanistische Bildung 3.146
 Mädchenbildung
 (Gymnasium) 3.172
 Mathematikunterricht
 (Bildungswert) 9.162
 Naturwissenschaftliche
 Bildung 3.182
 Neusprachlicher Unterricht
 (Bildungswert) 7.179
 Philosophieunterricht
 (Bildungswert) 10.202
- (HAUPTSCHULE) 3.65
 Berufserziehung und Schule 3.46
 Bildung
 (Moderne Arbeitswelt) 3.58
 Erziehung
 (Industriekultur) 3.79
 Erziehung
 (Volksschule) 3.84
- (HOCHSCHULE) 3.65
 Bildung und Wissenschaft 3.62
 Studium generale 3.237
- (REALSCHULE) 3.65
 Mädchenbildung
 (Realschule) 3.173
- (VOLKSSCHULE) 3.66
 Erziehung
 (Volksschule) 3.84
 Hauswirtschaftsunterricht
 (Bildungswert) 10.79
 Heimatkundeunterricht
 (Bildungswert) 8.96
 Naturlehre
 (Bildungswert) 9.201

BILDUNGSBEDARF 1.45
 Begabtenförderung
 (Abiturienten) 1.27
 Bildungsfinanzierung 1.47
 Bildungsökonomie 1.48
 Bildungsplanung 1.49
 Lehrerbedarf 2.66
 Schulfinanzierung 1.185
BILDUNGSBEGRIFF 3.66
 Bildungstheorie 3.68
 Erziehungsbegriff 3.92
 Erziehungsgeschichte 3.93
 Humanistische Bildung 3.146
 Pädagogik
 (Terminologie) 3.188
BILDUNGSCHANCE 1.46
 Begabtenförderung 1.26
 Begabungsreserven 1.28
 Bildungspolitik 1.51
 Durchlässigkeit 1.59
 Elternrecht 1.61
 Förderstufe 1.78
 Gesamtschule 1.88
 Landschule
 (Bildungsgefälle) 1.134
 Relativer Schulbesuch 1.166
 Schulwechsel 1.230
 Studienförderung 1.253
 Zweiter Bildungsweg 1.276
BILDUNGSEINHEIT 6.51
 Arbeitseinheiten 6.23
 Artikulation des Unterrichts 6.40
 Epochalunterricht 6.60
 Gesamtunterricht
 (Bildungseinheit) 6.75
 Lehrplan 6.114
 Unterrichtseinheit 6.208
 Unterrichtsstunde 6.215
 Vorhaben 6.225
BILDUNGSFERNSEHEN 5.37
 Schulfernsehen 5.214
 Unterrichtsfilm 5.252
BILDUNGSFINANZIERUNG 1.47
 Ausbildungsbeihilfe 1.23
 Bildungsökonomie 1.48
 Hochschulfinanzierung 1.106
 Schulbau
 (Finanzierung) 1.171
 Schulfinanzierung 1.185
 Schulgeldfreiheit 1.189
BILDUNGSIDEALE 3.67
 Erziehungsziel 3.97
 Leitbilder 3.161

BILDUNGSKRISE 1.48
  Volksschule
    (Krise) 1.264
BILDUNGSÖKONOMIE 1.48
  Bildungsbedarf 1.45
  Bildungsplanung 1.49
  Bildungspolitik 1.51
BILDUNGSPLAN 6.51
  Bildungseinheit 6.51
  Lehrplan 6.114
  Unterrichtsplanung 6.214
  Unterrichtsvorbereitung 6.216
BILDUNGSPLANUNG 1.49
  Begabtenförderung
    (Abiturienten) 1.27
  Begabungsreserven 1.28
  Bildungsökonomie 1.48
  Bildungspolitik 1.51
  Bildungsprogramme 1.52
  Relativer Schulbesuch 1.166
  Schulreform 1.212
BILDUNGSPOLITIK 1.51
  Begabtenförderung 1.26
  Begabungsreserven 1.28
  Berufliche Bildung
    (Bildungspolitik) 3.27
  Bildungsbedarf 1.45
  Bildungschance 1.46
  Bildungsfinanzierung 1.47
  Bildungskrise 1.48
  Bildungsplanung 1.49
  Bildungsprogramme 1.52
  Bildungstheorie 3.68
  Programmiertes Lernen
    (Bildungspolitik) 5.162
  Schule und Staat 1.181
  Schulpolitik 1.208
  Schulreform
    (Bildungspolitik) 1.216
  Schulwesen BRD
    (Kritik) 1.233
BILDUNGSPROGRAMME 1.52
  Bildungsplanung 1.49
  Bildungsprogramme 1.151
  Kulturpolitik 1.128
  Schulpolitik 1.208
  Schulreform (Katholische
    Bildungspolitik) 1.222
BILDUNGSTHEORIE 3.68
  Bildungsbegriff 3.66
  Pädagogik und Philosophie 3.191
BILDWERFER 5.38
  Mikroprojektion 5.137

BIOCHEMIE 9.57
  Biologie
    (Organisches Leben) 9.60
  Menschenkunde
    (Organfunktionen) 9.192
  Pflanzenphysiologie 9.236
  Tierphysiologie 9.286
  Vererbungslehre 9.290
BIOLOGIE 9.58
  Abstammungslehre 9.21
  Biologische Anthropologie 3.68
  Bodenbiologie 9.80
  Lebensgemeinschaft 9.152
  Meeresbiologie 9.187
  Menschenkunde 9.188
  Mikrobiologie 9.194
  Pflanzenkunde 9.226
  Pflanzenphysiologie 9.236
  Tierkunde 9.278
  Tierphysiologie 9.286
  Tierverhalten 9.287
  Vererbungslehre 9.290
- (LEBENSGRUNDFUNKTIONEN) 9.59
  Abstammungslehre
    (Biogenetisches Grundgesetz) 9.22
  Gesundheitslehre 9.138
  Menschenkunde
    (Atmung) 9.188
  Menschenkunde
    (Blut) 9.189
  Menschenkunde
    (Organfunktionen) 9.192
  Menschenkunde
    (Sehvorgang) 9.192
  Pflanzenphysiologie
    (Fortpflanzung) 9.237
  Pflanzenphysiologie
    (Wachstum) 9.238
  Tierphysiologie
    (Sinnesphysiologie) 9.286
  Tierverhalten
    (Orientierung) 9.288
BIOLOGIELEHRER 2.28
  Lehrerbildung
    (Biologie) 2.77
BIOLOGIELEHRMITTEL 5.39
  Biolog.Lehrmittelsammlung 5.46
  Mikrofotografie 5.136
  Mikroprojektion 5.137
  Mikroskop im Unterricht 5.137
  Programmiertes Lernen
    (Biologie) 5.162
  Schulaquarium 5.209
  Schulgarten
    (Biologieunterricht) 5.230

Schulgartenunterricht [DDR] 5.233
Schulherbarium 5.234
Schulterrarium 5.235
Schulvivarium 5.235
Schulwald 5.236
Tierkunde
 (Tiere im Unterricht) 9.284
BIOLOGIELEHRPLAN 9.61
Pflanzenkunde
 (Lehrplan) 9.231
BIOLOGIEUNTERRICHT 9.63
Biologielehrer 2.28
Biologielehrmittel 5.39
Biologielehrplan 9.61
Biologische Experimente 9.79
Biolog.Lehrmittelsammlung 5.46
Biologische Lehrwanderung 9.79
Geschlechtserziehung in
 der Schule 3.133
Gesundheitslehre 9.138
Heimatkundeunterricht
 (Biologie) 8.96
Insektenkunde 9.146
Lebensgemeinschaft 9.152
Lehrerbildung
 (Biologie) 2.77
Menschenkunde 9.188
Naturbeobachtung 9.197
Pflanzenkunde 9.226
Programmiertes Lernen
 (Biologie) 5.162
Religionsunterricht
 (Biologie) 10.209
Tierkunde 9.278
Vogelkunde 9.293
- (ERZIEHUNGSWERT) 9.65
Landschaftspflege 9.151
Naturschutz im Unterricht
 (Pädagogischer Aspekt) 9.210
Tierkunde
 (Tiere im Winter) 9.284
Vogelschutz 9.297
- (SCHÜLERBEOBACHTUNG) 9.74
Biologische Lehrwanderung 9.79
Naturbeobachtung 9.197
Pflanzenkunde
 (Bestimmungsübung) 9.227
Tierkunde
 (Bestimmungsübung) 9.279
Tierkunde
 (Tiere im Unterricht) 9.284
Vogelkunde
 (Vogelbeobachtung) 9.296

- (SPRACHKUNDE) 9.76
Sprachkunde
 (Biologie) 7.217
Tierkunde
 (Tiermythologie) 9.284
BIOLOGISCHE ANTHROPOLOGIE 3.68
Abstammungslehre 9.21
Biologie 9.58
Erziehung
 (Umwelteinflüsse) 3.84
Medizinische Anthropologie 3.177
Menschenkunde
 (Biolog.Anthropologie) 9.189
Pädagogische Soziologie
 (Umwelttheorie) 3.197
Psycholog.Anthropologie 3.204
BIOLOGISCHE EXPERIMENTE 9.79
Biologieunterricht
 (Schülerversuch) 9.75
Insektenkunde 9.146
Mikrobiologie 9.194
Naturbeobachtung 9.197
Pflanzenphysiologie
 (Keimversuche) 9.237
Tierkunde
 (Tiere im Unterricht) 9.284
Vogelkunde
 (Hühnerei) 9.295
BIOLOGISCHE LEHRWANDERUNG 9.79
Biologieunterricht
 (Bestimmungsübung) 9.64
Biologieunterricht
 (Schülerbeobachtung) 9.74
Naturbeobachtung 9.197
BLINDES KIND 4.34
Sehbehindertes Kind 4.189
BLINDHEIT 4.34
Blindes Kind 4.34
Sehbehindertes Kind 4.189
BODENBIOLOGIE 9.80
Lebensgemeinschaft
 (Acker) 9.152
Lebensgemeinschaft
 (Wiese) 9.155
Naturschutz
 (Wasser) 9.209
Pflanzenkunde
 (Hydrokultur) 9.230
Pflanzenkunde
 (Wald) 9.235
Pflanzenphysiologie
 (Wasserhaushalt) 9.239
Schulgarten
 (Bodenbiologie) 5.231

[Forts.: Bodenbiologie]
  Tierkunde
    (Würmer) 9.285
BREMER PLAN 1.52
  Bildungschance 1.46
  Durchlässigkeit 1.59
  Einheitsschule 1.60
  Förderstufe 1.78
  Gesamtschule 1.88
  Rahmenplan 1.155
  Schulaufbau 1.168
  Schulreform 1.212
BRUCHRECHNEN 9.81
  Prozentrechnen 9.253
  Rechenlehrmittel
    (Bruchrechnen) 5.189

C

CEREBRAL GELÄHMTES KIND 4.35
  Gehörloses Kind 4.66
  Hirngeschädigtes Kind 4.84
  Spastisch gelähmtes Kind 4.198
CHARAKTERBEURTEILUNG 4.35
  Graphologie 4.72
  Persönlichkeitstest 4.134
  Schülerbeurteilung 4.168
  Test 4.216
CHARAKTERBILDUNG 3.69
  Charakterbeurteilung 4.35
  Charakterentwicklung 4.36
  Charakterkunde
    (Pädagogischer Aspekt) 4.37
  Erziehung
    (Wertproblem) 3.85
  Erziehung zur Persönlichkeit 3.89
  Erziehung zur Wahrhaftigkeit 3.91
  Ethische Erziehung 3.98
  Gemeinschaftserziehung 3.126
  Gewissensbildung 3.136
  Leibeserziehung
    (Charakterbildung) 10.129
  Leitbilder
    (Erziehungsanspruch) 3.162
  Politische Erziehung
    (Sozialverhalten) 3.203
  Sozialerziehung 3.223
  Willenserziehung 3.241
CHARAKTERKUNDE 4.36
  Ausdruckspsychologie 4.26
  Gefühl 4.65
  Gewissen 4.71
  Graphologie 4.72

  Intelligenzforschung 4.88
  Leib-Seele-Problem 4.106
  Persönlichkeitspsychologie 4.153
  Test (Sceno-Test) 4.220
  Triebpsychologie 4.228
  Typologie 4.229
  Willensforschung 4.239
- (PÄDAGOGISCHER ASPEKT) 4.37
  Charakterbildung 3.69
  Erziehungsberatung 4.49
  Schülerbeobachtung 4.166
  Schülerbeurteilung 4.168
CHEMIE 9.84
  Anorganische Chemie 9.39
  Chemische Analyse 9.95
  Chemische Bindung 9.96
  Chemotechnik 9.99
  Elektrolyse 9.110
  Mineralogie 9.196
  Nahrungsmittelchemie 9.196
  Organische Chemie 9.222
  Physikalische Chemie 9.241
- (ELEMENTE) 9.84
  Atomphysik
    (Isotope) 9.52
  Atomphysik
    (Kernchemie) 9.52
  Physikalische Chemie
    (Atomgewicht) 9.242
CHEMIELEHRMITTEL 5.47
  Chemielehrbuch 5.47
  Chemisches Experimentiergerät 5.48
  Programmiertes Lernen
    (Chemie) 5.163
CHEMIEUNTERRICHT 9.86
  Anorganische Chemie 9.39
  Chemie 9.84
  Chemielehrbuch 5.47
  Chemielehrmittel 5.47
  Chemielehrplan 9.85
  Chemische Experimente 9.98
  Naturlehre 9.200
  Organische Chemie 9.222
  Programmiertes Lernen
    (Chemie) 5.163
  Schulgebäude
    (Chemieraum) 1.186
CHEMISCHE ANALYSE 9.95
  Elektrolyse 9.110
CHEMISCHE BINDUNG 9.96
  Physikalische Chemie
    (Molekulargewicht) 9.243
CHEMISCHE EXPERIMENTE 9.98
  Chemieunterricht
    (Schülerversuch) 9.92

Chemische Analyse 9.95
Chemisches Experimentiergerät 5.48
Elektrolyse 9.110
Naturlehre
 (Werkunterricht) 9.208
CHEMISCHES EXPERIMENTIERGERÄT 5.48
 Physikalisches Experimentier-
 gerät 5.144
CHEMOTECHNIK 9.99
 Elektrolyse
 (Einzelfragen) 9.110
 Naturschutz
 (Wasser) 9.209
 Organische Chemie
 (Kunststoffe) 9.224
 Organische Chemie
 (Textilfaser) 9.225
CHORGESANG 10.53
 Chormusik
 (Gregorianischer Choral) 10.53
 Liedpflege 10.161
 Schulchor 10.233
CHRISTLICHE ANTHROPOLOGIE 3.69
 Christliches Menschenbild 3.70
 Humanismus
 (Christlicher Humanismus) 3.145
CHRISTLICHE ERZIEHUNG 3.69
 Erziehung und Weltanschauung 3.86
 Evangelische Schulerziehung 3.100
 Katholische Schulerziehung 3.154
 Mädchenbildung
 (Religiöser Aspekt) 3.173
 Pädagogik
 (Evangelische Pädagogik) 3.186
 Pädagogik
 (Katholische Pädagogik) 3.186
 Religiöse Erziehung 3.205
CHRISTLICHES MENSCHENBILD 3.70
 Bibelunterricht
 (Biblisches Menschenbild) 10.32
 Christliche Anthropologie 4.69
 Christliche Erziehung 3.69
 Humanismus
 (Christlicher Humanismus) 3.145
 Soziologie (Christliche
 Gesellschaftslehre) 3.229

D

DALTON-PLAN 6.52
 Individualisierung 6.100
 Jenaplan 6.103
 Montessori-Pädagogik 6.126
 Vorhaben 6.225

DARSTELLENDE GEOMETRIE 9.101
 Geometrie
 (Räumliche Geometrie) 9.130
 Vektorrechnung
 (Einzelfragen) 9.289
DENKANSTOSS 6.53
 Frage im Unterricht 6.67
 Freier Gesamtunterricht 6.67
 Motivation im Unterricht 6.126
 Selbsttätigkeit
 (Psychologischer Aspekt) 6.184
 Unterricht
 (Lehrersprache) 6.207
 Unterricht
 (Problemstellung) 6.207
 Unterrichtsimpuls 6.213
DENKENTWICKLUNG 4.37
 Begriffsbildung 4.31
 Bildsamkeit 4.33
 Geistige Entwicklung 4.69
 Intelligenzentwicklung 4.88
 Sprachliche Entwicklung 4.204
DENKERZIEHUNG 6.53
 Arbeitserziehung 6.35
 Auswendiglernen 6.40
 Denkanstoß 6.53
 Denkentwicklung 4.37
 Denkleistung 4.37
 Deutschunterricht
 (Denkschulung) 7.47
 Gedächtnispflege 4.65
 Geschichtsunterricht
 (Denkschulung) 8.69
 Lateinische Grammatik
 (Denkschulung) 7.143
 Lernen 6.123
 Mathematikunterricht
 (Denkschulung) 9.163
 Mathematikunterricht
 (Logisches Denken) 9.169
 Naturlehre
 (Denkschulung) 9.201
 Physikunterricht
 (Denkschulung) 9.247
 Programmiertes Lernen
 (Denkpsychologie) 5.165
 Rechenunterricht
 (Denkschulung) 9.266
DENKLEISTUNG 4.37
 Leistungsfähigkeit 4.107
 Psychopharmakologie 4.151
DENKPSYCHOLOGIE 4.38
 Auswendiglernen 6.40
 Begriffsbildung 4.31
 Denkanstoß 6.53

[Forts.: Denkpsychologie]
  Denkentwicklung 4.37
  Denkerziehung 6.53
  Denkleistung 4.37
  Gedächtnis 4.63
  Intelligenz 4.86
  Sprachpsychologie 4.206
  Vorstellung 4.236
DEPRESSION 4.39
  Angst 4.23
  Neurose
    (Psychose) 4.129
  Selbstmord 4.190
  Test (Szondi-Test) 4.220
DEUTSCH ALS FREMDSPRACHE 7.43
  Grammatikunterricht 7.126
  Sprachunterricht
    (Deutsche Auslandsschule) 7.223
DEUTSCHE GESCHICHTE 8.24
  Geschichtsbild
    (Deutsches Geschichtsbild) 8.60
  Kirchengeschichte
    (Kirchenkampf) 10.98
  Zeitgeschichte 8.237
DEUTSCHE GRAMMATIK 7.44
  Grammatikunterricht 7.126
  Satzlehre 7.203
  Satzzeichen 7.206
  Verblehre 7.243
  Wortarten 7.246
DEUTSCHE SPRACHE 7.44
  Deutsche Grammatik 7.44
  Gegenwartssprache 7.125
  Grammatikunterricht 7.126
  Mundart 7.175
  Muttersprache 7.176
  Satzlehre
    (Deutscher Satz) 7.204
  Schriftsprache 7.210
  Sprachkunde 7.217
  Sprachpflege 7.220
  Sprachunterricht 7.222
  Umgangssprache 7.242
  Wortkunde 7.251
DEUTSCHER AUSSCHUSS FÜR DAS ERZIE-
  HUNGS- UND BILDUNGSWESEN 1.53
  Deutscher Bildungsrat 1.54
  Hauptschule
    (Deutscher Ausschuß) 1.104
  Rahmenplan 1.155
DEUTSCHER BILDUNGSRAT 1.54
  Bildungsbedarf 1.45
  Bildungsplanung 1.49
  Deutscher Ausschuß für das Erzie-
    hungs- und Bildungswesen 1.53

DEUTSCHES AUSLANDSSCHULWESEN 1.54
  Auslandslehrer 2.21
  Deutschunterricht
    (Deutsche Auslandsschule) 7.48
  Erdkundeunterricht
    (Deutsche Auslandsschule) 8.34
  Europäische Schulen 1.73
  Heimatkundeunterricht
    (Deutsche Auslandsschule) 8.97
  Musikunterricht
    (Deutsche Auslandsschule) 10.182
  Sprachunterricht
    (Deutsche Auslandsschule) 7.223
DEUTSCHLEHRMITTEL 5.49
  Ganzschrift 5.76
  Grammatikunterricht
    (Satzbaukasten) 7.131
  Hörspiel im Deutsch-
    unterricht 7.135
  Jugendbuch im Unterricht 5.94
  Lesebogen 5.126
  Lesebuch 5.126
  Märchenfilm 5.134
  Programmiertes Lernen
    (Deutschunterricht) 5.165
  Schreibgerät 5.204
  Schuldruckerei 5.213
  Sprachbuch 5.239
  Wörterbuch 5.259
- (ERSTLESEUNTERRICHT) 5.50
  Bilderbuch im Unterricht 5.35
  Eigenfibel 5.55
  Fibel 5.70
  Leselernmittel 5.131
  Märchenfilm 5.134
  Programmiertes Lernen
    (Legasthenie) 5.173
DEUTSCHUNTERRICHT 7.45
  Aufsatzunterricht 7.29
  Deutschlehrer 2.30
  Deutschlehrmittel 5.49
  Dichtung im Unterricht 7.61
  Erstleseunterricht 7.89
  Heimatkundeunterricht
    (Deutschunterricht) 8.97
  Lehrerbildung
    (Deutschunterricht) 2.80
  Leseunterricht 7.153
  Literaturunterricht [DDR] 7.164
  Muttersprachlicher Unterricht 7.178
  Programmiertes Lernen
    (Deutschunterricht) 5.165
  Rechtschreibunterricht 7.188
  Religionsunterricht
    (Deutschunterricht) 10.209

Schreibenlernen 7.207
Sprachunterricht 7.222
Sprecherziehung im Unterricht 7.234
Verkehrsunterricht
  (Deutschunterricht) 10.250
- (DEUTSCHE AUSLANDSSCHULE) 7.48
  Deutsch als Fremdsprache 7.43
  Sprachunterricht
  (Deutsche Auslandsschule) 7.223
- (LEISTUNGSBEWERTUNG) 7.53
  Aufsatzunterricht
  (Leistungsbewertung) 7.34
  Diktat
  (Bewertung) 7.64
  Rechtschreibleistung 7.185
  Reifeprüfungsaufsatz
  (Bewertung) 7.195
- (POLITISCHE BILDUNG) 7.55
  Literaturunterricht
  (Politische Erziehung) 7.164
  Politische Bildung
  (Deutschunterricht) 8.173
- (SCHULSPIEL) 7.57
  Leseunterricht
  (Spielformen) 7.159
  Märchen im Unterricht
  (Spielformen) 7.173
DIALEKTISCHE PÄDAGOGIK 3.71
  Dialogisches Verhältnis 3.71
  Existentielle Pädagogik 3.101
  Pädagogik der Begegnung 3.190
  Pädagogik und Philosophie 3.191
DIALOGISCHES VERHÄLTNIS 3.71
  Dialektische Pädagogik 3.71
  Existentielle Pädagogik 3.101
  Pädagogik der Begegnung 3.190
  Personale Pädagogik 3.198
  Schüler-Lehrer-Verhältnis 3.208
DICHTERISCHE SYMBOLE 7.59
  Sprache
  (Bildkraft) 7.212
DICHTUNG 7.60
  Ballade 7.41
  Dichterische Symbole 7.59
  Dichterische Wahrheit 7.60
  Drama 7.64
  Erzählkunstwerk 7.92
  Gegenwartsdrama 7.120
  Gegenwartsliteratur 7.120
  Gegenwartslyrik 7.124
  Hörspiel 7.135
  Interpretation 7.135
  Jugendbuch
  (Klassisches Jugendbuch) 7.138
  Kindergedicht 7.141

Kurzgeschichte 7.141
Literaturkritik 7.163
Lyrik 7.165
Märchen 7.172
Novelle 7.182
Roman 7.196
Übersetzen
  (Literarischer Aspekt) 7.242
Volksdichtung 7.246
- (SPRACHLICHER ASPEKT) 7.61
  Gegenwartsliteratur
  (Sprachlicher Aspekt) 7.122
  Jugendbuch
  (Sprachlicher Aspekt) 7.138
  Lyrik
  (Formfragen) 7.165
  Sprachrhythmus 7.221
  Übersetzen
  (Literarischer Aspekt) 7.242
DICHTUNG IM UNTERRICHT 7.61
  Anekdote im Unterricht 7.24
  Arbeiterdichtung im Unterr. 7.24
  Ballade im Unterricht 7.42
  Drama im Unterricht 7.65
  Fabel im Unterricht 7.93
  Gegenwartsdrama im Unterricht 7.120
  Gegenwartsliteratur im
  Unterricht 7.122
  Gegenwartslyrik im Unterricht 7.124
  Hörspiel im Deutschunterricht 7.135
  Interpretation im Unterricht 7.136
  Kurzgeschichte im Unterricht 7.142
  Literaturkritik im Unterricht 7.163
  Lyrik im Unterricht 7.166
  Märchen im Unterricht 7.173
  Novelle im Unterricht 7.182
  Roman im Unterricht 7.196
  Sage im Unterricht 7.202
  Satire im Unterricht 7.202
  Schwank im Unterricht 7.211
DIDAKTIK 6.53
  Bildungsplan 6.51
  Didaktik und Methodik 6.55
  Formale Bildung 6.66
  Kategoriale Bildung 6.104
  Lehrerbildung
  (Didaktik) 2.80
  Lernen 6.123
  Lernpsychologie
  (Didaktischer Aspekt) 4.111
  Methodik 6.124
DIDAKTIK UND METHODIK 6.55
  Erdkundeunterricht
  (Didaktischer Aspekt) 8.35

[Forts.: Didaktik und Methodik]
   Evangelische Unterweisung
    (Didaktischer Aspekt) 10.56
   Gemeinschaftskunde
    (Didaktischer Aspekt) 8.50
   Geschichtsunterricht
    (Didaktischer Aspekt) 8.70
   Kunsterziehung
    (Didaktischer Aspekt) 10.112
   Leibeserziehung
    (Didaktischer Aspekt) 10.130
   Musikunterricht
    (Didaktischer Aspekt) 10.182
   Politische Bildung
    (Didaktischer Aspekt) 8.173
DIDAKTISCHE ANALYSE 6.56
   Kategoriale Bildung 6.104
   Motivation im Unterricht 6.126
   Turnunterricht
    (Didaktische Analyse) 10.246
   Unterricht
    (Entwicklungsgemäßheit) 6.205
   Unterrichtsplanung 6.214
   Unterrichtsvorbereitung
    (Didaktische Analyse) 6.216
DIDAKTISCHE FACHBEGRIFFE 6.56
   Artikulation des Unterrichts 6.40
   Begabung 4.28
   Bildsamkeit 4.33
   Didaktische Analyse 6.56
   Elementare Bildung 6.59
   Exemplarischer Unterricht 6.62
   Formale Bildung 6.66
   Ganzheitliche Bildung 6.70
   Kategoriale Bildung 6.104
   Motivation im Unterricht 6.126
   Pädagogik
    (Terminologie) 3.188
   Pädagogische Grundbegriffe 3.196
   Volkstümliche Bildung 6.223
DIFFERENZIERTER MITTELBAU 1.58
   Aufbauklasse 1.21
   Begabtenförderung 1.26
   Förderstufe 1.78
   Realschule und Volksschule 1.163
   Realschulreform 1.163
DIFFERENZIERUNG 6.56
   Abteilungsunterricht 6.19
   Dalton-Plan 6.52
   Englischunterricht
    (Differenzierung) 7.78
   Erdkundeunterricht
    (Differenzierung) 8.35
   Hauptschulunterricht 6.95
   Individualisierung 6.100

   Kern- und Kursunterricht 6.106
   Landschulunterricht
    (Höhenkonzentration) 6.112
   Leistungsgruppen 6.123
   Leseunterricht
    (Differenzierung) 7.154
   Programmiertes Lernen
    (Differenzierung) 5.165
   Rechenunterricht
    (Differenzierung) 9.266
   Rechtschreibunterricht
    (Differenzierung) 7.189
DIKTAT 7.63
   Rechtschreibfehler
    (Berichtigung) 7.184
   Rechtschreibunterricht
    (Partnerdiktat) 7.193
DIPLOM-HANDELSLEHRER 2.31
   Berufsschullehrerbildung
    (Kaufmännische Berufsschule) 2.27
   Handelsschullehrerbildung 2.47
   Lehrerbesoldung 2.71
   Lehrermangel
    (Berufsschule) 2.111
   Verband Deutscher Diplom-Handels-
    lehrer 2.144
DISKUSSION IM UNTERRICHT 6.58
   Freies Unterrichtsgespräch 6.68
   Gesprächserziehung in
    der Schule 6.78
   Politische Bildung
    (Debattieren) 8.173
   Unterrichtsgespräch
    (Gymnasium) 6.211
DISZIPLIN 3.72
   Autorität des Lehrers 3.22
   Autorität und Freiheit 3.23
   Erziehungsmittel 3.95
   Gehorsam 3.125
   Körperliche Züchtigung 3.160
   Schuldisziplin 3.214
   Schulstrafe 3.219
   Selbsterziehung 3.222
DRAMA 7.64
   Gegenwartsdrama 7.120
DRAMA IM UNTERRICHT 7.65
   Gegenwartsdrama im Unterr. 7.120
   Schultheater
    (Einzelne Spiele) 6.177
DURCHLÄSSIGKEIT 1.59
   Bildungschance 1.46
   Bremer Plan 1.52
   Einheitsschule 1.61
   Gesamtschule 1.88
   Rahmenplan 1.155

Schulaufbau 1.168
Übergang 1.257
Zweiter Bildungsweg 1.276

E

EIDETIK 4.39
   Vorstellung 4.236
EINHEITSSCHULE 1.60
   Bremer Plan 1.52
   Durchlässigkeit 1.59
   Gesamtschule 1.88
   Odenwaldschule 1.149
   Schulaufbau 1.168
   Waldorfschule 1.269
EINMALEINS 9.101
   Rechenlehrmittel
     (Einmaleins) 5.190
EINSPRACHIGKEIT 7.66
   Fremdsprachenunterricht
     (Direkte Methode) 7.104
ELEKTRIZITÄTSLEHRE 9.102
   Atomphysik
     (Elementarladung) 9.51
   Elektrolyse 9.110
   Elektromagnetische Wellen 9.111
   Elektrostatik 9.112
   Elektrotechnik 9.113
   Hochfrequenztechnik 9.143
   Physikalisches Experimentiergerät
     (Elektrizitätslehre) 5.145
   Schwingungslehre
     (Elektrische Schwingungen) 9.276
ELEKTROLYSE 9.110
   Elektrizitätslehre
     (Galvanisches Element) 9.104
   Physikalische Chemie
     (Ionen) 9.243
ELEKTROMAGNETISCHE WELLEN 9.111
   Atomphysik
     (Photon) 9.54
   Hochfrequenztechnik 9.143
   Optik 9.217
   Physikal.Experimentiergerät
     (Elektromagnetismus) 5.145
   Quantentheorie 9.254
   Wellenlehre 9.302
ELEKTROTECHNIK 9.113
   Automation 9.56
   Physikalische Chemie 9.241
   Physikalisches Experimentiergerät
     (Elektrotechnik) 5.145
   Rechenautomat 9.257

ELEMENTARE BILDUNG 6.59
   Exemplarischer Unterricht 6.62
   Kategoriale Bildung 6.104
   Montessori-Pädagogik 6.126
   Unterricht
     (Sachbegegnung) 6.208
ELITEBILDUNG 3.72
   Bildungsauftrag
     (Gymnasium) 3.64
   Erziehung
     (Gymnasium) 3.78
ELTERNABEND 6.59
   Offene Schultür 6.134
ELTERNPÄDAGOGIK 3.73
   Erziehung
     (Kindererziehung) 3.80
   Erziehungsberatung
     (Eltern) 4.51
   Familie
     (Eltern-Kind-Beziehung) 3.102
   Familienerziehung 3.105
   Schule und Elternhaus 1.175
   Schule und Familie 1.177
   Spielerziehung 3.233
ELTERNRECHT 1.61
   Begabtenauslese 1.24
   Bekenntnisschule
     (Rechtsfragen) 1.30
   Bildungschance 1.46
   Elternvertretung 1.63
   Gemeinschaftsschule 1.86
   Schule und Elternhaus 1.175
   Schule und Familie 1.177
   Schule und Staat 1.181
   Schulrecht 1.211
   Schulreform
     (Elternrecht) 1.220
   Schulstreik
ELTERNSPRECHTAG 1.63
   Elternvertretung 1.63
   Lehrer und Eltern 2.66
   Schule und Elternhaus
     (Gymnasium) 1.176
ELTERNVERTRETUNG 1.63
   Elternrecht 1.61
   Elternsprechtag 1.63
   Schule und Elternhaus 1.175
   Schulrecht 1.211
ENGLANDKUNDE 7.66
   Englischunterricht
     (Englandfahrt) 7.78
ENGLISCHE GRAMMATIK 7.67
   Englischunterricht
     (Phonetik) 7.83

ENGLISCHE SPRACHE 7.73
  Amerikanisches Englisch 7.23
  Englische Grammatik 7.67
- (DEUTSCH) 7.74
  Englischunterricht
  (Muttersprache) 7.83
ENGLISCHER ANFANGSUNTERRICHT 7.74
  Englischunterricht
  (Basic English) 7.76
  Englischunterricht
  (Förderstufe) 7.79
  Englischunterricht
  (Volksschule) 7.87
ENGLISCHLEHRER 2.31
  Neuphilologe 2.122
ENGLISCHLEHRMITTEL 5.56
  Englischlehrbuch 5.56
  Programmiertes Lernen
  (Fremdsprachen) 5.170
  Sprachlabor 5.240
  Tonbildschau 5.251
ENGLISCHUNTERRICHT 7.76
  Englandkunde 7.66
  Englische Grammatik 7.67
  Englische Lektüre 7.69
  Englische Sprache 7.73
  Englischer Anfangsunterricht 7.74
  Englischlehrbuch 5.56
  Englischlehrer 2.31
  Englischlehrmittel 5.56
ENTWICKLUNGSGEHEMMTES KIND 4.40
  Ängstliches Kind 4.19
  Bettnässer 4.33
  Entwicklungsstörung 4.47
  Erziehungsschwierigkeit 4.54
  Eßstörung 4.57
  Gehemmtes Kind 4.66
  Kontaktgestörtes Kind 4.100
  Nervöses Kind 4.127
  Pubertätskrise 4.158
  Regression 4.160
  Schüchternes Kind 4.165
  Schulunreife 4.182
ENTWICKLUNGSHILFE 8.27
  Entwicklungshelfer 8.27
ENTWICKLUNGSLÄNDER 8.28
  Wirtschaftsgeographie
  (Asien) 8.215
  Wirtschaftsgeographie
  (Indien) 8.222
  Wirtschaftsgeographie
  (Südamerika) 8.227
  Wirtschaftsgeographie
  (Welternährung) 8.230

ENTWICKLUNGSPOLITIK 8.29
  Entwicklungshilfe 8.27
  Entwicklungsländer
  (Wirtschaftsgeographie) 8.29
  Politik
  (Sozialpolitik) 8.167
ENTWICKLUNGSPSYCHOLOGIE 4.40
  Akzeleration 4.21
  Alter Mensch 4.23
  Begabungswandel 4.30
  Begriffsbildung 4.31
  Charakterentwicklung 4.36
  Denkentwicklung 4.37
  Eidetik 4.39
  Entwicklungsgehemmtes Kind 4.40
  Entwicklungsstörung 4.47
  Entwicklungstest 4.48
  Geistige Entwicklung 4.69
  Intelligenzentwicklung 4.88
  Jugendpsychologie 4.92
  Kindergartenkind 4.93
  Kindersprache 4.96
  Kindlicher Humor 4.97
  Kleinkindlesen 4.97
  Leibeserziehung
  (Entwicklungspsychologie) 10.132
  Onanie 4.130
  Pubertät 4.156
  Pubertätskrise 4.158
  Pubertätsmagersucht 4.158
  Regression 4.160
  Religiöse Entwicklung 4.161
  Schüler 4.165
  Schulreife 4.176
  Sexualverhalten
  (Entwicklungspsychologie) 4.192
  Sozialpsychologie
  (Entwicklungspsychologie) 4.194
  Sprachliche Entwicklung 4.204
  Trotz 4.228
  Volksschüler 4.235
  Werterleben 4.239
  Wortschatz des Kindes 4.240
  Zahlbegriffsbildung 4.240
  Zeichnerische Entwicklung 4.241
  Zeitsinn 4.241
- (JUGENDALTER) 4.41
  Akzeleration 4.21
  Berufstätige Jugend 4.31
  Halbstarke 4.76
  Jugendpsychologie 4.92
  Jungarbeiter 4.93
  Jungarbeiterin 4.93
  Pubertät 4.156
  Schüler 4.165

Schulpsychologie 4.173
Volksschüler 4.235
- (KINDHEIT) 4.42
  Flüchtlingskind 4.61
  Heimkind 4.80
  Hilfsschulkind 4.81
  Intelligenztest
  (HAWIK) 4.90
  Mischlingskind 4.124
  Schulreife
  (Eintrittsalter) 4.177
  Sprachliche Entwicklung
  (Schulkind) 4.205
  Volksschüler 4.235
- (KLEINKIND) 4.43
  Bettnässer 4.33
  Kindergartenkind 4.93
  Kindersprache 4.96
  Linkshändigkeit 4.121
  Lügendes Kind 4.122
  Märchenpsychologie 4.122
  Schulanfänger 4.171
  Schulreife 4.176
  Spielverhalten des Kindes 4.199
  Sprachliche Entwicklung
  (Kleinkind) 4.204
  Trotz 4.228
- (KÖRPERLICHE ENTWICKLUNG) 4.44
  Akzeleration 4.21
  Konstitution des Schülers 4.100
  Psychosomatik 4.151
- (PÄDAGOGISCHER ASPEKT) 4.45
  Gestaltpsychologie
  (Aktualgenese) 4.70
  Kindersprache 4.96
  Kleinkindlesen 4.97
  Schulreife
  (Schulleistung) 4.178
- (PSYCHOANALYSE) 4.46
  Psychoanalyse
  (Kinderanalyse) 4.139
  Psychoanalyse
  (Pädagogischer Aspekt) 4.140
ENTWICKLUNGSSTÖRUNG 4.47
  Ängstliches Kind 4.19
  Bettnässer 4.33
  Entwicklungsgehemmtes Kind 4.40
  Erziehungsschwierigkeit 4.54
  Eßstörung 4.57
  Gehemmtes Kind 4.66
  Kontaktgestörtes Kind 4.100
  Nervöses Kind 4.127
  Neurose
  (Kindesalter) 4.128
  Pubertätskrise 4.158

Regression 4.160
Schüchternes Kind 4.165
Schwererziehbarkeit 4.186
Verhaltensstörung 4.232
ENTWICKLUNGSTEST 4.48
  Intelligenztest
  (Binet-Simon) 4.90
  Intelligenztest
  (HAWIK) 4.90
  Schulreifetest 4.178
EPISCHE KURZFORMEN 7.89
  Anekdote im Unterricht 7.24
  Essay 7.93
  Fabel im Unterricht 7.93
  Märchen 7.192
  Sage 7.202
  Satire im Unterricht 7.202
  Schwank 7.210
  Volksdichtung 7.246
EPOCHALUNTERRICHT 6.60
  Bildungseinheit 6.51
  Exemplarischer Unterricht 6.62
  Ganzheitsunterricht 6.71
  Gesamtunterricht
  (Bildungseinheit) 6.75
  Gymnasialunterricht (Fächerübergreifender Unterricht) 6.91
  Kern- und Kursunterricht 6.106
  Konzentrationsunterricht 6.107
  Projektmethode 6.144
ERDKUNDE 8.29
  Allgemeine Erdkunde 8.19
  Heimat 8.92
  Länderkunde 8.112
  Landschaftsgeographie 8.148
  Meeresforschung 8.148
  Völkerkunde 8.209
  Wirtschaftsgeographie 8.215
ERDKUNDEATLAS 5.59
  Erdkundelehrmittel
  (Karten) 5.66
  Geschichtsatlas 5.78
  Heimatkundelehrmittel
  (Karten) 5.92
ERDKUNDELEHRMITTEL 5.61
  Astronomielehrmittel 5.33
  Bildkarte 5.36
  Briefmarke im Unterricht 5.46
  Erdkundeatlas 5.59
  Erdkundelehrbuch 5.60
  Globus 5.90
  Graphische Darstellung 5.90
  Programmiertes Lernen
  (Erdkunde) 5.168

[Forts.: Erdkundelehrmittel]
   Relief 5.196
   Wetterkundelehrmittel 5.259
ERDKUNDEUNTERRICHT 8.31
   Allgemeine Erdkunde 8.19
   Erdkundeatlas 5.59
   Erdkundelehrbuch 5.60
   Erdkundelehrmittel 5.61
   Erdkundelehrplan 8.30
   Gemeinschaftskunde
     (Erdkunde) 8.50
   Geographielehrer 2.36
   Geschichtsunterricht
     (Erdkunde) 8.70
   Globus 5.90
   Heimatkundeunterricht
     (Erdkunde) 8.98
   Kartenverständnis
     (Erdkunde) 8.107
   Länderkunde 8.112
   Lehrerbildung
     (Geographie) 2.82
   Politische Bildung
     (Erdkunde) 8.174
   Programmiertes Lernen
     (Erdkunde) 5.168
   Relief 5.196
   Wetterkunde 8.211
   Wirtschaftsgeographie 8.215
- (ERDGESCHICHTE) 8.35
   Geologie
     (Erdgeschichte) 8.55
- (EUROPAGEDANKE) 8.36
   Europäische Erziehung 3.99
   Geschichtsunterricht
     (Europagedanke) 8.71
   Politische Bildung
     (Europagedanke) 8.176
   Wirtschaftsgeographie
     (Europäische Integration) 8.221
- (POLITISCHE BILDUNG) 8.41
   Gemeinschaftskunde
     (Erdkunde) 8.50
   Politik
     (Geopolitik) 8.162
   Politische Bildung
     (Erdkunde) 8.174
- (VÖLKERVERSTÄNDIGUNG) 8.45
   Entwicklungsländer
     (Unterrichtsaspekt) 8.28
   Geschichtsunterricht
     (Völkerverständigung) 8.86
   Politische Bildung
     (Völkerverständigung) 8.191

   Völkerkunde
     (Unterrichtsaspekt) 8.210
ERLEBNIS 4.49
   Aktivität 4.21
   Filmerleben 4.59
   Gefühl 4.65
   Gemütsbildung 3.127
   Unterricht
     (Erlebnisunterricht) 6.206
   Werterleben 4.239
ERMÜDUNG 4.49
   Faulheit des Schülers 4.58
   Konzentrationsschwäche 4.101
   Test (Pauli-Test) 4.219
ERNÄHRUNGSLEHRE 10.53
   Nahrungsmittelchemie 9.196
ERMUTIGUNG 3.74
   Erziehungsmittel
     (Humor) 3.95
   Erziehungsmittel
     (Lob und Tadel) 3.96
   Vertrauen 3.240
ERSTE LEHRERPRÜFUNG 2.31
   Volksschullehrerbildung 2.147
   Zweite Lehrerprüfung 2.149
ERSTER SCHULTAG 6.61
   Schulaufnahme 6.154
ERSTLESEUNTERRICHT 7.89
   Deutschlehrmittel
     (Erstleseunterricht) 5.50
   Eigenfibel 5.55
   Fibel im Unterricht 5.71
   Ganzheitliches Lesenlernen 7.115
   Kleinkindlesen 4.97
   Leselehrmethoden 7.150
   Leselernpsychologie 4.118
   Leseunterricht
     (Schuljahr II) 7.158
   Schreibenlernen 7.207
   Sprechspur
     (Erstleseunterricht) 7.237
ERSTRECHENUNTERRICHT 9.114
   Ganzheitliches Rechnen
     (Schuljahr I) 9.123
   Grundschulrechnen
     (Mathematischer Aspekt) 9.140
   Grundschulrechnen
     (Zehnerüberschreitung) 9.143
   Rechenfibel 5.189
   Rechenlehrmittel
     (Erstrechnen) 5.191
   Rechenspiele 5.194
   Zahlbegriffsbildung 4.240

ERWACHSENENBILDUNG 1.64
  Biologieunterricht
  (Erwachsenenbildung) 9.65
  Englischunterricht
  (Erwachsenenbildung) 7.78
  Fremdsprachenunterricht
  (Erwachsenenbildung) 7.105
  Kunsterziehung
  (Erwachsenenbildung) 10.113
  Landpädagogik 1.132
  Leibeserziehung
  (Erwachsenenbildung) 10.132
  Literarische Erziehung
  (Erwachsenenbildung) 7.162
  Musische Lebensform
  (Erwachsenenbildung) 3.181
  Politische Bildung
  (Erwachsenenbildung) 8.175
  Programmiertes Lernen
  (Erwachsenenbildung) 5.169
  Sprachlabor
  (Erwachsenenbildung) 5.243
  Sprachunterricht
  (Erwachsenenbildung) 7.223
  Volkshochschuldozent 2.146
  Volkshochschule 1.261
ERZÄHLEN IM UNTERRICHT 6.61
  Bibelunterricht
  (Erzählen) 10.33
  Geschichtserzählung 8.60
  Geschichtsunterricht
  (Lehrvortrag) 8.77
  Religionsunterricht
  (Erzählen) 10.210
  Unterricht
  (Lehrersprache) 6.207
ERZÄHLKUNSTWERK 7.92
  Dichtung 7.60
  Kurzgeschichte 7.141
  Novelle 7.182
  Roman 7.196
ERZIEHENDER UNTERRICHT 6.62
  Unterricht
  (Erziehungseinfluß) 6.206
ERZIEHER 2.32
  Lehrer 2.60
  Sozialpädagoge 2.138
- (CHRISTLICHER ERZIEHER) 2.33
  Lehrer
  (Evangelischer Lehrer) 2.62
  Lehrer
  (Katholischer Lehrer) 2.63
  Lehrerin
  (Katholische Lehrerin) 2.109

ERZIEHERPERSÖNLICHKEIT 2.33
  Erzieher
  (Christlicher Erzieher) 2.33
  Lehrer 2.60
  Lehrer
  (Evangelischer Lehrer) 2.62
  Lehrer
  (Katholischer Lehrer) 2.63
  Lehrer
  (Pädagogische Verantwortung) 2.63
ERZIEHUNG 3.74
  Anpassung 3.19
  Außerschulische Erziehung 3.21
  Autorität 3.21
  Autorität des Lehrers 3.22
  Berufserziehung 3.34
  Bildung und Erziehung 3.61
  Charakterbildung 3.69
  Christliche Erziehung 3.69
  Disziplin 3.72
  Elternpädagogik 3.73
  Ermutigung 3.74
  Erziehender Unterricht 6.62
  Erzieher 2.32
  Erziehungsbegriff 3.92
  Erziehungsfehler 3.92
  Erziehungsgrundsätze 3.93
  Erziehungsmittel 3.95
  Erziehungsschule 3.96
  Erziehungssituation 3.96
  Erziehungswirklichkeit 3.96
  Erziehungsziel 3.97
  Ethische Erziehung 3.98
  Europäische Erziehung 3.99
  Evangelische Schulerziehung 3.100
  Familienerziehung 3.105
  Fernseherziehung 3.109
  Filmerziehung 3.112
  Freizeiterziehung 3.121
  Funkerziehung 3.125
  Funktionale Erziehung 3.125
  Gemeinschaftserziehung 3.126
  Gemütsbildung 3.127
  Geschlechtserziehung 3.128
  Gesundheitserziehung 3.135
  Gewissensbildung 3.136
  Gewöhnung 3.138
  Gruppenpädagogik 3.138
  Heimerziehung 3.139
  Ideologische Erziehung [DDR] 3.147
  Jugenderziehung 3.148
  Jugendwandern 3.153
  Katholische Schulerziehung 3.154
  Kinderspiel 3.155
  Klassengemeinschaft 3.157

[Forts.: Erziehung]
  Koedukation 3.158
  Körperliche Züchtigung 3.160
  Kommunistische Erziehung 3.160
  Leitbilder
   (Erziehungsanspruch) 3.162
  Literaturpädagogik 3.163
  Mädchenbildung 3.170
  Märchenpädagogik 3.175
  Massenmedien
   (Pädagogischer Aspekt) 3.176
  Menschenbildung 3.179
  Mogeln des Schülers 3.180
  Musische Lebensform 3.180
  Pädagogik 3.183
  Pädagogik
   (Wirklichkeitsbezug) 3.189
  Pädagogik der Begegnung 3.190
  Pädagogik und Psychologie 3.192
  Pädagogische Anthropologie 3.193
  Pädagogische Autorität 3.194
  Pädagogischer Takt 3.197
  Pädagogisches Verstehen 3.197
  Politische Erziehung 3.199
  Rechtserziehung 3.204
  Religiöse Erziehung 3.200
  Schüler-Lehrer-Verhältnis 3.208
  Schülermitverantwortung 3.209
  Schülermitverwaltung 3.210
  Schuldisziplin 3.214
  Schule als Lebensraum 3.216
  Schulerziehung 3.217
  Schulklasse 3.218
  Schulstrafe 3.219
  Selbsterziehung 3.222
  Spielerziehung 3.223
  Sozialpädagogik 3.227
  Sozialist.Erziehung [DDR] 3.226
  Sparerziehung 3.232
  Spielerziehung 3.233
  Spielzeug 3.235
  Strafe 3.236
  Suchtgefährdung 3.237
  Toleranz 3.239
  Vertrauen 3.240
  Willenserziehung 3.241
  Wirtschaftspädagogik 3.242
- (BERUFSBILDENDES SCHULWESEN) 3.76
  Berufserziehung 3.34
  Bildungsauftrag
   (Berufsbildendes Schulwesen) 3.63
  Schülermitverwaltung
   (Berufsschule) 3.211
  Sozialerziehung in der Schule
   (Berufsschule) 3.225
  Wirtschaftspädagogik 3.242
- (DDR) 3.76
  Berufserziehung (DDR) 3.38
  Gemeinschaftserziehung (DDR) 3.127
  Geschlechtserziehung (DDR) 3.129
  Heimerziehung (DDR) 3.140
  Ideologische Erziehung [DDR] 3.147
  Kommunistische Erziehung 3.160
  Pädagogik (DDR) 3.185
  Politische Erziehung (DDR) 3.200
  Schüler-Lehrer-Verhältnis
   (DDR) 3.209
  Schülermitverwaltung (DDR) 3.211
  Sozialist.Erziehung [DDR] 3.226
- (GEGENWARTSBEZUG) 3.77
  Bildung
   (Moderne Arbeitswelt) 3.58
  Bildung
   (Moderne Gesellschaft) 3.58
  Erziehungswirklichkeit 3.96
  Europäische Erziehung 3.99
  Pädagogik
   (Wirklichkeitsbezug) 3.189
- (GYMNASIUM) 3.78
  Bildungsauftrag
   (Gymnasium) 3.64
  Elitebildung 3.72
  Geschlechtserziehung in der
   Schule (Gymnasium) 3.134
  Humanistische Bildung 3.146
  Mädchenbildung
   (Gymnasium) 3.172
  Naturwissenschaftl.Bildung 3.182
  Schülermitverwaltung
   (Gymnasium) 3.211
  Schuldisziplin
   (Gymnasium) 3.215
- (INDUSTRIEKULTUR) 3.79
  Berufliche Bildung
   (Industriegesellschaft) 3.27
  Berufserziehung
   (Reform) 3.42
  Bildung
   (Mensch und Technik) 3.57
  Bildung
   (Moderne Arbeitswelt) 3.58
  Bildung
   (Technische Welt) 3.59
  Bildungsauftrag
   (Hauptschule) 3.65
  Naturwissenschaftl.Bildung 3.182
  Technische Bildung 3.238
  Wirtschaftspädagogik 3.242
- (KINDERERZIEHUNG) 3.80
  Außerschulische Erziehung 3.21

Familienerziehung 3.105
Fernseherziehung
  (Schulkind) 3.112
Geschlechtserziehung
  (Kindesalter) 3.130
Gewissensbildung
  (Kindesalter) 3.137
Jugenderziehung 3.148
Kinderspiel 3.155
Leitbilder
  (Kindesalter) 3.162
Märchenpädagogik 3.175
Religiöse Erziehung
  (Kindesalter) 3.206
Spielerziehung 3.233
Spielzeug 3.235
- (LEBENSHILFE) 3.80
  Familienerziehung 3.105
  Leitbilder 3.161
- (LEBENSNÄHE) 3.81
  Erziehungssituation 3.96
  Erziehungswirklichkeit 3.96
  Pädagogik
    (Wirklichkeitsbezug) 3.189
  Schule als Lebensraum 3.216
- (MODERNE GESELLSCHAFT) 3.81
  Bildung
    (Moderne Gesellschaft) 3.58
  Erziehung und Freiheit 3.85
  Freizeit
    (Soziologischer Aspekt) 3.121
  Jugendsoziologie
    (Gegenwartsjugend) 3.151
- (PSYCHOLOGISCHER ASPEKT) 3.82
  Ethische Erziehung
    (Psychologischer Aspekt) 3.99
  Familienerziehung
    (Psychologischer Aspekt) 3.107
  Fernseherziehung
    (Psychologischer Aspekt) 3.111
  Filmerziehung
    (Psychologischer Aspekt) 3.118
  Freizeitverhalten 3.123
  Geschlechtserziehung
    (Psychologischer Aspekt) 3.131
  Heimerziehung
    (Psychologischer Aspekt) 3.143
  Koedukation
    (Psychologischer Aspekt) 3.159
  Mädchenbildung
    (Psychologischer Aspekt) 3.173
  Massenmedien
    (Psychologischer Aspekt) 3.177
  Pädagogik und Psychologie 3.192

Religiöse Erziehung
  (Psychologischer Aspekt) 3.207
Schuldisziplin
  (Psychologischer Aspekt) 3.215
Sozialerziehung 3.223
- (SONDERSCHULE) 3.83
  Berufserziehung
    (Sonderschüler) 3.43
  Geschlechtserziehung in der
    Schule (Sonderschule) 3.134
  Heimerziehung
    (Heilpädagogisches Heim) 3.141
  Mädchenbildung
    (Sonderschule) 3.174
  Schulstrafe
    (Sonderschule) 3.220
  Sozialerziehung in der Schule
    (Sonderschule) 3.226
- (UMWELTEINFLÜSSE) 3.84
  Biologische Anthropologie 3.68
  Ethische Erziehung
    (Soziologischer Aspekt) 3.99
  Freizeit
    (Soziologischer Aspekt) 3.121
  Gemeinschaftserziehung 3.126
  Heimerziehung
    (Soziologischer Aspekt) 3.143
  Mädchenbildung
    (Soziologischer Aspekt) 3.174
  Pädagogische Soziologie
    (Umwelttheorie) 3.197
  Schulklasse
    (Soziologischer Aspekt) 3.218
  Sozialerziehung 3.223
- (VOLKSSCHULE) 3.84
  Bildungsauftrag
    (Hauptschule) 3.65
  Bildungsauftrag
    (Volksschule) 3.66
  Erziehungsschule 3.96
  Geschlechtserziehung in der
    Schule (Volksschule) 3.134
  Mädchenbildung
    (Volksschule) 3.174
  Schülermitverwaltung
    (Volksschule) 3.212
  Sozialerziehung in der Schule
    (Grundschule) 3.225
  Sozialerziehung in der Schule
    (Landschule) 3.226
- (WERTPROBLEM) 3.85
  Charakterbildung 3.69
  Erziehungsgrundsätze 3.93
  Ethische Erziehung 3.98

[Forts.: Erziehung (Wertproblem)]
  Leitbilder
    (Erziehungsanspruch) 3.162
  Werterleben 4.239
ERZIEHUNG UND FREIHEIT 3.85
  Autorität und Freiheit 3.23
  Erziehung
    (Moderne Gesellschaft) 3.81
  Erziehungsmittel 3.95
  Pädagogisches Verstehen 3.197
  Politische Erziehung
    (Demokratische Mündigkeit) 3.201
ERZIEHUNG UND WELTANSCHAUUNG 3.86
  Christliche Erziehung 3.69
  Evangelische Schulerziehung 3.100
  Ideologische Erziehung [DDR] 3.147
  Katholische Schulerziehung 3.154
  Kommunistische Erziehung 3.160
  Sozialist.Erziehung [DDR] 3.226
ERZIEHUNG ZUM VERZICHT 3.86
  Selbsterziehung 3.222
  Suchtgefährdung 3.237
  Willenserziehung 3.241
ERZIEHUNG ZUR EHRFURCHT 3.87
  Erziehung zur Verantwortung 3.90
ERZIEHUNG ZUR FREIHEIT 3.87
  Autorität und Freiheit 3.23
  Erziehung zur Toleranz 3.90
  Erziehung zur Verantwortung 3.90
  Politische Erziehung 3.199
  Schülermitverantwortung 3.209
  Toleranz 3.239
ERZIEHUNG ZUR HILFSBEREITSCHAFT ... 3.88
  Erziehung zur Menschlichkeit 3.88
  Gemeinschaftserziehung 3.126
  Politische Erziehung
    (Sozialverhalten) 3.203
  Schulerziehung 3.217
  Sozialerziehung 3.217
ERZIEHUNG ZUR MENSCHLICHKEIT 3.88
  Erziehung zur Hilfs-
    bereitschaft 3.88
  Menschenbildung 3.179
ERZIEHUNG ZUR PERSÖNLICHKEIT 3.89
  Charakterbildung 3.69
  Erziehung zur Selbständigkeit 3.89
  Erziehung zur Toleranz 3.90
  Erziehung zur Uretils-
    fähigkeit 3.90
  Erziehung zur Verantwortung 3.90
  Erziehung zur Wahrhaftigkeit 3.91
  Leitbilder
    (Erziehungsanspruch) 3.162
ERZIEHUNG ZUR SELBSTÄNDIGKEIT 3.89
  Erziehung zur Persönlichkeit 3.89

  Erziehung zur Urteils-
    fähigkeit 3.90
ERZIEHUNG ZUR TOLERANZ 3.90
  Erziehung zur Freiheit 3.87
  Erziehung zur Urteils-
    fähigkeit 3.90
  Politische Erziehung
    (Sozialverhalten) 3.203
  Schülermitverantwortung 3.209
  Toleranz 3.239
ERZIEHUNG ZUR URTEILSFÄHIGKEIT 3.90
  Ästhetische Erziehung 6.19
  Erziehung zur Persön-
    lichkeit 3.89
  Erziehung zur Selb-
    ständigkeit 3.89
  Politische Erziehung
    (Demokratische Mündigkeit) 3.201
ERZIEHUNG ZUR VERANTWORTUNG 3.90
  Erziehung zur Freiheit 3.87
  Erziehung zur Persönlichkeit 3.89
  Erziehung zur Toleranz 3.90
  Politische Erziehung 3.199
  Vertrauen 3.240
ERZIEHUNG ZUR VERINNERLICHUNG 3.91
  Gemütsbildung 3.127
ERZIEHUNGSBEGRIFF 3.92
  Bildungsbegriff 3.66
  Pädagogik
    (Terminologie) 3.188
ERZIEHUNGSBERATUNG 4.49
  Charakterkunde
    (Pädagogischer Aspekt) 4.37
  Kinderpsychiatrie 4.95
  Kinderpsychotherapie 4.96
  Psychoanalyse
    (Kinderanalyse) 4.139
  Psychohygiene 4.144
  Psychotherapie
    (Pädagogischer Aspekt) 4.155
  Schulpsychologischer Dienst 4.174
- (DIAGNOSTIK) 4.51
  Psychodiagnostik
    (Anamnese) 4.142
  Psychodiagnostik
    (Exploration) 4.142
  Psychodiagnostik
    (Kindesalter) 4.143
  Test (Goodenough-Test) 4.219
  Test (Sceno-Test) 4.220
- (HEIMERZIEHUNG) 4.53
  Heimkind 4.80
  Hospitalismus 4.84
  Schwererziehbarkeit
    (Heimerziehung) 4.187

- (JUGENDALTER) 4.53
  Asozialer Jugendlicher 4.25
  Erziehungsschwierigkeit
    (Jugendalter) 4.55
  Jugendlicher Dieb 4.92
  Pubertätskrise 4.158
  Schwererziehbarkeit
    (Jugendalter) 4.187
  Verwahrlosung
    (Jugendkriminalität) 4.235
- (SCHULKIND) 4.53
  Außenseiter 4.27
  Erziehungsschwierigkeit
    (Schüler) 4.56
  Leistungsstörung 4.109
  Schulpsychologischer Dienst
    (Schuljugendberatung) 4.175
  Schulversager 4.183
  Schwererziehbarkeit
    (Schulkind) 4.188
  Sitzenbleiber 4.192
  Störenfried 4.210
- (SOZIALPSYCHOLOGIE) 4.54
  Gruppentherapie 4.74
  Verhaltensstörung
    (Therapie) 4.234
ERZIEHUNGSBERATUNGSSTELLE 1.72
  Erziehungsberatung 4.49
  Schulpsychol.Beratungsstelle 1.209
ERZIEHUNGSFEHLER 3.92
  Aggression 4.20
  Erziehungskrise 3.94
  Körperliche Züchtigung 3.160
ERZIEHUNGSGESCHICHTE 3.93
  Arbeitsschulunterricht
    (Geschichte) 6.39
  Berufsbildendes Schulwesen
    (Geschichte) 1.36
  Berufserziehung
    (Geschichte) 3.39
  Bildungsbegriff
    (Bedeutungswandel) 3.67
  Bildungsideale 3.67
  Biologieunterricht
    (Geschichte) 9.66
  Bruchrechnen
    (Geschichte) 9.83
  Deutschunterricht
    (Geschichte) 7.49
  Erdkundeunterricht
    (Geschichte) 8.37
  Erwachsenenbildung
    (Geschichte) 1.67
  Evangelische Unterweisung
    (Geschichte) 10.57

Fremdsprachenunterricht
  (Geschichte) 7.106
Ganzheitliches Lesenlernen
  (Geschichte) 7.116
Gehörlosenschule
  (Geschichte) 1.86
Gesamtunterricht
  (Geschichte) 6.75
Kunsterziehung
  (Geschichte) 10.114
Kunsterziehungsbewegung 10.122
Lehrerbildung
  (Geschichte) 2.82
Mathematikunterricht
  (Geschichte) 9.165
Musikunterricht
  (Geschichte) 10.184
Pädagogische Hochschule
  (Geschichte) 2.126
Reformpädagogik 3.204
Sprachunterricht
  (Geschichte) 7.224
Vergleichende Erziehungs-
  wissenschaft 3.239
Wirtschaftspädagogik
  (Geschichte) 3.244
ERZIEHUNGSGRUNDSÄTZE 3.93
  Autorität 3.21
  Erziehung
    (Wertproblem) 3.85
  Erziehung und Freiheit 3.85
  Ethische Erziehung
    (Grundfragen) 3.98
  Gewöhnung 3.138
  Pädagogischer Takt 3.197
  Pädagogisches Verstehen 3.197
  Toleranz 3.239
  Vertrauen 3.240
ERZIEHUNGSHEIM 1.73
  Heimerziehung 3.139
  Heimschule 1.105
  Sonderschule für Schwererzieh-
    bare 1.249
ERZIEHUNGSKRISE 3.94
  Autoritätskrise 3.24
  Bildungskrise 1.48
  Erziehungsfehler 3.92
ERZIEHUNGSMITTEL 3.95
  Disziplin 3.72
  Ermutigung 3.74
  Erziehung und Freiheit 3.85
  Gewöhnung 3.138
  Körperliche Züchtigung 3.160
  Pädagogische Autorität 3.194
  Schulstrafe 3.219

[Forts.: Erziehungsmittel]
  Strafe 3.236
  Vertrauen 3.240
ERZIEHUNGSSCHULE 3.96
  Erziehung
    (Volksschule) 3.84
  Schule als Lebensraum 3.216
  Schulerziehung 3.217
ERZIEHUNGSSCHWIERIGKEIT 4.54
  Entwicklungsstörung 4.47
  Erziehungsfehler 3.92
  Halbstarke 4.76
  Psychotherapie
    (Pädagogischer Aspekt) 4.155
  Schwererziehbarkeit 4.186
  Test (Düss-Fabel-Test) 4.218
  Verwahrlosung 4.234
- (FAMILIE) 4.55
  Erziehungsberatung
    (Eltern) 4.51
  Schulversager
    (Soziologischer Aspekt) 4.184
- (JUGENDALTER) 4.55
  Asozialer Jugendlicher 4.25
  Erziehungsberatung
    (Jugendalter) 4.53
  Fortläufer 4.62
  Jugendlicher Dieb 4.92
  Pubertätskrise 4.158
  Schwererziehbarkeit
    (Jugendalter) 4.187
- (KINDESALTER) 4.55
  Ängstliches Kind 4.19
  Bettnässer 4.33
  Entwicklungsgehemmtes Kind 4.40
  Kontaktgestörtes Kind 4.100
  Nervöses Kind 4.127
- (SCHÜLER) 4.56
  Außenseiter 4.27
  Erziehungsberatung
    (Schulkind) 4.53
  Schulverdrossenheit 4.182
  Schulversager 4.183
  Schwererziehbarkeit
    (Schulkind) 4.188
  Störenfried 4.210
ERZIEHUNGSSITUATION 3.96
  Erziehung
    (Lebensnähe) 3.81
  Erziehung
    (Umwelteinflüsse) 3.84
  Erziehungswirklichkeit 3.96
  Funktionale Erziehung 3.125
  Pädagogik
    (Wirklichkeitsbezug) 3.189

ERZIEHUNGSWIRKLICHKEIT 3.96
  Arbeitsschulunterricht
    (Erziehungswert) 6.39
  Aufsatzunterricht
    (Erziehungswert) 7.30
  Biologieunterricht
    (Erziehungswert) 9.65
  Deutschunterricht
    (Erziehungswert) 7.48
  Erdkundeunterricht
    (Erziehungswert) 8.36
  Erziehung
    (Gegenwartsbezug) 3.77
  Erziehung
    (Lebensnähe) 3.81
  Erziehungssituation 3.96
  Geschichtsunterricht
    (Erziehungswert) 8.71
  Leibeserziehung
    (Erziehungswert) 10.132
  Mathematikunterricht
    (Erziehungswert) 9.164
  Musikunterricht
    (Erziehungswert) 10.182
  Pädagogik
    (Wirklichkeitsbezug) 3.189
  Physikunterricht
    (Erziehungswert) 9.248
  Programmiertes Lernen
    (Erziehungsaspekt) 5.169
  Rechenunterricht
    (Erziehungswert) 9.266
  Schulgarten
    (Erziehungswert) 5.231
  Schullandheimaufenthalt
    (Pädagogischer Aspekt) 6.166
  Schwimmunterricht
    (Erziehungswert) 10.236
  Unterricht
    (Erziehungseinfluß) 6.206
  Verkehrsunterricht
    (Erziehungswert) 10.250
ERZIEHUNGSZIEL 3.97
  Bildungsideale 3.67
  Leitbilder 3.161
  Menschenbild 3.178
ESSAY 7.93
  Englische Lektüre
    (Essay) 7.71
ESSSTÖRUNG 4.57
  Pubertätsmagersucht 4.158
ETHISCHE ERZIEHUNG 3.98
  Charakterbildung 3.69
  Erziehung
    (Wertproblem) 3.85

Erziehung zur Persönlichkeit 3.89
Erziehung zur Wahrhaftigkeit 3.91
Erziehungsgrundsätze 3.93
Gemeinschaftserziehung 3.126
Gewissensbildung 3.136
Willenserziehung 3.241
EURHYTHMIE 6.62
Rhythmische Erziehung 6.145
Waldorfschulpädagogik 6.228
EUROPÄISCHE ERZIEHUNG 3.99
Erdkundeunterricht
(Europagedanke) 8.36
Europäische Schulen 1.73
Geschichtsunterricht
(Europagedanke) 8.71
Politische Bildung
(Europagedanke) 8.176
Vergleichende Erziehungs-
wissenschaft 3.239
EUROPÄISCHE SCHULEN 1.73
Deutsches Auslandsschulwesen
(Europa) 1.58
Kaufmännisches Schulwesen
(Europäische Schulerziehung) 1.120
EVANGELISCHE SCHULERZIEHUNG 3.100
Christliche Erziehung 3.69
Evangelischer Religions-
unterricht 10.62
Mädchenbildung
(Religiöser Aspekt) 3.173
Pädagogik
(Evangelische Pädagogik) 3.186
Religiöse Erziehung 3.205
Schule und Evang. Kirche 1.177
EVANGELISCHE THEOLOGIE 10.54
Evangelische Unterweisung
(Theologischer Aspekt) 10.61
EVANGELISCHE UNTERWEISUNG 10.55
Bibelunterricht 10.31
Evangelischer Religions-
unterricht 10.62
Evangelischer Schul-
gottesdienst 10.62
(Evangelische Unterweisung) 8.71
Kindergottesdienst 10.95
Kirchengeschichte
(Reformation) 10.99
Kirchenjahr
(Evangelische Unterweisung) 10.101
Kirchenlied
(Evangelische Unterweisung) 10.102
Konfirmandenunterricht 10.104
Religionslehrer
(Evangel.Religionslehrer) 2.132

EVANGELISCHER RELIGIONSUNTERRICHT 10.62
Evangelische Unterweisung
(Religionsunterricht) 10.60
EVANGELISCHER SCHULGOTTESDIENST .. 10.62
Kindergottesdienst 10.95
Schulandacht 10.233
EXEMPLARISCHER GESCHICHTSUNTERRICHT 8.46
Geschichtsunterricht
(Stoffauswahl) 8.85
Geschichtsunterricht
(Stoffbeschränkung) 8.85
Kulturgeschichtliche Längs-
schnitte 8.110
EXEMPLARISCHER UNTERRICHT 6.62
Biologieunterricht
(Exemplarisches Lehren) 9.66
Deutschunterricht
(Exemplarisches Lehren) 7.48
Elementare Bildung 6.59
Epochalunterricht 6.60
Erdkundeunterricht
(Exemplarisches Lehren) 8.36
Exemplarischer Geschichtsunt. 8.46
Geschichtsunterricht
(Stoffbeschränkung) 8.85
Kategoriale Bildung 6.104
Lehrerbildung
(Exemplarischer Unterricht) 2.82
Mathematikunterricht
(Exemplarisches Lehren) 9.165
Physikunterricht
(Exemplarisches Lehren) 9.248
Politische Bildung
(Exemplarisches Lehren) 8.177
Staatsbürgerliche Erziehung
(Stoffauswahl) 8.209
Stoffbeschränkung 6.189
Überforderung des Schülers
(Pädagogischer Aspekt) 4.231
EXISTENTIELLE PÄDAGOGIK 3.101
Dialogisches Verhältnis 3.71
Dialektische Pädagogik 3.71
Pädagogische Anthropologie 3.193

F

FACHLEHRER 2.34
Klassenlehrer oder Fachlehrer 2.56
- (MUSISCH-TECHNISCHE FÄCHER) 2.35
Kunsterzieher 2.57
Lehrerbildung
(Kunsterziehung) 2.86
Lehrerbildung
(Musikerziehung) 2.89

[Forts.: Fachlehrer (Mus.-Techn.Fächer)]
  Lehrerbildung
    (Werkunterricht) 2.101
  Technische Lehrerin 2.143
- (VOLKSSCHULE) 2.35
  Lehrerbildung
    (Hauptschule) 2.84
  Volksschullehrerbildung
    (Differenzierung) 2.148
FACHRECHNEN 9.120
  Sachrechnen 9.272
  Wirtschaftsmathematik 9.305
FACHSCHULE 1.74
  Berufsaufbauschule 1.30
  Berufsfachschule 1.39
  Berufsschule
    (Fachgruppen) 1.42
  Fachschulreife 1.77
  Gewerbliche Berufsschule 1.89
  Höhere Wirtschaftsfachschule 1.113
  Politische Bildung
    (Bundeswehrfachschule) 8.172
- (LANDWIRTSCHAFTSSCHULE) 1.75
  Ländliche Berufsschule 1.130
  Landwirtschaftl.Berufsschule 1.140
- (TECHNIKERAUSBILDUNG) 1.76
  Berufsschule
    (Gewerbliche Berufe) 1.39
  Gewerbliche Berufsschule 1.89
  Ingenieurschule 1.114
FACHSCHULREIFE 1.77
  Baufachschule 1.24
  Berufsaufbauschule 1.30
  Fachschule 1.74
  Frauenfachschule 1.80
  Hochschulreife 1.110
  Höhere Fachschulen 1.112
  Höhere Handelsschule 1.112
  Höhere Wirtschaftsfachschule 1.113
  Ingenieurschule
    (Zulassung) 1.116
  Mittlere Reife 1.146
  Realschule
    (Abschlußprüfung) 1.160
  Realschulreform
    (Oberstufe) 1.164
  Wirtschaftsoberschule 1.271
  Wirtschaftsschule 1.272
  Zweiter Bildungsweg
    (Berufsbildendes Schulwesen) 1.278
FAHRSCHÜLER 1.77
  Schulbus 1.174
FAKTORENANALYSE 4.57
  Persönlichkeitstest 4.134

FAMILIE 3.101
  Elternpädagogik 3.73
  Familienerziehung 3.105
  Heimerziehung
    (Familienprinzip) 3.140
  Kindheit
    (Rechte des Kindes) 3.157
  Schizophrenie
    (Familienbeziehung) 4.163
FAMILIENERZIEHUNG 3.105
  Autorität 3.21
  Elternpädagogik 3.73
  Erziehung
    (Kindererziehung) 3.80
  Erziehung
    (Lebenshilfe) 3.80
  Erziehungsschwierigkeit
    (Familie) 4.55
  Fernseherziehung
    (Familienleben) 3.110
  Geschlechtserziehung
    (Ehevorbereitung) 3.130
  Geschlechtserziehung
    (Elternhaus) 3.130
  Hauswirtschaftsunterricht
    (Familienhauswesen) 10.79
  Heimerziehung
    (Familienprinzip) 3.140
  Kinderspiel 3.155
  Schulerziehung 3.217
  Sozialerziehung 3.223
  Spielerziehung 3.233
FARBENPSYCHOLOGIE 4.58
  Test (Farbpyramiden-Test) 4.218
  Test (Lüscher-Test) 4.219
  Wahrnehmungspsychologie
    (Optische Wahrnehmung) 4.238
FAULHEIT DES SCHÜLERS 4.58
  Ermüdung 4.49
  Schulverdrossenheit 4.182
FERIENORDNUNG 1.77
  Schuljahrsbeginn 1.200
FERNSEHERZIEHUNG 3.109
  Fernsehwirkung 4.59
  Filmerziehung
    (Film und Fernsehen) 3.114
  Freizeitverhalten 3.123
  Funkerziehung
    (Rundfunk und Fernsehen) 3.125
FERNSEHWIRKUNG 4.59
  Filmwirkung 4.60
FERNUNTERRICHT 6.65
  Berufsausbildung 6.41
  Lehrerbildung
    (Fernstudium) 2.82

FIBEL 5.70
  Bilderbuch im Unterricht 5.35
  Eigenfibel 5.55
  Fibel im Unterricht 5.71
FILMERLEBEN 4.59
  Filmwirkung 4.60
FILMERZIEHUNG 3.112
  Fernseherziehung 3.109
  Filmerleben 4.59
  Filmwirkung 4.60
  Freizeitverhalten 3.123
  Lehrerbildung
    (Filmpädagogik) 2.82
FILMERZIEHUNG IN DER SCHULE 3.119
  Filmerziehung
    (Filmbesuch) 3.114
  Filmerziehung
    (Filmkunde) 3.115
  Filmerziehung
    (Methodische Einzelfragen) 3.118
FILMWIRKUNG 4.60
  Fernsehwirkung 4.59
  Filmerleben 4.59
  Lektürewirkung 4.110
FLANELLTAFEL 5.72
  Deutschlehrmittel
    (Hafttafel) 5.51
  Erdkundelehrmittel
    (Hafttafel) 5.65
  Geschichtslehrmittel
    (Hafttafel) 5.85
  Rechenlehrmittel
    (Hafttafel) 5.192
  Religionslehrmittel
    (Bildformen) 5.198
FLÜCHTLINGSKIND 4.61
  Nachkriegsjugend 4.126
FÖRDERSTUFE 1.78
  Aufnahmeprüfung
    (Gymnasium) 1.22
  Begabtenförderung 1.26
  Bremer Plan 1.52
  Deutschunterricht
    (Förderstufe) 7.49
  Differenzierter Mittelbau 1.58
  Einheitsschule 1.60
  Englischunterricht
    (Förderstufe) 7.79
  Gesamtschule 1.88
  Gymnasium
    (Ausleseverfahren) 1.94
  Hauptschule 1.101
  Rahmenplan 1.155
  Realschule
    (Eingangsstufe) 1.162

  Übergang (Gymnasium) 1.258
  Volksschulreform
    (Oberstufe) 1.267
FORMALE BILDUNG 6.66
  Geschichtsunterricht
    (Formale Bildung) 8.71
FORMALSTUFEN 6.66
  Artikulation des Unterrichts 6.40
FRAGE IM UNTERRICHT 6.67
  Denkanstoß 6.53
  Gesprächserziehung in der Schule
    6.78
  Lehrerfrage 6.114
  Unterrichtsgespräch
    (Schülerfrage) 6.212
  Unterrichtsimpuls 6.213
FRANZÖSISCHE SPRACHE 7.96
  Französischunterricht
    (Phonetik) 7.99
FRANZÖSISCHLEHRMITTEL 5.72
  Programmiertes Lernen
    (Fremdsprachen) 5.170
FRANZÖSISCHUNTERRICHT 7.98
  Französische Lektüre 7.94
  Französische Sprache 7.96
  Französischer Anfangsunterr. 7.97
  Französischlehrmittel 5.72
FRAUENFACHSCHULE 1.80
  Berufliche Ausbildung
    (Einzelne Frauenberufe) 10.22
  Berufsfachschule 1.39
  Fachschulreife 1.77
  Hauswirtschaftl.Berufsschule 1.105
  Landwirtschaftl.Berufsschule
    (Mädchen) 1.141
  Mädchenberufsschule 1.143
FRAUENOBERSCHULE 1.80
  Mädchengymnasium 1.143
FREIER GESAMTUNTERRICHT 6.67
  Arbeitsschulunterricht 6.38
  Denkanstoß 6.53
  Fragestunde 6.67
  Freies Unterrichtsgespräch 6.68
  Gegenwartsnaher Unterricht 6.74
  Lebensnaher Unterricht 6.113
  Natürlicher Unterricht 6.131
  Offene Schultür 6.134
  Selbsttätigkeit 6.182
FREIES UNTERRICHTSGESPRÄCH 6.68
  Denkanstoß 6.53
  Diskussion im Unterricht 6.58
  Freier Gesamtunterricht 6.67
  Gesprächserziehung in
    der Schule 6.78
  Offene Schultür 6.134

FREILUFTERZIEHUNG 6.69
  Schulgarten
    (Erziehungswert) 5.231
  Schulgesundheitspflege 1.191
  Schullandheimaufenthalt 6.164
FREIZEIT 3.120
  Freizeiterziehung 3.121
  Freizeitverhalten 3.123
  Muße 3.182
FREIZEITERZIEHUNG 3.121
  Erziehung zur Verantwortung 3.90
  Fernseherziehung 3.109
  Filmerziehung 3.112
  Funkerziehung 3.125
  Literaturpädagogik
    (Freizeit) 3.165
  Musikalisch-Rhythmische Erziehung
    (Tanz) 10.172
  Musische Lebensform 3.180
  Spielerziehung 3.233
FREIZEITERZIEHUNG IN DER SCHULE .. 3.122
  Filmerziehung in der Schule 3.119
  Massenmedien
    (Pädagogischer Aspekt) 3.176
FREIZEITGESTALTUNG 3.123
  Jugendtourismus 3.153
  Jugendwandern 3.153
  Literaturpädagogik
    (Freizeit) 3.165
  Literaturpädagogik
    (Privatlektüre) 3.169
  Spielerziehung 3.233
FREIZEITVERHALTEN 3.123
  Ferienarbeit des Schülers 3.109
  Fernseherziehung
    (Psychologischer Aspekt) 3.111
  Filmerziehung
    (Filmbesuch) 3.114
  Filmerziehung
    (Psychologischer Aspekt) 3.118
  Freizeit 3.120
  Massenmedien
    (Psychologischer Aspekt) 3.177
FREMDSPRACHEN 7.101
  Amerikanisches Englisch 7.23
  Englische Sprache 7.73
  Esperanto 7.93
  Französische Sprache 7.96
  Latein 7.142
  Russische Sprache 7.197
  Zweisprachigkeit 7.253
FREMDSPRACHENFOLGE 7.101
  Altsprachlicher Unterricht
    (Bildungswert) 7.20

  Lateinunterricht
    (Bildungswert) 7.147
  Neusprachlicher Unterricht
    (Situation) 7.182
- (REALSCHULE) 7.102
  Englischunterricht
    (Realschule) 7.84
  Französischunterricht
    (Realschule) 7.100
FREMDSPRACHENLEHRBUCH 5.73
  Englischlehrbuch 5.56
  Russischlehrbuch 5.201
  Wörterbuch 5.259
FREMDSPRACHENLEHRMITTEL 5.73
  Englischlehrmittel 5.56
  Französischlehrmittel 5.72
  Fremdsprachenlehrbuch 5.73
  Lateinlehrmittel 5.114
  Programmiertes Lernen
    (Fremdsprachen) 5.170
  Russischlehrmittel 5.201
  Sprachlabor 5.240
- (SPIELFORMEN) 5.75
  Englischlehrmittel
    (Lernspiele) 5.57
  Englischlehrmittel
    (Szenisches Spiel) 5.58
FREMDSPRACHENUNTERRICHT 7.102
  Altsprachlicher Unterricht 7.19
  Englischunterricht 7.76
  Fremdsprachenlehrbuch 5.73
  Fremdsprachenlehrmittel 5.73
  Fremdsprachlicher Anfangs-
    unterricht 7.114
  Italienischunterricht 7.136
  Neusprachlicher Unterricht 7.179
  Niederländischunterricht 7.182
  Programmiertes Lernen
    (Fremdsprachen) 5.170
  Russischunterricht 7.198
  Spanischunterricht 7.211
  Sprachlabor 5.240
  Zweisprachigkeit 7.253
- (DIREKTE METHODE) 7.104
  Einsprachigkeit 7.66
  Englischunterricht
    (Direkte Methode) 7.78
- (SPRECHÜBUNG) 7.111
  Englischunterricht
    (Sprechübung) 7.86
  Frankzösischunterricht
    (Sprechfertigkeit) 7.100
  Russischunterricht
    (Sprechübung) 7.201

- (VOKABELLERNEN) 7.112
  Einsprachigkeit 7.66
  Englischunterricht
   (Wortschatzvermittlung) 7.88
- (WORTSCHATZVERMITTLUNG) 7.113
  Englischunterricht
   (Wortschatzvermittlung) 7.88
  Französischunterricht
   (Wortschatzvermittlung) 7.101
  Russischunterricht
   (Wortschatzvermittlung) 7.201
  Sprachlabor
   (Wortschatzübung) 5.247
FREMDSPRACHL.ANFANGSUNTERRICHT ... 7.114
  Englischer Anfangsunterricht 7.74
  Französischer Anfangsunterr. 7.97
  Lateinischer Anfangsunterr. 7.146
FREUDE IM UNTERRICHT 6.70
  Kindlicher Humor 4.97
  Religionsunterricht
   (Freude) 10.211
  Unterricht
   (Auflockerung) 6.205
  Unterricht
   (Erlebnisunterricht) 6.206
FRUSTRATION 4.63
  Aggression 4.20
  Angst 4.23
  Test (Rosenzweig P-F Test) 4.220
FÜNFTAGEWOCHE IM SCHULWESEN 1.81
  Ganztagsschule 1.83
  Tagesheimschule 1.254
FUNKTIONALE ERZIEHUNG 3.125
  Außerschulische Erziehung 3.21
  Erziehung
   (Lebensnähe) 3.81
  Erziehung
   (Umwelteinflüsse) 3.84
  Erziehungssituation 3.96

G

GANZHEITLICHE BILDUNG 6.70
  Ganzheitspsychologie
   (Pädagogischer Aspekt) 4.63
  Ganzheitsunterricht 6.71
  Konzentrationsunterricht 6.107
GANZHEITLICHES LESENLERNEN 7.115
  Ganzwortlesemethode 7.119
  Leselehrmethoden
   (Leistungsaspekt) 7.152
  Leselehrmethoden
   (Methodenstreit) 7.152

Schreibenlernen
 (Ganzheitl.Schreibenlernen) 7.207
GANZHEITLICHES RECHNEN 9.121
  Erstrechenunterricht
   (Mengenoperation) 9.115
  Erstrechenunterricht
   (Operatives Denken) 9.116
GANZHEITSPSYCHOLOGIE 4.63
  Erlebnis 4.49
  Gestaltpsychologie 4.70
- (PÄDAGOGISCHER ASPEKT) 4.63
  Legasthenie
   (Leselehrmethode) 4.104
  Leselernpsychologie 4.118
  Lesevorgang 4.119
  Schreibverhalten 4.164
GANZHEITSUNTERRICHT 6.71
  Anfangsunterricht 6.21
  Epochalunterricht 6.60
  Ganzheitl.Musikunterricht 10.62
  Ganzheitliches Lesenlernen 7.115
  Ganzheitliches Rechnen 9.121
  Gesamtunterricht und
   Ganzheitsunterricht 6.78
  Geschichtsunterricht
   (Ganzheitl.Geschichtsunt.) 8.72
  Kern- und Kursunterricht 6.106
  Lehrplan
   (Ganzheitsunterricht) 6.117
  Leibeserziehung
   (Ganzheit) 10.134
  Rechtschreibunterricht
   (Ganzheitl.Rechtschreiben) 7.189
  Religionsunterricht (Ganzheitlicher
   Religionsunterricht) 10.211
  Schreibenlernen
   (Ganzheitl.Schreibenlernen) 7.207
  Schreibunterricht
   (Ganzheitliches Schreiben) 10.228
  Sprachunterricht (Ganzheit-
   licher Sprachunterricht) 7.224
GANZSCHRIFT 5.76
  Arbeitsblätter 5.23
  Klassenbücherei 5.95
  Lesebogen 5.126
GANZSCHRIFT IM UNTERRICHT 5.76
  Arbeitsbücherei 5.23
  Geschichtslehrmittel
   (Ganzschrift) 5.85
  Jugendbuch im Unterricht 5.94
  Schülerbücherei im Unterricht 5.209
GANZTAGSSCHULE 1.83
  Fünftagewoche im Schulwesen 1.81
  Gesamtschule 1.88
  Tagesheimschule 1.254

GEBETSERZIEHUNG 10.63
　Schulandacht 10.233
　Schulgebet 10.233
GEDÄCHTNIS 4.63
　Bewußtsein 4.33
　Denkpsychologie 4.38
　Lernfähigkeit 4.110
　Vergessen 4.231
　Vorstellung 4.236
GEDÄCHTNISFORSCHUNG 4.64
　Lerntheorien 4.113
GEFÜHL 4.65
　Affekt 4.20
　Angst 4.23
　Bewußtsein 4.33
　Charakterkunde 4.36
　Erlebnis 4.49
　Leib-Seele-Problem 4.106
　Werterleben 4.239
GEGENWARTSKUNDE 8.48
　Erdkundeunterricht
　　(Lebensnähe) 8.39
　Geschichtsunterricht
　　(Gegenwartsbezug) 8.72
　Geschichtsunterricht und
　　Politische Bildung 8.89
　Politische Bildung
　　(Gegenwartsbezug) 8.177
　Zeitgeschichtsunterricht 8.248
GEGENWARTSLITERATUR 7.120
　Gegenwartsdrama 7.120
　Gegenwartslyrik 7.124
　Hörspiel 7.135
　Jugendbuch 7.137
　Kinderbuch 7.140
　Kurzgeschichte 7.141
GEGENWARTSLITERATUR IM UNTERRICHT 7.122
　Arbeiterdichtung im Unterr. 7.24
　Gegenwartsdrama im Unterr. 7.120
　Gegenwartslyrik im Unterr. 7.124
　Hörspiel im Deutschunterr. 7.135
　Kurzgeschichte im Unterricht 7.142
　Leseunterricht
　　(Sachlesestoff) 7.158
　Roman im Unterricht 7.196
GEGENWARTSNAHER UNTERRICHT 6.74
　Freier Gesamtunterricht 6.67
　Gegenwartskunde 8.48
　Gegenwartsliteratur im Unt. 7.122
　Gegenwartslyrik im Unterr. 7.124
　Geschichtsunterricht
　　(Gegenwartsbezug) 8.72
　Lebensnaher Unterricht 6.113
　Neue Musik im Unterricht 10.196

　Politische Bildung
　　(Gegenwartsbezug) 8.177
　Staatsbürgerliche Erziehung
　　(Gegenwartsbezug) 8.206
GEGENWARTSSPRACHE 7.125
　Sprache und Politik 7.213
　Sprache und Technik 7.215
GEHEMMTES KIND 4.66
　Ängstliches Kind 4.19
　Entwicklungsgehemmtes Kind 4.40
　Kontaktgestörtes Kind 4.100
　Minderwertigkeitsgefühl 4.124
　Schüchternes Kind 4.165
GEHÖRLOSENBERUFSSCHULE 1.84
　Berufserziehung
　　(Gehörlose) 3.39
　Berufsschulunterricht
　　(Gehörlose) 6.47
　Gehörlosenschule 1.84
GEHÖRLOSENSCHULE 1.84
　Gehörlosenberufsschule 1.84
　Sonderschule für Gehörgeschädigte
　　1.243
　Sonderschule für Sprachgestörte
　　1.250
　Taubstummenbildung 6.193
GEHÖRLOSES KIND 4.66
　Audiometrie 4.26
　Schwerhöriges Kind 4.188
　Taubstummes Kind 4.214
GEHORSAM 3.125
　Anpassung 3.19
　Autorität des Lehrers 3.22
　Autorität und Freiheit 3.23
　Disziplin 3.72
GEISTESKRANKHEIT 4.66
　Autismus 4.28
　Depression 4.39
　Epileptisches Kind 4.48
　Neurose
　　(Psychose) 4.129
　Psychiatrie 4.137
　Schizophrenie 4.163
GEISTIG BEHINDERTES KIND 4.67
　Cerebral gelähmtes Kind 4.35
　Epileptisches Kind 4.48
　Schwachsinniges Kind 4.185
GEISTIGE ENTWICKLUNG 4.69
　Akzeleration
　　(Pädagogischer Aspekt) 4.22
　Begabungswandel 4.30
　Begriffsbildung 4.31
　Bildsamkeit 4.33
　Denkentwicklung 4.37
　Intelligenzentwicklung 4.88

Kindersprache 4.96
Sprachliche Entwicklung 4.204
Test (Frankfurter Wort-
schatztest) 4.219
GEMEINSCHAFTSARBEIT 6.74
Kunsterziehung
(Gemeinschaftsarbeit) 10.113
Zeichenunterricht
(Gemeinschaftsarbeit) 10.277
GEMEINSCHAFTSERZIEHUNG 3.126
Charakterbildung 3.69
Erziehung
(Umwelteinflüsse) 3.84
Erziehung zur Hilfsbereitsch. 3.88
Erziehung zur Toleranz 3.90
Erziehung zur Verantwortung 3.90
Ethische Erziehung 3.98
Gruppenpädagogik 3.138
Heimerziehung 3.139
Klassengemeinschaft 3.157
Koedukation
(Gemeinschaftsformen) 3.159
Leitbilder
(Erziehungsanspruch) 3.162
Politische Erziehung 3.199
Schüler-Lehrer-Verhältnis 3.208
Schulklasse 3.218
Sozialerziehung 3.223
Sozialpädagogik 3.227
GEMEINSCHAFTSKUNDE 8.49
Erdkundeunterricht
(Sozialgeographie) 8.44
Geschichtsunterricht und Poli-
tische Bildung (Gymnasium) 8.90
Pädagogikunterricht 10.199
Philosophieunterricht 10.201
Politische Bildung
(Gemeinschaftskunde) 8.178
Politische Bildung
(Gymnasium) 8.179
Sozialkunde
(Gymnasium) 8.199
GEMEINSCHAFTSSCHULE 1.86
Elternrecht 1.61
Schule und Staat 1.181
- ODER BEKENNTNISSCHULE 1.87
Bekenntnisschule 1.29
Bekenntnisschule
(Kritik) 1.30
Religionsunterricht
(Konfessionalität) 10.214
GEMEINSCHAFTSSCHWIERIGKEIT 4.69
Außenseiter 4.27
Gruppenpsychologie 4.74
Gruppentherapie 4.74

Kontaktgestörtes Kind 4.100
Sozialpsychologie 4.193
Störenfried 4.210
GEMÜTSBILDUNG 3.127
Erlebnis 4.49
Erziehung zur Verinnerlichung 3.91
GENERATIONSPROBLEM 3.128
Jugendalter 3.147
Jugendsoziologie 3.151
Lehrer
(Generationsproblem) 2.62
GEOGRAPHIELEHRER 2.36
Lehrerbildung
(Geographie) 2.82
GEOLOGIE 8.55
Bodenbiologie 9.80
Erdkundelehrmittel
(Geologie) 5.65
Länderkunde
(Alpen) 8.115
Landschaftsgeographie 8.148
- (ERDGESCHICHTE) 8.55
Erdkundeunterricht
(Erdgeschichte) 8.35
GEOMETRIE 9.123
Abbildungsgeometrie 9.19
Analytische Geometrie 9.36
Darstellende Geometrie 9.101
Kegelschnitte 9.150
Vektorrechnung 9.289
- (DIFFERENTIALGEOMETRIE) 9.124
Geometrie
(Vielecke) 9.132
Mechanik
(Kinematik) 9.183
- (TOPOLOGIE) 9.131
Analysis
(Grenzwert) 9.34
Mengenlehre 9.187
GEOMETRIELEHRMITTEL 5.77
Programmiertes Lernen
(Geometrie) 5.171
Zeichnen
(Geometrisches Zeichnen) 10.282
GEOMETRIEUNTERRICHT 9.133
Geometrie 9.123
Geometrielehrmittel 5.77
Programmiertes Lernen
(Geometrie) 5.171
Raumerleben 4.159
Raumwahrnehmung 4.159
Vektorrechnung
(Unterrichtsaspekt) 9.290

GEOPHYSIK 9.137
   Astronomie
     (Erde) 9.45
   Atomphysik
     (Korpuskularstrahlung) 9.52
GERÄTETURNEN 10.64
   Bundesjugendspiele
     (Winterspiele) 10.52
GESAMTSCHULE 1.88
   Berufsschule und Volksschule 1.44
   Bildungschance 1.46
   Bremer Plan 1.52
   Durchlässigkeit 1.59
   Einheitsschule 1.69
   Ganztagsschule 1.83
   Odenwaldschule 1.149
   Realschule und Berufsschule 1.162
   Realschule und Gymnasium 1.163
   Realschule und Volksschule 1.163
   Schulaufbau 1.168
   Tagesheimschule 1.254
   Übergang 1.257
   Volksschulreform (Oberstufe) 1.267
   Waldorfschule 1.269
GESAMTUNTERRICHT 6.74
   Allgemeinbildender Unterricht 6.20
   Anfangsunterricht 6.21
   Arbeitseinheiten 6.23
   Epochalunterricht 6.60
   Freier Gesamtunterricht 6.67
   Ganzheitliche Bildung 6.70
   Gymnasialunterricht (Fächerübergreifender Unterricht) 6.91
   Konzentrationsunterricht 6.107
   Lebensnaher Unterricht 6.113
   Lehrplan
     (Gesamtunterricht) 6.114
   Projektmethode 6.144
   Unterrichtsfilm
     (Gesamtunterricht) 5.254
- (BILDUNGSEINHEIT) 6.75
   Epochalunterricht 6.60
   Projektmethode 6.144
- (GRUNDSCHULE) 6.76
   Allgemeinbildender Unterricht 6.20
   Anfangsunterricht (Sachbegegnung) 6.21
   Arbeitseinheiten 6.23
- UND FACHUNTERRICHT 6.77
   Unterrichtsfächer 6.209
GESANGUNTERRICHT 10.69
   Chorgesang 10.53
   Liedpflege 10.161
   Schulchor 10.233
   Singbewegung 10.239

GESCHICHTE 8.56
   Altertum 8.21
   Deutsche Geschichte 8.24
   Kirchengeschichte 10.97
   Kulturgeschichte 8.109
   Kunstgeschichte 10.122
   Mittelalter 8.148
   Neuzeit 8.152
   Vorgeschichte 8.211
   Zeitgeschichte 8.237
- (AFRIKA) 8.56
   Altertum
     (Ägypten) 8.22
   Länderkunde
     (Afrika) 8.114
- (AMERIKA)
   Geschichte (USA) 8.59
   Neuzeit
     (Entdeckungen) 8.153
- (ASIEN) 8.57
   Länderkunde
     (Asien) 8.117
- (CHINA) 8.57
   Länderkunde
     (China) 8.120
- (EUROPA) 8.57
   Länderkunde
     (Europa) 8.124
   Mittelalter 8.148
   Neuzeit 8.152
- (HILFSWISSENSCHAFTEN) 8.58
   Archäologie 8.24
   Heimatgeschichte 8.94
   Kulturgeschichte 8.109
- (RUSSLAND) 8.58
   Zeitgeschichtsunterricht
     (Russische Revolution) 8.256
- (USA) 8.59
   Länderkunde (USA) 8.146
GESCHICHTSATLAS 5.78
   Erdkundeatlas 5.59
GESCHICHTSBILD 8.59
   Deutsche Geschichte 8.24
   Geschichtsphilosophie 8.63
   Geschichtsunterricht
     (Geschichtsbild) 8.72
GESCHICHTSERZÄHLUNG 8.60
   Geschichtsunterricht
     (Historische Persönlichkeit) 8.76
   Geschichtsunterricht
     (Quellenbehandlung) 8.81
   Heimatkundeunterricht
     (Geschichtsunterricht) 8.98
GESCHICHTSINTERESSE 8.61
   Geschichtsverständnis 8.91

GESCHICHTSLEHRBUCH 5.79
   Geschichtlehrbuch im Unterr. 5.82
GESCHICHTSLEHRER 2.36
   Lehrerbildung
    (Geschichtsunterricht) 2.83
   Lehrerbildung
    (Politische Bildung) 2.92
   Sozialkundelehrer 2.137
GESCHICHTSLEHRERBILDUNG 2.38
   Lehrerbildung
    (Geschichtsunterricht) 2.83
GESCHICHTSLEHRMITTEL 5.82
   Anekdote im Unterricht 7.24
   Briefmarke im Unterricht 5.46
   Geschichtsatlas 5.78
   Geschichtslehrbuch 5.79
   Geschichtsfries 5.78
   Politiklehrmittel 5.149
   Programmiertes Lernen
    (Geschichtsunterricht) 5.171
   Relief 5.196
   Zeitgeschichtslehrmittel 5.260
GESCHICHTSPHILOSOPHIE 8.63
   Geschichtsbild 8.59
GESCHICHTSUNTERRICHT 8.66
   Exemplarischer Geschichtsunt. 8.46
   Gegenwartskunde 8.48
   Gemeinschaftskunde
    (Geschichtsunterricht) 8.51
   Geschichtsatlas 5.78
   Geschichtserzählung 8.60
   Geschichtsfries 5.78
   Geschichtslehrbuch im Unterr. 5.82
   Geschichtslehrer 2.36
   Geschichtslehrmittel 5.82
   Geschichtslehrplan 8.61
   Geschichtsunterricht und
    Politische Bildung 8.89
   Heimatkundeunterricht
    (Geschichtsunterricht) 8.98
   Kulturgeschichtliche
    Längsschnitte 8.110
   Kulturkunde 8.112
   Lehrerbildung
    (Geschichtsunterricht) 2.83
   Ostkunde
    (Geschichtsunterricht) 8.156
   Programmiertes Lernen
    (Geschichtsunterricht) 5.171
   Sozialkunde
    (Geschichtsunterricht) 8.198
   Vorgeschichte
    (Unterrichtsaspekt) 8.211
   Zeitgeschichtsunterricht 8.248

- (EUROPAGEDANKE) 8.71
   Erdkundeunterricht
    (Europagedanke) 8.36
   Zeitgeschichtsunterricht
    (Europa) 8.251
- (EVANGELISCHE UNTERWEISUNG) 8.71
   Politische Bildung
    (Religionsunterricht) 8.187
- (GEGENWARTSBEZUG) 8.72
   Gegenwartskunde 8.48
   Geschichtsunterricht und
    Politische Bildung 8.89
   Ostkunde 8.156
   Politische Bildung
    (Gegenwartsbezug) 8.177
   Zeitgeschichtsunterricht 8.248
- (PSYCHOLOGISCHER ASPEKT) 8.81
   Geschichtsinteresse 8.61
   Geschichtsunterricht
    (Denkschulung) 8.69
   Geschichtsunterricht
    (Geschichtstest) 8.73
   Geschichtsunterricht
    (Zeitvorstellung) 8.89
   Geschichtsverständnis 8.91
   Zeitsinn 4.241
- (VÖLKERVERSTÄNDIGUNG) 8.86
   Erdkundeunterricht
    (Völkerverständigung) 8.45
   Kulturkunde 8.112
   Politische Bildung
    (Völkerverständigung) 8.191
- UND POLITISCHE BILDUNG 8.89
   Zeitgeschichtsunterricht 8.248
GESCHICHTSVERSTÄNDNIS 8.91
   Geschichtsinteresse 8.61
GESCHICHTSWISSENSCHAFT 8.92
   Geschichtsphilosophie 8.63
   Geschichtsschreibung 8.65
   Geschichtsunterricht
    (Geschichtswissenschaft) 8.73
GESCHLECHTSERZIEHUNG 3.128
   Familienerziehung 3.105
   Geschlechtserz. in der Schule 3.133
   Koedukation
    (Psychologischer Aspekt) 3.159
   Literaturpädagogik
    (Geschlechtserziehung) 3.165
   Mädchenbildung
    (Psychologischer Aspekt) 3.173
   Sexualverhalten 4.191
GESPRÄCHSERZIEHUNG 6.78
   Erzählen im Unterricht 6.61
   Unterrichtsgespräch
    (Schülerfrage) 6.212

GESPRÄCHSERZIEHUNG IN DER SCHULE .. 6.78
  Diskussion im Unterricht 6.58
  Frage im Unterricht 6.67
  Freies Unterrichtsgespräch 6.68
  Religionsunterricht
    (Gespräch) 10.211
  Sprachunterricht
    (Gesprächserziehung) 7.224
  Sprecherziehung im Unterricht 7.234
  Unterrichtsgespräch 6.210
GESTALTPSYCHOLOGIE 4.70
  Ganzheitspsychologie 4.63
  Legasthenie
    (Ätiologie) 4.103
  Leselernpsychologie 4.118
  Optische Täuschung 4.130
  Wahrnehmungspsychologie 4.237
GESUNDHEITSERZIEHUNG 3.135
  Geschlechtserziehung 3.128
  Gesundheitslehre 9.138
  Lehrerbildung
    (Gesundheitserziehung) 2.84
  - IN DER SCHULE 3.136
  Geschlechtserziehung in
    der Schule 3.133
  Schularzt 1.167
  Schulfrühstück 1.185
  Schulpause 1.205
GESUNDHEITSLEHRE 9.138
  Menschenkunde
    (Organfunktionen) 9.192
  Radioaktivität
    (Strahlenbiologie) 9.256
GEWERBELEHRER 2.38
  Berufsschullehrer 2.24
  Lehrerbesoldung 2.71
  Lehrermangel
    (Berufsschule) 2.111
GEWERBELEHRERBILDUNG 2.38
  Berufsschullehrerbildung
    (Eignungsauslese) 2.27
  Berufsschullehrerbildung
    (Kandidat) 2.27
  Lehrerbildung
    (Philosophie) 2.91
GEWERBELEHRERIN 2.42
  Berufsschullehrerin 2.28
GEWERBLICHE BERUFSSCHULE 1.89
  Berufsfachschule
    (Gewerbliche Berufe) 1.39
  Fachschule
    (Handwerkerfachschule) 1.75
  Fachschule
    (Technikerausbildung) 1.76

GEWERBLICHER UNTERRICHT 6.79
  Berufsfachkunde
    (Maschinenbau) 10.26
  Berufsfachkunde
    (Metallgewerbe) 10.26
  Berufsfachkunde
    (Nahrungsgewerbe) 10.26
  Berufsfachkunde
    (Textilgewerbe) 10.27
  Deutschunterricht
    (Gewerbliche Berufsschule) 7.49
  Fachrechnen
    (Gewerbeschule) 9.120
  Gewerbelehrer 2.38
  Lehrplan
    (Gewerbeschule) 6.117
  Staatsbürgerliche Erziehung
    (Gewerbeschule) 8.206
GEWISSEN 4.71
  Angst 4.23
  Gewissensbildung 3.136
  Religiöse Entwicklung 4.161
  Schulderleben 4.173
  Werterleben 4.239
GEWISSENSBILDUNG 3.136
  Charakterbildung 3.69
  Erziehung
    (Kindererziehung) 3.80
  Ethische Erziehung 3.98
  Gewissen 4.71
  Leitbilder
    (Erziehungsanspruch) 3.162
  Willenserziehung 3.241
GEWÖHNUNG 3.138
  Anpassung 3.19
  Pädagogische Soziologie
    (Umwelttheorie) 3.197
GLOBUS 5.90
  Erdkundeatlas 5.59
GRAMMATIK 7.126
  Deutsche Grammatik 7.44
  Englische Grammatik 7.67
  Fremdsprachenunterricht
    (Grammatik) 7.106
  Lateinische Grammatik 7.143
  Russische Grammatik 7.197
  Sprachlabor
    (Grammatik) 5.243
GRAMMATIKUNTERRICHT 7.126
  Deutschlehrmittel
    (Sprachlehre) 5.54
  Satzlehre 7.203
  Verblehre
    (Unterrichtsaspekt) 7.245

Wortarten 7.246
- (INNERE SPRACHFORM) 7.129
    Sprache
      (Leistungsaspekt) 7.212
    Sprachgefühl 7.216
- (SONDERSCHULE) 7.131
    Deutschlehrmittel
      (Sprachlehre:Sonderschule) 5.54
    Taubstummenunterricht
      (Sprachformenunterricht) 6.200
GRAPHISCHE DARSTELLUNG 5.90
    Erdkundelehrmittel
      (Zahlenmaterial) 5.69
    Geschichtslehrmittel
      (Tabellen) 5.89
GRAPHOLOGIE 4.72
    Ausdruckspsychologie 4.26
    Schreibunterricht
      (Schriftentwicklung) 10.230
- (SCHÜLERHANDSCHRIFT) 4.72
    Schreibunterricht
      (Schülerhandschrift) 10.232
    Schreibverhalten 4.164
GROSSSTADTJUGEND 4.73
    Akzeleration 4.21
    Sozialpsychologie
      (Umwelteinflüsse) 4.195
GRUNDLEHRGANG [DDR] 6.79
    Biologieunterricht
      (Polytechnische Bildung) 9.72
    Kaufmännischer Unterricht
      (Grundausbildung) 6.105
    Polytechnischer Unterricht
      (DDR) 6.141
GRUNDSCHULE 1.90
    Grundschullehrer 2.42
    Grundschulunterricht 6.81
    Hauptschule und Grundschule 1.104
    Primarschule [Schweiz] 1.149
    Schulkindergarten 1.201
    Übergang 1.257
    Zeugnis
      (Grundschule) 1.273
GRUNDSCHULRECHNEN 9.139
    Bruchrechnen 9.81
    Einmaleins 9.101
    Erstrechenunterricht 9.114
    Ganzheitliches Rechnen 9.121
    Rechenoperationen 9.258
    Rechenübung
      (Grundschule) 9.263
    Sachrechnen
      (Grundschule) 9.273

GRUNDSCHULUNTERRICHT 6.81
    Allgemeinbildender Unterr. 6.20
    Anfangsunterricht 6.21
    Arbeitsmittel im Unterricht
      (Grundschule) 5.30
    Aufsatzunterricht
      (Grundschule) 7.30
    Ausdrucksschulung
      (Grundschule) 7.41
    Bewegungserziehung
      (Grundschule) 10.28
    Biologieunterricht
      (Grundschule) 9.67
    Deutschunterricht
      (Grundschule) 7.49
    Englischer Anfangsunterricht
      (Grundschule) 7.75
    Erdkundeunterricht
      (Grundschule) 8.37
    Erster Schultag 6.61
    Evangelische Unterweisung
      (Grundschule) 10.57
    Freier Gesamtunterricht 6.67
    Freude im Unterricht 6.70
    Ganzheitsunterricht
      (Grundschule) 6.71
    Geometrieunterricht
      (Grundschule) 9.134
    Gesamtunterricht
      (Grundschule) 6.76
    Gesangunterricht
      (Grundschule) 10.70
    Grammatikunterricht
      (Grundschule) 7.128
    Grundschulrechnen 9.139
    Gruppenunterricht
      (Grundschule) 6.86
    Hausaufgabe
      (Grundschule) 6.98
    Jugendbuch im Unterricht
      (Grundschule) 5.95
    Katholischer Religionsunterricht
      (Grundschule) 10.92
    Kunsterziehung
      (Grundschule) 10.114
    Lehrplan
      (Grundschule) 6.118
    Leibeserziehung
      (Grundschule) 10.135
    Leichtathletik
      (Grundschule) 10.158
    Lernspiel
      (Grundschule) 5.126
    Leseunterricht
      (Grundschule) 7.154

[Forts.: Grundschulunterricht]
    Liedpflege
        (Grundschule) 10.162
    Lyrik im Unterricht
        (Grundschule) 7.168
    Märchen im Unterricht
        (Grundschule) 7.174
    Malen
        (Grundschule) 10.167
    Musikal.-Rhythm.Erziehung
        (Grundschule) 10.171
    Musikunterricht
        (Grundschule) 10.184
    Musische Erziehung
        (Grundschule) 6.129
    Rechtschreibunterricht
        (Grundschule) 7.190
    Religionsunterricht
        (Grundschule) 10.212
    Sachrechnen
        (Grundschule) 9.273
    Sachunterricht
        (Grundschule) 6.150
    Satzlehre
        (Grundschule) 7.204
    Schreibunterricht
        (Grundschule) 10.228
    Schulanfang 6.153
    Schulspiel
        (Grundschule) 6.172
    Selbsttätigkeit
        (Grundschule) 6.183
    Sozialerziehung in der Schule
        (Grundschule) 3.225
    Sozialkunde
        (Grundschule) 8.198
    Sprachunterricht
        (Grundschule) 7.225
    Stegreifspiel im Unterricht
        (Grundschule) 6.188
    Unterrichtsfilm
        (Grundschule) 5.254
    Verkehrsunterricht
        (Grundschule) 10.251
    Vogelkunde
        (Grundschule) 9.294
    Weihnachtsspiel
        (Grundschule) 6.229
    Werkunterricht
        (Grundschule) 10.271
    Wetterkunde
        (Grundschule) 8.213
    Zeichenunterricht
        (Grundschule) 10.278
GRUPPENFORSCHUNG 4.73
    Gruppenpädagogik 31.38
    Gruppenpsychologie 4.74
    Sozialpsychologie 4.193
    Verhaltensforschung 4.232
GRUPPENPÄDAGOGIK 3.138
    Freizeiterziehung
        (Jugendpflege) 3.121
    Gemeinschaftserziehung 3.126
    Gruppenforschung 4.73
    Gruppenpsychologie 4.74
    Heimerziehung 3.139
    Jugenderziehung 3.148
    Pädagogische Soziologie 3.196
    Politische Erziehung 3.199
    Sozialerziehung 3.223
    Sozialpädagogik 3.227
    Soziologie
        (Gruppe) 3.232
GRUPPENPSYCHOLOGIE 4.74
    Gemeinschaftsschwierigkeit 4.69
    Sozialpsychologie 4.193
    Soziogramm 4.196
    Test (Zulliger-Test) 4.221
- (PÄDAGOGISCHER ASPEKT) 4.74
    Hilfsschulkind
        (Soziologischer Aspekt) 4.83
    Sozialpsychologie
        (Schulklasse) 4.195
    Soziogramm
        (Schulklasse) 4.196
GRUPPENTHERAPIE 4.74
    Erziehungsberatung
        (Sozialpsychologie) 4.54
    Hilfsschulkind
        (Rehabilitation) 4.83
    Psychoanalyse
        (Behandlungstechnik) 4.138
    Psychotherapie
        (Behandlungsmethoden) 4.153
    Verhaltensstörung
        (Therapie) 4.234
GRUPPENUNTERRICHT 6.83
    Abteilungsunterricht 6.19
    Arbeitsmittel im Unterricht
        (Gruppenunterricht) 5.31
    Biologieunterricht
        (Gruppenunterricht) 9.68
    Dalton-Plan 6.52
    Differenzierung 6.56
    Englischunterricht
        (Gruppenunterricht) 7.79
    Erdkundeunterricht
        (Gruppenunterricht) 8.37
    Geschichtsunterricht
        (Gruppenunterricht) 8.74

Gruppenpsychologie
(Pädagogischer Aspekt) 4.74
Helfersystem 6.100
Individualisierung 6.100
Jenaplan 6.103
Leibeserziehung
(Gruppenarbeit) 10.136
Leistungsgruppen 6.123
Leseunterricht
(Gruppenunterricht) 7.155
Naturlehre
(Gruppenunterricht) 9.202
Programmiertes Lernen
(Gruppenunterricht) 5.171
Rechenunterricht
(Gruppenunterricht) 9.267
Religionsunterricht
(Gruppenarbeit) 10.212
Schüleraktivierung 6.151
Schulgebäude
(Gruppenraum) 1.187
Soziogramm 4.196
Stillarbeit 6.188
- (DISZIPLIN) 6.85
Pädagogischer Führungsstil 6.135
- (ERGEBNISSICHERUNG) 6.86
Hausaufgabe
(Kontrolle) 6.98
Unterricht
(Ergebnissicherung) 6.205
GYMNASIALLEHRER 2.42
Lehrerberuf
(Überlastung) 2.71
Lehrerbesoldung
(Gymnasiallehrer) 2.73
Lehrermangel
(Gymnasium) 2.113
GYMNASIALLEHRERBILDUNG 2.43
Studienreferendar 2.139
Studienseminar 2.139
GYMNASIALUNTERRICHT 6.90
Arbeitsschulunterricht 6.38
Aufsatzunterricht
(Gymnasium) 7.31
Ballade im Unterricht
(Gymnasium) 7.42
Biologieunterricht
(Gymnasium) 9.68
Chemieunterricht
(Gymnasium) 9.89
Deutschunterricht
(Gymnasium) 7.50
Dichtung im Unterricht
(Gymnasium) 7.62

Englischunterricht
(Gymnasium) 7.79
Erdkundeunterricht
(Gymnasium) 8.37
Evangelische Unterweisung
(Gymnasium) 10.58
Exemplarischer Unterricht
(Gymnasium) 6.64
Gegenwartsliteratur im
Unterricht (Gymnasium) 7.123
Geometrieunterricht
(Gymnasium) 9.135
Geschichtsunterricht
(Gymnasium) 8.74
Geschlechtserziehung in der
Schule (Gymnasium) 3.134
Grammatikunterricht
(Gymnasium) 7.128
Gruppenunterricht
(Gymnasium) 6.87
Hausaufgabe
(Gymnasium) 6.98
Katholischer Religionsunterricht
(Gymnasium) 10.92
Kern- und Kursunterricht
(Gymnasium) 6.106
Klassenarbeit 6.107
Kunsterziehung
(Gymnasium) 10.115
Lehrplan
(Gymnasium) 6.118
Leibeserziehung
(Gymnasium) 10.136
Leseunterricht
(Gymnasium) 7.155
Liedpflege
(Gymnasium) 10.163
Lyrik im Unterricht
(Gymnasium) 7.169
Mathematikunterricht
(Gymnasium) 9.165
Menschenkunde
(Gymnasium) 9.190
Musikunterricht
(Gymnasium) 10.185
Musische Erziehung
(Gymnasium) 6.129
Neue Musik im Unterricht
(Gymnasium) 10.197
Notengebung
(Gymnasium) 6.132
Orff-Schulwerk
(Gymnasium) 10.199
Physikunterricht
(Gymnasium) 9.248

[Forts.: Gymnasialunterricht]
 Politische Bildung
  (Gymnasium) 8.179
 Programmiertes Lernen
  (Gymnasium) 5.171
 Rechtschreibunterricht
  (Gymnasium) 7.191
 Rechtskunde
  (Gymnasium) 8.195
 Religionsunterricht
  (Gymnasium) 10.213
 Saarbrücker Rahmen-
  vereinbarung 6.147
 Schülerbücherei
  (Gymnasium) 5.207
 Schulfernsehen
  (Gymnasium) 5.217
 Schulfotografie
  (Gymnasium) 5.224
 Schulfunk
  (Gymnasium) 5.227
 Schulspiel
  (Gymnasium) 6.173
 Sozialkunde
  (Gymnasium) 8.199
 Sprachlabor
  (Gymnasium) 5.244
 Sprachunterricht
  (Gymnasium) 7.225
 Stundenplan
  (Gymnasium) 6.192
 Tagesheimschule
  (Gymnasium) 1.256
 Tagesschulunterricht 6.193
 Tonband im Unterricht
  (Gymnasium) 5.250
 Turnunterricht
  (Gymnasium) 10.246
 Unterrichtsfilm
  (Gymnasium) 5.255
 Unterrichtsgespräch
  (Gymnasium) 6.211
 Verkehrsunterricht
  (Gymnasium) 10.251
 Werkunterricht
  (Gymnasium) 10.271
 Wirtschaftsgeographie
  (Gymnasium) 8.222
 Wirtschaftskunde
  (Gymnasium) 8.234
 Zeichenunterricht
  (Gymnasium) 10.278
 Zeitgeschichtsunterricht
  (Gymnasium) 8.252
- (FÄCHERÜBERGREIFENDER UNTERRICHT) 6.91

 Epochalunterricht 6.60
 Gesamtunterricht 6.74
 Konzentrationsunterricht 6.107
- (MITTELSTUFE) 6.92
 Aufsatzunterricht
  (Gymnasium:Mittelstufe) 7.31
 Englischunterricht
  (Gymnasium:Mittelstufe) 7.80
 Erdkundeunterricht
  (Gymnasium:Mittelstufe) 8.38
 Geschichtsunterricht
  (Gymnasium:Mittelstufe) 8.74
 MAthematikunterricht
  (Gymnasium:Mittelstufe) 9.166
- (OBERSTUFE) 6.92
 Aufsatzunterricht
  (Gymnasium:Oberstufe) 7.32
 Begabtenförderung
  (Abiturienten) 1.27
 Deutschunterricht
  (Gymnasium:Oberstufe) 7.50
 Dichtung im Unterricht
  (Gymnasium:Oberstufe) 7.62
 Englischunterricht
  (Gymnasium:Oberstufe) 7.80
 Erdkundeunterricht
  (Gymnasium:Oberstufe) 8.38
 Französischunterricht
  (Gymnasiale Oberstufe) 7.99
 Geschichtsunterricht
  (Gymnasium:Oberstufe) 8.75
 Kern- und Kursunterricht
  (Gymnasium) 6.106
 Leseunterricht
  (Gymnasium:Oberstufe) 7.156
 Lyrik im Unterricht
  (Gymnasium:Oberstufe) 7.169
 Mathematikunterricht
  (Gymnasium:Oberstufe) 9.166
 Musikunterricht
  (Gymnasium:Oberstufe) 10.185
 Politische Bildung
  (Gymnasium:Oberstufe) 8.180
 Religionsunterricht
  (Gymnasium:Oberstufe) 10.213
 Saarbrücker Rahmenvereinbarung
  6.147
 Schülerarbeitsgemeinschaft 6.152
 Schultheater
  (Gymnasium) 6.178
 Stoffbeschränkung 6.189
 Studienfahrt 6.190
- (UNTERSTUFE) 6.93
 Aufsatzunterricht
  (Gymnasium:Unterstufe) 7.32

Deutschunterricht
 (Gymnasium:Unterstufe) 7.51
Englischer Anfangsunterricht
 (Gymnasium) 7.75
Leseunterricht
 (Gymnasium:Unterstufe) 7.156
Matnematikunterricht
 (Gymnasium:Unterstufe) 9.166
Sprachunterricht
 (Gymnasium:Unterstufe) 7.226
GYMNASIUM 1.92
 Abendgymnasium 1.19
 Abitur 1.20
 Aufbaugymnasium 1.20
 Aufnahmeprüfung
  (Gymnasium) 1.22
 Begabtenförderung
  (Abiturienten) 1.27
 Bildungsauftrag
  (Gymnasium) 3.64
 Erziehung
  (Gymnasium) 3.78
 Frauenoberschule 1.80
 Fünftagewoche im Schulwesen
  (Gymnasium) 1.82
 Gesamtschule 1.88
 Gymnasiallehrer 2.42
 Gymnasialunterricht 6.90
 Höhere Schule 1.112
 Humanistisches Gymnasium 1.114
 Mädchengymnasium 1.143
 Musisches Gymnasium 1.146
 Naturwissenschaftliches
  Gymnasium 1.147
 Oberschule Wissenschaftlicher
  Zweig 1.148
 Realschule und Gymnasium 1.163
 Schülermitverwaltung
  (Gymnasium) 3.211
 Schülerzeitschrift
  (Gymnasium) 3.213
 Schulbau (Gymnasium) 1.171
 Schuldisziplin
  (Gymnasium) 3.215
 Schulentlassung
  (Gymnasium) 6.156
 Schule und Elternhaus
  (Gymnasium) 1.176
 Schule und Gesellschaft
  (Gymnasium) 1.179
 Schule und Wirtschaft
  (Gymnasium) 1.182
 Sozialgymnasium 1.251
 Tagesheimschule
  (Gymnasium) 1.256

 Übergang
  (Gymnasium) 1.258
 Wirtschaftsgymnasium 1.270
- (AUSLESEVERFAHREN) 1.94
 Aufnahmeprüfung
  (Gymnasium) 1.22
 Begabtenauslese 1.24
 Förderstufe 1.78
 Probeunterricht 1.154
 Schulversager
  (Gymnasium) 4.184
 Stundentafel
  (Gymnasium) 6.193
 Übergang
  (Eignungsgutachten) 1.258
 Übergang
  (Gymnasium) 1.258
- (REFORM DER OBERSTUFE) 1.98
 Gymnasialunterricht
  (Oberstufe) 6.92
 Mädchengymnasium 1.143
 Studientag 1.254
GYMNASIUM UND UNIVERSITÄT 1.100
 Schule und Universität 1.182
 Universität 1.259
GYMNASTIK 10.70
 Bewegungserziehung 10.27
 Geräteturnen
  (Rhythmus) 10.67
 Leibeserziehung
  (Rhythmus) 10.150
 Mädchenturnen
  (Bewegungserziehung) 10.166
 Rhythmische Bewegungserzhg. 10.226
- (TANZ) 10.73
 Gymnastik
  (Künstlerische Gymnastik) 10.72
 Musikalisch-Rhythmische Erziehung
  (Tanz) 10.172
 Volkstanz 10.259

H

HAFTPFLICHT DES LEHRERS 2.47
 Aufsichtspflicht des Lehrers 2.20
 Chemische Experimente
  (Unfallverhütung) 9.99
 Geräteturnen
  (Hilfestellung) 10.65
 Lehrerberuf
  (Rechtsfragen) 2.70
 Leibeserziehung
  (Unfallverhütung) 10.154

[Forts.: Haftpflicht des Lehrers]
  Physikalische Experimente
    (Unfallverhütung) 9.244
  Schwimmunterricht
    (Aufsichtspflicht) 10.236
HAFTTAFEL 5.90
  Biologielehrmittel
    (Hafttafel) 5.42
  Chemielehrmittel
    (Hafttafel) 5.48
  Deutschlehrmittel
    (Hafttafel) 5.51
  Englischlehrmittel
    (Hafttafel) 5.57
  Erdkundelehrmittel
    (Hafttafel) 5.65
  Flanelltafel 5.72
  Geschichtslehrmittel
    (Hafttafel) 5.85
  Mathematiklehrmittel
    (Hafttafel) 5.135
  Musiklehrmittel
    (Notentafel) 5.141
  Rechenlehrmittel
    (Hafttafel) 5.192
  Verkehrslehrmittel
    (Bildformen) 5.257
HALBSTARKE 4.76
  Aggression 4.20
  Pubertätskrise 4.158
  Störenfried 4.210
HALTUNGSFEHLER DES SCHÜLERS 4.76
  Leibeserziehung
    (Haltungsschäden) 10.137
  Sonderturnen 4.192
HANDARBEITSUNTERRICHT 10.74
  Nadelarbeit 10.195
  Schulgebäude
    (Handarbeitsraum) 1.187
HANDELSSCHULE 1.101
  Berufliche Ausbildung
    (Einzelhandel) 10.22
  Berufsaufbauschule
    (Kaufmännische Berufe) 1.31
  Deutschunterricht
    (Handelsschule) 7.51
  Diplom-Handelslehrer 2.31
  Englischunterricht
    (Handelsschule) 7.80
  Höhere Handelsschule 1.112
  Kaufmänn.Berufsfachschule 1.118
  Kaufmännische Berufsschule 1.118
  Rahmenplan
    (Berufsbildendes Schulwesen) 1.157
  Schuljahr IX u.Handelsschule 1.199

  Schuljahr X und Berufsbildendes
    Schulwesen 1.200
  Wirtschaftsoberschule 1.271
  Wirtschaftsschule 1.272
HANDELSSCHULLEHRERBILDUNG 2.47
  Diplom-Handelslehrer 2.31
  Studienseminar
    (Berufsschullehrer) 2.140
HANDPUPPENSPIEL 6.93
  Schattenspiel 6.151
HAUPTSCHULE 1.101
  Berufsfachschule 1.39
  Berufsgrundschule 1.49
  Bildungsauftrag
    (Hauptschule) 3.65
  Gesamtschule 1.88
  Jahrgangsklasse 1.177
  Oberschule Praktischer Zweig 1.147
  Schuljahr IX 1.194
  Volksschuloberstufe 1.265
  Volksschulreform
    (Oberstufe)
HAUPTSCHULE [ÖSTERREICH] 1.104
  Volksschule
    (Österreich) 1.265
HAUPTSCHULUNTERRICHT 6.95
  Arbeitslehre
    (Hauptschule) 6.37
  Betriebspraktikum
    (Schuljahr IX) 6.50
  Differenzierung
    (Volksschuloberstufe) 6.58
  Kern- und Kursunterricht
    (Volksschuloberstufe) 6.107
  Lehrerbildung
    (Hauptschule) 2.84
  Naturlehre
    (Hauptschule) 9.202
  Sprachlabor
    (Hauptschule) 5.244
  Volksschulunterricht
    (Oberstufe) 6.221
HAUSAUFGABE 6.96
  Arbeitsanweisung 6.23
  Arbeitserziehung 6.35
  Arbeitshaltung des Schülers 6.36
  Aufsatzunterricht
    (Hausaufsatz) 7.32
  Biologieunterricht
    (Hausaufgabe) 9.69
  Chemieunterricht
    (Hausaufgabe) 9.89
  Deutschunterricht
    (Hausaufgabe) 7.51

Geschichtsunterricht
  (Hausaufgabe) 8.75
Programmiertes Lernen
  (Hausaufgabe) 5.172
Schüleraktivierung 6.151
Schulische Leistungssteigerung
  (Pädagogischer Aspekt) 6.162
Üben 6.202
Unterricht
  (Ergebnissicherung) 6.205
Wiederholung 6.230
- (KONTROLLE) 6.98
Gruppenunterricht
  (Ergebnissicherung) 6.86
Klassenarbeit 6.107
Korrekturarbeit des Lehrers 6.108
Schulische Leistungskontrolle 6.160
- (UNTERRICHTSASPEKT) 6.99
Schulische Leistungssteigerung 6.161
Selbsttätigkeit 6.182
Stillarbeit 6.188
HAUSMUSIK 10.76
Instrumentalspiel 10.81
Volksmusik 10.259
HAUSWIRTSCHAFT 10.77
Ernährungslehre 10.53
HAUSWIRTSCHAFTLICHE BERUFSSCHULE 1.105
Berufsaufbauschule 1.30
Frauenfachschule 1.80
Landwirtschaftl. Berufsschule
  (Mädchen) 1.141
Mädchenberufsschule 1.143
HAUSWIRTSCHAFTSUNTERRICHT 10.78
Ernährungslehre 10.53
Hauswirtschaft 10.77
Kochunterricht 10.103
HEILPÄDAGOGIK 4.76
Aphasie 4.24
Audiometrie 4.26
Autismus 4.28
Blindes Kind 4.34
Cerebral gelähmtes Kind 4.35
Entwicklungsgehemmtes Kind 4.40
Entwicklungspsychologie
  (Pädagogischer Aspekt) 4.45
Entwicklungsstörung 4.47
Erziehungsberatung
  (Heilpädagogik) 4.52
Erziehungsschwierigkeit
  (Sonderschüler) 4.57
Frustration 4.63
Gehemmtes Kind 4.66
Gehörloses Kind 4.66
Geistig behindertes Kind
  (Heilpäd.Betreuung) 4.67

Gruppentherapie
  (Sonderschüler) 4.75
Heilpädagogische Psychologie 4.80
Heimkind 4.80
Hilfsschulbedürftigkeit 4.80
Hilfsschulkind 4.81
Hirngeschädigtes Kind 4.84
Hospitalismus 4.84
Intelligenzschwäche 4.89
Intelligenztest
  (Sonderschüler) 4.91
Kinderpsychiatrie 4.95
Kinderpsychotherapie 4.96
Körperbehindertes Kind 4.98
Kontaktgestörtes Kind 4.100
Konzentrationsschwäche
  (Sonderschüler) 4.102
Legasthenie
  (Sonderschüler) 4.104
Leistungsstörung 4.109
Lernstörung 4.113
Leseinteresse
  (Sonderschüler) 4.117
Lesestörung 4.119
Psychagogik 4.137
Psychotherapie 4.152
Rechenschwäche 4.160
Schülerbeobachtung
  (Sonderschüler) 4.167
Schülerbeurteilung
  (Sonderschüler) 4.170
Schulversager 4.183
Schwachsinniges Kind 4.185
Schwererziehbarkeit
  (Schulkind) 4.188
Schwerhöriges Kind
  (Heilpäd.Betreuung) 4.189
Sehbehindertes Kind
  (Heilpäd.Betreuung) 4.190
Sitzenbleiber 4.192
Spastisch gelähmtes Kind 4.198
Spieltherapie 4.198
Sprachheilpädagogik 4.200
Sprachheilschule 4.203
Sprachliche Entwicklung
  (Sonderschüler) 4.205
Sprachstörung 4.207
Stotterndes Kind 4.211
Stottertherapie 4.212
Taubstummes Kind 4.214
Testverfahren
  (Sonderschüler) 4.225
Verhaltensstörung 4.232
Verwahrlosung
  (Pädagog.Betreuung) 4.235

- (BEWEGUNGSTHERAPIE) 4.78
    Körperbehindertes Kind
      (Betreuung) 4.98
    Leibeserziehung
      (Heilpädagogik) 10.138
    Sonderturnen 4.192
    Spieltherapie 4.198
    Sprachheilpädagogik
      (Rhythmische Erziehung) 4.203
    Stottertherapie
      (Behandlungsmethoden) 4.213
- (MEDIZINISCHER ASPEKT) 4.79
    Erziehungsberatung
      (Arzt) 4.50
    Hilfsschulbedürftigkeit
      (Feststellung) 4.81
    Sprachheilpädagogik
      (Medizinischer Aspekt) 4.202
    Stottertherapie
      (Stationäre Behandlung) 4.214
    Taubstummes Kind
      (Medizinischer Aspekt) 4.215
HEILPÄDAGOGISCHE PSYCHOLOGIE 4.80
    Psychologie
      (Pädagogischer Aspekt) 4.149
HEIMAT 8.92
    Heimaterlebnis 8.93
    Heimaterziehung 8.93
    Heimatforschung 8.94
    Heimatgeschichte 8.94
    Heimatkundeunterricht
      (Brauchtum) 8.97
- (UNTERRICHTSPRINZIP) 8.93
    Erdkundeunterricht
      (Heimatprinzip) 8.38
    Heimatkundeunterricht
      (Bildungswert) 8.96
HEIMATERLEBNIS 8.93
    Heimatkundeunterricht
      (Bildungswert) 8.96
HEIMATERZIEHUNG 8.93
    Heimaterlebnis 8.93
    Heimatkundeunterricht
      (Bildungswert) 8.96
HEIMATFORSCHUNG 8.94
    Heimatgeschichte 8.94
HEIMATGESCHICHTE 8.94
    Geschichtsunterricht
      (Heimatgeschichte) 8.75
HEIMATKUNDELEHRMITTEL 5.91
    Bildkarte 5.36
    Heimatbuch 5.92
    Heimatkundeunterricht
      (Zeichnen) 8.104
    Sandkasten 5.203

HEIMATKUNDEUNTERRICHT 8.95
    Heimatbuch 5.91
    Heimatkundelehrmittel 5.91
    Heimatkundliche Themen 8.104
    Kartenverständnis
      (Heimatkunde) 8.107
    Kunsterziehung
      (Heimatkunde) 10.115
    Lehrerbildung
      (Heimatkunde) 2.84
    Verkehrsunterricht
      (Heimatkunde) 10.251
    Werkunterricht
      (Heimatkunde) 10.271
    Wetterkunde
      (Grundschule) 8.213
- (BILDUNGSWERT) 8.96
    Heimat
      (Unterrichtsprinzip) 8.93
    Heimaterlebnis 8.93
    Heimaterziehung 8.93
- (GRUNDBEGRIFFE) 8.99
    Erdkundeunterricht
      (Erdkundliche Grundbegriffe) 8.35
    Heimatkundliche Themen
      (Bach/Fluß) 8.104
    Heimatkundliche Themen
      (Wasser) 8.106
HEIMATKUNDLICHE THEMEN 8.104
    Arbeitseinheiten 6.23
- (DORF) 8.105
    Arbeitseinheiten
      (Bauernhof) 6.24
    Arbeitseinheiten
      (Dorf) 6.24
    Arbeitseinheiten
      (Ernte) 6.25
    Arbeitseinheiten
      (Heuernte) 6.28
    Arbeitseinheiten
      (Kartoffeln) 6.28
    Arbeitseinheiten
      (Wiese) 6.34
- (GROSSSTADT) 8.105
    Arbeitseinheiten
      (Industrie) 6.28
    Arbeitseinheiten
      (Verkehr) 6.32
- (STADT) 8.105
    Arbeitseinheiten
      (Einkaufen) 6.25
    Arbeitseinheiten
      (Eisenbahn) 6.25
    Arbeitseinheiten
      (Feuerwehr) 6.26

Arbeitseinheiten
   (Post) 6.30
Arbeitseinheiten
   (Telefon) 6.31
Arbeitseinheiten
   (Zoo) 6.35
- (STRASSE) 8.106
Arbeitseinheiten
   (Bauen) 6.23
Arbeitseinheiten
   (Fahrrad) 6.25
Arbeitseinheiten
   (Hausbau) 6.27
Arbeitseinheiten
   (Straße) 6.31
Arbeitseinheiten
   (Wohnung) 6.34
Verkehrsunterricht
   (Straße) 10.255
- (WALD) 8.106
Arbeitseinheiten
   (Wald) 6.32
- (WASSER) 8.106
Arbeitseinheiten
   (Wasser) 6.33
HEIMERZIEHER..................... 2.48
Heimerziehung
   (Personalfragen) 3.142
Sozialpädagoge 2.138
HEIMERZIEHERAUSBILDUNG 2.49
Kindergärtnerinnenausbildung 2.54
Sozialpädagoge
   (Ausbildung) 2.138
HEIMERZIEHERIN 2.49
Kindergärtnerin 2.53
HEIMERZIEHUNG 3.139
Erziehungsberatung
   (Heimerziehung) 4.53
Erziehungsheim 1.73
Gemeinschaftserziehung 3.126
Gruppenpädagogik 3.138
Heimerzieher 2.48
Heimschule 1.105
Jugenderziehung 3.148
Kinderdorf 1.121
Kinderheim 1.126
Schwererziehbarkeit
   (Heimerziehung) 4.187
- (FAMILIENPRINZIP) 3.140
Familie
   (Adoptivkind) 3.102
Familienerziehung 3.112

HEIMKIND 4.80
Erziehungsberatung
   (Heimerziehung) 4.53
Hospitalismus 4.84
HEIMSCHULE 1.105
Erziehungsheim 1.73
Internat 1.116
Privatschule 1.150
Sonderschulheim 1.250
HELFERSYSTEM 6.100
Gruppenunterricht
   (Vorformen) 6.90
Stillarbeit
   (Landschule) 6.189
HILFSSCHULBEDÜRFTIGKEIT 4.80
Hilfsschulkind
   (Intelligenzstruktur) 4.82
Intelligenzschwäche 4.89
Intelligenztest
   (Sonderschüler) 4.91
Schülerbeurteilung
   (Sonderschüler) 4.170
Schulversager
   (Volksschule) 4.184
Sitzenbleiber 4.192
- (FESTSTELLUNG) 4.81
Heilpädagogik
   (Medizinischer Aspekt) 4.79
Intelligenzquotient 4.89
Intelligenztest
   (Sonderschüler) 4.91
Testverfahren
   (Sonderschüler) 4.225
HILFSSCHULE 1.106
Sonderschule für Lernbehinderte
   1.246
HILFSSCHULKIND 4.81
Entwicklungsgehemmtes Kind 4.40
Erziehungsschwierigkeit
   (Sonderschüler) 4.57
Fernsehwirkung
   (Sonderschüler) 4.59
Geistig behindertes Kind 4.67
Gruppentherapie
   (Sonderschüler) 4.75
Konzentrationsschwäche
   (Sonderschüler) 4.102
Leistungsstörung 4.109
Lernstörung 4.113
Leseinteresse
   (Sonderschüler) 4.117
Schülerbeobachtung
   (Sonderschüler) 4.167
Schülerbeurteilung
   (Sonderschüler) 4.170

[Forts.: Hilfsschulkind]
  Schulversager
    (Volksschule) 4.184
  Sitzenbleiber 4.192
  Sprachheilpädagogik
    (Hilfsschulkind) 4.201
  Sprachliche Entwicklung
    (Sonderschüler) 4.205
  Testverfahren
    (Sonderschüler) 4.225
- (INTELLIGENZSTRUKTUR) 4.82
  Hilfsschulbedürftigkeit 4.80
  Intelligenzschwäche 4.89
  Intelligenztest
    (Sonderschüler) 4.91
  Schülerbeobachtung
    (Sonderschüler) 4.167
  Sprachliche Entwicklung
    (Sonderschüler) 4.205
  Testverfahren
    (Sonderschüler) 4.225
- (REHABILITATION) 4.83
  Berufsbewährung
    (Sonderschüler) 3.33
  Berufserziehung
    (Sonderschüler) 3.43
  Berufsfindung
    (Sonderschüler) 3.49
  Erziehungsberatung
    (Heilpädagogik) 4.52
  Gruppentherapie
    (Sonderschüler) 4.75
  Körperbehindertes Kind
    (Rehabilitation) 4.99
- (SOZIOLOGISCHER ASPEKT) 4.83
  Erziehungsberatung
    (Heilpädagogik) 4.52
  Erziehungsschwierigkeit
    (Sonderschüler) 4.57
  Gruppenpsychologie
    (Pädagogischer Aspekt) 4.74
  Gruppentherapie
    (Sonderschüler) 4.75
  Lernfähigkeit
    (Soziologischer Aspekt) 4.110
HILFSSCHULLEHRER 2.49
  Sonderschullehrer 2.135
HIRNGESCHÄDIGTES KIND 4.84
  Aphasie 4.24
  Cerebral gelähmtes Kind 4.35
  Epileptisches Kind 4.48
HIRNSCHÄDIGUNG 4.84
  Aphasie 4.24
  Cerebral gelähmtes Kind 4.35

HOCHFREQUENZTECHNIK 9.143
  Atomphysik
    (Korpuskularstrahlung) 9.52
  Elektrizitätslehre
    (Gleichrichter) 9.105
HOCHSCHULFINANZIERUNG 1.106
  Bildungsfinanzierung 1.47
  Bildungsökonomie 1.48
HOCHSCHULGESETZGEBUNG 1.107
  Hochschulrecht 1.107
HOCHSCHULLEHRER 2.50
  Lehrerbesoldung
    (Hochschullehrer) 2.73
  Pädagogische Hochschule
    (Dozent) 2.125
  Universitätspädagoge 2.144
HOCHSCHULRECHT 1.107
  Hochschulgesetzgebung 1.107
  Hochschulverwaltung 1.111
HOCHSCHULREFORM 1.108
  Hochschullehrernachwuchs 2.50
  Studentenbetreuung 1.253
  Universität 1.259
HOCHSCHULREIFE 1.110
  Abitur 1.20
  Fachschulreife 1.77
  Gymnasium und Universität 1.100
  Reifeprüfung 1.165
  Schule und Universität 1.182
  Zweiter Bildungsweg 1.276
HOCHSCHULSTUDIUM 1.111
  Hochschulreform
    (Studiendauer) 1.109
  Programmiertes Lernen
    (Hochschule) 5.172
  Sprachlabor
    (Hochschule) 5.244
  Studium generale 3.237
HOCHSCHULVERWALTUNG 1.111
  Hochschulrecht 1.107
  Hochschulstudium 1.111
HÖHERE FACHSCHULEN 1.112
  Baufachschule 1.24
  Fachschulreife 1.77
  Höhere Handelsschule 1.112
  Höhere Wirtschaftsfachschule 1.113
  Ingenieurschule 1.114
  Wirtschaftsoberschule 1.271
HÖHERE HANDELSSCHULE 1.112
  Berufsaufbauschule
    (Kaufmännische Berufe) 1.31
  Fachschulreife 1.77
  Höhere Wirtschaftsfachschule 1.113
  Kaufmänn.Berufsfachschule 1.118
  Wirtschaftsoberschule 1.271

HÖHERE SCHULE 1.112
  Gymnasium 1.92
  Realschule 1.159
HÖHERE WIRTSCHAFTSFACHSCHULE 1.113
  Fachschule
    (Einzelne Berufe) 1.74
  Fachschulreife 1.77
  Kaufmänn.Berufsfachschule 1.118
  Wirtschaftsgymnasium 1.270
  Wirtschaftsoberschule 1.271
HÖRSPIEL IM DEUTSCHUNTERRICHT 7.135
  Deutschlehrmittel
    (Hörspiel) 5.51
HOSPITALISMUS 4.84
  Erziehungsberatung
    (Heimerziehung) 4.53
  Heimkind 4.80
HUMANISMUS 3.144
  Bildung
    (Mensch und Technik) 3.57
  Erziehung zur Menschlichkeit 3.88
  Menschenbildung 3.179
- (CHRISTLICHER HUMANISMUS) 3.145
  Christliche Anthropologie 3.68
  Christliches Menschenbild 3.70
HUMANISTISCHE BILDUNG 3.146
  Allgemeinbildung 3.19
  Berufserziehung und
    Menschenbildung 3.45
  Bildungsauftrag
    (Gymnasium) 3.64
  Bildungsbegriff
    (Tradition und Moderne) 3.67
  Elitebildung 3.72
  Erziehung
    (Gymnasium) 3.78
  Menschenbildung
    (Schulerziehung) 3.179
HUMANISTISCHES GYMNASIUM 1.114
  Humanistische Bildung 3.146
HYPNOSE 4.85
  Psychotherapie
    (Behandlungsmethoden) 4.153
  Suggestion 4.214
  Tiefenpsychologie
    (Unterbewußtsein) 4.227

I

ICH-PSYCHOLOGIE 4.85
  Autismus 4.28
  Bewußtsein 4.33
  Persönlichkeitspsychologie 4.133
  Tiefenpsychologie 4.226

IDEOLOGISCHE ERZIEHUNG [DDR] 3.147
  Erziehung (DDR) 3.76
  Kommunistische Erziehung 3.160
  Pädagogik (DDR) 3.185
  Politische Erziehung (DDR) 3.200
  Sozialistische Erziehung [DDR]
    3.226
  Staatsbürgerkunde
    (Ideologische Erziehung) 8.202
INDIVIDUALISIERUNG 6.100
  Dalton-Plan 6.52
  Differenzierung 6.56
  Gruppenunterricht 6.83
  Unterricht
    (Entwicklungsgemäßheit) 6.205
INDIVIDUALPSYCHOLOGIE 4.86
  Erlebnis 4.49
  Minderwertigkeitsgefühl 4.124
  Psychoanalyse 4.137
  Psychotherapie 4.152
  Tiefenpsychologie 4.226
- (PÄDAGOGISCHER ASPEKT) 4.86
  Ängstliches Kind 4.19
  Gehemmtes Kind 4.66
  Psychotherapie
    (Pädagogischer Aspekt) 4.155
  Schüchternes Kind 4.165
  Tiefenpsychologie
    (Pädagogischer Aspekt) 4.226
INDUSTRIEPRAKTIKUM 6.100
  Arbeitslehre
    (Berufsvorbereitung) 6.37
  Berufskunde 6.44
  Betriebsbesichtigung 6.49
  Betriebspraktikum 6.50
  Lehrerbildung
    (Industriepraktikum) 2.85
INGENIEURSCHULE 1.114
  Baufachschule 1.24
  Fachschule
    (Technikerausbildung) 1.76
  Fachschulreife 1.77
  Höhere Fachschule 1.112
  Programmiertes Lernen
    (Ingenieurschule) 5.172
  Staatsbürgerliche Erziehung
    (Ingenieurschule) 8.206
  Zweiter Bildungsweg
    (Berufsbildendes Schulwesen) 1.278
INNERE SCHULREFORM 6.101
  Arbeitslehre 6.36
  Arbeitsschulunterricht 6.38
  Differenzierung 6.56
  Exemplarischer Unterricht 6.62
  Freilufterziehung 6.69

[Forts.: Innere Schulreform]
    Gruppenunterricht 6.83
    Jenaplan 6.103
    Kern- und Kursunterricht 6.106
    Lebensnaher Unterricht 6.113
    Lebenspraktischer Unterricht 6.113
    Lehrwanderung 6.122
    Musische Bildungsform 6.127
    Natürlicher Unterricht 6.131
    Offene Schultür 6.134
    Polytechnische Bildung 6.136
    Saarbrücker Rahmenvereinbarg. 6.147
    Unterrichtsökonomie 6.214
    Unterrichtsplanung 6.214
    Werktätiger Unterricht 6.229
INSEKTENKUNDE 9.146
    Biologielehrmittel
    (Insektenkunde) 5.42
- (BIENEN) 9.146
    Biologielehrmittel
    (Bienenstand) 5.40
    Pflanzenkunde
    (Blütenbestäubung) 9.227
    Tierverhalten
    (Orientierung) 9.288
INSEKTENSCHÄDLINGE 9.149
    Insektenkunde
    (Borkenkäfer) 9.147
    Insektenkunde (Fliegen) 9.147
    Insektenkunde
    (Maikäfer) 9.148
INSTRUMENTALSPIEL 10.81
    Blockflötenspiel 10.50
    Musikgeschichte
    (Instrumentalmusik) 10.176
    Musikinstrument 5.138
    Musikinstrumentenbau 5.140
    Orff-Schulwerk 10.198
    Schulorchester 10.234
INTELLIGENZ 4.86
    Begabung 4.28
    Bewußtsein 4.33
    Denkpsychologie 4.38
    Lernfähigkeit 4.110
    Sprachpsychologie 4.206
- (SCHULLEISTUNG) 4.87
    Bildsamkeit 4.33
    Leistungsfähigkeit 4.107
    Schulische Leistung 6.159
    Schulleistungstest 4.173
INTELLIGENZDIAGNOSE 4.87
    Intelligenztest 4.89
    Rorschach-Test
    (Intelligenzdiagnostik) 4.162
    Schülerbeurteilung 4.168

INTELLIGENZENTWICKLUNG 4.88
    Begriffsbildung 4.31
    Denkentwicklung 4.37
    Geistige Entwicklung 4.69
    Intelligenzquotient 4.89
    Kleinkindlesen 4.97
    Sprachliche Entwicklung 4.204
INTELLIGENZFORSCHUNG 4.88
    Denkpsychologie 4.38
    Lerntheorien 4.113
    Mathematisches Denken 4.123
    Persönlichkeitspsychologie 4.133
    Schöpferisches Tun 4.164
    Technische Begabung 4.216
INTELLIGENZQUOTIENT 4.89
    Hilfsschulbedürftigkeit
    (Feststellung) 4.81
INTELLIGENZSCHWÄCHE 4.89
    Hilfsschulbedürftigkeit 4.80
    Hilfsschulkind
    (Intelligenzstruktur) 4.82
    Schulversager
    (Volksschule) 4.184
    Schwachsinnsformen 4.186
    Sitzenbleiber 4.192
INTELLIGENZTEST 4.89
    Intelligenzdiagnose 4.87
    Intelligenzquotient 4.89
    Rorschach-Test
    (Intelligenzdiagnostik) 4.162
    Schulleistungstest 4.173
    Test (Lauli-Test) 4.219
    Test (Progressive-
    Matrices-Test) 4.220
- (SONDERSCHÜLER) 4.91
    Hilfsschulbedürftigkeit
    (Feststellung) 4.81
    Schülerbeurteilung
    (Sonderschüler) 4.170
    Testverfahren
    (Sonderschüler) 4.235
INTERESSE DES SCHÜLERS 4.91
    Aufmerksamkeit 4.26
    Begabung 4.28
    Leseinteresse 4.115
    Test (Berufs-Inter-
    essen-Test) 4.218
INTERNAT 1.116
    Heimschule 1.105
    Privatschule 1.150
INTERPRETATION 7.135
    Drama
    (Interpretation) 7.65
    Lyrik
    (Interpretation) 7.166

INTERPRETATION IM UNTERRICHT 7.136
    Altsprachlicher Unterricht
      (Interpretation) 7.21
    Dichtung im Unterricht 7.61
    Lyrik im Unterricht
      (Gedichtinterpretation) 7.168
    Philosophieunterricht
      (Textinterpretation) 10.206

J

JAHRGANGSKLASSE 1.117
    Hauptschule 1.101
    Klassenfrequenz 1.127
JAZZ IM MUSIKUNTERRICHT 10.82
    Schlager im Musikunterricht 10.226
JENAPLAN 6.103
    Dalton-Plan 6.52
    Gruppenunterricht 6.83
    Kern- und Kursunterricht 6.106
JUGENDALTER 3.147
    Entwicklungspsychologie
      (Jugendalter) 4.41
    Erziehungsberatung
      (Jugendalter) 4.53
    Erziehungsschwierigkeit
      (Jugendalter) 4.55
    Filmerleben
      (Jugendalter) 4.60
    Filmwirkung
      (Jugendalter) 4.61
    Freizeitverhalten
      (Jugendalter) 3.124
    Generationsproblem 3.128
    Jugendsoziologie 3.151
    Schwererziehbarkeit
      (Jugendalter) 4.187
JUGENDBUCH 7.137
    Deutschlehrmittel
      (Jugendbuch) 5.52
    Erdkundelehrmittel
      (Jugendbuch) 5.65
    Geschichtslehrmittel
      (Jugendbuch) 5.85
    Jugendbuch im Unterricht 5.94
    Jugendbuchbeurteilung 7.139
    Kinderbuch 7.140
    Kurzgeschichte
      (Jugendlektüre) 7.142
    Literaturpädagogik
      (Jugendbuch) 3.166
    Politiklehrmittel
      (Jugendbuch) 5.152

    Religionslehrmittel
      (Jugendbuch) 5.199
    Tierbuch 7.241
- (SONDERFORMEN) 7.138
    Kinderbuch 7.140
    Literaturpädagogik
      (Abenteuerbuch) 3.164
    Literaturpädagogik
      (Bilderbuch) 3.164
    Literaturpädagogik
      (Mädchenbuch) 3.168
    Tierbuch 7.241
JUGENDBUCH IM UNTERRICHT 5.94
    Bilderbuch im Unterricht 5.35
    Deutschlehrmittel
      (Jugendbuch) 5.52
    Erdkundelehrmittel
      (Jugendbuch) 5.65
    Ganzschrift im Unterricht 5.76
    Geschichtslehrmittel
      (Jugendbuch) 5.85
    Politiklehrmittel
      (Jugendbuch) 5.152
    Religionslehrmittel
      (Jugendbuch) 5.199
    Zeitgeschichtslehrmittel
      (Jugendbuch) 5.261
- (SACHUNTERRICHT) 5.95
    Arbeitsbücherei 5.23
    Nachschlagewerke im Unterricht
      (Jugendlexikon) 5.144
    Sachbuch im Unterricht 5.203
JUGENDERZIEHUNG 3.148
    Erwachsenenbildung und
      Jugendbildung 1.71
    Erziehung
      (Kindererziehung) 3.80
    Gruppenpädagogik 3.138
    Heimerziehung 3.139
    Jugendwandern 3.153
    Mädchenbildung 3.170
    Leitbilder
      (Jugendalter) 3.162
    Politische Erziehung 3.199
    Religiöse Erziehung
      (Jugendalter) 3.205
    Sozialpädagogik 3.227
JUGENDFORSCHUNG 3.148
    Jugendsoziologie 3.151
JUGENDGEFÄHRDENDES SCHRIFTTUM 3.149
    Literarischer Jugendschutz 3.163
    Schmutz- und Schundliteratur 3.207
    Schundliteratur 3.220
JUGENDKONZERT 10.83
    Schulorchester 10.234

JUGENDLICHER DIEB 4.92
    Asozialer Jugendlicher 4.25
    Verwahrlosung
        (Jugendkriminalität) 4.235
JUGENDPSYCHOLOGIE 4.92
    Berufstätige Jugend 4.31
    Entwicklungspsychologie
        (Jugendalter) 4.41
    Erziehungsberatung
        (Jugendalter) 4.53
    Erziehungsschwierigkeit
        (Jugendalter) 4.55
    Filmerleben
        (Jugendalter) 4.60
    Filmwirkung
        (Jugendalter) 4.61
    Großstadtjugend 4.73
    Halbstarke 4.76
    Jugendalter 3.147
    Jungarbeiter 4.93
    Jungarbeiterin 4.93
    Leseinteresse
        (Jugend und Buch) 4.116
    Nachkriegsjugend 4.126
    Schüler 4.165
    Sexualverhalten
        (Entwicklungspsychologie) 4.192
    Student 4.214
    Überforderung des Schülers
        (Gymnasium) 4.230
    Volksschüler
        (Abschlußklasse) 4.236
JUGENDSOZIOLOGIE 3.151
    Generationsproblem 3.128
    Jugendalter 3.147
    Jugendforschung 3.148
    Mädchenbildung
        (Soziologischer Aspekt) 3.174
    Pädagogische Soziologie 3.196
JUGENDTOURISMUS 3.153
    Jugendwandern 3.153
JUNGARBEITER 4.93
    Berufserziehung
        (Jungarbeiter) 3.40
    Berufsschulunterricht
        (Jungarbeiter) 6.48
    Berufstätige Jugend 4.31
    Jungarbeiterin 4.93
JUNGARBEITERIN 4.93
    Berufsschulunterricht
        (Jungarbeiterin) 6.48
    Berufstätige Jugend 4.31
    Jungarbeiter 4.93
JUNGLEHRER 2.51
    Erste Lehrerprüfung 2.31

Lehrerfortbildung 2.105
Lehrprobe 2.118
Mentor 2.120
Volksschullehrerbildung 2.147
Zweite Phase der Lehrer-
    bildung 2.151
Zweite Lehrerprüfung 2.149
JUNGLEHRERARBEITSGEMEINSCHAFT 2.52
    Fachlehrer
        (Volksschule) 2.35
    Lehrerfortbildung 2.105
    Lehrprobe 2.118
    Zweite Lehrerprüfung 2.149
    Zweite Phase der Lehrerbldg. 2.151

K

KATECHESE 10.83
    Bibelexegese 10.30
    Bibelkatechese 10.30
    Bildkatechese 10.48
    Katechismusunterricht 10.88
    Katholischer Katechismus 10.89
    Kirchenjahr 10.101
    Liturgische Erziehung 10.164
    Religionsunterricht
        (Glaube) 10.212
KATECHISMUSUNTERRICHT 10.88
    Evangelische Unterweisung
        (Katechismus) 10.58
    Katechese 10.83
    Katholischer Katechismus 10.89
KATEGORIALE BILDUNG 6.104
    Allgemeinbildender Unterricht 6.20
    Didaktische Analyse 6.56
    Elementare Bildung 6.59
    Exemplarischer Unterricht 6.62
KATHOLISCHE BEKENNTNISSCHULE 1.117
    Bekenntnisschule 1.29
    Schule und Katholische Kirche 1.180
    Schuljahr IX
        (Konfessioneller Charakter) 1.197
KATHOLISCHE SCHULERZIEHUNG 3.154
    Christliche Erziehung 3.69
    Mädchenbildung
        (Religiöser Aspekt) 3.173
    Pädagogik
        (Katholische Pädagogik) 3.186
    Religiöse Erziehung 3.205
    Schule und Katholische Kirche 1.180
KATHOLISCHER RELIGIONSUNTERRICHT   10.90
    Katechese 10.83
    Katholische Schulerziehung 3.154

Katholischer Katechismus 10.89
Kirchenjahr 10.101
Liturgische Erziehung 10.164
Religionslehrer (Katholischer Religionslehrer) 2.133
KAUFMÄNNISCHE BERUFSFACHKUNDE 10.93
  Berufliche Ausbildung
  (Einzelhandel) 10.22
  Kurzschriftunterricht 10.124
  Maschinenschreiben 10.169
KAUFMÄNNISCHE BERUFSFACHSCHULE ... 1.118
  Berufsaufbauschule
  (Kaufmännische Berufe) 1.31
  Handelsschule 1.101
  Höhere Handelsschule 1.112
  Höhere Wirtschaftsfachschule 1.113
  Private Handelsschule 1.150
  Wirtschaftsoberschule 1.271
KAUFMÄNNISCHE BERUFSSCHULE 1.118
  Berufsschule 1.40
  Handelsschule 1.101
KAUFMÄNNISCHER UNTERRICHT 6.104
  Deutschunterricht
  (Kaufmännische Berufsschule) 7.51
  Betriebswirtschaftlicher
  Unterricht 6.51
  Kaufmännische Berufsfachkunde 10.93
  Lehrplan
  (Kaufmännische Berufsschule) 6.119
  Programmiertes Lernen
  (Kaufmännische Berufsschule) 5.173
KAUFMÄNNISCHES SCHULWESEN 1.119
  Berufsaufbauschule
  (Kaufmännische Berufe) 1.31
  Berufsschullehrerbildung
  (Kaufmännische Berufsschule) 2.27
  Handelsschule 1.101
  Höhere Handelsschule 1.112
  Höhere Wirtschaftsfachschule 1.113
  Kaufmänn.Berufsfachschule 1.118
  Kaufmännische Berufsschule 1.118
  Wirtschaftsoberschule 1.271
  Wirtschaftsschule 1.272
  Zweiter Bildungsweg
  (Berufsbildendes Schulwesen) 1.278
KEGELSCHNITTE 9.150
  Abbildungsgeometrie
  (Projektive Geometrie) 9.21
KERN- UND KURSUNTERRICHT 6.106
  Differenzierung 6.56
  Epochalunterricht 6.60
  Hauptschulunterricht 6.95
  Jenaplan 6.103
  Leistungsgruppen 6.123
  Schülerarbeitsgemeinschaft 6.152

KINDERDORF 1.121
  Heimerziehung
  (Kinderdorf) 3.142
  Kinderheim 1.126
  Kindertagesstätte 1.126
KINDERGÄRTNERIN 2.53
  Heimerzieherin 2.49
KINDERGÄRTNERINNENAUSBILDUNG 2.54
  Heimerzieherausbildung 2.49
  Sozialpädagoge
  (Ausbildung) 2.138
KINDERGARTEN 1.121
  Kindergärtnerin 2.53
  Kinderhort 1.126
  Kindertagesstätte 1.126
  Schulkindergarten 1.201
  Taubstummenbildung
  (Kindergarten) 6.194
- (ARBEITSFORMEN) 1.122
  Bewegungserziehung
  (Kleinkind) 10.28
  Gebetserziehung
  (Kleinkind) 10.64
  Kunstbetrachtung
  (Kindergarten) 10.107
  Kunsterziehung
  (Kindergarten) 10.115
  Musikerziehung
  (Kindergarten) 10.173
  Musische Erziehung
  (Vorschulalter) 6.130
  Religiöse Erziehung
  (Kleinkindalter) 3.206
  Sprachunterricht
  (Kindergarten) 7.226
  Verkehrsunterricht
  (Kindergarten) 10.251
  Vorschulischer Unterricht 6.226
KINDERGARTEN UND SCHULE 1.125
  Schulkindergarten 1.201
  Vorschulischer Unterricht 6.226
KINDERGARTENKIND 4.93
  Entwicklungspsychologie
  (Kleinkind) 4.43
  Kleinkindlesen 4.97
  Schulanfänger 4.171
  Spielverhalten des Kindes 4.199
  Sprachliche Entwicklung
  (Kleinkind) 4.204
KINDERGEDICHT IM UNTERRICHT 7.141
  Lyrik im Unterricht
  (Grundschule) 7.168
KINDERGOTTESDIENST 10.95
  Evangel.Schulgottesdienst 10.62

KINDERHEIM 1.126
    Kinderdorf 1.121
    Kindergarten 1.121
    Kindertagesstätte 1.126
KINDERHORT 1.126
    Kindergarten 1.121
    Kindertagesstätte 1.126
KINDERPSYCHIATRIE 4.95
    Ängstliches Kind 4.19
    Bettnässer 4.33
    Erziehungsberatung
      (Psychiatrie) 4.53
    Gehemmtes Kind 4.66
    Neurose
      (Kindesalter) 4.128
    Neurose
      (Schulischer Aspekt) 4.129
    Psychodiagnostik
      (Kindesalter) 4.143
KINDERPSYCHOLOGIE 4.95
    Ängstliches Kind 4.19
    Eidetik 4.39
    Entwicklungsgehemmtes Kind 4.40
    Entwicklungspsychologie
      (Kindheit) 4.42
    Entwicklungspsychologie
      (Kleinkind) 4.43
    Entwicklungspsychologie
      (Säugling) 4.46
    Filmerleben
      (Schulkind) 4.60
    Filmwirkung
      (Schulkind) 4.61
    Kindheit 3.156
    Kindlicher Humor 4.97
    Leseinteresse
      (Kind und Buch) 4.117
    Linkshändigkeit 4.121
    Lügendes Kind 4.122
    Märchenpsychologie 4.122
    Mischlingskind 4.124
    Pubertät
      (Flegelalter) 4.157
    Schüler 4.165
    Schulreife 4.176
    Spielverhalten des Kindes 4.199
    Sprachliche Entwicklung
      (Schulkind) 4.205
    Überforderung des Schülers 4.230
    Volksschüler 4.235
    Wortschatz des Kindes 4.240
KINDERPSYCHOTHERAPIE 4.96
    Erziehungsberatung 4.49
    Heilpädagogik
      (Bewegungstherapie) 4.78

Psychoanalyse
  (Kinderanalyse) 4.139
Psychotherapie
  (Fingermalen) 4.154
Spieltherapie 4.198
Test
  (Sceno-Test) 4.220
KINDERSPRACHE 4.96
    Altersmundart 4.23
    Begriffsbildung 4.31
    Sprachliche Entwicklung 4.204
    Wortschatz des Kindes 4.240
KINDERSPIEL 3.155
    Erziehung
      (Kindererziehung) 3.80
    Leibeserziehung
      (Spiel) 10.152
    Psychodiagnostik
      (Kinderspiel) 4.142
    Spielerziehung 3.233
    Spielzeug 3.235
KINDERTAGESSTÄTTE 1.126
    Kindergarten 1.121
KINDERZEICHNUNG 10.95
    Psychodiagnostik
      (Kinderzeichnung) 4.143
KINDHEIT 3.156
    Entwicklungspsychologie
      (Kindheit) 4.42
    Erziehung
      (Kindererziehung) 3.80
    Erziehungsschwierigkeit
      (Kindesalter) 4.55
    Geschlechtserziehung
      (Kindesalter) 3.130
    Gewissensbildung
      (Kindesalter) 3.137
    Kinderspiel 3.155
    Schule als Lebensraum 3.216
KLASSENARBEIT 6.107
    Hausaufgabe
      (Kontrolle) 6.98
    Unterricht
      (Ergebnissicherung) 6.205
KLASSENBÜCHEREI 5.95
    Arbeitsbücherei 5.23
    Ganzschrift 5.76
KLASSENFREQUENZ 1.127
    Jahrgangsklasse 1.117
    Kleinklasse 1.127
    Schulgebäude
      (Klassenraum) 1.187
KLASSENGEMEINSCHAFT 3.157
    Schulklasse 3.218

KLASSENLEHRER 2.55
    Fachlehrer 2.34
KLEINKINDLESEN 4.97
    Kindergartenkind 4.93
    Lernpsychologie 4.118
    Schulreife
    (Eintrittsalter) 4.177
KLEINKLASSE 1.127
    Klassenfrequenz 1.127
    Sonderschule für Schwererziehbare 1.249
KLIMAKUNDE 8.108
    Wetterkunde 8.211
KOCHUNTERRICHT 10.103
    Ernährungslehre 10.53
KOEDUKATION 3.158
    Gemeinschaftserziehung 3.126
    Mädchenbildung 3.170
KÖRPERBEHINDERTES KIND 4.98
    Blindes Kind 4.34
    Cerebral gelähmtes Kind 4.35
    Gehörloses Kind 4.66
    Hirngeschädigtes Kind 4.84
    Schwerhöriges Kind 4.188
    Sehbehindertes Kind 4.189
    Spastisch gelähmtes Kind 4.198
    Taubstummes Kind 4.214
- (BETREUUNG) 4.98
    Berufserziehung
    (Körperbehinderte) 3.41
    Heilpädagogik
    (Bewegungstherapie) 4.78
    Sonderturnen 4.192
    Spieltherapie 4.198
    Sprachheilpädagogik
    (Körperbehindertes Kind) 4.201
KÖRPERLICHE ERZIEHUNG 10.103
    Leibeserziehung
    (Bildungswert) 10.128
    Leibeserziehung
    (Erziehungswert) 10.132
KÖRPERLICHE ZÜCHTIGUNG 3.160
    Erziehungsmittel 3.95
    Schulstrafe 3.219
    Züchtigungsrecht 1.274
KOLLEGIALE SCHULLEITUNG 2.56
    Lehrerkollegium 2.110
    Schulleiter 2.133
KOMMUNISTISCHE ERZIEHUNG 3.160
    Erziehung (DDR) 3.76
    Ideologische Erziehung [DDR] 3.147
    Pädagogik (DDR) 3.185
KONFERENZORDNUNG 1.127
    Kollegiale Schulleitung 2.56
    Schulleitung 1.204

KONFESSIONELLE LEHRERBILDUNG 2.56
    Lehrer
    (Christlicher Erzieher) 2.33
    Lehrer
    (Katholischer Lehrer) 2.63
    Lehrerin
    (Katholische Lehrerin) 2.109
KONSTITUTION DES SCHÜLERS 4.100
    Akzeleration 4.21
    Entwicklungspsychologie
    (Körperliche Entwicklung) 4.44
    Haltungsfehler des Schülers 4.76
KONTAKTGESTÖRTES KIND 4.100
    Ängstliches Kind 4.19
    Gehemmtes Kind 4.66
    Nervöses Kind 4.127
    Neurose
    (Kindesalter) 4.128
    Schüchternes Kind 4.165
KONZENTRATIONSFÄHIGKEIT 4.100
    Aufmerksamkeit 4.26
    Leistungsfähigkeit 4.107
    Test (Pauli-Test) 4.219
    Überforderung des Schülers
    (Pädagogischer Aspekt) 4.231
KONZENTRATIONSSCHWÄCHE 4.101
    Ermüdung 4.49
    Lernstörung 4.113
KONZENTRATIONSUNTERRICHT 6.107
    Epochalunterricht 6.60
    Ganzheitliche Bildung 6.70
    Gesamtunterricht 6.74
    Gymnasialunterricht (Fächerübergreifender Unterricht) 6.91
    Landschulunterricht
    (Höhenkonzentration) 6.112
    Lebenspraktischer Unterricht 6.113
KORREKTURARBEIT DES LEHRERS 6.108
    Aufsatzunterricht
    (Korrektur) 7.32
    Diktat
    (Korrektur) 7.64
    Englischunterricht
    (Korrektur) 7.80
    Hausaufgabe
    (Kontrolle) 6.98
    Klassenarbeit 6.107
    Rechtschreibfehler
    (Berichtigung) 7.184
    Reifeprüfungsaufsatz
    (Bewertung) 7.195
    Schulische Leistungskontrolle 6.160
    Zeichenunterricht
    (Korrektur) 10.278

KÜNSTLERISCHE ERZIEHUNG 6.108
   Ästhetische Erziehung 6.19
   Musische Bildungsform 6.127
   Musische Erziehung 6.127
KULTURGESCHICHTE 8.109
   Arbeitseinheiten
   (Kleidung) 6.29
   Kulturgeschichtliche
   Längsschnitte 8.110
   Wirtschaftsgeographie
   (Bekleidung) 8.216
KULTURGESCHICHTLICHE LÄNGSSCHNITTE 8.110
   Wirtschaftsgeographie
   (Ernährung) 8.220
   Wirtschaftsgeographie
   (Verkehrswesen) 8.229
   Wirtschaftskunde
   (Geldwirtschaft) 8.233
   Wirtschaftskunde
   (Landwirtschaft) 8.235
KULTURKUNDE 8.112
   Geschichtsunterricht
   (Völkerverständigung) 8.86
   Mittelalter
   (Kloster) 8.151
   Mittelalter
   (Stadt) 8.151
   Ostkunde
   (Kulturfragen) 8.157
KULTURPOLITIK 1.128
   Bildungsbedarf 1.45
   Bildungsfinanzierung 1.47
   Bildungsplanung 1.49
   Bildungsprogramme 1.52
   Lehrerbildung und Kulturpolitik
   2.102
   Schule und Staat 1.181
   Schulpolitik 1.208
KUNST 10.104
   Ästhetische Erziehung 6.19
   Kunstbetrachtung 10.105
   Kunsterziehung
   (Soziologischer Aspekt) 10.120
   Kunstverständnis 10.124
   Moderne Kunst 10.170
KUNSTBETRACHTUNG 10.105
   Aufsatz
   (Bildbeschreibung) 7.25
   Kunstgeschichte
   (Unterrichtsaspekt) 10.123
   Moderne Kunst
   (Malerei) 10.170
KUNSTERZIEHER 2.57
   Fachlehrer
   (Musisch-Technische Fächer) 2.35

Lehrerbildung
   (Kunsterziehung) 2.86
Lehrerbildung
   (Werkunterricht) 2.151
KUNSTERZIEHUNG 10.110
   Bildhaftes Gestalten 10.48
   Deutschunterricht
   (Kunsterziehung) 7.52
   Fachschule
   (Werkkunstschule) 1.76
   Kinderzeichnung 10.95
   Kunstbetrachtung 10.105
   Kunstzieher 2.57
   Kunstgeschichte 10.122
   Kunstverständnis 10.124
   Lehrerbildung
   (Kunsterziehung) 2.86
   Malen 10.167
   Musikerziehung 10.173
   Programmiertes Lernen
   (Kunsterziehung) 5.173
   Schöpferisches Tun 4.164
   Schulfotografie
   (Kunsterziehung) 5.224
   Werkunterricht
   (Kunsterziehung) 10.272
   Zeichenunterricht
   (Kunsterziehung) 10.278
   Zeichnen 10.281
KUNSTGESCHICHTE 10.122
   Bildkatechese
   (Religiöse Kunst) 10.49
   Kunstbetrachtung
   (Architektur) 10.106
   Kunstbetrachtung
   (Malerei) 10.107
   Kunstbetrachtung
   (Stilkunde) 10.109
   Moderne Kunst 10.170
   Neue Musik 10.195
KUNSTHANDWERK 10.123
   Kinderzeichnung
   (Kinderkunst) 10.96
KUNSTLEHRMITTEL 5.96
   Programmiertes Lernen
   (Kunsterziehung) 5.173
   Schreibgerät 5.204
   Schulfotografie
   (Kunsterziehung) 5.221
KUNSTSCHRIFTPFLEGE 10.123
   Schreibunterricht
   (Rhythmisches Schreiben) 10.229
KUNSTVERSTÄNDNIS 10.124
   Kunsterziehung
   (Geschmacksbildung) 10.114

KURZGESCHICHTE IM UNTERRICHT 7.142
    Anekdote im Unterricht 7.24
KURZSCHULE 1.129
    Landerziehungsheim 1.131
    Privatschule 1.150
KYBERNETIK 5.97
    Kybernetische Lerntheorie 5.102
    Kybernetische Maschinen 5.106
    Kybernetische Pädagogik 5.112
- (SYMBOLISCHE LOGIK) 5.101
    Angewandte Mathematik
      (Lineare Programme) 9.38
    Kybernetische Maschinen
      (Algorithmen) 5.107
    Kybernetische Maschinen
      (Logische Schaltungen) 5.110
    Mathematische Logik 9.176
KYBERNETISCHE LERNTHEORIE 5.102
    Kybernetische Maschinen
      (Lernender Automat) 5.109
    Kybernetische Pädagogik 5.112
    Lehrprogramm
      (Psychologischer Aspekt) 5.124
    Programmiertes Lernen
      (Lernverhalten) 5.175
KYBERNETISCHE MASCHINEN 5.106
    Automation
      (Regeltechnik) 9.57
    Lehrgerät
      (Adaptives Lehrgerät) 5.116
    Lehrgerät
      (Algorithmen) 5.120
    Lehrgerät
      (Elektronenrechner) 5.117
KYBERNETISCHE PÄDAGOGIK 5.112
    Kybernetik
      (Informationspsychologie) 5.99
    Kybernetik
      (Informationstheorie) 5.100
    Kybernetische Lerntheorie 5.102
    Programmierte Instruktion 5.154
- (DIDAKTISCHER ASPEKT) 5.113
    Lehrgerät 5.114
    Lehrprogramm 5.199
    Programmiertes Lernen 5.156

L

LÄNDERKUNDE 8.112
    Landschaftsgeographie 8.148
- (ASIEN) 8.117
    Geschichte
      (Asien) 8.57

    Wirtschaftsgeographie
      (Asien) 8.215
- (BERLIN) 8.119
    Wirtschaftsgeographie
      (West-Berlin) 8.230
    Zeitgeschichtsunterricht
      (Berlin) 8.248
- (EUROPA) 8.124
    Klimakunde
      (Europa) 8.109
    Wirtschaftsgeographie
      (Europäische Integration) 8.221
    Zeitgeschichtsunterricht
      (Europa) 8.251
- (GROSSBRITANNIEN) 8.126
    Englandkunde 7.66
    Wirtschaftsgeographie
      (Großbritannien) 8.222
- (ISRAEL) 8.129
    Wirtschaftsgeographie
      (Israel) 8.223
    Zeitgeschichte
      (Israel) 8.241
- (ÖSTERREICH) 8.136
    Geschichte
      (Österreich) 8.58
    Wirtschaftsgeographie
      (Österreich) 8.225
- (UdSSR) 8.145
    Wirtschaftsgeographie
      (UdSSR) 8.228
- (USA) 8.146
    Amerikakunde 7.23
    Geschichte (USA) 8.59
    Wirtschaftsgeographie (USA) 8.228
LÄNDLICHE BERUFSSCHULE 1.130
    Fachschule
      (Landwirtschaftsschule) 1.75
    Landwirtschaftl.Berufsschule 1.140
    Staatsbürgerliche Erziehung
      (Ländliche Berufsschule) 8.207
LAIENSPIEL 6.109
    Deutschunterricht
      (Schulspiel) 7.57
    Politische Bildung
      (Schulspiel) 8.188
    Schulentlassungsfeier
      (Schulspiel) 6.157
    Schulspiel
      (Lesespiel) 6.174
LAIENSPIEL IM UNTERRICHT 6.110
    Schulspiel 6.171
    Schultheater 6.176
    Stegreifspiel im Unterricht 6.188

LANDERZIEHUNGSHEIM 1.131
    Kurzschule 1.129
    Odenwaldschule 1.149
    Schullandheim 1.203
LANDLEHRER 2.58
    Junglehrer
    (Landschule) 2.52
    Lehrerbildung
    (Landschule) 2.86
    Lehrerfortbildung
    (Landlehrer) 2.108
LANDPÄDAGOGIK 1.132
    Erwachsenenbildung (Ländliche Erwachsenenbildung) 1.67
    Landschule
    (Dorf und Schule) 1.135
    Landschule
    (Kulturpflege) 1.135
LANDSCHAFTSGEOGRAPHIE 8.148
    Allgemeine Erdkunde
    (Geomorphologie) 8.20
    Pflanzengeographie 9.225
LANDSCHULE 1.132
    Aufbauklasse
    (Landschule) 1.21
    Einheitsschule 1.60
    Einklassenschule 1.61
    Junglehrer
    (Landschule) 2.52
    Ländliche Berufsschule 1.130
    Ländliche Realschule 1.130
    Ländliche Sonderschule 1.130
    Landlehrer 2.58
    Landschulunterricht 6.111
    Mädchenbildung
    (Landschule) 3.173
    Schulbau
    (Landschule) 1.171
- (BILDUNGSGEFÄLLE) 1.134
    Begabungsreserven 1.28
    Bildungschance 1.46
    Landpädagogik 1.132
    Landschule
    (Landflucht) 1.135
    Landschule
    (Strukturwandel) 1.136
LANDSCHULREFORM 1.137
    Landschule
    (Strukturwandel) 1.136
    Mittelpunktschule 1.144
    Schulaufbau 1.168
    Schuljahr IX
    (Landschule) 1.197
    Zentralschule 1.272
LANDSCHULUNTERRICHT 6.111

Abteilungsunterricht 6.19
Arbeitsmittel im Unterricht
(Landschule) 5.31
Arbeitsschulunterricht
(Landschule) 6.40
Aufsatzunterricht
(Landschule) 7.33
Biologieunterricht
(Landschule) 9.69
Chemieunterricht
(Landschule) 9.89
Differenzierung
(Landschule) 6.57
Englischunterricht
(Landschule) 7.81
Erdkundeunterricht
(Landschule) 8.39
Gesamtunterricht
(Landschule) 6.76
Geschichtsunterricht
(Landschule) 8.77
Grammatikunterricht
(Landschule) 7.129
Gruppenunterricht
(Landschule) 6.87
Handarbeitsunterricht
(Landschule) 10.75
Heimatkundeunterricht
(Landschule) 8.99
Helfersystem 6.100
Jenaplan
(Landschule) 6.104
Kern- und Kursunterricht
(Landschule) 6.107
Landpädagogik 1.132
Lehrerbildung
(Landschule) 2.86
Lehrplan
(Landschule) 6.119
Leibeserziehung
(Landschule) 10.138
Leseunterricht
(Landschule) 7.156
Mundart im Unterricht
(Landschule) 7.176
Musikunterricht
(Landschule) 10.186
Naturlehre
(Landschule) 9.203
Politische Bildung
(Landschule) 8.183
Programmiertes Lernen
(Landschule) 5.173
Rechtschreibunterricht
(Landschule) 7.191

Religionsunterricht
(Landschule) 10.214
Sachrechnen
(Landschule) 9.274
Schülerbücherei
(Landschule) 5.207
Schulaufnahme
(Landschule) 6.155
Schulfernsehen
(Landschule) 5.217
Schulfeier
(Landschule) 6.158
Schulfotografie
(Landschule) 5.224
Schulfunk
(Landschule) 5.227
Schulgarten
(Landschule) 5.232
Schullandheimaufenthalt
(Landschule) 6.167
Sozialerziehung in der Schule
(Landschule) 3.226
Sozialkunde
(Landschule) 8.199
Sprachunterricht
(Landschule) 7.226
Stillarbeit
(Landschule) 6.189
Stundenplan
(Landschule) 6.192
Turnunterricht
(Landschule) 10.246
Unterrichtsfilm
(Landschule) 5.255
Verkehrsunterricht
(Landschule) 10.252
Weihnachtsspiel
(Landschule) 6.229
Werkunterricht
(Landschule) 10.272
Wetterkunde
(Landschule) 8.213
LANDWIRTSCHAFTLICHE BERUFSSCHULE   1.140
Berufliche Ausbildung (Landwirt-
schaftliche Frauenberufe) 10.23
Fachrechnen (Landwirtschaft-
liche Berufsschule) 9.121
Fachschule
(Landwirtschaftsschule) 1.75
Ländliche Berufsschule 1.130
- (MÄDCHEN) 1.141
Frauenfachschule 1.80
Hauswirtschaftliche
Berufsschule 1.105
Mädchenberufsschule 1.143

LANDWIRTSCHAFTLICHER UNTERRICHT .. 6.113
Grundlehrgang
(Pflanzliche Produktion) 6.81
Grundlehrgang
(Tierische Produktion) 6.81
Lehrplan
(Landwirtschaftsschule) 6.120
LATEIN 7.142
Lateinische Grammatik 7.143
LATEINISCHE LEKTÜRE 7.144
Altertum
(Römisches Reich) 8.23
LATEINLEHRMITTEL 5.114
Programmiertes Lernen
(Latein) 5.173
LATEINUNTERRICHT 7.147
Fremdsprachenfolge
(Latein) 7.101
Lateinlehrmittel 5.114
Lateinische Grammatik 7.143
Lateinische Lektüre 7.144
Lateinischer Anfangsunterr. 7.146
Programmiertes Lernen
(Latein) 5.173
LEBENSGEMEINSCHAFT 9.152
Bodenbiologie 9.80
Meeresbiologie 9.187
Pflanzenkunde
(Lebensgemeinschaft) 9.231
Tierkunde
(Lebensgemeinschaft) 9.282
- (ACKER) 9.152
Insektenkunde
(Ameisen) 9.146
Naturbeobachtung
(Frühling) 9.198
Naturbeobachtung
(Sommer) 9.199
Pflanzenkunde
(Kartoffel) 9.230
Tierkunde
(Hasen) 9.281
Tierkunde
(Maulwurf) 9.282
Tierkunde
(Würmer) 9.285
- (MOOR) 9.153
Pflanzenkunde
(Moose) 9.232
Tierkunde
(Amphibien) 9.279
- (TEICH) 9.154
Insektenkunde
(Libellen) 9.148

[Forts.: Lebensgemeinschaft (Teich)]
    Insektenkunde
      (Wasserinsekten) 9.149
    Pflanzenkunde
      (Algen) 9.226
    Tierkunde
      (Fische) 9.280
    Tierkunde
      (Würmer) 9.285
    Vogelkunde
      (Wasservögel) 9.297
- (WALD) 9.154
    Insektenkunde
      (Borkenkäfer) 9.147
    Insektenkunde
      (Rote Waldameise) 9.148
    Pflanzenkunde
      (Flechten) 9.229
    Pflanzenkunde
      (Wald) 9.235
    Tierkunde
      (Waldtiere) 9.285
- (WIESE) 9.155
    Insektenkunde
      (Ameisen) 9.146
    Insektenkunde
      (Heuschrecken) 9.147
    Lebensgemeinschaft
      (Acker) 9.152
LEBENSNAHER UNTERRICHT 6.113
    Anschauungsunterricht 6.22
    Erdkundeunterricht
      (Lebensnähe) 8.39
    Freier Gesamtunterricht 6.67
    Gegenwartsnaher Unterricht 6.74
    Natürlicher Unterricht 6.131
    Naturlehre
      (Lebensnähe) 9.203
    Offene Schultür 6.134
    Pädagogik
      (Wirklichkeitsbezug) 3.189
    Projektmethode 6.144
    Sachrechnen
      (Lebensnähe) 9.274
    Vorhaben 6.225
LEBENSPRAKTISCHER UNTERRICHT 6.113
    Arbeitslehre 6.36
    Sachunterricht
      (Volksschuloberstufe) 6.151
    Technische Elementarerziehung 6.201
    Volksschulunterricht
      (Mädchenabschlußklasse) 6.220
    Volksschulunterricht
      (Schuljahr IX für Mädchen) 6.223
    Werktätiger Unterricht 6.229

LEGASTHENIE 4.102
    Aphasie 4.24
    Lese-Rechtschreibschwäche 4.114
    Lesestörung 4.113
    Lesetest 4.119
    Linkshändigkeit 4.121
LEGASTHENIEBEHANDLUNG 4.104
    Legasthenie
      (Leselehrmethode) 4.104
    Legasthenikerklasse 4.105
    Programmiertes Lernen
      (Legasthenie) 5.173
LEHRER 2.60
    Altphilologe 2.20
    Aushilfslehrer 2.21
    Auslandslehrer 2.21
    Austauschlehrer 2.23
    Beratungslehrer 2.23
    Berufsschullehrer 2.24
    Biologielehrer 2.28
    Deutschlehrer 2.30
    Diplom-Handelslehrer 2.31
    Englischlehrer 2.31
    Geographielehrer 2.36
    Geschichtslehrer 2.36
    Gewerbelehrer 2.38
    Grundschullehrer 2.42
    Gymnasiallehrer 2.42
    Hilfsschullehrer 2.49
    Hochschullehrer 2.50
    Junglehrer 2.51
    Kunsterzieher 2.57
    Landlehrer 2.58
    Lehrerberuf 2.67
    Lehrerin 2.109
    Lehrermangel 2.111
    Lehrerstand 2.114
    Lehrertypologie 2.115
    Physik- und Chemielehrer 2.129
    Privatschullehrer 2.130
    Realschullehrer 2.130
    Religionslehrer 2.132
    Schulleiter 2.133
    Schulpsychologe 2.134
    Schulrat 2.134
    Sonderschullehrer 2.135
    Sozialkundelehrer 2.137
    Taubstummenlehrer 2.141
    Verkehrserzieher 2.146
    Volksschullehrer 2.146
    Waldorfschullehrer 2.149
- (EVANGELISCHER LEHRER) 2.62
    Erzieher
      (Christlicher Erzieher) 2.33
    Konfessionelle Lehrerbildung 2.56

Religionslehrer
  (Evangel.Religionslehrer) 2.132
- (GENERATIONSPROBLEM) 2.62
  Lehrerkollegium 2.110
  Lehrernachwuchs 2.113
- (KATHOLISCHER LEHRER) 2.63
  Erzieher
    (Christlicher Erzieher) 2.33
  Konfessionelle Lehrerbildung 2.56
  Lehrerin
    (Katholische Lehrerin) 2.109
  Religionslehrer
    (Kathol.Religionslehrer) 2.133
  Verband Katholischer Lehrer
    Deutschlands 2.145
- (PÄDAGOGISCHE VERANTWORTUNG) 2.63
  Autorität des Lehrers 3.22
  Erzieherpersönlichkeit 2.33
- (POLITISCHE VERANTWORTUNG) 2.64
  Geschichtslehrer 2.36
  Lehrerberuf
    (Rechtsfragen) 2.70
  Lehrerbildung
    (Politische Bildung) 2.92
- (PSYCHOHYGIENE) 2.65
  Lehrerberuf
    (Berufskrankheiten) 2.69
  Lehrerberuf
    (Überlastung) 2.71
LEHRERBEDARF 2.66
  Lehrernachwuchs 2.113
LEHRERBERUF 2.67
  Lehrer
    (Psychohygiene) 2.65
  Lehrerstand
    (Soziologischer Aspekt) 2.115
  Methodenfreiheit des Lehrers 6.124
  Unterricht
    (Lehrersprache) 6.207
  Unterrichtsvorbereitung 6.216
- (ABITURIENTENURTEIL) 2.68
  Lehrernachwuchs 2.113
  Volksschullehrerbildung
    (Abitur) 2.148
- (ARBEITSZEIT) 2.69
  Lehrerberuf
    (Überlastung) 2.71
  Pflichtstundenzahl des Lehrers
    2.129
- (DIENSTLICHE BEURTEILUNG) 2.70
  Junglehrerarbeitsgemeinschaft 2.52
  Lehrprobe 2.118
  Mentor 2.120
  Schulrat 2.134
  Zweite Lehrerprüfung 2.149
- (RECHTSFRAGEN) 2.70
  Aufsichtspflicht des Lehrers 2.20
  Dienstwohnung des Lehrers 2.30
  Haftpflicht des Lehrers 2.47
  Lehrer
    (Politische Verantwortung) 2.64
  Lehrerbesoldung 2.71
  Pflichtstundenzahl des
    Lehrers 2.129
LEHRERBILDUNG 2.74
  Berufsschullehrerbildung 2.25
  Erste Lehrerprüfung 2.31
  Geschichtslehrerbildung 2.38
  Gymnasiallehrerbildung 2.43
  Handelsschullehrerbildung 2.47
  Junglehrer 2.51
  Konfessionelle Lehrerbildung 2.56
  Landschulpraktikum 2.59
  Lehrerbücherei 2.104
  Lehrerfortbildung 2.105
  Lehrerseminar 2.114
  Lehrprobe 2.118
  Pädagogische Hochschule 2.123
  Programmiertes Lernen
    (Lehrerbildung) 5.174
  Realschullehrerbildung 2.131
  Sonderschullehrerbildung 2.136
  Studienreferendar 2.139
  Studienseminar 2.139
  Taubstummenlehrerbildung 2.142
  Volksschullehrerbildung 2.147
  Zweite Lehrerprüfung 2.149
  Zweite Phase der Lehrerbldg. 2.151
- (GESCHICHTSUNTERRICHT) 2.83
  Geschichtslehrer 2.36
  Geschichtslehrerbildung 2.38
- (KUNSTERZIEHUNG) 2.86
  Fachlehrer
    (Musisch-Technische Fächer) 2.35
  Kunsterzieher 2.57
  Kunsterzieher (Ausbildung) 2.58
- (LANDSCHULE) 2.86
  Landlehrer 2.58
  Landschulpraktikum 2.59
- (LEIBESERZIEHUNG) 2.87
  Leibeserzieher
    (Ausbildung) 2.119
  Turnlehrerausbildung 2.144
- (ÖSTERREICH) 2.91
  Mittelschullehrerbildung
    [Österreich] 2.120
  Pädagogische Akademie
    (Österreich) 2.122
  Pädagogische Institute
    (Österreich) 2.128

- (SCHULPRAKTISCHE AUSBILDUNG) 2.96
  Gymnasiallehrerbildung
    (Pädagogische Ausbildung) 2.44
  Junglehrer
    (Anfangsschwierigkeiten) 2.51
  Landschulpraktikum 2.59
  Lehrprobe 2.118
  Studienseminar 2.139
  Zweite Phase der Lehrerbldg. 2.151
- (SCHWEIZ) 2.98
  Gymnasiallehrerbildung
    (Schweiz) 2.47
  Primarlehrerbildung [Schweiz] 2.129
  Sekundarlehrerbildung [Schweiz]
    2.135
  Sonderschullehrerbildung
    (Schweiz) 2.137
- (UNTERRICHTSMITSCHAU) 2.100
  Schulfernsehen
    (Klasseninternes Fernsehen) 5.217
- (WISSENSCHAFTSCHARAKTER) 2.101
  Akademische Lehrerbildung 2.19
  Lehrerbildung und Universität 2.102
  Pädagogische Hochschule
    und Universität 2.127
LEHRERBILDUNG UND UNIVERSITÄT 2.102
  Akademische Lehrerbildung 2.19
  Lehrerbildung
    (Wissenschaftscharakter) 2.101
  Pädagogische Fakultät 2.123
  Pädagogische Hochschule
    und Universität 2.127
LEHRERFORTBILDUNG 2.105
  Hessisches Lehrerfortbildungs-
    werk 2.49
  Lehrerbildung
    (Fernstudium) 2.82
  Lehrerbücherei 2.104
  Schulfotografie
    (Lehrerfortbildung) 5.224
LEHRERFRAGE 6.114
  Denkanstoß 6.53
  Frage im Unterricht 6.67
  Unterricht
    (Lehrersprache) 6.207
LEHRERIN 2.109
  Berufsschullehrerin 2.28
  Gewerbelehrerin 2.42
  Hochschullehrerin 2.50
  Landlehrerin 2.59
  Lehrerbildung
    (Lehrerin) 2.87
  Schulleiterin 2.134
  Technische Lehrerin 2.143
  Volksschullehrerin 2.149

- (KATHOLISCHE LEHRERIN) 2.109
  Lehrer
    (Katholischer Lehrer) 2.63
  Verein katholischer deutscher
    Lehrerinnen 2.145
LEHRERKOLLEGIUM 2.110
  Kollegiale Schulleitung 2.56
  Lehrer
    (Generationsproblem) 2.62
  Teamteaching 6.201
LEHRERMANGEL 2.111
  Lehrerbedarf 2.66
  Lehrernachwuchs 2.113
LEHRERNACHWUCHS 2.113
  Hochschullehrernachwuchs 2.50
  Lehrer
    (Generationsproblem) 2.62
  Lehrerbedarf 2.66
  Lehrerberuf
    (Abiturientenurteil) 2.68
  Volksschullehrerbildung
    (Abitur) 2.148
LEHRERVERBÄNDE 2.116
  Arbeitsgemeinschaft Deutscher
    Lehrerverbände 2.20
  Deutscher Philologen-Verband 2.29
  Gewerkschaft Erziehung und Wis-
    senschaft 2.42
  Verband Deutscher Diplom-Han-
    delslehrer 2.144
  Verband Deutscher Sonderschulen
    2.145
  Verband Katholischer Lehrer
    Deutschlands 2.145
  Verein katholischer deutscher
    Lehrerinnen 2.145
LEHRGERÄT 5.114
  Audiovisuelle Bildungsmittel 5.34
  Kybernetische Maschinen
    (Rechenautomat) 5.112
  Lehrprogramm 5.119
  Programmiertes Lernen
    (Nürtinger Symposion II) 5.179
  Tonband im Unterricht 5.249
  Tonbildschau 5.251
LEHRMITTELAUSSTELLUNG 5.118
  Heimatkundelehrmittel
    (Sammlungen) 5.93
  Schulische Ausstellung 5.235
LEHRPLAN 6.114
  Altsprachlicher Unterricht
    (Lehrplan) 7.21
  Aufsatzunterricht
    (Lehrplan) 7.33
  Bildungseinheit 6.51

Bildungsplan 6.51
Biologielehrplan 9.61
Chemielehrplan 9.85
Deutschunterricht
(Lehrplan) 7.52
Didaktische Analyse 6.56
Englischunterricht
(Lehrplan) 7.81
Evangelische Unterweisung
(Lehrplan) 10.58
Geräteturnen
(Lehrplan) 10.66
Geschichtslehrplan 8.61
Grammatikunterricht
(Lehrplan) 7.130
Grundschulrechnen
(Lehrplan) 9.140
Gymnastik (Lehrplan) 10.72
Handarbeitsunterricht
(Lehrplan) 10.75
Hauswirtschaftsunterricht
(Lehrplan) 10.79
Heimatkundeunterricht
(Lehrplan) 8.100
Hessische Bildungspläne 6.100
Katholischer Religionsunterr.
(Lehrplan) 10.93
Kunsterziehung
(Lehrplan) 10.116
Leibeserziehung
(Lehrplan) 10.139
Lektüreplan 7.149
Leseunterricht
(Lehrplan) 7.156
Mathematikunterricht
(Lehrplan) 9.167
Musiklehrplan 10.178
Naturlehre
(Lehrplan) 9.203
Pflanzenkunde
(Lehrplan) 9.231
Physiklehrplan 9.244
Politische Bildung
(Lehrplan) 8.183
Polytechnischer Unterricht
(Lehrplan) 6.143
Rechenunterricht
(Lehrplan) 9.267
Religionsunterricht
(Lehrplan) 10.215
Richtlinien 6.147
Russischunterricht
(Lehrplan) 7.199
Schreibunterricht
(Lehrplan) 10.228
Schwimmunterricht
(Lehrplan) 10.237
Skiunterricht
(Lehrplan) 10.240
Staatsbürgerliche Erziehung
(Lehrplan) 8.207
Stundenplan 6.191
Stundentafel 5.192
Turnunterricht
(Lehrplan) 10.247
Unterrichtsplanung 6.214
Verkehrsunterricht
(Lehrplan) 10.252
Werkunterricht
(Lehrplan) 10.272
Zeichenunterricht
(Lehrplan) 10.279

- (DDR) 6.116
  Biologielehrplan (DDR) 9.62
  Chemielehrplan (DDR) 9.85
  Deutschunterricht
  (Lehrplan DDR) 7.52
  Geschichtslehrplan (DDR) 8.62
  Grundlehrgang
  (Lehrplan) 6.80
  Literaturunterricht
  (Lehrplan) 7.164
  Musiklehrplan (DDR) 10.178
  Physiklehrplan (DDR) 9.244
  Polytechnischer Unterricht
  (Lehrplan) 6.143
  Staatsbürgerkunde
  (Lehrplan) 8.202
  Unterstufenunterricht
  (Lehrplankonzeption) 6.218
- (GRUNDSCHULE) 6.118
  Unterstufenunterricht
  (Lehrplankonzeption) 6.218
- (GYMNASIUM) 6.118
  Exemplarischer Unterricht
  (Gymnasium) 6.64
  Saarbrücker Rahmen-
  vereinbarung 6.147
  Stundenplan
  (Gymnasium) 6.192
  Stundentafel
  (Gymnasium) 6.193
- (JAHRESPLAN) 6.119
  Epochalunterricht 6.60
  Stundentafel 6.192
- (KLASSENLEHRPLAN) 6.119
  Methodenfreiheit des Lehrers 6.124
  Stundenplan 6.192

- (VOLKSSCHULE) 6.122
    Exemplarischer Unterricht
    (Volksschule) 6.64
    Sachunterricht
    (Arbeitsplan) 6.150
LEHRPROBE 2.118
    Junglehrer 2.51
    Lehrerbildung
    (Schulpraktische Ausbildung) 2.96
    Mentor 2.120
    Zweite Lehrerprüfung 2.149
LEHRPROGRAMM 5.119
    Lehrgerät
    (Methodische Einzelfragen) 5.118
    Programmiertes Lernen 5.156
- (ALGORITHMEN) 5.120
    Kybernetische Maschinen
    (Algorithmen) 5.107
    Lehrgerät
    (Adaptives Lehrgerät) 5.116
- (BERUFSAUSBILDUNG) 5.120
    Programmierte Instruktion 5.154
    Programmiertes Lernen
    (Berufsschule) 5.161
LEHRWANDERUNG 6.122
    Betriebsbesichtigung 6.49
    Biologische Lehrwanderung 9.79
    Erdkundeunterricht
    (Lehrwanderung) 8.39
    Heimatkundeunterricht
    (Lehrwanderung) 8.100
    Naturbeobachtung 9.197
    Schulwandern
    (Klassenfahrt) 6.180
    Studienfahrt 6.190
    Unterrichtsgang 6.209
LEIB-SEELE-PROBLEM 4.106
    Ausdruckspsychologie 4.26
    Gefühl 4.65
    Psychologie
    (Anthropologischer Aspekt) 4.147
    Psychosomatik 4.151
LEIBESERZIEHER 2.118
    Lehrerbildung
    (Leibeserziehung) 2.87
    Turnlehrer 2.143
LEIBESERZIEHUNG 10.126
    Bewegungserziehung 10.27
    Bundesjugendspiele 10.51
    Geräteturnen 10.64
    Gymnastik
    (Unterrichtsaspekt) 10.74
    Körperliche Erziehung 10.103
    Lehrerbildung
    (Leibeserziehung) 2.87

Leibeserzieher 2.118
Leichtathletik
    (Methodische Einzelfragen) 10.159
Mädchenturnen 10.166
Schulsport 10.234
Schwimmunterricht 10.235
Skiunterricht 10.239
Sportlehrmittel 5.238
Sprachkunde
    (Leibeserziehung) 7.218
Turnunterricht 10.246
- (HALTUNGSSCHÄDEN) 10.137
    Haltungsfehler des Schülers 4.76
    Sonderturnen 4.192
- (KLEINKIND) 10.138
    Bewegungserziehung
    (Kleinkind) 10.28
    Schulturngarten 1.226
    Schwimmunterricht
    (Kleinkind) 10.237
    Skiunterricht
    (Kleinkind) 10.240
- (LEISTUNG) 10.140
    Konstitution des Schülers 4.100
    Leibeserziehung (Geistige
    Leistungsfähigkeit) 10.134
    Leibeserziehung
    (Wettkampf) 10.156
    Mädchenturnen
    (Leistung) 10.166
    Schulische Leistungssteigerung
    (Körpererziehung) 6.161
    Turnunterricht
    (Leistung) 10.247
- (RHYTHMUS) 10.150
    Bewegungslehre 10.29
    Geräteturnen
    (Rhythmus) 10.67
    Gymnastik 10.70
    Rhythmische Bewegungs-
    erziehung 10.226
    Skiunterricht
    (Bewegungslehre) 10.240
    Turnunterricht
    (Rhythmus) 10.249
- (SPIELFORMEN) 10.152
    Ballspiel 10.19
    Bewegungserziehung
    (Spielformen) 10.29
    Bewegungsspiel 10.30
    Spielerziehung 3.233
- (UNFALLVERHÜTUNG) 10.154
    Geräteturnen
    (Hilfestellung) 10.65
    Schwimmunterricht
    (Aufsichtspflicht) 10.236

- (UNTERSTUFE [DDR]) 10.155
    Geräteturnen
        (Grundschule) 10.65
    Leichtathletik
        (Grundschule) 10.158
    Schwimmunterricht
        (Unterstufe [DDR]) 10.239
    Skiunterricht
        (Unterstufe [DDR]) 10.242
    Turnunterricht
        (Unterstufe [DDR]) 10.249
LEICHTATHLETIK 10.157
    Bundesjugendspiele
        (Sommerspiele) 10.52
    Leibeserziehung
        (Orientierungslauf) 10.147
LEISTUNGSBEURTEILUNG 4.106
    Intelligenzdiagnose 4.87
    Notengebung 6.131
    Schülerbeurteilung 4.168
LEISTUNGSFÄHIGKEIT 4.107
    Begabung 4.28
    Bildsamkeit 4.33
    Denkleistung 4.37
    Ermüdung 4.49
    Faulheit des Schülers 4.58
    Intelligenz
        (Schulleistung) 4.87
    Konzentrationsfähigkeit 4.100
    Leibeserziehung (Geistige
        Leistungsfähigkeit) 10.134
    Lernfähigkeit 4.110
    Wetterfühligkeit 4.239
LEISTUNGSGRUPPEN 6.123
    Biologieunterricht
        (Wahlpflichtfach) 9.78
    Chemieunterricht
        (Wahlpflichtfach) 9.94
    Differenzierung 6.56
    Schülerarbeitsgemeinschaft 6.152
LEISTUNGSMESSUNG 4.108
    Notengebung 6.131
    Schülerbeurteilung
        (Aufsatz) 4.169
    Schulleistungstest 4.173
LEISTUNGSMOTIVATION 4.109
    Berufswahl
        (Motivation) 3.53
    Interesse des Schülers 4.91
    Lernmotivation 4.110
    Motivation im Unterricht 6.126
    Motivationsforschung 4.125
LEISTUNGSSTÖRUNG 4.109
    Erziehungsberatung
        (Schulkind) 4.53

Lernstörung 4.113
Neurose
    (Schulischer Aspekt) 4.129
Schulversager 4.183
Überforderung des Schülers 4.230
LEITBILDER 3.161
    Autorität 3.21
    Bildungsideale 3.67
    Erziehung
        (Lebenshilfe) 3.80
    Erziehungsziel 3.97
    Filmerziehung
        (Leitbilder) 3.117
    Massenmedien
        (Pädagogischer Aspekt) 3.176
    Menschenbild 3.178
- (ERZIEHUNGSANSPRUCH) 3.162
    Erziehung
        (Wertproblem) 3.85
    Gewissensbildung 3.136
    Politische Erziehung
        (Sozialverhalten) 3.203
LEKTÜREPLAN 7.149
    Leseunterricht
        (Lesestoffe) 7.157
    Lyrik im Unterricht
        (Gedichtauswahl) 7.167
LEKTÜREWIRKUNG 4.110
    Filmwirkung 4.60
    Märchenpsychologie 4.122
LERNEN 6.123
    Artikulation des Unterrichts 6.40
    Aufmerksamkeit im Unterricht 6.40
    Auswendiglernen 6.40
    Didaktische Analyse 6.56
    Denkerziehung 6.53
    Lernpsychologie 4.111
    Schulische Leistung 6.159
LERNFÄHIGKEIT 4.110
    Begabung 4.28
    Bildsamkeit 4.33
    Gedächtnis 4.63
    Intelligenz 4.86
    Leistungsfähigkeit 4.107
LERNMITTELFREIHEIT 1.142
    Ausbildungsbeihilfe 1.23
    Schulfinanzierung 1.185
    Schulgeldfreiheit 1.189
LERNMOTIVATION 4.110
    Interesse des Schülers 4.91
    Leistungsmotivation 4.109
    Lerntheorien 4.113
    Motivation im Unterricht 6.126
LERNPSYCHOLOGIE 4.111
    Begabung 4.28

[Forts.: Lernpsychologie]
  Begriffsbildung 4.31
  Bildsamkeit 4.33
  Denkentwicklung 4.37
  Denkpsychologie 4.38
  Gedächtnis 4.63
  Interesse des Schülers 4.91
  Kybernetische Lerntheorie 5.102
  Leistungsmotivation 4.109
  Lernen 6.123
  Lernmotivation 4.110
  Lernstörung 4.113
  Lerntheorien 4.113
  Lernvorgang 4.114
  Mathematisches Denken 4.123
  Programmiertes Lernen
    (Lernbegriff) 5.174
  Psychologie
    (Pädagogischer Aspekt) 4.149
  Schöpferisches Tun 4.164
  Sprachbegabung 4.199
  Sprachliche Entwicklung 4.204
  Sprachverständnis 4.210
  Vergessen 4.231
LERNSPIEL 5.125
  Englischlehrmittel
    (Lernspiele) 5.57
  Fremdsprachenlehrmittel
    (Spielformen) 5.75
  Geschichtslehrmittel
    (Spielformen) 5.89
  Kunsterziehung
    (Spiel) 10.120
  Rechenspiele 5.194
  Religionsunterricht
    (Schulspiel) 10.221
  Sprachunterricht
    (Spielformen) 7.230
  Unterrichtsspiel 5.256
  Werkunterricht
    (Spiel) 10.275
LERNSTÖRUNG 4.113
  Konzentrationsschwäche 4.101
  Leistungsstörung 4.109
  Schulversager 4.183
  Sitzenbleiber 4.192
LERNTHEORIEN 4.113
  Gedächtnisforschung 4.64
  Intelligenzforschung 4.88
  Lernfähigkeit 4.110
  Lernvorgang 4.114
  Sozialpsychologie
    (Umwelteinflüsse) 4.195
  Sozialverhalten 4.196
  Verhaltensforschung 4.232

LERNVORGANG 4.114
  Lernpsychologie
    (Erfahrung) 4.112
  Programmiertes Lernen
    (Lernverhalten) 5.175
LESE-RECHTSCHREIBSCHWÄCHE 4.114
  Legasthenie 4.102
  Lesestörung 4.119
  Rechtschreibschwäche 4.160
LESEBOGEN 5.126
  Eigenfibel 5.55
  Ganzschrift 5.76
LESEBUCH 5.127
  Fibel 5.70
  Lesebuch im Unterricht 5.130
  Lesebuchillustration 5.130
  Lesebuchkritik 5.130
  Leseunterricht
    (Lesebuch) 7.156
  Leseunterricht
    (Lesestoffe) 7.157
LESEBUCHILLUSTRATION 5.130
  Fibel
    (Bildgestaltung) 5.70
LESEBUCHKRITIK 5.130
  Lesebuch
    (Textauswahl) 5.129
LESEINTERESSE 4.115
  Lesewut 4.120
LESELEHRMETHODEN 7.150
  Erstleseunterricht
    (Methodische Einzelfragen) 7.90
  Ganzheitliches Lesenlernen 7.115
  Ganzwortlesemethode 7.199
  Schreibleseunterricht 7.209
- (LEISTUNGSASPEKT) 7.152
  Ganzheitliches Lesenlernen
    (Diskussion) 7.115
  Ganzheitliches Lesenlernen
    (Psychologischer Aspekt) 7.118
  Legasthenie
    (Leselehrmethode) 4.104
  Leselehrmethoden
    (Ganzheit oder Lautsynthese) 7.151
  Rechtschreibleistung
    (Methodenstreit) 7.186
- (METHODENSTREIT) 7.152
  Ganzheitliches Lesenlernen
    (Kritik) 7.117
  Leselehrmethoden
    (Ganzheit oder Lautsynthese) 7.151
  Schreibleseunterricht
    (Methodenaspekt) 7.209

LESELERNMITTEL 5.131
    Deutschlehrmittel
      (Erstleseunterricht) 5.50
    Eigenfibel 5.55
    Fibel 5.70
    Jugendbuch im Unterricht
      (Grundschule) 5.95
    Lesebuch 5.126
    Schuldruckerei 5.213
LESELERNPSYCHOLOGIE 4.118
    Ganzheitspsychologie
      (Pädagogischer Aspekt) 4.63
    Gestaltpsychologie
      (Aktualgenese) 4.70
    Kleinkindlesen 4.97
    Legasthenie
      (Leselehrmethode) 4.104
    Lesevorgang 4.114
    Schulreifetest
      (Grundleistungstest) 4.180
LESEN 7.153
    Lesevorgang 4.119
    Literarische Erziehung 7.162
LESEPSYCHOLOGIE 4.118
    Legasthenie 4.102
    Leseinteresse 4.115
    Leselernpsychologie 4.118
    Lesestörung 4.119
    Lesewut 4.120
LESESTÖRUNG 4.119
    Legasthenie 4.102
    Lese-Rechtschreibschwäche 4.114
LESETEST 4.119
    Legasthenie
      (Diagnostik) 4.103
LESEUNTERRICHT 7.153
    Deutsch als Fremdsprache
      (Lektüre) 7.43
    Dichtung im Unterricht 7.61
    Erstleseunterricht 7.89
    Ganzschrift im Unterricht 5.76
    Lektüreplan 7.149
    Lesebuch im Unterricht 5.130
    Leselernmittel 5.131
    Literaturpädagogik in
      der Schule 3.169
    Lyrik im Unterricht 7.166
    Märchen im Unterricht 7.173
    Sage im Unterricht 7.202
- (GRUNDSCHULE) 7.154
    Erstleseunterricht 7.89
    Lyrik im Unterricht
      (Grundschule) 7.168
    Märchen im Unterricht
      (Grundschule) 7.174

- (PSYCHOLOGISCHER ASPEKT) 7.158
    Erstleseunterricht
      (Psychologischer Aspekt) 7.92
    Legastheniebehandlung 4.104
    Leseinteresse 4.115
    Lesen 7.153
    Lesepsychologie 4.118
    Lesestörung 4.119
    Lesetest 4.119
    Leseunterricht
      (Sinnvolles Lesen) 7.159
- (SPIELFORMEN) 7.159
    Märchen im Unterricht
      (Spielformen) 7.174
    Schulspiel (Lesespiel) 6.174
LESEVORGANG 4.119
    Lesen 7.153
LESEWUT 4.120
    Leseinteresse 4.115
LICHTBILD 5.132
    Bildwerfer 5.38
    Mikroprojektion 5.137
LICHTBILD IM UNTERRICHT 5.132
    Biologielehrmittel
      (Lichtbild) 5.43
    Erdkundelehrmittel
      (Lichtbild) 5.66
    Fremdsprachenlehrmittel
      (Lichtbild) 5.74
    Geschichtslehrmittel
      (Lichtbild) 5.86
    Heimatkundelehrmittel
      (Lichtbild) 5.93
    Mathematiklehrmittel
      (Lichtbild) 5.136
    Religionslehrmittel
      (Lichtbild) 5.200
LICHTBILD/FILM IM UNTERRICHT 5.133
    Erdkundelehrmittel
      (Lichtbild/Film) 5.67
LIEDPFLEGE 10.161
    Chorgesang 10.53
    Ganzheitlicher Musikunterricht
      (Lied) 10.63
    Gesangunterricht 10.69
    Notenschrift 10.197
    Schulchor 10.233
    Singbewegung 10.239
    Stimmbildung 10.244
    Volkslied im Musikunterr. 10.258
    Weihnachtliches Singen 10.259
LINKSHÄNDIGKEIT 4.121
    Legasthenie
      (Ätiologie) 4.103
    Schreibverhalten 4.164

LITERARISCHE ERZIEHUNG 7.162
    Deutschunterricht 7.45
    Dichtung im Unterricht 7.61
    Jugendbuch 7.137
    Leseunterricht 7.153
    Literaturpädagogik 3.163
    Märchen (Erziehungswert) 7.172
    Sage (Erziehungswert) 7.202
    Sprachunterricht 7.222
LITERARISCHER JUGENDSCHUTZ 3.163
    Fernseherziehung
     (Jugendschutz) 3.110
    Jugendgefährdendes Schrifttum 3.149
    Massenmedien
     (Reizüberflutung) 3.177
LITERATURGESCHICHTE IM UNTERRICHT 7.162
    Dichtung im Unterricht 7.61
    Englische Lektüre
     (Literaturgeschichte) 7.71
    Französische Lektüre
     (Literaturgeschichte) 7.95
    Literaturkritik im Unterricht 7.163
    Lyrik (Geschichte) 7.166
LITERATURKRITIK 7.163
    Interpretation 7.135
    Jugendbuchbeurteilung 7.139
LITERATURKRITIK IM UNTERRICHT 7.163
    Dichtung im Unterricht 7.61
    Interpretation im Unterricht 7.136
    Literaturgeschichte im Unt. 7.162
LITERATURPÄDAGOGIK 3.163
    Bilderbuch im Unterricht 5.35
    Jugendbuch 7.137
    Jugendgefährdendes Schrifttum 3.149
    Lehrerbildung
     (Literaturpädagogik) 2.88
    Literarische Erziehung 7.162
    Literarischer Jugendschutz 3.163
    Märchenpädagogik 3.175
    Schülerbücherei 5.205
    Schülerzeitschrift 3.213
    Schundliteratur 3.220
    Zeitungslektüre 3.245
LITERATURWISSENSCHAFT 7.165
    Dichtung 7.60
    Literaturkritik 7.163
    Poetik 7.183
LITURGISCHE ERZIEHUNG 10.164
    Katechese
     (Eucharistie) 10.85
LYRIK 7.165
    Ballade 7.41
    Gegenwartslyrik 7.124
    Kindergedicht 7.141
    Poetik 7.183
    Übersetzen
     (Lyrik) 7.242
LYRIK IM UNTERRICHT 7.166
    Ballade im Unterricht 7.42
    Gegenwartslyrik im Unterr. 7.124

M

MÄDCHENBERUFSSCHULE 1.143
    Berufsausbildung
     (Weibliche Jugend) 6.44
    Berufserziehung
     (Mädchen) 3.42
    Berufswahl
     (Mädchen) 3.52
    Hauswirtschaftl.Berufsschule 1.105
    Landwirtschaftl.Berufsschule
     (Mädchen) 1.141
    Staatsbürgerliche Erziehung
     (Mädchenberufsschule) 8.207
MÄDCHENBILDUNG 3.170
    Berufserziehung
     (Mädchen) 3.42
    Deutschunterricht
     (Mädchenbildung) 7.54
    Frauenfachschule 1.80
    Gemeinschaftskunde
     (Mädchenbildung) 8.52
    Geschichtsunterricht
     (Mädchenbildung) 8.78
    Jugenderziehung 3.148
    Koedukation
     (Mädchenbildung) 3.159
    Kunsterziehung
     (Mädchenbildung) 10.117
    Landwirtschaftl.Berufsschule
     (Mädchen) 1.141
    Leibeserziehung
     (Mädchen) 10.142
    Lyrik im Unterricht
     (Mädchenbildung) 7.169
    Mathematikunterricht
     (Mädchenbildung) 9.169
    Naturlehre
     (Mädchenbildung) 9.204
    Naturwissenschaftl.Unterricht
     (Mädchenbildung) 9.214
    Physikunterricht
     (Mädchenbildung) 9.249
    Politische Bildung
     (Mädchenbildung) 8.183
    Religionsunterricht
     (Mädchenbildung) 10.215

Schullandheimaufenthalt
  (Mädchenklasse) 6.165
MÄDCHENGYMNASIUM 1.143
  Frauenoberschule 1.80
  Mädchenbildung
    (Gymnasium) 3.172
  Sozialgymnasium 1.251
MÄDCHENREALSCHULE 1.143
  Mädchenbildung
    (Realschule) 3.173
MÄDCHENTURNEN 10.166
  Gymnastik 10.70
  Leibeserziehung
    (Mädchen) 10.142
MÄRCHEN IM UNTERRICHT 7.173
  Märchenerzählen 7.175
  Märchenfilm 5.134
  Märchenpädagogik 3.175
  Märchenpsychologie 4.122
MÄRCHENPÄDAGOGIK 3.175
  Märchen
    (Erziehungswert) 7.172
  Märchen im Unterricht 7.173
  Märchenerzählen 7.175
MÄRCHENPSYCHOLOGIE 4.122
  Entwicklungspsychologie
    (Kleinkind) 4.43
  Leseinteresse 4.115
MAGNETISMUS 9.156
  Elektrizitätslehre 9.102
MALEN 10.167
  Psychotherapie
    (Fingermalen) 4.154
  Zeichnen 10.281
MASSENMEDIEN 3.175
  Literaturpädagogik
    (Massenmedien) 3.168
  Politik
    (Massenmedien) 8.164
  Zeitungslektüre 3.245
- (PÄDAGOGISCHER ASPEKT) 3.176
  Fernseherziehung 3.109
  Filmerziehung 3.112
  Freizeiterziehung in der Schule
    3.122
  Freizeitverhalten 3.123
  Funkerziehung 3.125
  Lehrerbildung
    (Massenmedien) 2.88
  Literaturpädagogik 3.163
MASSENPSYCHOLOGIE 4.123
  Psychoanalyse
    (Soziologischer Aspekt) 4.140
  Suggestion 4.214
  Triebpsychologie 4.228

MATHEMATIK 9.158
  Algebra 9.25
  Analysis 9.32
  Angewandte Mathematik 9.37
  Geometrie 9.123
  Mathematische Beweistheorie 9.175
  Mathematische Logik 9.176
  Mengenlehre 9.187
  Wahrscheinlichkeitsrechnung 9.302
MATHEMATIKLEHRMITTEL 5.134
  Geometrielehrmittel 5.77
  Mathematiklehrbuch 5.134
  Programmiertes Lernen
    (Geometrie) 5.171
  Programmiertes Lernen
    (Mathematik) 5.176
  Programmiertes Lernen
    (Mengenalgebra) 5.177
  Programmiertes Lernen
    (Rechnen) 5.182
  Rechenbuch 5.188
  Rechenlehrmittel 5.189
  Rechenspiele 5.194
  Tonbildschau 5.251
MATHEMATIKUNTERRICHT 9.160
  Algebraunterricht 9.32
  Bruchrechnen 9.81
  Fachrechnen 9.120
  Geometrieunterricht
    (Gymnasium) 9.135
  Grundschulrechnen
    (Mathematischer Aspekt) 9.140
  Lehrerbildung
    (Mathematik) 2.89
  Mathematiklehrbuch 5.134
  Mathematiklehrer 2.119
  Mathematiklehrmittel 5.134
  Programmiertes Lernen
    (Mathematik) 5.176
  Rechenoperationen 9.258
  Rechenübung 9.263
  Rechenunterricht 9.265
  Sachrechnen 9.272
- (DENKSCHULUNG) 9.163
  Grundschulrechnen
    (Mathematischer Aspekt) 9.140
  Mathematisches Denken 4.123
  Mathematikunterricht
    (Beweisversuche) 9.162
  Mathematikunterricht
    (Logisches Denken) 9.169
  Mathematikunterricht
    (Schülerwettbewerbe) 9.174
  Rechenunterricht
    (Denkschulung) 9.266

MATHEMATISCHE BEWEISTHEORIE 9.175
   Mathematikunterricht
     (Beweisversuche) 9.162
MATHEMATISCHE LOGIK 9.176
   Algebra
     (Axiomatik) 9.25
   Geometrie
     (Axiomatik) 9.124
   Kybernetische Maschinen
     (Logische Schaltungen) 5.110
   Mathematische Beweistheorie 9.175
   Mengenlehre 9.187
MATHEMATISCHE STATISTIK 9.176
   Wahrscheinlichkeitsrechnung 9.302
MATHEMATISCHES DENKEN 4.123
   Begriffsbildung 4.31
   Raumwahrnehmung 4.159
   Rechenleistung 4.159
   Schöpferisches Tun 4.164
   Zahlbegriffsbildung 4.240
MECHANIK 9.177
   Physik
     (Energiesatz) 9.240
   Physikalisches Experimentiergerät
     (Mechanik) 5.146
   Quantentheorie 9.254
   Relativitätstheorie 9.271
   Schwingungslehre 9.275
   Wellenlehre 9.302
- (MASSEINHEIT) 9.184
   Astronomie
     (Zeitmessung) 9.47
   Physik
     (Maßeinheit) 9.240
   Relativitätstheorie 9.271
MEDIZINISCHE ANTHROPOLOGIE 3.177
   Biologische Anthropologie 3.68
   Psychologische Anthropologie 3.204
MEERESBIOLOGIE 9.187
   Meeresforschung 8.148
   Pflanzenkunde
     (Algen) 9.226
   Tierkunde
     (Fische) 9.280
MEERESFORSCHUNG 8.148
   Länderkunde
     (Nordsee) 8.136
   Meeresbiologie 9.187
   Wirtschaftsgeographie
     (Seefischerei) 8.227
   Wirtschaftsgeographie
     (Seeverkehr) 8.227
MENGENLEHRE 9.187
   Algebra
     (Axiomatik) 9.25

   Erstrechenunterricht
     (Mengenoperation) 9.115
   Geometrie
     (Topologie) 9.131
   Mathematische Logik 9.176
   Programmiertes Lernen
     (Mengenalgebra) 5.177
MENSCHENBILD 3.178
   Anthropologie 3.19
   Christliches Menschenbild 3.70
   Erziehungsziel 3.97
   Leitbilder 3.161
   Pädagogik und Philosophie 3.191
   Pädagogische Anthropologie 3.193
   Philosophische Anthropologie 3.198
MENSCHENBILDUNG 3.179
   Allgemeinbildung 3.19
   Anthropologische Pädagogik 3.20
   Berufserziehung und Menschen-
     bildung 3.45
   Erziehung zur Menschlichkeit 3.88
   Humanismus 3.144
   Jugenderziehung 3.148
   Lehrerbildung
     (Menschenbildung) 2.89
- (SCHULERZIEHUNG) 3.179
   Berufserziehung und Allgemein-
     bildung 3.45
   Bildung und Erziehung 3.61
   Humanistische Bildung 3.146
   Mädchenbildung 3.170
   Musikerziehung
     (Menschenbildung) 10.174
   Pädagogik
     (Wirklichkeitsbezug) 3.189
   Schule als Lebensraum 3.216
   Wirtschaftspädagogik 3.242
MENSCHENKUNDE 9.188
   Abstammungslehre
     (Mensch) 9.22
   Biologielehrmittel
     (Menschenkunde) 5.43
   Gesundheitslehre 9.138
   Tierphysiologie 9.286
   Tierverhalten 9.287
   Vererbungslehre
     (Mensch) 9.292
- (ORGANFUNKTIONEN) 9.192
   Biochemie
     (Vitamine) 9.58
   Biologie
     (Lebensgrundfunktionen) 9.59
   Gesundheitslehre 9.138

MENTOR 2.120
    Junglehrer 2.51
    Lehrprobe 2.118
MERKHEFT 5.136
    Arbeitsheft 5.24
    Deutschlehrmittel
      (Wörterheft) 5.55
METHODIK 6.124
    Anschauung 6.22
    Arbeitserziehung 6.35
    Artikulation des Unterrichts 6.40
    Bildungseinheit 6.51
    Denkanstoß 6.53
    Didaktik und Methodik 6.55
    Didaktische Analyse 6.56
    Differenzierung 6.56
    Formalstufen 6.66
    Frage im Unterricht 6.67
    Individualisierung 6.106
    Lehrplan 6.114
    Methodenfreiheit des Lehrers 6.124
    Musische Erziehung 6.127
    Polytechnische Bildung 6.136
    Rhythmische Erziehung 6.145
    Selbsttätigkeit 6.182
    Stoffbeschränkung 6.189
    Üben 6.202
    Unterricht 6.203
    Unterrichtsforschung 6.209
    Unterrichtsgestaltung 6.212
- (DDR) 6.125
    Ästhetische Erziehung (DDR) 6.20
    Allgemeinbildender Unterricht 6.20
    Arbeitserziehung (DDR) 6.35
    Berufsausbildung (DDR) 6.41
    Berufsschulunterricht (DDR) 6.46
    Didaktik (DDR) 6.54
    Grundlehrgang [DDR] 6.79
    Lehrplan (DDR) 6.116
    Musische Erziehung (DDR) 6.129
    Polytechnische Bildung (DDR) 6.138
    Polytechn.Unterricht (DDR) 6.141
    Schulwesen DDR 1.234
    Sonderschulunterricht (DDR) 6.185
    Unterstufenunterricht [DDR] 6.218
    Vorschulischer Unterricht
      (DDR) 6.227
MIRKOBIOLOGIE 9.194
    Bodenbiologie 9.80
    Lebensgemeinschaft
      (Teich) 9.154
    Pflanzenkunde
      (Algen) 9.226
    Pflanzenkunde
      (Pflanzenbau) 9.233

    Pflanzenphysiologie 9.236
    Tierkunde
      (Pflanze oder Tier) 9.283
MIKROSKOP IM UNTERRICHT 5.137
    Mikrobiologie
      (Schulpräparate) 9.195
    Physikal.Experimentiergerät
      (Mikroskop) 5.146
MINDERWERTIGKEITSGEFÜHL 4.124
    Gehemmtes Kind 4.66
    Individualpsychologie 4.86
    Schüchternes Kind 4.165
MITTELALTER 8.148
    Deutsche Geschichte
      (Mittelalter) 8.26
    Kirchengeschichte
      (Mittelalter) 10.98
MITTELPUNKTSCHULE 1.144
    Landschulreform 1.137
    Volksschulreform
      (Oberstufe) 1.267
    Zentralschule 1.272
MITTLERE REIFE 1.146
    Fachschulreife 1.77
    Realschule
      (Abschlußprüfung) 1.160
MODERNE KUNST 10.170
    Kunstbetrachtung
      (Moderne Kunst) 10.108
    Kunsterziehung
      (Moderne Kunst) 10.118
    Neue Musik 10.195
MONTESSORI-PÄDAGOGIK 6.126
    Dalton-Plan 6.52
    Musische Erziehung
      (Vorschulalter) 6.130
    Vorschulischer Unterricht 6.226
MOTIVATION IM UNTERRICHT 6.126
    Denkanstoß 6.53
    Didaktische Analyse 6.56
    Leistungsmotivation 4.109
    Lernen 6.123
    Lernmotivation 4.110
    Programmiertes Lernen
      (Motivation) 5.178
    Unterricht
      (Lernauftrag) 6.207
    Unterricht
      (Problemstellung) 6.207
    Unterrichtsimpuls 6.213
MOTIVATIONSFORSCHUNG 4.125
    Interesse des Schülers 4.91
    Leistungsmotivation 4.109
    Lernmotivation 4.110
    Lerntheorien 4.113

[Forts.: Motivationsforschung]
    Motivation im Unterricht 6.126
    Willensforschung 4.239
MOTORIK 4.125
    Aktivität 4.21
    Leibeserziehung
      (Motorik) 10.144
    Linkshändigkeit 4.121
    Schreibverhalten 4.164
MUNDART 7.175
    Schriftsprache 7.210
    Umgangssprache 7.242
    Wortkunde 7.251
MUSEUMSBESUCH 5.138
    Biologielehrmittel
      (Museum) 5.44
    Erkdundelehrmittel
      (Museum) 5.67
    Geschichtslehrmittel
      (Museum) 5.88
    Heimatkundelehrmittel
      (Museum
    Kunstlehrmittel
      (Museumsbesuch) 5.96
MUSIKALISCH-RHYTHMISCHE ERZIEHUNG 10.171
    Eurhythmie 6.62
    Gymnastik 10.70
    Musikalisches Spiel 10.172
    Rhythmische Bewegungs-
      erziehung 10.226
- (TANZ) 10.172
    Gymnastik
      (Künstlerische Gymnastik) 10.72
    Gymnastik
      (Tanz) 10.73
    Volkstanz 10.259
MUSIKALISCHE BEGABUNG 4.125
    Musikunterricht
      (Begabung) 10.161
MUSIKALISCHER KITSCH 10.172
    Schlager 10.226
MUSIKALISCHES SPIEL 10.172
    Liedpflege
      (Kantate) 10.163
    Musikinstrument 5.138
    Orff-Schulwerk 10.198
    Schuloper 10.234
    Volkstanz 10.259
MUSIKERZIEHER 2.120
    Fachlehrer
      (Musisch-Technische Fächer) 2.35
    Lehrerbildung
      (Musikerziehung) 2.89

MUSIKERZIEHUNG 10.173
    Musiklaisch-Rhythmische
      Erziehung 10.171
    Musikunterricht
      (Bildungswert) 10.181
    Musikunterricht
      (Erziehungswert) 10.182
    Neue Musik
      (Pädagogischer Aspekt) 10.196
    Singbewegung 10.239
MUSIKGESCHICHTE 10.175
    Jazz 10.82
    Kinderlied 10.95
    Neue Musik 10.195
    Volkslied 10.257
MUSIKINSTRUMENT 5.138
    Blockflötenspiel 10.50
    Musikinstrumentenbau 5.140
MUSIKLEHRMITTEL 5.141
    Musikinstrument 5.138
    Orff-Schulwerk 10.198
    Programmiertes Lernen
      (Musikerziehung) 5.178
MUSIKPÄDAGOGISCHE FORSCHUNG 10.178
    Musikerziehung
      (Reform) 10.174
    Musikunterricht
      (Musikhören) 10.188
    Singbewegung 10.239
MUSIKUNTERRICHT 10.179
    Deutschunterricht
      (Musische Erziehung) 7.54
    Ganzheitl.Musikunterricht 10.62
    Gesangunterricht 10.69
    Instrumentalspiel 10.81
    Jazz im Musikunterricht 10.82
    Lehrerbildung
      (Musikerziehung) 2.89
    Liedpflege 10.161
    Musikerzieher 2.120
    Musikerziehung 10.173
    Musiklehrbuch 5.140
    Musiklehrmittel 5.141
    Musiklehrplan 10.178
    Neue Musik im Unterricht 10.178
    Programmiertes Lernen
      (Musikerziehung) 5.178
    Schullandheimaufenthalt
      (Musische Erziehung) 6.165
    Schulspiel
      (Musik) 6.174
    Singbewegung 10.239
    Stimmbildung 10.244
    Volkslied im Musikunterricht 10.258

- (BILDUNGSWERT) 10.181
    Musikerziehung
      (Menschenbildung) 10.174
    Musikpädagogische Forschung 10.178
    Musische Bildungsform 6.127
    Musische Erziehung 6.127
    Neue Musik
      (Pädagogischer Aspekt) 10.196
- (GYMNASIUM) 10.185
    Liedpflege
      (Gymnasium) 10.163
    Neue Musik im Unterricht
      (Gymnasium) 10.197
    Orff-Schulwerk
      (Gymnasium) 10.199
    Schulchor 10.233
    Schulorchester 10.234
- (PSYCHOLOGISCHER ASPEKT) 10.189
    Jazz 10.82
    Musikalische Begabung 4.125
    Musikalische Fähigkeit 4.126
    Musikunterricht
      (Begabung) 10.180
    Musikunterricht
      (Gehörbildung) 10.183
    Musikunterricht
      (Musikhören) 10.188
    Neue Musik
      (Pädagogischer Aspekt) 10.196
    Schlager 10.226
    Stimmbildung
      (Stimmbruch) 10.245
MUSIKWISSENSCHAFT 10.194
    Musikgeschichte 10.175
    Musikpädagog.Forschung 10.178
MUSISCHE BILDUNGSFORM 6.127
    Ästhetische Erziehung 6.19
    Künstlerische Erziehung 6.108
    Musikerziehung
      (Musische Bildung) 10.174
    Musische Erziehung 6.127
    Musische Lebensform
      (Pädagogischer Aspekt) 3.181
    Natürlicher Unterricht 6.131
MUSISCHE ERZIEHUNG 6.127
    Ästhetische Erziehung 6.19
    Bewegungserziehung 10.27
    Bildhaftes Gestalten 10.48
    Künstlerische Erziehung 6.108
    Laienspiel 6.109
    Lehrerbildung
      (Musische Bildung) 2.90
    Leibeserziehung
      (Musischer Aspekt) 10.145
    Musikerziehung 10.173

    Musikunterricht 10.179
    Musische Bildungsform 6.127
    Musische Lebensform 3.180
    Neue Musik
      (Pädagogischer Aspekt) 10.196
    Rhythmische Erziehung 6.145
    Schulfeier 6.157
    Schulspiel 6.171
    Schullandheimaufenthalt
      (Musische Erziehung) 6.165
MUSISCHE LEBENSFORM 3.180
    Freizeiterziehung 3.121
    Muße 3.182
    Spielerziehung 3.233
MUSSE 3.182
    Freizeit 3.120
    Musische Lebensform 3.180
MUTTERSPRACHE 7.176
    Deutsche Sprache 7.44
    Mundart 7.175
    Sprachsoziologie 7.221
- (BILDUNGSWERT) 7.177
    Muttersprachlicher Unterricht 7.178
    Sprachliche Bildung 7.220
- (SPRACHPFLEGE) 7.177
    Deutsche Sprache
      (Sprachgefährdung) 7.45
    Englischunterricht
      (Muttersprache) 7.83
    Fremdwort im Deutschunterr. 7.115
    Lateinunterricht
      (Muttersprache) 7.148
    Sprachpflege 7.220
MUTTERSPRACHLICHER UNTERRICHT 7.178
    Deutschunterricht 7.45
    Sprachunterricht 7.222

N

NACHHILFEUNTERRICHT 6.130
    Hausaufgabe
      (Elternhilfe) 6.97
    Schulischer Leistungsrückgang 6.163
NACHKRIEGSJUGEND 4.126
    Flüchtlingskind 4.61
    Mischlingskind 4.124
NACHSCHLAGEKARTEI 5.143
    Arbeitsmappe 5.24
NACHSCHLAGEWERKE 5.143
    Sachbuch 5.202
    Wörterbuch 5.259
NAHRUNGSMITTELCHEMIE 9.196
    Ernährungslehre 10.53

[Forts.: Nahrungsmittelchemie]
   Wärmelehre
     (Kühlschrank) 9.300
NATÜRLICHER UNTERRICHT 6.131
   Anschauungsunterricht 6.22
   Fragestunde 6.67
   Freier Gesamtunterricht 6.67
   Freies Unterrichtsgespräch 6.68
   Lebensnaher Unterricht 6.113
NATURBEOBACHTUNG 9.197
   Biologieunterricht
     (Bestimmungsübung) 9.64
   Biologieunterricht
     (Bildungswert) 9.64
   Biologieunterricht
     (Schülerbeobachtung) 9.74
   Biologische Lehrwanderung 9.79
   Naturerleben des Schülers 4.127
   Pflanzenkunde
     (Bestimmungsübung) 9.227
   Tierkunde
     (Bestimmungsübung) 9.279
   Tierkunde
     (Tiere im Unterricht) 9.284
   Tierkunde
     (Tiere im Winter) 9.284
   Vogelkunde
     (Grundschule) 9.294
   Vogelkunde
     (Vogelbeobachtung) 9.296
- (FRÜHLING) 9.198
   Lebensgemeinschaft
     (Acker) 9.152
   Schulgarten
     (Frühling) 5.231
- (HERBST) 9.198
   Pflanzenkunde
     (Laubfall) 9.231
- (WINTER) 9.199
   Tierkunde
     (Tiere im Winter) 9.284
   Vogelschutz
     (Winterfütterung) 9.297
NATURLEHRE 9.200
   Chemieunterricht
     (Volksschule) 9.93
   Physikunterricht
     (Volksschule) 9.253
- (EXPERIMENT) 9.201
   Chemische Experimente 9.98
   Naturlehre
     (Schülerversuch) 9.206
   Physikalische Experimente 9.243

- (GRUNDSCHULE) 9.202
   Anfangsunterricht
     (Sachbegegnung) 6.21
   Chemieunterricht
     (Einführung) 9.88
   Heimatkundeunterricht
     (Naturlehre) 8.101
   Physikunterricht
     (Einführung) 9.247
- (LEHRPLAN) 9.203
   Chemielehrplan 9.85
   Physiklehrplan 9.244
- (SCHÜLERVERSUCH) 9.206
   Chemieunterricht
     (Schülerversuch) 9.92
   Physikunterricht
     (Schülerversuch) 9.252
NATURSCHUTZ 9.208
   Landschaftspflege 9.151
   Naturschutz im Unterricht 9.209
   Tierschutz 9.287
   Vogelschutz 9.297
- (WASSER) 9.209
   Bodenbiologie 9.80
   Chemotechnik
     (Wasser) 9.100
   Meeresbiologie 9.187
NATURSCHUTZ IM UNTERRICHT 9.209
   Landschaftspflege im Unterr. 9.152
   Tierschutz 9.287
   Vogelschutz
     (Winterfütterung) 9.297
NATURWISSENSCHAFT 9.210
   Biologie 9.58
   Chemie 9.84
   Humanismus
     (Naturwissenschaft) 3.145
   Mathematik 9.158
   Physik 9.239
NATURWISSENSCHAFTLICHE BILDUNG ... 3.182
   Bildung
     (Mensch und Technik) 3.57
   Bildung
     (Technische Welt) 3.59
   Bildungsauftrag
     (Gymnasium) 3.64
   Erziehung
     (Gymnasium) 3.78
   Erziehung
     (Industriekultur) 3.79
   Humanismus
     (Naturwissenschaft) 3.145
   Naturwissenschaftlicher
     Unterricht 9.212

Religionsunterricht
(Naturwissenschaft) 10.217
Technische Bildung 3.238
Wirtschaftspädagogik 3.242
NATURWISSENSCHAFTLICHER UNTERRICHT 9.212
Biologieunterricht
(Gymnasium) 9.68
Chemieunterricht
(Gymnasium) 9.89
Lehrerbildung
(Physik und Chemie) 2.92
Mathematikunterricht
(Gymnasium) 9.165
Naturwissenschaft 9.210
Naturwissenschaftliche Bildung
3.182
Physik- und Chemielehrer 2.129
Physikunterricht
(Gymnasium) 9.248
Saarbrücker Rahmenvereinbarung
(Naturwissenschaftlicher
Unterricht) 6.148
Schulgebäude
(Naturlehreraum) 1.188
Werkunterricht
(Technische Welt) 10.275
NERVÖSES KIND 4.127
Ängstliches Kind 4.19
Bettnässer 4.33
Kontaktgestörtes Kind 4.100
Schüchternes Kind 4.165
NEUE MUSIK IM UNTERRICHT 10.196
Jazz im Musikunterricht 10.82
NEUPHILOLOGE 2.122
Englischlehrer 2.31
NEUROSE 4.127
Abwehrmechanismen 4.19
Angst 4.23
Entwicklungsstörung 4.47
Psychiatrie 4.137
Regression 4.160
- (BEHANDLUNGSTECHNIK) 4.128
Psychoanalyse
(Behandlungstechnik) 4.138
Psychotherapie
(Behandlungsmethoden) 4.153
- (KINDESALTER) 4.128
Kinderpsychiatrie 4.95
Kontaktgestörtes Kind 4.100
Nervöses Kind 4.127
- (PSYCHOPATHIE) 4.129
Bettnässer 4.33
Nervöses Kind 4.127
Psychopath 4.150

- (PSYCHOSE) 4.129
Angst 4.23
Depression 4.39
Epileptisches Kind 4.48
Geisteskrankheit 4.66
- (ZWANGSKRANKHEIT) 4.130
Aggression 4.20
Angst 4.23
Schulderleben 4.173
NEUSPRACHLICHER UNTERRICHT 7.179
Englischunterricht 7.76
Französischunterricht 7.98
Neuphilologe 2.122
Russischunterricht 7.198
- (GRAMMATIK) 7.180
Englische Grammatik 7.67
Englischunterricht
(Grammatik) 7.79
Französischunterricht
(Grammatik) 7.98
Russische Grammatik 7.197
NICHTVERSETZUNG 1.147
Versetzung 1.260
Zurückstellung des Schulanfängers
1.276
NOTENGEBUNG 6.131
Aufsatzunterricht
(Leistungsbewertung) 7.34
Chemieunterricht
(Leistungsbewertung) 9.89
Deutschunterricht
(Leistungsbewertung) 7.53
Deutschunterricht
(Reifeprüfung:Bewertung) 7.57
Diktat
(Bewertung) 7.64
Erdkundeunterricht
(Leistungsbewertung) 8.39
Französischunterricht
(Leistungsbewertung) 7.99
Fremdsprachenunterricht
(Leistungsbewertung) 7.107
Geschichtsunterricht
(Leistungsbewertung) 8.77
Kunsterziehung
(Leistungsbewertung) 10.116
Leibeserziehung
(Leistungsbewertung) 10.140
Leichtathletik
(Leistungsbewertung) 10.159
Leistungsbeurteilung 4.106
Mathematikunterricht
(Leistungsbewertung) 9.168
Musikunterricht
(Leistungsbewertung) 10.186

[Forts.: Notengebung]
    Rechenunterricht
      (Leistungsbewertung) 9.268
    Religionsunterricht
      (Leistungsbewertung) 10.215
    Russischunterricht
      (Leistungsbewertung) 7.199
    Schreibunterricht
      (Leistungsbewertung) 10.228
    Schülerbeurteilung 4.168
    Schülerleistung 6.153
    Schulische Leistungskontrolle 6.160
    Sprachlabor
      (Leistungsbewertung) 5.245
    Turnunterricht
      (Leistungsbewertung) 10.247
    Zeichenunterricht
      (Leistungsbewertung) 10.279
    Zeugnis 1.272
NOTENSCHRIFT 10.197
    Musikunterricht
      (Notenkunde) 10.188
NOVELLE IM UNTERRICHT 7.182
    Kurzgeschichte im Unterricht 7.142

O

OBERSCHULE PRAKTISCHER ZWEIG 1.147
    Hauptschule 1.101
    Schuljahr IX und X 1.199
    Volksschuloberstufe 1.265
ODENWALDSCHULE 1.149
    Gesamtschule 1.88
    Kurzschule 1.129
    Landerziehungsheim 1.131
OFFENE SCHULTÜR 6.134
    Lebensnaher Unterricht 6.113
    Schulausstellung 6.155
    Unterricht
      (Auflockerung) 6.205
    Unterricht
      (Sachbegegnung) 6.208
OPTIK 9.217
    Atomphysik
      (Photon) 9.54
    Elektromagnetische Wellen 9.111
    Quantentheorie 9.254
    Wellenlehre 9.302
- (SCHÜLERVERSUCH) 9.221
    Physikalisches Experimentiergerät
      (Optik) 5.146
    Schulfotografie 5.221
OPTISCHE TÄUSCHUNG 4.130
    Raumwahrnehmung 4.159

    Wahrnehmungspsychologie
      (Optische Wahrnehmung) 4.238
ORFF-SCHULWERK 10.198
    Musiklehrmittel
      (Orff-Schulwerk) 5.142
ORGANISCHE CHEMIE 9.222
    Nahrungsmittelchemie 9.196

P

PÄDAGOGIK 3.183
    Anthropologie 3.19
    Anthroposophische Pädagogik 3.20
    Bildung 3.56
    Bildung und Wissenschaft 3.62
    Bildungsbegriff 3.66
    Bildungstheorie 3.68
    Dialektische Pädagogik 3.71
    Dialogisches Verhältnis 3.71
    Erziehung 3.74
    Erziehungsbegriff 3.92
    Erziehungsziel 3.97
    Existentielle Pädagogik 3.101
    Funktionale Erziehung 3.125
    Humanismus 3.144
    Lehrerbildung
      (Erziehungswissenschaft) 2.81
    Menschenbild und Pädagogik 3.178
    Pädagogik der Begegnung 3.190
    Pädagogik und Philosophie 3.191
    Pädagogik und Psychologie 3.192
    Pädagogische Anthropologie 3.193
    Pädagogische Forschung 3.195
    Pädagogische Grundbegriffe 3.196
    Pädagogische Soziologie 3.196
    Personale Pädagogik 3.198
    Reformpädagogik 3.204
    Sozialistische Erziehung [DDR]
      3.226
    Soziologie 3.228
    Systematische Pädagogik 3.238
    Vergleichende Erziehungswissen-
      schaft 3.239
    Wirtschaftspädagogische Forschung
      3.244
- (AUTONOMIE) 3.184
    Bildung und Wissenschaft 3.62
    Systematische Pädagogik 3.238
- (DDR) 3.185
    Erziehung (DDR) 3.76
    Ideologische Erziehung [DDR] 3.147
    Kommunistische Erziehung 3.160
    Schulwesen DDR 1.234

Sozialistische Erziehung [DDR]
3.226
- (TERMINOLOGIE) 3.188
  Bildungsbegriff 3.66
  Didaktische Fachbegriffe 6.56
  Erziehungsbegriff 3.92
  Pädagogische Grundbegriffe 3.196
- (WIRKLICHKEITSBEZUG) 3.189
  Erziehung
    (Lebensnähe) 3.81
  Erziehungssituation 3.96
  Erziehungswirklichkeit 3.96
  Erziehung
    (Gegenwartsbezug) 3.77
  Menschenbildung
    (Schulerziehung) 3.179
  Schule als Lebensraum 3.216
  Schulerziehung 3.217
- (WISSENSCHAFTSCHARAKTER) 3.189
  Bildung und Wissenschaft 3.62
  Pädagogik und Philosophie 3.191
  Pädagogik und Psychologie 3.192
  Pädagogik und Soziologie 3.196
  Pädagogische Tatsachenforschung
    6.134
PÄDAGOGIK DER BEGEGNUNG 3.190
  Dialektische Pädagogik 3.71
  Dialogisches Verhältnis 3.71
  Pädagogischer Führungsstil 6.135
  Unterricht
    (Sachbegegnung) 6.208
PÄDAGOGIK UND PHILOSOPHIE 3.191
  Bildung und Wissenschaft 3.62
  Bildungstheorie 3.68
  Dialektische Pädagogik 3.71
  Existentielle Pädagogik 3.101
  Menschenbild und Pädagogik 3.178
  Philosophie und Anthropologie 3.198
PÄDAGOGIK UND PSYCHOLOGIE 3.192
  Bildung und Wissenschaft 3.62
  Erziehung
    (Psychologischer Aspekt) 3.82
  Pädagogische Psychologie 4.131
  Psychologische Anthropologie 3.204
PÄDAGOGIK UND SOZIOLOGIE 3.192
  Pädagogische Soziologie 3.196
PÄDAGOGISCHE ANTHROPOLOGIE 3.193
  Anpassung 3.19
  Bildung und Wissenschaft 3.62
  Entwicklungspsychologie
    (Anthropologischer Aspekt) 4.41
  Existentielle Pädagogik 3.101
  Jugendalter 3.147
  Kindheit 3.156
  Menschenbild 3.178

PÄDAGOGISCHE AUTORITÄT 3.194
  Schüler-Lehrer-Verhältnis 3.208
PÄDAGOGISCHE FAKULTÄT 2.123
  Lehrerbildung u.Universität 2.102
  Universitätspädagoge 2.144
PÄDAGOGISCHE FORSCHUNG 3.195
  Berufsforschung 3.49
  Jugendforschung 3.148
  Pädagogik
    (Empirische Forschung) 3.185
  Pädagogik
    (Methodologie) 3.187
  Systematische Pädagogik 3.238
  Vergleichende Erziehungswiss. 3.239
  Wirtschaftspädagog.Forschung 3.244
PÄDAGOGISCHE GRUNDBEGRIFFE 3.196
  Bildungsbegriff 3.66
  Pädagogik
    (Terminologie) 3.188
PÄDAGOGISCHE HOCHSCHULE 2.123
  Konfessionelle Lehrerbildung
    (Pädagogische Hochschule) 2.57
  Lehrerbildung 2.74
- UND UNIVERSITÄT 2.127
  Akademische Lehrerbildung 2.19
  Lehrerbildung
    (Wissenschaftscharakter) 2.101
  Pädagogische Hochschule
    (Reform) 2.126
PÄDAGOGISCHE PSYCHOLOGIE 4.131
  Ängstliches Kind 4.19
  Akzeleration
    (Pädagogischer Aspekt) 4.22
  Altersmundart 4.23
  Anschauung 6.22
  Audiometrie 4.26
  Aufmerksamkeit 4.26
  Außenseiter 4.27
  Begabung 4.28
  Begriffsbildung 4.31
  Berufstätige Jugend 4.31
  Bildsamkeit 4.33
  Charakterbeurteilung 4.35
  Charakterkunde
    (Pädagogischer Aspekt) 4.37
  Denkleistung 4.37
  Differenzierung
    (Psychologischer Aspekt) 6.58
  Eidetik 4.39
  Entwicklungspsychologie 4.40
  Entwicklungsstörung 4.47
  Erlebnis 4.49
  Ermüdung 4.49
  Erziehung
    (Psychologischer Aspekt) 3.82

[Forts.: Pädagogische Psychologie]
  Erziehungsberatung 4.49
  Erziehungsschwierigkeit 4.54
  Ethische Erziehung
    (Psychologischer Aspekt) 3.99
  Familienerziehung
    (Psychologischer Aspekt) 3.107
  Faulheit des Schülers 4.58
  Fernseherziehung
    (Psychologischer Aspekt) 3.111
  Fernsehwirkung 4.59
  Filmerleben 4.59
  Filmerziehung
    (Psychologischer Aspekt) 3.118
  Filmwirkung 4.60
  Flüchtlingskind 4.61
  Fortläufer 4.62
  Freizeitverhalten 3.123
  Ganzheitspsychologie 4.63
  Gedächtnispflege 4.65
  Geistige Entwicklung 4.69
  Gesamtunterricht
    (Psychologischer Aspekt) 6.76
  Geschichtsinteresse 8.61
  Geschichtsverständnis 8.91
  Geschlechtserziehung
    (Psychologischer Aspekt) 3.131
  Gestaltpsychologie 4.70
  Gewissen 4.71
  Graphologie
    (Pädagogischer Aspekt) 4.72
  Großstadtjugend 4.73
  Gruppenpsychologie 4.74
  Gruppentherapie 4.74
  Gruppenunterricht
    (Psychologischer Aspekt) 6.88
  Halbstarke 4.76
  Haltungsfehler des Schülers 4.76
  Hausaufgabe
    (Psychologischer Aspekt) 6.98
  Heilpädagogik 4.76
  Heimerziehung
    (Psychologischer Aspekt) 3.143
  Hilfsschulkind 4.81
  Hochschulreife 1.110
  Intelligenz
    (Schulkind) 4.87
  Intelligenz
    (Schulleistung) 4.87
  Intelligenzentwicklung 4.88
  Intelligenztest 4.89
  Interesse des Schülers 4.91
  Jugendpsychologie 4.92
  Kinderpsychologie 4.95
  Kinderpsychotherapie 4.96

Kindersprache 4.96
Kleinkindlesen 4.97
Koedukation
  (Psychologischer Aspekt) 3.159
Konstitution des Schülers 4.100
Konzentrationsfähigkeit 4.100
Konzentrationsschwäche 4.101
Legasthenie 4.102
Lehrplan
  (Psychologischer Aspekt) 6.120
Leistungsbeurteilung 4.106
Leistungsfähigkeit 4.107
Leistungsmessung 4.108
Leistungsmotivation 4.109
Leistungsstörung 4.109
Lektürewirkung 4.110
Lernfähigkeit 4.110
Lernmotivation 4.110
Lernpsychologie 4.111
Lernstörung 4.113
Lernvorgang 4.114
Lese-Rechtschreibschwäche 4.114
Leseinteresse 4.115
Leselernpsychologie 4.118
Lesepsychologie 4.118
Lesestörung 4.119
Lesetest 4.119
Lesevorgang 4.119
Linkshändigkeit 4.121
Mädchenbildung
  (Psychologischer Aspekt) 3.173
Märchenpsychologie 4.122
Mathematisches Denken 4.123
Mischlingskind 4.124
Musikalische Begabung 4.125
Musikalische Fähigkeit 4.126
Nachkriegsjugend 4.126
Naturerleben des Schülers 4.127
Nervöses Kind 4.127
Neurose (Schulischer Aspekt) 4.129
Pädagogik und Psychologie 3.192
Pädagogischer Führungsstil
  (Psychologischer Aspekt) 6.136
Phantasieleben des Schülers 4.135
Prüfungsangst 4.137
Psychagogik 4.137
Psychoanalyse
  (Pädagogischer Aspekt) 4.140
Psychodiagnostik 4.141
Psychohygiene
  (Pädagogischer Aspekt) 4.144
Psychologie
  (Pädagogischer Aspekt) 4.149
Psychotherapie
  (Pädagogischer Aspekt) 4.155

Pubertät 4.156
Raumwahrnehmung 4.159
Rechenleistung 4.159
Rechenschwäche 4.160
Rechtschreibschwäche 4.160
Religiöse Erziehung
 (Psychologischer Aspekt) 3.207
Religiöses Erleben 4.161
Schöpferisches Tun 4.164
Schreibverhalten 4.164
Schüler 4.165
Schülerbeobachtung 4.166
Schülerbeurteilung 4.168
Schulanfänger 4.171
Schulangst 4.172
Schuldisziplin
 (Psychologischer Aspekt) 3.215
Schuljahr IX
 (Psychologischer Aspekt) 1.198
Schulklasse 3.218
Schulleistungstest 4.173
Schulpsychologie 4.173
Schulpsychologischer Dienst 4.174
Schulreife 4.176
Schulreifefeststellung 4.178
Schulreifetest 4.178
Schulreifetraining 4.180
Schulreifeuntersuchung 4.181
Schulunreife 4.182
Schulverdrossenheit 4.182
Schulverhalten 4.183
Schulversager 4.183
Sexualverhalten
 (Entwicklungspsychologie) 4.192
Sitzenbleiber 4.192
Sonderturnen 4.192
Sozialpsychologie
 (Schulklasse) 4.195
Soziogramm 4.196
Sozialverhalten 4.196
Spielverhalten des Kindes 4.199
Sprachbegabung 4.199
Sprachheilpädagogik 4.200
Sprachheilschule 4.203
Sprachliche Entwicklung 4.204
Sprachverhalten 4.210
Störenfried 4.210
Stottertherapie 4.212
Student 4.214
Technische Begabung 4.216
Testpsychologie
 (Pädagogischer Aspekt) 4.222
Testverfahren 4.223
Tiefenpsychologie
 (Pädagogischer Aspekt) 4.226

Trotz 4.228
Typologie
 (Pädagogischer Aspekt) 4.229
Überforderung des Schülers 4.230
Vergessen 4.231
Verhaltensstörung 4.232
Verwahrlosung
 (Pädagogische Betreuung) 4.235
Volksschüler 4.235
Vorstellung 4.236
Wahrnehmungspsychologie 4.237
Werterleben 4.239
Wortschatz des Kindes 4.240
Zahlbegriffsbildung 4.240
Zeichnerische Entwicklung 4.241
Zeitsinn 4.241
PÄDAGOGISCHE SOZIOLOGIE 3.196
 Anpassung 3.19
 Begabung
  (Soziologischer Aspekt) 4.30
 Gewöhnung 3.138
 Gruppenpädagogik 3.138
 Jugendsoziologie 3.151
 Klassengemeinschaft 3.157
 Leitbilder 3.161
 Pädagogik und Soziologie 3.192
 Schüler-Lehrer-Verhältnis 3.208
 Schule und Gesellschaft 1.178
 Schulklasse 3.218
 Sozialerziehung 3.223
 Sozialpädagogik 3.227
 Vorurteil 3.240
- (UMWELTTHEORIE) 3.197
 Biologische Anthropologie 3.68
 Erziehung
  (Umwelteinflüsse) 3.84
 Menschenkunde
  (Umweltlehre) 9.193
PÄDAGOGISCHE TATSACHENFORSCHUNG .. 6.134
 Didaktische Analyse 6.56
 Jenaplan 6.103
 Pädagogischer Führungsstil 6.135
 Unterrichtsforschung 6.209
PÄDAGOGISCHER FÜHRUNGSSTIL 6.135
 Differenzierung 6.56
 Gruppenunterricht
  (Disziplin) 6.85
 Gruppenunterricht
  (Sozialerziehung) 6.88
 Gruppenunterricht oder Frontal-
  unterricht 6.90
 Pädagogik der Begegnung 3.190
 Pädagogischer Takt 3.197
 Schüler-Lehrer-Verhältnis 3.208

[Forts.: Pädagogischer Führungsstil]
   Schulische Leistungssteigerung
     (Pädagogischer Aspekt) 6.162
   Schulische Ordnungsformen 6.162
   Unterricht
     (Erziehungseinfluß) 6.206
   Unterricht
     (Lehrersprache) 6.207
- (PSYCHOLOGISCHER ASPEKT) 6.136
   Schülerleistung
     (Soziologischer Aspekt) 6.153
   Sozialpsychologie
     (Schulklasse) 4.195
   Unterricht
     (Lehrersprache) 6.207
PÄDAGOGISCHER TAKT 3.197
   Pädagogisches Verstehen 3.197
   Schüler-Lehrer-Verhältnis 3.208
PÄDAGOGISCHES VERSTEHEN 3.197
   Bibelunterricht
     (Verstehen) 10.35
   Erziehung und Freiheit 3.85
   Lehrer
     (Pädagogische Verantwortung) 2.63
   Pädagogischer Takt 3.197
   Schüler-Lehrer-Verhältnis 3.208
   Vertrauen 3.240
PAPIERWERKEN 10.199
   Werken
     (Scherenschnitt) 10.266
- (DRUCKTECHNIKEN) 10.199
   Werken
     (Kartoffelstempel) 10.264
   Werken
     (Linolschnitt) 10.264
   Werken
     (Plakat) 10.266
   Werken
     (Stoffdruck) 10.267
   Zeichnen
     (Graphisches Gestalten) 10.283
PERSÖNLICHKEITSPSYCHOLOGIE 4.133
   Ausdruckspsychologie 4.26
   Charakterentwicklung 4.36
   Charakterkunde 4.36
   Depression 4.39
   Faktorenanalyse 4.57
   Graphologie 4.72
   Ich-Psychologie 4.85
   Individualpsychologie 4.86
   Intelligenzforschung 4.88
   Motivationsforschung 4.125
   Neurose 4.127
   Psychagogik 4.137

PERSÖNLICHKEITSTEST 4.134
   Charakterbeurteilung 4.35
   Faktorenanalyse 4.57
   Projektive Tests 4.136
   Rorschach-Test 4.162
   Test (Sceno-Test) 4.220
   Test (Wartegg-Zeichen-Test) 4.221
PERSONALE PÄDAGOGIK 3.198
   Dialogisches Verhältnis 3.71
   Persönlichkeitspsychologie 4.133
PFLANZENKUNDE 9.226
   Abstammungslehre
     (Pflanze) 9.23
   Biologielehrmittel
     (Pflanzenkunde) 5.44
   Bodenbiologie 9.80
   Naturschutz
     (Pflanze) 9.209
   Pflanzengeographie 9.225
   Pflanzenphysiologie 9.236
   Schulgarten
     (Biologieunterricht) 5.230
   Schulherbarium 5.234
   Schulwald 5.236
   Tierkunde
     (Pflanze oder Tier) 9.283
   Vererbungslehre
     (Pflanze) 9.292
- (BLÜTENBESTÄUBUNG) 9.227
   Insektenkunde
     (Bienen) 9.146
   Pflanzenphysiologie
     (Fortpflanzung) 9.237
- (WALD) 9.235
   Lebensgemeinschaft
     (Wald) 9.154
   Naturbeobachtung
     (Herbst) 9.198
   Naturschutz
     (Bäume) 9.209
   Pflanzenkunde
     (Laubbäume) 9.230
   Pflanzenkunde
     (Laubfall) 9.231
   Pflanzenkunde
     (Nadelbäume) 9.232
PFLANZENPHYSIOLOGIE 9.236
   Bodenbiologie 9.80
   Mikrobiologie
     (Zellenlehre) 9.195
   Pflanzenkunde
     (Blütenbestäubung) 9.227
   Pflanzenkunde
     (Pflanzenbau) 9.233

PFLICHTSTUNDENZAHL DES LEHRERS ... 2.129
   Lehrerberuf
    (Arbeitszeit) 2.69
PHANTASIE 4.135
   Schöpferisches Tun 4.164
   Tiefenpsychologie
    (Unterbewußtsein) 4.227
PHANTASIELEBEN DES SCHÜLERS 4.135
   Autismus 4.28
   Schöpferisches Tun 4.164
PHYSIK 9.239
   Akustik 9.24
   Atomphysik 9.50
   Elektrizitätslehre 9.102
   Magnetismus 9.156
   Mechanik 9.177
   Optik 9.217
   Radioaktivität 9.255
   Relativitätstheorie 9.271
   Schwingungslehre 9.275
   Wärmelehre 9.298
   Wellenlehre 9.302
PHILOSOPHIEUNTERRICHT 10.201
   Deutschunterricht
    (Philosophieunterricht) 7.55
   Lehrerbildung
    (Philosophie) 2.91
PHILOSOPHISCHE ANTHROPOLOGIE 3.198
   Christliche Anthropologie 3.69
   Menschenbild 3.178
   Pädagogik und Philosophie 3.191
PHONETIK 7.183
   Erstleseunterricht
    (Phonetischer Aspekt) 7.91
   Satzlehre
    (Betonung) 7.203
   Sprecherziehung 7.234
   Stimmbildung 10.244
PHYSIKALISCHE CHEMIE 9.241
   Atomphysik 9.50
   Chemische Bindung
    (Modellbegriff) 9.97
- (ATOMGEWICHT) 9.242
   Atomphysik
    (Isotope) 9.52
   Chemie
    (Elemente) 9.84
   Chemie
    (Periodensystem) 9.85
- (IONEN) 9.243
   Anorganische Chemie
    (Säure/Base) 9.42
   Elektrizitätslehre
    (Gasentladung) 9.105
   Elektrolyse 9.110

PHYSIKALISCHE EXPERIMENTE 9.243
   Physikal.Experimentiergerät 5.144
   Physikunterricht
    (Schülerversuch) 9.252
   Radioaktivität
    (Schulversuch) 9.256
   Wärmelehre
    (Schulversuch) 9.301
- (UNFALLVERHÜTUNG) 9.244
   Chemische Experimente
    (Unfallverhütung) 9.99
   Radioaktivität
    (Strahlenschutz) 9.256
PHYSIKLEHRMITTEL 5.148
   Astronomielehrmittel 5.33
   Physikalisches Experimen-
    tiergerät 5.144
   Physiklehrbuch 5.147
   Programmiertes Lernen
    (Physik) 5.180
PHYSIKUNTERRICHT 9.245
   Astronomieunterricht 9.48
   Atomtechnik im Unterricht 9.56
   Naturlehre 9.200
   Physik 9.239
   Physikalische Experimente 9.243
   Physiklehrbuch 5.147
   Physiklehrmittel 5.148
   Physiklehrplan 9.244
   Programmiertes Lernen
    (Physik) 5.180
   Religionsunterricht
    (Physik) 10.218
   Schulgebäude
    (Physikraum) 1.188
   Weltraumtechnik
    (Unterrichtsaspekt) 9.305
- (SCHÜLERVERSUCH) 9.252
   Astronomieunterricht
    (Schülerbeobachtung) 9.49
   Atomphysik
    (Schülerversuch) 9.54
   Elektrizitätslehre
    (Schülerversuch) 9.107
   Optik (Schülerversuch) 9.221
   Physikalische Experimente 9.243
POETIK 7.183
   Dichterische Symbole 7.59
   Dichtung
    (Sprachlicher Aspekt) 7.61
   Lyrik (Formfragen) 7.165
   Sprachrhythmus 7.221
POLITIK 8.160
   Rechtskunde 8.194
   Zeitgeschichte 8.237

- (RECHTSRADIKALIS-
  MUS) 8.167
  Politik (Nationalismus) 8.165
  Zeitgeschichte
  (Nationalsozialismus) 8.243
POLITIKLEHRMITTEL 5.149
  Politische Bildung
  (Schulspiel) 8.188
  Zeitgeschichtslehrmittel 5.260
  Zeitung im Unterricht 5.262
POLITISCHE BILDUNG 8.170
  Altsprachlicher Unterricht
  (Politische Bildung) 7.22
  Englischunterricht
  (Politische Bildung) 7.84
  Erziehung zur Toleranz 3.90
  Gemeinschaftskunde
  (Politische Bildung) 8.52
  Geschichtsunterricht und Politische Bildung 8.89
  Heimatkundeunterricht
  (Politische Bildung) 8.101
  Lateinunterricht
  (Politische Bildung) 7.149
  Lehrer
  (Politische Verantwortung) 2.64
  Lehrerbildung
  (Politische Bildung) 2.92
  Leibeserziehung
  (Politische Bildung) 10.147
  Neusprachlicher Unterricht
  (Politische Bildung) 7.181
  Ostkunde
  (Politische Bildung) 8.157
  Politik 8.160
  Politiklehrmittel 5.149
  Rechtskunde
  (Politische Bildung) 8.194
  Schulfeier
  (Politische Feierstunde) 6.158
  Sozialkunde 8.196
  Staatsbürgerliche Erziehung
  [Berufsschule] 8.204
  Verkehrsunterricht
  (Politische Bildung) 10.253
  Wirtschaftskunde
  (Politische Bildung) 8.236
  Zeitgeschichtsunterricht 8.248
- (DEUTSCHUNTERRICHT) 8.173
  Deutschunterricht
  (Politische Bildung) 7.55
  Literaturunterricht
  (Politische Erziehung) 7.164
- (ERDKUNDE) 8.174
  Erdkundeunterricht
  (Politische Bildung) 8.41
  Erdkundeunterricht
  (Sozialgeographie) 8.44
- (ERZIEHUNG ZUR DEMOKRATIE) 8.175
  Erziehung zur Verantwortung 3.90
  Politik (Demokratie) 8.160
  Politische Bildung
  (Friedenserziehung) 8.177
  Politische Bildung
  (Urteilsbildung) 8.191
  Politische Erziehung
  (Demokratische Mündigkeit) 3.201
  Sozialkunde
  (Fach oder Prinzip) 8.197
  Staatsbürgerliche Erziehung
  (Erziehungsaspekt) 8.206
- (RELIGIONSUNTERRICHT) 8.187
  Geschichtsunterricht
  (Evangelische Unterweisung) 8.71
  Katholischer Katechismus
  (Politische Bildung) 10.90
  Religionsunterricht
  (Politische Bildung) 10.218
- (SCHULSPIEL) 8.188
  Politiklehrmittel
  (Darstellendes Spiel) 5.149
- (VÖLKERVERSTÄNDIGUNG) 8.191
  Entwicklungsländer
  (Unterrichtsaspekt) 8.28
  Erdkundeunterricht
  (Völkerverständigung) 8.45
  Fremdsprachenunterricht
  (Völkerverständigung) 7.112
  Politische Bildung
  (Europagedanke) 8.176
  Politische Bildung
  (Friedenserziehung) 8.177
  Politische Bildung
  (Weltpolitisches Denken) 8.193
POLITISCHE ERZIEHUNG 3.199
  Erziehung zur Freiheit 3.87
  Erziehung zur Toleranz 3.90
  Gemeinschaftserziehung 3.126
  Gruppenpädagogik 3.138
  Ideologische Erziehung [DDR] 3.147
  Klassengemeinschaft 3.157
  Koedukation
  (Gemeinschaftsformen) 3.159
  Politische Soziologie 3.203
  Rechtserziehung 3.204
  Schülermitverantwortung 3.209
  Schülermitverwaltung 3.210
  Sozialerziehung 3.223
  Sozialpädagogik 3.227
  Staatsbürgerliche Erziehung
  (Erziehungsaspekt) 8.206

- (DEMOKRATISCHE MÜNDIGKEIT) 3.201
  Autorität und Partnerschaft 3.24
  Erziehung zur Selbständigkeit 3.89
  Erziehung zur Verantwortung 3.90
  Politische Bildung
    (Erziehung zur Demokratie) 8.175
  Toleranz 3.239
- (SOZIALVERHALTEN) 3.203
  Erziehung zur Hilfs-
    bereitschaft 3.88
  Erziehung zur Toleranz 3.90
  Gemeinschaftserziehung 3.126
  Koedukation
    (Soziologischer Aspekt) 3.159
  Schulklasse
    (Soziologischer Aspekt) 3.218
POLYTECHNISCHE BILDUNG 6.136
  Arbeitserziehung (DDR) 6.35
  Biologieunterricht
    (Polytechnische Bildung) 9.72
  Chemieunterricht
    (Polytechnische Bildung) 9.91
  Deutschunterricht
    (Polytechnische Bildung) 7.55
  Erdkundeunterricht
    (Polytechnische Bildung) 8.41
  Fremdsprachenunterricht
    (Polytechnische Bildung) 7.110
  Geschichtsunterricht
    (Polytechnische Bildung) 8.80
  Mathematikunterricht
    (Polytechnische Bildung) 9.171
  Naturwissenschaftl.Unterricht
    (Polytechnische Bildung) 9.215
  Physikunterricht
    (Polytechnische Bildung) 9.250
  Polytechnische Erziehung 6.139
  Polytechnischer Lehrgang
    [Österreich] 6.139
  Polytechnischer Unterricht 6.140
  Polytechnisches Kabinett 6.144
  Russischunterricht
    (Polytechnische Bildung) 7.201
  Staatsbürgerkunde
    (Polytechnische Bildung) 8.203
  Technische Elementarerziehung 6.201
POLYTECHNISCHE ERZIEHUNG 6.139
  Arbeitserziehung 6.35
  Polytechnischer Lehrgang
    [Österreich] 6.139
  Polytechnischer Unterricht 6.140
POLYTECHNISCHE LEHRMITTEL 5.154
  Polytechnisches Kabinett 6.144
  Schulwerkstatt 5.236
  Werkraumeinrichtung 5.258

POLYTECHNISCHER UNTERRICHT 6.140
  Berufsschulunterricht 6.45
  Notengebung
    (Polytechnischer Unterricht) 6.133
  Polytechnische Lehrmittel 5.154
  Polytechnischer Lehrgang
    [Österreich] 6.139
- (DDR) 6.141
  Berufsausbildung (DDR) 6.41
  Berufsschulunterricht (DDR) 6.46
  Grundlehrgang [DDR] 6.79
  Polytechnisches Kabinett 6.144
- (LANDWIRTSCHAFT) 6.142
  Grundlehrgang
    (Pflanzliche Produktion) 6.81
  Grundlehrgang
    (Tierische Produktion) 6.81
  Landwirtschaftlicher
    Unterricht 6.113
PRIMARSCHULE [SCHWEIZ] 1.149
  Volksschule (Schweiz) 1.265
PRIVATE ERGÄNZUNGSSCHULE 1.149
  Privatschule 1.150
PRIVATE HANDELSSCHULE 1.150
  Berufsaufbauschule
    (Kaufmännische Berufe) 1.31
  Handelsschule 1.101
  Höhere Handelsschule 1.112
  Höhere Wirtschaftsfachschule 1.113
  Kaufmänn.Berufsfachschule 1.118
  Schuljahr IX und Handelsschule
    1.199
PRIVATSCHULE 1.150
  Bekenntnisschule 1.29
  Heimschule 1.105
  Internat 1.116
  Kurzschule 1.129
  Notengebung
    (Privatschule) 6.133
  Odenwaldschule 1.149
  Private Ergänzungsschule 1.149
  Private Handelsschule 1.150
  Privatschulgesetze 1.154
  Privatschullehrer 2.130
  Waldorfschule 1.269
PRIVATSCHULGESETZE 1.154
  Privatschule
    (Rechtsfragen) 1.153
  Schule und Staat 1.181
PRIVATSCHULLEHRER 2.130
  Lehrerbesoldung
    (Privatschullehrer) 2.74
PROBEUNTERRICHT 1.154
  Aufnahmeprüfung
    (Gymnasium) 1.22

[Forts.: Probeunterricht]
  Aufnahmeprüfung
    (Reform) 1.23
  Begabtenauslese 1.24
  Förderstufe 1.78
  Gymnasium
    (Ausleseverfahren) 1.94
  Übergang
    (Gymnasium) 1.258
PROGRAMMIERTE INSTRUKTION 5.154
  Lehrprogramm
    (Berufsausbildung) 5.120
  Programmiertes Lernen
    (Ausland:USA) 5.159
  Programmiertes Lernen
    (Berufsschule) 5.161
  Programmiertes Lernen (DDR) 5.164
  Programmiertes Lernen
    (Erwachsenenbildung) 5.169
  Technische Lehrmittel
    (Berufsschule) 5.248
PROGRAMMIERTES LERNEN 5.156
  Audiovisuelle Bildungsmittel 5.34
  Fremdsprachenlehrmittel (Audio-
    visuelle Bildungsmittel) 5.74
  Kybernetische Pädagogik 5.112
  Lehrgerät 5.114
  Lehrprogramm 5.119
  Schulfernsehen 5.214
  Schulfunk 5.225
  Tonband im Unterricht 5.249
- (FREMDSPRACHEN) 5.170
  Fremdsprachenlehrmittel (Audio-
    visuelle Bildungsmittel) 5.74
  Sprachlabor 5.240
- (LEISTUNGSKONTROLLE) 5.174
  Lehrprogramm
    (Kontrollformen) 5.123
  Programmiertes Lernen
    (Übungsformen) 5.186
- (LERNVERHALTEN) 5.175
  Kybernetische Lerntheorie 5.102
  Lehrprogramm
    (Psychologischer Aspekt) 5.124
  Programmiertes Lernen
    (Motivation) 5.178
  Programmiertes Lernen
    (Schöpferisches Denken) 5.183
PROJEKTION 4.136
  Projektive Tests 4.136
  Psychoanalyse
    (Übertragung) 4.140
  Test (Sceno-Test) 4.220
  Test (Szondi-Test) 4.220

  Tiefenpsychologie
    (Symbol) 4.227
  Wahrnehmungspsychologie
    (Gegenstandswahrnehmung) 4.238
PROJEKTIVE TESTS 4.136
  Persönlichkeitstest 4.134
  Projektion 4.136
  Rorschach-Test 4.162
  Test (Baumtest) 4.217
  Test (Düss-Fabel-Test) 4.218
  Test (Sceno-Test) 4.220
  Test (TAT-Test) 4.220
PROJEKTMETHODE 6.144
  Epochalunterricht 6.60
  Gesamtunterricht
    (Bildungseinheit) 6.75
  Lebensnaher Unterricht 6.113
  Staatsbürgerliche Erziehung
    (Projektmethode) 8.208
  Unterricht
    (Problemstellung) 6.207
  Unterrichtsplanung 6.214
  Vorhaben 6.225
PROZENTRECHNEN 9.253
  Rechenoperationen
    (Schlußrechnung) 9.259
PRÜFUNGSANGST 4.137
  Schulangst 4.172
PRÜFUNGSWESEN 1.154
  Abitur 1.20
  Aufnahmeprüfung 1.21
  Berufsschullehrerbildung
    (Eignungsauslese) 2.27
  Fachschulreife 1.77
  Hochschulreife 1.77
  Kaufmännischer Unterricht
    (Lehrabschlußprüfung) 6.106
  Lehrerberuf
    (Dienstliche Beurteilung) 2.70
  Mittlere Reife 1.146
  Realschule
    (Abschlußprüfung) 1.160
  Reifeprüfung 1.165
  Schule und Rechtsprechung 1.180
  Übergang 1.257
  Versetzung 1.260
  Volksschule
    (Abschlußprüfung) 1.264
  Zeugnis 1.272
- (RECHTSFRAGEN) 1.155
  Nichtversetzung 1.147
  Versetzung 1.260
PSYCHAGOGIK 4.137
  Heilpädagogik 4.76
  Psychotherapie 4.152

PSYCHIATRIE 4.137
    Erziehungsberatung
        (Psychiatrie) 4.53
    Geisteskrankheit 4.66
    Heilpädagogik
        (Medizinischer Aspekt) 4.79
    Kinderpsychiatrie 4.96
    Neurose 4.127
    Psychopathologie 4.150
PSYCHOANALYSE 4.137
    Abwehrmechanismen 4.19
    Entwicklungspsychologie
        (Psychoanalyse) 4.46
    Neurose
        (Psychose) 4.129
    Projektion 4.136
    Psychodiagnostik 4.141
    Psychohygiene 4.144
    Psychosomatik 4.151
    Psychotherapie 4.152
    Tiefenpsychologie
        (Unterbewußtsein) 4.227
    Traumerleben 4.228
    Triebpsychologie 4.228
- (BEHANDLUNGSTECHNIK) 4.138
    Gruppentherapie 4.74
    Neurose
        (Behandlungstechnik) 4.128
    Psychotherapie
        (Behandlungsmethoden) 4.153
- (KINDERANALYSE) 4.139
    Erziehungsberatung 4.49
    Kinderpsychotherapie 4.96
    Psychotherapie
        (Pädagogischer Aspekt) 4.155
    Tiefenpsychologie
        (Pädagogischer Aspekt) 4.226
PSYCHODIAGNOSTIK 4.141
    Ausdruckspsychologie 4.26
    Charakterbeurteilung 4.35
    Charakterkunde 4.36
    Erziehungsberatung 4.49
    Erziehungsschwierigkeit
        (Diagnostik) 4.55
    Faktorenanalyse 4.57
    Graphologie 4.72
    Hilfsschulbedürftigkeit 4.80
    Intelligenzdiagnose 4.87
    Kinderpsychiatrie
        (Diagnostik) 4.95
    Persönlichkeitstest 4.134
    Projektive Tests 4.136
    Psychoanalyse 4.137
    Psychologie (Experimen-
        telle Psychologie) 4.147

    Schülerbeobachtung 4.166
    Schülerbeurteilung 4.168
    Schulpsychologischer Dienst 4.174
    Test 4.216
- (EXPLORATION) 4.142
    Erziehungsberatung
        (Einzelfall) 4.51
    Psychodiagnostik
        (Anamnese) 4.142
    Testpsychologie 4.221
- (KINDERZEICHNUNG) 4.143
    Kinderzeichnung
        (Psychologischer Aspekt) 10.96
    Test (Goodenough-Test) 4.219
    Test (Mann-Zeichen-Test) 4.219
    Test (Wartegg-Zeichen-Test) 4.221
    Zeichnerische Entwicklung 4.221
- (KINDESALTER) 4.143
    Erziehungsberatung
        (Diagnostik) 4.51
    Kinderpsychiatrie
        (Diagnostik) 4.95
    Legasthenie
        (Diagnostik) 4.103
    Test (Sceno-Test) 4.220
- (TAGEBUCH) 4.143
    Aufsatz
        (Tagebuch) 7.29
    Selbstbeurteilung 4.190
PSYCHOHYGIENE 4.144
    Psychoanalyse 4.137
    Psychotherapie 4.152
- (PÄDAGOGISCHER ASPEKT) 4.144
    Erziehungsberatung 4.49
    Lehrer
        (Psychohygiene) 2.65
    Leibeserziehung
        (Psychohygiene) 10.148
    Psychotherapie
        (Pädagogischer Aspekt) 4.155
    Schulhygiene 1.193
PSYCHOLOGE 2.130
    Lehrerbildung
        (Psychologie) 2.93
    Schulpsychologe 2.134
PSYCHOLOGIE 4.145
    Affekt 4.20
    Aktivität 4.21
    Arbeitspsychologie 4.24
    Aufmerksamkeit 4.26
    Ausdruckspsychologie 4.26
    Betriebspsychologie 4.32
    Bewußtsein 4.33
    Charakterkunde 4.36
    Denkpsychologie 4.38

[Forts.: Psychologie]
  Eidetik 4.39
  Entwicklungspsychologie 4.40
  Erlebnis 4.49
  Farbenpsychologie 4.58
  Ganzheitspsychologie 4.63
  Gedächtnis 4.63
  Gefühl 4.65
  Gestalpsychologie 4.70
  Graphologie 4.72
  Gruppenpsychologie 4.74
  Heilpädagogische Psychologie 4.80
  Ich-Psychologie 4.85
  Individualpsychologie 4.86
  Intelligenz 4.86
  Jugendpsychologie 4.92
  Kinderpsychologie 4.95
  Kindersprache 4.96
  Leib-Seele-Problem 4.106
  Lernpsychologie 4.111
  Lerntheorien 4.113
  Massenpsychologie 4.123
  Motivationsforschung 4.125
  Motorik 4.125
  Optische Täuschung 4.130
  Pädagogische Psychologie 4.131
  Persönlichkeitspsychologie 4.133
  Psychoanalyse 4.137
  Psychodiagnostik 4.141
  Psychohygiene 4.144
  Psychologische Anthropologie 3.204
  Psychosomatik 4.151
  Psychotherapie 4.152
  Pubertät 4.156
  Schulpsychologie 4.173
  Sexualverhalten 4.191
  Sozialpsychologie 4.193
  Sprachpsychologie 4.206
  Testpsychologie 4.221
  Tiefenpsychologie 4.226
  Triebpsychologie 4.228
  Typologie 4.229
  Verhaltensforschung 4.232
  Vorstellung 4.236
  Wahrnehmungspsychologie 4.237
  Willensforschung 4.239
- (ANGEWANDTE PSYCHOLOGIE) 4.146
  Arbeitspsychologie 4.24
  Heilpädagogik 4.76
  Pädagogische Psychologie 4.131
  Psychagogik 4.137
  Psychopharmakologie 4.151
  Psychotherapie 4.152
  Schulpsychologie 4.173

  Verwahrlosung
    (Jugendkriminalität) 4.235
- (ANTHROPOLOGISCHER ASPEKT) 4.147
  Entwicklungspsychologie
    (Anthropologischer Aspekt) 4.41
  Leib-Seele-Problem 4.106
- (EXPERIMENTELLE PSYCHOLOGIE) ... 4.147
  Psychodiagnostik 4.141
  Testpsychologie 4.221
- (METHODOLOGIE) 4.148
  Psychodiagnostik 4.141
  Psychodiagnostik
    (Exploration) 4.142
  Psychologie
    (Statistik) 4.149
  Test 4.216
- (PÄDAGOGISCHER ASPEKT) 4.149
  Entwicklungspsychologie
    (Pädagogischer Aspekt) 4.45
  Graphologie
    (Pädagogischer Aspekt) 4.72
  Gruppenpsychologie
    (Pädagogischer Aspekt) 4.74
  Heilpädagogische Psychologie 4.80
  Lehrerbildung
    (Psychologie) 2.93
  Lernpsychologie 4.111
  Pädagogische Psychologie 4.131
  Testpsychologie
    (Pädagogischer Aspekt) 4.222
  Typologie
    (Pädagogischer Aspekt) 4.229
- (PHILOSOPHIE) 4.149
  Leib-Seele-Problem 4.106
  Psychosomatik 4.151
  Willensforschung 4.239
- (STATISTIK) 4.149
  Faktorenanalyse 4.57
  Soziogramm 4.196
  Testpsychologie 4.221
PSYCHOLOGISCHE ANTHROPOLOGIE 3.204
  Biologische Anthropologie 3.68
  Medizinische Anthropologie 3.177
  Pädagogik und Psychologie 3.192
  Pädagogische Anthropologie 3.193
PSYCHOPATH 4.150
  Neurose
    (Psychopathie) 4.129
PSYCHOPATHOLOGIE 4.150
  Psychiatrie 4.137
  Sexualpathologie 4.191
  Verwahrlosung
    (Jugendkriminalität) 4.235

PSYCHOPHARMAKOLOGIE 4.151
   Denkleistung
     (Glutaminsäure) 4.38
PSYCHOSOMATIK 4.151
   Entwicklungspsychologie
     (Körperliche Entwicklung) 4.44
   Heilpädagogik
     (Medizinischer Aspekt) 4.79
   Konstitution des Schülers 4.100
   Leib-Seele-Problem 4.106
PSYCHOTHERAPIE 4.152
   Individualpsychologie 4.86
   Psychagogik 4.137
   Psychoanalyse 4.137
   Psychohygiene 4.144
- (BEHANDLUNGSMETHODEN) 4.153
   Gruppentherapie 4.74
   Heilpädagogik
     (Bewegungstherapie) 4.78
   Hypnose 4.85
   Neurose
     (Behandlungstechnik) 4.128
   Psychoanalyse
     (Behandlungstechnik) 4.138
- (PÄDAGOGISCHER ASPEKT) 4.155
   Heilpädagogik 4.76
   Individualpsychologie
     (Pädagogischer Aspekt) 4.86
   Psychoanalyse
     (Kinderanalyse) 4.139
   Sozialpsychologie
     (Schulklasse) 4.195
PUBERTÄT 4.156
   Akzeleration 4.21
   Entwicklungspsychologie
     (Jugendalter) 4.41
   Jugendpsychologie 4.92
- (FLEGELALTER) 4.157
   Kinderpsychologie 4.95
   Störenfried 4.210
   Trotz 4.216
- (MÄDCHEN) 4.157
   Jungarbeiterin 4.93
   Mädchenbildung 3.170
   Pubertätsmagersucht 4.158
- (SOZIOLOGISCHER ASPEKT) 4.157
   Sexualverhalten
     (Entwicklungspsychologie) 4.192
   Sozialpsychologie
     (Entwicklungspsychologie) 4.194
   Werterleben 4.239
PUBERTÄTSKRISE 4.158
   Außenseiter 4.27
   Entwicklungsgehemmtes Kind 4.40
   Entwicklungsstörung 4.47

   Erziehungsberatung
     (Jugendalter) 4.53
   Erziehungsschwierigkeit
     (Jugendalter) 4.55
   Fortläufer 4.62
   Halbstarke 4.76
   Leistungsstörung 4.109
   Lügendes Kind 4.122
   Neurose
     (Kindesalter) 4.128
   Schulverdrossenheit 4.182
   Schulversager 4.183
PUBERTÄTSMAGERSUCHT 4.158
   Eßstörung 4.57

Q

QUANTENTHEORIE 9.254
   Atomphysik
     (Photon) 9.54
   Elektrizitätslehre
     (Gasentladung) 9.105
   Elektromagnetische Wellen 9.111
   Optik (Lumineszenz) 9.220
   Optik (Spektrum) 9.221

R

RADIOAKTIVITÄT 9.255
   Atomphysik 9.50
- (SCHULVERSUCH) 9.256
   Atomtechnik im Unterricht 9.56
RAHMENPLAN
   Begabtenauslese 1.24
   Bremer Plan 1.52
   Deutscher Ausschuß für das Er-
     ziehungs- und Bildungswesen 1.53
   Durchlässigkeit 1.59
   Förderstufe 1.78
   Hauptschule 1.101
   Schulaufbau 1.168
   Schuljahr IX 1.194
   Schulreform 1.212
   Schulreform (Gesamtplan des
     Deutschen Instituts) 1.221
   Volksschulreform
     (Rahmenplan) 1.268
RAUMWAHRNEHMUNG 4.159
   Raumerleben 4.159
REALSCHULE 1.159
   Abendrealschule 1.20

[Forts.: Realschule]
  Aufbaugymnasium 1.20
  Aufnahmeprüfung
    (Realschule) 1.23
  Bildungsauftrag
    (Realschule) 3.65
  Fünftagewoche im Schulwesen
    (Realschule) 1.83
  Gesamtschule 1.88
  Ländliche Realschule 1.130
  Mädchenrealschule 1.143
  Mittelschule 1.145
  Mittlere Reife 1.146
  Oberschule Techn.Zweig 1.148
  Realschulunterricht 6.145
  Schülermitverwaltung
    (Realschule) 3.212
  Schule und Wirtschaft
    (Realschule) 1.184
- (ABSCHLUSSPRÜFUNG) 1.160
  Fachschulreife 1.77
  Mittlere Reife 1.146
REALSCHULE UND VOLKSSCHULE 1.163
  Aufnahmeprüfung
    (Realschule) 1.23
  Volksschulreform
    (Oberstufe) 1.267
REALSCHULREFORM 1.163
  Differenzierter Mittelbau 1.58
REALSCHULUNTERRICHT 6.145
  Aufsatzunterricht
    (Realschule) 7.36
  Biologieunterricht
    (Realschule) 9.72
  Chemieunterricht
    (Realschule) 9.92
  Deutschunterricht
    (Realschule) 7.56
  Differenzierung
    (Realschule) 6.58
  Englischunterricht
    (Realschule) 7.84
  Erdkundeunterricht
    (Realschule) 8.42
  Französischunterricht
    (Realschule) 7.100
  Gemeinschaftskunde
    (Realschule) 8.53
  Geschichtsunterricht
    (Realschule) 8.81
  Jahresarbeit 6.103
  Klassenarbeit 6.107
  Lehrplan
    (Realschule) 6.120

  Leseunterricht
    (Realschule) 7.158
  Lyrik im Unterricht
    (Realschule) 7.171
  Mathematikunterricht
    (Realschule) 9.172
  Musikunterricht
    (Realschule) 10.189
  Naturwissenschaftl.Unterricht
    (Realschule) 9.215
  Neue Musik im Unterricht
    (Realschule) 10.197
  Notengebung
    (Realschule) 6.133
  Physikunterricht
    (Realschule) 9.251
  Politische Bildung
    (Realschule) 8.186
  Religionsunterricht
    (Realschule) 10.219
  Schülerarbeitsgemeinschaft 6.152
  Schulbuch
    (Realschule) 5.212
  Schulfotografie
    (Realschule) 5.225
  Sprachlabor
    (Realschule) 5.246
  Sprachunterricht
    (Realschule) 7.227
  Werkunterricht
    (Realschule) 10.273
  Zeitgeschichtsunterricht
    (Realschule) 8.256
RECHENAUTOMAT 9.257
  Automation 9.56
  Elektrotechnik
    (Elektronik) 9.114
  Kybernetische Maschinen
    (Rechenautomat) 5.112
RECHENBUCH 5.188
  Rechenfibel 5.189
RECHENFERTIGKEIT 9.257
  Erstrechenunterricht
    (Zahlbegriff) 9.118
  Rechenübung
    (Kopfrechnen) 9.263
RECHENLEHRMITTEL 5.189
  Programmiertes Lernen
    (Rechnen) 5.182
  Rechenbuch 5.188
  Rechenfibel 5.189
  Rechenspiele 5.194
  Rechenstab 5.195
RECHENLEISTUNG 4.159
  Mathematisches Denken 4.123

Test
  (Pauli-Test) 4.219
  Zahlbegriffsbildung 4.240
RECHENOPERATIONEN 9.258
  Algebra 9.25
  Bruchrechnen
    (Rechenoperationen) 9.83
  Erstrechenunterricht
    (Mengenoperation) 9.115
  Mengenlehre 9.187
  Sachrechnen 9.272
- (MULTIPLIKATION) 9.259
  Bruchrechnen
    (Multiplikation) 9.83
  Einmaleins 9.101
  Rechenoperationen
    (Schriftliches Malnehmen) 9.261
- (SCHLUSSRECHNUNG) 9.259
  Prozentrechnen 9.253
- (ÜBERSCHLAGSRECHNEN) 9.262
  Rechenübung
    (Rechenvorteil) 9.264
- (WURZELZIEHEN) 9.262
  Algebra
    (Quadratwurzel) 9.30
RECHENSPIELE 5.194
  Mathematiklehrmittel
    (Spielformen) 5.136
RECHENÜBUNG 9.263
  Einmaleins
    (Übungsformen) 9.102
  Mathematikunterricht
    (Effektivität) 9.164
RECHENUNTERRICHT 9.265
  Algebraunterricht 9.32
  Bruchrechnen 9.81
  Erstrechenunterricht 9.114
  Fachrechnen 9.120
  Ganzheitliches Rechnen 9.121
  Geometrieunterricht
    (Volksschule) 9.137
  Grundschulrechnen 9.139
  Mathematikunterricht 9.160
  Programmiertes Lernen
    (Rechnen) 5.182
  Prozentrechnen 9.253
  Rechenbuch 5.188
  Rechenlehrmittel 5.189
  Rechenoperationen 9.258
  Rechenspiele 5.194
  Rechenstab 5.195
  Rechenübung 9.263
  Sachrechnen 9.272
  Sonderschulrechnen 9.277

- (PSYCHOLOGISCHER ASPEKT) 9.269
  Erstrechenunterricht
    (Psychologischer Aspekt) 9.117
  Erstrechenunterricht
    (Zahlbegriff) 9.118
  Mathematikunterricht
    (Psychologischer Aspekt) 9.171
  Rechenleistung 4.159
  Rechenschwäche 4.160
  Rechenunterricht
    (Denkschulung) 9.266
RECHTSCHREIBLEISTUNG 7.185
  Diktat
    (Prüfungswert) 7.64
  Leselehrmethoden
    (Leistungsaspekt) 7.152
  Rechtschreibfehler 7.184
  Rechtschreibunterricht
    (Leistungssteigerung) 7.191
  Sprechspur
    (Rechtschreiben) 7.239
RECHTSCHREIBREFORM 7.186
  Sprache und Schrift 7.214
RECHTSCHREIBSCHWÄCHE 4.160
  Lese-Rechtschreibschwäche 4.114
RECHTSCHREIBUNTERRICHT 7.188
  Aufsatzunterricht
    (Rechtschreiben) 7.36
  Deutschlehrmittel
    (Rechtschreiben) 5.52
  Diktat 7.63
  Programmiertes Lernen
    (Rechtschreiben) 5.182
  Rechtschreibfehler 7.184
  Rechtschreibleistung 7.185
  Rechtschreibreform
    (Unterrichtsaspekt) 7.188
  Sprache und Schrift 7.214
  Sprechspur
    (Rechtschreiben) 7.239
- (PSYCHOLOGISCHER ASPEKT) 7.193
  Diktat
    (Prüfungswert) 7.64
  Rechtschreibfehler
    (Fehleranalyse) 7.184
  Rechtschreibfehler
    (Psychologischer Aspekt) 7.185
  Rechtschreibschwäche 4.160
  Rechtschreibunterricht
    (Lösungshilfen) 7.192
RECHTSKUNDE 8.194
  Politik
    (Rechtsstaat) 8.167
  Rechtserziehung 3.204

REFORMPÄDAGOGIK 3.204
    Altsprachlicher Unterricht
      (Reform) 7.22
    Berufsausbildung
      (Reform) 6.43
    Berufsbildendes Schulwesen
      (Reform) 1.38
    Berufserziehung
      (Reform) 3.42
    Berufsschulreform 1.44
    Berufsschulunterricht
      (Reform) 6.48
    Biologieunterricht
      (Reform) 9.73
    Chemieunterricht
      (Reform) 9.92
    Deutschunterricht
      (Reform) 7.56
    Englischunterricht
      (Reform) 7.85
    Erdkundeunterricht
      (Reform) 8.42
    Erwachsenenbildung
      (Reform) 1.69
    Erziehungsgeschichte 3.93
    Evangelische Unterweisung
      (Reform) 10.60
    Geometrieunterricht
      (Reform) 9.136
    Geschichtsunterricht
      (Reform) 8.82
    Grammatikunterricht
      (Reform) 7.131
    Gymnasium
      (Reform) 1.96
    Handarbeitsunterricht
      (Reform) 10.76
    Heimatkundeunterricht
      (Reform) 8.102
    Kaufmännisches Schulwesen
      (Reform) 1.121
    Kunsterziehung
      (Reform) 10.119
    Lehrerbildung
      (Reform) 2.94
    Leibeserziehung
      (Reform) 10.149
    Mathematikunterricht
      (Reform) 9.172
    Musikunterricht
      (Reform) 10.190
    Naturlehre
      (Reform) 9.205
    Naturwissenschaftl.Unterricht
      (Reform) 9.215
    Neusprachlicher Unterricht
      (Reform) 7.181
    Pädagogische Hochschule
      (Reform) 2.126
    Physikunterricht
      (Reform) 9.251
    Rechenunterricht
      (Reform) 9.270
    Religionsunterricht
      (Reform) 10.219
    Schulreform
      (Geschichte) 1.221
    Sprachunterricht
      (Reform) 7.228
    Werkunterricht
      (Reform) 10.274
REGRESSION 4.160
    Entwicklungsgehemmtes Kind 4.40
    Entwicklungsstörung 4.47
    Frustration 4.63
REIFEPRÜFUNG 1.165
    Abitur 1.20
    Altsprachlicher Unterricht
      (Reifeprüfung) 7.22
    Begabtenförderung
      (Abiturienten) 1.27
    Biologieunterricht
      (Reifeprüfung) 9.74
    Deutschunterricht
      (Reifeprüfung) 7.56
    Englischunterricht
      (Reifeprüfung) 7.85
    Erdkundeunterricht
      (Reifeprüfung) 8.43
    Fremdsprachenunterricht
      (Reifeprüfung) 7.111
    Hochschulreife 1.110
    Leibeserziehung
      (Reifeprüfung) 10.149
    Mathematikunterricht
      (Reifeprüfung) 9.174
    Musikunterricht
      (Reifeprüfung) 10.191
    Physikunterricht
      (Reifeprüfung) 9.252
    Reifeprüfungsaufsatz 7.195
RELATIVER SCHULBESUCH 1.166
    Bildungschance 1.46
    Bildungsplanung 1.49
    Schulstatistik 1.225
RELIEF 5.196
    Sandkasten 5.203
RELIGIÖSE ERZIEHUNG 3.205
    Christliche Erziehung 3.69

Deutschunterricht
  (Religiöse Erziehung) 7.57
Evangelische Schulerziehung 3.100
Gebetserziehung 10.63
Gewissensbildung
  (Kindesalter) 3.137
Katholische Schulerziehung 3.154
Mädchenbildung
  (Religiöser Aspekt) 3.173
RELIGIÖSES ERLEBEN 4.161
  Schulerleben 4.173
  Werterleben 4.239
RELIGIONSLEHRMITTEL 5.197
  Bibelunterricht
    (Bibel) 10.31
  Bibelunterricht
    (Schulbibel) 10.35
  Programmiertes Lernen
    (Religionsunterricht) 5.183
- (WANDTAFELBILD) 5.201
  Bibelunterricht
    (Zeichnen/Malen) 10.35
  Evangelische Unterweisung
    (Sprechzeichnen) 10.61
  Religionsunterricht
    (Zeichnen/Malen) 10.225
RELIGIONSUNTERRICHT 10.206
  Bibelunterricht 10.31
  Evangelische Unterweisung 10.55
  Evangelischer Religonsunt. 10.62
  Gebetserziehung 10.63
  Katechese 10.83
  Katechismusunterricht 10.88
  Katholischer Religionsunt. 10.90
  Kirchengeschichtsunterricht 10.100
  Kirchenjahr 10.101
  Kirchenlied 10.101
  Lehrerbildung
    (Religionspädagogik) 2.96
  Liturgische Erziehung 10.164
  Programmiertes Lernen
    (Religionsunterricht) 5.183
  Religiöse Erziehung 3.205
  Religionslehrer 2.132
  Religionslehrmittel 5.197
  Verkehrsunterricht
    (Religionsunterricht) 10.254
- (ANSCHAUUNG) 10.207
  Bibelunterricht
    (Anschauung) 10.31
  Bildkatechese 10.48
- (DEUTSCHUNTERRICHT) 10.209
  Deutschunterricht
    (Religiöse Erziehung) 7.57

- (POLITISCHE BILDUNG) 10.218
  Katholischer Katechismus
    (Politische Bildung) 10.90
  Politische Bildung
    (Religionsunterricht) 8.187
  Religionsunterricht
    (Sozialkunde) 10.223
  Religionsunterricht
    (Zeitgeschichte) 10.225
- (PSYCHOLOGISCHER ASPEKT) 10.218
  Bibelunterricht
    (Verstehen) 10.35
  Religiöse Entwicklung 4.161
  Religiöses Erleben 4.161
- (RECHTSFRAGEN) 10.219
  Evangelische Unterweisung
    (Rechtsfragen) 10.60
  Religionsunterricht
    (Konfessionalität) 10.214
  Religionsunterricht
    (Religionsmündigkeit) 10.220
  Schulgebet
    (Rechtsfragen) 10.234
RELIGIONSWISSENSCHAFT 10.226
  Bibelunterricht AT
    (Forschung) 10.36
  Bibelunterricht NT
    (Forschung) 10.43
  Evangelische Theologie 10.54
  Religionsunterricht
    (Weltreligionen) 10.224
RHYTHMISCHE BEWEGUNGSERZIEHUNG .. 10.226
  Geräteturnen
    (Rhythmus) 10.67
  Gymnastik 10.70
  Leibeserziehung
    (Rhythmus) 10.150
RHYTHMISCHE ERZIEHUNG 6.145
  Eurhythmie 6.62
  Geräteturnen
    (Rhythmus) 10.67
  Leibeserziehung
    (Rhythmus) 10.150
  Musikalisch-Rhythmische Erziehung
    10.171
  Musische Erziehung 6.127
  Rhythmische Bewegungserziehung
    10.226
  Schreibunterricht
    (Rhythmisches Schreiben) 10.229
  Schulische Leistungssteigerung
    (Körpererziehung) 6.161
  Turnunterricht
    (Rhythmus) 10.249

RICHTLINIEN 6.147
  Deutschunterricht
    (Richtlinien) 7.57
  Gemeinschaftskunde
    (Richtlinien) 8.53
  Lehrplan 6.114
  Leibeserziehung
    (Richtlinien) 10.150
  Methodenfreiheit des Lehrers 6.124
  Ostkundeunterricht
    (Richtlinien) 8.159
  Politische Bildung
    (Richtlinien) 8.187
  Saarbrücker Rahmenvereinbarung
    6.147
  Stundentafel 6.192
  Unterrichtsplanung 6.214
ROMAN 7.196
  Gegenwartsliteratur
    (Roman) 7.121
RORSCHACH-TEST 4.162
  Autismus 4.28
  Intelligenztest 4.89
  Test (Formdeut-Test) 4.218
  Test (Zulliger-Test) 4.221
RUSSISCHE SPRACHE 7.197
  Russische Grammatik 7.197
RUSSISCHLEHRMITTEL 5.201
  Programmiertes Lernen
    (Russisch) 5.183
  Russischlehrbuch 5.201
RUSSISCHUNTERRICHT 7.198
  Programmiertes Lernen
    (Russisch) 5.183
  Russische Grammatik 7.197
  Russischer Anfangsunterr. 7.197
  Russischlehrbuch 5.201
  Russischlehrmittel 5.201

S

SAARBRÜCKER RAHMENVEREINBARUNG ... 6.147
  Gymnasialunterricht (Fächerüber-
    greifender Unterricht) 6.91
  Musische Erziehung 6.127
  Naturwissenschaftl.Unterricht
    (Reform) 9.215
  Richtlinien 6.147
SACHBUCH 5.202
  Nachschlagewerke 5.143
SACHBUCH IM UNTERRICHT 5.203
  Arbeitsbücherei 5.23
  Jugendbuch im Unterricht
    (Sachunterricht) 5.95

SACHRECHNEN 9.272
  Fachrechnen 9.120
  Prozentrechnen
    (Zinsrechnung) 9.254
SACHUNTERRICHT 6.149
  Arbeitslehre 6.36
  Arbeitsmittel im Unterricht
    (Sachunterricht) 5.32
  Fachlehrer 2.34
  Gesamtunterricht und Fachunter-
    richt 6.77
  Heimatkundeunterricht
    (Sachunterricht) 8.102
  Jugendbuch im Unterricht
    (Sachunterricht) 5.95
  Lebensnaher Unterricht 6.113
  Lebenspraktischer Unterricht 6.113
  Polytechnischer Unterricht 6.140
  Schulgebäude
    (Fachräume) 1.186
  Sprachunterricht
    (Sachbezogenheit) 7.228
  Technische Elementarerziehung 6.201
  Unterricht
    (Sachbegegnung) 6.208
  Werktätiger Unterricht 6.229
- (GRUNDSCHULE) 6.150
  Allgemeinbildender Unterricht 6.20
  Anfangsunterricht
    (Sachbegegnung) 6.21
  Naturlehre
    (Grundschule) 9.202
  Technische Elementarerziehung 6.201
SANDKASTEN 5.203
  Erdkundelehrmittel
    (Sandkasten) 5.68
  Relief 5.196
SATZLEHRE 7.203
  Englische Grammatik
    (Satzlehre) 7.68
  Satzzeichen 7.206
  Wortarten 7.246
SCHALLPLATTE IM UNTERRICHT 5.204
  Deutschlehrmittel
    (Schallplatte) 5.53
  Englischlehrmittel
    (Schallplatte) 5.58
  Musiklehrmittel
    (Schallplatte) 5.142
  Religionslehrmittel
    (Schallplatte) 5.200
  Zeitgeschichtslehrmittel
    (Schallplatte) 5.261
SCHATTENSPIEL 6.151
  Handpuppenspiel 6.93

SCHIZOPHRENIE 4.163
   Autismus 4.28
   Neurose
    (Psychose) 4.249
   Test (Szondi-Test) 4.220
SCHMUTZ- UND SCHUNDLITERATUR 3.207
   Jugendgefährdendes Schrifttum 3.149
   Literarischer Jugendschutz 3.163
SCHÖPFERISCHES TUN 4.164
   Begabung 4.28
   Kunsterziehung
    (Schöpferisches Gestalten) 10.119
   Mathematisches Denken 4.123
   Phantasieleben des Schülers 4.135
   Programmiertes Lernen
    (Schöpferisches Denken) 5.183
   Sprachschöpferischer Unterricht
    7.221
SCHREIBENLERNEN 7.207
   Erstleseunterricht
    (Druckschrift) 7.90
   Schreibgerät 5.204
   Sprechspur
    (Schreibunterricht) 7.239
SCHREIBLESEUNTERRICHT 7.209
   Erstleseunterricht 7.89
   Schreibenlernen 7.207
   Sprechspur 7.237
SCHREIBVERHALTEN 4.164
   Ganzheitspsychologie
    (Pädagogischer Aspekt) 4.63
   Graphologie
    (Schülerhandschrift) 4.72
   Linkshändigkeit
    (Handschrift) 4.121
SCHREIBUNTERRICHT 10.227
   Aufsatzunterricht
    (Schriftpflege) 7.36
   Graphologie
    (Pädagogischer Aspekt) 4.72
   Kulturgeschichtl. Längsschnitte
    (Schrift) 8.111
   Schreibenlernen 7.207
   Schreibgerät 5.204
- (SCHRIFTFORMEN) 10.231
   Kunstschriftpflege 10.123
   Schreibenlernen
    (Schriftformen) 7.209
   Schreibunterricht
    (Deutsche Schrift) 10.227
- (SCHÜLERHANDSCHRIFT) 10.232
   Graphologie
    (Schülerhandschrift) 4.72
   Linkshändigkeit
    (Handschrift) 4.121

Schreibunterricht
  (Schreibhaltung) 10.230
Schreibunterricht
  (Schriftverfall) 10.231
Schreibverhalten 4.164
SCHRIFTSPRACHE 7.210
   Sprache und Schrift 7.214
SCHÜCHTERNES KIND 4.165
   Ängstliches Kind 4.19
   Gehemmtes Kind 4.66
   Kontaktgestörtes Kind 4.100
   Minderwertigkeitsgefühl 4.124
SCHÜLER 4.165
   Entwicklungspsychologie
    (Jugendalter) 4.41
   Erziehungsberatung
    (Schulkind) 4.53
   Erziehungsschwierigkeit
    (Schüler) 4.56
   Fahrschüler 1.77
   Faulheit des Schülers 4.58
   Fernseherziehung
    (Schulkind) 3.112
   Filmerleben
    (Schulkind) 4.60
   Filmwirkung
    (Schulkind) 4.61
   Flüchtlingskind 4.61
   Freizeitverhalten
    (Schulkind) 3.124
   Intelligenz
    (Schulkind) 4.87
   Kinderpsychologie 4.95
   Schulanfänger 4.171
   Schulverhalten 4.183
   Student 4.214
   Volksschüler 4.235
SCHÜLER-LEHRER-VERHÄLTNIS 3.208
   Autorität und Partnerschaft 3.24
   Dialogisches Verhältnis 3.71
   Erziehung
    (Schülerurteil) 3.83
   Klassengemeinschaft 3.157
   Lehrer
    (Schülerurteil) 2.65
   Lehrerin
    (Schülerurteil) 2.110
   Pädagogische Autorität 3.194
   Pädagogischer Führungsstil 6.135
   Pädagogischer Takt 3.197
   Pädagogisches Verstehen 3.197
   Schulklasse 3.218
   Vertrauen 3.240
SCHÜLERAKTIVIERUNG 6.151
   Arbeitserziehung 6.35

[Forts.: Schüleraktivierung]
  Arbeitsmittel 5.25
  Arbeitshaltung des Schülers 6.36
  Arbeitsschulunterricht 6.38
  Astronomieunterricht
    (Schülerbeobachtung) 9.49
  Atomphysik
    (Schülerversuch) 9.54
  Biologieunterricht
    (Schülerbeobachtung) 9.74
  Biologieunterricht
    (Schülerversuch) 9.75
  Chemieunterricht
    (Schülerversuch) 9.92
  Chemische Experimente 9.98
  Elektrizitätslehre
    (Schülerversuch) 9.107
  Erdkundeunterricht
    (Schüleraktivierung) 8.43
  Geometrieunterricht
    (Schülerübung) 9.136
  Hausaufgabe 6.96
  Mathematikunterricht
    (Schülerwettbewerbe) 9.174
  Naturlehre
    (Schülerversuch) 9.206
  Optik
    (Schülerversuch) 9.221
  Physikalische Experimente 9.243
  Physikunterricht
    (Schülerversuch) 9.252
  Radioaktivität
    (Schulversuch) 9.256
  Schülerleistung 6.153
  Schulgarten
    (Experiment) 5.231
  Unterricht
    (Lernauftrag) 6.207
  Unterrichtsimpuls 6.213
  Wetterkunde
    (Schülerbeobachtung) 8.213
- (WETTEIFER) 6.152
  Hausaufgabe
    (Psychologischer Aspekt) 6.98
  Leibeserziehung
    (Wetteifer) 10.156
SCHÜLERARBEITSGEMEINSCHAFT 6.152
  Biologieunterricht
    (Arbeitsgemeinschaft) 9.64
  Chemieunterricht
    (Arbeitsgemeinschaft) 9.87
  Erdkundeunterricht
    (Arbeitsgemeinschaft) 8.33
  Geschichtsunterricht
    (Arbeitsgemeinschaft) 8.67

  Leistungsgruppen 6.123
  Mathematikunterricht
    (Arbeitsgemeinschaft) 9.161
  Philosophieunterricht
    (Arbeitsgemeinschaft) 10.202
  Politische Bildung
    (Arbeitsgemeinschaft) 8.171
  Schulfotografie
    (Arbeitsgemeinschaft) 5.221
  Unterricht
    (Lernauftrag) 6.207
SCHÜLERBEOBACHTUNG 4.166
  Charakterkunde
    (Pädagogischer Aspekt) 4.37
  Kindergartenkind
    (Beobachtung) 4.94
  Psychodiagnostik
    (Kindesalter) 4.143
  Schülerbeurteilung 4.168
SCHÜLERBEOBACHTUNGSBOGEN 4.167
  Schülerbeurteilung
    (Gutachten) 4.169
SCHÜLERBEURTEILUNG 4.168
  Charakterbeurteilung 4.35
  Charakterkunde
    (Pädagogischer Aspekt) 4.37
  Graphologie
    (Pädagogischer Aspekt) 4.72
  Intelligenzdiagnose 4.87
  Leistungsbeurteilung 4.106
  Leistungsmessung 4.108
  Psychodiagnostik
    (Kindesalter) 4.143
  Schülerbeobachtung 4.166
  Schülerbeobachtungsbogen 4.167
  Schülerleistung 6.153
  Testverfahren 4.223
- (SONDERSCHÜLER) 4.170
  Hilfsschulbedürftigkeit 4.80
  Intelligenztest
    (Sonderschüler) 4.91
  Schülerbeobachtung
    (Sonderschüler) 4.167
SCHÜLERBÜCHEREI 5.205
  Arbeitsbücherei 5.23
  Jugendbuch im Unterricht
    (Sachunterricht) 5.95
  Klassenbücherei 5.95
SCHÜLERLEISTUNG 6.153
  Schüleraktivierung 6.151
  Schulische Leistung 6.159
- (SOZIOLOGISCHER ASPEKT) 6.153
  Bildungschance 1.46
  Pädagogischer Führungsstil 6.135

SCHÜLERMITVERANTWORTUNG 3.209
    Autorität und Partnerschaft 3.24
    Erziehung zur Freiheit 3.87
    Erziehung zur Toleranz 3.90
    Erziehung zur Verantwortung 3.90
    Politische Erziehung
        (Schülermitverantwortung) 3.202
    Schule als Lebensraum 3.216
SCHÜLERMITVERWALTUNG 3.210
    Politische Erziehung
        (Schülermitverantwortung) 3.202
    Schülerzeitschrift 3.213
SCHÜLERZEITSCHRIFT 3.213
    Literaturpädagogik
        (Jugendzeitschrift) 3.167
    Schülermitverantwortung
        (Gymnasium) 3.211
    Schuldruckerei 5.213
    Zeitungslektüre 3.245
SCHULANDACHT 10.233
    Schulgebet 10.233
SCHULANFÄNGER 4.171
    Entwicklungspsychologie
        (Kleinkind) 4.42
    Kindergartenkind 4.93
    Schulreife
        (Eintrittsalter) 4.177
- (PSYCHOLOGISCHE EINZELFRAGEN) .. 4.171
    Leselernpsychologie 4.118
    Schulreifetraining 4.180
- (SCHULSCHWIERIGKEITEN) 4.172
    Schulangst 4.172
    Schulunreife 4.182
    Zurückstellung des Schulanfän-
        gers 1.276
SCHULANFANG 6.153
    Anfangsunterricht 6.21
    Erster Schultag 6.61
    Ganzheitsunterricht
        (Grundschule) 6.72
    Grundschulunterricht
        (Schuljahr I) 6.82
    Helfersystem 6.100
    Schulanfänger 4.171
    Schulaufnahme 6.154
SCHULANGST 4.172
    Ängstliches Kind 4.19
    Angst 4.23
    Prüfungsangst 4.137
SCHULARZT 1.167
    Erziehungsberatung
        (Arzt) 4.50
    Schulgesundheitspflege 1.191
    Schulhygiene 1.193

Schulpsychol.Beratungsstelle 1.209
Schulzahnpflege 1.239
SCHULASSISTENT 2.133
    Aushilfslehrer 2.21
SCHULAUFBAU 1.168
    Begabtenförderung
        (Schulaufbau) 1.28
    Bremer Plan 1.52
    Durchlässigkeit 1.59
    Einheitsschule 1.60
    Gesamtschule 1.88
    Rahmenplan 1.155
    Übergang 1.257
SCHULAUFNAHME 6.154
    Erster Schultag 6.61
    Schulspiel
        (Grundschule) 6.172
SCHULAUFSICHT 1.168
    Konferenzordnung 1.127
    Religionsunterricht
        (Schulaufsicht) 10.220
    Schulrat 2.134
    Schulverwaltung 1.229
SCHULAUSFLUG 6.155
    Schulwandern
        (Klassenfahrt) 6.180
    Wandertag 6.228
SCHULAUSSTELLUNG 6.155
    Offene Schultür 6.134
SCHULBAU 1.169
    Bildungsfinanzierung 1.47
    Schulbauplanung 1.173
    Schulfinanzierung 1.185
    Schulgebäude 1.186
    Schulraumnot 1.211
- (PÄDAGOGISCHER ASPEKT) 1.172
    Schulbauplanung 1.173
    Schulfeier
        (Schulhauseinweihung) 6.158
SCHULBUCH 5.210
    Biologielehrbuch 5.39
    Chemielehrbuch 5.47
    Englischlehrbuch 5.56
    Erdkundelehrbuch 5.60
    Fibel 5.70
    Fremdsprachenlehrbuch 5.73
    Geschichtslehrbuch 5.79
    Lehrprogramm 5.119
    Lesebuch 5.126
    Lesebuchillustration 5.130
    Lesebuchkritik 5.130
    Mathematiklehrbuch 5.134
    Musiklehrbuch 5.140
    Physiklehrbuch 5.147

[Forts.: Schulbuch]
    Politiklehrmittel
      (Lehrbuch) 5.152
    Rechenbuch 5.188
    Religionslehrmittel
      (Lehrbuch) 5.199
    Russischlehrbuch 5.201
    Sprachbuch 5.239
    Wörterbuch im Unterricht 5.260
SCHULBUCH IM UNTERRICHT 5.213
    Fibel im Unterricht 5.71
    Geschichtslehrbuch im Unterr. 5.82
    Lesebuch im Unterricht 5.130
    Wörterbuch im Unterricht 5.260
SCHULBUS 1.174
    Fahrschüler 1.77
SCHULCHOR 10.233
    Chorgesang 10.53
SCHULDERLEBEN 4.173
    Angst 4.23
    Gewissen 4.71
    Lügendes Kind 4.122
    Neurose
      (Zwangskrankheit) 4.130
    Religiöses Erleben 4.161
SCHULDISZIPLIN 3.214
    Autorität und Disziplin 3.23
    Evangelische Unterweisung
      (Disziplin) 10.56
    Gruppenunterricht
      (Disziplin) 6.85
    Schulerziehung 3.217
    Schullandheimaufenthalt
      (Disziplin) 6.165
    Schulstrafe 3.219
    Turnunterricht
      (Disziplin) 10.246
SCHULDRUCKEREI 5.213
    Zeitung im Unterricht
      (Klassenzeitung) 5.263
SCHULE ALS LEBENSRAUM 3.216
    Berufserziehung und Schule 3.46
    Bildungsauftrag 3.63
    Erziehung
      (Lebensnähe) 3.81
    Erziehungsschule 3.96
    Jenaplan
      (Schulleben) 6.104
    Klassengemeinschaft 3.157
    Menschenbildung
      (Schulerziehung) 3.179
    Pädagogik
      (Wirklichkeitsbezug) 3.189
    Schülermitverantwortung 3.209
    Schulerziehung 3.217

    Schulklasse
      (Soziologischer Aspekt) 3.218
    Schulleben 6.167
SCHULE UND ARBEITSWELT 1.174
    Arbeitslehre 6.36
    Berufsschule und Betrieb 1.43
    Bildung
      (Moderne Arbeitswelt) 3.58
    Erziehung
      (Industriekultur) 3.79
    Lehrerbildung
      (Arbeitswelt) 2.77
    Musische Erziehung
      (Technische Welt) 6.130
    Schule und Gesellschaft 1.178
    Schule und Wirtschaft 1.182
    Schuljahr IX 1.199
    Schulreform
      (Gegenwartsbezug) 1.220
SCHULE UND ELTERNHAUS 1.175
    Elternrecht 1.61
    Elternvertretung 1.63
    Offene Schultür 6.134
    Schule und Familie 1.177
    Schule und G sellschaft 1.178
    Schule und Staat 1.181
    Schulreform
      (Elternrecht) 1.220
SCHULE UND FAMILIE 1.177
    Elternpädagogik 3.73
    Schule und Elternhaus 1.175
SCHULE UND GESELLSCHAFT 1.178
    Berufliche Bildung
      (Industriegesellschaft) 3.27
    Bildung
      (Moderne Gesellschaft) 3.58
    Erziehung
      (Moderne Gesellschaft) 3.81
    Religionsunterricht
      (Industriegesellschaft) 10.213
    Schule und Arbeitswelt 1.174
    Schule und Staat 1.181
    Schule und Wirtschaft 1.182
    Schulreform
      (Gegenwartsbezug) 1.220
    Schulreform
      (Soziologischer Aspekt) 1.224
SCHULE UND JUGENDSCHUTZ 1.179
    Berufsschule
      (Rechtsfragen) 1.43
    Fernseherziehung
      (Jugendschutz) 3.110
    Filmerziehung
      (Jugendschutz) 3.116
    Literarischer Jugendschutz 3.163

SCHULE UND KATHOLISCHE KIRCHE 1.180
    Katholische Bekenntnisschule 1.117
    Schulwesen Schweiz
    (Kath.Bildungspolitik) 1.239
SCHULE UND KIRCHE 1.180
    Bekenntnisschule 1.29
    Schule und Evangelische Kirche
    1.177
    Schule und Katholische Kirche 1.180
    Schule und Staat 1.181
SCHULE UND RECHTSPRECHUNG 1.180
    Prüfungswesen 1.154
    Züchtigungsrecht 1.274
SCHULE UND STAAT 1.181
    Bekenntnisschule
    (Rechtsfragen) 1.30
    Bildungsfinanzierung 1.47
    Bildungspolitik 1.51
    Elternrecht 1.61
    Gemeinschaftsschule 1.86
    Kulturpolitik 1.128
    Privatschulgesetze 1.154
    Schule und Elternhaus 1.175
    Schule und Familie 1.177
    Schule und Gesellschaft 1.178
    Schule und Kirche 1.180
    Schulgesetzgebung 1.189
    Schulpflicht 1.206
    Schulpolitik 1.208
    Schulrecht 1.211
    Schulverwaltung 1.229
SCHULE UND UNIVERSITÄT 1.182
    Fernunterricht 6.65
    Gymnasium und Universität 1.100
    Hochschulreife 1.110
    Lehrerbildung und Universität 2.102
    Mathematikunterricht
    (Universität) 9.175
SCHULE UND WIRTSCHAFT 1.182
    Berufsschule und Betrieb 1.43
    Bildung
    (Mensch und Technik) 3.57
    Bildung
    (Technische Welt) 3.59
    Schule und Arbeitswelt 1.174
    Schule und Gesellschaft 1.178
    Schuljahr IX 1.194
    Schulreform
    (Gegenwartsbezug) 1.220
SCHULENTLASSUNG 6.155
    Schulentlassungsfeier 6.156
    Volksschulunterricht
    (Abschlußklasse) 6.220
    Volksschulunterricht
    (Mädchenabschlußklasse) 6.220

SCHULERZIEHUNG 3.217
    Autorität und Freiheit 3.23
    Bildungsauftrag 3.63
    Disziplin 3.72
    Erziehungsschule 3.96
    Filmerziehung in der Schule 3.119
    Freizeiterziehung in
    der Schule 3.122
    Gemeinschaftserziehung 3.126
    Geschlechtserziehung in
    der Schule 3.133
    Gesundheitserziehung in
    der Schule 3.136
    Gewissensbildung in
    der Schule 3.138
    Klassengemeinschaft 3.157
    Koedukation 3.158
    Literaturpädagogik in
    der Schule 3.169
    Massenmedien
    (Pädagogischer Aspekt) 3.176
    Menschenbildung
    (Schulerziehung) 3.179
    Musische Lebensform
    (Pädagogischer Aspekt) 3.181
    Pädagogik
    (Wirklichkeitsbezug) 3.189
    Pädagogische Autorität 3.194
    Pädagogischer Takt 3.197
    Pädagogisches Verstehen 3.197
    Politische Erziehung 3.199
    Religiöse Erziehung 3.205
    Schülermitverantwortung 3.209
    Schuldisziplin 3.214
    Schule als Lebensraum 3.216
    Schulische Ordnungsformen 6.162
    Schulklasse 3.218
    Schulsprache 7.210
    Sparerziehung
    (Schulsparen) 3.233
    Wirtschaftspädagogik 3.242
SCHULFEIER 6.157
    Elternabend 6.59
    Jenaplan
    (Schulleben) 6.103
    Musische Erziehung 6.127
    Schulaufnahme
    (Feiergestaltung) 6.154
    Schulentlassungsfeier 6.156
    Schulgebäude
    (Festraum) 1.187
    Schulspiel 6.171
SCHULFERNSEHEN 5.214
    Bildungsfernsehen 5.37

[Forts.: Schulfernsehen]
   Deutschlehrmittel
     (Schulfernsehen) 5.53
   Fernseherziehung 3.109
   Geschichtslehrmittel
     (Schulfernsehen) 5.88
   Lehrerbildung
     (Unterrichtsmitschau) 2.100
SCHULFINANZIERUNG 1.185
   Bildungsfinanzierung 1.47
   Bildungsökonomie 1.48
   Hochschulfinanzierung 1.106
   Privatschule
     (Finanzierung) 1.152
   Schulbau
     (Finanzierung) 1.171
   Schulverwaltung 1.229
SCHULFOTOGRAFIE 5.221
   Mikrofotografie 5.136
SCHULFRÜHSTÜCK 1.185
   Schulpause 1.205
SCHULFUNK 5.225
   Biologielehrmittel
     (Schulfunk) 5.44
   Deutschlehrmittel
     (Schulfunk) 5.53
   Englischlehrmittel
     (Schulfunk) 5.58
   Erdkundelehrmittel
     (Schulfunk) 5.69
   Fremdsprachenlehrmittel
     (Schulfunk) 5.75
   Geschichtslehrmittel
     (Schulfunk) 5.88
   Musiklehrmittel
     (Schulfunk) 5.142
   Politiklehrmittel
     (Schulfunk) 5.153
   Religionslehrmittel
     (Schulfunk) 5.200
- (EINZELFRAGEN) 5.226
   Deutschlehrmittel
     (Hörspiel) 5.51
   Schallplatte im Unterricht 5.204
   Schulfunk
     (Programmfragen) 5.228
   Tonband im Unterricht 5.249
SCHULGARTEN 5.229
   Schulgartenunterricht [DDR] 5.233
   Schulherbarium 5.234
   Schulterrarium 5.235
   Schulwald 5.236
SCHULGEBÄUDE 1.186
   Schulbau 1.169

   Schulbauplanung 1.173
   Schulmöbel 1.205
- (SCHULHOF) 1.189
   Schulpause 1.205
   Schulturngarten 1.226
   Spielplatz 1.252
- (TURNHALLE) 1.189
   Schulturngarten 1.226
   Sportanlage 1.252
SCHULGEBET 10.233
   Schulandacht 10.233
SCHULGELDFREIHEIT 1.189
   Ausbildungsbeihilfe 1.23
   Lernmittelfreiheit 1.142
   Schulfinanzierung 1.185
SCHULGESETZGEBUNG 1.189
   Berufsausbildungsgesetz 1.32
   Lehrerbildungsgesetz 2.103
   Privatschulgesetze 1.154
   Schulpflichtgesetze 1.206
   Schulverwaltungsgesetze 1.230
SCHULGESUNDHEITSPFLEGE 1.191
   Freilufterziehung 6.69
   Gesundheitserziehung in
     der Schule 3.136
   Schularzt 1.167
   Schulhygiene 1.193
   Schullandheimaufenthalt
     (Gesundheitserziehung) 6.165
   Schulzahnpflege 1.239
SCHULHYGIENE 1.193
   Schularzt 1.167
   Schulgebäude
     (Hygiene) 1.187
   Schulgesundheitspflege 1.191
SCHULISCHE AUSSTELLUNG 5.235
   Biolog.Lehrmittelsammlung 5.45
   Heimatkundelehrmittel
     (Sammlungen) 5.93
SCHULISCHE LEISTUNG 6.159
   Arbeitshaltung des Schülers 6.36
   Begabung
     (Schulerfolg) 4.29
   Förderstufe 1.78
   Intelligenz
     (Schulleistung) 4.87
   Leistungsfähigkeit 4.107
   Lernen 6.123
   Mädchenturnen
     (Leistung) 10.166
   Rechenfertigkeit 9.257
   Rechenunterricht
     (Leistungsstand) 9.268
   Rechtschreibleistung 7.185
   Schülerleistung 6.153

Schulgartenunterricht
(Schülerleistung) 5.234
Schulische Leistungskontrolle 6.160
Schulische Leistungssteigerung
6.161
Schulischer Leistungs-
rückgang 6.163
Schulleistungstest 4.173
Schulreife
(Schulleistung) 4.178
Unterricht
(Ergebnissicherung) 6.205
Unterrichtsökonomie 6.214
SCHULISCHE LEISTUNGSKONTROLLE 6.160
Abitur 1.20
Aufnahmeprüfung 1.21
Begabtenauslese 1.24
Berufsbildendes Schulwesen
(Prüfungen) 1.37
Biologieunterricht
(Leistungskontrolle) 9.70
Chemieunterricht
(Abschlußprüfung) 9.86
Chemieunterricht
(Leistungskontrolle) 9.90
Deutschunterricht
(Leistungskontrolle) 7.53
Englischunterricht
(Leistungskontrolle) 7.81
Erdkundeunterricht
(Leistungskontrolle) 8.40
Geschichtsunterricht
(Leistungskontrolle) 8.77
Gruppenunterricht
(Ergebnissicherung) 6.86
Gymnasium
(Ausleseverfahren) 1.94
Hausaufgabe
(Kontrolle) 6.98
Hausaufgabe
(Unterrichtsaspekt) 6.99
Kaufmännischer Unterricht
(Lehrabschlußprüfung) 6.106
Klassenarbeit 6.107
Korrekturarbeit des Lehrers 6.108
Lateinunterricht
(Leistungskontrolle) 7.148
Leibeserziehung
(Leistungskontrolle) 10.141
Leistungsmessung 4.108
Mathematikunterricht
(Leistungskontrolle) 9.168
Musikunterricht
(Leistungskontrolle) 10.186
Notengebung 6.131

Physikunterricht
(Leistungskontrolle) 9.249
Programmiertes Lernen
(Leistungskontrolle) 5.174
Rechenunterricht
(Leistungskontrolle) 9.268
Russischunterricht
(Leistungskontrolle) 7.199
Schülerleistung 6.153
Turnunterricht
(Leistungskontrolle) 10.247
Unterricht
(Ergebnissicherung) 6.205
SCHULISCHE LEISTUNGSSTEIGERUNG ... 6.161
Aufmerksamkeit im Unterricht 6.40
Aufsatzunterricht
(Leistungssteigerung) 7.34
Englischunterricht
(Leistungssteigerung) 7.81
Hausaufgabe 6.96
Kurzschriftunterricht
(Leistungssteigerung) 10.125
Leibeserziehung
(Leistungssteigerung) 10.142
Lernen 6.123
Musikunterricht
(Leistungssteigerung) 10.186
Rechenunterricht
(Leistungssteigerung) 9.269
Rechtschreibunterricht
(Leistungssteigerung) 7.191
Russischunterricht
(Leistungssteigerung) 7.199
Schülerleistung 6.153
Üben 6.202
Unterrichtsökonomie 6.214
SCHULISCHE ORDNUNGSFORMEN 6.162
Pädagogischer Führungsstil 6.135
SCHULISCHE WEIHNACHTSFEIER 6.163
Weihnachtsspiel 6.229
SCHULISCHER LEISTUNGSRÜCKGANG 6.163
Leibeserziehung
(Leistungsschwäche) 10.142
Lernstörung 4.113
Nachhilfeunterricht 6.130
Nichtversetzung 1.147
Rechtschreibfehler 7.184
Schulanfänger
(Schulschwierigkeiten) 4.172
SCHULJAHR IX 1.194
Berufsfachschule 1.39
Ganzheitsunterricht
(Schuljahr IX) 6.73
Hauptschule und Volksschulober-
stufe 1.105

[Forts.: Schuljahr IX]
   Lehrplan
     (Schuljahr IX) 6.121
   Politische Bildung
     (Schuljahr IX) 8.188
   Rahmenplan 1.155
   Schule und Arbeitswelt 1.174
   Schule und Wirtschaft
     (Volksschule) 1.184
   Schulpflichtverlängerung
     (Schuljahr IX) 1.207
   Volksschulreform
     (Oberstufe) 1.267
- (BERUFSFINDUNGSJAHR) 1.195
   Berufsaufbauschule 1.30
   Berufsberatung
     (Schuljahr IX) 3.31
   Berufsgrundschule 1.40
   Berufsschule und Volksschule 1.44
   Betriebspraktikum
     (Schuljahr IX) 6.50
- (PSYCHOLOGISCHER ASPEKT) 1.198
   Hauptschule
     (Jugendschule) 1.104
   Schulreform
     (Psychologischer Aspekt) 1.223
- UND BERUFSBILDENDES SCHULWESEN   1.198
   Berufsaufbauschule 1.30
   Berufsfachschule 1.39
   Berufsgrundschule 1.40
   Berufsschule und Volksschule 1.44
SCHULJAHR X 1.200
   Schulpflichtverlängerung 1.206
SCHULJAHRSBEGINN 1.200
   Ferienordnung 1.77
   Kurzschuljahre [1966/67] 1.129
SCHULKINDERGARTEN 1.201
   Grundschule 1.90
   Kindergarten und Schule 1.125
   Schulpflicht 1.206
   Sonderkindergarten 1.240
   Zurückstellung des Schulanfängers 1.276
SCHULKLASSE 3.218
   Klassengemeinschaft 3.157
   Schüler-Lehrer-Verhältnis 3.208
- (SOZIOLOGISCHER ASPEKT) 3.218
   Politische Erziehung
     (Sozialverhalten) 3.203
   Schule als Lebensraum 3.216
   Soziogramm
     (Schulklasse) 4.196
SCHULLANDHEIM 1.203
   Kurzschule 1.129
   Landerziehungsheim 1.131

   Lehrerbildung
     (Schullandheim) 2.96
   Schullandheimaufenthalt 6.164
SCHULLANDHEIMAUFENTHALT 6.164
   Biologieunterricht
     (Schullandheimaufenthalt) 9.75
   Erdkundeunterricht
     (Schullandheim) 8.43
   Freilufterziehung 6.69
   Politische Bildung
     (Schullandheim) 8.188
   Schulwandern 6.178
   Unterricht
     (Erlebnisunterricht) 6.206
SCHULLEBEN 6.167
   Elternabend 6.59
   Gruppenunterricht
     (Sozialerziehung) 6.88
   Jenaplan (Schulleben) 6.104
   Kunsterziehung
     (Schulleben) 10.120
   Musische Erziehung 6.127
   Schulausstellung 6.155
   Schulentlassungsfeier 6.156
   Schulfeier 6.157
   Schulspiel 6.171
   Schulwandern 6.178
   Schulwohnstube 6.181
   Unterricht
     (Auflockerung) 6.205
   Wandertag 6.228
- (WEIHNACHTEN) 6.170
   Arbeitseinheiten
     (Weihnachten) 6.33
   Schulische Weihnachtsfeier 6.163
   Schulspiel
     (Krippenspiel) 6.174
   Weihnachtsspiel 6.229
SCHULLEISTUNGSTEST 4.173
   Englischunterricht
     (Leistungstest) 7.82
   Geschichtsunterricht
     (Geschichtstest) 8.73
   Intelligenz
     (Schulleistung) 4.87
   Leistungsmessung 4.108
   Rechenleistung 4.159
SCHULLEITER 2.133
   Kollegiale Schulleitung 2.56
SCHULLEITUNG 1.204
   Konferenzordnung 1.127
   Schulchronik 1.174
SCHULOPER 10.234
   Neue Musik im Unterricht
     (Oper) 10.197

SCHULORCHESTER 10.234
    Jugendkonzert 10.83
SCHULPAUSE 1.205
    Schulfrühstück 1.185
    Schulgebäude
      (Schulhof) 1.189
    Schulturngarten 1.226
SCHULPFLICHT 1.206
    Berufsausbildungsgesetz 1.32
    Leibeserziehung
      (Freistellung) 10.133
    Schule und Staat 1.181
    Schulkindergarten 1.201
    Schulstreik 1.226
    Schulversäumnis 1.226
    Zurückstellung des Schulanfängers
    1.276
SCHULPFLICHTVERLÄNGERUNG 1.206
    Berufsausbildungsgesetz 1.32
    Schuljahr IX 1.194
    Schuljahr X 1.200
    Volksschulreform
      (Oberstufe) 1.267
SCHULPOLITIK 1.208
    Bildungspolitik 1.51
    Bildungsprogramme 1.52
    Hochschulpolitik 1.107
    Schule und Kirche 1.180
    Schule und Staat 1.181
    Schule und Wirtschaft 1.182
    Schulgesetzgebung 1.189
    Schulwesen BRD
      (Kritik) 1.233
SCHULPSYCHOLOGE 2.134
    Beratungslehrer 2.23
    Berufsberater 2.23
    Lehrerbildung
      (Psychologie) 2.93
    Psychologe 2.130
SCHULPSYCHOLOGIE 4.173
    Begabung 4.28
    Bildsamkeit 4.33
    Entwicklungspsychologie
      (Pädagogischer Aspekt) 4.45
    Erziehungsberatung
      (Schulpsychologie) 4.54
    Schulpsychologe 2.134
    Schulpsychologische
      Beratungsstelle 1.209
    Verhaltensstörung
      (Therapie) 4.234
SCHULPSYCHOL. BERATUNGSSTELLE 1.209
    Beratungslehrer 2.23
    Erziehungsberatungsstelle 1.72

Schularzt 1.167
Schulpsychologischer Dienst 4.174
SCHULPSYCHOLOGISCHER DIENST 4.174
    Erziehungsberatung
      (Schulpsychologie) 4.54
SCHULRAT 2.134
    Schulaufsicht 1.168
SCHULRECHT 1.211
    Aufnahmeprüfung
      (Rechtsfragen) 1.23
    Aufsichtspflicht des Lehrers 2.20
    Bekenntnisschule
      (Rechtsfragen) 1.30
    Berufsausbildungsgesetz 1.32
    Elternrecht 1.61
    Elternvertretung 1.63
    Evangelische Unterweisung
      (Rechtsfragen) 10.60
    Fernunterricht
      (Rechtsfragen) 6.66
    Hochschullehrer
      (Rechtsfragen) 2.50
    Konferenzordnung 1.127
    Lehrerberuf
      (Rechtsfragen) 2.70
    Musikunterricht
      (Rechtsfragen) 10.190
    Nichtversetzung 1.147
    Privatschule
      (Rechtsfragen) 1.153
    Prüfungswesen
      (Rechtsfragen) 1.155
    Religionsunterricht
      (Rechtsfragen) 10.219
    Religionsunterricht
      (Religionsmündigkeit) 10.220
    Schülermitverwaltung
      (Rechtsfragen) 3.212
    Schülerunfall 1.167
    Schülerzeitschrift
      (Rechtsfragen) 3.214
    Schulaufsicht 1.168
    Schule und Rechtsprechung 1.180
    Schule und Staat 1.181
    Schulpflicht 1.206
    Schulgebet
      (Rechtsfragen) 10.234
    Schulstreik 1.226
    Schulversäumnis 1.226
    Schulverwaltungsgesetz 1.230
    Verkehrsunterricht
      (Rechtsfragen) 10.254
    Versetzung 1.260
    Zeugnis 1.272
    Züchtigungsrecht 1.274

[Forts.: Schulrecht]
  Zurückstellung des Schulanfängers
    1.276
SCHULREFORM 1.212
  Aufbaugymnasium 1.20
  Aufbauklasse 1.21
  Berufsbildendes Schulwesen
    (Reform) 1.38
  Berufsgrundschule 1.40
  Berufsschulreform 1.44
  Bildungskrise 1.48
  Bildungsprogramm 1.52
  Bremer Plan 1.52
  Deutscher Ausschuß für das Erziehungs- und Bildungswesen 1.53
  Differenzierter Mittelbau 1.58
  Durchlässigkeit 1.59
  Förderstufe 1.78
  Fünftagewoche im Schulwesen 1.81
  Ganztagsschule 1.83
  Grundschuldauer 1.90
  Grundschulreform 1.92
  Gesamtschule 1.93
  Gymnasium
    (Reform) 1.96
  Gymnasium
    (Reform der Oberstufe) 1.98
  Hauptschule 1.101
  Hochschulreform 1.108
  Innere Schulreform 6.100
  Kaufmännisches Schulwesen
    (Reform) 1.121
  Landerziehungsheim 1.131
  Landschulreform 1.137
  Mittelpunktschule 1.144
  Oberschule Praktischer
    Zweig 1.147
  Oberschule Technischer
    Zweig 1.148
  Oberschule Wissenschaftlicher
    Zweig 1.148
  Odenwaldschule 1.149
  Probeunterricht 1.154
  Rahmenplan 1.155
  Realschulreform 1.163
  Reformpädagogik 3.204
  Schulaufbau 1.168
  Schulbus 1.174
  Schuljahr IX 1.194
  Schuljahr X 1.200
  Schulkindergarten 1.201
  Schulpflichtverlängerung 1.206
  Schulpsychologische
    Beratungsstelle 1.209
  Schulversuche 1.227
  Sonderschulreform 1.251
  Sozialgymnasium 1.251
  Tagesheimschule 1.254
  Unabhängige Kommission Hamburg
    1.259
  Volksschulreform 1.266
  Wirtschaftsgymnasium 1.270
  Zentralschule 1.272
  Zweiter Bildungsweg 1.276
- (BILDUNGSPOLITIK) 1.216
  Begabtenförderung 1.26
  Bildungschance 1.46
  Bildungsplanung 1.49
  Bildungsprogramme 1.52
- (ELTERNRECHT) 1.220
  Begabtenauslese 1.24
  Schule und Elternhaus 1.175
- (GEGENWARTSBEZUG) :............. 1.220
  Schule und Arbeitswelt 1.174
  Schule und Gesellschaft 1.178
  Schule und Wirtschaft 1.182
- (GESCHICHTE) 1.221
  Reformpädagogik 3.204
SCHULREIFE 4.176
  Begabung 4.28
  Entwicklungspsychologie
    (Kleinkind) 4.43
  Schulreifetest 4.178
  Schulunreife 4.182
  Sitzenbleiber 4.192
- (EINTRITTSALTER) 4.177
  Kleinkindlesen 4.97
  Schulanfänger 4.171
- (SCHULLEISTUNG) 4.178
  Begabung
    (Schulerfolg) 4.29
  Entwicklungspsychologie
    (Pädagogischer Aspekt) 4.45
  Lesetest 4.119
  Rechenleistung 4.159
SCHULREIFETEST 4.178
  Entwicklungstest 4.48
  Leselernpsychologie 4.118
SCHULREIFETRAINING 4.180
  Intelligenzschwäche 4.89
  Spieltherapie 4.198
SCHULSPIEL 6.171
  Aufsatzunterricht
    (Spielformen) 7.37
  Deutschunterricht
    (Schulspiel) 7.57
  Englischlehrmittel
    (Szenisches Spiel) 5.58
  Handpuppenspiel im Unterr. 6.94
  Laienspiel im Unterricht 6.110

Leibeserziehung
  (Darstellendes Spiel) 10.129
Politiklehrmittel
  (Darstellendes Spiel) 5.149
Politische Bildung
  (Schulspiel) 8.188
Religionsunterricht
  (Schulspiel) 10.221
Schulentlassungsfeier
  (Schulspiel) 6.156
Schulfeier
  (Schulspiel) 6.157
Schullandheimaufenthalt
  (Musische Erziehung) 6.165
Schultheater 6.176
Stegreifspiel im Unterricht 6.188
Weihnachtsspiel 6.229
- (GRUNDSCHULE) 6.172
  Erster Schultag 6.61
  Handpuppenspiel im Unterricht
    (Kasperlespiel) 6.95
  Märchen im Unterricht
    (Spielformen) 7.174
  Schulaufnahme
    (Feiergestaltung) 6.154
  Weihnachtsspiel
    (Grundschule) 6.229
- (LESESPIEL) 6.174
  Laienspiel
    (Chorisches Spiel) 6.110
  Vorlesen im Unterricht 6.226
SCHULSPORT 10.234
  Leibeserziehung 10.126
SCHULSTRAFE 3.219
  Autorität des Lehrers 3.22
  Erziehungsmittel 3.95
  Körperliche Züchtigung 3.160
  Schuldisziplin 3.214
SCHULSTATISTIK 1.225
  Begabungsreserven
    (Statistik) 1.29
  Relativer Schulbesuch 1.166
SCHULSTREIK 1.226
  Elternrecht 1.61
  Schulpflicht 1.206
SCHULTHEATER 6.176
  Laienspiel im Unterricht 6.110
  Schulspiel 6.171
- (EINZELNE SPIELE) 6.177
  Laienspiel
    (Spielauswahl) 6.110
  Schulentlassungsfeier
    (Schulspiel) 6.156

SCHULTURNGARTEN 1.226
Schulgebäude
  (Schulhof) 1.189
Schulgebäude
  (Turnhalle) 1.189
Schulpause 1.205
Spielplatz 1.252
Sportanlage 1.252
SCHULUNREIFE 4.182
  Entwicklungsgehemmtes Kind 4.40
  Schulreife
    (Eintrittsalter) 4.177
SCHULVERDROSSENHEIT 4.182
  Erziehungsschwierigkeit
    (Schüler) 4.56
  Faulheit des Schülers 4.58
  Schulversager 4.183
  Störenfried 4.210
  Überforderung des Schülers 4.230
SCHULVERHALTEN 4.183
  Begabung
    (Schulerfolg) 4.29
  Schüler 4.165
  Sozialpsychologie
    (Schulklasse) 4.195
  Volksschüler 4.235
SCHULVERSÄUMNIS 1.226
  Schulpflicht 1.206
SCHULVERSAGER 4.183
  Erziehungsschwierigkeit
    (Schüler) 4.56
  Intelligenzschwäche 4.89
  Konzentrationsschwäche 4.101
  Leistungsstörung 4.109
  Lernstörung 4.113
  Prüfungsangst 4.137
  Schulverdrossenheit 4.182
  Sitzenbleiber 4.192
  Überforderung des Schülers 4.230
- (SOZIOLOGISCHER ASPEKT) 4.184
  Begabungswandel 4.30
  Erziehungsschwierigkeit
    (Familie) 4.55
- (VOLKSSCHULE) 4.184
  Hilfsschulbedürftigkeit 4.80
  Intelligenzschwäche 4.89
SCHULVERSUCHE 1.227
  Gesamtschule 1.88
  Kurzschule 1.129
  Odenwaldschule 1.149
  Schuljahr X 1.200
  Wirtschaftsgymnasium 1.270
SCHULVERWALTUNG 1.229
  Schulaufsicht 1.168
  Schule und Staat 1.181

[Forts.: Schulverwaltung]
   Schulfinanzierung 1.185
   Schulleitung 1.204
SCHULVIVARIUM 5.235
   Schulaquarium 5.209
   Schulterrarium 5.235
SCHULWANDERN 6.178
   Lehrwanderung 6.122
   Schulausflug 6.155
   Schullandheimaufenthalt 6.164
   Studienfahrt 6.190
   Wandertag 6.228
SCHULWECHSEL 1.230
   Bildungschance 1.46
   Durchlässigkeit 1.59
   Schulaufbau 1.168
   Übergang 1.257
SCHULWERKSTATT 5.236
   Werkraumeinrichtung 5.258
SCHULWESEN 1.230
   Baufachschule 1.24
   Bekenntnisschule 1.29
   Berufsbildendes Schulwesen 1.33
   Berufsfachschule 1.39
   Berufsschule 1.40
   Fachschule 1.74
   Gemeinschaftsschule 1.86
   Grundschule 1.90
   Gymnasium 1.92
   Heimschule 1.105
   Hilfsschule 1.106
   Höhere Schule 1.112
   Humanistisches Gymnasium 1.114
   Ingenieurschule 1.114
   Kaufmännisches Schulwesen 1.119
   Krankenhausschule 1.128
   Ländliche Berufsschule 1.130
   Ländliche Realschule 1.130
   Ländliche Sonderschule 1.130
   Landerziehungsheim 1.131
   Landschule 1.132
   Landwirtschaftl.Berufsschule 1.140
   Mädchenberufsschule 1.143
   Mädchenrealschule 1.143
   Pädagogische Hochschule 2.123
   Private Handelsschule 1.150
   Privatschule 1.150
   Prüfungswesen 1.154
   Reifeprüfung 1.165
   Schulaufsicht 1.168
   Schulbau 1.169
   Schulpflicht 1.206
   Schulrecht 1.211
   Schulstatistik 1.225
   Schulverwaltung 1.229
   Sonderschule 1.240
   Universität 1.259
   Waldorfschule 1.269
   Zweiter Bildungsweg 1.276
SCHULWESEN BRD 1.231
   Abendgymnasium 1.19
   Abendrealschule 1.20
   Aufbaugymnasium 1.20
   Berufsaufbauschule 1.30
   Berufsgrundschule 1.40
   Deutsches Auslandsschulwesen 1.54
   Frauenfachschule 1.80
   Frauenoberschule 1.80
   Hauptschule 1.101
   Kaufmännische Berufsfachschule
     1.118
   Kaufmännische Berufsschule 1.118
   Kurzschule 1.129
   Mittelschule 1.145
   Oberschule Prakt.Zweig 1.147
   Oberschule Techn.Zweig 1.148
   Oberschule Wissenschaftlicher
     Zweig 1.148
   Programmiertes Lernen (BRD) 5.163
   Realschule 1.159
   Russischunterricht (BRD) 7.198
   Schulgesetzgebung 1.189
   Schulpflichtgesetze 1.206
   Volksschule 1.262
   Wirtschaftsgymnasium 1.270
   Wirtschaftsoberschule 1.271
- (BUNDESLÄNDER) 1.232
   Berufsaufbauschule
     (Bundesländer) 1.31
   Berufsbildendes Schulwesen
     (Bundesländer) 1.35
   Erziehungsberatungsstelle
     (Bundesländer) 1.72
   Förderstufe
     (Bundesländer) 1.79
   Fünftagewoche im Schulwesen
     (Bundesländer) 1.82
   Grundschule
     (Bundesländer) 1.91
   Gymnasium
     (Bundesländer) 1.95
   Hauptschule
     (Bundesländer) 1.103
   Hessisches Lehrerfortbildungs-
     werk 2.49
   Höhere Wirtschaftsfachschule
     (Bundesländer) 1.114
   Kaufmännisches Schulwesen
     (Bundesländer) 1.120

Landschule
  (Bundesländer) 1.134
Landschulreform
  (Bundesländer) 1.139
Landwirtschaftliche Berufsschule
  (Bundesländer) 1.141
Lehrerbildung
  (Bundesländer) 2.77
Lehrplan
  (Bundesländer) 6.116
Lernmittelfreiheit
  (Bundesländer) 1.142
Mittelpunktschule
  (Bundesländer) 1.144
Politische Bildung
  (Bundesländer) 8.172
Realschule
  (Bundesländer) 1.161
Reifeprüfung
  (Bundesländer) 1.166
Schulbau
  (Bundesländer) 1.170
Schulfernsehen
  (Bundesländer) 5.215
Schulgesetzgebung
  (Bundesländer) 1.190
Schuljahr IX
  (Bundesländer) 1.196
Schulkindergarten
  (Bundesländer) 1.203
Schulpolitik
  (Bundesländer) 1.209
Schulpsychol.Beratungsstelle
  (Bundesländer) 1.210
Schulreform
  (Bundesländer) 1.216
Schulversuche
  (Bundesländer) 1.228
Sonderschule
  (Bundesländer) 1.241
Unabhängige Kommission Hmbg. 1.259
Volksschule
  (Bundesländer) 1.264
Werkunterricht
  (Bundesländer) 10.270
SCHULWESEN DDR 1.234
  Ästhetische Erziehung (DDR) 6.20
  Altsprachlicher Unterricht
    (DDR) 7.20
  Arbeitserziehung (DDR) 6.35
  Astronomieunterricht (DDR) 9.48
  Aufsatzunterricht (DDR) 7.30
  Begabtenförderung (DDR) 1.28
  Berufsausbildung (DDR) 6.41
  Berufsberatung (DDR) 3.30

Berufsbildendes Schulwesen (DDR)
  1.36
Berufserziehung (DDR) 3.38
Berufsfindung (DDR) 3.48
Berufsschullehrerbildung (DDR) 2.26
Berufsschulunterricht (DDR) 6.46
Biologielehrer (DDR) 2.29
Biologieunterricht (DDR) 9.65
Chemieunterricht (DDR) 9.87
Deutschunterricht (DDR) 7.47
Didaktik (DDR) 6.54
Englischunterricht (DDR) 7.77
Erdkundeunterricht (DDR) 8.34
Erziehung (DDR) 3.76
Fremdsprachenunterricht (DDR) 7.104
Gegenwartskunde (DDR) 8.48
Gemeinschaftserziehung (DDR) 3.127
Geschichtslehrbuch (DDR) 5.80
Geschichtslehrer (DDR) 2.37
Geschichtsunterricht (DDR) 8.68
Grundlehrgang [DDR] 6.79
Grundschule (DDR) 1.91
Heimatkundeunterricht (DDR) 8.97
Heimerziehung (DDR) 3.140
Kindergärtnerinnenausbildung
  (DDR) 2.55
Kindergarten (DDR) 1.123
Kunsterziehung (DDR) 10.112
Landschule (DDR) 1.134
Lehrerbildung (DDR) 2.79
Lehrplan (DDR) 6.116
Leibeserziehung (DDR) 10.130
Lesebuch (DDR) 5.127
Literaturunterricht [DDR] 7.164
Mathematikunterricht (DDR) 9.162
Musikunterricht (DDR) 10.181
Naturwissenschaftlicher Unterricht
  (DDR) 9.214
Neusprachlicher Unterricht
  (DDR) 7.180
Pädagogik (DDR) 3.185
Physikunterricht (DDR) 9.246
Politische Bildung (DDR) 8.172
Polytechnische Bildung (DDR) 6.138
Polytechn.Unterricht (DDR) 6.141
Programmiertes Lernen (DDR) 5.164
Realschule (DDR) 1.162
Reifeprüfung (DDR) 1.166
Schülermitverwaltung (DDR) 3.211
Schulbau (DDR) 1.171
Schulbuch (DDR) 5.210
Schulfernsehen (DDR) 5.216
Schulgartenunterricht [DDR] 5.233
Schulpolitik (DDR) 1.209
Schulreform (DDR) 1.218

- 653 -

[Forts.: Schulwesen DDR]
    Sonderschule (DDR) 1.242
    Sonderschulunterricht (DDR) 6.185
    Staatsbürgerkunde [DDR] 8.201
    Tagesheimschule (DDR) 1.256
    Unterstufenunterricht [DDR] 6.218
    Vorschulischer Unterricht
      (DDR) 6.227
    Werkunterricht (DDR) 10.270
    Zeichenunterricht (DDR) 10.277
SCHULWESEN ÖSTERREICH 1.236
    Berufsbildendes Schulwesen
      (Österreich) 1.37
    Berufserziehung
      (Österreich) 3.42
    Fremdsprachenunterricht
      (Österreich) 7.110
    Gegenwartskunde
      (Österreich) 8.48
    Geschichtsunterricht
      (Österreich) 8.79
    Gymnasium
      (Österreich) 1.96
    Hauptschule [Österreich] 1.104
    Hauswirtschaftsunterricht
      (Österreich) 10.80
    Landschule
      (Österreich) 1.135
    Landschulreform
      (Österreich) 1.139
    Landwirtschaftl.Berufsschule
      (Österreich) 1.142
    Lehrerbildung
      (Österreich) 2.91
    Lehrerfortbildung
      (Österreich) 2.108
    Leibeserziehung
      (Österreich) 10.146
    Mittelschule [Österreich] 1.145
    Pädagogische Akademie
      (Österreich) 2.122
    Pädagogische Institute
      (Österreich) 2.128
    Philosophieunterricht
      (Österreich) 10.204
    Politische Bildung
      (Österreich) 8.185
    Polytechnischer Lehrgang
      [Österreich] 6.139
    Programmiertes Lernen
      (Ausland:Österreich) 5.158
    Schulbau
      (Österreich) 1.172
    Schulfernsehen
      (Österreich) 5.218

    Schulgesetzgebung
      (Österreich) 1.191
    Schuljahr IX
      (Österreich) 1.197
    Schulpsychol.Beratungsstelle
      (Österreich) 1.210
    Schulreform
      (Österreich) 1.223
    Schulversuche
      (Österreich) 1.228
    Skiunterricht
      (Österreich) 10.241
    Sonderschule
      (Österreich) 1.242
    Volksschule
      (Österreich) 1.265
    Zweiter Bildungsweg
      (Österreich) 1.280

SCHULWESEN SCHWEIZ 1.237
    Berufsausbildungsgesetz
      (Schweiz) 1.33
    Berufsbildendes Schulwesen
      (Schweiz) 1.38
    Berufserziehung
      (Schweiz) 3.43
    Gehörlosenschule
      (Schweiz) 1.86
    Geschichtsunterricht
      (Schweiz) 8.83
    Gymnasiallehrerbildung
      (Schweiz) 2.47
    Gymnasium
      (Schweiz) 1.99
    Hauswirtschaftsunterricht
      (Schweiz) 10.80
    Kaufmännisches Schulwesen
      (Schweiz) 1.121
    Landwirtschaftl.Berufsschule
      (Schweiz) 1.142
    Lehrerbildung
      (Schweiz) 2.98
    Lehrerfortbildung
      (Schweiz) 2.108
    Leibeserziehung
      (Schweiz) 10.151
    Mädchenturnen
      (Schweiz) 10.166
    Mittelschule [Schweiz] 1.146
    Musikunterricht
      (Schweiz) 10.192
    Philosophieunterricht
      (Schweiz) 10.205
    Politische Bildung
      (Schweiz) 8.188

Primarlehrerbildung [Schweiz]
2.129
Primarschule [Schweiz] 1.149
Programmiertes Lernen
 (Ausland:Schweiz) 5.158
Religionsunterricht
 (Schweiz) 10.221
Schulbau
 (Schweiz) 1.173
Schulfernsehen
 (Schweiz) 5.219
Schulgesetzgebung
 (Schweiz) 1.191
Schuljahrsbeginn
 (Schweiz) 1.201
Schulpsychol.Beratungsstelle
 (Schweiz) 1.211
Schulreform
 (Schweiz) 1.224
Sekundarlehrerbildung
 [Schweiz] 2.135
Sonderschule
 (Schweiz) 1.243
Sonderschullehrerbildung
 (Schweiz) 2.137
Sozialpädagoge
 (Schweiz) 2.139
Volksschule
 (Schweiz) 1.265
Zweiter Bildungsweg
 (Schweiz) 1.280
SCHULWOHNSTUBE 6.181
 Schulleben 6.167
SCHULZAHNPFLEGE 1.239
 Schularzt 1.167
 Schulgesundheitspflege 1.191
SCHUNDLITERATUR 3.220
 Schmutz- und Schundliteratur 3.207
SCHWACHSINNIGES KIND 4.185
 Geistig behindertes Kind 4.67
SCHWACHSINNSFORMEN 4.186
 Intelligenzschwäche 4.89
SCHWANK IM UNTERRICHT 7.211
 Satire im Unterricht 7.202
SCHWERERZIEHBARKEIT 4.186
 Entwicklungsstörung 4.47
 Verhaltensstörung 4.232
 Verwahrlosung 4.234
- (HEIMERZIEHUNG) 4.187
 Erziehungsberatung
  (Heimerziehung) 4.53
 Verwahrlosung
  (Pädagogische Betreuung) 4.235
- (JUGENDALTER) 4.187
 Asozialer Jugendlicher 4.25

 Erziehungsschwierigkeit
  (Jugendalter) 4.55
 Jugendlicher Dieb 4.92
 Verwahrlosung
  (Jugendkriminalität) 4.235
- (SCHULKIND) 4.188
 Außenseiter 4.27
 Erziehungsberatung
  (Schulkind) 4.53
 Erziehungsschwierigkeit
  (Schüler) 4.56
SCHWERHÖRIGES KIND 4.188
 Audiometrie 4.26
 Gehörloses Kind 4.66
 Sprachstörung
  (Schwerhöriges Kind) 4.208
SCHWIMMUNTERRICHT 10.235
 Schulgebäude
  (Lehrschwimmbecken) 1.188
SCHWINGUNGSLEHRE 9.275
 Akustik 9.24
 Hochfrequenztechnik 9.143
 Mechanik
  (Elastizität) 9.180
SEHBEHINDERTES KIND 4.189
 Blindes Kind 4.34
SELBSTBEURTEILUNG 4.190
 Charakterbeurteilung 4.35
 Psychodiagnostik
  (Tagebuch) 4.143
SELBSTERZIEHUNG 3.222
 Affekt 4.20
 Disziplin 3.72
 Erziehung zum Verzicht 3.86
 Selbstbeurteilung 4.190
 Suchtgefährdung 3.237
 Willenserziehung 3.241
SELBSTMORD 4.190
 Depression 4.38
 Psychopathologie 4.150
SELBSTTÄTIGKEIT 6.182
 Arbeitsanweisung 6.23
 Arbeitserziehung 6.35
 Arbeitsmittel im Unterricht 5.28
 Arbeitsschulunterricht 6.38
 Biologieunterricht
  (Selbsttätigkeit) 9.75
 Dalton-Plan 6.52
 Denkerziehung 6.53
 Deutschunterricht
  (Selbsttätigkeit) 7.58
 Erdkundeunterricht
  (Selbsttätigkeit) 8.43
 Fernunterricht 6.65
 Freier Gesamtunterricht 6.67

[Forts.: Selbsttätigkeit]
  Freies Unterrichtsgespräch 6.68
  Gemeinschaftsarbeit 6.74
  Geschichtsunterricht
    (Selbsttätigkeit) 8.83
  Gruppenunterricht 6.83
  Hausaufgabe
    (Unterrichtsaspekt) 6.99
  Heimatkundeunterricht
    (Selbsttätigkeit) 8.102
  Leibeserziehung
    (Selbsttätigkeit) 10.151
  Leseunterricht
    (Selbsttätigkeit) 7.159
  Mathematikunterricht
    (Selbsttätigkeit) 9.174
  Montessori-Pädagogik 6.126
  Natürlicher Unterricht 6.131
  Physikunterricht
    (Selbsttätigkeit) 9.252
  Rechenunterricht
    (Selbsttätigkeit) 9.270
  Schüleraktivierung 6.151
  Staatsbürgerkunde
    (Selbsttätigkeit) 8.203
  Stillarbeit 6.188
  Unterrichtsimpuls 6.213
  Werktätiger Unterricht 6.229
- (PSYCHOLOGISCHER ASPEKT) 6.184
  Anschauung 6.22
  Arbeitshaltung des Schülers 6.36
  Denkanstoß 6.53
  Erziehung zur Selbständigkeit 3.89
  Schülerleistung 6.153
SEXUALPATHOLOGIE 4.191
  Test (Szondi-Test) 4.220
  Verwahrlosung 4.234
SEXUALVERHALTEN 4.191
  Geschlechtserziehung
    (Sexualität) 3.131
- (ENTWICKLUNGSPSYCHOLOGIE) 4.192
  Akzeleration 4.21
  Jugendpsychologie 4.92
  Onanie 4.130
  Pubertät
    (Soziologischer Aspekt) 4.157
SITZENBLEIBER 4.192
  Intelligenzschwäche 4.89
  Leistungsstörung 4.109
  Lernstörung 4.113
  Schulunreife 4.182
  Schulversager 4.183
SONDERBERUFSSCHULE 1.239
  Berufsberatung
    (Sonderschüler) 3.31

  Betriebspraktikum
    (Sonderschule) 6.51
  Sonderschule für Lernbehinderte
    1.246
SONDERKINDERGARTEN 1.240
  Schulkindergarten 1.201
  Sonderschulheim 1.250
SONDERSCHULE 1.240
  Erziehung
    (Sonderschule) 3.83
  Gehörlosenberufsschule 1.84
  Gehörlosenschule 1.84
  Hilfsschule 1.106
  Kleinklasse 1.127
  Ländliche Sonderschule 1.130
  Mädchenbildung
    (Sonderschule) 3.174
  Notengebung
    (Sonderschule) 6.133
  Schulbau (Sonderschule) 1.173
  Schulstrafe
    (Sonderschule) 3.220
  Schulversäumnis
    (Sonderschule) 1.227
  Sonderberufsschule 1.239
  Sonderschule für Blinde 1.243
  Sonderschule für Gehörgeschädigte
    1.243
  Sonderschule für geistig Behin-
    derte 1.244
  Sonderschule für Körperbehinderte
    1.245
  Sonderschule für Lernbehinderte
    1.246
  Sonderschule für Schwererziehbare
    1.249
  Sonderschule für Sehbehinderte
    1.249
  Sonderschule für Sprachgestörte
    1.250
  Sonderschullehrer 2.135
  Sonderschulunterricht 6.184
  Tagesheimschule
    (Sonderschule) 1.257
  Verband Deutscher Sonderschulen
    2.145
SONDERSCHULE FÜR BLINDE 1.243
  Blindenunterricht 6.52
  Blindes Kind 4.34
  Leibeserziehung
    (Blinde) 10.129
  Sonderschule f.Sehbehinderte 1.249
SONDERSCHULE FÜR GEHÖRGESCHÄDIGTE 1.243
  Gehörlosenschule 1.84
  Sonderschule f.Sprachgestörte 1.250

SONDERSCHULE FÜR GEIST. BEHINDERTE 1.244
  Religionsunterricht
    (Geistesschwache) 10.211
  Sonderschulunterricht
    (Geistig behindertes Kind) 6.185
SONDERSCHULE FÜR KÖRPERBEHINDERTE 1.245
  Cerebral gelähmtes Kind 4.35
  Körperbehindertes Kind
    (Schulbesuch) 4.99
  Sonderschule für geistig Behinderte 1.244
  Sonderschulrechnen
    (Körperbehinderte) 9.278
  Sonderschulunterricht
    (Körperbehinderte) 6.186
  Spastisch gelähmtes Kind 4.198
SONDERSCHULE FÜR LERNBEHINDERTE .. 1.246
  Heilpädagogik 4.76
  Hilfsschulbedürftigkeit 4.80
  Hilfsschule 1.106
  Hilfsschulkind 4.81
  Hilfsschullehrer 2.49
  Ländliche Sonderschule 1.130
- (AUSLESEVERFAHREN) 1.246
  Hilfsschulbedürftigkeit
    (Feststellung) 4.81
- (RÜCKSCHULUNG) 1.247
  Hilfsschulkind
    (Rehabilitation) 4.83
SONDERSCHULE FÜR SCHWERERZIEHBARE 1.249
  Erziehungsheim 1.73
SONDERSCHULE FÜR SEHBEHINDERTE ... 1.249
  Sonderschule für Blinde 1.243
  Sonderschulrechnen
    (Sehbehinderte) 9.278
SONDERSCHULE FÜR SPRACHGESTÖRTE .. 1.250
  Gehörlosenschule 1.84
  Sonderschule für Gehörgeschädigte 1.243
  Sprachheilpädagogik
    (Schulischer Aspekt) 4.203
  Sprachheilschule 4.203
SONDERSCHULHEIM 1.250
  Erziehungsheim 1.73
  Heimschule 1.105
  Sonderkindergarten 1.240
  Sonderschule für Schwererziehbare 1.249
SONDERSCHULLEHRER 2.135
  Hilfsschullehrer 2.49
  Taubstummenlehrer 2.141
  Verband Dt.Sonderschulen 2.145
SONDERSCHULRECHNEN 9.277
  Erstrechenunterricht
    (Sonderschule) 9.118

Geometrieunterricht
  (Sonderschule) 9.136
SONDERSCHULUNTERRICHT 6.184
  Betriebspraktikum
    (Sonderschule) 6.51
  Biologieunterricht
    (Sonderschule) 9.76
  Blindenunterricht 6.52
  Chemieunterricht
    (Sonderschule) 9.93
  Deutschunterricht
    (Sonderschule) 7.58
  Erdkundeunterricht
    (Sonderschule) 8.44
  Erstleseunterricht
    (Sonderschule) 7.92
  Erstrechenunterricht
    (Sonderschule) 9.118
  Evangelische Unterweisung
    (Sonderschule) 10.61
  Geometrieunterricht
    (Sonderschule) 9.136
  Geschichtsunterricht
    (Sonderschule) 8.84
  Geschlechtserziehung in der Schule
    (Sonderschule) 3.134
  Grammatikunterricht
    (Sonderschule) 7.131
  Hausaufgabe
    (Sonderschule) 6.99
  Hauswirtschaftsunterricht
    (Sonderschule) 10.80
  Heimatkundeunterricht
    (Sonderschule) 8.103
  Kunsterziehung
    (Sonderschule) 10.120
  Lehrplan
    (Sonderschule) 6.121
  Leibeserziehung
    (Sonderschule) 10.151
  Leseunterricht
    (Sonderschule) 7.159
  Lyrik im Unterricht
    (Sonderschule) 7.171
  Musikalisch-Rhythmische Erziehung
    (Sonderschule) 10.171
  Musikerziehung
    (Sonderschule) 10.193
  Naturlehre
    (Sonderschule) 9.206
  Notengebung
    (Sonderschule) 6.133
  Physikunterricht
    (Sonderschule) 9.253

[Forts.: Sonderschulunterricht]
   Politische Bildung
     (Sonderschule) 8.189
   Polytechnischer Unterricht
     (Sonderschule) 6.143
   Programmiertes Lernen
     (Sonderschule) 5.183
   Rechenlehrmittel
     (Sonderschule) 5.193
   Rechenspiele
     (Sonderschule) 5.194
   Rechtschreibunterricht
     (Sonderschule) 7.194
   Religionsunterricht
     (Sonderschule) 10.222
   Sachunterricht
     (Sonderschule) 6.150
   Sandkasten
     (Sonderschule) 5.204
   Schreibunterricht
     (Sonderschule) 10.232
   Schülerbücherei
     (Sonderschule) 5.208
   Schulbuch
     (Sonderschule) 5.212
   Schulfernsehen
     (Sonderschule) 5.219
   Schulfunk
     (Sonderschule) 5.228
   Schulgarten
     (Sonderschule) 5.232
   Schulische Leistung
     (Sonderschule) 6.159
   Schullandheimaufenthalt
     (Sonderschule) 6.166
   Sonderschulrechnen 9.277
   Sprachunterricht
     (Sonderschule) 7.229
   Tagesheimschule
     (Sonderschule) 1.257
   Taubstummenunterricht 6.195
   Unterrichtsfilm
     (Sonderschule) 5.255
   Verkehrsunterricht
     (Sonderschule) 10.255
   Werkunterricht
     (Sonderschule) 10.274
   Zeichenunterricht
     (Sonderschule) 10.280

- (METHODISCHE EINZELFRAGEN) 6.186
   Arbeitsmittel im Unterricht
     (Sonderschule) 5.32
   Ganzheitsunterricht
     (Sonderschule) 6.73
   Gruppenunterricht
     (Sonderschule) 6.88
   Handpuppenspiel im Unterricht
     (Sonderschule) 6.95
   Heilpädagogik
     (Volksschule) 4.79
   Rhythmische Erziehung
     (Sonderschule) 6.146
   Schulische Leistungssteigerung
     (Schwachbegabte) 6.162
   Sozialerziehung in der Schule
     (Sonderschule) 3.226
SONDERTURNEN 4.192
   Haltungsfehler des Schülers 4.76
   Heilpädagogik
     (Bewegungstherapie) 4.78
   Körperbehindertes Kind
     (Betreuung) 4.98
   Leibeserziehung
     (Haltungsschäden) 10.137
SOZIALERZIEHUNG 3.223
   Anpassung 3.19
   Erziehung
     (Umwelteinflüsse) 3.84
   Erziehung zur Freiheit 3.87
   Erziehung zur Hilfs-
     bereitschaft 3.88
   Familie
     (Geschwisterbeziehung) 3.103
   Familienerziehung 3.105
   Gemeinschaftserziehung 3.126
   Heimerziehung 3.139
   Pädagogische Soziologie 3.196
   Politische Erziehung 3.199
   Schülermitverantwortung 3.209
   Sozialerziehung in der Schule 3.223
   Sozialpädagogik 3.227
SOZIALERZIEHUNG IN DER SCHULE 3.223
   Gruppenunterricht
     (Sozialerziehung) 6.88
   Heimatkundeunterricht
     (Sozialerziehung) 8.103
   Klassengemeinschaft 3.157
   Koedukation 3.158
   Religionsunterricht
     (Sozialerziehung) 10.222
   Schüler-Lehrer-Verhältnis 3.208
   Schülermitverwaltung 3.210
   Schulklasse
     (Soziologischer Aspekt) 3.218
   Sozialkunde 8.196
   Sozialkundelehrer 2.137
SOZIALISTISCHE ERZIEHUNG [DDR] ... 3.226
   Erziehung (DDR) 3.76
   Erziehung und Weltanschauung 3.86

Geschichtsunterricht
 (Sozialistische Erziehung) 8.84
Musikunterricht
 (Sozialistische Erziehung) 10.193
Naturwissenschaftlicher Unterricht
 (Sozialistische Erziehung) 9.216
Physikunterricht
 (Sozialistische Erziehung) 9.253
Russischunterricht
 (Sozialistische Erziehung) 7.201
Staatsbürgerkunde (Sozialistische
 Weltanschauung) 8.204
SOZIALKUNDE 8.196
 Politische Bildung
  (Gemeinschaftskunde) 8.178
 Religionsunterricht
  (Sozialkunde) 10.223
 Sozialerzhg.in der Schule 3.223
- (GEMEINDEVERWALTUNG) 8.197
 Heimatkundliche Themen
  (Dorf) 8.105
 Heimatkundliche Themen
  (Großstadt) 8.105
 Heimatkundliche Themen
  (Stadt) 8.105
 Heimatkundliche Themen
  (Straße) 8.106
 Heimatkundliche Themen
  (Wasserleitung) 8.106
 Politik
  (Kommunalpolitik) 8.164
- (GESCHICHTSUNTERRICHT) 8.198
 Gemeinschaftskunde
  (Geschichtsunterricht) 8.51
 Geschichtsunterricht und Poli-
  tische Bildung 8.89
- (GYMNASIUM) 8.199
 Gemeinschaftskunde 8.49
 Politische Bildung
  (Gymnasium) 8.179
SOZIALKUNDELEHRER 2.137
 Geschichtslehrer 2.36
 Lehrerbildung
  (Geschichtsunterricht) 2.83
 Lehrerbildung
  (Politische Bildung) 2.92
SOZIALPÄDAGOGE 2.138
 Erzieher 2.32
 Heimerzieher 2.48
- (AUSBILDUNG) 2.138
 Heimerzieherausbildung 2.49
 Kindergärtnerinnenausbildung 2.54
SOZIALPÄDAGOGIK 3.227
 Freizeiterziehung
  (Jugendpflege) 3.121

Gemeinschaftserziehung 3.126
Gruppenpädagogik 3.138
Heimerziehung
 (Sozialpädagogik) 3.143
Jugenderziehung 3.148
Jugendforschung 3.148
Jugendsoziologie 3.151
Massenmedien
 (Sozialpädagogik) 3.177
Musische Lebensform
 (Jugendpflege) 3.181
Politische Bildung
 (Sozialpädagogik) 8.189
Politische Erziehung 3.199
Sozialerziehung 3.223
Sozialpädagoge 2.138
SOZIALPRAKTIKUM 6.187
 Berufskunde 6.44
 Lehrerbildung
  (Sozialpraktikum) 2.98
SOZIALPSYCHOLOGIE 4.193
 Aggresssion 4.20
 Erziehungsberatung
  (Sozialpsychologie) 4.54
 Gemeinschaftsschwierigkeit 4.69
 Gruppenforschung 4.73
 Hilfsschulkind
  (Soziologischer Aspekt) 4.83
 Massenpsychologie 4.123
 Psychoanalyse
  (Soziologischer Aspekt) 4.140
 Pubertät
  (Soziologischer Aspekt) 4.157
 Sozialverhalten 4.196
 Soziogramm 4.196
 Sprachverständnis 4.210
 Verhaltensforschung 4.232
- (SCHULKLASSE) 4.195
 Gemeinschaftsschwierigkeit 4.69
 Gruppenpsychologie
  (Pädagogischer Aspekt) 4.74
 Lernfähigkeit
  (Soziologischer Aspekt) 4.110
 Pädagogischer Führungsstil 6.135
 Psychotherapie
  (Pädagogischer Aspekt) 4.149
 Schulanfänger
  (Sozialverhalten) 4.172
 Schulverhalten 4.183
 Soziogramm (Schulklasse) 4.196
SOZIALVERHALTEN 4.196
 Schulanfänger
  (Sozialverhalten) 4.172
 Schullandheimaufenthalt
  (Sozialverhalten) 6.166

SOZIOGRAMM 4.196
  Gruppenpsychologie 4.74
- (SCHULKLASSE) 4.196
  Gruppenpsychologie
    (Pädagogischer Aspekt) 4.74
  Schulverhalten 4.183
  Sozialpsychologie
    (Schulklasse) 4.195
SOZIOLOGIE 3.228
  Anpassung 3.19
  Anthropologie 3.19
  Begabung (Sozio-
    logischer Aspekt) 4.30
  Betriebssoziologie 3.55
  Bildung
    (Moderne Gesellschaft) 3.58
  Erwachsenenbildung (Sozial-
    politischer Auftrag) 1.70
  Erziehung
    (Industriekultur) 3.79
  Erziehung
    (Moderne Gesellschaft) 3.81
  Erziehung
    (Umwelteinflüsse) 3.84
  Ethische Erziehung
    (Soziologischer Aspekt) 3.99
  Familie 3.101
  Familie
    (Sozialstruktur) 3.103
  Familie
    (Strukturwandel) 3.104
  Fernseherziehung
    (Soziologischer Aspekt) 3.112
  Filmerziehung
    (Soziologischer Aspekt) 3.118
  Freizeit
    (Soziologischer Aspekt) 3.121
  Freizeitverhalten 3.123
  Gemeinschaftskunde
    (Soziologie) 8.54
  Generationsproblem 3.128
  Geschlechtserziehung
    (Sexualität) 3.131
  Gewöhnung 3.138
  Gruppenpädagogik 3.138
  Heimerziehung
    (Soziologischer Aspekt) 3.143
  Jugendsoziologie 3.151
  Klassengemeinschaft 3.157
  Koedukation
    (Soziologischer Aspekt) 3.159
  Kunst
    (Kunstsoziologie) 10.105
  Kybernetik
    (Soziologischer Aspekt) 5.101

  Landschule
    (Sozialstruktur des Dorfes) 1.136
  Lehrerbildung
    (Soziologie) 2.99
  Lehrerstand
    (Soziologischer Aspekt) 2.115
  Leitbilder 3.161
  Mädchenbildung
    (Soziologischer Aspekt) 3.174
  Massenmedien 3.175
  Pädagogik und Soziologie 3.192
  Pädagogische Soziologie 3.196
  Pädagogischer Führungsstil 6.135
  Politische Bildung
    (Soziologischer Aspekt) 8.190
  Politische Erziehung 3.199
  Politische Soziologie 3.203
  Psychoanalyse
    (Soziologischer Aspekt) 4.140
  Schüler-Lehrer-Verhältnis 3.208
  Schülermitverantwortung 3.209
  Schulklasse 3.218
  Schulklasse
    (Soziologischer Aspekt) 3.218
  Sozialerziehung 3.223
  Sozialpädagogik 3.227
  Sport (Soziologischer
    Aspekt) 10.244
  Sprachsoziologie 7.221
  Vorurteil 3.240
- (EMPIRISCHE SOZIOLOGIE) 3.230
  Betriebssoziologie 3.55
  Freizeit
    (Soziologischer Aspekt) 3.121
  Freizeitverhalten 3.123
  Geschlechtserziehung
    (Soziologischer Aspekt) 3.132
  Jugendsoziologie 3.151
  Massenmedien 3.175
  Pädagogik
    (Empirische Forschung) 3.185
- (GESELLSCHAFT) 3.231
  Bildung
    (Moderne Gesellschaft) 3.58
  Erziehung
    (Moderne Gesellschaft) 3.81
  Soziologie
    (Massengesellschaft) 3.232
- (MASSENGESELLSCHAFT) 3.232
  Bildung
    (Automation) 3.56
  Bildung
    (Moderne Arbeitswelt) 3.58
  Bildung
    (Moderne Gesellschaft) 3.58

Erziehung
 (Industriekultur) 3.79
Erziehung
 (Moderne Gesellschaft) 3.81
Landschule
 (Landflucht) 1.135
SPASTISCH GELÄHMTES KIND 4.198
 Cerebral gelähmtes Kind 4.35
SPIELERZIEHUNG 3.233
 Erziehung
 (Kindererziehung) 3.80
 Familienerziehung 3.105
 Freizeiterziehung 3.121
 Freizeitgestaltung 3.123
 Kinderspiel 3.155
 Leibeserziehung
 (Spiel) 10.152
 Musische Lebensform 3.180
 Spielplatz 1.252
 Spielverhalten des Kindes 4.199
 Spielzeug 3.235
SPIELFILM IM UNTERRICHT 5.238
 Deutschlehrmittel
 (Film) 5.51
 Geschichtslehrmittel
 (Film) 5.85
 Märchenfilm 5.134
 Politiklehrmittel
 (Film) 5.151
 Religionslehrmittel
 (Film) 5.198
 Zeitgeschichtslehrmittel
 (Dokumentarfilm) 5.260
SPIELPLATZ 1.252
 Schulgebäude
 (Schulhof) 1.189
 Schulturngarten 1.226
 Sportanlage 1.252
SPIELTHERAPIE 4.198
 Heilpädagogik
 (Bewegungstherapie) 4.78
 Hilfsschulkind
 (Soziologischer Aspekt) 4.83
 Kinderpsychotherapie 4.96
 Körperbehindertes Kind
 (Betreuung) 4.98
 Psychodiagnostik
 (Kinderspiel) 4.142
 Schulreifetraining 4.180
 Stottertherapie
 (Spieltherapie) 4.213
 Test (Sceno-Test) 4.220
SPIELZEUG 3.235
 Kinderspiel 3.155

SPORT 10.242
 Leibeserziehung 10.126
 Schulsport 10.234
SPORTANLAGE 1.252
 Schulgebäude
 (Lehrschwimmbecken) 1.188
 Schulgebäude
 (Turnhalle) 1.189
 Schulturngarten 1.226
 Spielplatz 1.252
SPORTLEHRMITTEL 5.238
 Schwimmunterricht
 (Hilfsgerät) 10.236
 Spielplatz 1.252
 Sportanlage 1.252
 Turngerät 5.251
SPRACHBEGABUNG 4.199
 Sprachverständnis 4.210
SPRACHBETRACHTUNG 7.211
 Sprachkunde 7.217
 Wortkunde 7.251
SPRACHBUCH 5.239
 Deutschlehrmittel
 (Sprachlehre) 5.54
SPRACHE 7.212
 Deutsche Sprache 7.44
 Dichterische Symbole 7.59
 Englische Sprache 7.73
 Fachsprachen 7.94
 Französische Sprache 7.96
 Fremdsprachen 7.101
 Gegenwartssprache 7.125
 Latein 7.142
 Muttersprache 7.176
 Russische Sprache 7.197
 Sprache und Denken 7.213
 Sprache und Sache 7.214
 Sprache und Schrift 7.214
 Sprachgeschichte 7.216
 Sprachkritik 7.216
 Sprachphilosophie 7.220
 Sprachsoziologie 7.221
 Sprachwissenschaft 7.233
 Umgangssprache 7.242
SPRACHE UND DENKEN 7.213
 Sprachphilosophie 7.220
 Sprachtheorie 4.209
SPRACHE UND ETHIK 7.213
 Deutsche Sprache
 (Sprachgefährdung) 7.45
 Sprache und Religion 7.214
SPRACHE UND POLITIK 7.213
 Gegenwartssprache 7.125
SPRACHE UND RELIGION 7.214
 Sprache und Ethik 7.213

SPRACHE UND SACHE 7.214
  Sprachunterricht
    (Sachbezogenheit) 7.228
SPRACHE UND SCHRIFT 7.214
  Rechtschreibreform 7.186
  Schriftsprache 7.210
  Sprechspur 7.237
SPRACHE UND TECHNIK 7.215
  Gegenwartssprache 7.125
  Sprachkunde
    (Technische Welt) 7.218
SPRACHENTFALTUNG 7.215
  Ausdrucksschulung 7.40
  Sprachliche Ausdrucksfähigkeit
    7.219
  Sprachunterricht
    (Grundschule) 7.225
SPRACHERZIEHUNG 7.215
  Aufsatzunterricht
    (Spracherziehung) 7.37
  Fabel im Unterricht
    (Spracherziehung) 7.93
  Ganzheitliches Lesenlernen
    (Spracherziehung) 7.119
  Grammatikunterricht
    (Spracherziehung) 7.132
  Lyrik im Unterricht
    (Spracherziehung) 7.171
  Muttersprache
    (Bildungswert) 7.177
  Rechtschreibunterricht
    (Spracherziehung) 7.194
  Schulsprache 7.210
  Sprachpflege 7.220
  Sprachunterricht
    (Sprachpflege) 7.231
  Taubstummenunterricht
    (Spracherziehung) 6.199
  Wortschatzpflege 7.252
SPRACHGEFÜHL 7.216
  Fremdsprachenunterricht
    (Psychologischer Aspekt) 7.110
  Sprachl.Ausdrucksfähigkeit 7.219
  Sprachunterricht
    (Sprechfreudigkeit) 7.231
SPRACHGESCHICHTE 7.216
  Sprachkunde 7.217
  Wortgeschichte 7.250
SPRACHHEILPÄDAGOGIK 4.200
  Körperbehindertes Kind
    (Betreuung) 4.98
  Sprachheilschule 4.203
  Stottertherapie 4.212
  Taubstummes Kind
    (Medizinischer Aspekt) 4.215

SPRACHHEILSCHULE 4.203
  Sonderschule f.Sprachgestörte 1.250
  Sprachheilpädagogik
    (Organisationsformen) 4.202
  Sprachheilpädagogik
    (Schulischer Aspekt) 4.203
SPRACHKRITIK 7.216
  Literaturkritik 7.163
SPRACHKUNDE 7.217
  Biologieunterricht
    (Sprachkunde) 9.76
  Fachsprachen 7.94
  Rechenunterricht
    (Sprachlicher Aspekt) 9.270
  Sprache
    (Bildkraft) 7.212
  Sprache und Sache 7.214
  Sprache und Technik 7.215
  Sprachgeschichte 7.216
  Sprichwort im Unterricht 7.240
  Wortkunde im Unterricht 7.251
SPRACHLABOR 5.240
  Englischlehrmittel
    (Tonband) 5.58
  Fremdsprachenlehrmittel
    (Tonband) 5.75
  Programmiertes Lernen
    (Fremdsprachen) 5.170
  Programmiertes Lernen
    (Latein) 5.173
  Programmiertes Lernen
    (Russisch) 5.183
  Russischlehrmittel
    (Tonband) 5.202
  Schallplatte im Unterricht 5.204
  Tonband im Unterricht 5.249
SPRACHLICHE AUSDRUCKSFÄHIGKEIT ... 7.219
  Aufsatzunterricht
    (Spracherziehung) 7.37
  Sprachentfaltung 7.215
  Sprachgefühl 7.216
  Sprachunterricht
    (Sprechfreudigkeit) 7.231
  Stiltypen 7.241
SPRACHLICHE BILDUNG 7.220
  Muttersprache
    (Bildungswert) 7.177
  Spracherziehung 7.215
  Sprachunterricht
    (Sprachliche Bildung) 7.230
  Sprachverständnis 7.210
SPRACHLICHE ENTWICKLUNG 4.204
  Altersmundart 4.23
  Begriffsbildung 4.31
  Denkentwicklung 4.37

Geistige Entwicklung 4.69
Intelligenzentwicklung 4.88
Kindersprache 4.96
Lernpsychologie 4.111
Sprachbegabung 4.199
Sprachpsychologie 4.206
Sprachverhalten 4.210
Sprachverständnis 4.210
Wortschatz des Kindes 4.240
- (KLEINKIND) 4.204
Entwicklungspsychologie
(Kleinkind) 4.43
Kindergartenkind 4.93
Kindersprache 4.96
Wortschatz des Kindes 4.240
- (SCHULKIND) 4.205
Entwicklungspsychologie
(Kindheit) 4.42
Hilfsschulkind
(Intelligenzstruktur) 4.82
Kinderpsychologie 4.95
Kindersprache 4.96
Sprachl.Ausdrucksfähigkeit 7.219
Wortschatz des Kindes 4.240
SPRACHPFLEGE 7.220
Deutsche Sprache
(Sprachgefährdung) 7.45
Fremdwort 7.114
Muttersprache
(Sprachpflege) 7.177
Sprachunterricht
(Sprachpflege) 7.231
Sprecherziehung 7.234
Umgangssprache 7.242
SPRACHPHILOSOPHIE 7.220
Sprache
(Leistungsaspekt) 7.212
Sprache und Denken 7.213
Sprache und Sache 7.214
SPRACHPSYCHOLOGIE 4.206
Ausdruckspsychologie 4.26
Denkpsychologie 4.38
Geistige Entwicklung 4.69
Intelligenz 4.86
Kindersprache 4.96
Lesepsychologie 4.118
Sprachbegabung 4.199
Sprachentfaltung 7.215
Sprachgefühl 7.216
Sprachliche Entwicklung 4.204
Sprachtheorie 4.209
Sprachverhalten 4.210
Sprachverständnis 4.210
Wortschatz des Kindes 4.240

SPRACHSOZIOLOGIE 7.221
Muttersprache 7.176
Sprache und Politik 7.213
SPRACHSTÖRUNG 4.207
Aphasie 4.24
Lesestörung 4.119
Stottern 4.211
SPRACHTHEORIE 4.209
Sprache und Denken 7.213
Sprachpsychologie 4.206
SPRACHUNTERRICHT 7.222
Grammatikunterricht 7.126
Heimatkundeunterricht
(Sprachunterricht) 8.103
Mundart im Unterricht 7.176
Muttersprachl.Unterricht 7.178
Sprachbetrachtung 7.211
Sprachbuch 5.239
Sprache und Sache 7.214
Spracherziehung 7.215
Sprachkunde 7.217
Sprachliche Bildung 7.220
Sprachpflege 7.220
Sprecherziehung im Unterricht 7.234
Taubstummenunterricht
(Sprachunterricht) 6.200
Wortfamilie 7.249
Wortfeld im Unterricht 7.250
Wortschatzpflege 7.252
- (DEUTSCHE AUSLANDSSCHULE) 7.223
Deutsch als Fremdsprache 7.43
Zweisprachigkeit 7.253
- (GRUNDSCHULE) 7.225
Grammatikunterricht
(Grundschule) 7.128
Kindersprache 4.96
Märchen im Unterricht 7.173
Satzlehre
(Grundschule) 7.204
Sprachentfaltung 7.215
Sprecherziehung
(Grundschule) 7.235
- (SPRACHLICHE BILDUNG) 7.230
Grammatikunterricht
(Spracherziehung) 7.132
Schulsprache 7.210
Sprachgefühl 7.216
Sprachunterricht
(Sprechfreudigkeit) 7.231
SPRACHVERHALTEN 4.210
Aufsatzunterricht
(Sprachverhalten) 7.38
Begriffsbildung 4.31
SPRACHVERSTÄNDNIS 4.210
Sprachbegabung 4.199

SPRACHWISSENSCHAFT 7.233
    Deutsche Sprache 7.44
    Gegenwartssprache 7.125
    Sprache 7.212
    Sprachgeschichte 7.216
    Sprachphilosophie 7.220
    Sprachsoziologie 7.221
SPRECHERZIEHUNG 7.234
    Sprachpflege 7.220
    Stimmbildung
    (Sprecherziehung) 10.245
SPRECHERZIEHUNG IM UNDERRICHT 7.234
    Gesprächerzhg.in der Schule 6.78
    Leseunterricht
    (Sinnvolles Lesen) 7.159
    Lyrik im Unterricht
    (Gedichtvortrag) 7.168
SPRECHSPUR 7.237
    Schreibleseunterricht
    (Methodenaspekt) 7.209
    Sprache und Schrift 7.214
STAATSBÜRGERKUNDE [DDR] 8.201
    Geschichtsunterricht und Politi-
    sche Bildung (DDR) 8.90
    Politische Bildung
    (Wehrerziehung) 8.193
STAATSBÜRGERLICHE ERZIEHUNG [BERUFS-
SCHULE] 8.204
    Geschichtsunterricht und Politi-
    sche Bildung
    (Berufsschule) 8.90
    Politische Bildung
    (Berufsschule) 8.171
    Rechtskunde
    (Berufsschule) 8.194
    Zeitgeschichtsunterricht
    (Berufsschule) 8.249
STEGREIFSPIEL 6.187
    Schulspiel
    (Pantomime) 6.175
STEGREIFSPIEL IM UNTERRICHT 6.188
    Laienspiel im Unterricht 6.110
STILBILDUNG 7.240
    Aufsatz 7.24
    Aufsatzunterricht
    (Stilbildung) 7.38
    Ausdrucksschulung 7.40
    Stiltypen 7.241
    Wortschatzpflege 7.252
STILLARBEIT 6.188
    Arbeitsanweisung 6.23
    Erdkundeunterricht
    (Stillarbeit) 8.44
    Hausaufgabe
    (Unterrichtsaspekt) 6.99

Helfersystem 6.100
Leseunterricht
(Stilles Lesen) 7.160
Schüleraktivierung 6.151
Selbsttätigkeit 6.182
STILTYPEN 7.241
    Altersmundart 4.23
    Aufsatzunterricht
    (Psychologischer Aspekt) 7.35
STÖRENFRIED 4.210
    Aggression 4.20
    Außenseiter 4.27
    Pubertät
    (Flegelalter) 4.157
    Schulverdrossenheit 4.182
    Trotz 4.228
STOFFBESCHRÄNKUNG 6.189
    Exemplarischer Unterricht 6.62
STRAFE 3.236
    Disziplin 3.72
    Erziehungsmittel 3.95
    Heimerziehung
    (Strafe) 3.144
    Körperliche Züchtigung 3.160
    Schulstrafe 3.219
STUDIENFAHRT 6.190
    Lehrwanderung 6.122
    Schulwandern
    (Gymnasium) 6.180
STUDIENREFERENDAR 2.139
    Gymnasiallehrerbildung
    (Referendariat) 2.45
STUDIENFÖRDERUNG 1.253
    Ausbildungsbeihilfe 1.23
STUDIENSEMINAR 2.139
    Gymnasiallehrerbildung 2.43
- (BERUFSSCHULLEHRER) 2.140
    Berufspädagogisches Institut 2.24
    Berufsschullehrerbildung 2.25
    Berufsschullehrerbildung
    (Kandidat) 2.27
    Handelsschullehrerbildung 2.47
STUDIENTAG 1.254
    Gymnasium
    (Reform der Oberstufe) 1.98
STUDIUM GENERALE 3.237
    Allgemeinbildung 3.19
    Bildung und Wissenschaft 3.62
    Bildungsauftrag
    (Hochschule) 3.65
STUNDENPLAN 6.191
    Lehrplan
    (Klassenlehrplan) 6.191
    Stundentafel 6.192

Unterrichtsplanung 6.214
Unterrichtsstunde 6.215
STUNDENTAFEL 6.192
  Lehrplan
    (Jahresplan) 6.119
  Richtlinien 6.147
- (GYMNASIUM) 6.193
  Lehrplan
    (Gymnasium) 6.118
  Saarbrücker Rahmenvereinbarung
  6.147
SUCHTGEFÄHRDUNG 3.237
  Erziehung zum Verzicht 3.86
  Selbsterziehung 3.222
  Willenserziehung 3.241
SUGGESTION 4.214
  Hypnose 4.85
  Massenpsychologie 4.123
SYSTEMATISCHE PÄDAGOGIK 3.238
  Bildungstheorie 3.68
  Pädagogik
    (Autonomie) 3.184

T

TAGESHEIMSCHULE 1.254
  Fünftagewoche im Schulwesen 1.81
  Ganztagsschule 1.83
  Gesamtschule 1.88
  Schulbau
    (Tagesheimschule) 1.173
  Tagesschulunterricht 6.193
  Volksschulreform
    (Oberstufe) 1.267
TAUBSTUMMENBILDUNG 6.193
  Taubstummenlehrer 2.141
  Taubstummenunterricht 6.195
- (FRÜHERFASSUNG) 6.194
  Taubstummenbildung
    (Kindergarten) 6.194
  Taubstummenunterricht
    (Anfängerklasse) 6.196
  Taubstummes Kind 4.214
TAUBSTUMMENUNTERRICHT 6.195
  Audiometrie 4.26
  Berufsschulunterricht
    (Gehörlose) 6.47
  Leibeserziehung
    (Taubstumme) 10.154
  Musikunterricht
    (Taubstummenbildung) 10.193
  Sonderschulrechnen
    (Taubstummenbildung) 9.278

Religionsunterricht
  (Taubstummenbildung) 10.223
TAUBSTUMMES KIND 4.214
  Gehörloses Kind 4.66
  Test (Progressive-
  Matrices-Test) 4.220
TECHNISCHE BEGABUNG 4.216
  Arbeitspsychologie 4.24
TECHNISCHE BILDUNG 3.238
  Berufliche Bildung 3.25
  Bildung
    (Mensch und Technik) 3.57
  Bildung
    (Technische Welt) 3.59
  Erziehung
    (Industriekultur) 3.79
  Naturlehre
    (Technische Welt) 9.207
  Naturwissenschaftliche Bildung
  3.182
  Technische Elementarerziehung 6.201
  Wirtschaftspädagogik 3.242
TECHNISCHE ELEMENTARERZIEHUNG 6.201
  Arbeitslehre 6.36
  Heimatkundeunterricht
    (Technische Bildung) 8.103
  Lebenspraktischer Unterricht 6.113
  Naturlehre
    (Grundschule) 9.202
  Sachunterricht
    (Volksschuloberstufe) 6.151
  Technische Begabung 4.216
  Technische Bildung 3.238
  Werken
    (Metall) 10.264
  Werktätiger Unterricht 6.229
  Werkunterricht
    (Technische Welt) 10.275
TECHNISCHE LEHRERIN 2.143
  Fachlehrer
    (Musisch-Technische Fächer) 2.35
TECHNISCHE LEHRMITTEL 5.247
  Audiovisuelle Bildungsmittel 5.34
  Bildungsfernsehen 5.37
  Kurzschriftunterricht
    (Technische Hilfsmittel) 10.126
  Lehrerbildung
    (Technische Bildungsmedien) 2.99
  Lehrgerät 5.114
  Lichtbild im Unterricht 5.132
  Lichtbild/Film im Unterr. 5.133
  Maschinenschreiben
    (Technische Hilfsmittel) 10.170
  Programmiertes Lernen 5.156
  Schulfernsehen 5.214

[Forts.: Technische Lehrmittel]
    Schulfunk 5.225
    Sprachlabor 5.240
    Tonband im Unterricht 5.249
    Tonbildschau 5.251
    Unterrichtsfilm 5.252
TEST 4.216
    Entwicklungstest 4.48
    Erziehungsberatung
      (Diagnostik) 4.51
    Erziehungsschwierigkeit
      (Diagnostik) 4.55
    Hilfsschulbedürftigkeit
      (Feststellung) 4.81
    Hilfsschulkind
      (Intelligenzstruktur) 4.82
    Intelligenzdiagnose 4.87
    Intelligenztest 4.89
    Kinderpsychiatrie
      (Diagnostik) 4.95
    Legasthenie
      (Diagnostik) 4.103
    Lesetest 4.119
    Leistungsmessung 4.108
    Persönlichkeitstest 4.134
    Projektive Tests 4.136
    Psychodiagnostik 4.141
    Psychologie
      (Methodologie) 4.148
    Psychologie
      (Statistik) 4.149
    Rorschach-Test 4.162
    Schülerbeobachtungsbogen 4.166
    Schülerbeurteilung
      (Test) 4.168
    Schulleistungstest 4.173
    Schulreifetest 4.178
    Testpsychologie 4.221
    Testverfahren 4.223
- (BERUFS-INTERESSEN-TEST) 4.218
    Arbeitspsychologie 4.24
    Berufstätige Jugend 4.31
    Interesse des Schülers 4.91
- (FORMDEUT-TEST) 4.218
    Rorschach-Test 4.162
    Test (Zulliger-Test) 4.221
- (PAULI-TEST) 4.219
    Aufmerksamkeit 4.26
    Rechenleistung 4.159
TESTPSYCHOLOGIE 4.221
    Faktorenanalyse 4.51
    Intelligenztest 4.89
    Leistungsmessung 4.108
    Psychodiagnostik
      (Exploration) 4.142

    Psychologie
      (Experimentelle Psychologie) 4.147
    Psychologie
      (Statistik) 4.149
    Testverfahren
      (Eichung) 4.224
    Testverfahren
      (Prognostischer Wert) 4.225
- (PÄDAGOGISCHER ASPEKT) 4.222
    Leistungsbeurteilung 4.106
    Schulleistungstest 4.173
    Schulreifetest 4.178
    Testverfahren 4.223
TESTVERFAHREN 4.223
    Psychodiagnostik
      (Exploration) 4.142
    Schülerbeurteilung
      (Test) 4.170
    Test (Frankfurter Wort-
      schatztest) 4.219
    Testpsychologie
      (Pädagogischer Aspekt) 4.222
- (BERUFSSCHULE) 4.223
    Arbeitspsychologie 4.24
    Berufstätige Jugend 4.31
    Schülerbeurteilung
      (Berufsschule) 4.169
- (SONDERSCHÜLER) 4.225
    Hilfsschulbedürftigkeit
      (Feststellung) 4.81
    Intelligenztest
      (Binet-Simon) 4.90
    Intelligenztest
      (HAWIK) 4.90
    Intelligenztest
      (Stanford-Intelligenztest) 4.91
    Intelligenztest
      (Sonderschüler) 4.91
TIEFENPSYCHOLOGIE 4.226
    Charakterkunde 4.36
    Gewissen (Tiefenpsycholo-
      gischer Aspekt) 4.71
    Ich-Psychologie 4.85
    Individualpsychologie 4.86
    Psychoanalyse 4.137
    Psychotherapie
      (Tiefenpsychologie) 4.155
    Traumerleben 4.228
- (SYMBOL) 4.227
    Märchenpsychologie 4.122
    Projektion 4.136
TIERBUCH 7.241
    Fabel im Unterricht 7.93

TIERKUNDE 9.278
    Abstammungslehre
      (Tier) 9.23
    Biologielehrmittel
      (Tierkunde) 5.45
    Insektenkunde 9.146
    Schulterrarium 5.235
    Schulvivarium 5.235
    Tierphysiologie 9.286
    Tierschutz 9.287
    Tierverhalten 9.287
    Vererbungslehre
      (Tier) 9.293
    Vogelkunde 9.293
TIERPHYSIOLOGIE 9.286
    Vogelkunde
      (Hühnerei) 9.295
    Vogelkunde
      (Vogelstimmen) 9.296
TIERSCHUTZ 9.287
    Tierkunde
      (Tiere im Winter) 9.284
TIERVERHALTEN 9.287
    Abstammungslehre
      (Selektionstheorie) 9.23
    Insektenkunde
      (Bienen) 9.146
    Kybernetische Lerntheorie
      (Tierverhalten) 5.106
    Vogelkunde
      (Verhalten der Vögel) 9.295
    Vogelkunde
      (Vogelzug) 9.296
TOLERANZ 3.239
    Erziehung zur Freiheit 3.87
    Erziehung zur Persönlichkeit 3.89
    Erziehung zur Toleranz 3.90
    Erziehung zur Verantwortung 3.90
    Politische Erziehung
      (Sozialverhalten) 3.203
TONBAND 5.249
    Schallplatte im Unterricht 5.204
    Tonbildschau 5.251
TONBAND IM UNTERRICHT 5.249
    Englischlehrmittel
      (Tonband) 5.58
    Fremdsprachenlehrmittel
      (Tonband) 5.75
    Geschichtslehrmittel
      (Tonband) 5.89
    Musiklehrmittel
      (Tonband) 5.142
    Politiklehrmittel
      (Tonband) 5.153

    Religionslehrmittel
      (Tonband) 5.201
    Russischlehrmittel
      (Tonband) 5.202
    Schallplatte im Unterricht 5.204
    Sprachlabor 5.240
TONBILDSCHAU 5.251
    Lehrprogramm
      (Probiton) 5.124
    Lichtbild/Film im Unterricht 5.133
    Sprachlabor 5.240
    Unterrichtsfilm
      (Schleifenfilm) 5.255
TRAUMERLEBEN 4.228
    Psychoanalyse 4.137
TRIEBPSYCHOLOGIE 4.228
    Charakterkunde 4.36
    Frustration 4.63
    Massenpsychologie 4.123
    Psychoanalyse 4.137
    Test (Szondi-Test) 4.220
TROTZ 4.228
    Bettnässer 4.33
    Pubertät
      (Flegelalter) 4.157
TURNLEHRER 2.143
    Lehrerbildung
      (Leibeserziehung) 2.87
    Leibeserzieher 2.118
TURNUNTERRICHT 10.246
    Bodenturnen 10.50
    Geräteturnen 10.64
    Gymnastik
      (Unterrichtsaspekt) 10.74
    Mädchenturnen 10.166
    Schulgebäude
      (Turnhalle) 1.189
    Turngerät 5.251
    Turnlehrer 2.143
TYPOLOGIE 4.229
    Charakterkunde 4.36
    Hilfsschulkind
      (Typologie) 4.83
    Konstitution des Schülers 4.100

U

ÜBEN 6.202
    Einmaleins
      (Übungsformen) 9.102
    Grammatikunterricht
      (Übung) 7.132
    Hausaufgabe 6.96

[Forts.: Üben]
    Leseunterricht
      (Übungsformen) 7.160
    Programmiertes Lernen
      (Übungsformen) 5.186
    Rechtschreibunterricht
      (Übungsformen) 7.194
    Sprachlabor
      (Übungsformen) 5.247
    Sprachunterricht
      (Übungsformen) 7.232
    Stillarbeit 6.188
    Wiederholung 6.230
- (PSYCHOLOGISCHER ASPEKT) 6.203
    Denkerziehung 6.53
    Schüleraktivierung
      (Wetteifer) 6.151
    Selbsttätigkeit 6.182
ÜBERFORDERUNG DES SCHÜLERS 4.230
    Konzentrationsfähigkeit 4.100
    Leistungsstörung 4.109
    Nervöses Kind 4.127
    Schulverdrossenheit 4.182
    Schulversager 4.183
ÜBERGANG 1.257
    Durchlässigkeit 1.59
    Gesamtschule 1.88
    Realschule
      (Eingangsstufe) 1.162
    Schulwechsel 1.230
- (EIGNUNGSGUTACHTEN) 1.258
    Begabtenauslese 1.24
    Gymnasium
      (Ausleseverfahren) 1.94
- (GYMNASIUM) 1.258
    Aufnahmeprüfung
      (Gymnasium) 1.22
    Förderstufe 1.78
    Gymnasium
      (Ausleseverfahren) 1.94
    Probeunterricht 1.154
    Volksschuloberstufe
      (Substanzverlust) 1.266
ÜBERSETZEN 7.241
    Altsprachlicher Unterricht
      (Übersetzen) 7.22
    Englischunterricht
      (Übersetzen) 7.87
    Fremdsprachenunterricht
      (Übersetzen) 7.111
    Kybernetische Maschinen
      (Automatische Sprachübersetzung) 5.107
    Lateinunterricht
      (Übersetzen) 7.149

    Russischunterricht
      (Übersetzen) 7.201
UMGANGSSPRACHE 7.242
    Englische Sprache
      (Umgangssprache) 7.74
    Gegenwartssprache 7.125
UNIVERSITÄT 1.259
    Bildungsauftrag
      (Hochschule) 3.65
    Gymnasium und Universität 1.100
    Hochschulgesetzgebung 1.107
    Hochschullehrer 2.50
    Hochschulrecht 1.107
    Hochschulreform 1.108
    Hochschulverwaltung 1.111
    Pädagogische Hochschule und
      Universität 2.127
    Schule und Universität 1.182
UNIVERSITÄTSPÄDAGOGE 2.144
    Lehrerbildung und Universität 2.102
    Pädagogische Fakultät 2.123
UNTERRICHT 6.203
    Abteilungsunterricht 6.19
    Allgemeinbildender Unterricht 6.20
    Anfangsunterricht 6.21
    Anschauungsunterricht 6.22
    Arbeitsschulunterricht 6.38
    Berufsschulunterricht 6.45
    Betriebswirtschaftl.Unterricht 6.51
    Blindenunterricht 6.52
    Epochalunterricht 6.60
    Erziehender Unterricht 6.62
    Exemplarischer Unterricht 6.62
    Fernunterricht 6.65
    Freier Gesamtunterricht 6.67
    Ganzheitsunterricht 6.71
    Gegenwartsnaher Unterricht 6.74
    Gesamtunterricht 6.74
    Gewerblicher Unterricht 6.79
    Grundschulunterricht 6.81
    Gruppenunterricht 6.83
    Gymnasialunterricht 6.90
    Hauptschulunterricht 6.95
    Kaufmännischer Unterricht 6.104
    Kern- und Kursunterricht 6.106
    Konzentrationsunterricht 6.107
    Landschulunterricht 6.111
    Landwirtschaftl.Unterricht 6.113
    Lebensnaher Unterricht 6.113
    Methodik 6.124
    Natürlicher Unterricht 6.131
    Polytechnischer Lehrgang
      [Österreich] 6.139
    Polytechnischer Unterricht 6.140
    Probeunterricht 1.154

Sachunterricht 6.149
Schulbuch im Unterricht 5.213
Schullandheimaufenthalt
 (Unterrichtsaspekt) 6.167
Sonderschulunterricht 6.184
Tagesschulunterricht 6.193
Taubstummenunterricht 6.195
Unterrichtseinheit 6.208
Unterrichtsforschung 6.209
Unterrichtsgestaltung 6.212
Unterrichtsimpuls 6.213
Unterrichtsökonomie 6.214
Unterrichtsplanung 6.214
Unterrichtsstunde 6.215
Unterstufenunterricht [DDR] 6.218
Volksschulunterricht 6.219
Vorschulischer Unterricht 6.226
Werktätiger Unterricht 6.229
- (AUFLOCKERUNG) 6.205
 Arbeitsanweisung 6.23
 Artikulation des Unterrichts 6.40
 Differenzierung 6.56
 Freude im Unterricht 6.70
 Kern- und Kursunterricht 6.106
 Leistungsgruppen 6.123
 Offene Schultür 6.134
 Schulleben 6.167
 Selbsttätigkeit 6.182
 Unterrichtsgespräch 6.210
- (ENTWICKLUNGSGEMÄSSHEIT) 6.205
 Didaktische Analyse 6.56
 Individualisierung 6.100
 Kirchenlied
  (Kindgemäßheit) 10.103
 Leistungsgruppen 6.123
 Montessori-Pädagogik 6.126
 Natürlicher Unterricht 6.131
- (ERGEBNISSICHERUNG) 6.205
 Auswendiglernen 6.40
 Dalton-Plan 6.52
 Gruppenunterricht
  (Ergebnissicherung) 6.86
 Hausaufgabe 6.96
 Klassenarbeit 6.107
 Schulausstellung 6.155
 Schulische Leistungskontrolle 6.160
 Stillarbeit 6.188
 Üben 6.202
 Unterrichtsökonomie 6.214
 Wiederholung 6.230
- (ERLEBNISUNTERRICHT) 6.206
 Anfangsunterricht 6.21
 Anschauungsunterricht 6.22
 Freude im Unterricht 6.70

Schullandheimaufenthalt
 (Unterrichtsaspekt) 6.167
- (ERZIEHUNGSEINFLUSS) 6.206
 Arbeitserziehung 6.35
 Arbeitsschulunterricht
  (Erziehungswert) 6.39
 Erziehender Unterricht 6.62
 Gruppenunterricht
  (Sozialerziehung) 6.88
 Kategoriale Bildung 6.104
 Musische Erziehung 6.127
 Pädagogischer Führungsstil 6.135
 Schulische Ordnungsformen 6.162
 Schullandheimaufenthalt
  (Pädagogischer Aspekt) 6.166
 Schullandheimaufenthalt
  (Sozialverhalten) 6.166
 Schulleben 6.167
- (LEHRERSPRACHE) 6.207
 Denkanstoß 6.53
 Erzählen im Unterricht 6.61
 Frage im Unterricht 6.67
 Lehrerfrage 6.114
 Pädagogischer Führungsstil
  (Psychologischer Aspekt) 6.135
 Politische Bildung
  (Lehrerpersönlichkeit) 8.183
 Unterrichtsgespräch 6.210
- (LERNAUFTRAG) 6.207
 Arbeitserziehung (DDR) 6.35
 Motivation im Unterricht 6.126
 Schüleraktivierung 6.151
 Schülerarbeitsgemeinschaft 6.152
- (PROBLEMSTELLUNG) 6.207
 Artikulation des Unterrichts 6.40
 Denkanstoß 6.53
 Denkerziehung 6.53
 Geschichtsunterricht
  (Problemstellung) 8.80
 Motivation im Unterricht 6.126
 Naturlehre
  (Problemdenken) 9.205
 Projektmethode 6.144
 Unterricht
  (Sachbegegnung) 6.208
 Unterrichtsimpuls 6.213
- (SACHBEGEGNUNG) 6.208
 Allgemeinbildender Unterricht 6.20
 Anfangsunterricht
  (Sachbegegnung) 6.21
 Elementare Bildung 6.59
 Freier Gesamtunterricht 6.67
 Lebensnaher Unterricht 6.113
 Leseunterricht
  (Sachlesestoff) 7.158

[Forts.: Unterricht (Sachbegegnung)]
    Offene Schultür 6.134
    Unterricht
      (Problemstellung) 6.207
    Unterrichtsimpuls 6.213
    Werktätiger Unterricht 6.229
UNTERRICHTSBILD 5.252
    Bildarchiv 5.35
    Bildkarte 5.36
    Erdkundelehrmittel
      (Karten) 5.66
    Geschichtslehrmittel
      (Karten) 5.86
    Heimatkundelehrmittel
      (Karten) 5.92
    Religionslehrmittel
      (Wandtafelbild) 5.201
    Wandtafelzeichnen 5.258
UNTERRICHTSEINHEIT 6.208
    Arbeitseinheiten 6.23
    Artikulation des Unterrichts 6.40
    Bildungseinheit 6.51
    Deutschunterricht
      (Stoffeinheit) 7.58
    Formalstufen 6.66
    Gemeinschaftskunde
      (Unterrichtsbeispiele) 8.54
    Gesamtunterricht
      (Bildungseinheit) 6.75
    Geschichtsunterricht
      (Stoffauswahl) 8.85
    Heimatkundeunterricht
      (Einzelbeispiele) 8.98
    Leibeserziehung
      (Lehrprobe) 10.139
    Programmiertes Lernen
      (Unterrichtsaspekt) 5.186
    Staatsbürgerliche Erziehung
      (Unterrichtsbeispiele) 8.209
    Unterrichtsstunde 6.215
UNTERRICHTSFÄCHER 6.209
    Epochalunterricht 6.60
    Erdkundeunterricht
      (Fächerverbindung) 8.36
    Exemplarischer Unterricht 6.62
    Gesamtunterricht und Fachunterricht 6.77
    Kunsterziehung
      (Einzelne Fächer) 10.113
    Musikunterricht
      (Fächerverbindung) 10.183
    Programmiertes Lernen
      (Einzelne Unterrichtsfächer) 5.167
    Religionsunterricht
      (Einzelne Fächer) 10.210
    Saarbrücker Rahmenvereinbarung
      (Einzelne Unterrichtsfächer) 6.148
    Sachunterricht 6.149
    Sprachunterricht
      (Fächerverbindung) 7.224
    Stundentafel 6.192
    Werkunterricht
      (Einzelne Fächer) 10.270
UNTERRICHTSFILM 5.252
    Biologielehrmittel
      (Film) 5.42
    Chemielehrmittel
      (Film) 5.48
    Deutschlehrmittel
      (Film) 5.51
    Englischlehrmittel
      (Film) 5.57
    Erdkundelehrmittel
      (Film) 5.64
    Filmerziehung in der Schule 3.119
    Fremdsprachenlehrmittel
      (Film) 5.74
    Geschichtslehrmittel
      (Film) 5.85
    Lichtbild/Film im Unterricht 5.133
    Mathematiklehrmittel
      (Film) 5.135
    Physiklehrmittel
      (Film) 5.149
    Politiklehrmittel
      (Film) 5.151
    Religionslehrmittel
      (Film) 5.198
    Schulfernsehen 5.214
    Spielfilm im Unterricht 5.238
    Zeitgeschichtslehrmittel
      (Dokumentarfilm) 5.260
- (FILMGERÄT) 5.254
    Bildwerfer 5.38
    Lichtbild/Film im Unterricht 5.133
    Mikroprojektion 5.137
- (GRUNDSCHULE) 5.254
    Heimatkundelehrmittel
      (Film) 5.92
    Märchenfilm 5.134
    Unterrichtsfilm
      (Gesamtunterricht) 5.254
UNTERRICHTSFORSCHUNG 6.209
    Formalstufen 6.66
    Gruppenunterricht oder Frontalunterricht 6.90
    Innere Schulreform 6.101
    Jenaplan 6.103
    Pädagog.Tasachenforschung 6.134
    Pädagogischer Führungsstil 6.135

Unterrichtsgestaltung 6.212
Unterrichtsökonomie 6.214
Unterrichtsplanung 6.214
Unterrichtsstunde 6.215
Unterrichtsvorbereitung
  (Didaktische Analyse) 6.217
UNTERRICHTSGANG 6.209
  Lehrwanderung 6.122
UNTERRICHTSGESPRÄCH 6.210
  Denkanstoß 6.53
  Denkerziehung 6.53
  Frage im Unterricht 6.67
  Freies Unterrichtsgespräch 6.68
  Gesprächserziehung in der Schule
    6.78
  Staatsbürgerliche Erziehung
    (Unterrichtsgespräch) 8.209
  Unterricht
    (Lehrersprache) 6.207
- (GYMNASIUM) 6.211
  Diskussion im Unterricht 6.58
  Philosophieunterricht
    (Kolloquium) 10.203
UNTERRICHTSGESTALTUNG 6.212
  Artikulation des Unterrichts 6.40
  Differenzierung 6.56
  Formalstufen 6.66
  Freier Gesamtunterricht 6.67
  Gruppenunterricht 6.83
  Individualisierung 6.100
  Jenaplan 6.103
  Kern- und Kursunterricht 6.106
  Konzentrationsunterricht 6.107
  Lebensnaher Unterricht 6.113
  Lehrerfrage 6.114
  Lehrprobe 2.118
  Leistungsgruppen 6.123
  Methodenfreiheit des Lehrers 6.124
  Musische Bildungsform 6.127
  Offene Schultür 6.134
  Pädagogischer Führungsstil 6.135
  Schüleraktivierung 6.151
  Schullandheimaufenthalt
    (Unterrichtsaspekt) 6.167
  Selbsttätigkeit 6.182
  Stillarbeit 6.188
  Teamteaching 6.201
  Unterricht
    (Auflockerung) 6.205
  Unterricht
    (Problemstellung) 6.207
  Unterricht
    (Sachbegegnung) 6.208
  Unterrichtseinheit 6.208
  Unterrichtsforschung 6.209

Unterrichtsgespräch 6.210
Unterrichtsimpuls 6.213
Unterrichtsökonomie 6.214
Unterrichtsstunde 6.215
Veranschaulichung 6.219
Vorhaben 6.225
Wiederholung 6.230

- (PSYCHOLOGISCHER ASPEKT) 6.213
  Anschauung 6.22
  Aufsatzunterricht
    (Psychologischer Aspekt) 7.35
  Biologieunterricht
    (Psychologischer Aspekt) 9.72
  Chemieunterricht
    (Psychologischer Aspekt) 9.91
  Denkerziehung 6.53
  Deutschunterricht
    (Psychologischer Aspekt) 7.56
  Didaktische Analyse 6.56
  Differenzierung
    (Psychologischer Aspekt) 6.58
  Drama im Unterricht
    (Psychologischer Aspekt) 7.66
  Erdkundeunterricht
    (Psychologischer Aspekt) 8.42
  Erstrechenunterricht
    (Psychologischer Aspekt) 9.117
  Evangelische Unterweisung
    (Psychologischer Aspekt) 10.59
  Fremdsprachenunterricht
    (Psychologischer Aspekt) 7.110
  Freude im Unterricht 6.70
  Geometrieunterricht
    (Psychologischer Aspekt) 9.136
  Gesamtunterricht
    (Psychologischer Aspekt) 6.76
  Geschichtsunterricht
    (Psychologischer Aspekt) 8.81
  Gruppenunterricht
    (Psychologischer Aspekt) 6.88
  Handarbeitsunterricht
    (Psychologischer Aspekt) 10.75
  Hausaufgabe
    (Psychologischer Aspekt) 6.98
  Heimatkundeunterricht
    (Psychologischer Aspekt) 8.101
  Kartenverständnis 8.106
  Kunsterziehung
    (Psychologischer Aspekt) 10.118
  Lehrplan
    (Psychologischer Aspekt) 6.120
  Leibeserziehung
    (Psychologischer Aspekt) 10.148
  Lernen 6.123

[Forts.: Unterrichtsgestaltung (Psychologischer Aspekt)]
Leseunterricht
(Psychologischer Aspekt) 7.158
Lyrik im Unterricht
(Psychologischer Aspekt) 7.170
Mädchenturnen
(Psychologischer Aspekt) 10.166
Malen (Psycholog. Aspekt) 10.168
Mathematikunterricht
(Psychologischer Aspekt) 9.171
Menschenkunde
(Psychologischer Aspekt) 9.192
Motivation im Unterricht 6.126
Musikunterricht
(Psychologischer Aspekt) 10.189
Naturlehre
(Psychologischer Aspekt) 9.205
Pädagogischer Führungsstil
(Psychologischer Aspekt) 6.135
Physikunterricht
(Psychologischer Aspekt) 9.251
Politische Bildung
(Psychologischer Aspekt) 8.185
Programmiertes Lernen
(Psychologischer Aspekt) 5.181
Rechenunterricht
(Psychologischer Aspekt) 9.269
Rechtschreibunterricht
(Psychologischer Aspekt) 7.193
Religionsunterricht
(Psychologischer Aspekt) 10.218
Schreibenlernen
(Psychologischer Aspekt) 7.208
Schreibunterricht
(Psychologischer Aspekt) 10.229
Schüleraktivierung
(Wetteifer) 6.152
Schulfunk
(Psychologischer Aspekt) 5.228
Schulische Leistung 6.159
Selbsttätigkeit
(Psychologischer Aspekt) 6.184
Skiunterricht
(Psychologischer Aspekt) 10.241
Sprachunterricht
(Psychologischer Aspekt) 7.227
Sprechspur
(Psychologischer Aspekt) 7.238
Staatsbürgerkunde
(Psychologischer Aspekt) 8.203
Staatsbürgerliche Erziehung
(Psychologischer Aspekt) 8.208
Turnunterricht
(Psychologischer Aspekt) 10.248

Üben
(Psychologischer Aspekt) 6.203
Unterricht
(Entwicklungsgemäßheit) 6.205
Unterrichtsgespräch
(Schülerfrage) 6.212
Verkehrsunterricht
(Psychologischer Aspekt) 10.253
Werkunterricht
(Psychologischer Aspekt) 10.273
Zeichenunterricht
(Psychologischer Aspekt) 10.280
Zeitgeschichtsunterricht
(Psychologischer Aspekt) 8.256
UNTERRICHTSIMPULS 6.213
Artikulation des Unterrichts 6.40
Denkanstoß 6.53
Frage im Unterricht 6.67
Motivation im Unterricht 6.126
Unterricht
(Problemstellung) 6.207
UNTERRICHTSNACHBEREITUNG 6.214
Didaktische Analyse 6.56
UNTERRICHTSÖKONOMIE 6.214
Bildungsökonomie 1.48
Mathematikunterricht
(Effektivität) 9.164
Schulische Leistung 6.159
Schulische Leistungssteigerung
6.161
Stoffbeschränkung 6.189
Unterricht
(Ergebnissicherung) 6.205
Unterrichtsplanung 6.214
Unterrichtsstunde 6.215
UNTERRICHTSPLANUNG 6.214
Didaktische Analyse 6.56
Lehrplan 6.114
Projektmethode 6.144
Stundenplan 6.191
Teamteaching 6.201
Unterrichtsökonomie 6.214
Unterrichtsstunde 6.215
Unterrichtsstunde 6.215
Unterrichtstagebuch 6.216
Unterrichtsvorbereitung 6.216
UNTERRICHTSSPIEL 5.256
Altsprachlicher Unterricht
(Spielformen) 7.22
Aufsatzunterricht
(Spielformen) 7.37
Englischlehrmittel
(Szenisches Spiel) 5.58
Englischunterricht
(Spielformen) 7.85

Geschichtslehrmittel
  (Spielformen) 5.89
Grammatikunterricht
  (Spielformen) 7.131
Handpuppenspiel im Unterricht 6.94
Kunsterziehung
  (Spiel) 10.120
Laienspiel im Unterricht 6.110
Leibeserziehung
  (Spielformen) 10.152
Lernspiel 5.125
Leseunterricht
  (Spielformen) 7.159
Mathematiklehrmittel
  (Spielformen) 5.136
Musikalisches Spiel 10.172
Politiklehrmittel
  (Darstellendes Spiel) 5.149
Rechenspiele 5.194
Werkunterricht
  (Spiel) 10.275
UNTERRICHTSSTUNDE 6.215
  Aufmerksamkeit im Unterricht 6.40
  Formalstufen 6.66
  Stundenplan 6.191
  Unterrichtseinheit 6.208
  Unterrichtsökonomie 6.214
UNTERRICHTSVORBEREITUNG 6.216
  Aufsatzunterricht
    (Vorbereitung) 7.40
  Biologieunterricht
    (Vorbereitung) 9.78
  Chemieunterricht
    (Vorbereitung) 9.94
  Deutschunterricht
    (Vorbereitung) 7.59
  Didaktische Analyse 6.56
  Epochalunterricht 6.60
  Geschichtsunterricht
    (Vorbereitung) 8.87
  Lehrplan 6.114
  Methodenfreiheit des Lehrers 6.124
  Naturlehre
    (Vorbereitung) 9.208
  Religionsunterricht
    (Vorbereitung) 10.224
  Unterrichtseinheit 6.208
  Unterrichtsnachbereitung 6.214
  Unterrichtsökonomie 6.214
  Unterrichtsplanung 6.214
  Unterrichtstagebuch 6.216
UNTERSTUFENUNTERRICHT [DDR] 6.218
  Aufsatzunterricht
    (Unterstufe [DDR]) 7.39

Polytechnischer Unterricht
  (Unterstufe) 6.144
Programmiertes Lernen
  (Unterstufe) 5.187
Schulgartenunterricht
  (Unterstufe) 5.234
Schwimmunterricht
  (Unterstufe [DDR]) 10.239
Skiunterricht
  (Unterricht [DDR]) 10.242
Staatsbürgerkunde
  (Unterstufe) 8.204
Turnunterricht
  (Unterstufe [DDR]) 10.249

V

VEKTORRECHNUNG 9.289
  Abbildungsgeometrie
    (Vektormethode) 9.21
  Kegelschnitte
    (Vektormethode) 9.151
  Mechanik
    (Dynamik) 9.179
VERANSCHAULICHUNG 6.219
  Anschauung 6.22
  Anschauungsunterricht 6.22
VERERBUNGSLEHRE 9.290
  Abstammungslehre 9.21
VERGESSEN 4.231
  Gedächtnisforschung 4.64
VERGLEICHENDE ERZIEHUNGSWISSEN-
  SCHAFT 3.239
  Erziehungsgeschichte 3.93
  Europäische Erziehung 3.99
  Programmiertes Lernen
    (Ausland) 5.158
  Schulreform
    (Vergleichende Pädagogik) 1.225
  Sprachlabor
    (Ausland) 5.241
VERHALTENSFORSCHUNG 4.232
  Gruppenforschung 4.73
  Intelligenz 4.86
  Lerntheorien 4.113
  Sozialverhalten
  Tierverhalten 9.287
VERHALTENSSTÖRUNG 4.232
  Aggression 4.20
  Außenseiter 4.27
  Bettnässer 4.33
  Schwererziehbarkeit 4.186
  Störenfried 4.210

VERKEHRSUNTERRICHT 10.249
　Lehrerbildung
　　(Verkehrserziehung) 2.100
　Verkehrserzieher 2.146
　Verkehrslehrmittel 5.257
VERSETZUNG 1.260
　Nichtversetzung 1.147
VERTRAUEN 3.240
　Autorität und Freiheit 3.23
　Ermutigung 3.74
　Erziehung zur Verantwortung 3.90
　Religionsunterricht
　　(Vertrauen) 10.233
VERWAHRLOSUNG 4.234
　Asozialer Jugendlicher 4.25
　Bettnässer 4.33
　Erziehungsschwierigkeit 4.54
　Fortläufer 4.62
　Schwererziehbarkeit 4.186
　Sexualpathologie 4.191
　Sozialpsychologie
　　(Umwelteinflüsse) 4.195
- (JUGENDKRIMINALITÄT) 4.235
　Erziehungsberatung
　　(Jugendalter) 4.53
　Jugendlicher Dieb 4.92
VÖLKERKUNDE 8.209
　Erdkundeunterricht
　　(Völkerverständigung) 8.45
　Länderkunde
　　(Afrika:Bevölkerung) 8.114
　Länderkunde
　　(Arktis:Eskimos) 8.117
　Länderkunde
　　(USA:Bevölkerung) 8.146
　Wirtschaftsgeographie
　　(Welternährung) 8.230
VOGELKUNDE 9.293
　Biologielehrmittel
　　(Vogelkunde) 5.45
　Vogelschutz 9.297
VOLKSDICHTUNG 7.246
　Ballade 7.41
　Jugendbuch 7.137
　Kinderbuch 7.140
　Märchen 7.172
　Rätsel im Deutschunterricht 7.183
　Sage 7.202
　Schwank 7.210
　Sprichwort 7.240
VOLKSHOCHSCHULE 1.261
　Erwachsenenbildung 1.64
VOLKSLIED 10.257
　Kinderlied 10.95

VOLKSMUSIK 10.259
　Hausmusik 10.76
　Volkslied 10.257
VOLKSSCHÜLER 4.235
　Berufswahl
　　(Volksschüler) 3.54
　Entwicklungspsychologie
　　(Kindheit) 4.42
　Faulheit des Schülers 4.59
　Schulanfänger 4.171
　Schulverhalten 4.183
　Schulversager
　　(Volksschule) 4.184
VOLKSSCHULE 1.262
　Berufsschule und Volksschule 1.44
　Bildungsauftrag
　　(Volksschule) 3.66
　Erziehung
　　(Volksschule) 3.84
　Freizeiterziehung in der Schule
　　(Volksschule) 3.123
　Mädchenbildung
　　(Volksschule) 3.174
　Oberschule Praktischer Zweig 1.147
　Realschule und Volksschule 1.163
　Schülermitverwaltung
　　(Volksschule) 3.212
　Schule und Wirtschaft
　　(Volksschule) 1.184
　Volksschulunterricht 6.219
- (ÖSTERREICH) 1.265
　Hauptschule [Österreich] 1.104
- (SCHWEIZ) 1.265
　Primarschule [Schweiz] 1.149
VOLKSSCHULLEHRER 2.146
　Grundschullehrer 2.42
　Junglehrer 2.51
　Lehrerberuf 2.67
　Lehrerbildung 2.74
　Lehrermangel
　　(Volksschule) 2.113
　Lehrerstand 2.114
VOLKSSCHULLEHRERBILDUNG 2.147
　Akademische Lehrerbildung 2.19
　Erste Lehrerprüfung 2.31
　Junglehrer 2.51
　Lehrerbildung
　　(Bundesländer) 2.77
　Lehrerbildungsgesetz 2.103
- (ABITUR) 2.148
　Lehrerberuf
　　(Abiturientenurteil) 2.68
　Lehrernachwuchs 2.113

VOLKSSCHULOBERSTUFE 1.265
   Hauptschule und Volksschulober-
     stufe 1.105
   Schuljahr IX 1.194
   Volksschulreform
    (Oberstufe) 1.267
- (SUBSTANZVERLUST) 1.266
   Begabtenauslese 1.24
   Übergang
    (Gymnasium) 1.258
VOLKSSCHULREFORM 1.266
   Durchlässigkeit 1.59
   Gesamtschule 1.88
   Grundschulreform 1.92
- (OBERSTUFE) 1.267
   Aufbaugymnasium 1.20
   Berufsgrundschule 1.40
   Differenzierter Mittelbau 1.58
   Durchlässigkeit 1.59
   Förderstufe 1.78
   Gesamtschule 1.88
   Hauptschule 1.101
   Mittelpunktschule 1.144
   Oberschule Praktischer Zweig 1.147
   Realschule und Volksschule 1.163
   Schuljahr IX 1.194
   Schuljahr X 1.200
   Schulpflichtverlängerung 1.206
   Tagesheimschule 1.254
- (RAHMENPLAN) 1.268
   Bremer Plan 1.52
   Förderstufe 1.78
   Hauptschule 1.101
VOLKSSCHULUNTERRICHT 6.219
   Anfangsunterricht 6.21
   Arbeitslehre
    (Hauptschule) 6.37
   Arbeitsmittel im Unterricht
    (Volksschule) 5.33
   Astronomieunterricht
    (Volksschule 9.49
   Atomphysik
    (Volksschule) 9.55
   Aufsatzunterricht
    (Volksschule) 7.39
   Ballade im Unterricht
    (Volksschule) 7.42
   Biologieunterricht
    (Volksschule) 9.77
   Chemieunterricht
    (Volksschule) 9.93
   Deutschunterricht
    (Volksschule) 7.58
   Dichtung im Unterricht
    (Volksschule) 7.63

Drama im Unterricht
  (Volksschule) 7.66
Elektrizitätslehre
  (Volksschule) 9.109
Englischunterricht
  (Volksschule) 7.87
Erdkundeunterricht
  (Volksschule) 8.45
Exemplarischer Unterricht
  (Volksschule) 6.64
Französischunterricht
  (Volksschule) 7.100
Fremdsprachenunterricht
  (Volksschule) 7.113
Ganzheitsunterricht
  (Volksschule) 6.71
Gegenwartsliteratur im Unterricht
  (Volksschule) 7.123
Gegenwartslyrik im Unterricht
  (Volksschule) 7.125
Geometrieunterricht
  (Volksschule) 9.137
Gesamtunterricht
  (Volksschule) 6.76
Geschichtsunterricht
  (Volksschule) 8.86
Geschlechtserzhg. in der Schule
  (Volksschule) 3.134
Grammatikunterricht
  (Volksschule) 7.132
Grundschulunterricht 6.81
Gruppenunterricht 6.83
Hauptschulunterricht 6.95
Hauswirtschaftsunterricht
  (Volksschule) 10.80
Kunsterziehung
  (Volksschule) 10.121
Landschulunterricht 6.111
Lehrplan (Volksschule) 6.122
Leibeserziehung
  (Volksschule) 10.155
Leseunterricht
  (Volksschule) 7.161
Lyrik im Unterricht
  (Volksschule) 7.171
Musikunterricht
  (Volksschule) 10.193
Musische Erziehung
  (Volksschule) 6.130
Muttersprachlicher Unterricht
  (Volksschule) 7.178
Neue Musik im Unterricht
  (Volksschule) 10.197
Physikunterricht
  (Volksschule) 9.253

[Forts.: Volksschulunterricht]
    Politische Bildung
      (Volksschule) 8.192
    Programmiertes Lernen
      (Volksschule) 5.187
    Rechtschreibunterricht
      (Volksschule) 7.195
    Religionsunterricht
      (Volksschule) 10.224
    Sachunterricht 6.149
    Schreibunterricht
      (Volksschule) 10.232
    Schülerbücherei
      (Volksschule) 5.208
    Schulfernsehen
      (Volksschule) 5.221
    Schulfotografie
      (Volksschule) 5.225
    Schulfunk
      (Volksschule) 5.228
    Schulische Leistung
      (Volksschule) 6.160
    Schulische Leistungssteigerung
      (Volksschule) 6.162
    Schulspiel
      (Volksschule) 6.175
    Sozialkunde
      (Volksschule) 8.200
    Sprachunterricht
      (Volksschule) 7.232
    Tonband im Unterricht
      (Volksschule) 5.251
    Unterrichtsfilm
      (Volksschule) 5.256
    Volksschullehrer 2.146
    Volkstümliche Bildung 6.223
    Werkunterricht
      (Volksschule) 10.275
    Wetterkunde
      (Volksschule) 8.214
    Wirtschaftskunde
      (Volksschule) 8.237
    Zeichenunterricht
      (Volksschule) 10.281
    Zeitgeschichtsunterricht
      (Volksschule) 8.257
    Zeitung im Unterricht
      (Volksschule) 5.263
- (ABSCHLUSSKLASSE) 6.220
    Landschulunterricht
      (Oberstufe) 6.112
    Schulentlassung 6.155
    Sozialerziehung in der Schule
      (Abschlußklasse) 3.225

    Volksschulunterricht
      (Mädchenabschlußklasse) 6.220
    Volksschulunterricht
      (Schuljahr IX) 6.222
- (MÄDCHENABSCHLUSSKLASSE) 6.220
    Lebenspraktischer Unterricht 6.113
    Schulentlassung 6.155
    Schullandheimaufenthalt
      (Mädchenklasse) 6.165
    Sozialpraktikum 6.187
- (OBERSTUFE) 6.221
    Arbeitslehre 6.36
    Aufsatzunterricht
      (Volksschuloberstufe) 7.40
    Berufskunde
      (Volksschuloberstufe) 6.44
    Bibelunterricht
      (Volksschuloberstufe) 10.35
    Differenzierung
      (Volksschuloberstufe) 6.58
    Ganzheitsunterricht
      (Volksschuloberstufe) 6.73
    Ganzschrift im Unterricht
      (Volksschuloberstufe) 5.77
    Gesamtunterricht
      (Volksschuloberstufe) 6.77
    Geschichtsunterricht
      (Volksschuloberstufe) 8.87
    Grammatikunterricht
      (Volksschuloberstufe) 7.133
    Gruppenunterricht
      (Volksschuloberstufe) 6.89
    Hauptschulunterricht 6.95
    Heimatkundeunterricht
      (Volksschuloberstufe) 8.104
    Kern- und Kursunterricht
      (Volksschuloberstufe) 6.107
    Kunsterziehung
      (Volksschuloberstufe) 10.121
    Landschulunterricht
      (Oberstufe) 6.112
    Lehrplan
      (Volksschuloberstufe) 6.122
    Leseunterricht
      (Volksschuloberstufe) 7.161
    Lyrik im Unterricht
      (Volksschuloberstufe) 7.172
    Malen
      (Volksschuloberstufe) 10.168
    Musikunterricht
      (Volksschuloberstufe) 10.194
    Politische Bildung
      (Volksschuloberstufe) 8.193
    Rechenunterricht
      (Volksschuloberstufe) 9.271

Religionsunterricht
  (Volksschuloberstufe) 10.224
Sachunterricht
  (Volksschuloberstufe) 6.151
Schreibunterricht
  (Volksschuloberstufe) 10.232
Sprachunterricht
  (Volksschuloberstufe) 7.233
Verkehrsunterricht
  (Volksschuloberstufe) 10.257
Volksschüler
  (Abschlußklasse) 4.236
Volksschulunterricht
  (Abschlußklasse) 6.220
Volksschulunterricht
  (Mädchenabschlußklasse) 6.220
Volksschulunterricht
  (Schuljahr V-VII) 6.222
Volksschulunterricht
  (Schuljahr IX) 6.222
Werktätiger Unterricht 6.229
- (SCHULJAHR V-VII) 6.222
  Aufsatzunterricht
    (Volksschulmittelstufe) 7.39
  Lehrplan
    (Schuljahr V-VI) 6.120
  Lehrplan
    (Schuljahr VII-VIII) 6.120
- (SCHULJAHR IX) 6.222
  Arbeitslehre
    (Hauptschule) 6.37
  Betriebspraktikum
    (Schuljahr IX) 6.50
  Ganzheitsunterricht
    (Schuljahr IX) 6.73
  Lehrplan
    (Schuljahr IX) 6.121
- (SCHULJAHR IX FÜR MÄDCHEN) 6.223
  Lebenspraktischer Unterricht 6.113
  Sozialpraktikum 6.187
VOLKSTANZ 10.259
  Gymnastik
    (Tanz) 10.73
VOLKSTÜMLICHE BILDUNG 6.223
  Allgemeinbildender Unterricht 6.20
  Elementare Bildung 6.59
  Naturlehre
    (Volkstümliche Bildung) 9.208
  Volkstümliches Denken 6.225
VORGESCHICHTE 8.211
  Geologie
    (Eiszeiten) 8.55
  Menschenkunde
    (Urmensch) 9.193

VORHABEN 6.225
  Arbeitseinheiten 6.23
  Bildungseinheit 6.51
  Dalton-Plan 6.52
  Epochalunterricht 6.60
  Gruppenunterricht
    (Arbeitsanweisung) 6.84
  Lebensnaher Unterricht 6.113
  Naturlehre
    (Arbeitsvorhaben) 9.200
  Projektmethode 6.144
VORLESEN IM UNTERRICHT 6.226
  Leseunterricht
    (Vorlesen) 7.161
  Schulspiel
    (Lesespiel) 6.174
VORSCHULISCHER UNTERRICHT 6.226
  Anfangsunterricht 6.21
  Kindergarten
    (Arbeitsformen) 1.122
  Kleinkindlesen 4.97
  Montessori-Pädagogik 6.126
  Musische Erziehung
    (Vorschulalter) 6.130
VORSTELLUNG 4.236
  Bewußtsein 4.33
  Eidetik 4.39
  Gedächtnis 4.63
  Kunsterziehung
    (Vorstellungskraft) 10.121
  Phantasie 4.135
  Raumwahrnehmung 4.159
  Wahrnehmungspsychologie
    (Gegenstandswahrnehmung) 4.238
  Zahlbegriffsbildung 4.240
  Zeitsinn 4.241
VORURTEIL 3.240
  Gruppenpsychologie 4.74
  Politische Bildung
    (Völkerverständigung) 8.191
  Zeitgeschichte
    (Antisemitismus) 8.238
VORWEIHNACHTLICHES WERKEN 10.259
  Schulleben
    (Advent) 6.168

W

WÄRMELEHRE 9.298
  Anorganische Chemie
    (Verbrennung) 9.44
  Elektromagnetische Wellen
    (Wärmewellen) 9.112

[Forts.: Wärmelehre]
  Mechanik
    (Gase) 9.181
  Nahrungsmittelchemie
    (Frischhaltung) 9.197
WAHRNEHMUNGSPSYCHOLOGIE 4.237
  Ausdruckspsychologie 4.26
  Bewußtsein 4.33
  Eidetik 4.39
  Erlebnis 4.49
  Gedächtnis 4.63
  Gefühl 4.65
  Gestaltpsychologie
    (Aktualgenese) 4.70
  Kybernetische Lerntheorie
    (Neuronenmodelle) 5.105
  Raumwahrnehmung 4.159
  Vorstellung 4.236
- (OPTISCHE WAHRNEHMUNG) 4.238
  Anschauung 6.22
  Farbenpsychologie 4.58
  Gestaltpsychologie 4.70
  Kybernetische Lerntheorie
    (Pupillenreflex) 5.105
  Optische Täuschung 4.130
WAHRSCHEINLICHKEITSRECHNUNG 9.302
  Angewandte Mathematik
    (Lineare Programme) 9.38
  Mathematische Statistik 9.176
WALDORFSCHULE 1.269
  Einheitsschule 1.60
  Waldorfschullehrer 2.149
  Zeugnis
    (Wortzeugnis) 1.274
WALDORFSCHULPÄDAGOGIK 6.228
  Anthroposophische Pädagogik 3.20
  Eurhythmie 6.62
  Handarbeitsunterricht
    (Waldorfschule) 10.76
  Kunsterziehung
    (Waldorfschule) 10.122
  Musische Erziehung 6.127
  Notengebung
    (Privatschule) 6.133
  Rhythmische Erziehung 6.145
  Schulgarten
    (Waldorfschule) 5.233
  Werkunterricht
    (Waldorfschule) 10.276
WANDERTAG 6.228
  Schulausflug 6.155
  Schulwandern
    (Klassenfahrt) 6.180

WANDTAFELZEICHNEN 5.228
  Biologielehrmittel
    (Wandtafelzeichnen) 5.45
  Erdkundelehrmittel
    (Sachzeichnen) 5.68
  Geschichtslehrmittel
    (Sachzeichnen) 5.88
  Geschichtslehrmittel
    (Wandtafelzeichnen) 5.90
  Religionslehrmittel
    (Wandtafelbild) 5.201
  Sportlehrmittel
    (Sachzeichnen) 5.239
WEIHNACHTLICHES SINGEN 10.259
  Schulische Weihnachtsfeier 6.163
  Schulleben
    (Weihnachten) 6.170
  Weihnachtslied 10.261
WEIHNACHTLICHES WERKEN 10.260
  Kunsterziehung
    (Weihnachtsarbeit) 10.122
  Vorweihnachtliches Werken 10.259
WEIHNACHTSSPIEL 6.229
  Schulische Weihnachtsfeier 6.163
  Schulspiel
    (Krippenspiel) 6.174
WELLENLEHRE 9.302
  Akustik 9.24
  Hochfrequenztechnik 9.143
  Mechanik
    (Elastizität) 9.180
  Optik 9.217
  Schwingungslehre 9.275
WERKEN 10.262
  Papierwerken 10.199
  Vorweihnachtliches Werken 10.259
  Weihnachtliches Werken 10.260
- (JAHRESZEITLICHES WERKEN) 10.263
  Vorweihnachtliches Werken 10.259
  Weihnachtliches Werken 10.260
  Werken (Fastnacht) 10.263
  Werken (Osterschmuck) 10.266
WERKRAUMEINRICHTUNG 5.258
  Schulwerkstatt
    (Werkzeugkunde) 5.237
WERKTÄTIGER UNTERRICHT 6.229
  Arbeitsanweisung 6.23
  Arbeitslehre 6.36
  Lebenspraktischer Unterricht 6.113
  Polytechnischer Unterricht 6.140
  Technische Elementarerziehung 6.201
WERKUNTERRICHT 10.269
  Arbeitslehre 6.36
  Erdkundeunterricht
    (Werken) 8.46

Naturlehre
(Werkunterricht) 9.208
Schulgebäude
(Werkraum) 1.189
Werken 10.262
Werkraumeinrichtung 5.258
Werktätiger Unterricht 6.229
WERTERLEBEN 4.239
Gewissen 4.71
Pubertät
(Soziologischer Aspekt) 4.157
Religiöses Erleben 4.161
WETTERFÜHLIGKEIT 4.239
Leibeserziehung
(Wetterbedingung) 10.156
WETTERKUNDE 8.211
Geophysik
(Höhenstrahlung) 9.137
Klimakunde 8.108
Wetterkundelehrmittel 5.259
WETTERKUNDELEHRMITTEL 5.259
Wetterkunde
(Wetterkarte) 8.214
WIEDERHOLUNG 6.230
Chemieunterricht
(Wiederholung) 9.95
Erdkundeunterricht
(Wiederholung) 8.46
Geschichtsunterricht
(Wiederholung) 8.89
Hausaufgabe 6.96
Stillarbeit 6.188
Üben 6.202
WILLENSERZIEHUNG 3.211
Charakterbildung 3.69
Erziehung zum Verzicht 3.86
Ethische Erziehung 3.98
Gewissensbildung 3.136
Selbsterziehung 3.222
Suchtgefährdung 3.237
WILLENSFORSCHUNG 4.239
Charakterkunde 4.36
Motivationsforschung 4.125
Willenserziehung 3.241
WIRTSCHAFTSGEOGRAPHIE 8.215
Entwicklungsländer
(Wirtschaftsgeographie) 8.29
Wirtschaftskunde 8.231
- (EUROPÄISCHE INTEGRATION) 8.221
Wirtschaftsgeographie
(Landwirtschaft:EWG) 8.225
Zeitgeschichte
(Europäische Gemeinschaften) 8.240
Zeitgeschichtsunterricht
(Europäische Einigung) 8.251

- (UdSSR) 8.228
Wirtschaftsgeographie
(Wolga-Kanal) 8.230
Zeitgeschichte
(Sowjetunion) 8.244
Zeitgeschichtsunterricht
(Sowjetunion) 8.257
- (WASSERVERSORGUNG) 8.229
Heimatkundliche Themen
(Wasser) 8.106
Länderkunde (Ruhrgebiet:Wasser-
versorgung) 8.139
- (WELTERNÄHRUNG) 8.230
Völkerkunde
(Übervölkerung) 8.210
Wirtschaftsgeographie
(Ernährung) 8.220
WIRTSCHAFTSGYMNASIUM 1.270
Hochschulreife 1.110
Wirtschaftskunde
(Wirtschaftsgymnasium) 8.237
Wirtschaftsoberschule 1.271
WIRTSCHAFTSKUNDE 8.231
Arbeitslehre 6.36
Betriebswirtschaftl.Unterr. 6.51
Gemeinschaftskunde
(Wirtschaftskunde) 8.54
Kaufmännische Berufsfachkunde
(Wirtschaftslehre) 10.94
Wirtschaftsgeographie 8.215
Wirtschaftsmathematik 9.305
Wirtschaftspädagogik 3.242
- (POLITISCHE BILDUNG) 8.236
Ostkunde
(Wirtschaftsfragen) 8.158
Politik
(Steuerrecht) 8.168
WIRTSCHAFTSMATHEMATIK 9.305
Mathematische Statistik 9.176
Prozentrechnen
(Zinsrechnung) 9.254
WIRTSCHAFTSOBERSCHULE 1.271
Berufsfachschule 1.39
Deutschunterricht
(Wirtschaftsoberschule) 7.59
Fachschulreife 1.77
Höhere Fachschulen 1.112
Höhere Wirtschaftsfachschule 1.113
Kaufmännisches Schulwesen 1.119
Wirtschaftsgymnasium 1.270
WIRTSCHAFTSPÄDAGOGIK 3.242
Berufliche Bildung 3.25
Berufserziehung 3.34
Berufserziehung und Allgemein-
bildung 3.45

[Forts.: Wirtschaftspädagogik]
   Bildung
     (Automation) 3.56
   Bildung und Beruf 3.61
   Bildungsauftrag
     (Berufsbildendes Schulwesen) 3.63
   Erziehung
     (Berufsbildendes Schulwesen) 3.76
   Erziehung
     (Industriekultur) 3.79
   Humanismus
     (Naturwissenschaft) 3.145
   Menschenbildung
     (Schulerziehung) 3.179
   Naturwissenschaftl.Bildung 3.182
   Schule und Wirtschaft 1.182
   Technische Bildung 3.238
   Wirtschaftspädagog.Forschung 3.244
WIRTSCHAFTSPÄDAGOGISCHE FORSCHUNG 3.244
   Berufsforschung 3.49
   Wirtschaftspädagogik
     (Diskussion) 3.243
WIRTSCHAFTSSCHULE 1.272
   Fachschule 1.74
   Handelsschule 1.101
   Staatsbürgerliche Erziehung
     (Wirtschaftsschule) 8.209
WÖRTERBUCH IM UNTERRICHT 5.260
   Deutschlehrmittel
     (Wörterbuch) 5.54
   Fremdsprachenlehrmittel
     (Wörterbuch) 5.76
WORTARTEN 7.246
   Verblehre 7.243
WORTKUNDE 7.251
   Namenkunde 7.178
WORTKUNDE IM UNTERRICHT 7.251
   Namenkunde im Unterricht 7.178
   Wortfamilie 7.249
   Wortfeld im Unterrricht 7.250
   Wortschatzpflege 7.252
WORTSCHATZ DES KINDES 4.240
   Altersmundart 4.23
   Begriffsbildung 4.31
   Kindersprache 4.96
   Sprachliche Entwicklung
     (Kleinkind) 4.204
   Sprachliche Entwicklung
     (Schulkind) 4.205
   Test
     (Frankfurter Wortschatztest) 4.219
WORTSCHATZPFLEGE 7.252
   Altersmundart 4.23
   Sprachl.Ausdrucksfähigkeit 7.219

Taubstummenunterricht
   (Wortschatzpflege) 6.201
Wortschatz des Kindes 4.240

Z

ZAHLBEGRIFFSBILDUNG 4.240
   Erstrechenunterricht
     (Zahlbegriff) 9.118
   Mathematisches Denken 4.123
ZEICHENUNTERRRICHT 10.276
   Kinderzeichnung 10.95
   Malen
     (Themenstellung) 10.168
   Schulgebäude
     (Zeichensaal) 1.189
   Zeichnen 10.281
- (PSYCHOLOGISCHER ASPEKT) 10.280
   Kinderzeichnung
     (Psychologischer Aspekt) 10.96
   Zeichnerische Entwicklung 4.241
ZEICHNEN 10.281
   Kinderzeichnung 10.95
   Malen 10.167
   Werken (Plakat) 10.266
ZEICHNERISCHE ENTWICKLUNG 4.241
   Psychodiagnostik
     (Kinderzeichnung) 4.143
   Raumerleben 4.159
   Schöpferisches Tun 4.164
ZEITGESCHICHTE 8.237
   Entwicklungsländer 8.28
   Entwicklungspolitik 8.29
   Kirchengeschichte
     (Zeitgeschichte) 10.100
   Politik 8.160
   Zeitgeschichtsunterricht 8.248
ZEITGESCHICHTSLEHRMITTEL 5.260
   Politiklehrmittel 5.149
   Zeitung im Unterricht 5.262
- (DOKUMENTARFILM) 5.260
   Politiklehrmittel
     (Film) 5.151
   Zeitgeschichtsunterricht
     (Nationalsozialismus:Dokumente)
     8.254
ZEITGESCHICHTSUNTERRICHT 8.248
   Gegenwartskunde 8.48
   Politische Bildung
     (Gegenwartsbezug) 8.177
   Religionsunterricht
     (Zeitgeschichte) 10.225
   Zeitgeschichte 8.237
   Zeitgeschichtslehrmittel 5.260

- (JUDENFRAGE) 8.253
    Religionsunterricht
      (Judentum) 10.214
    Zeitgeschichte
      (Judenfrage) 8.242
    Zeitgeschichtsunterricht
      (Antisemitismus) 8.248
    Zeitgeschichtsunterricht
      (Judenverfolgung) 8.253
ZEITSINN 4.241
    Geschichtsunterricht
      (Zeitvorstellung) 8.89
ZEITUNG IM UNTERRICHT 5.262
    Deutschlehrmittel
      (Zeitung) 5.59
    Englischlehrmittel
      (Zeitung) 5.59
    Politiklehrmittel
      (Zeitung) 5.153
    Schuldruckerei 5.213
ZEITUNGSLEKTÜRE 3.245
    Deutschlehrmittel
      (Zeitung) 5.55
    Literaturpädagogik
      (Jugendzeitschrift) 3.167
    Politiklehrmittel
      (Zeitung) 5.153
    Schülerzeitschrift 3.213
    Zeitung im Unterricht 5.262
ZENTRALSCHULE 1.272
    Landschulreform 1.137
    Mittelpunktschule 1.144
ZEUGNIS 1.272
    Notengebung 6.131

ZÜCHTIGUNGSRECHT 1.274
    Körperliche Züchtigung 3.160
ZURÜCKSTELLUNG DES SCHULANFÄNGERS 1.276
    Nichtversetzung 1.147
    Schulkindergarten 1.201
    Schulpflicht 1.206
ZWEITE LEHRERPRÜFUNG 2.149
    Erste Lehrerprüfung 2.31
    Lehrerbildung
      (Wahlfach) 2.100
    Lehrprobe 2.118
ZWEITE PHASE DER LEHRERBILDUNG ... 2.151
    Junglehrerarbeitsgemeinschaft 2.52
    Junglehrer
      (Vorbereitungsdienst) 2.52
    Lehrerbildung
      (Schulprakt.Ausbildung) 2.96
- (REFERENDARIAT) 2.152
    Akademische Lehrerbildung 2.19
    Realschullehrerbildung 2.131
    Studienseminar 2.139
ZWEITER BILDUNGSWEG 1.276
    Abendgymnasium 1.19
    Abendrealschule 1.20
    Ausbildungsbeihilfe 1.23
    Berufsaufbauschule
      (Zweiter Bildungsweg) 1.30
    Deutschunterricht
      (Zweiter Bildungsweg) 7.59
    Durchlässigkeit 1.59
    Fachschulreife 1.77
    Hochschulreife 1.110
    Politische Bildung
      (Zweiter Bildungsweg) 8.194

Facettenregister

Inhaltsübersicht

Die folgende Übersicht will versuchen, die Begriffsverknüpfungen unserer 45 Facetten mit DK 37 aufzuzeigen. Dabei kann nur ein grobes Netz dieser Verknüpfungen ausgebreitet werden. Konkordanz in den Begriffsbezeichnungen ist ohnehin nicht angestrebt worden; vielmehr sollten unsere 45 Begriffsbereiche, wie vorn in den Benutzungshinweisen gezeigt, den zugeordneten DK-Stellen inhaltlich entsprechen oder nahekommen.

DK 37   ERZIEHUNG. BILDUNG. UNTERRICHT. FREIZEITGESTALTUNG

37.0   Grundlagen und Arten der Erziehung

.013   Allgemeine Theorie der Erziehung. Einzelne Richtungen
FACETTE 1: Erziehungstheorie
s.a. Facetten 3. 6. 42.

.014   Bildungspolitik. Bildungsarbeit und Öffentlichkeit
[+ 371.217   Soziale Einrichtungen. Geldmittel der Schüler]
FACETTE 2: Bildungspolitik
s.a. Facetten 4. 8.

.015   Disziplinen der Erziehungswissenschaft
FACETTE 3: Nachbardisziplinen der Erziehungswissenschaft
s.a. Facetten 3a. 41. 42. 43.
[+ 159.9   Psychologie]
[+ 615.851   Psychotherapie]
[+ 616.8   Neurologie. Nervenkrankheiten. Neuropathologie. Nerven-Pathologie]
FACETTE 3a: Psychologie, sofern nicht Pädagogische Psychologie

.018   Grundformen der Erziehung
FACETTE 4: Erziehungs- und Schulformen
s.a. Facetten 6. 7. 38. 39. 40. 42. 43. 44.

.02   Allgemeine Fragen der Didaktik und Methodik
FACETTE 5: Grundsätze der Didaktik und Methodik
s.a. Facetten 10. 11. 15.

.03   Bildung der Intelligenz und der Persönlichkeit
[+ 37.018.7/.8   Erziehung durch praktisches Erfahren. Indirekte, funktionelle Erziehung / Grundausbildung. Basic education]
[+ 37.064   Persönliche Kontakte]
FACETTE 6: Erziehungswirklichkeit. Bildung und Erziehung
s.a. Facetten 4. 7. 16. 41

.04   Erziehung im Hinblick auf den zu Erziehenden. Beratung
[+ 371.7   Gesundheitszustand und -pflege von Schülern und Studierenden]
FACETTE 7: Erziehungs- und Berufsberatung
s.a. Facetten 16. 29. 43.

.05
.07   Schulträger
Verwaltungsfragen der Schulen und Ausbildungsanstalten
FACETTE 8: Schulträger und Schulverwaltung
s.a. Facetten 9. 17.

371 Organisation des Erziehungs- und Bildungswesens. Schulwesen

.1 Leitung. Lehrer. Sonstiges Personal
   [+ 371.1.08 Personalfragen]
   [+ 377.8 Lehrerausbildung]
   FACETTE 9: Lehrer und Erzieher
      s.a. Facetten 11. 44.

.2   Organisation der Bildungseinrichtungen und des Unterrichts
.21 Organisation des Unterrichts in bezug auf Schüler, Lehrer und Schulen
.212 Der Schüler
   [+ 371.322 Die Arbeit des Schülers]
   FACETTE 10: Der Schüler im Unterricht
      s.a. Facetten 14. 16.

.213 Aufgabenverteilung auf die Lehrer
   [+ 371.321 Die Arbeit des Lehrers]
   FACETTE 11: Der Lehrer im Unterricht
      s.a. Facetten 12. 14. 15.

.214 Lehrpläne. Studienpläne. Schulprogramme
   FACETTE 12: Lehrplanfragen

.23 Einteilung des Schuljahres. Unterrichtsabschnitte. Semester
.25 Studiendauer. Klassenfrequenz. Aufgliederung
   FACETTE 13: Schuljahr und Klassengliederung

.26 Schülerbeurteilungsverfahren. Schülerkontrollverfahren
.27 Prüfungswesen. Berechtigungswesen. Wettbewerbe
   FACETTE 14: Schülerbeurteilung und Prüfungswesen

.3   Lehrverfahren. Unterrichtsformen. Formen des Bildungserwerbs
   FACETTE 15: Allgemeine Unterrichtsformen
      s.a. Facetten 10. 11.

.5   Schulordnung. Disziplin als Erziehungsmittel
   FACETTE 16: Schuldisziplin, Schülermitverwaltung

.6   Lage. Grundstücke. Gebäude. Ausstattungen. Lehrmittel
.61 Lage von Schulen. Grundstücke
.62 Schulgebäude. Schulräume
.63 Schulmöbel. Künstlerische Gestaltung der Schulen
   FACETTE 17: Schulgebäude

.64/.69 Unterrichtsmittel. Lehrmittel. Lernmittel
.64 Büchereien
.65 Museen und Sammlungen
.66 Wissenschaftliche Instrumente und Apparate
.69 Realien. Modelle. Lernspiele
   FACETTE 18: Sammlungen, Geräte, Lernspiele

.67 Gedruckte Lehr- und Lernmittel
   FACETTE 19: Gedruckte Medien

.68 Audiovisuelle Lehrmittel
   FACETTE 20: Technische Medien

372 Inhalte und Tätigkeitsformen in der vorschulischen Erziehung und im Anfangsunterricht. Unterrichtsfächer aller Schulstufen und Schultypen

.3   Beschäftigungen im Vorschulalter

372.4		Anfangsunterricht [+ 373.2 Formen der vorschulischen Erziehung. Kindergärten usw.] FACETTE 21: Vorschulerziehung und Anfangsunterricht s.a. Facette 39.
.8		Weitere Unterrichtsfächer [+ 373.6 Fachunterricht, soweit in dem allgemeinbildenden Unterricht integriert] Keine eigenen Facetten erhalten: Philosophieunterricht DK 372.81 Pädagogikunterricht DK 372.837 Astronomieunterricht DK 372.852 Verkehrsunterricht DK 372.865.6
.82		FACETTE 22: Religionsunterricht
.832		FACETTE 23: Politikunterricht
.851		FACETTE 24: Mathematikunterricht
.853		FACETTE 25: Physikunterricht
.854		FACETTE 26: Chemieunterricht
.857		FACETTE 27: Biologieunterricht
.878		FACETTE 28: Musikunterricht
.879.6		FACETTE 29: Sportunterricht
.84 + .880.3		FACETTE 30: Literatur- und Deutschunterricht
.88		FACETTE 31: Sprach- und Fremdsprachenunterricht s.a. Facette 30.
.874.2		FACETTE 32: Werkunterricht
.891 + .890.8		FACETTE 33: Erdkunde- und Heimatkundeunterricht
.893		FACETTE 34: Geschichtsunterricht

373/378   "Schul- und Unterrichtsorganisation"

373.62   Technischer Unterricht. Industrieller Unterricht
          FACETTE 35: Arbeitslehre, Polytechnischer Unterricht, Wirtschaftskunde
                     s.a. Facetten 32. 43.

.65   FACETTE 36: Hauswirtschaftlicher Unterricht

.67 +
372.800.3 FACETTE 37: Kunst- und Schreibunterricht

373   Allgemeinbildende Schularten
       FACETTE 38: Allgemeinbildende Schulen
                  s.a. Facette 39.

.3   Erste Schulstufe (Elementar-, Primarunterricht)
       FACETTE 39: Schuljahre 1 bis 4
                  s.a. Facette 21.

.4   Übergänge zur zweiten Schulstufe. Übergangsklassen
.5   Zweite Schulstufe. Sekundarunterricht
       FACETTE 40: Weiterführende Schulen

374 Bildung und Erziehung außerhalb der Schule
        FACETTE 41: Außerschulische Bildungsarbeit
                s.a. Facetten 43. 45.

376 Erziehung, Bildung und Unterricht besonderer Gruppen von Personen
        FACETTE 42: Sonderschulwesen
                s.a. Facetten 3a. 7.

377 Fachbildung. Berufsausbildung. Berufsbildende Schulen
        FACETTE 43: Berufsbildung

378 Wissenschaftlicher Unterricht. Hochschulwesen
        FACETTE 44: Hochschulwesen

379.8 Freizeitgestaltung
        FACETTE 45: Freizeitfragen
                s.a. Facetten 28. 29. 32. 37.

FacReg   FAC 1

FACETTE 1
Erziehungstheorie
DK 37.013

   37.013   Allgemeine Theorie der Erziehung. Einzelne Richtungen
       .2   Prinzipien pädagogischen Handelns
       .8   Besondere Bereiche der Pädagogik

Bildungstheorie 560
        Bildungsbegriff 559
            Bildung s.Fac 6
                  Bildung und Ausbildung s.Fac 4
                  Bildung und Erziehung s.Fac 4
                      Schulerziehung s.Fac 6
                          Formale Bildung 579
                          Volkstümliche Bildung s.Fac 5
                  Bildung und Philosophie s.Fac 3
                      Bildungsideale 559
                Bildung und Wissenschaft 558

Pädagogik 624
        Erziehung s.Fac 6
            Erziehungsbegriff 574

            Pädagogik und Philosophie s.Fac 3
                Personale Pädagogik 628
                      Menschenbild und Pädagogik s.Fac 3
                          Dialektische Pädagogik s.Fac 3

            Pädagogik und Psychologie s.Fac 3
                Heilpädagogik s.Fac 42

            Pädagogik und Soziologie s.Fac 3
                Sozialpädagogik s.Fac 41

Pädagogische Forschung 625
        Systematische Pädagogik 665

            Pädagogische Grundbegriffe 625

                Didaktik s.Fac 5
                      Didaktische Fachbegriffe s.Fac 5

                Methodik s.Fac 5
                      Pädagogische Tatsachenforschung 627
                          Unterrichtsforschung 670

        Reformpädagogik 638

        Vergleichende Erziehungswissenschaft 673

FACETTE 2
Bildungspolitik
DK 37.014 + 371.217

37.014 Bildungspolitik. Bildungsarbeit und Öffentlichkeit
- .1 Recht auf Erziehung. Schulpflicht
- .2 Bedeutung der Schule für die Volksbildung
- .3 Schulreform
- .4 Verschulung. Inflation der Bildung
- .5 Erziehungspolitik
- .6 Schulaufsicht
- .7 Bildungsarbeit und Öffentlichkeit. Hineinwirken der Schule in den öffentlichen Raum

371.217 Soziale Einrichtungen. Geldmittel der Schüler
- .1 Fahrschüler. Freie Beförderung. Beförderung zu ermäßigten Preisen
- .2 Schulspeisungen. Schulküchen. Schulkantinen
- .3 Schulkolonien. Ferienkolonien. Ferienhorte. Internationale Ferienlager
- .4 Geldmittel der Schüler
- .5 Leih-Lernmittel
- .6 Kostenfreie Lernmittel
- .7 Kostenfreie Bekleidung

Bildungspolitik 560
    Bildungsfinanzierung 559
        Ausbildungsbeihilfe 549
            Lernmittelfreiheit 613
            Schulgeldfreiheit 646
                Fahrschüler 578
                Schulbus 644
        Schulfinanzierung 646
            Hochschulfinanzierung 596
                Studienförderung 664
                    Ferienarbeit des Schülers

Kultusministerkonferenz

Lehrerbildung und Kulturpolitik
    Lehrerbedarf s.Fac 9
        Lehrermangel 610

Schulpolitik 649
    Bildungskrise 560
    Bildungsökonomie 560
    Bildungsplanung 560
        Bildungsbedarf 559
            Begabungsreserven 550

[Forts. Begabungsreserven]

      Begabtenförderung s.Fac 10
      Bildungschance s.Fac 10

  Bildungsprogramme 560

    Bremer Plan 562

    Deutscher Ausschuß für das Erziehungs- und Bildungswesen 564
      Rahmenplan 635

    Deutscher Bildungsrat 564

Kulturpolitik 604

Schule und Gesellschaft 644
  Schule und Kirche 645
    Schule und Evangelische Kirche
    Schule und Katholische Kirche 645

Schule und Staat 645

Schulrecht 649

  Schule und Rechtsprechung 645
    Elternrecht s.Fac 4

      Gemeinschaftsschule oder Bekenntnisschule 583

        Bekenntnisschule 550
          Katholische Bekenntnis- schule 600

        Gemeinschaftsschule 583

      Religionsunterricht s.Fac 22
        Schulandacht s.Fac 22
        Schulgebet s.Fac 22

  Schulgesetzgebung 646

    Berufsausbildungsgesetz s.Fac 43

    Lehrerbildungsgesetz

    Privatschulgesetze s.Fac 8

    Schulpflichtgesetze

      Schulpflicht 649
        Schulstreik 651
        Schulversäumnis 651
      Schulpflichtverlängerung 649

    Schulverwaltungsgesetze s.Fac 8
      Schulaufsicht s.Fac 8
        Schulrat s.Fac 8

Schulwesen s.Fac 4

  Schulaufbau s.Fac 4

    Schulreform 650

[Forts. Schulreform]

    Berufsschulreform 554
    Grundschulreform
    Hochschulreform 596
    Innere Schulreform 597
    Landschulreform 606
    Realschulreform 636
    Sonderschulreform
    Volksschulreform 675

Schulstatistik 651
    Relativer Schulbesuch 638

Schulwesen BRD 652
    Schulwesen BRD/DDR

Schulwesen DDR 653

Schulwesen Österreich 654

Schulwesen Schweiz 654

FACETTE 3
Nachbardisziplinen der Erziehungswissenschaft
DK 37.015

    37.015   Disziplinen der Erziehungswissenschaft

        .1   Pädagogische Klimatologie. Einfluß des Klimas und des Wetters
        .2   Pädagogische Anthropologie und Biologie
        .3   Pädagogische Psychologie
        .4   Pädagogische Soziologie
        .6   Pädagogische Ökonomie. Ökonomie des Bildungswesens

Anthropologie 544
        Biologische Anthropologie 561
                Psychologische Anthropologie 634
                        Medizinische Anthropologie 618
                              Vererbungslehre s.Fac 27

        Christliche Anthropologie 563
                Christliches Menschenbild 563

        Pädagogische Anthropologie 625
                Menschenbild und Pädagogik
                      Anthroposophische Pädagogik 544

        Philosophische Anthropologie 629
                Pädagogik und Philosophie 625

                      Humanismus 597

                      Menschenbild 618

                      Personale Pädagogik s.Fac 1
                            Dialektische Pädagogik 565
                                  Existentielle Pädagogik 577

Bildung und Wissenschaft s.Fac 1
        Bildungsökonomie s.Fac 2
        Erziehungsgeschichte 575
                Reformpädagogik s.Fac 1

Kybernetik 605
       Kybernetische Pädagogik 605
                Kybernetische Lerntheorie s.Fac 5

Pädagogik und Psychologie 625
       Pädagogische Psychologie 625

                Geistige Entwicklung s.Fac 3a

                Gestaltpsychologie s.Fac 3a
                      Ganzheitspsychologie s.Fac 3a
                Heilpädagogik s.Fac 42

                Lernpsychologie s.Fac 3a

        Schulpsychologie 649

[Forts. Schulpsychologie]
    Schülerbeurteilung s.Fac 14
     Soziogramm s.Fac 6
      Schulklasse s.Fac 6
   Schulverhalten s.Fac 10

Soziologie 660
  Betriebssoziologie s.Fac 43
  Pädagogik und Soziologie 625
   Pädagogische Soziologie 627
    Jugendforschung 599
     Jugendsoziologie 600
    Kindheit s.Fac 6
    Schule und Gesellschaft s.Fac 2
  Politische Soziologie

FACETTE 3a
Psychologie, sofern nicht Pädagogische Psychologie
DK 159.9 + 615.851 + 616.8

159.9 Psychologie
  .01   Philosophie. Theorien. Gesetze. Metaphysische Psychologie.
        Rationale Psychologie
  .07   Forschung. Unterricht
  .91   Psychophysiologie
  .92   Entwicklung und Leistungsvermögen der Seele. Vergleichende Psychologie
  .93   Sinnesempfindung. Sinneswahrnehmung
  .94   Ausführungsfunktionen
  .95   Höhere geistige Vorgänge
  .96   Besondere geistige Zustände und Vorgänge
  .97   Anomale Psychologie
  .98   Psychotechnik

615.851 Psychotherapie

616.8 Neurologie. Nervenkrankheiten. Neuropathologie. Nerven-Pathologie
  .83   Organische Erkrankungen des Nervensystems
  .85   Neurosen. Neuropathien. Funktionelle Nervenkrankheiten
  .89   Psychiatrie. Pathologische Psychologie. Phrenopathien. Anomaler
        Geisteszustand. Krankhafte Geisteszustände

Psychologie 633
      Bewußtsein 557
      Entwicklungspsychologie 568
            Alter Mensch
            Charakterentwicklung
                  Charakterbildung s.Fac 6
            Kindheit s.Fac 6
                  Kinderpsychologie 602
            Jugendalter s.Fac 6
                  Jugendpsychologie 600
                      Akzeleration 542
                      Großstadtjugend 587
                      Pubertät 635
                          Pubertätskrise 635
      Gestaltpsychologie 586
            Ganzheitspsychologie 581
      Lernpsychologie 613
            Denkpsychologie 563
                Denkentwicklung 563
                      Denkleistung 563

[Forts. Denkpsychologie]
                    Gedächtnisforschung 582
                            Gedächtnis 582
                                    Vergessen 673
                    Geistige Entwicklung 582
                            Begriffsbildung 550
                            Bildsamkeit s.Fac 10
                                    Sprachliche Entwicklung s.Fac 31
                                            Sprache und Denken s.Fac 31
                    Intelligenzforschung 598
                            Intelligenzentwicklung 598
            Leistungsstörung 613
                    Lernstörung 614
            Lerntheorien 614
                    Begabung s.Fac 10
                    Lernfähigkeit s.Fac 10
            Motivationsforschung 619
                    Leistungsmotivation 613
                            Lernmotivation s.Fac 10
Persönlichkeitspsychologie 628

Psychiatrie 633
            Kinderpsychiatrie 602
                    Entwicklungsgehemmtes Kind 568
                            Entwicklungsstörung 569
                                    Bettnässer 556
                                    Gehemmtes Kind 582
                                    Nervöses Kind 623
                                    Schüchternes Kind 641
            Psychopathologie 634
                    Geisteskrankheit 582

                            Epileptisches Kind
                            Neurose 623
                                    Psychopath 634
                            Schizophrenie 641
                    Hirnschädigung 596
                            Aphasie 544
                    Schwachsinnsformen 655

Psychodiagnostik 633
            Ausdruckspsychologie 549
                    Graphologie 587
            Test 666
                    Entwicklungstest 569

[Forts. Test]
     Intelligenztest 598
       Intelligenzdiagnose 598
       Intelligenzquotient 598
       Rorschach-Test 640
    Persönlichkeitstest 628
      Faktorenanalyse 578
    Projektive Tests 632
      Projektion 632
    Testpsychologie 666
      Testverfahren 666
  Typologie 667
    Charakterkunde 562
      Charakterbeurteilung 562
      Schülerbeurteilung s.Fac 14
        Selbstbeurteilung 655

Psychologe s.Fac 9

Psychologische Anthropologie s.Fac 3
  Psychosomatik 635
    Leib-Seele-Problem 612

Psychotherapie 635

  Gruppentherapie 588

  Kinderpsychotherapie 602

    Erziehungsberatung s.Fac 7

    Heilpädagogik s.Fac 42
      Spieltherapie 661
  Psychagogik 632

  Psychohygiene 633

  Psychopharmakologie 635

Schulpsychologie s.Fac 3

Sozialpsychologie 659
  Verhaltensforschung 673
    Gruppenforschung 588
      Gruppenpsychologie 588
        Soziogramm 660

Sprachpsychologie s.Fac 31

Tiefenpsychologie 666

  Individualpsychologie 597

  Ich-Psychologie 597

  Psychoanalyse 633

    Traumerleben 667

    Triebpsychologie 667
      Massenpsychologie 617

[Forts. Massenpsychologie]

           Suggestion 665
           Hypnose 597

Verhaltensstörung 673
    Abwehrmechanismen 541
        Aggression 541
           Frustration 581
                Minderwertigkeitsgefühl 619
      Angst 543
           Ängstliches Kind 541
           Schulangst s.Fac 14
           Schulderleben 644
      Regression 638
           Depression 564
                Selbstmord 655

Wahrnehmungspsychologie 678
    Farbenpsychologie 578
        Farbenbildheit
  Gefühl 582
      Affekt 541
           Autismus 549
      Armutserlebnis
  Optische Täuschung 624
  Vorstellung 677
      Eidetik 567

Willensforschung 679

FACETTE 4
Erziehungs- und Schulformen
DK 37.018.1/.58

37.018   Grundformen der Erziehung
   .1   Erziehung im Hause
   .2   Erziehung in der Schule
   .3   Erziehung in Heimen, Internaten und Externaten
   .4   Besondere Organisationsformen
   .5   Organisationsformen nach Erziehungsanstalten
   .51 Einklassige Schulen. Wenig gegliederte Schulen
   .52 Ständige Schulen nach der Lage
   .53 Nicht ständige Schulen
   .54 Tagesheimschulen. Kinderhorte usw.
   .55 Schulen mit ausländischen Beziehungen
   .57 Übungsschulen
   .58 Versuchsschulen

Begabtenförderung   s.Fac 10
        Abendgymnasium   541
                Abendrealschule   541
        Aufbaugymnasium   548
                Aufbauklasse   548
        Durchlässigkeit   566
                Einheitsschule   567
                        Förderstufe   579
                                Differenzierter Mittelbau   566
                Gesamtschule   s.Fac 38
                Odenwaldschule   624
                Waldorfschule   678
                        Waldorfschullehrer
                                Waldorfschulpädagogik   678
        Schulaufbau   643
        Übergang   668
                Schulwechsel   s.Fac 10
        Zweiter Bildungsweg   681
Erziehender Unterricht   571
Erziehungsschule   576
        Heimerziehung   595
                Erziehungsheim   575
                Kinderheim   602
                        Kinderdorf   601
                        Kindertagesstätte   602
                Sonderschulheim   s.Fac 42

[Forts. Erziehungsschule]
        Heimschule 595
        Internat 598
        Landerziehungsheim 606
            Kurzschule 605
            Schullandheim 648
                Schullandheimaufenthalt 648
                    Freilufterziehung 580

Schule und Elternhaus 644
        Elternrecht 567
            Elternvertretung 567
                Elternsprechtag 567
        Lehrer und Eltern
        Offene Schultür 624
            Elternabend 567
        Schule und Familie 644
            Elternpädagogik 567

Schulwesen 652
        Berufsbildendes Schulwesen s.Fac 43
        Deutsches Auslandsschulwesen 564
            Europäische Schulen 577
        Grundschule s.Fac 39
        Gymnasium s.Fac 40
        Landschule s.Fac 38
            Einklassenschule
            Landpädagogik 606
            Landschulreform s.Fac 2
                Mittelpunktschule 619
                Zentralschule 681
        Realschule s.Fac 40
        Schulreform s.Fac 2
            Schulversuche 651
                Ganztagsschule 581
                    Tagesheimschule 665
                Gesamtschule s.Fac 38
                Schuljahr X 648
        Sonderschule s.Fac 42
        Volksschule s.Fac 38

FACETTE 5
Grundsätze der Didaktik und Methodik
DK 37.02

37.02 Allgemeine Fragen der Didaktik und Methodik
  .022 Methodische Grundsätze einzelner Theorien und Systeme
  .025 Methoden zur Entwicklung des seelisch-geistigen Leistungsvermögens
  .026 Didaktische Grundsätze

Didaktik 565
    Didaktische Fachbegriffe 566
        Artikulation des Unterrichts 547
            Motivation im Unterricht s.Fac 11
        Erlebnis 570
            Ästhetische Erziehung 541
                Musische Bildungsform 621
                      Künstlerische Erziehung 604
                Schöpferisches Tun 641
                    Phantasieleben des Schülers
                    s.Fac 10
        Aktivität 541
            Motorik 620
        Freude im Unterricht 581
    Ganzheitliche Bildung s.Fac 15
    Kategoriale Bildung 600
        Elementare Bildung 567
            Exemplarischer Unterricht s.Fac 15
            Montessori-Pädagogik s.Fac 21
    Technische Bildung s.Fac 35
    Volkstümliche Bildung 677
        Volkstümliches Denken
            Volkstümliche oder wissenschaftliche
            Bildung
    Werterleben s.Fac 6
  Lernen s.Fac 10
    Denkleistung s.Fac 3a
    Kybernetische Lerntheorie 605
    Lernmotivation s.Fac 10
    Vorstellung s.Fac 3a

Methodik 619
  Anschauung 543
    Veranschaulichung s.Fac 11

[Forts. Methodik]

        Didaktik und Methodik   565

        Erziehender Unterricht   s.Fac 4
                Erziehung zur Selbständigkeit   574
                      Arbeitserziehung   s.Fac 10

                              Selbsttätigkeit   655
                                      Schüleraktivierung   s.Fac 10
                                                Aufmerksamkeit im Unterricht   548
                                                  Denkerziehung   563

        Formalstufen   579

        Stoffbeschränkung   664

        Unterrichtsgestaltung   s.Fac 15

        Unterrichtsimpuls   672
                Denkanstoß   s.Fac 11
                Frage im Unterricht   579
                Motivation im Unterricht   s.Fac 11

FACETTE 6
Erziehungswirklichkeit. Bildung und Erziehung

DK 37.03 + 37.018.7/.8 + 37.064

- 37.03 Bildung der Intelligenz und der Persönlichkeit
  - .031 Allgemeine Bildung
  - .034 Sittliche Erziehung
  - .035 Soziale Erziehung
  - .036 Künstlerische Erziehung
  - .037 Entwicklung von seelischen Kräften
- 37.018.7 Erziehung durch praktisches Erfahren. Indirekte, funktionelle Erziehung
  - .8 Grundausbildung. Basic education
- 37.064 Persönliche Kontakte
  - .1 zwischen Eltern und Lehrern
  - .2 zwischen Lehrern und Schülern
  - .3 zwischen Schülern untereinander

Bildung 557
    Allgemeinbildung 542
        Berufserziehung und Allgemeinbildung s.Fac 43
      Menschenbildung 618
        Humanistische Bildung 597
    Studium generale 664
    Bildung und Ausbildung 558
      Berufliche Bildung s.Fac 43
      Mädchenbildung 616
    Bildung und Erziehung 558
    Naturwissenschaftliche Bildung 622

Erziehung 571
    Erziehung und Weltanschauung 574
      Europäische Erziehung 577
      Ideologische Erziehung [DDR] 597
        Kommunistische Erziehung 603
        Sozialistische Erziehung [DDR] 658
      Religiöse Erziehung s.Fac 22
        Christliche Erziehung 563
          Evangelische Schulerziehung 577
            Katholische Schulerziehung 600
    Vorurteil 677
    Erziehungssituation 576
      Erziehungswirklichkeit 576

[Forts. Erziehungstheorie]
        Funktionale Erziehung 581
        Jugenderziehung 599
            Jugendalter 599
    Kindheit 602

Erziehungsziel 576
    Leitbilder 613

Ethische Erziehung 576
    Charakterbildung 562
        Erziehung zur Ehrfurcht 574
        Erziehung zur Persönlichkeit 574
        Erziehung zur Verinnerlichung 574

    Gemütsbildung 583

    Gewissensbildung 586
        Erziehung zur Wahrhaftigkeit
        Gewissen 586
        Werterleben 679

    Willenserziehung 679

Gemeinschaftserziehung 583
    Familienerziehung 578
        Elternpädagogik s.Fac 4
        Familie 578

    Politische Erziehung 630
        Erziehung zur Freiheit 574
        Erziehung zur Toleranz 574
        Erziehung zur Verantwortung 574
        Rechtserziehung

    Sozialerziehung s.Fac 41
        Sozialerziehung in der Schule 658
            Erziehung zur Hilfsbereitschaft 574
                Erziehung zur Menschlich-
                  keit 574

    Sozialpädagogik s.Fac 41

Schulerziehung 645
    Bewegungserziehung s.Fac 29
        Rhythmische Erziehung s.Fac 29
            Eurhythmie s.Fac 29

    Bildungsauftrag 558

    Elitebildung 567

    Erziehungsgrundsätze 575
        Pädagogik der Begegnung 625
            Dialogisches Verhältnis 565

        Pädagogischer Takt 628

[Forts. Erziehungsgrundsätze]
    Pädagogisches Verstehen 628
    Toleranz 667
    Vertrauen 674

Erziehungsmittel s.Fac 16

Freizeiterziehung in der Schule 580
    Filmerziehung in der Schule 579
    Literaturpädagogik s.Fac 41
    Musische Lebensform s.Fac 45

Schule als Lebensraum s.Fac 13
    Schulklasse 648
        Klassengemeinschaft 602
        Schüler-Lehrer-Verhältnis 641
            Pädagogischer Führungsstil
            s.Fac 16

Schulleben s.Fac 13

FACETTE 7

Erziehungs- und Berufsberatung

DK 37.04 + 371.7

37.04   Erziehung im Hinblick auf den zu Erziehenden. Beratung

  .041   Selbstbildung. Selbstunterricht. Autodidaktentum
  .042   Körperliche und geistige Eignung
  .043   Gruppenfaktoren in der Erziehung. Koedukation
  .044   Dauer der Erziehung oder Ausbildung
  .046   Stufen der Ausbildung
  .047   Organisatorische Differenzierung im Hinblick auf den künftigen Beruf
  .048   Beratung
     .2   Pädagogische Beratung. Maßnahmen
     .3   Erziehungsberatung
     .4   Berufsberatung, Berufshilfe in der Schule

371.7   Gesundheitszustand und -pflege von Schülern und Studierenden

  .71   Allgemeiner Gesundheitszustand
  .72   Körperlicher Gesundheitszustand, Hygiene und Pflege
  .78   Geistiger Gesundheitszustand, Hygiene und Pflege

Berufsberatung 551
        Berufsmöglichkeiten 554
              Berufswahl 556
                   Berufsfindung 553
                          Berufseignung 552
                          Berufsreife 554

    Berufswechsel 556
Berufsberatung und Schule 552
    Berufsberater 551
        Berufswahl und Schule 556

Erziehungsberatung 574
        Erziehungsberatungsstelle 575
           Psychologe 633
              Schulpsychologische Beratungsstelle 649
                  Schulpsychologischer Dienst 649
                      Schulpsychologe 649
                          Beratungslehrer 551

Erziehungsschwierigkeit 576
          Entwicklungsstörung s.Fac 3a
             Pubertätskrise s.Fac 3a
                 Eßstörung 576
                      Pubertätsmagersucht 635
           Trotz 667

Gemeinschaftsschwierigkeit 583
          Außenseiter 549
             Fortläufer

[Forts. Erziehungsschwierigkeit]

            Halbstarke 592

            Kontaktgestörtes Kind 603
                  Heimkind 595
                        Hospitalismus 597

            Lügendes Kind

            Störenfried 664
                  Aggression s.Fac 3a

Gesundheitserziehung 586

      Gesundheitserziehung in der Schule 586

           Geschlechtserziehung 585
                Onanie
                Sexualverhalten 656
            Geschlechtserziehung in der Schule s.Fac 27

      Gesundheitslehre s.Fac 27

      Schulhygiene 646
            Schularzt 643
                Schulgesundheitspflege 646
                      Schulzahnpflege 655

Psychiatrie s.Fac 3a

Schule und Jugendschutz 644
      Literarischer Jugendschutz 616
            Jugendgefährdendes Schrifttum 599
                Schmutz- und Schundliteratur 641
                    Schundliteratur 655

Sozialpsychologie s.Fac 3a

      Selbsterziehung 655
            Erziehung zum Verzicht 574
            Gewissensbildung in der Schule
            Suchtgefährdung 665

      Sozialverhalten 659

            Gruppenpsychologie s.Fac 3a
                Generationsproblem 583
                Koedukation 603

            Nachkriegsjugend 621
                Flüchtlingskind 579
                Mischlingskind

Verwahrlosung 674
      Schwererziehbarkeit 655

            Asozialer Jugendlicher 548
                Aggression s.Fac 3a

            Jugendlicher Dieb 600

            Sexualpathologie 656

            Sonderschule für Schwererziehbare s.Fac 42

FACETTE 8
Schulträger und Schulverwaltung
DK 37.05+07

   37.05   Schulträger

    .057   Öffentliche Schulen
    .058   Privatschulen

   37.07   Verwaltungsfragen der Schulen und Ausbildungsanstalten

Private Ergänzungsschule 631
        Privatschule 631
                Privatschullehrer s.Fac 9
        Privatschulgesetze 631

Schulverwaltung 651
        Schulaufsicht 643
                Schulrat 649
                        Aufsichtspflicht des Lehrers s.Fac 11
                              Schülerunfall

        Schulleitung 648
                Kollegiale Schulleitung 603
                      Schulleiter s.Fac 9
                          Konferenzordnung 603
                          Lehrerkollegium s.Fac 9
                          Schulchronik

Schulverwaltungsgesetze

FACETTE 9

Lehrer und Erzieher

DK 371.1 + 371.1.08 + 377.8

371.1   Leitung. Lehrer. Sonstiges Personal
  .11 Erziehungsmäßige Führung von Erziehungsanstalten
  .12 Lehrkörper
  .13 Ausbildung von Lehrern und Erziehern
  .14 Fortbildung von Lehrern und Erziehern
  .15 Stellung in Beruf und Gesellschaft. Berufsethos. Auftreten in der Öffentlichkeit. Einstellung der Erzieher zu eigener Arbeit und Schule. Stellung der verheirateten Frau im Unterrichtswesen
  .16 Gemeinschaftsarbeit und -leben von Lehrern und Erziehern

371.1.08   Personalfragen
  .082 Ernennung. Beförderung. Entlassung
  .086 Verantwortlichkeit
  .087 Rechte. Stand und Stellung
  .088 Arbeitsbedingungen. Arbeitsorganisation

377.8   Lehrerausbildung

Erzieher 571
        Sozialpädagoge 659
                Heimerzieher 595
                        Heimerzieherausbildung 595
                        Heimerzieherin 595

                Kindergärtnerin 601
                        Kindergärtnerinnenausbildung 601

Erzieherpersönlichkeit 571

Lehrer 608
        Berufsschullehrer s.Fac 11

        Lehrerbedarf 609
                Lehrernachwuchs 610
                        Lehrermangel s.Fac 2

                        Aushilfslehrer 549
                              Schulassistent 643

                        Austauschlehrer 549
                              Auslandslehrer 549

        Lehrerberuf 609
                Lehrerbesoldung
                        Dienstwohnung des Lehrers
                            Lehrerfamilie
                Lehrerkollegium 610
                        Kollegiale Schulleitung s.Fac 8

[Forts. Lehrerkollegium]

        Schulleiter 648
            Schulleiterin

    Pflichtstundenzahl des Lehrers 629

Lehrerbildung s.Fac 44

    Berufsschullehrerbildung s.Fac 44

    Konfessionelle Lehrerbildung 603

    Lehrerbildungsgesetz s.Fac 2

    Lehrerfortbildung 610
        Hessisches Lehrerfortbildungswerk
        Lehrerbücherei

    Sonderschullehrerbildung

    Taubstummenlehrerbildung

    Volksschullehrerbildung 674

        Mittelschullehrerbildung [Österreich]

        Pädagogische Akademie
            Landschulpraktikum
            Lehrerseminar

        Primarlehrerbildung [Schweiz]

        Sekundarlehrerbildung [Schweiz]

    Zweite Phase der Lehrerbildung 681

        Junglehrerarbeitsgemeinschaft 600
            Junglehrer 600
                Lehrprobe s.Fac 11
                Mentor 619

        Studienseminar 664
            Studienseminarleiter

        Zweite Lehrerprüfung 681

Lehrerin 610

    Berufsschullehrerin 554
        Gewerbelehrerin 586

    Volksschullehrerin

Lehrerstand

    Lehrertypologie

    Lehrerverbände 610

        Arbeitsgemeinschaft Deutscher Lehrerverbände
            Gewerkschaft Erziehung und Wissenschaft

        Verband Deutscher Diplom-Handelslehrer

        Verband Deutscher Sonderschulen

        Verband Katholischer Lehrer Deutschlands

[Forts. Lehrerverbände]

Verein katholischer deutscher Lehrerinnen

Privatschullehrer 631
Sonderschullehrer s.Fac 42
 Hilfsschullehrer 596
Volksschullehrer 674

FACETTE 10
Der Schüler im Unterricht
DK 371.212+322

371.212 Der Schüler
- .1 Anmeldung. Aufnahme. Immatrikulation
- .2 Schülerauslese. Lenkung in verschiedenen Schultypen
- .3 Begabung und Schulart
- .5 Arten von Schülern
- .7 Gang des Schülers durch die Schulzeit. Versetzung
- .8 Entlassung. Exmatrikulation. Abmeldung

.322 Die Arbeit des Schülers
- .1 Hausaufgaben
- .2 Klassenaufgaben. Supervised study. Individual training
- .3 Wirkung einzelner Unterrichtsfächer und Lehrverfahren auf die Schüler. Lieblingsfächer
- .4 Schülervorträge in der Klasse
- .5 Freiwillige Arbeiten
- .6 Anleitung zu methodischer Arbeit und zu systematischem Lernen
- .7 Zusammenfassen und Festhalten des Gelernten. Notizen. Schriftliche Zusammenstellungen. Gedächtnisstützen
- .8 Analyse der Schülerarbeit
- .9 Beteiligung am Unterricht. Unaufmerksamkeit. Langeweile. Ermüdung

Schüler 641
    Arbeitshaltung des Schülers 544
        Arbeitserziehung 544
        Schüleraktivierung 641
            Freies Unterrichtsgespräch s.Fac 5
            Gemeinschaftsarbeit s.Fac 18
            Helfersystem 595
            Selbsttätigkeit s.Fac 5
                Hausaufgabe 592
                Stillarbeit 664
            Wiederholung 679
                Üben 667

    Begabung 550
        Begabtenförderung 550
            Begabungsreserven s.Fac 4
                Begabtenauslese s.Fac 14
                Begabungswandel 550
        Bildsamkeit 557
        Bildungschance 559
        Mathematisches Denken s.Fac 24
        Musikalische Begabung s.Fac 28

[Forts. Begabung]
        Sprachbegabung s.Fac 31

Denkerziehung s.Fac 5
        Denkleistung s.Fac 3a
            Begriffsbildung s.Fac 3
            Gedächtnis s.Fac 3a
        Erziehung zur Urteilsfähigkeit 574
        Intelligenz 598
            Intelligenzentwicklung s.Fac 3a

Konstitution des Schülers 603
    Haltungsfehler des Schülers 592
    Kindlicher Humor

Phantasieleben des Schülers 629
    Schöpferisches Tun s.Fac 5

Schulentlassung 645

Volksschüler 674

Leistungsfähigkeit 613
        Konzentrationsfähigkeit 603
            Leistungsstörung s.Fac 3a
                Ermüdung 570
                Faulheit des Schülers 578
                    Mogeln des Schülers
                Konzentrationsschwäche 603
                Wetterfühligkeit 679
        Schulische Leistung s.Fac 14
            Leistungsmotivation s.Fac 3a
                Schülerleistung 642

    Lernen 613
        Auswendiglernen 549
    Lernmotivation 613
        Interesse des Schülers 598
            Aufmerksamkeit 548
    Lernvorgang 614
        Lernfähigkeit 613
        Lernstörung s.Fac 3a

Schulverhalten 651
    Schulreife s.Fac 21
    Schulverdrossenheit 651
        Überforderung des Schülers 668
            Schulversager 651
                Sitzenbleiber s.Fac 42
    Schulwechsel 652

FACETTE 11
Der Lehrer im Unterricht
DK 371.213+321

- 371.213 Aufgabenverteilung auf die Lehrer
  - .1 Klassenlehrer. Klassenvorstand
  - .2 Ihre Schüler durch mehrere Klassen begleitende Lehrer. Lehrerwechsel
  - .3 Besonders mit der Erziehung beauftragte Lehrer. Mentoren. Tutoren
  - .5 Vertreter. Vertretungen
  - .8 Teamteaching. Unterricht durch eine Lehrermannschaft
- .321 Die Arbeit des Lehrers
  - .1 Aufbau der Unterrichtsstunde
  - .2 Vorbereitung auf die Stunde. Auswertung
  - .3 Diktieren des Stoffes
  - .4 Art und Weise des Unterrichts im allgemeinen, in der Klasse, im Freien usw.
  - .5 Darbietung des Stoffes
  - .6 Veranschaulichung
  - .7 Abfragen gelernter Aufgaben
  - .8 Fehlerverbesserung. Feststellung von Fehlern und besonderen Schwierigkeiten

Klassenlehrer oder Fachlehrer
        Fachlehrer 577
        Klassenlehrer 603

Schulrat und Lehrer
        Aufsichtspflicht des Lehrers 549
                Haftpflicht des Lehrers 591

Unterrichtsimpuls s.Fac 5

        Arbeitsanweisung 544

        Denkanstoß 563

            Frage im Unterricht s.Fac 5

            Lehrerfrage 610
                Schulsprache s.Fac 31
                      Erzählen im Unterricht 571

        Motivation im Unterricht 619

        Veranschaulichung 673
            Wandtafelzeichnen 678

Unterrichtsplanung 672

        Didaktische Analyse 566

            Teamteaching

            Unterrichtsnachbereitung 672

                Unterrichtstagebuch
                Klassenbuch

[Forts. Unterrichtstagebuch]

        Schulchronik s.Fac 8
    Unterrichtsvorbereitung 673
  Lehrplan s.Fac 12
Unterrichtsstunde 673
    Methodenfreiheit des Lehrers
      Lehrprobe 612
        Mentor s.Fac 9
    Unterrichtsökonomie 672
      Schulische Leistungskontrolle s.Fac 14
        Korrekturarbeit des Lehrers 603

FACETTE 12
Lehrplanfragen
DK 371.214

371.214 Lehrpläne. Studienpläne. Schulprogramme
- .1 Arten von Lehrplänen. Aufstellung von Lehrplänen. Schulprogramme
- .2 Ausführliche Lehrpläne von Einzellehrgängen
- .3 Lehrpläne für Parallelkurse
- .4 Wahlfachpläne. Wahlfachsysteme
- .5 Lehrpläne für gleichgeordnete Lehrgänge. Synthetisches System
- .6 Überladung von Lehrplänen

Bildungsfragen 560
Lehrplan 610
        Bildungseinheit 559
            Arbeitseinheiten s.Fac 15
                Unterrichtseinheit s.Fac 15
        Didaktische Analyse s.Fac 11
            Unterrichtsplanung s.Fac 11
                Unterrichtsfächer s.Fac 15
                    Differenzierung s.Fac 15
                    Kern- und Kursunterricht s.Fac 15
Richtlinien 640
        Hessische Bildungspläne
        Stundenplan 664
        Stundentafel 665
            Saarbrücker Rahmenvereinbarung 640

FACETTE 13
Schuljahr und Klassengliederung
DK 371.23+25

- 371.23 Einteilung des Schuljahres. Unterrichtsabschnitte. Semester (Anzahl, Dauer, Verteilung)
  - .233 Reisen. Ausflüge. Exkursionen
  - .235 Ferien. Zeitweilige Schließung von Anstalten
  - .237 Zeitweiliger Schüleraustausch zwischen Schulen des gleichen Landes
  - .239 Schulfeiern. Schulfeste
- .25 Studiendauer. Klassenfrequenz. Aufgliederung

Differenzierung 566
    Gruppenunterricht 588
        Gruppenunterricht oder Frontalunterricht
          Soziogramm s.Fac 6
    Individualisierung 597
        Dalton-Plan 563
    Jenaplan 599
    Kern- und Kursunterricht 601
    Leistungsgruppen 613
        Schülerarbeitsgemeinschaft 642
Fünftagewoche im Schulwesen 581
Relativer Schulbesuch s.Fac 2
    Klassenfrequenz 602
        Jahrgangsklasse 599
        Kleinklasse 603
    Schüleraustausch
Schule als Lebensraum 644
    Schulleben 648
        Schulausstellung 643
        Schulfeier 645
          Schulentlassungsfeier
        Schulpause 649
          Schulfrühstück 646
        Schulspiel 650
          Schulische Weihnachtsfeier 647
            Weihnachtsspiel 678
        Schulwandern 652
          Schulausflug 643
          Wandertag 678
        Schulwohnstube 655

Schuljahrsbeginn 648
          Ferienordnung 578
                    Ferienarbeit des Schülers   s.Fac 2
          Kurzschuljahre [1966/67]

FACETTE 14
Schülerbeurteilung und Prüfungswesen
DK 371.26+27

- 371.26 Schülerbeurteilungsverfahren. Schülerkontrollverfahren
- .261 Zensuren. Noten. Nummern. Punkte. Credits. Sitzrangordnungen
- .262 Schulzeugnisse
- .263 Schulleistungstests. Kombinierte Bewertungsverfahren
- .264 Verfahren zur psychologischen Erkenntnis des Schülers
- .266 Beobachtungsverfahren zur Charakterprüfung
- .267 Schülerbeobachtungsbogen. Charakteristiken. Individualbogen. Individualitätenlisten. Personalbogen
- .268 Mündlicher und schriftlicher Verkehr zwischen Lehrern und Eltern. Ordnungshefte. Testate. Teilnahmebescheinigungen. Informationsbüchlein. Verkehrshefte

- .27 Prüfungswesen. Berechtigungswesen. Wettbewerbe
- .272 Prüfungsberechtigte Schulen
- .273 Prüfungsgebühren
- .274 Mündliche Prüfungen
- .275 Schriftliche Prüfungen
- .276 Praktische Prüfungen
- .277 Prüfungen unter besonderen Umständen
- .278 Wettbewerbe
- .279 Sonstige Fragen des Prüfungswesens

Prüfungswesen 632
    Begabtenauslese 550
        Aufnahmeprüfung 548
        Begabtenförderung s.Fac 10
        Probeunterricht 631
    Hochschulreife 596
        Fachschulreife 578
        Reifeprüfung 638
            Abitur 541
                Reifeprüfungsaufsatz s.Fac 30
    Mittlere Reife 619
    Prüfungsangst 632
        Schulangst 643
    Schulreife s.Fac 21
    Versetzung 674
        Nichtversetzung 623
            Zurückstellung des Schulanfängers s.Fac 21
    Zeugnis 681
Schülerbeurteilung 642
    Intelligenzdiagnose s.Fac 3a

[Forts. Intelligenzdiagnose]

           Rorschach-Test s.Fac 3a

    Psychodiagnostik s.Fac 3a
           Charakterbeurteilung s.Fac 3a
                  Persönlichkeitstest s.Fac 3a

    Schülerbeobachtung 642
           Schülerbeobachtungsbogen 642

    Test s.Fac 3a
           Schulleistungstest 648
                  Schulreifetest s.Fac 21

Schulische Leistung 646

    Leistungsmessung 613

        Leistungsbeurteilung 613
                Notengebung 623

        Schulische Leistungskontrolle 647

            Hausaufgabe s.Fac 10

            Jahresarbeit

            Klassenarbeit 602
                  Diktat s.Fac 31

Schülerleistung s.Fac 10

Schulische Leistungssteigerung 647

Schulischer Leistungsrückgang 647

FACETTE 15
Allgemeine Unterrichtsformen
DK 371.3

- 371.3 Lehrverfahren. Unterrichtsformen. Formen des Bildungserwerbs
- .31 Unterrichtsformen (z.B. programmierter Unterricht)
- .311 Einzelunterricht. Gemeinsamer Unterricht
- .313 Erlebnisunterricht ("Teilnahme")
- .314 Gesamtunterricht
- .315 Unterricht nach der Behandlung des Stoffes
- .32 Das Unterrichten im allgemeinen
- .33 Mündlicher Unterricht. Lehrgänge. Vorträge. Kollegs
- .331 Dozieren. Kollegs. Vorträge. Vorlesungen
- .332 Gebundenes Lehrgespräch. Klassengespräch
- .333 Audiovisuelle Methoden s.a. 371.68
- .334 Diskussionsmethoden. Seminare
- .335 Anschauungsunterricht
- .336 Lehrgänge. Kurse
- .38 Bildungserwerb durch praktisches Tun
- .381 Handarbeit. Werkstattarbeit
- .382 Spiel
- .383 Künstlerische Veranstaltungen
- .384 Wettbewerbe
- .385 Selbsttätigkeit in bezug auf die Praxis
- .386 Selbsttätigkeit in bezug auf die Außenwelt
- .387 Sammeltätigkeit. Sammelarbeiten
- .388 Praktische Tätigkeiten. Laboratoriumsarbeiten
- .39 Sonstige Lehrverfahren und Unterrichtsformen. Nachhilfeunterricht

Unterricht 668
    Gymnasialunterricht s.Fac 40
        Philosophieunterricht 629
    Innere Schulreform s.Fac 2
        Arbeitsschulunterricht 547
        Differenzierung s.Fac 13
          Gruppenunterricht s.Fac 13
          Konzentrationsunterricht 603
            Epochalunterricht 569
            Exemplarischer Unterricht 577
        Ganzheitliche Bildung 581
          Ganzheitsunterricht 581
            Gesamtunterricht und Ganzheitsunterricht
    Gesamtunterricht 584
        Freier Gesamtunterricht 579
          Gegenwartsnaher Unterricht 582
          Gesamtunterricht und Fachunterricht 584
          Natürlicher Unterricht 622

[Forts. Innere Schulreform]
        Lebensnaher Unterricht 608
                Lebenspraktischer Unterricht s.Fac 35
                        Polytechnische Bildung s.Fac 35

Nachhilfeunterricht 621
Realschulunterricht s.Fac 40
Sachunterricht 640
        Naturwissenschaftlicher Unterricht 623
Sonderschulunterricht s.Fac 42
Unterrichtsfächer 670
Unterrichtsforschung s.Fac 1
Unterrichtsgestaltung 671
        Arbeitsmittel im Unterricht 546
                Programmiertes Lernen 632
                        Programmierte Instruktion 632
        Gesprächserziehung in der Schule 586
                Diskussion im Unterricht 566
                Unterrichtsgespräch 671
                      Fragestunde
                      Freies Unterrichtsgespräch 579
        Lehrwanderung 612
                Studienfahrt 664
                Unterrichtsgang 671
        Schulfeier s.Fac 13   -
                Handpuppenspiel im Unterricht
                Laienspiel im Unterricht 605
        Unterrichtseinheit 670
                Arbeitseinheiten 544
                Projektmethode 632
                      Vorhaben 677
        Vorlesen im Unterricht 677
Unterrichtsstunde s.Fac 11
Volksschulunterricht 675
        Grundschulunterricht s.Fac 39
                Anschauungsunterricht 544
        Landschulunterricht s.Fac 38

FACETTE 16
Schuldisziplin, Schülermitverwaltung

DK 371.5

- 371.5 Schulordnung. Disziplin als Erziehungsmittel
- .51 Schulordnung. Verhaltungsmaßregeln. Vorschriften
- .52 Anwesenheit. Zuspätkommen. Regelmäßigkeit des Schulbesuches
- .53 Belohungen. Prämien. Preise. Vergünstigungen. Ehrenurkunden
- .54 Strafen. Disziplinarverfahren. Sonderrechtsprechungen im Schulwesen
- .541 Autoritäre Erziehung oder freiwillige Einordnung
- .542 Disziplinarverfahren. Vorladung. Disziplinarstrafen
- .543 Schulstrafen
- .55 Körperliche Züchtigung
- .57 Mit der Aufrechterhaltung der Ordnung beauftragte Schüler. Klassenordner. Obleute. Vertrauensleute. Sprecher
- .59 Schülermitverwaltung. Mitarbeit der Schüler in der Leitung der Schule

Autorität 549
    Autorität und Freiheit 549
        Erziehung und Freiheit 574

    Erziehungskrise 575
        Erziehungsfehler 575
            Autoritätskrise 550

    Pädagogische Autorität 625
        Autorität des Lehrers 549
            Autorität und Partnerschaft 550

Erziehungsmittel 575
    Disziplin 566
        Schulische Ordnungsformen 647
            Pädagogischer Führungsstil 627
                Pädagogischer Takt s.Fac 6
        Schuldisziplin 644
            Autorität und Disziplin 549

    Ermutigung 570

    Gewöhnung 586
        Anpassung 543
            Gehorsam 582

    Strafe 664
        Schulstrafe 651
            Körperliche Züchtigung 603
                Züchtigungsrecht 681

Schülermitverantwortung 643
    Erziehung zur Verantwortung s.Fac 6
    Schülermitverwaltung 643
        Schülerzeitschrift 643

FACETTE 17
Schulgebäude
DK 371.61/.63

- 371.61 Lage von Schulen. Grundstücke
  - .612 Schulstädte
  - .613 Campus
  - .616 Schulhöfe. Schulspielplätze. Schulsportplätze
  - .617 Schulgärten
  - .618 Schulgüter. Schulfelder. Schulwälder

- .62 Schulgebäude. Schulräume
  - .621 Gemeinschaftliche Räume. Leseräume. Studienräume. Arbeitsräume
  - .622 Räume für Schulmuseen und Schulbüchereien
  - .623 Einrichtung für praktische Übungen
  - .624 Turnhallen. Gymnastikräume. Schwimmbäder
  - .625 Sonstige Räume
  - .626 Sanitäre Einrichtungen

- .63 Schulmöbel. Künstlerische Gestaltung der Schulen

Schulbau 643
    Schulbauplanung
        Schulgebäude 646
            Schulgarten   s.Fac 27
            Schulmöbel
            Schulwald   s.Fac 27
            Sportanlage   s.Fac 29
                Schulturngarten   s.Fac 29

Schulraumnot

FACETTE 18
Sammlungen, Geräte, Lernspiele
DK 371.64/.66+69

- 371.64 Büchereien
- .643 Schülerbüchereien
- .644 Lehrerbüchereien
- .649 Elternbüchereien
- .65 Museen und Sammlungen
- .66 Wissenschaftliche Instrumente und Sammlungen
- .69 Realien. Modelle. Lernspiele
- .691 Realien, Rohstoffe als Lehrmittel
- .692 Unterrichtliche Hilfsmittel zur Bearbeitung bzw. Verarbeitung
- .693 Modelle und Simulatoren
- .694 Lernmaschinen
- .695 Lernspiele

Arbeitsmittel 545
    Arbeitsheft 544
        Merkheft 619
    Biologielehrmittel s.Fac 27
    Chemielehrmittel s.Fac 26
    Deutschlehrmittel s.Fac 30
    Englischlehrmittel s.Fac 31
    Erdkundelehrmittel s.Fac 33
        Heimatkundelehrmittel s.Fac 33
        Sandkasten 640
    Fremdsprachenlehrmittel s.Fac 31
    Geschichtslehrmittel s.Fac 34
    Mathematiklehrmittel s.Fac 24
        Rechenlehrmittel s.Fac 24
    Nachschlagekartei 621
        Arbeitsmappe 545
            Arbeitsblätter 544
    Physiklehrmittel s.Fac 25
    Politiklehrmittel s.Fac 23
    Relief 638
    Schülerbücherei 642
        Schülerbücherei im Unterricht
            Arbeitsbücherei 544
            Klassenbücherei 602
    Sportlehrmittel s.Fac 29
    Wandtafel

[Forts. Wandtafel]
            Hafttafel 592
                    Flanelltafel 579
Lernspiel 614
        Unterrichtsspiel 672
                Rechenspiele s.Fac 24
Museumsbesuch 620
Schulische Ausstellung 646
        Lehrmittelausstellung 610
                Biologische Lehrmittelsammlung s.Fac 27

FACETTE 19
Gedruckte Medien
DK 371.67

   371.67   Gedruckte Lehr- und Lernmittel
      .671   Schulbücher. Zeitschriften. Zeitungen
      .672   Bilder. Reliefs
      .673   Kartographische Lehrmittel

Briefmarke im Unterricht
Graphische Darstellung 587
Jugendbuch im Unterricht 599
Nachschlagewerke 621
        Nachschlagewerke im Unterricht
        Wörterbuch
              Wörterbuch im Unterricht 680
Schulbuch 643
        Deutschlehrmittel s.Fac 30
            Bilderbuch im Unterricht s.Fac 21
            Leselernmittel s.Fac 21
                Fibel s.Fac 19
            Schuldruckerei 644
        Lehrprogramm 612
        Politiklehrmittel s.Fac 23
        Sachbuch 640
            Sachbuch im Unterricht 640
        Schulbuch im Unterricht 644
Unterrichtsbild 670
Zeitung im Unterricht 681
        Zeitungslektüre s.Fac 23
            Schülerzeitschrift s.Fac 16

FACETTE 20
Technische Medien
DK 371.68

   371.68   Audiovisuelle Lehrmittel s.a. 371.333
      .683   Schall- und Tonaufzeichnungen
      .684   Rundfunk
      .686   Film und Projektion
      .687   Fernsehen

Technische Lehrmittel 665
        Audiovisuelle Bildungsmittel 548
                Bildungsfernsehen 559
                      Schulfernsehen 645

                Spielfilm im Unterricht 661
                      Unterrichtsfilm 670
        Bildstelle 557
                Bildarchiv 557
                      Lichtbild 615
                            Lichtbild im Unterricht 615
                                Lichtbild/Film im Unter-
                                richt 615

                Bildwerfer 560
        Bildstellenleiter
        Programmiertes Lernen s.Fac 15
                Kybernetische Maschinen 605
                    Lehrgerät 610
        Schallplatte im Unterricht 640
        Schulfotografie 646
        Schulfunk 646
        Sprachlabor s.Fac 31
        Tonband 667
                Tonband im Unterricht 667
                      Tonbildschau 667

FACETTE 21
Vorschulerziehung und Anfangsunterricht
DK 372.3/.4 + 373.2

- 372.3 Beschäftigungen im Vorschulalter
  - .32 Umgebung. Ihre Bedeutung für die Erziehung
  - .36 Ausbildung der Sinne. Bewegungsübungen
  - .4 Anfangsunterricht
  - .41 Anfangsgründe des Lesens. Erstleseunterricht
  - .45 Anfangsgründe des Schreibens
  - .46 Anfangsgründe der Grammatik
  - .47 Anfangsgründe des Rechnens
  - .48 Erste Orientierung in Raum und Zeit. Heimatkundlicher Sachunterricht
- 373.2 Formen der vorschulischen Erziehung. Kindergärten usw.
  - .21 Organisation des Unterrichts
  - .22 Säuglingskrippen und ähnliche Einrichtungen
  - .23 Kleinkindergärten. Nursery schools
  - .24 Kindergärten
  - .25 Sonderkindergärten
  - .29 Übergänge zur ersten Schulstufe

Anfangsunterricht 543
    Erstleseunterricht 570
        Leselernmittel 615
            Bilderbuch im Unterricht 557
            Fibel 579
                Fibel im Unterricht
                    Eigenfibel
        Leselernpsychologie 615
            Leselehrmethoden 614
                Ganzheitliches Lesenlernen 581
                    Ganzwortlesemethode
                Schreibleseunterricht 641
                    Sprechspur 664

    Erstrechenunterricht 570
        Ganzheitliches Rechnen 581
        Rechenfibel

    Schreibenlernen 641

    Schulanfang 643
        Schulaufnahme 643
            Schulanfänger 643
                Erster Schultag 570

Kindergarten 601
    Kindergärtnerin s.Fac 9
    Kindergarten und Schule 601
        Schulkindergarten 648
            Sonderkindergarten s.Fac 42
    Kindergartenkind 601
        Spielerziehung s.Fac 45
        Spielverhalten des Kindes
            Kinderspiel s.Fac 45
                Spielzeug s.Fac 45
        Vorschulischer Unterricht 677
            Kleinkindlesen 603
            Montessori-Pädagogik 619
    Kinderhort 602
Schulreife 650
    Schulreifetraining 650
    Schulreifeuntersuchung
        Schulreifefeststellung
            Schulunreife 651
                Zurückstellung des Schulanfängers 681
        Schulreifetest 650

FACETTE 22
Religionsunterricht
DK 372.82

Religionsunterricht 639
    Bibelunterricht 557
        Bibelkatechese 557
            Bibelexegese 557
        Bibelunterricht Altes Testament 557
        Bibelunterricht Neues Testament 557
    Evangelische Unterweisung 577
        Evangelischer Religionsunterricht 577
        Evangelischer Schulgottesdienst 577
        Konfirmandenunterricht
        Schule und Evangelische Kirche   s.Fac 2
    Katechismusunterricht 600
        Katechese 600
            Bildkatechese
            Katholischer Katechismus
    Katholischer Religionsunterricht 600
        Katholische Kindermesse
        Liturgische Erziehung 616
            Kirchenjahr
        Schule und Katholische Kirche   s.Fac 2
    Kirchengeschichtsunterricht
        Kirchengeschichte
    Kirchenlied
    Religiöse Erziehung 638
        Gebetserziehung 582
            Kindergottesdienst 601
            Schulandacht 643
            Schulgebet 646
        Gewissensbildung s.Fac 6
        Religiöse Entwicklung
        Religiöses Erleben 639
Religionslehrer
Religionslehrmittel 639
Religionswissenschaft 639
        Evangelische Theologie 577

FACETTE 23
Politikunterricht
DK 372.832

Politische Bildung 630
        Gegenwartskunde 582
                Geschichtsunterricht und Politische Bildung 585
                      Gemeinschaftskunde 583
                          Zeitgeschichtsunterricht s.Fac 34
                            Völkerkunde s.Fac 33
                          Zeitgeschichte s.Fac 34
    Politik 629
        Politische Erziehung s.Fac 6
            Erziehung zur Freiheit s.Fac 6
            Erziehung zur Toleranz s.Fac 6
            Sozialkunde 659
                Sozialerziehung s.Fac 6
                    Sozialverhalten s.Fac 7
                Sozialkundelehrer 659
            Staatsbürgerliche Erziehung [Berufsschule] 664
        Rechtserziehung s.Fac 6
            Rechtskunde 637
                Verkehrsunterricht 674
                    Verkehrserzieher
                    Verkehrslehrmittel
    Politiklehrmittel 630
        Zeitung im Unterricht s.Fac 19
            Zeitungslektüre 681
Staatsbürgerkunde [DDR] 664

FACETTE 24
Mathematikunterricht
DK 372.851

Mathematikunterricht 617
    Geometrieunterricht 583
        Geometrie 583
            Abbildungsgeometrie 541
                Kegelschnitte 601

            Analytische Geometrie 543
            Darstellende Geometrie 563

            Vektorrechnung 673

        Geometrielehrmittel 583

        Raumwahrnehmung 635
            Raumerleben

    Mathematik 617
        Algebra 542

        Analysis 542

        Angewandte Mathematik 543
            Wahrscheinlichkeitsrechnung 678
                Mathematische Statistik 618
            Wirtschaftsmathematik 679

        Mathematische Logik 618
            Mathematische Beweistheorie 618
            Mengenlehre 618

Mathematiklehrer

Mathematiklehrmittel 617
    Rechenlehrmittel 636
        Mathematiklehrbuch
            Rechenbuch 636
                Rechenfibel s.Fac 21

        Rechenspiele 637

        Rechenstab

Mathematisches Denken 618
    Rechenleistung 636
        Rechenschwäche

Rechenunterricht 637
    Algebraunterricht 542
        Bruchrechnen 562
            Prozentrechnen 632

[Forts. Algebraunterricht]

    Rechenoperationen 637

    Sachrechnen 640

        Fachrechnen 578

Grundschulrechnen 587

    Einmaleins 567

    Erstrechenunterricht s.Fac 21
        Zahlbegriffsbildung 680

    Ganzheitliches Rechnen s.Fac 21

Rechenfertigkeit 636
    Rechenübung 637

Sonderschulrechnen 657

FACETTE 25
Physikunterricht
DK 372.853

Physikunterricht 629
        Astronomieunterricht 548
                Astronomie 548
                Astronomielehrmittel
                Astrophysik 548
    Naturlehre 622
    Physik 629
        Atomphysik 548
            Atomtechnik
                Atomtechnik im Unterricht 548
            Physikalische Chemie s.Fac 26
            Quantentheorie 635
            Radioaktivität 635
        Geophysik 584
            Mineralogie s.Fac 26
        Magnetismus 617
            Elektrizitätslehre 567
                Elektrolyse 567
                Elektromagnetische Wellen 567
                      Hochfrequenztechnik 596
                Elektrostatik
                Elektrotechnik 567
                    Automation 549
                    Rechenautomat 636
        Mechanik 618
        Relativitätstheorie
        Wärmelehre 677
        Wellenlehre 678
            Optik 624
            Schwingungslehre 655
                Akustik 542
        Weltraumtechnik
    Physik- und Chemielehrer
    Physikalische Experimente 629
        Physikalisches Experimentiergerät
    Physiklehrmittel 629
        Physiklehrbuch
    Physiklehrplan
    Technische Bildung s.Fac 35
    Wetterkunde s.Fac 33

FACETTE 26
Chemieunterricht
DK 372.854

Chemieunterricht 562
    Chemie 562
           Anorganische Chemie 543
                Mineralogie
                Physikalische Chemie 629
           Chemische Analyse 562
           Chemische Bindung 562
           Chemotechnik 564
           Organische Chemie 624
                Biochemie s.Fac 27
                Nahrungsmittelchemie s.Fac 36
    Chemielehrmittel 562
        Chemielehrbuch
    Chemielehrplan
    Chemische Experimente 562
        Chemisches Experimentiergerät 563
    Naturlehre s.Fac 25
    Physik- und Chemielehrer s.Fac 25

FACETTE 27
Biologieunterricht
DK 372.857

Biologieunterricht 561
    Biologie 560
        Abstammungslehre 541
        Biochemie 560
            Vererbungslehre 673
        Lebensgemeinschaft 607
            Bodenbiologie 561
                Meeresbiologie 618
        Mikrobiologie 619
        Pflanzenkunde 628
            Pflanzengeographie
            Pflanzenphysiologie 628
        Tierkunde 667
            Insektenkunde 598
                Insektenschädlinge 598
            Tierphysiologie 667
            Tierverhalten 667
            Vogelkunde 674
        Verhaltensforschung s.Fac 3a
    Biologielehrer 560
    Biologielehrmittel 560
        Biologielehrbuch
        Biologische Lehrmittelsammlung
        Mikroskop im Unterricht 619
            Mikrofotografie
            Mikroprojektion
        Schulgarten 646
            Schulgartenunterricht [DDR]
            Schulherbarium
            Schulwald
        Schulvivarium 652
            Schulaquarium
            Schulterrarium
    Biologielehrplan 561
    Biologische Experimente 561
    Biologische Lehrwanderung 561

[Forts. Biologische Lehrwanderung]

          Naturbeobachtung 622
                Naturerleben des Schülers

Menschenkunde 618

          Geschlechtserziehung s.Fac 7
                Geschlechtserziehung in der Schule

          Gesundheitslehre 586

Naturschutz im Unterricht 622
        Naturschutz 622
              Tierschutz 667
                      Vogelschutz

FACETTE 28
Musikunterricht
DK 372.878

Musikunterricht 620
    Ganzheitlicher Musikunterricht
    Instrumentalspiel 598
        Hausmusik 593
           Volksmusik 674
        Jugendkonzert 599
           Schulorchester 649
        Musikalisches Spiel 620
           Schuloper 648
        Musikinstrument 620
           Blockflötenspiel
           Musikinstrumentenbau
           Orff-Schulwerk 624
    Liedpflege 615
        Gesangunterricht 584
           Chormusik
               Chorgesang 563
                  Schulchor 644
           Stimmbildung
           Volkslied 674
               Volkslied im Musikunterricht
                  Kinderlied
           Weihnachtslied
               Weihnachtliches Singen 678
Musikerzieher 620
Musiklehrmittel 620
    Musiklehrbuch
    Notenschrift 624
Musiklehrplan
Musikpädagogische Forschung 620
    Musikalische Fähigkeit
        Musikalische Begabung 620
    Musikalischer Kitsch 620
        Schlager
           Schlager im Musikunterricht
    Musische Erziehung 621
        Musikerziehung 620
           Musikalisch-Rhythmische Erziehung 620
               Volkstanz 677

[Forts. Musikpädagogische Forschung]
   Singbewegung
Musikwissenschaft 621
   Musikgeschichte 620
     Jazz
       Jazz im Musikunterricht 599
     Neue Musik
       Neue Musik im Unterricht 623
   Musiksoziologie

FACETTE 29
Sportunterricht
DK 372.879.6

Bewegungslehre 557
    Bewegungserziehung 557
        Schulsport 651
            Leibeserzieher 612
                Turnlehrer 667
    Leibeserziehung 612
        Bewegungsspiel 557
            Ballspiel
            Boxen in der Schule
            Volkstanz s.Fac 28

        Bundesjugendspiele

        Leichtathletik 613

        Schwimmunterricht 655

        Sport 661
            Sportlehrmittel 661
                Schulturngarten 651
                Spielplatz 661
                Sportanlage 661
                Turngerät

        Skiunterricht

        Turnunterricht 667

            Bodenturnen

            Geräteturnen 584
                Turngerät

            Mädchenturnen 617

            Sonderturnen 658
                Haltungsfehler des Schülers s.Fac 10

Motorik s.Fac 5
    Körperliche Erziehung 603

Rhythmische Erziehung 639
    Rhythmische Bewegungserziehung 639
        Eurhythmie 577
        Gymnastik 591
        Musikalisch-Rhythmische Erziehung s.Fac 28

FACETTE 30
Literatur- und Deutschunterricht
DK 372.84 + 880.3

Deutschunterricht 564
    Aufsatzunterricht 548
        Ausdrucksschulung 549
            Aufsatz 548
                Reifeprüfungsaufsatz
        Sprachentfaltung s.Fac 31
        Sprachliche Ausdrucksfähigkeit s.Fac 31
            Wortschatzpflege s.Fac 31
        Stilbildung 664
            Stiltypen 664
                Altersmundart s.Fac 31
    Deutschlehrer
    Deutschlehrmittel 564
        Ganzschrift 581
            Ganzschrift im Unterricht 581
            Lesebogen 614
        Lesebuch 614
            Lesebuch im Unterricht
            Lesebuchillustration 614
            Lesebuchkritik 614
    Literarische Erziehung 616
        Dichtung im Unterricht 565
            Drama im Unterricht 566
                Schultheater 651
            Epische Kurzformen 569
                Anekdote im Unterricht
                Essay 576
                Fabel im Unterricht
                Satire im Unterricht
            Gegenwartsliteratur im Unterricht 582
                Arbeiterdichtung im Unterricht
                Gegenwartsdrama im Unterricht
                Gegenwartslyrik im Unterricht
                Hörspiel im Deutschunterricht 597
                Kurzgeschichte im Unterricht 605
                Roman im Unterricht
            Literaturkritik im Unterricht 616
                Interpretation im Unterricht 599
                Literaturgeschichte im Unterricht 616
        Lyrik im Unterricht 616

[Forts. Lyrik im Unterricht]

        Ballade im Unterricht
        Kindergedicht im Unterricht 601

Märchen im Unterricht 617

    Märchenpädagogik 617
        Märchenerzählen
        Märchenfilm

    Märchenpsychologie 617

Novelle im Unterricht 624

Volksdichtung 674

    Märchen

    Sage
        Sage im Unterricht

    Schwank
        Schwank im Unterricht 655

    Sprichwort
        Sprichwort im Unterricht

    Rätsel im Deutschunterricht

Lesepsychologie 615

    Lesestörung 615
        Legasthenie 608
            Legastheniebehandlung 608
            Legasthenikerklasse
            Lesetest 615
        Lese-Rechtschreibschwäche 614

    Lesevorgang 615
        Lektürewirkung 613
            Leseinteresse 614
            Lesewut 615

Leseunterricht 615
    Erstleseunterricht s.Fac 21
    Lektüreplan 613
    Lesen 615
        Vorlesen im Unterricht s.Fac 15

Literaturpädagogik s.Fac 41
    Literaturpädagogik in der Schule
        Jugendbuch 599
            Jugendbuchbeurteilung
            Kinderbuch 601
            Tierbuch 666

Literaturunterricht [DDR]

Muttersprachlicher Unterricht s.Fac 31
    Sprachunterricht s.Fac 31
        Deutsche Grammatik s.Fac 31
        Deutsche Sprache s.Fac 31

Rechtschreibunterricht 637

[Forts. Rechtschreibunterricht]
        Rechtschreibleistung 637
            Diktat 566
                Rechtschreibfehler
            Rechtschreibschwäche 637
      Sprache und Schrift 662
            Rechtschreibreform 637
            Schriftsprache 641
            Sprechspur s.Fac 21

Literaturwissenschaft 616
    Dichtung 565
        Dichterische Symbole 565
        Dichterische Wahrheit
        Drama 566
           Gegenwartsdrama
        Lyrik 616
           Ballade
           Gegenwartslyrik
           Kindergedicht
           Poetik 629

    Erzählkunstwerk 571
        Novelle
        Roman 640

    Gegenwartsliteratur 582
        Hörspiel
        Kurzgeschichte

    Literaturkritik 616
        Interpretation 598

    Schriftsteller

FACETTE 31
Sprach- und Fremdsprachenunterricht
DK 372.88

Fremdsprachenunterricht 580

    Altsprachlicher Unterricht 542
        Altphilologe
        Griechischunterricht
        Lateinunterricht 607
            Latein 607
                Lateinische Grammatik
            Lateinische Lektüre 607
            Lateinischer Anfangsunterricht
            Lateinlehrmittel 607

Fremdsprachen 580
    Esperanto

Fremdsprachenfolge 580

Fremdsprachenlehrmittel 580
    Fremdsprachenlehrbuch 580

Fremdsprachlicher Anfangsunterricht 581

Neusprachlicher Unterricht 623

    Deutsch als Fremdsprache 564

    Englischunterricht 568
        Englandkunde 567
        Englische Lektüre
        Englische Sprache 568
            Amerikanisches Englisch
                Amerikakunde 542
        Englische Grammatik 567
        Englischer Anfangsunterricht 568
        Englischlehrmittel 568
            Englischlehrbuch

    Französischunterricht 579
        Französische Lektüre
        Französische Sprache 579
        Französischer Anfangsunterricht
        Französischlehrmittel 579

    Italienischunterricht

    Neuphilologe 623
        Englischlehrer 568

    Niederländischunterricht

[Forts. Neusprachlicher Unterricht]
					Russischunterricht 640
							Russische Sprache 640
									Russische Grammatik
							Russischer Anfangsunterricht
							Russischlehrmittel 640
									Russischlehrbuch
					Spanischunterricht
					Zweisprachigkeit
							Einsprachigkeit 567
		Sprachlabor 662
		Übersetzen 668
Sprachunterricht   663
		Grammatikunterricht 586
				Grammatik 586
		Muttersprachlicher Unterricht 621
				Mundart im Unterricht
				Schulsprache
				Sprachbetrachtung 661
						Sprachkunde 662
								Sprache und Sache 662
								Wortkunde im Unterricht 680
										Namenkunde im Unterricht
										Wortfeld im Unterricht
				Sprachbuch 661
		Sprachliche Bildung 662
				Spracherziehung 662
						Sprachpflege 663
								Fremdwort im Deutschunterricht
				Sprachliche Ausdrucksfähigkeit 662
						Gesprächserziehung 585
								Gesprächserziehung in der Schule s.Fac 15
						Laienspiel 605
								Stegreifspiel im Unterricht 664
						Sprachentfaltung 662
								Sprachschöpferischer Unterricht
								Stilbildung s.Fac 30
						Sprecherziehung im Unterricht 664
								Phonetik 629
										Sprecherziehung 664
				Wortschatzpflege 680
		Sprachpsychologie 663

[Forts. Sprachpsychologie]

    Sprachliche Entwicklung 662
        Kindersprache 602
            Wortschatz des Kindes 680
                Altersmundart 542

    Sprachverständnis 663
        Sprachbegabung 661
        Sprachgefühl 662
        Sprachverhalten 663

Sprachtheorie 663
    Sprache und Denken 661

Sprachwissenschaft 664

Deutsche Sprache 564

    Deutsche Grammatik 564

        Satzlehre 640
            Satzzeichen

        Wortarten 680
            Verblehre

        Wortfeld
            Wortfamilie

    Mundart 620
        Umgangssprache 668

    Sprachgeschichte 662

        Gegenwartssprache 582
            Fachsprachen
                Sprache und Technik 662

        Wortgeschichte
            Fremdwort
            Wortkunde 680
                Namenkunde

Sprache 661

    Sprachkritik 662

    Sprachphilosophie 663
        Sprache und Ethik 661
            Sprache und Religion 661

    Sprachrhythmus

    Sprachsoziologie 663
        Muttersprache 621
        Sprache und Politik 661

FACETTE 32
Werkunterricht
DK 372.874.2

Werkunterricht 678
        Arbeitslehre s.Fac 35
                Polytechnischer Unterricht s.Fac 35
        Werken 678
                Papierwerken 628
                Weihnachtliches Werken 678
                      Vorweihnachtliches Werken 677
        Werkraumeinrichtung 678
                Schulwerkstatt 652

FACETTE 33

Erdkunde- und Heimatkundeunterricht

DK 372.891 + 372.890.8

Erdkundeunterricht 570
    Erdkunde 569
        Allgemeine Erdkunde 542
            Geologie 583
                Geophysik s.Fac 25
            Klimakunde 603
            Landschaftsgeographie 606
                Landschaftspflege
                      Landschaftspflege im Unterricht
                Naturschutz s.Fac 27
            Wetterkunde 679
                Wetterkundelehrmittel 679
        Länderkunde 605
            Entwicklungsländer 568
                Entwicklungspolitik 568
                    Entwicklungshelfer
                    Entwicklungshilfe 568
        Meeresforschung 618
        Völkerkunde 674
        Wirtschaftsgeographie 679
            Wirtschaftskunde s.Fac 35
    Erdkundelehrmittel 569
        Bildkarte 557
        Erdkundeatlas 569
        Erdkundelehrbuch
        Globus 586
    Erdkundelehrplan
    Geographielehrer 583
    Kartenverständnis

Heimatkundeunterricht 594
    Heimat 594
        Heimatforschung 594
            Heimatgeschichte 594
        Heimaterziehung 594
            Heimaterlebnis 594
    Heimatkundelehrmittel 594
        Heimatbuch
        Sandkasten s.Fac 18
    Heimatkundliche Themen 594

FACETTE 34
Geschichtsunterricht
DK 372.893

Geschichtsunterricht 585
    Exemplarischer Geschichtsunterricht 577
    Gegenwartskunde s.Fac 23
        Zeitgeschichtsunterricht 680
            Zeitgeschichte 680
            Zeitgeschichtslehrmittel 680
    Geschichte 584
        Altertum 542
        Deutsche Geschichte 564
            Ostkunde
                  Ostkundeunterricht
                      Ostkundelehrmittel
        Kulturgeschichte 604
            Kulturkunde 604
                Kulturgeschichtliche Längsschnitte 604
            Kunstgeschichte s.Fac 37
            Musikgeschichte s.Fac 28
        Mittelalter 619
        Neuzeit
    Geschichtserzählung 584
    Geschichtsinteresse 584
        Geschichtsverständnis 585
        Zeitsinn 681
    Geschichtslehrer 585
        Geschichtslehrerbildung 585
    Geschichtslehrmittel 585
        Geschichtsatlas 584
        Geschichtsfries
        Geschichtslehrbuch 585
            Geschichtslehrbuch im Unterricht
Geschichtslehrplan
Geschichtswissenschaft 585
    Geschichtsschreibung
    Geschichtsphilosophie 585
        Geschichtsbild 584
    Vorgeschichte 677
        Archäologie

FACETTE 35
Arbeitslehre, Polytechnischer Unterricht, Wirtschaftskunde
DK 373.62

Arbeitslehre 545
    Arbeitserziehung s.Fac 10
        Schule und Arbeitswelt 644
            Berufskunde 554
                Berufsbild
                Berufsschule und Betrieb 554
                Betriebsbesichtigung 556
                Betriebspraktikum 556
                    Industriepraktikum 597
                Sozialpraktikum 659

    Bildung und Beruf s.Fac 43
        Berufserziehung und Allgemeinbildung s.Fac 43
            Schule und Wirtschaft 645
                Wirtschaftspädagogik 679
                    Wirtschaftsgeographie s.Fac 33
                    Wirtschaftskunde 679

    Lebenspraktischer Unterricht 608
        Technische Bildung 665
            Technische Elementarerziehung 665
            Werktätiger Unterricht 678

    Polytechnische Bildung 631
        Polytechnische Erziehung 631

            Grundlehrgang [DDR] 587

            Polytechnischer Lehrgang [Österreich]

            Polytechnischer Unterricht 631
                Polytechnische Lehrmittel 631
                  Polytechnisches Kabinett
                  Schulwerkstatt s.Fac 32

FACETTE 36

<u>Hauswirtschaftlicher Unterricht</u>

DK 373.65

Handarbeitsunterricht 592
        Nadelarbeit
        Technische Lehrerin 665

Hauswirtschaftsunterricht 593
        Hauswirtschaft 593
                Kochunterricht 603
                        Ernährungslehre 570
                                Nahrungsmittelchemie 621

FACETTE 37
Kunst- und Schreibunterricht
DK 373.67 + 372.800.3

Kunsterziehung 604
    Ästhetische Erziehung s.Fac 5
        Musische Lebensform s.Fac 45
            Schöpferisches Tun s.Fac 5
                Kunstverständnis 604
                Phantasie 629
                    Eidetik s.Fac 3a
                    Phantasieleben des Schülers
                    s.Fac 10

    Bildhaftes Gestalten 557
        Malen 617
           Farbenpsychologie s.Fac 3a
        Zeichenunterricht 680
            Zeichnen 680
                Zeichnerische Entwicklung 680
                    Kinderzeichnung 602
            Wandtafelzeichnen s.Fac 11

    Kunst 604
        Kunstbetrachtung 604
            Kunstgeschichte 604
                Kunsthandwerk 604
                Moderne Kunst 619

    Kunsterzieher 604
    Kunsterziehungsbewegung
    Kunstlehrmittel 604
        Gemeinschaftsarbeit 583

Schreibunterricht 641
    Kunstschriftpflege 604
    Kurzschriftunterricht s.Fac 43
    Schreibenlernen s.Fac 21
    Schreibgerät
    Schreibverhalten 641
        Graphologie s.Fac 3a
        Motorik s.Fac 5
            Linkshändigkeit 615

FACETTE 38
Allgemeinbildende Schulen
DK 373

Gesamtschule 584
Hauptschule [Österreich] 592
Tagesschulunterricht
Volksschule 674
    Berufsschule und Volksschule 554
    Grundschule s.Fac 39
    Landschule 606
        Landschulunterricht 606
            Abteilungsunterricht 541
        Landlehrer 606
            Landlehrerin
    Oberschule Praktischer Zweig 624
    Realschule und Volksschule 636
    Volksschullehrer s.Fac 9
    Volksschuloberstufe 675
        Hauptschule 592
            Hauptschule und Volksschuloberstufe
            Hauptschulunterricht 592
        Schuljahr IX und X
            Schuljahr IX 647
    Volksschulreform s.Fac 2
        Grundschulreform s.Fac 2
        Landschulreform s.Fac 2
    Volksschulunterricht s.Fac 15

FACETTE 39

Schuljahre 1 bis 4

DK 373.3

   373.3   Erste Schulstufe (Elementar-, Primarunterricht)
- .31 Organisation des Unterrichts
  373.31 wie 371
- .32 Unterstufe der ersten Stufe
- .33 Mittelstufe der ersten Stufe
- .34 Oberstufe der ersten Stufe

Grundschule 587

        Grundschuldauer

        Grundschullehrer

        Grundschulreform s.Fac 2
                Hauptschule und Grundschule

        Grundschulunterricht 587
                Allgemeinbildender Unterricht 542
                Anfangsunterricht s.Fac 21
                Ganzheitsunterricht s.Fac 15

        Unterstufenunterricht [DDR] 673

Primarschule [Schweiz] 631

FACETTE 40
Weiterführende Schulen
DK 373.4/.5

373.4 Übergänge zur zweiten Schulstufe. Übergangsklassen
.41 Organisation des Unterrichts
373.41 wie 371
.43 Übergangsklassen (z.B. Förderstufe, cycle d'observation)
.44 Besondere auf die zweite Stufe vorbereitende Einrichtungen, z.B. Vorschulen, Cours préparatoires, Preparatory Schools
.45 Auf der ersten Stufe aufbauende Schulen, die nur die Erfüllung der Schulpflicht zum Zweck haben
.47 Auf der ersten Stufe aufbauende Schulen kürzerer Dauer, deren Absolvierung einen weiteren Schulbesuch nur in sehr begrenztem Maße ermöglicht

.5 Zweite Schulstufe. Sekundarunterricht
.51 Organisation des Unterrichts
373.51 wie 371
.52 Begrenzt weiterführende Schularten der zweiten Stufe
.54 Schulen, die zur vollgültigen Hochschulreife führen
.55 Vertikale oder horizontale Verbindungen zwischen Schulgattungen (Durchlässigkeit). Einheitsschulen
.57 Verschiedene zur Hochschulreife führende Schulgattungen und Kurse
.58 Schulgattungen zwischen höheren Schulen und Hochschulen (Junior Colleges)

Gymnasium 591
    Gymnasiallehrer 589
    Gymnasialunterricht 589
        Abitur s.Fac 14
        Studientag 664
    [Gymnasium:Reform]
        Aufbaugymnasium s.Fac 4
            Aufbauklasse s.Fac 4
        Musisches Gymnasium
        Oberschule Wissenschaftlicher Zweig
        Zweiter Bildungsweg s.Fac 4
            Abendgymnasium s.Fac 4
    Gymnasium und Universität 591
    Höhere Schule 597
    Humanistisches Gymnasium 597
    Mädchengymnasium 617
        Frauenoberschule 579
        Sozialgymnasium
    Mittelschule [Schweiz]

[Forts. Gymnasium]
        Naturwissenschaftliches Gymnasium
        Neusprachliches Gymnasium
        Wirtschaftsgymnasium   679
                Wirtschaftsoberschule   s.Fac 43

Hauptschule   s.Fac 38

Realschule   635
        Ländliche Realschule
        Mädchenrealschule   617
        Mittelschule
        Realschule und Berufsschule   s.Fac 43
        Realschule und Gymnasium
                Mittelschule [Österreich]
        Realschullehrer
        Realschulreform   s.Fac 2
                Abendrealschule   s.Fac 4
                Oberschule Technischer Zweig
        Realschulunterricht   636

FACETTE 41
Außerschulische Bildungsarbeit

DK 374

374 Bildung und Erziehung außerhalb der Schule
.1 Organisatorische Formen der Selbstbildung und Bildung in Gruppen
.3 Jugendbildung
.7 Erwachsenenbildung, z.B. Volkshochschulen

Außerschulische Erziehung 549
        Berufliche Bildung s.Fac 43
            Berufsfortbildung s.Fac 43
            Berufswechsel s.Fac 43

        Erwachsenenbildung 571
            Erwachsenenbildung und Jugendbildung
            Erwachsenenbildung und Universität
            Volkshochschule 674
                Volkshochschuldozent

        Funktionale Erziehung s.Fac 6

        Musische Lebensform s.Fac 45
            Literaturpädagogik 616
            Religiöse Erziehung s.Fac 22

        Sozialerziehung 658
            Sozialpädagogik 659
                Gemeinschaftserziehung s.Fac 6

                    Familienerziehung s.Fac 4
                        Elternpädagogik s.Fac 4

                    Geschlechtserziehung s.Fac 7

              Gruppenpädagogik 588

                    Heimerziehung s.Fac 4
                        Heimerzieher s.Fac 9

                    Jugenderziehung s.Fac 6

                    Politische Erziehung s.Fac 6

FACETTE 42
Sonderschulwesen

DK 376

376 Erziehung, Bildung und Unterricht besonderer Gruppen von Personen
- .1 Organisation der Erziehung und des Unterrichts
  376.1 wie 371
- .2 Erziehung von Personen mit Körper- und Gliederbehinderungen
- .3 Erziehung von Personen mit Sinnes- und Nervenbehinderungen
- .4 Erziehung von Personen, die geistig behindert sind
- .5 Erziehung von Personen mit Anpassungsschwierigkeiten. Schwererziehbare
- .6 Erziehung von Personen in besonderen Sozialumständen
- .7 Erziehung von nationalen Sondergruppen, von Minderheiten

Heilpädagogik 593
    Heilpädagogische Psychologie 594
        Psychagogik s.Fac 3a
            Kinderpsychotherapie s.Fac 3a
                Gruppentherapie s.Fac 3a
                    Spieltherapie s.Fac 3a

Sonderschule 656

    Krankenhausschule

    Sonderberufsschule 656

    Sonderkindergarten 656

    Sonderschule für Gehörgeschädigte 656
        Gehörloses Kind 582
            Gehörlosenschule 582
                Gehörlosenberufsschule 582
        Schwerhöriges Kind 655
            Audiometrie 548
        Taubstummes Kind 665
            Taubstummenbildung 665
                Taubstummenlehrer
                Taubstummenunterricht 665

    Sonderschule für geistig Behinderte 657
        Geisteskrankheit s.Fac 3a
            Schwachsinnsformen s.Fac 3a
        Geistig behindertes Kind 582
            Schwachsinniges Kind 655

    Sonderschule für Körperbehinderte 657
        Körperbehindertes Kind 603
            Hirngeschädigtes Kind 596
                Cerebral gelähmtes Kind 562
                Spastisch gelähmtes Kind 661

[Forts. Sonderschule]

    Sonderschule für Lernbehinderte 657
        Hilfsschule 595
            Hilfsschulkind 595
                Hilfsschulbedürftigkeit 595
                Intelligenzschwäche 598
                Legasthenie s.Fac 30
                Schulunreife s.Fac 21
            Schulversager s.Fac 10
                Sitzenbleiber 656

        Ländliche Sonderschule

    Sonderschule für Schwererziehbare 657
        Sonderschulheim 657

    Sonderschule für Sehbehinderte 657
        Sehbehindertes Kind 655

        Sonderschule für Blinde 656
            Blindes Kind 561
                Blindenunterricht
            Blindheit 561

    Sonderschule für Sprachgestörte 657
        Sprachheilpädagogik 662
            Sprachheilschule 662

        Sprachstörung 663
            Stottern
            Stotterndes Kind
                Stottertherapie

Sonderschulreform s.Fac 2

Sonderschulunterricht 657
    Sonderschullehrer 657

FACETTE 43

Berufsbildung

DK 377

   377   Fachbildung. Berufsausbildung. Berufsbildende Schulen
- .1 Organisation der Bildungsarbeit
  377.1 wie 371
- .2 Ausbildung, die nicht zu qualifizierten Berufen führt (Ungelernte und Angelernte)
- .3 Ausbildung von Facharbeitern, kaufmännischen Angestellten usw. Berufsschulen. Berufsfachschulen
- .4 Fortbildung und Umschulung von Facharbeitern. (Fachschulen, Meisterschulen usw.)
- .5 Weiterführende Berufsausbildung zur Bildung von mittleren Führungskräften (cadres moyen), die im betreffenden Fachgebiet auch zur Hochschulreife führen kann. Höhere Fachschulen. Ingenieurschulen
- .6 Fachausbildung im Anschluß an die Hochschulreife, aber ohne das Ziel eines Hochschulabschlusses

Berufliche Ausbildung 551
    Berufserziehung und Allgemeinbildung 553
        Bildung und Ausbildung s.Fac 6
        Berufsausbildung 551

    Berufserziehung und Schule 553
        Berufsschulunterricht 555

           Berufskunde s.Fac 35
               Berufsfachkunde 553

           Gewerblicher Unterricht 586

           Kaufmännischer Unterricht 601
               Kaufmännische Berufsfachkunde 601
                  Kurzschriftunterricht
                  Maschinenschreiben

           Landwirtschaftlicher Unterricht 607

    Betriebliche Berufsausbildung 556
        Betriebswirtschaftlicher Unterricht 556

Fernunterricht 578

Berufliche Bildung 551
    Berufsforschung 553

        Betriebspsychologie 556
           Arbeitspsychologie 547

           Berufstätige Jugend 556
               Jungarbeiter 600
               Jungarbeiterin 600

             Technische Begabung 665

[Forts. Berufsforschung]

        Wirtschaftspädagogische Forschung 680
           Wirtschaftspädagogik s.Fac 35

  Bildung und Beruf 558

    Berufserziehung 552

      Berufsberatung s.Fac 7
        Berufseignung s.Fac 7
          Berufsfindung s.Fac 7
          Berufswahl s.Fac 7

      Berufsbewährung 552
        Berufsreife s.Fac 7

      Berufsfortbildung 554
        Berufsmöglichkeiten s.Fac 7
        Berufsnot 554

    Berufserziehung und Menschenbildung 553
      Berufsethos 553

    Erwachsenenbildung und Berufsbildung
      Betriebssoziologie 556

    Mädchenbildung s.Fac 6

Berufsbildendes Schulwesen 552

  Berufsfachschule 553

    Diplom-Handelslehrer 566

    Handelsschule 592

      Höhere Handelsschule 596
        Wirtschaftsoberschule 679
          Höhere Wirtschaftsfachschule
          s.Fac 44
          Wirtschaftsgymnasium s.Fac 40

      Private Handelsschule 631

      Schuljahr IX und Handelsschule

    Kaufmännisches Schulwesen 601
      Kaufmännische Berufsfachschule 601

  Berufsschule 554

    Berufsschule und Betrieb s.Fac 35
      Werksberufsschule

    Berufsschule und Volksschule s.Fac 38
      Berufsgrundschule 554
      Schuljahr IX und Berufsbildendes Schulwesen 648
      Schuljahr X und Berufsbildendes Schulwesen

    Berufsschulreform s.Fac 2

    Gewerbliche Berufsschule 586
      Gewerbelehrer 586

    Ländliche Berufsschule 605

[Forts. Ländliche Berufsschule]

        Landwirtschaftliche Berufsschule 607

   Mädchenberufsschule 616

        Frauenfachschule 579
            Hauswirtschaftliche Berufsschule 593

   Realschule und Berufsschule

   Schule und Wirtschaft s.Fac 35
        Kaufmännische Berufsschule 601

   Sonderberufsschule s.Fac 42
        Gehörlosenberufsschule s.Fac 42

Berufsschulgesetzgebung 554
   Berufsausbildungsgesetz 551

Berufsschullehrer 554

Fachschule 578

   Baufachschule 550

   Fachschulreife s.Fac 14
        Berufsaufbauschule 551

   Höhere Fachschulen s.Fac 44
        Ingenieurschule s.Fac 44

   Wirtschaftsschule 680
        Höhere Wirtschaftsfachschule s.Fac 44

   Zweiter Bildungsweg s.Fac 4

FACETTE 44

Hochschulwesen

DK 378

378 Wissenschaftlicher Unterricht. Hochschulwesen
- .1 Organisation des Unterrichts
- .11 Organe und Leitung von Hochschulen
- .12 Hochschullehrer und wissenschaftliches Personal
  378.12 wie 371.12
- .14 Organisation und Aufbau des Studiums
- .16 Gebäude. Ausstattung. Lehrmittel
  378.16 wie 371.6
- .17 Gesundheitspflege in Hochschulen
  378.17 wie 371.7
- .2 Grade. Berechtigungen. Diplome. Zeugnisse. Prüfungen
- .3 Stiftungen. Stipendien. Unterstützungen. Beihilfen. Studienfinanzierung
- .4 Universitäten
- .6 Fachhochschulen. Selbständige Hochschulen, Technische Universitäten usw.
  Hierher gehören alle selbständigen Hochschulen, die nicht Universitäten im traditionellen Sinne sind (auch wenn sie Universitäten genannt werden, z.B. Technische und Medizinische Universitäten)

Universität 668
 Hochschulpolitik
  Hochschullehrernachwuchs
  Hochschulreform s.Fac 2
 Hochschulrecht 596
  Hochschulgesetzgebung 596
  Hochschullehrer 596
  Hochschullehrerin
  Hochschulverwaltung 596
   Hochschulfinanzierung s.Fac 2
 Hochschulstudium 596
  Student
   Studentenbetreuung
 Lehrerbildung und Universität 610
  Lehrerbildung 609
   Lehrerbildung und Kulturpolitik s.Fac 2
   Lehrerbildungsgesetz s.Fac 2
   Pädagogische Hochschule und Universität 625
    Pädagogische Hochschule 625
     Akademische Lehrerbildung 541
    Volksschullehrerbildung s.Fac 9
     Erste Lehrerprüfung 570
     Zweite Lehrerprüfung s.Fac 9
   Pädagogische Institute
    Pädagogische Fakultät 625

[Forts. Pädagogische Institute]

                Universitätspädagoge 668

Pädagogisches Studium
        Berufsschullehrerbildung 554
            Berufspädagogisches Institut 554
            Gewerbelehrerbildung 586
            Handelsschullehrerbildung 592

        Gymnasiallehrerbildung 589
            Studienreferendar 664
            Studienseminar s.Fac 9

        Realschullehrerbildung

Schule und Universität 645
    Höhere Fachschulen 596
        Berufsfachschule s.Fac 43
        Höhere Wirtschaftsfachschule 597
            Wirtschaftsoberschule s.Fac 43
        Ingenieurschule 597

Studium generale s.Fac 6

FACETTE 45
Freizeitfragen
DK 379.8

- 379.8 Freizeitgestaltung
- .81 Allgemeine Organisation und Einrichtungen
- .82 Freizeit und Erholung zu Hause und allgemein in Räumen. Kulturelle Interessen und Betätigungen, Liebhabereien (Hobbys) und Unterhaltungen
- .83 Freizeit und Erholung außer Hause und allgemein im Freien
- .84 Erholung im Freien (entsprechend der Art der Landschaft)
- .85 Vergnügungsreisen. Touristik

Musische Lebensform 621
    Freizeit 580
        Freizeiterziehung 580
            Fernseherziehung 578
                Fernsehwirkung 578
            Filmerziehung 579
                Filmwirkung 579
                    Filmerleben 579
            Freizeiterziehung in der Schule s.Fac 6
                Filmerziehung in der Schule s.Fac 6
            Funkerziehung
        Freizeitgestaltung 580
            Jugendtourismus 600
                Jugendwandern
            Massenmedien 617
                Literaturpädagogik s.Fac 41
        Freizeitverhalten 580
    Muße 621

    Spielerziehung 661
        Handpuppenspiel 592
        Kinderspiel 602
            Spielzeug 661
      Schattenspiel 640
      Stegreifspiel 664

Liste der Facettenbegriffe

A

Abbildungsgeometrie	Fac 24-4
Abendgymnasium	Fac 4-2
Abendrealschule	Fac 4-3
Abitur	Fac 14-4
Abstammungslehre	Fac 27-3
Abteilungsunterricht	Fac 38-4
Abwehrmechanismen	Fac 3a-3
Ängstliches Kind	Fac 3a-5
Ästhetische Erziehung	Fac 5-4
Affekt	Fac 3a-4
Aggression	Fac 3a-4
Akademische Lehrerbildung	Fac 44-6
Aktivität	Fac 5-4
Akustik	Fac 25-5
Akzeleration	Fac 3a-5
Algebra	Fac 24-3
Algebraunterricht	Fac 24-3
Allgemeinbildender Unterricht	Fac 39-3
Allgemeinbildung	Fac 6-2
Allgemeine Erdkunde	Fac 33-3
Alter Mensch	Fac 3a-3
Altersmundart	Fac 31-6
Altertum	Fac 34-4
Altphilologe	Fac 31-3
Altsprachlicher Unterricht	Fac 31-2
Amerikakunde	Fac 31-6
Amerikanisches Englisch	Fac 31-5
Analysis	Fac 24-3
Analytische Geometrie	Fac 24-4
Anekdote im Unterricht	Fac 30-5
Anfangsunterricht	Fac 21-1
Angewandte Mathematik	Fac 24-3
Angst	Fac 3a-4
Anorganische Chemie	Fac 26-3
Anpassung	Fac 16-3
Anschauung	Fac 5-2
Anschauungsunterricht	Fac 15-4
Anthropologie	Fac 3-1
Anthroposophische Pädagogik	Fac 3-4
Aphasie	Fac 3a-5
Arbeiterdichtung im Unterricht	Fac 30-5
Arbeitsanweisung	Fac 11-2
Arbeitsblätter	Fac 18-4
Arbeitsbücherei	Fac 18-4
Arbeitseinheiten	Fac 15-4
Arbeitserziehung	Fac 10-3
Arbeitsgemeinschaft Deutscher Lehrerverbände	Fac 9-4
Arbeitshaltung des Schülers	Fac 10-2
Arbeitsheft	Fac 18-2
Arbeitslehre	Fac 35-1
Arbeitsmappe	Fac 18-3
Arbeitsmittel	Fac 18-1
- im Unterricht	Fac 15-3
Arbeitspsychologie	Fac 43-4
Arbeitsschulunterricht	Fac 15-3
Archäologie	Fac 34-4
Armutserlebnis	Fac 3a-4
Artikulation des Unterrichts	Fac 5-3
Asozialer Jugendlicher	Fac 7-4
Astronomie	Fac 25-3
Astronomielehrmittel	Fac 25-4
Astronomieunterricht	Fac 25-2
Astrophysik	Fac 25-4
Atomphysik	Fac 25-3
- im Unterricht	Fac 25-5
Audiometrie	Fac 42-5
Audiovisuelle Bildungsmittel	Fac 20-2
Aufbaugymnasium	Fac 4-2
Aufbauklasse	Fac 4-3
Aufmerksamkeit	Fac 10-5
- im Unterricht	Fac 5-6
Aufnahmeprüfung	Fac 14-3
Aufsatz	Fac 30-4
Aufsatzunterricht	Fac 30-2
Aufsichtspflicht des Lehrers	Fac 11-2
Ausbildungsbeihilfe	Fac 2-3
Ausdruckspsychologie	Fac 3a-3
Ausdrucksschulung	Fac 30-3
Aushilfslehrer	Fac 9-5
Auslandslehrer	Fac 9-6
Außenseiter	Fac 7-4
Außerschulische Erziehung	Fac 41-1
Austauschlehrer	Fac 9-5
Auswendiglernen	Fac 10-4
Autismus	Fac 3a-5
Automation	Fac 25-6
Autorität	Fac 16-1
- des Lehrers	Fac 16-3
- und Disziplin	Fac 16-5
- und Freiheit	Fac 16-2
- und Partnerschaft	Fac 16-4
Autoritätskrise	Fac 16-4

B

Ballade	Fac 30-4
- im Unterricht	Fac 30-5
Ballspiel	Fac 29-4
Baufachschule	Fac 43-3
Begabtenauslese	Fac 14-2
Begabtenförderung	Fac 10-3
Begabung	Fac 10-2
Begabungsreserven	Fac 2-5
Begabungswandel	Fac 10-5
Begriffsbildung	Fac 3a-5
Bekenntnisschule	Fac 2-5
Beratungslehrer	Fac 7-5

- 765 -

Berufliche Ausbildung	Fac 43-1
Berufliche Bildung	Fac 43-1
Berufsaufbauschule	Fac 43-4
Berufsausbildung	Fac 43-4
Berufsausbildungsgesetz	Fac 43-3
Berufsberater	Fac 7-2
Berufsberatung	Fac 7-1
- und Schule	Fac 7-1
Berufsbewährung	Fac 43-4
Berufsbild	Fac 35-5
Berufsbildendes Schulwesen	Fac 43-1
Berufseignung	Fac 7-5
Berufserziehung	Fac 43-3
- und Allgemeinbildung	Fac 43-2
- und Menschenbildung	Fac 43-3
- und Schule	Fac 43-2
Berufsethos	Fac 43-4
Berufsfachkunde	Fac 43-5
Berufsfachschule	Fac 43-2
Berufsfindung	Fac 7-4
Berufsforschung	Fac 43-2
Berufsfortbildung	Fac 43-4
Berufsgrundschule	Fac 43-4
Berufskunde	Fac 35-4
Berufsmöglichkeiten	Fac 7-2
Berufsnot	Fac 43-6
Berufspädagogisches Institut	Fac 44-6
Berufsreife	Fac 7-5
Berufsschule	Fac 43-2
- und Betrieb	Fac 35-5
- und Volksschule	Fac 38-2
Berufsschulgesetzgebung	Fac 43-3
Berufsschullehrer	Fac 43-2
Berufsschullehrerbildung	Fac 44-5
Berufsschullehrerin	Fac 9-3
Berufsschulreform	Fac 2-4
Berufsschulunterricht	Fac 43-3
Berufstätige Jugend	Fac 43-5
Berufswahl	Fac 7-3
- und Schule	Fac 7-3
Berufswechsel	Fac 7-2
Betriebliche Berufsausbildung	Fac 43-2
Betriebsbesichtigung	Fac 35-5
Betriebspraktikum	Fac 35-5
Betriebspsychologie	Fac 43-3
Betriebssoziologie	Fac 43-4
Betriebswirtschaftlicher Unterricht	Fac 43-3
Bettnässer	Fac 3a-6
Bewegungserziehung	Fac 29-2
Bewegungslehre	Fac 29-1
Bewegungsspiel	Fac 29-3
Bewußtsein	Fac 3a-2
Bibelexegese	Fac 22-4
Bibelkatechese	Fac 22-3
Bibelunterricht	Fac 22-2
- Altes Testament	Fac 22-3
- Neues Testament	Fac 22-3
Bildarchiv	Fac 20-3
Bilderbuch im Unterricht	Fac 21-4
Bildhaftes Gestalten	Fac 37-2
Bildkarte	Fac 33-3
Bildkatechese	Fac 22-4
Bildsamkeit	Fac 10-3
Bildstelle	Fac 20-2
Bildstellenleiter	Fac 20-2
Bildung	Fac 6-1
- und Ausbildung	Fac 6-2
- und Beruf	Fac 43-2
- und Erziehung	Fac 6-2
- und Wissenschaft	Fac 1-4
Bildungsauftrag	Fac 6-3
Bildungsbedarf	Fac 2-4
Bildungsbegriff	Fac 1-2
Bildungschance	Fac 10-3
Bildungseinheit	Fac 12-2
Bildungsfernsehen	Fac 20-3
Bildungsfinanzierung	Fac 2-2
Bildungsideal	Fac 1-5
Bildungskrise	Fac 2-3
Bildungsökonomie	Fac 2-3
Bildungsplan	Fac 12-1
Bildungsplanung	Fac 2-3
Bildungspolitik	Fac 2-1
Bildungsprogramme	Fac 2-4
Bildungstheorie	Fac 1-1
Bildwerfer	Fac 20-3
Biochemie	Fac 27-3
Biologie	Fac 27-2
Biologielehrbuch	Fac 27-3
Biologielehrer	Fac 27-2
Biologielehrmittel	Fac 27-2
Biologielehrplan	Fac 27-2
Biologieunterricht	Fac 27-1
Biologische Anthropologie	Fac 3-2
Biologische Experimente	Fac 27-2
Biologische Lehrmittelsammlung	Fac 27-3
Biologische Lehrwanderung	Fac 27-2
Blindenunterricht	Fac 42-6
Blindes Kind	Fac 42-5
Blindheit	Fac 42-5
Blockflötenspiel	Fac 28-4
Bodenbiologie	Fac 27-3
Bodenturnen	Fac 29-4
Boxen in der Schule	Fac 29-4
Bremer Plan	Fac 2-5
Briefmarke im Unterricht	Fac 19-1
Bruchrechnen	Fac 24-4
Bundesjugendspiele	Fac 29-3

C

Cerebral gelähmtes Kind	Fac 42-6
Charakterbeurteilung	Fac 3a-5
Charakterbildung	Fac 6-3
Charakterentwicklung	Fac 3a-3
Charakterkunde	Fac 3a-4
Chemie	Fac 26-2
Chemielehrbuch	Fac 26-3
Chemielehrmittel	Fac 26-2
Chemielehrplan	Fac 26-2
Chemieunterricht	Fac 26-1
Chemische Analyse	Fac 26-3
Chemische Bindung	Fac 26-3
Chemische Experimente	Fac 26-2
Chemisches Experimentiergerät	Fac 26-3
Chemotechnik	Fac 26-3
Chorgesang	Fac 28-5
Chormusik	Fac 28-4
Christliche Anthropologie	Fac 3-2
Christliche Erziehung	Fac 6-4
Christliches Menschenbild	Fac 3-3

D

Dalton-Plan	Fac 13-3
Darstellende Geometrie	Fac 24-4
Denkanstoß	Fac 11-2
Denkentwicklung	Fac 3a-4
Denkerziehung	Fac 5-6
Denkleistung	Fac 3a-5
Denkpsychologie	Fac 3a-3
Depression	Fac 3a-5
Deutsch als Fremdsprache	Fac 31-3
Deutsche Geschichte	Fac 34-3
Deutsche Grammatik	Fac 31-3
Deutsche Sprache	Fac 31-2
Deutscher Ausschuß für das Erziehungs- und Bildungswesen	Fac 2-5
Deutscher Bildungsrat	Fac 2-5
Deutsches Auslandsschulwesen	Fac 4-2
Deutschlehrer	Fac 30-2
Deutschlehrmittel	Fac 30-2
Deutschunterricht	Fac 30-1
Dialektische Pädagogik	Fac 3-5
Dialogisches Verhältnis	Fac 6-5
Dichterische Symbole	Fac 30-3
Dichterische Wahrheit	Fac 30-3
Dichtung	Fac 30-2
- im Unterricht	Fac 30-3
Didaktik	Fac 5-1
- und Methodik	Fac 5-2
Didaktische Analyse	Fac 11-2
Didaktische Fachbegriffe	Fac 5-2
Dienstwohnung des Lehrers	Fac 9-4
Differenzierter Mittelbau	Fac 4-5
Differenzierung	Fac 13-1
Diktat	Fac 30-4
Diplom-Handelslehrer	Fac 43-3
Diskussion im Unterricht	Fac 15-4
Disziplin	Fac 16-2
Drama	Fac 30-3
- im Unterricht	Fac 30-4
Durchlässigkeit	Fac 4-2

E

Eidetik	Fac 3a-4
Eigenfibel	Fac 21-6
Einheitsschule	Fac 4-3
Einklassenschule	Fac 4-3
Einmaleins	Fac 24-4
Einsprachigkeit	Fac 31-4
Elektrizitätslehre	Fac 25-4
Elektrolyse	Fac 25-5
Elektromagnetische Wellen	Fac 25-5
Elektrostatik	Fac 25-5
Elektrotechnik	Fac 25-5
Elementare Bildung	Fac 5-4
Elitebildung	Fac 6-3
Elternabend	Fac 4-3
Elternpädagogik	Fac 4-3
Elternrecht	Fac 4-2
Elternsprechtag	Fac 4-4
Elternvertretung	Fac 4-3
Englandkunde	Fac 31-4
Englische Grammatik	Fac 31-5
Englische Lektüre	Fac 31-4
Englische Sprache	Fac 31-4
Englischer Anfangsunterricht	Fac 31-4
Englischlehrbuch	Fac 31-5
Englischlehrer	Fac 31-4
Englischlehrmittel	Fac 31-4
Englischunterricht	Fac 31-3
Entwicklungsgehemmtes Kind	Fac 3a-4
Entwicklungshelfer	Fac 33-6
Entwicklungshilfe	Fac 33-6
Entwicklungsländer	Fac 33-4
Entwicklungspolitik	Fac 33-5
Entwicklungspsychologie	Fac 3a-2
Entwicklungsstörung	Fac 3a-5
Entwicklungstest	Fac 3a-4
Epileptisches Kind	Fac 3a-5
Epische Kurzformen	Fac 30-4
Epochalunterricht	Fac 15-5
Erdkunde	Fac 33-2
Erdkundeatlas	Fac 33-3
Erdkundelehrbuch	Fac 33-3
Erdkundelehrmittel	Fac 33-2

Erdkundelehrplan .... Fac 33-2
Erdkundeunterricht .... Fac 33-1
Erlebnis .... Fac 5-3
Ermüdung .... Fac 10-5
Ermutigung .... Fac 16-2
Ernährungslehre .... Fac 36-4
Erste Lehrerprüfung .... Fac 44-6
Erster Schultag .... Fac 21-5
Erstleseunterricht .... Fac 21-2
Erstrechenunterricht .... Fac 21-2
Erwachsenenbildung .... Fac 41-2
- und Berufsbildung .... Fac 43-3
- und Jugendbildung .... Fac 41-3
- und Universität .... Fac 41-3
Erzählen im Unterricht .... Fac 11-5
Erzählkunstwerk .... Fac 30-2
Erziehender Unterricht .... Fac 4-1
Erzieher .... Fac 9-1
Erzieherpersönlichkeit .... Fac 9-1
Erziehung .... Fac 6-1
- und Freiheit .... Fac 16-3
- und Weltanschauung .... Fac 6-2
- zum Verzicht .... Fac 7-4
- zur Ehrfurcht .... Fac 6-4
- zur Freiheit .... Fac 6-4
- zur Hilfsbereitschaft .... Fac 6-5
- zur Menschlichkeit .... Fac 6-6
- zur Persönlichkeit .... Fac 6-4
- zur Selbständigkeit .... Fac 5-3
- zur Toleranz .... Fac 6-4
- zur Urteilsfähigkeit .... Fac 10-3
- zur Verantwortung .... Fac 6-4
- zur Verinnerlichung .... Fac 6-4
- zur Wahrhaftigkeit .... Fac 6-4
Erziehungsbegriff .... Fac 1-3
Erziehungsberatung .... Fac 7-1
Erziehungsberatungsstelle ..... Fac 7-2
Erziehungsfehler .... Fac 16-3
Erziehungsgeschichte .... Fac 3-2
Erziehungsgrundsätze .... Fac 6-3
Erziehungsheim .... Fac 4-3
Erziehungskrise .... Fac 16-2
Erziehungsmittel .... Fac 16-1
Erziehungsschule .... Fac 4-1
Erziehungsschwierigkeit .... Fac 7-2
Erziehungssituation .... Fac 6-2
Erziehungswirklichkeit .... Fac 6-3
Erziehungsziel .... Fac 6-2
Esperanto .... Fac 31-3
Essay .... Fac 30-5
Eßstörung .... Fac 7-5
Ethische Erziehung .... Fac 6-2
Eurhythmie .... Fac 29-4
Europäische Erziehung .... Fac 6-3
Europäische Schulen .... Fac 4-3

Evangelische Schulerziehung ... Fac 6-5
Evangelische Theologie .... Fac 22-3
Evangelische Unterweisung ..... Fac 22-2
Evangelischer Religionsunter-
  richt .... Fac 22-3
Evangelischer Schulgottesdienst Fac 22-3
Exemplarischer Geschichtsunter-
  richt .... Fac 34-2
Exemplarischer Unterricht ..... Fac 15-5
Existentielle Pädagogik .... Fac 3-6

F

Fabel im Unterricht .... Fac 30-5
Fachlehrer .... Fac 11-2
Fachrechnen .... Fac 24-5
Fachschule .... Fac 43-2
Fachschulreife .... Fac 14-3
Fachsprachen .... Fac 31-5
Fahrschüler .... Fac 2-5
Faktorenanalyse .... Fac 3a-5
Familie .... Fac 6-4
Familienerziehung .... Fac 6-3
Farbenblindheit .... Fac 3a-4
Farbenpsychologie .... Fac 3a-3
Faulheit des Schülers .... Fac 10-5
Ferienarbeit des Schülers ..... Fac 2-6
Ferienordnung .... Fac 13-2
Fernseherziehung .... Fac 45-4
Fernsehwirkung .... Fac 45-5
Fernunterricht .... Fac 43-2
Fibel .... Fac 21-4
- im Unterricht .... Fac 21-5
Filmerleben .... Fac 45-6
Filmerziehung .... Fac 45-4
- in der Schule .... Fac 6-4
Filmwirkung .... Fac 45-5
Flanelltafel .... Fac 18-4
Flüchtlingskind .... Fac 7-5
Förderstufe .... Fac 4-4
Formale Bildung .... Fac 1-6
Formalstufen .... Fac 5-2
Fortläufer .... Fac 7-5
Frage im Unterricht .... Fac 5-3
Fragestunde .... Fac 15-5
Französische Lektüre .... Fac 31-4
Französische Sprache .... Fac 31-4
Französischer Anfangsunterricht Fac 31-4
Französischlehrmittel .... Fac 31-4
Französischunterricht .... Fac 31-4
Frauenfachschule .... Fac 43-4
Frauenoberschule .... Fac 40-3
Freier Gesamtunterricht .... Fac 15-4
Freies Unterrichtsgespräch .... Fac 15-5

Freilufterziehung .... Fac 4-5
Freizeit .... Fac 45-2
Freizeiterziehung .... Fac 45-3
- in der Schule .... Fac 6-3
Freizeitgestaltung .... Fac 45-3
Freizeitverhalten .... Fac 45-3
Fremdsprachen .... Fac 31-2
Fremdsprachenfolge .... Fac 31-2
Fremdsprachenlehrbuch .... Fac 31-3
Fremdsprachenlehrmittel .... Fac 31-2
Fremdsprachenunterricht .... Fac 31-1
Fremdsprachlicher Anfangsunterricht .... Fac 31-2
Fremdwort .... Fac 31-5
- im Deutschunterricht .... Fac 31-5
Freude im Unterricht .... Fac 5-4
Frustration .... Fac 3a-5
Fünftagewoche im Schulwesen ... Fac 13-1
Funkerziehung .... Fac 45-4
Funktionale Erziehung .... Fac 6-3

G

Ganzheitliche Bildung .... Fac 15-3
Ganzheitlicher Musikunterricht Fac 28-2
Ganzheitliches Lesenlernen .... Fac 21-5
Ganzheitliches Rechnen .... Fac 21-3
Ganzheitspsychologie .... Fac 3a-3
Ganzheitsunterricht .... Fac 15-4
Ganzschrift .... Fac 30-3
- im Unterricht .... Fac 30-4
Ganztagsschule .... Fac 4-4
Ganzwortlesemethode .... Fac 21-6
Gebetserziehung .... Fac 22-3
Gedächtnis .... Fac 3a-5
Gedächtnisforschung .... Fac 3a-4
Gefühl .... Fac 3a-3
Gegenwartsdrama .... Fac 30-4
- im Unterricht .... Fac 30-5
Gegenwartskunde .... Fac 23-2
Gegenwartsliteratur .... Fac 30-2
- im Unterricht .... Fac 30-4
Gegenwartslyrik .... Fac 30-4
- im Unterricht .... Fac 30-5
Gegenwartsnaher Unterricht .... Fac 15-5
Gegenwartssprache .... Fac 31-4
Gehemmtes Kind .... Fac 3a-6
Gehörlosenberufsschule .... Fac 42-6
Gehörlosenschule .... Fac 42-5
Gehörloses Kind .... Fac 42-4
Gehorsam .... Fac 16-4
Geisteskrankheit .... Fac 3a-4
Geistig behindertes Kind ...... Fac 42-4
Geistige Entwicklung .... Fac 3a-4

Gemeinschaftsarbeit .... Fac 37-3
Gemeinschaftserziehung .... Fac 6-2
Gemeinschaftskunde .... Fac 23-4
Gemeinschaftsschule .... Fac 2-5
- oder Bekenntnisschule .... Fac 2-4
Gemeinschaftsschwierigkeit .... Fac 7-3
Gemütsbildung .... Fac 6-3
Generationsproblem .... Fac 7-5
Geographielehrer .... Fac 33-2
Geologie .... Fac 33-4
Geometrie .... Fac 24-3
Geometrielehrmittel .... Fac 24-3
Geometrieunterricht .... Fac 24-2
Geophysik .... Fac 25-3
Geräteturnen .... Fac 29-4
Gesamtschule .... Fac 38-1
Gesamtunterricht .... Fac 15-3
- und Fachunterricht .... Fac 15-5
- und Ganzheitsunterricht ..... Fac 15-5
Gesangunterricht .... Fac 28-3
Geschichte .... Fac 34-2
Geschichtsatlas .... Fac 34-3
Geschichtsbild .... Fac 34-4
Geschichtserzählung .... Fac 34-2
Geschichtsfries .... Fac 34-3
Geschichtsinteresse .... Fac 34-2
Geschichtslehrbuch .... Fac 34-3
- im Unterricht .... Fac 34-4
Geschichtslehrer .... Fac 34-2
Geschichtslehrerbildung .... Fac 34-3
Geschichtslehrmittel .... Fac 34-2
Geschichtslehrplan .... Fac 34-2
Geschichtsphilosophie .... Fac 34-3
Geschichtsschreibung .... Fac 34-3
Geschichtsunterricht .... Fac 34-1
- und Politische Bildung ...... Fac 23-3
Geschichtsverständnis .... Fac 34-3
Geschichtswissenschaft .... Fac 34-2
Geschlechtserziehung .... Fac 7-4
- in der Schule .... Fac 27-4
Gesprächserziehung .... Fac 31-4
- in der Schule .... Fac 15-3
Gestaltpsychologie .... Fac 3a-2
Gesundheitserziehung .... Fac 7-2
- in der Schule .... Fac 7-3
Gesundheitslehre .... Fac 27-3
Gewerbelehrer .... Fac 43-4
Gewerbelehrerbildung .... Fac 44-6
Gewerbelehrerin .... Fac 9-4
Gewerbliche Berufsschule ...... Fac 43-3
Gewerblicher Unterricht .... Fac 43-4
Gewerkschaft Erziehung und Wissenschaft .... Fac 9-5
Gewissen .... Fac 6-4
Gewissensbildung .... Fac 6-3

- in der Schule .... Fac 7-4
Gewöhnung .... Fac 16-2
Globus .... Fac 33-3
Grammatik .... Fac 31-3
Grammatikunterricht .... Fac 31-2
Graphische Darstellung .... Fac 19-1
Graphologie .... Fac 3a-4
Griechischunterricht .... Fac 31-3
Großstadtjugend .... Fac 3a-5
Grundlehrgang [DDR] .... Fac 35-4
Grundschuldauer .... Fac 39-2
Grundschule .... Fac 39-1
Grundschullehrer .... Fac 39-2
Grundschulrechnen .... Fac 24-3
Grundschulreform .... Fac 2-4
Grundschulunterricht .... Fac 39-2
Gruppenforschung .... Fac 3a-4
Gruppenpädagogik .... Fac 41-4
Gruppenpsychologie .... Fac 3a-5
Gruppenunterricht .... Fac 13-2
- oder Frontalunterricht ...... Fac 13-3
Gruppentherapie .... Fac 3a-3
Gymnasiallehrer .... Fac 40-2
Gymnasiallehrerbildung .... Fac 44-5
Gymnasialunterricht .... Fac 40-2
Gymnasium .... Fac 40-1
- und Universität .... Fac 40-2
Gymnastik .... Fac 29-4

H

Haftpflicht des Lehrers .... Fac 11-3
Hafttafel .... Fac 18-3
Halbstarke .... Fac 7-4
Haltungsfehler des Schülers ... Fac 10-3
Handarbeitsunterricht .... Fac 36-1
Handelsschule .... Fac 43-3
Handelsschullehrerbildung ..... Fac 44-6
Handpuppenspiel .... Fac 45-3
- im Unterricht .... Fac 15-4
Hauptschule .... Fac 38-3
- und Grundschule .... Fac 39-3
- und Volksschuloberstufe ..... Fac 38-4
Hauptschule [Österreich] ...... Fac 38-1
Hauptschulunterricht .... Fac 38-4
Hausaufgabe .... Fac 10-5
Hausmusik .... Fac 28-3
Hauswirtschaft .... Fac 36-2
Hauswirtschaftliche Berufs-
  schule .... Fac 43-5
Hauswirtschaftsunterricht ..... Fac 36-1
Heilpädagogik .... Fac 42-1
Heilpädagogische Psychologie .. Fac 42-2
Heimat .... Fac 33-2

Heimatbuch .... Fac 33-3
Heimaterlebnis .... Fac 33-4
Heimaterziehung .... Fac 33-3
Heimatforschung .... Fac 33-3
Heimatgeschichte .... Fac 33-4
Heimatkundelehrmittel .... Fac 33-2
Heimatkundeunterricht .... Fac 33-1
Heimatkundliche Themen .... Fac 33-2
Heimerzieher .... Fac 9-3
Heimerzieherausbildung .... Fac 9-4
Heimerzieherin .... Fac 9-4
Heimerziehung .... Fac 4-2
Heimkind .... Fac 7-5
Heimschule .... Fac 4-2
Helfersystem .... Fac 10-4
Hessische Bildungspläne .... Fac 12-2
Hessisches Lehrerfortbildungs-
  werk .... Fac 9-4
Hilfsschulbedürftigkeit .... Fac 42-6
Hilfsschule .... Fac 42-4
Hilfsschulkind .... Fac 42-5
Hilfsschullehrer .... Fac 9-3
Hirngeschädigtes Kind .... Fac 42-5
Hirnschädigung .... Fac 3a-4
Hochfrequenztechnik .... Fac 25-6
Hochschulfinanzierung .... Fac 2-4
Hochschulgesetzgebung .... Fac 44-3
Hochschullehrer .... Fac 44-3
Hochschullehrerin .... Fac 44-3
Hochschullehrernachwuchs ...... Fac 44-3
Hochschulpolitik .... Fac 44-2
Hochschulrecht .... Fac 44-2
Hochschulreform .... Fac 2-4
Hochschulreife .... Fac 14-2
Hochschulstudium .... Fac 44-2
Hochschulverwaltung .... Fac 44-3
Höhere Fachschulen .... Fac 44-3
Höhere Handelsschule .... Fac 43-4
Höhere Schule .... Fac 40-2
Höhere Wirtschaftsfachschule .. Fac 44-4
Hörspiel .... Fac 30-3
- im Deutschunterricht .... Fac 30-5
Hospitalismus .... Fac 7-6
Humanismus .... Fac 3-4
Humanistische Bildung .... Fac 6-4
Humanistisches Gymnasium ...... Fac 40-2
Hypnose .... Fac 3a-6

I

Ich-Psychologie .... Fac 3a-3
Ideologische Erziehung [DDR] .. Fac 6-3
Individualisierung .... Fac 13-2
Individualpsychologie .... Fac 3a-3

FacReg   Liste der Facettenbegriffe

Industriepraktikum .... Fac 35-6
Ingenieurschule .... Fac 44-4
Innere Schulreform .... Fac 2-4
Insektenkunde .... Fac 27-4
Insektenschädlinge .... Fac 27-5
Instrumentalspiel .... Fac 28-2
Intelligenz .... Fac 10-3
Intelligenzdiagnose .... Fac 3a-5
Intelligenzentwicklung .... Fac 3a-5
Intelligenzforschung .... Fac 3a-4
Intelligenzquotient .... Fac 3a-5
Intelligenzschwäche .... Fac 42-6
Intelligenztest .... Fac 3a-4
Interesse des Schülders .... Fac 10-4
Internat .... Fac 4-2
Interpretation .... Fac 30-3
- im Unterricht .... Fac 30-5
Italienischunterricht .... Fac 31-3

J

Jahresarbeit .... Fac 14-4
Jahrgangsklasse .... Fac 13-3
Jazz .... Fac 28-4
- im Musikunterricht .... Fac 28-5
Jenaplan .... Fac 13-2
Jugendalter .... Fac 6-4
Jugendbuch .... Fac 30-5
- im Unterricht .... Fac 19-1
Jugendbuchbeurteilung .... Fac 30-6
Jugenderziehung .... Fac 6-3
Jugendforschung .... Fac 3-4
Jugendgefährdendes Schrifttum   Fac 7-4
Jugendkonzert .... Fac 28-3
Jugendlicher Dieb .... Fac 7-4
Jugendpsychologie .... Fac 3a-4
Jugendsoziologie .... Fac 3-5
Jugendtourismus .... Fac 45-4
Jugendwandern .... Fac 45-5
Jungarbeiter .... Fac 43-6
Jungarbeiterin .... Fac 43-6
Junglehrer .... Fac 9-5
Junglehrerarbeitsgemeinschaft   Fac 9-4

K

Kartenverständnis .... Fac 33-2
Katechese .... Fac 22-3
Katechismusunterricht .... Fac 22-2
Kategoriale Bildung .... Fac 5-3
Katholische Bekenntnisschule .. Fac 2-6
Katholische Kindermesse .... Fac 22-3
Katholische Schulerziehung .... Fac 6-5

Katholischer Katechismus ...... Fac 22-4
Katholischer Religionsunter-
richt .... Fac 22-2
Kaufmännische Berufsfachkunde   Fac 43-5
Kaufmännische Berufsfachschule Fac 43-4
Kaufmännische Berufsschule .... Fac 43-4
Kaufmännischer Unterricht ..... Fac 43-4
Kaufmännisches Schulwesen ..... Fac 43-3
Kegelschnitte .... Fac 24-5
Kern- und Kursunterricht ...... Fac 13-2
Kinderbuch .... Fac 30-6
Kinderdorf .... Fac 4-4
Kindergärtnerin .... Fac 9-3
Kindergärtnerinnenausbildung .. Fac 9-4
Kindergarten .... Fac 21-1
- und Schule .... Fac 21-2
Kindergartenkind .... Fac 21-2
Kindergedicht .... Fac 30-4
- im Unterricht .... Fac 30-5
Kindergottesdienst .... Fac 22-4
Kinderheim .... Fac 4-3
Kinderhort .... Fac 21-2
Kinderlied .... Fac 28-6
Kinderpsychiatrie .... Fac 3a-3
Kinderpsychologie .... Fac 3a-4
Kinderpsychotherapie .... Fac 3a-3
Kinderspiel .... Fac 45-3
Kindersprache .... Fac 31-4
Kindertagesstätte .... Fac 4-4
Kinderzeichnung .... Fac 37-6
Kindheit .... Fac 6-3
Kindlicher Humor .... Fac 10-3
Kirchengeschichte .... Fac 22-3
Kirchengeschichtsunterricht ... Fac 22-2
Kirchenjahr .... Fac 22-4
Kirchenlied .... Fac 22-2
Klassenarbeit .... Fac 14-4
Klassenbuch .... Fac 11-5
Klassenbücherei .... Fac 18-4
Klassenfrequenz .... Fac 13-2
Klassengemeinschaft .... Fac 6-5
Klassenlehrer .... Fac 11-2
- oder Fachlehrer .... Fac 11-1
Kleinkindlesen .... Fac 21-4
Kleinklasse .... Fac 13-3
Klimakunde .... Fac 33-4
Kochunterricht .... Fac 36-6
Koedukation .... Fac 7-5
Körperbehindertes Kind .... Fac 42-4
Körperliche Erziehung .... Fac 29-3
Körperliche Züchtigung .... Fac 16-4
Kollegiale Schulleitung .... Fac 8-3
Kommunistische Erziehung ...... Fac 6-4
Konferenzordnung .... Fac 8-5
Konfessionelle Lehrerbildung .. Fac 9-3

Konfirmandenunterricht .... Fac 22-3
Konstitution des Schülers ..... Fac 10-2
Kontaktgestörtes Kind .... Fac 7-4
Konzentrationsfähigkeit .... Fac 10-3
Konzentrationsschwäche .... Fac 10-5
Konzentrationsunterricht ...... Fac 15-4
Korrekturarbeit des Lehrers ... Fac 11-4
Krankenhausschule .... Fac 42-3
Künstlerische Erziehung .... Fac 5-6
Kulturgeschichte .... Fac 34-3
Kulturgeschichtliche Längsschnitte .... Fac 34-5
Kulturkunde .... Fac 34-4
Kulturpolitik .... Fac 2-1
Kultusministerkonferenz .... Fac 2-2
Kunst .... Fac 37-2
Kunstbetrachtung .... Fac 37-3
Kunsterzieher .... Fac 37-2
Kunsterziehung .... Fac 37-1
Kunsterziehungsbewegung .... Fac 37-2
Kunstgeschichte .... Fac 37-4
Kunsthandwerk .... Fac 37-5
Kunstlehrmittel .... Fac 37-2
Kunstschriftpflege .... Fac 37-2
Kunstverständnis .... Fac 37-5
Kurzgeschichte .... Fac 30-3
- im Unterricht .... Fac 30-5
Kurzschriftunterricht .... Fac 43-6
Kurzschule .... Fac 4-3
Kurzschuljahre [1966/67] ...... Fac 13-2
Kybernetik .... Fac 3-1
Kybernetische Lerntheorie ..... Fac 5-3
Kybernetische Maschinen .... Fac 20-3
Kybernetische Pädagogik .... Fac 3-2

L

Länderkunde .... Fac 33-3
Ländliche Berufsschule .... Fac 43-3
Ländliche Realschule .... Fac 40-2
Ländliche Sonderschule .... Fac 42-4
Laienspiel .... Fac 31-4
- im Unterricht .... Fac 15-4
Landerziehungsheim .... Fac 4-2
Landlehrer .... Fac 38-3
Landlehrerin .... Fac 38-4
Landpädagogik .... Fac 4-3
Landschaftsgeographie .... Fac 33-4
Landschaftspflege .... Fac 33-5
- im Unterricht .... Fac 33-6
Landschule .... Fac 38-2
Landschulpraktikum .... Fac 9-5
Landschulreform .... Fac 2-4
Landschulunterricht .... Fac 38-3

Landwirtschaftliche Berufsschule .... Fac 43-4
Landwirtschaftlicher Unterricht .... Fac 43-4
Latein .... Fac 31-4
Lateinische Grammatik .... Fac 31-5
Lateinische Lektüre .... Fac 31-4
Lateinischer Anfangsunterricht Fac 31-4
Lateinlehrmittel .... Fac 31-4
Lateinunterricht .... Fac 31-3
Lebensgemeinschaft .... Fac 27-3
Lebensnaher Unterricht .... Fac 15-3
Lebenspraktischer Unterricht .. Fac 35-2
Legasthenie .... Fac 30-5
Legastheniebehandlung .... Fac 30-6
Legasthenikerklasse .... Fac 30-6
Lehrer .... Fac 9-1
- und Eltern .... Fac 4-2
Lehrerbedarf .... Fac 9-2
Lehrerberuf .... Fac 9-2
Lehrerbesoldung .... Fac 9-3
Lehrerbildung .... Fac 44-3
- und Kulturpolitik .... Fac 2-2
- und Universität .... Fac 44-2
Lehrerbildungsgesetz .... Fac 2-3
Lehrerbücherei .... Fac 18-4
Lehrerfamilie .... Fac 9-5
Lehrerfortbildung .... Fac 9-3
Lehrerfrage .... Fac 11-3
Lehrerin .... Fac 9-2
Lehrerkollegium .... Fac 9-3
Lehrermangel .... Fac 2-4
Lehrernachwuchs .... Fac 9-3
Lehrerseminar .... Fac 9-5
Lehrerstand .... Fac 9-2
Lehrertypologie .... Fac 9-3
Lehrerverbände .... Fac 9-3
Lehrgerät .... Fac 20-4
Lehrmittelausstellung .... Fac 18-2
Lehrplan .... Fac 12-1
Lehrprobe .... Fac 11-3
Lehrprogramm .... Fac 19-2
Lehrwanderung .... Fac 15-3
Leib-Seele-Problem .... Fac 3a-4
Leibeserzieher .... Fac 29-4
Leibeserziehung .... Fac 29-2
Leichtathletik .... Fac 29-3
Leistungsbeurteilung .... Fac 14-3
Leistungsfähigkeit .... Fac 10-2
Leistungsgruppen .... Fac 13-2
Leistungsmessung .... Fac 14-2
Leistungsmotivation .... Fac 3a-4
Leistungsstörung .... Fac 3a-3
Leitbilder .... Fac 6-3
Lektüreplan .... Fac 30-4

Lektürewirkung	Fac 30-5	Märchen	Fac 30-5
Lernen	Fac 10-3	- im Unterricht	Fac 30-4
Lernfähigkeit	Fac 10-4	Märchenerzählen	Fac 30-6
Lernmittelfreiheit	Fac 2-4	Märchenfilm	Fac 30-6
Lernmotivation	Fac 10-3	Märchenpädagogik	Fac 30-5
Lernpsychologie	Fac 3a-2	Märchenpsychologie	Fac 30-5
Lernspiel	Fac 18-1	Magnetismus	Fac 25-3
Lernstörung	Fac 3a-4	Malen	Fac 37-3
Lerntheorien	Fac 3a-3	Maschinenschreiben	Fac 43-6
Lernvorgang	Fac 10-3	Massenmedien	Fac 45-4
Lese-Rechtschreibschwäche	Fac 30-5	Massenpsychologie	Fac 3a-5
Lesebogen	Fac 30-4	Mathematik	Fac 24-2
Lesebuch	Fac 30-3	Mathematiklehrbuch	Fac 24-4
- im Unterricht	Fac 30-4	Mathematiklehrer	Fac 24-2
Lesebuchillustration	Fac 30-4	Mathematiklehrmittel	Fac 24-2
Lesebuchkritik	Fac 30-4	Mathematikunterricht	Fac 24-1
Leseinteresse	Fac 30-6	Mathematische Beweistheorie	Fac 24-4
Leselehrmethoden	Fac 21-4	Mathematische Logik	Fac 24-3
Leselernmittel	Fac 21-3	Mathematische Statistik	Fac 24-5
Leselernpsychologie	Fac 21-3	Mathematisches Denken	Fac 24-2
Lesen	Fac 30-4	Mechanik	Fac 25-3
Lesepsychologie	Fac 30-3	Medizinische Anthropologie	Fac 3-4
Lesestörung	Fac 30-4	Meeresbiologie	Fac 27-4
Lesetest	Fac 30-6	Meeresforschung	Fac 33-3
Leseunterricht	Fac 30-3	Mengenlehre	Fac 24-4
Lesevorgang	Fac 30-4	Menschenbild	Fac 3-4
Lesewut	Fac 30-6	- und Pädagogik	Fac 3-3
Lichtbild	Fac 20-4	Menschenbildung	Fac 6-3
- im Unterricht	Fac 20-5	Menschenkunde	Fac 27-2
Lichtbild/Film im Unterricht	Fac 20-6	Mentor	Fac 9-6
Liedpflege	Fac 28-2	Merkheft	Fac 19-3
Linkshändigkeit	Fac 37-4	Methodenfreiheit des Lehrers	Fac 11-2
Literarische Erziehung	Fac 30-2	Methodik	Fac 5-1
Literarischer Jugendschutz	Fac 7-3	Mikrobiologie	Fac 27-3
Literaturgeschichte im Unterricht	Fac 30-5	Mikrofotografie	Fac 27-4
Literaturkritik	Fac 30-2	Mikroprojektion	Fac 27-4
- im Unterricht	Fac 30-4	Mikroskop im Unterricht	Fac 27-3
Literaturpädagogik	Fac 41-2	Minderwertigkeitsgefühl	Fac 3a-6
- in der Schule	Fac 30-4	Mineralogie	Fac 26-4
Literaturunterricht [DDR]	Fac 30-2	Mischlingskind	Fac 7-5
Literaturwissenschaft	Fac 30-1	Mittelalter	Fac 34-3
Liturgische Erziehung	Fac 22-3	Mittelpunktschule	Fac 4-4
Lügendes Kind	Fac 7-4	Mittelschule	Fac 40-2
Lyrik	Fac 30-3	Mittelschule [Österreich]	Fac 40-3
- im Unterricht	Fac 30-4	Mittelschule [Schweiz]	Fac 40-3
		Mittelschullehrerbildung [Österreich]	Fac 4-9
		Mittlere Reife	Fac 14-2
M		Moderne Kunst	Fac 37-5
Mädchenberufsschule	Fac 43-3	Mogeln des Schülers	Fac 10-6
Mädchenbildung	Fac 6-3	Montessori-Pädagogik	Fac 21-4
Mädchengymnasium	Fac 40-2	Motivation im Unterricht	Fac 11-2
Mädchenrealschule	Fac 40-2	Motivationsforschung	Fac 3a-3
Mädchenturnen	Fac 29-4	Motorik	Fac 5-5
		Mundart	Fac 31-3

- im Unterricht .... Fac 31-3
Museumsbesuch .... Fac 18-1
Musikalisch-Rhythmische Erziehung .... Fac 28-5
Musikalische Begabung .... Fac 28-4
Musikalische Fähigkeit .... Fac 28-3
Musikalischer Kitsch .... Fac 28-3
Musikalisches Spiel .... Fac 28-3
Musikerzieher .... Fac 28-2
Musikerziehung .... Fac 28-4
Musikgeschichte .... Fac 28-3
Musikinstrument .... Fac 28-3
Musikinstrumentenbau .... Fac 28-4
Musiklehrbuch .... Fac 28-3
Musiklehrmittel .... Fac 28-2
Musiklehrplan .... Fac 28-2
Musikpädagogische Forschung .. Fac 28-2
Musiksoziologie .... Fac 28-3
Musikunterricht .... Fac 28-1
Musikwissenschaft .... Fac 28-2
Musische Bildungsform .... Fac 5-5
Musische Erziehung .... Fac 28-3
Musische Lebensform .... Fac 45-1
Musisches Gymnasium .... Fac 40-3
Muße .... Fac 45-2
Muttersprache .... Fac 31-4
Muttersprachlicher Unterricht Fac 31-2

N

Nachhilfeunterricht .... Fac 15-2
Nachkriegsjugend .... Fac 7-4
Nachschlagekartei .... Fac 18-2
Nachschlagewerke .... Fac 19-1
- im Unterricht .... Fac 19-2
Nadelarbeit .... Fac 36-2
Nahrungsmittelchemie .... Fac 36-5
Namenkunde .... Fac 31-6
- im Unterricht .... Fac 31-6
Natürlicher Unterricht .... Fac 15-5
Naturbeobachtung .... Fac 27-3
Naturerleben des Schülers .... Fac 27-4
Naturlehre .... Fac 25-2
Naturschutz .... Fac 27-3
- im Unterricht .... Fac 27-2
Naturwissenschaftliche Bildung Fac 6-2
Naturwissenschaftlicher Unterricht .... Fac 15-3
Naturwissenschaftliches Gymnasium .... Fac 40-2
Nervöses Kind .... Fac 3a-6
Neue Musik .... Fac 28-4
- im Unterricht .... Fac 28-5
Neuphilologe .... Fac 31-3

Neurose .... Fac 3a-5
Neusprachlicher Unterricht ... Fac 31-2
Neusprachliches Gymnasium .... Fac 40-2
Neuzeit .... Fac 34-3
Nichtversetzung .... Fac 14-3
Niederländischunterricht ..... Fac 31-3
Notengebung .... Fac 14-4
Notenschrift .... Fac 28-3
Novelle .... Fac 30-3
- im Unterricht .... Fac 30-4

O

Oberschule Praktischer Zweig . Fac 38-2
Oberschule Technischer Zweig . Fac 40-3
Oberschule Wissenschaftlicher Zweig .... Fac 40-3
Odenwaldschule .... Fac 4-4
Offene Schultür .... Fac 4-2
Onanie .... Fac 7-5
Optik .... Fac 25-4
Optische Täuschung .... Fac 3a-3
Orff-Schulwerk .... Fac 28-4
Organische Chemie .... Fac 26-3
Ostkunde .... Fac 34-4
Ostkundelehrmittel .... Fac 34-6
Ostkundeunterricht .... Fac 34-5

P

Pädagogik .... Fac 1-1
- der Begegnung .... Fac 6-4
- und Philosophie .... Fac 3-3
- und Psychologie .... Fac 3-1
- und Soziologie .... Fac 3-2
Pädagogische Akademie .... Fac 9-4
Pädagogische Anthropologie ... Fac 3-2
Pädagogische Autorität .... Fac 16-2
Pädagogische Fakultät .... Fac 44-5
Pädagogische Forschung .... Fac 1-1
Pädagogische Grundbegriffe ... Fac 1-3
Pädagogische Hochschule ...... Fac 44-5
- und Universität .... Fac 44-4
Pädagogische Institute .... Fac 44-4
Pädagogische Psychologie ..... Fac 3-2
Pädagogische Soziologie ...... Fac 3-3
Pädagogische Tatsachenforschung Fac 1-5
Pädagogischer Führungsstil ... Fac 16-4
Pädagogischer Takt .... Fac 6-4
Pädagogisches Studium .... Fac 44-4
Pädagogisches Verstehen ...... Fac 6-4
Papierwerken .... Fac 32-3
Persönlichkeitspsychologie ... Fac 3a-2

Persönlichkeitstest	Fac 3a-4
Personale Pädagogik	Fac 1-4
Pflanzengeographie	Fac 27-4
Pflanzenkunde	Fac 27-3
Pflanzenphysiologie	Fac 27-4
Pflichtstundenzahl des Lehrers	Fac 9-3
Phantasie	Fac 37-5
Phantasieleben des Schülers	Fac 10-2
Philosophieunterricht	Fac 15-3
Philosophische Anthropologie	Fac 3-2
Phonetik	Fac 31-5
Physik	Fac 25-2
Physik- und Chemielehrer	Fac 25-2
Physikalische Chemie	Fac 26-4
Physikalisches Experimentiergerät	Fac 25-3
Physikalische Experimente	Fac 25-2
Physiklehrbuch	Fac 25-3
Physiklehrmittel	Fac 25-2
Physiklehrplan	Fac 25-2
Physikunterricht	Fac 25-1
Poetik	Fac 30-4
Politik	Fac 23-2
Politiklehrmittel	Fac 23-2
Politische Bildung	Fac 23-1
Politische Erziehung	Fac 6-3
Politische Soziologie	Fac 3-3
Polytechnische Bildung	Fac 35-2
Polytechnische Erziehung	Fac 35-3
Polytechnische Lehrmittel	Fac 35-5
Polytechnischer Lehrgang [Österreich]	Fac 35-4
Polytechnischer Unterricht	Fac 35-4
Polytechnisches Kabinett	Fac 35-6
Primarlehrerbildung [Schweiz]	Fac 9-4
Primarschule [Schweiz]	Fac 39-1
Private Ergänzungsschule	Fac 8-1
Private Handelsschule	Fac 43-4
Privatschule	Fac 8-2
Privatschulgesetze	Fac 8-2
Privatschullehrer	Fac 9-2
Probeunterricht	Fac 14-3
Programmierte Instruktion	Fac 15-5
Programmiertes Lernen	Fac 15-4
Projektion	Fac 3a-5
Projektive Tests	Fac 3a-4
Projektmethode	Fac 15-4
Prozentrechnen	Fac 24-5
Prüfungsangst	Fac 14-2
Prüfungswesen	Fac 14-1
Psychagogik	Fac 3a-3
Psychiatrie	Fac 3a-2
Psychoanalyse	Fac 3a-3
Psychodiagnostik	Fac 3a-2
Psychohygiene	Fac 3a-3
Psychologe	Fac 7-3
Psychologie	Fac 3a-1
Psychologische Anthropologie	Fac 3-3
Psychopath	Fac 3a-6
Psychopathologie	Fac 3a-3
Psychopharmakologie	Fac 3a-3
Psychosomatik	Fac 3a-3
Psychotherapie	Fac 3a-2
Pubertät	Fac 3a-5
Pubertätskrise	Fac 3a-6
Pubertätsmagersucht	Fac 7-6

Q

Quantentheorie	Fac 25-4

R

Radioaktivität	Fac 25-4
Rätsel im Deutschunterricht	Fac 30-5
Rahmenplan	Fac 2-6
Raumerleben	Fac 24-4
Raumwahrnehmung	Fac 24-3
Realschule	Fac 40-1
- und Berufsschule	Fac 43-3
- und Gymnasium	Fac 40-2
- und Volksschule	Fac 38-2
Realschullehrer	Fac 40-2
Realschullehrerbildung	Fac 44-5
Realschulreform	Fac 2-4
Realschulunterricht	Fac 40-2
Rechenautomat	Fac 25-6
Rechenbuch	Fac 24-5
Rechenfertigkeit	Fac 24-3
Rechenfibel	Fac 21-3
Rechenlehrmittel	Fac 24-3
Rechenleistung	Fac 24-3
Rechenoperationen	Fac 24-4
Rechenschwäche	Fac 24-4
Rechenspiele	Fac 24-4
Rechenstab	Fac 24-4
Rechenübung	Fac 24-4
Rechenunterricht	Fac 24-2
Rechtschreibfehler	Fac 30-5
Rechtschreibleistung	Fac 30-3
Rechtschreibreform	Fac 30-4
Rechtschreibschwäche	Fac 30-4
Rechtschreibunterricht	Fac 30-2
Rechtserziehung	Fac 6-4
Rechtskunde	Fac 23-4
Reformpädagogik	Fac 1-3
Regression	Fac 3a-4
Reifeprüfung	Fac 14-3

Reifeprüfungsaufsatz .... Fac 30-5
Relativer Schulbesuch .... Fac 2-4
Relativitätstheorie .... Fac 25-3
Relief .... Fac 18-2
Religiöse Entwicklung .... Fac 22-3
Religiöse Erziehung .... Fac 22-2
Religiöses Erleben .... Fac 22-3
Religionslehrer .... Fac 22-2
Religionslehrmittel .... Fac 22-2
Religionsunterricht .... Fac 22-1
Religionswissenschaft .... Fac 22-2
Rhythmische Bewegungserziehung Fac 29-3
Rhythmische Erziehung .... Fac 29-2
Richtlinien .... Fac 12-1
Roman .... Fac 30-3
- im Unterricht .... Fac 30-5
Rorschach-Test .... Fac 3a-5
Russische Grammatik .... Fac 31-5
Russische Sprache .... Fac 31-4
Russischer Anfangsunterricht .. Fac 31-4
Russischlehrbuch .... Fac 31-5
Russischlehrmittel .... Fac 31-4
Russischunterricht .... Fac 31-3

S

Saarbrücker Ramenvereinbarung   Fac 12-3
Sachbuch .... Fac 19-2
- im Unterricht .... Fac 19-3
Sachrechnen .... Fac 24-4
Sachunterricht .... Fac 15-2
Sage .... Fac 30-5
- im Unterricht .... Fac 30-6
Sandkasten .... Fac 18-3
Satire im Unterricht .... Fac 30-5
Satzlehre .... Fac 31-4
Satzzeichen .... Fac 31-5
Schallplatte im Unterricht .... Fac 20-2
Schattenspiel .... Fac 45-3
Schizophrenie .... Fac 3a-5
Schlager .... Fac 28-4
- im Musikunterricht .... Fac 28-5
Schmutz- und Schundliteratur .. Fac 7-5
Schöpferisches Tun .... Fac 5-5
Schreibenlernen .... Fac 21-2
Schreibgerät .... Fac 37-2
Schreibleseunterricht .... Fac 21-5
Schreibunterricht .... Fac 37-1
Schreibverhalten .... Fac 37-2
Schriftsprache .... Fac 30-4
Schriftsteller .... Fac 30-2
Schüchternes Kind .... Fac 7-6
Schüler .... Fac 10-1
Schüler-Lehrer-Verhältnis ..... Fac 6-5
Schüleraktivierung .... Fac 10-3

Schülerarbeitsgemeinschaft .... Fac 13-3
Schüleraustausch .... Fac 13-2
Schülerbeobachtung .... Fac 14-2
Schülerbeobachtungsbogen ...... Fac 14-3
Schülerbeurteilung .... Fac 14-1
Schülerbücherei .... Fac 18-2
- im Unterricht .... Fac 18-3
Schülerleistung .... Fac 10-6
Schülermitverantwortung .... Fac 16-1
Schülermitverwaltung .... Fac 16-2
Schülerunfall .... Fac 8-5
Schülerzeitschrift .... Fac 16-3
Schulandacht .... Fac 22-4
Schulanfänger .... Fac 21-4
Schulanfang .... Fac 21-2
Schulangst .... Fac 14-3
Schulaquarium .... Fac 27-4
Schularzt .... Fac 7-4
Schulassistent .... Fac 9-6
Schulaufbau .... Fac 4-2
Schulaufnahme .... Fac 21-3
Schulaufsicht .... Fac 8-2
Schulausflug .... Fac 13-4
Schulausstellung .... Fac 13-3
Schulbau .... Fac 17-1
Schulbauplanung .... Fac 17-2
Schulbuch .... Fac 19-1
- im Unterricht .... Fac 19-2
Schulbus .... Fac 2-5
Schulchor .... Fac 28-6
Schulchronik .... Fac 8-5
Schulderleben .... Fac 3a-5
Schuldisziplin .... Fac 16-4
Schuldruckerei .... Fac 19-3
[Schule, s.Schulwesen] .... Fac 4-1
- als Lebensraum .... Fac 13-1
- und Arbeitswelt .... Fac 35-3
- und Elternhaus .... Fac 4-1
- und Evangelische Kirche ..... Fac 2-3
- und Familie .... Fac 4-2
- und Gesellschaft .... Fac 2-1
- und Katholische Kirche ...... Fac 3-2
- und Kirche .... Fac 2-2
- und Jugendschutz .... Fac 7-2
- und Rechtsprechung .... Fac 2-2
- und Universität .... Fac 44-2
- und Staat .... Fac 2-1
- und Wirtschaft .... Fac 35-4
Schulentlassung .... Fac 10-2
Schulentlassungsfeier .... Fac 13-4
Schulerziehung .... Fac 6-2
Schulfeier .... Fac 13-3
Schulfernsehen .... Fac 20-4
Schulfinanzierung .... Fac 2-3
Schulfotografie .... Fac 20-2

Schulfrühstück	Fac 13-4	Schulreifefeststellung	Fac 21-3
Schulfunk	Fac 20-2	Schulreifetest	Fac 21-3
Schulgarten	Fac 27-3	Schulreifetraining	Fac 21-2
Schulgartenunterricht [DDR]	Fac 27-4	Schulreifeuntersuchung	Fac 21-2
Schulgebäude	Fac 17-3	Schulspiel	Fac 13-3
Schulgebet	Fac 22-4	Schulsport	Fac 29-3
Schulgeldfreiheit	Fac 2-4	Schulsprache	Fac 31-3
Schulgesetzgebung	Fac 2-2	Schulstatistik	Fac 2-3
Schulgesundheitspflege	Fac 7-5	Schulstrafe	Fac 16-3
Schulherbarium	Fac 27-4	Schulstreik	Fac 2-5
Schulhygiene	Fac 7-3	Schulterrarium	Fac 27-4
Schulische Ausstellung	Fac 18-1	Schultheater	Fac 30-5
Schulische Leistung	Fac 14-1	Schulturngarten	Fac 29-5
Schulische Leistungskontrolle	Fac 14-3	Schulunreife	Fac 21-4
Schulische Leistungssteigerung	Fac 14-2	Schulverdrossenheit	Fac 10-3
Schulische Ordnungsformen	Fac 16-3	Schulverhalten	Fac 10-2
Schulische Weihnachtsfeier	Fac 13-4	Schulversäumnis	Fac 2-5
Schulischer Leistungsrückgang	Fac 14-2	Schulversager	Fac 10-5
Schuljahr IX	Fac 38-4	Schulversuche	Fac 4-3
- und Berufsbildendes Schulwesen	Fac 43-4	Schulverwaltung	Fac 8-1
- und Handelsschule	Fac 43-4	Schulverwaltungsgesetze	Fac 8-1
- und X	Fac 38-3	Schulvivarium	Fac 27-3
Schuljahr X	Fac 4-4	Schulwald	Fac 27-4
- und Berufsbildendes Schulwesen	Fac 43-4	Schulwandern	Fac 13-3
Schuljahrsbeginn	Fac 13-1	Schulwechsel	Fac 10-3
Schulkindergarten	Fac 21-3	Schulwerkstatt	Fac 32-3
Schulklasse	Fac 6-4	Schulwesen	Fac 4-1
Schullandheim	Fac 4-3	Schulwesen BRD	Fac 2-2
Schullandheimaufenthalt	Fac 4-4	Schulwesen BRD/DDR	Fac 2-3
Schulleben	Fac 13-2	Schulwesen DDR	Fac 2-2
Schulleistungstest	Fac 14-3	Schulwesen Österreich	Fac 2-2
Schulleiter	Fac 9-4	Schulwesen Schweiz	Fac 2-2
Schulleiterin	Fac 9-5	Schulwohnstube	Fac 13-3
Schulleitung	Fac 8-2	Schulzahnpflege	Fac 7-6
Schulmöbel	Fac 17-4	Schundliteratur	Fac 7-6
Schuloper	Fac 28-4	Schwachsinniges Kind	Fac 42-4
Schulorchester	Fac 28-4	Schwachsinnsformen	Fac 3a-4
Schulpause	Fac 13-3	Schwank	Fac 30-5
Schulpflicht	Fac 2-4	- im Unterricht	Fac 30-6
Schulpflichtgesetze	Fac 2-3	Schwererziehbarkeit	Fac 7-3
Schulpflichtverlängerung	Fac 2-4	Schwerhöriges Kind	Fac 42-4
Schulpolitik	Fac 2-2	Schwimmunterricht	Fac 29-3
Schulpsychologe	Fac 7-4	Schwingungslehre	Fac 25-4
Schulpsychologie	Fac 3-2	Sehbehindertes Kind	Fac 42-4
Schulpsychologische Beratungsstelle	Fac 7-2	Sekundarlehrerbildung [Schweiz]	Fac 9-4
Schulpsychologischer Dienst	Fac 7-3	Selbstbeurteilung	Fac 3a-6
Schulrat	Fac 8-3	Selbsterziehung	Fac 7-3
- und Lehrer	Fac 11-1	Selbstmord	Fac 3a-6
Schulraumnot	Fac 17-1	Selbsttätigkeit	Fac 5-4
Schulrecht	Fac 2-1	Sexualpathologie	Fac 7-4
Schulreform	Fac 2-3	Sexualverhalten	Fac 7-5
Schulreife	Fac 21-1	Singbewegung	Fac 28-3
		Sitzenbleiber	Fac 42-6
		Skiunterricht	Fac 29-3
		Sonderberufsschule	Fac 42-3

Sonderkindergarten	Fac 42-3
Sonderschule	Fac 42-2
- für Blinde	Fac 42-4
- für Gehörgeschädigte	Fac 42-3
- für geistig Behinderte	Fac 42-3
- für Körperbehinderte	Fac 42-3
- für Lernbehinderte	Fac 42-3
- für Schwererziehbare	Fac 42-3
- für Sehbehinderte	Fac 42-3
- für Sprachgestörte	Fac 42-3
Sonderschulheim	Fac 42-4
Sonderschullehrer	Fac 42-4
Sonderschullehrerbildung	Fac 9-3
Sonderschulrechnen	Fac 24-3
Sonderschulreform	Fac 2-4
Sonderschulunterricht	Fac 42-3
Sonderturnen	Fac 29-4
Sozialerziehung	Fac 41-2
- in der Schule	Fac 6-4
Sozialgymnasium	Fac 40-3
Sozialistische Erziehung [DDR]	Fac 6-4
Sozialkunde	Fac 23-4
Sozialkundelehrer	Fac 23-5
Sozialpädagoge	Fac 9-2
Sozialpädagogik	Fac 41-3
Sozialpraktikum	Fac 35-5
Sozialpsychologie	Fac 3a-2
Sozialverhalten	Fac 7-3
Soziogramm	Fac 3a-6
Soziologie	Fac 3-1
Spanischunterricht	Fac 31-3
Spastisch gelähmtes Kind	Fac 42-6
Spielerziehung	Fac 45-2
Spielfilm im Unterricht	Fac 20-3
Spielplatz	Fac 29-5
Spieltherapie	Fac 3a-5
Spielverhalten des Kindes	Fac 21-3
Spielzeug	Fac 45-4
Sport	Fac 29-3
Sportanlage	Fac 29-5
Sportlehrmittel	Fac 29-4
Sprachbegabung	Fac 31-5
Sprachbetrachtung	Fac 31-3
Sprachbuch	Fac 31-3
Sprache	Fac 31-2
- und Denken	Fac 31-4
- und Ethik	Fac 31-4
- und Politik	Fac 31-4
- und Religion	Fac 31-5
- und Sache	Fac 31-5
- und Schrift	Fac 30-3
- und Technik	Fac 31-6
Sprachentfaltung	Fac 31-4
Spracherziehung	Fac 31-3
Sprachgefühl	Fac 31-5
Sprachgeschichte	Fac 31-3
Sprachheilpädagogik	Fac 42-4
Sprachheilschule	Fac 42-5
Sprachkritik	Fac 31-3
Sprachkunde	Fac 31-4
Sprachlabor	Fac 31-2
Sprachliche Ausdrucksfähigkeit	Fac 31-3
Sprachliche Bildung	Fac 31-2
Sprachliche Entwicklung	Fac 31-3
Sprachpflege	Fac 31-4
Sprachphilosophie	Fac 31-3
Sprachpsychologie	Fac 31-2
Sprachrhythmus	Fac 31-3
Sprachschöpferischer Unterricht	Fac 31-5
Sprachsoziologie	Fac 31-3
Sprachstörung	Fac 42-4
Sprachtheorie	Fac 31-3
Sprachunterricht	Fac 31-1
Sprachverhalten	Fac 31-5
Sprachverständnis	Fac 31-4
Sprachwissenschaft	Fac 31-1
Sprecherziehung	Fac 31-6
- im Unterricht	Fac 31-4
Sprechspur	Fac 21-6
Sprichwort	Fac 30-5
- im Unterricht	Fac 30-6
Staatsbürgerkunde [DDR]	Fac 23-2
Staatsbürgerliche Erziehung [Berufsschule]	Fac 23-4
Stegreifspiel	Fac 45-3
- im Unterricht	Fac 31-5
Stilbildung	Fac 30-3
Stillarbeit	Fac 10-5
Stiltypen	Fac 30-4
Stimmbildung	Fac 28-4
Störenfried	Fac 7-4
Stoffbeschränkung	Fac 5-2
Stottern	Fac 42-5
Stotterndes Kind	Fac 42-5
Stottertherapie	Fac 42-6
Strafe	Fac 16-2
Student	Fac 44-3
Studentenbetreuung	Fac 44-4
Studienfahrt	Fac 15-4
Studienförderung	Fac 2-5
Studienreferendar	Fac 44-6
Studienseminar	Fac 9-4
Studienseminarleiter	Fac 9-5
Studientag	Fac 40-3
Studium generale	Fac 6-3
Stundenplan	Fac 12-2
Stundentafel	Fac 12-2
Suchtgefährdung	Fac 7-4
Suggestion	Fac 3a-6
Systematische Pädagogik	Fac 1-2

T

Tagesheimschule	Fac 4-5
Tagesschulunterricht	Fac 38-1
Taubstummenbildung	Fac 42-5
Taubstummenlehrer	Fac 42-6
Taubstummenlehrerbildung	Fac 9-3
Taubstummenunterricht	Fac 42-6
Taubstummes Kind	Fac 42-4
Teamteaching	Fac 11-3
Technische Begabung	Fac 43-5
Technische Bildung	Fac 35-3
Technische Elementarerziehung	Fac 35-4
Technische Lehrerin	Fac 36-2
Technische Lehrmittel	Fac 20-1
Test	Fac 3a-3
Testpsychologie	Fac 3a-4
Testverfahren	Fac 3a-5
Tiefenpsychologie	Fac 3a-2
Tierbuch	Fac 30-6
Tierkunde	Fac 27-3
Tierphysiologie	Fac 27-4
Tierschutz	Fac 27-4
Tierverhalten	Fac 27-4
Toleranz	Fac 6-4
Tonband	Fac 20-2
- im Unterricht	Fac 20-3
Tonbildschau	Fac 20-4
Traumerleben	Fac 3a-4
Triebpsychologie	Fac 3a-4
Trotz	Fac 7-5
Turngerät	Fac 29-5
Turnlehrer	Fac 29-5
Turnunterricht	Fac 29-3
Typologie	Fac 3a-3

U

Üben	Fac 10-5
Überforderung des Schülers	Fac 10-4
Übergang	Fac 4-2
Übersetzen	Fac 31-2
Umgangssprache	Fac 31-4
Universität	Fac 44-1
Universitätspädagoge	Fac 44-5
Unterricht	Fac 15-1
Unterrichtsbild	Fac 19-1
Unterrichtseinheit	Fac 15-3
Unterrichtsfächer	Fac 15-2
Unterrichtsfilm	Fac 20-4
Unterrichtsforschung	Fac 1-6
Unterrichtsgang	Fac 15-4
Unterrichtsgespräch	Fac 15-4
Unterrichtsgestaltung	Fac 15-2
Unterrichtsimpuls	Fac 5-2
Unterrichtsnachbereitung	Fac 11-3
Unterrichtsökonomie	Fac 11-2
Unterrichtsplanung	Fac 11-1
Unterrichtsspiel	Fac 18-2
Unterrichtsstunde	Fac 11-1
Unterrichtstagebuch	Fac 11-4
Unterrichtsvorbereitung	Fac 11-3
Unterstufenunterricht [DDR]	Fac 39-2

V

Vektorrechnung	Fac 24-4
Veranschaulichung	Fac 11-2
Verband Deutscher Diplom-Handelslehrer	Fac 9-4
Verband Deutscher Sonderschulen	Fac 9-4
Verband Katholischer Lehrer Deutschlands	Fac 9-4
Verblehre	Fac 31-5
Verein katholischer deutscher Lehrerinnen	Fac 9-4
Vererbungslehre	Fac 27-4
Vergessen	Fac 3a-6
Vergleichende Erziehungswissenschaft	Fac 1-3
Verhaltensforschung	Fac 3a-3
Verhaltensstörung	Fac 3a-2
Verkehrserzieher	Fac 23-6
Verkehrslehrmittel	Fac 23-6
Verkehrsunterricht	Fac 23-5
Versetzung	Fac 14-2
Vertrauen	Fac 6-4
Verwahrlosung	Fac 7-2
Völkerkunde	Fac 33-3
Vogelkunde	Fac 27-4
Vogelschutz	Fac 27-5
Volksdichtung	Fac 30-4
Volkshochschuldozent	Fac 41-4
Volkshochschule	Fac 41-3
Volkslied	Fac 28-4
- im Musikunterricht	Fac 28-5
Volksmusik	Fac 28-4
Volksschüler	Fac 10-2
Volksschule	Fac 38-1
Volksschullehrer	Fac 9-2
Volksschullehrerbildung	Fac 9-3
Volksschullehrerin	Fac 9-3
Volksschuloberstufe	Fac 38-2
Volksschulreform	Fac 2-4
Volksschulunterricht	Fac 15-2
Volkstanz	Fac 28-6
Volkstümliche Bildung	Fac 5-3

Liste der Facettenbegriffe

Volkstümliche oder wissenschaftliche Bildung	Fac 5-5
Volkstümliches Denken	Fac 5-4
Vorgeschichte	Fac 34-3
Vorhaben	Fac 15-5
Vorlesen im Unterricht	Fac 15-3
Vorschulischer Unterricht	Fac 21-3
Vorstellung	Fac 3a-3
Vorurteil	Fac 6-3
Vorweihnachtliches Werken	Fac 32-4

W

Wärmelehre	Fac 25-3
Wahrnehmungspsychologie	Fac 3a-2
Wahrscheinlichkeitsrechnung	Fac 24-4
Waldorfschule	Fac 4-4
Waldorfschullehrer	Fac 4-5
Waldorfschulpädagogik	Fac 4-6
Wandertag	Fac 13-4
Wandtafel	Fac 18-2
Wandtafelzeichnen	Fac 11-3
Weihnachtliches Singen	Fac 28-5
Weihnachtliches Werken	Fac 32-3
Weihnachtslied	Fac 28-4
Weihnachtsspiel	Fac 13-5
Wellenlehre	Fac 25-3
Weltraumtechnik	Fac 25-3
Werken	Fac 32-2
Werkraumeinrichtung	Fac 32-2
Werksberufsschule	Fac 43-4
Werktätiger Unterricht	Fac 35-4
Werkunterricht	Fac 32-1
Werterleben	Fac 6-4
Wetterfühligkeit	Fac 10-5
Wetterkunde	Fac 33-4
Wetterkundelehrmittel	Fac 33-5
Wiederholung	Fac 10-4
Willenserziehung	Fac 6-3
Willensforschung	Fac 3a-2
Wirtschaftsgeographie	Fac 33-3

Wirtschaftsgymnasium	Fac 40-2
Wirtschaftskunde	Fac 35-6
Wirtschaftsmathematik	Fac 24-4
Wirtschaftsoberschule	Fac 43-3
Wirtschaftspädagogik	Fac 35-5
Wirtschaftspädagogische Forschung	Fac 43-3
Wirtschaftsschule	Fac 43-3
Wörterbuch	Fac 19-2
- im Unterricht	Fac 19-3
Wortarten	Fac 31-4
Wortfamilie	Fac 31-5
Wortfeld	Fac 31-4
- im Unterricht	Fac 31-6
Wortgeschichte	Fac 31-4
Wortkunde	Fac 31-5
- im Unterricht	Fac 31-5
Wortschatz des Kindes	Fac 31-5
Wortschatzpflege	Fac 31-4

Z

Zahlbegriffsbildung	Fac 24-5
Zeichenunterricht	Fac 37-3
Zeichnen	Fac 37-4
Zeichnerische Entwicklung	Fac 37-5
Zeitgeschichte	Fac 34-4
Zeitgeschichtslehrmittel	Fac 34-4
Zeitgeschichtsunterricht	Fac 34-3
Zeitsinn	Fac 34-3
Zeitung im Unterricht	Fac 19-1
Zeitungslektüre	Fac 23-4
Zentralschule	Fac 4-4
Zeugnis	Fac 14-2
Züchtigungsrecht	Fac 16-5
Zurückstellung des Schulanfängers	Fac 21-5
Zweisprachigkeit	Fac 31-3
Zweite Lehrerprüfung	Fac 9-4
Zweite Phase der Lehrerbildung	Fac 9-3
Zweiter Bildungsweg	Fac 4-2

Wortkernregister

Arbeit

Arbeiterdichtung im Unterricht
Arbeitsanweisung
Arbeitsblätter
Arbeitsbücherei
Arbeitseinheiten
Arbeitserziehung
Arbeitsgemeinschaft Dt. Lehrerverbände
Arbeitshaltung des Schülers
Arbeitsheft
Arbeitslehre
Arbeitsmappe
Arbeitsmittel
Arbeitsmittel im Unterricht
Arbeitspsychologie
Arbeitsschulunterricht
Ferienarbeit
Gemeinschaftsarbeit
Jahresarbeit
Jungarbeiter
Jungarbeiterin
Junglehrerarbeitsgemeinschaft
Klassenarbeit
Nadelarbeit
Schülerarbeitsgemeinschaft
Schule und Arbeitswelt
Stillarbeit

Ausbildung

Ausbildungsbeihilfe
Berufliche Ausbildung
Berufsausbildung
Berufsausbildungsgesetze
Betriebliche Berufsausbildung
Bildung und Ausbildung
Heimerzieherausbildung
Kindergärtnerinnenausbildung

Begab[ung]

Begabtenauslese
Begabtenförderung
Begabung
Begabungsreserven
Begabungswandel
Musikalische Begabung
Sprachbegabung
Technische Begabung

Beruf

Berufliche Ausbildung
Berufliche Bildung
Berufsaufbauschule
Berufsausbildung
Berufsausbildungsgesetz
Berufsberater
Berufsberatung
Berufsberatung und Schule
Berufsbewährung
Berufsbild
Berufsbildendes Schulwesen
Berufseignung
Berufserziehung
Berufserziehung und Allgemeinbildung
Berufserziehung und Menschenbildung
Berufserziehung und Schule
Berufsethos
Berufsfachkunde
Berufsfachschule
Berufsfindung
Berufsforschung
Berufsfortbildung
Berufsgrundschule
Berufskunde
Berufsmöglichkeiten
Berufsnot
Berufspädagogisches Institut
Berufsreife
Berufsschule
Berufsschule und Betrieb
Berufsschule und Volksschule
Berufsschulgesetzgebung
Berufsschullehrer
Berufsschullehrerbildung
Berufsschullehrerin
Berufsschulreform
Berufsschulunterricht
Berufstätige Jugend
Berufswahl
Berufswahl und Schule
Berufswechsel
Betriebliche Berufsausbildung
Bildung und Beruf
Erwachsenenbildung und Berufsbildung
Gehörlosenberufsschule
Gewerbliche Berufsschule
Hauswirtschaftliche Berufsschule
Kaufmännische Berufsfachkunde
Kaufmännische Berufsfachschule

Kaufmännische Berufsschule
Ländliche Berufsschule
Landwirtschaftliche Berufsschule
Lehrerberuf
Mädchenberufsschule
Realschule und Berufsschule
Schuljahr IX und Berufsbildendes Schulwesen
Schuljahr X und Berufsbildendes Schulwesen
Sonderberufsschule
Werksberufsschule

Bild

Abbildungsgeometrie
Berufsbild
Bildarchiv
Bildhaftes Gestalten
Bildkarte
Bildkatechese
Bildsamkeit
Bildstelle
Bildstellenleiter
Bildwerfer
Christliches Menschenbild
Geschichtsbild
Leitbilder
Lichtbild
Lichtbild im Unterricht
Lichtbild/Film im Unterricht
Menschenbild
Menschenbild und Pädagogik
Unterrichtsbild

Bildung

Allgemeinbildung
Audiovisuelle Bildungsmittel
[Ausbildung] s.dort
Begriffsbildung
Berufliche Bildung
Berufserziehung und Allgemeinbildung
Berufserziehung und Menschenbildung
Berufsfortbildung
Bildung
Bildung und Ausbildung
Bildung und Beruf
Bildung und Erziehung

Bildung und Wissenschaft
Bildungsauftrag
Bildungsbedarf
Bildungsbegriff
Bildungschance
Bildungseinheit
Bildungsfernsehen
Bildungsfinanzierung
Bildungsideale
Bildungskrise
Bildungsökonomie
Bildungsplan
Bildungsplanung
Bildungspolitik
Bildungsprogramme
Bildungstheorie
Charakterbildung
Deutscher Bildungsrat
Elementare Bildung
Elitebildung
Erwachsenenbildung
Erwachsenenbildung und Berufsbildung
Erwachsenenbildung und Jugendbildung
Erwachsenenbildung und Universität
Formale Bildung
Ganzheitliche Bildung
Gemütsbildung
Geschichtsunt. und Polit. Bildung
Gewissensbildung
Gewissensbildung in der Schule
Hessische Bildungspläne
Hessisches Lehrerfortbildungswerk
Humanistische Bildung
Kategoriale Bildung
[Lehrerbildung]   s.dort
Lehrerfortbildung
Mädchenbildung
Menschenbildung
Politische Bildung
Musische Bildungsform
Naturwissenschaftliche Bildung
Polytechnische Bildung
Sprachliche Bildung
Stilbildung
Stimmbildung
Taubstummenbildung
Technische Bildung
Volkstümliche Bildung
Zahlbegriffsbildung
Zweiter Bildungsweg

Entwicklung

Charakterentwicklung
Denkentwicklung
Entwicklungshelfer
Entwicklungshilfe
Entwicklungsländer
Entwicklungspolitik
Entwicklungspsychologie
Entwicklungsstörung
Entwicklungstest
Geistige Entwicklung
Intelligenzentwicklung
Religiöse Entwicklung
Sprachliche Entwicklung.

Erleb...

Armutserlebnis
Erlebnis
Filmerleben
Heimaterlebnis
Raumerleben
Religiöses Erleben
Schulderleben
Traumerleben
Werterleben

Erzieher

Erzieher
Erzieherpersönlichkeit
Heimerzieher
Heimerzieherausbildung
Heimerzieherin
Kunsterzieher
Leibeserzieher
Musikerzieher
Verkehrserzieher

Erziehung

Ästhetische Erziehung
Arbeitserziehung
Außerschulische Erziehung
Berufserziehung

Berufserziehung und Allgemeinbildung
Berufserziehung und Menschenbildung
Berufserziehung und Schule
Bewegungserziehung
Bildung und Erziehung
Christliche Erziehung
Denkerziehung
Erziehung
Erziehung und Freiheit
Erziehung und Weltanschauung
Erziehung zum Verzicht
Erziehung zur Ehrfurcht
Erziehung zur Freiheit
Erziehung zur Hilfsbereitschaft
Erziehung zur Menschlichkeit
Erziehung zur Persönlichkeit
Erziehung zur Selbständigkeit
Erziehung zur Toleranz
Erziehung zur Urteilsfähigkeit
Erziehung zur Verantwortung
Erziehung zur Verinnerlichung
Erziehung zur Wahrhaftigkeit
Erziehungsbegriff
Erziehungsberatung
Erziehungsberatungsstelle
Erziehungsfehler
Erziehungsgeschichte
Erziehungsgrundsätze
Erziehungsheim
Erziehungskrise
Erziehungsmittel
Erziehungsschule
Erziehungsschwierigkeit
Erziehungssituation
Erziehungswirklichkeit
Erziehungsziel
Ethische Erziehung
Europäische Erziehung
Evangelische Schulerziehung
Familienerziehung
Fernseherziehung
Filmerziehung
Filmerziehung in der Schule
Freilufterziehung
Freizeiterziehung
Freizeiterziehung in der Schule
Funkerziehung
Funktionale Erziehung
Gebetserziehung
Gemeinschaftserziehung
Geschlechtserziehung

Geschlechtserziehung in der Schule
Gesprächserziehung
Gesprächserziehung in der Schule
Gesundheitserziehung
Gesundheitserziehung in der Schule
Gewerkschaft Erziehung und Wissenschaft
Heimaterziehung
Heimerziehung
Ideologische Erziehung [DDR]
Jugenderziehung
Katholische Schulerziehung
Körperliche Erziehung
Kommunistische Erziehung
Künstlerische Erziehung
Kunsterziehung
Kunsterziehungsbewegung
Landerziehungsheim
Leibeserziehung
Literarische Erziehung
Liturgische Erziehung
Musikalisch-Rhythm. Erziehung
Musikerziehung
Musische Erziehung
Politische Erziehung
Polytechnische Erziehung
Rechtserziehung
Religiöse Erziehung
Schulerziehung
Rhythmische Bewegungserziehung
Rhythmische Erziehung
Selbsterziehung
Sozialerziehung
Sozialerziehung in der Schule
Sozialistische Erziehung [DDR]
Spielerziehung
Spracherziehung
Sprecherziehung
Sprecherziehung im Unterricht
Staatsbürgerliche Erziehung [Berufsschule]
Technische Elementarerziehung
Vergleichende Erziehungswissenschaft
Willenserziehung

Gemeinschaft

Arbeitsgemeinschaft Dt. Lehrerverbände
Gemeinschaftsarbeit
Gemeinschaftserziehung
Gemeinschaftskunde
Gemeinschaftsschule
Gemeinschaftsschwierigkeit
Gemeinschaftsschule oder Bekenntnisschule
Junglehrerarbeitsgemeinschaft
Klassengemeinschaft
Lebensgemeinschaft
Schülerarbeitsgemeinschaft

Geschicht...

Deutsche Geschichte
Erziehungsgeschichte
Exemplarischer Geschichtsunterricht
Geschichte
Geschichtsatlas
Geschichtsbild
Geschichtserzählung
Geschichtsfries
Geschichtsinteresse
Geschichtslehrbuch
Geschichtslehrbuch im Unterricht
Geschichtslehrer
Geschichtslehrerbildung
Geschichtslehrmittel
Geschichtslehrplan
Geschichtsphilosophie
Geschichtsschreibung
Geschichtsunterricht
Geschichtsunt. und Polit. Bildung
Geschichtsverständnis
Geschichtswissenschaft
Heimatgeschichte
Kirchengeschichte
Kirchengeschichtsunterricht
Kulturgeschichte
Kulturgeschichtliche Längsschnitte
Kunstgeschichte
Kurzgeschichte
Kurzgeschichte im Unterricht
Literaturgeschichte im Unterricht
Musikgeschichte

Sprachgeschichte
Vorgeschichte
Wortgeschichte
Zeitgeschichte
Zeitgeschichtslehrmittel
Zeitgeschichtsunterricht

Gruppen

Gruppenforschung
Gruppenpädagogik
Gruppenpsychologie
Gruppentherapie
Gruppenunterricht
Gruppenunterricht oder Frontalunterricht
Leistungsgruppen

Gymnasium

Abendgymnasium
Aufbaugymnasium
Gymnasium
Gymnasium und Universität
Humanistisches Gymnasium
Mädchengymnasium
Musisches Gymnasium
Naturwissenschaftliches Gymnasium
Neusprachliches Gymnasium
Realschule und Gymnasium
Sozialgymnasium
Wirtschaftsgymnasium

Jugend

Asozialer Jugendlicher
Berufstätige Jugend
Erwachsenenbildung und Jugendbildung
Großstadtjugend
Jugendalter
Jugendbuch
Jugendbuchbeurteilung
Jugendforschung
Jugendgefährdendes Schrifttum
Jugendkonzert
Jugendlicher Dieb
Jugendpsychologie
Jugendsoziologie

Jugendtourismus
Jugendwandern
Literarischer Jugendschutz
Nachkriegsjugend
Schule und Jugendschutz

Kind

Ängstliches Kind
Blindes Kind
Cerebral gelähmtes Kind
Entwicklungsgehemmtes Kind
Epileptisches Kind
Flüchtlingskind
Gehemmtes Kind
Gehörloses Kind
Geistig behindertes Kind
Heimkind
Hilfsschulkind
Hirngeschädigtes Kind
Katholische Kindermesse
Kinderbuch
Kinderdorf
Kindergärtnerin
Kindergärtnerinnenausbildung
Kindergarten
Kindergarten und Schule
Kindergartenkind
Kindergedicht
Kindergedicht im Unterricht
Kindergottesdienst
Kinderheim
Kinderhort
Kinderlied
Kinderpsychiatrie
Kinderpsychologie
Kinderpsychotherapie
Kinderspiel
Kindersprache
Kindertagesstätte
Kinderzeichnung
Kindheit
Kindlicher Humor
Kleinkindlesen
Körperbehindertes Kind
Kontaktgestörtes Kind
Lügendes Kind
Mischlingskind
Nervöses Kind
Schüchternes Kind
Schulkindergarten

Schwachsinniges Kind
Schwerhöriges Kind
Sehbehindertes Kind
Sonderkindergarten
Spastisch gelähmtes Kind
Spielverhalten des Kindes
Stotterndes Kind
Taubstummes Kind
Wortschatz des Kindes

Klasse

Aufbauklasse
Einklassenschule
Jahrgangsklasse
Klassenbücherei
Klassenbuch
Klassenfrequenz
Kleinklasse
Legasthenikerklasse
Schulklasse

Kunde

Allgemeine Erdkunde
Amerikakunde
Berufsfachkunde
Berufskunde
Charakterkunde
Englandkunde
Erdkunde
Erdkundeatlas
Erdkundelehrbuch
Erdkundelehrmittel
Erdkundelehrplan
Erdkundeunterricht
Gegenwartskunde
Gemeinschaftskunde
Heimatkundelehrmittel
Heimatkundeunterricht
Heimatkundliche Themen
Insektenkunde
Kaufmännische Berufsfachkunde
Klimakunde
Kulturkunde
Länderkunde
Menschenkunde
Namenkunde
Namenkunde im Unterricht

Ostkunde
Ostkundelehrmittel
Ostkundeunterricht
Pflanzenkunde
Rechtskunde
Sozialkunde
Sozialkundelehrer
Sprachkunde
Staatsbürgerkunde [DDR]
Tierkunde
Völkerkunde
Vogelkunde
Wetterkunde
Wetterkundelehrmittel
Wirtschaftskunde
Wortkunde
Wortkunde im Unterricht

Lehr...

Abstammungslehre
Arbeitslehre
Bewegungslehre
Biologielehrbuch
Biologische Lehrwanderung
Chemielehrbuch
Elektrizitätslehre
Englischlehrbuch
Erdkundelehrbuch
Ernährungslehre
Fremdsprachenlehrbuch
Geschichtslehrbuch
Geschichtslehrbuch im Unterricht
Gesundheitslehre
Grundlehrgang [DDR]
[Lehrer] s.dort
[Lehrerbildung] s.dort
Lehrgerät
[Lehrmittel] s.dort
[Lehrplan] s.dort
Lehrprobe
Lehrprogramm
Lehrwanderung
Leselehrmethoden
Mathematiklehrbuch
Mengenlehre
Musiklehrbuch
Naturlehre
Physiklehrbuch
Polytechnischer Lehrgang [Österreich]

Russischlehrbuch
Satzlehre
Schwingungslehre
Verblehre
Vererbungslehre
Wärmelehre
Wellenlehre

Lehrer

Arbeitsgemeinschaft Deutscher Lehrerverbände
Aufsichtspflicht des Lehrers
Aushilfslehrer
Auslandslehrer
Austauschlehrer
Autorität des Lehrers
Beratungslehrer
Berufsschullehrer
Berufsschullehrerin
Biologielehrer
Deutschlehrer
Dienstwohnung des Lehrers
Diplom-Handelslehrer
Englischlehrer
Erste Lehrerprüfung
Fachlehrer
Geographielehrer
Geschichtslehrer
Gewerbelehrer
Gewerbelehrerin
Grundschullehrer
Gymnasiallehrer
Haftpflicht des Lehrers
Hessisches Lehrerfortbildungswerk
Hilfsschullehrer
Hochschullehrer
Hochschullehrerin
Hochschullehrernachwuchs
Junglehrer
Junglehrerarbeitsgemeinschaft
Klassenlehrer
Klassenlehrer oder Fachlehrer
Konfessionelle Lehrerbildung
Korrekturarbeit des Lehrers
Landlehrer
Landlehrerin
Lehrer
Lehrer und Eltern
Lehrerbedarf

Lehrerberuf
Lehrerbesoldung
[Lehrerbildung]   s.dort
Lehrerbücherei
Lehrerfamilie
Lehrerfortbildung
Lehrerfrage
Lehrerin
Lehrerkollegium
Lehrermangel
Lehrernachwuchs
Lehrerseminar
Lehrerstand
Lehrertypologie
Lehrerverbände
Mathematiklehrer
Methodenfreiheit des Lehrers
Pflichtstundenzahl des Lehrers
Physik- und Chemielehrer
Privatschullehrer
Realschullehrer
Religionslehrer
Schüler-Lehrer-Verhältnis
Schulrat und Lehrer
Sonderschullehrer
Sozialkundelehrer
Taubstummenlehrer
Technische Lehrerin
Turnlehrer
Verband Dt. Diplom-Handelslehrer
Verband Katholischer Lehrer Deutschlands
Verein katholischer dt. Lehrerinnen
Volksschullehrer
Volksschullehrerin
Waldorfschullehrer
Zweite Lehrerprüfung

Lehrerbildung

Akademische Lehrerbildung
Berufsschullehrerbildung
Geschichtslehrerbildung
Gewerbelehrerbildung
Gymnasiallehrerbildung
Handelsschullehrerbildung
Konfessionelle Lehrerbildung
Lehrerbildung
Lehrerbildung und Kulturpolitik
Lehrerbildung und Universität
Lehrerbildungsgesetz
Mittelschullehrerbildung [Österreich]

Primarlehrerbildung [Schweiz]
Realschullehrerbildung
Sekundarlehrerbildung [Schweiz]
Sonderschullehrerbildung
Taubstummenlehrerbildung
Volksschullehrerbildung
Zweite Phase der Lehrerbildung

Lehrmittel

Astronomielehrmittel
Biologielehrmittel
Biologische Lehrmittelsammlung
Chemielehrmittel
Deutschlehrmittel
Englischlehrmittel
Erdkundelehrmittel
Französischlehrmittel
Fremdsprachenlehrmittel
Geometrielehrmittel
Geschichtslehrmittel
Heimatkundelehrmittel
Kunstlehrmittel
Lateinlehrmittel
Lehrmittelausstellung
Mathematiklehrmittel
Musiklehrmittel
Ostkundelehrmittel
Physiklehrmittel
Politiklehrmittel
Polytechnische Lehrmittel
Rechenlehrmittel
Religionslehrmittel
Russischlehrmittel
Sportlehrmittel
Technische Lehrmittel
Verkehrslehrmittel
Wetterkundelehrmittel
Zeitgeschichtslehrmittel

Lehrplan

Biologielehrplan
Chemielehrplan
Erdkundelehrplan
Geschichtslehrplan
Lehrplan
Musiklehrplan
Physiklehrplan

Leistung

Denkleistung
    Leistungsbeurteilung
    Leistungsfähigkeit
    Leistungsgruppen
    Leistungsmessung
    Leistungsmotivation
    Leistungsstörung
Rechtschreibleistung
  Schülerleistung
   Schulleistungstest
Schulische Leistung
Schulische Leistungskontrolle
Schulische Leistungssteigerung
Schulischer Leistungsrückgang

Lern...

Auswendiglernen
Ganzheitliches Lesenlernen
  Kybernetische Lerntheorie
       Lernen
       Lernfähigkeit
       Lernmittelfreiheit
       Lernmotivation
       Lernpsychologie
       Lernspiel
       Lernstörung
       Lerntheorien
       Lernvorgang
    Leselernmittel
    Leselernpsychologie
Programmiertes Lernen
  Schreibenlernen

Lese...

Erstleseunterricht
Ganzheitliches Lesenlernen
  Ganzwortlesemethode
     Lese-Rechtschreibschwäche
     Lesebogen
     Lesebuch
     Lesebuch im Unterricht
     Lesebuchillustration
     Lesebuchkritik
     Leseinteresse

Leselehrmethoden
Leselernmittel
Leselernpsychologie
Lesen
Lesepsychologie
Lesestörung
Lesetest
Leseunterricht
Lesevorgang
Lesewut
Schreibleseunterricht
Vorlesen im Unterricht

Pädagog...

Anthroposophische Pädagogik
    Berufspädagogisches Institut
  Dialektische Pädagogik
    Elternpädagogik
Existentielle Pädagogik
    Gruppenpädagogik
     Heilpädagogik
     Heilpädagogische Psychologie
Kybernetische Pädagogik
     Landpädagogik
    Literaturpädagogik
    Literaturpädagogik in der Schule
   Märchenpädagogik
Menschenbild und Pädagogik
  Montessori-Pädagogik
    Musikpädagogische Forschung
    Pädagogik
    Pädagogik der Begegnung
    Pädagogik und Philosophie
    Pädagogik und Psychologie
    Pädagogik und Soziologie
    Pädagogische Akademie
    Pädagogische Anthropologie
    Pädagogische Autorität
    Pädagogische Fakultät
    Pädagogische Forschung
    Pädagogische Grundbegriffe
    Pädagogische Hochschule
    Pädagogische Hochschule und Universität
    Pädagogische Institute
    Pädagogische Psychologie
    Pädagogische Soziologie
    Pädagogische Tatsachenforschung
    Pädagogischer Führungsstil
    Pädagogischer Takt
    Pädagogisches Studium

Pädagogisches Verstehen
Personale Pädagogik
Reformpädagogik
Sozialpädagoge
Sozialpädagogik
Sprachheilpädagogik
Systematische Pädagogik
Waldorfschulpädagogik
Wirtschaftspädagogik
Wirtschaftspädagogische Forschung

Psycho...

Arbeitspsychologie
Ausdruckspsychologie
Betriebspsychologie
Denkpsychologie
Entwicklungspsychologie
Farbenpsychologie
Ganzheitspsychologie
Gestaltpsychologie
Gruppenpsychologie
Heilpädagogische Psychologie
Ich-Psychologie
Individualpsychologie
Jugendpsychologie
Kinderpsychologie
Lernpsychologie
Leselernpsychologie
Lesepsychologie
Märchenpsychologie
Massenpsychologie
Pädagogik und Psychologie
Pädagogische Psychologie
Persönlichkeitspsychologie
Psychoanalyse
Psychodiagnostik
Psychohygiene
Psychologe
Psychologie
Psychologische Anthropologie
Psychopath
Psychopathologie
Psychopharmakologie
Psychosomatik
Psychotherapie
Schulpsychologie
Schulpsychologische Beratungsstelle
Schulpsychologischer Dienst
Sozialpsychologie

Sprachpsychologie
Testpsychologie
Tiefenpsychologie
Triebpsychologie
Wahrnehmungspsychologie

Rech...

Bruchrechnen
Erstrechenunterricht
Fachrechnen
Ganzheitliches Rechnen
Grundschulrechnen
Prozentrechnen
Rechenautomat
Rechenbuch
Rechenfertigkeit
Rechenfibel
Rechenlehrmittel
Rechenleistung
Rechenoperationen
Rechenschwäche
Rechenspiele
Rechenstab
Rechenübung
Rechenunterricht
Sachrechnen
Sonderschulrechnen
Vektorrechnung
Wahrscheinlichkeitsrechnung

Reform

Berufsschulreform
Grundschulreform
Hochschulreform
Innere Schulreform
Landschulreform
Realschulreform
Rechtschreibreform
Reformpädagogik
Schulreform
Sonderschulreform
Volksschulreform

Schüler

Arbeitshaltung des Schülers
Fahrschüler
Faulheit des Schülers
Ferienarbeit des Schülers
Haltungsfehler des Schülers
Interesse des Schülers
Konstitution des Schülers
Mogeln des Schülers
Naturerleben des Schülers
Phantasieleben des Schülers
Schüler
Schüler-Lehrer-Verhältnis
Schüleraktivierung
Schülerarbeitsgemeinschaft
Schüleraustausch
Schülerbeobachtung
Schülerbeobachtungsbogen
Schülerbeurteilung
Schülerbücherei
Schülerbücherei im Unterricht
Schülerleistung
Schülermitverantwortung
Schülermitverwaltung
Schülerunfall
Schülerzeitschrift
Überforderung des Schülers
Volksschüler

Schul...

Abendrealschule
Arbeitsschulunterricht
Ausdrucksschulung
Außerschulische Erziehung
Baufachschule
Bekenntnisschule
Berufsaufbauschule
Berufsberatung und Schule
Berufsbildendes Schulwesen
Berufserziehung und Schule
Berufsfachschule
Berufsgrundschule
Berufsschule
Berufsschule und Betrieb
Berufsschule und Volksschule
Berufsschulgesetzgebung
Berufsschullehrer
Berufsschullehrerbildung

Berufsschullehrerin
Berufsschulreform
Berufsschulunterricht
Berufswahl und Schule
Boxen in der Schule
Deutsches Auslandsschulwesen
Einheitsschule
Einklassenschule
Erster Schultag
Erziehungsschule
Europäische Schulen
Evangelische Schulerziehung
Evangelischer Schulgottesdienst
Fachschule
Fachschulreife
Filmerziehung in der Schule
Frauenfachschule
Frauenoberschule
Freizeiterziehung in der Schule
Fünftagewoche im Schulwesen
Ganztagsschule
Gehörlosenberufsschule
Gehörlosenschule
Gemeinschaftsschule
Gemeinschaftsschule oder Bekenntnisschule
Gesamtschule
Geschlechtserz. in der Schule
Gesprächserziehung in der Schule
Gesundheitserziehung in der Schule
Gewerbliche Berufsschule
Gewissensbildung in der Schule
Grundschuldauer
Grundschule
Grundschullehrer
Grundschulrechnen
Grundschulreform
Grundschulunterricht
Handelsschule
Handelsschullehrerbildung
Hauptschule
Hauptschule und Grundschule
Hauptschule und Volksschuloberst.
Hauptschule [Österreich]
Hauptschulunterricht
Heimschule
Hilfsschulbedürftigkeit
Hilfsschule
Hilfsschulkind
Hilfsschullehrer
Hochschulfinanzierung
Hochschulgesetzgebung
Hochschullehrer

Hochschullehrerin
Hochschullehrernachwuchs
Hochschulpolitik
Hochschulrecht
Hochschulreform
Hochschulreife
Hochschulstudium
Hochschulverwaltung
Höhere Fachschulen
Höhere Handelsschule
Höhere Schule
Höhere Wirtschaftsfachschule
Ingenieurschule
Innere Schulreform
Katholische Bekenntnisschule
Kaufmännische Berufsfachschule
Kaufmännische Berufsschule
Kaufmännisches Schulwesen
Kollegiale Schulleitung
Krankenhausschule
Kurzschule
Kurzschuljahre [1966/67]
Ländliche Berufsschule
Ländliche Realschule
Ländliche Sonderschule
Landschule
Landschulpraktikum
Landschulreform
Landschulunterricht
Landwirtschaftliche Berufsschule
Literaturpädagogik in der Schule
Mädchenberufsschule
Mädchenrealschule
Mittelpunktschule
Mittelschule
Mittelschule [Österreich]
Mittelschule [Schweiz]
Mittelschullehrerbildung [Österr.]
Oberschule Praktischer Zweig
Oberschule Technischer Zweig
Oberschule Wissenschaftl. Zweig
Odenwaldschule
Offene Schultür
Orff-Schulwerk
Pädagogische Hochschule
Pädagogische Hochschule und Universität
Primarschule [Schweiz]
Private Ergänzungsschule
Private Handelsschule
Privatschule
Privatschulgesetze
Privatschullehrer

Realschule
Realschule und Berufsschule
Realschule und Gymnasium
Realschule und Volksschule
Realschullehrer
Realschullehrerbildung
Realschulreform
Realschulunterricht
Relativer Schulbesuch
Schulandacht
Schulanfänger
Schulanfang
Schulangst
Schulaquarium
Schularzt
Schulassistent
Schulaufbau
Schulaufnahme
Schulaufsicht
Schulausflug
Schulausstellung
Schulbau
Schulbauplanung
Schulbuch
Schulbuch im Unterricht
Schulbus
Schulchor
Schulchronik
Schuldisziplin
Schuldruckerei
Schule als Lebensraum
Schule und Arbeitswelt
Schule und Elternhaus
Schule und Evangelische Kirche
Schule und Familie
Schule und Gesellschaft
Schule und Katholische Kirche
Schule und Kirche
Schule und Jugendschutz
Schule und Rechtsprechung
Schule und Universität
Schule und Staat
Schule und Wirtschaft
Schulentlassung
Schulentlassungsfeier
Schulerziehung
Schulfeier
Schulfernsehen
Schulfinanzierung
Schulfotografie
Schulfrühstück

Schulfunk
Schulgarten
Schulgartenunterricht [DDR]
Schulgebäude
Schulgebet
Schulgeldfreiheit
Schulgesetzgebung
Schulgesundheitspflege
Schulherbarium
Schulhygiene
Schulische Ausstellung
Schulische Leistung
Schulische Leistungskontrolle
Schulische Leistungssteigerung
Schulische Ordnungsformen
Schulische Weihnachtsfeier
Schulischer Leistungsrückgang
Schuljahr IX
Schuljahr IX und Berufsbildendes Schulwesen
Schuljahr IX und Handelsschule
Schuljahr IX und X
Schuljahr X
Schuljahr X und Berufsbildendes Schulwesen
Schuljahrsbeginn
Schulkindergarten
Schulklasse
Schullandheim
Schullandheimaufenthalt
Schulleben
Schulleistungstest
Schulleiter
Schulleiterin
Schulleitung
Schulmöbel
Schuloper
Schulorchester
Schulpause
Schulpflicht
Schulpflichtgesetze
Schulpflichtverlängerung
Schulpolitik
Schulpsychologe
Schulpsychologie
Schulpsychologische Beratungsstelle
Schulpsychologischer Dienst
Schulrat
Schulrat und Lehrer
Schulraumnot
Schulrecht
Schulreform
Schulreife
Schulreifefeststellung

Schulreifetest
Schulreifetraining
Schulreifeuntersuchung
Schulspiel
Schulsport
Schulsprache
Schulstatistik
Schulstrafe
Schulstreik
Schulterrarium
Schultheater
Schulturngarten
Schulunreife
Schulverdrossenheit
Schulverhalten
Schulversäumnis
Schulversager
Schulversuche
Schulverwaltung
Schulverwaltungsgesetze
Schulvivarium
Schulwald
Schulwandern
Schulwechsel
Schulwerkstatt
Schulwesen
Schulwesen BRD
Schulwesen BRD/DDR
Schulwesen DDR
Schulwesen Österreich
Schulwesen Schweiz
Schulwohnstube
Schulzahnpflege
Sonderberufsschule
Sonderschule
Sonderschule für Blinde
Sonderschule für Gehörgeschädigte
Sonderschule für geistig Behinderte
Sonderschule für Körperbehinderte
Sonderschule für Lernbehinderte
Sonderschule für Schwererziehbare
Sonderschule für Sehbehinderte
Sonderschule für Sprachgestörte
Sonderschulheim
Sonderschullehrer
Sonderschullehrerbildung
Sonderschulrechnen
Sonderschulreform
Sonderschulunterricht
Sozialerziehung in der Schule
Sprachheilschule
Tagesheimschule

Tagesschulunterricht
Verband Deutscher Sonderschulen
Volkshochschuldozent
Volkshochschule
Volksschule
Volksschullehrer
Volksschullehrerbildung
Volksschullehrerin
Volksschuloberstufe
Volksschulreform
Volksschulunterricht
Vorschulischer Unterricht
Waldorfschule
Waldorfschullehrer
Waldorfschulpädagogik
Werksberufsschule
Wirtschaftsoberschule
Wirtschaftsschule
Zentralschule
Zurückstellung des Schulanfängers

Spiel

Ballspiel
Bewegungsspiel
Blockflötenspiel
Bundesjugendspiele
Handpuppenspiel
Handpuppenspiel im Unterricht
Hörspiel
Hörspiel im Deutschunterricht
Instrumentalspiel
Kinderspiel
Laienspiel
Laienspiel im Unterricht
Lernspiel
Musikalisches Spiel
Rechenspiele
Schattenspiel
Schulspiel
Spielerziehung
Spielfilm im Unterricht
Spielplatz
Spieltherapie
Spielverhalten des Kindes
Spielzeug
Stegreifspiel
Stegreifspiel im Unterricht
Unterrichtsspiel
Weihnachtsspiel

Sprach...

Deutsch als Fremdsprache
Deutsche Sprache
    Einsprachigkeit
Englische Sprache
    Fachsprachen
Französische Sprache
    Fremdsprachen
    Fremdsprachenfolge
    Fremdsprachenlehrbuch
    Fremdsprachenlehrmittel
    Fremdsprachenunterricht
    Fremdsprachlicher Anfangsunterricht
Gegenwartssprache
    Kindersprache
    Muttersprache
    Muttersprachlicher Unterricht
        Neusprachlicher Unterricht
        Neusprachliches Gymnasium
Russische Sprache
    Schriftsprache
    Schulsprache
        Sprachbegabung
        Sprachbetrachtung
        Sprachbuch
        Sprache
        Sprache und Denken
        Sprache und Ethik
        Sprache und Politik
        Sprache und Religion
        Sprache und Sache
        Sprache und Schrift
        Sprache und Technik
        Sprachentfaltung
        Spracherziehung
        Sprachgefühl
        Sprachgeschichte
        Sprachheilpädagogik
        Sprachheilschule
        Sprachkritik
        Sprachkunde
        Sprachlabor
        Sprachliche Ausdrucksfähigkeit
        Sprachliche Bildung
        Sprachliche Entwicklung
        Sprachpflege
        Sprachphilosophie
        Sprachpsychologie
        Sprachrhythmus
        Sprachschöpferischer Unterricht

Sprachsoziologie
Sprachstörung
Sprachtheorie
Sprachunterricht
Sprachverhalten
Sprachverständnis
Sprachwissenschaft
Umgangssprache

Unterricht

Abteilungsunterricht
Algebraunterricht
Allgemeinbildender Unterricht
Altsprachlicher Unterricht
Anekdote im Unterricht
Anfangsunterricht
Anschauungsunterricht
Arbeiterdichtung im Unterricht
Arbeitsmittel im Unterricht
Arbeitsschulunterricht
Artikulation des Unterrichts
Astronomieunterricht
Atomtechnik im Unterricht
Aufmerksamkeit im Unterricht
Aufsatzunterricht
Ballade im Unterricht
Berufsschulunterricht
Betriebswirtschaftlicher Unterricht
Bibelunterricht
Bibelunterricht Altes Testament
Bibelunterricht Neues Testament
Bilderbuch im Unterricht
Biologieunterricht
Blindenunterricht
Briefmarke im Unterricht
Chemieunterricht
Deutschunterricht
Dichtung im Unterricht
Diskussion im Unterricht
Drama im Unterricht
Englischer Anfangsunterricht
Englischunterricht
Epochalunterricht
Erdkundeunterricht
Erstleseunterricht
Erstrechenunterricht
Erzählen im Unterricht
Erziehender Unterricht
Evangelischer Religionsunterricht

Exemplarischer Geschichtsunterricht
Exemplarischer Unterricht
Fabel im Unterricht
Fernunterricht
Fibel im Unterricht
Frage im Unterricht
Französischer Anfangsunterricht
Französischunterricht
Freier Gesamtunterricht
Freies Unterrichtsgespräch
Fremdsprachenunterricht
Fremdsprachlicher Anfangsunterricht
Fremdwort im Deutschunterricht
Freude im Unterricht
Ganzheitlicher Musikunterricht
Ganzheitsunterricht
Ganzschrift im Unterricht
Gegenwartsdrama im Unterricht
Gegenwartsliteratur im Unterricht
Gegenwartslyrik im Unterricht
Gegenwartsnaher Unterricht
Geometrieunterricht
Gesamtunterricht
Gesamtunterricht und Fachunterricht
Gesamtunterricht und Ganzheitsunt.
Gesangunterricht
Geschichtslehrbuch im Unterricht
Geschichtsunterricht
Geschichtsunterricht und Politische Bildung
Gewerblicher Unterricht
Grammatikunterricht
Griechischunterricht
Grundschulunterricht
Gruppenunterricht
Gruppenunterricht oder Frontalunterricht
Gymnasialunterricht
Handarbeitsunterricht
Handpuppenspiel im Unterricht
Hauptschulunterricht
Hauswirtschaftsunterricht
Heimatkundeunterricht
Hörspiel im Deutschunterricht
Interpretation im Unterricht
Italienischunterricht
Jazz im Musikunterricht
Jugendbuch im Unterricht
Katechismusunterricht
Katholischer Religionsunterricht
Kaufmännischer Unterricht
Kern- und Kursunterricht

Kindergedicht im Unterricht
Kirchengeschichtsunterricht
Kochunterricht
Konfirmandenunterricht
Konzentrationsunterricht
Kurzgeschichte im Unterricht
Kurzschriftunterricht
Laienspiel im Unterricht
Landschaftspflege im Unterricht
Landschulunterricht
Landwirtschaftlicher Unterricht
Lateinischer Anfangsunterricht
Lateinunterricht
Lebensnaher Unterricht
Lebenspraktischer Unterricht
Lesebuch im Unterricht
Leseunterricht
Lichtbild im Unterricht
Lichtbild/Film im Unterricht
Literaturgeschichte im Unterricht
Literaturkritik im Unterricht
Literaturunterricht [DDR]
Lyrik im Unterricht
Märchen im Unterricht
Mathematikunterricht
Mikroskop im Unterricht
Motivation im Unterricht
Mundart im Unterricht
Musikunterricht
Muttersprachlicher Unterricht
Nachhilfeunterricht
Nachschlagewerke im Unterricht
Namenkunde im Unterricht
Natürlicher Unterricht
Naturschutz im Unterricht
Naturwissenschaftlicher Unterricht
Neue Musik im Unterricht
Neusprachlicher Unterricht
Niederländischunterricht
Novelle im Unterricht
Ostkundeunterricht
Philosophieunterricht
Physikunterricht
Polytechnischer Unterricht
Probeunterricht
Rätsel im Deutschunterricht
Realschulunterricht
Rechenunterricht
Rechtschreibunterricht
Religionsunterricht
Roman im Unterricht

Russischer Anfangsunterricht
Russischunterricht
Sachbuch im Unterricht
Sachunterricht
Sage im Unterricht
Satire im Unterricht
Schallplatte im Unterricht
Schlager im Musikunterricht
Schreibleseunterricht
Schreibunterricht
Schülerbücherei im Unterricht
Schulbuch im Unterricht
Schulgartenunterricht [DDR]
Schwank im Unterricht
Schwimmunterricht
Skiunterricht
Sonderschulunterricht
Spanischunterricht
Spielfilm im Unterricht
Sprachunterricht
Sprachschöpferischer Unterricht
Sprecherziehung im Unterricht
Sprichwort im Unterricht
Stegreifspiel im Unterricht
Tagesschulunterricht
Taubstummenunterricht
Tonband im Unterricht
Turnunterricht
Unterricht
Unterrichtsbild
Unterrichtseinheit
Unterrichtsfächer
Unterrichtsfilm
Unterrichtsforschung
Unterrichtsgang
Unterrichtsgespräch
Unterrichtsgestaltung
Unterrichtsimpuls
Unterrichtsnachbereitung
Unterrichtsökonomie
Unterrichtsplanung
Unterrichtsspiel
Unterrichtsstunde
Unterrichtstagebuch
Unterrichtsvorbereitung
Unterstufenunterricht [DDR]
Verkehrsunterricht
Volkslied im Musikunterricht
Volksschulunterricht
Vorlesen im Unterricht
Vorschulischer Unterricht
Werktätiger Unterricht

Werkunterricht
Wörterbuch im Unterricht
Wortfeld im Unterricht
Wortkunde im Unterricht
Zeichenunterricht
Zeitgeschichtsunterricht
Zeitung im Unterricht

NEUE DESKRIPTOREN seit Erscheinen der Erziehungswissenschaftlichen Dokumentation
(Aus: "Pädagogischer Jahresbericht", Textband 1968. 1969.)

In der nachfolgenden Übersicht werden alle neuen Deskriptoren mitgeteilt, ohne Rücksicht darauf, ob es sich um Hauptschlagwörter oder um nebengeordnete Schlagwörter handelt. Bei einem neu auftretenden Nebenbegriff werden die zugehörigen Hauptbegriffe in eckigen Klammern [] aufgeführt. Bei einer Neuauflage oder -ausgabe des vorliegenden Registerbandes soll diese Übersicht auf den jeweils neuesten Stand gebracht werden. Eine erste Orientierungshilfe in dieser Richtung wird auch das "Bibliographische Lexikon der neueren Pädagogik" sein, das als Reihe B der Erziehungswissenschaftlichen Dokumentation geplant ist.

Akademiereife

[Arbeitslehre]
- (Kunsterziehung)
- (Methodische Einzelfragen)
- (Sonderschule)
- (Technische Bildung)
- (Wirtschaftslehre)

[Astronomie]
- (Kosmologie)
- (Pulsare)

[Berufsausbildung]
- (Berufswettbewerb)

[Berufsfachkunde]
- (Elektronik)
- (Techniker)

[Berufsfortbildung]
- (Führungskräfte)

Berufsgrundjahr

Betriebserkundung

[Bibelunterricht]
- (Hauptschule)

[Bibelunterricht NT]
- (Offenbarung)

[Bildungsplanung]
- (DDR)

Bildungswerbung

[Biologieunterricht]
- (Denkschulung)
- (Regelkreismodell)

Christliches Gesellschaftsbild

Curriculum

Datenverarbeitung im Schulwesen

Demokratisierung der Schule

[Deutschlehrmittel]
- (Tonband)

[Deutschunterricht]
- (Differenzierung)

[Differenzierung]
- (Berufsschule)
- (Gesamtschule)
- (Grundschule)

[Elektrostatik]
- (Elektrisches Feld)

[Englischunterricht]
- (Berufsschule)
- (Grundschule)
- (Hauptschule)

[Erdkundeunterricht]
- (Hauptschule)

[Erwachsenenbildung]
- (DDR)

Fachhochschule

Fachoberschule

[Fernseherziehung]
- (Kleinkind)

Friedensforschung

Gastarbeiterkinder

[Geometrie]
- (Symmetrie)

[Gesamtschule]
- (Begabtenförderung)
- (Berlin)
- (Berufsschule)
- (Bundesländer)
- (Diskussion)
- (Geschichte)
- (Grundschule)
- (Hamburg)
- (Hessen)
- (Integrierte Form)
- (Nordrhein-Westfalen)
- (Unterrichtsorganisation)
- (Waldorfschule)

[Geschichtsunterricht]
- (Hauptschule)

[Geschlechtserziehung]
- (Mädchen)

[Geschlechtserziehung in der Schule]
- (Biologieunterricht)
- (Grundschule)
- (Hilfsmittel)
- (Methodische Einzelfragen)
- (Realschule)
- (Religionsunterricht)
- (Schülerstellungnahme)

[Grundschulrechnen]
- (Moderne Mathematik)

[Grundschulreform]
- (Grundschulkongreß 1969)

Hauptschullehrer

Hochschuldidaktik

[Hochschulreform]
- (DDR)
- (Demokratisierung)
- (Gesamthochschule)
- (Privathochschule)

[Hochschulstudium]
- (Frauenstudium)

Jugendhilfe

Jugendrevolte

Jugendschutz

[Kaufmännische Berufsfachkunde]
- (Datenverarbeitung)

[Kirchengeschichte]
- (Ökumenische Bewegung)
- (Staat und Kirche)

[Kleinkindlesen]
- (Diskussion)
- (Schulischer Aspekt)

Konsumerziehung

Kopierverfahren

[Lehrerberuf]
- (Arbeitszeitverkürzung)

[Lehrerbildung]
- (Gruppendynamik)
- (Sexualpädagogik)
- (Waldorfschulpädagogik)

[Lehrprogramm]
- (Eingreifprogramme)

[Leibeserziehung]
- (Deutsche Auslandsschule)
- (Partnerübung)

[Lernspiel]
- (Planspiel)

[Leseunterricht]
- (Hauptschule)

[Literaturpädagogik]
- (Bibliothekswesen)
- (Deutscher Jugendbuchpreis)

[Mathematikunterricht]
- (Differenzierung)
- (Modernisierung)

Mathematisch-Naturwissenschaftlicher Unterricht

[Mathematische Logik]
- (Boole-Algebra)

Medienpädagogik

Mengenalgebra

[Musikgeschichte]
- (Beethoven)

[Musikunterricht]
- (Vorschulalter)
- (Werkbetrachtung)

[Naturwissenschaftlicher Unterricht]
- (Arbeitsgemeinschaft)
- (Grundschule)
- (Hauptschule)

Permanente Bildung

[Physiklehrmittel]
- (Modell)

[Physikunterricht]
- (Erwachsenenbildung)

[Politische Soziologie]
- (Ideologie)

[Polytechnische Lehrmittel]
- (Lehrbuch)

[Programmiertes Lernen]
- (Grundschule)
- (Leibeserziehung)
- (Werkunterricht)

[Prüfungswesen]
- (Sekundarstufe)

[Religionsunterricht]
- (Sachinformation)
- (Schülerurteil)
- (Sprache und Erfahrung)

[Schülerleistung]
- (Sonderschüler)

[Schülermitverwaltung]
- (Einzelformen)
- (Politisierung)

[Schulbau]
- (Gesamtschule)

Schulerfolg

[Schulfernsehen]
- (Programmiertes Lernen)

[Schulwesen Österreich]
- (Reichsvolksschulgesetz)

Sonderpädagogik

Sozialgeographie

Sozialpädagogische Ausbildung

Sportgymnasium

Sprachbarrieren

[Sprachlabor]
- (Deutschunterricht)

[Sprachwissenschaft]
- (Sprachbeschreibung)

[Staatsbürgerkunde/DDR]
- (Klasse VII)
- (Klasse VIII)
- (Sozialistische Verfassung)

Stabrechnen

Studentenunruhen
- (Revolutionäre Gewalt)

Technik im Unterricht
- (Grundschule)

Technisches Gymnasium

Technisches Werken

[Völkerkunde]
- (Stadtgeographie)

Vorschule

Vorschulerziehung
- (Begabungsförderung)

[Vorschulischer Unterricht]
- (Sonderschule)

[Werkunterricht]
- (Vorhaben)
- (Weinheimer Kongreß 1968)

[Wirtschaftsgeographie]
- (Afrika)
- (DDR)
- (Einzelne Länder)
- (Finnland)

[Wirtschaftskunde]
- (Kapitalismus)

- (Mehrwertsteuer)
- (Mitbestimmung)
- (Wirtschaftspolitik)

[Zeitgeschichte]
- (BRD und Polen)
- (China)
- (Nahost-Konflikt)
- (Novemberrevolution 1918)
- (Tschechoslowakei)
- (USA)
- (Vietnamkrieg)

Zukunftsforschung